Reichmann
Controlling mit Kennzahlen
und Managementberichten

Controlling mit Kennzahlen und Managementberichten

Grundlagen einer systemgestützten Controlling-Konzeption

von

Prof. Dr. Thomas Reichmann
Lehrstuhl für Controlling und Unternehmensrechnung
Universität Dortmund

5., überarbeitete und erweiterte Auflage

Verlag Franz Vahlen München

Die Deutsche Bibliothek – CIP-Einheitsaufnahme

Reichmann, Thomas:
Controlling mit Kennzahlen und Managementberichten :
Grundlagen einer systemgestützten Controlling-Konzeption /
von Thomas Reichmann. – 5., überarb. und erw. Aufl. –
München : Vahlen, 1997
  ISBN 3-8006-2157-6

ISBN 3-8006-2157-6

© 1997 Verlag Franz Vahlen GmbH, München
Graphiken: Hans Georg Müller, München
Satz und Druck: Appl, Wemding
Bindung: Großbuchbinderei Monheim
Gedruckt auf säurefreiem, alterungsbeständigem Papier
(hergestellt aus chlorfrei gebleichtem Zellstoff)

Vorwort zur fünften Auflage

Die unveränderte Aktualität des Controlling in Theorie und Praxis beweist sich nicht zuletzt im „Demand-Pull" des Marktes nach entsprechender Fachliteratur. Wiederum sind zwei Jahre seit Erscheinen der vierten Auflage dieses Buches vergangen und wiederum haben die Käufer dafür gesorgt, daß der Buchhandel in dieser kurzen Zeitspanne die „logistische Meldemenge" erreicht hat. Grund genug, eine erweiterte Neuauflage in Angriff zu nehmen, die zeitnah neuere Entwicklungen des Controlling aufgreift und zugleich die bewährte Grundkonzeption des Buches beibehält.

Die Erweiterungen betreffen zunächst das Kapitel VII zum Produktions-Controlling. Hier wurde der ständig zunehmenden Technisierung und entsprechend erhöhten Komplexität der Produktionsprozesse in der Unternehmenspraxis durch die Ergänzung um ein Teilkapitel zum produktionsorientierten Qualitäts-Controlling Rechnung getragen. Fokussiert werden konzeptionell insbesondere Ansätze zur systematischen Erfassung und Analyse produktionsbezogener Qualitätskosten und -leistungen, wobei auch auf den wichtigen, in der Literatur aber vielfach ausgeblendeten Aspekt der Qualitätsfehlerfolgekosten eingegangen wird. Instrumentell darauf abgestimmt erfolgen die Entwicklung eines Kennzahlensystems zum Controlling der Qualitätskosten und -leistungen sowie der Aufbau eines differenzierten Qualitätskostenberichtes.

Desweiteren waren Ergänzungen im Kapitel IX „Das Marketing-Controlling" erforderlich. Der bisher zugegebenermaßen ein wenig knapp angelegte Abschnitt zur Distributionspolitik wurde wesentlich um die Thematik „Vertriebs-Controlling" erweitert. Die Notwendigkeit, im Rahmen der Distributionspolitik auf zunehmende Wettbewerbsintensität bei gleichzeitig steigendem Individualisierungsgrad der Kundenbedürfnisse zu reagieren, zieht sich durch nahezu alle Branchen; ein effizienter Vertrieb wird als Unternehmensfunktion deshalb immer wichtiger. Das Controlling muß das nötige analytische Rüstzeug so konzipieren, daß eine Vertriebssteuerung unter Wirtschaftlichkeitsgesichtspunkten möglich wird, ohne die erforderliche Beweglichkeit der Mitarbeiter „am Markt" zu sehr einzuschränken. Mit dem Aufbau einer Vertriebskostenrechnung und mehrdimensionaler Ergebnisrechnungen sowie daraus abgeleiteten Ansätze zur Provisionierung und Entlohnung von Außendienstmitarbeitern werden aktuelle Aspekte der Distributionspolitik durch ein differenziertes Instrumentarium in das Buch implementiert. Abgerundet wird das neue Teilkapitel durch ein Kennzahlensystem zum Vertriebs-Controlling, das sich in die drei Komponenten Strukturanalyse, Wirtschaftlichkeitsanalyse und Lageanalyse gliedert.

Eine Splitting erfuhr das Kapitel XI „Das DV-gestützte Controlling", welches bisher sowohl über die Möglichkeiten der DV-technischen Unterstützung des Controlling durch den Einsatz entsprechender Hard- und Software informierte als auch aktuelle Ansätze zum Informationsverarbeitungs-Controlling, also der

Planung, Koordination und Kontrolle der DV-Wirtschaftlichkeit, präsentierte. Die neue Auflage trennt diese beiden inhaltlich zu unterscheidenden Perspektiven nun auch formal, indem das Informationsverarbeitungs-Controlling in ein eigenständiges Kapitel XII gefaßt wurde. Gleichzeitig wurde das DV-gestützte Controlling um wichtige technologische Neuerungen ergänzt. So wurden z.B. Abschnitte zur Nutzbarkeit von Data Warehouses, zur multidimensionalen Datenanalyse mithilfe des Online Analytical Processing (OLAP) oder hinsichtlich der aktuellen Trends im Rahmen controllingorientierter Standardanwendungssoftware (z.B. SAP R/3) eingearbeitet.

Last but not least möchte ich denjenigen danken, die maßgeblich am Entstehen der vorliegenden 5. Auflage „Controlling mit Kennzahlen und Managementberichten" beteiligt waren. Zum einen sind dies meine Mitarbeiter am Lehrstuhl für Controlling und Unternehmensrechnung: Dr. *Thomas Haiber*, der die redaktionelle Betreuung und zugleich die Projektsteuerung der aktuellen Auflage übernommen hat, Dr. *Monika Palloks*, Dr. *Oliver Fröhling* und Dipl.-Kffr. *Ulrike Baumöl*, die in unserem Team mit der Ideenumsetzung erheblich zum Gelingen dieses Buchprojektes beigetragen haben. Zum anderen ein Dankeschön auch wieder an Herrn Dipl.-Vw. *Dieter Sobotka* vom *Vahlen Verlag* München, der wie immer für einen reibungslosen technischen Ablauf gesorgt hat.

Dortmund, im Februar 1997 *Thomas Reichmann*

Vorwort zur vierten Auflage

Knapp zwei Jahre nach dem Erscheinen der dritten Auflage von „Controlling mit Kennzahlen und Managementberichten" war diese bereits restlos vergriffen; eine solche Resonanz hat Verfasser und Verlag überrascht. Vor dem Hintergrund der erheblichen inhaltlichen Erweiterungen, die das Buch in der dritten Auflage erfahren hat, lag zunächst der Gedanke eines lediglich um Fehler korrigierten, unveränderten Nachdrucks nahe. Die weiterhin ungebremste Dynamik der Führungsunterstützungsfunktion Controlling in Theorie und Praxis sowie die erhebliche Bedeutungszunahme neuerer Controllinginstrumente haben doch schon nach so kurzer Zeit wiederum eine deutlich erweiterte vierte Auflage erforderlich gemacht.

Eine Überarbeitung bzw. Erweiterung wurde zunächst im ersten Kapitel, den Grundlagen der Controllingkonzeption vorgenommen. Ergänzend zur Controllingkonzeption und zum Controllingsystem wird das Element „Controllingapplikationen" eingeführt. Durch dieses Strukturelement wird dem Umstand Rechnung getragen, daß Innovationen hinsichtlich der Controllingapplikationen auch aus der Unternehmenspraxis in die allgemeine Controlling-Konzeption einfließen. In einem neuen Kapitel XII wird die mögliche Ausgestaltung des Euro-Controlling diskutiert. Eine „Europäisierung" des Controlling verlangt eine Dreiteilung in eine betriebswirtschaftliche (true and fair view), eine judikative und eine volkswirtschaftliche Analyseebene. Ein bedeutsames Element stellt dabei ein Euro-Berichtssystem dar, das parallel sowohl handels- bzw. steuerrechtliche Einzel- und Konzernabschlüsse (Dokumentationsberichte) als auch betriebswirtschaftliche Abschlüsse (Steuerungsberichte) aufzubereiten hat.

Überarbeitet und erweitert wurde auch das Kapitel X „Das strategische Controlling". In jüngerer Zeit haben in der Theorie und Praxis Aspekte eines marktorientierten Kostenmanagements erheblich an Bedeutung gewonnen. Eingearbeitet wurde ein Abschnitt zum Target Cost Management (Zielkostenmanagement). Ausgangspunkt der Kostenplanung und -gestaltung sind dabei die vom Markt „erlaubten Kosten". Diese entsprechen i.d.R. den um einen Gewinnzuschlag korrigierten Angebotspreisen des führenden und/oder direkten Wettbewerbers. Erweitert wurde im Rahmen des strategischen Kosten- und Erfolgs-Controlling auch der Abschnitt über die Prozeßkostenrechnung: Bezüglich der Fixkostenmanagementorientierten Plankostenrechnung wird deren rechentechnische Verknüpfung mit der Prozeßkostenrechnung ausführlich dargestellt. Eine solche Methodensynthese kommt den Bedürfnissen der Unternehmenspraxis entgegen, die eine stärkere Methodenintegration vor dem Hintergrund der unterschiedlichen inhaltlichen Zielsetzungen fordert.

Im Kapitel XI „Das DV-gestützte Controlling" wurde ein neuer Abschnitt D „Das Informationsverarbeitungs-Controlling" aufgenommen. Während bislang allein Aspekte des DV-gestützten Controlling im Vordergrund standen, interessiert vor dem Hintergrund einer fortschreitenden Automatisierung und Technologisierung sowohl in den direkten als auch in den indirekten Leistungsbereichen des Unternehmens stärker auch die wirtschaftliche Ausgestaltung der Datenverarbeitung. Dabei muß sich ein solcher Controllingansatz auf die gesamte informationstechnische Infrastruktur im Unternehmen beziehen.

Wiederum hat der Verfasser an alle Mitarbeiter seines Lehrstuhls für die zahlreichen Anregungen und Hilfen bei der Erstellung dieses Buches Dankesschulden abzutragen. Ein besonders herzlicher Dank gebührt insbesondere Herrn Dr. *Oliver Fröhling*, Herrn Dipl.-Kfm. *Thomas Haiber* und Frau Dipl.-Kff. *Ulrike Baumöl*. Ohne ihren Input hätte der vorliegende Output nicht so schnell entstehen können. Dank gebührt auch den Herren cand. rer. pol. *Carsten Schweinar*, *Dirk Stephan* und *Volker Holländer* für vielfältige redaktionelle Hilfeleistungen. Herrn Dipl.-Vw. *Sobotka* (Vahlen Verlag) danke ich wiederum für die gute Zusammenarbeit bei der Herausgabe des Buches.

Dortmund, im Februar 1995 *Thomas Reichmann*

Vorwort zur dritten Auflage

Nimmt man das große Interesse, das dieses Buch auch in der zweiten Auflage in Theorie und Praxis gefunden hat, als Indikator, so ist es wohl wiederum gelungen, das „richtige Maß" an Informationen zum „richtigen Zeitpunkt" am „richtigen Ort" bereitzustellen, mithin eine wichtige Controllingaufgabe zu erfüllen. Warum dann schon knapp drei Jahre später eine überarbeitete und wesentlich erweiterte Neuauflage und kein unveränderter Nachdruck?

Zentraler Schwerpunkt dieses Buches war von Anfang an die Darstellung einer systematischen Controllingkonzeption und die Bereitstellung von gleichermaßen praktikablen wie wissenschaftlich fundierten Gestaltungsempfehlungen für den Aufbau eines unternehmensbezogenen Controllingsystems und -Instrumentariums. Komplexe Systeme zeichnen sich gerade dadurch aus, daß sie einer ständigen Dynamik und Anpassungsnotwendigkeit an wechselnde Umfeldeinflüsse ausgesetzt sind; dies gilt gleichermaßen für das Führungskonzept Controlling. Die wichtigsten „Umfeldeinflüsse" der letzten Jahre betreffen zum einen die signifikanten, wenn nicht revolutionären Entwicklungen im Bereich der Informationstechnologie, und zum anderen die Veränderungen auf dem Gebiet des innerbetrieblichen Rechnungswesens.

„Information ist gut, Controlling ist besser", dieser abgewandelte Leitsatz unseres 6. Deutschen Controlling Congresses bringt die Philosophie eines modernen DV-gestützten Controlling gut zum Ausdruck. Der Controller in der Unternehmenspraxis kann mittlerweile auf einen breiten Fundus an Softwareapplikationen zugreifen, der die Umsetzung selbst anspruchsvoller Controllinglösungen relativ problemlos ermöglicht. Dennoch wird ihm eine Bringschuld nicht abgenommen: Über die reine Kenntnis des DV-Spektrums hinaus ist das Controlling aufgefordert, die softwaretechnischen Möglichkeiten mit „betriebswirtschaftlichem Leben" zu erfüllen, d.h. umfassende Konzeptions- und Analysearbeit zu leisten. Das in dieses Buch eingearbeitete Kapitel „Das DV-gestützte Controlling" umfaßt ein breites Spektrum controllingrelevanter Softwarelösungen: Aufbauend auf einem komprimierten Überblick über Stand und (mögliche) Entwicklungstendenzen des DV-Einsatzes im Rechnungswesen findet der Leser Vorschläge zur DV-gestützten Kostenplanung und Kalkulation, zur Umsetzung der Prozeßkostenrechnung auf Basis von Standard-Software, zur PC-gestützten Realisierung des Investitions-Controlling und – als direkte Schnittstelle zum Top-Management – zur Implementierung eines kombinierten kennzahlengestützten Controlling und Berichtswesens als „strategisches Radar" der Unternehmensführung. Die zweite zentrale Entwicklung der jüngsten Zeit betrifft die Forderung nach einer stärkeren Verknüpfung von strategischer Planung und Rechnungswesen allgemein und die strategische Ausrichtung der Kostenrechnung im speziellen. Auch hier spielt die Informationstechnik eine zentrale Rolle: Die zunehmende Automatisierung und Technologisierung und daraus folgend erhebliche Veränderungen des betrieblichen Aktivitätsspektrums führen in vielen Unternehmen zu einem gravierenden Anstieg des Fix- und Gemeinkostenblocks. Parallel dazu hat die unvermindert hohe und noch steigende Konkurrenzintensität zur Folge, daß strategische Wettbewerbsvorteile nur noch über einen längeren Planungszeitraum aufgebaut und beurteilt werden können. Diese Trends stellen das Controlling konzeptionell und instrumentell vor neue Herausforderungen, die in Form eines Strategischen Kosten- und Erfolgs-Controlling aufgegriffen werden, das seinerseits in ein übergreifendes strategisches Controllingkonzept eingebunden ist. Dabei liegt ein Schwerpunkt in der Erarbeitung wesentlicher Bestimmungsfaktoren zur Ausgestaltung einer „strategieadäquaten" Kostenrechnung und einer Darstellung und Analyse der Prozeßkostenrechnung, die von ihren Vertretern als „Strategic Accounting System" bezeichnet wird. Als Beispiel für die strategische Ausgestaltung eines funktionsbezogenen Controlling-Bereiches wird das „Strategische Marketing-Controlling" vorgestellt. Dieses Vorgehen machte zugleich einer Überarbeitung des bisherigen Kapitels „Das Absatz-Controlling" erforderlich, das um den strategischen Bereich „bereinigt" und um zusätzliche operative Abschnitte erweitert wurde. Über die Erweiterungen hinaus wurden insbesondere der Grundlagen- und Kennzahlenteil des Buches überarbeitet und ergänzt sowie der Anhang zur Berechnung der Kennzahlen auf Gesamt- und Umsatzkostenverfahren umgestellt. Last but not least wurden die Abschnitte Kosten- und Erfolgs-Controlling sowie Logistik-Controlling überarbeitet und das Literaturverzeichnis aktualisiert.

Zum Schluß noch ein Dankeswort an meine Mitarbeiter am Lehrstuhl für Controlling und Unternehmensrechnung für ihre vielfältigen Anregungen, Impulse und Hinweise. „Treibende Kraft" war dabei Herr Dipl.-Kfm. *Oliver Fröhling*, der durch zeit- und arbeitsintensive schriftliche Überarbeitungen, umfassende Tabellen- und Graphikerstellungen und breite Literaturrecherchen wesentlich zum Gelingen des Projektes beitrug. Er war zugleich das „erfolgswirtschaftliche Gewissen" bei den regelmäßigen Projektfortschrittskontrollen. Großer Dank für die intensive konzeptionelle Mitarbeit gebührt auch Herrn Dipl.-Kfm. *Thomas Haiber,* Frau Dr. *Monika Palloks* und Herrn Dipl.-Kfm. *Martin Keller.* Nicht vergessen werden soll auch der Einsatz von Frau Dipl.-Kff. *Susanne Buick* und Herrn Dipl.-Kfm. *Dirk Nölken.* Über die (nicht selbstverständliche) Akribie und Geduld im Rahmen der vielfältigen Buchaktivitäten hinaus lieferten sie viele konstruktive Vorschläge. Abschließend sei wiederum Herrn Dipl.-Vw. *Dieter Sobotka* gedankt, dessen konstruktive Zusammenarbeit seitens des Vahlen Verlages einmal mehr für hervorragende Rahmenbedingungen sorgte.

Dortmund, im Februar 1993   *Thomas Reichmann*

Vorwort zur zweiten Auflage

Die außerordentlich gute Aufnahme, die das Buch „Controlling mit Kennzahlen" in Theorie und Praxis gefunden hat, machten eine zweite Auflage erforderlich.

Sie stellt eine Überarbeitung und Erweiterung der ersten Auflage dar, wobei die Grundkonzeption des Buches beibehalten werden konnte. Vor allem erforderte das geänderte Handelsrecht gewisse Änderungen des RL-Bilanz-Kennzahlensystems sowie der Ermittlungsschemata im Anhang, die entsprechend angepaßt bzw. erweitert werden mußten. Da im Rahmen der Jahresabschlußanalyse auch noch auf Abschlüsse nach altem Aktienrecht zurückgegriffen werden muß, wurden die Ermittlungsschemata im Anhang so gestaltet, daß diese mit entsprechenden Unterpunkten hierfür verwendet werden können.

Mein besonderer Dank gilt im Zusammenhang mit der Überarbeitung des Buches meinem Mitarbeiter Dipl.-Kfm. *Schwellnuß*.

Dortmund, im Oktober 1989 *Thomas Reichmann*

Vorwort zur ersten Auflage

Schnelle Veränderungen auf den Absatz- und Beschaffungsmärkten und eine geringe betriebliche Anpassungsfähigkeit kennzeichnen heute den Handlungsspielraum der Unternehmensführung. Die hieraus resultierenden komplexen Unternehmensentscheidungen erfordern ein leistungsfähiges System aufeinander abgestimmter Planungs-, Steuerungs- und Kontrollinstrumente. Ausgehend von diesen Anforderungen wird eine Controlling-Konzeption mit dem Ziel entwickelt, einerseits den entscheidungsebenenbezogenen Informationsbedarf zu decken und andererseits die Entscheidungen in den einzelnen Unternehmensbereichen zu koordinieren. Hierfür muß das „richtige Maß" an Informationen zum „richtigen Zeitpunkt" am „richtigen Ort" bereitgestellt werden. Um dieses Ziel zu erreichen, sind folgende Fragen zu beantworten:

- Wie läßt sich aus den in Theorie und Praxis formulierten Controlling-Aufgaben ein theoretischer Bezugsrahmen für das Controllingsystem entwickeln?
- Welche Planungs-, Steuerungs- und Kontrollinstrumente sind für das Controlling geeignet?
- Welcher Koordinationsbedarf besteht zwischen den Funktionsbereichen, und wie läßt er sich decken?
- Wie lassen sich die funktionsbezogenen und funktionsübergreifenden Informationen aus den betrieblichen Teilbereichen mit Hilfe von Kennzahlen für die Unternehmensführung verdichten?

Durch das Studium des Buches soll der Leser in die Lage versetzt werden, aufbauend auf einem theoretischen Konzept, betriebliche Controllingprobleme zu lösen. Die Arbeit wendet sich gleichermaßen an Führungskräfte in Unternehmen wie auch an Studenten höherer Semester, die sich für die Gestaltung eines entscheidungsorientiert aufgebauten Rechnungswesens und Controlling interessieren. Dabei mag dem Praktiker manche sorgfältige modelltheoretische Begründung zu umfangreich und manchem Vertreter der Wissenschaft die konkreten Handlungsempfehlungen, z.B. im Rahmen der kurzfristigen Finanzplanung, zu detailliert erscheinen. Beides ist jedoch m.E. erforderlich, um zu einem theoretisch fundierten, praktisch einsetzbaren Controllingsystem zu kommen, da weder „Gebrauchsanleitungen" für Kennzahlen noch organisationstheoretische Ausführungen über den Aufbau von Controllingsystemen ohne konkreten Bezug zum betrieblichen Rechnungswesen allein hinreichend geeignet sind, diese Aufgaben zu erfüllen.

Wie im Untertitel zum Ausdruck kommt, ist es ein besonderes Anliegen dieses Buches, die Grundlagen einer systemgestützten Controlling-Konzeption herauszuarbeiten. Kapitel I enthält die theoretischen Grundlagen der Controlling-Konzeption, die Aussagen über die Ziele, Aufgaben, Aufgabenbereiche, Instrumente sowie die Informationsbasis des Controlling beinhaltet. Kapitel II enthält die theoretischen Grundlagen für die Bildung von Kennzahlensystemen und die Beurteilung ihrer Aussagefähigkeit. Kapitel III behandelt die Aufgaben und Instrumente des Kosten- und Erfolgs-Controlling. Neben der laufenden Wirtschaftlichkeitskontrolle auf der Basis von zeitabhängig kumulierten Kosten- und Erfolgsplänen stehen die betrieblichen Anpassungsmaßnahmen an wechselnde Marktverhältnisse bis hin zu Entscheidungen über vorübergehende Betriebsstillegungen aufgrund von Preisuntergrenzen und das entsprechende Fixkostenmanagement im Vordergrund der Betrachtung. Die Sicherung der laufenden und strukturellen Liquidität wird in Kapitel IV behandelt, wobei neben der kurzfristigen Liquiditätssicherung auf die bilanz- und zahlungs-stromorientierte mittelfristige Finanzplanung besonderer Wert gelegt wird. Die Aufgabe des Investitions-Controlling (Kapitel V) ist die Bereitstellung geeigneter Verfahren zur Investitionsrechnung, zur Datenermittlung und Risikobeurteilung, zur Koordination von Investitionsprojekten im Rahmen der Investitionsplanung sowie zur laufenden Investitionskontrolle. Im Rahmen des Beschaffungs-Controlling (Kapitel VI) interessieren insbesondere die Lieferantenanalyse sowie diejenigen Beschaffungspreise, die aus gesamtbetrieblicher Sicht maximal für ein zu beschaffendes Gut gezahlt werden können (Preisobergrenzen). In Kapitel VII stehen im Rahmen des Produktions-Controlling die differenzierte kostenstellenbezogene Überwachung der Produktionskosten unter besonderer Berücksichtigung von Nutz- und Leerkosten sowie die Möglichkeiten und Folgen einer ungeplanten Betriebsunterbrechung im Vordergrund der Betrachtung. In Kapitel VIII, Logistik-Controlling, steht die Wirtschaftlichkeitskontrolle im Vordergrund. Ausgehend von der Logistikkosten- und -leistungsrechnung sind die wichtigsten Logistikleistungsarten und die entsprechend funktional zuordenbaren Kosten zu analysieren und über entsprechende verdichtete Kennzahlen zu kontrollieren. In Kapitel IX, Absatz-Controlling, wird diskutiert, welche Anpassungsmaßnahmen bei wechselnden

Absatzmarktbedingungen möglich und erforderlich sind. Kurzfristige Deckungsbeitragsanalysen und langfristige Strategieentscheidungen bilden einen weiteren Schwerpunkt in diesem Kapitel.

Dieses Buch hätte nicht erscheinen können ohne die vielen konstruktiven Anregungen, die ich von Kollegen, Mitarbeitern und Führungskräften zahlreicher Unternehmen erhalten habe. Sehr intensiv haben mir meine Mitarbeiter geholfen: Dipl.-Kfm. *Wilfried Geiß,* Dipl.-Kfm. Dr. *Christoph Lange* und Dipl.-Kfm. *Hermann J. Richter* haben mit harter Kritik und vielen eigenen Gedanken zum Entstehen dieses Buches beigetragen. Herr Dipl.-Kfm. *Ulrich Kleinschnittger* und Frau Dipl.-Kfm. *Monika Palloks* haben eine Vielzahl von Tabellen und Analysen erstellt und so manchen Fehler bereits in seinem Entstehen verhindert. Frau cand. rer. pol. *Dagmar Galka,* Frau Dipl.-Kfm. *Christiane Kersting,* Frau cand. rer. pol. *Anja Müller* und Frau stud. rer. pol. *Annette Teiner* haben die Zeichnungen erstellt und mit viel Geduld auch alle nachträglichen Korrekturen und Änderungen ausgeführt. Frau *Monika Boenigk* und Frau *Marta Kwieciak* haben die zahlreichen Entwürfe, Rohfassungen und Reinfassungen mit großer Sorgfalt geschrieben. Ihnen allen gebührt mein herzlicher Dank wie auch Herrn Dipl.-Vw. *Sobotka* (Vahlen Verlag) für die gute Zusammenarbeit bei der Herausgabe des Buches.

Dortmund, im Juli 1985 *Thomas Reichmann*

Inhaltsverzeichnis

Vorwort	V
Abbildungsverzeichnis	XXI
Abkürzungsverzeichnis	XXVIII

I. Kapitel: Grundlagen der Controlling-Konzeption	1
A. Controlling und Controlling-Konzeption	1
1. Die Entwicklung des Begriffs Controlling	1
2. Die Struktur des Controlling	3
a) Die Controllingziele	3
b) Die Controllingaufgaben	3
c) Die Controlling-Konzeption	5
(1) Controlling-Konzeption und Entscheidungsbezug	8
(2) Controlling-Konzeption und Informationsversorgung	10
d) Das Controlling-System	13
e) Die Controlling-Applikation	14
f) Die Controllinginstitution	16
B. Kennzahlen und Kennzahlensysteme	19
1. Kennzahlen	19
a) Der Kennzahlenbegriff	19
b) Die Funktion von Kennzahlen	20
c) Klassifikationsmöglichkeiten von Kennzahlen	21
d) Grenzen der Kennzahlenanwendung	22
2. Kennzahlensysteme	22
a) Der Begriff „Kennzahlensystem"	23
b) Funktion von Kennzahlensystemen	23
c) Kennzahlensysteme zur externen Analyse finanzwirtschaftlicher Daten	25
d) Kennzahlensysteme zur internen Analyse	27
(1) Kennzahlensysteme als Instrumente zur Frühwarnung	28
(2) Kennzahlensysteme im Planungs- und Kontrollprozeß	28
3. Multifunktionale Kennzahlensysteme	30
a) Das ZVEI-Kennzahlensystem	30
b) Das RL-Kennzahlensystem	32
(1) Grundlagen des RL-Systems	32
(2) Der allgemeine Teil des RL-Kennzahlensystems	33
(a) Der Rentabilitätsteil	33
(b) Der Liquiditätsteil	36
(3) Der Sonderteil	37
II. Kapitel: Theoretische Grundlagen von Kennzahlensystemen als Controlling-Instrument	39
A. Zielsysteme	40
B. Grundlagen der Modellbildung	43
1. Beschreibungsmodelle und Kennzahlenkonzeptionen	46
2. Erklärungsmodelle und Kennzahlenkonzeptionen	48
3. Entscheidungsmodelle und Kennzahlensysteme	52
4. Die Interpretation von Kennzahlensystemen vor dem Hintergrund betriebswirtschaftlicher Modelle	53
C. Das RL-Kennzahlensystem	53

XIV   Inhaltsverzeichnis

D. Das RL-Jahresabschluß-Kennzahlensystem 59
   1. Das RL-Jahresabschluß-Kennzahlensystem für den zwischen- und überbetrieblichen Vergleich 62
   2. Das RL-Jahresabschluß-Kennzahlensystem zur globalen Planung und Kontrolle 64
      a) Aufgaben einer kennzahlengestützten globalen Planung und Kontrolle ... 65
         (1) Dokumentation und Analyse des Ergebnisses (Erfolgsanalyse) 65
         (2) Steuerung von Erfolg und Liquidität 66
         (3) Unterjähriger Plan-Ist-Vergleich 67
      b) Instrumente zur globalen Planung und Kontrolle 67
         (1) Die Planbilanz 68
         (2) Die Plan-Gewinn- und Verlustrechnung 70
      c) Aufbau des RL-Jahresabschluß-Kennzahlensystems 73
         (1) Analyse der Ertragskraft auf Basis des Gesamt- und Umsatzkostenverfahrens 73
         (2) Kennzahlen zur Steuerung von Erfolg und Rentabilität 77
         (3) Kennzahlen zur Steuerung der Liquidität 84
      d) Die Überprüfung der Einhaltung der Kreditwürdigkeit anhand von Bilanznormen 90
      e) Die Darstellung der Vermögenslage aufgrund von Verkehrswerten 93
      f) Die Überwachung der Substanzerhaltung 95

III. Kapitel: Das Kosten- und Erfolgs-Controlling 99

A. Aufgaben des Kosten- und Erfolgs-Controlling 99
   1. Die Notwendigkeit betrieblicher Anpassungen an wechselnde Marktverhältnisse 99
   2. Die laufende Erfolgs- und Wirtschaftlichkeitskontrolle 105
B. Instrumente des Kosten- und Erfolgs-Controlling 105
   1. Die Umsatzplanung 106
      a) Die artikel- bzw. artikelgruppenbezogene Umsatzplanung 107
         (1) Die Auswahl der umsatzbeeinflussenden Größen mit Hilfe der Korrelationsrechnung 107
         (2) Die Klärung der zeitlichen Wirkungszusammenhänge im Rahmen der Korrelationsrechnung 108
         (3) Die Feststellung der funktionalen Zusammenhänge zwischen Umsatz und umsatzbestimmenden Einflußgrößen 109
         (4) Die Ableitung der Prognoseumsätze 110
         (5) Die Bestimmung der durchschnittlichen Prognose-Abweichung ... 113
      b) Der zeitabhängig kumulierte Umsatzplan 114
   2. Die Kostenplanung 117
      a) Voraussetzung für die Planung entscheidungsrelevanter Kosten 118
         (1) Das System der betrieblichen Detailpläne als relevante Informationsbasis für die Kostenplanung 118
         (2) Das Kostenrechnungssystem als Instrument zur Informationsverarbeitung für die Kostenplanung 118
            (a) Der Begriff der entscheidungsrelevanten Kostenrechnung 118
            (b) Das System der Vollkostenrechnung als Grundlage der Kostenplanung im Controllingsystem 119
            (c) Das System des Direct Costing als Grundlage der Kostenplanung im Controllingsystem 121
            (d) Die Grenzplankostenrechnung als Grundlage der Kostenplanung im Controllingsystem 124
            (e) Die relative Einzelkosten- und Deckungsbeitragsrechnung als Grundlage der Kostenplanung im Controllingsystem 125
         (3) Vorbereitende Arbeiten für die Durchführung der Kostenplanung ... 127

     b) Die Einzelkostenplanung 128
     c) Die Gemeinkostenplanung 129
     d) Der zeitabhängig kumulierte Kostenplan 132
  3. Die Erfolgsplanung 136
  4. Die Gewinnschwellenanalyse (Break-Even-Point-Analyse) als Planungsinstrument 137
     a) Das Grundmodell der Break-Even-Point-Analyse 139
     b) Die Anwendungsmöglichkeiten der Break-Even-Point-Analyse im Rahmen des Controlling 141
  5. Die Matrix der auf- und abbaufähigen fixen Kosten als Planungsinstrument .. 144
     a) Die Auf- und Abbaufähigkeit der fixen Kosten in ihrer sachlichen Struktur 145
     b) Die Auf- und Abbaufähigkeit der fixen Kosten in ihrer zeitlichen Struktur . 146
     c) Die Auf- und Abbaufähigkeit der fixen Kosten in ihrer Wirkung auf die Betriebsbereitschaft 147
C. Das Kosten- und Erfolgs-Controlling bei wechselnden Marktverhältnissen 149
  1. Preissenkung als Mittel zur Anpassung an wechselnde Marktverhältnisse 149
  2. Die Anpassung von Produktion und Lagerhaltung an einen rhythmisch schwankenden Absatzverlauf 151
     a) Grundsätzliche Überlegungen zur Lösung des Anpassungsproblems bei schwankendem Absatzverlauf durch Lagerhaltung 151
     b) Die Anpassung von Produktion und Lagerhaltung an einen rhythmisch schwankenden Absatzverlauf bei gegebener Kapazität 152
     c) Die Anpassung von Produktion und Lagerhaltung an einen rhythmisch schwankenden Absatzverlauf bei veränderlicher Kapazität 156
  3. Die Anpassung des Produktion- und Absatzprogramms an wechselnde Marktverhältnisse 157
     a) Die Beeinflussung der Absatzmenge mit Hilfe produktpolitischer Maßnahmen 157
     b) Die Bestimmung des optimalen Produktions- und Absatzprogramms 159
     c) Die Bestimmung relativer Preisgrenzen zur Erhaltung des optimalen Produktions- und Absatzprogramms 161
        (1) Die Bestimmung relativer Preisgrenzen für Absatzgüter 162
        (2) Die Bestimmung relativer Preisgrenzen für Beschaffungsgüter 167
  4. Fixkostenmanagement als Mittel zur Anpassung an wechselnde Marktverhältnisse 169
  5. Die vorübergehende Einstellung der Produktion als Mittel zur Anpassung an wechselnde Marktverhältnisse 171

IV. Kapitel: Das Finanz-Controlling 181

A. Die Aufgaben des Finanz-Controlling 181
  1. Die Liquiditätssicherung als Hauptaufgabe 181
  2. Einzelaufgaben des Finanz-Controlling 182
     a) Einzelaufgaben und Phasenkriterium 182
     b) Strukturelle Liquiditätssicherung 182
     c) Laufende Liquiditätssicherung 183
     d) Haltung der Liquiditätsreserve 184
B. Das Instrumentarium des Finanz-Controlling 185
  1. Die zeitliche Struktur der Finanzplanung 185
  2. Die langfristige Finanzplanung zur strukturellen Liquiditätssicherung 186
     a) Die langfristige Planung als bilanzorientierte Globalplanung 186
     b) Die Bilanzstrukturplanung unter Berücksichtigung von Kennzahlennormen 187
        (1) Die Bedeutung von Kennzahlennormen für die strukturelle Liquiditätssicherung 187
        (2) Bilanzstrukturplanung mit Hilfe von Plan-Bilanzen und Plan-Bewegungsbilanzen 189

XVI   Inhaltsverzeichnis

    (3) Die Bedeutung der Bilanzstrukturplanung im Rahmen der langfristigen Finanzplanung 194
   c) Die langfristige globale Zahlungsüberschußplanung mit Hilfe eines Teil-Finanzplans 195
    (1) Die Ableitung des langfristigen Teil-Finanzplans aus der langfristigen Global-Erfolgsplanung 195
    (2) Die Aussagefähigkeit der globalen Zahlungsüberschußplanung für die langfristige Finanzplanung 199
  3. Die mittel- und kurzfristige Finanzplanung zur laufenden Liquiditätssicherung 203
   a) Anforderungen an die mittel- und kurzfristige Finanzplanung 203
    (1) Formale Anforderungen an die Finanzplanung 203
    (2) Inhaltliche Anforderungen an die Finanzplanung 204
    (3) Integration durch Finanzplanung 205
   b) Der Finanzplan als Instrument der kurz- und mittelfristigen Finanzplanung   205
    (1) Sektoren des Finanzplans 205
    (2) Die Aussagefähigkeit der kurz- und mittelfristigen Finanzplanung für die laufende Liquiditätssicherung 212
 C. Die Finanzkontrolle als Aufgabe des Finanz-Controlling 214

V. Kapitel: Das Investitions-Controlling 217

 A. Die Aufgabenbereiche des Investitions-Controlling 217
  1. Investitionsplanung, Investitionsrealisierung und Investitionskontrolle 217
  2. Die Einzelaufgaben 218
   a) Anregung neuer Investitionen 218
   b) Koordination der Investitionsplanung und des Investitionsvolumens 219
   c) Entscheidungsvorbereitung 220
   d) Realisationskontrolle 221
   e) Laufende Investitionsnachrechnung 222
 B. Das Instrumentarium des Investitions-Controlling 222
  1. Zielorientiertes System der Investitionsplanung und -kontrolle 222
  2. Die Wertanalyse als systematische Problemlösungsmethode 223
  3. Konzepte der Investitionsrechnung 226
  4. Statische Verfahren der Investitionsrechnung 226
   a) Kosten- und Erfolgsvergleich 227
   b) Maschinenstundensatzrechnung 229
   c) Rentabilitätsvergleich 231
   d) Statischer Amortisationsvergleich 235
  5. Dynamische Verfahren der Investitionsrechnung 237
   a) Kapitalwert-, Annuitäten- und Interne-Zinsfuß-Methode 237
   b) Dynamischer Amortisationsvergleich 240
   c) Aussagewert der dynamischen Verfahren der Investitionsrechnung 240
    (1) Beurteilung von Kapitalwert-, Annuitäten- und Interner-Zinsfuß-Methode 240
    (2) Aussageverbesserungen durch Anwendung der Endwert-Methode ... 241
    (3) Aussageverbesserungen durch eine gesonderte Risikoanalyse (im weiteren Sinne) 243
    (4) Aussageverbesserungen durch Berücksichtigung der Ertragsteuerwirkung 245
  6. Nutzwertanalyse 247
 C. Überprüfung und Normierung der Daten der Investitionsrechnungen durch das Investitions-Controlling 248
  1. Datenermittlung 248
  2. Erwartete Umsätze 250
  3. Planauslastungsgrade 250

Inhaltsverzeichnis XVII

    4. Laufende Kosten/Auszahlungen 250
    5. Kalkulatorische Kapitalkosten bei den statischen Verfahren 251
    6. Kalkulationszinsfuß 252
D. Grundsätze für eine Investitions-Controlling-Konzeption zur Entscheidungsvorbereitung 253
E. Konzepte zur Investitionskontrolle 254

VI. Kapitel: Das Beschaffungs-Controlling 259

A. Aufgaben des Beschaffungs-Controlling 259
B. Instrumente des Beschaffungs-Controlling 262
    1. Die Beschaffungsmarktforschung und Lieferantenanalyse 262
    2. Die ABC-Analyse 265
    3. Die Betriebsunterbrechungsanalyse 267
    4. Die Preisobergrenzenbestimmung 267
        a) Die Preisobergrenzenbestimmung für die Einproduktunternehmung 268
        b) Die Preisobergrenzenbestimmung für die Mehrproduktunternehmung 271
        c) Die Bedeutung der Preisobergrenzenbestimmung für das Beschaffungs-Controlling 273
C. Das Beschaffungs-Controlling zur Wirtschaftlichkeitskontrolle, Beurteilung der Einkaufsleistung und zur Absicherung der betrieblichen Materialversorgung ... 274

VII. Kapitel: Das Produktions-Controlling 277

A. Aufgaben des Produktions-Controlling 277
B. Instrumente des Produktions-Controlling 280
    1. Die kostenstellenbezogene Soll-Ist-Abweichungsanalyse 281
        a) Grundlagen des Soll-Ist-Kostenvergleichs 281
        b) Die Festlegung von controllingrelevanten Abweichungstoleranzschwellen . 285
        c) Die Analyse von Verbrauchsabweichungen 286
        d) Spezialabweichungen 288
    2. Die Nutz- und Leerkostenanalyse 289
    3. Die betriebsbereitschaftsgradorientierte Kostenanalyse 292
    4. Die Betriebsunterbrechungs-Risikoanalyse 300
        a) Die Ausgangsdaten des Modells ohne Berücksichtigung von Betriebsunterbrechungsrisiken 303
        b) Die modelltheoretische Berücksichtigung von Betriebsunterbrechungsrisiken 305
C. Das produktionsorientierte Qualitäts-Controlling 318
    1. Aufgabe des Qualitäts-Controlling 318
    2. Instrumente des Qualitäts-Controlling 321
        a) Die Fehler-Möglichkeits- und Einfluß-Analyse 321
        b) Die Qualitätskosten- und -leistungsrechnung 323
    3. Das Qualitäts-Controlling zur Wirtschaftlichkeitskontrolle und Entscheidungsvorbereitung 325

VIII. Kapitel: Das Logistik-Controlling 331

A. Aufgabe des Logistik-Controlling 331
B. Instrumente des Logistik-Controlling 332
    1. Die Materialbedarfsplanung 332
    2. Die Logistikkosten- und Logistikleistungsrechnung 335
C. Das Logistik-Controlling zur Wirtschaftlichkeitskontrolle und Entscheidungsvorbereitung 343

XVIII Inhaltsverzeichnis

IX. Kapitel: Das Marketing-Controlling 355
A. Ziele und Aufgaben des Marketing-Controlling 355
   1. Festlegung der Bezugsobjekte des Marketing-Controlling 356
   2. Planung des Zeitbezuges der Daten 357
B. Instrumente des Marketing-Controlling 359
   1. Kostenvergleichsrechnung 359
   2. Deckungsbeitragsrechnung 360
   3. Fallbeispiel: Mehrperiodische Preis- und Produktpolitik auf Basis der
      Deckungsbeitragsrechnung 362
   4. Deckungsbeitragsflußrechnung 366
   5. Erlösabweichungsanalyse 370
C. Controlling des Marketing-Mix 371
   1. Unterstützung preis- und konditionenpolitischer Entscheidungen 372
   2. Unterstützung programm- und sortimentspolitischer Entscheidungen 376
   3. Unterstützung kommunikationspolitischer Entscheidungen 379
   4. Unterstützung distributionspolitischer Entscheidungen 381
      a) Ziele und Aufgaben des Vertriebs-Controlling als Komponente der Distribu-
         tionspolitik 382
      b) Instrumente des Vertriebs-Controlling 384
         (1) Vertriebskostenrechnung 384
         (2) Vertriebserfolgsrechnungen 387
         (3) Vertriebswegeanalysen 391
         (4) Außendienstmitarbeitersteuerung 393
         (5) Außendienstberichtswesen 395
      c) Kennzahlen zur Steuerung des Vertriebs 395
   5. Koordination der strategischen und operativen Marketing-Planung und
      -Kontrolle 404

X. Kapitel: Das strategische Controlling 405
A. Ziele und Aufgaben der strategischen Unternehmensführung 405
B. Strategisches Controlling 408
   1. Abgrenzung von strategischem und operativem Controlling 408
   2. Aufgaben des strategischen Controlling 409
      a) Strategisches Controlling und strategische Planung 410
      b) Strategische Kontrolle 414
   3. Instrumente des Strategischen Controlling 416
      a) Die strategische Informationsbedarfsanalyse 416
         (1) Methode der kritischen Erfolgsfaktoren 417
         (2) Business Systems Planning 417
         (3) Methode der Schlüsselindikatoren (Key Indicator System) 418
      b) Die GAP-Analyse 418
      c) Das Erfahrungskurvenkonzept 419
      d) Das Portfolio-Management 421
         (1) Die Bildung strategischer Geschäftseinheiten 421
         (2) Die Portfolioanalyse 422
      e) Die Produktlebenszyklusanalyse 424
C. Das strategische Kosten- und Erfolgs-Controlling 428
   1. Kostenstrukturmanagement als zentrale Controllingaufgabe in einem veränder-
      ten Wettbewerbs- und Unternehmensumfeld 428
   2. Bezugsrahmen eines strategischen Kosten- und Erfolgs-Controlling 431
   3. Ausrichtung der Kostenrechnung auf die Wettbewerbsstrategien 434
   4. Target Cost Management 444
      a) Entwicklung des Target Cost Managements 444
      b) Analyse der relevanten Zielkostenvergleichsobjekte 446

c) Ermittlung produktbezogener Zielkosten 448
d) Zielkostenspaltung 453
   (1) Die Komponentenmethode 453
   (2) Die Funktionsmethode 454
   (3) Kostenartenbezogene Verteilung der Baugruppenzielkosten 457
   (4) Spezielle Probleme der Zielkostenspaltung 457
e) Zielkostenmanagement 459
f) Kontinuierliche Ziel-/Ist-Abweichungsanalysen 462
5. Die Unternehmenswertkette als Anknüpfungspunkt für ein strategisches Kostenmanagement 463
6. Die Konzeption der Prozeßkostenrechnung 465
   a) Entwicklung und Grundlagen der Prozeßkostenrechnung 465
   b) Analyse und Strukturierung der Unternehmensaktivitäten 467
   c) Prozeßkostenstellenrechnung 469
   d) Prozeßkostenkalkulation 470
   e) Verdichtung der Teilprozesse zu Hauptprozessen 473
   f) Prozeßorientierte Portfolioanalyse als Schnittstelle zum strategischen Controlling 474
   g) Die Fixkostenmanagementorientierte Plankostenrechnung als integrativer Kostenrechnungsansatz 476
      (1) Implikationen für die Differenziertheit des Werteausweises in der Kostenartenrechnung 480
      (2) Anforderungen an die modifizierte Ausgestaltung einer (Prozeß-) Kostenstellenrechnung 481
      (3) Anforderungen an die modifizierte Ausgestaltung einer (Prozeß-) Angebotskalkulation 486
      (4) Zur Ausgestaltung einer fixkostenmanagement- und prozeßorientierten Plan-Angebotskalkulation 492
7. Ausgestaltung eines strategischen Controllingberichtswesens 496
D. Das strategische Marketing-Controlling 504
1. Ziele und Aufgaben 504
2. Erweitertes Lebenszyklus-Portfoliomodell 506
3. Möglicher Analysepfad eines strategischen Marketing-Controlling 511
4. Entwicklung von strategischen Frühaufklärungssystemen 513
E. Die Szenarioanalyse von Umsteiger- und Aussteigerstrategien als Open System Simulation (OSS) 517
1. Die Szenariosimulation als Instrument des Strategischen Controlling 517
2. Die Open System Simulation am Beispiel eines Hotelneubaus 518
3. Die Open System Simulation am Beispiel einer strategischen Lagersystemplanung 522
4. Fixkostenmanagement im Kontext der Szenariosimulation 528

XI. Kapitel: Das DV-gestützte Controlling 529

A. Entwicklung und Stand der DV-Unterstützung im Rechnungswesen und Controlling 529
B. Grundvoraussetzungen und informationstechnische Möglichkeiten einer DV-Unterstützung 535
1. Betriebswirtschaftliche Anforderungen an eine DV-Unterstützung 536
2. Informationstechnische Anforderungen an eine DV-Unterstützung 539
C. Beispiele für die Umsetzung einer DV-Unterstützung von Rechnungswesen und Controlling 547
1. Betriebswirtschaftliche Anwendungen auf der Basis des Data Warehouse-Konzepts von *Oracle* 547
2. Der ganzheitliche Ansatz des Systems R/3 der *SAP AG* 550

3. Das Führungsinformationssystem FIS 555
   a) Anforderungen an die Grunddatenbereitstellung und -verwaltung 559
   b) Anforderungen an die Auswertungsmöglichkeiten 561

XII. Kapitel: Das Informationsverarbeitungs-Controlling 565

A. Begriffliche Abgrenzung des Informationsverarbeitungs-Controlling 565

B. Instrumente des IV-Controlling 567
  1. Anforderungen an das IV-Controlling 567
  2. Operative Instrumente des IV-Controlling 568
    a) Erweiterte Kostenrechnungssysteme als Grundlage für das IV-Controlling 570
    b) IV-Kennzahlen 572
    c) Fallbeispiel für den Einsatz der IV-Kennzahlen 579
  3. Strategische Instrumente des IV-Controlling 589
    a) Strategische Informationsverarbeitungsfelder 594
    b) Strategische Informationssystemplanung (SISP) 596

XIII. Kapitel: Euro-Controlling 599

A. Die Konzeptionsebene des Euro-Controlling 600

B. Die Systemebene des Euro-Controlling 602

C. Die Applikationsebene des Euro-Controlling 605
  1. Die Konzernrechnungslegung als betriebswirtschaftliche Applikation 605
  2. Das EIS als DV-technische Applikation 607

Anhang: RL-Bilanzkennzahlen-Ermittlungsschemata 611

Literaturverzeichnis 645

Stichwortverzeichnis 673

Abbildungsverzeichnis

Abb. 1:	Controllingziele und Controllingaufgaben	4
Abb. 2:	Ermittlung der Controllingaufgaben	4
Abb. 3:	Gesamtumfang der Controllingaufgaben	5
Abb. 4:	Die mehrdimensionale Controlling-Konzeption	6
Abb. 5:	Informationsstruktur des Controlling-Organisationssystems	7
Abb. 6:	Phasen des Entscheidungsprozesses	8
Abb. 7:	Informationsversorgung und Controlling	9
Abb. 8:	Die mehrdimensionale Controlling- und Informationskonzeption	11
Abb. 9:	Die Struktur des Controlling	13
Abb. 10:	Controllingbezogene Analyse und stufenweise Konkretisierung der Konzeptions-, System- und Applikationsebene	14
Abb. 11:	Der Weg von der Informationsaufbereitung zur Informationsanalyse	15
Abb. 12:	Controllingorganisation im Mittelbetrieb	17
Abb. 13:	Controllingorganisation im Großunternehmen	18
Abb. 14:	Das Du-Pont-Kennzahlensystem	25
Abb. 15:	Das ZVEI-Kennzahlensystem	31
Abb. 16:	Das RL-Kennzahlensystem	34
Abb. 17:	Zweck-Mittel-Beziehung im Zielsystem	40
Abb. 18:	Ziel-, Plan- und Kontrollsystem	40
Abb. 19:	Plan- und Kontrollsystem	41
Abb. 20:	Idealtypische Identität zwischen Kontrollsystem und Kennzahlenstruktur	42
Abb. 21:	Empirisch induktiv überprüftes, deduktiv ausgebautes Kennzahlensystem	43
Abb. 22:	Klassifikation von Kennzahlensystemen	45
Abb. 23:	Abbildung des Realsystems durch Kennzahlen	46
Abb. 24:	Lagerkosten als Funktion des Lieferbereitschaftsgrades	49
Abb. 25:	Fehlmengenkosten als Funktion des Lieferbereitschaftsgrades	49
Abb. 26:	Gesamtkosten der Lagerhaltung als Funktion des Lieferbereitschaftsgrades	50
Abb. 27:	Die Struktur der betrieblichen Planung	54
Abb. 28:	Das erweiterte RL-Kennzahlensystem	56
Abb. 29:	Der Zusammenhang von Betriebsvergleich und Unternehmensanalyse	60
Abb. 30:	Das RL-Kennzahlensystem für den zwischen- und überbetrieblichen Vergleich	61
Abb. 31:	Interdependenzen bei der Bilanzplanung	69
Abb. 32:	Zu beurteilende Bilanz vom 31.12.1996	69
Abb. 33:	Plan-Gewinn- und Verlustrechnung	72
Abb. 34:	Umstrukturierung einzelner GuV-Positionen	74
Abb. 35:	Die GuV nach dem Umsatzkostenverfahren	74
Abb. 36:	Das RL-Kennzahlensystem zur Steuerung von Erfolg und Liquidität	91
Abb. 37:	Grobstruktur einer Plan-Bilanz	92
Abb. 38:	Bilanzielle Normen zur Kreditwürdigkeitsprüfung	93
Abb. 39:	Bilanzmodifikation beim Ansatz von Verkehrswerten	95
Abb. 40:	Nebenrechnung zur Korrektur der Gewinn- und Verlustrechnung	97
Abb. 41:	Konjunkturelle Entwicklung im Zeitablauf	100
Abb. 42:	Verbrauchs- und Investitionsgüterkonjunktur	101
Abb. 43:	Konjunkturverlauf in den Branchen Elektrotechnik, Straßenfahrzeugbau sowie Eisen-, Blech- und Metallwaren	102
Abb. 44:	Konjunkturverlauf in der chemischen Industrie sowie im Textil- und Bekleidungsgewerbe	103
Abb. 45:	Zeitgeschichtete Korrelationskoeffizienten	109

XXII Abbildungsverzeichnis

Abb. 46: Preise und Umsätze der Radiorekorder 111
Abb. 47: Ableitung der Regressionsfunktion 112
Abb. 48: Tatsächliche und erwartete Umsätze sowie Umsatzabweichung 114
Abb. 49: Zeitabhängig kumulierter Umsatzplan 115
Abb. 50: Fehler der Fixkostenproportionalisierung 122
Abb. 51: Mehrstufige synthetische Gemeinkostenplanung 131
Abb. 52: Einstufige synthetische Gemeinkostenplanung 132
Abb. 53: Kostenplan der Fertigungsstelle A 133
Abb. 54: Zeitabhängig kumulierter Kostenplan 134
Abb. 55: Zeitabhängig kumulierter Erfolgsplan 138
Abb. 56: Graphische Break-Even-Point-Bestimmung 140
Abb. 57: Break-Even-Point-Intervall 141
Abb. 58: Umsetzung des Erfolgsplanes in die Break-Even-Point-Logik 142
Abb. 59: Zeitliche Fixkostenstruktur 147
Abb. 60: Gemeinkostenplan 148
Abb. 61: Preispolitik in der Rezession bei rückläufigen Nachfragemengen 150
Abb. 62: Preis-Absatzkurven bei polypolistischer Konkurrenz mit reaktionsfreiem
         Bereich 151
Abb. 63: Preis-Absatz-Funktion des Mengenanpassers 152
Abb. 64: Produktlebenszyklus 157
Abb. 65: Alternativ mögliche Umsatzentwicklungen 157
Abb. 66: ABC-Analyse 158
Abb. 67: Entscheidungskriterien der optimalen Produktions- und Absatzplanung . 159
Abb. 68: Kapazitätsinanspruchnahme der Produkte a und b 160
Abb. 69: Simplex-Iteration 161
Abb. 70: Parametrische Simplex-Iteration für Produkt a 162
Abb. 71: Simplex-Iteration zur Rückgewinnung eines optimalen Programms nach
         Unterschreitung der relativen Preisuntergrenze von Gut a in Höhe
         von 3,– DM 164
Abb. 72: Simplex-Iteration zur Rückgewinnung eines optimalen Programms
         nach Unterschreitung der relativen Preisuntergrenze von Gut a in Höhe
         von 1,– DM 165
Abb. 73: Parametrische Simplex-Iteration für die Produkte a und b 166
Abb. 74: Programmoptimale Kombination von d_1 und d_2 166
Abb. 75: Programmoptimale Kombination von q_1 und q_2 169
Abb. 76: Fixkostenabbaustruktur bei schwankender Beschäftigung 169
Abb. 77: Zusammenstellung proportionaler und abbaufähiger fixer Kosten 174
Abb. 78: Zusammenstellung partieller und totaler Erlösuntergrenzen 177
Abb. 79: Kosten- und Erfolgs-Controlling-Kennzahlensystem 179
Abb. 80: Bilanzielle Investitionsplanung 1.1. 1991–31.12. 1995 189
Abb. 81: Bilanzielle Finanzierungsplanung 1.1. 1991–31.12. 1995 190
Abb. 82: Ist-Bilanz 31.12. 1990 191
Abb. 83: Ist-Gewinn- und Verlustrechnung 31.12. 1990 191
Abb. 84: Plan-Bilanz 31.12. 1995 192
Abb. 85: Plan-Gewinn- und Verlustrechnung 31.12. 1995 192
Abb. 86: Finanzierungsstrukturübersicht 31.12. 1995 193
Abb. 87: Finanzierungs-Kennzahlen 1990–1995 195
Abb. 88: Brutto-Plan-Bewegungsbilanz 1991–1995 196
Abb. 89: Langfristige Global-Erfolgsplanung 196
Abb. 90: Langfristiger Teil-Global-Finanzplan 1991–1995 198
Abb. 91: Zusammengefaßte prospektive Finanzflußrechnung 1991–1995 in Mio DM 200
Abb. 92: Mittelfristige jährliche Finanzplanung 1991–1993 207
Abb. 93: Kurzfristiger unterjähriger Finanzplan 1991 210
Abb. 94: Aufgabenbereiche des Investitions-Controlling 217
Abb. 95: Portfolio-Matrix nach Zonen und strategische Stoßrichtungen für Investitionen und Desinvestitionen 220
Abb. 96: Zielorientiertes System der Investitionsplanung und -kontrolle 223

Abbildungsverzeichnis   XXIII

Abb. 97: Arbeitsschritte der Wertanalyse und Phasen der Investitionsplanung 225
Abb. 98: Konzepte der Investitionsrechnung 227
Abb. 99: Einmalige Zahlungen des Investitionsprojektes I (Fräszentrum) 228
Abb. 100: Einmalige Zahlungen des Investitionsprojektes II (Handoberfräsen) 229
Abb. 101: Laufende Zahlungen/Kosten des Investitionsprojekts I (Fräszentrum) ... 230
Abb. 102: Laufende Zahlungen/Kosten des Investitionsprojekts II (Handoberfräsen) 232
Abb. 103: Maschinenstundensatz für die Jahre 1991–1998, Investitionsprojekt I (Fräszentrum) 233
Abb. 104: Maschinenstundensatz für die Jahre 1991–1998, Investitionsprojekt II (Handoberfräsen) 233
Abb. 105: Investitionsvergleich auf Basis der Rentabilität der Differenzinvestition . 235
Abb. 106: Investitionsvergleich auf Basis der statischen Amortisationsdauer der Differenz-Investition (Durchschnittsmethode) 236
Abb. 107: Investitionsvergleich auf Basis der statischen Amortisationsdauer (Kumulationsmethode) 236
Abb. 108: Investitionsvergleich anhand des internen Zinsfußes der Differenz-investition 240
Abb. 109: Investitionsvergleich auf Basis der dynamischen Amortisationsdauer ... 242
Abb. 110: Kapitalwerte/Annuitäten des Investitionsprojekts I (Fräszentrum) unter Berücksichtigung der Ertragsteuerwirkung 244
Abb. 111: Kapitalwerte/Annuitäten des Investitionsprojekts II (Handoberfräsen) unter Berücksichtigung der Ertragsteuerwirkung 246
Abb. 112: Ablauf der Nutzwertanalyse als Instrument des Investitions-Controlling . 248
Abb. 113: Datenermittlung und Investitions-Controlling 249
Abb. 114: Investitions-Controlling-Kennzahlen und Prämissenstruktur 255
Abb. 115: Investitionskontrolle mit Hilfe von Kennzahlen 256
Abb. 116: Gewinn- und Verlustrechnung des beschaffenden Unternehmens 260
Abb. 117: Unternehmensanforderungen und Marktgegebenheiten 263
Abb. 118: Lieferantenbewertung mit Hilfe der Profilanalyse 265
Abb. 119: Ausgangsdaten der ABC-Analyse für Beschaffungsgüter 266
Abb. 120: Rechenschritte der ABC-Analyse für Beschaffungsgüter 266
Abb. 121: ABC-Analyse 267
Abb. 122: Preisobergrenzenberechnung (Beispiel) 270
Abb. 123: Ausgangsdaten für die Preisobergrenzenbestimmung im Mehrproduktfall bei konstanten Absatzmengen und -preisen 271
Abb. 124: Ausgangsdaten für die Preisobergrenzenbestimmung im Mehrproduktfall bei Alternativproduktion 272
Abb. 125: Das System der Kostenbestimmungsfaktoren 282
Abb. 126: Abweichungsermittlung im Rahmen der flexiblen Plankostenrechnung auf Vollkostenbasis 284
Abb. 127: Statistischer Signifikanztest 285
Abb. 128: Analyse von Trendentwicklungen 286
Abb. 129: Betriebsabrechnung auf Grenzkostenbasis mit ausgewiesenen Verbrauchs-abweichungen 287
Abb. 130: Systematik der Kostenabweichungen 288
Abb. 131: Unternehmensorientierter Kostenplan 294
Abb. 132: Gemeinkostenplan 298
Abb. 133: Produktionsstrukturdiagramm 302
Abb. 134: Variable Kosten pro Planungsabschnitt 303
Abb. 135: Engpaßplanung für die Kapazitäten C_3, C_4, C_5, C_6 (in Maschinenstunden pro Erzeugniseinheit bzw. pro Planungsabschnitt angegeben) 304
Abb. 136: Erträge pro Planungsabschnitt 305
Abb. 137: Deckungsbeiträge über variable Einzelkosten 305
Abb. 138: Fixe Kosten pro Planungsabschnitt 306
Abb. 139: Allgemeine Struktur der Produktionsunterbrechungskosten 312
Abb. 140: Deckungsbeiträge über variable und fixe Kosten pro Planungsabschnitt . . 314

Abb. 141: Engpaßplanung für die Kapazitäten C_3, C_4, C_5 oder C_6 317
Abb. 142: Gesamtkosten der Qualitätssicherung als Funktion des Qualitätserfüllungsgrades bei unterschiedlichen Kostenaggregationen 320
Abb. 143: Formblatt für eine FMEA 322
Abb. 144: Verdichtungsebenen eines Berichtssystems für qualitätsbezogene Kosten 325
Abb. 145: Beispiel für eine Fehlerkostenartenanalyse zur Bewertung der Fehlerursachen 326
Abb. 146: Kosten- und leistungsbezogene Kennzahlen des Qualitäts-Controlling . . 327
Abb. 147: Beispielhafter Aufbau eines Qualitätskostenberichtes 328
Abb. 148: Kundenbezogene Ermittlung der durchschnittlichen Lebensdauer und des durchschnittlichen Umsatzes im Referenzzeitraum 330
Abb. 149: Die Logistikkette im Unternehmen 331
Abb. 150: (t, S)-Politik unter Berücksichtigung von Absatzprognosewerten 334
Abb. 151: Die Warenbewegung pro Artikelgruppe in ihrer zeitlichen Verteilung . . 335
Abb. 152: Systematische Erfassung der in der betrieblichen Logistik entstehenden Leistungen und Kosten 336
Abb. 153: Logistikleistungsarten, Logistikverfahren und Logistikplankosten 338
Abb. 154: Betriebsabrechnungsbogen mit integrierter Logistikkostenrechnung 340
Abb. 155: Kalkulationsschema mit integrierten Logistikkosten 342
Abb. 156: Hauptaufgaben der Logistikkosten- und Logistikleistungsrechnung 343
Abb. 157: Zielausprägung unternehmenslogistischer Prozesse 345
Abb. 158: Die Bestimmung des optimalen Lieferbereitschaftsgrades 345
Abb. 159: Bedarfsmengenverteilung 346
Abb. 160: Materialbereitstellungsverfahren und Logistikkostenkategorien 348
Abb. 161: Distributionsstrukturen 348
Abb. 162: Kostenvergleich alternativer Distributionsstrukturen 349
Abb. 163: Zielkonflikte in der Logistik- und Produktionsplanung 350
Abb. 164: Die Kapitalbindung in den Beständen in Abhängigkeit von der Durchlaufzeit 350
Abb. 165: Logistik-Controlling-Kennzahlensystem 354
Abb. 166: Kriterien für die Wahl von Bezugsobjekten im Marketing 357
Abb. 167: Artikelbezogene Deckungsbeitragsrechnung 361
Abb. 168: Umsatzplan 362
Abb. 169: Kostenplan pro Monat 363
Abb. 170: Ausgangsdaten für die Deckungsbeitragsflußrechnung 369
Abb. 171: Beispiel einer Deckungsbeitragsflußrechnung 370
Abb. 172: Entscheidungstabelle für Preissenkungen 375
Abb. 173: Zeitlich kumulierte Deckungsbeiträge 375
Abb. 174: Aufbau einer Produkterfolgsrechnung 379
Abb. 175: Maßgrößen zur Verrechnung repetitiver Vertriebsleistungen 387
Abb. 176: Kundenorientierte Kostenstellenbildung im Rahmen eines Key-Account-Management 388
Abb. 177: Aufbau einer Kundendeckungsbeitragsrechnung 389
Abb. 178: Regionenerfolgskontrolle 390
Abb. 179: Deckungsbeitragsorientierte Vertriebswegebeurteilung 392
Abb. 180: Verfahrensvergleich zwischen Vertretern und Reisenden 393
Abb. 181: Staffel-Nutzen-Provisionssystem 395
Abb. 182: Gestaltungsebenen eines Außendienstberichtswesens 396
Abb. 183: Kennzahlensystem zum Vertriebs-Controlling 403
Abb. 184: Abgrenzung von operativ finanzieller, operativ erfolgswirksamer und strategischer Unternehmensführung 408
Abb. 185: Vergleichende Betrachtung von strategischem und operativem Controlling 410
Abb. 186: Phasen der strategischen Planung 411
Abb. 187: Beispiel für ein Stärken-/Schwächen-Profil 412
Abb. 188: Beurteilungsschema zur Erfassung der gefährdeten, unbestimmten und ungefährdeten Sparten 413

Abbildungsverzeichnis XXV

Abb. 189: Kontrolle der strategischen Planung 415
Abb. 190: GAP-Analyse 418
Abb. 191: Beispiel für eine Erfahrungskurve 420
Abb. 192: Bildung strategischer Geschäftseinheiten 422
Abb. 193: Grundschema der Portfolio-Matrix 424
Abb. 194: Das Produkt-Lebenszyklusmodell 425
Abb. 195: Das erweiterte Produkt-Lebenszyklusmodell 427
Abb. 196: Break-even-point bei alternativen Fixkostenstrukturen 430
Abb. 197: Bezugsrahmen für ein strategisches Kosten- und Erfolgs-Controlling.... 431
Abb. 198: Konsequenzen der Strategiewahl für die Informationsgenerierung der Kostenrechnung 435
Abb. 199: Kosten- und Erfolgs-Rechnungswesen und -Controlling 439
Abb. 200: Strukturelle und strategische Determinanten der Rechnungswesenausgestaltung 439
Abb. 201: Mögliche Differenzierungserfordernisse der Kostenträgerstückrechnung . 442
Abb. 202: Bestimmungsfaktoren des Rechnungswesens im Kontext von Unternehmen bestimmter Branchen und Umfeld 443
Abb. 203: Angebotspreis-Gegenwerts-Diagramm zur Bestimmung von Zielobjekten 447
Abb. 204: Alternative Methodenansätze der Zielkostenermittlung 450
Abb. 205: Ermittlung eines durchschnittlichen Angebotspreises im Rahmen des Target Costing 452
Abb. 206: Baugruppenspezifische Verteilung der Produktzielkosten nach der Komponentenmethode 453
Abb. 207: Funktionskostenmatrix der AUDI AG 455
Abb. 208: Baugruppenspezifische Verteilung der Produktzielkosten nach der Funktionsmethode 456
Abb. 209: Bestimmung der Zielkostenzone im Zielkostenkontrolldiagramm 456
Abb. 210: Instrumente im Rahmen des Zielkostenmanagements 460
Abb. 211: Phasenbezogenes Zielkostenmanagement durch aktive Mitarbeitersteuerung 461
Abb. 212: Modell einer Wertkette 463
Abb. 213: Auflösung und Verdichtung der Unternehmensaktivitäten im Rahmen der Prozeßkostenrechnung 468
Abb. 214: Prozeßkostenstellenrechnung am Beispiel der betrieblichen Logistik 469
Abb. 215: Prozeßkostenkalkulation am Beispiel der betrieblichen Logistik 471
Abb. 216: Produktbezogenes Ausgangsportfolio eines Portfolio-Analysepfades im Rahmen des Strategischen Kosten- und Erfolgs-Controlling 475
Abb. 217: Aktivitätsbezogener Aufriß des Produkt-Portfolios 476
Abb. 218: Fixkostenmanagementorientierte Plankostenrechnung als kombinierter Ansatz aus Grenzplankostenrechnung und Prozeßkostenrechnung 479
Abb. 219: Differenzierungsmöglichkeiten bezüglich des Kostencharakters 480
Abb. 220: Logistikkostenstellen, Logistikteilprozesse und Logistikmaßgrößen 482
Abb. 221: Beispiel für eine modifizierte Prozeßkostenstellenrechnung mit Originärkostenausweis 484
Abb. 222: Beispiel für eine Analyse kostenmanagementorientierter Prozeßkennzahlen 485
Abb. 223: Fixkostenmanagementorientierte progressive Plan-Angebotskalkulation auf Basis von Plan-Deckungsbeiträgen 487
Abb. 224: Fixkostenmanagementorientierte progressive Plan-Angebotskalkulation auf Basis von Plan-Deckungsbeiträgen (produkt- und auftragsbezogen differenziert) 488
Abb. 225: Flexibilitätsorientierte Kostenfunktionen 489
Abb. 226: Planangebotskalkulation in der Fixkostenmanagementorientierten Plankostenrechnung 491
Abb. 227: Ermittlung der produktbezogenen lmi-Logistikkostensätze 494
Abb. 228: Variable Gemeinkosten und differenzierte unternehmensfixe Kosten vor und nach Verrechnung 494

XXVI Abbildungsverzeichnis

Abb. 229: Fixkostenbindungsdauerorientierte Differenzierung der lmi-Logistikkostensätze 495
Abb. 230: Auszug aus einer fixkostenmanagement- und prozeßorientierten Plan-Angebotskalkulation 495
Abb. 231: Aufbau eines Standardberichtes im strategischen Kosten- und Erfolgs-Controlling 498
Abb. 232: Strategischer Profilvergleich am Beispiel von ausgewählten Finanz-, Kostenrechnungs- und Marktindikatoren 499
Abb. 233: Produkt- und segmentbezogener Spezialbericht mit integrierten Lebenszyklus und Prozeßkosten 500
Abb. 234: Strategisches Controlling-Kennzahlensystem 501
Abb. 235: Marktanteils- und wachstumsbezogene Produktpositionierung im Produktlebenszyklusmodell 506
Abb. 236: Erweitertes lebenszyklusorientiertes Marktwachstums-Marktanteils-Portfolio 508
Abb. 237: Beurteilung unterschiedlicher Portfolioelemente mit Hilfe von Rechnungswesen- und Controllinginstrumenten 510
Abb. 238: Marktauswahlmatrix im Strategischen Internationalen Marketing 511
Abb. 239: Aufbau eines segmentorientierten Marktwachstums-Marktanteils-Portfolios 512
Abb. 240: Segmentbezogene ABC-Analyse (nach Produkt- und/oder Kundenstruktur) 513
Abb. 241: Prinzipieller Aufbau eines Strategischen Frühaufklärungssystems 514
Abb. 242: Indikatorenselektion im Rahmen der strategischen Früherkennung im Hinblick auf die Reaktionsdringlichkeit und Auswirkung auf Schlüsselvariablen 515
Abb. 243: Strategisches Informations- und Instrumentalsystem zur Beurteilung von Strategiealternativen 516
Abb. 244: OSS-Entscheidungsbaum am Beispiel Hotelneubau 520
Abb. 245: Strategie-Lebenszyklus 521
Abb. 246: Kapitalwertvergleich im Rahmen der Open System Simulation (Zeitpunkt t_0) 522
Abb. 247: Kapitalwertvergleich im Rahmen der Open System Simulation (Zeitpunkt t_i) 523
Abb. 248: Alternative Lagerstrategien 524
Abb. 249: OSS-Entscheidungsbaum am Beispiel alternativer Lagersysteme 526
Abb. 250: OSS-Kapitalwertvergleich (Zeitpunkt t_0) 527
Abb. 251: OSS-Kapitalwertvergleich (Zeitpunkt t_i) 528
Abb. 252: Klassifikation von Anwendungssoftware 533
Abb. 253: Entwurf eines Datenwürfels für die multidimensionale Sicht auf einen Datenbestand 538
Abb. 254: Beispiele für betriebswirtschaftliche Anforderungen an eine DV-Unterstützung 539
Abb. 255: Der grundlegende Aufbau von ARIS 540
Abb. 256: Beispiele für informationstechnische Anforderungen an ein Informationssystem 543
Abb. 257: Entwurf eines konzeptionellen Data Warehouse Schemas 545
Abb. 258: Beispielhafter Aufbau eines OLAP-Systems 546
Abb. 259: Beispielhafter Drill-Down 548
Abb. 260: Beispiel für eine Selektion 549
Abb. 261: Struktur der Anwendungskomponenten Rechnungswesen 552
Abb. 262: Menüstruktur Controlling 552
Abb. 263: Struktur der Anwendungskomponenten des Bereichs Logistik 553
Abb. 264: Struktur der Anwendungssystemkomponenten Personalwesen 554
Abb. 265: Struktur der Basis 554
Abb. 266: ABAP4/Workbench / ABAP4/Editor 555
Abb. 267: Integrierte Controlling- und Informationskonzeption unter Berücksichtigung DV-technischer Umsetzungsmöglichkeiten 556

Abb. 268: Beispiel für eine Berichtsbaumhierarchie 558
Abb. 269: Informationsdimension Auswertungen 558
Abb. 270: Berichtsbaumhierarchie in FIS 559
Abb. 271: Struktur eines kombinierten Kennzahlenanalyseweges in einem Führungsinformationssystem 560
Abb. 272: Beispiel für eine Kennzahlenauswertung in FIS 561
Abb. 273: Grafische Präsentation der Analyseergebnisse 562
Abb. 274: Instrumente des operativen IV-Controlling 570
Abb. 275: Teilprozesse im IV-Bereich 572
Abb. 276: Teilprozesse in den Funktionsbereichen 572
Abb. 277: Kennzahlensystem zum IV-Controlling 580
Abb. 278: Abschreibungsplan der SAP-Software 582
Abb. 279: Mitarbeiterzahlen des Beispielunternehmens 583
Abb. 280: Grundlegende Daten des Beispielunternehmens 583
Abb. 281: IV-Kosten des Beispielunternehmens 584
Abb. 282: Einfluß der Informationssysteme auf strategische Wettbewerbsziele 591
Abb. 283: Strategische Schwerpunkte des IV-Controlling 594
Abb. 284: Matrix der strategischen Informationsfelder 596
Abb. 285: Einordnung der Informationssystemarchitektur in das Unternehmensgesamtmodell 597
Abb. 286: Die RL-Controlling-Konzeption und externe Einflußgrößen 601
Abb. 287: Ausgestaltung einer differenzierten Euro-Controlling-Konzeption 602
Abb. 288: Beispiel für einen Euro-Controlling-Systemansatz 603
Abb. 289: Möglichkeiten der Konzernrechnungslegung auf Basis der 4. und 7. EG-Richtlinie 606
Abb. 290: Berichtsbaumaufbau in einem Führungsinformationssystem 607

Abkürzungsverzeichnis

Agplan	Arbeitsgemeinschaft Planung e. V.
AktG	Aktiengesetz
AOS	Accounting, Organizations and Society
AR	The Accounting Review
asw	absatzwirtschaft
AW	Anschaffungswert
BB	Betriebsberater
BFH	Bundesfinanzhof
BFuP	Betriebswirtschaftliche Forschung und Praxis
BIFOA	Betriebswirtschaftliches Institut für Organisation und Automation
BUB	Betriebsunterbrechung
CA	Corporate Accounting
CIM	CIM Management
CM	Controller Magazin
CMR	California Management Review
DB	Der Betrieb
DBW	Die Betriebswirtschaft
Def.	Definition
Diss.	Dissertation
DIWA	Deutsches Institut für Wertanalyse
DU	Die Unternehmung
Ed.	Edition
EEV-Steuern	Steuern vom Einkommen, Ertrag, Vermögen
EJM	European Journal of Marketing
ESt	Einkommensteuer
EUG	Erlösuntergrenze
FEI	Financial Executive Institute
GmbHG	GmbH Gesetz
GewESt	Gewerbeertragsteuer
GewKapSt	Gewerbekapitalsteuer
GewStG	Gewerbesteuergesetz
GuV	Gewinn- und Verlustrechnung
HBR	Harvard Business Review
HdWW	Handwörterbuch der Wirtschaftswissenschaften
HFA	Hauptfachausschuß
HGB	Handelsgesetzbuch
HGBM	Handbook of German Business Management
HM	HARVARDmanager
HMD	Handwörterbuch moderner Datenverarbeitung
HWA	Handwörterbuch der Absatzwirtschaft
HWB	Handwörterbuch der Betriebswirtschaft
HWF	Handwörterbuch der Finanzwirtschaft
HWO	Handwörterbuch der Organisation
HWP	Handwörterbuch der Produktionswirtschaft
HWPl	Handwörterbuch der Planung
HWR	Handwörterbuch des Rechnungswesens
HWRev.	Handwörterbuch der Revision
InfM	Information Management
IO	io Management Zeitschrift
JCM	Journal of Cost Management

JfB	Journal für Betriebswirtschaft
JMAR	Journal of Management Accounting Research
KO	Konkursordnung
KRP	Kostenrechnungspraxis
KSt	Körperschaftsteuer
Kz	Kennziffer
LRP	Long Range Planning
MA	Management Accounting (USA)
ME	Mengeneinheiten
MKQ	The McKinsey Quarterly
M&M	Marktforschung & Management
MZFP	Marketing-Zeitschrift für Forschung und Praxis
NB	Neue Betriebswirtschaft
N.F.	Neue Folge
OECD	Organization for Economic Co-Operation and Development
OM	Office Management
o.V.	ohne Verfasser
PIK	Praxis der Informationsverarbeitung und Kommunikation
POG	Preisobergrenze
Pos.	Position
PUG	Preisuntergrenze
RegEHGB	Entwurf eines Gesetzes zur Durchführung der vierten Richtlinie des Rates der Europäischen Gemeinschaften zur Koordinierung des Gesellschaftsrechts (Bilanzrichtliniengesetz). Gesetzentwurf der Bundesregierung
RKW	Rationalisierungs-Kuratorium der Deutschen Wirtschaft e.V.
SMJ	Strategic Management Journal
SMR	Sloan Management Review
Vol.	Volume
VSt	Vermögensteuer
WiSt	Wirtschaftswissenschaftliches Studium
WISU	Das Wirtschaftsstudium
WPg	Die Wirtschaftsprüfung
ZfB	Zeitschrift für Betriebswirtschaft
ZfbF	Zeitschrift für betriebswirtschaftliche Forschung
ZfC	Controlling. Zeitschrift für erfolgsorientierte Unternehmenssteuerung
ZfhF	Zeitschrift für handelswissenschaftliche Forschung
ZfO	Zeitschrift für Organisation
ZFO	Zeitschrift Führung und Organisation
ZfOR	Zeitschrift für Operations Research
ZIR	Zeitschrift Interne Revision
ZVEI	Zentralverband der Elektrotechnischen Industrie e.V.

I. Kapitel
Grundlagen der Controlling-Konzeption

A. Controlling und Controlling-Konzeption

1. Die Entwicklung des Begriffs Controlling

Der Begriff des Controlling unterlag in seiner Entwicklung kontinuierlichen Veränderungen.[1] Zunächst wurde er lediglich im Sinne von **Kontrolle** verstanden, was zwangsläufig eine vergangenheitsbezogene Sichtweise des Controlling impliziert. Dieses Verständnis ist darauf zurückzuführen, daß der Begriff in seiner engsten Fassung nur auf die letzte Phase des Koordinations-, Planungs- und Kontrollprozesses bezogen wurde, nämlich die Kontrollphase.[2] Obwohl diese recht enge Abgrenzung des Controllingbegriffs schrittweise erweitert wurde, fehlte lange Zeit immer noch der Entscheidungs- und Informationsbezug, besonders im Zusammenhang mit der entscheidungsebenenbezogenen Verdichtung der Information. Eingeschlossen wurde jetzt allerdings die Planungsphase, so daß beispielsweise Planabweichungen in den Entscheidungsprozeß einbezogen werden konnten.[3] Die Vernachlässigung der Koordination von Entscheidungsbereichen zeigt sich auch in den Ausführungen zum Controlling, die (mehr empirisch-induktiv) an konkreten **Aufgabenkatalogen** orientiert waren. So wurden zum Beispiel in einem frühen Definitionsversuch des *Financial Executive Institute* Controllingaufgaben genannt, die sich mit dem „planning for control, reporting and interpreting, evaluation and consulting, tax administration, government reporting, protection of assets, economic appraisal" beschäftig-

---

[1] Vgl. dazu beispielsweise die Beschreibung des Controllingbegriffs bei *Harbert, Ludger:* Controlling-Begriffe und Controlling-Konzeptionen, Bochum 1982, S. 4–139 und *Männel, Wolfgang; Schmidt, Rudolf:* Controlling-Konzeption, in: KRP, o. Jg. (1988), 1, S. 39–41 oder auch bei *Horváth, Péter:* Controlling, 5. Aufl., München 1992, S. 28 ff. sowie bei *Weber, Jürgen; Bültel, Dirk:* Controlling – Ein eigenständiges Aufgabenfeld in den Unternehmen der Bundesrepublik Deutschland, in: DBW, 52. Jg. (1992), 4, S. 535–546.
[2] Vgl. hierzu zum Beispiel *Lawrence, Paul R.; Lorsch, Jay W.:* Organization and Environment. Managing Differentiation and Integration, 8th ed., Homewood (Ill.) 1973; *Rumpenhorst, G.:* Der Controller – Aufgaben und Stellung im Unternehmen, in: Der Betriebswirt, 18. Jg. (1977), 1, S. 11–14, hier S. 11.
[3] Vgl. *Horngren, Charles T.:* Accounting for Management Control, 4th ed., London 1978, S. 4 f. und 7 oder auch *Budde, Rainer:* Basis des Controlling, Notwendigkeit – Verfahren – Techniken, in: Rechnungswesen – Datentechnik – Organisation, 18. Jg. (1972), S. 130–134, hier S. 130 sowie *Peemöller, Volker H.:* Praktisches Lehrbuch Controlling und betriebliche Prüfung, München 1978, S. 29.

ten.[4] Auch in der deutschsprachigen Literatur war Anfang der siebziger Jahre der Entscheidungsbezug noch nicht integriert. Bei *Hauschildt* finden sich Aufgabenbereiche des Controlling wie z.B. die Planungsrechnungen, Finanzbuchhaltung, Kontrollrechnungen, Vorstandsberatung im Rahmen des Aufbaus und der Verbesserung des Informationssystems und Anregung von Revisionen der tolerierbaren bzw. nicht tolerierbaren Planabweichungen.[5] Erst bei *Chmielewicz*,[6] der die Aufgabe des Controlling in der Anpassung des Rechnungswesens an den Informationsbedarf des Entscheidungsträgers sieht, ebenso wie bei *Reichmann* und *Heigl*,[7] die Controlling als Beschaffung, Aufbereitung und Koordination von Informationen definieren, wird der Notwendigkeit einer Integration des Entscheidungs- und Informationsbezugs Rechnung getragen.

In jüngerer Zeit werden wesentlich mehr Tätigkeiten unter dem Begriff des Controlling zusammengefaßt als noch vor einigen Jahren. So haben *Weber* und *Bültel*[8] in einer Analyse der Entwicklung des Controlling-Anforderungsprofils festgestellt, daß die geforderten Fähigkeiten des Controllers, die in den fünfziger und sechziger Jahren noch primär im Bereich der Bilanzierung bzw. der Konzernbilanzierung gelegen haben, in den frühen achtziger Jahren um Eigenschaften wie Durchsetzungsvermögen und analytische Fähigkeiten bei Tätigkeiten wie Soll-Ist-Vergleichen, Abweichungsanalysen und der Kostenüberwachung erweitert wurden. Darüber hinaus ist das Controlling hinsichtlich seiner funktionalen und institutionalen Aufgabenbereiche erweitert worden. So ist zum Beispiel das strategische Controlling mit aufgenommen worden. Eine wichtige Rolle spielt dabei zunehmend auch die Informationstechnologie, ohne deren Unterstützung die Informationserfassungs- und -auswertungsaufgaben eines informationsbezogenen Controlling nicht mehr zu bewältigen wäre. Dem neueren Verständnis wird in diesem Zusammenhang u.a. bei *Horváth*[9] Rechnung getragen, der dabei vorrangig auf die **Koordinationsfunktion** des Controlling abstellt. Er versteht unter Controlling ein unterstützendes Subsystem der Führung, das Planung, Kontrolle und Informationsversorgung koordiniert.

Folgt man den heterogenen Anforderungen, mit denen sich ein Unternehmen täglich auseinanderzusetzen hat, stellt man fest, daß es nicht ausreicht, dem Controlling lediglich bestimmte Aufgaben und Aktivitäten zuzuordnen. Vielmehr be-

---

[4] Vgl. o.V.: Controllership and Treasurership Functions Defined by FEI, in: The Controller, Vol. 30 (1962), S. 289.
[5] Vgl. *Hauschildt, Jürgen*: Finanzvorstand, Treasurer, Controller. Das Finanzmanagement in der Stellenbeschreibung, in: Neue Betriebswirtschaft, 25. Jg. (1972), 4, S. 1–17, hier S. 6. Weitere Aufgabenlisten finden sich bei *Knecht, Hans-Werner*: Controllership – Eine organisatorische Konzeption betrieblicher Informationszentralisation, in: *Grochla, Erwin* (Hrsg.): Das Büro als Zentrum der Informationsverarbeitung, Wiesbaden 1971, S. 57–102, hier S. 72–87.
[6] Vgl. *Chmielewicz, Klaus*: Rechnungswesen, in: HWB, 4. Aufl., 3 Bände, hrsg. von *Erwin Grochla* und *Waldemar Wittmann*, Stuttgart 1974–76, Sp. 3343–3361, hier Sp. 3360.
[7] Vgl. *Reichmann, Thomas*: Grundlagen einer systemgestützten Controlling-Konzeption mit Kennzahlen, in: ZfB, 55. Jg. (1985), S. 887–898, hier S. 888f. sowie *Heigl, Anton*: Controlling – Interne Revision, 2. Aufl., Stuttgart, New York 1989, S. 3.
[8] Vgl. *Weber, Jürgen; Bültel, Dirk*: Controlling, S. 539–544.
[9] Vgl. *Horváth, Péter*: Controlling, S. 142.

darf es einer in sich logischen, geschlossenen Controlling-Konzeption, die als Voraussetzung für eine leistungsfähige Controlling-Definition fungiert. Nur mit einer solchen Controlling-Definition kann man den vielfältigen Anforderungen in Theorie und Praxis gerecht werden. Gleichzeitig jedoch muß eine offene Konzeption realisiert werden, die eine Erweiterung um neue Bereiche, wie z.B. das Informationsverarbeitungs-Controlling, problemlos zuläßt. Die Entwicklung einer solchen Controlling-Konzeption setzt voraus, daß man von den betrieblichen Funktionen ausgehend, funktionsbezogene und unter expliziter Berücksichtigung des Rechnungswesens funktionsübergreifende Entscheidungsbereiche des Controlling festlegt (vgl. hierzu Kap. 1.A.2.d) und alle Systemteile zielbezogen durch ein (Informationssystem) Kennzahlensystem verbindet.

2. Die Struktur des Controlling

a) Die Controllingziele

Das Controlling setzt sich aus einer Vielzahl heterogener Komponenten zusammen, die zunächst analysiert, definiert und strukturiert werden müssen. Hierzu zählen Controllingziele, Controllingaufgaben, eine Controlling-Konzeption, ein Controllingsystem und eine Controllinginstitution.

Unter **Controllingzielen** sollen jene Ziele verstanden werden, die Grundlagen und Ursachen für den Aufbau von Controllingsystemen sind. Sie leiten sich aus den jeweiligen Oberzielen ab. Auf die Unternehmung bezogen können sich die Zielinhalte primär auf die Wirtschaftlichkeit in Form des Erfolges, der Rentabilität oder der Produktivität und auf die Liquidität beziehen. Grundsätzlich ist es nicht möglich, Controllingziele inhaltlich unabhängig von den zugrundeliegenden Oberzielen, die als Determinanten der Controllingziele auftreten, zu konzipieren.

In einer formalen Betrachtungsweise sind die wesentlichen Ziele des Controlling die Unterstützung der Planung, die Koordination einzelner Teilbereiche sowie die Kontrolle der wirtschaftlichen Ergebnisse. Stand ursprünglich das Kontrollziel und die daran anknüpfende Wirtschaftlichkeitskontrolle im Vordergrund der Überlegungen, so lassen sich im Laufe der Entwicklung deutlich Verschiebungen in Richtung auf die Planungsunterstützung und Koordination erkennen.

b) Die Controllingaufgaben

Unter **Controllingaufgaben** ist eine Solleistung zu verstehen,[10] die der Erfüllung des Controllingziels dient. Die Bestimmung solcher **Solleistungen** beschränkt sich im Zusammenhang mit dem Controlling im wesentlichen auf Aktivitäten, die den Kommunikations- und Informationsverarbeitungsprozeß betreffen. Akti-

---

[10] Vgl. *Hill, Wilhelm; Fehlbaum, Raymond; Ulrich, Peter:* Organisationslehre 1, 4. Aufl., Bern, Stuttgart 1989, S. 122 f. und *Richter, Hermann J.:* Theoretische Grundlagen des Controlling, Frankfurt a. M., Bern, New York 1987, S. 126 f.

I. Kapitel: Grundlagen der Controlling-Konzeption

```
┌─────────────────────┐
│   Controllingziele  │
└──────────┬──────────┘
           ▼
┌─────────────────────┐
│  Controllingaufgaben│
├─────────────────────┤
│ Summe der Controlling-
│      aufgaben
│ = Controllingfunktion│
└─────────────────────┘
```

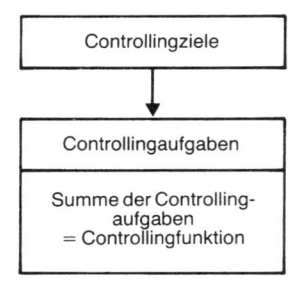

Abb. 1: Controllingziele und Controllingaufgaben

vitäten wie Informationsbeschaffung, Informationsaufbereitung, Datenanalyse, Beurteilung und Kontrolle zählen mithin zu den wesentlichen Aktivitäten des Controllers. **Deduktionsbasis** für die Bestimmung der Controllingaufgaben sind die jeweiligen **Ziele**. Im folgenden wird von einem Erfolgsziel mit der Liquidität als wichtigster Nebenbedingung ausgegangen. Dem Controlling sind demzufolge nur solche Aufgabenbereiche zuzuordnen, die im Hinblick auf die Beeinflussung des Erfolgsziels als wesentlich angesehen werden. Damit ist ein theoretisches Kriterium gegeben, das es zuläßt, einzelne Aufgaben im Unternehmen im Hinblick auf ihre Controllingrelevanz zu beurteilen. Welche inhaltlichen Aufgaben konkret vom Controlling zu erfüllen sind, soll mithin aufgrund der von den einzelnen Bereichen zu erbringenden Zielbeiträgen deduktiv abgeleitet werden. Ergänzend ist es erforderlich, die deduktiv gewonnenen Aufgaben vom betriebswirtschaftlichen Erfahrungsbereich ausgehend **empirisch-induktiv** zu **überprüfen** und ggf. zu **modifizieren** (vgl. *Abb. 2*).

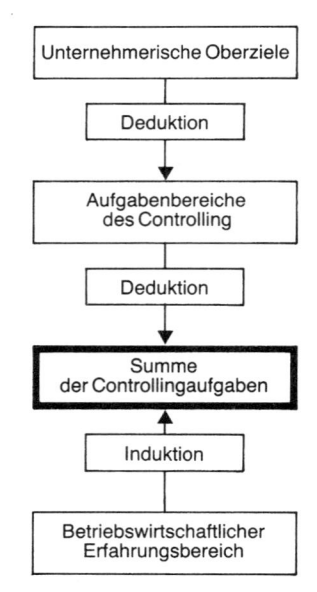

```
┌──────────────────────────┐
│ Unternehmerische Oberziele│
└───────────┬──────────────┘
       ┌────┴────┐
       │Deduktion│
       └────┬────┘
            ▼
┌──────────────────────────┐
│    Aufgabenbereiche      │
│     des Controlling      │
└───────────┬──────────────┘
       ┌────┴────┐
       │Deduktion│
       └────┬────┘
            ▼
┌──────────────────────────┐
│        Summe             │
│ der Controllingaufgaben  │
└───────────▲──────────────┘
       ┌────┴────┐
       │Induktion│
       └────┬────┘
            │
┌──────────────────────────┐
│ Betriebswirtschaftlicher │
│    Erfahrungsbereich     │
└──────────────────────────┘
```

Abb. 2: Ermittlung der Controllingaufgaben

A. Controlling und Controlling-Konzeption   5

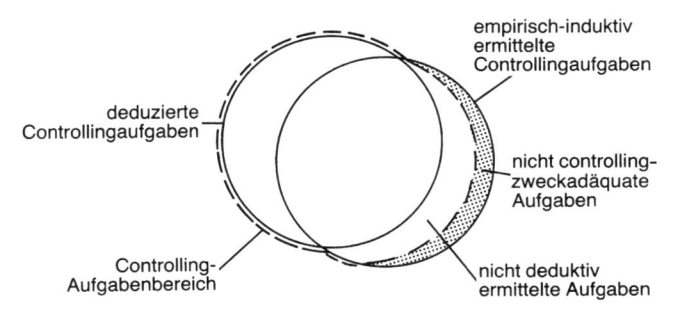

Abb. 3: Gesamtumfang der Controllingaufgaben

Wenngleich die deduzierten Controllingaufgaben den empirisch-induktiv ermittelten Aufgabenbereich weitgehend abdecken, ist es dennoch notwendig, die verbleibenden empirisch-induktiv ermittelten Aufgaben gesondert auf ihre Zweckadäquanz zu überprüfen und die als nicht zweckadäquat angesehenen Aufgaben zu eliminieren. Graphisch läßt sich dieser Sachverhalt wie in *Abb. 3* darstellen.

c) Die Controlling-Konzeption

Die **Controlling-Konzeption** steckt als methodischer Ansatz (auf globale Weise) diejenigen Bereiche ab, die eine inhaltliche Spezifikation erfordern. Damit wird ein **Bezugsrahmen** geschaffen, der die Rahmenbedingungen für die konkrete Ausgestaltung in einem Controllingsystem festlegt. Die Controlling-Konzeption enthält **entscheidungs- und informationsbezogene Elemente.**

Grundsätzlich lassen sich die im Rahmen einer Controlling-Konzeption ablaufenden **Informationsprozesse dreidimensional** abbilden. Die erste Dimension basiert auf der klassischen **Funktionseinteilung** des Unternehmens in Beschaffung, Logistik, Produktion, Marketing und Forschung und Entwicklung. Darüber hinaus wird im Rahmen dieser Funktionseinteilung der Führungsbereich aufgrund seiner spezifischen gesamtunternehmensbezogenen Entscheidungsprobleme[11] abgegrenzt. Bei dieser funktionsorientierten Kategorisierung der Informationsprozesse werden die Informationen im Hinblick auf ihren Informationsbezug systematisiert. Die zweite Dimension bezieht sich auf **Kategorien von Informationen** wie Kosten- und Leistungsgrößen, Erträge und Aufwendungen sowie Zahlungsgrößen, beinhaltet desweiteren aber auch nicht-monetäre Informationen wie Mengen- und Zeitgrößen. Auf der Stufe der Analyse- und Berichtssysteme wird z. B. zwischen Jahresabschluß-Controlling (JA-C), Kosten- und Erfolgs-Controlling (KuE-C), Finanz-Controlling (F-C) sowie Investitions-Controlling (I-C) für das Top-Management, dem Beschaffungs-Controlling (B-C), Produktions-Controlling (P-C), Logistik-Controlling (L-C), Marketing-Controlling (M-C) und

---

[11] Vgl. *Hauschildt, Jürgen; Gemünden, Hans G.; Grotz-Martin, Silvia; Haidle, Ulf:* Entscheidungen der Geschäftsführung, Tübingen 1983, S. 24–102.

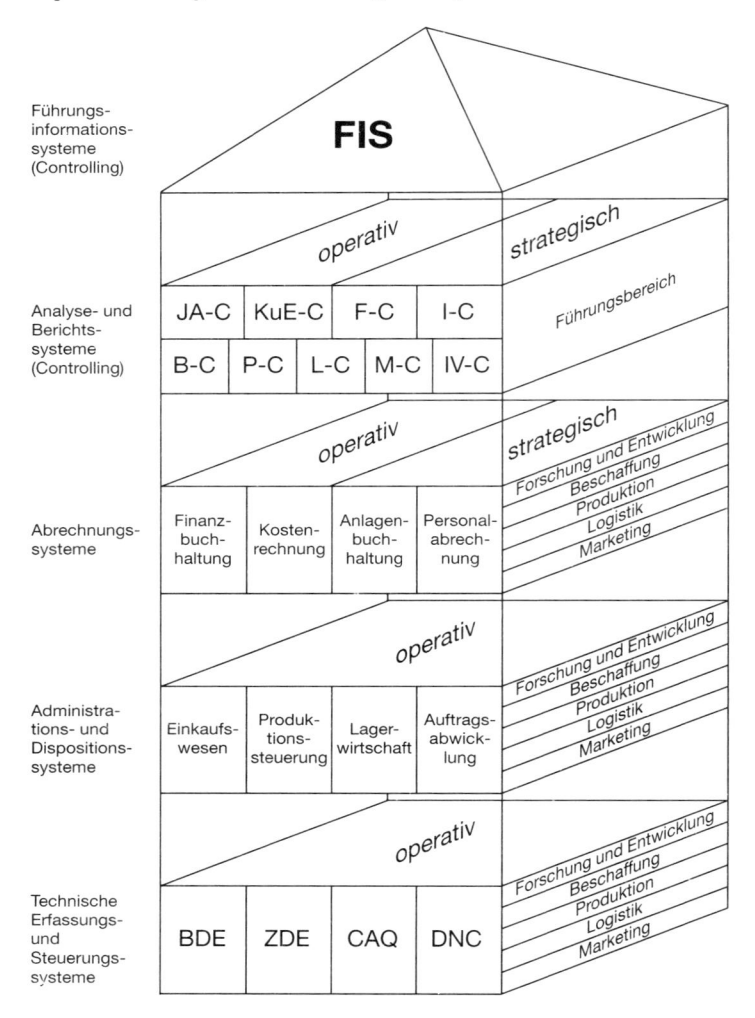

6   I. Kapitel: Grundlagen der Controlling-Konzeption

Abb. 4: Die mehrdimensionale Controlling-Konzeption

Forschungs- und Entwicklungs-Controlling (FuE-C) für die nächste Führungsebene unterschieden. Die zunehmende DV-technische Durchdringung der Unternehmen erfordert zudem die stärkere Einbindung der DV-Funktionen in Wirtschaftlichkeitsüberlegungen in Form eines Informationsverarbeitungs-Controlling (IV-C). Unter dem Fokus der datenliefernden Systeme umfaßt diese Dimension bei den Abrechungssystemen die Finanzbuchhaltung, die Kostenrechnung, die Anlagenbuchhaltung und die Personalabrechnung, bei den Dispositionssystemen den Einkauf, die Produktionssteuerung, die Lagerwirtschaft und die Auftragsabwicklung sowie bei den technischen Erfassungssystemen die Betriebsdatenerfassung (BDE), die Zeitdatenerfassung (ZDE), die Qualitätssicherung (CAQ) und die Daten der digitalen Maschinensteuerung (DNC). Die dritte

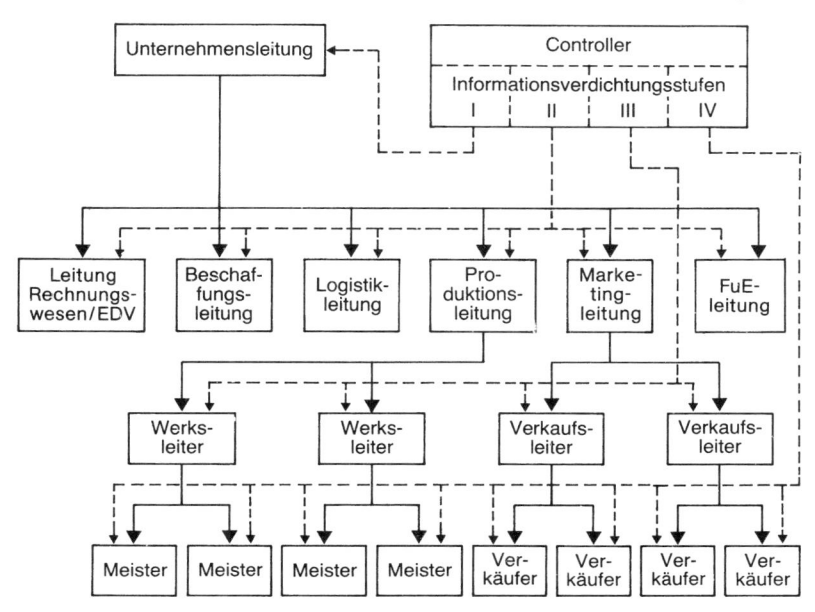

Abb. 5: Informationsstruktur des Controlling-Organisationssystems

Dimension stellt schließlich auf die **zeitliche Komponente** ab; sie läßt sich in eine operative und eine strategische Ebene differenzieren, so daß sich die gesamte Controlling-Konzeption in einen dreidimensionalen Bezugsrahmen (vgl. *Abb. 4*) einordnen läßt. Die jeweiligen Controllingaufgaben zerfallen in eine funktionale und eine monetär-orientierte Charakteristik. In Abhängigkeit davon, ob man die Zeitdimension, die Funktionsorientierung oder die Informationskategorie als Anknüpfungspunkt wählt, kann man beispielsweise ein operatives Controlling, ein Logistik-Controlling oder ein Kosten- und Erfolgs-Controlling unterscheiden. Die Controllingsysteme als Spezifikation der Konzeption unterscheiden sich dann in Bezug auf das abgebildete Modell lediglich darin, daß unterschiedliche Schnittebenen durch den dreidimensionalen Raum gelegt werden können. Die Zahlen lassen sich dann für die mittlere Führungsebene zu verdichteten Umsatz-, Kosten-, Erfolgs- und Finanz-Controlling-Konzepten sowie zu weiteren verdichteten Führungsinformationen in Berichtsform (Managementberichte) zusammenführen und auf der obersten Führungsebene in ein Kennzahlensystem, wie im Kapitel II im einzelnen dargestellt, integrieren (vgl. *Abb. 4*).

Hinter dem in *Abb. 4* dargestellten Zugriff auf die Informationsbasis sowie die Informationsbereitstellung für die jeweiligen Entscheidungsbereiche durch das Controlling stehen differenzierte Prozesse der **entscheidungsebenenbezogenen Informationsbereitstellung**. Der Controller hat die Aufgabe, die für notwendig erachteten Informationen von allen Entscheidungsebenen einer Unternehmung abzurufen, zentral zu verarbeiten und anschließend in den gewünschten Verdichtungsstufen an die Unternehmensleitung sowie an die anderen Entscheidungsebenen in der Unternehmenshierarchie abzugeben (vgl. *Abb. 5*).

I. Kapitel: Grundlagen der Controlling-Konzeption

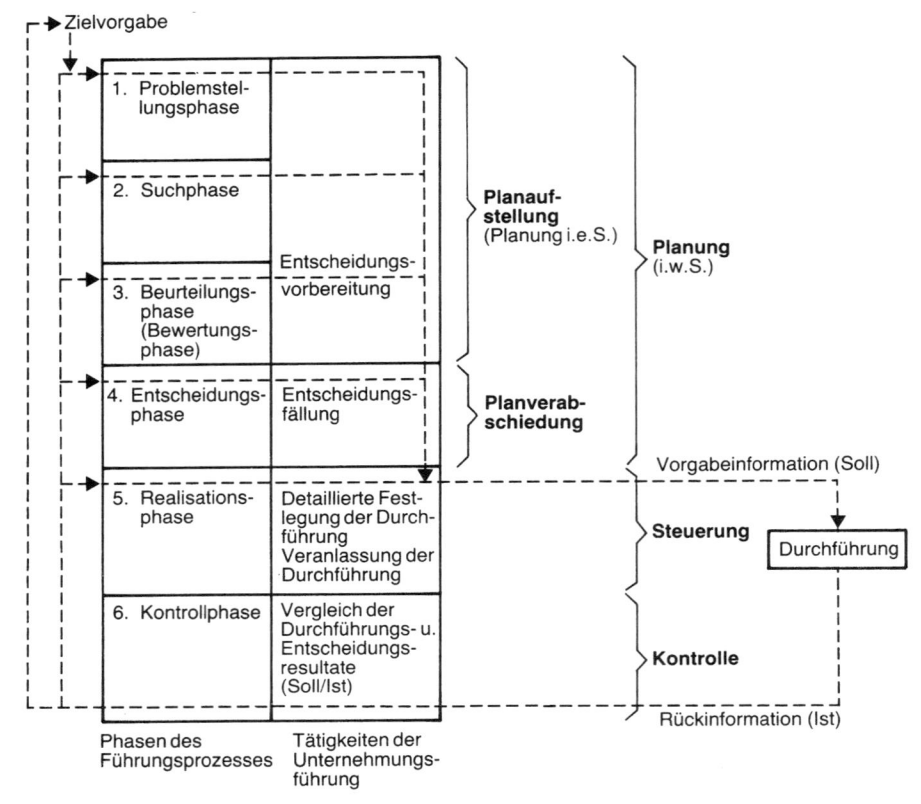

Abb. 6: Phasen des Entscheidungsprozesses[12]

(1) Controlling-Konzeption und Entscheidungsbezug

Zur Bestimmung der mit der Controlling-Konzeption verbundenen Absichten ist es erforderlich, die jeweiligen Analysebereiche entscheidungsorientiert, d.h. im Hinblick auf die **Phasen des Entscheidungsprozesses** (vgl. *Abb.6*) entsprechend zu strukturieren.

Wenn man die Controllingaufgaben im Hinblick auf die Phasen des Entscheidungsprozesses aufteilt, wird die Controlling-Konzeption auf Planungs- und Kontrollprozesse ausgerichtet. Damit werden die Voraussetzungen dafür geschaffen, verschiedene Entscheidungs- und Unternehmensbereiche zu koordinieren.

Entscheidungprobleme lassen sich auf unterschiedliche Arten erfassen. Probleme, die mit dem begrifflichen Instrumentarium der formalen Entscheidungstheorie vollständig beschrieben werden können, sollen als **wohl-strukturierte Probleme** angesehen werden. Sie zeichnen sich durch die nachfolgenden Merkmale aus:

---

[12] Entnommen aus *Hahn, Dietger:* Planungs- und Kontrollrechnung – PuK, 3. Aufl., Wiesbaden 1991, S. 30.

A. Controlling und Controlling-Konzeption 9

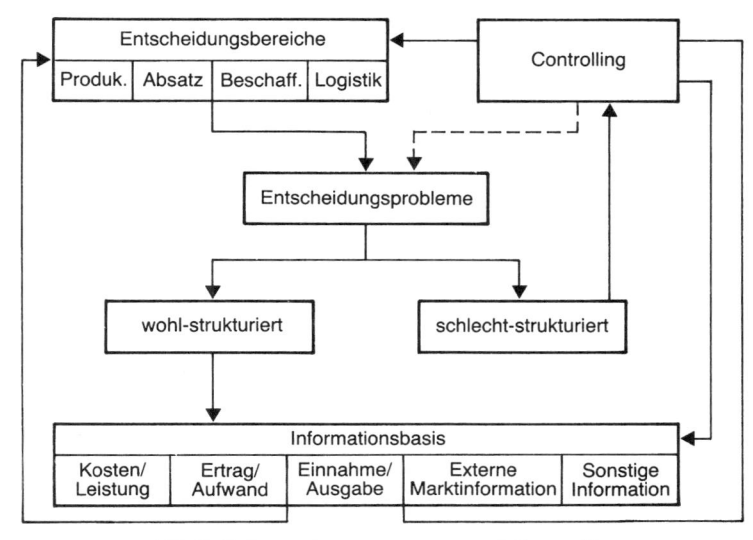

Abb. 7: Informationsversorgung und Controlling

- Eine bestimmte Anzahl von Handlungsalternativen,
- Informationen über die Folgewirkungen,
- klar formulierte Ziele und Lösungsalgorithmen, mit deren Hilfe eine eindeutige Rangfolge der Alternativen gebildet werden kann.[13]

Solche wohl-strukturierten Problemkomplexe sind mit Hilfe von analytisch-logischen Lösungsverfahren erfaßbar[14] und wegen ihrer formalen Entscheidungsstruktur automatisierbar.[15]

Schlecht-strukturierte Entscheidungsprobleme sind dadurch gekennzeichnet, daß ihnen mindestens eine Eigenschaft wohl-strukturierter Probleme fehlt.[16] Es ist davon auszugehen, daß ein Großteil betrieblicher Entscheidungsprobleme schlechtstrukturierter Natur sind; bei Wohlstrukturiertheit liegen dagegen meist Routineentscheidungen bzw. Teillösungen vor.[17] Das Controlling wird sich in der Regel auf schlecht-strukturierte Entscheidungsprobleme beziehen. Die Erarbeitung von Lösungsvorschlägen für schlecht-strukturierte Entscheidungsprobleme[18] setzt

---

[13] Vgl. *Heinen, Edmund:* Industriebetriebslehre als Entscheidungslehre, in: Industriebetriebslehre. Entscheidungen im Industriebetrieb, hrsg. von *Edmund Heinen,* 8. Aufl., Wiesbaden 1985, S. 44.
[14] Vgl. *Bretzke, Wolf-Rüdiger:* Der Problembezug von Entscheidungen im Industriebetrieb, Tübingen 1980, S. 36.
[15] Vgl. *Simon, Herbert A.:* The new science of management decision, 3. Aufl., Englewood Cliffs 1977, auf den die Unterteilung in wohl- und schlecht-strukturierte Probleme zurückgeht.
[16] Vgl. *Heinen, Edmund:* Zur Problembezogenheit von Entscheidungsmodellen, in: WiSt, 1. Jg. (1972), S. 3–7, hier S. 5.
[17] Vgl. *Heinen, Edmund:* Industriebetriebslehre, S. 44; *Kruschwitz, Lutz; Fischer, Joachim:* Heuristische Lösungsverfahren, in: WiSt, 10. Jg. (1981), S. 449–458, hier S. 449 f.
[18] Vgl. *Kruschwitz, Lutz; Fischer, Joachim:* Lösungsverfahren, S. 450.

zunächst eine genaue Problemerfassung voraus. Das Problem kann dabei vom Controller bzw. dem jeweiligen kompetenten Entscheidungsträger lokalisiert werden. Die mit der Problemerkennung verbundene Unsicherheit bringt ein Bedürfnis nach Informationen hervor.[19] Dieses Informationsbedürfnis[20] kann dann zu einer Informationsnachfrage unter Einschaltung des Controllers führen. Dieser hat dann das Problem zu erfassen, zu bewerten und die dafür notwendigen Informationen aus den entsprechenden Informationsbasen (z. B. Rechnungswesen) abzufordern.

(2) Controlling-Konzeption und Informationsversorgung

Die Information bildet den zweiten wesentlichen Bestandteil der Controlling-Konzeption. Der Informationsbegriff, der nicht einheitlich definiert ist und sich im Zeitablauf verändert hat,[21] ist das Resultat einer zweimaligen Selektion. Dies ist allen definitorischen Ansätzen gemeinsam. Ausgehend von den semantisch uninterpretierten Daten, also von Zeichen und Signalen entsteht in einer ersten Selektionsstufe der Nachrichtenbegriff, der die jeweiligen Daten inhaltlich interpretiert. Zur Information gelangt man, indem in einer zweiten Selektionsstufe zusätzlich die Anwender der Nachrichten und deren Ziele berücksichtigt werden. Informationen sind dann eine Teilmenge semantisch interpretierter Daten mit einer anwenderbezogenen Zweckorientierung. Daraus ergibt sich, daß die Bestimmung der Informationen subjektiv bleibt und zwischen verschiedenen Personen, sofern sie unterschiedliche Ziele verfolgen, divergieren kann. Somit ergibt sich eine Information im Rahmen des Controlling-Konzeptes aus der konkreten **Aufgabenstellung** und der **subjektiven Interpretation** dieser Aufgabenstellung.

Während mit der Umsetzung dieses mehrstufigen Informationsprozesses primär das Effektivitätsziel der Informationsversorgung angesprochen wird, impliziert die Erfüllung des Effizienzzieles die Bereitstellung adäquater Informationsbasen und deren wirtschaftliche Ausschöpfung. Vor diesem Hintergrund sind bereits auf der Ebene der Controllingkonzeption Aspekte der Datenverarbeitung im Sinne eines DV-gestützten Controlling zu berücksichtigen. Von besonderem Interesse sind zunächst diejenigen Informationssysteme, die die Grunddaten für die vielfältigen Controllingauswertungen bereitstellen. Entsprechend kommt diesen Informationsbasen vor allem die Aufgabe der Datenerfassung, -verwaltung und -vorverdichtung zu.

---

[19] Vgl. *Szyperski, Norbert:* Informationsbedarf, in: HWO, 2. Aufl., hrsg. von *Erwin Grochla,* Stuttgart 1980, Sp. 904–913, hier Sp. 905; *Abel, Bernd:* Problemorientiertes Informationsverhalten, Darmstadt 1977, S. 133–141.

[20] Vgl. *Berthel, Jürgen:* Betriebliche Informationssysteme, Stuttgart 1975, S. 29 f. Zum Informationsnachfrageverhalten in Entscheidungsprozessen vgl. *Witte, Eberhard:* Das Informations-Verhalten in Entscheidungs-Prozessen, in: Das Informationsverhalten in Entscheidungsprozessen, hrsg. von *Eberhard Witte,* Tübingen 1972, S. 1–88, hier S. 46.

[21] So verstand etwa *Wittmann, Waldemar:* Unternehmung und unvollkommene Information, Köln und Opladen 1959, S. 14 unter Information: „Wissen, das der Vorbereitung zielorientierter Handlungen dient"; vgl. *Wittmann, Waldemar:* Informationen, in: HWO, 2. Aufl., hrsg. von *Erwin Grochla,* Stuttgart 1980, Sp. 894–904, hier Sp. 896. *Mag* definiert Informationen als entscheidungsorientiertes Wissen; vgl. *Mag, Wolfgang:* Entscheidung und Information, München 1977, S. 5.

A. Controlling und Controlling-Konzeption   11

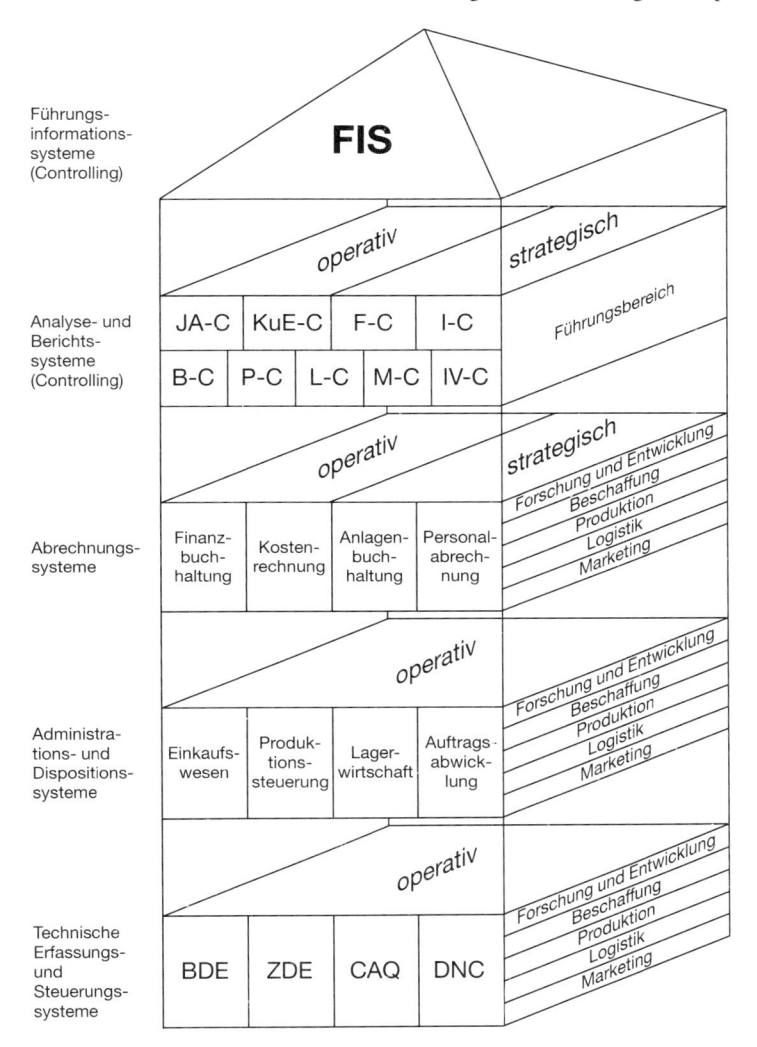

Abb. 8: Die mehrdimensionale Controlling- und Informationskonzeption

Die einer Controlling-Konzeption zugrundeliegende Informationsbasis kann unterteilt werden in eine **interne** und eine **externe Informationsbasis.** Die wichtigste interne Informationsbasis ist das betriebliche Rechnungswesen. „Das Rechnungswesen läßt sich ... als zielorientiertes Informationssystem zur quantitativen (mengen- und wertmäßigen) Beschreibung, Planung, Steuerung und Kontrolle von Beständen und Bewegungen an Gütern und Schulden in Unternehmungen auffassen."[22] Das betriebliche Rechnungswesen selbst kann nach unterschiedlichen Gesichtspunkten gegliedert werden, so z.B. nach den klassischen

---

[22] *Schweitzer, Marcell; Küpper, Hans-Ulrich:* Systeme der Kostenrechnung, 4. Aufl., Landsberg a. L. 1986, S. 83.

Funktionsbereichen in Finanzbuchhaltung, Kostenrechnung, Planungsrechnung, Statistik.[23] Für die Zwecke der vorliegenden Arbeit ist allerdings die Gliederung des Rechnungswesens nach den jeweiligen Sachinhalten[24] Kosten- und Leistungsrechnung, Aufwands- und Ertragsrechnung sowie zahlungsstromorientierte Rechnungen besser geeignet. Neben dem Rechnungswesen kann das Controlling auch auf die Betriebsdatenerfassung direkt zurückgreifen, die sich an Mengen und Zeiten orientiert und mögliche Informationen über Material und Produktionsdaten liefern kann (vgl. *Abb. 8*).

Daneben können unter Umständen Sonderauswertungen benötigt werden. Im Rahmen der Datenerfassung des unternehmensexternen Bereiches muß zunächst unterteilt werden in solche Daten, die vom Unternehmen selbst erhoben werden und jene, die von externen Institutionen zur Verfügung gestellt werden. Für die **Informationsaufbereitung** stehen eine Reihe von Instrumenten zur Verfügung, mit deren Hilfe eine zielentsprechende Präsentation der Daten möglich ist. Zum einen können die Informationen zur Beratung von Entscheidungsträgern in Berichtsform aufbereitet werden, andererseits bedarf es der Planungs- und Kontrollrechnungen, die im folgenden dargestellt werden.

Für die **Informationsaufbereitung** werden drei Berichtsformen unterschieden: Standard- oder geplante Berichte, ausgelöste Berichte (Abweichungsberichte) und individuell verlangte Berichte (Bedarfsberichte). Im Rahmen der standardisierten Berichterstattung, die sich zu festen Terminen an genau bestimmte Adressaten wendet, ist der Informationsbedarf lediglich einmalig zu ermitteln. Bei den Abweichungsberichten obliegt dem Controlling schwerpunktmäßig die Aufgabe der Analyse der Abweichungen. Bei individuell verlangten Bedarfsberichten hingegen hat das Controlling aufgrund seiner fachlichen Autorität den Informationsbedürfnissen der Informationsempfänger Rechnung zu tragen.

Während ein Standardberichtswesen mittlerweile bereits auf der Ebene der sog. Abrechnungssysteme (z. B. Kostenrechnung und Personalabrechnung) DV-technisch umgesetzt werden kann, verlangt die informationstechnische Umsetzung von problemorientierten Spezialberichten zumeist den Einsatz von speziellen Analyse- und Berichtssystemen, die die für die Auswertungen erforderlichen Zeit-, Mengen- und Wertdatenausprägungen aus den darunter liegenden Systemen selektieren und aufbereiten. Hierbei spiegelt insbesondere der Aspekt der DV-gestützten Informationsverdichtung den zentralen Grundgedanken des Controlling wider.

Auf der Grundlage der bisher entwickelten Controlling-Konzeption läßt sich nun unter Berücksichtigung der einzelnen Controllingelemente der folgende systemgestützte Controllingbegriff definieren: **Controlling ist die zielbezogene Unterstützung von Führungsaufgaben, die der systemgestützten Informationsbeschaffung und Informationsverarbeitung zur Planerstellung, Koordination und Kontrolle dient; es**

---

[23] Vgl. *Kilger, Wolfgang:* Einführung in die Kostenrechnung, 3. Aufl., Wiesbaden 1987, S. 11.
[24] Eine Systematisierung der Rechnung nach Sachinhalten wird insbes. von *Weber, Helmut K.:* Betriebswirtschaftliches Rechnungswesen, 2. Aufl., München 1978, S. 3–12, vorgeschlagen.

```
┌─────────────────────┐
│   Controllingziele  │
└──────────┬──────────┘
           ▼
┌─────────────────────┐
│  Controllingaufgaben│
├─────────────────────┤
│ Summe der Controlling-
│ aufgaben
│ = Controllingfunktion
└──────────┬──────────┘
           ▼
┌─────────────────────┐
│ Controlling-Konzeption│
└──────────┬──────────┘
           ▼
┌─────────────────────┐    ┌──────────────┐
│   Controllingsystem │    │ Controlling- │
│                     │    │ institution  │
│   systembezogene    │◄──►│              │
│   Aufgabenstellung  │    │              │
│         ↓           │    │ Controlling- │
│      Instrumente    │    │   stellen    │
├─────────────────────┤    │              │
│ Informationsverarbeitung│              │
└─────────────────────┘    └──────────────┘
```

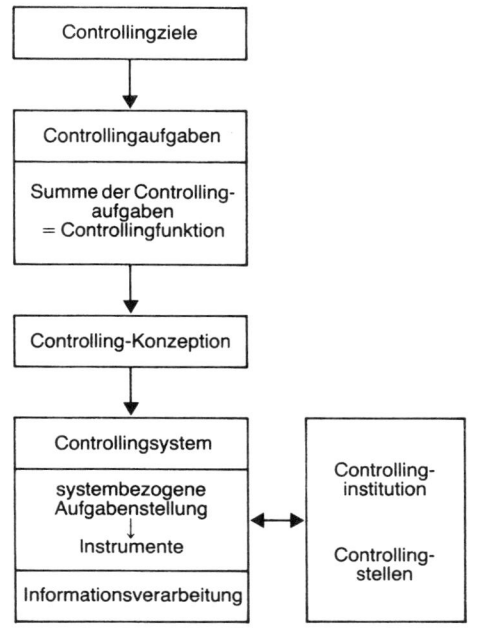

Abb. 9: Die Struktur des Controlling

ist eine rechnungswesen- und vorsystemgestützte Systematik zur Verbesserung der Entscheidungsqualität auf allen Führungsstufen der Unternehmung.

d) Das Controllingsystem

Ein Controllingsystem ist die Konkretisierung der allgemeinen oder einer speziellen Controlling-Konzeption (z. B. strategisches Kosten- und Erfolgs-Controlling) durch die branchen- und unternehmensbezogene Festlegung bestimmter Konzeptionsparameter. Im Controllingsystem wird festgelegt, welche Aufgabenstellung in welchen Unternehmensbereichen zu analysieren sind, welche betriebswirtschaftlichen und DV-technischen Instrumente und welche Rechengrößen im einzelnen und welche Systemelemente verwendet werden.

Zur Spezifikation des Entscheidungsfeldes ist ebenfalls ein mehrstufiges Analysevorgehen sinnvoll: Zunächst ist zu bestimmen, ob es sich bei dem Controllingsystem um ein rein nationales oder ein internationales Controllingsystem handeln soll. Einer solchen Differenzierung kommt bei einer zunehmenden (auch organisatorisch unterstützten) Internationalisierung der Unternehmensaktivitäten eine große Bedeutung zu. Wie wir noch zeigen werden, stellt die Ausgestaltung eines extern orientierten Konzern-Controlling oder gar eines Euro-Controlling allein aufgrund der heterogenen judikativen und gesellschaftlichen Rahmenbedingungen vor wesentlich differenziertere und komplexere Ansprüche, als z. B. ein rein intern orientiertes Logistik-Controlling. Eine länderübergreifende Ausgestaltung von Controllingsystemen ist für die Unternehmenspraxis aber nicht

14 I. Kapitel: Grundlagen der Controlling-Konzeption

nur auf globaler, sondern auch auf funktionsbezogener Ebene immer stärker von Interesse, wie z.B. Überlegungen zu einem Euro-Marketing-Controlling zeigen.[25] Im nächsten Schritt sind die Branchen oder Teilbranchen zu bestimmen, für die das entsprechende Controllingsystem konzipiert werden soll, sowie das Unternehmen bzw. die Besonderheiten des Unternehmens, für das das Controllingsystem erarbeitet werden soll. Auch hier können sich signifikante Unterschiede ergeben, je nachdem ob es sich z.B. um ein gesamtunternehmensbezogenes Controllingsystem (z.B. Konzern-Controlling), ein werksspezifisches Controllingsystem oder um ein funktionsbezogenes Controllingsystem für ein bestimmtes Teilunternehmen handelt.

e) Die Controllingapplikation

Unter der Controllingapplikationsebene sollen hier alle relevanten betriebswirtschaftlichen und DV-technischen Instrumente verstanden werden. Durch die Controllingkonzeption wird die Gesamtheit aller verfügbaren Methoden und

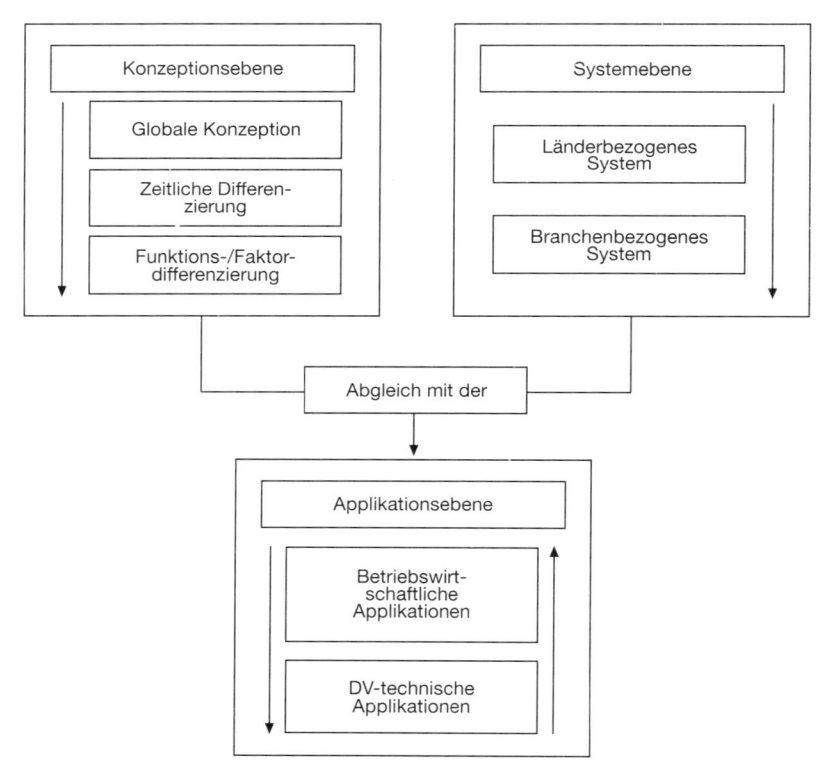

```
┌─────────────────────────┐        ┌─────────────────────────┐
│     Konzeptionsebene    │        │      Systemebene        │
│  ┌───────────────────┐  │        │  ┌───────────────────┐  │
│  │ Globale Konzeption│  │        │  │   Länderbezogenes │  │
│  └───────────────────┘  │        │  │      System       │  │
│  ┌───────────────────┐  │        │  └───────────────────┘  │
│  │ Zeitliche Differen-│  │        │  ┌───────────────────┐  │
│  │     zierung        │  │        │  │ Branchenbezogenes │  │
│  └───────────────────┘  │        │  │      System       │  │
│  ┌───────────────────┐  │        │  └───────────────────┘  │
│  │ Funktions-/Faktor-│  │        │                         │
│  │  differenzierung  │  │        │                         │
│  └───────────────────┘  │        │                         │
└───────────┬─────────────┘        └───────────┬─────────────┘
            │                                  │
            └──────────────┬───────────────────┘
                  ┌────────┴────────┐
                  │ Abgleich mit der│
                  └────────┬────────┘
                           │
            ┌──────────────┴─────────────┐
            │    Applikationsebene       │
            │  ┌──────────────────────┐  │
            │  │  Betriebswirt-       │  │
            │  │  schaftliche         │  │
            │  │  Applikationen       │  │
            │  └──────────────────────┘  │
            │  ┌──────────────────────┐  │
            │  │  DV-technische       │  │
            │  │  Applikationen       │  │
            │  └──────────────────────┘  │
            └────────────────────────────┘
```

Abb. 10: Controllingbezogene Analyse und stufenweise Konkretisierung der Konzeptions-, System- und Applikationsebene

---

[25] Vgl. z.B. *Meissner, Hans G.; Auerbach, Heiko:* Euro-Marketing-Controlling, in: ZfC, 2.Jg. (1990), S. 232–239.

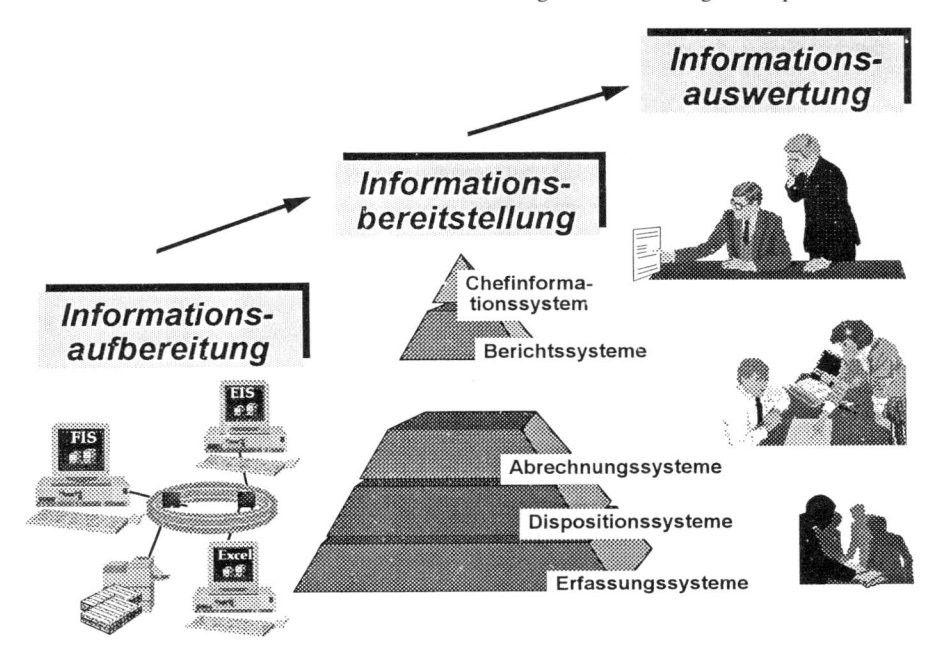

Abb. 11: Der Weg von der Informationsaufbereitung zur Informationsanalyse

Techniken, d. h. Applikationen, für einen bestimmten Controllingbereich zusammengefaßt. Die theoretische Konzeption eines operativen Kosten- und Erfolgs-Controlling beinhaltet z. B. alle controllingrelevanten Instrumente und DV-Tools für die Kostenplanung, die Abweichungsanalyse, die Kalkulation und Erfolgsplanung sowie Instrumente zur Durchführung von kostenorientierten Spezialanalysen (z. B. Preisgrenzenkennzahlen, Break-Even-Point-Kennzahlen etc.). Aus diesem Methodenvorrat werden auf der Systemebene diejenigen Instrumente ausgewählt, die für das konkrete unternehmensbezogene Controllingsystem benötigt werden. Damit wird einerseits deutlich, daß die konkrete Systemausgestaltung im hohen Maße von den Inhalten der Konzeptionsebene abhängt. Instrumente und Verfahren, die auf der Konzeptionsebene nicht berücksichtigt sind, können auch nicht in das Controllingsystem einfließen. Analog der Ermittlung von Controllingaufgaben wird daher das Controllingsystem in der Unternehmenspraxis primär aus der theoretischen Controllingkonzeption deduktiv bestimmt. Andererseits können aber methodische Entwicklungen in der Unternehmenspraxis auftauchen (wie z. B. die Prozeßkostenrechnung), die aufgrund ihres hohen Anwendungspotentials ihrerseits in die Controllingkonzeption einfließen müssen. Ein solchermaßen induktiv ermitteltes Controllingsystem beeinflußt also rückwirkend auch die Konzeptionsebene.

Sind die Interdependenzen der Konzeptions-, System- und Applikationsebene – wie in *Abbildung 10* dargestellt – ermittelt, können die Komponenten der drei Stufen in eine mehrdimensionale Controlling- und Informationskonzeption eingeordnet werden, wobei eine Konkretisierung der einzelnen Elemente zu erfolgen hat.

Abbildung 11 verdeutlicht noch einmal den Weg, den die Information im Unternehmen zu gehen hat, damit entscheidungsrelevante Managementinformationen extrahiert werden können. Die Informationssysteme in einem Unternehmen dienen in ihrem unmittelbaren Controllingkontext der Informationsbereitstellung und stellen zudem auf jeder Hierarchieebene die entsprechenden Analysewerkzeuge zur Verfügung, um eine adäquate, anforderungskonforme Auswertung zu ermöglichen.

f) Die Controllinginstitution

Zur Erfüllung der im Rahmen des Controllingsystems konkretisierten Aufgaben ist es erforderlich, Aufgabenträger zu bestimmen. Diejenigen organisatorischen Einheiten, die die Gesamtheit der Controllingaufgaben erfüllen, werden unter dem Begriff der **Controllinginstitution** subsumiert. Jede Controllinginstitution kann aus mehreren Controllingstellen bestehen. Unter Controllingstelle wird die Gesamtheit der Controllingaufgaben, die von einem oder mehreren Aufgabenträgern erfüllt werden, verstanden.[26] Die Zusammenfassung einzelner Controllingaufgaben auf Controllingstellen wird grundsätzlich durch die Bedeutung der Controllingziele bestimmt. Im Einzelfall wird die Stelle des Controlling von der Branche, Unternehmensgröße, Rechtsform[27] sowie von der Unternehmensphilosophie und den allgemeinen Organisationsgrundsätzen abhängen. Damit die Inhaber der Controllingstellen, die Controller, in der Lage sind, die von ihnen verlangten Solleistungen, die sich wie bereits dargestellt im wesentlichen auf Aktivitäten im Zusammenhang mit Kommunikations- und Informationsverarbeitungsaufgaben beziehen, erfüllen können, müssen diese sowohl mit anderen Aufgabenträgern innerhalb der Controllinginstitution als auch mit Aufgabenträgern in anderen Stellen des Unternehmens in Kontakt treten.

Die Erfüllung der Controllingaufgaben setzt voraus, daß die Controller hinreichend autorisiert sind, Informationsbeschaffungsvorgänge sowie Planung und Kontrolle wesentlicher Aktivitäten im Unternehmen durchzuführen bzw. zu veranlassen. Das setzt voraus, daß die Controller mit ausreichender Handlungskompetenz[28] ausgestattet werden. Im Hinblick auf die Kompetenzen der Controller lassen sich Ein-Personen- und Mehr-Personen-Stellen unterscheiden. Das bedeutet, daß man zwischen der Kompetenzverteilung innerhalb der Controllinginstitution und der Kompetenzverteilung zwischen Controllern und den übrigen Aufgabenträgern im Unternehmen unterscheiden muß. Von zentraler Bedeutung für die Handlungsrechte, die dem Controlling im Unternehmen eingeräumt werden, ist die Einordnung der Controllingstellen in das hierarchische Stellengefüge der Unternehmensorganisation. Die Handlungskompetenz des Controllers wird insoweit mitbestimmt, als die Controllingstellen anderen übergeordneten Leistungs-

---

[26] Vgl. z.B. *Krüger, Wilfried:* Organisation der Unternehmen, Stuttgart, Berlin, Köln, Mainz 1984, S. 76f.
[27] Vgl. hierzu die Untersuchung von *Gaydoul, Peter:* Controlling in der deutschen Unternehmenspraxis, Darmstadt 1980, S. 40f.
[28] Zum Kompetenzbegriff sowie zu den verschiedenen Arten von Kompetenz vgl. *Hill, Wilhelm; Fehlbaum, Raymond; Ulrich, Peter:* Organisationslehre 1, S. 124–130.

A. Controlling und Controlling-Konzeption   17

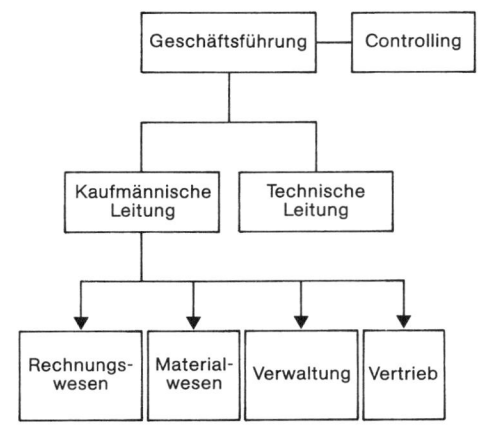

Abb. 12: Controllingorganisation im Mittelbetrieb

stellen bzw. Instanzen untergeordnet sind. Dementsprechend werden dann auch die Kommunikationsbeziehungen zwischen den Controllingstellen und den übrigen Stellen im Unternehmen determiniert. Im Hinblick auf den Weisungscharakter der im Rahmen der Kommunikationsbeziehungen ausgetauschten Informationen kann man drei **Informationsarten** unterscheiden: **Anordnung, Vorschlag** und **Mitteilung.**[29] Diese Klassifikation der Informationen stellt auf das Ausmaß der mit ihnen ausgedrückten Weisungsbefugnisse ab; sie ist nicht mit dem in früheren Abschnitten untersuchten sachlichen Inhalt der Informationen bezogen auf ein zugrundeliegendes Entscheidungsproblem vergleichbar. Das Vorschlags- und Mitteilungsrecht des Controllers ist im allgemeinen unbestritten. Insbesondere was den Umfang der Mitteilungen an andere Stellen im Unternehmen angeht, ist auf die bereits diskutierte entscheidungsebenenbezogene Informationsverdichtung hinzuweisen. Die Aufgabe des Controllers besteht in der Unterstützung der Unternehmensführung; Planen, Koordinieren und Kontrollieren im Rahmen des Controlling sind typische Stabsaufgaben, für die Anordnungsbefugnisse gegenüber anderen Stellen nicht erforderlich sind.[30] Umstritten ist die „funktionale Anweisungsbefugnis"[31] des Controllers.

Die Kommunikation, d.h. der Austausch von Informationen zwischen dem Controller und den einzelnen Aufgabenträgern im Unternehmen, ist davon abhängig, in welcher Form die Aufgaben im Unternehmen und hier insbesondere die Führungsaufgaben, die vom Controllingsystem unterstützt werden sollen, gegliedert sind. Mit zunehmender Dezentralisierung von Führungsaufgaben in Abhängigkeit von der Unternehmensgröße ist eine gewisse Dezentralisierung der Controllingaufgaben und damit zwangsläufig der Controllinginstitution festzustellen.[32] In Kleinunternehmen werden die Geschäftsführungsaufgaben nicht selten in Perso-

---

[29] Ähnlich *Ulrich, Hans:* Betriebswirtschaftliche Organisationslehre. Eine Einführung, Bern 1949, S. 120.
[30] Vgl. *Peemöller, Volker H.:* Praktisches Lehrbuch Controlling, S. 93.
[31] *Horváth, Péter:* Controlling, S. 785.
[32] Vgl. *Gaydoul, Peter:* Controlling, S. 260–263.

I. Kapitel: Grundlagen der Controlling-Konzeption

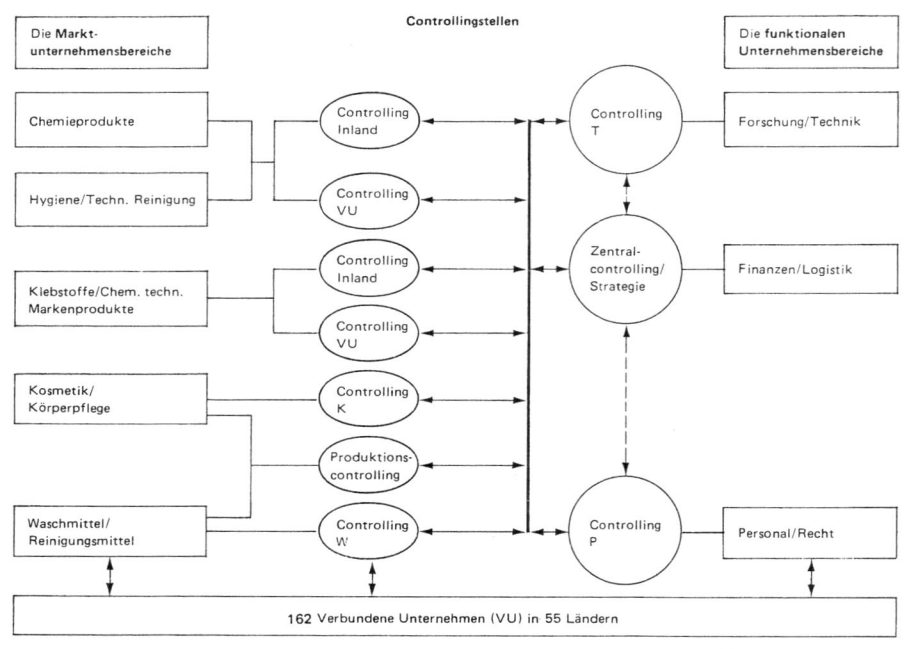

Abb. 13: Controllingorganisation im Großunternehmen[33]

nalunion mit den Controllingaufgaben wahrgenommen. In Mittelbetrieben werden die Controllingaufgaben vielfach in einer Stabsstelle neben der Geschäftsführung zusammengefaßt (vgl. *Abb. 12*).

In Großunternehmen wird Controlling in der Regel als eine selbständige Controllinginstitution angesehen, wobei der Controller Direktor oder Vorstand oder eine den vorgenannten Institutionen direkt zugeordnete Abteilung sein kann. Die Controllinginstitution besteht dann in der Regel aus mehreren Controllingstellen, die werks-, abteilungs- und/oder funktionsbezogen aufgebaut sind. Wird die Controllingfunktion von der Unternehmensleitung (Vorstand/Geschäftsführung) wahrgenommen, ist eine differenzierte Organisations- und Abweichungsplanung unerläßlich. Auch für den Vorstand bleibt die Controllingphilosophie insoweit zwingend, als dieser erkannte Unwirtschaftlichkeiten und Fehlsteuerungen nicht unmittelbar korrigieren darf, sondern über die zuständigen Linienanweisungsstrukturen (vgl. *Abb. 5*) gehen muß. Eine Kombination aus spartenübergreifenden funktionsbezogenen Controllingstellen (z.B. Forschung/Technik, Finanzen/Logistik) und spartenbezogenen Controllingstellen (Inland/Verbundene Unternehmen) findet sich z.B. bei der *Henkel KGaA* (vgl. *Abb. 13*).

---

[33] Vgl. *Grabherr, Klaus:* Henkel, in: ZfC, 1. Jg. (1989), 4, S. 228–234, hier S. 229.

B. Kennzahlen und Kennzahlensysteme

1. Kennzahlen

a) Der Kennzahlenbegriff

Der Kennzahlenbegriff hat eine vielgestaltige Entwicklung durchlaufen. Nach intensiven begrifflichen Diskussionen kann heute davon ausgegangen werden, daß ein allgemein akzeptierter, relativ einheitlicher Kennzahlenbegriff besteht. Zu Beginn der Kennzahlendiskussion im deutschsprachigen Raum wurden **Kennzahlen** zunächst als **Hilfsmittel der Analyse** betrachtet, welche die Wirtschaftlichkeit bzw. die finanzielle Sicherheit des Betriebes erkennen lassen sollten.[34] *Bouffier* verstand darunter Zahlen und Zahlenverhältnisse, die für ein betriebswirtschaftliches Erkenntnisziel Aussagewert besitzen.[35] Es folgte eine Interpretation der Kennzahlen als fragebezogene Relativzahlen,[36] die die Entwicklung stärker zu den Informationsaufgaben führte. Kennzahlen werden als Informationen definiert, die Sachverhalte und Tatbestände in einer Ziffer relevant und knapp ausdrücken können.[37] Mitte der 70er Jahre schließlich setzte sich ein Begriff durch, über dessen Elemente heute weitgehend in der Literatur Einigkeit besteht. Kennzahlen werden als jene Zahlen betrachtet, die quantitativ erfaßbare Sachverhalte in konzentrierter Form erfassen.[38]

Die **wichtigsten Elemente** einer Kennzahl sind:

- Informationscharakter,
- Quantifizierbarkeit,
- spezifische Form der Information.

Im Informationscharakter kommt zum Ausdruck, daß Kennzahlen Urteile über wichtige Sachverhalte und Zusammenhänge ermöglichen sollen. Die Quantifizierbarkeit ist eine Eigenschaft von Variablen, die, meßtheoretisch gesprochen, die genannten Sachverhalte und Zusammenhänge auf einem metrischen Skalenniveau messen und somit relativ präzise Aussagen ermöglichen. Die spezifische

---

[34] Vgl. *Schenk, Hans:* Die Betriebskennzahlen. Begriff, Ordnung und Bedeutung für die Betriebsbeurteilung, Leipzig 1939, S. 3.
[35] Vgl. *Bouffier, Willy:* Kennzahlen im betrieblichen Rechnungswesen, in: Der Österreichische Betriebswirt, 2. Jg. (1952), S. 26–40, hier S. 28.
[36] Vgl. *Wissenbach, Heinz:* Betriebliche Kennzahlen und ihre Bedeutung im Rahmen der Unternehmensentscheidung. Bildung, Auswertung und Verwendungsmöglichkeiten von Betriebskennzahlen in der unternehmerischen Praxis, Berlin 1967, S. 33.
[37] Vgl. *Heinen, Edmund:* Betriebliche Kennzahlen – Eine organisationstheoretische und kybernetische Analyse, in: Dienstleistungen in Theorie und Praxis, Festschrift zum 70. Geburtstag von Otto Hintner, hrsg. von *Hanns Linhardt, Peter Penzkofer* und *Peter Scherpf*, Stuttgart 1970, S. 227–236, hier S. 227.
[38] Vgl. *Reichmann, Thomas; Lachnit, Laurenz:* Planung, Steuerung und Kontrolle mit Hilfe von Kennzahlen, in: ZfbF, 28. Jg. (1976), S. 705–723, hier S. 706; *BIFOA-Forschungsgruppe MAWI:* Kennzahlenhandbuch der Materialwirtschaft, Köln 1980, S. 15.

Form schließlich soll es ermöglichen, komplizierte Strukturen und Prozesse auf relativ einfache Weise darzustellen, um einen möglichst schnellen und umfassenden Überblick insbesondere für Führungsinstanzen zu erlauben.

b) Die Funktion von Kennzahlen

Kennzahlen sind vielseitige Instrumente, die sowohl für interne als auch für externe Zwecke verwendet werden können. Im Rahmen der externen Analyse besitzen sie im Zusammenhang mit der **Bilanzanalyse**[39] und dem **Betriebsvergleich**[40] eine lange Tradition. Die amerikanischen Erfahrungen auf dem Gebiet der Anwendung von Jahresabschlußdaten für den Betriebsvergleich und erste bilanzanalytische Überlegungen aus den 20er Jahren führten zu einer frühen Beschäftigung mit Kennzahlen. Kennzahlen als verdichtete Informationen haben dabei die Aufgabe, anhand des Zahlenmaterials der externen Jahresabschlüsse Informationen für konkrete Entscheidungen zu gewinnen, wobei insbesondere etwa Anlageentscheidungen für Wertpapiere und Kreditvergabeentscheidungen von Banken hervorzuheben sind. Für die genannten Entscheidungen werden aus dem Gesamtbestand jene Daten des Jahresabschlusses ausgewählt, die die beste Erklärungskraft besitzen. Die selektierten Größen sind Ausgangsbasis für betriebliche Entscheidungen und können gegebenenfalls um zusätzliche nicht quantitative Informationen ergänzt werden.

Die **Betriebsanalyse** versucht aus der historischen Entwicklung quantitativer Daten der Unternehmung bzw. unter Heranziehung vergleichbarer Unternehmen Urteile über die ökonomische Situation der zu analysierenden Unternehmung zu gewinnen.[41] Hierbei sind Kennzahlen in erheblichem Umfang als Maßgrößen beteiligt. Die in der Unternehmung selbst gebildeten Kennzahlen dienen internen Entscheidungszwecken und können sich sowohl auf gesamtunternehmerische Daten als auch auf unternehmerische Teilfunktionen beziehen.

Bei der externen wie der internen Anwendung von Kennzahlen wird deutlich, daß sie informative Funktionen aufweisen, d.h. zweckorientiertes Wissen für konkrete Entscheidungssituationen bereitstellen. Neben der reinen deskriptiven Beschreibung von Informationen ist die Bereitstellung von normativen Informationen eine weitere Aufgabe von Kennzahlen, die für Vorgabezwecke an untergeordnete Instanzen übermittelt werden. Eine solche Zielvorgabe ist Voraussetzung erfolgreicher Kontrollaktivitäten. Dabei werden die realisierten Werte mit den Vorgaben im Rahmen des Kontrollprozesses verglichen. **Kennzahlen** erwei-

---

[39] Vgl. *Leffson, Ulrich*: Bilanzanalyse, 3. Aufl., Stuttgart 1984, S. 169 f.; *Schult, Eberhard*: Bilanzanalyse. Möglichkeiten und Grenzen externer Unternehmensbeurteilung, 7. Aufl., Freiburg i. Br. 1988, S. 25–27; *Coenenberg, Adolf G.*: Jahresabschluß und Jahresabschlußanalyse, 13. Aufl., Landsberg a. L. 1992, S. 563–566; *Buchner, Robert*: Finanzwirtschaftliche Statistik und Kennzahlenrechnung, München 1985, insbes. S. 2–38.

[40] Vgl. *Schnettler, Albert*: Betriebsvergleich, 3. Aufl., Stuttgart 1961, S. 20–22; *Viel, Jakob*: Betriebs- und Unternehmensanalyse, 2. Aufl., Köln und Opladen 1958, S. 71–79; *Vodrazka, Karl*: Betriebsvergleich, Stuttgart 1967, S. 9–13.

[41] Vgl. *Viel, Jakob*: Betriebs- und Unternehmensanalyse, S. 4.

sen sich somit als **Maßstäbe quantitativer Begriffe** und stellen Instrumente zur Durchführung aussagekräftiger und wirksamer Kontrollen dar.[42] Die Vorgabewerte selbst ergeben sich als normative Größen aus den unternehmerischen Plan- bzw. Sollzahlen, die dann für konkrete Entscheidungsebenen abgeleitet werden müssen. Mit ihrer Hilfe ist eine Analyse der Ursachen von Abweichungen möglich, die wiederum eine Voraussetzung für die Einleitung von Korrekturmaßnahmen darstellt.[43]

c) Klassifikationsmöglichkeiten von Kennzahlen

Der Versuch, Kennzahlen in ein Raster von Klassifikationen einzupassen, ist seit langem in der Diskussion.[44] Versuche, solche **Klassifikationen** zu entwerfen, sind unter folgenden **Hauptgesichtspunkten** denkbar:

- Informationsbasis,
- statistische Form,
- Zielorientierung,
- Objektbereich und
- Handlungsbezug.

Unter **Informationsbasis** sollen diejenigen informativen Speicher verstanden werden, die externe bzw. interne Interessenten über bestimmte Sachverhalte zu informieren haben. Als Informationsbasis dienen Kostenrechnung, Betriebs- und Finanzbuchhaltung inklusive Bilanzen, Planungsrechnung und betriebliche Sonderrechnungen.[45] Die **statistische Form**[46] klassifiziert die Kennzahlen in absolute und relative Zahlen. Absolute Kennzahlen sind Einzelkennzahlen, Summen und Differenzen. Relative Kennzahlen sind Beziehungs-, Gliederungs- und Indexzahlen. Während in einer Gliederungszahl ungleichrangige Größen, wie etwa Umlaufvermögen/Gesamtvermögen stehen, erfaßt die Beziehungszahl ungleichartige Größen wie Eigenkapital/Anlagevermögen.

Steht die **Zielrichtung,** auf die Kennzahlen gerichtet sind, im Vordergrund, so lassen sich Erfolgs- und Liquiditätsteile unterscheiden. Die entsprechenden Zielgrößen schlagen sich in unterschiedlichen Maßgrößen nieder, wie z.B. Rentabili-

---

[42] Vgl. *Staehle, Wolfgang H.:* Kennzahlen und Kennzahlensysteme als Mittel der Organisation und Führung von Unternehmen, Wiesbaden 1969, S. 127 f.; *Caduff, Thomas:* Zielerreichungsorientierte Kennzahlennetze industrieller Unternehmungen. Bedingungsmerkmale, Bildung, Einsatzmöglichkeiten, Thun, Frankfurt/M. 1982, S. 70–76; *Reichmann, Thomas; Lachnit, Laurenz:* Kennzahlen, S. 714.
[43] Vgl. *Staehle, Wolfgang H.:* Kennzahlen, S. 127 f.
[44] Vgl. dazu die Übersicht bei *Meyer, Claus:* Betriebswirtschaftliche Kennzahlen und Kennzahlen-Systeme, Stuttgart 1976, S. 13.
[45] Vgl. *Börner, Dietrich:* Kennzahlen als Hilfsmittel der Unternehmensführung, in: Die informierte Unternehmung. Beiträge aus Wissenschaft und Praxis für die Zukunftsgestaltung der Unternehmung, hrsg. von *Hans Rühle von Lilienstern,* Berlin 1972, S. 267–279, hier S. 267, dort behauptet *Börner:* „Soweit Kennzahlen die Aktivitäten der einzelnen Unternehmung betreffen, hat sie schwerpunktartig das betriebliche Rechnungswesen zu gewinnen oder aber sie sind aus seinen Ergebnissen ableitbar."
[46] Vgl. dazu *Wissenbach, Heinz:* Betriebliche Kennzahlen, S. 44–50.

täten und statischen bzw. dynamischen Liquiditätsmaßstäben. Neben den Erfolgs- und Liquiditätszielen bieten sich weitere quantitative numerische Zielgrößen für die Kennzahlenerfassung an. Der **Objektbereich,** auf den sich Kennzahlen beziehen, hängt von dem jeweiligen Untersuchungsgegenstand ab. Ein gesamtbetrieblicher Objektbereich erfordert Kennzahlen, die sich auf gesamtbetriebliche Zusammenhänge beziehen, während teilbetriebliche Untersuchungen auf solche Kennzahlen rekurrieren, die funktionale, divisionale bzw. organisatorische Gegenstandsbereiche erfassen und somit Informationen über die jeweiligen Betrachtungsobjekte liefern. Im Hinblick auf den **Handlungsbezug** von Kennzahlen ist zwischen normativen und deskriptiven Größen zu unterscheiden. Normative Kennzahlen als Ziele und interne Standards enthalten Handlungsaufforderungen. Deskriptive Größen hingegen beschreiben lediglich Sachverhalte, die einer weiteren Erklärung oder zumindest einer weiteren Analyse bedürfen.

d) Grenzen der Kennzahlenanwendung

Der **Aussagewert** einzelner Kennzahlen ist **begrenzt.**[47] Zum einen hängt die Qualität der Kennzahlen hinsichtlich ihrer informativen Eigenschaften davon ab, wie genau und zufällig das zugrundeliegende Informationssystem gestaltet ist. Bei wenig präzisen, mehrdeutigen Aussagesystemen wird der Mangelzustand der Basisinformationen nicht durch Kennzahlen behoben. Ein weiterer Gesichtspunkt, auf den *Staehle* verweist, bezieht sich auf unzureichend aufgestellte Kennzahlen, bei denen der gedankliche Hintergrund fehlerhaft ist.[48] Gefährlich ist eine inadäquate Interpretation von Einzelkennzahlen,[49] die dadurch zustandekommen kann, daß lediglich eine einzelne quantitative Information vorliegt, auf deren Grundlage ein Sachverhalt gewertet werden soll. Dort, wo ergänzend qualitative Informationen zur Erfassung eines Sachverhaltes vonnöten sind, empfiehlt sich eine kombinierte Anwendung von qualitativen und quantitativen Informationen.

2. Kennzahlensysteme

Die einzelnen Kennzahlen werden hinsichtlich ihrer Aussagefähigkeit durch die vorgenannten Eigenschaften, insbesondere durch die Möglichkeit vieldeutiger Interpretationen begrenzt. Vor dem Hintergrund solch einschränkender Wirksamkeit von Einzelkennzahlen ergab sich die Notwendigkeit einer **integrativen Erfassung von Kennzahlen,** mit dem Ziel, auf Basis einer umfassenden Systemkonzeption Mehrdeutigkeiten in der Interpretation auszuschalten und Abhängigkeitsbeziehungen zwischen den Systemelementen zu erfassen.[50]

---

[47] Vgl. *BIFOA-Forschungsgruppe MAWI:* Kennzahlenhandbuch, S. 20 f.
[48] Vgl. *Staehle, Wolfgang H.:* Kennzahlen, S. 66.
[49] Vgl. dazu *Gaitanides, Michael:* Praktische Probleme der Verwendung von Kennzahlen für Entscheidungen, in: ZfB, 49. Jg. (1979), S. 57–64, hier S. 57–59; *Staehle, Wolfgang H.:* Kennzahlen, S. 67.
[50] Vgl. *Lachnit, Laurenz:* Systemorientierte Jahresabschlußanalyse, Wiesbaden 1979, S. 27.

a) Der Begriff „Kennzahlensystem"

Kennzahlensysteme auf Basis finanzieller Daten wurden im deutschsprachigen Raum bereits in den 30er Jahren gefordert.[51] Erst in den 70er Jahren jedoch hat sich in der Literatur, angeregt durch die amerikanische Diskussion um das *Du Pont*-Kennzahlensystem, der Systemgedanke auf breiter Front durchgesetzt.[52]

Unter **Kennzahlensystem** wird im allgemeinen eine **Zusammenstellung von quantitativen Variablen** verstanden, wobei die einzelnen Kennzahlen in einer **sachlich sinnvollen Beziehung** zueinander stehen, einander ergänzen oder erklären und insgesamt auf ein gemeinsames übergeordnetes Ziel ausgerichtet sind.[53]

Die genannten Beziehungen können **systematischer, mathematischer** oder **empirischer Natur** sein. Bei den systematischen Ansätzen wird von einem, auf ein Oberziel ausgerichteten System von Kennzahlen ausgegangen, das die wesentlichen Entscheidungsbereiche des Unternehmens umfaßt und die wechselseitigen Auswirkungen erkennen läßt. Dabei handelt es sich um ein deduktiv aufgebautes Kennzahlensystem, das, wenn man alle Verknüpfungen in quantifizierenden Relationen aufzeigt, zu einem mathematisch aufgebauten Kennzahlensystem wird. Für die empirischen Systeme gilt, daß jeder Anwender aufgrund empirisch bestimmter Überlegungen ein bestimmtes Realsystem zugrunde legt, das er in vereinfachten Zusammenhängen in einem Modell abbildet, um eine Grundlage für die Bildung von wichtigen entscheidungsbezogenen Informationen in Form von Kennzahlen zu bekommen. Wird von einem empirisch-induktiv gewonnenen Kennzahlensysteminhalt gesprochen, ist unterstellt, daß ein Modell zugrunde gelegt wird, in das die intersubjektiv nachvollziehbaren Vorstellungen des Systemerstellers eingehen.

b) Funktion von Kennzahlensystemen

Je größer eine Unternehmung ist, je differenzierter die Aufgabenstrukturen sind und je stärker die Unternehmung von den dynamischen Verhältnissen am Beschaffungs- und Absatzmarkt abhängt, desto wichtiger ist es, sachgerechte Informationen über die betriebliche und marktliche Lage zu erfassen.[54] In diesem Zusammenhang haben Kennzahlensysteme seit langem die Funktion, Informationen bereitzustellen. Ein derartiges Informationssystem bildet in knapper und konzentrierter Form finanz- und güterwirtschaftliche Vorgänge ab.

---

[51] Vgl. *Mathews, Kurt:* Betriebsvergleich und Kennzahlen als Hilfsmittel des Wirtschaftsprüfers, in: DB, 1939, Heft 3, S. 58–63.
[52] Vgl. *Betriebswirtschaftlicher Ausschuß des Zentralverbandes Elektrotechnik- und Elektronikindustrie (ZVEI) e.V.* (Hrsg.): ZVEI-Kennzahlensystem. Ein Instrument zur Unternehmenssteuerung, 4. Aufl., Frankfurt/M. 1989, S. 8.
[53] Vgl. *Reichmann, Thomas; Lachnit, Laurenz:* Kennzahlensysteme als Instrument zur Planung, Steuerung und Kontrolle von Unternehmungen, in: Maschinenbau, o.Jg. (1977), 9, S. 45–53 und 10, S. 13–19, hier S. 45.
[54] Vgl. *Reichmann, Thomas; Lachnit, Laurenz:* Kennzahlensysteme, S. 45.

Aufgrund der Vielzahl der in der Unternehmung anfallenden Daten sollen die Kennzahlen in **übersichtlicher Weise** als Grundlage von Entscheidungen herangezogen werden. Dazu ist es notwendig, daß die für den Entscheidungsträger relevanten Sachverhalte abgebildet werden, damit vermieden wird, daß „Zahlenfriedhöfe" entstehen, d.h. unwirtschaftliche Informationsgewinnungsprozesse stattfinden. Die Kennzahlensysteme beschreiben dann Tatbestände und Sachverhalte. Sie reduzieren die Unsicherheit des Entscheidungsträgers dadurch, daß sie ein zielgerichtetes Verhalten des Entscheidungsträgers ermöglichen.[55] **Kennzahlensysteme** haben somit die **Aufgabe**, einzelne Entscheidungsträger durch **Informationsverdichtung**[56] und Zusammenfassung für unterschiedliche Entscheidungsebenen mit hinreichender Genauigkeit und Aktualität zu informieren. Kennzahlensysteme gehen i.d.R. von einem quantifizierbaren Oberziel aus, von dem operationale Subziele für die jeweiligen Entscheidungsträger in der Unternehmenshierarchie abgeleitet werden. Grundsätzlich lassen sich Kennzahlensysteme auch dann aufstellen, wenn mehrere Ziele berücksichtigt werden müssen. Es muß dann versucht werden, ersatzweise mehrere getrennte Zielhierarchien mit unterschiedlichen Oberzielen zu verwenden, wobei durch die möglichen Zielkonflikte zwischen den Zielhierarchien Grenzen gesetzt werden.

Bezüglich der Zeitbezogenheit von Kennzahlensystemen lassen sich **retrospektive** und **prospektive Anwendungen** unterscheiden, wobei je nach zugrundeliegender zeitlicher Struktur die Kennzahlenwerte **zeitpunkt- oder zeitraumbezogen** erfaßt werden. Neben der Abbildung von Zielen haben Kennzahlensysteme Erklärungsfunktion. Kennzahlensysteme finden insbesondere im Rahmen der Entwicklungs- und Gestaltungsfunktion betriebswirtschaftlicher Modelle Verwendung. Sie sollen sachliche Beschreibungen modellmäßiger Abbildungen der Unternehmung vornehmen. Das Modell wird dabei auf wenige verdichtete Größen reduziert, die in der Lage sind, ohne allzu große Vereinfachungen die wesentlichen Zusammenhänge zu verdeutlichen.[57]

Neben einer modellmäßigen Betrachtungsweise und der daraus resultierenden Messung eines Sachverhaltes können **Kennzahlen als Indikatoren für Sachverhalte** interpretiert werden, auf deren Basis die Unternehmensleitung zielbezogen plant und kontrolliert. Die Auswahl der Indikatoren ergibt sich aus einem Selektionsprozeß, in dessen Verlauf solche Standards ausgesondert werden, die eine besonders enge Beziehung zum jeweiligen Unternehmensziel aufweisen.[58] Eine solche Beziehung versucht die Einflußfaktoren zu erfassen. Diese sind jedoch nicht, wie in den klassischen Modellen, als Ursache zu interpretieren, sondern lediglich Signale für Veränderungen der Einflußgrößen, d.h. eine Veränderung der Indi-

---

[55] Vgl. *Garbe, Helmut:* Der Verdichtungsgrad von Informationen, in: Management-Informationssysteme. Eine Herausforderung an Forschung und Entwicklung, hrsg. von *Erwin Grochla* und *Norbert Szyperski*, Wiesbaden 1971, S.199–219, hier S.213–215; *Caduff, Thomas:* Zielerreichungsorientierte Kennzahlennetze, S.22–25.

[56] Vgl. *Heinen, Edmund:* Betriebliche Kennzahlen, S.227.

[57] Vgl. *Bürkler, Albert:* Kennzahlensysteme als Führungsinstrument, Zürich 1977, S.14; *Grochla, Erwin:* Modelle als Instrument der Unternehmensführung, in: ZfbF, 19.Jg. (1969), S.382–397, hier S.386.

[58] Vgl. *Tietz, Bruno:* Marketing, 2. Aufl., Düsseldorf 1989, S.358.

B. Kennzahlen und Kennzahlensysteme 25

katorgröße führt zu einer vermuteten Veränderung der zu „erklärenden" Größe. Indikatoren geben demnach Hinweise für Einflußfaktoren. Kennzahlensysteme haben adressatenbezogen eine externe und eine interne Funktion.

c) Kennzahlensysteme zur externen Analyse finanzwirtschaftlicher Daten

Im Rahmen der **externen Analyse** werden **häufig Kennzahlensysteme eingesetzt.** Aus der isolierten Betrachtung von Kennzahlen ist eine integrierte, zielbezogene Gesamtbetrachtung der Daten des Jahresabschlusses geworden. Kennzahlensysteme im Rahmen der externen Analyse orientieren sich primär an zwei Gesichtspunkten: dem Erfolg und der Liquidität. Die beiden Ziele leiten sich aus den Informationsbedürfnissen ab. Interessenten können dabei sein:[59] Banken Lieferanten, Konkurrenzunternehmen, Kunden, Anteilseigner und potentielle Anleger. Diese

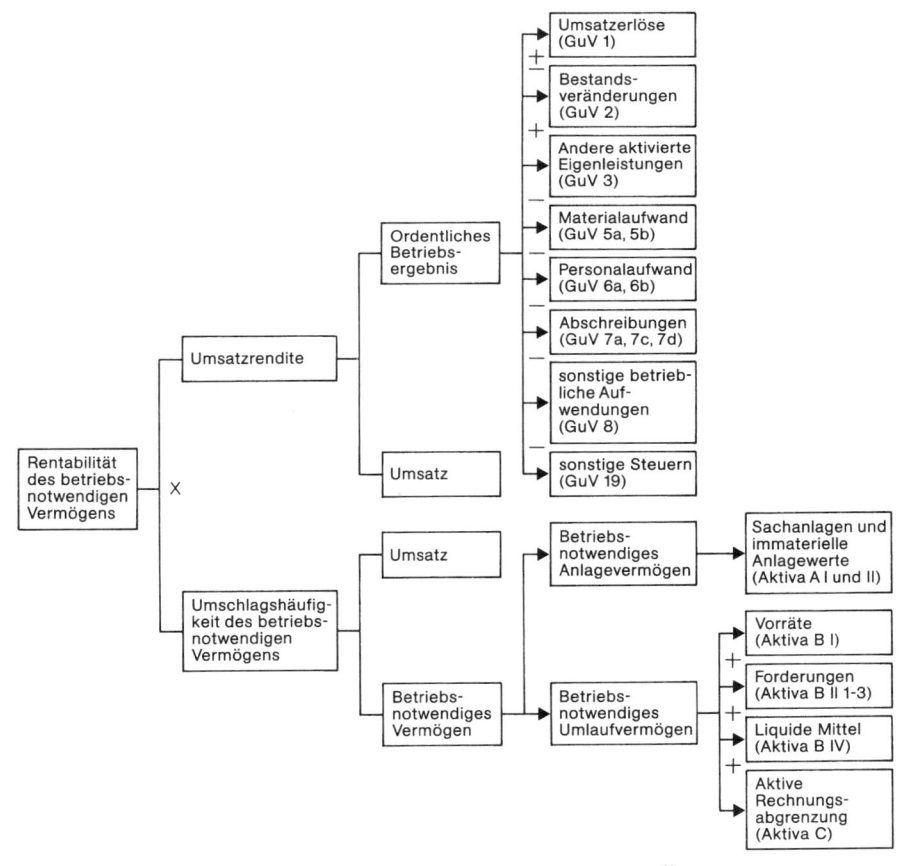

Abb. 14: Das Du Pont-Kennzahlensystem[60]

---

[59] Vgl. *Coenenberg, Adolf G.:* Jahresabschluß, S. 548 und *Busse von Colbe, Walther:* Finanzanalyse, in: HWF, hrsg. von *Hans E. Büschgen,* Stuttgart 1976, Sp. 384–401, hier Sp. 385.
[60] Entnommen aus *Coenenberg, Adolf G.:* Jahresabschluß, S. 698.

Adressaten haben ein Interesse daran, Informationen darüber zu erhalten, ob die Unternehmen aus wirtschaftlichen Gründen fortgeführt werden können oder in Schwierigkeiten geraten. Da sowohl Überschuldung als auch Illiquidität nach deutschem Recht Konkursgründe sind, empfiehlt es sich ganz besonders, die beiden Komponenten Erfolg und Liquidität einer genaueren Beobachtung zu unterziehen, damit eventuelle negative Veränderungen bereits als recht frühe Hinweise in die Kalküle der Entscheidungsträger eingehen können. Die ursprüngliche Entwicklungskonzeption, externe Kennzahlensysteme zur Analyse des Jahresabschlusses zu verwenden, geht auf das zur internen Analyse entwickelte System von *Du Pont* zurück. Nach Anpassungen an die deutschen Rechtsnormen fand es Eingang in die Diskussion zur externen Jahresabschlußanalyse[61] auf Kennzahlenbasis.

Inhaltlich gehen die Systeme meist nur von einer einzelnen **Spitzenkennzahl,** der Rentabilitätskennzahl, aus. Aus dieser Größe werden weitere Kennzahlen nach formallogischen Gesichtspunkten abgeleitet. Für die Daten des Jahresabschlusses bedeutet dies, daß sie nach gegebenen Kriterien selektiert, aufbereitet und in einen integrativen Kontext gestellt werden. Will man hinreichend kompakte und für einen schnellen Überblick geeignete Kennzahlensysteme etablieren, müssen die Daten des Jahresabschlusses aggregiert werden, d.h. nach bestimmten Gesichtspunkten in Gruppen eingeteilt werden. Eine solche **Aggregation** ist z.B. die **Zusammenfassung** der Aufwands- bzw. Ertragspositionen der Jahresabschlüsse, damit sie, etwa im Rahmen des Zeitvergleichs sinnvoll eingesetzt werden können und als Beurteilungsgrundlage für die bereits genannten Interessenten herangezogen werden können.

Ein weiterer Gesichtspunkt der Aggregation ist der Versuch, die einzelnen Größen der GuV-Rechnung nach den Erfolgskomponenten zu spalten.[62] Wichtig ist insbesondere die Einteilung in ordentliches, außerordentliches sowie betriebliches und betriebsfremdes Ergebnis. Der ordentliche Erfolg wird hierbei als eine Größe interpretiert, von der angenommen wird, daß ihre Höhe nachhaltig Bestand haben wird. Das instabile außerordentliche Ergebnis, dem keine Nachhaltigkeit zugesprochen werden kann, wird in der Regel nicht tiefergehend analysiert.[63]

Einen Schritt in dieser Richtung stellt das von *Hahn* entwickelte **ROI-Cash-Flow-Kennzahlensystem** dar.[64] Dieses System wurde für die Wirtschaftsprüfer im Zu-

---

[61] Vgl. *Hauschildt, Jürgen:* Bilanzanalyse mit Kennzahlensystemen. Das „Du-Pont-Control-System" und seine Anwendung auf deutsche Jahresabschlüsse, in: Harzburger Hefte, 1970, S. 28–38; *Hecker, Rainer:* Ein Kennzahlensystem zur externen Analyse der Ertrags- und Finanzkraft von Industrieaktiengesellschaften, Frankfurt, Zürich 1975, S. 117–120.

[62] Vgl. *Leffson, Ulrich:* Bilanzanalyse, S. 83–95; *Coenenberg, Adolf G.:* Jahresabschluß, S. 288–292; *Hub, Hanns; Strebel, Heinz:* Neuere Methoden der Erfolgsanalyse anhand veröffentlichter Jahresabschlüsse, in: WPg, 29. Jg. (1976), S. 264–271 und 299–307; *Coenenberg, Adolf G.; Schönbrodt, Bernd:* Erfolgsrechnung, Analyse der, in: HWR, 2. Aufl., hrsg. von *Erich Kosiol* u.a., Stuttgart 1981, Sp. 471–479.

[63] Vgl. *Coenenberg, Adolf G.; Schönbrodt, Bernd:* Erfolgsrechnung, Sp. 475–477.

[64] Vgl. *Hahn, Dietger:* Zum Inhalt und Umfang der Unternehmensanalyse als bisheriges und zukünftiges Aufgabengebiet des Wirtschaftsprüfers, in: Unternehmensprüfung und -beratung, Festschrift zum 60. Geburtstag von Bernhard Hartmann, hrsg. von *Bernd Aschfalk* u.a., Freiburg i.Br. 1976, S. 31–53.

sammenhang mit der aktienrechtlichen Jahresabschlußanalyse entwickelt. Es dient der vergangenheits- und zukunftsorientierten Analyse, da der Wirtschaftsprüfer die Aufgabe hat, mit der Prüfung des Lageberichtes darzulegen, ob die dort gemachten Aussagen über die ökonomische Situation der Unternehmung korrekt dargestellt werden. Instrument für die Gewinnung der zur Lagebewertung benötigten Daten ist bei *Hahn* das betriebliche Rechnungswesen. *Hahn* greift in diesem Zusammenhang auf die Daten des Rechnungswesens zurück und faßt diese Kennzahlen zusammen.

Das ROI-Cash-Flow-Kennzahlensystem enthält vornehmlich monetäre Größen. Inhaltlich sind ergebnisorientierte und liquiditätsorientierte Kennzahlen vorrangig. Die ergebnisbezogenen Kennzahlen werden dabei in betriebliche und bilanzielle Komponenten getrennt und lassen somit erste Anhaltspunkte über die Zusammensetzung der Erfolgskomponenten erkennen. Im finanzwirtschaftlichen Teil werden die Auswirkungen der ROI-Rechnung auf den Ein- und Auszahlungsbereich in Form der Cash-Flow-Rechnung aufgezeigt. Grundsätzlich gilt, daß jene Zahlen, die aus historischen Jahresabschlüssen gewonnen werden, im Zuge von Vergleichsoperationen – seien es Betriebs- oder Branchenvergleiche – für Controlling-Zwecke nur Anregungsinformationen vermitteln können. Aufgrund der Verschiebungen von Erfolgs- bzw. Liquiditätsstrukturen können lediglich erste Anhaltspunkte, die zusätzlich noch recht spät bereitgestellt werden, vermittelt werden. Insgesamt bleibt festzustellen, daß all die Verfahren, die den historischen Jahresabschluß als Grundlage für eine Lagebeurteilung der Zukunft heranziehen, zumindest fragwürdig bleiben, d.h. daß Erkenntnisse über die Liquiditätslage und Erfolgslage weder mittelfristig noch langfristig in hinreichender Genauigkeit für die Unternehmensführung aus den Daten des Jahresabschlusses zu gewinnen sind.

d) Kennzahlensysteme zur internen Analyse

Entgegen den klassischen Versuchen, Kennzahlen nur zur Auswertung vergangenheitsbezogener Daten anzuwenden, stehen heute die Planungs- und Kontrollprozesse im Vordergrund der Diskussion. In jüngster Zeit werden die **Kennzahlen** als **Bestandteile von Controlling-Konzeptionen** gefordert und in ihren unterschiedlichen Funktionen diskutiert.[65]

Intern ausgerichtete **Systeme** versuchen, in verschiedenen Entscheidungsphasen Informationen zu liefern. Diese lassen sich in Anlehnung an das Entscheidungsphasenschema in Anregungs-, Planungs-, Steuerungs- und Kontrollinformationen einteilen. Sie werden insbesondere für **Führungszwecke** eingesetzt.[66] Zur Ausschaltung irrelevanter Daten muß notwendigerweise gerade im Führungsbereich

---

[65] Vgl. *Heigl, Anton:* Controlling, S. 137–150; *Horváth, Péter:* Controlling, S. 514–530; *Peemöller, Volker H.:* Praktisches Lehrbuch Controlling, S. 83 f.; *Serfling, Klaus:* Controlling, S. 207–222.

[66] Vgl. *Mertens, Peter:* Zum Inhalt computerunterstützter Informationssysteme, in: Management-Informationssysteme. Eine Herausforderung an Forschung und Entwicklung, hrsg. von *Erwin Grochla* und *Norbert Szyperski*, Wiesbaden 1971, S. 653–665.

auf knappe Informationen zurückgegriffen werden. An ein solches Führungssystem sind die folgenden Anforderungen zu stellen.[67]

- Das Kennzahlensystem muß die Ziele der Unternehmung sowie deren wichtigste Bestimmungsfaktoren enthalten.
- Das System muß als Gesamtplanungsmodell möglichst vollständig sein.
- Das Kennzahlensystem ist flexibel zu gestalten, so daß neue Tatbestände Berücksichtigung finden können.
- Führungssysteme sollten einen branchenunabhängigen Teil und einen oder mehrere branchen- und entscheidungsbezogene Sonderteile aufweisen.

(1) Kennzahlensysteme als Instrumente zur Frühwarnung

Betriebliche Frühwarnsysteme sind als Informationssysteme anzusehen, die auf Probleme aufmerksam machen sollen, damit mögliche Gefährdungen rechtzeitig erkannt werden, um eine frühe Bekämpfung der lokalisierten Gefahrenherde zu initiieren.[68] Die Elemente, die auf das Vorhandensein von latenten Krisen hinweisen, können teilweise mit Hilfe von Kennzahlen abgebildet werden. Gelingt es, Kennzahlen mit zeitlichem Vorlauf für eine Problemstruktur zu erkennen, so kann in einem zweiten Schritt mit Hilfe statistischer Verfahren die jeweils gültige zeitliche Wirkungsstruktur der erfaßten Kennzahlen beschrieben werden. Die genannten Kennzahlen können eine Kausalbeziehung beschreiben oder lediglich als Indikatoren für kausale Beziehungen auftreten.

Insgesamt kann festgestellt werden, daß es **zahlreiche Kennzahlenkataloge** gibt, denen **Frühwarneigenschaften** zugeordnet werden. Empirische Untersuchungen hingegen, die einen wesentlich zuverlässigeren Gradmesser bilden würden, gibt es nur in vereinzelten Fällen. Eine wichtige Art von Frühwarnsystemen sind allerdings diejenigen Kennzahlenkombinationen, die auf Basis der Jahresabschlußdaten gebildet werden. Hierbei wird versucht, bestimmte Vorlaufeigenschaften von Jahresabschlußdaten zu nutzen und in den Dienst gestalterischer Tätigkeiten zu stellen. Zusammenfassend läßt sich sagen, daß die Etablierung von Frühwarnsystemen noch in den Anfängen steht.

(2) Kennzahlensysteme im Planungs- und Kontrollprozeß

Die Anwendung betriebswirtschaftlicher **Kennzahlen** zur Darstellung geeigneter Informationen über Planung, Steuerung und Kontrolle wird in der Literatur grundsätzlich befürwortet.[69] Eine besonders wichtige Kategorie von Informationen sind die **Informationen über betriebliche Ziele**. Ziele geben allgemein gesprochen einen zukünftigen Zustand der Unternehmung wieder.[70] Dabei werden ins-

---

[67] Vgl. *Reichmann, Thomas; Lachnit, Laurenz:* Kennzahlensysteme, S. 47. Weitere Gestaltungsgrundsätze finden sich bei *Küting, Karlheinz:* Grundsatzfragen von Kennzahlen als Instrument der Unternehmensführung, in: WiSt, 12. Jg. (1983), S. 237–241, hier S. 239–241.
[68] Vgl. *Rieser, Ignaz:* Frühwarnsysteme für die Unternehmungspraxis, München 1980, S. 32; *Ansoff, Igor H.:* Managing Surprise and Discontinuity-Strategic Response to Weak Signals, in: ZfbF, 28. Jg. (1976), S. 129–152.
[69] Vgl. *Reichmann, Thomas; Lachnit, Laurenz:* Kennzahlen, S. 708–713.
[70] Vgl. *Heinen, Edmund:* Grundlagen betriebswirtschaftlicher Entscheidungen, 3. Aufl., Wiesbaden 1976.

besondere Erfolgsziele in den Mittelpunkt der Betrachtung gestellt, die es zu maximieren gilt. Ziele haben daneben eine Koordinationsfunktion, die besonders für dezentralisierte Organisationsformen Bedeutung besitzen. Der Einsatz von **Kennzahlen als Koordinierungsinstrumente** beschränkt sich weitgehend auf große Unternehmen, die i. d. R. divisionale Organisationsstrukturen besitzen. Durch diese Divisionalisierung soll erreicht werden, daß die Gesamtleistungsfähigkeit einer Unternehmung erhöht wird. Die Ausnutzung der Vorteile dezentralisierter Unternehmen kann jedoch nur dann wahrgenommen werden, wenn es gelingt, mit Hilfe von Instrumenten eine Gesamtkoordination der Teilbereiche zu realisieren; eine solche Koordination kann mit Hilfe von Kennzahlen erfolgen.

Die Entwicklung eines allgemeingültigen und theoretisch befriedigenden Kennzahlensystems, das unabhängig von Branche und Struktur des Unternehmens erfolgreich gewesen wäre, ist bisher noch nicht gelungen. Der Grund liegt darin, daß die Ableitung von Kennzahlen aus einem allgemeinen Zielsystem der Unternehmung nur schwer zu realisieren ist. Aus diesem Grunde konzentrieren sich die Bemühungen bislang vornehmlich auf die Konstruktion unternehmens- bzw. branchenspezifischer Kennzahlensysteme. Einen Versuch, diesem Dilemma zu entgehen, kann in der Entwicklung eines Rentabilitäts- und Liquiditäts-Kennzahlensystems, bestehend aus einem allgemeinen Teil zur laufenden Planung, Steuerung und Kontrolle, der für alle Unternehmen anwendbar ist und einem Sonderteil, der unternehmensspezifisch zur Ergänzung der laufenden Information zu gestalten ist, gesehen werden.[71]

Die besondere Bedeutung der Unternehmenssteuerung mit Hilfe von Kennzahlen liegt darin, auf Basis der vorgegebenen Pläne, durch stufenweise Ableitung aller Kennzahlen auf der Grundlage der in der Planungsphase gewonnenen Datenkonstellationen, **stellenspezifische Vorgabewerte** zu ermitteln. Aufgrund ihrer Klarheit, Kürze und damit verbundenen geringen Störungsanfälligkeit[72] sind sie geeignet, den reibungslosen Informationsfluß als Grundvoraussetzungen eines funktionsfähigen innerbetrieblichen Kommunikationssystems zu bewerkstelligen, d. h. Kennzahlen haben grundsätzlich eine Doppelfunktion; durch die Transformation prägnanter Zielvorstellungen dienen Kennzahlensysteme zum einen der Übermittlung spezifischer Aufgabenstellungen und ihrer Ausführungsanweisungen[73] und zum anderen der unternehmensweiten Koordination der Prozesse über alle Hierarchiestufen, soweit sie durch Kennzahlen erfaßt werden können.

Die ermittelten Planwerte bzw. Vorgabewerte bedürfen zwecks rationaler Wirtschaftsführung einer **ständigen Überprüfung**.[74] Ein Vergleich zwischen den geplanten und realisierten Werten der Information gibt Auskunft über das Ergebnis des betrieblichen Handelns. Der Kennzahlenkontrollprozeß besteht aus drei Phasen: der Feststellung der Ist-Kennzahlenwerte (Ergebnisse der Prozeßreali-

---

[71] Vgl. *Reichmann, Thomas; Lachnit, Laurenz:* Kennzahlen, S. 711–723.
[72] Vgl. *Staehle, Wolfgang H.:* Kennzahlen, S. 124.
[73] Vgl. *Lachnit, Laurenz:* Jahresabschlußanalyse, S. 76.
[74] Vgl. *Kern, Werner:* Kennzahlensysteme als Niederschlag interdependenter Unternehmensplanung, in: ZfbF, 23. Jg. (1971), S. 701–718, hier S. 712.

sierung), Vergleich von Ist- und Sollkennzahlen (Planergebnisvergleich und Abweichungsanalyse) und dem Initiieren von Anpassungsmaßnahmen.

Mit Hilfe eines derartigen Kontrollprozesses ist es möglich, einen **konzentrierten Überblick** über die **wirtschaftliche Lage** zu gewinnen und bedrohliche Fehlentwicklungen sowie ungenutzte Chancen zu erkennen.[75] Eine vorzunehmende Abweichungsanalyse darf sich jedoch nicht darauf beschränken, die Spitzenkennzahl zu kontrollieren. Nach Möglichkeit sollte die Abweichungsanalyse eine differenzierte Kennzahlenzerlegung ermöglichen, die gegebenenfalls kompensatorische Effekte und deren Auswirkungen erfassen kann, um im Anschluß daran geeignete Korrekturmaßnahmen ableiten zu können.[76]

3. Multifunktionale Kennzahlensysteme

a) Das ZVEI-Kennzahlensystem

Zu Beginn der 70er Jahre setzte im deutschsprachigen Raum, aufbauend auf dem Grundgedanken des von *Du Pont* entwickelten ROI-Systems, eine eigenständige, stärker theoretisch orientierte Entwicklung ein, die über die pragmatische Ausrichtung des amerikanischen Systems hinausging und eine mehrfache Funktionserfüllung, wie etwa die gleichzeitige Berücksichtigung von Rentabilität und Liquidität bzw. die gleichzeitige Verwendbarkeit bestimmter Teile des Kennzahlensystems zur internen und externen Unternehmensanalyse beinhaltete. Eines der ersten Kennzahlensysteme wurde vom *Zentralverband der Elektrotechnischen Industrie (ZVEI)* entwickelt.[77] Ziel des ZVEI-Kennzahlensystems ist es, ein **analytisches Instrument** und ein **Planungsinstrument** für die **Unternehmenssteuerung** zu liefern. Das analytische Instrument stellt darauf ab, durch Zeit- bzw. Betriebsvergleiche sachliche Feststellungen über die Lage der Unternehmen zu gewinnen. Als Planungsinstrument sollen die Kennzahlen den unternehmerischen Zielsetzungen durch Plangrößen einen zahlenmäßig faßbaren Inhalt geben.[78] Dabei kann je nach Bedarf von relativen und absoluten Zielen gesprochen werden. Bei Zielen auf Basis relativer Kennzahlen sind diese in ihrer Struktur mit den amerikanischen „ratios" identisch. Bei absoluten Zielen wird eine globale Zielgröße vorgegeben, etwa der Umsatz einer Periode, und aus dieser Größe werden dann die Planzahlen des Systems abgeleitet.[79]

---

[75] Vgl. *Frese, Erich:* Kontrolle und Unternehmensführung, Wiesbaden 1968, S. 68.
[76] Vgl. *Müller-Merbach, Heiner:* Datenursprungsbezogene Planungssysteme, in: ZfB, 49. Jg. (1979), 2. Erg.-Heft, S. 151–161, hier S. 151.
[77] Vgl. *Betriebswirtschaftlicher Ausschuß des Zentralverbandes Elektrotechnik und Elektronikindustrie (ZVEI) e. V.* (Hrsg.): ZVEI-Kennzahlensystem; *Küting, Karlheinz:* Kennzahlensysteme in der betrieblichen Praxis, in: WiSt, 12. Jg. (1983), S. 291–296, hier S. 292–294.
[78] Vgl. *Betriebswirtschaftlicher Ausschuß des Zentralverbandes Elektrotechnik- und Elektronikindustrie (ZVEI) e. V.* (Hrsg.): ZVEI-Kennzahlensystem, S. 39.
[79] Vgl. *Betriebswirtschaftlicher Ausschuß des Zentralverbandes Elektrotechnik- und Elektronikindustrie (ZVEI) e. V.* (Hrsg.): ZVEI-Kennzahlensystem, S. 39.

B. Kennzahlen und Kennzahlensysteme 31

Oberstes Ziel des ZVEI-Kennzahlensystems ist die **Ermittlung der Effizienz eines Unternehmens.** Inhaltlich zerfällt die Ermittlung der Effizienz in

- Wachstumskomponenten und Strukturkomponenten.

Die **Wachstumsanalyse** soll Veränderungen der Zeitreihe mit Hilfe bestimmter Indexkennzahlen feststellen. Die Strukturanalyse hingegen dient der Untersuchung der Risikobelastungen der Ertragsfähigkeit der Unternehmung. Die Wachstumsanalyse versucht mit Hilfe von neun Kennzahlen, die sich in drei Gruppen einteilen lassen, eine Analyse des Geschäftsvolumens, des Personals und des Erfolgs. Bei Wachstumsanalysen stehen die einzelnen Kennzahlen weitgehend isoliert nebeneinander.

Anders hingegen sieht die **Strukturanalyse** des ZVEI-Kennzahlensystems aus. Dieser eigentliche Kern der Kennzahlenanalyse versucht, die Informationen aus dem betrieblichen Rechnungswesen zu strukturieren und zu verdichten. Diese Verdichtung wird durchgeführt, indem zunächst ein Rechensystem zugrundegelegt wird, das eine hierarchische Gliederung und eine Spitzenkennzahl aufzuweisen hat. Innerhalb von **Kennzahlengruppen** können dann die Kennzahlen durch Gliederung und durch Einführung neuer Bezugs- und Beobachtungsgrößen zerlegt werden. Die verschiedenen Kennzahlengruppen stellen entweder **Ertragskraftkennzahlen** oder **Risikokennzahlen** dar. Gleichartige Kennzahlen, die entweder nur Bestandzahlen (Risikokennzahl) oder nur Bewegungszahlen (Ertrags-

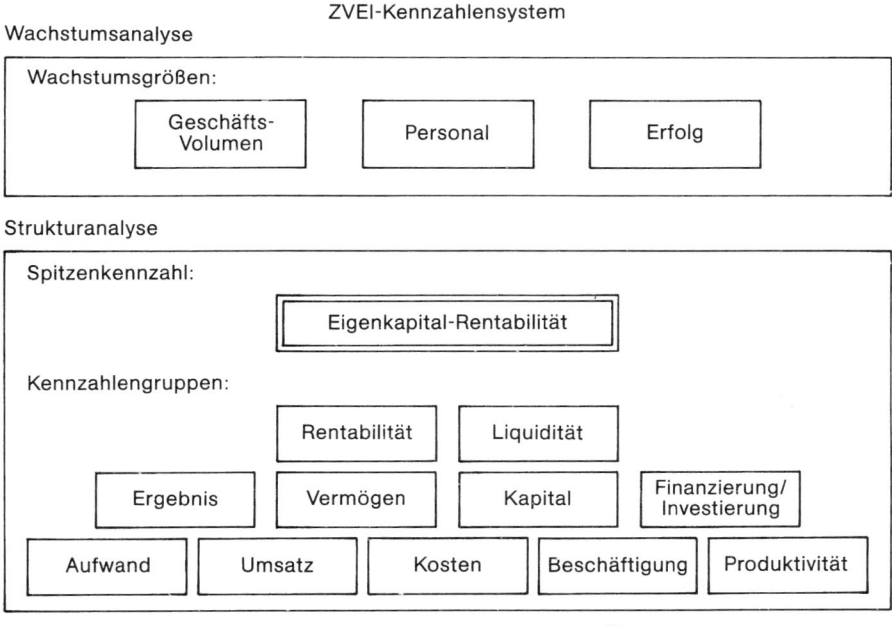

Abb. 15: ZVEI-Kennzahlensystem[80]

---
[80] Entnommen aus *Betriebswirtschaftlicher Ausschuß des Zentralverbandes Elektrotechnik- und Elektronikindustrie (ZVEI) e. V.* (Hrsg.): ZVEI-Kennzahlensystem, S. 43.

kraftkennzahl) sind, werden als Typ A bezeichnet, die Mischtypen hingegen als Typ B. Bei den Mischtypen, d. h. bei denjenigen relativen Kennzahlen, die aus Strom- und Bestandsgrößen bestehen, hängt die Interpretation der Kennzahl davon ab, ob eine Bestands- oder Stromgröße im Zähler steht. Eine Bestandsgröße im Zähler ist also eine Risikokennzahl Typ B, eine Stromgröße im Zähler hingegen als Ertragskraftkennzahl Typ B zu interpretieren. Daraus ergibt sich, daß sämtliche im ZVEI-Kennzahlensystem verwendeten Größen als Ertragskraft- bzw. Risikokennzahlen interpretierbar sind.

Im Hinblick auf den Umfang weist das ZVEI-Kennzahlensystem ungefähr 200 Kennzahlen auf, von denen im Grunde genommen lediglich 87 gebraucht werden. Die restlichen Kennzahlen haben die Funktion, die **mathematische Verknüpfung** des gesamten Systems sicherzustellen. Dadurch, daß ausschließlich relative Kennzahlen zugelassen sind, bereitet ein solches Vorgehen grundsätzlich keine Schwierigkeit, allerdings ist darauf hinzuweisen, daß aufgrund einer solchen Konstruktion zahlreiche redundante Informationen entstehen.

Das Kennzahlensystem der Elektrotechnischen Industrie stellt einen ersten Schritt im deutschen Sprachraum dar, ein ausgearbeitetes Informationssystem zum Zwecke der Unternehmenssteuerung zu entwickeln. Problematisch erscheinen allerdings Abgrenzungen zwischen Ertragskennzahlen vom Typ B und Risikokennzahlen vom Typ B. So kann etwa durch die Bildung der Inversen die Risikokennzahl vom Typ B in eine Ertragskennzahl vom Typ B überführt werden, mit dem Ergebnis, daß etwa die Umschlagshäufigkeit des Kapitals als Rentabilitätskennziffer und die Relation Kapital/Umsatz als Risikokennzahl interpretiert wird.

b) Das RL-Kennzahlensystem

(1) Grundlagen des RL-Systems

Das RL-Kennzahlensystem,[81] das eine Weiterentwicklung des Kennzahlensystemgedankens darstellt, ist sowohl für Analysezwecke als auch als Hilfsmittel für die Unternehmensführung konzipiert, wo es im Rahmen des Planungs- und Kontrollprozesses entscheidungsbezogene Informationen liefern soll. Im Hinblick auf die von der Unternehmensführung zu treffenden Entscheidungen ist eine zweckgerechte Auswahl hinsichtlich **Inhalt, Umfang** und **Struktur der Informationen** festzulegen, wobei davon auszugehen ist, daß diese Informationen nicht statt derjenigen aus dem betrieblichen Rechnungswesen, sondern zusätzlich zu diesen bereitzustellen sind. Ausgehend von der Überlegung, daß das Rechnungswesen wegen seiner Dokumentationsfunktion eine Vielfalt von Angaben enthält, jedoch noch keine entscheidungsrelevanten Informationen, ist das Zahlenmaterial im Hinblick auf bestimmte Zwecke auszurichten. Abweichend vom ZVEI-System wird zwar die Zielbezogenheit des Systems eingehalten, jedoch weitgehend

---

[81] Vgl. hierzu *Reichmann, Thomas; Lachnit, Laurenz:* Kennzahlen, S. 705–723; *Reichmann, Thomas; Lachnit, Laurenz:* Das Rechnungswesen als Management-Informationssystem zur Krisenerkennung und Krisenbewältigung, in: BFuP, 30. Jg. (1978), S. 203–219; *Reichmann, Thomas:* Ratios, in: Handbook of German Business Management, hrsg. von *Erwin Grochla* u. a., Stuttgart, Berlin, Heidelberg 1990, Sp. 2092–2104.

auf eine formale Verknüpfung von Kennzahlen verzichtet. Die Beschränkung auf relativ wenige Kennzahlen ist dadurch möglich, daß mit Hilfe der Systemtheorie die wesentlichen entscheidungsrelevanten Kenngrößen in ihren wechselseitigen Zusammenhängen herausgestellt werden, ohne ihre gegenseitige formal mathematische Verknüpfung über Hilfskennzahlen im einzelnen darzustellen. Die **zentralen Kenngrößen** des Steuerungssystems sind die Größen:

- Erfolg
  und
- Liquidität.

Der Erfolg, der für die laufende Steuerung benötigt wird, setzt sich zusammen aus dem aus der Umsatz- und Kostenplanung abgeleiteten **ordentlichen Betriebsergebnis** sowie dem aus den laufenden Zinserträgen und dem Beteiligungsergebnis resultierenden **ordentlichen Finanzergebnis**. Die Liquidität selbst ist hingegen kein originäres Ziel. Sie ist jedoch eine unerläßliche Voraussetzung für den Bestand des Unternehmens. Die Größen des Systems stellen zunächst Plangrößen dar. In die Unternehmensplanung selbst werden nur Sachverhalte aufgenommen, die als Einzelgrößen schon hinreichend wichtig und einer Planung zugänglich sind, wie z.B. Umsatz und Betriebsergebnis. Aufgrund regelmäßiger Soll-Ist-Vergleiche liefert dieses System Informationen für unternehmerische Entscheidungen. Die Ermittlung von Kennzahlen hängt vom jeweiligen Zweck ab und erfolgt sowohl in einem Jahresrhythmus als auch innerhalb kürzerer Zeiträume.

(2) Der allgemeine Teil des RL-Kennzahlensystems

Das RL-Kennzahlensystem besteht aus zwei Teilen, einem **allgemeinen Teil** und einem **Sonderteil**. Der allgemeine Teil ist wegen seines nicht branchen- und firmenspezifischen Aufbaus nicht nur für die Planung und Kontrolle, sondern auch für zwischenbetriebliche Vergleiche geeignet. Es besteht aus einem Rentabilitäts- und einem Liquiditätsteil. Im Sonderteil werden firmenspezifische Besonderheiten zur vertiefenden Ursachenanalyse und Kontrolle berücksichtigt. Die Kennzahlen des **Erfolgs-Sonderteils** sind etwa im Rahmen der Produktpolitik zur Bestimmung von Preisobergrenzen zur Anpassung an Beschäftigungsänderungen oder zur Beurteilung der Lagerbestandshöhen erforderlich. Diejenigen des **Liquiditäts-Sonderteils** beziehen sich in erster Linie auf Finanzpläne des Unternehmens.

(a) Der Rentabilitätsteil

Zentrale Größe des Rentabilitätsteils des RL-Systems ist das **ordentliche Ergebnis**. Es verkörpert den tendenziell nachhaltigen Erfolg aus Leistungs- und Finanzaktivitäten. Diese Größe läßt sich planen und monatsweise vorgeben. Die außerordentlichen Erfolgskomponenten lassen sich nicht in gleicher Weise planen, für sie empfiehlt sich in der Regel die jährliche Erfassung. Das ordentliche Ergebnis setzt sich aus dem ordentlichen Betriebsergebnis und dem ordentlichen Finanzergebnis zusammen. Die beiden Teilergebnisse müssen für kürzere Zeiträume, z.B. Monate, geplant und kontrolliert werden. Das absolute Ergebnis selbst gibt jedoch keine Auskunft über den Erfolg des Unternehmens, da der absolute Erfolg durch den jeweiligen Kapitaleinsatz relativiert werden muß. Diese Relation gibt

I. Kapitel: Grundlagen der Controlling-Konzeption

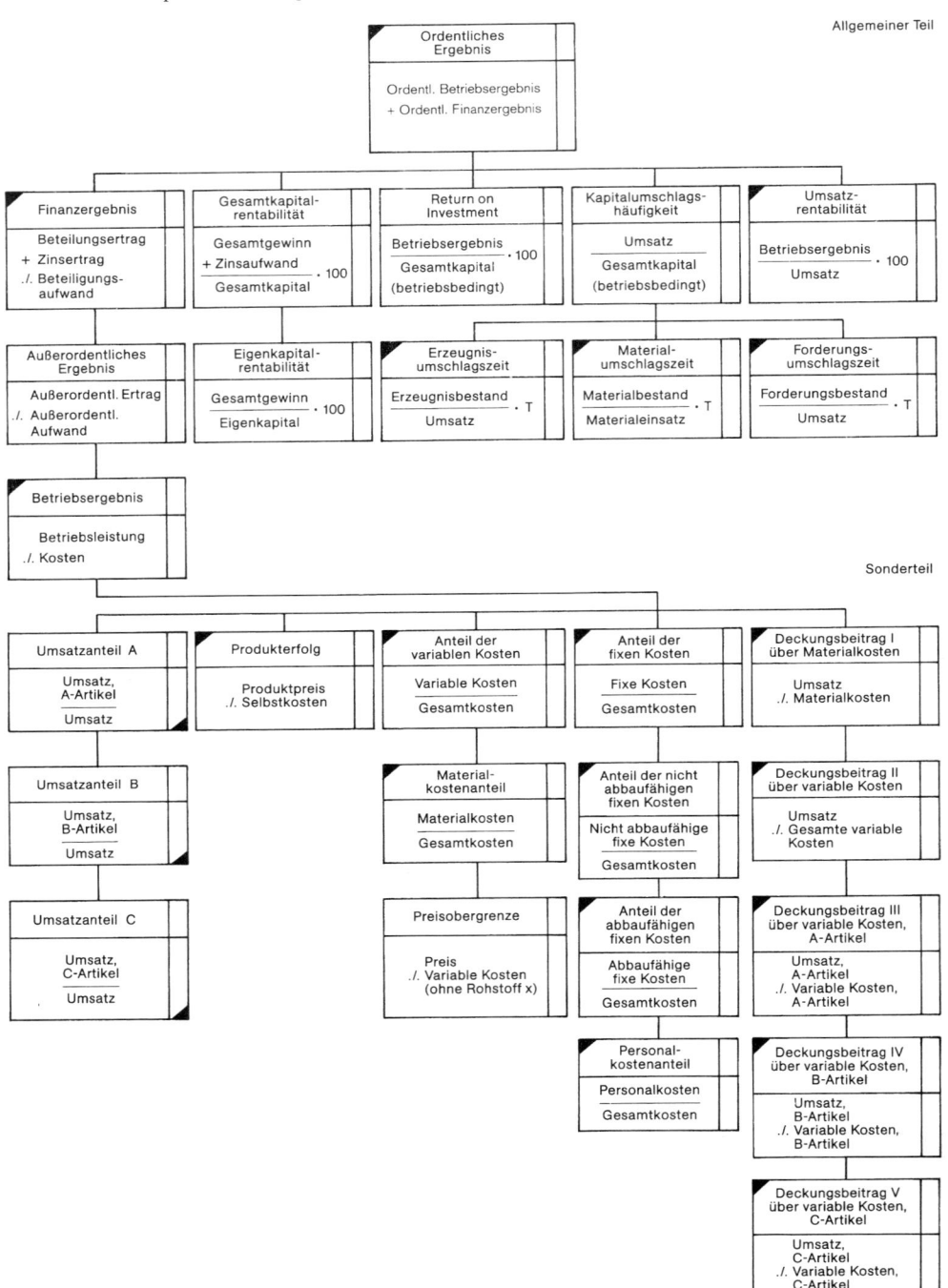

Allgemeiner Teil

Ordentliches Ergebnis
Ordentl. Betriebsergebnis
+ Ordentl. Finanzergebnis

Finanzergebnis
Beteiligungsertrag
+ Zinsertrag
./. Beteiligungsaufwand

Gesamtkapitalrentabilität
$$\frac{\text{Gesamtgewinn} + \text{Zinsaufwand}}{\text{Gesamtkapital}} \cdot 100$$

Return on Investment
$$\frac{\text{Betriebsergebnis}}{\text{Gesamtkapital (betriebsbedingt)}} \cdot 100$$

Kapitalumschlagshäufigkeit
$$\frac{\text{Umsatz}}{\text{Gesamtkapital (betriebsbedingt)}}$$

Umsatzrentabilität
$$\frac{\text{Betriebsergebnis}}{\text{Umsatz}} \cdot 100$$

Außerordentliches Ergebnis
Außerordentl. Ertrag
./. Außerordentl. Aufwand

Eigenkapitalrentabilität
$$\frac{\text{Gesamtgewinn}}{\text{Eigenkapital}} \cdot 100$$

Erzeugnisumschlagszeit
$$\frac{\text{Erzeugnisbestand}}{\text{Umsatz}} \cdot T$$

Materialumschlagszeit
$$\frac{\text{Materialbestand}}{\text{Materialeinsatz}} \cdot T$$

Forderungsumschlagszeit
$$\frac{\text{Forderungsbestand}}{\text{Umsatz}} \cdot T$$

Betriebsergebnis
Betriebsleistung
./. Kosten

Sonderteil

Umsatzanteil A
$$\frac{\text{Umsatz, A-Artikel}}{\text{Umsatz}}$$

Produkterfolg
Produktpreis
./. Selbstkosten

Anteil der variablen Kosten
$$\frac{\text{Variable Kosten}}{\text{Gesamtkosten}}$$

Anteil der fixen Kosten
$$\frac{\text{Fixe Kosten}}{\text{Gesamtkosten}}$$

Deckungsbeitrag I über Materialkosten
Umsatz
./. Materialkosten

Umsatzanteil B
$$\frac{\text{Umsatz, B-Artikel}}{\text{Umsatz}}$$

Materialkostenanteil
$$\frac{\text{Materialkosten}}{\text{Gesamtkosten}}$$

Anteil der nicht abbaufähigen fixen Kosten
$$\frac{\text{Nicht abbaufähige fixe Kosten}}{\text{Gesamtkosten}}$$

Deckungsbeitrag II über variable Kosten
Umsatz
./. Gesamte variable Kosten

Umsatzanteil C
$$\frac{\text{Umsatz, C-Artikel}}{\text{Umsatz}}$$

Preisobergrenze
Preis
./. Variable Kosten (ohne Rohstoff x)

Anteil der abbaufähigen fixen Kosten
$$\frac{\text{Abbaufähige fixe Kosten}}{\text{Gesamtkosten}}$$

Deckungsbeitrag III über variable Kosten, A-Artikel
Umsatz, A-Artikel
./. Variable Kosten, A-Artikel

Personalkostenanteil
$$\frac{\text{Personalkosten}}{\text{Gesamtkosten}}$$

Deckungsbeitrag IV über variable Kosten, B-Artikel
Umsatz, B-Artikel
./. Variable Kosten, B-Artikel

Deckungsbeitrag V über variable Kosten, C-Artikel
Umsatz, C-Artikel
./. Variable Kosten, C-Artikel

B. Kennzahlen und Kennzahlensysteme   35

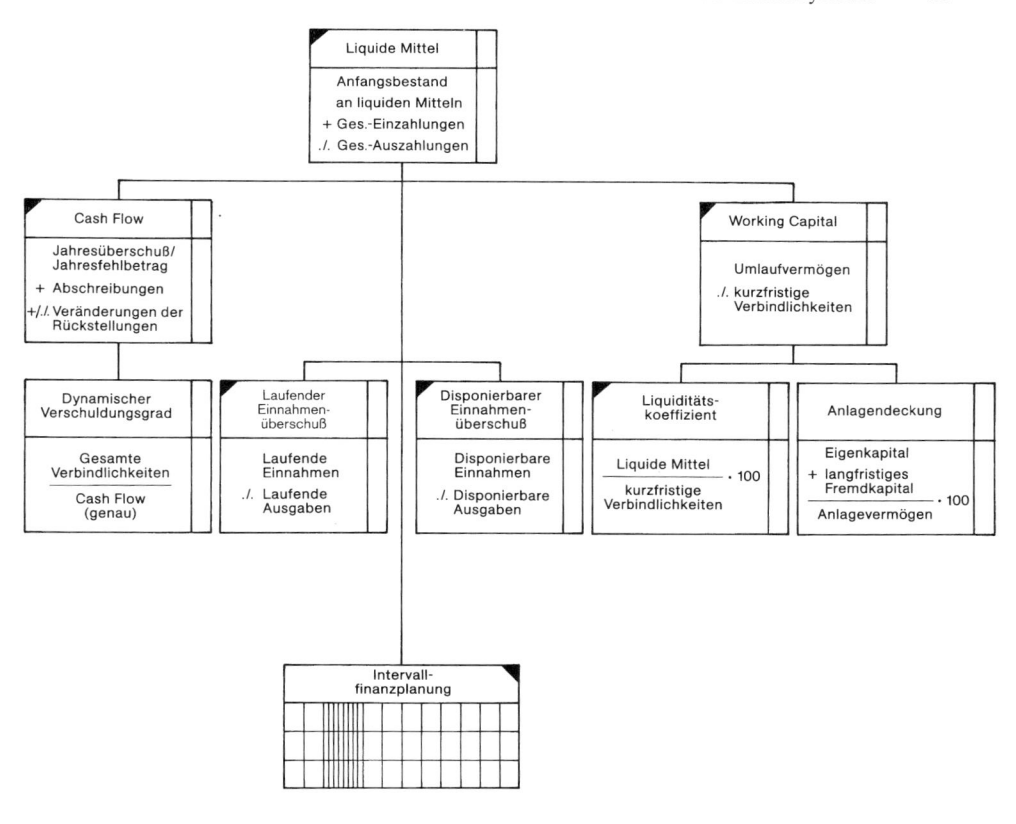

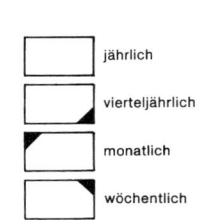

```
                          ┌─────────────────────┐
                          │   Liquide Mittel    │
                          ├─────────────────────┤
                          │ Anfangsbestand      │
                          │ an liquiden Mitteln │
                          │ + Ges.-Einzahlungen │
                          │ ./. Ges.-Auszahlungen│
                          └─────────────────────┘
```

- **Cash Flow**
  - Jahresüberschuß/Jahresfehlbetrag
  - + Abschreibungen
  - +/./. Veränderungen der Rückstellungen

- **Working Capital**
  - Umlaufvermögen
  - ./. kurzfristige Verbindlichkeiten

- **Dynamischer Verschuldungsgrad**
  - $\dfrac{\text{Gesamte Verbindlichkeiten}}{\text{Cash Flow (genau)}}$

- **Laufender Einnahmenüberschuß**
  - Laufende Einnahmen
  - ./. Laufende Ausgaben

- **Disponierbarer Einnahmenüberschuß**
  - Disponierbare Einnahmen
  - ./. Disponierbare Ausgaben

- **Liquiditätskoeffizient**
  - $\dfrac{\text{Liquide Mittel}}{\text{kurzfristige Verbindlichkeiten}} \cdot 100$

- **Anlagendeckung**
  - $\dfrac{\text{Eigenkapital} + \text{langfristiges Fremdkapital}}{\text{Anlagevermögen}} \cdot 100$

- **Intervallfinanzplanung**

Legende:
- jährlich
- vierteljährlich
- monatlich
- wöchentlich

Abb. 16: Das RL-Kennzahlensystem

an, wie erfolgreich das überlassene Kapital genutzt wurde. Die **Kapitalrentabilitäten** eignen sich nur für jährliche, nicht jedoch für eine monatliche Vorgabe und Kontrolle, da der Betrag des in der Unternehmung investierten Kapitals nicht ohne umfangreiche zusätzliche Erhebung kurzfristig festzustellen ist. Kurzfristig ermittelbar sind die Umsatzrendite und Teile der Kapitalumschlagshäufigkeit. Sie hängen eng mit dem laufenden Erfolgsgeschehen zusammen, können sich schnell ändern und müssen auch aus diesem Grunde für kürzere Zeiträume vorgegeben und kontrolliert werden.

Die **Umsatzrentabilität** bringt zum Ausdruck, wie gut das Unternehmen seine Leistungen am Markt verkaufen und wie kostengünstig es diese Leistungen herstellen konnte. Je größer sie ist, um so mehr Spielraum besteht, Preisrückgänge und Kostensteigerungen aufzufangen.

Die **Kapitalumschlagshäufigkeit** läßt erkennen, wie oft das betriebsbedingte Kapital durch den Umsatz umgeschlagen worden ist und zeigt, wie intensiv die Vermögensbestände genutzt werden. Eine positive Umsatzrendite vorausgesetzt, kann durch eine Steigerung der Kapitalumschlagshäufigkeit eine Erhöhung der Eigenkapitalrendite erzielt werden. Auch hier muß diese Größe einer laufenden Planung und Überwachung unterzogen werden. Im Zusammenhang mit kurzfristigen Überlegungen ist wichtig, wie häufig sich die Materialien bzw. die Forderungen umschlagen. Die **Materialumschlagszeit** ist ein Indiz für die Güte der betrieblichen Materialwirtschaft. Die **Forderungsumschlagszeit** gibt das durchschnittliche Zahlungsziel an, welches dem Kunden gewährt wird. Bei einer Erhöhung dieser Relation nimmt tendenziell das Kreditrisiko zu und die Kosten der Kapitalbindung steigen.

Die jährliche **Rentabilitätssteuerung** beruht hauptsächlich auf fünf Kenngrößen: Gesamtkapitalrentabilität, Eigenkapitalrentabilität, Return on Investment, Umschlagshäufigkeit des Gesamtkapitals und Umsatzrentabilität. Die **Gesamtkapitalrentabilität** verdeutlicht die Erfolgskraft des Unternehmens losgelöst von der Kapitalstruktur. Diese Kennzahl gibt an, welche Rendite die Kapitalgeber insgesamt erwirtschaftet haben. Sie läßt einen Vergleich mit der Leistungskraft derselben oder anderer Unternehmungen im Zeit- bzw. Branchenvergleich zu. Die **Eigenkapitalrentabilität** zeigt dem Eigentümer, wie erfolgreich mit seinem Kapital gewirtschaftet wurde. Die Maximierung dieser Größe entspricht dem Ziel der Gewinnmaximierung. Sie liefert den Vergleichsmaßstab, anhand dessen die Vorteilhaftigkeit einer Investition in diesem Unternehmen, gemessen an anderen Investitionsalternativen, beurteilt werden kann. Der **Return on Investment** als Relation aus Betriebsergebnis zu betriebsbedingtem Gesamtkapital gibt an, wieviel Eigenkapitalzuwachs aus betriebsbedingter Tätigkeit durch das überlassene Vermögen insgesamt erwirtschaftet werden konnte. Er ist ein Indikator für die nachhaltige Ertragskraft eines Unternehmens.

(b) Der Liquiditätsteil

Die Existenz der Unternehmung hängt davon ab, ob die Liquidität gesichert ist. Dabei handelt es sich um ein gesamtbetriebliches Problem, das nur für die Unternehmung als Ganzes geplant und kontrolliert werden kann. Die Zahlungsbereitschaft der Unternehmung hängt von der Höhe und von dem Zeitpunkt des Anfalls der Einnahmen und Ausgaben ab. Ein Überblick über die Entwicklung der Liquidität kann durch Kennzahlen erfolgen. Diese Kenngrößen werden aus den übrigen Plänen der Unternehmung abgeleitet. Sie bringen in verdichteter Form die für die Liquidität der Firma zentralen Sachverhalte zum Ausdruck. Solange diese Indikatoren keine nennenswerten Abweichungen vom gesetzten Sollwert aufweisen, kann die Unternehmensleitung davon ausgehen, daß die Liquidität wie geplant ist und von dieser Seite das Unternehmensziel nicht gefährdet wird.

Als **zentrale Steuerungsgröße** wird die Größe **liquide Mittel** vorgeschlagen. Der Bestand an liquiden Mitteln hat eine Signalfunktion, deren Abweichen zu einer Analyse der Ursachen führen sollte. Eine weitere wichtige Größe im Liquiditätsteil ist der **Cash Flow,** der verdeutlicht, in welchem Umfange im betrachteten Zeitraum die laufenden Betriebstätigkeiten zu Einnahmenüberschüssen führten. Der Cash Flow ist ein Finanz- und Erfolgsindikator, der angibt, in welchem Umfang die Unternehmung aus eigener Kraft durch betriebliche Umsatztätigkeit finanzielle Mittel erwirtschaftet hat bzw. erwirtschaften kann. Neben dem Cash Flow können zwei weitere Größen, nämlich der **laufende Einnahmenüberschuß** und zum zweiten der **disponierbare Überschuß** Bedeutung gewinnen. Zum einen soll mit deren Hilfe erkannt werden, ob bei den nicht disponierbaren Zahlungen Ungleichgewichte bestehen. Zweitens soll erkannt werden, in welcher Höhe Finanzierungsspielräume in Form von etwa vorziehbaren Einzahlungen oder aufschiebbaren Auszahlungen bestehen. Eine weitere Größe der Planung ist das **Working Capital** als Differenz von Umlaufvermögen und kurzfristigen Verbindlichkeiten. Hiermit sollen die kurzfristigen Liquiditätsrisiken tendenziell erkannt werden. Das Working Capital kann ergänzt werden durch Liquiditätskoeffizienten zur Analyse der kurzfristigen Situation und im Rahmen der Beobachtung der langfristigen strukturellen Liquidität durch die Kennzahl Anlagendeckung; Verschiebungen in den kurzfristigen Deckungsrelationen werden durch die Liquiditätskoeffizienten aufgedeckt.

Im Rahmen der Beobachtung der langfristigen Finanzstruktur spielt die Kennzahl **Anlagendeckung** eine wichtige Rolle. Das dieser Kennzahl zugrundeliegende Prinzip ist die fristenkongruente Finanzierung des langfristig gebundenen Vermögens, das über die Anlagendeckung kontrolliert werden soll und die Funktion hat, langfristig strukturelle Ungleichgewichte aufzudecken.

(3) Der Sonderteil

Im Sonderteil des RL-Kennzahlensystems werden die Zahlungsangaben zusammengefaßt, die firmenindividuell in Abhängigkeit von der Branche und Unternehmensstruktur zur Ergänzung der Kennzahlen des allgemeinen Teiles erforderlich sind. Im **Sonderteil** werden **Zahlen zur vertiefenden Analyse von Einflußfaktoren auf Rentabilität und Liquidität** untersucht. Im Gegensatz zum allgemeinen Teil stammen die hierfür erforderlichen Informationen überwiegend aus dem innerbetrieblichen Rechnungswesen. Je nach Branche sind im Sonderteil bestimmte Informationsmodule zusammenzufassen, die in unterschiedlicher zeitlicher Struktur wöchentlich, monatlich, vierteljährlich oder jährlich entsprechend dem

Bedarf des Entscheidungsträgers entscheidungsbezogene Informationen liefern. Das Betriebsergebnis als Kernstück des Unternehmenserfolges wird im allgemeinen Teil monatlich ermittelt. Die Erfolgskomponenten differieren von Unternehmen zu Unternehmen, so daß eine branchen- und unternehmensbezogene zusätzliche Information über die Ursachen einer Erfolgsverschlechterung oder -verbesserung im Hinblick auf die erforderlichen Gegenmaßnahmen notwendig ist.

Der **Betriebserfolg** hängt maßgeblich von der Umsatzsituation ab. Voraussetzung für eine wirkungsvolle Umsatzpolitik ist, daß die relative Bedeutung der einzelnen Produkte oder Kunden am Gesamtunternehmen bekannt ist. Diese Information erhält man mit Hilfe von Kennzahlen über den Anteil bestimmter Artikel- oder Kundengruppen am Gesamtumsatz und ggf. am Deckungsbeitrag I über die variablen Kosten. Im Hinblick auf die betriebliche Kostenstruktur ist eine beschäftigungsabhängige Differenzierung in variable und fixe Kosten erforderlich. Der Anteil der variablen Kosten an den Gesamtkosten läßt eine Aussage darüber zu, wie sich die Kosten insgesamt verändern, wenn ein rückläufiger oder steigender Absatz zu erwarten ist.

Unterliegen die Materialkosten starken Preisschwankungen, sollte nicht nur laufend der Anteil der Materialkosten an den Gesamtkosten festgehalten werden, sondern es sollten zusätzlich für die wichtigsten Materialarten **Preisobergrenzen** festgelegt werden. Zeichnet sich eine Überschreitung von Preisobergrenzen ab, wird die Unternehmensleitung z. B. frühzeitig veranlaßt, sich nach Substitutionsrohstoffen umzusehen oder alternative Fertigungsverfahren ohne Verwendung dieses Rohstoffes zu überprüfen.

Eine **gesonderte Erfassung** des **Anteils der fixen Kosten** ist notwendig, weil sich diese nicht automatisch mit einer Vermehrung oder Verminderung der Produktions- und Absatzmengen verändern. Da sie jedoch mittelfristig einer dispositiven Gestaltung zumindest teilweise zugänglich sind, ist es sinnvoll, sie weiter nach dem Anteil der abbaufähigen und dem Anteil der nicht abbaufähigen fixen Kosten zu untergliedern. Abbaufähige fixe Kosten, die in der Regel durch Vertragspotentiale verursacht sind, wie z. B. Arbeits-, Miet-, Leasing-, Reparatur- oder Transportverträge, lassen sich je nach ihrer Bedeutung als Kostenanteil an den gesamten Kosten in tiefer gegliederten Kennzahlen erfassen und ggf. entsprechend ihrer zeitlichen Abbaustruktur darstellen.

Im Falle erheblicher Anspannung der Liquiditätssituation ist eine lückenlose Überwachung des finanziellen Gleichgewichts notwendig. Dazu ist eine detaillierte Finanzplanung mit monatlichen gegebenenfalls sogar wöchentlichen Planungsintervallen zur Abstimmung der kumulierten Einzahlungs- und Auszahlungsströme im Rahmen eines Liquiditäts-Sonderteils für die Unternehmensführung erforderlich (vgl. Kapitel IV: Das Finanz-Controlling).

Das dargestellte Kennzahlensystem enthält die wichtigsten für die gesamtbetriebliche Lenkung relevanten quantifizierbaren Informationen. Es vermittelt einen gesamtbetrieblichen Überblick und läßt zugleich die Wirkungszusammenhänge zwischen den verschiedenen Erfolgs- und Finanzgrößen erkennen, so daß die Firmenleitung die Konsequenzen ihrer unternehmerischen Entscheidungen und veränderter Umweltlagen schnell und zuverlässig übersehen kann.

II. Kapitel
Theoretische Grundlagen von Kennzahlensystemen als Controlling-Instrument

A. Zielsysteme

Zielsysteme sind gekennzeichnet durch Oberziele,[1] die in Subziele aufgelöst werden können. Der stufenweise Aufbau von Zielsystemen wird häufig als **Zielhierarchie** bezeichnet. Unter Zielhierarchie versteht *Schmidt* „ein nach Merkmalen der konkreten Erfüllung gegliedertes System von Unterzielen der Zielkonzeption".[2] Durch Aufspaltung eines quantifizierten Oberziels in operationale Unterziele wird dieses Oberziel aufgelöst. „Bei der Formulierung und Festlegung betriebswirtschaftlicher Ziele sind drei Dimensionen zu berücksichtigen: der Inhalt, das angestrebte Ausmaß und der zeitliche Bezug der Ziele."[3] Bei den traditionellen Zielhierarchien wird versucht, die Einzelziele nach ihrem Mittelcharakter zu ordnen.[4] Aufbauend auf der Grundlage der Analyse von Zweck-Mittel-Beziehungen werden die Ziele (Wirkungen) mit Mitteln (Ursachen) verbunden, wobei letztere wiederum als nachgelagerte Ursache-Wirkungs-Komplexe anzusehen sind.[5]

Gelingt eine solche Ordnung, so entsteht ein Zweck-Mittel-Schema, das formal wie in *Abb. 17* dargestellt werden kann.

Aus der nachstehenden Darstellung geht hervor, daß die Unterziele gleichzeitig als Mittel zur Erreichung der Oberziele angesehen werden und selbst wiederum Oberziele für nachgelagerte Stufen darstellen. Dadurch wird eine Konkretisie-

---

[1] In der Literatur wird darauf hingewiesen, daß unterschiedliche Oberziele denkbar sind, vgl. dazu die empirische Untersuchung bei *Heinen, Edmund:* Grundlagen betriebswirtschaftlicher Entscheidungen, S. 94–113.
[2] *Schmidt, Ralf-Bodo:* Wirtschaftslehre der Unternehmung, Stuttgart 1969, S. 148.
[3] *Heinen, Edmund:* Industriebetriebslehre, S. 28 sowie S. 26–37, wo Heinen inhaltlich die Unternehmensziele in Gewinnziel, Umsatzstreben, Wirtschaftlichkeitsstreben, Sicherung des Unternehmenspotentials, Sicherung der Liquidität, Macht- und Prestigestreben und sonstige Zielvorstellungen unterscheidet, wobei sich das Umsatzstreben, Wirtschaftlichkeitsstreben, Sicherung des Unternehmenspotentials und Sicherung der Liquidität in der Regel unter dem Ziel der langfristigen Gewinnmaximierung zusammenfassen lassen. Das Ausmaß der Ziele hängt vom zugrundeliegenden Maßstab, der meist ein metrischer ist, ab. Neben der Bestimmung des Ausmaßes muß auch der zeitliche Bezug, für diese Ziele gelten, offengelegt werden, damit eine operationale Zielformulierung vorgenommen werden kann.
[4] Vgl. *Heinen, Edmund:* Grundlagen betriebswirtschaftlicher Entscheidungen, S. 103.
[5] Vgl. *Kupsch, Peter:* Unternehmungsziele, Stuttgart, New York 1979, S. 68.

II. Kapitel: Kennzahlensysteme als Controlling-Instrument

```
Ziel ← Mittel 1                                        1. Ebene
  |
  |
  Subziel 1 ← Mittel 2                                 2. Ebene
    |
    |
    Subziel 2 ← Mittel 3                               3. Ebene
      •                                                   •
      •                                                   •
      •                                                   •
        Subziel n-1 ← Mittel n                         n. Ebene
```

Abb. 17: Zweck-Mittel-Beziehung im Zielsystem

rung von Zielen und Mitteln erreicht. Der Vorgang der Aufspaltung wird solange fortgesetzt, bis ein Grad der Operationalität von Zielen erreicht ist, der eine unmittelbare Realisation durch ein Mittel ermöglicht. In den meisten Fällen werden jedoch Einzelziele nicht ausschließlich durch einzelne Mittel konkretisiert, sondern darüber hinaus wird häufig eine mehrfache Aufspaltung der Zweck-Mittel-Relation durchgeführt, so daß einem Ziel etwa mehrere Mittel zugeordnet sind.

Was die Generierung der **Zweck-Mittel-Hypothese** angeht, so gibt es grundsätzlich zwei unterschiedliche Methoden, nämlich die deduktive und die induktive. Bei der deduktiven Methode werden aus Oberzielen Unterziele deduziert. Bei der induktiven Methode hingegen werden aus den Erfahrungen der Vergangenheit Zweck-Mittel-Beziehungen konstruiert.[6]

Definiert man die Ziele und Subziele mit $Z_1, Z_2, \ldots, Z_l$ und die für die jeweilige Zielerreichung erforderlichen Pläne und daraus abgeleiteten Planvorgaben mit $P_1, P_2, \ldots, P_m$ sowie die Kontrollprozesse entsprechend den Planvorgaben mit $K_1, K_2, \ldots, K_n$, läßt sich folgender formaler Zusammenhang innerhalb der Zielvorgabe-, Planungs- und Kontrollprozesse aufzeigen:

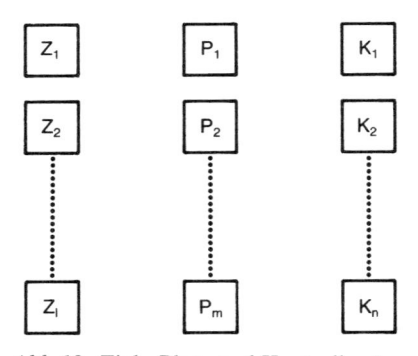

```
    Z₁        P₁        K₁

    Z₂        P₂        K₂
    ⋮         ⋮         ⋮
    Z_l       P_m       K_n
```

Abb. 18: Ziel-, Plan- und Kontrollsystem

---

[6] Vgl. dazu *Heinen, Edmund:* Grundlagen betriebswirtschaftlicher Entscheidungen, S. 106.

A. Zielsysteme 41

Ist das betriebliche Realsystem komplett durch ein entsprechendes Ziel-, Planungs- und Kontrollsystem abgebildet, entspricht dies der theoretischen (Wunsch-) Forderung eines unternehmensbezogenen Gesamtplanungsmodells. Im folgenden wird zwischen **Total-Gesamtplanungsmodell** und **Global-Gesamtplanungsmodell** unterschieden. Bei dem Total-Gesamtplanungsmodell sind sowohl im Hinblick auf das Ziel als auch auf die Planvorgabe und Kontrolle jeweils Inhalt, Ausmaß und zeitlicher Bezug bestimmt, wobei ohne Abbruchkriterien alle Aktivitäten bis zur untersten Stufe durchgeplant sind. Bei der Global-Gesamtplanung sind alle (relevanten) Planungsbereiche im System berücksichtigt, jedoch unter Beachtung unterschiedlicher Selektions- und Abbruchkriterien. Beim Total-Gesamtplanungsmodell werden entsprechend den lang-, mittel- und kurzfristigen Zielvorgaben zeitlich- und sachlich-strukturierte Teilpläne (P_1, P_{21}, ..., P_{mt}) erstellt, die im Rahmen des Soll-Ist-Vergleiches durch die entsprechenden Kontrollmaßnahmen mit den Kontrollinhalten (K_1, K_{21}, ..., K_{nk}) im Hinblick auf die Planvorgaben zu überwachen sind.[7]

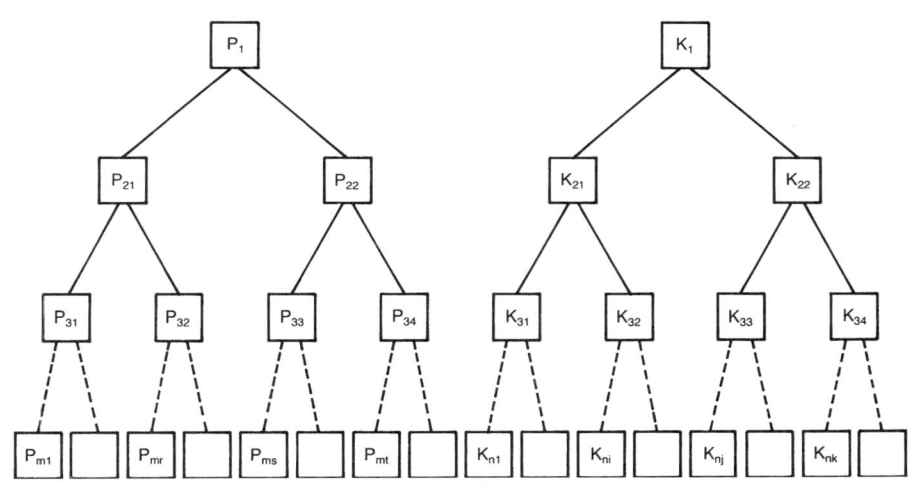

Abb. 19: Plan- und Kontrollsystem

Setzt man auf jeden Kontrollinhalt eine Kennzahl, entsteht eine Kennzahlenstruktur, die ohne Anwendung weiterer Selektionskriterien den gleichen Aufbau wie das Kontrollsystem hat (vgl. *Abb. 20*).

Eine derartige Kennzahlenstruktur ist ein theoretischer Grenzfall. Aus diesem Grunde muß versucht werden, Selektionskriterien zu finden, die die Zahl der Kennzahlen begrenzt und überschaubar hält.[8] Bis auf eine seltene Ausnahme bei Unternehmen mit relativ einfachen Produktions- und Absatzstrukturen, ist der Idealfall der unternehmerischen Total-Gesamtplanung in der Unternehmens-

---

[7] Bei den Kontrollinhalten wird von ihrer Quantifizierbarkeit ausgegangen.
[8] Vgl. Kapitel I. B. 1. b).

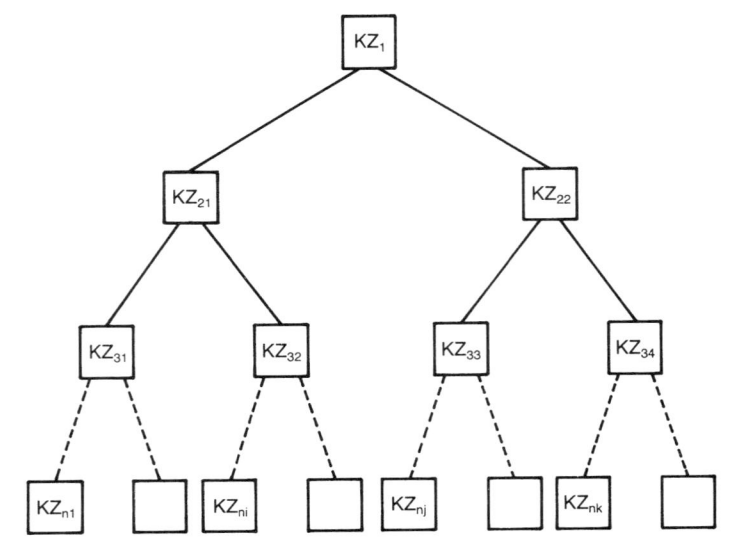

Abb. 20: Idealtypische Identität zwischen Kontrollsystem und Kennzahlenstruktur

praxis nicht zu verwirklichen.[9] In der Regel wird schon bei der Zielstrukturierung die Subzielbestimmung dort abgebrochen, wo eine hinlängliche Verhaltenssteuerung gewährleistet wird. Das gleiche gilt für die entsprechenden Pläne und Kontrollprozesse, die in Produktionsbetrieben bei Werkstattfertigung nicht selten auf der Meisterebene abgebrochen werden. Abgebrochen werden muß die Differenziertheit der Planung aus Wirtschaftlichkeitsgründen auch für den Absatz- und Produktionsbereich. Die **fehlende Total-Unternehmensgesamtplanung** führt dann in der Regel zu einem **Mangel an Koordinierungsinformationen.** So fehlen etwa bei rückläufigem Absatz-/Auftragsbestand den zuständigen Entscheidungsträgern die Koordinationsinformationen, daß künftig eine geringere Auslastung der Produktionskapazitäten zu erwarten ist. Diese Koordinationsinformationen sind aber unbedingt notwendig, damit z.B. der Betriebsleiter entscheiden kann, ob und gegebenenfalls welche fixen Kosten in Abhängigkeit von der geringeren Beschäftigung frühzeitig abgebaut werden müssen.[10] Dem Kennzahlensystem als Kontrollsystem und System zur Vorbereitung künftiger Entscheidungen kommt dadurch nicht nur eine informationsverdichtende Aufgabe zu, sondern die Aufgabe einer echten **Problemerkennung.** Die Entscheidungsträger auf den unterschiedlichen Unternehmensebenen sollen frühzeitig auf Unternehmensabweichungen von den geplanten Entwicklungen in den Teilbereichen aufmerksam gemacht werden, um negative Auswirkungen auf ihren Bereich erkennen zu können.[11] Ein Kennzahlensystem, das diese Aufgaben erfüllt, muß auf der Grundlage

---

[9] Vgl. *Schneider, Dieter:* Investition, Finanzierung und Besteuerung, 6. Aufl., Wiesbaden 1990, S. 43.
[10] Für die variablen Kosten wird in diesem Erklärungsmodell unterstellt, daß sie keiner besonderen Entscheidung bedürfen, da sie definitionsgemäß mit der Beschäftigung „automatisch" variieren.
[11] Vgl. *Reichmann, Thomas; Lachnit, Laurenz:* Kennzahlensysteme, S. 47.

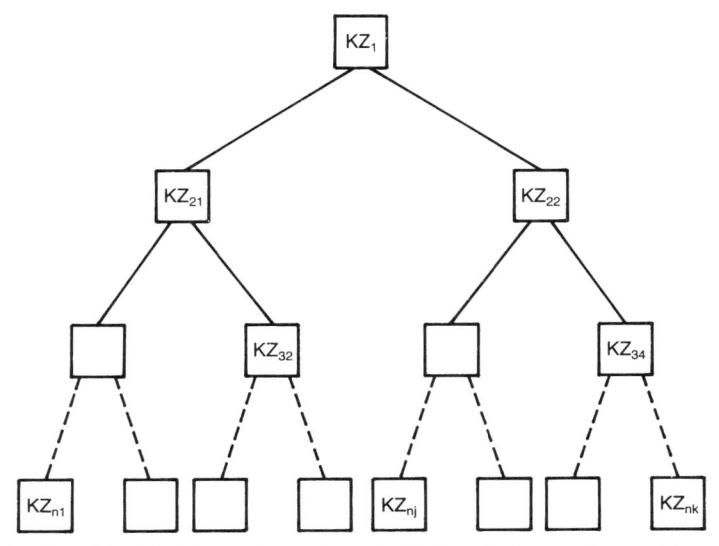

Abb. 21: Empirisch-induktiv überprüftes, deduktiv aufgebautes Kennzahlensystem

eines deduktiv ermittelten (theoretischen) Unternehmensgesamtplanungsmodells so strukturiert sein, daß alle wichtigen entscheidungsrelevanten Sachverhalte mit hinreichender Genauigkeit wiedergegeben werden, wobei die Bedeutungen jeder einzelnen Kennzahl empirisch-induktiv überprüft werden sollte.

B. Grundlagen der Modellbildung

Betriebswirtschaftliche Modelle sollen generell als Instrumente zur Gewinnung und Überprüfung von Informationen über Sachverhalte dienen. „Auf Sachverhalte ... beziehen sich komplexere Vorstellungsinhalte, die sprachlich in Sätzen abgebildet werden."[12] **Betriebswirtschaftliche Modelle** werden deshalb häufig auch als **Satzsysteme** angesehen.

„Modelle sind stets Modelle von etwas, nämlich Abbildungen, Repräsentationen natürlicher und künstlicher Originale, die selbst wieder Modelle sein können."[13] **Modelle sind demnach Abbildungen von Originalen, die nach bestimmten Gesichtspunkten geordnet sind.**[14] Deutet man Modelle und Originale ausschließlich als Attributklassen, bedeutet die Abbildung eines Originals durch ein Modell, daß aus-

---

[12] *Berthel, Jürgen:* Modelle allgemein, in: HWR, 1. Aufl., hrsg. von *Erich Kosiol,* Stuttgart 1970, Sp. 1122–1129, hier Sp. 1122.
[13] *Stachowiak, Herbert:* Allgemeine Modelltheorie, Wien, New York 1973, S. 131. In ähnlicher Weise sind auch die mathematisch-ökonomischen Zustandsmodelle zu interpretieren, vgl. *Zschocke, Dietrich:* Betriebsökonometrie, Würzburg, Wien 1974, S. 13 f.
[14] Vgl. *Grochla, Erwin:* Modelle als Instrument der Unternehmensführung, S. 384.

gewählte Originalattribute den Modellattributen zugeordnet werden, da Modelle nicht Attribute des repräsentierten Originals beinhalten. „Unter Attributen sind Merkmale und Eigenschaften von Individuen, Relationen zwischen Individuen, Eigenschaften von Eigenschaften, Eigenschaften von Relationen usw. zu verstehen."[15] „Die den Attributen als sprachliche Repräsentanten zugeordneten Symbolisierungen heißen Prädikate."[16] Lassen sich zu allen Attributen entsprechende Prädikate zuordnen, so wird das Original im Modell dadurch gebildet, daß vielfach zahlreiche Originalattribute fortgelassen werden und ein Teil der Originalattribute umgedeutet und in neue Begriffszusammensetzungen gestellt wird.[17] In einem solchen Vorgehen kommt das den Modellen zugesprochene Merkmal der Verkürzung zum Ausdruck. Demzufolge zeigt sich, daß die hier zu behandelnden Modelle verkürzte Abbildungen von Originalen sind.

Die Modelle lassen sich grundsätzlich nach ihren Funktionen in **Beschreibungs-, Erklärungs- und Entscheidungsmodelle** einteilen.[18] Diese Einteilung wird auch verwendet, wenn wir im folgenden die Kennzahlensysteme in die Modellbetrachtung integrieren und vor dem Hintergrund der unterschiedlichen Modellarten die Funktionen von Kennzahlensystemen näher bestimmen werden. Eine zentrale Voraussetzung für Modelle im Zusammenhang mit Kennzahlensystemen ist ihre Eigenschaft, quantitative Strukturen abbilden zu können. So ist es möglich, aus den entsprechenden Modellen Kennzahlenstrukturen zu deduzieren bzw. von Kennzahlensystemen auf Modelle zurückzuschließen.

Kennzahlensysteme lassen sich grundsätzlich in zwei unterschiedliche Ansätze unterteilen, in solche mit **normativer** Intention und solche mit rein **informativen Aufgaben**. Der normative Aspekt der Kennzahlen führt zu Zielhierarchien, beim informativen Aspekt müssen eine begriffsbezogene und eine aussagenbezogene Ebene unterschieden werden. Die begriffsbezogene Ebene, die in der Diskussion eine vergleichsweise untergeordnete Rolle spielt, führt zu Begriffssystemen. Wichtiger sind jedoch aussagenbezogene Ansätze, die auf Modellen basieren. Im wesentlichen lassen sich dabei Beschreibungs- und Erklärungsmodelle unterscheiden, die zu **Beschreibungs- und Erklärungssystemen** führen. Daneben läßt sich noch eine Mischkategorie bilden, in der Elemente von Begriffssystemen und Beschreibungssystemen anzutreffen sind.[19]

Begriffssysteme enthalten analytische Aussagen auf der Basis von absoluten Kennzahlen. Sie zeichnen sich dadurch aus, daß ein Oberbegriff in Teilkomponenten zerlegt wird. Die Dimensionen dieser Systeme können auf Mengen-,

---

[15] *Stachowiak, Herbert:* Allgemeine Modelltheorie, S. 134.
[16] *Stachowiak, Herbert:* Allgemeine Modelltheorie, S. 136.
[17] Vgl. *Stachowiak, Herbert:* Allgemeine Modelltheorie, S. 139.
[18] Die Konkretisierung von Begriffssystemen durch Zuordnung quantitativer Größen führt automatisch zu Aussagen, da anhand der verwendeten Begriffe ein konkretes Objekt beschrieben wird.
[19] Zu der modelltheoretischen Differenzierung von Kennzahlensystemen in normative Systeme und informative Systeme in Form der Begriffs-, Beschreibungs- und Erklärungssysteme siehe im einzelnen *Geiß, Wilfried:* Betriebswirtschaftliche Kennzahlen. Theoretische Grundlagen einer problemorientierten Kennzahlenanwendung, Frankfurt a. M., Bern, New York 1986, S. 242–283.

B. Grundlagen der Modellbildung 45

```
                    ┌──────────────────┐
                    │    Arten von     │
                    │ Kennzahlensystemen│
                    └────────┬─────────┘
                 ┌───────────┴───────────┐
                 ▼                       ▼
         ┌─────────────┐         ┌─────────────┐
         │  Normative  │         │ Informative │
         │   Systeme   │         │   Systeme   │
         └──────┬──────┘         └──────┬──────┘
                │                       ▼
                │               ┌─────────────┐
                │               │ Aussagenbezo-│
                │               │ gene Systeme │
                │               └──────┬──────┘
                │           ┌──────────┼──────────┐
                ▼           ▼          ▼          ▼
         ┌─────────────┐ ┌──────────────┐ ┌─────────────┐
         │  Begriffs-  │ │ Beschreibungs-│ │ Erklärungs- │
         │   systeme   │ │   systeme    │ │   systeme   │
         └──────┬──────┘ └──────┬───────┘ └──────┬──────┘
                └───────────────┼────────────────┘
                                ▼
                        ┌─────────────┐
                        │ Kombinierte │
                        │   Systeme   │
                        └─────────────┘
```

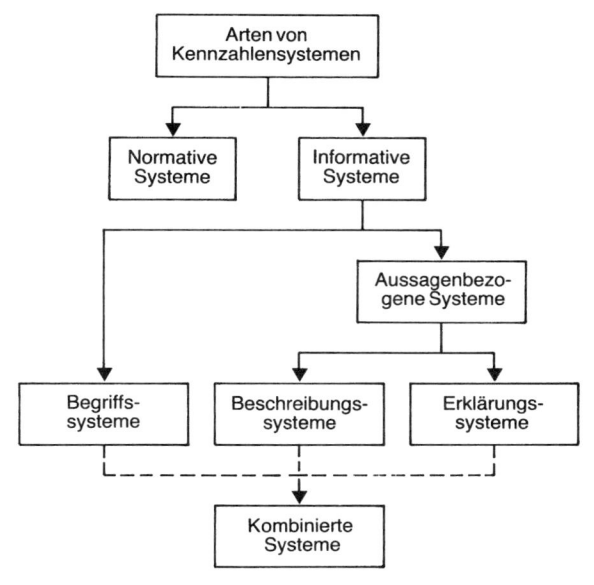

Abb. 22: Klassifikation von Kennzahlensystemen

Zeit- und Wertbasis erfaßt werden. Prinzipiell interessiert im Zusammenhang mit dem betrieblichen Rechnungswesen die Wertkomponente. Mengen- und Zeitkomponenten stehen als Indikatoren für die Wertgrößen mit dem Vorteil einer einheitlichen Dimensionierung. Begriffssysteme eignen sich nur bedingt als Planungskonzepte; Kontroll- und Normgrößen hingegen besitzen ein größeres Gewicht.

Die zweite Art der informativen Systeme bezieht sich auf Aussagensysteme, mit deren Hilfe Sachverhalte deskriptiv bzw. explanatorisch erfaßt werden. Versteht man mit der neopragmatischen Erkenntnislehre des Modellismus, wie er von Stachowiak vertreten wird,[20] der jegliche menschliche Erkenntnis aus Modellen ableitet und definiert, Modelle als durch isolierende Abstraktion gewonnene vereinfachte Abbildung der Wirklichkeit,[21] so lassen sich Kennzahlensysteme vielfach in der betrieblichen Praxis nutzen. **Beschreibungssysteme** machen anhand von Attributen **Aussagen über ökonomische Sachverhalte** mit dem Ziel, aus den Beschreibungsmodellen Anregungsinformationen für spätere Planungen zu gewinnen. Die Auswahl der entsprechenden Attribute bzw. Prädikate erfolgt vor dem Hintergrund quantitativer Ermittlungsmodelle, so daß eine mehrstufige Abbildungsfunktion zugrunde liegt.

Generell kann der Zusammenhang zwischen abzubildender Realität und Kennzahlensystemen durch die nachfolgende Übersicht skizziert werden (vgl. *Abb. 23*). Das Schema läßt zweierlei erkennen: Mit Hilfe von quantitativen

---

[20] Vgl. *Stachowiak, Herbert:* Allgemeine Modelltheorie, S. 40–67.
[21] Vgl. *Kosiol, Erich:* Modelanalyse als Grundlage unternehmerischer Entscheidungen, in: ZfbF, 13. Jg. (1961), S. 318–334, hier S. 319.

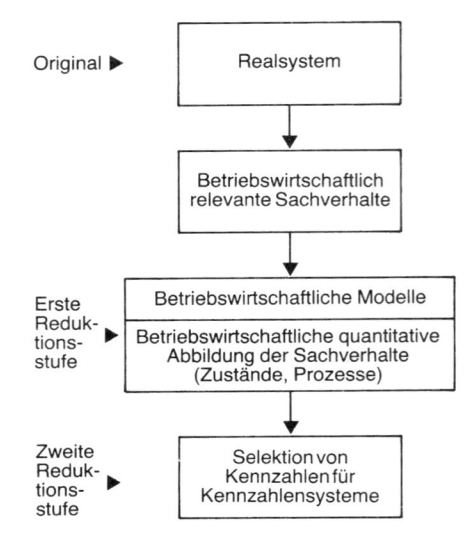

46 II. Kapitel: Kennzahlensysteme als Controlling-Instrument

Abb. 23: Abbildung des Realsystems durch Kennzahlen

Merkmalen wird ein Gegenstandsbereich erfaßt. Aus einem gegebenen Realsystem werden mit Hilfe von Modellen betriebswirtschaftliche Sachverhalte ausgewählt (**1. Reduktionsstufe**). In einem 2. Schritt werden aus diesen Modellen wiederum die für die Kennzahlenanwender relevanten Maßgrößen ausgewählt (**2. Reduktionsstufe**). Ein solches durch eine zweifache Reduktion vereinfachtes System bleibt notgedrungen unvollständig; eine vollständige Abbildung wird jedoch aus pragmatischen und methodischen Überlegungen heraus auch nicht angestrebt.

1. Beschreibungsmodelle und Kennzahlenkonzeptionen

Betriebswirtschaftliche Beschreibungsmodelle erfassen in deskriptiver Sprache einen nach festen Kriterien geordneten Gegenstandsbereich. Eine Sonderform der Beschreibungsmodelle stellen Ermittlungsmodelle dar. Mit ihrer Hilfe wird die Transformation gewisser Größen durch Rechenoperationen ermöglicht.[22] Diese Sonderform der Beschreibungsmodelle ist im Zusammenhang mit Kennzahlensystemen von nicht unbeträchtlicher Bedeutung. Eine Vielzahl der Kennzahlensysteme, die auf rechnerischen Beziehungen aufbauen, sind als solche **Ermittlungsmodelle** zu interpretieren. Die bisher vorgestellten Kennzahlensysteme basieren weitgehend auf diesen Ermittlungsmodellen. Der Jahresabschluß und diejenigen Kennzahlensysteme, die sich an diesem orientieren, sind Grundlage für den Aufbau solcher Systeme. Bilanztheoretisch orientierte Kennzahlensysteme versuchen jene Maßgrößen zu erfassen, die weitgehend Erfolg bzw. Liquidität in den Mittelpunkt der Überlegungen stellen.

---

[22] Vgl. *Grochla, Erwin:* Modelle als Instrument der Unternehmensführung, S. 386.

Mit Hilfe der Kennzahlensysteme sollten Erkenntnisse über die finanzwirtschaftliche Lage gewonnen werden. Elemente solcher Systeme sind in der Regel verdichtete Größen des Jahresabschlusses; ihre Beziehungen sind definitionslogischer Natur. Die Überlegungen zur Finanzanalyse beziehen sich grundsätzlich auf das gesamte Unternehmen. Um zu einer differenzierten Aussage zu gelangen, können verschiedene Schwerpunktbereiche gebildet werden, die sich auf Investition, Finanzierung, Liquidität und Ertrag richten.[23] Im Rahmen der Investitionsanalyse werden Informationen über die Vermögensstruktur, über Umsatzrelationen, über Umschlagskoeffizienten sowie Investitions- und Abschreibungspolitik bereitgestellt. Im Zusammenhang mit der Finanzierung interessiert insbesondere die Kapitalstruktur und hierbei wesentlich Fragen der Sicherheit und der Fristigkeit der Finanzierung. Liquiditätsüberlegungen sollen erste Überblicke über die vermutete Liquidierbarkeit von Vermögensgütern sowie Informationen über die Schuldendeckungsfähigkeit und die kurzfristige Zahlungsfähigkeit ermöglichen. Eine Ertragsanalyse kann sich auf den gegenwärtigen oder auf den zukünftigen Ertrag beziehen, wobei unterschiedliche Vorgehensweisen im Hinblick auf die Strukturanalyse des Ertrages anwendbar sind.[24]

Die **Beschreibungsmodelle** können erst dann **Erkenntnisse** über die **betrieblichen Sachverhalte** liefern, wenn ihre Ergebnisse mit anderen Größen verglichen werden. Dabei bieten sich unterschiedliche Verfahren an: Vergleiche der Größen des Beschreibungsmodelles mit Werten früherer Perioden (Zeitvergleich), Vergleich der Größen anhand von zwischenbetrieblichen Vergleichen und Vergleich zwischen Plan-Größen und Ist-Größen sowie der Vergleich anhand von Standards (z. B. Bilanzstrukturregeln).

Unter **Zeitvergleich** versteht man einen Vergleich, der unterschiedliche Zustände im Zeitablauf erfaßt. Beim **zwischenbetrieblichen Vergleich** werden in der Regel Branchendurchschnitte genommen, die mit den Werten des Beschreibungsmodells verglichen werden. Beispiele hierfür sind die unterschiedlichen Kapitalumschlagshäufigkeiten im Branchendurchschnitt oder als Unternehmenskennzahl. Im Rahmen von Kennzahlenvergleichen ist der **Vergleich zwischen geplanten und realisierten Werten** der aussagefähigste. Die im Beschreibungssystem erfaßten Kennzahlen werden aus den Plänen gewonnen und mit den Realisierungen verglichen. Potentielle Abweichungen geben Hinweise auf wirtschaftliches Verhalten der Planverantwortlichen. Unter **Standards** sollen jene Größen verstanden werden, die von der Unternehmung als **Normgröße** empirisch-induktiv ermittelt werden bzw. die die Unternehmung einzuhalten hat. Abweichungen von diesen Standards zeigen positive oder negative Entwicklungen an. Beispiele hierfür

---

[23] Vgl. *Perridon, Louis; Steiner, Manfred:* Finanzwirtschaft der Unternehmung, 6. Aufl., München 1991, S. 458.

[24] Eine wichtige Unterscheidung bezieht sich auf die Einteilung in absolute und relative Ertragsgrößen, wobei bei den absoluten Größen Aufwands- und Ertragsstrukturanalysen mit Hilfe von relativen Größen wie etwa Rentabilitätszahlen durchgeführt werden. Vgl. *Coenenberg, Adolf G.; Schönbrodt, Bernd:* Ertragslage, Prüfung der, in: HWRev., hrsg. von *Adolf G. Coenenberg* und *Klaus von Wysocki,* Stuttgart 1983, Sp. 327–338, insbes. Sp. 333–335.

sind die Finanzierungsregeln,[25] die von Banken im Zusammenhang mit Kreditwürdigkeitsprüfungen angewandt werden. Wie im einzelnen solche Kennzahlensysteme zu gestalten sind, hängt von den Anlässen, dem geforderten Umfang sowie der Entscheidung über die Wahl der Analysemethoden ab. Der Einsatz von Kennzahlensystemen dient der Erfassung der wirtschaftlichen Situation, wobei Aufbau und Art der verwendeten Kennzahlen vom jeweiligen Analysebedürfnis abhängen.

Die **Grenzen dieses Ansatzes** zeigen sich darin, daß im Rahmen der Analysen der Vergangenheitsdaten oft nur grobe Hinweise auf die Entwicklung der Zukunft und auf die Beurteilung der wirtschaftlichen Lage der Gegenwart abgegeben werden. Eine Begrenzung ist auch darin zu sehen, daß die historischen Daten nicht unbedingt miteinander vergleichbar sind und daß Ursachenanalysen nur mit Hilfe eines a priori festliegenden Konzepts verfolgt werden können. Eine leistungsfähige Controlling-Konzeption wird deshalb bei den Beschreibungsmodellen auf Kennzahlenbasis, soweit möglich, auf Plangrößen aufbauen. Die Struktur der Beschreibungssysteme kann grundsätzlich beibehalten werden, wenn sie die Planwerte problemadäquat strukturiert.

Die Informationsinstrumente, die für die einzelnen Kennzahlenkonzepte die Daten liefern, sind insbesondere der Finanzplan, die Planbilanz, die Planerfolgsrechnung und gegebenenfalls weitere Sonderrechnungen.[26] In einem Soll-Ist-Vergleich werden die durch das Kennzahlensystem strukturierten Plan- bzw. Ist-Daten einander gegenübergestellt, um somit Erkenntnisse über die wirtschaftliche Situation einer Unternehmung oder eines Unternehmensbereiches zu gewinnen. Im Laufe der Zeit haben sich unterschiedliche Kennzahlensysteme herausgebildet. In der betriebswirtschaftlichen Literatur diskutierte neuere Beschreibungsmodelle sind das bereits vorgestellte ROI-System, das ZVEI-System und das System von *Hecker*.[27]

2. Erklärungsmodelle und Kennzahlenkonzeptionen

„Unter einer wissenschaftlichen Erklärung versteht man die Deduktion der Aussage, die den zu erklärenden Tatbestand abbildet, aus singulären und universellen Aussagen."[28] Die Frage nach inhaltlich festgelegten Erklärungsmodellen setzt eine Klärung der Begriffe voraus. Unter einem **Erklärungsmodell** ist ein **System**

---

[25] Zu den Finanzierungsregeln und deren Kritik vgl. *Härle, Dietrich:* Finanzierungsregeln, in: HWF, hrsg. von *Hans E. Büschgen,* Stuttgart 1976, Sp. 483–491.
[26] Zu einer Übersicht von Erfolgs- und Finanzplanung vgl. *Chmielewicz, Klaus:* Integrierte Finanz- und Erfolgsplanung, Stuttgart 1972, vgl. insbes. Kapitel E.
[27] Das System von *Hecker* dient der Schnellanalyse zur externen Beurteilung von Industrieaktiengesellschaften und ist recht umfangreich mit Analyseteilen zur Börsenbewertung, zur Rentabilität, zur Wertschöpfung, zur Auftragslage, zur Ergebniszusammensetzung, zur Umschlagsdauer, zur Liquidität, Finanzierung und Investition, zur Anlagendeckung und Verschuldung sowie zur Analyse des ROI. Vgl. *Hecker, Rainer:* Kennzahlensystem, S. 128–163 und Anhang.
[28] *Schweitzer, Marcell; Küpper, Hans-Ulrich:* Systeme der Kostenrechnung, S. 74.

B. Grundlagen der Modellbildung 49

von Sätzen, mit deren Hilfe ein Sachverhalt erklärt werden soll, zu verstehen. Unter Erklärung im klassischen Sinne versteht man die Deduktion einer Aussage aus singulären und universellen Sätzen, die den zu klärenden Tatbestand abbildet.[29]

Eine solche Erklärung soll an einem Beispiel verdeutlicht werden.[30] Sollen die Lagerhaltungskosten in Abhängigkeit vom zugrundeliegenden Lieferbereitschaftsgrad erklärt werden, so geschieht dies durch Einbeziehung der Lagerkosten und der möglichen Fehlmengenkosten. Das Lagerhaltungsmodell in dieser einfachen Form berücksichtigt Sicherheitsbestände und Fehlmengenkosten sowie Lagerkosten. Unter der Annahme, daß die Kosten für zusätzlich aus Sicherheitsgründen zu haltende Lagermengen zunehmen, gilt die folgende vereinfachte Darstellung:

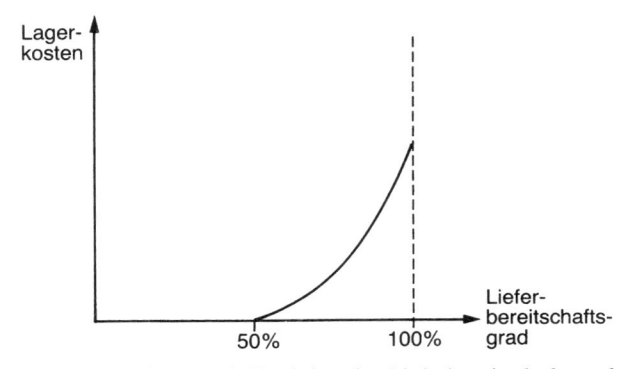

Abb. 24: Lagerkosten als Funktion des Lieferbereitschaftsgrades

Wenn mit fallendem Lieferbereitschaftsgrad die Fehlmengenkosten zunehmen, ergibt sich der in *Abb. 25* dargestellte Verlauf der Fehlmengenkostenkurve:

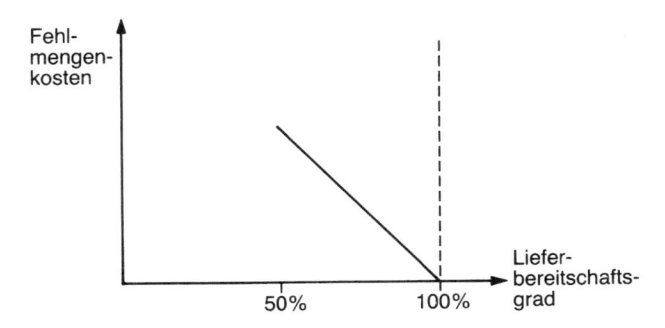

Abb. 25: Fehlmengenkosten als Funktion des Lieferbereitschaftsgrades

---

[29] Formal läßt sich dieses Deduktionsschema wie folgt darstellen: A_i = Antecedensbedingungen, G_i = Gesetzesaussagen, E = deduzierte Aussagen:
$A_1 \ldots \ldots A_n$
$\underline{G_1 \ldots \ldots G_r}$
E

[30] Vgl. hierzu auch *Geiß, Wilfried:* Betriebswirtschaftliche Kennzahlen, S. 279–283.

50 II. Kapitel: Kennzahlensysteme als Controlling-Instrument

Daraus ergibt sich folgender Verlauf für die Gesamtkosten der Lagerhaltung:

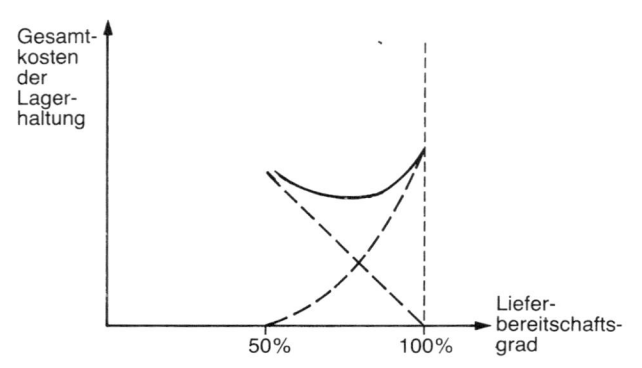

Abb. 26: Gesamtkosten der Lagerhaltung als Funktion des Lieferbereitschaftsgrades

Damit wird in Abhängigkeit vom Lieferbereitschaftsgrad eine Gesamtkostenfunktion für die Lagerhaltung ermittelt. Der Lieferbereitschaftsgrad ist somit die erklärende Variable und die Gesamtkosten bilden die abhängige Variable.[31] Mit Hilfe solcher Erklärungen können jetzt Prognosen über die Gesamtkosten erstellt werden. Darüber hinaus können aufbauend auf einem solchen Erklärungsmodell ohne Schwierigkeiten durch Einführung von Zielfunktionen Entscheidungsmodelle konstruiert werden.

Kennzahlensysteme selbst sind **keine originären Modelle im vorgenannten Sinn.** Als Ergebnis eines zweifachen Reduktionsprozesses (vgl. Abb. 23) können sie nur vor dem Hintergrund des entsprechenden Erklärungsmodells interpretiert werden. Die Stärke einer solchen modellgestützten Interpretation ist darin zu sehen, daß für Kontrollzwecke Effizienzverbesserungen erreicht werden können. Liegen nämlich hinreichend genaue Erklärungsmodelle vor, so kann bei Veränderungen geplanter Situationen eine Ursachenforschung durchgeführt werden. Dies soll anhand eines einfachen Beispieles dargestellt werden: Angenommen, es gelten A_i als Antecedensbedingungen sowie H als Hypothese, und es gilt zusätzlich, daß die dort verwendeten Größen quantitative Ausprägungen besitzen und für die Präzision der Hypothese außerdem, daß sie nicht nur die Richtung, sondern auch die Ausprägung der Variablen erklärt,[32] so lassen sich auf quantitativer Basis Plangrößen ermitteln. Im Rahmen des Vergleichs von Plan- und Istgrößen kann nun untersucht werden, inwieweit eine Plangröße P von der realisierten Größe R abweicht. Die Abweichungen können begründet sein in Planungsfehlern (Hypothese bzw. die Randbedingungen sind falsch) oder in Aus-

---

[31] Zu diesem Modell vgl. *Reichmann, Thomas:* Lagerhaltungspolitik, in: HWP, hrsg. von *Werner Kern,* Stuttgart 1979, Sp. 1060–1073, hier Sp. 1063 f.
[32] Neben der Klärung der Höhe der Ausprägung einer Variablen wird häufig auf Hypothesen zurückgegriffen, die lediglich die Richtung der Entwicklung erklären und entsprechend als schwächer in der Aussage eingestuft werden müssen.

führungsfehlern. Unterstellt man, daß keine Planungsfehler vorliegen, so sind Datenänderungen oder Unwirtschaftlichkeiten Ursachen für die Abweichungen. Für die Suche nach veränderten Kontextbedingungen empfiehlt sich dann folgendes Vorgehen:

- Feststellung von Abweichungen,
- Analyse der Abweichungen.

Jene **Kennzahlensysteme,** die im Zusammenhang mit Erklärungsmodellen Verwendung finden, dienen dazu, **Abweichungen** von einem angestrebten oder erwarteten Zustand zu **dokumentieren.** Es sind nur quantitative Größen als Ausgangspunkt der Analyse zu wählen, die vor dem Hintergrund einer Modellkonzeption Erklärungsfunktion besitzen. Der Vergleich der Werte inhaltlich identischer Größen führt dazu, daß Abweichungen feststellbar sind. Für die Abweichungsanalyse selbst gilt, daß sie dann auf den darunter liegenden Ebenen weiter dekomponiert werden. Ausschlaggebend sind jetzt allerdings keine definitorischen Zusammenhänge mehr, sondern empirische Zusammenhänge. Es entsteht dann ein Raster unterschiedlich hoch aggregierter Einflußgrößen, deren Wirkungen zu einer Verschiebung der obersten Größe, die als zentrale Maßgröße anzusehen ist, geführt haben. Mit Hilfe eines solchen Erklärungsrasters soll auf recht schnelle Weise versucht werden, die **Problemursache zu erfassen,** um dann zu einem frühen Zeitpunkt bereits mögliche Gegenmaßnahmen anvisieren zu können. Die Beschränkung dieser Anwendungsmethodik zur Festellung von Ursachen liegt darin, daß sich nicht alle Sachverhalte quantitativ erfassen lassen, da sich nicht alle Problemsituationen mit Hilfe solcher globaler Ursachenraster in eine Analyse einbeziehen lassen. Für jene Probleme, die sich zumeist auf das Gesamtunternehmen beziehen, wird man ein differenziertes Vorgehen wählen. Es empfiehlt sich hier, Schwerpunkte für die Erklärungen von Abweichungen relevanter Größen zu bilden und eine Strukturierung der Einflußgrößen in ein Klassenraster vorzunehmen. Somit können sich Verschiebungen der zentralen Maßgröße anhand der unterschiedlichen Kausalklassen erklären lassen. Bei der Auswahl solcher Kausalklassen ist darauf zu achten, daß die Interdependenzen zwischen den einzelnen Kausalklassen vernachlässigt werden können, d.h. nur jene Kennzahlen werden in die Analysestruktur aufgenommen, von denen vermutet wird, daß keine allzu engen Interdependenzen zwischen den einzelnen Kausalsegmenten vorliegen.

Ist etwa der Umsatz eines Produktes abhängig von den Werbeausgaben und dem Preis, so erklären die beiden Komponenten Veränderungen des Umsatzes. Unterstellt man jetzt, daß diese Aussage bei veränderter Konjunkturlage gilt, ohne diese in dem entsprechenden Modell zu berücksichtigen, so kann eine Erhöhung der Werbeausgaben und eine Preissenkung durchaus zu einem verringerten Umsatz im Vergleich zur Vorperiode führen, genau dann, wenn sich etwa die Konjunkturlage verschlechtert. Dieses Beispiel zeigt, daß **Interpretationen** von **Kennzahlen** mit großer Sorgfalt zu führen sind und nur dann zu eindeutigen Aussagen führen, wenn die **Modellannahmen weitgehend** bekannt und **definiert** sind. Sie führen in der Regel zu Mehrdeutigkeiten, wenn die Voraussetzungen nicht erfüllt sind. In diesem Fall muß über weitere Plausibilitätsaussagen (z.B. Annahmen im Rahmen des betriebswirtschaftlichen Zusammenhangwissens der Kennzahlen in einem System) die Mehrdeutigkeit der Aussage stufenweise bis zur Eindeutigkeit überprüft werden.[33]

3. Entscheidungsmodelle und Kennzahlensysteme

Analysiert man den Zusammenhang zwischen Entscheidungsmodellen und Kennzahlensystemen, so müssen zunächst die unterschiedlichen Formen der Entscheidungsmodelle und deren Bezug zu Kennzahlensystemen aufgezeigt werden. „Als ‚Entscheidungsmodell' bezeichnen wir im folgenden ganz allgemein das Ergebnis eines Versuches, die für wesentlich gehaltenen Elemente und Beziehungen einer als ‚Problem' empfundenen Handlungssituation in einer formalisierten Sprache so zu definieren, daß aus dem resultierenden Strukturkomplex die Problemlösung als logische Implikation abgeleitet werden kann."[34] Grundsätzlich muß bei Entscheidungsmodellen zwischen geschlossenen und offenen Modellen unterschieden werden. Geschlossene Modelle können nur dann sinnvoll eingesetzt werden, wenn wohl-strukturierte Probleme vorliegen, d.h. die Anzahl der Handlungsalternativen ist bekannt, die Information über die Folgewirkungen ist vorhanden und die Ziele und die Lösungsalgorithmen, mit denen eine Reihenfolge der alternativen Auswahl festgelegt wird, sind ebenfalls bekannt. Wie bereits bei den Erklärungsmodellen zu sehen war, liefern diese recht vage Hinweise für die Erklärung der Veränderung einer maßgeblichen quantitativen Größe. Für die Prognose von Konsequenzen der Handlungsalternativen müssen aber genaue Erklärungen vorliegen. Hier zeigt sich schon die Begrenztheit des Ansatzes, der in keiner Weise den Anforderungen von geschlossenen Entscheidungsmodellen gerecht wird, da Kennzahlensysteme darüber hinaus keine Handlungsalternative erfassen.

Gleiches gilt für die offenen Entscheidungsmodelle, die sich dadurch auszeichnen, daß ihnen mindestens eine Eigenschaft der geschlossenen Systeme fehlt. Offene Entscheidungsmodelle versuchen menschliches Problemverhalten systematisch zu simulieren.[35] Somit wird deutlich, daß auch im **Rahmen von offenen Entscheidungsproblemen Kennzahlen und Kennzahlensysteme** ggf. die Aufgabe haben, **Informationen bereitzustellen,** daß aber Kennzahlensysteme keinesfalls Entscheidungsmodelle in irgendeiner Weise darstellen bzw. irgendwelche Strukturanalogien mit diesen besitzen.

---

[33] Die so gewonnene subjektive Aussage sollte jedoch intersubjektiv nachvollziehbar sein. Im Hinblick auf das zugrundeliegende Modell (Kennzahlensystem) liegt durch die Plausibilitätsannahme ein „erweitertes" Modell vor.
[34] *Bretzke, Wolf-Rüdiger:* Problembezug von Entscheidungen, S. 8.
[35] Vgl. *Heinen, Edmund:* Industriebetriebslehre, S. 59.

4. Die Interpretation von Kennzahlensystemen vor dem Hintergrund betriebswirtschaftlicher Modelle

Die modelltheoretischen Überlegungen von Kennzahlensystemen beziehen sich zum einen auf den Aufbau und zum anderen auf die Anwendung des Systems. Im Hinblick auf den Aufbau wurde festgestellt, daß Kennzahlensysteme vor dem Hintergrund von betriebswirtschaftlichen Modellen zu sehen sind. Analysiert man jetzt den Prozeß der Informationsgewinnung durch Kennzahlensysteme, so stellt sich die Frage, wie die dort erfaßten quantitativen Informationen zu deuten sind. Da es sich bei **Kennzahlensystemen um verkürzte Darstellungen** handelt, müssen aus den Kennzahlensystemen wiederum Aussagen gewonnen werden. Insofern zeigt sich, daß eine **Aussagegewinnung nur** dann **möglich** ist, wenn auf ein fest vorgegebenes **Aussagemodell zurückgegriffen werden kann**. Hierbei muß allerdings zwischen reinen Beschreibungs- und Erklärungsmodellen unterschieden werden. Dies führt dazu, daß Kennzahlensysteme vor dem Hintergrund von Beschreibungs- bzw. Erklärungsmodellen unterschiedlich zu interpretieren sind. Für Beschreibungsmodelle selbst gilt, daß die Interpretationsprobleme relativ unkritisch sind, da dort mit Hilfe von singulären Aussagen Objekte beschrieben werden.

Für Erklärungsmodelle hingegen gilt, daß die einzelnen Variablen vor dem Hintergrund der theoretischen Aussagen des Modells zu sehen sind. In einem solchen Erklärungsmodell lassen sich zwei Arten von Kennzahlen unterscheiden, nämlich solche, die zu erklären sind und jene, die „Erklärungskraft" haben. Darüber hinaus ist es wichtig, die Hypothesen zu kennen, mit deren Hilfe eine abhängige Variable erklärt wird. Die Hypothese muß zumindest angeben, in welche Richtung sich die abhängige Variable bei einer positiven oder negativen Änderung der unabhängigen Variablen verändert. Darüber hinaus sollten die Bedingungen, unter denen eine Hypothese gilt, bekannt sein, um eine fehlerhafte Interpretation zu vermeiden.

C. Das RL-Kennzahlensystem

Das in der folgenden Controlling-Konzeption verwendete **RL-Kennzahlensystem** (Rentabilitäts-Liquiditäts-Kennzahlensystem)[36] ist ein Kombinationstyp, der beschreibende, erklärende und normative Elemente enthält. In seiner erweiterten Fassung besteht es aus dem RL-Jahresabschlußkennzahlensystem (RL-JA) und dem RL-Controlling-Kennzahlensystem (RL-C). Es hat die Aufgabe, der Geschäftsleitung zu jedem Zeitpunkt einen gesamtbetrieblichen Überblick zu ermöglichen, um bei erkennbaren Fehlentwicklungen oder positiven Entwicklungen frühzeitig reagieren und steuern zu können. Im Vordergrund stehen hierbei,

---

[36] Zum RL-Kennzahlensystem vgl. *Reichmann, Thomas; Lachnit, Laurenz:* Planung, Steuerung und Kontrolle, S. 711–723.

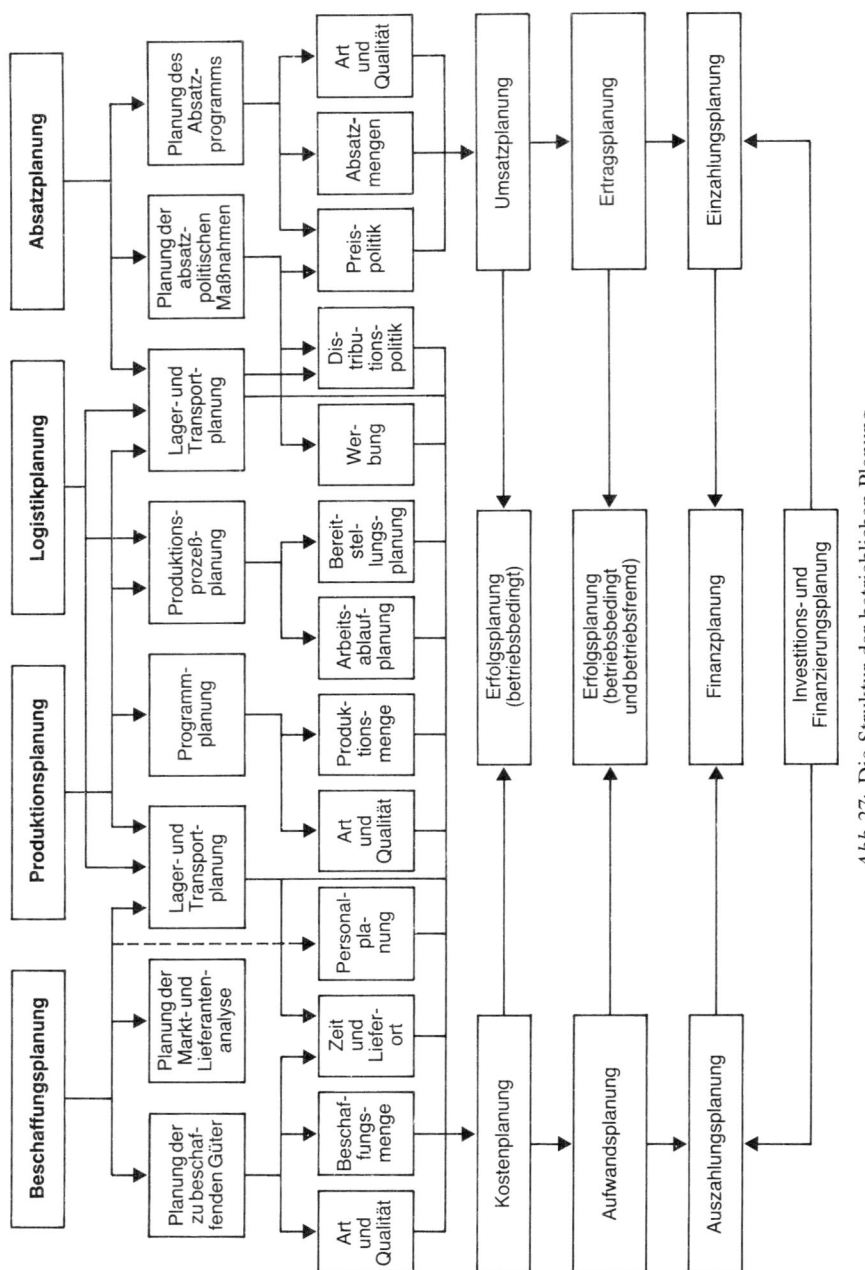

Abb. 27: Die Struktur der betrieblichen Planung

C. Das RL-Kennzahlensystem 55

wie zu Beginn der Untersuchung ausgeführt, einmal das Interesse der Unternehmensleitung, eine **Anpassung an wirtschaftliche Wechsellagen optimal zu gestalten** und zum anderen die Notwendigkeit, die durch die Unternehmensplanung vorgegebenen **Unternehmensbereiche** im Hinblick auf ihre Wirtschaftlichkeit **laufend zu kontrollieren.**

Ausgehend von dem **Unternehmensgesamtplan,** der sich aus dem Beschaffungsplan, in dem die zu beschaffenden Güter in ihrer Art, Qualität, Menge, Lieferzeit und ihrem Lieferort festgelegt sind, dem Produktionsplan, in dem das Produktionsprogramm und der Produktionsprozeß (Arbeitsablaufplanung, Bereitstellungsplanung) festgelegt sind, dem Absatzplan, in dem das Absatzprogramm und die absatzpolitischen Instrumente festgelegt sind, dem Logistikplan sowie den verdichteten Umsatz-, Kosten- und Erfolgsplänen und den daraus abzuleitenden Einzahlungs-, Auszahlungs- und damit Finanzplänen ist ein **bereichsorientiertes Controlling** und darauf aufbauend ein **Controlling-Kennzahlensystem zu entwickeln** (vgl. *Abb. 27*).

Dieses System wird in seiner höchsten zahlenmäßigen Verdichtungsstufe durch das RL-Jahresabschlußkennzahlensystem und das RL-Controlling-Kennzahlensystem bestimmt. Das RL-Bilanzkennzahlensystem dient dem zwischen- und überbetrieblichen Vergleich sowie der internen globalen Planung und Kontrolle (vgl. *Abb. 28*). Der **zwischenbetriebliche und überbetriebliche Vergleich,** zeitpunkt- bzw. zeitraumbezogen, hat die Aufgabe, die Stellung des eigenen Unternehmens zu anderen Unternehmen oder zum Branchendurchschnitt zu ermitteln. Die Geschäftsleitung bekommt hierdurch Indikatoren für die Beurteilung der Stellung des eigenen Unternehmens im Vergleich zur Konkurrenz. Wichtige Indikatoren sind dabei die Rentabilität, die Umsatzrendite, die Kapital-, Forderungs-, Material- und Erzeugnisumschlagshäufigkeit. Ziel der Kennzahlenbildung ist es, Aussagen über die Qualität der Absatz-, Produktions- und Lagerplanung sowie Informationen über die Finanzierungs- und Vermögensstruktur zu gewinnen. Darüber hinaus werden Aussagen über die Zahlungsfähigkeit und die Risikoanfälligkeit der eigenen Unternehmung im Vergleich zu Konkurrenzunternehmen angestrebt.

Das **RL-Controlling-Kennzahlensystem** ist so zu konzipieren, daß es die als wichtig erkannten Controlling-Bereiche strukturentsprechend wiedergibt. Aufbauend auf dem Gedanken der Unternehmensgesamtplanung und der im Rahmen des Kapitels I.A. dargestellten Controllingstruktur ist es erforderlich, zunächst **verdichtete Informationen** aus den betrieblichen Funktionalbereichen **Beschaffung, Produktion, Marketing, Logistik** und **Informationsverarbeitung** in Form des Kosten- und Erfolgs-Controlling (KuE-C), des Finanz-Controlling (F-C) und des Investitions-Controlling (I-C) zu erfassen. Im Vordergrund dieser Controlling-Kennzahlenbereiche steht das Interesse der Unternehmensleitung, zu jedem Zeitpunkt die Auswirkungen von Umsatz- und Kostenveränderungen, Finanzierungsveränderungen oder von Entscheidungen im Investitionsbereich erkennen zu können und die Verbindung zu den Funktionsbereichen des Unternehmens mit Hilfe des Beschaffungs-Controlling (B-C), Produktions-Controlling (P-C), Marketing-Controlling (M-C), Logistik-Controlling (L-C) und Informationsverarbeitungs-Controlling (IV-C) herzustellen. Diese primär operativ ausgerichte-

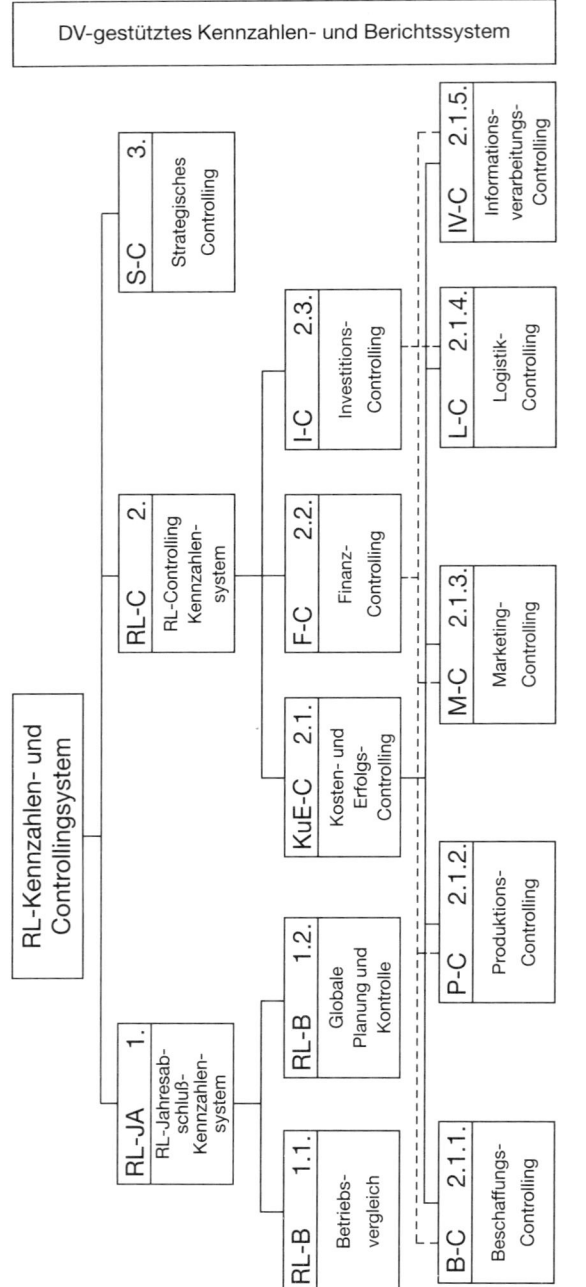

56　II. Kapitel: Kennzahlensysteme als Controlling-Instrument

Abb. 28: Das erweiterte RL-Kennzahlen- und Controllingsystem ten Controllingteilsysteme dienen insbesondere der kontinuierlichen und gezielten Schwachstellenanalyse im Unternehmen.

Zur Durchführung der langfristigen Unternehmensplanung und -kontrolle und zur Sicherstellung einer controllingadäquaten Frühwarnfunktion dient das Strategische Controlling (S-C), das in Form einer Parallelhierarchie zu strukturieren ist, d. h. alle operativen funktionsbezogenen und -übergreifenden Controllingbereiche sind bezüglich der Aufgaben und Instrumente ergänzend unter dem Aspekt der Strategierelevanz zu durchleuchten. Mit Bezug auf funktionsübergreifende Controllinganwendungen wurde das Strategische Kosten- und Erfolgs-Controlling in das Buch eingearbeitet. Es greift die aktuelle und auch zukunftsweisende Diskussion über ein strategisches Kosten- und Erfolgsmanagement konzeptionell und instrumentell auf. Als strategischer Funktions-Controllingbaustein rückt nicht zuletzt aufgrund der steigenden Wettbewerbsdynamik und Komplexität der internationalen Marktstrukturen das strategische Marketing-Controlling in den Vordergrund des Interesses von Wissenschaft und Unternehmenspraxis. Ebenfalls eine „Klammerfunktion" übt das DV-gestützte Controlling für alle Unternehmensfunktionen aus. Dabei lassen sich z. B. ein DV-gestütztes Kennzahlen- und Berichts-Controlling für die Informationsversorgung der Führungsinstanzen, sowie ein DV-gestütztes Kosten- und Erfolgs-Controlling und ein DV-gestütztes Investitions-Controlling für die Entscheidungsunterstützung in den Funktionalbereichen differenzieren.

Im Bereich **Produktions-Controlling** (P-C) besteht die Hauptaufgabe in der **kostenstellenbezogenen Überwachung der Produktionskosten,** insbesondere auch im Hinblick auf die Rentabilität des im Produktionsbereich gebundenen Kapitals. Zusätzlich zur laufenden Wirtschaftlichkeitskontrolle der wichtigsten Produktionsbereiche sollte entsprechend laufend kenntlich gemacht werden, welche nicht genutzten Kapazitäten im Rahmen der Kostenrechnungssysteme (z. B. Plankostenrechnung) als fixe Kosten verrechnet werden.[37] Daneben interessieren auch die Anpassungsmöglichkeiten an wechselnde Beschäftigungslagen. So muß erkennbar werden, welche Auf- und Abbaupotentiale bei den Fixkosten vorhanden sind, welche nicht genutzten Kapazitäten und welche Arbeitskräftereserven ggf. zur Verfügung stehen. Angesichts des wachsenden Technisierungsgrades im Produktionsbereich und gleichzeitig steigender Kundenanforderungen an den Produktnutzen übernimmt das Produktions-Controlling zudem mehr und mehr auch Aufgaben der Qualitätssicherung, wobei die wirtschaftliche Balance zwischen **Qualitätskosten und -leistungen** im Vordergrund steht.

Im Bereich **Marketing-Controlling** (M-C) sollte jederzeit erkennbar sein, welche **Anpassungsmaßnahmen bei wechselnden Absatzmarktbedingungen** möglich und erforderlich sind. Ferner sollte eine **Wirtschaftlichkeitskontrolle** der Erzeugnisse bzw. Erzeugnisgruppen (Deckungsbeitragsmanagement), der Vertreter bzw. Profit-Center sowie der Absatzregionen kurz- und mittelfristig ermöglicht werden. Zunehmende Bedeutung gewinnt auch das Vertriebs-Controlling als Komponen-

---

[37] Da in der Plankostenrechnung die Sollkosten die erwartete Beschäftigung als Berechnungsgrundlage haben, kann es zu einer laufenden Soll-Ist-Übereinstimmung kommen, obwohl erhebliche Kapazitäten ungenutzt sind.

te der Distributionspolitik, indem z.B. über **mehrdimensionale Ergebnisrechnungen** differenzierte Informationen zur Vertriebssteuerung bereitgestellt werden.

Im Bereich **Beschaffungs-Controlling** (B-C) sind **Informationen über** die **Preise** abzuspeichern, die kurzfristig maximal für ein Gut bezahlt werden können (Preisobergrenzen). Im Rahmen der mittel- bis langfristigen Controllingüberlegungen müssen Informationen im Hinblick auf die Marktabhängigkeit, insbesondere bei Rohstoffen, die starken Preisveränderungen unterliegen, bereitgestellt werden. Wünschenswert wäre die Angabe von Substitutionsgütern bei potentiellem Ausfall bestimmter Beschaffungsgüter sowie die Möglichkeit der Selbstherstellung von Vorprodukten bei steigenden Preisen oder Lieferstörungen der Vorlieferanten.[38]

Im Bereich des **Logistik-Controlling** (L-C) steht die **Wirtschaftlichkeitskontrolle** im Vordergrund. Ausgehend von der Logistikkosten- und -leistungsrechnung sind die wichtigsten Logistikleistungen und die entsprechend (funktional) zuordenbaren Kosten zu analysieren und über entsprechend verdichtete Kennzahlen zu kontrollieren.

Die Aufgabe des **Informationsverarbeitungs-Controlling** (IV-C) besteht in der **Wirtschaftlichkeitsanalyse** der im Unternehmen ablaufenden **DV-Prozesse**. Auf der operativen Ebene steht dabei die Analyse der **laufenden DV-Kosten** im Mittelpunkt, wobei infolge des dominierenden Fixkostenanteils insbesondere auf eine Reduzierung von DV-Leerkosten hinzuwirken ist. Ebenso spielt hier das Controlling auf Basis nichtfinanzieller Kennzahlen zur Beurteilung der Prozeßeffektivität eine große Rolle. Auf der strategischen Ebene des IV-Controlling geht es um die langfristig vorteilhafte Ausgestaltung der DV-Strukturen, z.B. um die Fundierung von **Outsourcingentscheidungen.** Zur monetären Beurteilung strategischer Alternativen stehen dabei vorwiegend investitionstheoretische Kalküle, zur Beurteilung qualitativer Faktoren Instrumente wie die Nutzwertanalyse zur Verfügung.

Besteht ein Unternehmen aus mehreren räumlich und/oder abrechnungstechnisch selbständigen Werken, werden die Bereichskennzahlenteile ggf. für jedes Werk zu erstellen sein. Bestehen in einem Unternehmen absatz- und produktionsbedingt unterschiedliche Sparten, werden zwar nicht das Finanz- und Investitions-Controlling, ggf. aber das Kosten- und Erfolgs-Controlling in mehrere nebeneinanderzustellende Controlling- und Kennzahlenbereiche zu untergliedern sein.

Das Strategische Controlling und das DV-gestützte Controlling erweitern diese kennzahlenorientierten Controllingbereiche um weitere moderne Analyse-, Planungs- und Kontrollinstrumente. Das Primärziel des **Strategischen Controlling** (S-C) besteht im **Aufbau zukünftiger und der Absicherung gegenwärtiger Erfolgspotentiale** des Unternehmens, die sich in Form von qualitativen und quantitativen Wettbewerbsvorteilen gegenüber den Konkurrenten ausdrücken. Diese Erfolgsfaktoren in Gestalt von **Kosten- und/oder Differenzierungsvorteilen** stehen insbesondere im Mittelpunkt des **Strategischen Kosten- und Erfolgs-Controlling,** das über die Bestimmung der Strategieadäquanz der Ausgestaltung von Kostenrech-

---

[38] Vgl. hierzu *Reichmann, Thomas:* Die strategische Unternehmensführung, eine Hauptaufgabe des Managers, in: Unternehmensführung: Top-Manager stehen Rede und Antwort, hrsg. von *Thomas Reichmann,* München 1979, S. 19–33, hier S. 25, Abb. 1.

nungssystemen und die Diskussion neuer Rechnungswesentechniken ein strategisches Kosten- und Erfolgsmanagement sicherstellen will.

Das **Strategische Marketing-Controlling** zielt auf das Aufspüren, die Analyse und die Kontrolle von strategischen Trends und Entwicklungen auf den heterogenen Absatzmärkten ab. Insbesondere die Sicherstellung der langfristigen **Ausgeglichenheit des Produktprogrammes und der Unternehmensaktivitäten** steht im Mittelpunkt dieses Controllingbausteins (z. B. mit Hilfe klassischer und erweiterter Portfolio-Ansätze). Aus Sicht des Controlling kommt es insbesondere darauf an, die verfügbaren Instrumente anwendungsbezogen so zu kombinieren, daß im Rahmen eines strategischen Analysepfades ein Höchstmaß an Effektivität und Effizienz der strategischen Entscheidungsunterstützung erzielt wird.

Das **DV-gestützte Controlling** gewährleistet **informationstechnologische Unterstützung** der gesamten Controllingaufgaben. Dabei geht es sowohl um die Erfassung und Bereitstellung von mengen-, wertmäßigen und technischen Grund- und Massendaten (z. B. im Bereich des Produktions-Controlling), als auch um die Ausgestaltung von DV-Systemen und -Tools, die unmittelbar in der Lage sind, verdichtete Führungsinformationen zu generieren. Im Bereich der Berichts- und Kontrollsysteme[39] werden im Rahmen des DV-gestützten Kosten- und Erfolgs-Controlling Standard-Softwaresysteme zur HOST-gestützten Kostenrechnung und zur PC-orientierten Kostenplanung aus dem Blickwinkel des Controlling-Anforderungsprofils analysiert. Neue Möglichkeiten für die Realisierung controllingorientierter Analysen bieten neue Technologien, wie z. B. **Data Warehouses**, die in der Lage sind, dem Controller eine Vielzahl sehr heterogener Daten schnell und kostengünstig verfügbar zu machen, oder wie das an multidimensionalen Analysen ausgerichtete **Online Analytical Processing (OLAP)**, das eine effiziente Alternative zu den bisher überwiegend eingesetzten relationalen Datenbanksystemen bietet. Den Abschluß bildet die Analyse eines PC-Systems zur führungsorientierten Aufbereitung von Controllingdaten in Form von Kennzahlen, Standard- und Spezialberichten. Dieses System ist als Instrument eines DV-gestützten Kennzahlen- und Berichts-Controlling anzusehen.

D. Das RL-Jahresabschluß-Kennzahlensystem

Das **RL-Jahresabschluß-Kennzahlensystem** ist innerhalb der Controlling-Konzeption in ein **Jahresabschluß-Kennzahlensystem (RL-JA) für den zwischen- und überbetrieblichen Vergleich** und in ein Jahresabschluß-Kennzahlensystem zur **internen globalen Planung und Kontrolle** zu untergliedern.[40]

---

[39] Zur Typologisierung der verschiedenen Arten von betriebswirtschaftlichen Informationssystemen vgl. z. B. *Scheer, August-Wilhelm:* Wirtschaftsinformatik, Informationssysteme im Industriebetrieb, 3. Aufl., Berlin u. a. 1990, S. 2 f.

[40] Zu einer Abgrenzung von externer Bilanzanalyse und interner Betriebs- oder Unternehmensanalyse vgl. *Coenenberg, Adolf G.:* Jahresabschluß und Jahresabschlußanalyse, betriebswirtschaftliche, handels- und steuerrechtliche Grundlagen, 12. Aufl., Landsberg 1991, S. 547.

60   II. Kapitel: Kennzahlensysteme als Controlling-Instrument

```
                    ┌─────────────────────────┐
                    │  Das RL-Jahresabschluß- │
                    │      Kennzahlensystem   │
                    └────────────┬────────────┘
                ┌────────────────┴────────────────┐
        ┌───────┴────────┐                ┌───────┴────────┐
        │    Externe     │                │    Interne     │
        │Jahresabschluß- │                │ Unternehmens-  │
        │    analyse     │                │    analyse     │
        └───────┬────────┘                └────────────────┘
        ┌──────┴─────────┐
┌───────┴────────┐ ┌─────┴──────────┐
│ Zwischen-      │ │ Überbetrieb-   │
│ betrieblicher  │ │ licher         │
│ Vergleich      │ │ Vergleich      │
└───────┬────────┘ └────────┬───────┘
┌───────┴────────┐ ┌────────┴───────┐
│Vergleich von   │ │ Vergleich mit  │
│Kennzahlen      │ │ Branchendurch- │
│zwischen zwei   │ │ schnittswerten │
│Unternehmen     │ │                │
└────────────────┘ └────────────────┘
```

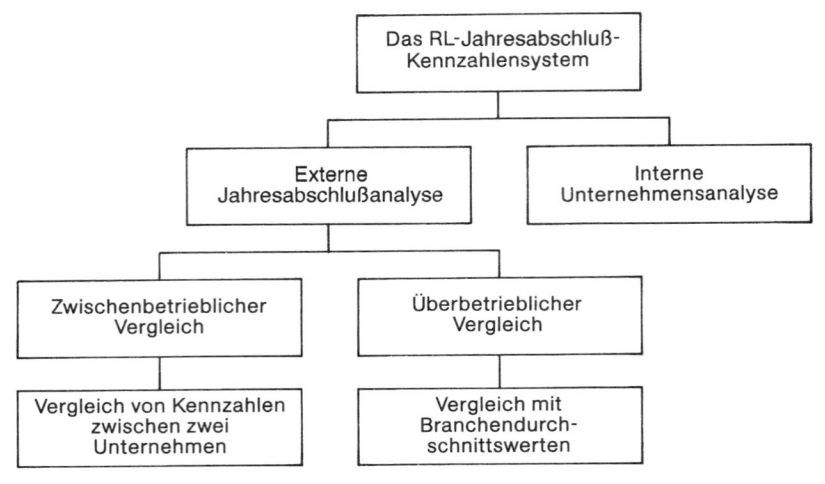

Abb. 29: Der Zusammenhang von Betriebsvergleich und Unternehmensanalyse

Aufgabe der externen Jahresabschlußanalyse auf Kennzahlenbasis ist es, die Jahresabschlußkennzahlen des eigenen Unternehmens aus dem modifizierten allgemeinen Teil des RL-Kennzahlensystems in Form des zwischenbetrieblichen Istvergleichs zwischen zwei Unternehmen oder in Form des überbetrieblichen Vergleichs mit branchendurchschnittlichen Werten zu vergleichen.

Das Jahresabschluß-Kennzahlensystem zur internen Analyse sollte in erster Linie **vergangenheitsbezogen** im Rahmen der Zeitreihenanalyse die (historische) Entwicklung wichtiger, die Erfolgs-, Liquiditäts- und Finanzierungsstruktur beeinflussender Größen in Form des **Istvergleiches** erkennen lassen. Ziel dieser Analyse ist es, die Erfolgs- und Liquiditätswirkungen des ganzen Unternehmens in verdichteter Form zu erfassen, also auch die außerordentlichen und betriebsfremden Erfolgs- und Vermögenswirkungen zu berücksichtigen. Im Gegensatz zum RL-Jahresabschluß-Kennzahlensystem zur externen Analyse kann bei dem RL-Jahresabschluß-Kennzahlensystem zur internen globalen Planung und Kontrolle die Ermittlung von verdichteten Führungsinformationen aufgrund des nicht vorhandenen Informationsfilters (handelsrechtliche Ansatz- und Bewertungsvorschriften) differenzierter erfolgen. Darüber hinaus besteht die Möglichkeit, im Rahmen der internen Unternehmensanalyse durch den Ausweis der vorhandenen – bewußt gelegten oder durch Bewertungsvorschriften erzwungenen – stillen Reserven die Größen Eigenkapital, Jahresüberschuß, bestimmte Vermögenswerte (z. B. Grundstücke) in ihren „realistischen" Größen zu zeigen. Auf diese Weise können Aussagen über Vermögens- und Kapitalstruktur sowie Umsatzrentabilität und Gewinn bis hin zur formalen Überschuldung getroffen und mögliche „Reserven" im Hinblick auf künftige unsichere Umsatz- und Gewinnerwartungen etwa mit Hilfe von Bandbreitenangaben oder Sensitivitätsanalysen[41] aufgezeigt werden.

---

[41] Vgl. *Reichmann, Thomas:* Kennzahlengestütztes Controlling auf Basis eines Führungsinformationssystems, in: Rechnungswesen und EDV, 11. Saarbrücker Arbeitstagung 1990, Heidelberg 1990, S. 159–185, hier S. 178 f.

D. Das RL-Jahresabschluß-Kennzahlensystem

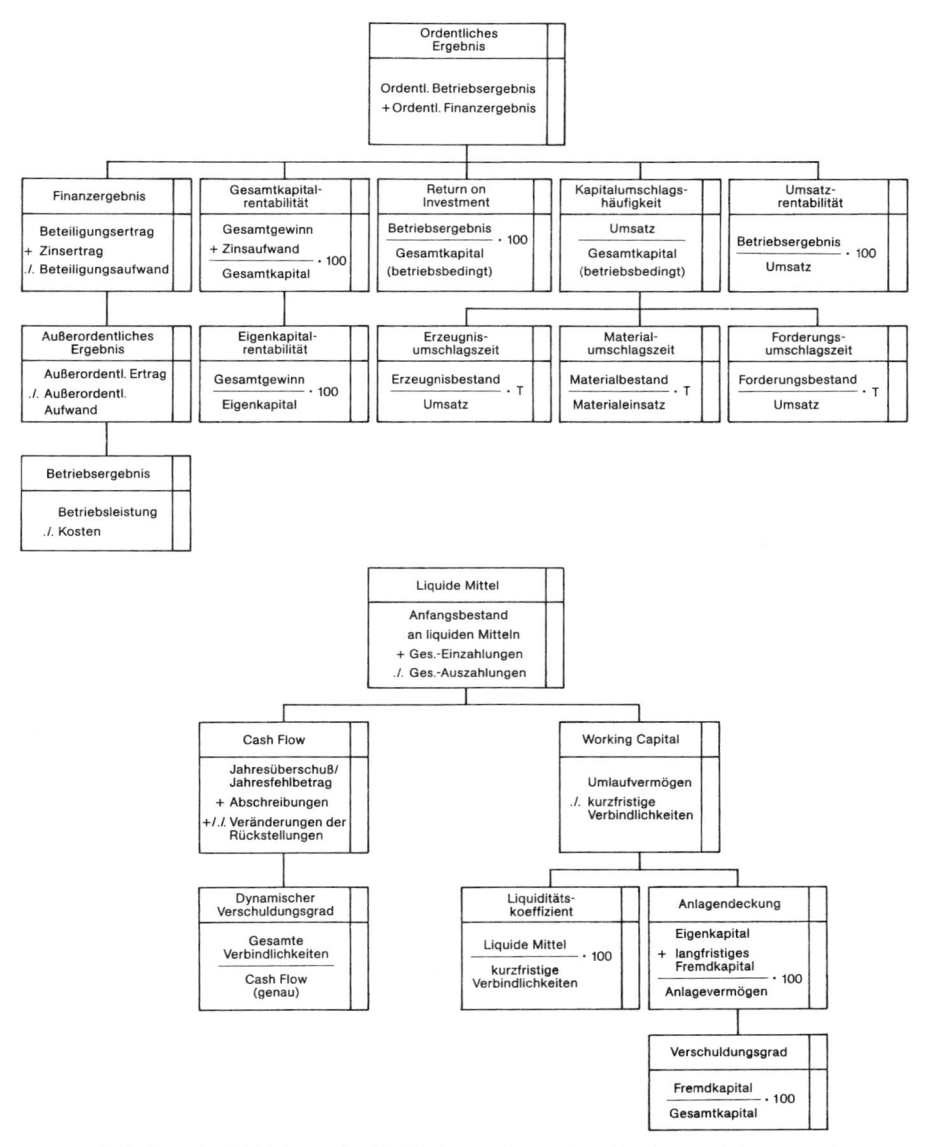

```
                          ┌──────────────────────┐
                          │    Ordentliches      │
                          │      Ergebnis        │
                          ├──────────────────────┤
                          │ Ordentl. Betriebsergebnis │
                          │ +Ordentl. Finanzergebnis │
                          └──────────────────────┘
```

Finanzergebnis	Gesamtkapital-rentabilität	Return on Investment	Kapitalumschlags-häufigkeit	Umsatz-rentabilität
Beteiligungsertrag + Zinsertrag ./. Beteiligungsaufwand	$\dfrac{\text{Gesamtgewinn} + \text{Zinsaufwand}}{\text{Gesamtkapital}} \cdot 100$	$\dfrac{\text{Betriebsergebnis}}{\text{Gesamtkapital (betriebsbedingt)}} \cdot 100$	$\dfrac{\text{Umsatz}}{\text{Gesamtkapital (betriebsbedingt)}}$	$\dfrac{\text{Betriebsergebnis}}{\text{Umsatz}} \cdot 100$

Außerordentliches Ergebnis	Eigenkapital-rentabilität	Erzeugnis-umschlagszeit	Material-umschlagszeit	Forderungs-umschlagszeit
Außerordentl. Ertrag ./. Außerordentl. Aufwand	$\dfrac{\text{Gesamtgewinn}}{\text{Eigenkapital}} \cdot 100$	$\dfrac{\text{Erzeugnisbestand}}{\text{Umsatz}} \cdot T$	$\dfrac{\text{Materialbestand}}{\text{Materialeinsatz}} \cdot T$	$\dfrac{\text{Forderungsbestand}}{\text{Umsatz}} \cdot T$

Betriebsergebnis
Betriebsleistung ./. Kosten

```
                          ┌──────────────────────┐
                          │    Liquide Mittel    │
                          ├──────────────────────┤
                          │  Anfangsbestand      │
                          │  an liquiden Mitteln │
                          │  + Ges.-Einzahlungen │
                          │  ./. Ges.-Auszahlungen│
                          └──────────────────────┘
```

Cash Flow	Working Capital
Jahresüberschuß/ Jahresfehlbetrag + Abschreibungen +/./. Veränderungen der Rückstellungen	Umlaufvermögen ./. kurzfristige Verbindlichkeiten

Dynamischer Verschuldungsgrad	Liquiditäts-koeffizient	Anlagendeckung
$\dfrac{\text{Gesamte Verbindlichkeiten}}{\text{Cash Flow (genau)}}$	$\dfrac{\text{Liquide Mittel}}{\text{kurzfristige Verbindlichkeiten}} \cdot 100$	$\dfrac{\text{Eigenkapital} + \text{langfristiges Fremdkapital}}{\text{Anlagevermögen}} \cdot 100$

Verschuldungsgrad
$\dfrac{\text{Fremdkapital}}{\text{Gesamtkapital}} \cdot 100$

Abb. 30: Das RL-Jahresabschluß-Kennzahlensystem für den zwischen- und überbetrieblichen Vergleich

1. Das RL-Jahresabschluß-Kennzahlensystem für den zwischen- und überbetrieblichen Vergleich

Ausgehend von dem Betriebsvergleich,[42] der als eine systematische Methode der Analyse betriebswirtschaftlicher Systeme angesehen werden kann mit dem Ziel, Erkenntnisse über einen bestimmten Vergleichszweck, wie etwa die wirtschaftliche Situation insgesamt oder strukturelle Eigenschaften mehrerer Betriebe zu gewinnen, wird ein **Kennzahlensystem** vorgeschlagen, das es ermöglicht, aus den Unterschieden, die durch den Vergleich offenbar werden, **Anregungen für die Entwicklung eigener Handlungsalternativen** abzuleiten.

Im Rahmen **unternehmensexterner Betriebsvergleiche** sind Kennzahlen bzw. Kennzahlensysteme allgemein anerkannt.[43] Die jeweiligen Maßgrößen sind aus den verfolgten Zielen abzuleiten. Unterscheidet man innerhalb der Vergleiche danach, welche Objekte miteinander verglichen werden, so können zwei Varianten unterschieden werden: Bei einem **zwischenbetrieblichen Vergleich** wird mit einer Gegenüberstellung von Kennzahlenwerten des eigenen Unternehmens und den Wertes eines oder mehrerer anderer Unternehmen eine unmittelbare Konkurrenzanalyse ermöglicht oder die Leistungsfähigkeit anderer Marktpartner im Verhältnis zu deren Mitbewerbern untersucht. So kann etwa auf der einen Seite, bei der Anbahnung langfristiger Lieferverträge die Bonität/Bestandssicherheit des Zulieferers für das eigene Unternehmen existenznotwendig sein; auf der anderen Seite wird ein Zulieferunternehmen langfristige Absatz- und Zahlungsgarantien sicherstellen wollen. Bei einem **überbetrieblichen Vergleich** werden die Kennzahlen des eigenen Unternehmens mit aggregierten Werten einzelner Branchen verglichen.[44]

Die Möglichkeit, Vergleiche durchzuführen, ist zum einen durch die Verfügbarkeit, zum anderen durch die Qualität der Daten begrenzt. Aus Verfügbarkeitsgründen ist es empfehlenswert, auf Daten des Jahresabschlusses zurückzugreifen, wenn zwischenbetriebliche Vergleiche durchgeführt werden, da hierbei davon ausgegangen werden kann, daß Jahresabschlußdaten vielfach allgemein zugänglich sind. Bei solchen Vergleichen muß immer wieder berücksichtigt werden, daß den Jahresabschlußdaten Mängel anhaften.[45] Doch kann den Informations-

---

[42] Zu einer Übersicht möglicher Vergleichstypen siehe auch *Schnettler, Albert:* Betriebsvergleich, 3. Aufl., Stuttgart 1961, S. 28.
[43] Betriebsvergleiche auf Basis von Kennzahlensystemen finden sich bei *Freitag, Heinrich:* Ein Kennzahlensystem für den Betriebsvergleich von Wohnungsbauunternehmen, hrsg. vom *Institut für Genossenschaftswesen der Westfälischen Wilhelms Universität Münster,* Münster 1979; *Lachnit, Laurenz:* Kennzahlensysteme als Instrument der Unternehmensanalyse, dargestellt an einem Zahlenbeispiel, in: WPg, 28. Jg. (1975), S. 39–51.
[44] *Endres* spricht hierbei von Betriebsgruppenvergleichen, vgl. *Endres, Walter:* Betriebsgruppenvergleiche im Dienst betriebswirtschaftlicher Forschung und Lehre, in: ZfB, 41. Jg. (1971), S. 723–744, hier S. 724.
[45] Vgl. *Baetge, Jörg; Ballwieser, Wolfgang:* Zum bilanzpolitischen Spielraum der Unternehmensleitung, in: BFuP, 29. Jg. (1977), S. 199–215, hier S. 212 f.; *Pougin, Erwin:* Bilanzpolitik, in: Schriften zur Unternehmensführung, Bd. 10, Wiesbaden 1969, S. 5–28; *Coenenberg, Adolf G.:* Jahresabschluß und Jahresabschlußanalyse, S. 548 ff.

mängeln des Jahresabschlusses durch systematische Aufbereitung des Zahlenmaterials und „durch Einsatz leistungsfähiger Auswertungsmethoden"[46] Rechnung getragen werden. Zugleich schränkt die Verfügbarkeit der Daten auch die Möglichkeit der Durchführung von Vergleichen ein. Da solche auf Jahresabschlußdaten aufbauende Kennzahlen in der Regel nur einmal jährlich ermittelt werden,[47] können solche Vergleiche nur im Jahresrhythmus durchgeführt werden.

Im Sinne einer aktuellen Information der externen Jahresabschlußadressaten wäre eine unterjährige Publizität einzelner Geschäftsbereiche wünschenswert.[48] Ein Zurückgreifen auf die Jahresabschlußdaten ist jedoch aus Verfügbarkeitsgründen der einzig mögliche Weg, um z. B. im Zeitreihenvergleich verschiedener Unternehmen strukturelle Unterschiede in der Rentabilität und in der Liquidität erkennen zu können.

Vor diesem Hintergrund versucht das RL-Jahresabschluß-Kennzahlensystem (vgl. *Abb. 30*) durch Gegenüberstellung ausgewählter Jahresabschlußkennzahlen Informationen über die unternehmensinterne Lage im Vergleich zur Konkurrenz bzw. zur Branche zu erlangen. In erster Linie wird auf die **strukturelle Beurteilung finanz- und erfolgswirtschaftlicher Komponenten** abgestellt. Informationsbasis für die verwendeten Daten sind die Jahresabschlüsse, wobei eine benutzeradäquate Aufbereitung ausgewählter, betriebswirtschaftlich aussagefähiger Positionen einem Ge-

---

[46] *Coenenberg, Adolf G.*: Jahresabschluß und Jahresabschlußanalyse, S. 552.
[47] Die meisten brancheninternen Erhebungen greifen ebenfalls auf Jahresabschlußkennzahlen zurück. Unterjährige Abschlüsse wie z. B. Vierteljahres- oder Monatsabschlüsse werden zumeist nur für Zwecke der internen Planung und Kontrolle erstellt, so daß Zusatzinformationen im Rahmen der Bestimmungen des HGB nur in ganz begrenztem Umfang zur Verfügung stehen, so etwa im Rahmen des § 289 Abs. 2 Nr. 2 HGB, wenn für große und mittelgroße Kapitalgesellschaften im offenlegungspflichtigen Lagebericht auf die voraussichtliche Entwicklung der Kapitalgesellschaft eingegangen werden muß. Zum Problem der Prognosepublizität vgl. insbes. *Lange, Christoph*: Jahresabschlußinformationen und Unternehmensbeurteilung, Stuttgart 1989, S. 201 f.
[48] Für alle börsennotierten Kapitalgesellschaften besteht in Deutschland seit 1990 eine Pflicht zur Interimspublizität, die sich jedoch lediglich auf die Umsatzerlöse, das Ergebnis vor bzw. alternativ nach Steuern und „zusätzliche Erläuterungen, die für die Beurteilung der (kurzfristigen) Entwicklung des Geschäftsverlaufs und der Ergebnisse erforderlich sind," beschränkt (§ 44b BörsGes i. V.m. §§ 53–55 BörsZulV). Zu den Grundlagen der Interimspublizität vgl. auch *Busse v. Colbe, Walter; Reinhard, Herbert* (Hrsg.): Zwischenberichterstattung nach neuem Recht für börsennotierte Unternehmen, Empfehlungen des Arbeitskreises ‚Externe Unternehmensrechnung' der Schmalenbachgesellschaft, Deutsche Gesellschaft für Betriebswirtschaft e. V., Stuttgart 1989, hier S. 1–16. Eine Analyse einzelner Geschäftsbereiche anhand der externen Publizität wird an der restriktiven Informationspolitik in Deutschland (gem. § 285 Nr. 4 HGB bzw. § 314 Abs. 1 Nr. 3 HGB wird lediglich dann eine Aufgliederung der Umsatzerlöse nach Tätigkeitsbereichen und geographisch bestimmten Märkten erfordert, wenn sich diese Segmente erheblich voneinander unterscheiden), der unternehmensspezifisch abweichenden Segmentabgrenzung und der Verrechnungspreisgestaltung verschiedener Unternehmensteile scheitern. In den USA ist das Segment-Reporting nach FAS No. 14, bezogen auf Umsatz, Jahresergebnis, Vermögen und Abschreibungen mit etwa 75 % aller Jahresabschlüsse mit Abstand am weitesten entwickelt. Vgl. hierzu *Baumann, Karl H.*: Die Segment-Berichterstattung im Rahmen der externen Finanzpublizität, in: Bilanz- und Konzernrecht: Festschrift zum 65. Geburtstag von Dr. Dr. h.c. R. Goerdeler, hrsg. von *Hans Havermann*, Düsseldorf 1987, S. 1–23, insbes. S. 4 f.

samtvergleich *aller* Positionen vorzuziehen ist, da sonst die Gefahr besteht, daß das Wesentliche durch eine Vielzahl inadäquater Kennzahlen verloren geht. Die dabei verwendeten **Selektionskriterien** richten sich nach den **Informationsbedürfnissen der Unternehmensleitung.** Deshalb muß ein solcher Vergleich auch relativ knapp gehalten sein; es dürfen nur die wichtigsten Kennzahlen zur Vermögens- und Kapitalstruktur sowie Finanz- und Ertragslage verwendet werden. Die Ermittlung der entsprechenden Kennzahlen im eigenen Unternehmen verlangt eine gleichzeitige Ermittlung der entsprechenden Kennzahlenwerte des zu vergleichenden Unternehmens bzw. der Kennzahlendurchschnittswerte der Branche.

Bezüglich der Definition der Kennzahlen ist zu berücksichtigen, daß zwar Form und Aufbau des Jahresabschlusses durch die gesetzlichen Mindestgliederungsvorschriften für Bilanz und GuV weitgehend festgelegt sind, für den Betriebsvergleich ist jedoch zu beachten, daß zwischen Gesamtkostenverfahren und Umsatzkostenverfahren sowie zwischen einer Darstellung in Bilanz bzw. GuV einerseits und Anhang andererseits unterschieden werden muß. Die Ausweiswahlrechte[49] führen bilanzanalytisch gesehen zu einer aufwendigeren Datenanalyse; in Deutschland wird der Anhang – anders als in der angloamerikanischen Rechnungslegung – als integrierter Bestandteil des Jahresabschlusses von Kapitalgesellschaften gesehen und enthält wesentliche für erfolgs- und finanzwirtschaftliche Analysen erforderliche qualitative und quantitative Informationen. Die Vergleichbarkeit der Jahresabschlüsse erfordert aufgrund der genannten Alternativen eine entsprechende Aufbereitung der Daten.[50] Dabei ist zu beachten, daß die Wahlmöglichkeit zwischen Gesamt- und Umsatzkostenverfahren (§ 275 Abs. 2 bzw. Abs. 3 HGB) insbesondere im Betriebsergebnis zu abweichenden Inhalten führen kann. Nach der Festlegung der relevanten Kennzahlen muß daher vor einer Gegenüberstellung ihre grundsätzliche Vergleichbarkeit geprüft werden. Auf dieser Basis gelangt man dann zu einem Gesamturteil über die jeweilige wirtschaftliche Situation und kann Hinweise auf die Stellung der eigenen Unternehmung im Vergleich zur direkten Konkurrenz oder zu den Unternehmen der Branche erhalten. Hieraus können Anregungen für die Entwicklung eigener Handlungsalternativen abgeleitet werden.

2. Das RL-Jahresabschluß-Kennzahlensystem zur globalen Planung und Kontrolle

Will man im Rahmen einer Controlling-Konzeption Kennzahlen für die Fundierung betriebswirtschaftlicher Entscheidungen verwenden, muß eine zuverlässige Informationsbasis, die für die zu verwendenden Kennzahlen konstituierend ist, gegeben sein. Soll die globale Planung und Kontrolle auf der Basis des RL-Jahresabschluß-Kennzahlensystems erfolgen, ist zu berücksichtigen, daß es sich hier-

---

[49] Zu den Ausweiswahlrechten vgl. z. B. *Federmann, Rudolf:* Bilanzierung nach Handels- und Steuerrecht, 8. Aufl., Hamburg 1990, hier S. 349–370; eine Übersicht findet sich auf S. 369.
[50] Hier bietet es sich an, DV-gestützt unmittelbar auf die einzelnen Positionen des Jahresabschlusses zuzugreifen und diese zielbezogen zu verdichten. Siehe hierzu Kapitel XI.

bei um ein im Hinblick auf die zeitliche Orientierung mittel- und kurzfristiges Konzept handelt, so daß die Komponenten der Hauptinstrumente (Jahresplanbilanz und Plan-GuV) jährlich oder unterjährig geplant werden müssen.

Ziel einer globalen Planung und Kontrolle auf Kennzahlenbasis ist es, zielbezogene Informationen bereitzustellen, die rechtzeitig und knapp wesentliche Aussagen über die Erfolgs-, Finanz- und Liquiditätslage des Unternehmens ermöglichen. Damit ist der Aufbau einer Informationsbasis verbunden, die über die globalen Informationen des Jahresabschlusses hinaus auch weitere Informationen bereitstellt, mit denen schnell und übersichtlich Anpassungsnotwendigkeiten aufgedeckt und eine erste solide Informationsgrundlage zur Einleitung betriebswirtschaftlicher Steuerungsentscheidungen bereitgestellt werden kann. Ausgangspunkt der verdichteten Informationsbereitstellung bildet das RL-Jahresabschluß-Kennzahlensystem, dessen Kennzahlen im ersten Schritt auf der Grundlage der Daten des handelsrechtlichen Jahresabschlusses ermittelt werden können. Der Informationsfilter, der durch handels- und steuerrechtliche Vorschriften einen nur bedingten Einblick in die Vermögens-, Finanz- und Ertragslage zuläßt, kann dann in einem weiteren Schritt durch die Aufbereitung von Zusatzinformationen, wie sie etwa im Anhang zum handelsrechtlichen Jahresabschluß vorliegen, erweitert werden.

a) Aufgaben einer kennzahlengestützten globalen Planung und Kontrolle

(1) Dokumentation und Analyse des Ergebnisses

Aufgabe einer **Erfolgsanalyse** ist es grundsätzlich, Aussagen zu treffen über die Fähigkeit eines Unternehmens, zukünftig Gewinne zu erwirtschaften, d.h. den in der Vergangenheit erzielten Erfolg festzustellen, sein Zustandekommen zu erklären und Schlußfolgerungen bezüglich der zukünftigen Erfolgsentwicklung zu ziehen. Einer darauf aufbauenden Kennzahlenanalyse kommt darüber hinaus die Aufgabe zu – prospektiv gesehen – eine zieladäquate Steuerung von Erfolg und Liquidität sicherzustellen und hierfür betriebswirtschaftlich aussagefähige Kennzahlen bereitzustellen.

Ziel der Analyse ist, Aussagen über Entstehungsquellen des Erfolges, dessen Nachhaltigkeit und Zusammensetzung zu treffen. Dies setzt eine gezielte Auswertung der zur Beurteilung der Ertragslage erforderlichen Informationen sowie die Bildung sachlich relevanter Ergebnisklassen voraus.[51] Im Hinblick auf die Aufdeckung der Zusammenhänge von Erfolgsentstehung, -abhängigkeiten und -beeinflußbarkeit sollte deshalb die Erfolgsspaltung für **globale** Planungs- und Kontrollzwecke etwa in Anlehnung an die externe Jahresabschlußanalyse nach der Betriebsbedingtheit, Regelmäßigkeit, Periodenbezogenheit, nach Regionen und Leistungsbereichen erfolgen.[52] Damit wird nicht nur die Vergleichbarkeit

---

[51] Vgl. z.B. *Hauschildt, Jürgen:* Erfolgsspaltung, insbes. S. 192–203.
[52] Vgl. z.B. *Küting, Karl-Heinz:* Die Erfolgsspaltung – ein Instrument der Bilanzanalyse, in: BB, 36.Jg. (1981), S. 529–535, insbes. S. 529; *Ziolkowski, U.:* Erfolgsspaltung: Aussagefähigkeit und Grenzen, in: Bilanzanalyse nach neuem Recht, hrsg. von *Adolf G. Coenenberg,* Landsberg a.L. 1989, S. 153–188, hier S. 162.

von Erfolgszahlen sichergestellt, sondern es können in differenzierterer Form unter Ergänzung von Zusatzinformationen des Anhangs oder – in einer weiteren Differenzierungsstufe – unter Ergänzung von internen Informationen der Kostenrechnung Schwachstellen aufgedeckt werden.

Bezogen auf die Erfolgsanalyse setzt dies voraus, daß die handelsrechtlich motivierte Erfolgsspaltung, die den Ansprüchen betriebswirtschaftlicher Auswertungen nicht genügen kann, durch ein **betriebswirtschaftliches Konzept der Erfolgsspaltung**[53] ersetzt wird, d. h., daß „... bewährte Stücke der bisherigen strukturellen Ergebnisanalyse, wie z.B. das ordentliche Jahresergebnis, bewahrt werden und zugleich informative Teile der Erfolgsspaltung im GuV-Schema gem. § 275 HGB, wie z.B. das a. o. Ergebnis i. e. S. auch in die bilanzanalytische (externe betriebswirtschaftliche) Erfolgsspaltung aufgenommen werden."[54] Für den Aufbau des RL-Kennzahlensystems bedeutet dies, daß über die Kennzahlen einer extern ausgerichteten Bilanzanalyse hinaus, wie etwa dem „Jahresüberschuß" oder dem „Ergebnis der gewöhnlichen Geschäftsfähigkeit", das weiter in das ordentliche Betriebs- und das ordentliche Finanzergebnis strukturiert werden kann, weitere Kennzahlen zu bilden sind, etwa das außerordentliche Ergebnis im betriebswirtschaftlichen Sinne, das Bewertungsergebnis oder das periodenfremde Ergebnis.

(2) Steuerung von Erfolg und Liquidität

Ein kennzahlengestütztes Steuerungssystem versucht aufgrund von Abweichungsimpulsen Handlungen zu initiieren. Mit Kennzahlen lassen sich kritische Größen des Erfolgs und der Liquidität überwachen – entweder durch einen Zeitvergleich von Ist-Werten oder ggf. durch einen Plan-Ist-Vergleich. Ist- und Plan-Werte werden aus der Gewinn- und Verlustrechnung, der Bilanz und dem Finanzplan gewonnen. Deshalb muß das Kennzahlensystem zwischen Kennzahlen, die auf die **Zielgröße Erfolg** abstellen und jenen, die eine Überwachung der Liquidität ermöglichen sollen, trennen. Die laufende Steuerung und Kontrolle des unternehmerischen Erfolges setzt voraus, daß der Erfolg grundsätzlich in seinen für die Erfolgsanalyse relevanten Bestandteilen getrennt erfaßt wird. Dies betrifft insbesondere die Bestimmung eines ordentlichen Jahresergebnisses mit den Teilergebnissen ordentliches Betriebsergebnis, ordentliches Finanzergebnis sowie Ergebniskomponenten, die „außerordentlich" im Sinne von „außergewöhnlich" und „selten" sind bzw. solchen, die im „Prinzip zwar wiederkehrend sind, aber eben nicht Periode für Periode nach Art und Weise regelmäßig, sondern schubweise, zum Teil bilanzpolitisch veranlaßt, zum Teil durch ungeplante Ergebnisse bedingt".[55]

Obwohl kein originäres Ziel, ist die **Aufrechterhaltung der jederzeitigen Zahlungsfähigkeit** eine unerläßliche Voraussetzung für den Bestand einer Unternehmung. Die Liquidität ist auf die Unternehmung als Ganzes gerichtet und muß deshalb mit bedeutsamen betrieblichen Entscheidungen abgestimmt werden. Im Wege des Zeitvergleichs werden erste Erkenntnisse über die Situation gewonnen.

---

[53] Vgl. z.B. *Coenenberg, Adolf G.*: Jahresabschluß und Jahresabschlußanalyse, S. 673 f.
[54] *Lachnit, Laurenz*: Erfolgsspaltung auf der Grundlage der GuV nach Gesamt- und Umsatzkostenverfahren, in: WPg, 44. Jg. (1991), S. 773–783, hier S. 776.
[55] *Lachnit, Laurenz*: Erfolgsspaltung, S. 776.

Eine nähere Analyse erfordert jedoch die Operationalisierung des Erfolgs- und Liquiditätsbegriffes in tiefergegliederte Maßeinheiten, da der Begriff „Liquidität" zu global ist, um unmittelbar für unternehmerische Entscheidungen Ansatzpunkte bieten zu können.

(3) Unterjähriger Plan-Ist-Vergleich

Die verdichtete Informationsbereitstellung mit Kennzahlen erfolgt im Rahmen einer globalen Planung und Kontrolle sowohl für ein Jahr als auch für kürzere Zeiträume. Damit kann die Unternehmensleitung zum einen drohende Fehlentwicklungen im Geschäftsgang noch so rechtzeitig erkennen, daß sie Gegenmaßnahmen ergreifen kann, und zum anderen können zukünftige Erfolgschancen rechtzeitig erkannt und durch entsprechende Entscheidungen ausgenutzt werden. Dazu wird die Jahresplanung in **Monats- und Vierteljahrespläne** aufgespalten. Den monatlich bzw. vierteljährlich ermittelten Ist-Werten werden die jeweiligen Planwerte bzw. die Istwerte der entsprechenden Periode in der Vergangenheit oder vergleichbarer anderer Unternehmen gegenübergestellt. Die verwendeten Quartalszahlen lassen sich zu Kennzahlen verdichten, so daß anhand der Abweichung zwischen Plan- und Istdaten ein Handlungsbedarf kenntlich gemacht werden kann.

Der Plan-Ist-Vergleich kann auch auf die **Steuerung von organisatorischen Teilbereichen** bezogen werden. Dann sind nach der Ergebnisverantwortung den einzelnen Teilbereichen nur solche Aufwendungen und Erträge zuzurechnen, für die eine unmittelbare Verantwortlichkeit besteht (tendenziell ein Teil der betrieblichen Komponenten). Jene Größen, die sich einer unmittelbaren Zuordnung entziehen, können dann in einer gesonderten Rechnung dargestellt werden, die ausschließlich eine gesamtunternehmensbezogene Plan-Ist-Abweichungsanalyse ermöglicht.

b) Instrumente zur globalen Planung und Kontrolle

Zwar sind die handelsrechtliche Bilanz und GuV aufgrund ihrer Ausrichtung auf unternehmensexterne Adressaten für interne Planungs- und Kontrollzwecke nur bedingt nutzbar, dennoch enthalten sie gerade für eine globale Planung und Kontrolle wichtige Aussagen. Um die Aussagefähigkeit der extern orientierten Rechnungslegungsinformation für diese Zwecke zu nutzen, sind dann planungs- und kontrollorientierte Aufwands- und Ertragsrechnungen in Form intern orientierter Bilanzen und Ergänzungsrechnungen[56] aufzustellen. Wesentliche Instrumente einer globalen Planung und Kontrolle können dann Planbilanz und Plan-GuV sein, wenn sie losgelöst von den Beschränkungen handels- und steuerrechtlicher Vorschriften zielbezogene Aussagen über künftige Einnahme- und Ausgabeerwartungen zulassen.

Neben der für interne Planungszwecke erfolgenden Aufstellung von **Planbilanz und Plan-GuV** kann dies aber auch extern veranlaßt sein, wenn z. B. Kreditgeber im Rahmen von Kreditverhandlungen nicht nur auf zukunftsbezogene Einzelpla-

---

[56] Vgl. z. B. *Horváth, Peter:* Controlling, insbes. S. 470 f.

nungen zurückgreifen, sondern über die Höhe eines Kreditengagements auf der Grundlage eines abgestimmten Gesamtergebnisses der Unternehmensplanung auf Basis von Planungsabschlüssen entscheiden. Es ist dann zu beachten, daß die Inhalte von Planbilanz und Plan-GuV unter Berücksichtigung von Rechtsnormen, Bilanzierungs- und Bewertungsvorschriften sowie bilanzstrategischer Überlegungen aus den betrieblichen Teilplänen übernommen werden müssen.[57] Ohne diesen Informationsfilter können Planbilanz und Plan-GuV allerdings eher dazu dienen, „... die Informationen bereitzustellen, die für die Durchführung von Entscheidungen zur Regelung der Unternehmung erforderlich sind, die Entscheidungen manifestieren und anschließend in einem Soll-Ist-Vergleich eine Kontrolle der Wirksamkeit ermöglichen."[58] Planbilanz und Plan-GuV sind damit globale Führungsinstrumente, die es erlauben, unter Berücksichtigung der jeweiligen obersten Unternehmenszielsetzung die wesentlichen Erfolgskomponenten für die Zukunft zu planen.[59] Damit kann ihnen implizit auch ein Einfluß auf die Durchsetzung und Überwachung langfristig angelegter Unternehmensstrategien zukommen.[60]

Da der Informationsoutput der Planbilanz und Plan-GuV zumeist aus „globalen" **Informationen der betrieblichen Teilpläne** besteht, handelt es sich im ersten Schritt lediglich um Ermittlungsrechnungen. Erst die Aufbereitung der globalen „Plan"-Informationen in der Kennzahlenlogik des RL-Kennzahlensystems überführt dann die Informationen über die Bildung entscheidungsbezogener Kennzahlen in eine zielentsprechende Entscheidungsrechnung.

(1) Die Planbilanz

Unter einer Planbilanz versteht man allgemein „... die Dokumentation der durch die betriebliche Planung gedanklich antizipierten zukünftigen Handlungen [...], die unter Beachtung des Rationalitätsprinzips und des langfristigen Unternehmenszielerfolgs erfolgen und durch die ‚die Unternehmung im voraus geregelt wird'".[61] Es wurde bereits darauf hingewiesen, daß Planbilanzen aus unterschiedlichsten Plänen wie Beschaffungs-, Produktions-, Finanz- und Absatzplänen heraus entwickelt werden und daher eine Zusammenfassung von interdependenten Teilplanergebnissen darstellen, die jeweils als Sollvorgabe für die einzelnen betrieblichen Teilbereiche anzusehen sind (vgl. *Abb. 31*). Deshalb empfiehlt es sich, die unterschiedlichen Pläne und die darin enthaltenen unterschiedlichen Dimensionen gleichnamig im Sinne von Geldgrößen zu machen.

---

[57] Vgl. z.B. *Schedlbauer, Hans; Oswald, Adolf:* Praxis der Erstellung und Aufgaben von Planbilanzen, in: DBW, 39.Jg. (1979), Heft 3, S. 467–479, insbes. S. 468f.; *Lücke, Wolfgang:* Planbilanz, in: HWR, hrsg. v. Erich Kosiol u.a., 2. Aufl., Stuttgart 1981, Sp. 1279–1290, insbes. Sp. 1281–1285.
[58] *Zwehl, Wolfgang von:* Untersuchung zur Erstellung einer Planbilanz als Ergänzung des Jahresabschlusses. Ein Beitrag zur Schaffung von Dispositionsgrundlagen für die Unternehmensleitung, Berlin 1968, S. 69.
[59] Vgl. z.B. *Schedlbauer, Hans; Oswald, Adolf:* Erstellung, insbes. S. 469.
[60] Vgl. z.B. *Zwehl, Wolfgang von:* Untersuchung zur Erstellung von Planbilanzen, insbes. S. 65.
[61] *Zwehl, Wolfgang von:* Planbilanzen, S. 68.

D. Das RL-Jahresabschluß-Kennzahlensystem 69

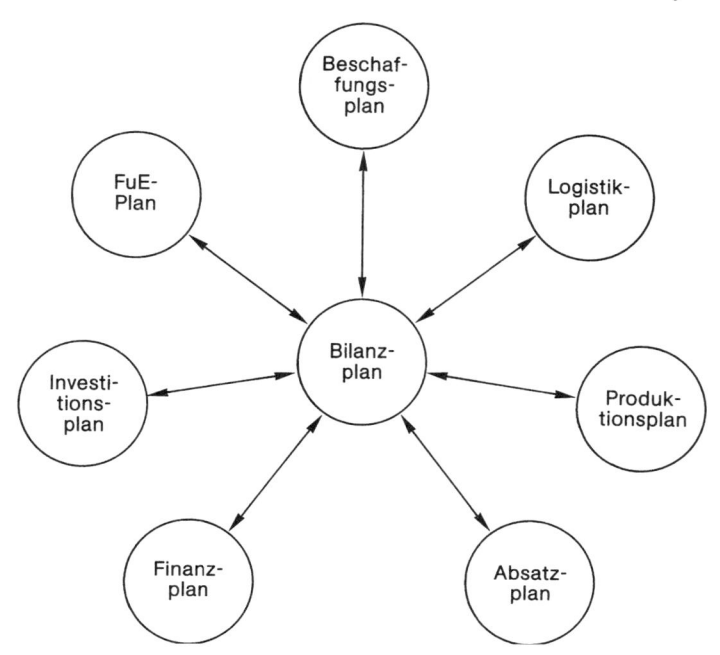

Abb. 31: Interdependenzen bei der Bilanzplanung[62]

Planbilanzen sind zunächst **ex-ante-Bilanzen** und enthalten Standard- und Optimierungsgrößen, die sich aus den Schätzungen hinsichtlich der Entwicklung wesentlicher Erfolgskomponenten, wie etwa der Umsätze (Umsatzpläne), der Bestände an R-H-B-Stoffen, fertigen und unfertigen Erzeugnisse (Materialpläne) oder der Berechnungen der zukünftigen Zahlungsvorgänge im Rahmen des Finanzplanes ergeben.[63] In einer vereinfachten Form kann es jedoch auch ausrei-

Aktiva		Bilanz zum 31.12. 1996 (in Mio. DM)	Passiva
I. Sachlagen	80	I. Grundkapital	30
II. Finanzanlagen	25	II. Rücklagen	41
III. Vorräte	200	III. Bilanzgewinn	3
IV. Forderungen und sonst. Vermögensgegenstände	65	IV. Rückstellungen	69
		V. Verbindlichkeiten	275
V. Liquide Mittel	44,5	VI. RAP	1
VI. RAP	4,5		
	419		419

Abb. 32: Zu beurteilende Bilanz vom 31.12. 1996

---

[62] Siehe hierzu auch *Zwehl, Wolfgang von:* Planbilanzen, S. 95.
[63] Vgl. zur Ableitungstechnik der Plangrößen der betrieblichen Detailpläne z. B. *Schedlbauer, Hans; Oswald, Adolf:* Erstellung, insbes. S. 471–474.

chend sein, lediglich die Aktiv- und Passivgrößen im Hinblick auf den zu erwartenden Istwert zu prognostizieren und die Prognosewerte als Vorgaben, z. B. im Rahmen von Plan-Budgets, zu verwenden.[64] Eine Planbilanz kann auf dieser Grundlage beispielsweise wie folgt dargestellt werden:

Im Hinblick auf die ebenfalls in der Controlling-Konzeption vorgesehene Aufgabe der Planbilanz, die Überwachung von Bilanznormen zur Aufrechterhaltung der Kreditwürdigkeit durchzuführen, kann die Bilanz unterschiedlich detailliert gegliedert werden. Je nach der zu beurteilenden Bilanz, ob Handels- oder Steuerbilanz, muß eine Finanzplanung durchgeführt werden, die Erkenntnisse darüber zuläßt, ob bestimmte Finanzierungsnormen eingehalten werden können.

(2) Plan-Gewinn- und Verlustrechnung

Die Plan-Gewinn- und Verlustrechnung läßt sich als Jahresplanung oder in kürzeren Zeiträumen, insbesondere innerhalb von bestimmten Quartalen durchführen. Bei der Festlegung der Betrachtungszeiträume ist zu berücksichtigen, daß diese so kurzfristig festzulegen sind, daß die Ergebnisse der Soll-Ist-Vergleiche noch zur kurzfristigen Steuerung von Anpassungsmaßnahmen herangezogen werden können. Dabei werden wichtige Größen der GuV für das gesamte Unternehmen geplant. Gründe für die Erstellung der Plan-GuV sind – wie bereits erläutert wurde – **Erfolgssteuerungsüberlegungen**. Aufgrund der besonderen Bedeutung des Gewinns als unternehmerischer Erfolgsmaßstab wird der Plan-GuV vielfach weit höhere Bedeutung beigemessen, und sie wird „als das wichtigere Informationsinstrument gegenüber der Planbilanz eingestuft".[65] Darüber hinaus eignet sich die Plan-GuV aufgrund ihrer kompakten Form besonders gut für die Bereitstellung von Führungsinformationen auf Kennzahlenbasis.

Bei der Jahresplanung ist darauf zu achten, daß jene Komponenten, die voraussichtlich einen nachhaltigen Einfluß auf die Ertragslage aufweisen, von solchen getrennt werden, die außerordentlicher Natur sind. Ausgehend von der Zielsetzung eines betriebswirtschaftlichen Erfolgsspaltungskonzeptes bedeutet dies, daß nicht nur die Bestimmung des ordentlichen Jahresergebnisses mit seinen Komponenten „Betriebsergebnis" und „Finanzergebnis" erfolgen muß. Ein klares Bild über die **Zusammenhänge von Erfolgsentstehung, -abhängigkeit und -beeinflußbarkeiten** kann nur zustande kommen, wenn darüber hinaus die das „Ergebnis der gewöhnlichen Geschäftstätigkeit" konstituierenden (ordentlichen) sonstigen betrieblichen Aufwendungen und Erträge sowie das außerordentliche Ergebnis einer differenzierten Analyse unterzogen werden. Die z. B. im Rahmen der bilanzanalytischen Erfolgsspaltung in Kauf genommene Heterogenität der Erfolgs-Kennzahl „außerordentliches Ergebnis", sollte für Zwecke der betriebswirtschaftlichen Planungs- und Kontrollaufgaben aufgrund ihrer mangelnden Aussagefähigkeit nach betriebswirtschaftlich relevanten Aspekten modifiziert werden, wie etwa durch besondere Berücksichtigung von Liquidations- und Bewertungsergebnissen, von periodenfremden Aufwendungen und Erträgen oder

---

[64] Zur Lenkungsfunktion von Planbilanzen vgl. z.B. *Lücke, Wolfgang:* Planbilanz, insbes. Sp. 1280 f.
[65] *Lücke, Wolfgang:* Planbilanz, Sp. 1283.

von Zuführungen bzw. Auflösungen von Sonderposten mit Rücklageanteil, um solche Sachverhalte, „die betriebswirtschaftlich nicht als ordentliche Erfolgskomponenten gelten können, zugleich aber auch nicht die engen bilanzrechtlichen Kriterien der Außergewöhnlichkeit erfüllen",[66] differenzierter zu erfassen.

Darüber hinaus ist zu berücksichtigen, daß in Abhängigkeit davon, ob die Plan-GuV nach dem **Gesamtkosten- oder Umsatzkostenverfahren** aufgestellt wird, die Aussagefähigkeit der Komponenten des RL-Bilanz-Kennzahlensystems unterschiedlich sein kann. Grundsätzlich wird eine Jahresplanung jedoch an folgenden Komponenten ansetzen:

- Planung der Gesamtleistung,
- Planung der Kosten/Aufwendungen und
- Planung des ordentlichen (nachhaltigen) Finanz- und Betriebsergebnisses.

Bei der Planung der Gesamtleistungen sind die Umsatzerlöse bedeutsam. Im Bereich der negativen Erfolgskomponenten wird von der Kostenplanung ausgegangen. Hierbei werden insbesondere die Zusatzkosten eliminiert, da sie nur für kalkulatorische Zwecke bedeutsam sind, nicht aber für die Ermittlung des handelsrechtlichen Periodenerfolges der Unternehmung benötigt werden, da hier nur aufwandsgleiche Kosten eingehen.

In einem zweiten Schritt sind bei der Erstellung der Plan-GuV jene Komponenten zu eliminieren, die aufgrund handelsrechtlicher Vorschriften Überhöhungen bzw. Verkürzungen der Ertrags- bzw. Aufwandspositionen aufweisen.[67] Ist dies gelungen, repräsentieren die Aufwendungen durchschnittliche Auszahlungen bzw. die Erträge durchschnittliche Einzahlungen der entsprechenden Perioden, die dann auch als **Maßgrößen für unterjährig zu erstellende Plan-GuV** Verwendung finden können. Die Größe „ordentliches Ergebnis" gibt dann die erwartete durchschnittliche Entnahmemöglichkeit der jeweiligen Periode an. Sie kann darüber hinaus als Zielgröße der mittelfristigen Unternehmensplanung dienen, um zu überprüfen, ob die ökonomischen Zielvorstellungen realistisch waren und ob sie eingehalten wurden. Kann davon ausgegangen werden, daß die Planung auf realistischen Daten basiert, lassen sich auch für die Zukunft entsprechende Entnahmemöglichkeiten planen. Somit kommt der Kennzahl „ordentliches Ergebnis" im Gegensatz zur bilanzanalytischen Konzeption eine mehrfache Bedeutung zu, denn sie ist einerseits Zielgröße, andererseits auch Maßgröße der Zieleinhaltung und der Nachhaltigkeit des Erfolges. Neben dem ordentlichen (nachhaltigen) Ergebnis kann dann das außerordentliche Ergebnis in seinen betriebswirtschaftlich relevanten Komponenten – wie bereits dargestellt – geplant werden. In den meisten Fällen werden sich aber diese Erfolgskomponenten wegen der mit ihnen verbundenen Ermittlungs- und Periodisierungsprobleme nur jährlich planen lassen.

Der grundsätzliche **Aufbau einer Plan-Gewinn- und Verlustrechnung** ist beispielhaft in dem nachstehenden Schema dargestellt (vgl. *Abb. 33*).

---

[66] *Lachnit, Laurenz:* Erfolgsspaltung, S. 776.
[67] Zur Darstellung einer solchen Vorgehensweise im Zusammenhang mit der Unternehmensbewertung vgl. *Moxter, Adolf:* Grundsätze ordnungsmäßiger Unternehmensbewertung, Wiesbaden 1976, S. 130–134.

Erträge/Aufwendungen	1. Quartal TDM	2. Quartal TDM	3. Quartal TDM	4. Quartal TDM	Jahr TDM
Umsatzerlöse Bestandsänderungen Aktivierte Eigenleistung					
„Gesamtleistung"					
Aufwendungen f. RHB					
„Rohertrag"					
Erträge aus Finanzanlagen u. Beteiligungen Sonstige betriebliche Erträge Löhne, Gehälter, soziale Aufwendungen Aufwendungen für Altersversorgung u. Unterstützung Abschreibungen auf Sach- u. Finanzanlagen Sonstige betriebliche Aufwendungen Steuern					
ordentliches Ergebnis					
Ergebnis aus dem Abgang von Sachanlagen Änderungen von Pauschalwertberichtigungen Erträge aus der Auflösung v. Rückstellungen Änderungen des Sonderpostens mit Rücklageanteil Sonstige außerordentliche Aufwendungen Sonstige außerordentliche Erträge					
a. o. Ergebnis (im bwl. Sinne)					
Überschuß/Fehlbetrag					

Abb. 33: Plan-Gewinn- und Verlustrechnung

Bei der Aufstellung der Plan-Gewinn- und Verlustrechnung kann unterschiedlich differenzierend vorgegangen werden. Die vorliegende Gewinn- und Verlustrechnung ist deshalb beispielhaft zu verstehen und kann insbesondere bei kürzeren Planperioden vergröbert werden. Auch hier gilt, wie bereits allgemein angeführt wurde, daß der Grad der Detaillierung von den Informationsbedürfnissen der Unternehmensführung abhängt. In jedem Fall kann, wenn die verwendeten Quartalszahlen zu Kennzahlen verdichtet werden, bei adäquater Kennzahlenanwendung anhand der Abweichung zwischen Plan- und Istdaten ein Handlungsbedarf kenntlich gemacht werden. Grundsätzlich ist bei den Planungen auch darauf zu achten, daß zwischen Betriebsergebnis und betriebsfremdem (Finanz-)Ergebnis unterschieden wird.

D. Das RL-Jahresabschluß-Kennzahlensystem

c) Aufbau des RL-Jahresabschluß-Kennzahlensystems

(1) Analyse der Ertragskraft auf Basis des Gesamt- und Umsatzkostenverfahrens

Im folgenden soll das RL-Jahresabschluß-Kennzahlensystem in seinen Komponenten dargestellt werden. Da das Gesamtkostenverfahren (GKV) das gegenwärtig in Deutschland überwiegend angewandte Verfahren zur Ermittlung des Betriebsergebnisses ist, soll die Kennzahlenanalyse zunächst für die Anwendung dieses Verfahrens erfolgen. Anschließend wird auf die Unterschiede bei Anwendung des Umsatzkostenverfahrens (UKV) hinzuweisen sein.

Nach der Konzeption des **Gesamtkostenverfahrens** (§ 275 Abs. 2 HGB) werden alle Aufwendungen einer Periode nach **Aufwandsarten** untergliedert (Material-, Personalaufwand, Abschreibungen, etc.). Die zur Vergleichbarkeit von Umsatzerlösen (auf Basis der Absatzmenge) und Periodenaufwendungen (auf Basis der Produktionsmenge) notwendige Anpassung des Mengengerüstes erfolgt beim GKV über eine fiktive Anpassung der Erträge. Bestandsveränderungen oder „andere aktivierte Eigenleistungen" werden unter Beachtung des Niederstwertprinzips mit ihren Herstellungskosten bewertet und zum realisierten Periodenergebnis addiert (Erhöhungen) oder subtrahiert (Minderungen).[68] Die Ermittlung des Betriebsergebnisses kann in einem ersten Schritt durch die Addition der GuV-Positionen 1–8 gem. § 275 Abs. 2 HGB erfolgen. Wie im folgenden gezeigt wird, ist jedoch nicht nur die absolute Höhe des Periodenerfolgs, sondern insbesondere dessen Zusammensetzung für die Beurteilung der Unternehmenslage von Bedeutung.

Das **Umsatzkostenverfahren** (§ 275 Abs. 3 HGB) ist eine neben dem Gesamtkostenverfahren bestehende, gleichwertige Alternative zur Ermittlung des Periodenerfolgs. Empirische Untersuchungen ergeben jedoch, daß das UKV in deutschen Jahresabschlüssen noch nicht sehr weit verbreitet ist.[69] Bei einer Erfolgsermittlung nach dem Umsatzkostenverfahren wird das Mengengerüst der Aufwendungen an das Mengengerüst der Erträge angepaßt.[70] Bestandsveränderungen oder aktivierte Eigenleistungen werden nicht in der GuV ausgewiesen; sie werden intern mit Hilfe von Nebenrechnungen dokumentiert. Die **Höhe des ausgewiesenen Periodenergebnisses** (Jahresüberschuß/-fehlbetrag) ist jedoch von der Verfahrenswahl unabhängig.

Unterschiede bei der Ermittlung des Periodenerfolgs nach GKV und UKV ergeben sich vor allem im Bereich des **Betriebsergebnisses**. Beim GKV wird die Glie-

---

[68] Vgl. *Borchert, Dierk:* Gewinn- und Verlustrechnung § 275, in: Handbuch der Rechnungslegung, hrsg. von *Karl-Heinz Küting* und *Claus-Peter Weber*, 3. Aufl., Stuttgart 1990, S. 1483–1575, hier S. 1492 f.
[69] Lediglich 12 von 100 Unternehmen entschieden sich für das UKV; vgl. *Treuarbeit AG* (Hrsg.): Jahres- und Konzernabschlüsse '88. Ausweis – Gestaltung – Berichterstattung. Ergebnisse einer Untersuchung von 100 großen Kapitalgesellschaften und Konzernen. Düsseldorf 1990, S. 87. *Reige* stellt bei den zehn größten von ihm untersuchten Unternehmen eine Quote von jeweils 50% fest, schätzt einen Gesamtanteil des UKV von 5–10%; vgl. *Reige, Jürgen:* Publizitätspraxis und Nutzung ausgewählter handelsrechtlicher Wahlrechte. Zur Rechnungslegung von Großunternehmen (ohne Handel, Banken und Versicherungen), in: BB 44. Jg. (1989), S. 1648–1655, hier S. 1652.
[70] Vgl. z. B. *Borchert, Dierk:* Gewinn- und Verlustrechnung, hier S. 1493.

II. Kapitel: Kennzahlensysteme als Controlling-Instrument

GESAMTKOSTENVERFAHREN	UMSATZKOSTENVERFAHREN
Materialaufwand	
Personalaufwand	Herstellungs-
Abschreibungen	kosten
	Verwaltungs-/
FK-Zinsen	Vertriebskosten
Kosten-/Substanzsteuern	

Abb. 34: Umstrukturierung einzelner GuV-Positionen

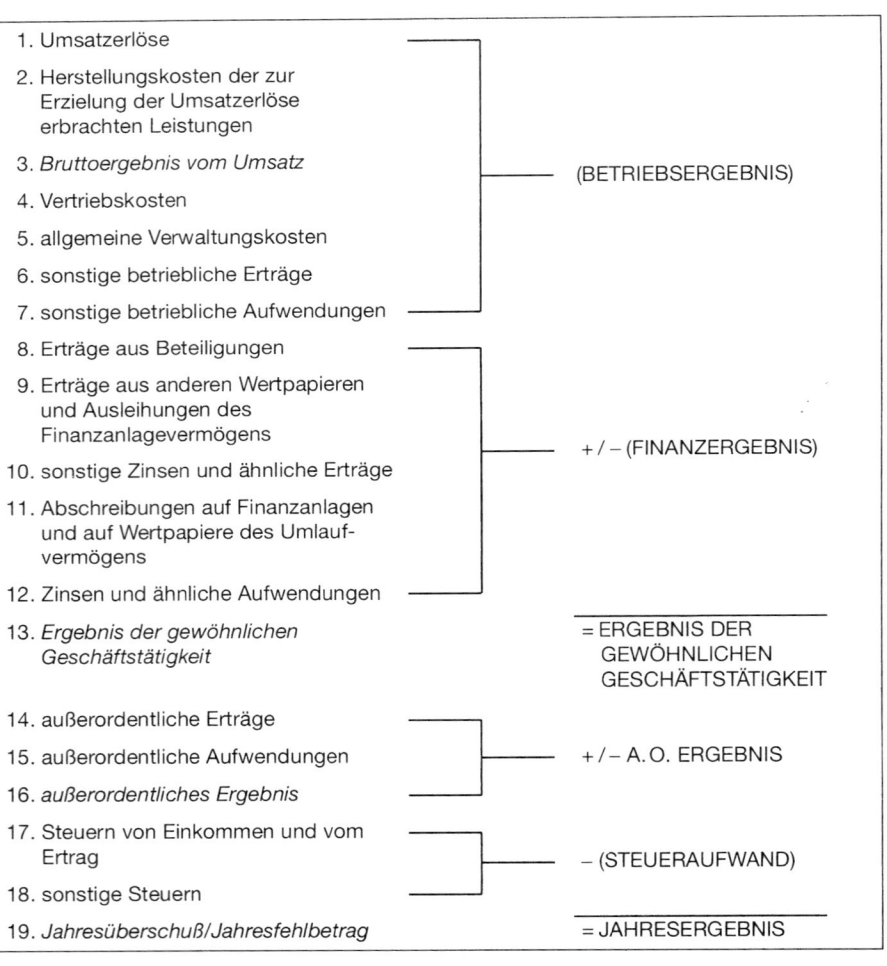

1. Umsatzerlöse
2. Herstellungskosten der zur Erzielung der Umsatzerlöse erbrachten Leistungen
3. *Bruttoergebnis vom Umsatz*
4. Vertriebskosten — (BETRIEBSERGEBNIS)
5. allgemeine Verwaltungskosten
6. sonstige betriebliche Erträge
7. sonstige betriebliche Aufwendungen
8. Erträge aus Beteiligungen
9. Erträge aus anderen Wertpapieren und Ausleihungen des Finanzanlagevermögens
10. sonstige Zinsen und ähnliche Erträge — +/− (FINANZERGEBNIS)
11. Abschreibungen auf Finanzanlagen und auf Wertpapiere des Umlaufvermögens
12. Zinsen und ähnliche Aufwendungen
13. *Ergebnis der gewöhnlichen Geschäftstätigkeit* — = ERGEBNIS DER GEWÖHNLICHEN GESCHÄFTSTÄTIGKEIT
14. außerordentliche Erträge
15. außerordentliche Aufwendungen — +/− A.O. ERGEBNIS
16. *außerordentliches Ergebnis*
17. Steuern von Einkommen und vom Ertrag — − (STEUERAUFWAND)
18. sonstige Steuern
19. *Jahresüberschuß/Jahresfehlbetrag* — = JAHRESERGEBNIS

Abb. 35: Die GuV nach dem Umsatzkostenverfahren[71]

---

[71] Baetge, Jörg; Fischer, Thomas R.: Externe Erfolgsanalyse auf der Grundlage des Umsatzkostenverfahrens, in: BFuP, 40. Jg. (1988), S. 1–21, hier S. 3.

derung nach Aufwandsarten durch alle Positionen verfolgt, beim UKV folgt die Ermittlung des Betriebsergebnisses dem Sekundärprinzip, d. h. Material- und Personalaufwendungen werden, ebenso wie die Abschreibungen und Verwaltungsaufwendungen, möglichst weitgehend den betrieblichen Funktionalbereichen zugeordnet und unter der Position 2: „Herstellungskosten der zur Erzielung der Umsatzerlöse erbrachten Leistungen" bzw. unter der Position 4: „Vertrieb" und Position 5: „Allgemeine Verwaltung" ausgewiesen. Die Zuordnung der Aufwendungen wird durch die vorstehende *Abbildung 34* veranschaulicht.

Insgesamt scheint das Schema des Umsatzkostenverfahrens eine betriebswirtschaftliche Erfolgsspaltung vorzugeben.

Die handelsrechtliche GuV-Gliederung berücksichtigt jedoch die für eine externe Erfolgsspaltung zentralen Kriterien Betriebsbezogenheit, Regelmäßigkeit und Periodenbezogenheit nur unzureichend, wenn z.B. bei der Ermittlung des „Ergebnisses der gewöhnlichen Geschäftstätigkeit" (Pos.13) ordentliche und (im betriebswirtschaftlichen Sinne) außerordentliche Komponenten vermischt werden, wie dies insbesondere bei den sonstigen betrieblichen Aufwendungen und Erträgen erfolgt.[72]

Für die Kennzahlenbildung zur Beurteilung der Ertragskraft auf Basis des Umsatzkostenverfahrens sollte grundsätzlich – wie bereits erläutert wurde – das **ordentliche Ergebnis** in ein Betriebs- und in ein Finanzergebnis aufgespalten werden. In Abweichung zum GKV ergibt sich das ordentliche Betriebsergebnis auf Basis des Umsatzkostenverfahrens wie folgt:

Ordentliches Betriebsergebnis (UKV)
Umsatzerlöse
./. Herstellungskosten des Umsatzes
= Bruttoergebnis vom Umsatz
+ sonstige ordentliche betriebliche Erträge[73]
./. Vertriebskosten
./. Allgemeine Verwaltungskosten
./. sonstige ordentliche betriebliche Aufwendungen
./. Zinsen und ähnliche Aufwendungen
./. sonstige Steuern, soweit nicht unter Pos. 2, 4 oder 5 ausgewiesen

---

[72] Die **sonstigen betrieblichen Aufwendungen** stellen einen Sammelposten dar. Im Vergleich zum Gesamtkostenverfahren ist diese Position beim Umsatzkostenverfahren erheblich niedriger, weil eine weitgehende Zuordnung auf die betrieblichen Funktionalbereiche (Herstellung, Vertrieb und Verwaltung) erfolgt. Der Inhalt dieser Position wird z.B. durch „nicht aktivierte Teile der Herstellungskosten", „Aufwendungen für Nebenleistungen", „Einstellungen in die Sonderposten mit Rücklageanteil" oder „außerplanmäßige aber nicht außerordentliche Abschreibungen" bestimmt. Die Position **sonstige betriebliche Erträge** stimmt weitgehend mit der Position nach GKV überein. Inhaltlich setzt sie sich aus periodenrichtigen und periodenfremden Komponenten zusammen; Beispiele hierfür sind „Erlöse aus Nebengeschäften", „Erträge aus dem Abgang von Vermögensgegenständen", „Erträge aus abgeschriebenen Forderungen" oder aus der „Auflösung nicht mehr benötigter Rückstellungen".

[73] Diese Position ergibt sich unter Verwendung von Anhangsangaben als Saldogröße. Vgl. hierzu Anhang S.586; vgl. z.B. *Lachnit, Laurenz:* Erfolgsspaltung S.778.

Die in *Abbildung 34* dargestellte Zuordnung führt einerseits, gemessen am GKV, zu einer Verschiebung zwischen Betriebs- und Finanzergebnis. Bei Einbeziehung von Fremdkapitalzinsen (§ 255 Abs. 3 HGB) in die Herstellungskosten wird die Position 12: „Zinsen und ähnliche Aufwendungen" zu niedrig ausgewiesen, und man könnte auf eine niedrige Zinsbelastung etwa aufgrund hoher Bonität (kein Risikozuschlag) schließen.

Der direkte Vergleich von UKV und GKV zeigt, daß die Zuordnung von Sachverhalten zu den einzelnen GuV-Positionen zu Verschiebungen z. B. zwischen Betriebs- und Finanzergebnis sowie auch innerhalb des Betriebsergebnisses führen können. So sind etwa Personalkosten, anteilige Bürokosten oder Abschreibungen den Bereichen Herstellung, Vertrieb oder Verwaltung zuzuordnen; bei entsprechender Abgrenzung können auch hohe Verwaltungskosten gering dargestellt werden. Eine weitere Möglichkeit zur optischen Verbesserung der Leistungsfähigkeit besteht im Ansatz von Teilkosten in der GuV. Die Herstellungskosten werden niedrig ausgewiesen, die Differenz zu den Vollkosten wird in der Sammelposition „sonstiger betrieblicher Aufwand" erfaßt. Per Saldo wird dadurch eine günstige Kostenstruktur der Fertigung dokumentiert.

Weitere Abweichungen sind durch unterschiedliche Begriffsinhalte, etwa bei den sonstigen betrieblichen Aufwendungen, möglich. Die Abgrenzung der Funktionalbereiche eröffnet aufgrund der organisatorischen Gestaltungsfreiheit der Unternehmen einen erheblichen bilanzpolitischen Spielraum.

Eine Diskussion, welches der beiden Verfahren „besser" sei, soll hier nicht geführt werden, da die Anwendung des Verfahrens vom Grad der Internationalisierung, der organisatorischen Struktur, der Unternehmensgröße, der Branche und von anderen Faktoren abhängig ist und insoweit im Einzelfall festgelegt werden muß. Einige wesentliche Aspekte sollen jedoch kurz skizziert werden:[74]

Dem **Informationsvorteil** des UKV durch Ergänzung des funktionalen Schemas um Material- und Personalaufwendungen sowie Abschreibungen im Anhang bzw. Anlagespiegel steht ein **Informationsverlust** durch den Wegfall der Angaben über die Herstellungskosten von Bestandsveränderungen, anderen aktivierten Eigenleistungen und Abschreibungen des Umlaufvermögens, die den üblichen Rahmen übersteigen und den sonstigen betrieblichen Aufwendungen im Sinne des GKV entgegen. Bezüglich der traditionellen Kennziffer des GKV, der „**Gesamtleistung**" muß dieselbe Aussage getroffen werden, wie für das „**Bruttoergebnis vom Umsatz**" des UKV – beide Kennzahlen sind als heterogenes Konglomerat nicht vergleichbarer Größen wenig aussagekräftig.

Das zur Einführung des UKV angeführte Argument, aufgrund der zunehmenden **internationalen Kapital- und Leistungsverflechtungen** und dem Zugang zu den in-

---

[74] Vgl. *Borchert, Dierk:* Gewinn- und Verlustrechnung, S. 1494–1499; *Egner, Henning:* Gegenüberstellung von Gesamt- und Umsatzkostenverfahren, in: Beck'sches Handbuch der Rechnungslegung, hrsg. von *Edgar Castan u. a.,* München 1989, B 310, S. 1–8, insbes. Tz. 17–30. Zu einem aus Sicht des externen Bilanzanalysten negativen Resümee kommt *Rogler, Silvia:* Gewinn- und Verlustrechnung nach dem Umsatzkostenverfahren, Wiesbaden 1990, S. 292 f.

ternationalen Kapitalmärkten erleichtere es im Konzern die Erfolgskonsolidierung ausländischer Tochtergesellschaften, die sich nicht mit einem für sie unüblichen Schema auseinandersetzen müssen, ist zwar richtig, geht aber von de facto nicht vorliegenden einheitlichen internationalen Standards aus.

Ein Argument, das immer wieder für das GKV angeführt wird, ist das Vorliegen einer **langfristigen Fertigung**. Hierbei sind Bestandsveränderungen erst im Zeitpunkt der Gesamtabnahme (Gewinnrealisierung) zu erkennen. Die Ursache dieser scheinbar gegen das UKV sprechenden Tatsache ist jedoch nicht in der Methodik des UKV zu suchen, sondern in der Ablehnung der angelsächsischen „percentage of completition method", nach der Teilgewinnbuchungen am Periodenende erfolgen können. Eine Erfolgsverzerrung findet in keinem Fall statt, weil den umsatzmäßig noch nicht realisierten Leistungen gegenüberstehende Aufwendungen in der GuV auch noch nicht erfaßt werden.

Auch eine **einfache Erstellung** wird häufig allein für das GKV beansprucht, weil das heute vorherrschende Finanzbuchhaltungssystem (Kontenrahmen) auf dieses Verfahren ausgerichtet ist; bei einer entsprechend gegliederten Erfassung der Aufwandsarten in der Finanzbuchhaltung ist eine einfache Übernahmemöglichkeit für das UKV jedoch ebenfalls ohne Probleme möglich.

Ein **Hauptkritikpunkt** gegen das UKV sind Aufwandsschlüsselungen auf die Funktionalbereiche, die (wie andere Abgrenzungen des Finanz- und Betriebsbereichs auch) nicht überschneidungsfrei möglich sind und Manipulationsmöglichkeiten eröffnen. Eine Orientierung an der auf tradierten Kostenrechnungsgrundsätzen basierenden Kostenstelleneinteilung (BAB) reduziert diese Möglichkeiten, die durch das Stetigkeitsgebot der GoB im Zeitvergleich weiter eingeschränkt werden. Dennoch wird das UKV als für zwischenbetriebliche Vergleiche allgemein schlechter geeignet angesehen.

Die aus der Sicht des jeweiligen Betrachters existierenden Vor- oder Nachteile haben in der Literatur zu dem Versuch geführt, eine Überleitung beider Verfahren zu ermöglichen. Für den Betriebsvergleich wäre eine solche Transformationsmöglichkeit sicher mehr als wünschenswert, zur Beurteilung der Ertragskraft eines Unternehmens ist sie jedoch nicht erforderlich. *Baetge/Fischer* kommen zu dem Schluß, daß eine Überleitung aus externer Sicht nur schwer möglich ist.[75]

(2) Kennzahlen zur Steuerung von Erfolg und Rentabilität

Das RL-Jahresabschluß-Kennzahlensystem (RL-JA) zur internen Analyse enthält solche Größen, die in jedem Fall zur laufenden Planung, Steuerung und Kontrolle benötigt werden. Insbesondere bei der Ermittlung der Erfolgs- und Rentabilitätskennzahlen im Rahmen des RL-Kennzahlensystems kommt die Entscheidung, ob das Gesamtkosten- oder das Umsatzkostenverfahren angewendet wurde, zum Tragen. Da die Anwendung des Gesamtkostenverfahrens in Deutschland gegenwärtig noch dominiert und sich die Unterschiede zum Umsatzkostenverfahren i.w. auf den Bereich des Betriebsergebnisses beschränken, werden die Besonderheiten der Kennzahlenbildung nach UKV im Anhang be-

---

[75] Vgl. *Baetge, Jörg; Fischer, Thomas R.*: Externe Erfolgsanalyse, S. 12.

78   II. Kapitel: Kennzahlensysteme als Controlling-Instrument

handelt. In diesem Abschnitt wird lediglich in Abgrenzung zum GKV auf fundamentale Unterschiede hingewiesen.

Eine allgemeine Ausgangsgröße zur Beurteilung der Ertragskraft ist der Jahresüberschuß. Es handelt sich hierbei um einen absoluten Wert, der als erster Indikator für die Ertragskraft eines Unternehmens im zwischen- und überbetrieblichen Vergleich eingesetzt werden kann. Grundsätzlich muß der Jahresüberschuß jedoch aufgrund der Heterogenität – ebenso wie das Ergebnis der gewöhnlichen Geschäftstätigkeit – weiter in seine Erfolgskomponenten differenziert werden.

Das **ordentliche Ergebnis** hat als Erfolgsgröße des Unternehmens im RL-Kennzahlensystem eine zentrale Bedeutung. Es verkörpert den tendenziell **nachhaltigen Erfolg aus Leistungs- und Finanzaktivitäten**. Diese Größe läßt sich planen und monatsweise vorgeben. Die außerordentlichen Erfolgskomponenten lassen sich nicht in gleicher Weise planen; auch hier empfiehlt sich eine vierteljährliche Erfassung der Komponenten.

Ordentliches Ergebnis	RL-B
Ordentliches Betriebsergebnis + Ordentliches Finanzergebnis	

Das ordentliche Ergebnis setzt sich aus dem **Ordentlichen Betriebs- und dem Ordentlichen Finanzergebnis** zusammen. Die beiden Teilergebnisse müssen für kürzere Zeiträume (z. B. Monate) geplant und kontrolliert werden. Das **Ordentliche Betriebsergebnis** verkörpert den nachhaltigen Erfolg aus der betrieblichen Tätigkeit. Die Abschreibungen werden zur Ermittlung des betriebsbedingten Ergebnisses mit normalisierten Monatsbeträgen angesetzt, da die endgültige Höhe dieser Position erst zum Jahresende im Rahmen der Bewertungsentscheidungen bestimmt wird.

Das **ordentliche Finanzergebnis** gibt an, welche Erfolgskomponenten auf die betrieblichen Finanzaktivitäten zurückzuführen sind. Der Erfolg aus Finanzaktivitäten errechnet sich aus dem Saldo aus Beteiligungserträgen und -aufwendungen sowie den Zinserträgen.

Ordentliches Finanzergebnis	RL-B
Beteiligungserträge + Zinserträge ./. Beteiligungsaufwendungen	

Für das **Ordentliche Finanzergebnis** ist u. U. eine jährliche Planung ausreichend, wenn sich das Beteiligungsergebnis als Hauptbestandteil (definitionsgemäß) aus der Realisation langfristig geplanter Objekte ergibt.[76]

Das Zinsergebnis wird (entsprechend der überwiegenden Zugehörigkeit) imparitätisch zugeordnet. Die Zinsaufwendungen entstehen final zur Ausübung der betrieblichen Tätigkeit; der Zinsertrag wird als Folgeinvestition aus realisierten Gewinnen interpretiert. Grundsätzlich kann davon ausgegangen werden, daß es sich bei den Erträgen aus Finanzaktivitäten um nachhaltige Erfolgskomponenten handelt. In der jährlichen Planung ist jedoch zu berücksichtigen, daß bei Beteiligungen für unterjährige Planungen zusätzliche Informationen erforderlich sind, die entscheidungsbezogen zu ermitteln sind. Bezogen auf die Planung der Zinserträge läßt sich erkennen, welcher Stellenwert dem Finanzanlage- und Finanzumlaufvermögen im Unternehmen beigemessen wird.

Neben den ordentlichen Ergebniskomponenten kommt der Höhe des **Außerordentlichen Ergebnisses** wesentliche Bedeutung zu. Als Kennzahl umfaßt das außerordentliche Ergebnis die unregelmäßig anfallenden Erfolgskomponenten, die aus außergewöhnlichen, seltenen, der Höhe nach aber wesentlichen Vorgängen im Unternehmen resultieren, wobei die betriebswirtschaftliche Abgrenzung des Begriffes „außerordentlich" aber weniger eng als im Handelsrecht ist (siehe Anhang).

„Außerordentliches" Ergebnis	RL-B
„Außerordentlicher" Ertrag ./. „Außerordentlicher" Aufwand	

Obwohl dem „a. o." **Ergebnis** kein regelmäßiger Charakter zukommt und sich die Kennzahl einer unterjährigen Planung tendenziell entzieht, kommt ihr insbesondere für Zwecke des zeitlichen und zwischenbetrieblichen Vergleichs eine wesentliche Bedeutung zu. Sie gibt an, welchen (verzerrenden) Einfluß die „außerordentlichen" Erträge und Aufwendungen auf das Jahresergebnis haben können, insbesondere im Hinblick auf die darin enthaltenen Bewertungs- und Liquidationserfolge. Da die bspw. aus Anlageverkäufen im Rahmen periodisch wiederkehrender Ersatzinvestitionsentscheidungen resultierenden Erträge bzw. Verluste zwar unregelmäßig, aber wiederkehrend anfallen, können sie indirekt Einfluß

---

[76] Nach § 271 Abs. 1 HGB werden Beteiligungen als Anteile an anderen Unternehmen, die bestimmt sind, dem eigenen Geschäftsbetrieb durch Herstellung einer dauernden Verbindung zu jenen Unternehmen zu dienen, verstanden.

auf den nachhaltigen Erfolg der Unternehmung haben, so daß die Größe zumindest jährlich ermittelt werden sollte.

Das aggregierte Ergebnis gibt keine Auskunft darüber, wie der Unternehmenserfolg entstanden ist. Da der betriebliche Erfolg sowohl aus der betrieblichen Leistungserstellung als auch – wie die betriebliche Praxis in zunehmendem Maße zeigt – durch Beteiligungs- und Verbundbeziehungen entstehen kann, empfiehlt sich eine getrennte Analyse und Planung der Erfolgskomponenten. Das **Ordentliche Betriebsergebnis** umfaßt alle nicht dem ordentlichen Finanzergebnis zuzurechnenden regelmäßig anfallenden Aufwendungen und Erträge. Da es sich um die Ermittlung des nachhaltigen Erfolges aus der betrieblichen Tätigkeit handelt, werden der Betriebsleistung der Perioden die (aufwandsgleichen) Kosten gegenübergestellt.

Ordentliches Betriebsergebnis	RL-B
Betriebsleistung ./. Kosten	

Der Erfolg des Unternehmens ist im Hinblick auf den Kapitaleinsatz verschieden zu beurteilen. Erst die Relation von Erfolg zu eingesetztem Kapital, die Kapitalrentabilität, verdeutlicht, wie erfolgreich das überlassene Kapital genutzt wurde. Die **Kapitalrentabilitäten** sollen hierbei, soweit wie möglich, unterjährig kontrolliert werden, wobei davon auszugehen ist, daß die Vermögensbestandteile aus unterjährigen Bilanzen entnommen werden können oder daß diese Daten aus den einzelnen Voranwendungen zu ermitteln sind.

Die **Gesamtkapitalrentabilität** ist nur jährlich zu ermitteln.

Gesamtkapitalrentabilität	RL-B
$\dfrac{\text{Gesamtgewinn} + \text{Zinsaufwand}}{\text{Gesamtkapital}} \cdot 100$	

Der Gesamtkapitalerfolg ergibt sich als Summe von Gewinn und Fremdkapitalzinsen. Die Gesamtkapitalrentabilität verdeutlicht die Erfolgskraft der Unternehmung, losgelöst von der Kapitalstruktur. Diese Kennzahl gibt an, welche

Rendite für die Kapitalgeber insgesamt erwirtschaftet worden ist. Sie verdeutlicht, wie vorteilhaft das Unternehmen insgesamt mit dem Kapital gearbeitet hat.

Die Relation von Gesamtgewinn und eingesetztem Eigenkapital ergibt die Kennzahl **Eigenkapitalrentabilität**.

Eigenkapitalrentabilität	RL-B
$\dfrac{\text{Gesamtgewinn}}{\text{Eigenkapital}} \cdot 100$	

Diese Zahl gibt an, wieviel Prozent Gewinn die Eigenkapitalgeber bezogen auf das Eigenkapital erreicht haben. Sie ist sinnvollerweise nur im Jahresrhythmus zu ermitteln. Die Maximierung dieser Größe entspricht dem Ziel der Gewinnmaximierung. Die Ermittlung der Eigenkapitalrentabilität kann theoretisch unterjährig durchgeführt werden. Man wird diese Größe allerdings nur dann ermitteln können, wenn die Bestände ebenfalls unterjährig verfolgt werden. Die Eigenkapitalrentabilität stellt eine für den Unternehmer zentrale Größe dar. Sie liefert den Vergleichsmaßstab, anhand dessen die Vorteilhaftigkeit einer Investition in diesem Unternehmen gemessen an anderen Investitionsalternativen beurteilt werden kann; sie liefert Informationen für Investitions- bzw. Desinvestitionsentscheidungen. Eine weitere Rentabilitätsgröße ist der **Return on Investment**.

Return on Investment	RL-B
$\dfrac{\text{Betriebsergebnis}}{\text{Gesamtkapital}} \cdot 100$ (betriebsbedingt)	

Sie gibt vor und nach Steuern an, wieviel (ordentlicher) Eigenkapitalzuwachs durch das überlassene Vermögen insgesamt erwirtschaftet werden konnte. Sie bringt den Nutzen, den das Unternehmen aus der nachhaltigen betriebsbedingten Tätigkeit erwirtschaftet, zum Ausdruck.

Insbesondere die **Umsatzrentabilität** ist im Zusammenhang mit der Kapitalrentabilität eine interessante Größe. Sie hängt eng mit dem laufenden Erfolgsgeschehen zusammen und kann sich schnell ändern. Sie errechnet sich als Quotient aus ordentlichem betrieblichen Ergebnis und Umsatz.

Umsatzrentabilität	RL-B
$\dfrac{\text{Betriebsergebnis}}{\text{Umsatz}} \cdot 100$	

Die Zahl bringt zum Ausdruck, wie gut das Unternehmen seine Leistungen am Markt verkaufen und wie kostengünstig es sie herstellen konnte. Die Umsatzrendite gibt an, wieviel betriebsbedingter Gewinn je Einheit Umsatz erzielt wird. Es handelt sich um die Gewinnspanne des Unternehmens. Je höher sie ist, umso mehr Spielraum besteht, um Verkaufspreisrückgänge und Kostensteigerungen auffangen zu können.

Die zweite Bestimmungsgröße der Kapitalrentabilität ist die **Kapitalumschlagshäufigkeit**.

Kapitalumschlagshäufigkeit	RL-B
$\dfrac{\text{Umsatz}}{\substack{\text{Gesamtkapital}\\ \text{(betriebsbedingt)}}}$	

Sie errechnet sich aus der Relation Umsatz zu betriebsbedingtem Gesamtkapital. Diese Relation läßt erkennen, wie oft das betriebsbedingte Kapital bzw. Vermögen durch den Umsatz umgeschlagen worden ist. Die Kapitalumschlagshäufigkeit ist ein Ausdruck dafür, wie intensiv die Vermögensbestände genutzt werden. Die Kapitalrentabilität ergibt sich rechnerisch als Produkt aus Umsatzrendite und Kapitalumschlagshäufigkeit. Die Kapitalumschlagshäufigkeit wirkt bei Werten >1 wie ein Multiplikator über die Umsatzrendite auf die Kapitalrentabilität. Bei positiver Umsatzrendite liegen in der Kapitalumschlagshäufigkeit nennenswerte Möglichkeiten zur Steigerung der Kapitalrendite, bei negativer Umsatzrendite, d. h. bei Verlusten liegt in der Kapitalumschlagshäufigkeit eine nicht zu unterschätzende Gefahr, da auf diese Weise die Verlustwirkungen verstärkt werden. Liegen die internen Daten zur Ermittlung der Bestände vor, so läßt sich die Umschlagshäufigkeit auch in einem kurzfristigen Zeitraum ermitteln.

Wegen der Bedeutung, die der **Kapitalumschlagshäufigkeit** für die **Rentabilität** der **Gesamtunternehmung** zukommt, muß diese Größe **laufend kontrolliert** werden. Die Unternehmung kann die laufende Kontrolle jedoch auf die Umschlagsgegebenheiten des Umlaufvermögens beschränken. Nur in diesem Bereich können im Zusammenhang mit dem Produktions- und Umschlagsgeschehen negative Veränderungen der Umschlagshäufigkeit eintreten, von denen die Firmenleitung keine Kenntnis hat. Anders verhält es sich beim Anlagevermögen. Über Erhöhungen dieser Vermögensteile ist die Firmenspitze informiert, da sie Entscheidungen über Anlage- und Vermögensinvestitionen meist selbst trifft. Für die kurzfristige Steuerung des Umlaufvermögens kann sich die Firmenleitung auf eine schwerpunktartige Vorgabe und Kontrolle beschränken. Zweckmäßigerweise wird sie die Umschlagszeiten der Erzeugnisse, Materialien und Lieferforderungen verfolgen. Bei diesen drei Umlaufvermögensarten können leicht unnötige Bestandserhöhungen erfolgen. Ihre laufende Kontrolle ermöglicht einen Überblick über die Effizienz des Umlaufvermögens der Unternehmung.

Die **Erzeugnisumschlagszeit** gibt die Zahl der Tage an, die benötigt werden, um das Erzeugnislager umzuschlagen.

Erzeugnisumschlagszeit	RL-B
$\dfrac{\text{Erzeugnisbestand}}{\text{Umsatz}} \cdot T$	

Sie gibt als reziproker Wert an, wie oft das Erzeugnislager im Verlauf des Betrachtungszeitraumes durch den Umsatz umgeschlagen wird. Man ersieht daraus, welcher Erzeugnislagerbestand zur Abwicklung des Umsatzes benötigt wird. Vermögensbestände binden Kapital und verursachen somit Zinskosten. Im Prinzip ist es wünschenswert, einen gegebenen Umsatz mit möglichst geringen Erzeugnisbeständen zu bewältigen. Eine Erhöhung der Erzeugnisumschlagszeit, d. h. eine Erhöhung des Erzeugnislagers bei in Relation konstant gebliebenem Umsatz, ist nur dann vorteilhaft, wenn vorher Probleme mit der Lieferbereitschaft bestanden haben. War dies nicht der Fall, bedeutet die Erhöhung der Fertigerzeugnisumschlagszeit eine unnötige Rentabilitätsbelastung. Ähnliches wie für die Fertigerzeugnisse gilt auch für das Materiallager.

Die **Materialumschlagszeit** ist ein Indiz für die Güte der betrieblichen Materialwirtschaft.

Materialumschlagszeit	RL-B
$\dfrac{\text{Materialbestand}}{\text{Materialeinsatz}} \cdot T$	

Im Grundsatz ist es wünschenswert, ein möglichst kleines Materiallager zu halten, da der Lagerbestand Zins- und Lagerkosten verursacht. Anhand der Materiallagerreichweite läßt sich erkennen, ob sich das Lager entsprechend den Verbrauchsgegebenheiten entwickelt oder nicht. Erhöhungen der Materialumschlagszeit bei im Prinzip gleichbleibenden Produktionsgegebenheiten sind ein Signal für unnötige Materialbestände.

Die Kennzahl **Forderungsumschlagszeit** gibt das durchschnittliche Zahlungsziel an, welches den Kunden gewährt wird.

Forderungsumschlagszeit	RL-B
$\dfrac{\text{Forderungsbestand}}{\text{Umsatz}} \cdot T$	

Sie ist unter Kosten-, Risiko- und Absatzgesichtspunkten zu betrachten. Forderungsbestände binden Kapital, d.h. sie verursachen Kosten. Je länger das Zahlungsziel ist, umso größer wird zudem das Kreditrisiko, welches die Firma trägt. Tendenziell sollte der Bestand an Lieferforderungen möglichst klein gehalten werden. Da die Kreditfristen jedoch auch ein wichtiges absatzpolitisches Instrument sind, ist in jedem Fall eine Veränderung der durchschnittlichen Forderungszeiten im Hinblick auf alle vorstehend genannten Gesichtspunkte zu überprüfen. Die Umsatzrentabilität und die Umschlagszeiten der genannten Umlaufvermögensteile werden nicht nur monatlich, sondern auch auf das Jahr bezogen geplant und kontrolliert. Auf das Jahr bezogen sind sie Bausteine der Rentabilitätsermittlung und -analyse der Unternehmung. Unterjährige Rentabilitätssteuerungen können mit Hilfe der Größen Eigenkapitalrentabilität, Gesamtkapitalrentabilität, Return on Investment, Umschlagshäufigkeit des Gesamtkapitals und Umsatzrentabilität durchgeführt werden. Für Zwecke der jährlichen Rentabilitätsrechnung wird der Jahresgewinn zugrunde gelegt. Für unterjährige Berechnungen werden die monatlichen Erfolge, die aus der kurzfristigen Erfolgsrechnung übernommen werden, als Erfolg herangezogen. Der Monatserfolg ergibt sich als Summe von betrieblichem, betriebsfremdem und außerordentlichem Monatsergebnis.

(3) Kennzahlen zur Steuerung der Liquidität

Die Existenz der Unternehmung hängt davon ab, daß die Liquidität gesichert ist. Bei der Liquidität handelt es sich um ein gesamtbetriebliches Problem, das nur für die Unternehmung als Ganzes geplant und kontrolliert wird. Wegen ihrer Bedeutung ist eine laufende, auf kurze Zeiträume bezogene Steuerung der Liquidität unerläßlich. Die Zahlungsbereitschaft der Unternehmung hängt von der Höhe und dem Zeitpunkt des Anfalls der Einzahlungen und Auszahlungen ab.

Die Unternehmensleitung kann die Vielzahl dieser Einzelbewegungen jedoch nicht laufend, schon gar nicht täglich, überwachen. Diese Aufgabe ist von den für die laufende Finanzplanung und Finanzüberwachung zuständigen Mitarbeitern wahrzunehmen. Den notwendigen Überblick über die Entwicklung der Liquidität kann sich die Firmenspitze jedoch mit Hilfe bestimmter Kennzahlen verschaffen. Diese Kennzahlen werden aus der mit den übrigen Plänen der Unternehmung abgestimmten Jahres- und Monatsfinanzplanung abgeleitet. Sie bringen in verdichteter Form die für die Liquidität der Firma zentralen Sachverhalte zum Ausdruck. Solange diese Indikatoren keine nennenswerten Abweichungen vom gesetzten Sollwert aufweisen, kann die Unternehmensleitung davon ausgehen, daß die Liquidität wie geplant ist, und von dieser Seite das Unternehmensziel nicht gefährdet wird.

Als Spitzenkennzahl wird für die Steuerung der Liquidität der Bestand an **liquiden Mitteln** benutzt.

Liquide Mittel	RL-B
Anfangsbestand an liquiden Mitteln + Gesamt-Einzahlungen ./. Gesamt-Auszahlungen	

Dieser Größe kommt im laufenden Finanzgeschehen eine besondere Bedeutung zu. Durch dieses „Ausgleichsbecken" laufen sämtliche Zahlungsströme des Unternehmens. Die absolute Zahl **„Liquide Mittel"** gibt den Betrag an Geld und geldnahen Beständen an, den die Unternehmung aus ihrer vorgelagerten betriebsbedingten und betriebsfremden Ertrags- und Aufwandsplanung ableitet. Der für die Liquiditätssteuerung benötigte Monatsbestand an liquiden Mitteln ergibt sich aus der Jahres- bzw. daraus abgeleitet aus der Monatsfinanzplanung. Die Angaben, die hier zugrundegelegt werden, sind bereits die Werte der endgültig mit den übrigen Plänen der Unternehmung abgestimmten Finanzplanung. Die geplante monatliche Liquiditätsbestandserhöhung gilt es möglichst einzuhalten, wenn nicht von der Liquiditätsseite her Ungleichgewichte in das Unternehmensgeschehen hineingetragen werden sollen. Der Bestand an liquiden Mitteln hat eine Signalfunktion. Weicht der effektive Monatsbetrag vom geplanten Betrag ab, so muß die Unternehmensführung die Ursachen klären und Abhilfe schaffen, um das weitere Unternehmensgeschehen des Jahres wieder ins Gleichgewicht zu bringen. Zu den liquiden Mitteln zählen im einzelnen Kassenbestand, Postscheckguthaben, Guthaben bei der Bundesbank und Kreditinstituten sowie kurzfristig veräußerbare Wertpapiere. Sie bilden den Anfangsbestand in der Kennzahl **„Liquide Mittel"**, zu dem die zu erwartenden Gesamteinzahlungen zu addieren und von dem die zu erwartenden Gesamtauszahlungen zu subtrahieren sind. Die Gesamteinzahlungen bzw. Gesamtauszahlungen des Unternehmens setzen sich insbes. aus den betrieblichen laufenden Ein- und Auszahlungen sowie den durch betriebliche Investitions- und Finanzierungsentscheidungen bewirkten Investitions- und Finanzierungszahlungen zusammen. Die Unternehmensleitung muß wissen, in welcher Höhe Betriebseinzahlungen bzw. Betriebsauszahlungen anfallen. Das durch die laufende betriebliche Produktions- und Umsatztätigkeit bewirkte Zahlungsgeschehen schlägt sich in Betriebseinzahlungen und Betriebsauszahlungen nieder. Die Differenz dieser beiden Zahlungsströme ergibt den betrieblichen **Nettozahlungsüberschuß**. Er verdeutlicht, in welchem Umfang im betrachteten Monat bzw. Geschäftsjahr durch die laufende Betriebstätigkeit Einzahlungsüberschüsse erwirtschaftet worden sind und läßt sich auf zwei Wegen ermitteln. Für die Jahres- bzw. Monatsfinanzplanung ist die direkte Berechnung als Differenz der Betriebseinzahlungen und Betriebsauszahlungen zweckmäßig. Diese Ermittlung hat zur Voraussetzung, daß eine detaillierte Finanzplanung, wie sie im Kapitel IV.B entwickelt wird, existiert.

Die Unternehmensleitung kann nicht davon ausgehen, daß die geplanten und die tatsächlichen monatlichen Zahlungen übereinstimmen. In aller Regel treten ungewollte Abweichungen auf. In diesem Zusammenhang ist es für die Firmenleitung wichtig zu wissen, wie sich die Gesamteinzahlungen und Gesamtauszahlungen auf solche Zahlungen, die aufgrund von vertraglichen Bindungen und aufgrund der laufenden betrieblichen Erfordernisse nicht zur Disposition stehen (laufender Einnahmenüberschuß), und auf solche Zahlungen, die zwar in der Finanzplanung des Jahres und der Monate vorgesehen sind, die aber nötigenfalls von der Firmenleitung vorgezogen bzw. aufgeschoben werden können (disponierbarer Einnahmenüberschuß), aufteilen. Die letztgenannten Zahlungen stellen die finanzielle Manövriermasse im Zeitablauf dar. Die Unternehmensleitung wird zu diesem Zweck zusätzlich zu dem Bestand an liquiden Mitteln und zum Cash Flow zwei weitere Größen auf das Jahr und auf die Monate bezogen planen und kontrollieren: den laufenden Einzahlungsüberschuß und den disponierbaren Einzahlungsüberschuß.[77] Diese beiden Kenngrößen werden monatlich im Plan-Ist-Vergleich der Unternehmensführung überprüft. Die Firmenleitung erkennt, inwieweit aus dem Bereich der nicht disponierbaren Zahlungen Ungleichgewichte entstehen. Sie sieht, in welchem Umfang sie im Bereich der disponierbaren Einzahlungen und Auszahlungen Ausgleichsmöglichkeiten hat. Zusätzlich erkennt sie, in welchem Umfang sie zusätzliche Kreditaufnahmen vorsehen muß, wenn diese Ausgleichsmöglichkeiten erschöpft sind.

Ist die Finanzplanung aus den in Kapitel IV beschriebenen Gründen nur als Grobfinanzplanung im Unternehmen eingerichtet, kann die indirekte Ermittlung des Cash Flow, der sich in seiner vereinfachten Form aus den Größen Jahresüberschuß, Rücklagenzuführung, Abschreibungen und Rückstellungserhöhungen zusammensetzt, gute Anhaltspunkte für die vorhandenen/erwarteten Zahlungsüberschüsse liefern. Der **Cash Flow** ist ein **Finanz- und Erfolgsindikator**.

---

[77] Zum Unterschied zwischen dem laufenden und disponierbaren Einzahlungsüberschuß siehe *Reichmann, Thomas; Lachnit, Laurenz:* Planung, Steuerung und Kontrolle, S. 718 f.

D. Das RL-Jahresabschluß-Kennzahlensystem

Cash Flow (überschlägig)	RL-B
Jahresüberschuß/ Jahresfehlbetrag + Abschreibungen +/÷ Veränderung der Rückstellungen	

Die Zahl gibt an, in welchem Umfang die Unternehmung aus eigener Kraft, d. h. ohne auf Dritte angewiesen zu sein, durch ihre betriebliche Umsatztätigkeit finanzielle Mittel erwirtschaften kann bzw. bei rückschauender Betrachtung erwirtschaften konnte. Da die unmittelbar auszahlungswirksamen Betriebsausgaben bereits abgezogen sind, handelt es sich bei dem Cash Flow um Beträge, über die die Geschäftsleitung weitgehend unternehmerisch disponieren kann. Der **Cash Flow** verkörpert Finanzmittel, die für Investitionen, Schuldentilgungen, Dividendenzahlungen und Aufstockungen der Liquiditätsbestände benutzt werden können; er ist ein Indiz für die Schuldentilgungskraft der Unternehmung und insoweit eine zentrale Größe für die Liquiditätsplanung und Liquiditätsbeurteilung. Ein monatlicher Plan-/Ist-Vergleich der Kennzahl „Cash Flow" ist erforderlich, um sicherzustellen, daß die Liquidität nicht durch die laufende Betriebstätigkeit gefährdet wird. Im Rahmen interner Analysen sollte der Cash Flow anhand der Finanzrechnung bzw. Finanzplanung, soweit im Unternehmen vorhanden, exakt ermittelt werden.

Indikatoren für das sich aus der Kapitalstruktur ergebende Unternehmensrisiko sind der dynamische Verschuldungsgrad und die Kapitaldienstdeckung. Der **dynamische Verschuldungsgrad** läßt sich als finanzwirtschaftliche Risikokennzahl interpretieren. Er gibt an, wie oft der Cash Flow (genau) des entsprechenden Jahres eingesetzt werden muß, um das gesamte Fremdkapital, d. h. die Schulden, zurückzahlen zu können. Je niedriger die Kennzahl ist, desto geringer ist das finanzwirtschaftliche Risiko im Hinblick auf Prolongation und Substitution. Die Kennzahl bietet insbesondere im Zeitvergleich einen ersten Einblick in die Finanzlage.

Dynamischer Verschuldungsgrad	RL-B
Gesamte Verbindlichkeiten / Cash Flow (genau)	

Zusätzlich kann es sinnvoll sein, eine Kennzahl **„Kapitaldienstdeckung"** einzuführen, die als Relation von laufendem Zahlungsüberschuß zu Zinsen und Tilgung zu definieren ist.

88   II. Kapitel: Kennzahlensysteme als Controlling-Instrument

Kapitaldienstdeckung	RL-B
Laufender Zahlungsüberschuß / Zinsen + Tilgung	

Sie zeigt die Möglichkeiten auf, mit den betrieblichen Nettoeinnahmen zumindest Zinsen und Tilgung abdecken zu können.

Für die Liquidität des Unternehmens ist das Fremdkapital eine kritische Größe. In der Finanzplanung sind zwar die fremdkapitalverursachten Einzahlungen und Auszahlungen, soweit sie geplant sind, enthalten. Die Gläubiger können jedoch im Zweifel abweichend von der eigenen Planung eine Rückzahlung der kurzfristigen Verbindlichkeiten verlangen. Aus diesem Grund ist es nötig, diese Posten durch geldnahes Vermögen in einem gewissen Mindestausmaß abzusichern. Im Rahmen der Gesamtplanung des Unternehmens muß die Firmenleitung entscheiden, in welcher Höhe diese Abdeckung erfolgen soll. Die Entscheidung läßt sich mit der Kennzahl „**Working Capital**" ausdrücken.

Working Capital	RL-B
Umlaufvermögen ./. Kurzfristige Verbindlichkeiten	

Als Working Capital gilt die Differenz von Umlaufvermögen und kurzfristigen Verbindlichkeiten. Diese Größe wird monatsweise geplant und von der Geschäftsleitung kontrolliert. Das Working Capital sollte positiv sein; nur wenn das Unternehmen über erhebliche offene Kreditlinien verfügt, kann davon abgesehen werden. Ein positives Working Capital besagt, daß die kurzfristigen Verbindlichkeiten durch Vermögensteile abgedeckt sind, die in ungefähr gleicher Zeit zu Geld werden. Die Höhe des Working Capital läßt erkennen, in welchem Umfang eine liquiditätsmäßige Überdeckung der kurzfristigen Verbindlichkeiten durch Kurzfristvermögen vorliegt. Zur weiteren Strukturierung der Aussagen über die Liquidität der Unternehmung benötigt die Firmenleitung zusätzliche Kennzahlen; es empfehlen sich für die kurzfristige Steuerung **Liquiditätskoeffizienten** und zur Planung und Kontrolle der langfristigen strukturellen Liquidität die Kennzahlen der Anlagendeckung.

Der Liquiditätskoeffizient drückt die Relation von liquiden Mitteln und kurzfristigen Verbindlichkeiten aus.

Liquiditäts-koeffizient	RL-B
$\dfrac{\text{Liquide Mittel}}{\text{Kurzfristige Verbindlichkeiten}} \cdot 100$	

Diese Ergänzung der Aussagen des Working Capital ist erforderlich, weil das Working Capital konstant bleiben kann, während innerhalb der Deckungsrelation abweichend von der Planung erhebliche Verschiebungen eintreten können. Diese Verschiebung wird durch den Liquiditätskoeffizienten, der monatlich kontrolliert wird, aufgedeckt.

Außer diesen kurzfristig ausgerichteten Informationen benötigt die Unternehmensleitung Hinweise, wie weit ihre Finanzstruktur langfristig gesund ist und in Übereinstimmung mit üblicherweise geltenden Finanzierungsregeln steht. Dazu benutzt sie die Kennzahl **Anlagendeckung**.

Anlagendeckung	RL-B
$\dfrac{\text{Eigenkapital} + \text{Langfristiges Fremdkapital}}{\text{Anlagevermögen}} \cdot 100$	

In dieser Kennzahl wird das langfristige Kapital zum Anlagevermögen in Beziehung gesetzt. Diese Kennzahl verdeutlicht, in welchem Umfang das Anlagevermögen durch langfristiges Kapital finanziert ist. Sie zeigt, ob die Unternehmung das Prinzip fristenkongruenter Investitionsfinanzierung eingehalten hat. Eine Unterdeckung bedeutet eine permanente Liquiditätsbedrohung. Die Ermittlung der Anlagendeckung bezieht sich auf mittel- und langfristige Zeiträume; es reicht vielfach aus, diese Kennzahl in jährlichen Abständen zu berechnen. Der Aussagegehalt der Kennzahl Anlagendeckung für Zwecke der Liquiditätssteuerung ergibt sich aus folgendem: Ist die Relation <1, bedeutet das, daß Teile des Anlagevermögens durch kurzfristiges Fremdkapital finanziert sind. Das setzt die Unternehmensleitung der Gefahr aus, daß durch unerwartete Rückrufe oder durch Nichtverlängern kurzfristiger Kredite Rückzahlungen erforderlich werden, die die Unternehmung nicht aus dem normalen Betriebsprozeß bestreiten kann. Falls die

90   II. Kapitel: Kennzahlensysteme als Controlling-Instrument

Unternehmung keine weiteren Finanzierungsquellen zur Verfügung hat, ist sie gezwungen, kurzfristig liquidierbare Vermögensteile zu veräußern, um nicht wegen Illiquidität in ein Vergleichs- oder Konkursverfahren zu geraten. Ein nicht geplantes Liquidieren von Anlagevermögen wird in der Regel nur mit erheblichen Verlusten möglich sein. Die Unternehmensleitung hat dafür Sorge zu tragen, daß die mittel- und langfristige Erfüllung der Produktions- und Investitionspläne nicht durch Liquiditätsengpässe beeinträchtigt wird. Einen ersten Einblick in die Planungs- und Kontrollinformationen liefert die Kennzahl „Anlagendeckungsgrad".

Im Falle drohender Liquiditätsengpässe ist die Kennzahl **Verschuldungsgrad** von Bedeutung, die sich als Quotient aus Fremdkapital und Gesamtkapital ergibt. Denn mit wachsendem Verschuldungsgrad wird der Zugang zur kurzfristigen Liquidität in Form von Bankkrediten immer schwieriger.

Verschuldungsgrad	RL-B
$\dfrac{\text{Fremdkapital}}{\text{Gesamtkapital}} \cdot 100$	

d) Die Überprüfung der Einhaltung der Kreditwürdigkeit anhand von Bilanznormen

Bilanzielle Normen als Kennzahlen spielen im Zusammenhang mit der Prüfung der Kreditwürdigkeit in der Praxis, insbesondere bei der Kreditwürdigkeitsprüfung durch die Banken eine bedeutsame Rolle.[78] Die Einhaltung dieser Bilanznormen ist eine wichtige Voraussetzung für die Kreditgewährung.[79]

Im Laufe der Entwicklung haben unterschiedliche Bilanzierungsnormen in der Praxis Eingang gefunden.[80] Grundsätzlich kann zwischen vertikalen Kapitalstrukturregeln und horizontalen Deckungsregeln unterschieden werden; außerdem kommen in neuerer Zeit Regeln zur Anwendung, die sowohl Bilanz- als auch GuV-Positionen umfassen. Bei den vertikalen Maßgrößen ist dabei das Verhältnis von Fremdkapital zu Eigenkapital zugrundegelegt. Man geht davon aus,

---

[78] Vgl. *Riebell, Claus:* Die Praxis der Bilanzauswertung, 4. Aufl., Stuttgart 1988, S. 187–210.
[79] Vgl. *Härle, Dietrich:* Finanzierungsregeln, in: HWF, Sp. 483–491.
[80] Eine Übersicht findet sich bei *Schacht, Knut:* Die Bedeutung der Finanzierungsregeln für unternehmerische Entscheidungen, Wiesbaden 1971, S. 14–23. Zur Kritik der Finanzierungsregeln von einem theoretischen Standpunkt vgl. *Härle, Dietrich:* Finanzierungsregeln und ihre Problematik, Wiesbaden 1961, S. 55–148; *Süchting, Joachim:* Finanzmanagement. Theorie und Politik der Unternehmensfinanzierung, 5. Aufl., Wiesbaden 1989, insbes. S. 364ff.; *Schneider, Dieter:* Investition und Finanzierung, S. 453–455.

D. Das RL-Jahresabschluß-Kennzahlensystem

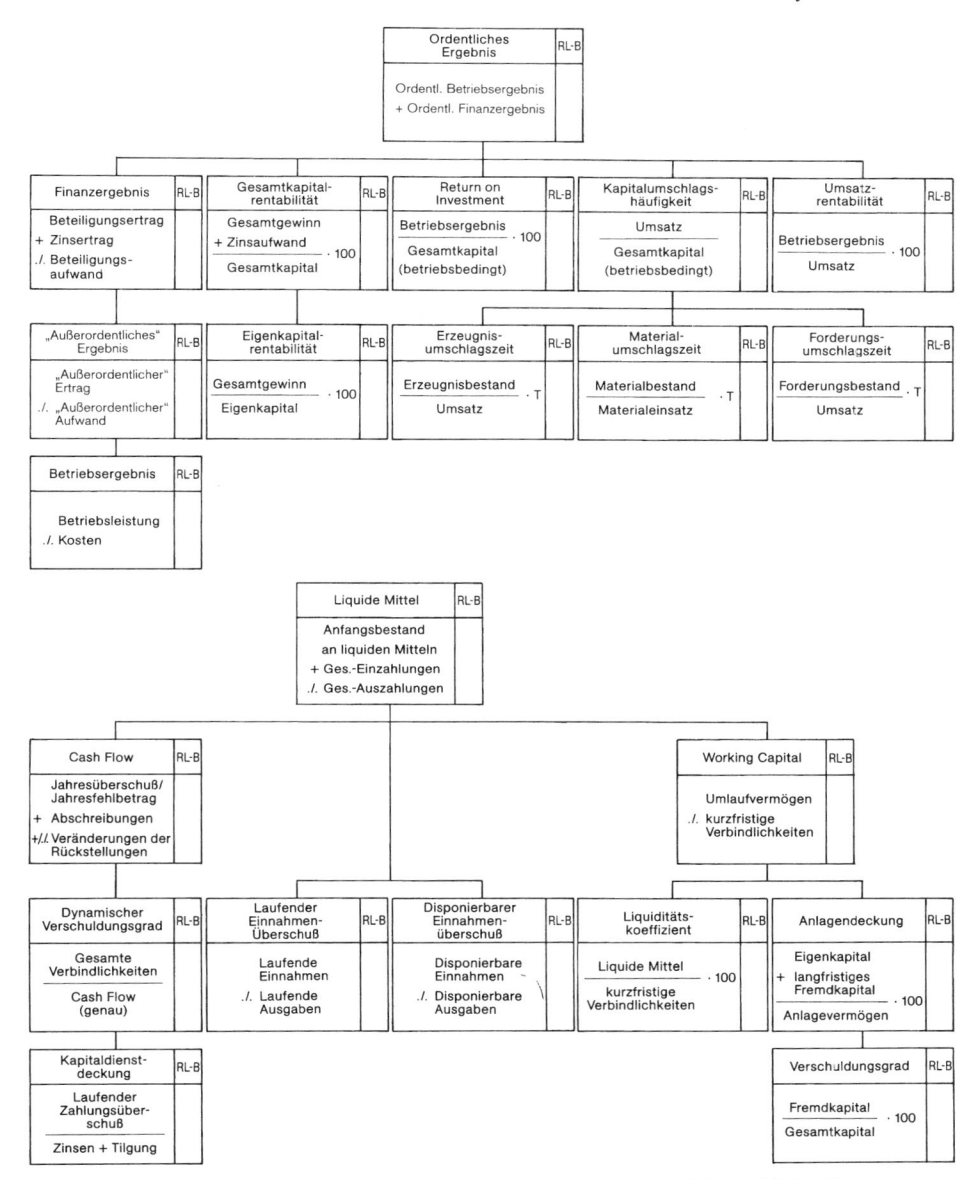

```
                            ┌─────────────────────┐
                            │ Ordentliches        │ RL-B
                            │ Ergebnis            │
                            ├─────────────────────┤
                            │ Ordentl. Betriebsergebnis │
                            │ + Ordentl. Finanzergebnis │
                            └─────────────────────┘
```

Abb. 36: Das RL-Kennzahlensystem zur Steuerung von Erfolg und Liquidität

Finanzergebnis RL-B	Gesamtkapital-rentabilität RL-B	Return on Investment RL-B	Kapitalumschlags-häufigkeit RL-B	Umsatz-rentabilität RL-B
Beteiligungsertrag + Zinsertrag ./. Beteiligungsaufwand	$\dfrac{\text{Gesamtgewinn} + \text{Zinsaufwand}}{\text{Gesamtkapital}} \cdot 100$	$\dfrac{\text{Betriebsergebnis}}{\text{Gesamtkapital (betriebsbedingt)}} \cdot 100$	$\dfrac{\text{Umsatz}}{\text{Gesamtkapital (betriebsbedingt)}}$	$\dfrac{\text{Betriebsergebnis}}{\text{Umsatz}} \cdot 100$

„Außerordentliches" Ergebnis RL-B	Eigenkapital-rentabilität RL-B	Erzeugnis-umschlagszeit RL-B	Material-umschlagszeit RL-B	Forderungs-umschlagszeit RL-B
„Außerordentlicher" Ertrag ./. „Außerordentlicher" Aufwand	$\dfrac{\text{Gesamtgewinn}}{\text{Eigenkapital}} \cdot 100$	$\dfrac{\text{Erzeugnisbestand}}{\text{Umsatz}} \cdot T$	$\dfrac{\text{Materialbestand}}{\text{Materialeinsatz}} \cdot T$	$\dfrac{\text{Forderungsbestand}}{\text{Umsatz}} \cdot T$

Betriebsergebnis RL-B
Betriebsleistung ./. Kosten

Liquide Mittel RL-B
Anfangsbestand an liquiden Mitteln + Ges.-Einzahlungen ./. Ges.-Auszahlungen

Cash Flow RL-B			Working Capital RL-B
Jahresüberschuß/Jahresfehlbetrag + Abschreibungen +/./. Veränderungen der Rückstellungen			Umlaufvermögen ./. kurzfristige Verbindlichkeiten

Dynamischer Verschuldungsgrad RL-B	Laufender Einnahmen-Überschuß RL-B	Disponierbarer Einnahmen-überschuß RL-B	Liquiditäts-koeffizient RL-B	Anlagendeckung RL-B
$\dfrac{\text{Gesamte Verbindlichkeiten}}{\text{Cash Flow (genau)}}$	Laufende Einnahmen ./. Laufende Ausgaben	Disponierbare Einnahmen ./. Disponierbare Ausgaben	$\dfrac{\text{Liquide Mittel}}{\text{kurzfristige Verbindlichkeiten}} \cdot 100$	$\dfrac{\text{Eigenkapital} + \text{langfristiges Fremdkapital}}{\text{Anlagevermögen}} \cdot 100$

Kapitaldienst-deckung RL-B				Verschuldungsgrad RL-B
$\dfrac{\text{Laufender Zahlungsüberschuß}}{\text{Zinsen} + \text{Tilgung}}$				$\dfrac{\text{Fremdkapital}}{\text{Gesamtkapital}} \cdot 100$

daß die Abhängigkeit von Fremdkapitalgebern mit abnehmendem Fremdkapitalanteil sinkt und die Dispositionsspielräume steigen. Da das Eigenkapital gleichzeitig Risikokapital darstellt, sollte bei hohen Risiken der Eigenkapitalanteil hoch sein.

Bei der **horizontalen Deckungsrelation** wird davon ausgegangen, daß bei hohem Anteil des Anlagevermögens die Flexibilität des Unternehmens gefährdet und

Planbilanz

Aktiva	Passiva
Anlagevermögen	Eigenkapital
Umlaufvermögen	Fremdkapital
Vorräte kurzfrist. gebunden	Langfristige Verbindlichkeiten
Forderungen	Kurzfristige Verbindlichkeiten
Liquide Mittel	

Abb. 37: Grobstruktur einer Planbilanz

das Risiko hoch ist. Aus diesem Grunde sollte das Anlagevermögen durch Haftungskapital gedeckt sein. Gleichzeitig mit diesem Grundsatz verbunden ist das Prinzip der Fristenkongruenz. Das aufgenommene Fremdkapital darf nicht in Vermögensgegenständen investiert werden, die länger gebunden sind als das entsprechende Fremdkapital. Hierfür gibt es ebenfalls eine Reihe von Bilanznormen. Die goldene Bilanzregel[81] etwa besagt, daß das Verhältnis zwischen Eigenkapital und Anlagevermögen 1:1 sein sollte. Eine Modifikation dieser Regel, die **Anlagendeckung** besagt, daß das Verhältnis von langfristigem Kapital (Eigenkapital + langfristiges Fremdkapital) zu langfristig gebundenem Vermögen 1:1 sein sollte. In einer weiteren Fassung werden die langfristig gebundenen Teile des Umlaufvermögens einbezogen, für die verlangt wird, daß das dauernd gebundene Vermögen und das Anlagevermögen durch langfristiges Kapital finanziert werden sollte.

Für den kurzfristigen Bereich[82] werden insbesondere die „quick ratio" und die „current ratio" verwendet. Die **„quick ratio"** verlangt, daß das Verhältnis von Umlaufvermögen ./. Vorräte zu kurzfristigen Verbindlichkeiten 1:1 sein soll, während durch die Kennzahl **„current ratio"** ein adäquates Verhältnis zwischen Umlaufvermögen und kurzfristigen Verbindlichkeiten postuliert wird.[83]

Sind die zugrundeliegenden Normen der Banken bekannt, kann eine entsprechende Planung der Bilanzstruktur entsprechend der jeweils relevanten Finanzierungsregeln anhand der Handels- oder Steuerbilanz durchgeführt werden. Der Detaillierungsgrad der Planbilanz hängt allerdings dann von den jeweils zugrundeliegenden Normen der Kreditwürdigkeitsbeurteilung ab.

---

[81] Vgl. *Vogler, Gerhard; Mattes, Helmut:* Theorie und Praxis der Bilanzanalyse, Berlin 1975, S. 109–123, wo sich eine übersichtliche Darstellung wichtiger Finanzierungsregeln findet.

[82] Vgl. *Weston, Fred J.; Brigham, Eugene F.:* Managerial Finance, 7. Aufl., Hinsdale (Ill.) 1981, S. 139 f.

[83] Vgl. *Vogler, Gerhard; Mattes, Helmut:* Theorie und Praxis in der Bilanzanalyse, S. 112; *Helfert, Erich A.:* Techniques of Financial Analysis, 5. Aufl., Homewood (Ill.) 1982, S. 72 f.

D. Das RL-Jahresabschluß-Kennzahlensystem 93

Verschuldungsgrad[84] (1)	Goldene Bilanzregel[85] (2)
$\dfrac{\text{Eigenkapital}}{\text{Fremdkapital}} \cdot 100 \geqq 50\,\%$	$\dfrac{\text{Eigenkapital}}{\text{Anlagevermögen}} \cdot 100 \geqq 100\,\%$
Anlagendeckung[86] (3)	Liquidität I[87] (4) (quick ratio)
$\dfrac{\text{Eigenkapital} + \text{langfristiges Fremdkapital}}{\text{Anlagevermögen}} \cdot 100 \geqq 100\,\%$	$\dfrac{\text{Umlaufvermögen} \div \text{Vorräte}}{\text{kurzfristige Verbindlichkeiten}} \cdot 100 \geqq 100\,\%$
Liquidität II[88] (5) (Current ratio)	Dynamischer Verschuldungsgrad
$\dfrac{\text{Umlaufvermögen}}{\text{kurzfristiges Fremdkapital}} \cdot 100 \geqq 100\,\%$	$\dfrac{\text{Gesamte Verbindlichkeiten}}{\text{Cash Flow}}$ (genau)

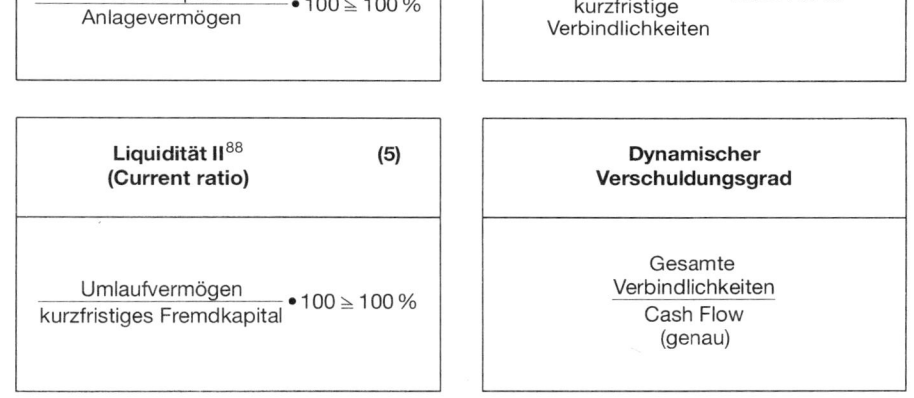

Abb. 38: Bilanzielle Normen zur Kreditwürdigkeit

Mit der Gliederung der *Abb. 38* lassen sich weitgehend alle normativen Bilanzkennzahlen, die zur Kreditwürdigkeitsprüfung herangezogen werden, abbilden.

e) Die Darstellung der Vermögenslage aufgrund von Verkehrswerten

Die Unternehmensleitung sollte weiterhin **Informationen über realisierbare Vermögensreserven** besitzen. Informationen über diese Reserven, die im Fall der Liquidation von Vermögensteilen einen zusätzlichen finanzwirtschaftlichen Spiel-

---

[84] Vgl. dazu die Ausführungen in Kapitel IV.B.2.b (1).
[85] Vgl. *Vogler, Gerhard; Mattes, Helmut:* Theorie und Praxis in der Bilanzanalyse, S. 112.
[86] Vgl. *Vogler, Gerhard; Mattes, Helmut:* Theorie und Praxis in der Bilanzanalyse, S. 112.
[87] Vgl. *Weston, Fred J.; Brigham, Eugene F.:* Managerial Finance, S. 139 f.
[88] Vgl. *Vogler, Gerhard; Mattes, Helmut:* Theorie und Praxis in der Bilanzanalyse, S. 112.

raum eröffnen, sind deshalb in ihrer Bedeutung nicht zu unterschätzen. Ein Versuch, diese Spielräume offenzulegen, ist die **Ermittlung von erwarteten Liquidationswerten für ausgewählte Vermögensgegenstände**. Grundsätzlich wird eine solche Übersicht nur die einzelveräußerungsfähigen Vermögensgegenstände in die Erfassung der Vermögenslage einbeziehen, so daß sich das Vermögen als Summe von bewertbaren einzelveräußerungsfähigen Wirtschaftsgütern ergibt. Bei der Bewertung der Wirtschaftsgüter kann auf den Verkehrswert zurückgegriffen werden. Als Verkehrswert können jene Einzelveräußerungspreise angesehen werden, wie sie „im gewöhnlichen Geschäftsverkehr, nicht bei Unternehmenszerschlagung"[89] erzielbar wären.

Im Rahmen der Controlling-Konzeption ist allerdings die Ermittlung der Vermögenswerte aller einzelveräußerungsfähigen Vermögensgegenstände äußerst problematisch und mit erheblichem Aufwand verbunden. Gelingt eine solche Ermittlung, kann allerdings auch nicht gewährleistet werden, daß ein hinreichend genaues, die objektiven Tatsachen widerspiegelndes Bild der Vermögenslage wiedergegeben wird, weil die Verkehrswerte Stichtagswerte darstellen und erhebliche Schätzprobleme mit sich bringen. Deshalb wird man bei der Erfassung der Vermögenslage anhand von **Verkehrswerten** grundsätzlich an den handels- bzw. steuerrechtlichen Werten anknüpfen und einfache Modifikationen vornehmen. Zunächst versucht man Vermögensgruppen zu bilden, die gesamtheitlich bewertbar sind. Korrekturen bieten sich dort an, wo mit großer Sicherheit zu erwarten ist, daß der handels- oder steuerrechtliche Wertansatz zu niedrig ist.[90]

Dort, wo Gruppen von Vermögensgegenständen bewertet werden sollen, kann mit der **sale and lease-back-Fiktion** gearbeitet werden. Dabei wird angenommen, daß für eine Gruppe von Vermögensgegenständen die Möglichkeit besteht, diese zu verkaufen und anschließend wieder zurückzumieten. Mit diesem Verfahren könnte dann der Verkehrswert ganzer Vermögensgruppen annähernd objektiv festgestellt werden. Die Einzelpositionen, in denen offenkundig stille Reserven stecken, wie häufig bei den Grundstücken, können auch einzeln korrigiert werden.

Das Umlaufvermögen wird man weitgehend von Korrekturen verschonen und die handels- bzw. steuerrechtlichen Wertansätze weitgehend übernehmen. Auch

---

[89] *Moxter, Adolf:* Bilanzlehre Bd. 1. Einführung in die Bilanztheorie, 3. Aufl., Wiesbaden 1984, S. 96.

[90] Der Fall überhöhter Wertansätze bleibt dabei wegen der handels- und steuerrechtlichen Wertobergrenze von Anschaffungs- und Herstellungskosten außer Betracht. Im Zusammenhang mit der Erstellung von Liquidationsbilanzen werden ähnliche Bewertungsprobleme diskutiert. Allerdings verfolgen die Liquidationsbilanzen andere Zielsetzungen als die vorliegende modifiziert auf Verkehrswerten beruhende Bilanz. Bei letzterer wird nämlich davon ausgegangen, daß das Unternehmen weitergeführt wird, d. h. hier wird die Prämisse des going concern unterstellt, wobei die Verkehrswerte als Einzelveräußerungspreise ermittelt werden können oder im Rahmen einer sale and lease-back-Fiktion für einzelne Vermögensgruppen angesetzt werden. Zur Bewertung in der Liquidationsbilanz vgl. *Förster, Wolfgang:* Die Liquidationsbilanz, Köln 1972, S. 6–12; *Brühling, Uwe C.:* Rechnungslegung bei Liquidation, in: WPg, 30. Jg. (1977), S. 597–600, hier S. 599; *Veit, Klaus-R.:* Die Konkursrechnungslegung. Dargestellt am Modell der Aktiengesellschaft, Berlin 1982, S. 61 f., insbes. Fußnote 53 und 54.

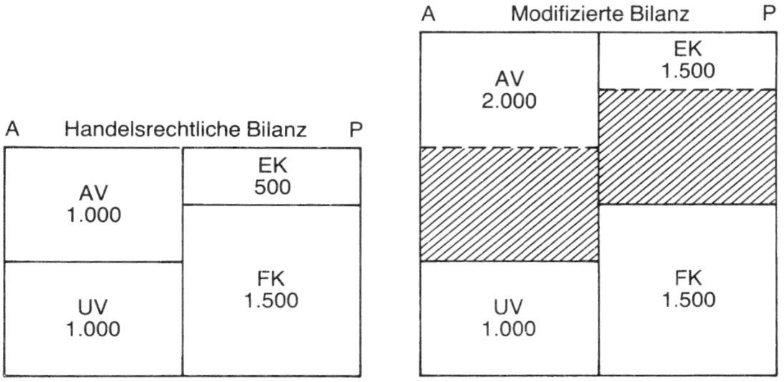

Abb. 39: Bilanzmodifikation beim Ansatz von Verkehrswerten

hier gilt, daß nur für **offenkundige Abweichungen** Wertkorrekturen angebracht sind. Eine weitere Korrektur betrifft die **Aufwandsüberhöhungen** aufgrund von steuerrechtlich bedingten Sonderabschreibungen. Diese müßten gegebenenfalls ebenfalls gekürzt werden.[91]

Vergleicht man nun etwa die handelsrechtliche Bilanz mit der Darstellung der Vermögenslage anhand von Verkehrswerten, so ergibt sich zum einen eine Bilanzverlängerung und zum anderen eine Verschiebung der Bilanzstruktur.

Die Differenz zwischen den teilweise zu Verkehrswerten bewerteten Vermögensgegenständen und den zu handelsrechtlichen bzw. steuerrechtlichen Vorschriften bewerteten Gegenständen kann von der Unternehmensleitung disponiert werden, wobei die betriebsnotwendigen Teile des Vermögens nur dann zum finanziellen Spielraum der Unternehmung gehören, wenn sie verkauft und, soweit betriebsnotwendiges Vermögen, wieder zurückgeleast werden. Aus *Abb. 39* läßt sich erkennen, daß die modifizierte Bilanz eine geänderte Struktur aufweist, insbesondere, daß das Anlagevermögen und das Eigenkapital angestiegen sind. Die schraffierte Fläche zeigt den disponierbaren Spielraum[92] für die Unternehmensleitung.

f) Die Überwachung der Substanzerhaltung

In Zeiten inflationärer Geldentwertung wird durch das Festhalten am Nominalwertprinzip erreicht, daß die Aufwendungen für Abschreibungen und Material mit historischen Anschaffungswerten erfaßt werden. Die in den entsprechenden Abschlüssen verrechneten Aufwendungen reichen nicht aus, die im Produktionsprozeß ge- und verbrauchten Vermögensgegenstände neu zu beschaffen.[93] Durch

---

[91] Auf eine Rücknahme der Aufwandserhöhungen kann dann verzichtet werden, wenn die Investitionen etwa für den Umweltschutz eingesetzt werden.
[92] Bei Kreditaufnahmen ist daran zu denken, daß nicht das Gesamtvermögen pauschal in die Sicherungsmasse aufgenommen wird, da sonst jeglicher finanzwirtschaftlicher Spielraum in der zuvor beschriebenen Form entfällt.
[93] Vgl. *Boecken, Bernd:* Nominalwertprinzip und Substanzerhaltung, in: DB, 27. Jg. (1974), S. 881–885, hier 881.

das Festhalten am Nominalwertprinzip und dem zu geringen Ausweis der Aufwendungen werden **Scheingewinne ausgeschüttet**.[94] Scheingewinne sind demnach „... die formale Konsequenz des Zusammenwirkens von Inflation und Nominalwertprinzip (Anschaffungswertprinzip) in der Aufwandsbewertung der kaufmännischen Jahreserfolgsrechnung".[95] Die Konsequenzen aus dem Nominalwertprinzip im Inflationsfalle sind:

- Besteuerung von Scheingewinnen,
- Ausschüttung von Scheingewinnen,
- Fehlentscheidungen.

Nach einem BFH-Urteil vom 17.01.1980 kann eine gewinnmindernde Rücklage zur Erhaltung der Substanz nicht gebildet werden.[96] Aus diesem Grunde ist es besonders wichtig, eine **Substanzausschüttung zu verhindern**. Insbesondere im Rahmen der Bildung von freien Rücklagen kann es sinnvoll sein, einen Teil des Jahresüberschusses in offene Rücklagen einzustellen in der Absicht einen Substanzentzug zu verhindern.

Der dritte Fall bezieht sich auf Entscheidungen, die sich auf das Datenmaterial des Jahresabschlusses bei hohen Inflationsraten beziehen. Man muß sich darüber im klaren sein, daß dort überhöhte Rentabilitäten ausgewiesen sind, die eine Beurteilung der Leistungsfähigkeit vielfach verzerrt wiedergeben.

In Zeiten hoher Inflation empfiehlt es sich, daß der Controller die **Scheingewinne in Nebenrechnungen** ermittelt, um ggf. die offenen Rücklagen um diesen Betrag zu erhöhen. Eine Nebenrechnung kann dann darauf beschränkt werden, Preissteigerungseinflüsse zu eliminieren.

Im Jahre 1975 veröffentlichte der *Hauptfachausschuß (HFA) des Instituts der Wirtschaftsprüfer in Deutschland e.V.* seine Stellungnahme HFA 2/75 mit dem Titel „Zur Berücksichtigung der Substanzerhaltung bei der Ermittlung des Jahresergebnisses."[97] Die dort entwickelte Ergänzungsrechnung, die eine Aufstellung der Zeit- oder Wiederbeschaffungswerte berücksichtigt, will die Scheingewinne in der Absicht berechnen, den Einblick in die Vermögens- und Ertragslage zu verbessern. Auch der *HFA* verweist darauf, daß für interne Zwecke eine solche Nebenrechnung in jedem Fall durchgeführt werden soll.[98] Die Nebenrechnung

---

[94] Vgl. *Habermann, Hans:* Zur Berücksichtigung von Preissteigerungen in der Rechnungslegung der Unternehmung, in: WPg, 27.Jg. (1974), Teil I, S.423–433, hier S.428; *Feuerbaum, Ernst:* Aktuelle Fragen zur Eliminierung von Scheingewinnen in der Bilanz (I), in: DB, 26.Jg. (1973), S.737–745, insbes. S.737f.

[95] *Seicht, Gerhard:* Die Kontrolle der Kapitalerhaltung, in: Management und Kontrolle, hrsg. von *Gerhard Seicht,* Festgabe für Erich Loitlsberger, Berlin 1981, S.469–506, hier S.501.

[96] Vgl. dazu das BFH-Urteil vom 17.01.1980 – IV R 156/77 – in: DB, 33.Jg. (1980), S.1522–1523, hier S.1522.

[97] Vgl. *Institut der Wirtschaftsprüfer in Deutschland e.V. (Hauptfachausschuß):* Stellungnahme 2/75: Zur Berücksichtigung der Substanzerhaltung bei der Ermittlung des Jahresergebnisses, in: WPg, 28.Jg. (1975), S.614–616.

[98] Vgl. *Institut der Wirtschaftsprüfer in Deutschland e.V. (Hauptfachausschuß):* Stellungnahme 2/75, S.614ff.

D. Das RL-Jahresabschluß-Kennzahlensystem 97

dient dann dazu, Maßstäbe für die Rücklagenzuführung unter der Bedingung der Substanzerhaltung zu gewinnen.[99] Die vom *HFA* vorgeschlagene Nebenrechnung zur Korrektur der Gewinn- und Verlustrechnung läßt sich durch folgendes Schema darstellen:

Zusätzliche Abschreibungen auf abnutzbare Sachanlagen
+ zur Substanzerhaltung beim Vorratsvermögen erforderlicher Betrag
= Summe der notwendigen Ergebniskorrekturen (Scheingewinne)

Abb. 40: Nebenrechnung zur Korrektur der Gewinn- und Verlustrechnung

Im Rahmen des Bilanzkennzahlensystems könnte die **Ergebniskorrektur** als verdichtete Führungsinformation neben dem Jahresüberschuß als weitere Kennzahl eingeführt werden, um den für zukünftige Reinvestitionen notwendigen (nicht durch Abschreibungen verdienten) Betrag zu dokumentieren. Es ließe sich dann die Kennzahl „Jahresüberschuß nach Substanzerhaltungskorrekturen" und ggf. die Kennzahl „Jahresüberschuß nach Substanzerhaltungskorrekturen zu Jahresüberschuß" bilden.

Jahresüberschuß nach Substanzerhaltungskorrekturen	RL-B	Substanzerhaltungsdeckungsgrad	RL-B
Summe der Erträge ./. Summe der Aufwendungen ./. Zusätzliche Abschreibungen auf abnutzbares Anlagevermögen ./. Betrag zur Substanzerhaltung beim Vorratsvermögen		$\dfrac{\text{Jahresüberschuß nach Substanzerhaltungskorrekturen}}{\text{Jahresüberschuß}} \cdot 100$	

Bei niedrigen Inflationsraten scheint eine gesonderte Substanzerhaltungsrechnung nicht zwingend. Die durch die aktienrechtlichen Bewertungsvorschriften erzwungenen stillen Reserven decken diese Inflationsdifferenzen weitgehend ab.[100] Bei **höheren Inflationsraten** (von mehr als 10%) wird der Controller die Einführung einer **Substanzerhaltungsrechnung** sicherstellen müssen.[101] Überlegenswert bleibt, ob eine Berechnung der Scheingewinne aus grundsätzlichen

---

[99] Vgl. auch *Emmerich, Gerhard:* Bilanzierung, Gewinnausschüttung und Substanzerhaltung, Göttingen 1976, S. 88.
[100] Vgl. *Siemens AG:* Geschäftsbericht 1982, S. 55 f.
[101] Vgl. *Lederle, Herbert:* Bilanzierung in Brasilien, in: ZfbF, 36. Jg. (1984), S. 247–258, der die Substanzerhaltungsrechnung der *Volkswagen AG* für ihre brasilianische Tochtergesellschaft beschreibt.

Überlegungen nicht auch dann durchgeführt werden sollte, wenn die Inflationsraten gering sind, um mit einem solchen Controlling-Instrument für schwierigere Zeiten gerüstet zu sein. So verwendet die *Mannesmann AG* seit Jahren solche Zusatzrechnungen zur Ermittlung der Rücklagendotierung. Dort werden Wiederbeschaffungs- bzw. Wiederherstellungskosten und die darauf anfallenden Abschreibungen mit den handelsrechtlichen Abschreibungen verglichen.[102]

---

[102] Vgl. *Mannesmann AG:* Geschäftsbericht 1982, S. 48.

III. Kapitel
Das Kosten- und Erfolgs-Controlling

Versteht man unter **Controlling** eine **rechnungswesengestützte Systematik zur Verbesserung der Entscheidungsqualität auf allen Führungsebenen des Unternehmens,** ergibt sich die Notwendigkeit einer entscheidungsorientierten Ausgestaltung des Rechnungswesens. Aufgrund der weiten Auslegung des Definitionsmerkmals der Zielbezogenheit muß ein solches Rechnungswesen sowohl Finanzgrößen als auch Kosten- und Erfolgsgrößen beinhalten. Im folgenden wird zunächst das Kosten- und Erfolgs-Controlling behandelt. Die controllingadäquate Ausgestaltung bzw. Anwendung der Kosten- und Erfolgsrechnung wird dabei von den im Hinblick auf das Erfolgsziel für wesentlich erachteten Controllingaufgaben bestimmt. Die Lösung der entsprechenden Controllingaufgaben erfordert eine zweckadäquate Ausgestaltung bzw. Erweiterung bestimmter Rechnungswesenteile.

A. Aufgaben des Kosten- und Erfolgs-Controlling

1. Die Notwendigkeit betrieblicher Anpassungen an wechselnde Marktverhältnisse

Die wirtschaftliche Entwicklung in der Bundesrepublik Deutschland ist in den letzten 40 Jahren durch regelmäßig wiederkehrende Rezessionen gekennzeichnet, wobei sich an jede Rezession ein konjunktureller Wiederanstieg angeschlossen hat. In der Wirtschaftstheorie versteht man unter **Rezession** einen beginnenden Konjunkturabschwung, der durch sinkende Auftragsbestände, rückläufige Gewinnerwartungen, sinkende Beschäftigung und damit zurückgehende Kapazitätsauslastung, ein sinkendes Volkseinkommen und teilweise sinkende Preise gekennzeichnet ist.[1] Trend- und saisonbereinigt läßt sich diese wirtschaftliche Entwicklung (Bruttosozialprodukt zu Marktpreisen als Gesamtwert der Produktion eines Landes) in *Abb. 41* darstellen, wobei neben dem Produktionsindex auch noch der Index der zeitlich verschobenen Auftragseingänge enthalten ist.[2]

---

[1] Der Begriff der Rezession wird in der Literatur nicht einheitlich verwendet. Zum Begriff siehe etwa: *Woll, Artur:* Allgemeine Volkswirtschaftslehre, 10. Aufl., München 1990, S. 523–526; *Krommes, Werner:* Das Verhalten der Unternehmung in der Rezession, Berlin 1972, S. 32–40.

[2] Vgl. *Reichmann, Thomas:* Preis- und Produktpolitik in der Rezession, in: ZfB, 46. Jg. (1976), S. 481–496, hier insbes. S. 484.

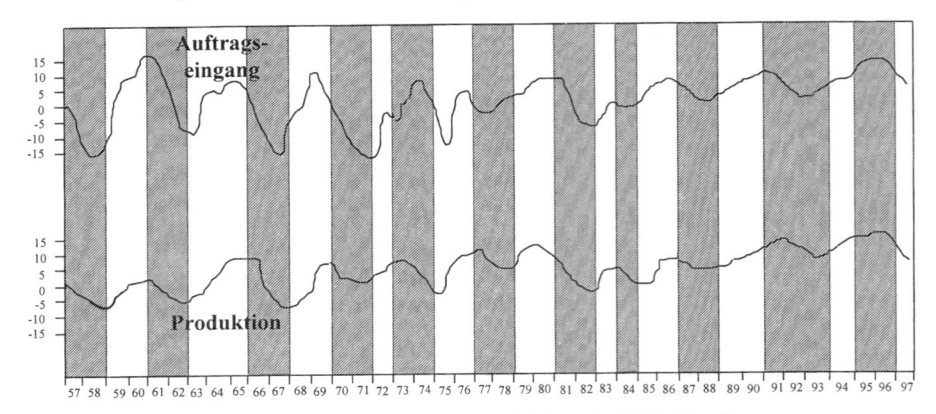

Abb. 41: Konjunkturelle Entwicklung im Zeitablauf

Aus der Graphik ist erkennbar, daß die Phasen des wirtschaftlichen Abschwungs nach einem Boom und dem anschließenden Wiederanstieg der Beschäftigungslage zur Vollbeschäftigung und Überbeschäftigung jeweils drei bis vier Jahre umfaßt. Rezessionsjahre waren 1961/62, 1966/67, 1970/71, 1973/74, 1977/78, 1980/81/82, 1984/85, 1987/88 und 1992/93.[3] Zwar läßt sich diese Konjunkturentwicklung bis heute theoretisch nicht eindeutig erklären, doch liegt die Vermutung nahe, daß die in der Zeitreihe erkennbare „zeitabhängige Entwicklung" stellvertretend für eine Reihe von Einflußgrößen (Konsumquote, Sparquote, Investitionsneigung, Lagerhaltungspolitik, Preispolitik, Zinsniveau, staatliche Ausgabenpolitik)[4] steht, die in ihrem Zusammenwirken zu einer gewissen Gesetzmäßigkeit in der wirtschaftlichen Entwicklung führen. Überlagert werden diese konjunkturellen Entwicklungen durch Saisonschwankungen, die von Jahr zu Jahr in gleicher Form wiederkehren und durch den Wechsel der Jahreszeiten und damit des jahreszeitlichen Bedarfs bestimmt werden. Betrachtet man den zyklischen Konjunkturverlauf vom Beginn der 70er Jahre bis zum Beginn der 90er Jahre, so fällt auf, daß die konjunkturellen Schwankungen ab Mitte der 80er Jahre in wesentlich kleineren Amplituden verlaufen als im vorhergehenden Jahrzehnt; mit anderen Worten: die gesamtwirtschaftliche Entwicklung bewegte sich in vergleichsweise ruhigeren Bahnen. Nach der deutschen Wiedervereinigung kam es allerdings zu einer erneuten Amplitudenerweiterung im Verlauf der gesamtwirtschaftlichen Entwicklung. Zunächst entstand ein „Vereinigungsboom", der etwa bis Mitte 1991 anhielt. Auf diesen Boom folgte eine der

---

[3] Zu den Indikatoren der Industriekonjunktur siehe Statistische Beihefte zu den Monatsberichten der Deutschen Bundesbank, Reihe 4, Saisonbereinigte Wirtschaftszahlen, April 1974, S. 29f., April 1976, S. 37f., April 1978, S. 38f., April 1980, S. 39f., April 1982, S. 40f., Januar 1991, S. 82f., Januar 1992, S. 82f.

[4] Vgl. in diesem Zusammenhang auch *Teichmann, Ulrich:* Der Konjunkturzyklus – Reflex nachfragerelevanter Verteilungsprozesse, in: Perspektiven der Konjunkturforschung, hrsg. von *Gottfried Bombach, Bernhard Gahlen* und *Alfred E. Ott,* Tübingen 1984, S. 227–241.

A. Aufgaben des Kosten- und Erfolgs-Controlling   101

schwersten Rezessionen der Nachkriegszeit, deren Ursachen in einer nachhaltigen Exportschwäche aufgrund ungünstiger Wechselkursentwicklungen in Verbindung mit einem hohen Lohnkostendruck und einer starken Einschränkung der inländischen Investitionsnachfrage lagen. Die Unternehmen reagierten auf diese nicht zuletzt strukturell bedingten Nachteile mit drastischen Kostensenkungsprogrammen, die bereits Anfnag 1994 erste Erfolge zeitigten.[5] Seitdem scheint die deutsche Wirtschaft wieder auf eine Phase stetigen Wachstums zuzusteuern, was auch durch die im folgenden dargestellten Branchenkonjunkturen bestätigt wird.

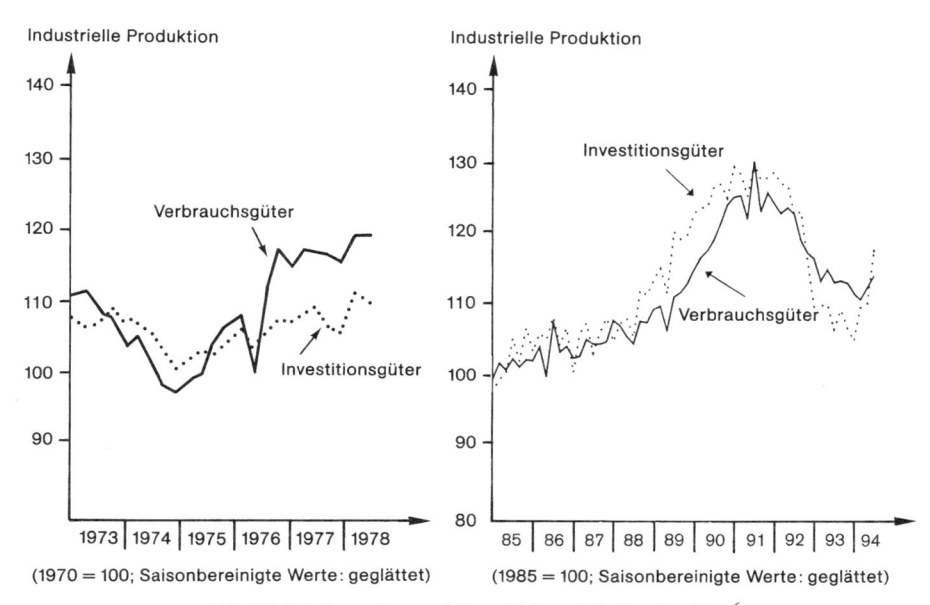

Abb. 42: Verbrauchs- und Investitionsgüterkonjunktur[6]

Konjunktur- und Saisonschwankungen sind Teile der volkswirtschaftlichen Gesamtentwicklung, die über die Jahre hinweg durch einen Trend gekennzeichnet ist. Dieser **Trend der gesamtwirtschaftlichen Entwicklung** kann linear fallend oder tendenziell steigend verlaufen. Für die Bundesrepublik wie für fast alle Industrienationen ist der Trend der gesamtwirtschaftlichen Entwicklung bisher stets steigend gewesen.[7]

Ein Blick „hinter den Durchschnitt" zeigt, daß die **Branchenkonjunkturen** teilweise zeitlich versetzt zu der gesamtwirtschaftlichen Konjunkturentwicklung verlau-

---

[5] Vgl. Monatsbericht der Deutschen Bundesbank, November 1994, S. 19 ff.
[6] Vgl. *Institut für Wirtschaftsforschung e.V.:* Spiegel der Wirtschaft. Struktur und Konjunktur in Bild und Zahl, Frankfurt, New York 1980, Kapitel G1; Statistische Beihefte zu den Monatsberichten der Deutschen Bundesbank, Reihe 4, Januar 1991, S. 18, Januar 1992, S. 18.
[7] Eine Ausnahme bildet die Rezession 1980/81/82, die zwar ein positives Trendwachstum aufweist, jedoch preisbereinigt ein leichtes negatives Wachstum erkennen läßt.

102   III. Kapitel: Das Kosten- und Erfolgs-Controlling

fen. Während die Konsumgüterindustrie in etwa die gleiche zeitliche konjunkturelle Entwicklung wie die gesamtwirtschaftliche Konjunktur hat, läuft die Investitionsgüterkonjunktur zeitlich versetzt (vgl. *Abb. 42*). Im Zeitvergleich fällt auf, daß die Verbrauchsgüterbranche in den 70er Jahren wesentlich stärkere konjunkturelle Ausschläge zu verzeichnen hatte als die Investitionsgüterbranche. Ab Mitte der 80er Jahre hingegen kehrt sich diese Relation um. Etwa seit Mitte 1989 zeigt sich ein deutlicher Wachstumsvorsprung der Investitionsgüterindustrie vor der Verbrauchsgüterindustrie, der auch weit über die gemäßigte gesamtwirtschaftliche Konjunkturbelebung hinausgeht.

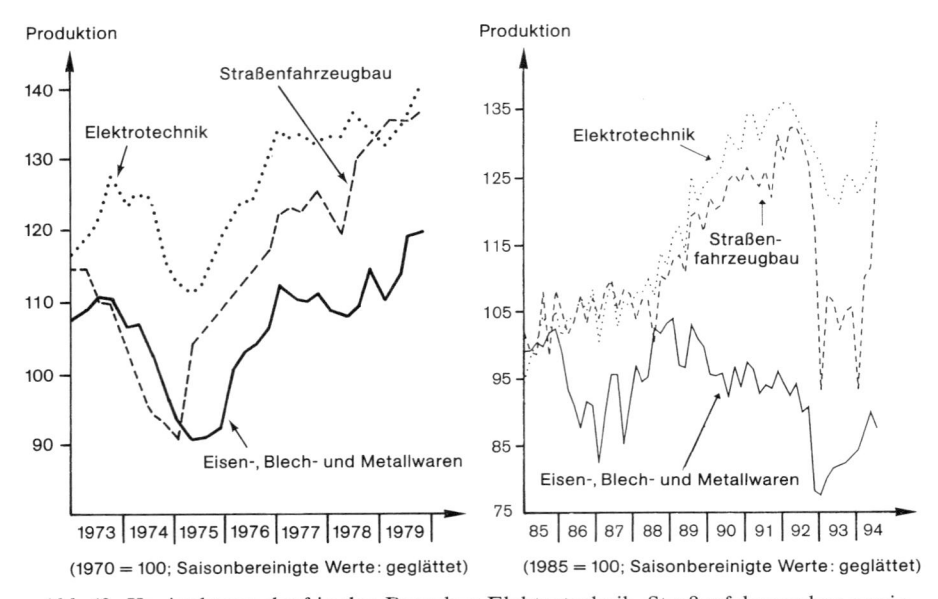

Abb. 43: Konjunkturverlauf in den Branchen Elektrotechnik, Straßenfahrzeugbau sowie Eisen-, Blech- und Metallwaren[8]

Aus *Abb. 43* ist zu erkennen, daß 1974/75 das konjunkturelle Tief des Straßenfahrzeugbaus zeitlich vor der Elektrotechnik lag, daß aber auch der Umsatzanstieg 1975/76 wie auch 1978/79 zeitlich früher lag, wobei die Beschäftigungsausschläge jeweils erheblich stärker waren als bei der Elektroindustrie. Dennoch sind für die 70er Jahre ähnliche Verläufe der Branchenkonjunkturen, wenn auch auf unterschiedlichen Niveaus und zeitlich verschoben, festzustellen. In der folgenden Dekade ergibt sich ein völlig anderes Bild. Während der Straßenfahrzeugbau und die Elektrotechnik eine weitgehend parallele Entwicklung aufweisen, wiederum eingeschränkt durch zeitliche Diskontinuitäten, hebt sich der Konjunkturverlauf bei den Eisen-, Blech- und Metallwaren deutlich ab. Liegen

---

[8] Vgl. *Institut für Wirtschaftsforschung e. V.:* Spiegel der Wirtschaft, Kapitel G14–G16; Statistische Beihefte zu den Monatsberichten der Deutschen Bundesbank, Reihe 4, Januar 1991, S. 20, Januar 1992, S. 20.

A. Aufgaben des Kosten- und Erfolgs-Controlling   103

die Unterschiede bis Ende 1988 noch vorwiegend in der Intensität der konjunkturellen Ausschläge, so ist ab 1989 ein deutlich negatives Trendwachstum zu erkennen, wohingegen der Straßenfahrzeugbau und die Elektroindustrie (vom konjunkturellen Knick 1992/93 abgesehen) am allgemeinen Konjunkturaufschwung partizipieren.

Abb. 44 zeigt für das Bekleidungsgewerbe 1973 einen starken konjunkturellen Abstieg, während etwa die chemische Industrie erst 1974 einen stärkeren Abschwung hatte. In den 80er Jahren ergeben sich für die chemische Industrie und das Textilgewerbe z.T. diametral entgegengesetzte Verläufe. Besonders Mitte 1988 wird deutlich, daß die chemische Industrie dem allgemeinen wirtschaftlichen Aufschwung etwa um ein halbes Jahr vorauseilt, das Textilgewerbe jedoch zur gleichen Zeit einen signifikanten Konjunktureinbruch zu vermerken hat, der die sich bereits verlangsamende gesamtwirtschaftliche Rezession überreflektiert.

Im Branchenvergleich fällt auf, daß sich in den Jahren 1990–94 die konjunkturellen Schwankungen generell wieder verstärken. Haupteinflußgröße dürfte dabei die deutsche Wiedervereinigung sein, die je nach Branche zu „konjunkturellen Höhenflügen", wie z.B. im Straßenfahrzeugbau, oder aber zu Wachstumseinbußen, wie z.B. im Textilgewerbe, führte.

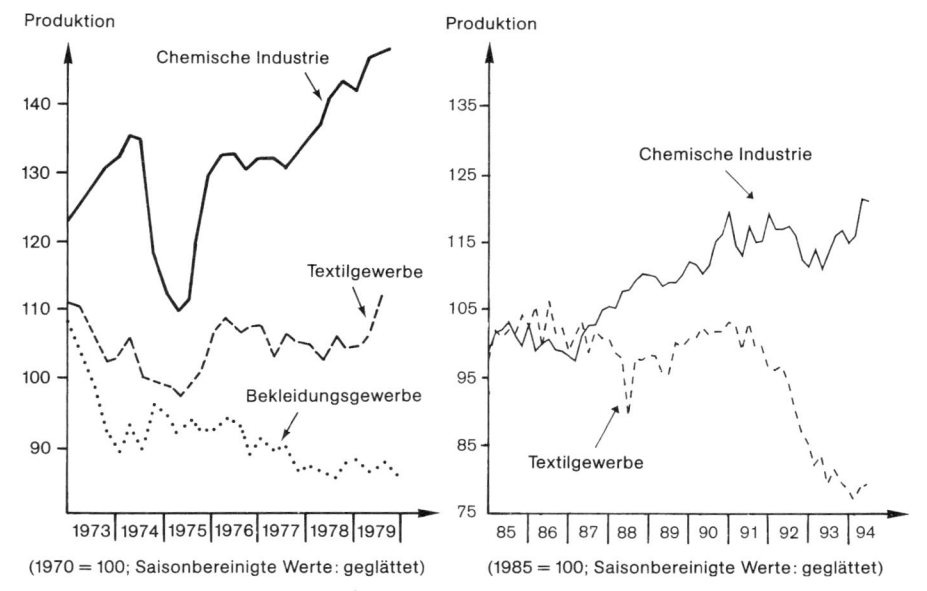

Abb. 44: Konjunkturverlauf in der chemischen Industrie sowie im Textil- und Bekleidungsgewerbe[9]

---

[9] Vgl. *Institut für Wirtschaftsforschung e.V.:* Spiegel der Wirtschaft, Kapitel G12, G17, G18; Statistische Beihefte zu den Monatsberichten der Deutschen Bundesbank, Reihe 4, Januar 1991, S. 20, Januar 1992, S. 20.

Diese Beispiele zeigen, daß aus der gesamtwirtschaftlichen Konjunkturentwicklung nicht unmittelbar auf die branchen- und unternehmensbezogene Entwicklung geschlossen werden kann. Eine sorgfältige Analyse der branchenbezogenen Konjunktur- und Saisoneinflüsse, die der allgemeinen Konjunkturentwicklung vorauseilen oder nachlaufen bzw. zeitgleich stärkere oder schwächere Ausprägungen zeigen können so wie der branchenbezogenen Trendentwicklung wird jedoch für den Unternehmensplaner genügend Anhaltspunkte bringen, um eine „zeitabhängige" Umsatzentwicklung in unterschiedlicher Höhe in den Planungsdaten berücksichtigen zu können. Verdeutlicht man sich ferner, daß es zu Depressionen seit 1930 nicht mehr gekommen ist, vermutlich deshalb, weil die wirtschaftspolitischen Maßnahmen des Staates im Zusammenwirken mit den kreditpolitischen Maßnahmen der Zentralbank seither dazu geführt haben, daß jede rückläufige Wirtschaftsbewegung abgebremst werden konnte, werden im Vordergrund der unternehmerischen Überlegungen diejenigen betrieblichen Anpassungsmaßnahmen an Nachfrageänderungen stehen, die nicht auf einen länger anhaltenden Nachfragerückgang abgestellt sind, sondern die von einem zeitlich und in seiner Höhe begrenzten Absinken der Absatzmöglichkeiten ausgehen.

Für die Unternehmung stellt sich dann die Frage, in welcher Form sie sich an die veränderten Nachfrageverhältnisse anpassen kann. Eine Verstärkung der Verkaufsanstrengungen durch einen konzentrierten Einsatz des absatzpolitischen Instrumentariums, wie z. B. Werbung und Vertretereinsatz, wird in konjunkturschwachen Zeiten kaum eine ausreichende Absatzbelebung herbeiführen können. Die Unternehmensleitung wird deshalb regelmäßig vor die Entscheidung gestellt werden, entweder ihre Absatzpreise durch **Reduzierung der Angebotspreise** oder durch eine entsprechende Rabattgewährung zu senken oder sich auf eine geringere Absatzmenge einzustellen. Stellt sich die Unternehmensleitung auf eine geringere Absatzmenge ein, so kann dies bei Aufrechterhaltung des bisherigen Produktionsvolumens durch eine entsprechende Lagerbildung erfolgen oder es kann eine Verminderung des Produktionsvolumens geplant werden. Eine **Lagerbildung** wird nur dann sinnvoll sein, worauf noch einzugehen ist, wenn zu einem späteren Zeitpunkt zusätzliche Mengen abgesetzt werden können. Eine **Reduzierung des Produktionsvolumens** kann durch Abbau von Überstunden und Schichtarbeiten, durch Einführung von Kurzarbeit und, in besonders ungünstigen Situationen, durch Personalabbau herbeigeführt werden. Weitere Anpassungsmöglichkeiten liegen im Einkauf, in der **systematischen Programmbereinigung** und der damit verbundenen Reduzierung der Lager- und Sortimentskosten, in einer zeitlich richtig abgestimmten **Produktpolitik** und in einem systematischen **Fixkostenmanagement**.

Je größer die Unternehmung oder die Unternehmensgruppe ist, je weitgehender die Aufgabenteilung im Betrieb fortgeschritten ist und je stärker das Unternehmen von äußeren Faktoren wie saisonalen und konjunkturellen Absatzschwankungen beeinflußt wird, um so wichtiger wird die Abstimmung solcher unternehmerischen Entscheidungen durch ein **Controllingsystem**, das im Hinblick auf eine optimale Anpassung an wirtschaftliche Wechsellagen eine laufende entscheidungsbezogene Informationsversorgung, Planung, Planabstimmung und Koordination sowie Kontrolle zuläßt.

2. Die laufende Erfolgs- und Wirtschaftlichkeitskontrolle

Im Rahmen des umsatzorientierten Controlling sind die kosten- und finanzwirtschaftlichen Anpassungsmöglichkeiten an veränderte konjunkturelle Entwicklungen zu untersuchen. Gleich wichtig ist die laufende Kontrolle der Umsatz- und Kostenentwicklung bezogen auf bestimmte Artikel, Artikelgruppen, Kunden, Absatzgebiete, Unternehmensteile und die Unternehmung insgesamt. Die laufende **Kontrolle der Kostenentwicklung** darf hierbei nicht nur kostenträgerbezogen erfolgen, sie muß auch in den Orten der Kostenentstehung, d. h. kostenstellenweise durchgeführt werden, wobei sich aufgrund der Vielzahl der Kostenstellen und ggf. Kostenplätze in besonderer Weise das Problem der Informationsverdichtung stellt. Im Rahmen des Produktions-Controlling ist sicherzustellen, daß jede Kostenstelle laufend im Hinblick auf die möglichen Kostenabweichungen (Preisabweichung, Beschäftigungsabweichung, Verfahrensabweichung etc.) untersucht wird. Im Rahmen des Kosten- und Erfolgs-Controlling sind diese Einzelabweichungen aus den Kostenstellen zu **aggregierten „Gesamtabweichungen"**, etwa der Beschäftigungsabweichung einer bestimmten Abteilung, wie z. B. der Oberflächenbehandlung, zusammenzuführen. Im Rahmen des Kosten- und Erfolgs-Controlling sind dann nicht nur die Beschäftigungsabweichungen bestimmter Kostenbereiche oder Abteilungen von Interesse, sondern auch die in der Ist- bzw. Plankostenrechnung nicht dokumentierten „geplant" nicht nutzbaren Kapazitäten. Ihre Berücksichtigung muß mit hierfür zu entwickelnden **Kennzahlen zur Kapazitätsauslastung** bei normaler (Einschicht-/Zweischichtbetrieb) Kapazitätsauslastung und maximaler Nutzung erfaßt werden. Sie sind sowohl im Rahmen des Produktions-Controlling maschinen- bzw. kostenstellenbezogen als auch im Rahmen des Kosten- und Erfolgs-Controlling entsprechend dem Informationsverdichtungsgedanken für die entsprechenden Abteilungen zu dokumentieren (vgl. hierzu Kapitel VII.B.2).

B. Instrumente des Kosten- und Erfolgs-Controlling

Das Controlling als erfolgszielbezogenes, entscheidungsorientiertes System setzt voraus, daß die Instrumente des Kosten- und Erfolgs-Controlling entscheidungsrelevante Daten bereitstellen. Grundlage für ihre Ermittlung ist neben dem dokumentierenden Rechnungswesen das **betriebliche Planungssystem**. Entsprechend dem Grundsatz der Vollständigkeit der Planung muß ein solches Planungssystem alle betrieblichen Entscheidungsbereiche umfassen. Von den betrieblichen Funktionen ausgehend, lassen sich Planungen im Beschaffungs-, Produktions-, Absatz- und im Logistikbereich unterscheiden. Kennzeichnend für diese Planungen ist, daß sie sich, wie Abb. 27 zeigt, wiederum aus einer Reihe von Detailplanungen zusammensetzen. Ein solches **Detailplanungssystem** kann nicht unmittelbar Grundlage für ein gesamtunternehmensbezogenes Kosten- und Erfolgs-Controlling sein. Die Detailplanungen beruhen nicht, wie das übrige Rechnungswesen, auf monetären Größen, sondern vielfach auf Mengen-

oder Zeitgrößen. Das Kosten- und Erfolgs-Controlling würde, wenn es sich auf alle Detailplanungen stützen würde, aufgrund der großen Datenfülle seiner Aufgabe, einer erfolgszielbezogenen Informationsverdichtung nicht gerecht.[10]

Durch eine solche Verdichtung wird lediglich die Komplexität der Datenfülle reduziert, nicht jedoch der Entscheidungsbezug und damit implizit die Zielorientierung der Plandaten beeinflußt. Die wertmäßig verdichtete Abbildung der wechselseitig abhängigen Detailpläne erfolgt im Rahmen des Kosten- und Erfolgs-Controlling mit Hilfe **zeitabhängig kumulierter Umsatz-, Kosten- und Erfolgspläne**. Dabei ist zu beachten, daß aufgrund der Interdependenzen zwischen den einzelnen Detailplänen im Planungssystem auch die verdichteten Unternehmenspläne voneinander abhängig sind. Das Problem der Interdependenzen hat zur Folge, daß durch die Aufstellung eines Teilplanes die Planinhalte aller Folgepläne determiniert werden. Aufgrund der Marktorientierung der Unternehmen und der daraus abgeleiteten allgemeinen **Dominanz des Umsatzplanes** für das System der betrieblichen Planung wird in der Regel der Umsatzplan als Planungsgrundlage aller betrieblichen Teilpläne ausgewählt.

1. Die Umsatzplanung

Kennzeichnend für die Umsatzplanung ist, daß sie Aussagen über die zukünftigen Absatzmengen und -werte macht, wobei diese Aussagen aus Gesetzmäßigkeiten der Vergangenheit über den Zusammenhang zwischen den prognostizierten Absätzen bzw. Umsätzen und den sie bestimmenden Einflußgrößen abgeleitet werden. Die umsatzbestimmenden Einflußgrößen eines Unternehmens setzen sich aus gesamtwirtschaftlichen und einzelwirtschaftlichen Komponenten zusammen. **Gesamtwirtschaftliche Einflüsse** auf den Umsatz können sich aus der Trend- und Konjunkturentwicklung, aus branchenbezogenen Konjunkturverschiebungen sowie branchenbezogenen Saisonverläufen ergeben. **Betriebsindividuelle Einflußgrößen** resultieren aus dem Einsatz der Marketinginstrumente.

Im Rahmen eines umsatzorientierten Controlling ist zunächst zu ermitteln, inwieweit die branchenbezogene konjunkturelle Entwicklung in die allgemeine konjunkturelle Entwicklung hineinpaßt bzw. von dieser abweicht und welche regelmäßig wiederkehrenden Saisoneinflüsse in der Absatzprognose berücksichtigt werden müssen. Hinzu kommt dann die Erfassung der betriebsindividuellen Einflüsse durch den Einsatz der Marketinginstrumente auf den Umsatz. Preispolitik, Werbung und Qualitätspolitik stehen hier im Vordergrund sowie der Einfluß aus der Produktpolitik des Unternehmens, d.h. der Rhythmus, in dem neue Produkte eingeführt werden. Jedes Produkt hat in der Regel einen Produktlebenszyklus, der sich einzeln und für die entsprechende Produktgruppe planen läßt.[11] Eine Berücksichtigung der betriebsindividuellen Einflußgrößen im Hinblick auf den Um-

---

[10] Vgl. hierzu auch die grundlegenden Ausführungen zum Controlling in Kapitel I.A.
[11] Vgl. hierzu *Mertens, Peter; Rackelmann, Günter:* Konzept eines Frühwarnsystems auf der Basis von Produktlebenszyklen, in: ZfB, 49. Jg. (1979), 2. Erg.-Heft, S. 78–88; *Reichmann, Thomas:* Die strategische Unternehmensführung, S. 28 f.

satz kann mit verschiedenen statistischen Verfahren erfaßt werden, z. B. mit Hilfe des einfachen Verfahrens der **Trendextrapolation**, deren Einsatz aber nur dann sinnvoll ist, wenn keine Trendbrüche zu erwarten sind[12] oder mit genaueren, aber zeitlich aufwendigeren Verfahren der **Korrelations-** und **Regressionsanalyse**. Mit Hilfe dieser Verfahren lassen sich Indikatormodelle bzw. Erklärungsmodelle bilden. Während bei den **Indikatormodellen** kein kausaler, sondern nur ein „zeitfunktionaler" Zusammenhang unterstellt wird,[13] sind die **Erklärungsmodelle** auf kausaler Basis mehrstufig. Aufgrund von Plausibilitätsüberlegungen werden, wie im folgenden zu zeigen sein wird, zunächst aus der Vielzahl vermuteter Zusammenhänge eine Reihe von Einflußfaktoren vorselektiert, die dann mit Hilfe einer Korrelationsrechnung ausgetestet werden. Hochkorrelierende Einflußgrößen bilden in einem weiteren Schritt die Basis der kausalen Erklärung mit Hilfe der Regressionsanalyse,[14] auf die im folgenden exemplarisch näher eingegangen wird.

a) Die artikel- bzw. artikelgruppenbezogene Umsatzplanung

(1) Die Auswahl der umsatzbeeinflussenden Größen mit Hilfe der Korrelationsrechnung

Die Zahl der Größen, die den Umsatz eines Unternehmens beeinflussen können, ist im Einzelfall sehr groß. Welche Größen relevant sind, variiert von Unternehmen zu Unternehmen in Abhängigkeit von der Art der erstellten Leistung, der Branche, in der die Unternehmung tätig ist, sowie der Marktform. Gleichwohl lassen sich für jedes Unternehmen Faktoren, wie z. B. **Werbeaufwand, Preishöhe, Sortimentsbreite, Preis-Leistungs-Verhältnis, Lebenszyklus** der Produkte, wie auch außerbetriebliche Größen, wie z. B. **Arbeitslosenzahl, Volkseinkommen, Auftragseingänge in der Industrie** und **Saisonschwankungen** ermitteln, die Einfluß auf den jeweiligen Umsatz haben. Diese Größen sind, soweit quantitativer Natur, im Rechnungswesen des Unternehmens meistens für Planungszwecke schon erfaßt, ebenso wie auch über die Umsätze in aller Regel sehr differenziertes Datenmaterial vorliegt. Auf der Grundlage dieses Zahlenmaterials ist dann für die wichtigsten Produkte und Produktgruppen mit Hilfe von Korrelationskoeffizienten zu klären, welche der gespeicherten inner- und außerbetrieblichen Größen (x) für den Umsatz (y) bestimmt sind, wobei hier folgender Korrelationskoeffizient benutzt werden soll.[15]

---

[12] Bei Anwendung der Trendextrapolation muß der Controller in jedem einzelnen Fall erneut prüfen, ob die zugrundegelegten Prämissen, z. B. Preisentwicklung und Branchenwachstum, noch zutreffend sind oder ob ein Trendbruch vorliegt.

[13] Vgl. *Brockhoff, Klaus:* Prognoseverfahren für die Unternehmensplanung, Wiesbaden 1977, S. 87.

[14] Dieses Prognoseverfahren bringt tendenziell genauere Prognoseergebnisse als einfachere Verfahren, wie etwa das der Trendextrapolation. Es ist jedoch keine Voraussetzung für die in Kapitel III. B.1.b darzustellende kumulierte zeitabhängige Umsatzplanung. Die Unternehmensleitung muß in jedem Einzelfall entscheiden, welcher Genauigkeitsgrad der Umsatzplanung und der daraus abzuleitenden Kosten- und Erfolgsrechnung wirtschaftlich sinnvoll ist.

[15] Zu dem Korrelationskoeffizienten (nach *Bravais-Pearson*) siehe z. B. *Sachs, Lothar:* Angewandte Statistik. Anwendung statistischer Methoden, 6. Aufl., Berlin, Heidelberg, New York 1984, S. 315 f.

$$r = \frac{\sum_{i=1}^{n}(x_i - \bar{x})(y_i - \bar{y})}{\sqrt{\sum_{i=1}^{n}(x_i - \bar{x})^2 \sum_{i=1}^{n}(y_i - \bar{y})^2}}$$

Da die Berechnung des Korrelationskoeffizienten sehr aufwendig ist, war es lange Zeit nicht möglich, dieses Instrument systematisch in größerem Umfange zur Kausalforschung einzusetzen. Mit der Weiterentwicklung der statistischen EDV-Software eröffneten sich hier neue Möglichkeiten. Heute ist es relativ einfach, selbst längere Listen vermutlicher Einflußgrößen auf ihre Signifikanz zu überprüfen, wobei der Ausdruck der Ergebnisse dann zweckmäßig in Form einer Korrelationstabelle erfolgt. Aufgrund der **Korrelationskoeffizienten** ist zu erkennen, welche Einflußgrößen für die abhängige Variable umsatzbestimmend sind.[16] Bei der Auswahl der relevanten Variablen und deren Zusammenstellung zum firmenspezifischen Umsatzprognose-Kennzahlensystem ist größte Sorgfalt geboten. So haben Untersuchungen ergeben, daß nicht alle hochkorrelierenden Größen in die Prognose einbezogen werden können. Zum einen dürfen Einflußgrößen, zwischen denen Autokorrelationen[17] bestehen, nicht mehrfach berücksichtigt werden, zum anderen sind unter Umständen Einflußgrößen bei der Prognoseerstellung zu eliminieren, deren aktueller Wert von den bisherigen Ausprägungen extrem abweicht. Weiterhin kommt der Bildung von Artikelgruppen, deren Umsatzhöhe gemeinsam zu bestimmen ist, entscheidende Bedeutung zu.

*(2) Die Klärung der zeitlichen Wirkungszusammenhänge
im Rahmen der Korrelationsrechnung*

In der Regel ist davon auszugehen, daß die Zusammenhänge zwischen Umsätzen und Einflußgrößen nicht einheitlich auf derselben zeitlichen Ebene liegen. Bestimmte Einflußgrößen wirken zeitgleich mit der Umsatzentwicklung. Für andere Größen besteht ein zeitlicher Vorlauf oder Nachlauf. Um diese **zeitlichen Wirkungszusammenhänge** zu klären, müssen die Korrelationen zwischen den Zeitreihen der abhängigen Variablen Umsatz und denen der unabhängigen Variablen zeitverschoben für die in Frage kommenden Zeiträume berechnet werden.[18] Für jede Einflußgröße können die Korrelationskoeffizienten sodann zeitgeschichtet ausgedrückt werden, was z.B. bei einer Testfeldweite von vier Quartalen im Vorlauf, einem Quartal zeitgleich und einem Quartal im Nachlauf zum Umsatz folgendes Korrelationskoeffizientenbild der Zusammenhänge zwischen der unabhängigen Variablen und dem Umsatz in t ergibt:

---

[16] Vgl. *Reichmann, Thomas; Lachnit, Laurenz:* Unternehmensführung mit Hilfe eines absatzorientierten Frühwarnsystems, in: ZfB, 49. Jg. (1979), 2. Erg.-Heft, S. 107–119.
[17] Zum Begriff der Autokorrelation vgl. *Schneeweiss, Hans:* Ökonometrie, Würzburg, Wien 1971, S. 177–198.
[18] Vgl. *Lachnit, Laurenz:* Systemorientierte Jahresabschlußanalyse, S. 346–350 und S. 366–373.

Quartale	Q_{t-4}	Q_{t-3}	Q_{t-2}	Q_{t-1}	Q_t	Q_{t+1}
Korrelations-koeffizienten	0,60	0,70	0,85	0,92	0,80	0,75

Abb. 45: Zeitgeschichtete Korrelationskoeffizienten

Aus der Korrelationskoeffizientenreihe ist zu ersehen, daß bei der getesteten Einflußgröße ein enger Zusammenhang zum Umsatz mit Korrelationshöhen von 0,85 und 0,92 besteht und dieser Zusammenhang zudem im Vorlauf vor der Umsatzentwicklung zu verzeichnen ist. Einflußgrößen, die Korrelationen in dieser Höhe und mit zeitlichem Vorlauf vor dem Umsatz aufweisen, können zur Ableitung von Umsatzprognosen benutzt werden, vorausgesetzt ihre Werte sind dem Benutzer für den zu planenden Zeitraum auch rechtzeitig bekannt.

Die Analyse der zeitlichen Wirkungszusammenhänge zwischen Umsätzen und in Frage kommenden Einflußgrößen ergibt zumeist, daß nur bei einem Teil der vermuteten Einflußgrößen **zeitliche Vorlaufbeziehungen** in entsprechender Intensität gegeben und die aktuellen Werte obendrein rechtzeitig bekannt sind. Solche **Frühwarnindikatoren**[19] sind für Umsatzprognosen besonders geeignet. Bei ihnen kann es sich um gesamtwirtschaftliche Konjunkturindikatoren, wie Auftragseingang, Auftragsbestand, Lageränderung, Investitionsneigung, Arbeitslosenzahl, Termingeschehen an den Rohstoffmärkten, Gewerkschaftsforderungen oder Marktzinssätze handeln. Ebenso kommen aber auch unternehmensendogene Faktoren in Frage, so z. B. artikel- oder artikelgruppenbezogener Auftragsbestand, das Zahlungsverhalten der Kunden, Art der Artikel, die Sortimentsbreite, die für die Artikel geltenden Lebenszyklen, das Preis-Leistungs-Verhältnis, der Werbeaufwand, Testmarktergebnisse oder die Marktstellung. Je kürzer der zeitliche Vorlauf der Größen vor dem Umsatz ist, um so geringer wird ihre Eignung als Frühwarnindikator, weil dann eine mögliche negative Umsatzentwicklung zumindest schon beginnt, wenn ihr Einfluß im Prognosesystem erkennbar wird.

(3) Die Feststellung der funktionalen Zusammenhänge zwischen Umsatz und umsatzbestimmenden Einflußgrößen

Die Kenntnis, welche Faktoren wann den Umsatz beeinflussen, reicht nicht für eine quantitative Prognose aus. Hierzu müssen vielmehr die funktionalen Beziehungen zwischen den Einflußgrößen und dem Umsatz bekannt sein. Sie lassen sich mit Hilfe der **Regressionsrechnung** bestimmen. Zu diesem Zweck wird die abhängige Variable y'[20] als Funktion von einer oder mehreren unabhängigen Va-

---

[19] Vgl. hierzu *Müller-Merbach, Heiner:* Frühwarnsysteme zur Voraussage und Bewältigung von Unternehmenskrisen, in: Unternehmensprüfung und -beratung. Festschrift zum 60. Geburtstag von Bernhard Hartmann, Freiburg i. Br. 1976, S. 159–177, hier S. 164–166; *Rieser, Ignaz:* Frühwarnsysteme, S. 39–53; *Hahn, Dietger; Krystek, Ulrich:* Betriebliche und überbetriebliche Frühwarnsysteme für die Industrie, in: ZfbF, 31. Jg. (1979), S. 76–88, hier S. 82–84; *Welter, Jürgen:* Betriebliches Frühwarnsystem am Beispiel der Ruhrkohle AG, in: ZfbF-Kontaktstudium, 31. Jg. (1979), S. 117–124, hier S. 119.

[20] Bei der Ermittlung der Regressionsfunktion werden die der „Normallinie" zugrundeliegenden Werte der abhängigen Variablen y in der Statistik üblicherweise als y' gekennzeichnet, um sie von den tatsächlich anzutreffenden mit y bezeichneten Werten abzuhe-

riablen $x_1, x_2, \ldots, x_n$ erfaßt. Bei linearer Verlaufsform und nur einer unabhängigen Variablen lautet die Formel:

$y' = a + bx$

bei mehreren Variablen entsprechend:

$y' = a + b_1x_1 + b_2x_2 + \ldots + b_nx_n$

Die zwischen Umsatz und umsatzbestimmenden Einflußgrößen bestehende Gesetzmäßigkeit kommt in der Regressionsfunktion zum Ausdruck. Bei Benutzung von EDV-Anlagen sind entsprechende Programmpakete zur Berechnung der Parameter von Regressionsfunktionen verfügbar.[21]

Bei Kenntnis der Regressionsbeziehungen ist es möglich, für jeden Wert der unabhängigen Variablen x den dazugehörigen Idealwert der abhängigen Variablen y' zu bestimmen. Der zu erwartende Umsatz y' wird somit für die jeweiligen Prognosezeiträume variablen- und zeitebenenentsprechend aus den relevanten Einflußgrößen abgeleitet, wobei man unterstellt, daß die für die Vergangenheit geltenden Gesetzmäßigkeiten auch für den Zeitraum gelten, für den die Prognose erstellt wird.

(4) Die Ableitung der Prognoseumsätze

Nachdem die für den betreffenden Prognosezeitpunkt umsatzbestimmenden Einflußgrößen festgestellt und die dem zeitlichen Zusammenhang entsprechenden Werte für diese Einflußgrößen ermittelt sind, müssen diese Werte in die entsprechenden Regressionsfunktionen eingesetzt werden, um die gemäß Regression-Normallinie zu erwartenden Umsätze zu erhalten. Das folgende Beispiel soll das Vorgehen verdeutlichen: Es wird angenommen, es sei für die Produktgruppe Radiorecorder eines Unternehmens, das elektronische Geräte wie Radiorecorder, Autoradios und Uhrenradios herstellt und über Versandkataloge verkauft, eine Umsatzprognose für das 3. Quartal 1994 zu erstellen. Gemäß Korrelationskoeffizienten sollen bei diesem Unternehmen die im Katalog angebotene Typenzahl von Radiorekordern (Stückzahl im Katalog), der Umfang des Werberaumes im Katalog (Seitenzahl), die Ausgaben für Unterhaltungselektronik je Kopf der Bevölkerung (Ausgaben – UE) sowie der am Markt herrschende durchschnittliche Preis für Radiorekorder (Durchschnittspreis) von ausschlaggebender Bedeutung für den Umsatz der Produktgruppe sein. Bei der Einflußgröße Durchschnittspreis, die im weiteren als Beispiel näher betrachtet wird, soll die stärkste

---

ben. Vgl. hierzu z.B. *Edwards, Allen L.*: An Introduction to Linear Regression and Correlation, San Francisco 1976, S. 20–27; *Flaskämper, Paul*: Allgemeine Statistik. Theorie, Technik und Geschichte der Sozialwissenschaftlichen Statistik, Hamburg 1959, S. 143–146.

[21] Vgl. *Barr, Anthony J.; Goodnight, James H.; Sall, John P.; Helwig, Jane T.*: A User's Guide to SAS 1976, 3. Aufl., Raleigh (North Carolina) 1976; *Beutel, Peter; Schubö, Werner*: Statistik-Programmsystem für die Sozialwissenschaften: SPSS 9, Stuttgart, New York 1983, S. 219–225; *Brelsford, William M.*: REGPAK: A Regression Package, in: STATLIB, hrsg. von *Bell Laboratories*, März 1973; *Hopper, M.J.*: HARWELL Subroutine Library, VCO4A/AD, Theoretical Physics Devisions Atomic Energy Research Establishment, Berkshire 1973; *IBM Deutschland GmbH* (Hrsg.): APLSTAT, Benutzerhandbuch, Stuttgart 1977.

B. Instrumente des Kosten- und Erfolgs-Controlling 111

Korrelation mit einem Quartal Vorlauf zum Umsatz festzustellen sein, was darin begründet ist, daß die eigenen Kunden sich nur mit einem gewissen Zeitverzug auf konkurrenzbedingte Preisverschiebungen am Markt einstellen.

Zur Berechnung der Korrelationskoeffizienten und der Regressionsfunktionen sind die Zeitreihen für die Umsätze und die umsatzbestimmenden Einflußgrößen erforderlich. Für die Variable „Durchschnittspreis" sollen folgende Datenpaarungen vorliegen (vgl. *Abb. 46*).

Der Korrelationskoeffizient für diese Datenpaarungen beträgt 0,8488, d. h. bei dem Unternehmen besteht eine signifikante Beziehung zwischen der Höhe des durchschnittlichen Marktpreises und dem Umsatz an Radiorekordern im jeweiligen Folgequartal. Die Parameter der abweichungsminimalen Regressionslinie $y' = a + bx$ betragen für diese Daten: $a = 1.050.000$ und $b = 6.106,7$.

Durchschnittlicher Marktpreis für Radiorekorder		Radiorekorder-Umsätze des Unternehmens	
Quartal t – 1	DM	Quartal t	TDM
4/92	325	1/93	3.150
1/93	125	2/93	1.800
2/93	175	3/93	2.550
3/93	300	4/93	3.000
4/93	200	1/94	1.950
1/94	250	2/94	2.250

Abb. 46: Preise und Umsätze der Radiorekorder

Für eine das dritte Quartal 1994 betreffende Umsatzprognose ist der Durchschnittspreis für Radiorekorder im zweiten Quartal 1994 als Information erforderlich. Er soll entgegen den ursprünglichen Erwartungen durch Importkonkurrenz auf 100 DM gesunken sein. Aufgrund der Regressionsfunktion für die Beziehungen zwischen durchschnittlichem Marktpreis in t–1 und Radiorekorderumsatz in t ergibt sich für das dritte Quartal 1994 ein Prognoseumsatz von $y' = 1.050.000 + 6.106,7 \times 100 = 1.660.670$ DM. Das heißt, aufgrund der Preissituation ist vor dem Hintergrund der Funktionalzusammenhänge, die bei diesem Unternehmen zwischen Gesamtumsatz und Marktpreis bestehen, für das dritte Quartal 1991 mit einem Umsatz von etwa 1,6 Mio. DM zu rechnen. Ein Vergleich dieses Prognoseumsatzes mit dem z. B. in der Erfolgs- und Finanzplanung zugrunde gelegten Umsatz zeigt, ob aufgrund der veränderten Gegebenheiten ein von der Planung nennenswert nach unten abweichender Umsatz zu erwarten ist.

Die vorstehend mit einer einzigen Einflußgröße beschriebene Prognosemethodik muß für alle umsatzrelevanten Indikatoren durchgeführt werden, um die verschiedenen Einflüsse auf den zu prognostizierenden Umsatz zu integrieren. Gerade dieses **multidimensionale Prognosevorgehen** ist von größter Bedeutung, denn die einzelnen Indikatoren können unterschiedliche Entwicklungen nehmen und zu divergierenden Umsatzprognosen führen, d. h. eine Umsatzprognose aufgrund eines einzelnen Frühindikators kann schwerwiegende Fehlentscheidungen zur

112   III. Kapitel: Das Kosten- und Erfolgs-Controlling

Folge haben. Der multidimensional bestimmte Prognosewert wird als **arithmetisches Mittel** aus den Einzelprognosen auf Basis der verschiedenen relevanten Einflußgrößen errechnet.[22] Für die oben beispielsweise als relevant erwähnten vier Variablen Stückzahl im Katalog, Seitenzahl, Ausgaben für Unterhaltungselektronik je Kopf der Bevölkerung sowie Durchschnittspreise am Markt für Radiorekorder könnte die Umsatzprognose für das Quartal 4/1994 z.B. wie folgt aus den vier Regressionsfunktionen für diese Variablen abgeleitet werden, wobei die hier benutzten Zahlen lediglich zur Veranschaulichung dienen.

Variablenart	Parameter a	Parameter b	Variablenwert x	Prognose-umsatz y'_u (TDM)
Stückzahl im Katalog	750	810	3	3.180
Seitenzahl	690	100	20	2.690
Ausgaben für UE	1.875	138	7,5	2.910
Marktpreis	1.050	6.1067	300	2.882

$$\frac{\sum_{u=1}^{w} y'_u}{w} = \frac{11.662}{4} = 2.915,5 \text{ TDM}$$

Abb. 47: Ableitung der Regressionsfunktion

Dieses Ermittlungsvorgehen hat zur Konsequenz, daß sich merkliche Veränderungen der abhängigen Variablen, wie z.B. des Umsatzes, als Prognoseresultat erst dann ergeben, wenn sich die Mehrzahl der prognostisch relevanten Faktoren spürbar in ein und dieselbe Richtung entwickelt.

Vorstehend ist der Prognoseumsatz lediglich für ein Quartal bestimmt worden. Es ist unschwer einzusehen, daß dieses Verfahren auch für eine Abfolge von Quartalen durchführbar ist, wobei die Prognosegenauigkeit dann tendenziell abnehmen wird.

Die Umsatzprognosen beruhen auf der zum Prognosezeitpunkt gegebenen Konstellation der Werte der Einflußgrößen. Sobald im Zeitverlauf weitere und vor allem von den bisherigen ökonomischen Erwartungen abweichende Informatio-

---

[22] Auf der Grundlage von Regressionsrechnungen können multidimensional bestimmte Prognosen im Prinzip auf zwei verschiedenen Wegen abgeleitet werden: 1. mit Hilfe einer simultan-multiplen Regressionsmethodik, bei welcher die Verknüpfung der Einflußgrößen in einer einzigen Funktion, z.B. der Art $y' = a + b_1x_1 + b_2x_2 + \ldots + b_nx_n$, geschieht, 2. mit einem iterativ-multiplen Vorgehen, bei welchem in einem ersten Schritt für die maßgeblichen Einflußgrößen jeweils einzeln die Prognosewerte bestimmt werden und in einem zweiten Schritt aus diesen Einzelprognosen als arithmetisches Mittel die endgültige multidimensionale Prognose abgeleitet wird. Untersuchungen des Verfassers in der Praxis haben ergeben, daß die simultan-multiple Prognosemethode überscharf auf Veränderungen einzelner Einflußgrößen reagieren kann, und fallweise, im vorhinein nicht absehbar, zu extrem von den Istwerten abweichenden Prognosen führt, wohingegen die iterativ-multiple Prognosemethodik infolge der arithmetischen Mittelung weniger scharf auf Änderungen einzelner Einflußgrößen reagieren kann.

nen auftreten, müssen die Umsatzprognosen erneuert werden, denn aufgrund veränderter wirtschaftlicher Aussichten, anderer Markt- und Konkurrenzdaten oder veränderter Gegebenheiten im eigenen Unternehmen können sich die Umsatzprognosen beträchtlich verschieben. Die fortlaufende **Aktualisierung und Anpassung der Prognosen** an den neuesten Informationsstand ist eine entscheidende Voraussetzung für ein wirkungsvolles Frühwarnsystem.

(5) Die Bestimmung der durchschnittlichen Prognose-Abweichung

In der bisherigen Darstellung ist die Prognose als einwertiges arithmetisches Mittel aus den Einzelprognosen für die signifikanten Einflußgrößen bestimmt worden. Dieses Konzept ist zu modifizieren, da der **Prognoseumsatz** durch die berücksichtigten, ausschließlich quantitativen Einflußgrößen nicht vollkommen, sondern nur in **Bandbreiten** bestimmt werden kann.[23] Wie lassen sich die im Grundsatz nicht berücksichtigten qualitativen Einflüsse, wie z.B. Firmenruf oder Qualität der Serviceorganisation, in das Prognosekonzept integrieren? In der Logik des vorgetragenen Prognosekonzeptes verkörpern die Regressionsfunktionen die Zusammenhänge zwischen der zu prognostizierenden Größe Umsatz und den Einflußgrößen unternehmensinterner und -externer Art. Die im Ansatz nicht explizit als Einflußgrößen berücksichtigten Faktoren bewirken, daß die tatsächlichen Umsätze nicht den Werten auf der „Normallinie" entsprechen, sondern davon nach oben oder unten abweichen. Die nicht explizit berücksichtigten Faktoren kommen also darin zum Ausdruck, daß die Istumsätze in einer Bandbreite um die Regressionslinie streuen. Zur Bestimmung der **Abweichungsspanne** von der Regressionslinie kann für die der Korrelations- und Regressionsberechnung zugrundeliegenden Quartale oder Monate die durchschnittliche Abweichung zwischen Ist- und Prognoseumsätzen ermittelt und die **durchschnittliche Abweichung** z.B. **in % der Prognoseumsätze** angegeben werden. Auf diese Weise ist die Regressionslinie um eine Abweichungsbandbreite zu ergänzen, die für die betriebliche Sensitivitätsanalyse entscheidende Bedeutung hat, denn aus ihr geht hervor, um wieviel Prozent in dem betrachteten Vergangenheitszeitraum die Istumsätze im Durchschnitt von den Prognoseumsätzen gemäß „Ideallinie" abgewichen sind. Je nach Einschätzung der qualitativen Komponenten wäre u.U. der Wert am unteren bzw. am oberen Ende der Bandbreite als Prognoseumsatz anzusehen, wobei eine **Sensitivitätsanalyse der Auswirkungen unterschiedlicher Umsatzhöhen auf die Kosten-, Erfolgs- und Finanzstruktur** eine wichtige Entscheidungshilfe sein kann.

Für das in diesem Beitrag benutzte Zahlenbeispiel (vgl. *Abb. 48*) beträgt die durchschnittliche Prognoseabweichung 9%. Aufgrund der durchschnittlichen Umsatzabweichung von 9% kann nun die Umsatzprognose für das dritte Quartal 1994 von 1 660 670 DM um Erwartungsober- und -untergrenzen ergänzt werden. In dem Zahlenbeispiel wurde die Umsatzprognose vereinfachend nur auf der Basis des Marktpreises ermittelt. Im Rahmen eines EDV-unterstützten Prognosemodells sind natürlich alle relevanten Einflußgrößen in die Prognose einzubeziehen. Die Umsatzobergrenze beträgt 1 810 130 DM (1 660 670 × (1 + 0,09)), die Umsatzuntergrenze liegt bei 1 512 209 DM (1 660 670 × (1 − 0,09)).

---

[23] Vgl. *Lachnit, Laurenz*: Systemorientierte Jahresabschlußanalyse, S. 361–364.

Istumsätze		Prognoseumsätze		absolute Umsatzabweichung	
Quartale	TDM	Quartale	TDM	Quartale	TDM
4/92	3.178	4/92	2.915,50	4/92	262,50
1/93	3.150	1/93	3.034,67	1/93	115,33
2/93	1.800	2/93	1.813,33	2/93	13,33
3/93	2.550	3/93	2.118,72	3/93	431,28
4/93	3.000	4/93	2.882,01	4/93	117,99
1/94	1.950	1/94	2.271,34	1/94	321,34
2/94	2.250	2/94	2.576,67	2/94	326,67
Summe			17.612,24		1.588,44
Durchschnitt			2.516,03		226,92
Prozentuale durchschnittliche Abweichung		$\frac{226,92}{2.516,03} \cdot 100 = 9\%$			

Abb. 48: Tatsächliche und erwartete Umsätze sowie Umsatzabweichung

b) Der zeitabhängig kumulierte Umsatzplan

Die im Rahmen der Umsatzschätzung bzw. Umsatzprognose ermittelten artikel- bzw. artikelgruppenbezogenen Umsatzwerte pro Zeiteinheit müssen in die zeitabhängige Umsatzplanung übernommen werden. Als verdichtetes Informationsinstrument läßt sich der kumulierte Umsatzplan auf den artikel- bzw. artikelgruppenbezogenen Einzelprognosen aufbauen oder, falls dieser Differenzierungs- und Genauigkeitsgrad bei der betrieblichen Umsatzprognose nicht vorhanden ist, mit entsprechend „gröberen" Kriterien nach Artikel- oder Kundengruppen, z. B. entsprechend der ABC-Analyse, strukturieren. Die Umsatzwerte sind hierbei jeweils pro Monat und als kumulierter Wert über den Planungsabschnitt (z. B. ein Jahr) hinweg entsprechend der in *Abb. 49* dargestellten Form aufzustellen.

Die Anteile der A-, B-, C-Artikel bzw. -Kunden am Gesamtumsatz lassen sich als Ist- und Soll-Kennzahlen darstellen.

Umsatzanteile A-, B-, C-Artikel	KuE-C	Umsatzanteile A-, B-, C-Kunden	KuE-C
$\frac{\text{Umsatz A-Artikel}}{\text{Umsatz (insges.)}} \cdot 100$		$\frac{\text{Umsatz A-Kunde}}{\text{Umsatz (insges.)}} \cdot 100$	

Aus dem zeitabhängig kumulierten Umsatzplan ergeben sich dann Planzahlen für den Januar bzw. das ganze Jahr.

B. Instrumente des Kosten- und Erfolgs-Controlling   115

Artikel/Kunde	Umsatzplanung (in TDM) 1994																									Soll	
	Jan.	Σ	Feb.	Σ	März	Σ	Apr.	Σ	Mai	Σ	Juni	Σ	Juli	Σ	Aug.	Σ	Sept.	Σ	Okt.	Σ	Nov.	Σ	Dez.	Σ
A-Artikel/Kunden																									
Artikel 1	6	6	5	11	6	17	6	23	6	29	6	35	7	42	4	46	6	52	7	59	7	66	8	74
Artikel 2	4	4	4	8	5	13	5	18	6	24	6	30	5	35	2	37	6	43	5	48	5	53	7	60
Artikel 3	5	5	6	11	9	20	9	29	8	37	8	45	8	53	4	57	8	65	8	73	8	81	10	91
insgesamt A-Artikel	15	15	15	30	20	50	20	70	20	90	20	110	20	130	10	140	20	160	20	180	20	200	25	225
B-Artikel/Kunden																									
Artikel 4	1	1	1	2	2	4	2	6	1	7	2	9	2	11	1	12	2	14	2	16	1	17	1	18
Artikel 5	2	2	2	4	1	5	1	6	2	8	3	11	3	14	1	15	3	18	3	21	2	23	2	25
Artikel 6	2	2	2	4	2	6	1	7	1	8	2	10	2	12	1	13	2	15	2	17	1	18	1	19
Artikel 7	3	3	3	6	3	9	4	13	4	17	4	21	4	25	1	26	4	30	4	34	4	38	4	42
Artikel 8	2	2	2	4	2	6	2	8	2	10	4	14	4	18	1	19	4	23	4	27	2	29	2	31
insgesamt B-Artikel	10	10	10	20	10	30	10	40	10	50	15	65	15	80	5	85	15	100	15	115	10	125	10	135
C-Artikel/Kunden																									
Artikel 9	2	2	2	4	2	6	2	8	2	10	3	13	3	16	1	17	3	20	3	23	2	25	2	27
Artikel 10–20	3	3	3	6	3	9	3	12	3	15	4	19	4	23	1	24	4	28	4	32	3	35	3	38
Artikel 21–30	2	2	2	4	2	6	2	8	2	10	3	13	3	16	1	17	3	20	3	23	2	25	3	28
insgesamt C-Artikel	7	7	7	14	7	21	7	28	7	35	10	45	10	55	3	58	10	68	10	78	7	85	8	93
ABC-Artikel insgesamt	32	32	32	64	37	101	37	138	37	175	45	220	45	265	18	283	45	328	45	373	37	410	43	453

Abb. 49: Zeitabhängig kumulierter Umsatzplan

116   III. Kapitel: Das Kosten- und Erfolgs-Controlling

Umsatzanteil A-Artikel (Jan. 1994)	KuE-C
$\dfrac{15\,000\,\text{DM}}{32\,000\,\text{DM}} \cdot 100$	46,88 %

Umsatzanteil A-Artikel (1994)	KuE-C
$\dfrac{225\,000\,\text{DM}}{453\,000\,\text{DM}} \cdot 100$	49,67 %

Hinsichtlich der Sicherheit zukünftiger Umsatzpläne sollte auf jeden Fall der vorhandene Auftragsbestand pro Artikel bzw. Kundengruppe durch die Relation Auftragsbestand in Tagen zu geplantem Umsatz pro Jahr (in Arbeitstagen) dokumentiert werden.

Auftragsreichweite A-, B-, C-Artikel	KuE-C
$\dfrac{\text{Auftragsbestand A-Artikel}}{\text{Umsatz A-Artikel}} \cdot T$	

Auftragsreichweite A-, B-, C-Kunden	KuE-C
$\dfrac{\text{Auftragsbestand A-Kunden}}{\text{Umsatz A-Kunde}} \cdot T$	

Für den zeitabhängigen kumulierten Umsatzplan gilt bei einem Auftragsbestand von ca. vier Monaten für den A-Artikel-Umsatzplan dann:

Auftragsreichweite A-Artikel	KuE-C
$\dfrac{70\,\text{TDM}}{225\,\text{TDM}} \cdot 360\,\text{Tg.}$	112 Tg.

Darüber hinaus sollte die mögliche Prognosegenauigkeit entsprechend dem vorangestellten statistischen Verfahren berechnet oder zumindest geschätzt und in einer entsprechenden Kennzahl dargestellt werden:

Ø Umsatzprognose- abweichung	KuE-C
$\dfrac{\text{Umsatzabweichung}}{\text{Plan-Umsatz}} \cdot 100$	

B. Instrumente des Kosten- und Erfolgs-Controlling 117

Für den in Abschnitt III.B.1.a) berechneten Prognoseumsatz von DM 2516,03 und die durchschnittliche Umsatzabweichung in Höhe von DM 226,92, die aus den absoluten Umsatzabweichungen der Vergangenheit ermittelt wurde, gilt dann eine Umsatzprognoseabweichung von 9 %:

Ø Umsatzprognose-abweichung	KuE-C
$\dfrac{226,92}{2516,03} \cdot 100$	9 %

2. Die Kostenplanung

Kennzeichnend für die Kostenplanung ist, daß die Kosten in Abhängigkeit von der jeweils geplanten, von den Umsatzalternativen abhängigen Produktionsmenge ermittelt werden. Die geplanten Kosten setzen sich aus den **bezugsgrößenvariablen Kosten** in Abhängigkeit von der Ausbringung, den **Kosten für die Arbeitsleistung** in Abhängigkeit vom Personalbestand in den einzelnen Kostenstellen und den **Kosten der Vertrags- und Eigentumspotentiale** zusammen. Die letztgenannten Kosten sind jedoch nur insoweit relevant, wie die Vertragspotentiale im Planungszeitraum disponibel sind. Zu diesen innerhalb des Entscheidungsfeldes der kurzfristigen Planung[24] disponiblen Kosten treten noch zusätzliche Kosten hinzu, die jedoch in der kurzfristigen Planung nicht disponiert werden können, da sie im Rahmen der Langfristplanung festgelegt wurden, wie z. B. Abschreibungen, Rückstellungen, kalkulatorische Deckungsraten für getätigte Forschungs- und Entwicklungsprojekte, Kosten aus langfristig abgeschlossenen Miet-, Pacht-, Lizenz- und Leasingverträgen. Die langfristig geplanten Kosten dienen im Rahmen der kurzfristigen Erfolgsplanung lediglich dazu, einen kalkulatorischen Gewinn durch die Subtraktion der nicht disponiblen Kosten vom Deckungsbeitrag zu ermitteln. Dieser kalkulatorische Gewinn ist Bindeglied zwischen kurz- und langfristiger Planung, weil hiermit kontrolliert werden kann, ob und wie die Rahmenbedingungen der Langfristplanung in den einzelnen Teilperioden ihrer zeitlichen Dimension erfüllt worden sind. Für die kurzfristige Erfolgsplanung zur Steuerung der erforderlichen Anpassungsmaßnahmen an veränderliche Umsatzentwicklungen sind die letztgenannten Kostenarten jedoch in der Regel nicht relevant.

---

[24] Es wird davon ausgegangen, daß sich die kurzfristige Kostenplanung auf einen Zeitraum bis zu einem Jahr bezieht.

a) Voraussetzung für die Planung entscheidungsrelevanter Kosten

(1) Das System der betrieblichen Detailpläne als relevante Informationsbasis für die Kostenplanung

Aufgrund der Tatsache, daß die **Kosten- und Erlöspläne als verdichtete Teilpläne im System der betrieblichen Planung** verankert sind, ergeben sich insbesondere für die Planung der Kosten aufgrund deren Abhängigkeit von den Ausgestaltungsformen der übrigen betrieblichen Detailpläne besondere Schwierigkeiten. Diese Schwierigkeiten resultieren aus der Tatsache, daß in den betrieblichen Detailplänen über die Höhe der einzelnen Kostenbestimmungsfaktoren entschieden wird. So werden beispielsweise im Beschaffungsbereich die relevanten Fremdbezugspreise determiniert. Im Produktionsbereich werden die Höhe und die Zusammensetzung des Produktionsprogramms sowie der Produktionsvollzug festgelegt. Die Entscheidung über den Produktionsvollzug manifestiert sich insbesondere in der Wahl der Produktionsstätten, in der Wahl der kapazitätserhöhenden Anpassungsprozesse, in der Wahl zwischen Eigenfertigung und Fremdbezug für Einzelteile oder Vorprodukte, in der Festlegung der optimalen Seriengröße und Seriensequenzen sowie in der Wahl der Prozeßbedingungen, der Rohstoffmischungen und Bedienungsrelationen. Damit wird deutlich, für welche Entscheidungsbereiche die Kostenplanung als Informationsbasis dienen muß. Um diesen Ansprüchen gerecht werden und der ihr von zahlreichen Autoren zugesprochenen Lenkungsfunktion zielorientiert entsprechen zu können,[25] muß sie einerseits in der betrieblichen Gesamtplanung den **Aufbau eines integrierten Kostenplans** gewährleisten und andererseits so flexibel zu gestalten sein, daß die vielfältigen Entscheidungsprobleme informatorisch fundiert werden können. Das setzt voraus, daß der Kostenplanung ein entsprechend handhabbares, **entscheidungsorientiertes Kostenrechnungssystem** zugrunde liegt. Aus diesem Grunde ist es erforderlich, die wichtigsten Systeme der Kostenrechnung insbesondere unter dem Blickwinkel des controllingadäquaten Einsatzes in ihren relevanten Teilen zu betrachten. Zuvor ist es jedoch notwendig, geeignete Maßstäbe für die Systembeurteilung, insbesondere im Hinblick auf den Einsatz der Kostenrechnungssysteme innerhalb eines entscheidungsorientierten Controllingsystems vorzustellen. Erst dann läßt sich eine konkrete Beurteilung der anschließend vorzustellenden Kostenrechnungssysteme im Hinblick auf ihre Controllingeignung durchführen.

(2) Das Kostenrechnungssystem als Instrument zur Informationsverarbeitung für die Kostenplanung

(a) Der Begriff der entscheidungsrelevanten Kostenrechnung

Die Kostenrechnung ist als Teil eines Management-Informationssystems aufzufassen. Ihr kommt deshalb die Aufgabe zu, Informationen für Entscheidungen bereitzustellen. Orientiert man sich an den Phasen des Entscheidungsprozesses, lassen sich entsprechend phasenbezogene Kostenrechnungsaufgaben ableiten.

---

[25] Vgl. *Heinen, Edmund:* Betriebswirtschaftliche Kostentheorie und Kostenentscheidungen, 6. Aufl., Wiesbaden 1983, S. 397.

Zerlegt man den Entscheidungsprozeß in die **Anregungsphase**, die **Suchphase**, die **Auswahlphase** sowie die **Kontrollphase**,[26] lassen sich die Aufgabenbereiche der Kostenrechnung wie folgt differenzieren: In Bezug auf die Anregung von Entscheidungen kommt der Kostenrechnung die Aufgabe zu, durch differenzierte Erfassung des betrieblichen Werteverzehrs den jeweiligen Entscheidungsträgern Anregungsinformationen zu liefern **(Darstellungs- oder Ermittlungsfunktion)**. Im Hinblick auf die Suche nach Handlungsalternativen hat die Kostenrechnung ferner die Aufgabe, über die kostenmäßigen Auswirkungen der verschiedenen Handlungsalternativen zu informieren. Dieser **Prognosefunktion** wird die Kostenrechnung durch Angabe nomologischer Hypothesen über die Abhängigkeit der Kostenhöhe von den Kosteneinflußgrößen (Kostenfunktionen) gerecht. Ist eine bestimmte Entscheidungsalternative ausgewählt worden, hat die Kostenrechnung die prognostizierten Kostenkonsequenzen z. B. durch Budget- und Zielvorgaben in entscheidungsträgerrelevante **Vorgabefunktionen** umzusetzen. Die Erfüllung dieser Vorgabefunktion ermöglicht erst ein ökonomisches Verhalten der Entscheidungsträger sowie eine nachträgliche Entscheidungskontrolle. Um der Kontrollphase gerecht zu werden, muß die Kostenrechnung darüber hinaus so ausgestaltet sein, daß sie in der Lage ist, Abweichungsanalysen zwischen Ist- und Sollwerten zu ermöglichen **(Kontrollfunktion)**.

Auf der Grundlage dieser von einer entscheidungsorientierten Kostenrechnung zu erfüllenden Aufgaben können im folgenden die einzelnen Kostenrechnungssysteme im Hinblick auf ihre Eignung zur Kostenplanung in einem entscheidungsorientierten Controllingsystem beurteilt werden. Differenziert man dabei danach, in welchem Umfang die anfallenden Kosten der Periode auf die einzelnen Kostenträger weiterverrechnet werden sollen, kann man die Planung der Kosten auf **Vollkosten-** oder **Teilkostenbasis** durchführen.

(b) Das System der Vollkostenrechnung als Grundlage der Kostenplanung im Controllingsystem

Das System der Vollkostenrechnung ist dadurch gekennzeichnet, daß die gesamten in einer Periode entstandenen Kosten belegmäßig erfaßt und zur Weiterverrechnung in Einzel- und Gemeinkosten strukturiert werden. Die Einzelkosten werden direkt auf die Kostenträger verrechnet. Die Gemeinkosten werden den Kostenträgern indirekt mit Hilfe von Schlüsseln zugeteilt, wobei die Gemeinkosten in der Regel zunächst kostenartenweise erfaßt und dann mit entsprechenden Mengen- oder Wertschlüsseln auf Hilfs- oder Hauptkostenstellen und anschließend auf Kostenträger verteilt werden. Diese **Gemeinkostenschlüsselung** vollzieht sich in mehreren Phasen. Bereits innerhalb der Kostenartenrechnung ist eine Schlüsselung von gemeinsamen Kosten bzw. Ausgaben mehrerer Perioden (z. B. Abschreibungen) auf die jeweilige Abrechnungsperiode anzutreffen. Im Zuge der Weiterverrechnung der Kostenarten aus der Kostenartenrechnung auf die Kostenträger werden zunächst die anfallenden Kostenträgergemeinkosten über Kostenstellen abgerechnet. Bei diesem Arbeitsschritt findet erneut eine Kostenschlüsselung derjenigen Kostenträgergemeinkosten statt, die nicht eindeutig ein-

---

[26] Vgl. *Heinen, Edmund:* Industriebetriebslehre, S. 45–47.

zelnen Kostenstellen zugerechnet werden können. Diese sogenannten Kostenstellengemeinkosten werden auf die einzelnen Kostenstellen geschlüsselt. Mit Hilfe der innerbetrieblichen Leistungsverrechnung werden innerhalb der Kostenstellenrechnung daraufhin die Kosten der Hilfskostenstellen im Rahmen der „üblichen" Umlageverfahren innerhalb des Betriebsabrechnungsbogens auf die Hauptkostenstellen geschlüsselt. Schließlich werden die für die einzelnen Hauptkostenstellen ermittelten Kosten bei der Verteilung auf die Kostenträger geschlüsselt.

Bei den so ermittelten Selbstkosten der einzelnen Produkte wird übersehen, daß diese lediglich rechnerische Fiktionen ohne jeden realwirtschaftlichen Hintergrund darstellen.[27] Es ist nämlich zu beachten, daß die Entscheidung für einen Gemeinkostenschlüssel sachlich nicht einwandfrei begründet werden kann und demzufolge stets willkürbehaftet ist. Eine solchermaßen willkürliche Kostenschlüsselung muß zwangsläufig das **Kostenverursachungsprinzip**[28] verletzen und letztlich die gesamte Kostenstruktur des Unternehmens verfälschen. Damit wird ein auf der Vollkostenrechnung basierendes Kostenrechnungssystem bereits der Darstellungs- bzw. Dokumentationsfunktion, die ein entscheidungsorientiertes Kostenrechnungssystem zu erfüllen hat, nicht gerecht. Demzufolge ist es unzweifelhaft, daß durch eine solchermaßen verfälschte Kostenstruktur keine sachdienlichen Anregungsinformationen für die Entscheidungsgremien geliefert werden können.

Wenn man, wie im folgenden zu zeigen sein wird, nicht so sehr auf die Orte der Kostenschlüsselung im Kostensystem abstellt, sondern vielmehr die Beziehung zwischen der Kostenhöhe und dem Kostenzurechnungsobjekt analysiert, dann wird die fehlende Entscheidungsorientierung der Vollkostenrechnung insbesondere bei der durch die Gemeinkostenschlüsselung und die Verteilung fixer Einzelkosten hervorgerufenen **Fixkostenproportionalisierung** deutlich. Fixkosten sind Bereitschaftskosten und damit notwendige Voraussetzung für die Leistungserstellung. Fixkosten entstehen unabhängig von der Ausbringungsmenge. Durch die Schlüsselung fixer Gemeinkosten auf einzelne Kostenträgereinheiten bzw. auf Leistungseinheiten einzelner Kostenstellen im Rahmen der innerbetrieblichen Leistungsverrechnung werden rechentechnisch zeitabhängige Kosten in Stückkosten umgewandelt. Mit der Fixkostenproportionalisierung wird deshalb implizit unterstellt, daß alle Kosten beschäftigungsabhängig sind. Wie der *Abb. 50* zu entnehmen ist, wird im Rahmen der Vollkostenrechnung immer auf eine bestimmte Beschäftigung x hin kalkuliert. Liegt die **tatsächliche Beschäftigung oberhalb oder unterhalb der kalkulierten Beschäftigung, dann werden zuviel bzw. zuwenig Fixkosten auf die einzelnen Kostenträgereinheiten** verrechnet. In Abhängigkeit von der Erlös- und Gesamtkostenfunktion der Unternehmen kann das zur Folge haben, daß die Gewinnschwelle falsch eingeschätzt wird und dem-

---

[27] Zur kritischen Beurteilung der Vollkostenrechnung vgl. im folgenden *Heinen, Edmund:* Industriebetriebslehre, S. 984–987; *Schweitzer, Marcell; Küpper, Hans-Ulrich:* Systeme der Kostenrechnung, S. 296–301.
[28] Zum Kostenverursachungsprinzip vgl. *Menrad, Siegfried:* Die Problematik der Kostenzurechnung, in: WiSt, 1. Jg. (1972), S. 488–494, hier S. 489.

B. Instrumente des Kosten- und Erfolgs-Controlling 121

zufolge Fehlentscheidungen getroffen werden. Eine zuverlässige Planung der Gewinnschwelle auf Vollkostenbasis und die Ableitung betrieblicher Sollvorgaben aufgrund einer solchen Planung ist deshalb nicht möglich. Die Vollkostenrechnung wird somit auch der von einer entscheidungsorientierten Kostenrechnung erwarteten Planungs- und Vorgabefunktion und damit zwangsläufig auch der Kontrollfunktion nicht gerecht. Die Tatsache, daß die Vollkostenrechnung sowohl im Hinblick auf die Kosteninhalte als auch auf die Kostenhöhe pro Kostenzurechnungsobjekt die Aufgaben einer entscheidungsorientierten Kostenrechnung nicht erfüllen kann, hat zur Konsequenz, daß die Vollkostenrechnung für den Einsatz in einem Controllingsystem als ungeeignet angesehen werden muß.

Zur Vermeidung der durch die traditionelle Vollkostenrechnung bedingten Gefahren von Fehlentscheidungen sind Teilkostenrechnungssysteme entwickelt worden, die die Mängel der Vollkostenrechnung weitgehend zu vermeiden suchen. Die Teilkostenrechnungssysteme können grundsätzlich unterteilt werden in Kostenrechnungsverfahren, deren systembildendes Kriterium die Trennung der Kosten in Einzel- und Gemeinkosten ist, und Verfahren, deren systembildendes Kriterium die Trennung der Kosten in fixe und variable Bestandteile ist. Zu den Teilkostenrechnungssystemen, deren systembildendes Kriterium die Trennung in fixe und variable Kosten ist, zählen das einstufige und mehrstufige **Direct Costing** sowie die **Grenzplankostenrechnung**. Zu den Teilkostenrechnungssystemen, deren systembildendes Kriterium die Trennung der Kosten in Einzel- und Gemeinkosten ist, zählt die **relative Einzelkosten- und Deckungsbeitragsrechnung**.

(c) Das System des Direct Costing als Grundlage der Kostenplanung im Controllingsystem

Beim **Direct Costing** handelt es sich um ein in sich geschlossenes Kostenrechnungssystem, dessen Hauptmerkmal die strikte **Trennung von (beschäftigungs-)variablen (direct costs) und (beschäftigungs-)fixen Kosten** ist. Die variablen Kosten werden in der Regel als proportionale Kosten definiert. Ausgangspunkt für die Behandlung der fixen Kosten im einstufigen Direct Costing ist der Gedanke, daß Fixkosten Periodenkosten und nicht Stückkosten sind. Aus diesem Grunde werden im **einstufigen Direct Costing** die fixen Kosten von der Verrechnung auf die einzelnen Kostenträger grundsätzlich ausgeschlossen, wodurch dem Charakter der fixen Kosten, leistungsunabhängig zu sein, entsprochen wird. Die Tatsache, daß den Leistungen und Leistungseinheiten nur variable Kosten zugerechnet werden, hat zur Konsequenz, daß einerseits die Lagerbestände nur mit variablen Herstellkosten bewertet werden und andererseits die Produkt(brutto-)erfolge durch Gegenüberstellung der Produkterlöse und der variablen Kosten bestimmt werden. Der Periodengewinn im einstufigen Direct Costing ergibt sich demzufolge durch Abzug des undifferenzierten Fixkostenblocks von den aggregierten Bruttoerfolgen sämtlicher Erzeugnisarten. Durch die strenge Ordnung der Kosten nach ihrer Beschäftigungsabhängigkeit und durch den Ausweis produktbezogener Deckungsbeiträge in der Erfolgsrechnung werden die Beziehungen zwischen Kosten, Ausbringungsmenge und Gewinn unmittelbar ersichtlich.

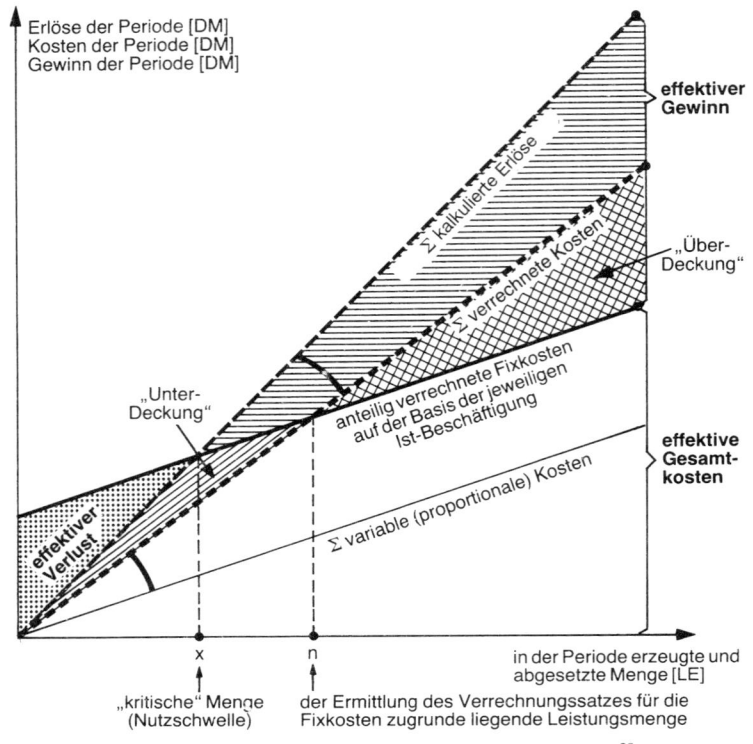

122   III. Kapitel: Das Kosten- und Erfolgs-Controlling

Abb. 50: Fehler der Fixkostenproportionalisierung[29]

Im mehrstufigen Direct Costing bzw. in der **Fixkostendeckungsrechnung** wird der gesamte Fixkostenblock in einzelne Fixkostenschichten aufgeteilt. Damit ergeben sich **Erzeugnisfixkosten**, die nur von einer Produktart beansprucht werden, **Erzeugnisgruppenfixkosten**, die der Produktion bestimmter Erzeugnisgruppen dienen, **Bereichsfixkosten**, bei denen es sich um Bereitschaftskosten spezieller Unternehmensbereiche handelt sowie **Unternehmungsfixkosten**, bei denen es sich um alle fixen Kosten handelt, die für die Gesamtunternehmung anfallen und sich nicht auf Erzeugnisse, Erzeugnisgruppen oder Unternehmensbereiche zurechnen lassen. Aus dieser Fixkostenaufspaltung resultiert der wesentliche Unterschied in der Betriebsergebnisrechnung und Kostenträgerstückrechnung zwischen dem (einstufigen) Direct Costing und der Fixkostendeckungsrechnung. Anders als im (einstufigen) Direct Costing werden nämlich in der Betriebsergebnisrechnung im System der Fixkostendeckungsrechnung von dem Stückdeckungsbeitrag (DB I) über die variablen Stückkosten nacheinander die von der Produkteinheit zu tragenden Fixkosten jeder betreffenden Fixkostenschicht subtrahiert. In der Kostenträgerstückrechnung im Rahmen der Fixkostendeckungsrechnung werden die jeweiligen „Fixkostenschichten" in Prozent der jeweiligen

---

[29] Entnommen aus *Männel, Wolfgang:* Kosten-, Erlös- und Ergebnisrechnung, Schriften zur Betriebswirtschaftslehre, Erlangen-Nürnberg, o. J., S. 68.

Deckungsbeiträge den einzelnen Produkteinheiten zugerechnet. Dabei handelt es sich um eine nicht verursachungsgerechte Fixkostenzurechnung und letztlich um einen „Rückschritt" von der Teilkostenrechnung zur Vollkostenrechnung.

Durch die Trennung und unterschiedliche Behandlung der variablen und fixen Kostenbestandteile liefert das Direct Costing Kosteninformationen, die die Gefahr von Fehlentscheidungen im Vergleich zur Vollkostenrechnung wesentlich reduzieren. Die Aufspaltung in fixe und variable Kosten ist der wichtigste Schritt für die Offenlegung der Kostenstruktur. Insofern wird das Direct Costing der von einer entscheidungsorientierten Kostenrechnung zu erfüllenden Darstellungs- und Dokumentationsfunktion weitgehend gerecht.[30] Dies gilt um so mehr für das mehrstufige Direct Costing (Fixkostendeckungsrechnung), weil die Aufspaltung des Fixkostenblockes ein erster Schritt zu einer umfassenden Fixkostenanalyse, insbesondere was das Problem der Abbaufähigkeit im Zeitablauf angeht, ist. Gleichwohl ist anzumerken, daß die im Vergleich zur Vollkostenrechnung erheblich verbesserte Einsichtnahme in die Kostenstruktur noch einige Mängel aufweist. Das resultiert insbesondere daraus, daß dem Direct Costing häufig **keine sachgerechte Kostenspaltung** zugrunde liegt, da teilweise auch solche Kosten als variabel behandelt werden, die zumindest auf kurze Sicht als beschäftigungsunabhängig anzusehen sind. Hierzu gehören vor allem die Fertigungszeitlöhne, die als variabel eingestuft werden, aber in Wirklichkeit zu den Fixkosten rechnen, da bei der Einstellung von Arbeitskräften gewöhnlich längerfristige vertragliche Bindungen eingegangen werden und die gesetzliche Kündigungsfrist eine vorzeitige Entlassung bereits eingestellter Arbeitskräfte so gut wie unmöglich macht.

Darüber hinaus ist kritisch anzumerken, daß im Direct Costing die Kosteneinflußgröße Beschäftigung nur mit der Bezugsgröße Ausbringung (Stückzahl) gemessen wird und andere Bezugsgrößen (z.B. Maschinenlaufzeiten, Rüstzeiten) unbeachtet bleiben. Die Tatsache, daß sich das System zu sehr an der Beschäftigungsabhängigkeit der Kosten orientiert und weniger auf deren Zurechenbarkeit abstellt, hat außerdem zur Konsequenz, daß auch im Direct Costing eine **Schlüsselung von variablen Gemeinkosten** grundsätzlich nicht vermieden wird.

Alles in allem ist jedoch festzustellen, daß erst die getrennte Verrechnung von variablen und fixen Kostenbestandteilen im Direct Costing Grundlage sachdienlicher **Anregungsinformationen** für Entscheidungen wie z.B. über **Eigenfertigung oder Fremdbezug** sowie im Rahmen der **Preisgrenzenermittlung** ist und das Direct Costing demzufolge unter Außerachtlassung der Vollkostenkalkulation im Rahmen der Fixkostendeckungsrechnung der Darstellungs- und Dokumentationsaufgabe einer entscheidungsorientierten Kostenrechnung weitaus mehr gerecht wird als die Vollkostenrechnung.

Es bleibt außerdem festzustellen, daß durch die Trennung der Kosten in fixe und variable Bestandteile das System des Direct Costing überhaupt erst den Mindestanforderungen einer annähernd sinnvollen Kostenplanung gerecht wird. Im Hinblick auf die Erfüllung der Planungs- und Vorgabefunktion und damit implizit

---

[30] Zur kritischen Beurteilung des einfachen Direct Costing und der Fixkostendeckungsrechnung vgl. im folgenden *Heinen, Edmund:* Industriebetriebslehre, S. 1007f. sowie *Schweitzer, Marcell; Küpper, Hans-Ulrich:* Systeme der Kostenrechnung, S. 409–419.

der Kontrollfunktion einer entscheidungsorientierten Kostenrechnung ist jedoch kritisch anzumerken, daß das System des Direct Costing, wie die alleinige Beschäftigungsorientierung zeigt, primär auf die Kostenträgerrechnung ausgerichtet ist. Die unzureichende Berücksichtigung unterschiedlichster Kosteneinflußgrößen läßt es deshalb für die Erfüllung der **Planungsfunktion** und damit der **Vorgabe- und Kontrollfunktion** ungeeignet erscheinen. Das einstufige und mehrstufige Direct Costing ist deshalb nicht für den Einsatz im Controllingsystem zu empfehlen.

(d) Die Grenzplankostenrechnung als Grundlage der Kostenplanung im Controllingsystem

Bei der **Grenzplankostenrechnung** handelt es sich um eine **flexible Plankostenrechnung auf Teilkostenbasis**. Die Trennung in fixe und variable Kosten findet deshalb nicht nur zum Zwecke der Kostenkontrolle auf den Kostenstellen statt, sondern auch bei der innerbetrieblichen Leistungsverrechnung und bei der Kalkulation und damit im Prinzip auch bei der Erfolgsrechnung. Im Gegensatz zum Direct Costing ist die Grenzplankostenrechnung wesentlich differenzierter ausgestattet. Während das Direct Costing in seiner Kostenträgerorientierung ausschließlich die hergestellten Erzeugnismengen als beschäftigungsrelevante Bezugsgröße betrachtet, erfordert die kostenstellenbezogene Kostenplanung in der Grenzplankostenrechnung einen differenzierteren Ansatz im Hinblick auf die Bezugsgrößenauswahl. Das erklärt sich daraus, daß Veränderungen der Ausbringungsmengen in der Regel mit veränderten Prozeßbedingungen, wie z.B. anderen Seriengrößen, anderen Intensitäten sowie anderen Maschinenbelegungen einhergehen und damit geänderte Stückkosten zur Folge haben. Die Kostenverursachung dieser Kostenbestimmungsfaktoren kann deshalb nicht mehr ausschließlich mit der Ausbringungsmenge als Bezugsgröße gemessen werden. Stattdessen müssen beispielsweise Rüststunden, Ausführungsstunden oder Maschinenlaufstunden als Bezugsgrößen herangezogen werden. Entsprechend lassen sich dann kostenstellenbezogen beispielsweise rüstzeitabhängige Kosten sowie ausführungszeitabhängige Kosten unterscheiden. Bei der Auswahl solcher Bezugsgrößen ist zu beachten, daß die Bezugsgrößen einen Maßstab für die Kostenstellenleistung und damit für die Kostenverursachung darstellen und zugleich in einer möglichst direkten Beziehung zu den Kostenträgern stehen sollten, um eine verursachungsgerechte Kalkulation zu ermöglichen. Darüber hinaus sollen diese Bezugsgrößen schnell und kostengünstig ermittelt werden können. Mit ihrer Hilfe ist es möglich, den Kostenanfall in den einzelnen Kostenstellen detailliert zu planen, um somit letztlich Plankalkulationssätze abzuleiten.

Im Hinblick auf die Erfüllung der Darstellungs- und Dokumentationsfunktion durch das System der Grenzplankostenrechnung kann auf die Beurteilung des Direct Costing verwiesen werden. Die Funktionserfüllung wird durch die Grenzplankostenrechnung allerdings insofern verbessert, als durch den Einsatz mehrerer Bezugsgrößen ein viel genauerer **Einblick** in die **kostenstellenbezogene Kostenverursachung** möglich ist.[31] Im Gegensatz zum Direct Costing wird die von einem

---

[31] Zur kritischen Beurteilung der Grenzplankostenrechnung vgl. *Heinen, Edmund:* Industriebetriebslehre, S. 1009–1011 sowie *Schweitzer, Marcell; Küpper, Hans-Ulrich:* Systeme der Kostenrechnung, S. 409–419.

entscheidungsorientierten Kostenrechnungssystem zu erfüllende **Planungs- und Vorgabefunktion** von der Grenzplankostenrechnung in idealer Weise erfüllt. Mit Hilfe der Grenzplankostenrechnung können kurzfristige Planungsentscheidungen auf der Basis relevanter Kosten ermöglicht werden. Relevante Kosten sind dabei solche Kosten, bei denen eine funktionale Abhängigkeit von den Entscheidungs- bzw. Aktionsparametern besteht. Die funktionalen Abhängigkeiten werden durch differenzierte Berücksichtigung von Bezugsgrößen im System der Grenzplankostenrechnung in geeigneter Weise dargelegt. Auf der Grundlage solchermaßen strukturierter Kosteninformationen ist deshalb auch eine funktionale Ermittlung der kostenmäßigen Konsequenzen betrieblicher Entscheidungen möglich. Erst durch eine solche Kostenplanung kann die **Vorgabefunktion** einer entscheidungsorientierten Kostenrechnung erfüllt werden. Aufgrund der im Rahmen der Grenzplankostenrechnung vorgenommenen Kostenauflösung in fixe und variable Plankosten ist es möglich, die vom jeweiligen Kostenstellenleiter beeinflußbaren Kosten zu Vorgabegrößen zusammenzufassen. Die **Kontrollfunktion** wird von der Grenzplankostenrechnung in Verbindung mit der Istkostenrechnung dadurch erfüllt, daß in der Regel ein monatlicher Soll-Ist-Kostenvergleich, differenziert nach Kostenstellen und innerhalb einer Kostenstelle nach Kostenarten, vorgenommen wird.

Die vorangestellten Ausführungen lassen erkennen, daß das Rechnen mit Grenzkosten auf Plankostenbasis in zufriedenstellender Weise die Aufgaben einer entscheidungsorientierten Kostenrechnung erfüllt und für ein Controllingsystem geeignet ist. Das gilt trotz der Tatsache, daß auch innerhalb der Grenzplankostenrechnung eine **Schlüsselung** von **Gemeinkosten** nicht vermieden werden kann.

(e) Die relative Einzelkosten- und Deckungsbeitragsrechnung als Grundlage der Kostenplanung im Controllingsystem

Teilkostenrechnungssysteme, deren systembildendes Kriterium die Trennung in Einzelkosten und Gemeinkosten ist, lassen sich als **Einzelkostenrechnung mit summarischer Gemeinkostendeckung** und als **Einzelkostenrechnung mit stufenweiser Gemeinkostendeckung** aufstellen. Ebenso wie bei den anderen Teilkostenrechnungssystemen kam der Anstoß für die Entwicklung der relativen Einzelkosten- und Deckungsbeitragsrechnung durch die Mängel der traditionellen Vollkostenrechnung, die von *Riebel* als Kostenüberwälzungsrechnung bezeichnet wird.[32] *Riebel* stellt insbesondere drei Mängel dieser traditionellen Kostenrechnung heraus: zum einen verleugnet sie die **Produktionsverbundenheit** in den Betrieben, wenn sie Gemeinkosten schlüsselt. Zum anderen wird die Gefahr der **Fixkostenproportionalisierung** verkannt. Darüber hinaus ist die abwechselnde Addition von Einzelkosten und Gemeinkosten, wobei die **Gemeinkostenstruktur** bereits nach einmaliger Umlage völlig undurchsichtig wird, zu bemängeln. Diese Mängel haben zur Konsequenz, daß die Kostenstellen- und Kostenträgerrechnung als Vollkostenrechnung ein systembedingt falsches Bild der Kostenstruktur darstellt. Die auf einer solchen Basis gefällten Entscheidungen sind daher mit größter

---

[32] Vgl. *Riebel, Paul:* Einzelkosten- und Deckungsbeitragsrechnung, 6. Aufl., Wiesbaden 1991, S. 35–39.

Wahrscheinlichkeit unrichtig. *Riebel* versucht deshalb ein System der Kostenrechnung aufzubauen, welches von den angeführten Mängeln frei ist. Sein System beruht auf dem **Identitätsprinzip**,[33] d.h. Kosten und Leistungen müssen auf die betrieblichen Entscheidungen, die sie verursacht haben, zurückgeführt werden. Der Unternehmungsprozeß wird dabei als eine Abfolge von Entscheidungen mit unterschiedlicher sachlicher und zeitlicher Reichweite aufgefaßt. Dieses Entscheidungsgefüge wird durch **Hierarchien von Entscheidungsobjekten**, bei denen es sich um selbständig disponierende Maßnahmen, Vorgänge und Tatbestände handelt, abgebildet. Diese Entscheidungs- oder auch Bezugsobjekte stellen die Kalkulationsobjekte der Einzelkosten- und Deckungsbeitragsrechnung dar. Angesichts der Mängel jeder Kostenschlüsselung ist es das Ziel der relativen Einzelkosten- und Deckungsbeitragsrechnung, die Bereitstellung von Entscheidungsunterlagen für alle betrieblichen Entscheidungen zu liefern. Zu diesem Zweck ist ein System entwickelt worden, das grundsätzlich jegliche Kostenschlüsselung vermeidet.[34] Dazu wird eine **Grundrechnung der Kosten** konzipiert, bei der es sich um eine universell auswertbare Zusammenstellung direkt erfaßter Kosten handelt. Sie ist durch eine Hierarchie betrieblicher Bezugsobjekte gekennzeichnet, die eine **Erfassung sämtlicher Kosten als Einzelkosten** zuläßt. Bezugsgrößen können dabei neben den Kostenträgern etwa Kostenstellen, Kostenstellengruppen, Abteilungen, Betriebsstätten, Produktionsbereiche und die Unternehmung als Ganzes sein. Die an irgendeiner Stelle der Hierarchie ausgewiesenen Einzelkosten sind jeweils für untergeordnete Stellen Gemeinkosten. Abgesehen von den unechten Gemeinkosten gilt grundsätzlich, daß die Kosten an der untersten Stelle der Hierarchie der Bezugsobjekte auszuweisen sind, an der sie gerade noch als Einzelkosten erfaßt werden können. Auf eine Fixkostenproportionalisierung wird vollkommen verzichtet. Kosten, die einer Abrechnungsperiode nicht eindeutig zurechenbar sind (Kosten offener Perioden), werden gesondert als **Deckungsraten** ausgewiesen.

Neben der Grundrechnung der Kosten existiert im System der relativen Einzelkosten- und Deckungsbeitragsrechnung eine **Grundrechnung der Erlöse**. Dabei handelt es sich um eine **mehrdimensionale Umsatzrechnung**, bei der ganz besonders auf eine eindeutige Zurechenbarkeit von Erlösen und Erlösschmälerungen geachtet wird. Zudem werden die relevanten Erlösabhängigkeiten durch Bildung von Erlöskategorien berücksichtigt.

Die Grundrechnungen der Kosten und Erlöse dienen dazu, die für die Abrechnungsperiode relevanten Kosten- und Erlösdaten möglichst zweckneutral zu sammeln, um so die Basis-Informationen für das Erstellen der Deckungsbeitragsrechnungen und der auf spezifische Fragestellungen zugeschnittenen Sonderrechnungen zu liefern.

Die dem System der relativen Einzelkosten- und Deckungsbeitragsrechnung zugrundeliegende Idee, umfassend einsetzbare, d.h. zweckneutrale Grundrechnungen der Kosten und Erlöse für Entscheidungsprobleme jedweder Art zu konstruieren, setzt eine **umfangreiche Sammlung von Kosten- und Erlösinformationen** vor-

---

[33] Vgl. *Riebel, Paul:* Einzelkosten- und Deckungsbeitragsrechnung, S. 75–78.
[34] Vgl. im folgenden *Riebel, Paul:* Einzelkosten- und Deckungsbeitragsrechnung, S. 36–78.

aus. Da mit Hilfe des Einsatzes der EDV lediglich die technische Realisierung der Informationsspeicherung und Informationsübermittlung operationalisierbar ist, nicht jedoch die **inhaltliche** von den einzelnen Mitarbeitern zu realisierenden **Mehrfachzuordnungen der Informationen in einem mehrdimensionalen Klassifikationssystem** übernommen werden können, erscheint ein derartiges Kostenrechnungssystem angesichts der Komplexität des betrieblichen Entscheidungsgefüges für eine effiziente Controlling-Konzeption nicht geeignet.[35] Da eine Rekonstruktion des tatsächlichen Betriebsgeschehens nach dem Denkraster der relativen Einzelkosten- und Deckungsbeitragsrechnung als für die Entscheidungsträger kaum lösbar angesehen werden muß, dürfte eine **Kontrolle** entsprechender Entscheidungen mit dem Ziel, Planungsfehler aufzudecken, unmöglich sein. Damit wird zugleich die Eignung der relativen Einzelkosten- und Deckungsbeitragsrechnung zur Erfüllung der **Planungs- und Vorgabefunktion** einer entscheidungsorientierten Kostenrechnung in Frage gestellt.

Es bleibt festzustellen, daß die relative Einzelkosten- und Deckungsbeitragsrechnung zwar theoretisch und insbesondere im Hinblick auf eine verursachungsgerechte Kostenzurechnung von den zuvor dargestellten Systemen unerreicht ist, gleichwohl jedoch aufgrund ihrer mangelnden **Operationalisierbarkeit** im Hinblick auf die Anwendung im Rahmen eines Controllingsystems wenig geeignet ist. Im folgenden wird deshalb die Kostenplanung auf Basis der Grenzplankostenrechnung durchgeführt. Die Tatsache, daß die Plan- und Grenzplankostenrechnung hier dem Controllingsystem zugrunde gelegt wird, schließt nicht aus, daß im Einzelfall problemadäquate Modifikationen des zugrundeliegenden Kostenrechnungssystems notwendig werden.

(3) Vorbereitende Arbeiten für die Durchführung der Kostenplanung

Bevor die Kosten geplant werden können, sind einige vorbereitende Arbeiten durchzuführen. So ist zunächst der Planungszeitraum bzw. der **Fristigkeitsgrad der Kostenplanung** festzulegen. Der Fristigkeitsgrad kann definiert werden „als das Entscheidungsfeld ..., das den Kostenstellen in bezug auf die Anpassung personeller und sonstiger Potentialfaktoren an Beschäftigungsschwankungen als Soll vorgegeben wird".[36] Der Fristigkeitsgrad der Plankostenrechnung beträgt in aller Regel maximal ein Jahr, da für längerfristige Entscheidungen nicht die Kosten-, sondern die Investitionsrechnung maßgeblich ist.

Darüber hinaus ist bei der Festlegung des Fristigkeitsgrades zu beachten, daß die Planungszeiträume von Kostenplanung und zugrundeliegenden Detailplanungen aufeinander abgestimmt sind. Um den Fixkostenanteil in der Kostenplanung niedrig zu halten, sollte ferner tendenziell ein möglichst hoher Fristigkeitsgrad in der Kostenplanung angesetzt werden.[37] Neben der Festlegung des Planungs-

---

[35] Zur Beurteilung der relativen Einzelkosten- und Deckungsbeitragsrechnung vgl. u. a. *Heinen, Edmund:* Industriebetriebslehre, S. 1022 f.
[36] *Kilger, Wolfgang:* Flexible Plankostenrechnung und Deckungsbeitragsrechnung, 9. Aufl., Wiesbaden 1988, S. 110.
[37] Vgl. zu den Grundsätzen, die bei der Festlegung des Fristigkeitsgrades zu beachten sind und zu der Möglichkeit, mehrere Fristigkeitsgrade der Kostenplanung zugrundezulegen *Kilger, Wolfgang:* Flexible Plankostenrechnung, S. 364–369.

zeitraumes ist es notwendig, die Abrechnungsperioden zu bestimmen. Üblicherweise wird als **Abrechnungsperiode** der **Kalendermonat** gewählt und die geplanten Kosten auf einen Durchschnittsmonat bezogen. Für die Durchführung der Kostenplanung ist außerdem neben einer Kostenstelleneinteilung[38] eine sinnvolle Kostenarteneinteilung festzulegen, denn die Kostenplanung erfolgt in der Regel kostenartenweise und nicht als globale Kostenplanung für einzelne Kostenstellen. Als weitere vorbereitende Maßnahmen sind die Raumverteilung, die Gehaltsverteilung und die Abschreibungen[39] zu planen.

Angesichts der Tatsache, daß sich die zu planenden Kosten als Produkt aus Planmengen und Planpreisen ergeben, ist es notwendig, den Gutsverzehr vor seiner mengenmäßigen Planung wertmäßig mit Hilfe von Planpreisen zu fixieren. Diese Planpreise haben die Aufgabe, zum einen **Marktpreisschwankungen aus der Kostenkontrolle** zu **eliminieren** und zum anderen eine den anstehenden Entscheidungen **adäquate Gutsbewertung** zu gewährleisten. Während für die Durchführung der Kostenkontrolle die Angabe von Festpreisen ausreichend ist, da nur die Mengenabweichung kontrolliert wird, sollten die Planpreise zur Wahrnehmung der Prognosefunktion einer entscheidungsorientierten Kostenrechnung der Preisentwicklung innerhalb des Planungszeitraumes (ein Jahr) entsprechen. Ausgenommen sind hierbei allerdings die Planpreise für Güter, die starken Ist-Preis-Schwankungen unterliegen und deshalb unter Umständen unterjährig angepaßt werden müssen. Zu beachten ist, daß in das Verrechnungspreissystem nur Kostengüter einbezogen werden, für die ein festes Mengen- oder Zeitgerüst existiert. Bei Gütern ohne festes Mengengerüst, für die also nur ein Kostenbetrag geplant wird, geht im Rahmen der Kostenkontrolle die Preisabweichung in die Verbrauchsabweichung ein. Außerdem gehen nur Kostengüter in das Verrechnungspreissystem ein, die betragsmäßig von Bedeutung sind. Die jeweiligen Planpreise werden schließlich auf der Basis von **Ist-Preis-Statistiken** entweder mit Hilfe einfacher **Durchschnittsbildung** oder aber mit verfeinerten statistischen Methoden festgelegt.[40] Mit der Festlegung der Wertkomponenten der zu planenden Kosten sind die grundsätzlichen vorbereitenden Maßnahmen der Kostenplanung abgeschlossen, so daß nun im folgenden die Mengen- (bzw. Zeit-)komponenten der Kosten durch systematische Berücksichtigung der Kostenbestimmungsfaktoren geplant werden können.

b) Die Einzelkostenplanung

Einzelkosten sind diejenigen **Kosten, die einer betrieblichen Leistung** (innerbetriebliche Leistung, selbststellte Anlagen, Halb- und Fertigerzeugnisse) **direkt zurechenbar** sind. Wichtige im folgenden zu betrachtende Einzelkostenarten sind die Einzelmaterialkosten, die Einzellohnkosten, die Einzelkosten der Fertigung sowie die Einzelkosten des Vertriebs. Die Einzelkosten werden jeweils dif-

---

[38] Zu den Grundsätzen der Kostenstellenbildung vgl. *Kilger, Wolfgang:* Einführung in die Kostenrechnung, S. 154–163.
[39] Zu der Planung der Abschreibungen vgl. *Kilger, Wolfgang:* Flexible Plankostenrechnung, S. 398–405.
[40] Zur Bewertung des Gutsverzehrs mit Planpreisen vgl. *Kilger, Wolfgang:* Flexible Plankostenrechnung, S. 197–219.

ferenziert nach Kostenträgern geplant. Die Kosten werden dabei nicht als Absolutbeträge, sondern pro Kostenträgereinheit als Standards ausgewiesen.[41] Grundlage der **Einzelmaterialkostenplanung** ist die Ermittlung der Netto-Planverbrauchsmengen. Dabei handelt es sich um jene Mengen, die bei planmäßiger Produktgestaltung, planmäßiger Materialqualität und nach Fertigung effektiv in einem Kostenträger enthalten sind. Nachdem die Quoten für Abfälle, Gewichtsverluste (Einsatzfaktoren) sowie Ausschuß (Zuschläge) festgelegt sind, ergeben sich die Brutto-Planverbrauchsmengen, die mit dem Planpreis multipliziert, die geplanten Einzelmaterialkosten ergeben.[42]

Zu den **Einzellohnkosten** werden in der Regel nur die Fertigungslöhne gerechnet. Hilfslöhne, Gehälter, Sozial- und sonstige Personalkosten werden im allgemeinen als Gemeinkosten geplant. Grundlage der Einzellohnkostenplanung ist die Ermittlung der Plan-Arbeitszeiten. Dabei handelt es sich um jene Zeiten, die bei planmäßiger Produktionsgestaltung, planmäßigem Arbeitsablauf und planmäßigen Leistungsgraden der Arbeitskräfte für den einzelnen Kostenträger erforderlich sind. Die Arbeitszeiten lassen sich mit Hilfe der analytischen bzw. synthetischen Verfahren wie z.B. REFA, MTM, Work-Factor ermitteln. Durch Multiplikation der Plan-Arbeitszeiten mit den Planlohnsätzen bzw. Planpreisen erhält man die geplanten Einzellohnkosten.[43]

Zu den **Sondereinzelkosten der Fertigung und des Vertriebs** zählen solche Kosten, die für jede einzelne Produktart gesondert anfallen und bei Produktions- bzw. Vertriebseinstellung vermieden werden. Bei den Sondereinzelkosten der Fertigung handelt es sich insbesondere um Forschungs- und Entwicklungskosten, Kosten für Spezialwerkzeuge sowie Lizenzkosten. Bei den Sondereinzelkosten des Vertriebs handelt es sich um Kosten für Verpackung, Kosten für Vertreterprovisionen und Frachtkosten. Die Lizenzeinzelkosten und Frachteinzelkosten werden ebenso wie die Vertreterprovisionen aus den entsprechenden Verträgen abgeleitet, wohingegen die Einzelkosten für Spezialwerkzeuge und die Forschungs- und Entwicklungskosten auf der Grundlage statistischer Konten der Betriebsbuchhaltung erfaßt werden.[44]

c) Die Gemeinkostenplanung

Gemeinkosten sind diejenigen **Kosten, die sich nicht direkt auf eine betriebliche Leistung verrechnen lassen**, sondern zunächst betrieblichen Teilbereichen (= Kostenstellen) zugeordnet und deshalb auch vielfach Kostenstellenkosten[45] genannt

---

[41] Zur Unterscheidung zwischen Prognose- und Standardkostenrechnung vgl. *Küpper, Hans-Ulrich*: Analyse der Differenzierung zwischen Standard- und Prognosekostenrechnung, in: WiSt, 7.Jg. (1978), S.562–568.
[42] Zur Einzelmaterialkostenplanung vgl. *Kilger, Wolfgang*: Flexible Plankostenrechnung, S.241–246.
[43] Zur Einzellohnkostenplanung vgl. *Kilger, Wolfgang*: Flexible Plankostenrechnung, S.266–280.
[44] Zur Planung der Sondereinzelkosten der Fertigung und des Vertriebs vgl. *Kilger, Wolfgang*: Flexible Plankostenrechnung, S.291–296.
[45] Vgl. *Kilger, Wolfgang*: Flexible Plankostenrechnung, S.19f.

werden. Die Gemeinkosten werden demzufolge auch kostenstellenweise geplant. Das setzt eine sinnvolle Kostenstelleneinteilung des jeweiligen Unternehmens voraus. Die Kostenstellen sollten möglichst so gebildet werden, daß sich eindeutige Verantwortlichkeitsbereiche und damit zusammenhängend räumliche Einheiten abgrenzen lassen. Außerdem sollte beachtet werden, daß sich jeweils für die Kostenstellen eindeutige Maßgrößen der Kostenverursachung (Bezugsgrößen) feststellen lassen. Schließlich sollten auch für die sich an die Kostenplanung anschließende Kontrolle Kontierungsgesichtspunkte im Hinblick auf die anfallenden Istkosten bei der Kostenstelleneinteilung eine Rolle spielen.[46] Im Anschluß an die Kostenstellenbildung ist es erforderlich, für die einzelnen Kostenstellen Bezugsgrößen zu planen. Unter **Bezugsgrößen** versteht man **Maßstäbe der Kostenverursachung**, zu denen die verursachten Kosten einer Kostenstelle ganz oder teilweise in einer funktionalen Beziehung stehen. Dabei handelt es sich beispielsweise um Maschinenstunden, Fertigungsstunden, Rüststunden oder Kilogramm. Um mit Hilfe der Bezugsgrößen die Auswirkungen von Ausbringungsentscheidungen auf die betriebliche Kostenstruktur verursachungsgerecht erfassen zu können, müssen die Bezugsgrößen sowohl in einer direkten Beziehung zu den Kostenträgern stehen als auch Maßstab der Kostenstellen-Leistung sein.[47]

Nach Festlegung der Art der Plan-Bezugsgröße muß ihre Ausprägung bzw. Höhe geplant werden, für die die Plankosten ermittelt werden sollen. Die Festlegung der Plan-Bezugsgröße kann als Kapazitäts- oder Engpaßplanung erfolgen. Bei der **Kapazitätsplanung** wird die Planbezugsgröße aufgrund einer kostenstellenindividuellen konstanten Kapazität festgelegt. Dabei entsteht das Problem, ob man von der Maximal-, der Normal- oder der Optimalkapazität oder aber von der realisierbaren Kapazität ausgeht. Bei der **Engpaßplanung** wird dagegen die Höhe der Plan-Bezugsgröße aufgrund der zukünftig erwarteten Beschäftigung festgelegt, die man unter Berücksichtigung aller möglichen Engpässe zu erreichen glaubt. Die Engpaßplanung ist in das Gesamtsystem der betrieblichen Planung integriert und setzt theoretisch eine Simultanplanung aller Unternehmensbereiche voraus. In der Praxis basiert sie auf einer dekomponierten (sukzessiven) Planung und liefert realitätsnähere Planwerte als die Kapazitätsplanung.

Bei den kostenstellenweise zu planenden Gemeinkosten handelt es sich hauptsächlich um **Personalkosten**, insbesondere Gehälter und Sozialkosten, **Hilfsstoff- und Betriebsstoffkosten, Energiekosten, Werkzeugkosten, Abschreibungen, Instandhaltungs- und Reparaturkosten, kalkulatorische Zinsen** sowie sonstige Gemeinkosten wie z.B. **Kostensteuern, Gebühren, Mieten** und dgl. Damit diese Kostenarten in Abhängigkeit von der Planbeschäftigung geplant werden können, ist es erforderlich, jeweils funktionale Beziehungen zwischen der Kostenartenhöhe und den speziellen Kostenbestimmungsfaktoren herzustellen. Derartige Verbrauchsfunktionen lassen sich mit Hilfe statistischer Verfahren und analytischer Verfahren aufstellen. Bei den **statistischen Verfahren** handelt es sich z.B. um das Verfahren

---

[46] Zu den Grundsätzen der Kostenstellenbildung vgl. *Haberstock, Lothar:* Kostenrechnung II, 7. Aufl., Hamburg 1986, S. 45 f.
[47] Zur Doppelfunktion der Bezugsgrößen vgl. *Haberstock, Lothar:* Kostenrechnung II, S. 56–78.

der Streupunktdiagramme, die mathematische Kostenauflösung nach Schmalenbach sowie um die Methode der kleinsten Quadrate. Diesen Verfahren ist gemeinsam, daß sie aus den Istkosten vergangener Abrechnungsperioden diejenigen Kosten ermitteln, welche bezogen auf die Beschäftigungsschwankungen proportional und welche fix waren. Für einen bestimmten Beschäftigungsgrad lassen sich dann die Gemeinkosten festlegen. Das setzt jedoch voraus, daß über einen Zeitraum von mehreren Perioden Istkosten sowie Istbezugsgrößen erfaßt worden sind. Darüber hinaus setzen diese Verfahren voraus, daß die Istkosten bereinigt werden und eine Umrechnung auf Planpreise vollzogen wird. Ferner setzen sie Beschäftigungsschwankungen voraus, da sie sonst nicht in der Lage sind, einen eindeutigen Funktionsverlauf zu bestimmen. Die statistischen Verfahren sind aus der Entwicklung der Plankostenrechnung her erklärbar. Sie können als Hilfsmittel bei der Bezugsgrößenwahl benutzt werden und sind durch Korrelationsrechnungen zu ergänzen. Die statistischen Verfahren können zur empirischen Absicherung der bereits erwähnten analytischen Verfahren benutzt werden. Die damit bereits anklingende reduzierte Bedeutung dieser Verfahren wird durch die Darstellung ihrer Mängel verständlich. So muß einerseits festgestellt werden, daß eine Ableitung von „echten" Sollvorgaben mit Hilfe dieser Verfahren nicht möglich ist, da als Basis historische Daten zugrundegelegt werden. Andererseits ist festzustellen, daß die notwendige Bereinigung der Istkosten äußerst schwierig ist. Das erklärt sich aus Kontierungsfehlern, veränderten Kostenbestimmungsfaktoren und Strukturänderungen im Zeitablauf. Darüber hinaus können diese Verfahren permanente Unwirtschaftlichkeiten nicht beseitigen. Die Voraussetzung schwankender Beschäftigung ist ebenfalls äußerst problematisch, da in aller Regel eine konstante Beschäftigung unterstellt werden kann, was zu keiner aussagefähigen Streupunktballung führt. Schließlich bleibt die der Vereinfachung dienende Prämisse des linearen Kostenverlaufs grundsätzlich zu kritisieren.

Die **analytischen Verfahren** der Gemeinkostenplanung ermitteln nach wissenschaftlichen Methoden für zukünftige Planungszeiträume auf Basis erwarteter Kostenbestimmungsfaktoren für vorgegebene Beschäftigungsgrade fixe und variable Kosten. Die **mehrstufige analytische Gemeinkostenplanung** ermittelt für mehrere diskrete Werte der Plan-Bezugsgröße die zugehörigen Sollkosten. Die fehlenden Zwischenwerte werden durch lineare Interpolation gewonnen.

Empfehlenswerter als die mehrstufige analytische Gemeinkostenplanung ist die **einstufige analytische Gemeinkostenplanung**. Sie ermittelt die Plankosten $K^{(p)}$ für

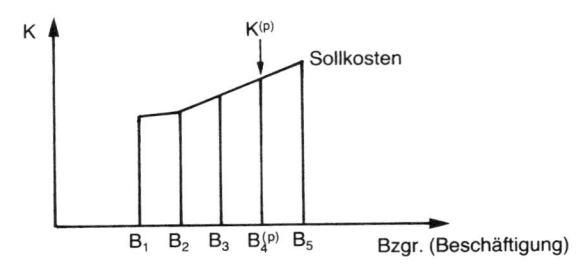

Abb. 51: Mehrstufige synthetische Gemeinkostenplanung

die Plan-Bezugsgröße $B^{(p)}$. Durch Untersuchung der Kostenarten in bezug auf fixes oder variables Verhalten bei Bezugsgrößenvariation (Beschäftigungsänderung) wird eine planmäßige Kostenauflösung vorgenommen. Grundlegende Prämisse ist hierbei allerdings auch ein linearer Kostenverlauf.

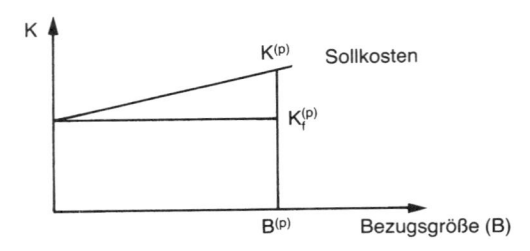

Abb. 52: Einstufige synthetische Gemeinkostenplanung

Auch die Anwendung der analytischen Verfahren der Gemeinkostenplanung ist nicht unproblematisch. Ein Problem besteht z. B. in der Dispositionsbestimmtheit der fixen Kosten. Außerdem wird die Existenz von intervall- bzw. sprungfixen Kosten vernachlässigt. Darüber hinaus ist der Grad der Proportionalisierung bei den Personalkosten äußerst problematisch. Die Ergebnisse der einstufigen analytischen Kostenauflösung können in einer Kennziffer – dem Variator – zum Ausdruck gebracht werden. Ein **Variator** gibt für eine Kostenstelle und eine oder mehrere Kostenarten das **Verhältnis von variablen Plankosten zu gesamten Plankosten** (für eine Planbeschäftigung) in „Zehner-Form" wieder:

$$v_i = \frac{V_i^{(p)}}{K_i^{(p)}} \cdot 10 \, (i = 1, \ldots, m)$$

Die so geplanten Kostenbeträge werden anschließend in bezugsgrößen- und kostenstellenspezifischen Kostenplänen, getrennt nach fixen und variablen Bestandteilen, wie das folgende Beispiel zeigt (vgl. *Abb. 53*), zusammengefaßt.

Bei der Aufstellung der Kostenpläne ist zu beachten, daß zunächst die Kostenpläne der in die innerbetriebliche Leistungsverrechnung einbezogenen Kostenstellen aufgestellt werden müssen, damit auch die geplanten Kosten der innerbetrieblichen Leistungsverrechnung mit in die Hauptkostenstellen einfließen.

d) Der zeitabhängig kumulierte Kostenplan

Um der Unternehmensleitung einen jederzeitigen Überblick über die Kostensituation des Unternehmens insgesamt zu ermöglichen, sind die wichtigsten Kostenarten (jeweils für das Unternehmen insgesamt) als Summenwerte pro Monat und als kumulierte Werte bis zum jeweiligen Planungsabschnittsende (Jahr) zu planen. Hierbei sind die Kosten entsprechend ihrer Beschäftigungsabhängigkeit in die Hauptkostengruppen Materialkosten, Vertriebskosten, Personalkosten und übrige Kosten zu gliedern (vgl. *Abb. 54*).

Kostenplan Zeitraum	Kostenstellen-Bezeichnung	Fertigungsstelle A		Ko.St.Nr. 501 Bez.Gr.Nr.		Blatt
Planbezugsgröße je ⌀ Monat	4500 Fertigungsstunden		⌀ Schichtzahl	Ko.St.Leiter Stellvertreter		

	Kostenarten		Relativ-zahl	ME	Menge	DM/ME	Plankosten (DM/Monat)		
Nr.	Bezeichnung und Unterteilung						Gesamt	Proportional	Fix
4301	Fertigungslöhne			Std	4500	13,60	61 200	61 200	-
4309	Zusatzlöhne für Akkordarbeiter			Std	4500	0,29	1 305	1 305	-
4310	Hilfslohn						3 363	2 913	450
	Einrichter			Std	115	14,70	1 691		
	Reinigung, Transport in der Kostenstelle			Std	160	10,45	1 672		
4910	Kalk. Personalneben-kosten für Arbeiter			DM	65868	0,745	49 072	48 737	335
4100	Werkzeuge und Geräte			Std	4500	0,36	1 620	1 620	-
4110	Hilfs- und Betriebsstoffe			Std	4500	0,12	540	510	30
4510	Reparatur- und Instandhaltungs-kosten						2 550	1 922	628
	Reparaturwerkstatt			Std	48	25,00	1 200		
	Material						750		
	Fremdleistungen						600		
4801	Kalk. Abschreibungen 14 Maschinen (TW = 1 232 000 DM) (3422 Fix + 5134 × 0,865)						7 863	4 441	3 422
4810	Kalk. Zinsen auf Anlagevermögen 14 Maschinen (RW = 485 300)						2 426	-	2 426
4940	Kalk. Raumkosten			100 DM m²	4853 300	0,50 10,35	3 105	-	3 105
4951	Kalk. Stromkosten (140 kW)			kWh	25125	0,094	2 362	2 362	-
4960	Kalk. Transportkosten			Std	4500	0,70	3 150	3 150	-
4970	Kalk. Leitungskosten			Std	4500	0,92	4 140	4 140	-
4999	Kalk. sekundäre Fixkosten						27 265	-	27 265

Geplant	Geprüft	Abge-locht	Plankostensumme			169 961	132 300	37 661
							37,77	29,40
Name Datum	Name Datum	Name Datum	Ko.St.Leiter einverstanden		Datum	Kalkulationssätze		

Abb. 53: Kostenplan der Fertigungsstelle A[48]

---

[48] Entnommen aus *Kilger, Wolfgang:* Flexible Plankostenrechnung, S. 480.

134 III. Kapitel: Das Kosten- und Erfolgs-Controlling

Kostenart	Kostenplanung (in TDM) 1994																									Soll
	Jan.	Σ	Feb.	Σ	Mär.	Σ	Apr.	Σ	Mai	Σ	Jun.	Σ	Jul.	Σ	Aug.	Σ	Sep.	Σ	Okt.	Σ	Nov.	Σ	Dez.	Σ	Σ
I. Materialkosten																									
(1) Materialart 1	2	2	2	2	4	4	4	8	4	12	4	16	5	20	5	25	1	26	3	29	3	32	4	36	6	42
(2) Materialart 2	3	3	3	3	6	6	6	12	6	18	6	24	5	30	5	35	1	36	4	40	4	44	6	50	8	58
(3) fertig bezogene Teile	5	5	5	5	10	10	10	20	10	30	10	40	10	50	10	60	3	63	8	71	8	79	10	89	11	100
Σ1 [(1)–(3)]	10	10	10	10	20	20	20	40	20	60	20	80	20	100	20	120	5	125	15	140	15	155	20	175	25	200
II. Vertriebskosten (direkt)																										
(1) Kundenskonti	0,3	0,3	0,3	0,3	0,6	0,6	0,6	1,2	0,6	1,8	0,6	2,4	0,6	3,0	0,6	3,6	0,2	3,8	0,5	4,3	0,5	4,8	0,6	5,4	0,8	6,2
(2) Provision	0,8	0,8	0,8	0,8	1,6	1,6	1,6	3,2	1,6	4,8	1,6	6,4	1,6	8,0	1,6	9,6	0,2	9,8	1,5	11,3	1,5	12,8	1,6	14,4	2,0	16,4
(3) Verpackung	0,4	0,4	0,4	0,4	0,8	0,8	0,8	1,6	0,8	2,4	0,8	3,2	0,8	4,0	0,8	4,8	0,3	5,1	0,5	5,6	0,5	6,1	0,8	6,9	1,0	7,9
(4) Ausgangsfracht	0,5	0,5	0,5	0,5	1,0	1,0	1,0	2,0	1,0	3,0	1,0	4,0	1,0	5,0	1,0	6,0	0,3	6,3	0,5	6,8	0,5	7,3	1,0	8,3	1,2	9,5
Σ2 [Σ1+Σ(1)–(4)]	12	12	12	12	24	24	24	48	24	72	24	96	24	120	24	144	6	150	18	168	18	186	24	210	30	240
III. Personalkosten																										
(1) Gehälter	5	5	5	5	5	10	5	15	5	20	5	25	5	30	5	35	5	40	5	45	5	50	5	55	5	60
(2) Löhne	5	5	5	5	5	10	5	15	5	20	5	25	5	30	5	35	5	40	5	45	5	50	5	55	5	60
(3) Sozialaufwand (ges. und freiw.)	1	1	1	1	1	2	1	3	1	4	1	5	1	6	1	4	1	8	1	9	1	10	1	11	1	12
Σ3 [Σ2+Σ(1)–(3)]	23	23	23	23	23	46	35	81	35	116	35	151	35	186	35	221	17	238	29	267	29	296	35	331	41	372

B. Instrumente des Kosten- und Erfolgs-Controlling   135

	Jan.	Σ	Feb.	Σ	Mär.	Σ	Apr.	Σ	Mai	Σ	Jun.	Σ	Jul.	Σ	Aug.	Σ	Sep.	Σ	Okt.	Σ	Nov.	Σ	Dez.	Σ
IV. Übrige Kosten (ohne AfA und Rückstellungen)																								
(1) FK-Zinsen	0,5	0,5	0,5	1	0,5	1,5	0,5	2	0,5	2,5	0,5	3	0,5	3,5	0,5	4	0,5	4,5	0,5	5	0,5	5,5	0,5	6
(2) Energiekosten	0,5	0,5	0,5	1	1	2	0,5	2,5	0,4	2,9	1	3,9	0,4	4,3	0,6	4,9	1	5,9	0,5	6,4	0,5	6,9	1	7,9
(3) Reparatur, Instandhaltung	0,2	0,2	0,2	0,4	0,8	1,2	0,2	1,4	0,2	1,6	1,2	2,8	0,2	3	0,3	3,3	0,8	4,1	0,2	4,3	0,2	4,5	1,2	5,7
(4) Miete	0,4	0,4	0,4	0,8	0,5	1,3	0,4	1,7	0,4	2,1	1	3,1	0,4	3,5	0,4	3,9	0,5	4,4	0,4	4,8	0,4	5,2	1	6,2
(5) Kostensteuer, Versicherung, Gebühren	0,2	0,2	0,2	0,4	0,2	0,6	0,2	0,8	0,3	1,1	0,3	1,4	0,3	1,7	0,1	1,8	0,2	2	0,2	2,2	0,2	2,4	0,3	2,7
(6) sonst. Gemeinkosten	0,2	0,2	0,2	0,4	1	1,4	0,2	1,6	0,2	1,8	1	2,8	0,2	3	0,1	3,1	1	4,1	0,2	4,3	0,2	4,5	1	5,5
Σ4 [Σ3+Σ(1)–(6)]	25	25	25	50	39	89	37	126	37	163	40	203	37	240	19	259	33	292	31	323	37	360	46	406
V. Abschreibungen	1	1	1	2	1	3	1	4	1	5	1	6	1	7	1	8	1	9	1	10	1	11	1	12
VI. Kalk. Wagnisse/ Rückstellungen	1	1	1	2	1	3	1	4	1	5	1	6	1	7	1	8	1	9	1	10	1	11	1	12
Kosten insgesamt	27	27	27	54	41	95	39	134	39	173	42	215	39	254	21	275	35	310	33	343	39	382	48	430

Abb. 54: Zeitabhängig kumulierter Kostenplan

III. Kapitel: Das Kosten- und Erfolgs-Controlling

Als Kennzahlen lassen sich dann der Anteil der variablen Kosten sowie der Anteil der fixen Kosten an den Gesamtkosten in der Zeitreihe verfolgen. Für die ersten drei Monate des Jahres ergeben sich dann z. B. aus dem vorstehenden zeitabhängig kumulierten Kostenplan folgende Werte:

Anteil der variablen Kosten	KuE-C	Anteil der fixen Kosten	KuE-C
$\dfrac{48\,000\,\text{DM}}{95\,000\,\text{DM}} \cdot 100$	50,53 %	$\dfrac{47\,000\,\text{DM}}{95\,000\,\text{DM}} \cdot 100$	49,47 %

3. Die Erfolgsplanung

Um kurzfristig erkennen zu können, ob die kumulierten Umsatzerlöse die kumulierten Kosten überdecken, sind die zeitabhängigen Umsatz- und Kostenpläne in einem entsprechenden **zeitabhängig kumulierten Erfolgsplan** (vgl. *Abb. 55*) zusammenzufassen. Entsprechend der Strukturierung der Kostenarten in den zeitabhängigen Kostenplänen lassen sich dann nicht nur der kumulierte Erfolg, sondern jeweils auch der Deckungsbeitrag I (Rohgewinn) über die Materialkosten, der Deckungsbeitrag II über die variablen Kosten sowie die Deckungsbeiträge III und IV über Personal- und übrige Kosten ermitteln. Der getrennte Ausweis des Deckungsbeitrages V über die gesamten Kosten läßt eine jederzeitige Aussage zu, ob dieser, falls er negativ ist, nur die anteiligen Abschreibungen und Rückstellungen nicht abdeckt oder auch andere kurzfristig nicht abbaufähige (ausgabewirksame) Kosten ungedeckt läßt.

Die kumulierten Deckungsbeiträge lassen sich dann aus der Erfolgsplanung in das Kennzahlensystem übernehmen. Die Deckungsbeiträge über die variablen Kosten, über die Summe von variablen Kosten und den Personalkosten (in der Regel 90 % der gesamten Kosten) und über die gesamten Kosten lauten dann:

DB II über variable Kosten	KuE-C	DB III über variable Kosten und Personalkosten	KuE-C
Umsatz ./. variable Kosten		Umsatz ./. variable Kosten ./. Personalkosten	

DB V (ordentl.) betriebsbed. Ergebnis	KuE-C
Umsatz ./. variable Kosten ./. Personalkosten ./. übrige Fixkosten	

Soweit die Kostenstrukturen artikelgruppenbezogen oder kundengruppenbezogen auseinanderfallen, sind diese entsprechend dem Umsatzplan ggf. differenziert in den kumulierten Kosten- und Erfolgsplänen zu erfassen und in entsprechenden Deckungsbeiträgen auszuweisen. Eine differenzierte artikel- und kostenstellenbezogene Erfassung der Kosten erfolgt erst mit der entsprechenden Produktions- bzw. Marketing-Controllingkennzahl.

4. Die Gewinnschwellenanalyse (Break-Even-Point-Analyse) als Planungsinstrument

Eine rückläufige Konjunkturentwicklung führt in der Regel zu einer **Verschiebung der Nachfragefunktion** in Richtung auf den Nullpunkt des Koordinatensystems, d. h. je nach Marktform führt sie zu einer **verminderten Nachfragemenge** pro Zeiteinheit und/oder zu einem **verminderten Preis**, zu dem eine bestimmte Menge nachgefragt wird. Ausmaß und Nachhaltigkeit der Nachfrageverschiebungen hängen von der Stellung des Gutes in der Wertschätzung der Nachfrager im Hinblick auf ihre Bedürfnisbefriedigung und von der einkommensbedingten Budgetänderung der Verbraucher ab, die nicht bereit sind, den bisherigen Marktpreis zu zahlen bzw. die angebotene Ware in den bisherigen Mengen zu einem bestimmten Marktpreis abzunehmen.[49]

Für die Unternehmensleitung stellt sich bei rückläufiger Beschäftigungslage die Frage, ob das für die kommende Periode angestrebte Gewinnziel überhaupt erreicht werden kann bzw. welche Anpassungsentscheidungen notwendig sind, um die Zielerreichung trotz geänderter konjunktureller Rahmenbedingungen zu gewährleisten. Inwieweit die Zielerreichung, d. h. die Erreichung eines bestimmten Gewinnes in der Abfolge der jährlichen Produktion möglich ist, kann mit Hilfe der **Break-Even-Point-Analyse** abgeschätzt werden.[50] Denn mit Hilfe dieses Instrumentes ist es unter Berücksichtigung der zugrundeliegenden, die Aussage-

---

[49] Vgl. *Schmitt-Rink, Gerhard:* Unternehmenswachstum und -schrumpfung. Teil II: Variable Wachstumsrate (Schrumpfungsrate) der Nachfrage, in: Jahrbücher für Nationalökonomie und Statistik, o. Jg. (1967/68), Bd. 181, S. 97–116, hier S. 115; *Krommes, Werner:* Das Verhalten der Unternehmung in der Rezession, S. 173.

[50] Vgl. z. B. *Deyhle, Albrecht:* Controller-Praxis. Führung durch Ziele, Planung und Kontrolle, Bd. I: Unternehmensplanung und Controller-Funktion, 5. Aufl., hrsg. von der *Controller-Akademie*, Gauting bei München 1982, S. 37–41.

138 III. Kapitel: Das Kosten- und Erfolgs-Controlling

Erfolgsplanung (in TDM) 1994

	Jan.	Feb.	Σ	März	Σ	Apr.	Σ	Mai	Σ	Juni	Σ	Juli	Σ	Aug.	Σ	Sept.	Σ	Okt.	Σ	Nov.	Σ	Dez.	Soll Σ
Umsatz (insgesamt)	32	32	64	37	101	37	138	37	175	45	220	45	265	18	283	45	328	45	373	37	410	43	453
./. Rabatte	1	1	2	1	3	1	4	1	5	2	7	1	8	1	9	1	10	1	11	1	12	1	13
± Bestands- veränderungen	1	1	2	1	3	1	4	1	5	–1	4	4	8	–2	6	1	7	1	8	1	9	1	10
Betriebsleistung	32	32	64	37	101	37	138	37	175	42	217	48	265	15	280	45	325	45	370	37	407	43	450
./. Materialkosten	10	10	20	20	40	20	60	20	80	20	100	20	120	5	125	15	140	15	155	20	175	25	200
Deckungsbeitrag I (Rohgewinn)	22	22	44	17	61	17	78	17	95	22	117	28	145	10	155	30	185	30	215	17	232	18	250
./. Vertriebskosten (direkt)	2	2	4	4	8	4	12	4	16	4	20	4	24	1	25	3	28	3	31	4	35	5	40
Deckungsbeitrag II über variable Kosten	20	20	40	13	53	13	66	13	79	18	97	24	121	9	130	27	157	27	184	13	197	13	210
./. Personalkosten	11	11	22	11	33	11	44	11	55	11	66	11	77	11	88	11	99	11	110	11	121	11	132
Deckungsbeitrag III	9	9	18	2	20	2	22	2	24	7	31	13	44	–2	42	16	58	16	74	2	76	2	78
./. übrige Kosten (ohne Abschreibungen und Rückstellungen)	2	2	4	4	8	2	10	2	12	5	17	2	19	2	21	4	25	2	27	2	29	5	34
Deckungsbeitrag IV	7	7	14	–2	12	0	12	0	12	2	14	11	25	–4	21	12	33	14	47	0	47	–3	44
./. Abschreibungen	1	1	2	1	3	1	4	1	5	1	6	1	7	1	8	1	9	1	10	1	11	1	12
./. Kalk. Wagnisse/ Rückstellungen	1	1	2	1	3	1	4	1	5	1	6	1	7	1	8	1	9	1	10	1	11	1	12
Deckungsbeitrag V (ordentliches Ergebnis)	5	5	10	–4	6	–2	4	–2	2	0	2	9	11	–6	5	10	15	12	27	–2	25	–5	20

Abb. 55: Zeitabhängig kumulierter Erfolgsplan

kraft zweifellos einschränkenden Prämissen, möglich, die Auswirkungen von Änderungen der Absatzpreise und -mengen, der Kosten sowie der Programmzusammensetzung auf die Zielgröße Gewinn aufzuzeigen. Inwieweit die Break-Even-Point-Analyse überhaupt in der Lage ist, Anpassungsentscheidungen hinreichend zu begründen oder zumindest zu initiieren, hängt von den im folgenden näher zu betrachtenden Grundannahmen der Break-Even-Point-Analyse und der konkreten Ausgestaltungsform dieses Instrumentes ab.

a) Das Grundmodell der Break-Even-Point-Analyse

Das Instrument der Break-Even-Point-Analyse ermittelt diejenigen Erlöse bzw. die dazugehörige Absatzmenge, bei denen die gesamten fixen Kosten sowie die absatzmengenabhängigen (variablen) Kosten voll gedeckt sind. Dieser Deckungspunkt wird **Break-Even-Point** genannt. Er legt diejenige Erlös-Mengen-Kombination fest, von der ab die Unternehmung Gewinne erzielt. Formal ermittelt man diesen kritischen Wert, indem man die entstandenen Kosten des Umsatzes mit den erzielten Erlösen gleichsetzt. Die Break-Even-Absatzmenge (x_d) wird dann durch die Fixkosten der Periode (K_f) sowie den Stückerlös (p) und die proportionalen Stückkosten (k_p) definiert.

$$x_d = \frac{K_f}{p - k_p}$$

Durch Bewertung der Break-Even-Absatzmenge mit dem Stückerlös (p) erhält man den Break-Even-Umsatz.[51] Graphisch läßt sich der Break-Even-Point in der in *Abb. 56* dargestellten Form verdeutlichen.

Um beurteilen zu können, inwieweit die hier dargestellte Grundform der Break-Even-Point-Analyse überhaupt eine sinnvolle Grundlage für betriebliche Entscheidungen sein kann bzw. inwieweit eine Modifikation dieser Grundform angebracht erscheint, ist es zunächst einmal notwendig, die grundlegenden Prämissen dieses Analyseinstrumentes aufzuzeigen.[52]

Grundlage der Break-Even-Point-Analyse ist zunächst die Annahme, daß nur ein Erzeugnis hergestellt wird. Darüber hinaus wird davon ausgegangen, daß Kosten, Preise und Kapazitäten fest vorgegeben und bekannt sind. Die Preise werden dabei als mengenunabhängig unterstellt. Gleiches gilt für die variablen Stückkosten, d.h. beispielsweise Überstunden- oder Nachtschichtzuschläge haben keinen Einfluß auf den variablen Kostensatz. Die fixen Kosten werden ebenfalls als mengenunabhängig betrachtet, d.h. es gibt keine intervallfixen Kosten z.B. aufgrund mehrerer Arbeitsschichten. Außerdem wird davon ausgegangen, daß grundsätzlich während des betrachteten Zeitraums keine Parameteränderungen z.B. aufgrund von Verfahrensänderungen eintreten. Die bei einer bestimmten Absatzmenge anfallenden Kosten sind zudem von der Produktions-

---

[51] Vgl. *Heigl, Anton:* Controlling, S.129; *Poensgen, Otto H.:* Break-Even-Analysis, in: HWR, 2. Aufl., hrsg. von *Erich Kosiol*, Stuttgart 1981, Sp.303–313, hier Sp.303f.
[52] Vgl. im folgenden *Heigl, Anton:* Controlling, S.128f.; *Poensgen, Otto H.:* Break-Even-Analysis, Sp.308.

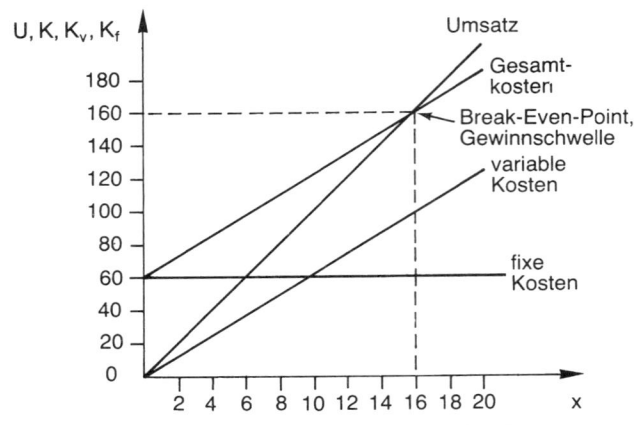

140   III. Kapitel: Das Kosten- und Erfolgs-Controlling

Abb. 56: Graphische Break-Even-Point-Bestimmung

menge der Vorperiode unabhängig, d. h. es liegt keine Kostenremanenz vor. Ferner wird unterstellt, daß produzierte und abgesetzte Mengen synchron verlaufen und demnach Lagerhaltung nicht berücksichtigt zu werden braucht.

Die oben genannten, zum Teil sehr restriktiven Prämissen der Break-Even-Point-Analyse lassen sich durch eine Reihe von **Erweiterungsmöglichkeiten** des Grundmodells größtenteils aufheben. So ist es durchaus möglich, die Break-Even-Point-Analyse auch im Mehrproduktunternehmen sinnvoll einzusetzen. Dies ist im Fall gleicher Produktdeckungsbeiträge offenkundig. Im Fall unterschiedlicher Produktdeckungsbeiträge besteht jedoch das Problem, daß der Break-Even-Point durch verschiedene Preis-Mengen-Kombinationen realisiert werden kann. In einem solchen Fall ist es dann lediglich möglich, die Mengen- oder Umsatzverhältnisse der jeweiligen Erzeugnisgruppen, so wie im Fall der Kuppelproduktion, festzulegen, um damit einen Break-Even-Point für das gesamte Umsatz-Mix ermitteln zu können, oder aber, und das scheint der sinnvollere Weg zu sein, für Haupterzeugnisgruppen bzw. Absatzsegmente spezifische Gewinnschwellen zu ermitteln.[53]

Ferner ist es durchaus möglich, einen **nicht-linearen Erlös- und Gesamtkostenverlauf** zu unterstellen.[54] Eine solche Verfeinerung der Break-Even-Analyse wird jedoch nur dann sinnvoll sein, wenn der erheblich höhere Planungsaufwand für die Erstellung der Erlös- und Kostenfunktionen nicht nur eine marginale Verbesserung der Break-Even-Point-Schätzung zur Folge haben wird. In der Regel muß die Break-Even-Point-Analyse nicht unbedingt die Gewinnschwelle auf eine Produktmengeneinheit genau angeben. Vielmehr soll sie einen Anhaltspunkt dafür geben, in welcher Größenordnung der Mindestumsatz liegen muß. In vielen Fällen wird es gerechtfertigt sein, die Linearitätsprämisse aufrecht zu erhalten und zusätzlich zu den linearen Kosten- und Erlösfunktionen Schwankungsintervalle zu definieren, innerhalb derer, wie aus *Abb. 57* ersichtlich, der Break-Even-Point liegt.

---

[53] Vgl. *Kilger, Wolfgang:* Flexible Plankostenrechnung, S. 709; *Schweitzer, Marcell; Küpper, Hans-Ulrich:* Systeme der Kostenrechnung, S. 361–364.
[54] Vgl. *Poensgen, Otto H.:* Break-Even-Analysis, Sp. 309.

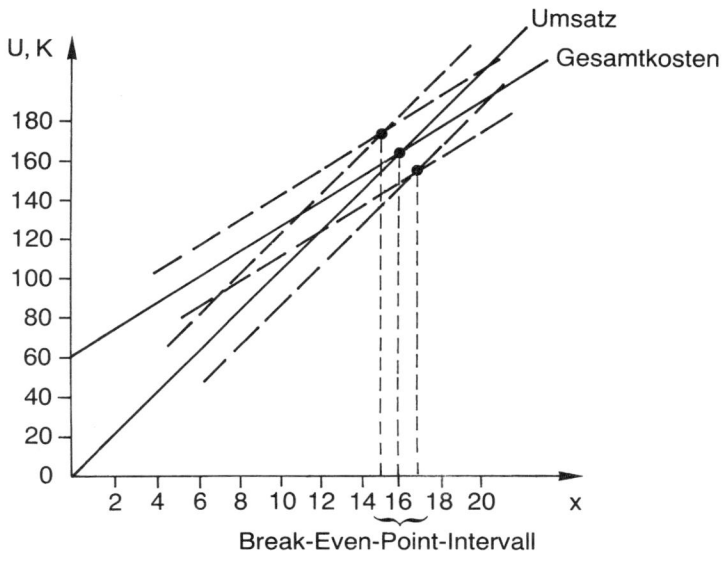

B. Instrumente des Kosten- und Erfolgs-Controlling 141

Abb. 57: Break-Even-Point-Intervall

Die für die Kosten- und Erlösfunktionen unterstellte Parameterkonstanz wird insofern aufgehoben, als auf dem Wege einer komparativ-statischen Analyse der Einfluß von Veränderungen der Kosten- und Erlösfunktionen aufgrund von Änderungen der zugrundeliegenden Parameter im Rahmen der Vorbereitung von Anpassungsentscheidungen Gegenstand der Analyse sein muß.[55]

b) Die Anwendungsmöglichkeiten der Break-Even-Point-Analyse im Rahmen des Controlling

Mit der Break-Even-Point-Analyse verfügt das Controlling über ein zwar grobes, jedoch leicht handhabbares Planungs- und Kontrollinstrument,[56] mit dem hinreichend genau Ansatzpunkte für notwendige betriebliche Anpassungsentscheidungen gefunden werden können. Als ein die Planung unterstützendes Instrument ist die Gewinnschwellenanalyse insofern geeignet, als sie die Auswirkungen von Änderungen der proportionalen und der fixen Kosten sowie der Preise auf die Gewinnschwelle erkennen läßt. So läßt sich mit Hilfe der Break-Even-Point-

---

[55] Der überdies gemachte Vorwurf, daß in der Break-Even-Point-Analyse lediglich die Endproduktmengen als Einflußgröße für die Kosten und Erlöse betrachtet werden, ist insofern nicht als schwerwiegend anzusehen, als die Break-Even-Point-Analyse nicht den Anspruch erhebt, eine kostenstellenbezogene Kostenplanung und Kostenkontrolle zu ersetzen. Sie dient lediglich als Ausgangspunkt einer gezielten Detailanalyse z.B. auf Basis von Kostenstellenplänen.

[56] Zur Beurteilung der Break-Even-Point-Analyse als Controlling-Instrument aus der Sicht der Praxis vgl. *Kleinebeckel, Herbert:* Weiterentwicklung der Break-Even-Analyse als ein Steuerungs- und Überwachungsinstrument im Controlling, in: Entwicklungen und Erfahrungen aus der Praxis des Controlling (II), Gebera-Schriften, Bd. 11, hrsg. von *Wolfgang Goetzke* und *Günter Sieben,* Köln 1982, S. 63–84.

142   III. Kapitel: Das Kosten- und Erfolgs-Controlling

Analyse zeigen, in welchem Umfang beispielsweise Preissteigerungen durch Kosteneinsparungen bei den variablen und/oder fixen Kosten die Unternehmung zum ursprünglichen Break-Even-Point zurückführen. In gleicher Weise läßt sich mit Hilfe der Gewinnschwellenanalyse abschätzen, in welchem Umfang die gesamten variablen und fixen Kosten im Falle eines konjunkturell bedingten Absatzrückganges gesenkt werden müssen, damit die Unternehmung verlustfrei bleibt.[57] Ausgehend von dem zeitabhängig kumulierten Erfolgsplan (vgl. Abb. 55) läßt sich unter Berücksichtigung der nicht erzeugnismengenabhängig zu proportionalisierenden fixen Kosten der Break-Even-Point berechnen.

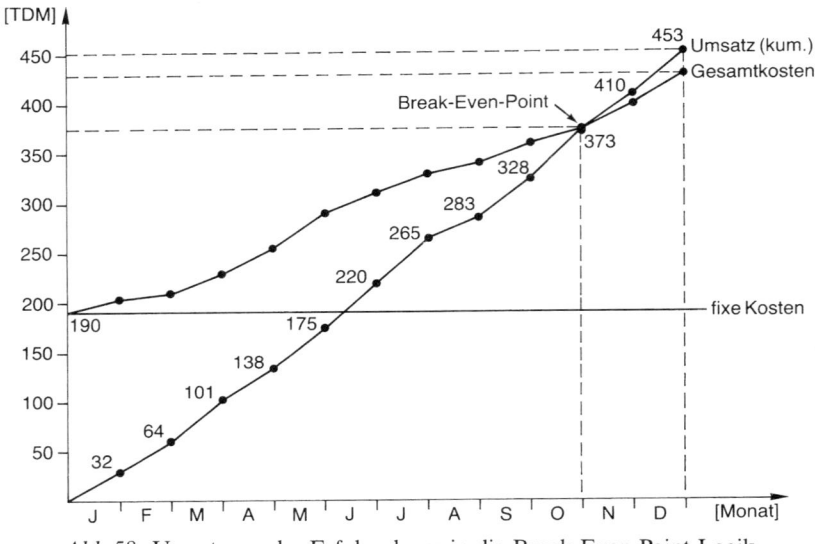

Abb. 58: Umsetzung des Erfolgsplanes in die Break-Even-Point-Logik

Im Rahmen ihrer Controllingaufgaben kann die Unternehmensleitung dann nicht nur jederzeit feststellen, wo der Break-Even-Point liegt, sie kann auch in Abhängigkeit von unterschiedlichen sich abzeichnenden Umsatzentwicklungen jeweils kurzfristig erkennen, ob sie den Break-Even-Point im Planungsabschnitt (Jahr) noch erreichen wird oder nicht. Dazu werden monatlich den geplanten Kosten- und Erlöswerten die tatsächlich eingetretenen Istwerte gegenübergestellt und somit ein Soll-Ist-Vergleich zwischen geplantem und tatsächlich erreichtem Break-Even-Point durchgeführt. Für das Controlling läßt sich die Break-Even-Point-Analyse nun in zweifacher Weise nutzen. Wird monatlich ein Soll-Ist-Vergleich durchgeführt und ist bei diesem erkennbar, daß die Break-Even-Point-Erreichung aufgrund zurückbleibender Umsätze (oder nicht geplanter Kostensteigerungen) bei einer größeren Stückzahl liegt und damit zeitlich hinausgeschoben wird,[58]

---

[57] Vgl. z. B. *Bramsemann, Rainer:* Controlling, 2. Aufl., Wiesbaden 1980, S. 118–121; *Schweitzer, Marcell; Küpper, Hans-Ulrich:* Systeme der Kostenrechnung, S. 360 f.
[58] Zur Idee der Vorabinformation siehe auch *Poensgen, Otto H.:* Break-Even-Analysis, Sp. 307.

kann der Verlust zwar nur nachträglich erkannt werden, es wird jedoch in der Regel Zeit genug sein, um so rechtzeitig betriebliche Anpassungsmaßnahmen einzuleiten, daß die Verluste (in der Regel im Sinne einer Gewinnminderung) sich in engen Grenzen halten. Andererseits besteht im Rahmen des Controlling die Möglichkeit, aufgrund von Frühwarnindikatoren einen möglichen Umsatzrückgang schon vor seinem Eintritt zu erkennen, seine Auswirkungen auf die Break-Even-Point-Verschiebung zu berechnen und ggf. entsprechende Anpassungsentscheidungen (vor Eintritt von Verlusten) zu realisieren. Für die Berechnung des Break-Even-Point gilt:

Break-Even-Point	KuE-C
$\dfrac{\text{Fixe Kosten}}{\varnothing \text{ Preis} - \varnothing \text{ variable Kosten}}$	

Für das Zahlenbeispiel in dem kumulierten Erfolgsplan gilt dann entsprechend:

Break-Even-Point	KuE-C
$\dfrac{190\,000}{0,23 - 0,12}$	1 727 273

Die in der vorstehenden Abbildung eingezeichnete geplante und aufgrund von kurzfristigen Prognosen oder ermittelter Ist-Werte geänderte Umsatzentwicklung läßt sich in ihrer Auswirkung auf die Break-Even-Point-Erreichung als Kennzahl ermitteln, die, wie hier dargestellt, für das Unternehmen insgesamt aber auch für entsprechende rechentechnisch abgrenzbare Unternehmensteile in die Führungsgrößen des Kennzahlensystems aufzunehmen ist. Die entsprechende Kennzahl soll als **Break-Even-Point-Erreichung** bezeichnet werden:

Break-Even-Point-Erreichung	KuE-C
$\dfrac{A^{(I)}}{\dfrac{K_f^{(p)}}{p^{(p)} - k_v^{(p)}}} \cdot 100$	

Dabei gilt:
$p^{(p)}$ = geplanter Stückpreis
$K_f^{(p)}$ = geplante Fixkosten
$k_v^{(p)}$ = geplante, variable Stückkosten
$A^{(I)}$ = kumulierte Ist-Absatzmenge

5. Die Matrix der auf- und abbaufähigen fixen Kosten als Planungsinstrument

In dem betrieblichen Erfolgsplan werden die in den einzelnen betrieblichen Teilplänen getroffenen Entscheidungen nach Deckungsbeitragsgesichtspunkten im Hinblick auf den Unternehmenserfolg zusammengefaßt, d.h. es ist erkennbar, welche Erlöse und welche Kosten dem Unternehmen durch welche der geplanten Aktivitäten entstehen. Während die Erlöse aus der differenzierten artikelbezogenen Umsatzplanung abgeleitet werden und zu so vielen Alternativplänen führen, wie Umsatzentwicklungen artikel- bzw. artikelgruppenbezogen für möglich gehalten werden, sind die den jeweiligen Alternativen zuordenbaren Kosten in Abhängigkeit von der jeweils geplanten von den Umsatzalternativen abhängigen Produktionsmenge zu ermitteln.

Die geplanten Kosten umfassen bezugsgrößenvariable Kosten, Personalkosten der einzelnen Kostenstellen und die Kosten der im Planungszeitraum disponiblen Vertragspotentiale. Neben diesen für das Entscheidungsfeld der kurzfristigen Planung relevanten Plankosten werden im Rahmen der Langfristplanung z.B. Abschreibungen, kalkulatorische Deckungsraten für getätigte Forschungs- und Entwicklungsprojekte, Kosten aus langfristig abgeschlossenen Miet-, Pacht-, Lizenz- und Leasingverträgen geplant.

Um Kostenplanungen in Abhängigkeit von unterschiedlichen Umsatzentwicklungen in dem zuvor geschilderten Umfang durchführen zu können, ist es notwendig, daß das Instrumentarium der Kostenplanung ausgeweitet wird. Zu den Kosteneinflußgrößen Verbrauch und Beschäftigung tritt die **geplante Betriebsbereitschaft**. In dem Umfang, in dem kurzfristig Fixkostenpotentiale etwa in Form von Miet-, Pacht-, Leasing- oder Arbeitsverträgen auf- und abbaufähig sind, müssen diese in die Kostenplanung des Controllers einbezogen und sichtbar gemacht werden. Zu diesem Zweck muß ein Grundrechenwerk für die Planung der Kosten aufgebaut werden, aus dem die jeweils relevanten Bestandteile in Abhängigkeit von der Problemstellung herausgefiltert werden können. Der neu einzuführende unternehmensbezogene, primär entscheidungsorientierte Teil des Rechnungssystems erfordert eine Unterscheidung der Kostenarten in einen automatisch mit der Kostenstellenbezugsgröße sich verändernden (variablen) Teil und einen nicht automatisch sich verändernden, jedoch in Abhängigkeit vom Betriebsbereitschaftsgrad und der zeitlichen Wirkungsdauer durch gesonderte Entscheidungen beeinflußbaren Teil.

a) Die Auf- und Abbaufähigkeit der fixen Kosten in ihrer sachlichen Struktur

Überlegungen im Hinblick auf den Auf- und Abbau von Fixkosten haben zuerst auf die Ursachen der Entstehung und Veränderung dieser Kosten, d.h. auf die Kostenbestimmungsfaktoren abzustellen. Kostenbestimmungsfaktoren für die Fixkosten sind die betrieblichen Potentialfaktoren, die die Betriebsbereitschaft sicherstellen. Bei den **Potentialfaktoren** handelt es sich um solche Produktionsfaktoren, welche nicht nur einmal, sondern häufiger Leistungen abgeben können. Dazu lassen sich alle im Eigentum der Unternehmung befindlichen Investitionsgüter des Anlagevermögens, wie z.B. Maschinen und maschinelle Anlagen rechnen. Darüber hinaus gelten auch solche Produktionsfaktoren, die nicht zum Anlagevermögen der Unternehmung gehören, als Potentialfaktoren, sofern das Unternehmen aufgrund vertraglicher Vereinbarungen Verfügungsgewalt über sie hat.[59] Zu diesen sogenannten **Vertragspotentialen** gehören beispielsweise Miet-, Pacht-, Leasing-, Reparatur-, Wartungs-, Stromlieferungs-, Versicherungs- und Beratungsverträge. Darüber hinaus zählen zu den fixe Kosten verursachenden Produktionsfaktoren auch diejenigen Vertragspotentiale, die sich aus Arbeitsverträgen ergeben.

Die angesprochenen Potentialfaktoren unterliegen leistungsabhängigem und/oder zeitbedingtem Verzehr. Der Einsatz von Potentialfaktoren mit rein **leistungsabhängigem Verschleiß** wie etwa Werkzeuge mit kurzer Lebensdauer, führt zu variablen Kosten und ist hier nicht weiter zu berücksichtigen. Die Potentialfaktoren mit **zeitbedingtem Verschleiß** können in solche mit rein zeitabhängigem und solche mit zeit- und leistungsabhängigem Verschleiß eingeteilt werden. Die Potentialfaktoren mit (rein) zeitabhängigem Verzehr sind in Potentiale mit und ohne feste Nutzungsdauer weiter zu untergliedern. Zu den Potentialfaktoren mit fester Nutzungsdauer zählen die bereits angesprochenen Vertragspotentiale. Die mit der Bereitstellung dieser Potentiale verbundenen fixen Kosten können vor Beginn der Abrechnungsperiode bereits genau bestimmt werden, da ihr möglicher zeitlicher Einsatz durch Vertragsdauer und Kündigungstermine fixiert und eine Verlagerung ihrer Nutzungsmöglichkeit bei Nichtinanspruchnahme unmöglich ist. Der Verzehr dieser Vertragspotentiale tritt deshalb in vollem Umfang auch ohne ihre Nutzung bereits durch die Bereitstellung ein. Die Existenz von Eigentumspotentialen mit fester Nutzungsdauer ist als Ausnahmefall anzusehen.

Bei den Potentialfaktoren mit rein zeitabhängigem Verschleiß ohne feste Nutzungsdauer handelt es sich um **Eigentumspotentiale** wie z.B. Gebäude, die primär dem „ruhenden Verschleiß" unterliegen sowie etwa Lagerhallen, Verwaltungsgebäude usw. Für die Kostenrechnung werfen sie deshalb besondere Probleme auf, weil ihre im voraus nicht bestimmbare Nutzungsdauer keine exakte Fixkostenverteilung auf die einzelnen Rechnungsperioden zuläßt. *Riebel* bezeichnet diese

---

[59] Vgl. hierzu *Reichmann, Thomas*: Die Bedeutung der Finanzplanung für die Bestimmung finanzwirtschaftlicher Preisuntergrenzen, in: ZfB, 45.Jg. (1975), S.463–472, hier S.465.

Kosten auch als Kosten „offener Perioden",[60] die eine gesamte Berücksichtigung im betrieblichen Rechnungswesen erzwingen.

Zu den Potentialfaktoren, die gleichzeitig einem Gebrauchs- und Zeitverschleiß unterliegen, zählen Eigentumspotentiale wie z.B. Maschinen, maschinelle Anlagen und Fahrzeuge. Sind weder der Umfang ihres zukünftigen technischen Einsatzes noch der mögliche technische und wirtschaftliche Fortschritt genau bekannt, ist eine Festlegung anteiliger fixer Kosten pro Rechnungsabschnitt für diese Produktionsfaktoren nur von begrenztem Aussagewert.[61]

Es hat sich gezeigt, daß die aus vertraglichen Bindungen resultierenden Potentiale aufgrund der Tatsache, daß sie in der Regel einem rein zeitabhängigem Verzehr unterliegen und ihre Nutzungsdauer im voraus bekannt ist, einer Disposition leichter zugänglich sind als diejenigen Potentiale, die zum Vermögen der Unternehmung gehören. Denn bei dem kurzfristigen Abbau der zuletzt besprochenen Potentialfaktorarten entsteht fast immer ein Restwertproblem, das in die Abbauentscheidung mit einzubeziehen ist. Kann ein Potentialfaktor nur zu einem unter seinem Buchwert liegenden Preis kurzfristig verkauft werden, ergeben sich durch die Differenz zwischen dem Buchwert und dem Restverkaufswert **zusätzliche „Stillegungskosten"**, die zu berücksichtigen sind. Im folgenden sollen deshalb die Potentialfaktoren im Vordergrund der Diskussion stehen, die dem Unternehmen aufgrund vertraglicher Vereinbarungen zur Verfügung stehen und nicht zum Eigentum der Unternehmung zählen.[62]

b) Die Auf- und Abbaufähigkeit der fixen Kosten in ihrer zeitlichen Struktur

Damit man vor dem Hintergrund konjunktureller Schwankungen den unternehmerischen Handlungsspielraum im Hinblick auf die fixen Kosten eines Unternehmens erkennen kann, ist es erforderlich, daß das Controllingsystem die Auf- und Abbaufähigkeiten der fixen Kosten in Abhängigkeit von den erwarteten Beschäftigungsschwankungen dokumentiert. Um einen Eindruck von der **Elastizität der betrieblichen Fixkosten** zu bekommen, ist die genaue Kenntnis ihrer Höhe und ihrer Abbautermine erforderlich.

Ein Beispiel soll diese Gedanken verdeutlichen. Nehmen wir an, die fixen Kosten setzen sich aus einem über einen längeren Zeitraum hinweg nicht abbaufähigen Block und mehreren nach kürzeren Zeitabschnitten abbaufähigen Kostenblöcken zusammen. Dabei sollen die hierbei betrachteten abbaufähigen fixen Kosten durch verschiedene Potentiale mit rein zeitabhängigem Verzehr bestimmt sein. Die abbaufähigen Fixkosten resultieren aus Arbeits- und Beratungsverträgen, Mietver-

---

[60] *Riebel, Paul:* Kurzfristige unternehmerische Entscheidungen im Erzeugungsbereich auf Grundlage des Rechnens mit relativen Einzelkosten und Deckungsbeiträgen, in: NB, 20.Jg. (1967), Heft 8, S.1–23, hier S.11.
[61] Zur Problematik der Aufspaltung der durch Potentialfaktoren verursachten Mischkosten in fixe und variable Anteile siehe etwa *Kilger, Wolfgang:* Flexible Plankostenrechnung, S.352–369.
[62] Diese Einschränkung ist zulässig, da eine Berücksichtigung von Vermögenspotentialen keine grundsätzlich neuen Probleme aufwirft. In diesem Fall muß nur eine zusätzliche Analyse der Differenz zwischen dem Restverkaufserlös und dem Restbuchwert erfolgen.

trägen für Gebäude, im Unternehmen eingesetzte Maschinen und maschinelle Anlagen sowie Gegenständen der Geschäftsausstattung und aus Versicherungsverträgen für die vorgenannten Güter, die mit dem Ausscheiden der versicherten Wirtschaftsgüter aus dem Unternehmen beendet werden (z. B. Kraftfahrzeugversicherungen, Feuer- und Einbruch-Diebstahlversicherungen usw.). Die abbaufähigen Fixkosten K_f, gliedern sich in solche, die monatlich oder mit zwei-, drei- oder sechsmonatiger Frist abgebaut werden können. Bezeichnet man den Kalkulationszeitpunkt zu Beginn des betrachteten Planungsabschnittes mit k = 0, dann läßt sich die Bindungsdauer der Fixkostenarten anhand des folgenden Blockdiagramms darstellen.[63]

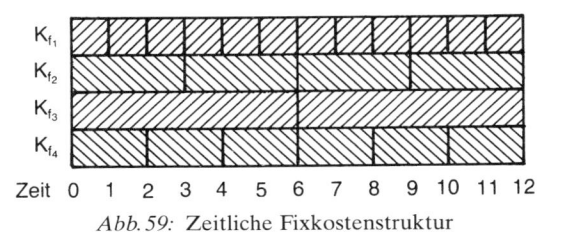

Abb. 59: Zeitliche Fixkostenstruktur

Durch die zeitliche Strukturierung der einzelnen Kostenarten in den Kostenstellen können die spezifischen Bindungen in den einzelnen Kostenstellen explizit erfaßt und geplant werden. Insbesondere können z. B. die sich aus der Altersstruktur des Personalbestandes ergebenden unterschiedlichen Bindungen der Lohnkosten entsprechend den tarif- und arbeitsvertraglichen Regelungen in der Kostenrechnung offengelegt werden, so daß sich globale Aussagen über die Beeinflußbarkeit von Lohnkosten erübrigen.

c) Die Auf- und Abbaufähigkeit der fixen Kosten in ihrer Wirkung auf die Betriebsbereitschaft

Die abbaufähigen fixen Kosten eines bestimmten Planungszeitraumes n für die einzelnen abbaufähigen Kostenarten ($K_{f_{ik}}$; i = 1, ..., r; k = 1, ..., m) lassen sich in folgender allgemeiner Form in einer Matrix erfassen.[64]

$$K = \begin{pmatrix} K_{f_{11}} & K_{f_{12}} & \cdots & K_{f_{1n}} \\ K_{f_{21}} & K_{f_{22}} & \cdots & K_{f_{2n}} \\ \vdots & \vdots & & \vdots \\ K_{f_{r1}} & K_{f_{r2}} & \cdots & K_{f_{rn}} \end{pmatrix}$$

---

[63] Entnommen aus *Reichmann, Thomas:* Kosten- und Preisgrenzen. Die Bestimmung von Preisuntergrenzen und Preisobergrenzen im Industriebetrieb, Wiesbaden 1973, S. 46. Zum Begriff der Bindungsdauer vgl. *Hug, Werner; Weber, Jürgen:* Zum Zeitbezug der Grundrechnung im entscheidungsorientierten Rechnungswesen, in: KRP, o. Jg. (1980), 2, S. 81–92, hier S. 83.

[64] Vgl. *Reichmann, Thomas:* Kosten und Preisgrenzen, S. 46; *Reichmann, Thomas; Scholl, Hermann Josef:* Kosten- und Erfolgscontrolling auf der Basis von Umsatzplänen, in: DBW, 44. Jg. (1984), S. 427–437, hier S. 436.

Die Summe der betriebsbereitschaftsgradabhängigen veränderbaren abbaufähigen fixen Kosten (K_m^τ) für jeden alternativ betrachteten Zeitpunkt innerhalb des Betrachtungszeitraumes errechnet sich mithin wie folgt:

$$K_m^\tau = \sum_{i=1}^{r} \sum_{k=1}^{m} K_{f_{ik}}^\tau \text{ wobei } m = 1, \ldots, n.$$

Aus den prognostizierten Absatzwerten lassen sich Beschäftigungsveränderungen im Produktionsvollzug – differenziert für einzelne Kostenstellen – ableiten. Dabei ist zu beachten, daß die Eliminierung einer Produktart aus dem Produktionsprogramm nicht zu einer für alle Kostenstellen gleichen **Veränderung der Betriebsbereitschaft** führt, sondern sich aufgrund der kostenstellenspezifischen Struktur und Beeinflußbarkeit von Potentialfaktoren mit zeitabhängiger Nutzungsdauer pro Kostenstelle unterschiedlich auswirkt. Die sich hieran anschließende Analyse der geplanten Betriebsbereitschaftsgrade und der kostenstellenindividuell benötigten Betriebsbereitschaftgrade zeigt auf, welche Anpassungsentscheidungen möglich und notwendig sind. Die Kostenwirkungen derartiger Entscheidungen lassen sich in Matrizen abbaufähiger fixer Kosten kostenstellenbezogen oder unternehmensbezogen darstellen.

KOSTENART	gesamt	monatlich			quartalsweise			halbjährig			längerfristig		
		70%	60%	0%	70%	60%	0%	70%	60%	0%	70%	60%	0%
Löhne	386 000	31 000											
Lagermiete	292 000				66 000								
Maschinenmiete	144 000	12 000						7 000					28 000
Maschinenmiete	60 000		5 000										

Abb. 60: Gemeinkostenplan

Wenn ein Unternehmen einen Umsatzrückgang erwartet, der zu einer betrieblichen Auslastung zwischen maximal 70 % und minimal 60 % führt, müssen die für diese Beschäftigungs- und Betriebsbereitschaftsgrade abbaufähigen fixen Kosten in einem entsprechenden Gemeinkostenplan erfaßt (vgl. *Abb. 60*) und in einer entsprechenden Matrix nach ihren möglichen Abbauterminen strukturiert dargestellt werden. Welche abbaufähigen fixen Kosten bei welcher erwarteten Absatzmarktsituation zum Abbau vorzusehen sind, ist in dem Abschnitt (III.C) zu diskutieren, in dem die Erfolgsveränderung durch rückläufigen Umsatz und entsprechende abbaufähige fixe Kosten mit den anderen betrieblichen Anpassungsmaßnahmen wie Preiserhöhung, Lagerhaltung, Produktvariation und deren Kosten- und Erfolgswirkungen zu vergleichen ist.

C. Das Kosten- und Erfolgs-Controlling bei wechselnden Marktverhältnissen

Die Unternehmensführung hat vor dem Hintergrund der konjunkturellen Entwicklung die Position der Unternehmung trend-, branchen- und saisonbezogen zu bestimmen und auf dieser Grundlage über entsprechende **Anpassungsstrategien** nachzudenken. Vor dem Hintergrund einer rückläufigen Beschäftigung stellt sich dabei die Frage, ob sich die Beibehaltung der im Absatzprogramm befindlichen Güter überhaupt noch „lohnt".[65] Um festzustellen, inwieweit es noch möglich ist, bei den erwarteten Absatzpreisen und -mengen wirtschaftlich zu produzieren, sollte zunächst geprüft werden, ob eine weitere Preissenkung ggf. zu einem höheren Mengenabsatz und damit zu einem höheren Deckungsbeitrag führt.

1. Preissenkung als Mittel zur Anpassung an wechselnde Marktverhältnisse

Vor die Entscheidung gestellt, einen Preis für ein Produkt festzulegen, für das langfristig gute Absatzmöglichkeiten erwartet werden, für das vorübergehend mit einem Rückgang der Nachfrage gerechnet werden muß, wird die Unternehmung in der Regel zu Preisnachlässen bereit sein. Dies kann sie durch Herabsetzung des Kaufpreises, durch Einräumung von zeitlich befristeten Rabatten oder durch Änderung der Zahlungskonditionen erreichen.

Eine **Senkung der Absatzpreise** wird nur dann sinnvoll sein, wenn hierdurch der rückläufige Mengenabsatz aufgehalten oder die Absatzmengen sogar erhöht werden können. Dies wird in Zeiten konjunkturellen Abschwungs besonders schwierig sein, da in der Regel davon ausgegangen werden kann, daß die Gesamtnachfrage nach den von den Unternehmen hergestellten Artikeln stagniert bzw. leicht rückläufig ist. In diesem Fall kommt es zusätzlich auf die Marktform und die Marktverhaltensweise an, in der sich das Unternehmen befindet bzw. die von der Konkurrenz verfolgt wird.

Hat die Unternehmung in einem bestimmten Marktbereich oder für einen bestimmten Artikel eine monopolähnliche Stellung, kann sie durch eine Senkung des Preises eine Erhöhung des Mengenabsatzes erzielen.

Eine Erhöhung ihres Deckungsbeitrages oder gar ihres Gewinns würde die Unternehmung jedoch nur dann erzielen, wenn sie vorher eine nicht gewinnmaximale (optimale) Menge (P_1/t_1) produziert und verkauft hätte.

Hat sich die Gesamtnachfrage nach den von der Unternehmung angebotenen Artikeln verringert, wird in der Regel auch eine Reduzierung des Absatzpreises

---

[65] *Raffée, Hans:* Grundprobleme der Betriebswirtschaftslehre, Göttingen 1974, S. 187.

150   III. Kapitel: Das Kosten- und Erfolgs-Controlling

(von P_1 auf P_2) nicht zu einer Erhöhung der Absatzmenge führen. Läßt sich die Absatzmenge durch eine erhebliche Preisreduzierung (auf P_3) erhöhen, wird sich in der Regel der Deckungsbeitrag erheblich gegenüber der Ausgangssituation verringern. Die Grenzerträge werden jedoch in diesem Fall in der Regel negativ sein (vgl. Abb. 61).

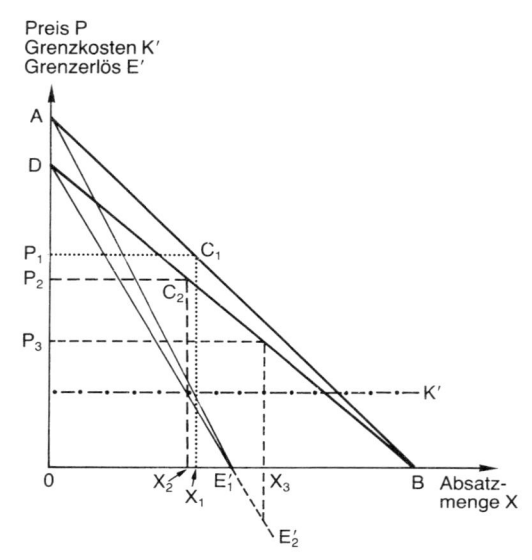

Abb. 61: Preispolitik in der Rezession bei rückläufigen Nachfragemengen

Bieten neben dem Unternehmen eine Reihe weiterer Konkurrenten den gleichen oder einen ähnlichen Artikel an, so ist die Unternehmung im allgemeinen nicht frei in ihrer Preisgestaltung. Will sie nicht Marktanteile verlieren, wird sie für die Artikel, für die sie aus der Sicht des Verbrauchers keinen komparativen Marktvorteil in Form eines Firmennamens, eines Images oder einer besonderen Qualität hat, meistens davon ausgehen müssen, daß, wenn sie ihre Preise senkt, auch die Konkurrenz die Preise senkt, und wenn sie ihre Preise erhöht (über P_1 hinaus), die Konkurrenz die Preise nicht automatisch erhöhen wird, so daß die gesamte Nachfrage zur Konkurrenz abwandert. Bei dieser Nachfrage wird eine Preissenkung in der Rezession dazu führen, daß die Gesamtnachfrage zu günstigeren Preisen bedient wird, ohne daß sich dadurch die Erfolgssituation für die einzelne Unternehmung merklich verbessern ließe. Der Umfang einer vorübergehenden Preisänderung läßt sich jedoch, wie in Abschnitt III.C.5 zu zeigen sein wird, nur dann endgültig festlegen, wenn die Unternehmung eine genaue Übersicht über die Entwicklung der einzelnen Kostenarten sowie der Vermögens- und Kapitalstruktur im Zeitablauf hat.

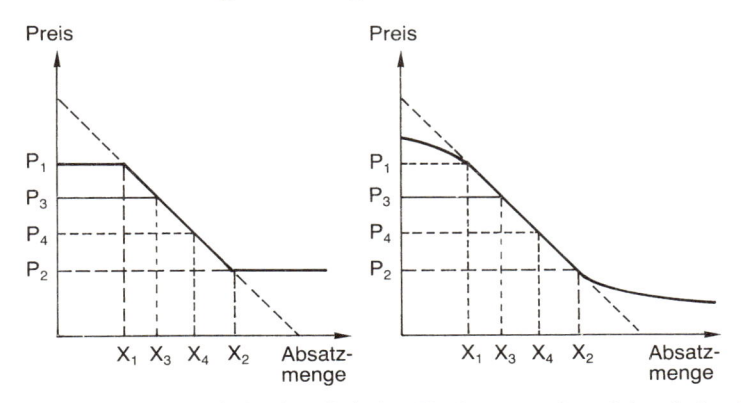

Abb. 62: Preis-Absatzkurven bei polypolistischer Konkurrenz mit reaktionsfreiem Bereich

2. Die Anpassung von Produktion und Lagerhaltung an einen rhythmisch schwankenden Absatzverlauf

a) Grundsätzliche Überlegungen zur Lösung des Anpassungsproblems bei schwankendem Absatzverlauf durch Lagerhaltung

Kann eine Preissenkung nicht zu dem gewünschten Erfolg führen, wird die Unternehmensleitung zunächst prüfen, ob eine **Fertigung auf Lager** sinnvoll ist. Vorausgesetzt, das betreffende Erzeugnis ist überhaupt lagerfähig, ist eine Fertigung auf Lager nur dann sinnvoll, wenn erwartet werden kann, daß bei einer späteren wirtschaftlichen Belebung **zusätzlich** zu den Absatzmengen, die bei Vollbeschäftigung verkaufbar sind, die Produktmengen verkauft werden können, die zwischenzeitlich auf Lager gelegt worden sind.

Die zukünftigen Verkaufschancen eines Produkts werden entscheidend davon abhängen, welche Phase seines **Lebenszyklusses** das Erzeugnis, dessen Nachfrage in der Rezession sinkt, erreicht hat.[66] Befindet sich das Produkt in der **Wachstums- oder Reifephase** und geht seine Nachfrage nur deshalb zurück, weil die einkommensbedingte Budgetänderung der Verbraucher einen Kauf dieses Erzeugnisses zu dem bisherigen Marktpreis nicht mehr zuläßt, so werden die potentiellen Käufer in späteren Perioden unter Umständen durchaus bereit sein, das Erzeugnis zu dem dann geltenden Marktpreis zu kaufen. Befindet sich das Produkt dagegen in der Phase des konjunkturellen Abschwungs, d. h. in der **Sättigungs- oder Degenerationsphase,** wird sich eine vorübergehende Lagerhaltung in Anbetracht der geringeren Verkaufserwartungen für die folgenden Perioden in der Regel nicht empfehlen.

Ist der Absatz des Produkts in späteren Perioden grundsätzlich möglich, ist zu prüfen, ob die zusätzlich angebotenen Mengen nicht die Preise der bei Vollbe-

---

[66] Zur Problematik des „Lebenszyklus" von Produkten siehe etwa: *Kotler, Philip; Bliemel, Friedhelm:* Marketing-Management, 7. Aufl., Stuttgart 1992, S. 541–566. Vgl. auch Kapitel X.

152   III. Kapitel: Das Kosten- und Erfolgs-Controlling

schäftigung verkaufbaren Absatzmengen negativ beeinflussen. Diese Marktvoraussetzung gilt in idealtypischer Weise für den Grenzfall des Mengenanpassers (vgl. Abb. 63), der dadurch gekennzeichnet ist, daß sein Einfluß auf die Marktentwicklung so gering ist, daß er jede beliebige Menge zu dem geltenden Marktpreis verkaufen kann.

Für jede andere Marktform bedarf es einer sorgfältigen Analyse alternativer Absatzpreis- und -mengenkombinationen, wenn eine Produktion auf Lager nicht die erfolgsungünstigste Lösung sein soll. Werden keine nachteiligen Folgen auf die Entwicklung des Marktpreises in späteren Perioden bei zusätzlich angebotenen Absatzmengen erwartet, ist ferner zu untersuchen, ob die Lagerkapazität und die finanziellen Mittel[67] ausreichen, um einen Lageraufbau in der Rezession durchführen und finanzieren zu können. Grundsätzlich kann man feststellen, daß eine Produktion auf Lager so lange sinnvoll ist, wie die zusätzlich durch die Lagerhaltung entstehenden Zinskosten niedriger sind, als die Verluste, die der Unternehmung dadurch entstehen würden, daß sie ihre Kapazitäten (Maschinen und Arbeitskräfte) nicht beschäftigen könnte, wobei evtl. Preisnachteile bei späterem Verkauf der gelagerten Güter mit in die (Wirtschaftlichkeits-)Rechnung einbezogen werden müssen.

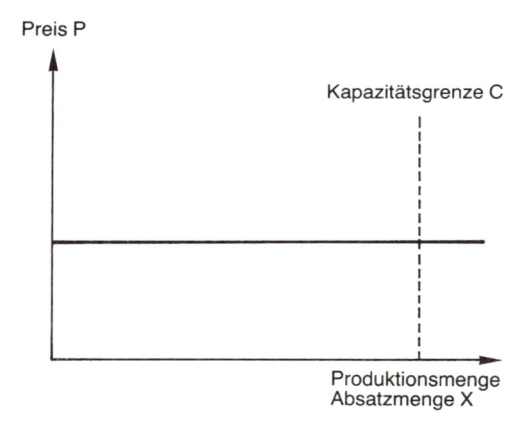

Abb. 63: Preis-Absatz-Funktion des Mengenanpassers

b) Die Anpassung von Produktion und Lagerhaltung an einen rhythmisch schwankenden Absatzverlauf bei gegebener Kapazität

Es soll nun darauf eingegangen werden, wie sich ein Unternehmen mit seinen Produktions- und Lagermitteln optimal an kurzwellige Absatzschwankungen anpassen kann. Dabei werden gegebene Absatzpreise und Absatzmengen unterstellt. Geht man ferner von der Zielsetzung der Gewinnmaximierung aus, wird

---

[67] Der Bedarf an finanziellen Mitteln muß hierbei im Zeitablauf in Abhängigkeit von dem im Lager gebundenen Kapital und in Abhängigkeit von den übrigen kumulierten Ausgaben und Einnahmen ermittelt werden. Vgl. hierzu *Reichmann, Thomas:* Die Bedeutung der Finanzplanung, S. 463–472.

die Unternehmensleitung bemüht sein, die vorhandene Nachfrage mit minimalen Kosten zu decken.

Eine im Hinblick auf die Zielerreichung optimale Abstimmung zwischen Kapazität, Beschäftigung und Lagerhaltung ist nur zu erreichen, wenn in einem Planungsprozeß gleichzeitig die Betriebsmittelgröße, der Ausnutzungsgrad der Betriebsmittel und die pro Periode und insgesamt zu lagernde Produktmenge bestimmt werden.[68] Wie eine solche Abstimmung durchgeführt werden kann, wird im folgenden für ein Unternehmen mit einfacher Massenfertigung dargestellt werden. Auf die Einbeziehung mehrstufiger Fertigung sowie mehrfacher Massenfertigung mit Produktionsmittelverbundenheit (Sorten- und Serienfertigung) soll im Rahmen dieser grundlegenden Darstellung verzichtet werden.[69]

Zur Lösung des Planungs- und Abstimmungsproblems bei **saisonalem Absatzverlauf** wird zunächst von einem Betriebsmittelbestand ausgegangen, der mindestens so groß ist, daß der gesamte Bedarf pro Jahr gedeckt werden kann. Vor diesem Hintergrund ist zu prüfen, welches die optimale Verteilung von Produktion (Beschäftigungsgrad) und Lagerhaltung im Zeitablauf ist. Daran anschließend ist zu prüfen, welches die günstigste Kapazitätsgröße ist. Sind die mit jeder Kapazitätsgröße verbundenen fixen Kosten bekannt und läßt sich für jede Kapazitätsgröße die kostenminimale Abstimmung von Beschäftigung und Lagerhaltung angeben, dann läßt sich diejenige Kombination von Kapazitätsgröße, Kapazitätsauslastung im Zeitablauf und Lagerhaltung bestimmen, die mit minimalen Gesamtkosten verbunden ist. Bezeichnen wir die Absatzmenge pro Periode mit v und die Periode mit t, so können wir die Absatzmengen pro Planungsabschnitt, der n Perioden umfaßt, als eine empirisch gegebene Funktion der Zeit darstellen:

$v = f(t), \quad t = 1, 2, \ldots, n$

Der **gesamte Absatz** pro Planungsabschnitt V_n setzt sich aus der Summe der periodischen Absatzmengen zusammen. Damit gilt dann:

$$V_n = \sum_{t=1}^{n} v_t$$

---

[68] Vgl. hierzu *Reichmann, Thomas*: Die Abstimmung von Produktion und Lager bei saisonalem Absatzverlauf, Köln und Opladen 1968.
[69] Zur Lösung dieser Fragestellungen siehe etwa *Elsner, Horst-Dieter*: Mehrstufiger Fertigungsprozeß und zeitliche Verteilung des Fertigungsvolumens in Saisonunternehmungen, in: ZfB, 38. Jg. (1968), S. 45–54, hier S. 46–51; *Reichmann, Thomas*: Die Bestimmung des optimalen Produktionsplans bei mehrstufigen Fertigungsprozessen in Saisonunternehmen, in: ZfB, 38. Jg. (1968), S. 683–700; *Egger, Anton*: Kurzfristige Fertigungsplanung und betriebliche Elastizität unter besonderer Berücksichtigung des Betriebes der Serienfertigung mit saisonalen Absatzschwankungen, Berlin 1971; *Seitz, Manfred*: Probleme der betrieblichen Planung bei im Zeitablauf wechselnden Marktverhältnissen, Wiesbaden 1968; *Baetge, Jörg*: Betriebswirtschaftliche Systemtheorie, S. 104–132; *Kilger, Wolfgang*: Optimale Produktions- und Absatzplanung. Entscheidungsmodelle für den Produktions- und Absatzbereich industrieller Betriebe, Opladen 1973, S. 459 und S. 489–498; ders.: Optimale Preispolitik bei Saisonschwankungen der Absatzmengen, in: Zur Theorie des Absatzes, Festschrift zum 75. Geburtstag von Erich Gutenberg, hrsg. von *Helmut Koch*, Wiesbaden 1973, S. 175–214; *Schneiderhan, Wolfgang*: Zum Problem der zeitlichen Abstimmung von Produktions- und Absatzmengen in mehrstufigen Unternehmen bei gegebenen Kapazitäten, Diss., Saarbrücken 1971.

154   III. Kapitel: Das Kosten- und Erfolgs-Controlling

Der gleiche funktionale Zusammenhang besteht zwischen den periodisch herzustellenden Produktmengen und der Zeit. Bezeichnet man die periodisch herzustellenden Produktmengen mit x und die **kumulierte Produktmenge** pro Planungsabschnitt mit X_n, so erhalten wir folgenden Ausdruck:

$$X_n = \sum_{t=1}^{n} x_t$$

Die **Planungs-** und **Abstimmungsaufgabe** besteht nun darin, diejenige zeitliche Verteilung für die x_t-Werte zu finden, die zu minimalen Produktions- und Lagerkosten führt. Dabei gehen in die Analyse ausschließlich die variablen Produktionskosten ein. Auf eine Berücksichtigung der fixen Produktionskosten kann verzichtet werden, da sie von der Kapazitätsgröße abhängig sind und diese zunächst als konstant unterstellt wird. Bezeichnen wir die variablen Produktionsstückkosten mit k_x und die gesamten variablen Produktionskosten pro Planungsabschnitt mit K_x, ferner die variablen Lagerkosten pro Stück und Periode mit k_l sowie die gesamten variablen Lagerkosten pro Planungsabschnitt mit K_l, so kann man für die variablen Gesamtkosten K_v die folgende Gleichung aufstellen:

$K_v = K_x + K_l$

Die gesamten variablen Produktionskosten ergeben sich durch Multiplikation der Produktionskosten pro Stück und Periode mit der Anzahl der insgesamt herzustellenden Stücke:

$$K_x = k_x \sum_{t=1}^{n} x_t$$

Geht man davon aus, daß der Verkauf der Produkte jeweils am Ende einer Periode erfolgt und der Produktionsprozeß für alle in einer Periode zu erzeugenden Einheiten jeweils am Periodenende abgeschlossen ist, lassen sich die **Lagerbestände L** für das Ende einer jeden Periode als Differenz zwischen den bis dahin seit Beginn des Planungsabschnitts hergestellten und den seither verkauften Produkten bestimmen. Wenn man den Teilabschnitt betrachtet, der m Periodenenden umfaßt, über den die periodischen Produktionsmengen und Verkaufsmengen aufsummiert werden, so lassen sich die bis zum Ende eines jeden Teilplanungsabschnitts aufsummierten Lagerbestände wie folgt berechnen:

$$L_m = \sum_{t=1}^{m} x_t - \sum_{t=1}^{m} v_t$$

Damit man nun die variablen Lagerkosten für den gesamten Planungsabschnitt n ermitteln kann, ist es erforderlich, die Lagerbestände der Teil-Planungsabschnitte über den gesamten Planungsabschnitt zu kumulieren:

$$\sum_{m=1}^{n} L_m = \sum_{m=1}^{n} \left(\sum_{t=1}^{m} x_t - \sum_{t=1}^{m} v_t \right)$$

Multiplizieren wir diesen Term mit den Lagerkosten k_l pro Einheit und Periode, dann erhalten wir für die **gesamten variablen Lagerkosten** den folgenden Ausdruck:

$$K_1 = k_1 \left[\sum_{m=1}^{n} \left(\sum_{t=1}^{m} x_t - \sum_{t=1}^{m} v_t \right) \right]$$

Die **gesamten variablen Kosten** ergeben sich schließlich wie folgt:

$$K_v = K_x + K_1 = k_x \sum_{t=1}^{n} x_t + k_1 \left[\sum_{m=1}^{n} \left(\sum_{t=1}^{m} x_t - \sum_{t=1}^{m} v_t \right) \right] \rightarrow \text{Min!}$$

Mit Hilfe der obigen Gleichung ist es nun möglich, das Minimum der Produktions- und Lagerkosten und damit die optimale Verteilungsweise der Produktion bei saisonalem Absatzverlauf und gegebener Kapazität zu bestimmen. Das setzt allerdings voraus, daß noch der Lösungsraum für die Optimumbestimmung abgegrenzt wird. Aus diesem Grunde sind eine Reihe von **Nebenbedingungen** einzuführen. So ist zu berücksichtigen, daß weder eine negative Produktion pro Zeiteinheit geplant wird noch eine Produktionsmenge in Betracht gezogen wird, die die vorhandenen betrieblichen Kapazitäten übersteigen würde. Bezeichnen wir die **maximale Leistungsfähigkeit** der Betriebsmittel pro Periode mit c, so können wir die beiden Nebenbedingungen wie folgt formulieren:

$x_t \geqq 0, \quad t = 1, 2, \ldots, n$
$x_t \leqq c, \quad t = 1, 2, \ldots, n$

Eine vollständige Deckung der Nachfrage in jeder Periode setzt voraus, daß in jedem Zeitpunkt die bis dahin hergestellte Erzeugnismenge größer oder gleich der gesamten Menge sein muß, die bis zu diesem Zeitpunkt verkauft werden kann:

$$\sum_{t=1}^{m} x_t \geqq \sum_{t=1}^{m} v_t$$

$m = 1, 2, \ldots, n$

Ferner soll berücksichtigt werden, daß am Ende des Planungsabschnitts der Lagerbestand auf Null gesunken ist, d.h. die gesamte bis dahin produzierte Menge soll auch verkauft worden sein:

$$\sum_{t=1}^{n} x_t = \sum_{t=1}^{n} v_t$$

Damit ist nun das lineare Programm vollständig formuliert. Geht man von bekannten Absatzmengen pro Zeiteinheit aus, und wandelt man die als Ungleichung formulierten Nebenbedingungen unter Zuhilfenahme von Schlupfvariablen in Gleichungen um, dann läßt sich die kostenminimale Abstimmung von Produktion und Lagerhaltung mit Hilfe der **Simplex-Methode**[70] ermitteln.[71]

---

[70] Vgl. hierzu etwa *Hax, Herbert*: Lineare Planungsrechnung und Simplex-Methode als Instrument betriebswirtschaftlicher Planung, in: ZfbF, NF, 12.Jg. (1960), S.578–605; *Angermann, Adolf*: Entscheidungsmodelle, Frankfurt/M. 1963, S.185–216; *Kern, Werner*: Optimierungsverfahren in der Ablauforganisation. Gestaltungsmöglichkeiten mit Operations Research, Essen 1967, S.76–83.

[71] Vgl. hierzu und im folgenden das Beispiel bei *Reichmann, Thomas*: Die kostenminimale Abstimmung von Kapazität, Beschäftigung und Lagerhaltung in Unternehmen mit rhythmisch schwankendem Absatzverlauf (I) und (II), in: KRP, o. Jg. (1975), 5, S.199–205 und 6, S.275–281.

c) Die Anpassung von Produktion und Lagerhaltung an einen rhythmisch schwankenden Absatzverlauf bei veränderlicher Kapazität

Fragt man nach der optimalen Kapazitätsgröße bei einer gegebenen saisonalen Absatzverteilung, so handelt es sich um die Kapazitätsgröße, bei der die hierfür entstehenden fixen Kosten zusammen mit den variablen Produktions- und Lagerkosten ein Minimum bilden. Die Berücksichtigung der **Kapazitätskosten** verlangt, daß die folgenden Größen in die Abstimmungsanalyse mit einbezogen werden: die gesamte Leistungsfähigkeit der Betriebsmittel während ihrer Nutzungsdauer ($\bar{C}$ = **Totalkapazität**), die Leistungsfähigkeit pro Planungsabschnitt C und die periodische Nutzenabgabemöglichkeit (c = **Periodenkapazität**). Die fixen Kosten der Betriebsmittel erhalten wir, indem wir mit der Annuitätenmethode die gesamten Anschaffungsausgaben (AW) auf die Zahl der Jahre ($\bar{n}$) verteilen, die das Aggregat genutzt werden kann. Wenn wir die Anschaffungsausgaben der Betriebsmittel nun mit dem Wiedergewinnungsfaktor[72] multiplizieren, so ergeben sich die **fixen Kosten pro Planungsabschnitt** (K_f).[73]

$$K_f = AW \cdot \frac{q^{\bar{n}}(q-1)}{q^{\bar{n}} - 1}$$

Die fixen Kosten pro Planungsabschnitt sind ferner das Ergebnis aus der Multiplikation der Kosten pro Periodenkapazitätseinheit mit der Zahl der Kapazitätseinheiten, die pro Planungsabschnitt zur Verfügung gestellt werden sollen. Werden die Kosten für eine Periodenkapazitätseinheit (c) mit k_c bezeichnet, dann lassen sich die fixen Kosten pro Planungsabschnitt in Abhängigkeit von der Anzahl der Perioden (n) wie folgt ausdrücken:

$K_f = k_c \cdot n \cdot c$

Unter Berücksichtigung der Kapazitätskosten erhält man schließlich die folgende zu minimierende **Zielfunktion:**

$$K = k_x \sum_{t=1}^{n} x_t + k_l \left[\sum_{m=1}^{n} \left(\sum_{t=1}^{m} x_t - \sum_{t=1}^{m} v_t \right) \right] + k_c \cdot n \cdot c \rightarrow \text{Min!}$$
$m = 1, \ldots, n.$

Das **Gesamtkostenminimum** und damit die optimale Kapazitätsgröße und zeitliche Verteilung von Produktion und Lagerhaltung läßt sich nun bestimmen, indem die Größe c in der Zielfunktion und den Nebenbedingungen simultan variiert wird, wobei die Variationsbreite durch die kleinste Kapazitätsgröße, die gerade ausreicht, um die gesamte Nachfrage pro Planungsabschnitt zu decken, und durch die größte Kapazität, die eine unmittelbare Deckung der saisonalen Nachfrage in jeder Periode aus der laufenden Produktion ermöglicht, bestimmt wird.

---

[72] Zum Wiedergewinnungsfaktor siehe *Schneider, Erich:* Wirtschaftlichkeitsrechnung. Theorie der Investition, 8. Aufl., Tübingen-Zürich 1973, S. 22–32.
[73] Ausgaben und Kosten werden hier als einander größenmäßig entsprechend angenommen.

C. Das Kosten- und Erfolgs-Controlling bei wechselnden Marktverhältnissen 157

3. Die Anpassung des Produktions- und Absatzprogramms an wechselnde Marktverhältnisse

a) Die Beeinflussung der Absatzmenge mit Hilfe produktpolitischer Maßnahmen

Lassen weder eine Preissenkung noch eine Fertigung auf Lager den gewünschten Erfolg erwarten, sind unternehmerische Entscheidungen im Hinblick auf die Gestaltung des Produktions- und Absatzprogramms angebracht.

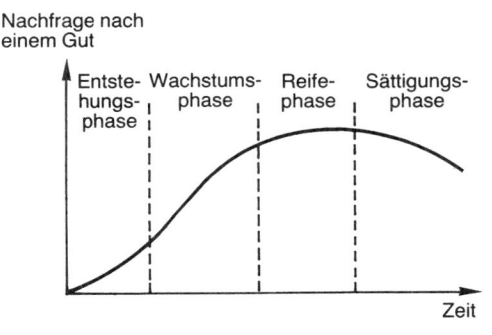

Abb. 64: Produktlebenszyklus

Setzt sich das Absatzprogramm des Unternehmens aus einer Mehrzahl von Artikeln zusammen, die am Anfang ihres Produktlebenszyklusses stehen (vgl. Abb. 64),[74] und haben die Konkurrenzunternehmen, die in der gleichen Branche tätig sind, nicht eine vergleichbare Produktentwicklung betrieben, wird eine rückläufige Nachfrage das Unternehmen mit vielen neuen Produkten (U_1) weniger hart treffen, als andere Unternehmen (U_2) die keine entsprechenden Neueinführungen im Rahmen ihrer Produktpalette zu verzeichnen haben. Ihr Absatz

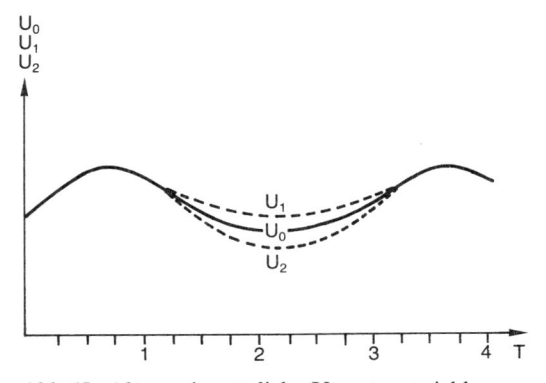

Abb. 65: Alternativ mögliche Umsatzentwicklungen

---

[74] Vgl. hierzu auch Kapitel X.

158   III. Kapitel: Das Kosten- und Erfolgs-Controlling

wird sich in dieser Marktsituation unter Umständen sogar überdurchschnittlich verschlechtern.

Produktpolitik wird bei rückläufiger Beschäftigung nicht selten auch in Form der **Produktvariation** durchgeführt. Sie kann z. B. durch Einführung sogenannter „Sondermodelle" erfolgen, wie dies etwa bei Automobilen, Kühlschränken und bei anderen langlebigen Konsumgütern zu beobachten ist. Wird ein solches Sondermodell vom Marketing-Mix her richtig angeboten, bietet dieses in der Regel eine Reihe von Kostenvorteilen: es kann in großer Stückzahl hergestellt werden, wodurch sich die sortenfixen Kosten reduzieren. Durch die vergleichsweise höhere Umschlagshäufigkeit reduzieren sich die Lagerkosten. Auch die Materialkosten lassen sich oft senken, da die fremdbezogenen Teile in größerer Stückzahl bezogen werden können, was in der Regel zu Rabattvorteilen führt. Verbindet man diese Produktpolitik mit einer entsprechenden Preispolitik, hat dies zwei **Vorteile:** Zum einen besteht die Chance, bei rückläufiger Nachfrage einen größeren Teil der verbleibenden Nachfrage auf die eigene Unternehmung zu lenken, zum anderen kann damit erreicht werden, daß die zeitlich befristeten Angebote von „Sparmodellen" nicht dazu führen, daß in späteren Perioden der Voll- und Überbeschäftigung negative Preiseffekte in Kauf genommen werden müssen.

Untersucht man darüber hinaus, mit wie vielen Artikeln wieviel Prozent des Umsatzes realisiert werden, so wird sich in fast allen Unternehmen zeigen, daß mit wenigen Artikeln 50 % bis 70 % des Umsatzes und mit ca. 50 % der Artikel nur 10 % des Umsatzes realisiert werden können.

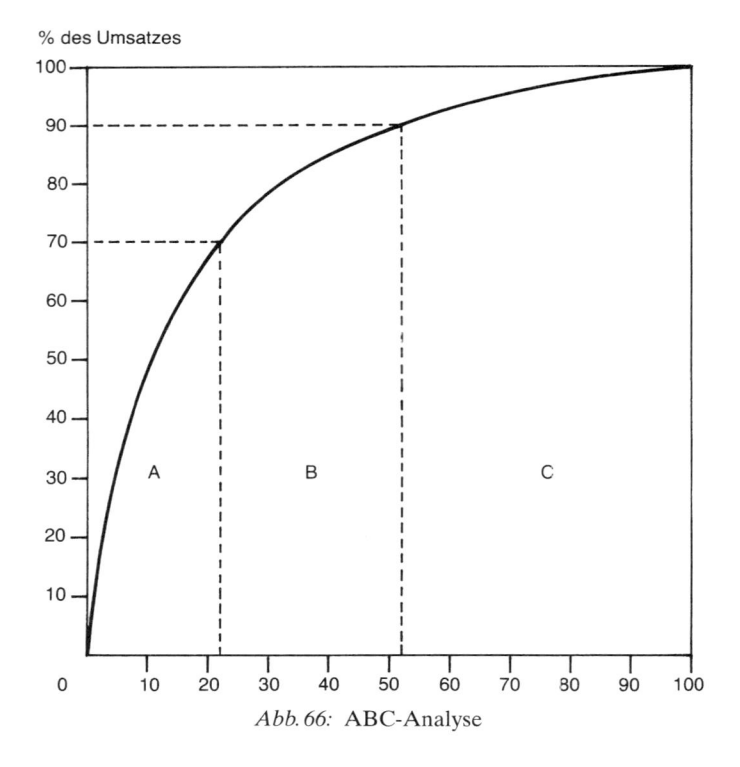

Abb. 66: ABC-Analyse

C. Das Kosten- und Erfolgs-Controlling bei wechselnden Marktverhältnissen 159

Eine systematische Zusammenstellung der Artikel eines Unternehmens nach ihrer Umsatz- oder auch Deckungsbeitragsstärke erfolgt mit Hilfe der **ABC-Analyse**.[75] Da eine Programmbereinigung von den Artikeln, die nur einen geringen Umsatz realisieren, nicht nur zu Lagerkostenersparnissen führt, sondern in der Regel auch im Produktions- und Absatzbereich Kosteneinsparungen zur Folge hat, wird sich eine Sortimentsanalyse unter sorgfältiger Beachtung möglicher Absatzverbundenheit von Artikeln besonders in Zeiten rückläufiger Absatzentwicklung lohnen.

b) Die Bestimmung des optimalen Produktions- und Absatzprogramms

Konjunkturelle Veränderungen lassen sich in der Regel an veränderten Marktpreisen und/oder Nachfragemengen erkennen. Sowohl bei den Marktpreisen als auch bei den möglichen Absatzmengen handelt es sich um wesentliche Bestimmungsfaktoren der Produktions- und Absatzprogrammplanung. Die **Aufgabe der Programmplanung** besteht darin, das Produktions- und Absatzprogramm unter der Zielsetzung der Gewinnmaximierung sowie unter Beachtung von Restriktionen des Beschaffungs-, Produktions- und Absatzbereichs festzulegen. Die Auswahl der Entscheidungskriterien, mit deren Hilfe die optimale Programmstruktur ermittelt werden kann, ist abhängig von der zugrundeliegenden Entscheidungssituation.

Beschäftigungssituation Planung	Kein Engpaß	Ein Engpaß	Mehrere Engpässe
Verfahrensplanung erfolgt mit Hilfe von	Absolut minimalen proportionalen Stückkosten	Relativ minimalen proportionalen Stückkosten	Kostenminimierungsmodellen der linearen Programmierung
Verkaufssteuerung erfolgt mit Hilfe von	Absoluten Stück-Deckungsbeiträgen	Relativen Stück-Deckungsbeiträgen	Gewinnmaximierungsmodellen der linearen Programmierung

Abb. 67: Entscheidungskriterien der optimalen Produktions- und Absatzplanung[76]

Bezüglich des Absatzbereiches kann man zwischen Verfahrenswahlentscheidungen bei **gegebenen Produktionsmengen** und Absatzentscheidungen (Verkaufssteuerung) bei **gegebenen Verkaufspreisen** differenzieren. Im Fall vorgegebener Produktionsmengen ist es nur noch möglich, eine Entscheidung darüber zu fällen, wie die abzusetzenden Mengen kostenminimal produziert werden können. Demgegenüber kann im Fall gegebener Verkaufspreise darüber entschieden werden, welche Produkte in welcher Anzahl produziert und abgesetzt werden sollen. Ein solches Vorgehen impliziert eine simultane Abstimmung zwischen dem Produktions- und Absatzprogrammplan.

Bezogen auf den Produktionsbereich kann man drei typische Entscheidungssituationen unterscheiden. So ist es möglich, daß im Produktionsbereich entweder

---

[75] Vgl. auch Kapitel VI.B.2.
[76] Entnommen aus *Kilger, Wolfgang:* Flexible Plankostenrechnung, S. 739.

160 III. Kapitel: Das Kosten- und Erfolgs-Controlling

kein Engpaß, ein Engpaß oder aber sogar **mehrere Engpässe** auftreten. Vor dem Hintergrund dieser Entscheidungssituationen sind die in der *Abb. 67* zusammengestellten Entscheidungskriterien für die Ermittlung der optimalen Programmstruktur relevant.

Bei dem hier exemplarisch zu behandelnden – alle anderen Fälle jedoch umfassenden – Fall der **Verkaufssteuerung** bei mehreren Engpässen läßt sich die optimale Rangfolge der Produkte nur mit Hilfe mathematischer Optimierungsrechnungen, wie z. B. mittels linearer Programmierung[77] bestimmen.[78] Beispielhaft sei hier ein Unternehmen angeführt, welches zwei Produkte, a und b, herstellt. Für a kann ein Preis von 13,- DM und für b ein Preis von 11,- DM erzielt werden. Die variablen Kosten betragen für a 9,- DM und für b 8,- DM. Die Deckungsbeiträge (Erlös pro Stück minus variable Kosten pro Stück) betragen mithin für a 4,- DM und für b 3,- DM. Die Kapazitäten der Anlagen C_1, C_2 und C_3 werden von den beiden Erzeugnissen in den in *Abb. 68* genannten Relationen in Anspruch genommen.

Kapazität (in Maschinenstunden)		Produkte	
		a	b
c_1	1600	2	1
c_2	1000	1	1
c_3	2400	1	3

Abb. 68: Kapazitätsinanspruchnahme der Produkte a und b

Die fixen Kosten sollen 2000,- DM betragen. Das optimale Produktionsprogramm läßt sich dann, ausgehend von den absoluten Deckungsbeiträgen der beiden Produkte a und b, durch Maximierung des Zielkriteriums Deckungsbeitrag (DB) unter Einhaltung der Kapazitätsrestriktionen mit Hilfe der linearen Programmierung bestimmen:

$DB = 4 x_1 + 3 x_2 - 2000$ Max!
$2 x_1 + 1 x_2 \leq 1600$
$1 x_1 + 1 x_2 \leq 1000$
$1 x_1 + 3 x_2 \leq 2400$
$x_1, x_2 \geq 0$

Ein derartiges lineares Planungsmodell soll im folgenden mit Hilfe des Simplex-Verfahrens gelöst werden.[79] Nach Umformung der Ungleichungen des Modellansatzes in Gleichungen durch Einführung von Schlupfvariablen erhält man das Ausgangstableau (Simplex-Tableau I) des Simplex-Verfahrens (vgl. *Abb. 69*).

Aus Tableau III ist zu entnehmen, daß das Simplex-Kriterium erfüllt ist, weil die Zielfunktionszeile keinen Koeffizienten mit negativem Vorzeichen enthält.

---

[77] Zu den Verfahren der linearen Programmierung vgl. *Kilger, Wolfgang:* Optimale Produktions- und Absatzplanung, S. 164–512.
[78] Vgl. zu den dem folgenden Beispiel zugrundeliegenden Prämissen *Kilger, Wolfgang:* Flexible Plankostenrechnung, S. 751 f.
[79] Zum Zahlenbeispiel und Rechengang siehe im einzelnen *Reichmann, Thomas:* Kosten und Preisgrenzen, S. 90–92.

C. Das Kosten- und Erfolgs-Controlling bei wechselnden Marktverhältnissen 161

I.	x_1	x_2	y_1	y_2	y_3	q	DB
y_1	2	1	1	0	0	1600	
y_2	1	1	0	1	0	1000	
y_3	1	3	0	0	1	2400	
	−4	−3	0	0	0	0	−2000

Tableau I (Ausgangstableau)

II.	x_1	x_2	y_1	y_2	y_3	q	DB
x_1	1	1/2	1/2	0	0	800	
y_2	0	1/2	−1/2	1	0	200	
y_3	0	5/2	−1/2	0	1	1600	
	0	−1	2	0	0	3200	1200

Tableau II

III.	x_1	x_2	y_1	y_2	y_3	q	DB
x_1	1	0	1	−1	0	600	
x_2	0	1	−1	2	0	400	
y_3	0	0	2	−5	1	600	
	0	0	1	2	0	3600	1600

Tableau III (Ergebnistableau)

Abb. 69: Simplex-Iteration

Das optimale Produktionsprogramm setzt sich aus 600 Einheiten von x_1 und 400 Einheiten von x_2 zusammen. Der Deckungsbeitrag beträgt 1600,– DM (600 à 4,– DM = 2400,– DM und 400 à 3,– DM = 1200,– DM abzüglich 2000,– DM Fixkosten). Die Leerkapazität der Anlage c_3 beträgt 600 Maschinenstunden.

c) Die Bestimmung relativer Preisgrenzen zur Erhaltung des optimalen Produktions- und Absatzprogramms

Um abschätzen zu können, ob durch eine Veränderung der Marktpreise sowohl auf dem Absatz- als auch auf dem Beschaffungsmarkt das optimale Produktions- und Absatzprogramm verändert wird, ist das zuvor dargestellte lineare Modell zu parametrisieren und eine Sensitivitätsanalyse durchzuführen.[80] Vom optimalen Produktions- und Absatzprogramm ausgehend ist zu prüfen, wie weit der Deckungsbeitrag eines Erzeugnisses in der Zielfunktion sinken kann, ohne daß eine der Nebenbasisvariablen in dem Optimalprogramm einen Wert annimmt, bei

---

[80] Vgl. hierzu *Kern, Werner:* Die Empfindlichkeit linear geplanter Programme, in: Betriebsführung und Operations Research, hrsg. von *Adolf Angermann,* Frankfurt/Main 1963, S. 49–79; *Dinkelbach, Werner:* Sensitivitätsanalysen und parametrische Programmierung, Berlin, Heidelberg, New York 1969; *Müller-Merbach, Heiner:* Operations Research. Methoden und Modelle der Optimalplanung, 3. Aufl., München 1973, S. 150–153.

dem das Simplexkriterium nicht mehr erfüllt ist. Die **Werte, bis zu denen der Preis eines Produktes sinken oder steigen kann, ohne daß sich die Optimalität des Programms ändert,** werden **relative Preisgrenzen** genannt. Dabei werden die Preise der übrigen Erzeugnisse als konstant angenommen. Die relativen Preisuntergrenzen geben allerdings nur an, ab welchem Preis das Produktionsprogramm nicht mehr optimal ist. Die Zusammensetzung des neuen optimalen Produktionsprogramms ist jeweils durch eine Neuberechnung des optimalen Tableaus zu ermitteln.

Für die Neuaufnahme eines Produkts in das Produktionsprogramm gilt bei gegebenen Kapazitäten, daß mindestens der Preis erzielt werden muß, der die Grenzkosten und die auf eine Einheit des Zusatzauftrages entfallenden **Opportunitätskosten** erbringt.[81] Die Grenzkosten allein bestimmen nur dann die relative Preisuntergrenze eines neu aufzunehmenden Produktes, wenn in den Bereichen, die durch das neue Produkt in Anspruch genommen werden, Unterbeschäftigung herrscht, denn nicht ausgenutzte Kapazitäten haben einen Opportunitätskostenwert von Null.

Ist nur ein Engpaß zu beachten, vereinfacht sich die Optimumberechnung. Das optimale Produktionsprogramm und die Preisuntergrenzen der in das Produktionsprogramm aufgenommenen Produkte sowie der möglichen Zusatzaufträge können dann mit Hilfe von **engpaßbezogenen Deckungsbeiträgen** errechnet werden.

(1) Die Bestimmung relativer Preisgrenzen für Absatzgüter

Im folgenden soll eine Sensitivitätsanalyse zur Ermittlung der **relativen Preisuntergrenzen**[82] für das Absatzgut a durchgeführt werden. D.h., es wird derjenige kritische Wert gesucht, bis zu dem der Absatzpreis des Produktes a fallen kann, ohne daß sich die Optimalität des Produktions- und Absatzprogramms ändert.

I a	x_1	x_2	y_1	y_2	y_3	q	DB
	$-d_1$	-3	0	0	0	0	-2000

Zielfunktion des Tableaus I a (Ausgangstableau)

II a	x_1	x_2	y_1	y_2	y_3	q	DB
	0	$0,5 d_1 - 3$	$0,5 d_1$	0	0	$800 d_1$	$800 d_1 - 2000$

Zielfunktion des Tableaus II a

III a	x_1	x_2	y_1	y_2	y_3	q	DB
	0	0	$d_1 - 3$	$6 - d_1$	0	$600 d_1 + 1200$	$600 d_1 - 800$

Zielfunktion des Tableaus III a (Ergebnistableau)

Abb. 70: Parametrische Simplex-Iteration für Produkt a

---

[81] Vgl. hierzu *Kilger, Wolfgang:* Flexible Plankostenrechnung, S. 757; *Hax, Herbert:* Die Bestimmung von Preisuntergrenzen bei Zusatzaufträgen, in: Steigende Kosten – Sinkende Zuwachsraten – Verschärfter Wettbewerb, hrsg. von der *Deutschen Gesellschaft für Betriebswirtschaft,* Berlin 1963, S. 323–333.
[82] Vgl. *Reichmann, Thomas:* Kosten und Preisgrenzen, S. 90–98.

C. Das Kosten- und Erfolgs-Controlling bei wechselnden Marktverhältnissen

Die relative Preisuntergrenze für x_1 kann dann ermittelt werden, indem in der Zielfunktion für den Deckungsbeitrag von Gut a (= 4,– DM) der Wert d_1 eingesetzt und die Gleichung dann gleich Null gesetzt wird. Würde der Wert von d_1 weiter sinken, so würde die Nebenbasisvariable positiv, und es ergäbe sich die Notwendigkeit einer Neuberechnung des Produktionsprogramms:

$$0 - [d_1 \cdot 1 + 3 \cdot (-1)] = 0 \quad (1)$$
$$0 - [d_1 \cdot (-1) + 3 \cdot 2] = 0 \quad (2)$$

Aus Gleichung (1) ergibt sich für d_1 ein Wert von 3,– DM und aus Gleichung (2) ein Wert von 6,– DM.

Der Spielraum des Deckungsbeitrages für x_1, innerhalb dessen das Produktionsprogramm optimal bleibt, reicht von 3,– DM bis 6,– DM. Die relative Preisuntergrenze für x_1 wird mithin durch den niedrigstmöglichen Deckungsbeitrag (3,– DM) zuzüglich der variablen Kosten des Produktes (9,– DM) bestimmt.[83]

Sinkt der Preis jedoch weiter, reichen die bisher verwendeten Verfahren nicht aus. Indem man in der ursprünglichen Zielfunktion jeweils alternativ für x_1 und x_2 einen Wert einsetzt, der unter der ermittelten relativen Preisuntergrenze liegt, und diese neue Zielfunktion gegen die ursprüngliche in den bisher berechneten Tableaus eintauscht, läßt sich ein neues optimales Produktionsprogramm berechnen. (Dadurch erspart man sich die Neuberechnung der Koeffizientenmatrizen bis zum Optimaltableau.) Nachdem die alte Zielfunktion in allen Tableaus durch die neue ersetzt wurde, ist das Simplex-Kriterium nicht mehr erfüllt. Das Tableau der bisherigen Optimallösung ist dann unter Berücksichtigung der neuen Zielfunktion durch weitere Iterationen so lange zu verändern, bis das Simplex-Kriterium erfüllt und das neue optimale Produktionsprogramm erreicht ist. Bei einem Sinken des Deckungsbeitrages um 0,20 DM unter den Deckungsbeitrag, der im Rahmen der Ermittlung der relativen Preisuntergrenzen gefunden wurde, ergibt sich folgende neue Zielfunktion:

$$DB_2 = 2{,}80\, x_1 + 3\, x_2 \quad (3)$$

Rechnet man diese Zielfunktion um, wobei als Auswahlkriterium für die **Pivotspalte** jeweils der größte negative Wert der alten Zielfunktion genommen wird, so gelangt man zu den Zielfunktionen der Tableaus IIa* und IIIa*. Durch Einsetzen der nachiterierten Zielfunktion in Tableau IIIa ergibt sich das Tableau IIIa*. Bei Tableau IIIa* ist das Simplex-Kriterium nicht erfüllt, deshalb ist eine Iteration erforderlich. Tableau IVa zeigt das neue optimale Produktionsprogramm.

Der Deckungsbeitrag beträgt 940,– DM. Es werden hergestellt:

x_1 = 300 Stück
x_2 = 700 Stück.

---

[83] In gleicher Form läßt sich eine Sensitivitätsanalyse auf der Basis eines Ausgangstableaus Ib zur Ermittlung der Preisgrenzen für das Produkt b bei konstantem Deckungsbeitrag für das Produkt a durchführen. Der analog ermittelte Deckungsbeitrag für x_2 kann zwischen 2,– DM und 4,– DM schwanken, ohne daß sich die Optimalität des Produktionsprogramms ändert. Die Preisuntergrenze für x_2 ist mithin 2,– DM zuzüglich der variablen Kosten von 8,– DM, also 10,– DM.

II.a*	x_1	x_2	y_1	y_2	y_3	q	DB
	0	−1,60	1,40	0	0	2240	240

Zielfunktion des Tableaus II a*

III.a*	x_1	x_2	y_1	y_2	y_3	q	DB
	0	0	−0,20	3,20	0	2880	880

Zielfunktion des Tableaus III a*

III.a*	x_1	x_2	y_1	y_2	y_3	q	DB
x_1	1	0	1	−1	0	600	
x_2	0	1	−1	2	0	400	
y_3	0	0	2	−5	1	600	
	0	0	−0,20	3,20	0	2880	880

Tableau III a*

IV.a	x_1	x_2	y_1	y_2	y_3	q	DB
x_1	1	0	0	3/2	−1/2	300	
x_2	0	1	0	−1/2	1/2	700	
y_1	0	0	1	−5/2	1/2	300	
	0	0	0	2,70	0,10	2940	940

Tableau IV a (Ergebnistableau)

Abb. 71: Simplex-Iteration zur Rückgewinnung eines optimalen Programms nach Unterschreitung der relativen Preisuntergrenze von Gut a in Höhe von 3,- DM

Mit der bisher durchgeführten Sensitivitätsanalyse konnte der Spielraum bestimmt werden, bis zu dem der Preis des Produktes x_1 sinken kann, ohne daß sich die Optimalität des Produktionsprogramms ändert, und es konnte mit Hilfe entsprechender Umwandlung der Zielfunktion das neue optimale Produktionsprogramm für den Preis bestimmt werden, der unter dem mit der Sensitivitätsanalyse bestimmten Wert liegt. Muß ein noch stärkeres Sinken des Preises für x_1 erwartet werden, ist der geschilderte Rechengang in analoger Form zu wiederholen. In dem hier diskutierten Beispiel wird nach nochmaliger Anwendung der Sensitivitätsanalyse für x_1 ein Deckungsbeitrag von 1,- DM ermittelt. Die anschließende Optimumberechnung ergibt, daß bei einem Deckungsbeitrag von 0,80 DM nur noch x_2 im Produktionsprogramm ist. Ausgehend von einem Deckungsbeitrag von 2,80 DM läßt sich die neue Preisuntergrenze mit Hilfe der Sensitivitätsanalyse wie folgt bestimmen:

$$0 - [2,80 \cdot 1,50 + 3 \cdot (-0,50)] = -2,70 < 0 \tag{4}$$
$$0 - [2,80 \cdot (-0,50) + 3 \cdot 0,50] = -0,10 < 0 \tag{5}$$
$$0 - [d_1 \cdot 1,50 + 3 \cdot (-0,50)] = 0 \tag{6}$$
$$0 - [d_1 \cdot (-0,50) + 3 \cdot 0,50] = 0 \tag{7}$$

C. Das Kosten- und Erfolgs-Controlling bei wechselnden Marktverhältnissen   165

Aus Gleichung (6) ergibt sich ein kritischer Wert von 1,– DM und aus Gleichung (7) ein Wert von 3,– DM.

Bei den hier angenommenen Preisveränderungen um jeweils 0,20 DM ist mithin eine neunmalige Preisänderung und damit eine Variation des Deckungsbeitrages von 2,80 DM auf 1,– DM möglich, ehe das Produktionsprogramm IVa seine Optimalität verliert. Ein Unterschreiten des Deckungsbeitrages für x_1 von 1,– DM um 0,20 DM führt zu der geänderten Zielfunktion:

$DB_3 = 0{,}80\, x_1 + 3\, x_2$,

die in der zuvor beschriebenen Form nachzuiterieren bzw. weiter umzuformen ist (vgl. *Abb. 72*).

	x_1	x_2	y_1	y_2	y_3	q	DB
II.a*	0	−2,60	0,40	0	0	640	−1360
III.a*	0	0	−2,20	5,20	0	1680	− 320
IV.a*	0	0	0	−0,30	1,10	2340	340

Zielfunktionen der Tableaus II a*, III a*, IV a*

IV.a*	x_1	x_2	y_1	y_2	y_3	q	DB
x_1	1	0	0	3/2	−1/2	300	
x_2	0	1	0	−1/2	1/2	700	
y_1	0	0	1	−5/2	1/2	300	
	0	0	0	−0,30	1,10	2340	340

Tableau IV a*

V.a*	x_1	x_2	y_1	y_2	y_3	q	DB
y_2	2/3	0	0	1	−1/3	200	
x_2	1/3	1	0	0	1/3	800	
y_1	5/3	0	1	0	−1/3	800	
	0,20	0	0	0	1	2400	400

Tableau V a (Ergebnistableau)

Abb. 72: Simplex-Iteration zur Rückgwinnung eines optimalen Programms nach Unterschreitung der relativen Preisuntergrenze von Gut a in Höhe von 1,– DM

Aus Tableau Va ergibt sich, daß bei einem Deckungsbeitrag von weniger als 1,– DM für x_1 nur noch Produkt x_2 mit 800 Einheiten hergestellt wird. Der Deckungsbeitrag beträgt dann 400,– DM.

In analoger Anwendung der für x_1 dargestellten Verfahrensregeln läßt sich das neue optimale Produktionsprogramm für x_2 berechnen. Dabei wird von folgender Zielfunktion ausgegangen:

$DB_4 = 4\, x_1 + 1{,}80\, x_2$

166   III. Kapitel: Das Kosten- und Erfolgs-Controlling

Die Simplex-Iteration kommt zu dem Ergebnis, daß bei einem Deckungsbeitrag unter 2,– DM für x_2 nur noch x_1 in Höhe von 800 Stück hergestellt wird. Der Deckungsbeitrag beträgt 1200,– DM. Die Preisuntergrenzenermittlung für x_2 mit im voraus nicht bekannter Preisveränderung ist somit abgeschlossen. Sind sowohl der Deckungsbeitrag von Produkt a als auch der Deckungsbeitrag von Produkt b variabel, so lassen sich keine relativen Preisgrenzen mehr in der bisherigen Form angeben. Man kann nur noch einen Bereich ermitteln, innerhalb dessen die Relation der Deckungsbeiträge $d_1:d_2$ schwanken kann, ohne daß sich die Optimalität des Produktionsprogramms ändert.

Erscheinen in der Zielfunktionszeile des LP-Ansatzes (vgl. *Abb. 70*) beide Deckungsbeiträge als Variable, so erhält man die folgenden Tableaus:

Ic	x_1	x_2	y_1	y_2	y_3	q	DB
	$-d_1$	$-d_2$	0	0	0	0	-2000

Zielfunktion des Tableaus Ia (Ausgangstableau)

IIc	x_1	x_2	y_1	y_2	y_3	q	DB
	0	$0,5 d_1 - d_2$	$0,5 d_1$	0	0	$800 d_1$	$800 d_1 - 2000$

Zielfunktion des Tableaus IIa

IIIc	x_1	x_2	y_1	y_2	y_3	q	DB
	0	0	$d_1 - d_2$	$2 d_2 - d_1$	0	$600 d_1 + 400 d_2$	$600 d_1 + 400 d_2 - 2000$

Zielfunktion des Tableaus IIIa (Ergebnistableau)

Abb. 73: Parametrische Simplex-Iteration für die Produkte a und b

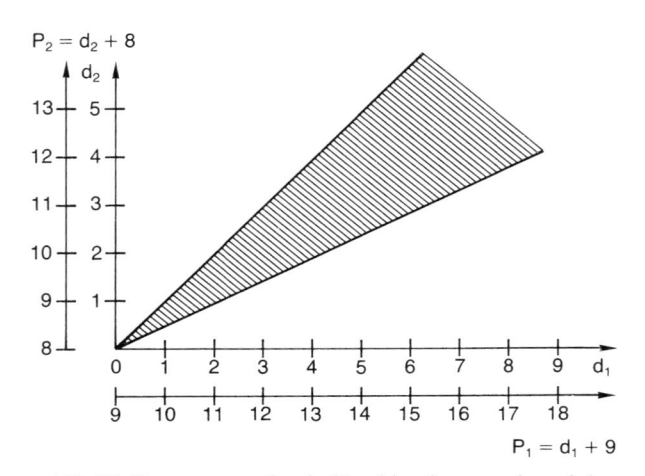

Abb. 74: Programmoptimale Kombination von d_1 und d_2

C. Das Kosten- und Erfolgs-Controlling bei wechselnden Marktverhältnissen 167

Graphisch läßt sich dieser Sachverhalt wie in *Abb. 74* darstellen. Dabei zeigt sich, daß das Tableau IIIc solange das optimale Programm darstellt, wie Kombinationen von d_1 und d_2 im schraffiert eingezeichneten Bereich liegen.

(2) Die Bestimmung relativer Preisgrenzen für Beschaffungsgüter

Es sei angenommen, daß die zur Herstellung der Produkte a und b aufgewandten variablen Kosten ausschließlich Materialkosten für die Rohstoffe R_1 und R_2 sind. Der Preis für R_1 betrage $q_1 = 2,-$ DM, der Preis für R_2 betrage $q_2 = 1,-$ DM. Zur Produktion einer Einheit des Gutes a werden 4 Einheiten R_1 und eine Einheit R_2 benötigt, zur Produktion einer Einheit des Gutes b 2,5 Einheiten R_1 und 3 Einheiten R_2. Die variablen Kosten pro Stück betragen damit für die Güter a und b:

$k_{v_1} = 4 \cdot q_1 + 1 \cdot q_2$
$\phantom{k_{v_1}} = 4 \cdot 2 + 1 \cdot 1 = 9$ DM
$k_{v_2} = 2,5 \cdot q_1 + 3 \cdot q_2$
$\phantom{k_{v_2}} = 2,5 \cdot 2 + 3 \cdot 1 = 8$ DM

Die Deckungsbeiträge für a und b ergeben sich dann folgendermaßen:

$d_1 = 13 - k_{v_1}$
$ = 13 - 4 \cdot q_1 - 1 \cdot q_2 = 4$ DM
$d_2 = 11 - k_{v_2}$
$ = 11 - 2,5 \cdot q_1 - 3 \cdot q_2 = 3$ DM

Es sollen nun **relative Preisobergrenzen** für Beschaffungsgüter ermittelt werden, d. h. gesucht werden die Werte, innerhalb derer ein Beschaffungspreis schwanken kann, ohne daß sich die Optimalität des Produktionsprogramms verändert.

Zuerst sei unterstellt, daß der Preis des Rohstoffs R_1, nicht aber der Preis des Rohstoffs R_2 schwanken kann. Der Preis q_1 muß also als Variable berücksichtigt werden; der Preis q_2 ist dagegen bei 1,- DM konstant. Als Gleichung für die Deckungsbeiträge der Produkte a und b ergeben sich dann:

$d_1 = 12 - 4 q_1$
$d_2 = 8 - 2,5 q_1$

Mit Hilfe der Sensitivitätsanalyse wurden aus dem Tableau IIIc die folgenden Ungleichungen ermittelt:

$d_1 - d_2 \geqq 0$
$2d_2 - d_1 \geqq 0$

Solange die Deckungsbeiträge diese Ungleichungen erfüllen, ändert sich die Optimalität des Produktionsprogramms nicht. Übernimmt man in diese Ungleichungen die ermittelten Ausdrücke für die Deckungsbeiträge bei variablem Preis q_1, so ergibt sich:

$4 - 1,5 q_1 \geqq 0 \Rightarrow q_1 \leqq \dfrac{4}{1,5} = 2,67$
$4 - q_1 \geqq 0 \Rightarrow q_1 \leqq 4$

168   III. Kapitel: Das Kosten- und Erfolgs-Controlling

Wenn das optimale Programm erhalten bleiben soll, dann darf der Beschaffungspreis für den Rohstoff R_1 den Wert von 2,67 DM nicht überschreiten. Eine relative Preisobergrenze, die den Schwankungsbereich für q_1 nach unten hin begrenzt, ergibt sich rechnerisch nicht. Es ist jedoch wirtschaftlich unsinnig, negative Preise zuzulassen, so daß bei 0 DM die untere Grenze für den Beschaffungspreis liegt.

Will man umgekehrt die relativen Preisobergrenzen für den Rohstoff R_2 ermitteln, so muß der Preis q_2 dieses Rohstoffs als variabel betrachtet werden, während der Preis q_1 des Rohstoffs R_1 unverändert 2,- DM beträgt. Für die Deckungsbeiträge d_1 und d_2 errechnen sich dann die folgenden Ausdrücke:

$d_1 = 5 - q_2$
$d_2 = 6 - 3 q_2$

Setzt man diese Gleichungen für die Deckungsbeiträge in die Ungleichungen für d_1 und d_2 ein, die aus dem Tableau IIIc entwickelt wurden, so erhält man:

$$2 q_2 - 1 \geq 0 \Rightarrow q_2 \geq \frac{1}{2}$$

$$7 - 5 q_2 \geq 0 \Rightarrow q_2 \leq \frac{7}{5} = 1,4$$

Der Preis des Rohstoffs R_2 darf 1,40 DM nicht überschreiten und 0,50 DM nicht unterschreiten, wenn das optimale Produktionsprogramm erhalten bleiben soll.

Sieht man ganz allgemein beide Rohstoffpreise q_1 und q_2 als variabel an, lassen sich, ähnlich wie bei den Absatzproduktpreisen, keine relativen Preisgrenzen mehr ermitteln. Man kann nur noch einen Bereich abstecken, innerhalb dessen die Beschaffungspreise q_1 und q_2 schwanken können, ohne daß sich die Optimalität des Programms ändert.

Sind q_1 und q_2 variabel, gelten die schon aufgeführten allgemeinen Gleichungen für die Deckungsbeiträge d_1 und d_2:

$d_1 = 13 - 4 q_1 - q_2$
$d_2 = 11 - 2,5 q_1 - 3 q_2$

Überträgt man diese Gleichungen in die aus dem Tableau IIIc ermittelten Ungleichungen, erhält man zwei Bedingungen, die den Schwankungsbereich von q_1 und q_2 abstecken:

$2 - 1,5 q_1 + 2 q_2 \geq 0 \Rightarrow q_2 \geq 0,75 q_1 - 1$
$9 - q_1 - 5 q_2 \geq 0 \Rightarrow q_2 \leq 1,8 - 0,2 q_1$

Die Kombinationen von q_1 und q_2, die diese Ungleichungen erfüllen, lassen sich wie folgt graphisch darstellen (vgl. *Abb. 75*).

Das optimale Programm bleibt solange unverändert, wie Kombinationen von q_1 und q_2 innerhalb des schraffiert eingezeichneten Gebietes liegen.

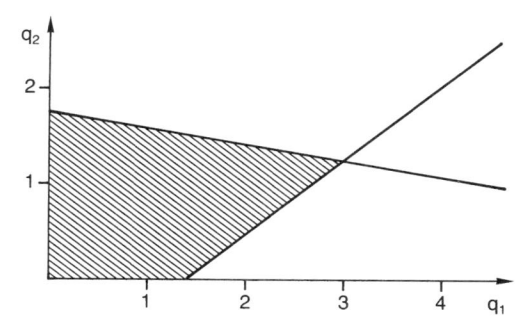

C. Das Kosten- und Erfolgs-Controlling bei wechselnden Marktverhältnissen 169

Abb. 75: Programmoptimale Kombination von q_1 und q_2

4. Fixkostenmanagement als Mittel zur Anpassung an wechselnde Marktverhältnisse

Lassen sich weder durch Preis- und Produktpolitik noch durch Lagerhaltung und Programmumstrukturierungen die entsprechenden Anpassungsmaßnahmen an eine rückläufige Nachfrage herbeiführen, bleibt der Unternehmung oft nur die Möglichkeit der Anpassung über ihr Fixkostenpotential unter Beibehaltung der Artikel- und Programmstruktur. Dies wird in der Regel durch den Abbau von **Überstunden,** die Einführung von **Kurzarbeit** und als letzten Schritt durch die Reduzierung des **Arbeitskräftebestandes** herbeigeführt werden. Unternehmenspolitische Entscheidungen dieser Art sind oft schwer zu treffen und werden manchmal nur mit großer zeitlicher Verzögerung wirksam. Sie werden nur dann zu einem Erfolg führen, wenn sie Gegenstand einer umfassenderen unternehmenspolitischen Planung sind, die unter dem Schlagwort des „Fixkostenmanagements" zusammengefaßt werden kann. Hierunter wird verstanden, daß die Unternehmensleitung die Auf- und Abbaufähigkeit der Fixkosten in Abhängigkeit von den erwarteten Beschäftigungsschwankungen planen muß.

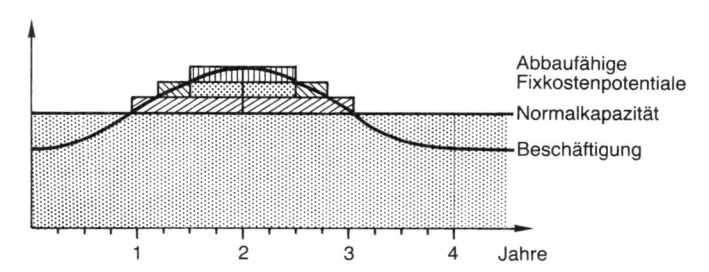

Abb. 76: Fixkostenabbaustruktur bei schwankender Beschäftigung

Diese Fixkostenpolitik bedeutet, daß nicht immer das „kostengünstigste" Investitionsverfahren gewählt werden kann, sondern daß im Hinblick auf die **Elastizität der Kosten** der Unternehmung ein genügend großer Spielraum für einen möglichen Auf- und Abbau von fixen Kosten gelassen werden muß. Im Hinblick auf die Gewinnschwelle bedeutet das, daß diese durch den Abbau von fixen Kosten auf eine geringere Stückzahl gesenkt werden kann. Dabei wird der Unternehmer jedoch vielfach mit dem Dilemma konfrontiert, daß seine Konkurrenzfähigkeit oft nur bei einem stark automatisierten mit geringen Fixkostenabbaumöglichkeiten verbundenen Produktionsverfahren realisiert werden kann. Der „Spannungszustand" zwischen Elastizität und kostengünstigerem Produktionsverfahren ist deshalb immer wieder neu zu überdenken.

Sind in einem Unternehmen die zuvor beschriebenen Voraussetzungen für eine erweiterte Kostenplanung geschaffen worden, lassen sich für unterschiedliche Umsatzentwicklungen artikel-, artikelgruppen- und unternehmensbezogen die entsprechenden Erfolgsauswirkungen aufgrund programm- und produktionsvollzugsspezifischer Anpassungsmaßnahmen berechnen.[84] Dies soll anhand des folgenden Fallbeispiels diskutiert werden.[85] Ein Unternehmen soll in seiner Jahresplanung für die Produktgruppe x einen Umsatz U_x^p in Höhe von 4 800 000,– DM geplant haben. Die variablen Plankosten K_{vx}^p liegen dann bei 1 200 000,– DM. Bei der Absatzprognose, die noch einmal kurzfristig zu Beginn des Planungszeitraumes durchgeführt wird, stellt sich heraus, daß die Planwerte nicht erreicht werden können. Die Prognose zeigt für die Produktgruppe x einen **Prognoseumsatz** U_x^{Prog} in Höhe von 3 120 000,– DM mit einem Abweichungsprozentsatz von $\alpha\%$ (7,69 %), so daß mit einem maximalen Umsatz

$U_x^{Prog} (1 + \frac{\alpha}{100})$ in Höhe von 3 360 000,– DM und einem minimalen Umsatz U_x^{Prog} $(1 - \frac{\alpha}{100})$ in Höhe von 2 880 000,– DM zu rechnen ist.

Für die Unternehmung stellt sich das Problem, wie auf eine derartige Planabweichung, die im Fallbeispiel auf eine Mengenabweichung zurückzuführen sei, reagiert wird. Ohne entsprechende Maßnahmen ergibt sich eine **Erfolgsabweichung** in Höhe von $(U_x^p - K_{vx}^p) - (U_x^{Prog} - K_{vx}^{Prog})$ bzw. (3 600 000,–) ./. (2 340 000,–) = 1 260 000,– DM, wobei auch hier die Abweichungsbandbreite zu berücksichtigen ist. Erkennbar wird hieran, daß ohne entsprechende Maßnahmen lediglich variable Kostenbestandteile den Umsatzrückgang ergebnismäßig korrigieren.

Unterstellt man, daß andere Anpassungsmöglichkeiten im Absatzbereich, wie Preissenkung, verstärkter Werbeeinsatz, verstärkter Vertretereinsatz, in entsprechenden Alternativrechnungen geprüft worden sind, stellt sich im Hinblick auf die Prüfung der möglichen Anpassungsmaßnahmen im Produktionsbereich die Frage, welche fixen Kosten sich innerhalb des Planungszeitraumes abbauen lassen und in welcher Kostenstelle bzw. in welchem Betriebsbereich diese in Abhängigkeit von der frei werdenden Betriebsbereitschaft abgebaut werden sollen.

Aus den prognostizierten Absatzwerten lassen sich Beschäftigungsveränderungen im Produktionsvollzug – differenziert für einzelne Kostenstellen – ableiten.

---

[84] Siehe hierzu auch *Reichmann, Thomas; Lachnit, Laurenz:* Unternehmensführung mit Hilfe eines absatzorientierten Frühwarnsystems, S. 107–119; *Reichmann, Thomas:* Economic Inventory Management Based on Demand Plans, in: Economics and Management of Inventories, Proceedings First International Symposium on Inventories, Budapest, Hungary 1980, Budapest 1982, S. 227–237.

[85] Der hier durchgespielte Fall einer Planrevision läßt sich in analoger Form als Alternativplanungsmodell aufbauen.

C. Das Kosten- und Erfolgs-Controlling bei wechselnden Marktverhältnissen   171

Die sich hieran anschließende Analyse der geplanten Betriebsbereitschaftsgrade und der kostenstellenindividuell benötigten Betriebsbereitschaftsgrade zeigt auf, welche Anpassungsentscheidungen möglich und notwendig sind. Die Kostenwirkungen derartiger Entscheidungen lassen sich in Matrizen abbaufähiger fixer Kosten kostenstellenbezogen oder unternehmensbezogen darstellen.

Bezogen auf das Kostenplanbeispiel aus *Abb. 60* zeigt die Matrix der abbaufähigen fixen Kosten bei einer prognostizierten Beschäftigung von 65 % folgende Gestalt:

$$K^{(70)} = \begin{pmatrix} 31\,000 & 31\,000 & 31\,000 & 31\,000 & 31\,000 & 31\,000 & 31\,000 & 31\,000 & 31\,000 & 31\,000 & 31\,000 & 31\,000 \\ 0 & 0 & 66\,000 & 0 & 0 & 66\,000 & 0 & 0 & 66\,000 & 0 & 0 & 66\,000 \\ 12\,000 & 12\,000 & 12\,000 & 12\,000 & 12\,000 & 12\,000 & 12\,000 & 12\,000 & 12\,000 & 12\,000 & 12\,000 & 12\,000 \end{pmatrix}$$

Geht man im Rahmen der Sensitivitätsanalyse davon aus, daß Schwankungsbereiche bei ± 7,69 % liegen, können auch die hierdurch bedingten Matrizen, z. B. für die minimale Beschäftigung von 60 % ermittelt werden:

$$K^{(60)} = \begin{pmatrix} 31\,000 & 31\,000 & 31\,000 & 31\,000 & 31\,000 & 31\,000 & 31\,000 & 31\,000 & 31\,000 & 31\,000 & 31\,000 & 31\,000 \\ 0 & 0 & 66\,000 & 0 & 0 & 66\,000 & 0 & 0 & 66\,000 & 0 & 0 & 66\,000 \\ 12\,000 & 12\,000 & 12\,000 & 12\,000 & 12\,000 & 12\,000 & 12\,000 & 12\,000 & 12\,000 & 12\,000 & 12\,000 & 12\,000 \\ 5\,000 & 5\,000 & 5\,000 & 5\,000 & 5\,000 & 5\,000 & 5\,000 & 5\,000 & 5\,000 & 5\,000 & 5\,000 & 5\,000 \end{pmatrix}$$

Da die Dispositionszeitpunkte (Kündigungstermine) für diese fixen Kosten in der Regel vor dem Abbautermin liegen, sind Frühinformationen über einen möglichen Umsatzrückgang unentbehrlich, wenn der **Fixkostenabbau** rechtzeitig und damit erfolgswirksam im jeweiligen Betrachtungszeitraum erfolgen soll. Der zu erwartende Gewinnrückgang bzw. drohende Verlust würde sich bei einer entsprechenden Anpassungsstrategie um die abgebauten fixen Kosten verändern.

Der prognostizierte Umsatzrückgang könnte somit ergebnismäßig weiter aufgefangen werden. Formal ließe sich dieses in folgender Beziehung darstellen:

$$\sum_{i=1}^{r} \sum_{k=1}^{m} K_{f_{ik}} - [(U_x^p - U_x^{Prog}) - (K_{vx}^p - K_{vx}^{Prog})] = \Delta G$$

bzw.
780\,000 − [1\,260\,000] = ./. 480\,000,− DM

Die Verringerung der Gewinneinbuße (in Höhe von 780\,000,− DM) durch den Abbau fixer Kosten hängt in starkem Maße von der Fähigkeit des Controlling ab, im Kosten- und Leistungsbereich Abbaupotentiale aufzuzeigen, denn in der Regel werden die Beschäftigungswirkungen von Kostenstelle zu Kostenstelle variieren, so daß erst eine kostenstellenindividuelle Betrachtungsweise eine differenzierte Ermittlung der Abbaupotentiale ermöglicht.

5. Die vorübergehende Einstellung der Produktion als Mittel zur Anpassung an wechselnde Marktverhältnisse

Wie bereits die Ausführungen über die Umstrukturierung des Produktionsprogramms gezeigt haben, muß das „Fixkostenmanagement" nicht unbedingt unter der Beibehaltung der Artikel- und Programmstruktur durchgeführt werden. Die

Restriktion wird nämlich dann aufgehoben, wenn bei der Ermittlung des optimalen Produktions- und Absatzprogramms der Grenzfall der Produktionseinstellung bzw. Stillegung einzelner Erzeugnisse auftritt. Die Entscheidung vorübergehend stillzulegen kann auf der Grundlage von Preisuntergrenzen getroffen werden. **Preisuntergrenzen stellen kritische Werte dar, bei deren Unterschreitung** von seiten des Marktpreises **die vorübergehende Einstellung der Produktion vorteilhafter ist als die Weiterproduktion.** Die Preisuntergrenze gibt demzufolge die Kostenersparnis an, die mit einer vorübergehenden Stillegung verbunden ist. In allgemeinster Form setzt sie sich zusammen aus den variablen Kosten k_v, den abbaufähigen Fixkosten $K_{f_{ik}}$, der Fixkostenarten i, die bis zum Zeitpunkt m abbaufähig sind:

$$PUG_{II_m} = k_v + \frac{\sum_{i=1}^{r} \sum_{k=1}^{m-1} K_{f_{ik}}}{\sum_{k=1}^{m} x_k}$$

Obgleich sich die Preisuntergrenze aus Kostenbestandteilen zusammensetzt, liegt der Preisuntergrenzenermittlung das Gewinnziel zugrunde, denn die Preisuntergrenzenermittlung impliziert letztlich den Vergleich der Preisuntergrenze mit dem Absatzpreis, woraus dann auf eine Gewinnveränderung geschlossen werden kann. Welche Kostenbestandteile im Einzelfall für die Preisuntergrenze relevant sind, wird erst durch eine geeignete sachliche und zeitliche Entscheidungsfeldabgrenzung[86] definiert. Die Entscheidung zugunsten einer **vorübergehenden Stillegung** eines Produktes ist immer dann erforderlich, wenn die Erlöse des jeweiligen Erzeugnisses nicht einmal die variablen Kosten des Erzeugnisses decken. Die variablen Kosten werden deshalb auch absolute Preisuntergrenze genannt. Die Bestimmung der **absoluten Preisuntergrenzen** bereitet dann Schwierigkeiten, wenn ein Teil der variablen Kosten nur als Gemeinkosten erfaßt wird. Bei unverbundener Produktion werden im Verwaltungs- und Vertriebsbereich und bei verbundener Fertigung zusätzlich noch im Herstellbereich variable Gemeinkosten auftreten. Für die Unternehmung stellt sich dann die Frage, ob es aufgrund der betrieblichen Kostenstruktur vertretbar ist, die Kostenanteile zu schlüsseln oder ob ihre Schlüsselung zu erheblichen Fehlern in der Disposition führen muß. Während eine Schlüsselung fixer Gemeinkosten sowohl von den Vertretern des Direct Costing als auch von den Vertretern des Rechnens mit relativen Einzelkosten und Deckungsbeiträgen abgelehnt wird, ist die Einstellung zur Schlüsselung variabler Gemeinkosten nicht so einhellig.[87]

---

[86] Vgl. hierzu *Reichmann, Thomas:* Kosten und Preisgrenzen, S. 31–36.
[87] In der Literatur zum Direct Costing wird eine Proportionalisierung aller variablen Kosten in Abhängigkeit von der Menge der hergestellten Erzeugnisarten für vertretbar angesehen, wodurch sich die Frage einer Schlüsselung variabler Gemeinkosten erübrigt. Im Gegensatz hierzu wird in der Literatur zur Rechnung mit relativen Einzelkosten und Deckungsbeiträgen eine Schlüsselung echter variabler Gemeinkosten abgelehnt. Dagegen dürfen die unechten variablen Gemeinkosten für Dispositionszwecke geschlüsselt werden, wenn für sie Schlüssel mit hinreichender Proportionalität gefunden

C. Das Kosten- und Erfolgs-Controlling bei wechselnden Marktverhältnissen

Im folgenden wird von der Annahme ausgegangen, daß der Anteil der echten variablen Gemeinkosten an den gesamten variablen Kosten so gering ist, daß es wirtschaftlich vertretbar ist, für die gesamten variablen Gemeinkosten Schlüsselgrößen festzulegen.

Absolute Preisuntergrenzen werden so wie relative Preisuntergrenzen durch die Koeffizienten der Zielfunktion bestimmt. Sind jedoch einzelnen Erzeugnissen, Erzeugnisgruppen bzw. dem gesamten Produktionsprogramm abbaufähige Fixkosten zuzuordnen, dann wird der kritische Wert, ab dem es ökonomisch sinnvoll ist, Teile der Fertigung bzw. die gesamte Fertigung einzustellen, durch die Relation des Produkt- oder Produktgruppendeckungsbeitrages zu den abbaufähigen erzeugnis- oder erzeugnisgruppenfixen Kosten bzw. durch die Relation des Deckungsbeitrages des gesamten Produktionsprogramms zu den gesamten abbaufähigen fixen Kosten bestimmt. Eine Stillegung kann deshalb bereits dann erforderlich sein, wenn die relativen bzw. absoluten Preisuntergrenzen einzelner Erzeugnisse noch nicht erreicht sind.

Um die Auswirkungen der fixen Kosten auf die Stillegungsentscheidung differenziert erfassen zu können, wird hier zwischen partiellen und totalen Preis- bzw. Erlösuntergrenzen unterschieden. Die **totale Erlösuntergrenze** gibt den Wert an, bei dessen Unterschreitung die Produktion aller Erzeugnisse eingestellt wird. Sie ist durch die variablen und erzeugnisfixen Kosten aller Erzeugnisse sowie durch die unternehmensfixen Kosten bestimmt. Die **partiellen Preis- bzw. Erlösuntergrenzen** dagegen geben die Werte an, deren Unterschreitung zur vorübergehenden Einstellung der Fertigung einer bestimmten Produktart führt. Sie werden durch die variablen und erzeugnisfixen Kosten bestimmt.

Zur Verdeutlichung sollen im folgenden exemplarisch für ein Beispielunternehmen die partiellen Preis- bzw. Erlösuntergrenzen sowie die totale Erlösuntergrenze als Grundlagen eines abgestuften Anpassungsverhaltens an wechselnde Marktverhältnisse durch Teil- bzw. Totalstillegungen dargestellt werden. Die Unternehmung hat dabei nur die Möglichkeit, ihre Erzeugnisse zu den extern vorgegebenen Bedingungen herzustellen und abzusetzen oder auf ihre Erzeugung und ihren Vertrieb zeitweilig zu verzichten. Diese Prämisse gilt für jede von der Unternehmung hergestellte Erzeugnisart.

Es wird ein Planungsabschnitt von zwölf Perioden betrachtet. Die Erzeugnisse α, β und γ werden auf den gleichen Produktionsanlagen hergestellt. Die variablen Kosten betragen für α: $k_v^\alpha = 1{,}50$ DM, für β: $k_v^\beta = 2{,}00$ DM und für γ: $k_v^\gamma = 2{,}50$ DM. Von Erzeugnis α können 2000 Einheiten, von β 2500 Einheiten und von γ 1000 Einheiten pro Periode abgesetzt werden.

---

werden können. Die Fragestellung konzentriert sich mithin auf die echten variablen Gemeinkosten. Ihr Anteil an den gesamten variablen Kosten hat bei Kuppelproduktion eine ins Gewicht fallende Bedeutung, bei unverbundener Fertigung oder Produktionsmittelverbundenheit wird er jedoch nicht selten so gering sein, daß er für unternehmerische Entscheidungen ohne Bedeutung ist. Zur Problematik der Schlüsselung variabler Gemeinkosten siehe ferner *Hummel, Siegfried:* Wirklichkeitsnahe Kostenerfassung – Neue Erkenntnisse für eine eindeutige Kostenermittlung, Berlin 1970, S. 91 f.

Für alle Erzeugnisse gemeinsam fallen abbaufähige fixe Kosten (Unternehmenseinzelkosten) an:

$K_{f_1}^{\alpha, \beta, \gamma}$ (2000 DM) ist monatlich abbaufähig.
$K_{f_2}^{\alpha, \beta, \gamma}$ (5000 DM) ist jeweils nach 3 Monaten abbaufähig.
$K_{f_3}^{\alpha, \beta, \gamma}$ (3000 DM) ist jeweils nach 6 Monaten abbaufähig.

Innerhalb dieses Planungsabschnitts von 12 Monaten sind also insgesamt 50000 DM unternehmensfixe Kosten abbaufähig.

Durch gemeinsam in Anspruch genommene Potentialfaktoren entstehen die erzeugnisgruppenfixen Kosten:

$K_{f_4}^{\alpha, \beta}$ (1000 DM) ist alle 3 Monate abbaufähig.
$K_{f_5}^{\alpha, \beta}$ (2000 DM) ist alle 6 Monate abbaufähig.

Die Fertigung jeder Produktart verursacht abbaufähige fixe Erzeugniseinzelkosten:

$K_{f_6}^{\alpha}$ (1000 DM) ist monatlich abbaufähig.
$K_{f_7}^{\beta}$ (2000 DM) ist alle 6 Monate abbaufähig.
$K_{f_8}^{\gamma}$ (3000 DM) ist alle 3 Monate abbaufähig.

Die in dem betrachteten Planungsabschnitt nicht abbaufähigen erzeugnisfixen Kosten, erzeugnisgruppenfixen Kosten und allgemeinen Fixkosten sind für die folgende Analyse der Preis- bzw. Erlösuntergrenzen nicht relevant.

In *Abb. 77* sind die proportionalen und die innerhalb des betrachteten Planungsabschnitts insgesamt abbaufähigen fixen Kosten im Hinblick auf ihre Zurechenbarkeit auf Erzeugnisse, Erzeugnisgruppen und das Unternehmen zusammengestellt.

Erzeugnisse	Proportionale Kosten	Erzeugnisfixe Kosten	Erzeugnisgruppenfixe Kosten	Unternehmensfixe Kosten
α	36000	12000	8000	50000
β	60000	4000		
γ	30000	12000		
Σ	126000	28000	8000	50000

Abb. 77: Zusammenstellung proportionaler und abbaufähiger fixer Kosten

Eine solche Zusammenstellung, wie sie etwa in der Fixkostendeckungsrechnung[88] üblich ist, kann für eine differenzierte Preis- bzw. Erlösuntergrenzenbestimmung nicht verwendet werden, weil die zeitliche Fixkostenstruktur nicht erkennbar wird. Um dies zu erreichen, müßte jede Fixkostenart in *Abb. 77* entspre-

---

[88] Vgl. hierzu etwa *Mellerowicz, Konrad:* Neuzeitliche Kalkulationsverfahren, 6. Aufl., Freiburg i. Br. 1977, S. 157–217.

C. Das Kosten- und Erfolgs-Controlling bei wechselnden Marktverhältnissen   175

chend der Zahl der Abbautermine weiter untergliedert werden. Eine solche Übersicht würde allerdings schon bei relativ wenigen Produktarten und Abbauterminen unübersichtlich werden. Diesen Nachteil vermeidet eine Darstellung der zeitlichen Fixkostenstruktur in Matrizenform.

Bezeichnen wir wie bisher die abbaufähigen Kostenarten mit i = 1, 2, ..., r und die möglichen Abbauzeitpunkte mit k = 1, 2, ..., n, so geben die $K_{f_{ik}}$-Werte die von der i-ten Kostenart zum k-ten Zeitpunkt abbaufähigen Kosten an. Der Einzel- bzw. Gemeinkostencharakter dieser Kostenarten ist durch eine zusätzliche Indizierung anzugeben. Hierbei gilt dann die Kostenart $K_{f_{ik}}^{\alpha}$ für das Erzeugnis α, die Kostenart $K_{f_{ik}}^{\alpha,\beta}$ für die Erzeugnisse α und β zusammen (erzeugnisgruppenfixe Kosten) und die Kostenart $K_{f_{ik}}^{\alpha,\beta,\gamma}$ entsprechend für alle Produkte (fixe Unternehmenseinzelkosten). Die Struktur der relevanten fixen Kosten kann für den betrachteten Planungsabschnitt durch folgende Matrix wiedergegeben werden:

$$K = \begin{pmatrix} K_{f_{11}}^{\alpha,\beta,\gamma} & K_{f_{12}}^{\alpha,\beta,\gamma} & \ldots & K_{f_{112}}^{\alpha,\beta,\gamma} \\ K_{f_{21}}^{\alpha,\beta,\gamma} & K_{f_{22}}^{\alpha,\beta,\gamma} & \ldots & K_{f_{212}}^{\alpha,\beta,\gamma} \\ K_{f_{31}}^{\alpha,\beta,\gamma} & K_{f_{32}}^{\alpha,\beta,\gamma} & \ldots & K_{f_{312}}^{\alpha,\beta,\gamma} \\ K_{f_{41}}^{\alpha,\beta} & K_{f_{42}}^{\alpha,\beta} & \ldots & K_{f_{412}}^{\alpha,\beta} \\ K_{f_{51}}^{\alpha,\beta} & K_{f_{52}}^{\alpha,\beta} & \ldots & K_{f_{512}}^{\alpha,\beta} \\ K_{f_{61}}^{\alpha} & K_{f_{62}}^{\alpha} & \ldots & K_{f_{612}}^{\alpha} \\ K_{f_{71}}^{\beta} & K_{f_{72}}^{\beta} & \ldots & K_{f_{712}}^{\beta} \\ K_{f_{81}}^{\gamma} & K_{f_{82}}^{\gamma} & \ldots & K_{f_{812}}^{\gamma} \end{pmatrix}$$

Aus der Matrix der gesamten abbaufähigen fixen Kosten K lassen sich die Untermatrizen (Blockmatrizen) $K_1^{(3,12)}$ für die abbaufähigen unternehmensfixen Kosten $K_2^{(2,12)}$ für die erzeugnisgruppenfixen Kosten und $K_3^{(1,12)}$, $K_4^{(1,12)}$, $K_5^{(1,12)}$ für die abbaufähigen erzeugnisfixen Kosten der Produkte α, β und γ bilden.

Die Fixkostenstruktur des in diesem Abschnitt verwendeten Zahlenbeispiels läßt sich durch folgende Blockmatrizen wiedergeben:

$$K_1^{(3,12)} = \begin{pmatrix} 2000 & 2000 & 2000 & 2000 & 2000 & 2000 & 2000 & 2000 & 2000 & 2000 & 2000 & 2000 \\ 0 & 0 & 5000 & 0 & 0 & 5000 & 0 & 0 & 5000 & 0 & 0 & 5000 \\ 0 & 0 & 0 & 0 & 0 & 3000 & 0 & 0 & 0 & 0 & 0 & 3000 \end{pmatrix}$$

$$K_2^{(2,12)} = \begin{pmatrix} 0 & 0 & 1000 & 0 & 0 & 1000 & 0 & 0 & 1000 & 0 & 0 & 1000 \\ 0 & 0 & 0 & 0 & 0 & 2000 & 0 & 0 & 0 & 0 & 0 & 2000 \end{pmatrix}$$

$$K_3^{(1,12)} = \begin{pmatrix} 1000 & 1000 & 1000 & 1000 & 1000 & 1000 & 1000 & 1000 & 1000 & 1000 & 1000 & 1000 \end{pmatrix}$$

$$K_4^{(1,12)} = \begin{pmatrix} 0 & 0 & 0 & 0 & 0 & 2000 & 0 & 0 & 0 & 0 & 0 & 2000 \end{pmatrix}$$

$$K_5^{(1,12)} = \begin{pmatrix} 0 & 0 & 3000 & 0 & 0 & 3000 & 0 & 0 & 3000 & 0 & 0 & 3000 \end{pmatrix}$$

Die partiellen Erlösuntergrenzen der Produkte α, β, γ lassen sich für den betrachteten Planungsabschnitt von zwölf Perioden nun berechnen, indem aus den Elementen der entsprechenden Untermatrizen zwei Matrizen gebildet werden, wobei die Zahl der Spalten (bzw. Elemente) dieser Matrizen durch die alternativ betrachteten Abbautermine der fixen Kosten bestimmt wird. Werden die ersten vier Perioden für das Erzeugnis α betrachtet, lauten die beiden Matrizen der abbaufähigen fixen Kosten $K_3^{(1,3)}$ und $K_3^{(1,9)}$ für die ersten drei bzw. die letzten neun Monate:

$K_3^{(1,3)} = (1000 \quad 1000 \quad 1000)$
$K_3^{(1,9)} = (1000 \quad 1000 \quad 1000 \quad 1000 \quad 1000 \quad 1000 \quad 1000 \quad 1000 \quad 1000)$

Um die partiellen Erlös- bzw. Preisuntergrenzen der einzelnen Produkte ermitteln zu können, müssen noch die variablen Kosten berücksichtigt werden. Die variablen Kosten einer Periode sind das Produkt aus der geplanten Erzeugnismenge und den variablen Stückkosten. Für die Erzeugnisse α, β, γ läßt sich dann folgende Matrix der variablen Kosten aufstellen:

$$K_v = \begin{pmatrix} K_{v_1}^\alpha & K_{v_2}^\alpha & \cdots & K_{v_{12}}^\alpha \\ K_{v_1}^\beta & K_{v_2}^\beta & \cdots & K_{v_{12}}^\beta \\ K_{v_1}^\gamma & K_{v_2}^\gamma & \cdots & K_{v_{12}}^\gamma \end{pmatrix}$$

K_v kann nun wieder in drei Untermatrizen K_{v_1}, K_{v_2} und K_{v_3} aufgespalten werden. Unter Zugrundelegung unseres Zahlenbeispiels gilt dann:

$K_{v_1} = (3000 \quad 3000 \quad 3000 \quad 3000 \quad 3000 \quad 3000 \quad 3000 \quad 3000 \quad 3000 \quad 3000 \quad 3000 \quad 3000)$
$K_{v_2} = (5000 \quad 5000 \quad 5000 \quad 5000 \quad 5000 \quad 5000 \quad 5000 \quad 5000 \quad 5000 \quad 5000 \quad 5000 \quad 5000)$
$K_{v_3} = (2500 \quad 2500 \quad 2500 \quad 2500 \quad 2500 \quad 2500 \quad 2500 \quad 2500 \quad 2500 \quad 2500 \quad 2500 \quad 2500)$

Die variablen und die abbaufähigen erzeugnisfixen Kosten lassen sich für das Erzeugnis α dann z.B. für die ersten vier Perioden in folgender Weise mit Hilfe der zwei angegebenen Untermatrizen bestimmen:

$K_3^{(1,3)} = (1000 \quad 1000 \quad 1000)$
$K_{v_1}^{(1,4)} = (3000 \quad 3000 \quad 3000 \quad 3000)$

Die Kostensumme, die die partielle Erlösuntergrenze für die ersten vier Perioden bestimmt, erhält man nun, indem man die Untermatrizen $K_3^{(1,3)}$ und $K_{v_1}^{(1,4)}$ mit dem Spaltenvektor e multipliziert, wobei die Zahl der Elemente von e, die jeweils 1 sind, durch die Zahl der Elemente bzw. Spalten des Zeilenvektors bzw. der Matrix bestimmt sein soll, mit dem/der e zu multiplizieren ist.

$EUG_{II_4}^\alpha = K_3^{(1,3)} \cdot e + K_{v_1}^{(1,4)} \cdot e$

Entsprechend gilt für die ersten vier Perioden für die Erzeugnisse β und γ:

$EUG_{II_4}^\beta = K_4^{(1,3)} \cdot e + K_{v_2}^{(1,4)} \cdot e$
$EUG_{II_4}^\gamma = K_5^{(1,3)} \cdot e + K_{v_3}^{(1,4)} \cdot e$

Die partiellen Erlösuntergrenzen der Erzeugnisse α und β haben nur insoweit Gültigkeit, wie mit den Deckungsbeiträgen beider Erzeugnisse zusammen die entsprechenden abbaufähigen erzeugnisgruppenfixen Kosten gedeckt werden können. Die partielle Erlösuntergrenze für α und β zusammen lautet mithin:

$EUG_{II_m}^{\alpha,\beta} = K_3^{(1,3)} \cdot e + K_{v_1}^{(1,4)} \cdot e + K_4^{(1,3)} \cdot e + K_{v_2}^{(1,4)} \cdot e + K_2^{(2,3)} \cdot e$

C. Das Kosten- und Erfolgs-Controlling bei wechselnden Marktverhältnissen 177

Die partielle Erlösuntergrenze der Erzeugnisse α und β, bei der die variablen, die erzeugnisfixen und die erzeugnisgruppenfixen Kosten gedeckt werden und die partielle Erlösuntergrenze von γ, bei der die variablen und die erzeugnisfixen Kosten gedeckt werden, haben zusammen nur so lange Gültigkeit, wie der Erlös, der mit den Erzeugnissen α, β und γ zusammen erzielt werden kann, für jeden alternativ betrachteten Zeitraum ausreicht, um auch noch die innerhalb dieses Zeitraums abbaufähigen unternehmensfixen Kosten abzudecken. Ist dies nicht möglich, ist eine vorübergehende Einstellung der gesamten Fertigung vorteilhafter als die Weiterproduktion. Für die totale Erlösuntergrenze gilt mithin:

$$\begin{aligned}EUG_{II_4}^{\alpha,\beta,\gamma} = &\; K_3^{(1,3)} \cdot e + K_{v_1}^{(1,4)} \cdot e + K_4^{(1,3)} \cdot e \\ &+ K_{v_2}^{(1,4)} \cdot e + K_5^{(1,3)} \cdot e + K_{v_3}^{(1,4)} \cdot e \\ &+ K_2^{(2,3)} \cdot e + K_1^{(3,3)} \cdot e\end{aligned}$$

Die partiellen und totalen Erlösuntergrenzen der Produkte α, β und γ sind in *Abb. 78* zusammengestellt.

k	1	2	3	4	5	6	7	8	9	10	11	12
$EUG_{II_m}^\alpha$	3000	7000	11000	15000	19000	23000	27000	31000	35000	39000	43000	47000
$EUG_{II_m}^\beta$	5000	10000	15000	20000	25000	30000	37000	42000	47000	52000	57000	62000
$EUG_{II_m}^\gamma$	2500	5000	7500	13000	15500	18000	23500	26000	28500	34000	36500	39000
$EUG_{II_m}^{\alpha,\beta}$	8000	17000	26000	36000	45000	54000	68000	77000	86000	96000	105000	114000
$EUG_{II_m}^{\alpha,\beta,\gamma}$	10500	24000	37500	60000	73500	87000	116500	130000	143500	166000	179500	193000

Abb. 78: Zusammenstellung partieller und totaler Erlösuntergrenzen

Um zu zeigen, welchen Einfluß abbaufähige Fixkosten im Rahmen der Anpassungsentscheidungen spielen, sei noch einmal auf die zuvor abgehandelten Anpassungsprobleme des optimalen Produktions- und Absatzprogramms eingegangen. Dort wurden abbaufähige fixe Kosten in Höhe von 2000 DM angenommen. Das optimale Produktionsprogramm *(Abb. 69)*, das sich aus 600 Einheiten x_1 ($DB_{x1} = 4,-$ DM) und 400 Einheiten x_2 ($DB_{x2} = 3,-$ DM) zusammensetzt, führt zu einem Deckungsbeitrag von 3600 DM pro Periode. Der erzielbare Deckungsbeitrag des Produktionsprogramms liegt mithin über der totalen Preis- bzw. Erlösuntergrenze. Sinkt der Preis von x_1 nun auf 11,80 DM ($DB_{x1} = 2,80$ DM) führt das optimale Produktionsprogramm *(Abb. 71)* nur noch zu einem Deckungsbeitrag von 2940 DM. Wird diese Preissenkung für vier Perioden erwartet, ist eine vorübergehende Stillegung der Fertigung zu empfehlen, sobald die kumulierten abbaufähigen fixen Kosten den Betrag von 5880 DM bis zum Ende der zweiten, von 8820 DM bis zum Ende der dritten und von 11760 DM bis zum Ende der vierten Periode übersteigen. Neben den periodisch abbaufähigen fixen Kosten von 2000 DM dürfen also bis zum Ende der zweiten Periode höchstens 1880 DM, bis zum Ende der dritten Periode höchstens 2820 DM und bis zum Ende der vierten Periode höchstens 3760 DM abbaufähig sein. Läßt sich ein höherer Fixkostenbetrag abbauen, wird die totale Erlösuntergrenze unterschritten.

178　III. Kapitel: Das Kosten- und Erfolgs-Controlling

Die Fertigung wäre in diesem Fall einzustellen, weil eine Weiterproduktion zu größeren Verlusten führen würde als die vorübergehende Stillegung.

Im Rahmen des Kennzahlensystems lassen sich dann für die einzelnen Artikel Preisuntergrenzen und für die entsprechenden Artikelgruppen Erlösuntergrenzen bestimmen, die der Unternehmensleitung bzw. den Vertriebsleitern als Entscheidungshilfen bei rückläufigen Absatzpreisen dienen können, wobei für PUG_m und EUG_m gilt: $m = 1, 2, \ldots, n$.

$PUG\ I_m$	KuE-C
Variable Stückkosten	

$PUG\ II_m$	KuE-C
Variable Stückkosten + abbaufähige fixe Kosten pro Stück	

$EUG\ II_m$	KuE-C
Variable Kosten + abbaufähige, erzeugnisfixe Kosten + abbaufähige, erzeugnisgruppenfixe Kosten	

Soweit die Kenngrößen nicht für die gesamten Zeitabschnitte, sondern für kürzere Zeitabschnitte evtl. monatlich benötigt werden, sind diese in der Regel artikel- und zeitraumbezogen in entsprechenden Tabellen zusammenzufassen und dann in geeigneter Weise in das Kennzahlensystem zu integrieren. Dies kann etwa durch den exemplarischen Ausweis der entsprechenden Preis- bzw. Erlösuntergrenze für den gesamten Planungsabschnitt und die entsprechenden Tabellenverweise bei diesen Kennzahlen erfolgen. Für den Kosten- und Erfolgs-Controllingbereich insgesamt läßt sich der in *Abb. 79* dargestellte Teil des Kennzahlensystems aufstellen.

C. Das Kosten- und Erfolgs-Controlling bei wechselnden Marktverhältnissen 179

Kennzahl	Nr.	Formel/Beschreibung
KuE – C	2.1.0	Kosten- und Erfolgs-Controlling
Ordentliches betriebsbedingtes Ergebnis	2.1.0.1	Umsatz + Bestandsänderungen ./. Kosten (insgesamt)
Break-Even-Point	2.1.0.2	$\dfrac{\text{fixe Kosten}}{\varnothing \text{ Preis} - \varnothing \text{ variable Kosten}}$
Break-Even-Point-Erreichung	2.1.0.3	$\dfrac{A^{(i)}}{\dfrac{K_f^{(p)}}{p^{(p)} - k_v^{(p)}}} \cdot 100$
Anteil der variablen Kosten	2.1.0.4	$\dfrac{\text{variable Kosten}}{\text{Gesamtkosten}} \cdot 100$
Anteil der fixen Kosten	2.1.0.5	$\dfrac{\text{fixe Kosten}}{\text{Gesamtkosten}} \cdot 100$
Umsatzanteile A-, B-, C-Artikel	2.1.0.6	$\dfrac{\text{Umsatz A-Artikel}}{\text{Umsatz (insgesamt)}} \cdot 100$
Umsatzanteile A-, B-, C-Kunden	2.1.0.7	$\dfrac{\text{Umsatz A-Kunde}}{\text{Umsatz (insgesamt)}} \cdot 100$
Auftragsreichweite A-, B-, C-Artikel	2.1.0.8	$\dfrac{\text{Auftragsbestand A-Artikel}}{\text{Umsatz A-Artikel}}$
DB II über variable Kosten	2.1.0.9	Umsatz ./. variable Kosten
DB III über variable Kosten und Personalkosten	2.1.0.10	Umsatz ./. variable Kosten ./. Personalkosten
DBV (ordentliches, betriebsbedingtes Ergebnis)	2.1.0.11	Umsatz ./. variable Kosten ./. Personalkosten ./. übrige Fixkosten
PUG I	2.1.0.12	variable Stückkosten
PUG II	2.1.0.13	variable Stückkosten + abbaufähige fixe Kosten pro Stück
EUG II	2.1.0.14	variable Kosten + abbaufähige, erzeugnisfixe Kosten + abbaufähige, erzeugnisgruppenfixe Kosten

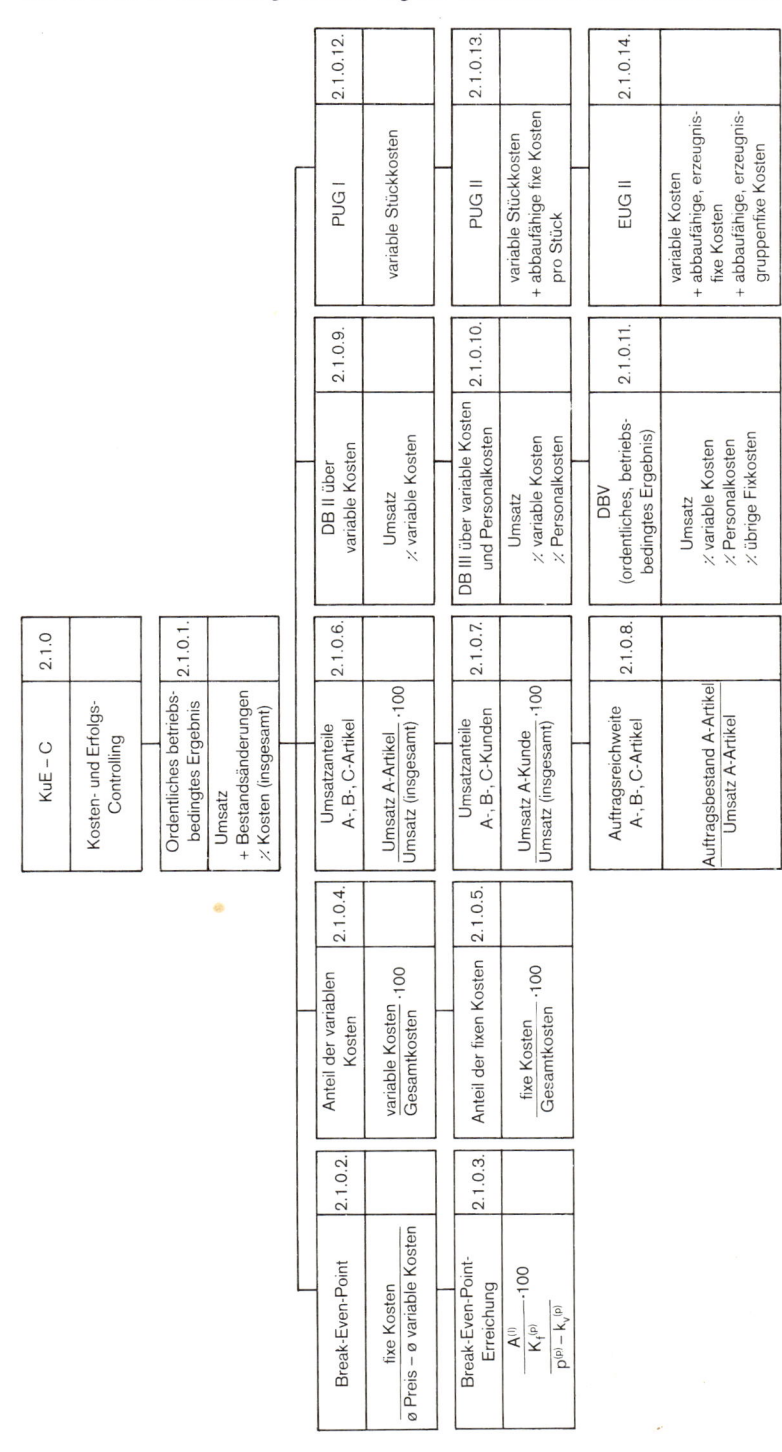

Abb. 79: Kosten- und Erfolgs-Controlling-Kennzahlensystem

IV. Kapitel
Das Finanz-Controlling

A. Die Aufgaben des Finanz-Controlling

1. Die Liquiditätssicherung als Hauptaufgabe

Die **Hauptaufgabe** der finanziellen Unternehmensführung und damit auch des Finanz-Controlling als einem Teil des gesamtunternehmensbezogenen Controlling liegt in der **Sicherstellung der Liquidität,** verstanden als die Fähigkeit des Unternehmens, zu jedem Zeitpunkt die zwingend fälligen Auszahlungsverpflichtungen uneingeschränkt erfüllen zu können.[1] Die Erhaltung dieser ständigen Zahlungsbereitschaft und des finanziellen Gleichgewichts muß bei gleichzeitiger Beachtung des Rentabilitätszieles erfolgen.[2]

Die Liquiditätssicherung ist als strenge **Nebenbedingung des Rentabilitätsstrebens** anzusehen, denn Zahlungsunfähigkeit führt als Konkursgrund neben der Überschuldung bei Kapitalgesellschaften[3] in der Regel zum Ende der Unternehmens-

---

[1] Vgl. z.B. *Witte, Eberhard:* Die Liquiditätspolitik der Unternehmung, Tübingen 1963, S.12; *Reichmann, Thomas:* Finanzplanung, in: HWB, 4. Aufl., hrsg. von *Erwin Grochla* und *Waldemar Wittmann,* Stuttgart 1974, Sp.1477–1483, hier Sp.1477; *Jehle, Kurt; Blazek, Alfred; Deyhle, Albrecht:* Finanz-Controlling. Planung und Steuerung von Finanzen und Bilanzen, 2. Aufl., hrsg. von der *Controller Akademie,* Gauting bei München 1982, S.16; *Lücke, Wolfgang:* Finanzplanung und Unsicherheit, in: HWF, hrsg. von *Hans E. Büschgen,* Stuttgart 1976, Sp.567–580, hier Sp.567; *Hauschildt, Jürgen:* Finanzorganisation, in: *Hauschildt, Jürgen; Sachs, Gerd; Witte, Eberhard:* Finanzplanung und Finanzkontrolle. Disposition – Organisation, München 1981, S.1–52, hier S.5; *Rasinger, Wilhelm G.:* Finanz-Controlling, in: Handbuch Revision, Controlling, Consulting, hrsg. von *Günther Haberland, Peter Preißler* und *Carl Meyer,* Teil II, Controlling 11.2, München 1978, S.1–18, hier S.3.

[2] Vgl. *Reichmann, Thomas:* Finanzplanung, Sp.1477f.; ähnlich auch *Gutenberg, Erich:* Grundlagen der Betriebswirtschaftslehre, 3.Bd., Die Finanzen, 8. Aufl., Berlin, Heidelberg, New York 1980, S.1; *Haiber, Erich:* Das Liquiditätsproblem als die Finanzplanung der Unternehmung, in: Finanzierungs-Handbuch, hrsg. von *Friedrich-Wilhelm Christians,* Wiesbaden 1980, S.357–391, hier S.359; *Süchting, Joachim:* Finanzmanagement, S.14–16; *Witte, Eberhard:* Finanzplanung als Führungsinstrument, in: Finanzplanung und Finanzkontrolle. Disposition – Organisation, hrsg. von *Jürgen Hauschildt, Gerd Sachs* und *Eberhard Witte,* München 1981, S.53–89, hier S.63f.; *Rhode, Rainer:* Kurzfristige Material- und Finanzplanung bei mehrfacher Zielsetzung, Würzburg, Wien 1982, S.155f.

[3] Vgl. zum Konkursgrund der Überschuldung insbes. §§ 207, 209, 213 KO, § 92 Abs.2 AktG, § 63 Abs.1 GmbHG, §§ 130a, 177a HGB.

existenz.[4] Damit wird die Aufrechterhaltung der Liquidität zu einer entscheidenden Aufgabe der Unternehmensführung.

2. Einzelaufgaben des Finanz-Controlling

a) Einzelaufgaben und Phasenkriterium

Aus der Hauptaufgabe des funktionsübergreifenden Finanz-Controlling, der Liquiditätssicherung bei gleichzeitiger Beachtung des Rentabilitätszieles, lassen sich in den einzelnen Phasen des Führungs- und Entscheidungsprozesses im Finanzbereich, d.h. der **Finanz-Planungs-Phase,** der **Realisationsphase** sowie der **Finanz-Kontroll-Phase**,[5] als Einzelaufgaben ableiten:

- die strukturelle Liquiditätssicherung,
- die laufende Liquiditätssicherung,
- die Haltung der Liquiditätsreserve,
- die Finanzierung.

Der **Schwerpunkt der Controllertätigkeit**[6] liegt im Rahmen der genannten Einzelaufgaben jeweils in der **Planungs- und Kontrollphase,** wobei die gesamte Finanzierungsaufgabe hauptsächlich, wenn man von Planung und Kontrolle der Finanzierungsstruktur im Rahmen der strukturellen Liquiditätssicherung absieht, dem **Treasurer,** ggf. zusammen mit dem Finanzvorstand, zuzuordnen ist[7] und daher im folgenden außer Betracht bleibt.

b) Strukturelle Liquiditätssicherung

Das **Ziel der strukturellen Liquiditätssicherung** besteht darin, daß das Unternehmen durch **Einhaltung einer „ausgeglichenen" Finanzierungs- bzw. Kapitalstruktur** im Urteil insbesondere seiner Fremdkapitalgeber, aber auch seiner Eigenkapitalgeber kreditwürdig bzw. emissionsfähig bleibt. Ist dies gewährleistet, so können etwaige Auszahlungsüberschüsse, z.B. durch Fremdkapitaleinzahlungen jeder-

---

[4] Vgl. § 102 KO sowie z.B. §§ 92 Abs.2, 262 Abs.1 Nr.3 AktG, §§ 63 Abs.1, 64 Abs.1 GmbHG. Ausnahmen gelten nur im Falle eines Vergleichs oder einer Sanierung zur Wiederherstellung der Zahlungsfähigkeit.

[5] Vgl. *Hahn, Dietger:* Planungs- und Kontrollrechnung, insbes. S.29–31; *Hauschildt, Jürgen:* Finanzorganisation, S.15f.

[6] Zur Kompetenzabgrenzung und Arbeitsteilung zwischen Finanzvorstand, Finanzabteilung, ggf. repräsentiert durch einen Treasurer, und Finanz-Controlling vgl. insbes. *Bierman, Harold jun.:* Decision Making and Planning for the Corporate Treasurer, New York u.a. 1977; *Hahn, Dietger:* Hat sich das Konzept des Controllers in Unternehmungen der deutschen Industrie bewährt?, in: BFuP, 30.Jg. (1978), S.101–128, hier S.102, 110; *Horváth, Péter:* Controlling, hier S.37–79; *Hauschildt, Jürgen:* Finanzorganisation, insbes. S.21–28.

[7] Typische Treasurer-Aufgaben sind dann etwa Planung der laufenden ordentlichen, insbesondere kurzfristigen Finanzierungen, Führung von Finanzierungsverhandlungen, Einsatz der Liquiditätsreserve, Anlage von Überschußliquidität, Regulierung der laufenden Auszahlungsverpflichtungen, Mahnwesen, tägliche Finanzdisposition.

zeit zu marktüblichen Bedingungen und damit auch zu möglichst niedrigen Kosten ausgeglichen werden.

Das Finanz-Controlling muß daher im Rahmen dieser Teilaufgabe durch ein zweckentsprechendes Finanzplanungs- und -kontrollsystem insbesondere sicherstellen, daß die **Fristenstruktur von Investition und Finanzierung ausgewogen** ist, daß das künftige langfristige Investitionsvolumen mit den in der Regel begrenzten langfristigen Finanzierungsmöglichkeiten abgedeckt werden kann. Dabei muß auch auf eine „ausgewogene" **Struktur der Außenfinanzierung** durch Zuführung von neuem langfristigen Fremdkapital und Eigenkapital sowie auf einen „angemessenen" Anteil der Innenfinanzierung, z.B. durch Abschreibungs- und Rückstellungsgegenwerte oder durch Gewinnthesaurierung (Selbstfinanzierung)[8] geachtet werden.

Die strukturelle Liquiditätssicherung stellt einen wichtigen Teil der längerfristigen globalen Unternehmens-Gesamtplanung dar, sie ist überwiegend **bilanzorientiert**. Die Planung des Innenfinanzierungsvolumens verlangt auch eine globale langfristige Erfolgs- und Finanzplanung. Das Finanz-Controlling muß dabei die einzelnen **langfristigen Teilpläne** mit Hilfe zweckentsprechender Planungs- und Berichtsinstrumente **koordinieren** und ggf. zum Ausgleich von strukturellen Ungleichgewichten **Anpassungsmaßnahmen** anregen, wie z.B. Verringerung des Investitionsvolumens, Miete bzw. Leasing statt Kauf von Anlagen, Tilgungsstreckung von langfristigem Fremdkapital, Aufnahme von zusätzlichem Eigenkapital, Aufnahme von langfristigem statt kurzfristigem Fremdkapital.

c) Laufende Liquiditätssicherung

Im Gegensatz zur strukturellen ist die **laufende oder situative**[9] Liquiditätssicherung ausschließlich **finanzplanorientiert**; sie ist unmittelbar auf die Abbildung aller Zahlungsströme, sowohl der laufenden betrieblichen und betriebsfremden Ein- und Auszahlungen als insbesondere auch der Ein- und Auszahlungen im Finanzierungs-, Investitions- und Eigenkapitalbereich, ausgerichtet. Dazu muß das Finanz-Controlling die vorhandenen funktionalen Teilpläne (Beschaffung, Produktion, Absatz, Logistik) sowie die langfristigen Investitionspläne koordinieren und mit ihren Ein- und Auszahlungswirkungen in einen zweckmäßig gegliederten Finanzplan aufnehmen.

Hierzu werden alle geplanten Einzahlungen unter Berücksichtigung des Anfangsbestandes an Zahlungsmitteln den Auszahlungen gegenübergestellt. Für jeden Zeitpunkt, für den die erwarteten kumulierten Einzahlungen unter Berücksichtigung des Anfangsbestandes kleiner sind als die erwarteten kumulierten Auszahlungen, ist ein **zusätzlicher Bedarf an liquiden Mitteln** zu erwarten. In diesem Fall sind externe Finanzierungsmittel, insbesondere als kurzfristige Krediteinzahlungen, in die Planung einzubeziehen. Verfügt das Unternehmen über Li-

---

[8] Vgl. zu diesen Finanzierungsformen z.B. *Hax, Karl:* Langfristige Finanz- und Investitionsentscheidungen, in: HdWW, Bd.1, hrsg. von *Karl Hax* und *Theodor Wessels,* 2. Aufl., Köln-Opladen 1966, S. 399–489, hier S. 415 f.; *Schneider, Dieter:* Investition und Finanzierung, S. 169 f.
[9] Vgl. zu diesem Begriff *Hauschildt, Jürgen:* Finanzorganisation, S. 7 f.

quiditätsreserven, die noch nicht in der Planung berücksichtigt worden sind, wie etwa kurzfristig veräußerbare Warenvorräte oder Wertpapiere etc., können zusätzlich diese Reserven auf Anregung des Finanz-Controlling in der Planung berücksichtigt werden. Auch eine unter Risikogesichtspunkten zulässige Verringerung der Liquiditätsreserve kann zur Auszahlungsdeckung verwendet werden.

Ergibt sich auf Basis eines solchen **sukzessiven,** aus vorhandenen Teilplänen abgeleiteten (derivativen) Finanzplanes[10] ein, unter gleichzeitiger Beachtung des Rentabilitätszieles, unzulässiger Auszahlungsüberschuß, so muß der Finanz-Controller eine **Planrevision** anregen, die dann zu einem finanziell zulässigen Handlungsprogramm führt. Diese Planrevision kann etwa auch das **Verschieben von disponierbaren** zu dem Betrachtungszeitraum nicht zwingend notwendigen **laufenden Auszahlungen,**[11] z. B. von Werbe- und Forschungsaufwendungen durch späteren Beginn der Projekte, durch Verschiebung von geplanten Materialbeschaffungen und damit verbundenen Auszahlungen, durch Überziehen der Zahlungsfristen von Lieferantenrechnungen oder die Beschleunigung der Zahlungseingänge, durch schnellere Fakturierung oder Mahnung beinhalten.

Übersteigen dagegen die erwarteten Einzahlungen die Auszahlungen, ist ein **Einzahlungsüberschuß** zu erwarten. Überschüssige Zahlungsmittel bedeuten Verzicht auf Zinserträge und damit Verminderung der Rentabilität des im Unternehmen eingesetzten Kapitals. Lassen Einzahlungs- und Auszahlungsplan erkennen, zu welchem Zeitpunkt, für welchen Zeitraum und in welchem Umfang Zahlungsmittel überschüssig sein werden, sind entsprechende zinsbringende kurzfristige Anlagen der Einzahlungsüberschüsse oder eine beschleunigte Schuldentilgung in Betracht zu ziehen.

d) Haltung der Liquiditätsreserve

Ein Einzahlungsüberschuß kann auch als zusätzlicher Bestand an liquiden Mitteln zur Aufstockung der Liquiditätsreserven verwendet werden. Je größer der Unsicherheitsgrad, verstanden als Bandbreite bzw. (subjektive) Wahrscheinlichkeitsverteilung möglicher Ein- oder Auszahlungsüberschüsse, ist, um so höher muß zur Sicherung der Zahlungsfähigkeit die Liquiditätsreserve, ggf. einschließlich der offenen Kreditlinien, sein. Die **Haltung von Liquiditätsreserven erhöht** also die **finanzielle Sicherheit, vermindert** aber durch entgehende oder zumindest geringere Zinserträge bzw. durch zusätzliche Bereitstellungsprovisionen die **Rentabilität.** Das Finanz-Controlling muß versuchen, das Unternehmen durch den Einsatz geeigneter kurzfristiger Planungsinstrumente einem Liquiditätsoptimum, definiert als das Liquiditätsvolumen, das die Zahlungsfähigkeit bei minimalen Kosten sichert, anzunähern.[12]

---

[10] Vgl. zur Abgrenzung sukzessiver und simultaner Finanzplanung insbes. *Hahn, Dietger:* Planungs- und Kontrollrechnung, S. 55 f.
[11] Vgl. *Reichmann, Thomas; Lachnit, Laurenz:* Kennzahlen, hier S. 718 f.
[12] Vgl. hierzu z. B. *Witte, Eberhard:* Zur Bestimmung der Liquiditätsreserven, in: ZfB, 34. Jg. (1964), S. 763–772, hier S. 769; *Lüder, Klaus:* Zum Problem der Bestimmbarkeit eines Liquiditätsoptimums, in: ZfB, 37. Jg. (1967), S. 519–533; *Haiber, Erich:* Das Liquiditätsproblem, S. 359–362.

Planung und Kontrolle der längerfristigen, überwiegend bilanzorientierten strukturellen Liquiditätssicherung sowie der mittel- und kurzfristigen, ausschließlich zahlungsstromorientierten situativen Liquiditätssicherung, die wir als Aufgaben des Finanz-Controlling abgeleitet haben, bedingen somit den Einsatz jeweils unterschiedlicher Planungs- und Kontrollinstrumente.

B. Das Instrumentarium des Finanz-Controlling

1. Die zeitliche Struktur der Finanzplanung

Je nach der Länge des Planungszeitraumes, der der Finanzplanung zugrunde liegt, unterscheidet man in Literatur und Praxis eine kurz-, mittel- und langfristige Finanzplanung.[13]

Bei der **langfristigen Finanzplanung** handelt es sich um eine relativ grobe Planung, deren Zahlen mit um so größerer Unsicherheit behaftet sind, je weiter sie vom Planungszeitpunkt entfernt liegen; sie ist in engerem Zusammenhang mit der betrieblichen Investitionsplanung zu sehen. Das Schwergewicht der langfristigen Finanzplanung liegt auf der Kapitalstruktur- bzw. Kapitalbindungsplanung zur strukturellen, bilanzorientierten Liquiditätssicherung. Instrumente der langfristigen Finanzplanung sind damit insbesondere **Planbilanzen** zur Bilanzstrukturplanung unter Berücksichtigung von Kennzahlennormen sowie **Brutto-Plan-Bewegungsbilanzen** zur Abstimmung von (bilanzieller) Mittelherkunft und (bilanzieller) Mittelverwendung. Bei gutem Planungsstand eines Unternehmens sollte die bilanzorientierte langfristige Finanzplanung durch eine zahlungsstromorientierte langfristige Finanzplanung in Form eines Teil-Global-Finanzplans ergänzt werden.

Die langfristige Finanzplanung wird um eine **mittelfristige Finanzplanung** ergänzt, die eine genauere Spezifizierung der geplanten Ein- und Auszahlungen sowie ggf. der aufzunehmenden finanziellen Mittel hinsichtlich des Umfanges und Zeitpunktes etwa für einen Planungszeitraum von ein bis drei Jahren vorsieht. Als geeignetes Planungsinstrument hat das Finanz-Controlling hierfür einen vollständigen, wenn auch noch groben **Global-Finanzplan** bzw. als Kontrollinstrument eine retrospektive Finanzflußrechnung bereitzustellen.

Die lang- und mittelfristige Finanzplanung erfordert ihrem Charakter entsprechend stets als Ergänzung eine Feinplanung in einem **kurzfristigen Detail-Finanzplan** mit einem Planungszeitraum von zwölf Monaten. Auf den Zahlen der mittel- und langfristigen Unternehmensgesamtplanung einschließlich der Finanzplanung aufbauend, dient er der Feinabstimmung zwischen den jeweils erwarteten Ein- und Auszahlungsströmen. Erfolgt die kurzfristige Finanzplanung (maximal) als Jahresplanung, kann sie in Form einer gleitenden rollierenden Zwölf-Monats-Planung durchgeführt werden, d. h. jeweils nach Ablauf eines Monats wird der gleiche

---

[13] Vgl. z. B. *Reichmann, Thomas*: Finanzplanung, Sp. 1478 f.; *Reichmann, Thomas; Lachnit, Laurenz*: Rechnungswesen, S. 209–211; *Hahn, Dietger*: Planungs- und Kontrollrechnung, S. 449–463; *Haiber, Erich*: Das Liquiditätsproblem, S. 368–374.

Monat des folgenden Jahres in die Planung einbezogen.[14] Zugleich werden bei diesem Vorrücken alle zwischen Planbeginn und Planende liegenden Monate überarbeitet und neu geplant. Wünschenswert wären noch genauer, im Extremfall tagesgenau[15] unterteilte Finanzpläne; denn selbst wenn die kumulierten Einzahlungen die kumulierten Auszahlungen eines Monats übersteigen, ist noch nicht sichergestellt, daß keine Liquiditätsengpässe innerhalb dieses Zeitraumes auftreten.

Die Genauigkeit der Planung auch im Rahmen der mittel- und langfristigen Finanzplanung ist jedoch stets als **Wirtschaftlichkeitsproblem** zu sehen. Eine genauere Finanzplanung ermöglicht in der Regel, eine geringere Liquiditätsreserve zu halten, als bei ungenauer Planung erforderlich wäre. Außerdem lassen sich plötzliche kurzfristige Aufnahmen teurer Kredite zur Deckung überraschender Finanzierungsdefizite vermeiden. Der hieraus resultierenden geringeren Zinsbelastung des Unternehmens als einem möglichen **Ertrag** der Finanzplanung sind die zusätzlichen **Kosten** einer genaueren Finanzplanung gegenüberzustellen,[16] um zu einem Urteil zu gelangen, welcher Genauigkeitsgrad der Planung wirtschaftlich vertretbar ist.

2. Die langfristige Finanzplanung zur strukturellen Liquiditätssicherung

a) Die langfristige Finanzplanung als bilanzorientierte Globalplanung

Die langfristige Finanzplanung ist, wie bereits dargestellt, als **Bilanzstruktur- bzw. Kapitalbindungsplanung** am bilanziellen Denken ausgerichtet. Sie stellt in Plan-Bilanzen bzw. Plan-Bewegungsbilanzen[17] der langfristigen Kapitalverwendung, z.B. für Investitionen in Sach- und Finanzanlagen, im immateriellen Anlagevermögen sowie für langfristige Schuldentilgungen, die geplante langfristige Kapitalherkunft gegenüber, z.B. durch Innenfinanzierung, insbesondere aus Abschreibungen und Rückstellungserhöhungen, Rücklagenzuführungen sowie durch Außenfinanzierung, also durch Aufnahme von neuem Eigenkapital und langfristigem Fremdkapital. Die Bilanzstrukturplanung dient der mehrjährigen Finanzvorschau, sie gibt Auskunft, ob sich das Unternehmen langfristig strukturell in einem (bilanziellen) **Finanzierungsgleichgewicht** befinden wird, so daß bei drohenden Ungleichgewichten entsprechende Anpassungsmaßnahmen rechtzeitig eingeleitet

---

[14] Vgl. z.B. *Reichmann, Thomas:* Finanzplanung, Sp. 1479; *Witte, Eberhard:* Finanzplanung als Führungsinstrument, S. 85–87.
[15] Die tägliche Finanzplanung, die Finanzdispositionsrechnung haben wir als Treasurer-Aufgabe (vgl. S. 158 Fußn. 7) qualifiziert; sie wird im folgenden nicht näher diskutiert. Vgl. zur täglichen Finanzdisposition etwa *Straub, Hubert:* Optimale Finanzdisposition, Meisenheim am Glan 1974, insbes. S. 1–16; *Witte, Eberhard:* Finanzplanung als Führungsinstrument, S. 78–81.
[16] Zu möglichen Erträgen und Kosten der Finanzplanung im einzelnen vgl. *Witte, Eberhard:* Finanzplanung als Führungsinstrument, S. 63–65.
[17] Vgl. etwa *Lachnit, Laurenz:* Bewegungs- und Veränderungsbilanz, in: HWR, 2. Aufl., hrsg. von *Erich Kosiol,* Stuttgart 1981, Sp. 141–151, hier Sp. 143 sowie für Zwecke der langfristigen Finanzplanung *Everling, Wolfgang:* Die Finanzierung der Unternehmung, Berlin 1965, S. 107–109; *Weiß, Kurt:* Dynamisches Finanzmanagement in der Praxis, Wiesbaden 1976, S. 39–46 und S. 73–76; *Hahn, Dietger:* Planungs- und Kontrollrechnung, S. 450–452; *Witte, Eberhard:* Finanzplanung als Führungsinstrument, S. 81–85.

werden können. Die langfristige Finanzplanung beruht dabei als zusammenfassende, integrierende Planung auf den einzelnen strategischen und operativen Teilplänen, wie insbesondere der Umsatz-, Globalerfolgs- und Investitionsplanung.

b) Die Bilanzstrukturplanung unter Berücksichtigung von Kennzahlennormen

(1) Die Bedeutung von Kennzahlennormen für die strukturelle Liquiditätssicherung

Es wurde bereits dargelegt, daß es Zweck der strukturellen Liquiditätssicherung als Teilaufgabe des Finanz-Controlling ist, daß das Unternehmen jederzeit finanzierungswürdig, also kreditwürdig und ggf. emissionsfähig bleibt. Da Kapitalgeber in der Regel ihre Bonitätsbeurteilung auf Jahresabschlußkennzahlen stützen,[18] muß der Kapitalnehmer die diesbezüglichen **Erwartungen seiner Gläubiger** beachten und in seiner langfristigen Finanzplanung berücksichtigen. Es kann sonst zu einer gefährlichen Einengung des Finanzierungsspielraumes kommen, denn einzelne Kennzahlen haben als „**Finanzierungsregeln**" im Laufe der Zeit, worauf insbesondere *Albach*[19] und *Hauschildt*[20] hinweisen, einen **normativen Charakter** dadurch erhalten, daß sich bestimmte Kennzahlengrenzwerte als zu erfüllende Rollenerwartungen, als einzuhaltende Spielregeln zwischen Kreditnehmer und Kreditgeber entwickelt haben.[21]

Diesen Kennziffern kommt eine (große) Bedeutung so lange zu, wie Kreditgeber, ob theoretisch richtig begründet oder nicht,[22] ihre Kreditvergabeentscheidungen (noch) daran ausrichten. Das Finanz-Controlling muß dann darauf achten, möglicherweise ist das Unternehmen sogar im Kreditvertrag dazu verpflichtet,[23] daß solche **Kennzahlennormen** eingehalten werden. Die Kennzahlennormen werden dann zu **Restriktionen** für die langfristige Investitions- und Finanzpolitik oder sogar zu „operationalen Zielsetzungen für die finanzielle Führung"[24] im Rahmen der langfristigen (bilanziellen) Kapitalstrukturplanung.

---

[18] Vgl. zu den folgenden Ausführungen sowie den „Bedeutungsnischen" der klassischen jahresabschlußorientierten Kennzahlenanalyse (und auch zu anderen Instrumenten der Kreditwürdigkeitsprüfung) *Lange, Christoph:* Jahresabschlußinformationen und Unternehmensbeurteilung, Stuttgart 1989, S. 147–149.
[19] *Albach, Horst:* „Finanzierungsregeln" und Kapitalstruktur der Unternehmung, in: Finanzierungshandbuch, 2. Aufl., hrsg. von *Friedrich-Wilhelm Christians,* Wiesbaden 1988, S. 599–626, hier S. 601–608.
[20] *Hauschildt, Jürgen:* „Kreditwürdigkeit". Bezugsgrößen von Verhaltenserwartungen in Kreditbeziehungen, in: Hamburger Jahrbuch für Wirtschafts- und Gesellschaftspolitik, hrsg. von *A. D. Ortlieb, B. Molitor, W. Krone,* 17. Jg., Tübingen 1972, S. 167–183.
[21] Vgl. ferner *Wysocki, Klaus:* Das Postulat der Finanzkongruenz als Spielregel, Stuttgart 1962; *Moxter, Adolf:* Finanzwirtschaftliche Risiken, in: HWF, hrsg. von *Hans E. Büschgen,* Stuttgart 1976, Sp. 630–641, hier Sp. 636f.; *Wysocki, Klaus:* Prüfung (Revision) der finanziellen Lage der Unternehmung, in: HWF, hrsg. von *Hans E. Büschgen,* Stuttgart 1976, Sp. 1458–1469, insbes. Sp. 1466f.
[22] Zur massiven Kritik an diesen („goldenen") Bilanz- und Finanzierungsregeln vgl. die auf S. 90, Fußnote 80 angegebene Literatur.
[23] Vgl. insbes. *Stahlschmidt, Dirk:* Schutzbestimmung in Kreditverträgen, Wiesbaden 1982, S. 59–61.
[24] *Selowsky, Rolf:* Finanzplanung, in: ZfB, 49. Jg. (1979), 1. Erg.-Heft, S. 125–143, hier S. 129; vgl. ähnlich *Fischer, Otfried; Jansen, Helge; Meyer, Werner:* Langfristige Finanzplanung

IV. Kapitel: Das Finanz-Controlling

Unternehmen, die die Normen nicht einhalten, müssen mit negativen Konsequenzen für das Liquiditäts- und/oder Rentabilitätsziel rechnen, die in zusätzlichen Sicherheiten, höheren Kreditzinsen, umfangreicheren Unternehmensinformationen, verstärktem Einfluß der Kreditgeber auf die Unternehmenspolitik der Kreditnehmer oder gar in einer Kreditverweigerung bzw. -kündigung bestehen können.

In der Bundesrepublik Deutschland gilt der **Normcharakter** auch insbesondere für die Kennzahlen, die vom Bundesaufsichtsamt für das Versicherungswesen bzw. von den **Versicherungsunternehmen** selbst zur Beurteilung der Deckungsstockfähigkeit von Schuldscheindarlehen an Industrieunternehmen herangezogen werden. Hierbei handelt es sich um folgende Bilanzrelationen; die im Normalfall geforderten, in der Regel durch Branchendurchschnitte modifizierten Grenzwerte sind mit angegeben:[25]

- Eigenkapital/Fremdkapital $\geq$ 50 %
  (bzw. Eigenkapital/Bilanzsumme $\geq 33^1/_3$ %)
- Eigenkapital/Anlagevermögen $\geq$ 50 %
- Langfristiges Kapital/Langfristig gebundenes Vermögen $\geq$ 100 %
- Kurzfristig realisierbares Umlaufvermögen/Kurzfristiges Fremdkapital $\geq$ 50 %
- Umlaufvermögen/Kurzfristiges Fremdkapital $\geq$ 100 %
- Effektivverschuldung/Cash Flow[26] $\leq$ 3,5 Jahre.[27]

---

deutscher Unternehmen, Hamburg 1975, S. 105–132; *Bierich, Marcus:* Finanzplanung, Finanzorganisation und Finanzkontrolle, in: ZfbF-Kontaktstudium, 28. Jg. (1976), S. 3–9.

[25] Vgl. zu den folgenden Definitionen insbesondere das Exposé für die Vergabe von Schuldscheindarlehen, hrsg. vom *Gesamtverband der Versicherungswirtschaft und Verband der Lebensversicherungs-Unternehmen,* Karlsruhe 1976, sowie zu den ähnlichen Grundsätzen der früheren Einzelgenehmigungspraxis *Bundesaufsichtsamt für das Versicherungswesen:* Rundschreiben R 2/75 vom 11.3. 1975, Ziff. 12.311; *Bering, Rolf:* Prüfung der Deckungsstockfähigkeit von Industriekrediten durch das Bundesaufsichtsamt für das Versicherungswesen, in: ZfB, 45. Jg. (1975), S. 25–54. Zu den allgemein üblichen Bezeichnungen dieser Kennzahlen, soweit als Klammerausdruck angegeben, bei teilweise etwas abweichenden Definitionen vgl. z. B. *Busse von Colbe, Walther:* Finanzanalyse, in: HWF, Sp. 384–401, hier Sp. 388–390; siehe auch Anhang RL-Bilanzkennzahlen.

[26] Dabei gelten folgende Definitionen: Effektivverschuldung = Fremdkapital ./. Gewinnausschüttung ./. Sozialverbindlichkeiten (Pensionsrückstellungen + Verbindlichkeiten gegenüber Versorgungseinrichtungen) ./. Erhaltene Anzahlungen ./. Kurzfristig realisierbares (Netto-) Umlaufvermögen (Liquide Mittel, Wertpapiere des Umlaufvermögens, Waren- und Leistungsforderungen, sonstige kurzfristige Forderungen).
Cash Flow = Jahresüberschuß + Nettoerhöhungen der Pensionsrückstellungen + Zuweisungen zur Unterstützungskasse + Nettoerhöhungen anderer langfristiger Rückstellungen + negativer Saldo aus a. o. Ergebnis ./. positiver Saldo aus a. o. Ergebnis + Abschreibungen und Wertberichtigung auf das Sachanlagevermögen (ohne Sonderabschreibungen). Vgl. *Gesamtverband:* Exposé für die Vergabe von Schuldscheindarlehen, S. 11, 15.

[27] Dieser Grenzwert des dreieinhalbfachen bzw. von 3,5 Jahren (so *Bering, Rolf:* Prüfung der Deckungsstockfähigkeit, S. 44) wird in dem neuen Exposé nicht mehr genannt. Da „wegen der vertretbaren Höhe des Verschuldungsfaktors erhebliche Unterschiede zwischen den einzelnen Branchen bestehen, wird bei seiner Beurteilung der Durchschnittswert der Branche zu berücksichtigen sein." *Gesamtverband:* Exposé für die Vergabe von Schuldscheindarlehen, S. 25.

B. Das Instrumentarium des Finanz-Controlling

Aus betriebswirtschaftlicher Sicht kann man sowohl diese Auswahl von Kennzahlen als auch ihre Definitionen und Begründungen sowie die geforderten Grenzwerte im einzelnen kritisieren. Solange diese oder ähnliche Kennzahlennormen aber zur Bonitätsbeurteilung herangezogen werden, kommt ihnen die geschilderte Bedeutung zu, so daß die Einhaltung entsprechender Bilanzstrukturen in Plan-Bilanzen und Plan-Bewegungsbilanzen festgelegt und kontrolliert werden muß.

(2) Bilanzstrukturplanung mit Hilfe von Plan-Bilanzen und Plan-Bewegungsbilanzen

Die langfristige bilanzielle Finanzplanung beruht auf der langfristigen (bilanziellen) **Investitionsplanung** *(Abb. 80)*, die, ausgehend von den im Planungszeitpunkt bereits bewilligten Investitionsprojekten und den vorliegenden Investitionsanträgen, das gesamte Investitionsvolumen für den Planungszeitraum, die **langfristige Mittelverwendung** und damit den Kapitalbedarf festlegt.

Für die folgende Diskussion wird von einem Fallbeispiel, das den Planungszeitraum 1991 bis 1995 umfaßt, ausgegangen.

		Bilanzielle Investitionsplanung (langfristige Mittelverwendung) in Mio. DM					
		1991	1992	1993	1994	1995	Σ 91–95
1	Zugänge Sachanlagen	80	60	40	28	0	208
2	+ Zugänge Beteiligungen, Ausleihungen	8	4	0	0	0	12
3	= Σ Bewilligte Investitionen	88	64	40	28	0	220
4	+ noch nicht bewilligte Investitionen	10	40	50	60	60	220
5	= Gesamt-Investitionsvolumen	98	104	90	88	60	440
6	Gesamtfinanzierungsvolumen (aus *Abb. 81*)	91	117	92	82	58	440
7	Über-/Unterdeckung (6 ./. 5)	– 7	+ 13	+ 2	– 6	– 2	0

Abb. 80: Bilanzielle Investitionsplanung 1.1.1991–31.12.1995

Auf der Deckungsseite werden in der **langfristigen Finanzierungsplanung** *(Abb. 81)* die Finanzierungsmöglichkeiten, die **Quellen der Mittelherkunft** aufgezeigt, wie insbesondere die zugehörigen Abschreibungen in Sachanlagen, immateriellen Anlagen und Finanzanlagen sowie die geplanten Veränderungen der langfristigen Passivposten, also des Eigenkapitals (Rücklagenzuführungen durch Gewinnthesaurisierungen und ordentliche Kapitalerhöhungen, Grund- bzw. Stammkapitalerhöhungen durch ordentliche Kapitalerhöhungen, 50 % der Erhöhungen des Sonderpostens mit Rücklageanteil), der langfristigen Rückstellungen (insbe-

190   IV. Kapitel: Das Finanz-Controlling

sondere der Pensionsrückstellungen einschl. 50 % des Sonderpostens mit Rücklageanteil) durch Einstellungen und Auflösungen sowie der langfristigen Kredite durch Tilgungen und Neuaufnahmen.

Der Vergleich der beiden Planbereiche zeigt dem Finanz-Controlling, ob **Über- oder Unterdeckungen** in den einzelnen Planperioden auftreten (Zeile 7 in *Abb. 80*), die ggf. kurzfristig zu finanzieren bzw. anzulegen sind. Unerwünschte Defizite oder Überschüsse im langfristigen Bereich, wenn etwa eine zusätzliche kurzfristige Fremdfinanzierung zu vertretbaren Kosten nicht möglich erscheint, erfordern eine Planrevision. Wenn die Investitions- und Finanzierungsstruktur langfristig ausgeglichen sein soll, bestimmt das geplante langfristige Innen- und Außenfinanzierungsvolumen das langfristige Investitionsvolumen.

		Bilanzielle Finanzierungsplanung (langfristige Mittelherkunft) in Mio. DM					
		1991	1992	1993	1994	1995	Σ 91–95
1	Abschreibungen auf Sachanlagen	46	48	54	57	55	260
2	+ Abschreibungen auf Finanzanlagen	10	4	2	2	2	20
3	+ Abgänge Sachanlagen	2	2	2	2	2	10
4	= Σ Minderung Anlagevermögen	58	54	58	61	59	290
5	Erhöhung Eigenkapital (inkl. 50 % Sonderposten)	6	35	7	12	14	74
6	+ Netto-Erhöhung langfristiger Rückstellungen (inkl. 50 % Sonderposten)	8	9	9	12	12	50
7	+ Netto-Veränderung langfristiger Kredite	19	19	18	– 3	– 27	26
8	= Σ Zunahme/Abnahme langfristiges Kapital	33	63	34	21	– 1	150
9	langfristiges Gesamt-Finanzierungsvolumen (4 + 8)	91	117	92	82	58	440

Abb. 81: Bilanzielle Finanzierungsplanung 1.1.1991–31.12.1995

Ausgehend von der letzten Ist-Bilanz *(Abb. 82)* ergänzt um die Ist-Gewinn- und Verlustrechnung *(Abb. 83)* werden die Werte der langfristigen Investitions- und Finanzierungsplanung sowie der damit verbundenen und sonstigen Veränderungen des Umlaufvermögens (insbesondere Erhöhung oder Abbau der Vorräte, der Forderungen, der liquiden Mittel) und des mittel- und kurzfristigen Kapitals (Erhöhung oder Abbau der Lieferverbindlichkeiten, der Bankverbindlichkeiten etc.) in Abhängigkeit von den bestehenden Absatz-, Produktions- und Beschaf-

B. Das Instrumentarium des Finanz-Controlling 191

Zusammengefaßte Bilanz zum 31.12. 1990
in Mio. DM

Aktiva		Passiva	
Sachanlagen	300	Grundkapital, Rücklagen	240
Beteiligungen, Ausleihungen	170	Sonderposten mit Rücklageanteil	48
		Langfristige Rückstellungen	
Σ Anlagevermögen	470	(Pensionsrückstellungen)	94
		Langfristige Kredite	206
Vorräte	180	Σ Langfristiges Kapital	588
Forderungen	130		
Liquide Mittel	40		
Sonst. Umlaufvermögen	80	Lieferverbindlichkeiten	160
		Bankverbindlichkeiten	130
Σ Umlaufvermögen	430	Sonst. Verbindlichkeiten	7
		Σ Kurz- und Mittelfr. Kapital	297
		Bilanzgewinn	15
Σ Gesamtvermögen	900	Σ Gesamtkapital	900

Abb. 82: Ist-Bilanz 31.12. 1990

Zusammengefaßte Gewinn- und Verlustrechnung zum 31.12. 1990
in Mio. DM

Aufwendungen		Erträge	
Materialaufwendungen	804	Umsatzerlöse	1300
Personalaufwendungen	325	Bestandserhöhungen	40
Abschreibungen	54	Beteiligungserträge	10
Zinsaufwendungen	35	Sonstige Erträge	10
Sonstige Aufwendungen	98		
EEV-Steuern	25		
Σ Aufwendungen	1341		
Bilanzgewinn	15		
Rücklagenzuführung	4		
Σ Jahresüberschuß	19	Σ Erträge	1360

Abb. 83: Ist-Gewinn- und Verlustrechnung 31.12. 1990

fungsplänen zu einer **Plan-Bilanz**[28] zum Ende der Planungsperiode, oder auch zum Ende der jeweiligen Planjahre, aggregiert *(Abb. 84)*.

Anhand der zusammengefaßten Plan-Bilanz sowie der entsprechenden **Plan-Gewinn- und Verlustrechnung** *(Abb. 85)* die auf Basis der langfristigen globalen

---

[28] Zur Plan-Bilanz vgl. auch Kapitel II.D.2.

192 IV. Kapitel: Das Finanz-Controlling

Zusammengefaßte Plan-Bilanz zum 31.12.1995
in Mio. DM

Aktiva		Passiva	
Sachanlagen	420	Grundkapital, Rücklagen	308
Beteiligungen, Ausleihungen	200	Sonderposten mit Rücklageanteil	60
		Langfristige Rückstellungen	
Σ Anlagevermögen	620	(Pensionsrückstellungen)	138
		Langfristige Kredite	232
Vorräte	230		
Forderungen	190	Σ Langfristiges Kapital	738
Liquide Mittel	50		
Sonst. Umlaufvermögen	80	Lieferverbindlichkeiten	191
		Bankverbindlichkeiten	209
Σ Umlaufvermögen	550	Sonst. Verbindlichkeiten	14
		Σ Kurz- und Mittelfrist. Kapital	414
		Bilanzgewinn	18
Σ Gesamtvermögen	1170	Σ Gesamtkapital	1170

Abb. 84: Plan-Bilanz 31.12.1995

Zusammengefaßte Plan-Gewinn- und Verlustrechnung zum 31.12.1995
in Mio. DM

Aufwendungen		Erträge	
Materialaufwendungen	1120	Umsatzerlöse	1860
Personalaufwendungen	456	Bestandserhöhungen	5
Abschreibungen	57	Beteiligungserträge	10
Zinsaufwendungen	44	Sonstige Erträge	15
Sonstige Aufwendungen	134		
EEV-Steuern	48		
Σ Aufwendungen	1859		
Bilanzgewinn	18		
Rücklagenzuführung	13		
Σ Jahresüberschuß	31	Σ Erträge	1890

Abb. 85: Plan-Gewinn- und Verlustrechnung 31.12.1995

Erfolgsplanung[29] (siehe *Abb. 89*) aufgestellt wird, bzw. auf Basis einer zusammenfassenden Finanzierungsstrukturübersicht *(Abb. 86)* können die vom Finanz-Controlling bzw. der finanziellen Unternehmensführung, ggf. in Abstimmung mit den Fremdkapitalgebern, festgelegten jeweils einzuhaltenden **Bilanzstrukturrelationen geplant und kontrolliert** werden.

In unserem Beispiel *(Abb. 87)* ergeben sich für die Anlagendeckung und für die Liquiditätskoeffizienten relativ gute, für den Eigenkapitalanteil und den dynami-

---

[29] Zur Erfolgsplanung vgl. Kapitel III.B.3.

B. Das Instrumentarium des Finanz-Controlling 193

Finanzstrukturübersicht zum 31.12.1995
in Mio. DM

Aktiva					Passiva	
Anlagevermögen	620	Eigenkapital		338	Langfrist. Kapital	738
		Fremdkapital		832		
		dv. Langfrist. Fremdkapital	400			
Umlaufvermögen	550	dv. Kurzfrist.			Kurzfrist. Kapital	432
dv. kurzfristig		Fremdkapital	414			
realisierbar	240	dv. Bilanzgewinn				
		(Ausschüttung)	18			
Gesamtvermögen	1170	Gesamtkapital				1170

Effektivverschuldung[30]	= Fremdkapital	832
	./. Ausschüttung	18
	./. Pensionsrückstellungen	138
	./. Kurzfristig realisierb. Umlaufvermögen	
	(= Forderungen + Liquide Mittel)	240
		436

„Cash Flow"[31]	= Jahresüberschuß	31
	+ Nettoerhöhung der Pensionsrückstellungen	12
	+ Abschreibungen auf Sachanlagevermögen	55
	+ Abschreibungen auf Finanzanlagevermögen	2
		100

Abb. 86: Finanzierungsstrukturübersicht 31.12.1995

schen Verschuldungsfaktor dagegen relativ schlechte Werte, die allerdings im Urteil der Unternehmensführung bzw. der Kapitalgeber als tolerierbar unterstellt werden. Nicht mehr akzeptable Werte müßten zu einer Planrevision führen, die wiederum vom Finanz-Controlling angeregt werden kann. Bei der unterstellten Bedeutung von Kennzahlennormen zeigt sich in dem Beispielfall, daß für die folgende fünfjährige Planperiode etwa schon 1996, wieder eine ordentliche Kapitalerhöhung vorzusehen ist. Im Rahmen einer rollierenden Planung könnte diese

---

[30] Zur Definition vgl. ähnlich *Albach, Horst:* „Finanzierungsregeln", hier S. 605; *Coenenberg, Adolf G.:* Jahresabschluß, S. 586 f.
[31] Der „Cash Flow" wird also, wie in der externen Jahresabschlußanalyse weitgehend üblich, indirekt, vereinfacht und bilanziell ermittelt. Zur Kritik der Aussagefähigkeit einer solchen „Cash Flow"-Kennziffer vgl. insbes. *Leffson, Ulrich:* Cash Flow – weder Erfolgs- noch Finanzierungsindikator, in: Aktuelle Fragen der Unternehmensfinanzierung und Unternehmensbewertung, hrsg. von *Karl-Heinz Forster,* Stuttgart 1970, S. 108–127, hier S. 113; *Hahn, Dietger:* Planungs- und Kontrollrechnung, S. 433–435; *Jüsten, Wolfgang:* Cash-Flow und Unternehmensbeurteilung, 3. Aufl., Berlin 1975, S. 82–121; *Chmielewicz, Klaus:* Finanzplanung, in: HdWW, hrsg. von *Willi Albers* u. a., Bd. 3, Stuttgart, New York 1981, S. 83–97, hier S. 93 f.; *Weber, Helmut K.:* Rentabilität, Produktivität, Liquidität der Unternehmung, Stuttgart 1983, S. 109 f. Siehe zur direkten Ermittlung des Cash-Flow als laufender Zahlungsüberschuß aus einem Finanzplan Kapitel IV.B.2.c) (2).

Eigenkapitalzuführung in Abhängigkeit von der Kapitalmarktentwicklung unter Umständen auch noch zum Ende dieser Planperiode durchgeführt werden. Durch die in diesem Beispiel geplante recht großzügige Dividendenpolitik, die auf einer wesentlich verbesserten Ertragslage ab 1994 beruht (siehe *Abb. 89*), wird die Grundlage hierfür geschaffen.

Zur **Überprüfung der Fristenkongruenz** und zur Abstimmung der (bilanziellen) Mittelverwendung infolge von lang- und kurzfristigen Aktivmehrungen und Passivminderungen und der (bilanziellen) Mittelherkunft infolge von lang- und kurzfristigen Aktivminderungen und Passivmehrungen sollten die Istbilanz zum Beginn des Planungszeitraumes und die Planbilanz zum Ende des Planungszeitraumes, oder auch zu einem Bilanzstichtag während des Planungszeitraumes, zu einer Plan-Bewegungsbilanz für den entsprechenden Planungszeitraum *(Abb. 88)* zusammengefaßt werden. Sie zeigt für den Beispielfall aufgrund der dargestellten Teilpläne die geplante ausgeglichene Fristenstruktur: Der geplanten Nettoerhöhung im Anlagevermögen von 150 Mio. DM steht eine entsprechende Erhöhung des langfristigen Kapitals gegenüber, die sich fast gleichgewichtig auf das Eigenkapital infolge von Gewinnthesaurierungen (einschl. 50% der Zuführungen zu dem Sonderposten mit Rücklageanteil) und der ordentlichen Kapitalerhöhung aus 1992 sowie das langfristige Fremdkapital infolge der Nettoerhöhungen des Bestandes an langfristigen Rückstellungen (einschl. 50% der Zuführungen zu dem Sonderposten mit Rücklageanteil) und einer relativ geringen Netto-Erhöhung der langfristigen Kredite verteilt.

(3) Die Bedeutung der Bilanzstrukturplanung im Rahmen der langfristigen Finanzplanung

Solange Bilanzstrukturnormen die (geschilderte) Bedeutung haben, ist zur **Abschätzung des Finanzierungsspielraumes** eines Unternehmens und damit der bilanziellen (finanzstrukturmäßigen) Verkraftbarkeit alternativer Strategien und Umweltentwicklungen eine Kapitalbindungsplanung in einer Planbilanz bzw. Plan-Bewegungsbilanz unerläßlich.[32] Es kann dann frühzeitig erkannt werden, wie groß die **potentielle** Finanzierungsbereitschaft der Fremdkapitalgeber ist; bei nicht genutzten langfristigen Finanzierungsmöglichkeiten kann das Finanz-Controlling Anregungen für zusätzliche langfristige Investitionen geben. Bei ausgeschöpften Finanzierungsmöglichkeiten muß in erster Linie versucht werden, das bilanzielle Eigenkapital und/oder die stillen Reserven bei Verbesserung der Ertragslage durch zusätzliche Innenfinanzierung z. B. durch verstärkte (auch steuerwirksame) Abschreibungen, Zuführungen zu den langfristigen Rückstellungen oder durch ordentliche Kapitalerhöhungen zu vergrößern. Desweiteren können sich anbahnende Ungleichgewichte – etwa durch kurzfristige Finanzierung langfristiger Mittelverwendungen – rechtzeitig erkannt und durch eine entsprechende Planung vermieden werden.

---

[32] Vgl. so *Bierich, Marcus:* Finanzplanung, insbes. S. 3f.; *Selowsky, Rolf:* Finanzplanung, insbes. S. 127f.; *Buchinger, Gerhard:* Computergestützte Unternehmensplanungsmodelle, in: Agplan-Handbuch, hrsg. von *Josef Fuchs* und *Karl Schwantag,* Berlin 1979, Kz. 4752, hier insbes. S. 28; *Witte, Eberhard:* Finanzplanung als Führungsinstrument, S. 83.

B. Das Instrumentarium des Finanz-Controlling 195

Finanzierungs-Kennzahlen
Planungszeitraum 1990–1995

	1990 Ist	1995 Soll
1. Verschuldungsgrad		
$\dfrac{\text{Fremdkapital}}{\text{Bilanzsumme}}$	$\dfrac{636}{900}=70{,}7\%$	$\dfrac{832}{1170}=71{,}7\%$
$\dfrac{\text{Eigenkapital}}{\text{Anlagevermögen}}$	$\dfrac{264}{470}=56{,}2\%$	$\dfrac{338}{620}=54{,}5\%$
2. Anlagendeckung		
$\dfrac{\text{langfristiges Kapital}}{\text{langfristig gebundenes Vermögen}}$	$\dfrac{588}{470}=125{,}1\%$	$\dfrac{738}{620}=119{,}0\%$
3. Liquidität I		
$\dfrac{\text{kurzfristig realisierbares Umlaufvermögen}}{\text{kurzfristiges Fremdkapital}}$	$\dfrac{170}{297}=57{,}2\%$	$\dfrac{240}{414}=57{,}9\%$
4. Liquidität II		
$\dfrac{\text{Umlaufvermögen}}{\text{kurzfristiges Fremdkapital}}$	$\dfrac{430}{297}=144{,}8\%$	$\dfrac{550}{414}=132{,}9\%$
5. Dynamischer Verschuldungsfaktor		
$\dfrac{\text{Effektivverschuldung}}{\text{Cash Flow}}$	$\dfrac{357}{78}=4{,}6\text{ Jahre}$	$\dfrac{436}{100}=4{,}4\text{ Jahre}$

Abb. 87: Finanzierungskennzahlen 1990-1995

Die Plan-Bilanz bzw. Plan-Bewegungsbilanz läßt also erkennen, ob sich ein Unternehmen mit seinen bilanziellen Finanzierungsstrukturen im Gleichgewicht befindet und ermöglicht somit dem Finanz-Controlling, rechtzeitig ggf. Anpassungsmaßnahmen einzuleiten. Die Bilanzstrukturplanung kann aber nicht zeigen, ob sich die langfristigen Ein- und Auszahlungen etwa im Umsatzbereich, Investitionsbereich und langfristigen Finanzierungsbereich für den Planungszeitraum ebenfalls im Gleichgewicht befinden.[33] Hierzu ist es notwendig, die langfristige bilanzorientierte Finanzplanung durch eine **zahlungsstromorientierte globale Teil-Finanzplanung** zu ergänzen.

c) Die langfristige globale Zahlungsüberschußplanung mit Hilfe eines Teil-Finanzplans

(1) Die Ableitung des langfristigen Teil-Finanzplans aus der langfristigen Global-Erfolgsplanung

Voraussetzung für eine die Bilanzstrukturplanung ergänzende und erweiternde **langfristige globale Zahlungsüberschußplanung** ist ein relativ hoher Entwicklungsstand der betrieblichen Planung. Neben der dargestellten (bilanziellen) langfristi-

---

[33] Vgl. *Witte, Eberhard:* Finanzplanung als Führungsinstrument, S. 82; *Haiber, Erich:* Das Liquiditätsproblem, S. 373.

196 IV. Kapitel: Das Finanz-Controlling

Brutto-Plan-Bewegungsbilanz 1991–1995
in Mio. DM

Mittelverwendung		Mittelherkunft	
+ Anlagevermögen	**440**	**− Anlagevermögen**	**290**
Sachanlagen-Zugänge	390	Sachanlagen-Abschreibung	260
Finanzanlagen-Zugänge	50	Finanzanlagen-Abschreibung	20
		Sachanlagen-Abgänge	10
+ Umlaufvermögen	**120**	**+ Langfristig. Kapital**	**150**
Vorräte	50	Eigenkapital	74
Forderungen	60	Langfristige Rückstellungen	50
Liquide Mittel	10	Langfristige Kredite	26
		+ Kurz- und Mittelfristiges Kapital	**120**
		Lieferverbindlichkeiten	31
		Bankverbindlichkeiten	79
		Sonst. Verbindlichkeiten	7
		Bilanzgewinn (Ausschüttung)	3
Σ Mittelverwendung	**560**	**Σ Mittelherkunft**	**560**

Abb. 88: Brutto-Plan-Bewegungsbilanz 1991–1995

Langfristige Global-Erfolgsplanung 1991–1995							
	Ist 1990	Soll 1991	Soll 1992	Soll 1993	Soll 1994	Soll 1995	Σ 1991–1995
Netto-Umsatzerlöse	1300	1360	1440	1560	1710	1860	7930
+/./. Bestandsveränderungen	+ 40	+ 30	+ 15	+ 5	+ 5	+ 5	+ 60
./. Materialaufwendungen	804	830	870	940	1030	1120	4790
./. Personalaufwendungen	325	346	359	381	415	456	1957
./. Sonst. Aufwendungen	98	101	104	117	124	134	580
./. Abschreibungen auf Sachanlagen	46	46	48	54	57	55	260
./. Abschreibungen auf Finanzanlagen	8	10	4	2	2	2	20
./. Zinsaufwendungen	35	38	41	42	43	44	208
+ Beteiligungserträge	10	12	10	10	10	10	52
+ Sonst. Erträge	10	12	10	10	10	15	57
= Jahresüberschuß vor Steuern	44	43	49	49	64	79	284
./. EEV-Steuern	25	24	27	27	36	48	162
= Jahresüberschuß nach Steuern	19	19	22	22	28	31	122
+/./. Rücklagenveränderung	./. 4	./. 4	./. 6	./. 6	./. 11	./. 13	./. 40
= Bilanzgewinn	15	15	16	16	17	18	82
Dividendensatz		12%	12%	12%	12%	13%	14%

Abb. 89: Langfristige Global-Erfolgsplanung

B. Das Instrumentarium des Finanz-Controlling   197

gen Investitions- und Finanzierungsplanung muß ein **langfristiger globaler Erfolgsplan** *(Abb. 89)* existieren.[34] Dieser Erfolgsplan basiert auf der geplanten Absatz- bzw. Umsatzentwicklung in den einzelnen Planungsperioden aus der operativen und strategischen Planung[35] und auf erwarteten bzw. geplanten Abhängigkeitsbeziehungen zwischen der Produktions- bzw. Absatzmenge oder den **Umsatzerlösen** einerseits und dem Mengen- und Wertgerüst der Kosten[36] bzw. der **Aufwendungen,** insbesondere der Material-, Personal- und der sonstigen (betrieblichen) Aufwendungen andererseits.

Die bilanziellen **Abschreibungen** können unmittelbar aus der langfristigen Finanzierungsplanung *(Abb. 81)* übernommen werden: die **Zinsaufwendungen** sind auf Basis der langfristigen Finanzplanung (siehe *Abb. 90*) zu ermitteln und für die restlichen Planjahre fortzuschreiben. Ergänzend sind, soweit jeweils betragsmäßig bedeutsam, die Planwerte z. B. für die laufenden betriebsfremden Erträge, z. B. Beteiligungserträge, Zinserträge, Mieten u. ä. und laufende betriebsfremde Auszahlungen, wie z. B. Verlustübernahmen u. ä., festzulegen. Aus dem sich erge-

Lfd. Nr.	Langfristiger Teil-Global-Finanzplan 1991–1995 (prospektive langfristige Finanzflußrechnung) in Mio. DM		1991 Soll	1992 Soll	1993 Soll	1994 Soll	1995 Soll	Σ 91–95 Soll
		Sektor I und II: Umsatzbereich und lfd. „betriebsfremder" Bereich						
1		Netto-Umsatzeinzahlungen (ohne Erlösschmälerungen und USt)	1360	1440	1560	1710	1860	7930
2		davon Festaufträge/Optionen + sonstige laufende betriebliche Einzahlungen	–	–	–	–	–	–
3		./. Netto-Auszahlungen für Materialbeschaffungen (inkl. produktionsbezogene Dienstleistungen)	830	870	940	1030	1120	4790
4		./. laufende Personalauszahlungen	320	330	350	380	420	1800
5		./. Pensionsauszahlungen	20	21	23	24	25	113
6		./. sonstige laufende betriebliche Auszahlungen	101	104	117	124	134	580
7		= laufender betrieblicher Zahlungsüberschuß (vor Zinsen, Steuern): „Umsatzüberschuß"	+ 89	+ 115	+ 130	+ 152	+ 161	+ 647
8		+ laufende „betriebsfremde" Einzahlungen: Mieten, Zinsen, Beteiligungserträge, u. ä.	24	20	20	20	25	109
9		./. laufende „betriebsfremde" Auszahlungen	–	–	–	–	–	–

---

[34] Vgl. zur Erfolgsplanung Kapitel III.B.3 sowie z. B. *Buchinger, Gerhard:* Computergestützte Unternehmensplanungsmodelle, insbes. S. 33–35; *Haiber, Erich:* Das Liquiditätsproblem, S. 373 f.; *Koch, Helmut:* Integrierte Unternehmensplanung, Wiesbaden 1982, S. 114 f.
[35] Vgl. zur Umsatzplanung Kapitel III.B.1.
[36] Vgl. zur laufenden Kostenplanung Kapitel III.B.2.

198   IV. Kapitel: Das Finanz-Controlling

Lfd. Nr.	Langfristiger Teil-Global-Finanzplan 1991–1995 (prospektive langfristige Finanzflußrechnung) in Mio. DM	1991 Soll	1992 Soll	1993 Soll	1994 Soll	1995 Soll	Σ 91–95 Soll
10	= laufender Zahlungsüberschuß (vor Zinsen, Steuern)	+113	+135	+150	+172	+186	+756
	Sektor III und IV Investitionsbereich und langfristiger Finanzierungsbereich						
11	+ Einzahlungen aus Desinvestitionen von Sach- und Finanzanlagen sowie von immateriellem Anlagevermögen	2	2	2	2	2	10
12	./. Auszahlungen für Investitionen in Sachanlagen und immateriellem Anlagevermögen	90	92	80	78	50	390
13	./. Auszahlungen für Investitionen im Finanzanlagevermögen	8	12	10	10	10	50
14	= Zahlungsüberschuß (vor Zinsen, Steuern) nach Investitionen	+17	+33	+62	+86	+128	+326
15	+ Einzahlungen aus langfristigen Fremdkapitalaufnahmen	25	25	25	25	25	125
16	./. Auszahlungen für Tilgungen von langfristigem Fremdkapital	6	6	7	28	52	99
17	+ Einzahlungen aus ordentlichen Kapitalerhöhungen	0	28	0	0	0	28
18	= langfristiger Zahlungsüberschuß (nach Investitionen und langfristiger Finanzierung)	+36	+80	+80	+83	+101	+380
19	./. Auszahlungen für Fremdkapitalzinsen	38	41	42	43	44	208
20	./. Auszahlungen für Ertrag- und Substanzsteuern (+ direkte Subventionen)	24	27	27	36	48	162
21	./. Ausschüttungen	15	15	16	16	17	79
22	= langfristiger Zahlungsüberschuß	−41	−3	−5	−12	−8	−69
23	+/./. geplante Veränderung der Liquiditätsreserve	0	0	0	−10	0	−10
24	= (−) Unter-/(+) Überdeckung: zusätzliche(r) kurz- und mittelfristige(r) Finanzmittelbedarf/Anlagemöglichkeit	−41	−3	−5	−22	−8	−79

Abb. 90: Langfristiger Teil-Global-Finanzplan 1991-1995

benden Jahresüberschuß vor Steuern sind unter Berücksichtigung steuerlicher Modifizierungen aus der steuerlichen Planung die **Ertragsteuern** abzuleiten, die um die Substanzsteuern zu ergänzen sind. Die Planung des Jahresüberschusses nach Steuern bildet unter Berücksichtigung der Rücklagenzuführungen, die ggf. mit Substanzerhaltungsüberlegungen zu begründen sind,[37] die Grundlage für die **Ausschüttungspolitik** der Planperioden, von der wiederum u.a. die künftigen Eigenkapitalbeschaffungsmöglichkeiten abhängen.

Der langfristige globale Erfolgsplan bildet dann die Grundlage zur Ableitung des **langfristigen globalen Teil-Finanzplanes** *(Abb. 90),*[38] der einen Ausschnitt des mittelfristigen Global-Finanzplanes darstellt.

---

[37] Vgl. hierzu Kapitel II.D.2.e).
[38] Vgl. *Lange, Christoph:* Jahresabschlußinformationen und Unternehmensbeurteilung, S. 264–268, insbes. *Abb. 27;* siehe hierzu auch *Abb. 90* und die Erläuterungen in Kapitel IV.B.3.b).

B. Das Instrumentarium des Finanz-Controlling

In den Finanzplansektoren I und II, die den **Umsatzbereich und den laufenden betriebsfremden Bereich** umfassen, müssen die Erfolgsdaten grundsätzlich um ihre **Zahlungswirksamkeit** korrigiert werden. Allerdings sind im Rahmen der jährlich langfristigen Finanzplanung Vereinfachungen denkbar: Für viele Unternehmen wird es hinreichend genau sein, die erwarteten **Netto-Umsatzeinzahlungen** eines Jahres mit den geplanten Netto-Umsatzerlösen dieser Periode (jeweils unter Abzug von Erlösschmälerungen und berechneter Mehrwertsteuer), die **Netto-Auszahlungen** für Materialbeschaffungen eines Jahres mit den geplanten Materialaufwendungen, die sonstigen laufenden betrieblichen Einzahlungen und die sonstigen laufenden betrieblichen Auszahlungen, insbesondere für die Nutzung von Vertragspotentialen,[39] wie z.B. Miet-, Pacht-, Versicherungs-, Leasing-, Wartungs-, Patent-, Fremdforschungs- und Beratungsverträgen, mit den entsprechenden geplanten Ertrags- und Aufwandsgrößen gleichzusetzen. Auch für einen Großteil der laufenden betriebsfremden **Ein- und Auszahlungen** wird dieses Vorgehen vertretbar sein. Bei absehbaren längeren zeitlichen Verschiebungen zwischen der Ertrags-/Aufwandsrealisierung und der Ein-/Auszahlungswirkung, wie z.B. bei mehrjährigen Zahlungszielen im Absatzbereich oder bei ungleichmäßigen, zu hohen Lagerbeständen führenden Beschaffungen, sind entsprechende Korrekturen vorzunehmen. Auf jeden Fall dürfen von den Personalaufwendungen aus der Global-Erfolgsplanung nur die in die jeweilige Planungsperiode gehörenden **Personalauszahlungen** in die Finanzplanung übernommen werden. Die geplanten Pensionsauszahlungen zu Lasten früher gebildeter Rückstellungen sind gesondert zu ermitteln.

Die Plandaten des Sektors III, der den **langfristigen Investitionsbereich** (Anlagevermögen) umfaßt, können unmittelbar aus der langfristigen Investitionsplanung *(Abb. 80)* übernommen werden; die Ein- und Auszahlungen aus der geplanten langfristigen Neuverschuldung sowie aus ordentlichen Eigenkapitalerhöhungen stammen aus der **langfristigen Finanzierungsplanung** *(Abb. 81)*. Die Auszahlungen für Fremdkapitalzinsen, die Netto-Steuerzahlungen sowie die geplanten Ausschüttungen auf Basis des jeweiligen Bilanzgewinnes des Vorjahres können wiederum aus der Global-Erfolgsplanung übernommen werden.

(2) Die Aussagefähigkeit der globalen Zahlungsüberschußplanung
für die langfristige Finanzplanung

Der langfristige Teil-Global-Finanzplan stellt, wie gezeigt, die geplanten betrieblichen und betriebsfremden laufenden Ein- und Auszahlungen (einschl. Zinsen und Steuern) den Zahlungsströmen aus dem langfristigen Investitions- und Finanzierungsbereich sowie den Ausschüttungen gegenüber. Er weist als wichtigste Zwischengröße den laufenden betrieblichen Zahlungsüberschuß, in der Literatur auch Umsatzüberschuß genannt,[40] bzw. um die laufenden be-

---

[39] Vgl. zu den Auszahlungswirkungen der Nutzung von Vertragspotentialen (im Gegensatz zu der Nutzung von Eigentumspotentialen sowie dem Einsatz von Repetierfaktoren): *Lange, Christoph:* Umweltschutz und Unternehmensplanung, Wiesbaden 1978, S. 116–123 und die dort angegebene Literatur.
[40] Vgl. z.B. *Coenenberg, Adolf G.:* Jahresabschluß, S. 588–608; *Lachnit, Laurenz:* Jahresabschlußanalyse, S. 224–226.

IV. Kapitel: Das Finanz-Controlling

triebsfremden Ein- und Auszahlungen ergänzt, den gesamten laufenden Zahlungsüberschuß aus. Diese **Zahlungsüberschußziffer** ist die **ideale, unmittelbar aus dem Finanzplan abgeleitete und damit allein aussagefähige („Cash Flow"-) Maßgröße für den Innenfinanzierungsspielraum,** für das künftige Liquiditätspotential eines Unternehmens aus der Verwertung von Gütern und Dienstleistungen sowie ggf. auch – bei finanzplanorientierter Kreditwürdigkeitsbeurteilung – für die **Verschuldungsfähigkeit eines Unternehmens,** da Verbindlichkeiten letztlich nur aus selbst erwirtschafteten Mitteln, einschließlich eines Liquidationswertes am Ende der Lebensdauer eines Unternehmens, getilgt werden können. Der laufende Zahlungsüberschuß steht für die geplanten langfristigen Investitionen (im Anlagevermögen), ggf. auch für eine Erhöhung der Liquiditätsreserve, z.B. in Form jederzeit veräußerbarer Wertpapiere, sowie grundsätzlich für die Rückzahlung langfristiger Verbindlichkeiten und für die Dividendenzahlungen zur Verfügung. Bei Unternehmen mit wachsenden Umsätzen steigt ceteris paribus allerdings die langfristige Netto-Verschuldung mit Ausweitung der Unternehmenstätigkeit an, so daß das langfristige Finanzmittelpotential um die Einzahlungen aus langfristigen Kapitalaufnahmen (einschl. Eigenkapitalerhöhungen) wächst. Auftretende **Deckungslücken** zwischen dem geplanten langfristigen Finanzmittelpotential und den langfristigen Investitionsauszahlungen sowie den geplanten Ausschüttungen müssen dann kurz- und mittelfristig finanziert werden. Finanzmitteldefizite, die nicht durch finanzielle Reserven abdeckbar sind, erfordern eine Planrevision, für die das Finanz-Controlling den Anstoß geben muß. In dem Beispielsfall zeigt sich in der **zusammengefaßten prospektiven Finanzflußrechnung**[41] für 1991–1995 *(Abb. 91)* eine recht ausgeglichene Ein- und Auszahlungsstruktur: Für den fünfjährigen Planungszeitraum deckt der gesamte laufende Zahlungsüberschuß nach Zinsen und Steuern in Höhe von 386 Mio. DM, ergänzt um die Desinvestitionseinzahlungen und die Einzahlun-

langfristige Auszahlungen (Finanzmittelverwendung)		langfristige Einzahlungen (Finanzmittelherkunft)	
Investitionsauszahlungen	440	lfd. Zahlungsüberschuß („Cash Flow")	386
Erhöhung der Liquiditätsreserve (Wertpapiere)	10	Einzahlungen aus Desinvestitionen	10
Ausschüttungen	79	Einzahlungen aus Netto-Neuverschuldung	26
		Einzahlungen aus Eigenkapitalerhöhung	28
		Saldo: Kurz- und mittelfristiger Finanzmittelbedarf	79
Σ geplante Auszahlungen	529	Σ geplante Einzahlungen	529

Abb. 91: Zusammengefaßte prospektive Finanzflußrechnung 1991–1995 in Mio. DM

---

[41] Vgl. zu diesem Begriff *Lange, Christoph:* Jahresabschlußinformationen und Unternehmensbeurteilung, S. 261 f. u. S. 264 sowie etwa auch die Geldbestands- und Geldbewegungsrechnung (Geldflußrechnung) bei *Weber, Helmut K.:* Rentabilität, S. 74–78 u. S. 135 f.; vgl. auch *Chmielewicz, Klaus:* Betriebliches Rechnungswesen, Bd. 1: Finanzrechnung und Bilanz, Reinbek bei Hamburg 1973, S. 70.

gen aus Kapitalneuaufnahmen in Höhe von zusammen 64 Mio. DM, die gesamten langfristigen Investitionsauszahlungen im Anlagevermögen einschließlich der geplanten Erhöhung der Liquiditätsreserve in Höhe von zusammen 450 Mio. DM.

Die Netto-Anlageinvestitionen der gesamten Planungsperiode 1991–1995 werden zu 70% (bei steigenden Planwerten in den einzelnen Perioden) durch den bereits um die geplanten Ausschüttungen gekürzten Netto-Zahlungsüberschuß aus laufenden Operationen, also durch die „freie" Innenfinanzierung gedeckt, wie folgende Kennzahl zeigt:

Innenfinanzierungsspielraum	F–C
Laufender Netto-Zahlungsüberschuß (nach Zinsen, Steuern, Ausschüttungen)	
Netto-Anlageinvestitionen	

z. B. Planwert für 1991–1995

Innenfinanzierungsspielraum für 1991–1995 (in Mio. DM)	F–C
$\dfrac{756 - 208 - 162 - 79}{390 + 50 - 10 + 10} \cdot 100$	70%

Die geplanten Ausschüttungen müssen allerdings zusätzlich kurz- und mittelfristig, z.B. durch Krediteinzahlungen, finanziert werden. Hier sollte das Finanz-Controlling anregen, in Abstimmung mit den Fremdkapitalgebern die Quote des langfristigen Fremdkapitals zu erhöhen, was mit der aus der Bilanzstrukturplanung abgeleiteten notwendigen Eigenkapitalerhöhung einhergehen sollte.

Soweit Zahlungsüberschuß-Kennziffern ergänzend oder alternativ zu bilanziell definierten „Cash-Flow"-Kennziffern von der Unternehmensführung bzw. dem Finanz-Controlling als **Maßstab der Verschuldungsfähigkeit** verwendet werden, lassen sie sich in folgender Form darstellen:[42]

---

[42] Vgl. ähnlich *Coenenberg, Adolf G.*: Jahresabschluß, S.607; siehe auch wieder Anhang RL-Bilanzkennzahlen.

Dynamischer Verschuldungsgrad I	F–C
Netto-Verbindlichkeiten / laufender Zahlungsüberschuß (nach Zinsen, Steuern)	

z. B. Planwert für 1995

Dynamischer Verschuldungsgrad (in Mio. DM)	F–C
$\dfrac{400 + 414 + 138 - 50}{186 - 44 - 48}$	6,7

Die Netto-Verbindlichkeiten entsprechen dem gesamten Fremdkapital (ohne Rückstellungen) abzüglich der liquiden Mittel.[43]

Dynamischer Verschuldungsgrad II	F–C
Effektivverschuldung[44] / Laufender Zahlungsüberschuß (nach Zinsen, Steuern)	

z. B. Planwerte für 1995

Dynamischer Verschuldungsgrad II (in Mio. DM)	F–C
$\dfrac{832 - 18 - 138 - 240}{94}$	4,6

---

[43] Zur Berechnung vgl. *Abb. 84* und *90*.
[44] Zur Definition vgl. *Abb. 86*.

Die wichtigste Beschränkung der Aussagefähigkeit einer so strukturierten langfristigen Teil-Global-Finanzplanung besteht in der **Unsicherheit der einbezogenen Planwerte,** die mit Ausdehnung des Planungszeitraumes wächst. Der Plan beruht jeweils nur auf **einwertigen** Größen, üblicherweise auf der Größe, der aufgrund der gegebenen bzw. erwarteten Umweltzustände und der geplanten Unternehmensstrategien die größte (subjektive) Wahrscheinlichkeit zukommt.[45] Im Sinne einer ersten (einfachen) Risikoanalyse sollte das Finanz-Controlling in jedem Falle anregen, in einem Alternativfinanzplan zumindest den laufenden betrieblichen Zahlungsüberschuß auch auf Basis pessimistischer Erwartungen, etwa über Umsatzentwicklungen, Beschaffungspreiserhöhungen u. ä., zu berechnen. Auf diese Weise kann die **Sensitivität** der **geplanten Zahlungsüberschußziffern** auf mögliche Umweltveränderungen (grob) abgeschätzt und ggf. eine entsprechende Finanzmittelvorsorge, z.B. durch rechtzeitig vereinbarte zusätzliche Kreditlinien, getroffen werden.

3. Die mittel- und kurzfristige Finanzplanung zur laufenden Liquiditätssicherung

a) Anforderungen an die mittel- und kurzfristige Finanzplanung

Wir haben bereits betont, daß die **bilanzstrukturorientierte,** ggf. um eine Zahlungsstromanalyse ergänzte **langfristige** Finanzplanung zur **situativen** Liquiditätssicherung durch eine ausschließlich **zahlungsstromorientierte mittelfristige, jährliche** sowie durch eine **kurzfristige, unterjährige** Finanzplanung ergänzt werden muß. Das Finanz-Controlling muß hier wiederum im Rahmen seiner Koordinationsfunktion sicherstellen, daß geeignete Planungs- (und Kontroll-)instrumente, die den formalen und inhaltlichen Anforderungen an die Finanzplanung entsprechen, bereitgestellt werden.

(1) Formale Anforderungen an die Finanzplanung

Für die kurz- und mittelfristige Finanzplanung sind **vier Hauptgrößen** relevant: der Anfangsbestand an liquiden Mitteln, die gesamten Ein- und Auszahlungen während des Planungszeitraumes sowie die Zahlungsmittelüberdeckungen bzw. -unterdeckungen unter Berücksichtigung der vorgegebenen Liquiditätsreserve am Ende der jeweiligen Planungsperiode. Sowohl der Anfangsbestand und die Zugänge als auch die Abgänge werden laufend, in der Regel monatlich einander gegenübergestellt. Höhe und Termine der erwarteten Fehlbeträge bestimmen den Bedarf an zusätzlichen Finanzmitteln, z.B. aus kurzfristigen Krediteinzahlungen, Höhe und Termine der Überschüsse die zusätzlichen Geldanlage- bzw. Tilgungsmöglichkeiten.

---

[45] Vgl. zum Aspekt der Unsicherheit, gekennzeichnet durch mehrwertige Erwartungen über die Plandaten bei der Planung, z.B. *Hahn, Dietger:* Planungs- und Kontrollrechnung, S. 38–42; *Lücke, Wolfgang:* Finanzplanung und Unsicherheit, in: HWF, Sp. 567–580.

Für jeden Finanzplan besteht eine grundlegende Anforderung[46] in der **Übersichtlichkeit,** die durch eine zweckmäßige **Gliederung** erreicht werden kann. Für die vorgeschlagene formale Struktur der Finanzpläne (vgl. *Abb. 90, 92, 93*) ist es kennzeichnend, daß sie nach Sektoren, die die einzelnen betrieblichen Planungsbereiche widerspiegeln, untergliedert sind, so daß jeweils aussagefähige Zwischensummen gebildet werden können.

Eine weitere Anforderung an die Finanzplanung bildet das **Bruttoprinzip.** Es besagt, daß im Hinblick auf die unterschiedliche Qualität der Forderungen und Verbindlichkeiten keine Saldierungen zwischen erwarteten Ein- und Auszahlungen vorgenommen werden dürfen. Dies gilt insbesondere für Zahlungen, die sich auf unterschiedliche Zahlungszeitpunkte innerhalb einer Planperiode beziehen. Wichtigste formale Anforderung an die Finanzplanung ist die Vollständigkeit der zu erfassenden Größen; alle zukünftigen Plan-Einzahlungen und Plan-Auszahlungen müssen lückenlos erfaßt werden.

(2) Inhaltliche Anforderungen an die Finanzplanung

Schwieriger als die formalen sind die inhaltlichen Anforderungen an die Finanzplanung zu erfüllen. Ein- und Auszahlungen lassen sich nur dann relativ leicht festlegen, wenn sie unmittelbar in den Finanzbereich des Unternehmens gehören. Dies gilt etwa für die Aufnahme und Rückzahlung von Eigen- und Fremdkapital sowie für den Kauf und Verkauf von Vermögenswerten, die dem Finanzanlage- oder Finanzumlaufvermögen zugerechnet werden können. Soweit die Ein- und Auszahlungen jedoch aus den Beschaffungs-, Produktions- und Absatzprozessen oder aus sonstigen Aktivitäten des Unternehmens abgeleitet werden müssen, kann der Finanzplan nur in **Abstimmung** mit allen anderen Planbereichen aufgestellt werden. Die Ergebnisse der Umsatz- und Kostenplanung bzw. der Erfolgsplanung, der Kapazitäts-, Produktions- und Beschaffungsplanung, der Investitions- und Finanzierungsplanung, der Steuer- und Ausschüttungsplanung u.ä. gehen mit ihren Aus- und Einzahlungswirkungen in die unterschiedlichen Sektoren des Finanzplanes ein.[47] Auf der anderen Seite **wirkt** der Finanzplan auf alle

---

[46] Vgl. zu folgendem *Reichmann, Thomas:* Finanzplanung, Sp. 1479 f.; sowie weiterhin z. B. *Schmalenbach, Eugen:* Die Aufstellung von Finanzplänen, 2. Aufl., Leipzig 1937, insbes. S. 1–28; *Krümmel, Hans-Jacob:* Grundsätze der Finanzplanung, in: ZfB, 34. Jg. (1964), S. 225–240; *Witte, Eberhard; Klein, Herbert:* Finanzplanung der Unternehmung – Prognose und Disposition, Reinbek bei Hamburg 1974, S. 46–61.

[47] Zur Aufstellung eines kurz- und mittelfristigen Finanzplanes und zur Interdependenz mit allen anderen Unternehmensteilplänen vgl. z. B. *Hahn, Dietger:* Planungs- und Kontrollrechnung, insbes. S. 419–485; *Chmielewicz, Klaus:* Integrierte Finanz- und Erfolgsplanung, insbes. S. 42–104; ders.: Finanzierung, S. 83–97; *Bühler, Wolfgang; Gehring, Hermann; Glaser, Horst:* Kurzfristige Finanzplanung unter Sicherheit, Risiko und Ungewißheit, Wiesbaden 1975, S. 19–48; *Schneider, Dieter:* Finanzplanung, Koordination mit der Gesamtplanung, in: HWF, Sp. 558–567; *Witte, Eberhard:* Finanzplanung als Führungsinstrument, insbes. S. 69 f., S. 83–87; *Sachs, Gerd:* Technik der Finanzplanung, in: Finanzplanung und Finanzkontrolle, S. 90–128, insbes. S. 104–108; *Betriebswirtschaftlicher Ausschuß und Finanzausschuß des Verbandes der Chemischen Industrie e. V.:* Unterjährige Finanzplanung, -kontrolle und Disposition, in: DB, 34. Jg. (1981), S. 1889–1894; *Lücke, Wolfgang:* Finanzplanung und Finanzmanagement, in: 2. Saarbrücker Arbeitstagung. Investitions- und Finanzplanung im Wechsel der Konjunktur, hrsg. von *W. Kilger* und *A. W. Scheer,* Würzburg, Wien 1981, S. 23–47.

diese Pläne **zurück**. Das schließt die Kontrolle darüber ein, wie sich die geplanten Entscheidungen im Absatz-, Produktions- und Beschaffungsbereich etc. auf die Liquidität des Unternehmens auswirken. Die Aufrechterhaltung der Liquidität bei gleichzeitiger Beachtung des Rentabilitätszieles ist Voraussetzung für jede Planrealisierung. Unzulässige, d.h. nicht bzw. nur zinsungünstig finanzierbare kurz- und mittelfristige Finanzmittelunterdeckungen erfordern eine Planrevision.

(3) Integration durch Finanzplanung

Der Finanzplan ist also ein zusammenfassender zentraler Plan, dessen besonderer Vorteil in seiner **integrativen Wirkung** liegt.[48] Das Finanz-Controlling kann durch die Finanzplanaufstellung drohende Ungleichgewichte zwischen den einzelnen Planbereichen sowie gegenwärtige und künftige Engpässe frühzeitig erkennen, Maßnahmen zur Gegensteuerung anregen und somit eine engere **Koordination** zwischen den Bereichen erzwingen. Dazu muß das Finanz-Controlling sicherstellen, daß alle Unternehmensbereiche auch in Ein- und Auszahlungskategorien planen und die notwendigen Informationen an das Finanz-Controlling weiterleiten. Diese Informationen sind vom Finanz-Controlling je nach zweckentsprechender Verdichtungsstufe zu lang- und mittelfristigen Global-Finanzplänen oder zu kurzfristigen Detail-Finanzplänen zu verarbeiten und den jeweiligen Entscheidungsträgern zur Verfügung zu stellen.

b) Der Finanzplan als Instrument der kurz- und mittelfristigen Finanzplanung

(1) Sektoren des Finanzplans

Der von uns zur laufenden Liquiditätssicherung vorgeschlagene **mittelfristige jährliche,** einen Planungszeitraum von zwei bis drei Jahren umfassende **Global-Finanzplan** *(Abb. 92)* **sowie der kurzfristige monatlich oder quartalsweise** aufgestellte, einen Planungszeitraum von maximal einem Jahr umfassende **Detail-Finanzplan** *(Abb. 93)* sind nach folgenden Sektoren gegliedert:[49]

Sektor I: **Umsatzbereich**
Den Hauptstrom der Gesamteinzahlungen eines Industrieunternehmens machen als laufende (ordentliche) betriebliche Einzahlungen die **Netto-Umsatzeinzahlungen** (nach Erlösschmälerungen) aus. Sie sind unter Berücksichtigung des Bestandes an Lieferforderungen einschl. des Besitzwechselbestandes und ggf. Korrekturen bei zweifelhaften Forderungen sowie des erwarteten Zahlungsverhaltens der Kunden aus der Absatz- bzw. Umsatzplanung abzuleiten, wobei bereits feststehende Bestellungen oder Optionen gesondert ausgewiesen werden können. Für

---

[48] Vgl. *Witte, Eberhard:* Finanzplanung als Führungsinstrument, S. 69f.
[49] Vgl. zum folgenden *Lange, Christoph:* Jahresabschlußinformationen und Unternehmensbeurteilung, S. 111–115, wo diese Sektoren auch zur Skizzierung eines Simulationsmodells zur Ermittlung künftiger Entnahmemöglichkeiten, künftiger Einkommensströme aus einem Unternehmen verwendet werden, das wiederum die (entscheidungsorientierte) Grundlage für die Diskussion eines Ausgestaltungsvorschlags jährlicher Finanzflußrechnungen als mögliche benutzerspezifische (z.B. für institutionelle Fremdkapitalgeber) freiwillige Zusatzinformationsinstrumente zum Jahresabschluß bildet.

206 IV. Kapitel: Das Finanz-Controlling

Lfd. Nr.	Mittelfristiger Global-Finanzplan 1991–1993 (prospektive mittelfristige Finanzflußrechnung) in Mio. DM	1990 Soll	1990 Ist	1991 Soll	1992 Soll	1993 Soll	Σ 91–93 Soll
	Sektor I und II: Umsatzbereich und lfd. „betriebsfremder" Bereich						
1	Netto-Umsatzeinzahlungen (ohne Erlösschmälerungen und USt) davon Festaufträge/Optionen		1300	1360	1440	1560	4360
2	+ sonstige laufende betriebliche Einzahlungen		–	–	–	–	–
3	./. Netto-Auszahlungen für Materialbeschaffungen (inkl. produktionsbezogene Dienstleistungen)		804	830	870	940	2640
4	./. laufende Personalauszahlungen		301	320	330	350	1000
5	./. Pensionsauszahlungen		19	20	21	23	64
6	./. sonstige laufende betriebliche Auszahlungen		98	101	104	117	322
7	= laufender betrieblicher Zahlungsüberschuß (vor Zinsen, Steuern): „Umsatzüberschuß"		+78	+89	+115	+130	+334
8	+ laufende betriebsfremde Einzahlungen: Mieten, Zinsen, Beteiligungserträge, u.ä.		20	24	20	20	+64
9	./. laufende betriebsfremde Auszahlungen		–	–	–	–	–
10	= laufender Zahlungsüberschuß (vor Zinsen, Steuern)		+98	+113	+135	+150	+398
	Sektor III: Investitionsbereich (Anlagevermögen)						
11	+ Einzahlungen aus Desinvestitionen von Sach- und Finanzanlagen sowie von immateriellem Anlagevermögen		3	2	2	2	6
12	./. Auszahlungen für Investitionen in Sachanlagen und immateriellem Anlagevermögen		86	90	92	80	262
13	./. Auszahlungen für Investitionen im Finanzanlagevermögen		10	8	12	10	30
14	= Zahlungsüberschuß (vor Zinsen, Steuern) nach Investitionen		+5	+17	+33	+62	+112
	Sektor IV: Fremdfinanzierungsbereich						
15	+ Einzahlungen aus langfristigen Fremdkapitalaufnahmen		25	25	25	25	75
16	./. Auszahlungen für Tilgungen von langfristigem Fremdkapital		5	6	6	7	19
17	+ Einzahlungen aus kurzfristigen Fremdkapitalaufnahmen		70	50	–	–	50
18	./. Auszahlungen für Tilgungen von kurzfristigem Fremdkapital		20	30	40	50	120
19	./. Auszahlungen für Fremdkapitalzinsen		35	38	41	42	121

Lfd. Nr.	Mittelfristiger Global-Finanzplan 1991–1993 (prospektive mittelfristige Finanzflußrechnung) in Mio. DM			1990 Ist	1991 Soll	1992 Soll	1993 Soll	Σ 91–93 Soll
20			+/./. Einzahlungen aus/Auszahlungen für Abgänge/Zugänge im Finanzumlaufvermögen	–	–	–	–	–
21			= Zahlungsüberschuß nach Investitionen und Finanzierungen	+40	+18	–29	–12	–23
	Sektor V–VII: Sonstiger Bereich, Steuerbereich, Eigenkapitalbereich							
22			+/./.Einzahlungen aus/Auszahlungen für erfolgswirksame außergewöhnliche („außerordentliche") Vorgänge(n)	–	–	–	–	–
23			./. Auszahlungen für Ertrag- und Substanzsteuern (+ direkte Subventionseinzahlungen)	25	24	27	27	78
24			./. Ausschüttungen	15	15	15	16	46
25			+ Einzahlungen aus (ordentlichen) Kapitalerhöhungen	–	–	28	–	28
26			= Zahlungsüberschuß (gesamt)	0	–21	–43	–55	–119
27			+ Anfangsbestand liquide Mittel	40	40	40	40	120
28			./. Liquiditätsreserve	40	40	40	40	120
29			= (–) Unter-/(+) Überdeckung: zusätzliche(r) mittelfristige(r) Finanzmittelbedarf/Anlagemöglichkeit	0	–21	–43	–55	–119
30			+ zusätzliche Einzahlungen (z.B. aus kurzfristigen Krediten)	–	21	43	55	119
31			./. zusätzliche Auszahlungen (z.B. kurzfristige Geldanlage, Tilgungen)	–	–	–	–	–
			= Saldo	0	0	0	0	0

Abb. 92: Mittelfristige jährliche Finanzplanung 1991–1993

die jahresweise Planung können die berechnete Mehrwertsteuer sowie analog dazu auch die Vorsteuern und die Umsatzsteuer-Zahllast grundsätzlich außer Ansatz bleiben; in die monatsweise kurzfristige Finanzplanung sind diese Umsatzsteuerbeträge dagegen explizit aufzunehmen. Auf die gleiche Weise, soweit jeweils betragsmäßig bedeutsam, sind auch die sonstigen **laufenden betrieblichen Einzahlungen,** wie z.B. für Lizenzen, Provisionen, Verkäufe von Abfallprodukten u.ä. zu planen.

Die **laufenden Auszahlungen** eines Unternehmens werden zu einem großen Teil durch die Beschaffung von Materialien sowie die Bereitstellung von Personalleistungen hervorgerufen und „weisen dabei häufig einen über einen längeren Zeitraum in Abhängigkeit von dem Absatz- und Produktionsvolumen gleichbleibenden Anfall auf".[50]

Die **Netto-Auszahlungen für (Material-)Beschaffungen** an Roh-, Hilfs-, Betriebsstoffen, Energie, Teilen, Verpackungen und bezogener Handelsware sowie **für produk-**

---

[50] *Brunner, Manfred; Kunz, Reinhard:* Integriertes System der Kosten-, Erlös- und Finanzrechnung für mittelständische Unternehmen, in: ZfbF, 34. Jg. (1982), S. 177–197; ähnlich *Mertens, Peter; Rackelmann, Günther:* Konzept eines Frühwarnsystems, S. 82 f.

208 IV. Kapitel: Das Finanz-Controlling

Lfd. Nr.	Kurzfristiger unterjähriger Finanzplan 1991	Jan. Soll Ist	Feb. Soll Ist	März Soll Ist	...	Jahr Soll Ist
	Sektor I: Umsatzbereich					
1	Netto-Einzahlungen aus Umsatzforderungsbestand					
2	+ Netto-Einzahlungen aus Umsatzwechselforderungsbestand					
3	+ Netto-Einzahlungen aus zweifelhaftem Umsatzforderungsbestand					
4	./. Netto-Auszahlungen für Erlösschmälerungen, z.B. nachträgliche Rabatte (aus lfd. Nr. 1-3)					
5	+ Netto-Umsatzeinzahlungen aus Plan-Umsätzen der Planungsperiode - auf Basis bestehender Verträge/Bestellungen - auf Basis von Prognosen					
6	+ Netto-Anzahlungen für künftige Umsatzerlöse - auf Basis bestehender Verträge/Bestellungen - auf Basis von Prognosen					
7	./. Netto-Auszahlungen für Erlösschmälerungen, z.B. nachträgliche Rabatte (aus lfd. Nr. 5 u. 6)					
8	+ (./.) Mehrwertsteuer (aus lfd. Nr. 1-7)					
9	./. Pauschalabschlag für Zahlungsausfälle					
10	= Umsatzeinzahlungen					
11	+ Sonstige betriebliche Netto-Einzahlungen - auf Basis bestehender Verträge/Bestellungen - auf Basis von Prognosen					
12	+ Mehrwertsteuer (aus lfd. Nr. 11)					
13	= laufende betriebliche Einzahlungen					
14	./. Netto-Auszahlungen für Materialverbindlichkeitsbestand					
15	./. Netto-Auszahlungen für Materialwechselverbindlichkeitsbestand					
16	+ Netto-Einzahlungen aus Preisnachlässen, z.B. nachträgliche Rabatte (aus lfd. Nr. 14 u. 15)					
17	./. Netto-Auszahlungen für Materialbeschaffungen der Planungsperiode - auf Basis bestehender Verträge/Bestellungen - auf Basis von Prognosen					
18	./. Netto-Anzahlungen für künftige Materialbeschaffungen - auf Basis bestehender Verträge/Bestellungen - auf Basis von Prognosen					
19	+ Netto-Einzahlungen für Preisnachlässe, z.B. nachträgliche Rabatte (aus lfd. Nr. 17 u. 18)					
20	./. (+) Vorsteuer (aus lfd. Nr. 14-19)					
21	./. Netto-Auszahlungen für produktionsbezogene Dienstleistungen Dritter - auf Basis bestehender Verträge/Bestellungen - auf Basis von Prognosen					
22	./. Vorsteuer (aus lfd. Nr. 21)					

B. Das Instrumentarium des Finanz-Controlling   209

Lfd. Nr.	(Fortsetzung) **Kurzfristiger unterjähriger Finanzplan 1991**	Jan. Soll Ist	Feb. Soll Ist	März ... Soll Ist	Jahr Soll Ist
23	./. Netto-Vertriebsauszahlungen (Fremdleistungen)				
	– auf Basis bestehender Verträge/Bestellungen				
	– auf Basis von Prognosen				
24	./. Vorsteuer (aus lfd. Nr. 23)				
25	./. Personalauszahlungen im Produktionsbereich				
	– auf Basis bestehender Verträge				
	– auf Basis von Prognosen				
26	./. Personalauszahlungen in den anderen Bereichen				
	– auf Basis bestehender Verträge				
	– auf Basis von Prognosen				
27	./. Auszahlungen für Pensionen				
28	./. Sonstige laufende Auszahlungen z. B. Forschung und Entwicklung, Werbung, Marktforschung, Verwaltung				
	– auf Basis bestehender Verträge				
	– auf Basis von Prognosen				
29	./. Vorsteuer (aus lfd. Nr. 28)				
30	= Laufender betrieblicher Zahlungsüberschuß				
	Sektor II: Laufender betriebsfremder Bereich				
31	+ Laufende Einzahlungen aus Finanzanlagevermögen				
32	+ Laufende Netto-Einzahlungen aus Vermietung und Verpachtung und sonstigen betriebsfremden Vorgängen				
33	+ Mehrwertsteuer (aus lfd. Nr. 32)				
34	./. Laufende Netto-Auszahlungen für betriebsfremde Vorgänge				
35	./. Vorsteuer (aus lfd. Nr. 34)				
36	+ Zinseinzahlungen aus Finanzumlaufvermögen				
37	= Laufender Zahlungsüberschuß (vor Zinsen, Steuern)				
	Sektor III: Investitionsbereich: Anlagevermögen				
38	./. Auszahlungen für Investitionen im Sachanlagevermögen				
	– auf Basis bestehender Verträge/Bestellungen				
	– auf Basis von Prognosen				
39	+ Einzahlungen aus Desinvestitionen von Sachanlagevermögen				
40	./. Vorsteuer (aus lfd. Nr. 38)				
41	+ Mehrwertsteuer (aus lfd. Nr. 39)				
42	./. Auszahlungen für Investitionen in immateriellem Anlagevermögen				
	– auf Basis bestehender Verträge				
	– auf Basis von Prognosen				
43	+ Einzahlungen aus Desinvestitionen von immateriellem Anlagevermögen				
44	./. Vorsteuer (aus lfd. Nr. 42)				
45	+ Mehrwertsteuer (aus lfd. Nr. 43)				
46	./. Auszahlungen für Investitionen im Finanzanlagevermögen				
	– auf Basis bestehender Verträge				
	– auf Basis von Prognosen				
47	+ Einzahlungen aus Desinvestitionen im Finanzanlagevermögen				

Lfd. Nr.	(Fortsetzung) **Kurzfristiger unterjähriger Finanzplan 1991**	Jan. Soll Ist	Feb. Soll Ist	März ... Soll Ist	Jahr Soll Ist
	– auf Basis bestehender Verträge				
	– auf Basis von Prognosen				
48	Saldo: Zahlungsüberschuß Investitionsbereich				
	Sektor IV: Finanzierungsbereich				
49	+ Einzahlungen aus langfristigen Fremdkapitalaufnahmen				
50	./. Auszahlungen für Tilgungen von langfristigem Fremdkapital				
51	+ Einzahlungen aus kurzfristigen Fremdkapitalaufnahmen				
52	./. Auszahlungen für Tilgungen von kurzfristigem Fremdkapital				
53	./. Auszahlungen für Fremdkapitalzinsen				
54	+ Einzahlungen aus Abgängen im Finanzumlaufvermögen				
55	./. Auszahlungen für Zugänge im Finanzumlaufvermögen				
56	Saldo: Zahlungsüberschuß Finanzierungsbereich				
	Sektor V: Sonstiger Bereich				
57	+ Einzahlungen aus erfolgswirksamen außergewöhnlichen („außerordentl.") Vorgängen				
58	./. Auszahlungen für erfolgswirksame außergewöhnliche („außerordentl.") Vorgänge				
59	Saldo: Zahlungsüberschuß sonstiger Bereich				
	Sektor VI: Steuerbereich				
60	+ Einzahlungen aus Subventionen				
61	./. Auszahlungen für Umsatzsteuer				
62	./. Auszahlungen für Substanzsteuern				
63	./. Auszahlungen für Ertragsteuern				
64	Saldo: Zahlungsüberschuß Steuerbereich				
	Sektor VII: Eigenkapitalbereich				
65	./. Auszahlungen für Entnahmen/Ausschüttungen				
66	+ Einzahlungen aus Einlagen/Grundkapitalerhöhung				
67	Saldo: Zahlungsüberschuß im Eigenkapitalbereich				
68	= Zahlungsüberschuß (gesamt)				
69	+ Anfangsbestand liquide Mittel				
70	= Endbestand liquide Mittel				
71	./. vorgegebene Liquiditätsreserve				
72	= (–) Unter-/(+) Überdeckung: zusätzliche(r) monatliche(r) Finanzmittelbedarf/Anlagemöglichkeit				

Abb. 93: Kurzfristiger unterjähriger Finanzplan 1991

tionsbezogene Dienstleistungen Dritter, wie z. B. Lohnarbeiten, Fremdreparaturen, sind unter Berücksichtigung des Bestandes an Verbindlichkeiten aus Lieferungen und Leistungen (einschl. des Schuldwechselbestandes) sowie des geplanten eigenen Zahlungsverhaltens, wie z. B. der Leistung von Anzahlungen, Skontoausnutzung, Überziehung von Zahlungszielen, auf Grundlage der Produktions- und Absatzplanung aus der Beschaffungsplanung abzuleiten. Die **laufenden** (aufwandsgleichen) **Personalauszahlungen** für Löhne, Gehälter, gesetzlichen und freiwilligen Sozialaufwand stammen aus der Kostenplanung; sie sind um die Pensionsauszahlungen zu ergänzen. Im Detail-Finanzplan *(Abb. 93)* können die Personalauszahlungen für den Produktionsbereich gesondert angegeben werden, wobei auch hier zwischen Zahlungen aufgrund bestehender Verträge und aufgrund geplanter Änderungen durch Neueinstellungen bzw. Personalabbau differenziert werden kann.

Auch alle übrigen betrieblichen Auszahlungen – im Global-Finanzplan als **sonstige laufende betriebliche Auszahlungen** zusammengefaßt, etwa für umsatzabhängige („variable") **Vertriebsauszahlungen**, z. B. Frachten, Provisionen, für vertragsgebundene („fixe") **Produktionsauszahlungen**, z. B. Mieten, Leasing-, Versicherungs-, Wartungsgebühren u. ä., sowie die sonstigen Auszahlungen in den anderen Funktionsbereichen, z. B. Forschung und Entwicklung, Werbung, Marktforschung, Verwaltung u. ä. – können unter Berücksichtigung ihrer Zahlungswirkungen aus der Kostenplanung übernommen werden.[51] Als Zwischensumme für den Sektor I ergibt sich der **laufende betriebliche Brutto-Zahlungsüberschuß** (vor Zinsen und Steuern).

Sektor II: Laufender betriebsfremder Bereich
Der Sektor I wird hier, soweit jeweils betragsmäßig bedeutsam, um nicht-betriebliche, „neutrale" laufende Ein- und Auszahlungen, wie z. B. Zins- und Dividendeneinzahlungen, Mieteinzahlungen für Gebäude u. ä., jeweils auf Basis der Erfolgsplanung ergänzt.

Sektor III: Investitionsbereich
Hier werden, wie bereits im Rahmen der langfristigen globalen Finanzplanung dargestellt, die langfristigen Investitionsaus- und Desinvestitionseinzahlungen (im Anlagevermögen) auf Basis der langfristigen Investitionsplanung jahres- bzw. monatsgenau erfaßt. Als Saldo ergibt sich in der Regel ein Auszahlungsüberschuß, der aus dem laufenden Zahlungsüberschuß, bzw. aus Außenfinanzierungseinzahlungen zu decken ist.

Sektor IV: Fremdfinanzierungsbereich
Im Gegensatz zur langfristigen Finanzplanung (vgl. *Abb. 90*) werden in diesem Sektor auch die kurz- und mittelfristigen Finanzierungsein- und -auszahlungen, soweit die Tilgungs- und Neuverschuldungsbeträge bereits zum jeweiligen Planungszeitpunkt feststehen, geplant.

Die **Fremdkapitalzinsen** ergeben sich aus dem gesamten Bestand an (verzinslichem) Fremdkapital in der jeweiligen Planungsperiode, und zwar unter Berücksichtigung der Zahlungstermine, soweit die Zinsen nicht monatlich gezahlt wer-

---

[51] Hierbei kann es hilfreich sein, zur Aufstellung des kurzfristigen Finanzplans die Kosten nach Liquiditätsstufen zu gliedern. Stufe 1 umfaßt die monatlich ausgabewirksamen Kosten, wie insbesondere Löhne und Gehälter, Sozialabgaben, teilweise Energiekosten, Mieten, Pachten, monatlich zu zahlende Fremdkapitalzinsen sowie die Kosten für Material, das monatlich gleichmäßig eingekauft und verbraucht wird. Stufe 2 umfaßt die quartalsweise auszahlungswirksamen Kosten, wie insbesondere Material, das nur einmal im Quartal beschafft wird, für Versicherungen und andere Vertragspotentiale, Steuervorauszahlungen. Stufe 3 umfaßt die Kosten, die nur einmal im Laufe eines Jahres zu Auszahlungen führen, wie z. B. Urlaubslöhne, Gratifikationen, Steuernachzahlungen, Zinsen für langfristige Kredite. Vgl. so *Niebling, Helmut:* Kurzfristige Finanzrechnung auf der Grundlage von Kosten- und Erlösmodellen, Wiesbaden 1963, S. 20 f.; *Brunner, Manfred:* Integriertes System, S. 189 f.

den. Als Saldo ergibt sich in der Regel (bei wachsenden Unternehmen) ein Einzahlungsüberschuß, der etwa zur Finanzierung zusätzlicher Investitionen verwendet werden kann.

Sektor V: **Sonstiger Bereich**
Hier sind insbesondere die nicht im Sektor I und II als laufende (ordentliche) betriebliche und betriebsfremde Ein- und Auszahlungen erfaßbaren **außergewöhnlichen** („außerordentlichen") **erfolgswirksamen Ein- und Auszahlungen** zu berücksichtigen, soweit sie bei Planaufstellung bereits feststehen. Es handelt sich um zahlungsbegleitete Erträge und Aufwendungen, die „außerhalb der gewöhnlichen Geschäftstätigkeit des Unternehmens"[52] anfallen, wie z. B. betragsmäßig bedeutsame Versicherungsentschädigungen, Abfindungszahlungen oder Vertragsstrafen u. ä.

Sektor VI: **Steuerbereich**
Der Steuerbereich umfaßt in Abstimmung mit der steuerlichen Planung die geplanten ertragsabhängigen Steuern (Körperschaftsteuer, Gewerbeertragsteuer), die Substanzsteuern (Vermögensteuer, Grundsteuer, Gewerbekapitalsteuer) und zwar für den kurzfristigen Finanzplan unter Berücksichtigung der feststehenden Vorauszahlungs- bzw. Nachzahlungstermine. Hier sind ggf. auch Einzahlungen aus direkten Subventionen, wie z. B. staatliche Investitionszuschüsse, -zulagen oder laufende (Kosten-)Zuschüsse zu berücksichtigen. Wie bereits erwähnt, ist im kurzfristigen Finanzplan auch die monatliche Umsatzsteuer-Zahllast bzw. eine Erstattungszahlung anzusetzen.

Sektor VII: **Eigenkapitalbereich**
Dieser Sektor erfaßt schließlich die geplanten Entnahmen bzw. für die Aktiengesellschaft die Dividendenzahlungen (im Monat der Hauptversammlung) sowie etwaige Einzahlungen aus Eigenkapitalerhöhungen gemäß der langfristigen Finanzplanung. Nach dem zuvor beschriebenen Ermittlungsschema läßt sich über alle Sektoren der **gesamte Zahlungsüberschuß** der jeweiligen Planperiode ermitteln, der zusammen mit dem Anfangsbestand an liquiden Mitteln den neuen Endbestand an liquiden Mitteln ergibt. Unter Berücksichtigung der vorgegebenen Liquiditätsreserve läßt sich dann als Über- bzw. Unterdeckung der zusätzliche monatliche Finanzmittelbedarf bzw. eine zusätzliche monatliche Anlagemöglichkeit ermitteln.

(2) Die Aussagefähigkeit der kurz- und mittelfristigen Finanzplanung für die laufende Liquiditätssicherung

Der **mittelfristige,** jahresweise, rollierend aufgestellte **Global-Finanzplan** *(Abb. 92)* stellt als prospektive zahlungsstromorientierte Finanzflußrechnung eine für die laufende Liquiditätssicherung wichtige Ergänzung des langfristigen Finanzplans *(Abb. 90)* dar. Der Global-Finanzplan weist in Sektor I und II als Zwischensumme den **gesamten laufenden** (ordentlichen) betrieblichen und betriebsfremden **Brutto-**

---

[52] Vgl. Pos. 16. und 17. der Gewinn- und Verlustrechnung nach neuem Recht gem. § 253 Abs. 1, RegEHGB i. V. m. § 256 Abs. 1 RegEHGB (Entwurf eines Gesetzes zur Durchführung der 4. Richtlinie des Rates der Europäischen Gemeinschaften zur Koordinierung des Gesellschaftsrechts (Bilanzrichtlinien-Gesetz), Gesetzentwurf der Bundesregierung, Art. 1 Änderung des Handelsgesetzbuches), in: Bundesrat-Drucksache 257/83 vom 3. 6. 1983.

B. Das Instrumentarium des Finanz-Controlling   213

Zahlungsüberschuß (vor Zinsen und Steuern) aus, der als (korrigierter) Umsatzüberschuß, als **zahlungsstromorientierter „Cash-Flow"**, wie bereits gezeigt, den geplanten Innenfinanzierungsspielraum eines Unternehmens festlegt. Diese in der jeweiligen Planperiode selbst erwirtschafteten Finanzmittel, z. B. für 1991 113 Mio. DM, müssen zusammen mit den geplanten langfristigen sowie (bereits feststehenden) kurz- und mittelfristigen Netto-Finanzierungseinzahlungen (einschl. Zinszahlungen) aus Sektor IV, z. B. 1991 1 Mio. DM, zur Deckung der vorhergesehenen Netto-Investitionsauszahlungen, 1991 96 Mio. DM, sowie für die geplanten Steuerzahlungen und Ausschüttungen, z. B. 1991 39 Mio. DM herangezogen werden. In dem Beispiel ergibt sich somit für 1991 bei unveränderter Liquiditätsreserve eine Deckungslücke, also ein zusätzlicher Finanzmittelbedarf, in Höhe von 21 Mio. DM.

Aus der mittelfristigen Finanzplanung erkennt das Finanz-Controlling rechtzeitig solche Deckungslücken. Es ist jeweils zu prüfen, ob die Fehlbeträge, zunächst ohne unmittelbaren Eingriff in die zugrundeliegenden operativen Pläne, durch Einsatz finanzieller Reserven ausgeglichen werden können. Solche finanziellen Reserven, die in einem **gesonderten Reserveplan** fortgeschrieben werden sollten, sind im Rahmen der Jahresplanung etwa:[53]

- liquide Mittel, soweit sie die (vorgegebene) Liquiditätsreserve übersteigen,
- Mobilisierung disponiblen Vermögens, wie z. B. kurzfristige Veräußerung von Finanzanlagen sowie von anderen nicht betriebsnotwendigen Vermögensteilen, Diskontierung bundesbankfähiger Wechsel, Eintreibung oder Verkauf „guter" Forderungen,
- Ausnutzung zugesagter, aber nicht in Anspruch genommener Kreditlinien für kurz- und mittelfristiges Fremdkapital,
- Erweiterung der Kreditlinien durch rechtzeitige Kreditverhandlungen aufgrund der jederzeit gesicherten strukturellen Liquidität,
- gegebenenfalls kurzfristig mögliche Eigenkapitalzuführungen.

Erst wenn damit gerechnet werden muß, daß die Summe aller finanziellen Reserven kleiner wird als der zusätzliche Finanzmittelbedarf, muß das Finanz-Controlling eine **Revision der operativen Teilpläne** anregen. Im umgekehrten Fall, also bei Einzahlungsüberschüssen und reichlichen finanziellen Reserven, muß das Finanz-Controlling die operativen Entscheidungsträger zur Suche nach zusätzlichen, eine Rentabilitätssteigerung versprechenden Alternativen des Finanzmitteleinsatzes veranlassen.

Da die Liquidität zu jedem Zeitpunkt, d. h. eigentlich an jedem Tag, gesichert sein muß, erfordert die mittelfristige jährliche Finanzplanung wiederum eine **Ergänzung durch einen kurzfristigen monatsweise aufgestellten Detail-Finanzplan** *(Abb. 93).*[54] Die Finanzmitteldefizite müssen also auch monatlich geplant und

---

[53] Vgl. *Witte, Eberhard:* Finanzplanung als Führungsinstrument, S. 87–89.
[54] Aufgrund der Unsicherheit, der Mehrwertigkeit der Planung kann es allerdings sinnvoll sein, monatsweise nur für drei Monate im voraus detailliert zu planen, z. B. bei Planungszeitpunkt Januar 1990 für die Monate Januar, Februar und März 1990, und für den Rest des Jahres nur quartalsweise global zu planen. Der Gesamtplan wird nur dann in die Zukunft verschoben, wenn ein ganzes Quartal abgelaufen ist. Hierdurch wird der Planungsaufwand erheblich reduziert. Vgl. so *Witte, Eberhard:* Finanzplanung als Führungsinstrument, S. 86 f.

die Ausgleichsmöglichkeiten durch den Bestand an finanziellen Reserven oder auch durch ein kurzfristiges Verschieben von geplanten Auszahlungen überprüft werden. Dies ermöglicht wiederum etwaige Liquiditätsbedarfsspitzen durch rechtzeitige Kontaktaufnahme mit Kapitalgebern auszugleichen oder möglicherweise erforderliche Anpassungsmaßnahmen in den operativen Bereichen, z.B. im Einkauf, Verkauf, in der Vorratspolitik, rechtzeitig anzuregen. Umgekehrt ermöglicht die unterjährige Finanzplanung auch, daß Überschußliquidität z.B. durch zinsbringende kurzfristige Geldanlagen oder durch eine Senkung der Liquiditätsreserve vermieden wird. Als **Berichtsinstrument** kann der von uns vorgeschlagene, verhältnismäßig tief gegliederte Detail-Finanzplan je nach Informationsbedürfnis des entsprechenden Entscheidungsträgers, etwa in Anlehnung an die Gliederung des Global-Finanzplans analog den kumulierten Kosten- und Erfolgsplänen in Kapitel III.B, verdichtet werden.

Der kurzfristige monatliche Finanzplan ist somit – zumindest bei möglichen finanziellen Engpässen – für die situative Liquiditätssicherung sowie auch bei reichlicher Liquiditätsversorgung für die erfolgszielbezogene kurzfristige Finanzmitteldisposition eine unumgängliche Voraussetzung.

C. Die Finanzkontrolle als Aufgabe des Finanz-Controlling

Die Kontrolle ist eine notwendige **Ergänzung jeder Planung** und folgt der Realisationsphase zeitlich nachgelagert oder ggf. auch gleichgelagert. „Sie setzt das Feststellen von Istgrößen voraus – die Dokumentation – und beinhaltet im Kern das Vergleichen von Sollgrößen (Entscheidungsresultaten) und Istgrößen (Durchführungsresultaten) zur Ermittlung des Ergebnisses des Handelns".[55]

Die **Finanzkontrolle** als Aufgabe des Finanz-Controlling[56] hat drei wesentliche **Funktionen:**[57]

- Beurteilung des Planrealismus,
- Plankorrekturen,
- Verbesserung der Planqualität.

Das Finanz-Controlling muß dazu im Rahmen der Kontrolle der lang-, mittel- und kurzfristigen Finanzplanung die nach Abschluß der jeweiligen Planperioden

---

[55] *Hahn, Dietger:* Planungs- und Kontrollrechnung, S. 31; vgl. hierzu auch das Phasenschema der Führungstätigkeiten in einem Unternehmen in Kapitel I.A.2.c) (1).
[56] Zur möglichen Abgrenzung der Aufgaben des Finanz-Controlling einerseits und der internen Revision andererseits vgl. z.B. *Schweer, Hartmut:* Revision und Controlling, in: ZIR, 17. Jg. (1982), S. 149–163.
[57] Vgl. hierzu *Reichmann, Thomas:* Finanzplanung, hier Sp. 1481; *Weiß, Kurt:* Dynamisches Finanzmanagement, hier S. 109–129; *Betriebswirtschaftlicher Ausschuß und Finanzausschuß des Verbandes der Chemischen Industrie e. V.:* Unterjährige Finanzplanung, hier S. 1892f.; *Hauschildt, Jürgen:* Finanzkontrolle, in: Finanzplanung und Finanzkontrolle, S. 129–162.

vorliegenden Istgrößen der Ein- und Auszahlungen mit den Plangrößen vergleichen. Dieser **Soll-Ist-Vergleich** ist Voraussetzung für alle Teilaufgaben der Finanzkontrolle: Er ermöglicht einerseits eine Beurteilung, ob den Angaben der Bereiche, die Planzahlen liefern, und ob den zusammenfassenden Finanzplänen insgesamt vertraut werden kann, ob also das gesamte System der finanziellen Planung als zuverlässige Grundlage für finanzielle Entscheidungen brauchbar ist. Andererseits ist der Soll-Ist-Vergleich die Voraussetzung für die **Planüberarbeitung,** wenn die bisher der Planung zugrundegelegten Annahmen über das Eintreten externer wie unternehmensinterner Datenkonstellationen nicht mehr gelten. Ergeben sich größere Abweichungen zwischen Plan- und Istwerten, sind die Plangrößen für die nächsten Perioden unter Umständen neu festzulegen. Die aus der Finanzkontrolle gewonnenen Erkenntnisse können also zu einer Korrektur der lang-, mittel- und kurzfristigen Finanzpläne bzw. zu einer Anregung von gegensteuernden Maßnahmen führen. Schließlich dient der Soll-Ist-Vergleich auch der **Verbesserung der Planqualität,** indem die Ursachen und Gründe für das Entstehen von Abweichungen bei den einzelnen Planpositionen ermittelt und analysiert werden. Er soll dazu dienen, „Maßnahmen für die verschiedenen Planungsbereiche zu entwickeln, zu beschließen und zum Einsatz zu bringen, die die Wiederholung von Abweichungen bei zukünftigen Planungen vermeiden oder zumindest vermindern sollen".[58] Auf Basis der Kontrolltätigkeit kann das Finanz-Controlling auch eine Revision des gesamten Planungssystems oder etwa der Planungs- und Prognosemethoden für einzelne Positionen anregen, wenn regelmäßig größere Abweichungen zu beobachten sind.

Der Soll-Ist-Vergleich kann grundsätzlich als **vollständiger Vergleich** durchgeführt werden, indem alle Sollwerte des jeweiligen Planes **allen** Istwerten gegenübergestellt werden. Dies verlangt eine vollständige und kontinuierliche Erfassung aller Ein- und Auszahlungen, wobei sich die geplanten und die zu erfassenden effektiven Ein- und Auszahlungen inhaltlich decken müssen, da sonst die Vergleichbarkeit nicht gegeben ist. Der von uns vorgeschlagene Aufbau der Finanzpläne in *Abb. 90, 92* und *93* ermöglicht ein solches Vorgehen, da mit der rollierenden Planung den jeweiligen Planwerten der vergangenen Periode die Istwerte gegenübergestellt werden.

Zusätzlich oder alternativ hierzu kann es sinnvoll sein, auch nur bestimmte (kritische) Eckdaten als **Kennzahlen** mehrjährig, jährlich, quartalsweise oder monatlich nachzuhalten. Hierzu bieten sich für den langfristigen Bereich die Ist-Kennzahlen an, die wir bereits als Plan-Kennzahlen für die bilanzstrukturorientierte Finanzplanung diskutiert haben. Das Einhalten der genannten – oder ähnlicher – Kennzahlen, wie etwa des **statischen und dynamischen Verschuldungsgrades,** der **Anlagendeckung,** der **Liquiditätsgrade,** ist zur Aufrechterhaltung der strukturellen Liquidität und damit der Kreditwürdigkeit anhand der publizierten Bilanz oder der Steuerbilanz sowie der Gewinn- und Verlustrechnung jährlich zu kontrollieren. Analog dazu können für die langfristige zahlungsstromorientierte Finanz-

---

[58] *Betriebswirtschaftlicher Ausschuß und Finanzausschuß des Verbandes der Chemischen Industrie e. V.:* Unterjährige Finanzplanung, hier S. 1892.

kontrolle die genannten Kennzahlen, wie Netto-Verbindlichkeiten bzw. Effektivverschuldung/laufender Zahlungsüberschuß (nach Zinsen, Steuern), laufend überwacht werden. Auf Basis der vorgeschlagenen Planungs- und Berichtsinstrumente kann das Finanz-Controlling auch im mittel- und kurzfristigen Bereich Kontrollkennzahlen festlegen, die jeweils auf die betriebsindividuellen Engpässe ausgerichtet sein können.

V. Kapitel
Das Investitions-Controlling

A. Die Aufgabenbereiche des Investitions-Controlling

1. Investitionsplanung, Investitionsrealisierung und Investitionskontrolle

Aufgabe des Investitions-Controlling ist die Erfüllung von Controllingzielen in den Phasen der **Planung, Durchführung** und **Kontrolle** von Investitionen[1] (vgl. Abb. 94).

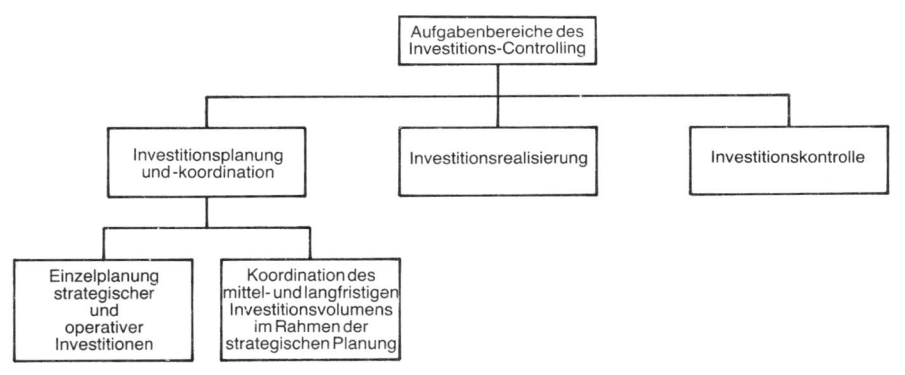

```
                    Aufgabenbereiche des
                    Investitions-Controlling
        ┌──────────────────┼──────────────────┐
Investitionsplanung   Investitionsrealisierung   Investitionskontrolle
und -koordination
   ┌────┴────┐
Einzelplanung   Koordination des
strategischer  mittel- und langfristigen
und            Investitionsvolumens
operativer     im Rahmen der
Investitionen  strategischen Planung
```

→ Entscheidungsbezogene Informationsbereitstellung → Projektkontrolle   → Laufende Investitionsnachrechnung
→ Koordination von Informationen   → Budgetkontrolle
→ Bereitstellung von Instrumenten zur Investitionsplanung   → Bilanzorientierte Kapital- und
→ Festlegung von Investitionsbudgets   Vermögensbindungskontrolle
→ Kontrolle der vorgelegten Investitionsanträge
→ Durchführung von Investitionsrechnungen

Abb. 94: Aufgabenbereiche des Investitions-Controlling[2]

---

[1] Vgl. zu den Phasen des Führungsprozesses im Investitionsbereich z. B. *Schneider, Dieter:* Investition und Finanzierung, S. 72–74; *Seicht, Gerhard:* Investitionsentscheidungen richtig treffen, 4. Aufl., Wien 1983, S. 267–291; *Volk, P. G.:* Computergestützte Investitionsplanung, -durchführung und -kontrolle, in: Investitions- und Finanzplanung im Wechsel der Konjunktur, hrsg. von *Wolfgang Kilger* und *August W. Scheer,* Würzburg, Wien 1981, S. 219–255, hier S. 219–224.

[2] Vgl. *Reichmann, Thomas; Lange, Christoph:* Aufgaben und Instrumente des Investitions-Controlling, in: DBW, 45. Jg. (1985), S. 454–466, hier S. 455; *Lange, Christoph:* Investitionsentscheidungen im Umbruch: Struktur eines Investitions-Controllingsystems, in: Controlling-Praxis, Erfolgsorientierte Unternehmenssteuerung, hrsg. von *Thomas Reichmann,* München 1988, S. 133–146.

Investitions-Controlling muß zum einen durch entscheidungsbezogene Informationsversorgung, durch Koordination der planerischen Teilbereiche und durch geeignete Kontrollen im Planungsablauf sicherstellen, daß der gesamte Planungs- und Realisierungsprozeß unternehmenszielentsprechend abläuft. Sie müssen zum anderen gewährleisten, daß durch laufende Nachkontrollen der realisierten Investitionsvorhaben die Ergebnisabweichungen objektbezogen erfaßt werden. Im Rahmen einer Investitions-Controlling-Konzeption zur Entscheidungsvorbereitung muß auf Basis von Planungs-, Bewilligungs- und Investitionsrechnungs-Richtlinien u. a. festgelegt und kontrolliert werden, daß eine ständige Anregung neuer, insbesondere strategischer Investitionen erfolgt und daß die Investitionsanträge nach einheitlichen Grundsätzen aufgestellt und die Investitionsprojekte anhand geeigneter Methoden der Wirtschaftlichkeitsrechnung nach zielorientierten Kriterien beurteilt werden.

2. Die Einzelaufgaben

a) Anregung neuer Investitionen

Das Investitions-Controlling sollte berechtigt sein, über Investitionsanträge der Fachressorts hinaus, Vorschläge für Investitions- und Desinvestitionsstrategien zu unterbreiten. Das Mitspracherecht sollte sich auf die Anregung neuer, insbesondere langfristiger Investitionen, auch z.B. von Strategien zur Akquisition von Unternehmen, im Rahmen der strategischen Investitionsplanung beziehen. Das **(strategische) Investitions-Controlling** muß dazu sicherstellen, daß zur Ausnutzung künftiger Chancen und zur Abwendung künftiger Risiken in reaktiver oder antizipativer Anpassung an Umweltänderungen eine systematische, mit der strategischen Gesamtplanung abgestimmte Konzeption der langfristigen Investitionsplanung existiert. Dazu müssen in der Regel in Zusammenarbeit mit dem Strategischen Controlling geeignete Instrumente der strategischen Planung bereitgestellt und der Einsatz dieser Instrumente, wie insbesondere Gap- und Produktlebenszyklus-Analysen, Portfolio-Analysen[3] und Szenario-Techniken, gefördert und gegebenenfalls überwacht werden. Insbesondere aus der **Portfolio-Analyse,** etwa im Sinne einer Wettbewerbsposition/Marktattraktivität-Matrix *(Abb. 95)*[4] sind strategische „Stoßrichtungen" für Investitionen oder Desinvestitionen in den einzelnen Produktgruppen („strategische Geschäftseinheiten") ableitbar, die „Anregungshilfen" für das Investitions-Controlling leisten können.

Insoweit sich im Rahmen der strategischen Investitionsplanung Strategien zum **Kauf von Unternehmen** als relevant erweisen, muß das Investitions-Controlling

---

[3] Siehe zu den einzelnen Instrumenten, die hier nicht ausführlich behandelt werden sollen, Kapitel X.B.
[4] Vgl. *Neubauer, Franz-Friedrich:* Portfolio-Management, Neuwied 1982, S. 36f.; weiterhin z.B. auch *Roventa, Peter:* Portfolio-Analyse und Strategisches Management. Ein Konzept zur strategischen Chancen- und Risikohandhabung, München 1979, S. 151–166; *Kreikebaum, Hartmut:* Strategische Unternehmensplanung, 3. Aufl., Stuttgart u. a. 1989, S. 88–91.

zur **Vorauswahl potentieller Akquisitionskandidaten** im Sinne einer Rangfolgebildung (ordinale Unternehmensbewertung) sowie zur Ermittlung des Unternehmenswertes im Sinne eines subjektiven Grenzpreises (kardinale Unternehmensbewertung) geeignete Verfahren bereitstellen und deren Einsatz überwachen bzw. auch selbst zur Unternehmensbewertung anwenden. Zur Vorauswahl empfehlen sich Scoring-Modelle anhand einiger (weniger) Kriterien, wie z.B. Umsatzhöhe, Marktanteile, erfolgs- und finanzwirtschaftliche Jahresabschlußkennzahlen, Innovationspotential u.ä.[5] Die eigentliche (kardinale) **Unternehmensbewertung** kann aber nur durch einen umfassenden zukunftsbezogenen, die Unsicherheit der Erwartungen explizit berücksichtigenden (mehrwertigen) subjektiven **Grenzpreiskalkül** auf Basis des „**Zukunftserfolgswert-Modells**" erfolgen, mit dem versucht werden muß, alle (aus Käufersicht) wesentlichen Erfolgsdeterminanten des Akquisitionskandidaten in ihren Auswirkungen auf den Unternehmenswert zu berücksichtigen.[6]

b) Koordination der Investitionsplanung und des Investitionsvolumens

Die lang-, mittelfristige und jährliche **Investitionsplanung ist mit** der strategischen und operativen **finanziellen Gesamtplanung abzustimmen,** um zum einen das unter Beachtung des Liquiditäts- und Rentabilitätszieles optimale **Investitionsgesamtvolumen** für den jeweiligen Planungszeitraum festzulegen und um zum anderen die Investitions-Teilvolumina als **Investitionsbudgets** z.B. auf Geschäftsbereiche, strategische Geschäftseinheiten, Produktgruppen u.ä. aufzuteilen. Diese Aufgabe kann nur zusammen mit dem Finanz-Controlling bzw. der finanziellen Unternehmensführung durchgeführt werden. Als Instrumentarium für die lang- und mittelfristige globale Abstimmung von Investitions- und Finanzierungsplanung kommt eine an Kennzahlennormen orientierte Bilanzstrukturplanung in Planbilanzen und Brutto-Plan-Bewegungsbilanzen[7] in Frage, die, wie gezeigt, durch eine globale lang- und mittelfristige (einschl. jährliche) Zahlungsüberschußplanung in einem langfristigen Teil-Global-Finanzplan bzw. in einem mittelfristigen Global-Finanzplan[8] ergänzt und erweitert werden sollte.

---

[5] Vgl. *Stotland, Jack A.:* Planning Acquisitions and Mergers, in: LRP, Vol. 9 (Feb. 1976), S. 66–71; *Salter, Malcolm S.: Weinhold, Wolf A.:* Diversification through Acquisition – Strategies for Creating Economic Value, New York, London 1979, hier S. 157–201; *Lange, Christoph:* Jahresabschlußinformationen und Unternehmensbeurteilung, S. 99–101.

[6] Vgl. zur „modernen" Unternehmensbewertungslehre insbes. *Moxter, Adolf:* Grundsätze ordnungsmäßiger Unternehmensbewertung, 2. Aufl., Wiesbaden 1983; *Ballwieser, Wolfgang:* Unternehmensbewertung und Komplexitätsreduktion, Wiesbaden 1983; zur fortgeschritteneren, die Grundsätze der „modernen" Theorie beachtenden Praxis insbes. *Institut der Wirtschaftsprüfer in Deutschland e. V. (Hauptfachausschuß):* Stellungnahme HFA 2/1983. Grundsätze zur Durchführung von Unternehmensbewertungen, in: WPg, 36. Jg. (1983), S. 468–480; zu einer Gegenüberstellung vgl. *Lange, Christoph:* Jahresabschlußinformationen und Unternehmensbeurteilung, S. 118–120.

[7] Vgl. hierzu Kapitel IV.B.2.c), insbes. *Abb. 88;* auch *Bierich, Marcus:* Investitionsentscheidungen in der Praxis, in: HWF, Sp. 848–855, insbes. Sp. 850–851.

[8] Vgl. hierzu Kapitel IV.B.2.c), insbes. *Abb. 90* und IV.B.3.b), insbes. *Abb. 92.*

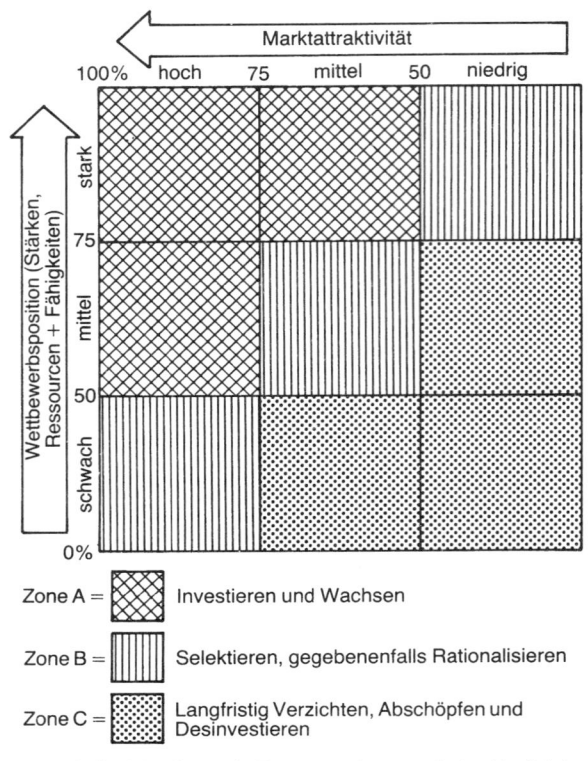

Abb. 95: Portfolio-Matrix nach Zonen und strategische Stoßrichtungen für Investitionen und Desinvestitionen

c) Entscheidungsvorbereitung

Ein Schwerpunkt der Tätigkeiten des Investitions-Controlling liegt, unabhängig von den jeweiligen organisatorischen betrieblichen Gegebenheiten, in der Entscheidungsvorbereitung für die zieloptimale Auswahl von Investitionsprojekten im Rahmen der Such- und Beurteilungsphase des Investitions-Planungsprozesses. Dabei sind zur zielorientierten Gestaltung und Kontrolle des Planungsprozesses insbesondere folgende **Einzelaufgaben** zu erfüllen:[9]

- Entwicklung und Kontrolle eines zielorientierten **Systems der Investitionsplanung,** gegebenenfalls unter Berücksichtigung der Wertanalyse-Methodik, in Form von Planungs- und Bewilligungsrichtlinien,
- Entwicklung und Kontrolle zielorientierter **Investitionsrechnungs-Konzepte** und Festlegung zielorientierter **Entscheidungskriterien** in Form von Richtlinien zur Investitionsrechnung (Wirtschaftlichkeitsrechnung),

---

[9] Vgl. *Lange, Christoph:* Wertanalyse und Investitions-Controlling, Vortragsunterlagen, DIWA, Frankfurt 1984, insbes. S. 26; ähnlich auch *Seicht, Gerhard:* Controlling und Wirtschaftlichkeitsrechnung, in: KRP, 2/1984, S. 60–63.

A. Die Aufgabenbereiche des Investitions-Controlling   221

- Festlegung und Kontrolle der in die Investitionsrechnung grundsätzlich einzubeziehenden **Größen** (qualitative Festlegung), gegebenenfalls auch von **Ermittlungs- und Prognosegrundsätzen**, z.B. für die projektbezogene Umsatzplanung bzw. Planauftragsauslastung auf Basis der Gesamtunternehmensplanung und zielorientierte quantitative **Normierung** bestimmter Daten, wie z.B. von Kalkulationszinssätzen, Abschreibungsperioden, Abschreibungsverfahren, Steuersätzen, Preissteigerungsraten,[10]
- **Durchführung detaillierter Investitionsrechnungen** auf Basis der von den Fachabteilungen ermittelten und vom Investitions-Controlling geprüften Daten, ggf. auch Erstellung von **Investitionsanträgen** für Groß- und Hauptprojekte ab einer festzulegenden Investitionssumme (z.B. ab 500000,- DM), in Abstimmung (z.B. Team) mit der beantragenden Fachabteilung als (gemeinsame) Entscheidungsvorlage für das jeweilige Entscheidungsgremium, wie z.B. in Abhängigkeit von der Projektgröße, für den Investitionsausschuß, die Geschäftsführung oder den Vorstand,[11]
- **Kontrolle** aller eingereichten Investitionsanträge und Wirtschaftlichkeitsrechnungen – außer von Kleinprojekten (z.B. unter 10000,- DM) – auf Vollständigkeit der Alternativen und der Daten, betriebswirtschaftliche Plausibilität der zugrundeliegenden Annahmen sowie deren Abstimmung mit der Unternehmensgesamtplanung und rechnerische Richtigkeit und, gegebenenfalls nach Korrekturen und Ergänzungen, Weiterleitung an das jeweilige Entscheidungsgremium, wie z.B. für Normalprojekte an die Geschäftsbereichsleitung, Abteilungsleitung, Werksleitung u.ä.

d) Realisationskontrolle

Auch die Kontrolle der Investitionsprojekte in der **Durchführungsphase (Projekt-Controlling)** kann zum Aufgabenbereich des Investitions-Controlling gehören, das in diesem Fall eng mit der Anlagenbuchhaltung, sowie bei größeren Projekten mit technischen Abteilungen (technische Planung, Bauabteilung) zusammenarbeiten wird.[12] Hierzu hat das Investitions-Controlling ein zielorientiertes System der Projektdurchführungskontrolle zu entwickeln und zu überwachen. Dies beinhaltet die Erstellung von laufenden periodischen, z.B. monatlichen Berichten über Bestellungen, Liefertermine, Zahlungsfristen, Investitionsauszahlungen, die kumulierte Investitionssumme, getrennt nach aktivierungspflichtigen und nicht-aktivierungsfähigen Auszahlungen, gegebenenfalls über erhaltene Zuschüsse, über Finanzierungskosten sowie die Abstimmung der jeweiligen Ist-

---

[10] Vgl. *Lutz, J.F.*: Probleme der Erfassung und Kontrolle entscheidungsrelevanter Daten von Investitionen, in: Investitions- und Finanzplanung im Wechsel der Konjunktur, hrsg. von *W. Kilger* und *A.W. Scheer*, Würzburg, Wien 1981, S. 157–175.
[11] Zum Bewilligungsverfahren von Investitionsprojekten vgl. *Blohm, Hans; Lüder, Klaus*: Investition, 5. Aufl., München 1983, S. 22–26, 285; *Seicht, Gerhard*: Investitionsentscheidungen richtig treffen, S. 283–286; *Scheffler, Hans Eberhard*: Prüfung von Investitionen, 2. Aufl., Herne, Berlin 1977, S. 120–126, 165–170.
[12] Vgl. zur Durchführungskontrolle *Scheffler, Hans Eberhard*: Prüfung von Investitionen, S. 135–146, 174–177; *Blohm, Hans*: Investitionsprüfung, in: HWRev, hrsg. von *Adolf G. Coenenberg* und *Klaus von Wysocki*, Stuttgart 1983, Sp. 685–696, hier Sp. 686–688.

Zahlen mit den Soll-Zahlen des Investitionsbudgets (Ausgabenbudget) anhand eines (kurzfristigen) **Projekt-Finanzplanes.** Auch für die Entgegennahme und Überprüfung bzw. Erstellung von Investitionszusatzanträgen kann das Investitions-Controlling zuständig sein.

e) Laufende Investitionsnachrechnung

Nach der Realisierung eines Investitionsprojektes muß seine Zielerreichung durch eine **Wirtschaftlichkeitskontrolle (Investitionsnachrechnung)** laufend überwacht werden,[13] um einerseits die geplante Zielerreichung für die Restlebensdauer des Projektes zu revidieren und um aus einer Analyse der Soll-Ist-Abweichungen ggf. Anpassungsmaßnahmen zur Gegensteuerung anregen zu können.[14] Desweiteren dient die Investitionskontrolle der Verbesserung zukünftiger Schätzungen und damit der Genauigkeit künftiger Investitionsrechnungen.

Dazu muß das Investitions-Controlling ein zielorientiertes System der laufenden **objektweisen Wirtschaftlichkeitskontrolle** möglichst aller Groß- und Hauptprojekte, gegebenenfalls auch der Normalprojekte, entwickeln, in dem zum einen die erwarteten (zurechenbaren) Objektergebnisse (Zielbeiträge), wie z. B. Kosten/ Erfolge pro Periode, Rentabilitätsziffern, Kapitalwerte, Annuitäten, interne Zinsfüße, oder mögliche „Risikoindikatoren", wie insbesondere Pay-Off-Perioden, und zum anderen die jeweiligen – gegebenenfalls nur die kritischen – Einzeldaten und Prämissen, wie z. B. Absatzerwartungen, Planauslastungsgrade, Preis- und Lohnsteigerungsraten, Kalkulationszinssätze, Steuersätze, laufend kontrolliert und gegebenenfalls für die restliche Nutzungsdauer revidiert werden.

B. Das Instrumentarium des Investitions-Controlling

1. Zielorientiertes System der Investitionsplanung und -kontrolle

Aus den oben abgeleiteten Einzelaufgaben läßt sich zusammenfassend folgern, daß das Investitions-Controlling die Voraussetzungen für einen **systematischen Ablauf der Investitionsplanung und -kontrolle** und damit für „rationale", d. h. zielentsprechende Investitionsentscheidungen sowie für **systematische Durchfüh-**

---

[13] Inwieweit das Investitions-Controlling hierbei Aufgaben der Internen Revision übernimmt bzw. die Interne Revision Controllerfunktionen ausführt, hängt von den jeweiligen betrieblichen Gegebenheiten ab. Vgl. hierzu *Bloth, Klaus M.:* Interne Revision und Investitionskontrolle, in: ZIR, 10. Jg. (1975), S. 193–203; *Keller, Dieter:* Interne Revision und Kontrolle im Investitionsbereich, Bern, Stuttgart 1982, S. 52–216; *Schweer, Hartmut:* Revision und Controlling, in: ZIR, 17. Jg. (1982), S. 149–163, hier insbes. S. 159 f.

[14] Vgl. *Lüder, Klaus:* Investitionskontrolle, Wiesbaden 1969; *Lüder, Klaus:* Investitionskontrolle, in: HWF, Sp. 867–872; *Lüder, Klaus:* Investitionskontrolle in industriellen Großunternehmen, in: ZfB, 50. Jg. (1980), S. 351–376; *Hahn, Dieter:* Planungs- und Kontrollrechnung, S. 400–405; *Blohm, Hans:* Investitionsprüfung, hier Sp. 689 f.

B. Das Instrumentarium des Investitions-Controlling 223

rungs- und Nachkontrollen schaffen muß. Auf die einzelnen Voraussetzungen, insbesondere auf die Bereitstellung geeigneter Verfahren der Investitionsrechnung und der Risikobeurteilung sowie auf die Normierung oder Erfassung und auf die Kontrolle aller entscheidungsrelevanten Daten werden wir noch genauer eingehen. Die Voraussetzungen sind zusammenfassend in *Abb. 96* dargestellt.

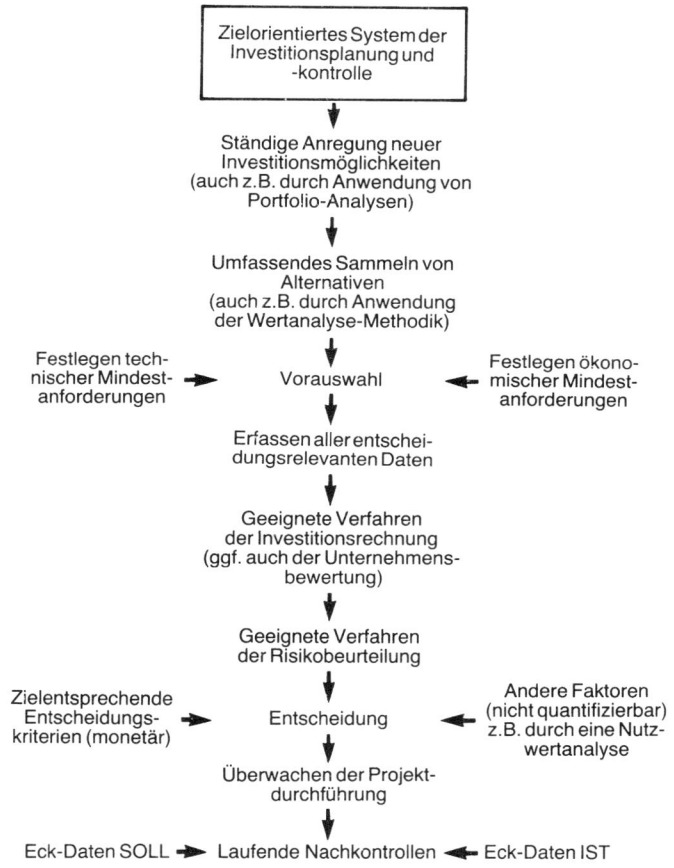

```
                    ┌─────────────────────────┐
                    │ Zielorientiertes System der│
                    │ Investitionsplanung und  │
                    │       -kontrolle         │
                    └─────────────────────────┘
                                │
                                ▼
                     Ständige Anregung neuer
                     Investitionsmöglichkeiten
                    (auch z.B. durch Anwendung von
                         Portfolio-Analysen)
                                │
                                ▼
                     Umfassendes Sammeln von
                            Alternativen
                     (auch z.B. durch Anwendung
                      der Wertanalyse-Methodik)
                                │
  Festlegen tech-              ▼              Festlegen öko-
  nischer Mindest-  ──►   Vorauswahl   ◄──  nomischer Mindest-
  anforderungen                              anforderungen
                                │
                                ▼
                     Erfassen aller entschei-
                       dungsrelevanten Daten
                                │
                                ▼
                      Geeignete Verfahren
                      der Investitionsrechnung
                     (ggf. auch der Unternehmens-
                            bewertung)
                                │
                                ▼
                      Geeignete Verfahren
                      der Risikobeurteilung
                                │
  Zielentsprechende             ▼               Andere Faktoren
  Entscheidungs-  ──►   Entscheidung   ◄──  (nicht quantifizierbar)
  kriterien (monetär)                         z.B. durch eine Nutz-
                                              wertanalyse
                                │
                                ▼
                     Überwachen der Projekt-
                          durchführung
                                │
                                ▼
  Eck-Daten SOLL ──► Laufende Nachkontrollen ◄── Eck-Daten IST
```

Abb. 96: Zielorientiertes System der Investitionsplanung und Kontrolle

2. Die Wertanalyse als systematische Problemlösungsmethode

Die Methodik der Wertanalyse, die ursprünglich zur Verbesserung und Verbilligung bestehender Erzeugnisse und Produktionsverfahren sowie insbesondere zur funktionsgerechten und kostengünstigen Innovation neuer Erzeugnisse und Leistungen entwickelt worden ist,[15] läßt sich auch zur Lösung der abgeleiteten

---

[15] Vgl. *Miles, Lawrence D.:* Techniques of Value Analysis and Engineering, 2. Aufl., New York 1972; ders.: Value Engineering – Wertanalyse – Die praktische Methode zur Ko-

Aufgaben des Investitions-Controlling anwenden.[16] Der Einsatz wertanalytischer Arbeitsmethoden erscheint insbesondere geeignet, den Ablauf des gesamten Investitionsplanungsprozesses zielentsprechend und systematisch zu gestalten. Dazu trägt die Beachtung der folgenden Elemente der Wertanalyse in den einzelnen Phasen des Investitionsplanungsprozesses im Rahmen der festgelegten Arbeitsschritte (vgl. *Abb. 97*), die gegebenenfalls in die Investitionsplanungs-Richtlinien aufzunehmen sind, bei:[17]

- Durch eine aufgabenorientierte, **funktionsbezogene** Betrachtungsweise wird sichergestellt, daß zum einen die **Ausgangssituation** für eine spezifische Investitionsplanungsaufgabe, z.B. Marktdaten, insbesondere Absatzerwartungen, Schwachstellen der bisherigen Lösung, finanzielle Rahmenbedingungen, detailliert analysiert wird und daß zum anderen die angestrebten **Soll-Funktionen** des Investitionsprojektes als allgemeine Eigenschaften, wie z.B. Automatisierungsgrad, Zuverlässigkeit, Flexibilität, Kapazität und/oder als spezifische Anforderungen (z.B. Bohrgeschwindigkeit, Bohrgenauigkeit, Bruchsicherheit, Handhabung, Reparaturanfälligkeit bei einem Bohrer) durch die beantragenden Fachressorts im einzelnen festgelegt und dokumentiert werden. Hierbei muß darauf geachtet werden, daß nur solche Detailfunktionen gefordert werden, die zur Lösung der gesetzten Aufgaben auch notwendig sind.
- Ein **kreatives** Vorgehen bei der Ideenfindung soll durch Nutzung von Kreativitätstechniken (z.B. Brainstorming) zu einer möglichst breiten Suche denkbarer **Alternativlösungen** für die gegebene Problemstellung führen.
- Groß- und Hauptprojekte, also Investitionsprojekte mit einer Investitionssumme etwa – in Abhängigkeit von der Unternehmensgröße – ab 0,5/1/5 Mio. DM, sollten grundsätzlich in einem **Team** geplant werden. Das Investitionsplanungsteam besteht aus Mitgliedern des beantragenden Fachressorts, z.B. der Fertigung bei produktionsbezogenen Investitionen, gegebenenfalls des Marketing, der technischen Abteilung bzw. Planung sowie des Investitions-Controlling (bzw. der betriebswirtschaftlichen Abteilung), dem auch die Leitung bzw. Koordination des Teams zukommt.

Alle Arbeitsschritte der Wertanalyse zur Entscheidungsvorbereitung in der Problemstellungs-, Such- und Beurteilungsphase (vgl. *Abb. 97*: Arbeitsschritte

---

stensenkung, 3. Aufl., München 1969; Wertanalyse. Idee – Methode – System, hrsg. vom *Verein Deutscher Ingenieure, VDI* – Gemeinschaftsausschuß Wertanalyse der VDI-Gesellschaft Produktionstechnik (ADB), 3. Aufl., Düsseldorf 1981; *Wohinz, Josef:* Wertanalyse – Innovationsmanagement, Würzburg, Wien 1983; *Reißinger, Lieselotte:* Wertanalyse – durch besondere Arbeitstechnik zum Erfolg, in: IHK Mitteilungen, Frankfurt 1983, S. 734f.

[16] Vgl. dazu im einzelnen *Lange, Christoph:* Wertanalyse und Investitions-Controlling, insbes. S. 30–48. Weiterhin *Reichmann, Thomas:* Controlling und Wertanalyse, in: Unternehmensführung und Wertanalyse, Tagungsband, 3. Wertanalyse-Kongreß, München 1984, S. 53–71, hier insbes. S. 69.

[17] Vgl. insbes. *Kargl, Herbert:* Wertanalyse, in: HWB, 4. Aufl., 3 Bände, hrsg. von *Erwin Grochla* und *Waldemar Wittmann,* Stuttgart 1974–76, Sp. 4425–4429; *Kern, Werner; Schröder, Hans-Horst:* Konzept, Methode und Probleme der Wertanalyse, in: WISU, 7. Jg. (1978), S. 375–381, 427–430; *Freimuth, Wolfgang; Krehl, Hermann:* Wertanalyse, ein erfolgsicheres Führungsinstrument, in: Management Zeitschrift. Industrielle Organisation, 50. Jg. (1981), S. 219–222.

B. Das Instrumentarium des Investitions-Controlling 225

Wertanalyse Arbeitsplan gemäß DIN 69910 Teil 3				Phasen der Investitionsplanung
Nr.	Grundschritte	Nr.	Teilschritte	
1.	Projekt vorbereiten	1.	Auftrag entgegennehmen: Aufgabe definieren	Anregungs- und Problemstellungsphase:
		2.	Ziele setzen	
		3.	Untersuchungsrahmen abgrenzen	→Aufgabenfestlegung
		4.	Projektorganisation festlegen: Team bilden	→Analyse des Ist-Zustandes
		5.	Projektablauf planen: Termine festlegen	
2.	Ausgangssituation analysieren	1.	Projekt- und Umfeld-Informationen beschaffen: Marktdaten, Schwachstellen	→Anforderungsnorm
		2.	Kosteninformationen beschaffen	
		3.	Funktionenstruktur erstellen	
		4.	Eigenschaften quantifizieren	
		5.	Kosten den Funktionen zuordnen	
3.	Soll-Zustand festlegen	1.	Informationen auswerten	
		2.	Soll-Funktionen festlegen	
		3.	Soll-Kosten festlegen	
		4.	Aufgabenstellung prüfen	
4.	Lösungsideen entwickeln	1.	Ideenfindungstechniken anwenden: Kreativitätstechnik wählen und Kreativitätsregeln beachten	Suchphase: Suchen von technischen und gegebenenfalls wirtschaftlichen Alternativlösungen
		2.	Informationsquellen nutzen	
5.	Lösung auswählen	1.	Lösungsideen klassifizieren und bewerten	Beurteilungsphase:
				→Klassifizierung
		2.	Lösungen ermitteln	→Vorauswahl
		3.	Lösungen bewerten: Detailbewertung	→Detailbewertung durch Investitionsrechnungen
		4.	Entscheidungsvorlage erstellen	→Verdichten zu einem Entscheidungskriterium
		5.	Entscheidungen herbeiführen	Entscheidungsphase
6.	Lösung verwirklichen	1.	Realisierung im Detail planen	Realisierungsphase
		2.	Realisierung einleiten	
		3.	Realisierung überwachen	
		4.	Projekt abschließen	
				Kontrollphase: →ggf. neues Wertanalyseobjekt

Abb. 97: Arbeitsschritte der Wertanalyse und Phasen der Investitionsplanung

Nr. 1.–5.4.) werden nach einem **systematischen Arbeitsplan** (z. B. gemäß DIN 69910[18]) im Team durchgeführt. Die dadurch mögliche **integrierende** Betrachtungs- und Arbeitsweise trägt bei kurzen Informationswegen zur effizienten Gestaltung des Investitionsplanungsprozesses bei.
- Ein **schrittweiser** Bewertungs- und Auswahlprozeß soll die Ermittlung der „optimalen" Investitionslösung sichern. Durch eine **Grobklassifizierung** werden zunächst völlig irrelevante Lösungsmöglichkeiten ausgeschaltet. Bei der **Vorauswahl** ist zu ermitteln, inwieweit das jeweilige Projekt die geforderten Soll-Funktionen erfüllt. Dabei gilt der Grundsatz, daß die Soll-Funktionen nur so gut wie nötig, nicht so gut wie möglich zu erfüllen sind. Die verbleibenden relevanten Investitionsmöglichkeiten sind mit Hilfe der noch darzustellenden Verfahren der Wirtschaftlichkeitsrechnung, gegebenenfalls auch mit der Nutzwertanalyse, im **Detail** zu bewerten.

3. Konzepte der Investitionsrechnung

Zur zielentsprechenden Wahl des „optimalen" Investitionsprojektes aus der Menge der nach einer Vorbeurteilung verbleibenden relevanten Alternativen (Wahlproblem) oder zur Entscheidung, ob eine Investition überhaupt vorteilhaft ist (Vorteilhaftigkeitsproblem), muß das Investitions-Controlling, wie gezeigt, im Rahmen eines systematischen Investitionsplanungsprozesses **geeignete Konzepte der Investitionsrechnung** (Wirtschaftlichkeitsrechnung) zur Verfügung stellen, ihre richtige Anwendung überwachen bzw. selbst Investitionsrechnungen, in der Regel in Abstimmung mit den beantragenden Fachressorts durchführen und in der Kontrollphase geeignete Investitionsnachrechnungen veranlassen bzw. in der Regel in Abstimmung mit der Internen Revision durchführen. Dazu muß der Controller aus der Fülle möglicher, in der Literatur diskutierter Investitionsrechnungsverfahren[19] (vgl. *Abb. 98*) zweckentsprechende Konzepte auswählen und durch eine Risikoanalyse sowie ggf. durch eine Nutzwertanalyse ergänzen.

4. Statische Verfahren der Investitionsrechnung

Die statischen Verfahren der Investitionsrechnung dienen zur ergebnisorientierten Bewertung einzelner Investitionsprojekte. Kostenvergleichsrechnung, Erfolgsvergleichsrechnung, Maschinenstundensatzrechnung, Rentabilitätsvergleich

---

[18] Vgl. DIN 69910: Wertanalyse – Begriffe, Methode, Nov. 1973; DIN 69910 – Entwurf: Wertanalyse – Begriffe, Methode, Dez. 1980; DIN 69910 Teil 3 – Entwurf: Wertanalyse – Arbeitsplan, Sept. 1983; vgl. weiterhin Handbuch Wertanalyse (nach DIN 69910), hrsg. vom *VDI-Gemeinschaftsausschuß Wertanalyse,* Mindelheim 1976; Wertanalyse in Verwaltungen nach DIN 69910, hrsg. von *VDI-Gesellschaft Produktionstechnik,* Düsseldorf 1978.

[19] Zu einem umfassenden Überblick über die deutschsprachige Literatur zum Bereich der betrieblichen Investition vgl. *Rückle, Dieter:* Betriebliche Investitionen, in: DBW, 43. Jg. (1983), S. 457–476.

B. Das Instrumentarium des Investitions-Controlling 227

```
                    Konzepte der
                  Investitionsrechnung
               (Wirtschaftlichkeitsrechnung)
      ┌──────────────┬──────────────┬──────────────┐
 Statische       Dynamische       Risiko-        Nutzwert-
 Verfahren       Verfahren        analyse        analyse
```

- Statische Verfahren
  - Kostenvergleich
  - Erfolgsvergleich
  - Maschinenstundensatzrechnung
  - Rentabilitätsvergleich
  - Statischer Amortisationsvergleich[20]

- Dynamische Verfahren
  - Kapitalwertmethode
  - Interne-Zinsfuß-Methode
  - Annuitätenmethode
  - Endwertmethode
  - Dynamischer Amortisationsvergleich[20] (Pay-Off-Dauer)

- Risikoanalyse
  - Gewinnschwellenanalyse
  - Berechnung kritischer Werte
  - Sensitivitätsanalyse
  - Risikoanalyse (i.e.S.) unter Berücksichtigung einer Wahrscheinlichkeitsverteilung von Zielgrößen
  - Simulation

- Nutzwertanalyse

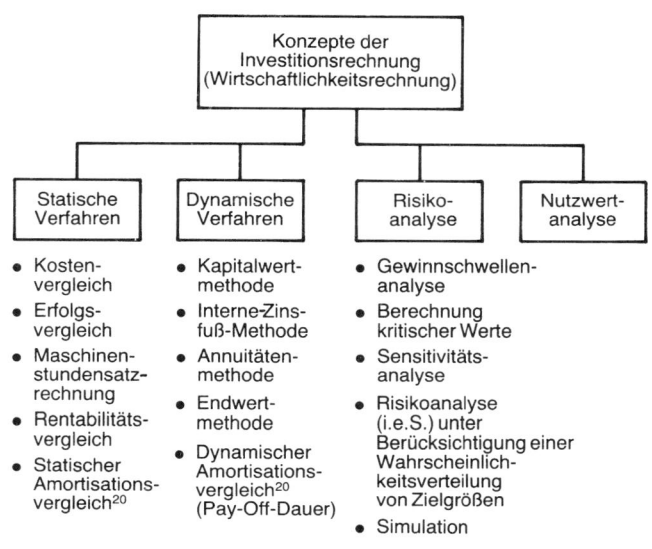

Abb. 98: Konzepte der Investitionsrechnung

und Amortisationsvergleich sind an bestimmte Anwendungsvoraussetzungen gebunden, die im folgenden aus der Sicht des Controlling diskutiert werden.

a) Kosten- und Erfolgsvergleich

In der **Kostenvergleichsrechnung** werden die Jahreskosten oder die Stückkosten von zwei oder mehreren Investitionsalternativen verglichen, um die kostenminimale ermitteln zu können. In den Kostenvergleich sind nach dem Grundsatz der relevanten Kosten alle durch das Objekt verursachten Kosten einschließlich der kalkulatorischen Zinsen und Abschreibungen aufzunehmen, es sei denn, Kostenarten fallen für zu vergleichende Objekte in derselben Höhe an. Dabei wird die Betrachtung nur auf **eine** Periode der Nutzungsdauer – in der Regel das erste Jahr – beschränkt (einperiodisches Verfahren). Statische Verfahren arbeiten also stets mit **Durchschnittswerten,** so daß der zeitlich unterschiedliche Anfall von Kosten und Erlösen während der Nutzungsdauer eines Investitionsprojektes, also die **Zinswirkung,** nicht **berücksichtigt** werden kann.

Kostenvergleiche sind vom Investitions-Controlling nur dann zuzulassen, wenn die folgenden **Anwendungsvoraussetzungen** gegeben sind:

- Die **Erträge,** insbesondere die Umsatzerlöse der zu vergleichenden Investitionsprojekte werden als **gleich hoch** unterstellt oder
- den in ihrer **Funktions-/Leistungserfüllung vergleichbaren** Investitionsprojekten können keine Erträge zugerechnet werden.

---

[20] Insbesondere auch zur Risikoanalyse anwendbar.

Investitionsprojekt Nr.: I Bez.: Fräszentrum	1990	1991	1992	1993	1994	1995	1996	1997	1998
EINMALIGE ZAHLUNGEN = Anschaffungsausgaben Anlage • Planung • Nettoeinkaufspreis • Nebenkosten • Sonstiges	– 796 500 50 000 10 000								
Baulichkeiten • Grundstücke • Erschließung • Gebühren/Steuern • Bausumme • Sonstiges	– – – – –								
Installation • Fundament • Elektroinstallation • Sonstiges	4 500 9 000 4 000								
Anlauf • Anlernen Personal • Probelauf • Sonstiges	– – –								
Sonstige davon abhängige Investitionen • Software	193 600								
$\sum$ der einmaligen Zahlungen (Anschaffungswerte)	1 067 600								

Abb. 99: Einmalige Zahlungen des Investitionsprojekts I (Fräszentrum)

- Darüber hinaus muß sichergestellt sein, daß die Kosten des zugrundeliegenden Nutzungsjahres **repräsentativ** für die Kosten während der gesamten Nutzungsdauer sind. Vereinfachende Annahmen dieser Art sollte der Controller nur für kleinere Investitionsprojekte zulassen, die einen bestimmten Prozentsatz des betrieblichen Gesamtvermögens (z. B. 20 000,- DM bei einem Gesamtvermögen von 2 000 000,- DM) nicht übersteigen.
- Erwartet man eine Veränderung der Kosten in den späteren Nutzungsjahren, z. B. durch geänderte Planauslastungsgrade oder geänderte Faktorpreise, sind grundsätzlich statt der Kosten des ersten Jahres die **Durchschnittskosten** über die gesamte Laufzeit des Projektes anzusetzen.

Ist für zu vergleichende Investitionsprojekte die Voraussetzung gleich hoher Erträge nicht gegeben, sei es durch Unterschiede in der Produktions- und Absatzmenge oder sei es durch Qualitätsunterschiede der Produkte, die einen unter-

Investitionsprojekt Nr.: II Bez.: Handoberfräsen	1990	1991	1992	1993	1994	1995	1996	1997	1998
EINMALIGE ZAHLUNGEN Anlage • Planung • Einkaufspreis • Nebenkosten • Sonstiges	– 290 000 48 800 10 000								
Baulichkeiten • Grundstücke • Erschließung • Gebühren/Steuern • Bausumme • Sonstiges	– – – – –								
Installation • Fundament • Elektroinstallation • Sonstiges	– – 7 000								
Anlauf • Anlernen Personal • Probelauf • Sonstiges	– – 13 200								
Sonstige davon abhängige Investitionen	–								
∑ der einmaligen Zahlungen (Anschaffungswerte)	369 000								

Abb. 100: Einmalige Zahlungen des Investitionsprojekts II (Handoberfräsen)

schiedlichen Preis auf dem Markt erzielen, so sind die Erlöse ebenfalls in Betracht zu ziehen. Die Entscheidung beim **Erfolgsvergleich** orientiert sich entweder am **Gewinn pro Zeiteinheit** als Differenz zwischen den dem jeweiligen Investitionsprojekt zurechenbaren Erlösen und Kosten oder am **Deckungsbeitrag** pro Zeiteinheit als Differenz zwischen Erlösen und variablen Kosten. Die übrigen obigen Anwendungsbegrenzungen des Kostenvergleichs bleiben allerdings bestehen.

b) Maschinenstundensatzrechnung

Als Variante der Kostenvergleichsrechnung sollte der Controller prüfen, ob er den Maschinenstundensatz für seine Wirtschaftlichkeitsberechnungen zur Hilfe nehmen kann. Zur Beurteilung der kostenmäßigen Auswirkungen von unterschiedlichen Maschinen wären dann die Planauslastungsgrade aufgrund der erwarteten Beschäftigungssituationen in die Investitionsrechnungen aufzunehmen, wie im folgenden anhand eines **Beispiels** gezeigt wird:

230 V. Kapitel: Das Investitions-Controlling

Investitionsprojekt Nr.: I Bez.: Fräszentrum	1990	1991	1992	1993	1994	1995	1996	1997	1998
Planauftragsauslastung (Std/Monat)[1]	–	262,64	333,66	440,86	489,82	474,03	320	320	320
Laufende Zahlungen/Kosten (in Abhängigkeit von der Planauftragsauslastung)[2]									
• Fertigungslohn[3]		39 743	53 518	74 956	88 277	90 553	72 641	76 999	81 618
• Überstundenlohn[4]		–	2 632	7 305	10 445	9 790	–	–	–
• Gemeinkostenlohn		–	–	–	–	–	–	–	–
• Gemeinkostengehalt		–	–	–	–	–	–	–	–
• Überstundengehalt		–	–	–	–	–	–	–	–
• gesetzl. Sozialabgaben[5] • freiw. Sozialabgaben		28 614	40 428	59 227	71 079	72 246	52 301	55 439	58 765
∑ Personalkosten		68 357	96 578	141 488	169 801	172 589	124 942	132 438	140 383
• Energie- und Treibstoffkosten		19 855	26 738	38 377	43 541	45 242	32 374	34 316	36 375
• Verbrauchswerkzeuge		53 544	72 281	101 234	119 226	122 305	87 517	92 768	98 335
• Chemiekalien		–	–	–	–	–	–	–	–
• Betriebsstoffe		–	–	–	–	–	–	–	–
• Transportkosten		–	–	–	–	–	–	–	–
• Instandhaltungs- und Reparaturkosten		43 800	46 420	49 210	52 166	55 296	58 613	62 130	65 858
• Fremdleistungen		–	–	–	–	–	–	–	–
• sonstige Kosten		11 986	12 472	12 036	14 076	14 076	14 676	15 316	15 996
∑ sonstige Fertigungskosten		129 185	157 911	200 857	229 009	236 919	193 180	204 530	216 564
∑ laufende Zahlungen/Kosten (∅ lfd. Zahl./Kost.) (326 841)		197 542	254 489	342 345	398 810	409 508	318 122	336 968	356 947
∑ einmalige Zahlungen (aus Abb. 99)	1 067 600	–	–	–	–	–	–	–	–
Kapitalwert (t = 5)	2 241 379								
Kapitalwert (t = 8)	2 760 387								
Annuität (t = 5)[6]	591 270								
Annuität (t = 8)	517 418								

Bemerkungen und Prämissen:
[1] Bis 1995 Planauftragsauslastung auf Basis fester Aufträge, ab 1996 ∅-Planauslastung von 320 Std./Monat (2-Schicht-Betrieb)
[2] aus Kostenplanung übernommene Werte
[3] Lohnsteigerungsrate 6% p. a.
[4] Überstundensatz 25%
[5] Sozialkostenzuschlag 72%
[6] Annuitätenfaktor: $\frac{i(1+i)^n}{(1+i)^n - 1}$

Abb. 101: Laufende Zahlungen/Kosten des Investitionsprojekts I (Fräszentrum)

In einem metallverarbeitenden Unternehmen soll die Entscheidung zwischen zwei Investitionsprojekten getroffen werden. Zur Bearbeitung von hochwertigen Blechen besteht im Rahmen einer gegebenen Produktionsstruktur die Möglichkeit im Zweischichtbetrieb ein programmgesteuertes Fräszentrum (Investitionsprojekt I) mit Anschaffungsauszahlungen von DM 1 067 600,– einzurichten oder im Einschichtbetrieb ein arbeitsintensives Fertigungsverfahren mit Hilfe von Handoberfräsen (Investitionsprojekt II) mit Anschaffungsauszahlungen von DM 369 000,– zu wählen. Bei einem Kalkulationszinssatz von 10 %, einer erwarteten jährlichen Preis- und Lohnsteigerungsrate von 6 % und einer geschätzten Nutzungs- und Abschreibungsdauer von acht Jahren lassen sich die mit den beiden Investitionsprojekten verbundenen einmaligen Zahlungen/Anschaffungswerte und die laufenden Zahlungen/Kosten in der folgenden periodengenauen Alternativrechnung darstellen. Die einzelnen Kostenarten sind hierbei in Abhängigkeit von der erwarteten zukünftigen Beschäftigung pro Jahr (Planauslastungsgrad) und unter Berücksichtigung der entsprechenden Lohn- und Preissteigerungsraten erfaßt worden, wobei die Beschäftigung bis 1996 als bekannt bzw. relativ gut schätzbar und ab 1996 nur noch in Form durchschnittlicher Planauslastungsgrade in die Kosten- bzw. Auszahlungszusammenstellung eingegangen ist. Für die Datenzusammenstellung wurde von einem Sozialkostenzuschlagssatz von 72 % und einem Überstundenzuschlagssatz von 25 % ausgegangen. Um das Rechenbeispiel in dem gesamten Kapitel V. verwenden zu können, sind in der periodengenauen Aufstellung der Zahlungen/Kosten der beiden Investitionsprojekte auch schon im Rahmen der dynamischen Verfahren der Investitionsrechnung die Kapitalwerte (Auszahlungsbarwerte) und die Auszahlungsannuitäten berechnet worden.

Für das erste Nutzungsjahr ergibt sich für das Investitionsprojekt I ein Maschinenstundensatz von DM 122,- (vgl. *Abb. 103*) bei zugrundegelegtem Zweischichtbetrieb und für das Investitionsprojekt II ein Maschinenstundensatz von DM 226,- (vgl. *Abb. 104*) bei angenommenem Einschichtbetrieb auf der Basis von Anschaffungswerten.

c) Rentabilitätsvergleich

Bei der **statischen Rentabilitätsrechnung** wird der zusätzliche (erwartete) durchschnittliche Jahresgewinn (vor oder nach Steuern) einer Investition zum Kapitaleinsatz während der Lebensdauer, d.h. zum durchschnittlich zusätzlich im Anlage- und ggf. im Umlaufvermögen gebundenen Kapital ins Verhältnis gesetzt.[21] Die statische Rentabilität mißt also die zeitliche **Durchschnittsverzinsung** eines Investitionsprojektes.

Statische Rentabilität	I-C
$\dfrac{\text{Durchschnittsgewinn}}{\text{durchschnittlich gebundenes Kapital}}$	

Bei Durchführung einer **Rationalisierungsinvestition** oder bei nicht zurechenbaren Erlösen besteht dieser zusätzliche Gewinn in der **relativen Kostenersparnis**. Nach

---

[21] In der Praxis ist auch eine andere Variante der Rentabilitätsberechnung üblich, wobei der erwartete Durchschnittsgewinn auf das ursprünglich eingesetzte Kapital, also in der Regel auf die Anschaffungskosten, bezogen wird.

232 V. Kapitel: Das Investitions-Controlling

Investitionsprojekt Nr.: II Bez.: Handoberfräsen	1990	1991	1992	1993	1994	1995	1996	1997	1998
Planauftragsauslastung (Std./Monat)[1]	-	1313,2	1668,3	2204,3	2449,1	2370,15	1600	1600	1600
Laufende Zahlungen/Kosten (in Abhängigkeit von der Planauftragsauslastung)[2]									
• Fertigungslohn[3]		177912	239582	268440	397927	404527	290008	307489	325938
• Überstundenlohn[4]		-	2593	6372	36943	32886	-	-	-
• Gemeinkostenlohn		114018	120859	128110	135797	143945	152581	161736	171448
• Gemeinkostengehalt		70000	74200	78652	83370	88373	93675	99296	105254
• Überstundengehalt		-	-	-	-	-	-	-	-
• gesetzliche Sozialabgaben[5] • freiwillige Sozialabgaben		260589	314808	346733	470906	482206	386110	409335	433900
∑ Personalkosten		622519	752042	828307	1124943	1151937	922374	977856	1036540
• Energie- und Treibstoffkosten		13237	17822	19972	30001	30097	25899	27453	29100
• Verbrauchswerkzeuge		-	-	-	-	-	-	-	-
• Chemikalien		-	-	-	-	-	-	-	-
• Betriebsstoffe		-	-	-	-	-	-	-	-
• Transportkosten		-	-	-	-	-	-	-	-
• Instandhaltungs- und Reparaturkosten		11600	12290	13030	13810	14640	15520	16450	17442
• Fremdleistungen		-	-	-	-	-	-	-	-
• sonstige Kosten		1679	1679	1679	1679	1679	1679	1679	1679
∑ sonstige Fertigungskosten		26516	31791	34681	45490	46416	43098	45582	48221
∑ laufende Zahlungen/Kosten (⌀ lfd. Zahl./Kost.) (967289)		649035	783833	862988	1170433	1198353	965472	1023438	1084761
∑ einmalige Zahlungen (aus Abb. 100)	369000								
Kapitalwert (t=5)	3798708								
Kapitalwert (t=8)	5374926								
Annuität (t=5)[6]	1002088								
Annuität (t=8)	1007498								

Bemerkungen und Prämissen:
[1] Leistungsverhältnis Fräszentrum – Handoberfräsen 5 : 1
[2] aus Kostenplanung übernommene Werte
[3] Preissteigerungsrate 6%
[4] Überstundenzuschlagssatz 25%
[5] Sozialkostensatz 72%
[6] Annuitätenfaktor: $\dfrac{i(1+i)^n}{(1+i)^n - 1}$

Abb. 102: Laufende Zahlungen/Kosten des Investitionsprojekts II (Handoberfräsen)

dem Kriterium der statischen Rentabilität ist eine Investition vorteilhaft, wenn ihre Rentabilität nicht kleiner als eine vorgegebene Mindestrentabilität ist; von zwei zu beurteilenden Investitionen ist diejenige mit der höchsten Rentabilität zu wählen.

Wie man die Begriffe **Durchschnittsgewinn** und **durchschnittlich gebundenes Kapital** zweckentsprechend definiert, läßt sich nicht allgemeingültig festlegen.[22] Aus Controllersicht ist aber folgendes zu berücksichtigen:

---

[22] Vgl. *Blohm, Hans; Lüder, Klaus:* Investition, S. 164–170.

B. Das Instrumentarium des Investitions-Controlling   233

Investitionsprojekt Nr.: I Bez.: Fräszentrum	1991	1992	1993	1994	1995	1996	1997	1998
Übertrag: laufende Kosten	197 542	254 489	342 345	398 810	409 508	318 122	336 968	356 947
• Kalkulatorische Abschreibungen • auf Wiederbeschaffungswerte ($1\,067\,600 \cdot 1{,}06^8$)[1] • auf Anschaffungswerte[2] • Kalkulatorische Zinsen[3] $\left(\dfrac{AW}{2} \cdot 0{,}1\right)$	148 794 (133 450) 53 380	148 794 (133 450) 53 380	148 794 (133 450) 53 380	148 794 (133 450) 53 380	148 794 (133 450) 53 380	148 794 (133 450) 53 380	148 794 (133 450) 53 380	148 794 (133 450) 53 380
Σ Jahreskosten (∅ Jahreskosten: 529 015)	399 716	456 663	544 519	600 984	611 682	520 296	539 142	559 121
Maschinenstundensatz I (auf Basis Wiederbeschaffung)	126,8	114,1	102,9	102,2	107,5	135,5	140,4	145,6
Maschinenstundensatz II (auf Basis Anschaffungswerten)	122,0	110,2	100,0	99,6	104,8	131,5	136,4	141,6

Bemerkungen und Prämissen:
[1] Abschreibung unter Berücksichtigung der Zinswirkung: $1\,701\,592 \cdot \dfrac{i}{(1+i)^n - 1}$
[2] lineare kalkulatorische Abschreibungen
[3] bei stufenweiser Kapitalfreisetzung durch die jährlichen Abschreibungen gilt:
Kalk. Zinsen = $\dfrac{AW}{2} \cdot \dfrac{n+1}{n} \cdot 0{,}1 = 60\,053$

Abb. 103: Maschinenstundensatz für die Jahre 1991–98
Investitionsprojekt I (Fräszentrum)

Investitionsprojekt Nr.: II Bez.: Handoberfräsen	1991	1992	1993	1994	1995	1996	1997	1998
Übertrag: laufende Kosten	649 035	783 833	862 988	1 170 433	1 198 353	965 472	1 023 438	1 084 761
• Kalkulatorische Abschreibungen • auf Wiederbeschaffungswerte ($369\,000 \cdot 1{,}06^8$)[1] • auf Anschaffungswerte[2] • Kalkulatorische Zinsen[3]	51 428 (46 125) 18 450	51 428 (46 125) 18 450	51 428 (46 125) 18 450	51 428 (46 125) 18 450	51 428 (46 125) 18 450	51 428 (46 125) 18 450	51 428 (46 125) 18 450	51 428 (46 125) 18 450
Σ Jahreskosten ∅ Jahreskosten (1 037 167)	718 913	853 711	932 866	1 240 311	1 268 231	1 035 350	1 093 316	1 154 639
Maschinenstundensatz I (auf Basis Wiederbeschaffung)	45,6 (228,0)[4]	42,6 (213,0)	35,3 (176,3)	41,3 (206,5)	44,6 (222,9)	53,9 (269,5)	56,9 (284,5)	60,1 (300,5)
Maschinenstundensatz II (auf Basis Anschaffungswerten)	45,2 (226,0)[4]	42,3 (211,5)	35,0 (175,0)	41,2 (206,0)	44,4 (222,0)	53,6 (268,0)	56,6 (283,0)	59,9 (299,3)

Bemerkungen und Prämissen:
[1] Abschreibungen unter Berücksichtigung der Zinswirkung: $588\,130 \cdot \dfrac{i}{(1+i)^n - 1}$
[2] lineare kalkulatorische Abschreibungen
[3] bei stufenweiser Kapitalfreisetzung durch die jährlichen Abschreibungen gilt: Kalk. Zinsen = $\dfrac{AW}{2} \cdot \dfrac{n+1}{n} \cdot 0{,}1 = 20\,756$
[4] Maschinenstundensatz unter Berücksichtigung des Leistungsverhältnisses 5:1

Abb. 104: Maschinenstundensatz für die Jahre 1991–98
Investitionsprojekt II (Handoberfräsen)

- Es ist unzweckmäßig, bei der Gewinnermittlung die **kalkulatorischen Zinsen auf das Eigenkapital** abzuziehen, da man sonst nur die Rentabilität mißt, die über den kalkulatorischen Zinssatz hinausgeht.
- Auch die **Fremdkapitalzinsen** sind nicht abzusetzen, wenn die Vorteilhaftigkeit (im Sinne einer Gesamtkapitalrentabilität) zunächst ohne Berücksichtigung von Finanzierungsgesichtspunkten beurteilt werden soll.
- Zur Ermittlung der **durchschnittlichen Kapitalbindung** kann eine kontinuierliche Amortisation des gebundenen Kapitals (durch die Umsatzerlöse) während der Projektdauer unterstellt werden: Es sind dann durchschnittlich 50 % der ursprünglichen Anschaffungswerte (AW, einmalige Investitionsauszahlungen) gebunden.[23]
- Ist dem Controller aus dem Logistikbereich bekannt, mit welchen durchschnittlichen zusätzlichen **Vorratsbestandsbildungen** aufgrund des geplanten hinzukommenden Investitionsprojektes zu rechnen sein wird, muß auch diese Kapitalbindung, z. B. in Höhe eines „eisernen Bestandes" (durchschnittlicher Reservebestand), in der Investitionsrechnung berücksichtigt werden.

Die Gewinne, bzw. die Kostenersparnisse der zu vergleichenden Investitionsprojekte werden für jede Periode der erwarteten Nutzungsdauer als **konstant** angenommen. Das wird entweder dadurch erreicht, daß man den durchschnittlichen Gewinn bzw. die durchschnittliche Kostenersparnis über die gesamte Lebensdauer ermittelt (siehe *Abb. 105*) oder daß man einfach den Gewinn bzw. die Kostenersparnis des ersten Jahres schätzt und als **repräsentativ** unterstellt. Vereinfachende Annahmen dieser Art dürfen von dem Controller im Rahmen der Investitionsrechnungs-Richtlinien nur zugelassen werden, wenn eine genaue Schätzung der Erträge und Kosten nicht möglich bzw. nur mit unverhältnismäßig hohem Aufwand erreichbar ist.

Beurteilt man die relative Vorteilhaftigkeit anhand der Rentabilitäten von Investitionsprojekten, kann dies zu **Fehlentscheidungen** führen, da der Rentabilitätsvergleich als implizite Prämisse unterstellt, daß auch auf die Differenz des gebundenen Kapitals stets die Rentabilität des Projektes mit dem geringeren Kapitaleinsatz erzielt werden kann, was jedoch nicht immer, insbesondere nicht bei sehr hohen Rentabilitätszahlen der Realität entsprechen wird. Hat das Investitions-Controlling genauere Informationen über die zu erzielende Verzinsung der Kapitaldifferenz, z. B. in Form einer Finanzanlage aus dem Finanzierungsbereich, muß es ihre Berücksichtigung in der Investitionsrechnung sicherstellen. Ist dies nicht möglich, so sollte die Ermittlung der relativen Vorteilhaftigkeit zweier alternativer Investitionen über die Bestimmung der Rentabilität der Differenzinvestition erfolgen, indem die Differenz der Gewinne (G_I-G_{II}) auf die Differenz des durchschnittlich gebundenen Kapitals (K_I-K_{II}) bezogen wird, wobei die Investition I die Anlage mit der höheren Kapitalbindung bildet. Die Investition I ist dann vorteilhafter als die Investition II, falls die **Rentabilität der Differenzinvestition** die vorgegebene Mindestrentabilität übersteigt.[24]

---

[23] Siehe hierzu im einzelnen Kapitel V.C.5.
[24] Ist der Gewinn der Investition I kleiner als der Gewinn der Investition II, so ergibt sich eine negative Rentabilität der Differenzinvestition, was unmittelbar zu einer relativen Vorteilhaftigkeit der Investition II führt. Vgl. *Blohm, Hans; Lüder, Klaus*: Investition, S. 158 f.

	Investitions-projekt I	Investitions-projekt II
Durchschnittliche laufende Kosten	326 841	967 289
+ Kalkulatorische Abschreibungen	133 450	46 125
(auf Basis Anschaffungswerten)		
Durchschnittliche Jahreskosten (vor kalkulatorischen Zinsen)	460 291	1 013 414
Durchschnittliche Kostenersparnis	553 123	
Durchschnittlich gebundenes Kapital	533 800	184 500
Differenz des durchschnittlich gebundenen Kapitals	349 300	
Rentabilität der Differenzinvestition	158,4%	

Abb. 105: Investitionsvergleich auf Basis der Rentabilität der Differenzinvestition

d) Statischer Amortisationsvergleich

Bei dem Amortisationsvergleich geht es um die **Kontrolle des Kapitalrückflusses** durch Ermittlung der sogenannten **Amortisationsdauer** (Kapitalrückflußdauer, Kapitalwiedergewinnungsdauer, Pay-Back- oder Pay-Off-Periode). Es wird der Zeitraum ermittelt, innerhalb dessen das ursprünglich eingesetzte Kapital über die Erlöse der produzierten Erzeugnisse dem Unternehmen voraussichtlich wieder zufließen wird.

Statische Amortisationsdauer (Durchschnittsrechnung)	I-C
Kapitaleinsatz (AW) / Durchschnittlicher Kapitalrückfluß („Cash Flow")	

Der **Kapitalrückfluß** ergibt sich dabei aus der Summe der erwarteten jährlichen (konstanten) **Projektgewinne,** der kalkulatorischen **Abschreibungen** und – soweit Finanzierungsgesichtspunkte mit berücksichtigt werden – der durchschnittlichen Differenz aus kalkulatorischen Zinsen und (aus zahlungsbegleiteten) Fremdkapitalzinsen.

Nach diesem **Entscheidungskriterium** ist eine Investition vorteilhaft, wenn ihre Amortisationsdauer unter der als maximal zulässig angesehenen Amortisationsdauer liegt; von mehreren zur Wahl stehenden Investitionsprojekten ist dasjenige durchzuführen, das die kürzeste Amortisationsdauer aufweist.

Bei Durchführung von **Rationalisierungsinvestitionen** und bei nicht zurechenbaren Erlösen läßt sich der durchschnittliche Kapitalrückfluß ermitteln aus den durch-

V. Kapitel: Das Investitions-Controlling

schnittlichen jährlichen Kostenersparnissen – entweder des ersten Nutzungsjahres oder, was sinnvoller ist, über die Gesamtlebensdauer zuzüglich zusätzlicher kalkulatorischer Abschreibungen zuzüglich gegebenenfalls zusätzlicher kalkulatorischer Zinsen auf das Eigenkapital, insoweit projektbezogene Finanzierungsannahmen in Form vom Investitions-Controlling normierter oder auch (soweit zurechenbar) effektiver Fremdfinanzierungsanteile unterstellt werden sollen.

Im nachfolgenden Fallbeispiel wird die Amortisationsdauer auf den zusätzlichen Kapitaleinsatz bezogen.

	Investitions- projekt I	Investitions- projekt II
Kapitaleinsatz (AW)	1 067 600	369 000
Zusätzlicher Kapitaleinsatz (Differenzinvestition)	698 600	
Durchschnittliche jährliche Kostenersparnis über die Gesamtlebensdauer (aus *Abb. 105*) + zusätzliche kalkulatorische Abschreibungen (aus *Abb. 105*) + zusätzliche kalkulatorische Zinsen	553 123 87 325 –	
= durchschnittlicher Kapitalrückfluß pro Jahr	640 448	
Amortisationsdauer der Differenzinvestition	ca. 13 Monate	

Abb. 106: Investitionsvergleich auf Basis der statischen Amortisationsdauer der Differenzinvestition (Durchschnittsmethode)

Falls die Annahme eines konstanten Rückflusses pro Periode, wie in unserem Fallbeispiel, nicht den Investitionsgegebenheiten entspricht, sollte statt der Durchschnittsmethode die **Kumulationsrechnung** angewendet werden, die dann zu einem genaueren Ergebnis führt.

In dem Fallbeispiel liegt die Amortisationsdauer zwischen 1 und 2 Jahren. Indem man den nach dem ersten Jahr noch nicht amortisierten Kapitaleinsatz zum Rückfluß des zweiten Jahres in Beziehung setzt, ergibt sich zuzüglich des ersten Jahres eine Amortisationsdauer von ca. 18 Monaten.

	Investitions- projekt I	Investitions- projekt II
Kapitaleinsatz (AW)	1 067 600	369 000
zusätzlicher Kapitaleinsatz (Differenzinvestition)	698 600	
Kapitalrückfluß pro Jahr kumuliert (Def. aus *Abb. 103*) 1991 1992	 451 493 980 837	
Amortisationsdauer der Differenzinvestition	ca. 18 Monate	

Abb. 107: Investitionsvergleich auf Basis der statischen Amortisationsdauer (Kumulationsmethode)

Wie alle statischen Verfahren der Wirtschaftlichkeitsrechnung berücksichtigt auch die Amortisationsrechnung die zeitlichen Unterschiede im Anfall der Rückflüsse wertmäßig nicht. Der statische Amortisationsvergleich als Durchschnitts- oder Kumulationsrechnung ist **als alleiniges Entscheidungskriterium abzulehnen.**[25] Es wird lediglich der Zeitraum bis zur Amortisation des eingesetzten Kapitals betrachtet. Die Restnutzungsdauer nach Ablauf der Amortisationszeit und die Entwicklung der Kosten und Erlöse in diesem Zeitraum bleiben außer Betracht. Die Amortisationsrechnung erlaubt daher grundsätzlich keine Aussage über die erfolgsmäßige Vorteilhaftigkeit eines Investitionsprojektes. Amortisationsdauern und Rentabilitäten bzw. Gewinne zweier Investitionsprojekte können sich entgegengesetzt verhalten.

Die Amortisationsdauer kann als (zusätzliches) **Risikomaß** benutzt werden. Man geht davon aus, daß die Prognoseunsicherheit mit wachsendem Abstand von der Gegenwart steigt. Allerdings ist dieses Risikomaß **nicht unproblematisch,** denn statt der gesamten Wahrscheinlichkeitsverteilung der erwarteten Zielbeiträge gehen lediglich einwertige (durchschnittliche) Werte in die Rechnung ein, die darüber hinaus auch nur bis zum Ende der Pay-Off-Dauer berücksichtigt werden. Man kann daher nicht ohne weiteres schließen, daß die Investition mit der längeren Amortisationszeit auch die risikoreichere ist. Trotzdem sollte der Controller darauf bestehen, daß im Sinne einer umfassenden Entscheidungsvorbereitung der Unternehmensleitung bei größeren Investitionen neben erfolgsmäßigen Kriterien auch die Pay-Off-Dauer angegeben wird. Werden als zusätzliche Informationen aus dem Marketing-Controlling die investitionsprojektbezogenen Auftragsbestände und gegebenenfalls Optionen als zusätzliche Informationen hinzugefügt, kann die Entscheidungssicherheit der Unternehmensleitung gegebenenfalls beträchtlich erhöht werden.

5. Dynamische Verfahren der Investitionsrechnung

Während man bei den statischen Verfahren mit durchschnittlichen jährlichen Erlösen und Kosten arbeitet, werden bei den **dynamischen Verfahren** die mit einer Investition verbundenen Ein- und Auszahlungen über die **gesamte erwartete Nutzungsdauer** betrachtet. Darüber hinaus wird der zeitliche **Unterschied** der Zahlungen berücksichtigt, indem sie durch Abzinsen (oder Aufzinsen) auf einen bestimmten Bezugszeitpunkt **wertmäßig vergleichbar** gemacht werden.

a) Kapitalwert-, Annuitäten- und Interne-Zinsfuß-Methode

Bei der **Kapitalwertmethode** (Discounted Cash Flow-Methode) werden sämtliche mit der Investition verbundenen einmaligen und laufenden Auszahlungen und Einzahlungen mit Hilfe des Kalkulationszinsfußes auf den Planungszeitpunkt, d.h. auf den Zeitpunkt unmittelbar vor Beginn der Investition abgezinst. Die

---

[25] Vgl. z.B. *Schneider, Dieter:* Investition und Finanzierung, S. 244 f.; *Blohm, Hans; Lüder, Klaus:* Investition, S. 163.

Differenz zwischen dem Barwert aller Einzahlungen und dem Barwert aller Auszahlungen wird dabei als Kapitalwert (KW) der Investition bezeichnet:

$$KW = -a_o + \sum_{t=1}^{n} (e_t - a_t)(1+i)^{-t}$$

a_o = Anschaffungsauszahlung der Investition, gezahlt zu Beginn der Periode 1
e_t = Einzahlungen am Ende der Periode t
a_t = Auszahlungen am Ende der Periode t
i = Kalkulationszinsfuß
t = Periode (t = 1, ..., n)
n = Nutzungsdauer des Investitionsobjektes

Ökonomisch läßt sich der Kapitalwert als ein entnahmefähiger Betrag, der über die Anschaffungsauszahlung hinaus durch die zukünftigen Einzahlungsüberschüsse getilgt und verzinst werden kann bzw. als Vermögenszuwachs, bezogen auf den Zeitpunkt t = 0, interpretieren. Der Kapitalwert bildet zuzüglich der Anschaffungsauszahlung die Preisobergrenze für den Erwerb der Investition, d.h. für die daraus zu erzielenden Einzahlungsüberschüsse.

Nach diesem **Entscheidungskriterium** ist eine Investition vorteilhaft, wenn sie einen positiven Kapitalwert aufweist; bei mehreren zur Wahl stehenden Investitionsprojekten ist dasjenige mit dem höchsten Kapitalwert zu wählen. Wenn Investitionsprojekten keine Einzahlungen, insbesondere keine Umsatzerlöse zugerechnet werden können, ist der Kapitalwert nur als Barwert der einem Investitionsprojekt zurechenbaren Auszahlungen ermittelbar (siehe hierzu Fallbeispiele, *Abb. 101* und *Abb. 102*).

Bei der **Annuitätenmethode** wird der Kapitalwert einer Investition in gleichbleibenden Jahresraten auf die gesamte Nutzungsdauer verteilt. Es handelt sich damit bei der Annuität (Gewinnannuität) um eine fiktive, in gleichen Zeitabständen regelmäßig wiederkehrende uniforme Rente aus dem Kapitalwert. Die Annuität ergibt sich finanzmathematisch als der mit dem Annuitätenfaktor (Kapitalwiedergewinnungsfaktor) multiplizierte Kapitalwert einer Investition. Nach diesem **Entscheidungskriterium** ist ein Investitionsprojekt vorteilhaft, wenn es eine positive Annuität aufweist; von mehreren zur Auswahl stehenden Investitionsprojekten ist dasjenige durchzuführen, das die höchste Gewinnannuität aufweist. Können einem Investitionsprojekt, wie in unserem Fallbeispiel, keine Einzahlungen zugeordnet werden, läßt sich die Annuität auf Basis eines Auszahlungsbarwertes auch als **Auszahlungsannuität** berechnen. Die Annuitätenmethode ist also lediglich eine finanzmathematische Variation der Kapitalwertmethode; beide Verfahren führen immer zu identischen Investitionsempfehlungen. Die Annuität weist allerdings u.E. für die Praxis des Investitions-Controlling den Vorteil auf, daß sie als durchschnittliche (periodische) Größe dem buchhalterischen Gewinn vergleichbar ist.[26]

---

[26] Darüber hinaus hat die Annuitäten-Methode den Vorzug, daß Investitionsprojekte mit unterschiedlichen Nutzungsdauern – bei unterstellter identischer Reinvestition – unmittelbar verglichen werden können. Vgl. *Kern, Werner:* Investitionsrechnung, Stuttgart 1974, S. 183; *Swoboda, Peter:* Investition und Finanzierung, 3. Aufl., Göttingen 1986, S. 44.

Der **interne Zinsfuß** (i*) ist derjenige (kritische) Zinssatz, der den Kapitalwert einer Investition genau Null werden läßt:

$$\sum_{t=0}^{n} (e_t - a_t) \cdot (1 + i^*)^{-t} = 0$$

Nach diesem **Entscheidungskriterium** wird eine Investition durchgeführt, wenn ihr interner Zinsfuß über einer geforderten Mindestverzinsung liegt; bei mehreren zur Wahl stehenden Investitionsprojekten ist dasjenige zu wählen, das den höchsten internen Zinsfuß aufweist.

Können bei einer Ersatzinvestition einem Projekt keine Einzahlungen zugerechnet werden, läßt sich der interne Zinsfuß auch auf Basis der **Auszahlungsersparnisse** in den einzelnen Perioden der Nutzungsdauer berechnen.

Die Anwendung des internen Zinsfußes bringt einige **methodische Probleme** mit sich: Beim Vorteilhaftigkeitsvergleich kann die Interne-Zinsfuß-Methode zu **anderen** Ergebnissen führen als die Kapitalwert- oder Annuitätenmethode. Das liegt darin begründet, daß implizit unterstellt wird, daß **Differenzinvestitionen** bei unterschiedlichen Anschaffungsauszahlungen und/oder Nutzungsdauern und/oder zeitlichen Strukturen der Zahlungsüberschüsse zu dem internen Zinssatz durchgeführt werden können. Dies ist jedoch, zumindest bei hohen internen Zinsfüßen, oft unrealistisch. Hat der Controller aus der mittelfristigen Finanzplanung genaue Informationen über die alternative Kapitalverwendungsmöglichkeit der Differenzinvestitionssumme, sollte er ihre explizite Berücksichtigung sicherstellen. Darüber hinaus liefert die Interne-Zinsfuß-Methode nicht bei allen Investitionsprojekten ein eindeutiges Ergebnis. Es gibt Projekte, die keinen und Projekte, die mehr als einen internen Zinsfuß aufweisen,[27] so daß diese Methode **nicht immer anwendbar** ist.[28] Will man die relative Vorteilhaftigkeit von Investitionen in einem Alternativenvergleich ermitteln, so sollte, um die oben genannten Probleme zu vermeiden, die Beurteilung anhand des **internen Zinsfußes der Differenzinvestition** erfolgen. Dabei muß vorausgesetzt werden, daß die Zahlungen der Investition mit der anfänglich niedrigeren Kapitalbindung von den Zahlungen der Investition mit der anfänglich größeren Kapitalbindung subtrahiert werden und die Differenzinvestition eine Normalinvestition darstellt. Die Investition mit der anfänglich größeren Kapitalbindung ist dann vorteilhafter als die Investition mit der anfänglich niedrigeren Kapitalbindung, falls der Kalkulationszinsfuß niedriger ist als der interne Zinsfuß der Differenzinvestition. Die Interne-Zinsfuß-Methode führt in diesem Fall stets zu derselben Vorteilhaftigkeitsbeurteilung wie die Kapitalwertmethode.

---

[27] *Schneider, Dieter:* Investition, Finanzierung und Besteuerung, 6. Aufl., Wiesbaden 1990, S. 86–91.

[28] Die Anwendung der Internen-Zinsfuß-Methode zur Beurteilung der Vorteilhaftigkeit einer Investition sollte auf Normalinvestitionen, das sind solche Investitionen, bei denen nach einer Reihe Auszahlungsüberschüsse nur noch Einzahlungsüberschüsse auftreten und sich stets ein eindeutiger interner Zinsfuß ergibt, beschränkt bleiben. Vgl. hierzu *Bitz, Michael:* Theorie der Unternehmung und des Haushalts. Kurseinheit 3: Investitionstheorie II: Investitionsentscheidungen, Fernuniversität Hagen 1980, S. 31; *Blohm, Hans; Lüder, Klaus:* Investition, S. 99f.

240 V. Kapitel: Das Investitions-Controlling

	1990	1991	1992	1993	1994	1995	1996	1997	1998
Anschaffungsauszahlung Investitionsprojekt II Investitionsprojekt I	369 000 1 067 600	- -	- -	- -	- -	- -	- -	- -	- -
Differenz der Anschaffungsauszahlungen	-698 600	-	-	-	-	-	-	-	-
laufende Auszahlungen Investitionsprojekt II (Abb. 102) Investitionsprojekt I (Abb. 101)	- -	649 035 197 542	783 833 254 489	862 988 342 345	1 170 433 398 810	1 198 353 409 508	965 472 318 122	1 023 438 336 968	1 084 761 356 947
Differenz der laufenden Zahlungen	-	451 493	529 344	520 643	771 623	788 845	647 350	686 470	727 814
Interner Zinsfuß	75,42%								

Abb. 108: Investitionsvergleich anhand des internen Zinsfußes der Differenzinvestition

b) Dynamischer Amortisationsvergleich

Auch die Amortisationsdauer eines Investitionsprojektes läßt sich unter Berücksichtigung der Zinswirkung berechnen. Die **dynamische Amortisationsdauer** (Pay-Off-Dauer, Kapitalwiedergewinnungszeit, Kapitalrückflußzeit) ist definiert als derjenige Teil des Planungszeitraumes, in dem das für ein Investitionsprojekt eingesetzte Kapital zuzüglich einer Verzinsung in Höhe des Kalkulationszinssatzes aus den Rückflüssen des Projektes wieder gewonnen werden kann. Das Ende der Amortisationszeit ist erreicht, wenn der Kapitalwert der Investition erstmals den Wert Null annimmt. Bei nicht zurechenbaren Einzahlungen kann der Kapitalrückfluß wiederum durch die **Auszahlungsersparnisse** definiert werden.

Im nachfolgenden Fallbeispiel wird die Amortisationsdauer erneut auf den zusätzlichen Kapitaleinsatz bezogen (vgl. *Abb. 109*).

Die dynamische Amortisationsdauer sollte, ebenso wie die statische Amortisationsdauer, vom Investitions-Controlling nur als **globales Risikomaß** konzipiert werden. Weitere genauere Risikoanalysen sind insbesondere bei größeren Investitionsprojekten unerläßlich.

c) Aussagewert der dynamischen Verfahren der Investitionsrechnung

(1) Beurteilung von Kapitalwert-, Annuitäten- und Interner-Zinsfuß-Methode

Die **dynamischen Verfahren der Investitionsrechnung sind prinzipiell den statischen Verfahren vorzuziehen,** da sie die Zinswirkung und die künftige Entwicklung der mit einem Investitionsprojekt verbundenen Aus- und Einzahlungen während der gesamten Nutzungsdauer explizit berücksichtigen. Das Investitions-Controlling sollte ihren Einsatz, zumindest für größere Projekte, verbindlich festlegen.

B. Das Instrumentarium des Investitions-Controlling   241

Man muß jedoch beachten, daß auch die klassischen dynamischen Verfahren **Anwendungsgrenzen** unterliegen:

- Bestehen bei mehreren zu vergleichenden Investitionsprojekten Unterschiede hinsichtlich der Anschaffungsauszahlungen, der Nutzungsdauern, der zeitlichen Zahlungsüberschußstruktur, wird unterstellt, daß diese sogenannten **Differenzinvestitionen** zu dem jeweiligen Kalkulationszinsfuß bzw. zum internen Zinsfuß durchgeführt werden können bzw. daß Mittel zu diesen Zinssätzen aufgenommen werden können. Erscheinen diese Annahmen im jeweiligen Einzelfall als nicht zutreffend, was insbesondere oft, wie dargelegt, für die Interne-Zinsfuß-Methode gelten wird, sind die Differenzinvestitionen explizit zu berücksichtigen.
- Verzichtet man auf diese Korrektur, führt die Annuitäten- bzw. Kapitalwertmethode im allgemeinen zu zuverlässigeren Entscheidungsempfehlungen als die Interne-Zinsfuß-Methode.
- Es wird ein **einheitlicher Kalkulationszinsfuß** unterstellt, der sowohl die Kosten des eingesetzten Eigenkapitals als auch des Fremdkapitals messen soll. Zu diesem Satz, der üblicherweise durch den sogenannten **landesüblichen Satz** für (langfristige) Kredite approximiert wird, sind beliebige Finanzmittel beschaffbar und anlegbar (vollkommener Kapitalmarkt).
- Es wird weiterhin unterstellt, daß einem Investitionsprojekt die verursachten, zukünftigen Ein- und Auszahlungen (einwertig) zugerechnet werden können. In der Realität ist man hier aber angesichts der Unsicherheit der Zukunft auf Schätzungen angewiesen, die in der Regel zu **mehrwertigen Erwartungen** führen.

Diese Anwendungsbegrenzungen können weitgehend aufgehoben werden, wenn das Investitions-Controlling sicherstellt, daß die **Prämissenstruktur** der dynamischen Investitionsrechnungsverfahren jeweils beachtet wird und für alle größeren Investitionsprojekte, insbesondere Neuinvestitionen, eine gesonderte Risikoanalyse (i. w. S.) durchgeführt wird. Zusätzlich hat der Controller darauf zu achten, daß die Ertragsteuerwirkung auf die Zahlungsreihen berücksichtigt wird, wobei die laufenden Investitionsentscheidungen mit der Steuerbilanzpolitik[29] abzustimmen sind.

(2) Aussageverbesserungen durch Anwendung der Endwertmethode

Die **Endwertmethode**[30] weist gegenüber der Kapitalwert- oder Annuitäten-Methode den Vorteil auf, daß der Investitionsrechner veranlaßt wird, **vollstän-**

---

[29] Zur Steuerbilanzpolitik zählen etwa die bilanzpolitische Beachtung der Steuerprogression, der Ausschüttungspolitik und z. B. zeitlich begrenzter Steuervorteile durch Sonderabschreibungen.
[30] Der Endwert (EW) bezeichnet die durch eine Investition bewirkte Vermögensänderung bezogen auf das Ende des Planungszeitraumes.
Zur Endwertberechnung bei vollkommenem Kapitalmarkt gilt folgender Algorithmus:
$$EW = \sum_{t=0}^{n} [(e_t - a_t)(1 + i)^{n-t}]$$

Zeitpunkt t	Differenzen der Zahlungen (vgl. Abb. 105)	Abzinsungsfaktor für i = 0,1 $(1+i)^{-t}$	Nettozahlungen (Barwert)	Kumulierte Barwerte der Nettozahlungen
1990	−698 600	1,0	−698 600	− 698 600
1991	451 493	0,9090	410 407	− 288 193
1992	529 344	0,8264	437 450	149 257
1993	520 643	0,7513	391 159	540 416
1994	771 623	0,6830	527 019	1 067 435
1995	788 845	0,6209	489 794	1 557 229
1996	647 350	0,5645	365 429	1 922 658
1997	686 470	0,5132	352 296	2 274 954
1998	727 814	0,4665	339 525	2 614 479
Amortisationsdauer	20 Monate			
Interpolation	$AD_d = 1 - \dfrac{-288\,193}{149\,257 - (-288\,193)} = 1 - (-0,6588) = 1 + 0,6588$ = 20 Monate			

Abb. 109: Investitionsvergleich auf Basis der dynamischen Amortisationsdauer

dige Finanzpläne für die einzelnen Investitionsprojekte aufzustellen. Es wird damit eher sichergestellt, daß die impliziten Prämissen der klassischen dynamischen Verfahren hinsichtlich der Verzinsung der Differenzinvestitionen durch im Einzelfall zutreffendere Annahmen ersetzt werden. Soll in einer Investitionsrechnung die realitätsferne, aber in vielen Entscheidungssituationen als zulässige Vereinfachung tolerierbare Annahme eines vollkommenen Kapitalmarktes aufgegeben werden, so ist methodisch das Endwertverfahren vorzuziehen: Einzahlungsüberschüsse werden für eine oder mehrere Perioden in einer Ergänzungsinvestition zum Periodenzinssatz h_t angelegt; Auszahlungsüberschüsse (Zahlungsdefizite) werden durch Kredite zum Periodenzinssatz s_t mit ein- oder mehrperiodiger Laufzeit (maximal bis zum Planungshorizont) gedeckt.

Es bedeuten: e_t: Einzahlungen am Ende der Periode t; a_t: Auszahlungen am Ende der Periode t; i: Kalkulationszinsfuß; t: Periode (t = 1, ..., n); Planungshorizont. Wird ein vollkommener Kapitalmarkt unterstellt, führen Kapitalwert- bzw. Annuitäten-Methode und Endwert-Methode stets zu gleichen Entscheidungsempfehlungen. Bei unvollkommenem Kapitalmarkt gilt:

$$EW = \sum_{t=0}^{n} \left[(e_t - a_t)^+ (1 + h_t)^{n-t} + (e_t - a_t)^- (1 + s_t)^{n-t} \right]$$

Es bedeuten: $(e_t - a_t)^+$: Einzahlungsüberschüsse in t; $(e_t - a_t)^-$: Auszahlungsüberschüsse in t; h_t: Habenzinssatz in t; s_t: Sollzinssatz in t. Vgl. z.B. zur Aussage der Endwertmethode *Kruschwitz, Lutz:* Investitionsrechnung, 4. Aufl., Berlin, New York 1990, S. 57–74.

*(3) Aussageverbesserungen durch eine gesonderte Risikoanalyse
(im weiteren Sinne)*

Investitionsrechnungen beruhen auf Daten, die zum überwiegenden Teil aufgrund der zukünftigen Erwartungen **unsicher** sind, wie z. B. künftige Absatzpreise, Rohstoff- und Energiepreise, Absatzmengen bzw. Planauslastungsgrade, Fremdkapitalkosten, Lohn- und Lohnnebenkosten. Aufgrund der Unsicherheit der Zukunft sind diese Größen nicht als einwertig, wie in den klassischen Verfahren unterstellt, sondern als **mehrwertig** anzusehen. Infolgedessen muß das Investitions-Controlling in den Investitionsrechnungsrichtlinien festlegen, daß die Gültigkeit, die Stabilität der jeweiligen Entscheidungsempfehlung auch bei unsicheren Erwartungen analysiert wird.

Ein einfaches Verfahren der Risikoanalyse ist der bereits dargestellte (statische oder dynamische) **Amortisationsvergleich**. Aufgrund der geschilderten Anwendungsbegrenzungen[31] sollte er nur für eine **globale** Risikoabschätzung genutzt werden.

Eine wesentlich differenziertere Berücksichtigung des Risikos ist mit der **Sensitivitätsanalyse** möglich. Die Sensitivitätsanalyse fragt danach, wie empfindlich das jeweilige Entscheidungskriterium, z. B. jährliche Kosten, Maschinenstundensatz, Rentabilität, Kapitalwert, Annuität, Endwert, auf alternative Veränderungen einer oder mehrerer Einflußgrößen reagiert. Es lassen sich für jede Entscheidungssituation **kritische Werte,** z. B. für die künftige Umsatzentwicklung, die Kapazitätsauslastung, die Zinshöhe, den Betrag der laufenden Auszahlungen/Kosten, die erwartete Nutzungsdauer, festlegen, bei deren Unter- bzw. Überschreiten das jeweilige Entscheidungskriterium, z. B. als Projektverlust, negativer Kapitalwert oder negative Annuität oder als zu geringe (statische oder dynamische) Rentabilitätsziffer, ein unzulässiges Investitionsprojekt indiziert. Dem Entscheidenden sollte in solchen Fällen zumindest eine **Bandbreite** möglicher Werte des jeweiligen Entscheidungskriteriums aufgrund einiger (weniger) Annahmen über die Einflußgrößen, etwa basierend auf der **wahrscheinlichsten,** einer **optimistischen** und einer **pessimistischen** Erwartung vorgelegt werden.[32]

Ergibt sich etwa (nur) aufgrund der pessimistischen Erwartung ein unzulässiger Wert eines Entscheidungskriteriums, hängt es von der **individuellen Risikobeurteilung** des Entscheidenden, die auch beeinflußt wird von der geschätzten Eintrittswahrscheinlichkeit des ungünstigen Falles sowie der Höhe eines möglichen Verlustes, ab, ob das Investitionsprojekt noch als vorteilhaft betrachtet wird.

Ein anspruchsvolleres (analytisches), bei nicht zu umfangreichen Abhängigkeiten der Einflußgrößen auch praktisch durchführbares Verfahren der Risikobetrachtung besteht darin, eine **detaillierte Wahrscheinlichkeitsverteilung** für das jeweilige Entscheidungskriterium eines Investitionsverfahrens aus den mehrwertigen relevanten Einflußgrößen abzuleiten **(Risikoanalyse i. e. S.).** Die Wahrscheinlichkeitsverteilung für das Entscheidungskriterium bzw. für die unsicheren Einflußgrößen basiert auf subjektiven Glaubwürdigkeitsvorstellungen **(subjektive**

---
[31] Vgl. Kapitel V.B.5.d) und V.B.6.b).
[32] Vgl. *Lange, Christoph:* Jahresabschlußinformation und Unternehmensbeurteilung, S. 108.

244 V. Kapitel: Das Investitions-Controlling

Investitionsprojekt Nr.: I Bez.: Fräszentrum	1990	1991	1992	1993	1994	1995	1996	1997	1998
Σ lfd. Zahlungen/ Kosten	–	–197 542	–254 489	–342 345	–398 810	–409 508	–318 122	–336 968	–356 947
Ertragsteuerminderung[1] = 0,5652[2] · [AfA[3] + lfd. Zahlungen/ Kosten (nach Steuern)]	–	+187 077	+219 263	+268 919	+300 833	+306 880	+255 229	+265 880	+277 172
lfd. Zahlungen/ Kosten (nach Steuern)	–	–10 456	–35 226	–73 426	–97 977	–102 628	–62 893	–71 088	–79 755
Kapitalwert t = 5 (nach Steuern)	–1 343 610								
Kapitalwert t = 8 (nach Steuern)	–1 505 613								
Annuität t = 5 (nach Steuern)	–301 811								
Annuität t = 8 (nach Steuern)	–223 625								
Bemerkungen und Prämissen									
[1] Vereinfachte Berechnung (ohne vollständigen Finanzplan) [2] Gemeinsamer Ertragsteuersatz für ESt/KSt bei Spitzensteuersatz von 50 % und einem effektiven Gewerbeertragsteuersatz von 13,04 % (Hebesatz 300 %) sowie einheitlicher Bemessungsgrundlage, d. h. daß insbesondere eine vollständige Absetzbarkeit etwaiger Fremdkapitalzinsen bei der Gewerbeertragsteuer bzw. eine vollständige Eigenfinanzierung unterstellt wird. [3] betriebsgewöhnliche Nutzungsdauer der Anlage: 8 Jahre (lineare AfA unterstellt) [4] $i_s = (1-s) \cdot i$ = (1-0,5652) · 0,1 = 0,04348 ~ 0,04									

Abb. 110: Kapitalwerte/Annuitäten des Investitionsprojekts I (Fräszentrum) unter Berücksichtigung der Ertragsteuerwirkung

Wahrscheinlichkeiten) über den Eintritt des jeweiligen Ereignisses.[33] Aufgrund unterschiedlicher Entscheidungsprinzipien[34] kann die Wahrscheinlichkeitsverteilung „vereinwertigt" werden, wie z. B. zum wahrscheinlichen Wert, zum Erwartungswert (des Geldes),[35] ggf. ergänzt um ein Risikomaß, wie z. B. Standardabweichung oder Varianz (μ, σ-Prinzip).

---

[33] Vgl. *Hertz, David B.:* Risk Analysis in Capital Investment, in: HBR, Jan.–Feb. 1964, S. 95–106; *Lüder, Klaus:* Risikoanalyse bei Investitionsentscheidungen, in: Angewandte Planung, Bd. 3 (1979), S. 224–233.

[34] Vgl. zur Darstellung und Kritik der genannten einfachen Entscheidungsprinzipien *Schneeweiß, Hans:* Entscheidungskriterien bei Risiko, Berlin, Heidelberg, New York 1967, S. 46–61; *Schneider, Dieter:* Investition, Finanzierung und Besteuerung, S. 357–361; *Laux, Helmut:* Entscheidungstheorie. Grundlagen, Berlin, Heidelberg, New York 1982, S. 149–197.

[35] Der Erwartungswert des Nutzens aufgrund des *Bernoulli*-Prinzips kommt als Entscheidungskriterium für die Praxis wohl kaum in Frage. Vgl. hierzu *Laux, Helmut:* Entscheidungstheorie, S. 191 f.

B. Das Instrumentarium des Investitions-Controlling 245

Bei umfassenden Abhängigkeiten der Einflußgrößen[36] kann die Wahrscheinlichkeitsverteilung nur mit Hilfe der **Computersimulation (Monte-Carlo-Simulation)**[37] abgeleitet werden, die auf Basis der Zufallszahlentechnik Sätze von Eingabedaten generiert und hieraus eine handhabbare Wahrscheinlichkeitsverteilung des gewählten Entscheidungskriteriums entwickelt.

(4) Aussageverbesserungen durch Berücksichtigung der Ertragsteuerwirkung

Das Investitions-Controlling sollte festlegen, daß grundsätzlich **alle Investitionsrechnungen auch unter Berücksichtigung der Ertragsteuerwirkung** durchgeführt werden, da sich die Entscheidungskriterien und somit auch die Rangfolgen der Investitionsprojekte hierdurch **verändern** können. Dies ist unabdingbar, wenn – wie z. B. bei einem Wirtschaftlichkeitsvergleich von Kauf oder Miete von Anlagen – oder von In- und Auslandsinvestitionen – die ertragsteuerliche Behandlung der zu vergleichenden Projekte unterschiedlich ist.

Da die Steuerberücksichtigung in der Praxis (noch) auf Akzeptanzschwierigkeiten stößt, empfehlen sich **vereinfachende Kalküle** (siehe *Abb. 110, 111*), in denen z. B. unterstellt wird,[38] daß

- der gemeinsame Ertragsteuersatz[39] für Einkommensteuer/Körperschaftsteuer und Gewerbeertragsteuer während des Planungszeitraumes konstant ist,
- die Bemessungsgrundlagen für ESt/KSt und GewESt übereinstimmen,[40]
- alle laufenden Erträge/Einzahlungen steuerpflichtig und alle laufenden Kosten/Auszahlungen steuerlich absetzbar sind,
- alle Zahlungen der sofortigen Besteuerung unterliegen und ein sofortiger Verlustausgleich möglich ist,
- keine Veräußerungsgewinne am Ende der Nutzungsdauer anfallen,
- die steuerlichen Abschreibungsdauern dem Planungszeitraum n entsprechen.

---

[36] Zur Aufzeigung solcher umfassenden Abhängigkeiten der Einflußgrößen kann das Entscheidungsbaumverfahren wichtige Hilfen leisten, da es die Einbeziehung zustandsabhängiger Folgeentscheidungen in den Kalkül ermöglicht. Vgl. hierzu *Magee, John F.:* How to Use Decision Trees in Capital Investment, in: HBR, Sept.-Oct. 1964, S. 79–96; *Blohm, Hans; Lüder, Klaus:* Investition, S. 220–226; *Laux, Helmut:* Entscheidungstheorie, S. 256–259 und 265–270.

[37] Vgl. *Blohm, Hans; Lüder, Klaus:* Investition, S. 294–297 und die dort angegebene Literatur.

[38] Vgl. zu folgendem auch *Schneider, Dieter:* Investition und Finanzierung, S. 266–272 und S. 282.

[39] Der gemeinsame Ertragsteuersatz s ergibt sich z. B. bei der Spitzenbelastung von 50 % für ESt/KSt und einem effektiven Gewerbesteuersatz von 13,04 % (bei einem Hebesatz von 300 %) wie folgt: s = 0,5 (1–0,1304) + 0,1304 = 0,5652. Vgl. hierzu und zu niedrigeren gemeinsamen Ertragsteuersätzen aufgrund anderer Ausschüttungs-Einbehaltungs-Relationen bei der KSt *Lange, Christoph:* Die Rentabilitätswirkung steuerlicher Sonderabschreibungen auf Wirtschaftsgüter, die dem Umweltschutz dienen, in: WPg, 27. Jg. (1974), S. 573–580, hier S. 575f.; ders.: Der Subventionswert steuerlicher Sonderabschreibungen für Umweltschutz-Investitionen, in: WPg, 28. Jg. (1975), S. 348–350.

[40] Dies entspricht nicht vollständig der Realität; insbesondere werden z. B. Zinsen für das langfristige Fremdkapital (Dauerschulden) gemäß § 8 Nr. 1 GewStG dem Gewinn aus Gewerbebetrieb zur Ermittlung der Bemessungsgrundlage für die GewESt zu 50 % hinzugerechnet, d. h. sie sind nur zu 50 % abzugsfähig.

Investitions- projekt Nr.:II Bez.: Handober- fräsen	1990	1991	1992	1993	1994	1995	1996	1997	1998
Σ lfd. Zahlungen/ Kosten	–	– 649 035	– 783 833	– 862 988	– 1 170 433	– 1 198 353	– 965 472	– 1 023 438	– 1 084 761
Ertrag- steuermin- derung[1]) = 0,5652[2]) · [AfA[3]) + lfd. Zahlungen/ Kosten (nach Steuern)]	–	+ 392 904	+ 469 092	+ 513 831	+ 687 599	+ 703 379	+ 571 755	+ 604 517	+ 639 177
lfd. Zahlungen/ Kosten (nach Steuern)	–	– 256 131	– 314 741	– 349 157	– 482 834	– 494 974	– 393 717	– 418 921	– 445 584
Kapitalwert t = 5 (nach Steuern)	– 2 036 236								
Kapitalwert t = 8 (nach Steuern)	– 2 991 326								
Annuität t = 5 (nach Steuern)	– 457 394								
Annuität t = 8 (nach Steuern)	– 444 295								

Bemerkungen und Prämissen
[1]) Vereinfachte Berechnung (ohne vollständigen Finanzplan)
[2]) Gemeinsamer Ertragsteuersatz für ESt/KSt bei Spitzensteuersatz von 50 % und einem effektiven Gewerbeertragsteuer- satz von 13,04 % (Hebesatz 300 %) sowie einheitlicher Bemessungsgrundlage, d.h. daß insbesondere eine vollständige Absetzbarkeit etwaiger Fremdkapitalzinsen bei der Gewerbeertragsteuer bzw. eine vollständige Eigenfinanzierung unterstellt wird.
[3]) betriebsgewöhnliche Nutzungsdauer der Anlage: 8 Jahre (lineare AfA unterstellt)
[4]) $i_s = (1-s) \cdot i$
  $= (1-0,5652) \cdot 0,1 = 0,04348 \approx 0,04$

Abb. 111: Kapitalwerte/Annuitäten des Investitionsprojekts II (Handoberfräsen) unter Berücksichtigung der Ertragsteuerwirkung

Es gilt dann für den Kapitalwert nach Steuern KW_s:[41]

$$KW_s = -a_o + \sum_{t=1}^{n} [R_t - s(R_t - D_t)](1 + i_s)^{-t}$$

a_o = Anschaffungsauszahlung
R_t = steuerpflichtige Einzahlungsüberschüsse $(e_t - a_t)$ in Periode t
s = gemeinsamer (konstanter) Ertragsteuersatz aus ESt/KSt und GewESt
D_t = steuerliche Abschreibungen in Periode t

---

[41] Vgl. *Swoboda, Peter:* Investition und Finanzierung, S. 72; *Hax, Herbert:* Investitions- theorie, 5. Aufl., Würzburg, Wien 1985, S. 117; *Schneider, Dieter:* Investition, Finanzie- rung und Besteuerung, S. 196; *Lange, Christoph:* Umweltschutz und Unternehmenspla- nung, S. 97 f.

i_s = Kalkulationszinsfuß nach Steuern: $(1-s)\,i$
t = Periode $(t = 1, \ldots, n)$
n = Nutzungsdauer und Abschreibungszeitraum.

Wenn von dem in der Realität oft zutreffenden Fall der Nicht-Zurechenbarkeit von Einzahlungen ausgegangen wird, gilt für den (negativen) **Kapitalwert der Auszahlungen** (Auszahlungsbarwert):

$$KW_s = -a_o + \sum_{t=1}^{n} \left[-a_t - s(-a_t - D_t)\right] (1 + i_s)^{-t}$$

Bei dieser vereinfachten Berechnung **ohne vollständigen Finanzplan** bleiben Finanzierungsgesichtspunkte außer acht; es wird damit unterstellt, daß entweder Fremdkapitalzinsen in Höhe des Kalkulationszinsfußes steuerlich absetzbar sind oder daß vollständige Eigenfinanzierung vorliegt und die Alternativerträge ebenso wie etwaige zwischenzeitliche Einzahlungsüberschüsse steuerpflichtig sind.

6. Nutzwertanalyse

Sowohl in den statischen als auch in den dynamischen Verfahren der Investitionsrechnung können nur monetäre Zielgrößen erfaßt werden. Oft sind für den Vergleich der Investitionsprojekte aber auch **nicht oder nur schwer monetär quantifizierbare,** insbesondere technische Daten, wie z.B. Funktionssicherheit, Anpassungsfähigkeit an Leistungs- oder Strukturänderungen, Arbeitsbedingungen und -sicherheit, entscheidungsrelevant. Hier bietet sich als Entscheidungshilfe für das Investitions-Controlling die **Nutzwertanalyse**[42] (vgl. *Abb. 112*) an, bei der nach Formulierung der Zielkriterien und Festlegung einer Zielhierarchie

- eine subjektive Gewichtung der relativen Bedeutung der einzelnen Zielkriterien,
- eine subjektive Bewertung des Zielerreichungsgrades jedes Investitionsprojekts im Hinblick auf jedes Zielkriterium durch Bestimmung der Teilnutzen in einer Zielwertmatrix und
- die Zusammenfassung der Teilnutzen zum Gesamtnutzen (Nutzwert) eines Investitionsprojekts erfolgt.

Die Nutzwertanalyse basiert in erheblichem Umfang auf **subjektiven Beurteilungen** (Kriteriengewichte, Teilnutzen), was leicht zu **Fehlurteilen** führen kann. Darüber hinaus werden in Nutzwertanalysen oft vorschnell Kriterien qualitativ berücksichtigt, die auch monetär zu quantifizieren sind. „Trotz der subjektiven Bewertungskomponente und der darin liegenden Manipulationsmöglichkeiten wird man mindestens davon ausgehen können, daß die Nutzwertanalyse – abgesehen vom Vorteil der Nachvollziehbarkeit und damit Überprüfbarkeit – vor allem bei

---

[42] Vgl. *Zangemeister, Christof:* Nutzwertanalyse in der Systemtechnik, 4. Aufl., München 1976; *Rinza, Peter; Schmitz, Heiner:* Nutzwert-Kosten-Analyse, Düsseldorf 1977; als Anwendungsbeispiel z.B. VDI-Richtlinie 3592: Kriterien und Methoden zum Vergleich von Stückgutlagern, Nov. 1978; zur Kritik hieran *Lange, Christoph:* Wertanalyse und Investitions-Controlling, S. 81.

248 V. Kapitel: Das Investitions-Controlling

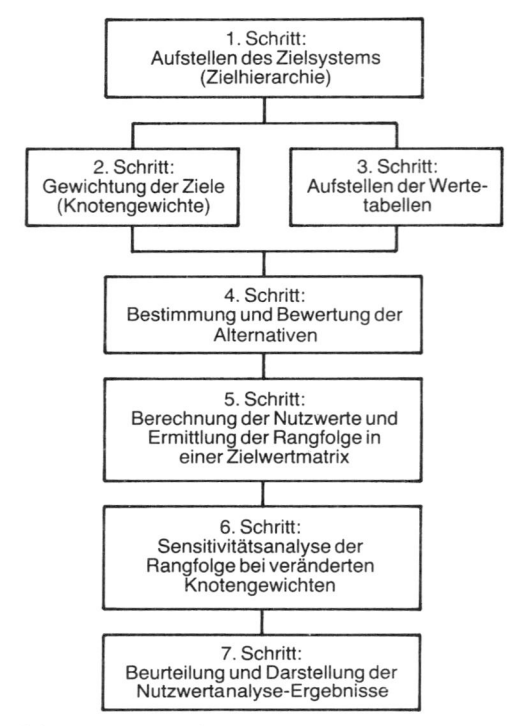

```
┌─────────────────────────────┐
│ 1. Schritt:                 │
│ Aufstellen des Zielsystems  │
│ (Zielhierarchie)            │
└─────────────────────────────┘
         │
    ┌────┴────┐
    │         │
┌───────────────┐  ┌───────────────┐
│ 2. Schritt:   │  │ 3. Schritt:   │
│ Gewichtung    │  │ Aufstellen    │
│ der Ziele     │  │ der Werte-    │
│(Knotengewichte)│  │ tabellen      │
└───────────────┘  └───────────────┘
         │
┌─────────────────────────────┐
│ 4. Schritt:                 │
│ Bestimmung und Bewertung der│
│ Alternativen                │
└─────────────────────────────┘
         │
┌─────────────────────────────┐
│ 5. Schritt:                 │
│ Berechnung der Nutzwerte und│
│ Ermittlung der Rangfolge in │
│ einer Zielwertmatrix        │
└─────────────────────────────┘
         │
┌─────────────────────────────┐
│ 6. Schritt:                 │
│ Sensitivitätsanalyse der    │
│ Rangfolge bei veränderten   │
│ Knotengewichten             │
└─────────────────────────────┘
         │
┌─────────────────────────────┐
│ 7. Schritt:                 │
│ Beurteilung und Darstellung │
│ der Nutzwertanalyse-        │
│ Ergebnisse                  │
└─────────────────────────────┘
```

Abb. 112: Ablauf der Nutzwertanalyse als Instrument des Investitions-Controlling

Entscheidungen mit einer Vielzahl von Konsequenzen zu einem gesicherteren Urteil führt als eine intuitiv-subjektive Globalbewertung".[43] Dabei sollte die Nutzwertanalyse aber immer nur als eine die Verfahren der Wirtschaftlichkeitsrechnung **ergänzende Bewertungsmethode** von Investitionsprojekten verstanden werden. Sie ist dann geeignet, den Entscheidungsfindungsprozeß bei nicht ausschließlich monetär erfaßbaren Bewertungskriterien transparenter zu gestalten.

C. Überprüfung und Normierung der Daten der Investitionsrechnungen durch das Investitions-Controlling

1. Datenermittlung

Die Festlegung geeigneter Investitionsrechnungskonzepte in den Investitionsrechnungsrichtlinien als Aufgabe des Investitions-Controlling muß ergänzt werden durch eine **laufende Überwachung** der in die Investitionsrechnung **einzubeziehenden Daten.**

---

[43] Vgl. *Blohm, Hans; Lüder, Klaus:* Investition.

C. Überprüfung und Normierung der Daten der Investitionsrechnungen 249

Die Ermittlung der Daten ist dabei grundsätzlich Aufgabe der jeweiligen beantragenden **Fachressorts,** wie z. B. Marketing, Fertigung, gegebenenfalls zusammen mit technischen Abteilungen (z. B. Bauabteilung). Das Investitions-Controlling muß im Rahmen der **Kontrolle von Investitionsanträgen** oder der Aufstellung von Investitionsrechnungen (im Team mit den beantragenden Fachressorts) die betriebswirtschaftliche Plausibilität der Daten und der zugrundeliegenden Annahmen und ihre Abstimmung mit der unternehmerischen Gesamtplanung, z. B. der Absatz- und Produktionsplanung, prüfen. Für bestimmte Daten, z. B. für Umsatzprognosen oder Nutzungsdauer- bzw. Abschreibungsdauerschätzungen kann das Investitions-Controlling **Ermittlungsgrundsätze** vorgeben. Andere Daten, wie z. B. Kalkulationszinssätze einschließlich etwaiger Mindestrenditen, Verfahren der kalkulatorischen Abschreibung, Steuersätze, Absatz- und Faktorpreissteigerungsraten sollten vom Investitions-Controlling in Abstimmung mit der Unternehmensleitung in den Investitionsrechnungsrichtlinien **normiert** und von Zeit zu Zeit angepaßt werden.

Relevante monetäre Größen für eine Investitionsrechnung	Vorgaben durch das Investitions-Controlling
Anschaffungsauszahlungen: Investitionssumme (abzügl. Zuschüsse, Investitionszulagen)	▶ Abstimmung mit technischer Planung/Bauabteilung
Umsatzerlöse/ -einzahlungen (soweit zurechenbar)	▶ Abstimmung mit Marketing bzw. Absatzplanung ▶ Vorgabe mittel- und langfristiger Produktions- und Absatzmengen ▶ Prognosegrundsätze ▶ Preissteigerungsraten ▶ Wechselkursrelationen
laufende Kosten/ laufende Auszahlungen (Betriebskosten)	▶ Unterteilung in fixe und variable Kosten ▶ Faktorpreissteigerungen
Kapitalkosten (Abschreibungen, Zinsen)	▶ Nutzungs- und Abschreibungsdauer ▶ Abschreibungsverfahren ▶ Wiederbeschaffungspreisindizes ▶ Kalkulationszinssätze vor und nach Steuern ▶ Mindestrenditen (vor u. nach St.)
Steuerzahlungen: Substanz-, Ertragsteuern	▶ Steuersätze zur Erfassung der Steuerwirkungen

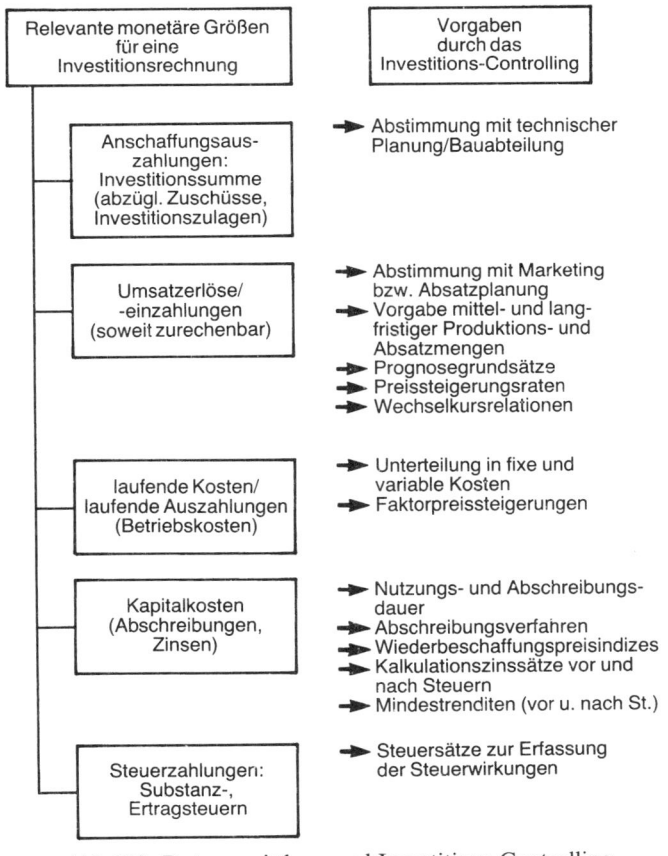

Abb. 113: Datenermittlung und Investitions-Controlling

2. Erwartete Umsätze

Insbesondere bei der Überprüfung der Wirtschaftlichkeit von großen Einzelinvestitionen (Ja-Nein-Entscheidungen) müssen den Investitionsprojekten Umsatzerlöse bzw. -einzahlungen zugerechnet werden. Auf Grundlage der geplanten Kapazität der Anlage müssen die Absatzerwartungen in den künftigen Perioden geschätzt werden. Hieraus und unter Berücksichtigung der erwarteten periodischen Absatzpreise ergeben sich die prognostizierten Umsatzerlöse und unter Berücksichtigung der Zahlungswirksamkeit die Umsatzeinzahlungen.[44]

3. Planauslastungsgrade

Aus den erwarteten Absatzmengen ergeben sich die Produktionsmengen pro Planperiode. Auch insoweit einem Investitionsprojekt keine Umsätze zugerechnet werden können, müssen Annahmen über die künftige **Beschäftigungssituation**, die etwa in Produktionsmengen oder in Produktionsstunden (Maschinenstunden) gemessen wird, in die Rechnung eingehen. Wie gezeigt, kann es sinnvoll sein, im Rahmen einer **Risikoanalyse** alternativ erwartete Beschäftigungsgrade zu berücksichtigen, wobei die einzelnen Kostenarten (Auszahlungen) im Hinblick auf ihre automatische Veränderbarkeit bzw. Auf- und Abbaufähigkeit zu dokumentieren und in die Rechnung einzubeziehen sind.

4. Laufende Kosten/Auszahlungen

Ausgehend von dem geplanten Beschäftigungsgrad sind alle durch das jeweilige Investitionsprojekt verursachten **laufenden Kosten/Auszahlungen** in den Investitionsvergleich einzubeziehen. Die relevanten Kosten/Auszahlungen sind dabei möglichst in fixe, beschäftigungsgradunabhängige und variable, beschäftigungsgradabhängige Kosten/Auszahlungen zu trennen. Einzubeziehende **variable bzw. sprungfixe Kosten** im Rahmen von Investitionsrechnungen (vgl. *Abb. 100* und *101*) sind insbesondere Materialkosten (Roh-, Hilfs- und Betriebsstoffe, Teile, Werkzeuge), Personalkosten (Fertigungslohn, Überstundenlohn, Gemeinkostenlohn, Gemeinkostengehalt, Sozialabgaben), Energiekosten, Reparatur- und Instandhaltungskosten. Wenn man die statischen Verfahren „dynamisiert", und überhaupt nur dann sind sie – von Kleinprojekten abgesehen – zulässige Verfahren des Investitions-Controlling, muß man die einzelnen variablen Kostenarten über die gesamte Nutzungsdauer in Abhängigkeit der geplanten periodischen **Beschäftigungsgrade** und unter **Berücksichtigung möglicher Faktorpreisänderungen**,

---

[44] Vgl. Kapitel III.B1.a). Zu den anzuwendenden Prognoseverfahren siehe ferner *Makridakis, Spyros; Reschke, Hasso; Wheelwright, Steven C.*: Prognosetechniken für Manager, Wiesbaden 1980; *Mertens, P.; Backert, K.*: Vergleich und Auswahl von Prognoseverfahren für betriebswirtschaftliche Zwecke – Überblicksartikel, in: ZfOR, 24. Jg. (1980), S. B1–B27.

C. Überprüfung und Normierung der Daten der Investitionsrechnungen 251

wie z.B. Steigerungen der Lohn- und Lohnnebenkosten, der Rohstoff- und Energiepreise, in den Investitionskalkül einbeziehen (vgl. *Abb. 101-104*). In der Regel können die variablen Kosten vollständig als auszahlungswirksam unterstellt werden, so daß sie aus der Kostenplanung unmittelbar in eine dynamische Wirtschaftlichkeitsrechnung übernommen werden können.

Bei den fixen Kosten/Auszahlungen muß man differenzieren zwischen den (buchhalterischen) **Kapitalkosten,** also den kalkulatorischen Abschreibungen und den kalkulatorischen Zinsen, und den **übrigen fixen Kosten/Auszahlungen,** wie z.B. Raumkosten, Leasinggebühren, pauschale Lizenzkosten, die (überwiegenden) Versicherungskosten, Kostensteuern, wie z.B. Kfz-Steuer, Grundsteuer, Vermögen- und Gewerbekapitalsteuer.[45] Soweit die übrigen fixen Kosten als **Vertragspotentiale**[46] einen zeitabhängigen Auf- und Abbau zulassen, sind diese analog zu dem im Kosten- und Erfolgs-Controlling (Kapitel III) dargestellten Konzept in der **Auf- und Abbaufähigkeit** zu erfassen, um der Unternehmensleitung ihren Anpassungsspielraum bei wechselnder Beschäftigung aufzuzeigen. Je unsicherer die zukünftige Ertragslage im Hinblick auf ein Investitionsprojekt geschätzt werden kann, um so wichtiger wird das Aufzeigen der **Anpassungsmöglichkeiten** im Kosten- bzw. Auszahlungsbereich, falls die zukünftige wirtschaftliche Entwicklung nicht der Schätzung mit dem wahrscheinlichsten Wert entspricht.

Kalkulatorische Kapitalkosten werden nur in statischen Rechnungen, und zwar als Durchschnittsgrößen für alle Perioden konstant angesetzt. In den dynamischen Investitionsrechnungen werden „Kapitalkosten" implizit berücksichtigt, zum einen als Zinseszinsabschreibung auf die Anschaffungsauszahlungen und zum anderen über den einheitlichen Kalkulationszinsfuß.[47]

5. Kalkulatorische Kapitalkosten bei den statischen Verfahren

Zur Berechnung der **kalkulatorischen Abschreibung** wird üblicherweise die lineare Abschreibungsmethode[48] unterstellt. Ausgangsbetrag für die Abschreibungen sind entweder die historischen **Anschaffungswerte** oder die künftigen Wiederbeschaffungspreise. Werden von dem Investitions-Controlling kalkulatorische Abschreibungen auf **Wiederbeschaffungswerte** vorgeschrieben,[49] muß auch die Methode ihrer Berechnung festgelegt werden. Wiederbeschaffungswerte können

---

[45] VSt und GewKapSt müssen nur bei sehr großen Investitionsprojekten berücksichtigt werden. Vgl. zu einem näherungsweisen, durchschnittlichen, für alle Perioden konstanten Ansatz von VSt und GewKapSt *Lange, Christoph:* Wertanalyse und Investitions-Controlling, S. 91 f.
[46] Zum Begriff des Vertragspotentials vgl. *Lange, Christoph:* Umweltschutz und Unternehmensplanung, S. 116 f.
[47] Wenn man in den dynamischen Rechnungen etwa bei vollständiger Fremdfinanzierung die Fremdkapitalzinsen ansetzte, würden diese mit dem unterstellten einheitlichen Kalkulationszinsfuß in gleicher Höhe abgezinst, so daß der Barwert der Zinszahlungsreihe Null betrüge.
[48] Auch wenn man mit degressiver kalkulatorischer Abschreibung rechnete, ergäbe sich keine andere durchschnittliche Abschreibung.
[49] Vgl. hierzu Kapitel II.D.2.e).

aufgrund von Preisindizes ermittelt werden. Man sollte aber diese künftigen Wiederbeschaffungswerte u. E. unter **Berücksichtigung der Zinseszinswirkung** auf die Nutzungsperioden verteilen, da man davon ausgehen muß, daß die Abschreibungsgegenwerte zinsbringend im Unternehmen verwendet werden. Hierdurch ergeben sich Abschreibungen auf Wiederbeschaffungsbasis, die nicht all zu stark von den Anschaffungswerte-Abschreibungen abweichen.[50]

Die **kalkulatorischen Zinsen** (Z) werden berechnet, indem man einen Kalkulationszinsfuß i auf das durchschnittlich im Investitionsprojekt gebundene Kapital bezieht. Bei einer **kontinuierlichen** Kapitalfreisetzung über den Umsatzprozeß gilt:

$$Z = \frac{AW}{2} \cdot i$$

AW = Anschaffungswerte
i = Kalkulationszinsfuß (vor Steuern)

Wenn man eine **stufenweise** Freisetzung des in einem Investitionsprojekt gebundenen Kapitals durch die (jährliche) kalkulatorische Abschreibungsverrechnung unterstellt, was eigentlich der kalkulatorischen Betrachtung eher entspricht, ergibt sich:[51]

$$Z = \frac{AW}{2} \cdot \frac{n+1}{n} \cdot i$$

n = Anzahl der Nutzungsperioden

6. Kalkulationszinsfuß

Bei der Festlegung des Kalkulationszinsfußes sollte das Investitions-Controlling berücksichtigen, daß er eine **Pauschalannahme**[52] über die Habenzinsen bei einer Anlage von Zahlungsüberschüssen, sowie über die Sollzinsen bei einer Deckung von Zahlungsdefiziten mit Hilfe von Krediten darstellt.[53] Es gibt also nicht den

---

[50] Vgl. hierzu die Berechnungen in dem Fallbeispiel: 46125 DM/51428 DM (vgl. *Abb. 104*) bzw. 148794 DM/133450 DM (vgl. *Abb. 103*).
[51] Unter Berücksichtigung eines Restwertes RW lautet die Formel

$$Z = \left[\left(\frac{AW - RW}{2} \right) \cdot \frac{n+1}{n} + RW \right] \cdot i$$

Vgl. *Schneider, Erich:* Wirtschaftlichkeitsrechnung, S. 39–41. Bei nicht-abnutzbaren Vermögensgegenständen entspricht die durchschnittliche Kapitalbindung den ursprünglichen Anschaffungswerten.
[52] Vgl. *Schneider, Dieter:* Investition, Finanzierung und Besteuerung, S. 308.
[53] Üblicherweise wird davon ausgegangen, daß die Zinsen am Ende eines Jahres verrechnet werden. Soll diese Prämisse aufgegeben und innerhalb eines Jahres eine m-malige Verzinsung unterstellt werden, so ändert sich der Abzinsungsfaktor wie folgt:

$(1 + \frac{i}{m})^{-mn}$. Wird dagegen angenommen, daß m gegen unendlich geht, daß also die Verrechnung der Zinsen praktisch „jeden Moment" erfolgt, so liegt eine kontinuierliche bzw. stetige Verzinsung vor. Der Abzinsungsfaktor lautet dann: e^{-in}. Vgl. z.B. *Schneider, Erich:* Wirtschaftlichkeitsrechnung, S. 147–153.

"richtigen" Kalkulationszinsfuß; er ist vom Investitions-Controlling in Abstimmung mit der Unternehmensleitung festzulegen. Dabei sind folgende **Grundsätze** zu beachten:

- Bei **Fremdfinanzierung** richtet sich der Kalkulationszinsfuß an der Effektivverzinsung langfristiger Kredite aus.
- Bei **Eigenfinanzierung** kann man als Zinssatz die Rendite einer Alternativanlage, gegebenenfalls einer Finanzanlageinvestition wählen.
- Bei Finanzierung aus Eigen- oder Fremdkapital sind beide Zinssätze nach den durchschnittlichen Kapitalanteilen zu gewichten.
- Da grundsätzlich alle Investitionsrechnungen die Steuerwirkungen erfassen sollen, ist der **steuermodifizierte Kalkulationszinsfuß** ($i_s = (1 - s) \cdot i$) anzuwenden.
- Man sollte keine pauschalen „**Risikozuschläge**" zum Kalkulationszinsfuß ansetzen. Es ist zweckentsprechender, die Unsicherheit über eine Analyse der Sensitivität des jeweiligen Entscheidungskriteriums auf unterschiedliche (mehrwertige) Daten, z.B. Umsatzerlöse, Planauslastungsgrade, Zinssätze zu berücksichtigen.

Werden zur Investitionsbeurteilung statische oder dynamische Rentabilitätsziffern herangezogen, wobei die dargestellten Anwendungsbeschränkungen zu beachten sind,[54] muß das Investitions-Controlling in Abstimmung mit der Unternehmensleitung auch zu fordernde **Mindestrenditen** (vor und nach Steuern) festlegen. Die Höhe solcher subjektiv vorgegebenen Mindestrenditen, insoweit sie über die Kapitalkosten hinausgehen, sind im einzelnen ökonomisch nicht näher begründbar. Es kann sinnvoll sein, die Mindestrenditen nach Investitionsart, z.B. unterschieden nach Rationalisierungsinvestitionen, Erweiterungsinvestitionen, Neuinvestitionen, zu differenzieren.

D. Grundsätze für eine Investitions-Controlling-Konzeption zur Entscheidungsvorbereitung

Die Vorschläge für entscheidungszweckentsprechende Investitionsplanungen lassen sich in folgenden Grundsätzen für eine **Investitions-Controlling-Konzeption zur Entscheidungsvorbereitung** zusammenfassen:[55]

- Bei gegebener Aufgabenstellung muß die **Alternativensuche** grundsätzlich breit angelegt sein; hierzu sind gegebenenfalls Kreativitätstechniken und Teamarbeit im Sinne der Wertanalyse-Arbeitsmethodik anzuwenden.
- Zur Investitionsbeurteilung können unter Umständen auch **statische Verfahren** der Wirtschaftlichkeitsrechnung verwendet werden; sie müssen dazu „**dynamisiert**" werden, damit sie die durchschnittlichen erfolgsmäßigen Konsequenzen über die gesamte Lebensdauer des Investitionsprojektes erfassen.

---

[54] Vgl. Kapitel V.B.5.c) und V.B.6.a).
[55] Die Beachtung der Grundsätze seitens der Investitionen beantragenden Fachabteilungen ist durch das Investitions-Controlling laufend sicherzustellen.

- Grundsätzlich sind **dynamische Verfahren** der Wirtschaftlichkeitsrechnung vorzuziehen.
  Bei Verwendung der **statischen Rentabilität** oder der (dynamischen) **Internen-Zinsfuß-Methode** sind deren spezifische Anwendungsbegrenzungen zu beachten.
- Grundsätzlich sind alle Investitionsrechnungen unter Berücksichtigung der **Ertragsteuerwirkung** durchzuführen; der Kalkulationszinsfuß ist steuermodifiziert festzulegen.
- Eine gesonderte **Risikobeurteilung** ist vorzunehmen, die Anwendungsbegrenzungen des statischen und dynamischen Amortisationsvergleichs sind zu beachten.
- Die Güte einer Entscheidungsempfehlung hängt nicht nur von dem „richtigen" Verfahren der Investitionsrechnung ab, sondern auch von der Güte der erfaßten **Daten.**
- Für bestimmte Datenarten sind die **Ermittlungsgrundsätze,** für andere Normdaten vorzugeben.

Diese Grundsätze sind in den Investitionsrechnungsrichtlinien und damit in den Investitionsanträgen zu berücksichtigen. Für die Ausgestaltung der Investitionsanträge ist u.a. zu beachten:

- Es sind in der Regel mehrere Entscheidungskriterien zur umfassenden Beurteilung von Investitionsmöglichkeiten heranzuziehen; sie sind im Sinne einer Informationsverdichtung auf der ersten Seite des Informationsantrages zusammenzufassen, gegebenenfalls auch graphisch darzustellen. Führen unterschiedliche Entscheidungskriterien zu unterschiedlichen Ergebnissen der Rangfolge bzw. der Vorteilhaftigkeit, ist die Entscheidungsempfehlung zu begründen.
- Die der Rechnung zugrunde gelegten Prämissen und Annahmen sind vorab zu dokumentieren.
- Die Berechnungen der einzelnen Entscheidungskriterien sind nochmals mit ihren Prämissen und Annahmen im Einzelnen zu erläutern.

Die wichtigsten entscheidungsrelevanten Daten, Prämissen und Rechenergebnisse lassen sich in der in *Abb. 114* dargestellten verdichteten Form zusammenstellen. Das Zahlenbeispiel des diskutierten Investitionsprojekts I (Fräszentrum) sowie des Projekts II (Handoberfräsen) wird an dieser Stelle wieder aufgenommen.

E. Konzepte zur Investitionskontrolle

Nachdem wir die Aufgaben des Investitions-Controlling in der **Kontrollphase** bereits festgelegt haben, sind im folgenden zielorientierte Kontrollinstrumente darzustellen. Das jeweilige **Konzept der Investitionsnachrechnung** zur Wirtschaftlichkeitskontrolle hängt von dem angewandten Verfahren der Investitionsplanungsrechnung ab. Eine **Gesamtkontrolle** ist so zu konzipieren, daß die jeweils zugrunde gelegten Entscheidungskriterien, wie z.B. Kapitalwert, interner Zinsfuß, dy-

E. Konzepte zur Investitionskontrolle

```
                    Wirtschaftlich-                              Risikokennzahlen
                    keitskennzahlen

  Kapitalwert              Kapitalwert
  Investi-     I – C       Investi-      I – C      Pay-Off-Periode der   I – C
  tions-                   tions-                   Differenzinvestition
  projekt I                projekt II
     –2,76                    –5,37                          20
     Mio DM                   Mio DM                        Monate

                    Interner
                    Zinsfuß der    I – C                Auftragsreichweite   I – C
                    Differenz-
                    investition
                        75%                                   24
                                                            Monate

  Maschinen-               Maschinen-              Kapitalwert          Kapitalwert
  stundensatz   I – C      stundensatz   I – C     Max          I – C   Max          I – C
  Investitions-            Investitions-           Investitions-         Investitions-
  projekt I                projekt II              projekt I             projekt II
  1991   122,–             1991   226,–               –2,82                 –5,69
  1998   142,–             1998   299,–               Mio DM                Mio DM
```

Prämissen
- Kalkulationszinssatz (vor Steuern): 10%
- Preissteigerungsrate: 6%
- Lohnsteigerungsrate (netto): 6% (max. 8%)
- Überstundenzuschlagssatz: 25%
- Sozialkostenzuschlagssatz: 72%
- voraussichtliche Nutzungsdauer: 8 Jahre
- Abschreibungsdauer: 1991 - 1998
- Abschreibungen auf Basis Anschaffungskosten
- Berechnung mit Kostensteuern, mit und ohne Ertragsteuern
- Ertragsteuersatz: 62%
- Ab Zeitpunkt ohne feste Aufträge (1996) Durchschnitts-Planauftragsauslastung von 320 Stunden pro Monat (Investitionsprojekt I) angenommen
- Investitionsprojekt I (Fräszentrum im 2-Schichtbetrieb)
- Investitionsprojekt II (Handoberfräsen im 1-Schichtbetrieb)
- Leistungsverhältnis Fräszentrum zu Handoberfräsen 5:1

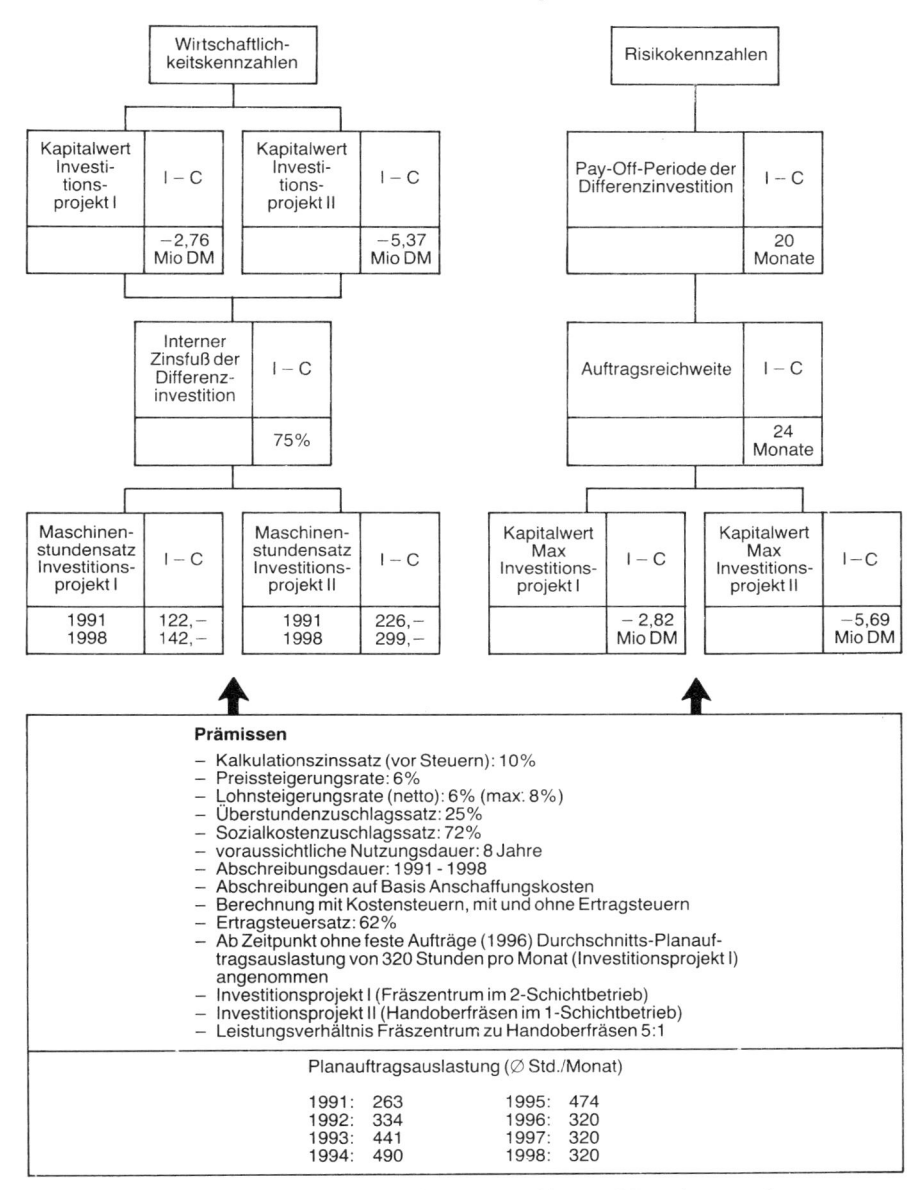

Planauftragsauslastung (∅ Std./Monat)

1991:	263	1995:	474
1992:	334	1996:	320
1993:	441	1997:	320
1994:	490	1998:	320

Abb. 114: Investitions-Controlling-Kennzahlen und Prämissenstruktur

namische Pay-Off-Dauer oder Kosten, Maschinenstundensätze, Gewinne, Rentabilitäten als Objektergebnisse während der gesamten Nutzungsdauer laufend kontrolliert werden. Hierzu wäre es erforderlich, die in den Wirtschaftlichkeitsvergleich einbezogenen Soll-Daten den jeweiligen Ist-Daten gegenüberzustellen und eine **Abweichungsanalyse** durchzuführen. Hieraus werden sich zunächst revidierte Solldaten für die restliche Lebensdauer des Objektes ergeben.

Investitionskontrolle mit Hilfe von Kennzahlen			Projekt-Nr.:							
			Berichtszeitraum: 1994							
			Investitionsdauer: 1.1.1993–1996							
Jahr	1993		1994			1995			1996	
	Soll	Ist	Soll	Ist	Abw.	Soll	Soll rev.	Ist	Soll	Soll rev.	Ist
Interner Zinsfuß										
Kapitalwert										
Maschinenstundensätze										
Pay-Off-Periode										
Auslastungsgrade										
Umsatzerlöse/ -einzahlungen										
Lohnkosten/ -auszahlungen										
Materialkosten/ -auszahlungen										
sonstige laufende Kosten/Auszahlungen										

Abb. 115: Investitionskontrolle mit Hilfe von Kennzahlen

Anstelle der recht aufwendigen Gesamtkontrolle kann eine **laufende Teilkontrolle** anhand einzelner **kritischer Variablen** sinnvoll sein. Welche Eckdaten jeweils für den Erfolg eines bestimmten Investitionsobjektes kritisch sind, hängt von den Gegebenheiten ab. Als Kontrollgrößen können die in *Abb. 115* zusammengestellten Kennzahlen, wie etwa interner Zinsfuß, Kapitalwert, Maschinenstundensätze, Pay-Off-Periode, Auslastungsgrade, Umsatzerlöse/-einzahlungen, Lohnkosten/-auszahlungen, Materialkosten/-auszahlungen, sonstige laufende Kosten/Auszahlungen verwendet werden. Die Kontrolle der Ist-Werte führt zu einer Revision der Soll-Daten für die restliche Lebensdauer eines Objektes, so daß jeweils Ist-, Soll- und revidierte Soll-Daten zur Beurteilung zur Verfügung stehen. Bei nicht mehr zulässigen Entscheidungskriterien aus der Nachrechnung sind gegebenenfalls Anpassungsmaßnahmen zu einer Gegensteuerung, z.B. in Form von Rationalisierungs- und Erweiterungs-Investitionen oder von Stillegungsentscheidungen von Investitions-Controlling-Stellen anzuregen.

Das größte Problem bei der Investitionsnachrechnung besteht in der Beschaffung der notwendigen Daten. Denn in vielen Fällen ist nicht sichergestellt, daß alle Einzeldaten, die in die Investitionsrechnung eingehen, insbesondere die laufenden Kosten/Auszahlungen für die Investitionsnachrechnung objektbezogen zur Verfügung stehen. Dies kann nur dadurch erreicht werden, daß man die **Inve-**

stitionsnachrechnung in die Kosten- und Leistungsrechnung eines Betriebes integriert. Dazu ist es notwendig, daß für die einzelnen Objekte, zumindestens für alle größeren Objekte, in den jeweiligen Bereichen **gesonderte Vorkostenstellen** gebildet werden. Eine solche Vorkostenstellenbildung nach Investitionsprojekten kann – eine entsprechende investitionsobjektbezogene Kostenartenerfassung unterstellt – die notwendigen Daten für die Investitionskontrollrechnung liefern.

VI. Kapitel
Das Beschaffungs-Controlling

A. Aufgaben des Beschaffungs-Controlling

Aufgabe der Beschaffung ist es, personelle und sachliche Mittel für die betriebliche Leistungserstellung kostenoptimal zu beschaffen und bereitzustellen.[1] Diese Definition umfaßt sowohl die Bereitstellung von Potentialfaktoren als auch von Repetierfaktoren. Im Gegensatz zu den Repetierfaktoren, die bei einmaligem Gebrauch untergehen, führen Potentialfaktoren wie z. B. Betriebsmittel, Grundstücke, aber auch Arbeitskräfte zu einer mehrmaligen, in der Regel über längere Zeiträume sich erstreckenden Leistungsabgabe. Die Bereitstellung von Potentialfaktoren zählt nicht zur expliziten Aufgabe des Beschaffungsbereichs, da diese Funktion durch andere betriebliche Abteilungen erfüllt wird.[2] Die Einstellung von Arbeitskräften wird in der Regel von der Unternehmensleitung und in größeren Betrieben von der Personalabteilung vorgenommen. Die Beschaffung von finanziellen Mitteln ist Aufgabe der finanzwirtschaftlichen Abteilung und wird in diesem Buch im Rahmen des Finanz-Controlling abgehandelt. Die Beschaffung von Betriebsmitteln und Anlagen ist der Investitionsplanung zuzuordnen und gehört im Rahmen dieser Untersuchung in den Bereich des Investitions-Controlling.[3]

Zur **Beschaffung im engeren Sinne** zählt die wirtschaftliche Versorgung eines Unternehmens mit Roh-, Hilfs- und Betriebsstoffen sowie fertigbezogenen Teilen. Diese Funktion zerfällt in zwei Hauptfunktionen: zum einen in den wirtschaftlichen Einkauf der Beschaffungsgüter, d.h. in die Sicherstellung der quantitativen und qualitativen Versorgung des Unternehmens mit Material und zum anderen in die Beschaffungslogistik, d.h. in die Aufgabe, die richtigen Güter zum richtigen Zeitpunkt am richtigen Ort in der richtigen Menge für die Fertigung bereitzustellen. Hinsichtlich der Sicherstellung der Verfügbarkeit von Materialien im Bereich der Beschaffung ergibt sich mithin eine **Aufgabenüberschneidung** zwischen dem betrieblichen **Einkauf** und der **betrieblichen Logistik**.[4] Alle mit dem

---

[1] Vgl. *Stark, Heinz:* Beschaffungsplanung und Budgetierung, hrsg. vom *Bundesverband Materialwirtschaft und Einkauf e.V., BME,* Frankfurt/Main, Wiesbaden, o.J., S.13; *Grochla, Erwin:* Materialwirtschaft, betriebliche, in: HdWW, Bd.5, hrsg. von *Willi Albers* u.a., Tübingen, Zürich, Stuttgart, New York 1978, S.198–218, hier S.198.

[2] Vgl. *Hummel, Siegfried:* Material: Arten und Eignungskriterien, in: HWP, hrsg. von *Werner Kern,* Stuttgart 1979, Sp.1183–1194, hier Sp.1183–1185.

[3] Vgl. auch *Glaser, Horst:* Zum Stand der betriebswirtschaftlichen Beschaffungstheorie, in: ZfB, 51.Jg. (1981), S.1150–1172.

[4] Vgl. hierzu *Berg, Claus C.:* Formeln und Kennzahlen der betrieblichen Beschaffung und Logistik, in: WiSt, 11.Jg. (1982), S.377–381.

VI. Kapitel: Das Beschaffungs-Controlling

Transport und der Lagerung verbundenen Aktivitäten sind Gegenstand der betrieblichen Logistik.

Im Rahmen des Beschaffungs-Controlling wird im folgenden der wirtschaftliche Einkauf in den Vordergrund des Interesses gestellt. Produktion und Absatz setzen die Beschaffung der dazu erforderlichen Produktionsfaktoren voraus. Der Marktversorgung auf der Absatzseite entspricht die Marktentnahme auf der Beschaffungsseite. Im Denken und Handeln vieler Unternehmen dominiert die Marktversorgung und damit der Absatzmarkt. Nicht selten kommt es zu einer Unterschätzung der Beschaffungsprobleme. Erst bei Mangellagen, wenn eine Rationierung der zu beschaffenden Waren und Produktionsfaktoren notwendig wird, werden sich manche Unternehmen der Tatsache bewußt, daß eine optimale Versorgung der Absatzmärkte nur möglich ist, wenn gleichzeitig die Beschaffungsmärkte der produzierenden Unternehmen ihre Funktion in optimaler Weise erfüllen. Aufgabe der Unternehmung ist es, die **Marktchancen** sowohl auf dem Absatz- als auch **auf dem Beschaffungsmarkt** zu nutzen. Sie sollte versuchen, tendenziell die Differenz zwischen den Beschaffungsmarktpreisen und den Absatzmarktpreisen zu maximieren. Daran ändert auch der Umstand nichts, daß bei diesem Vorgang in der Regel nicht nur eine reine „Preisarbitrage" erfolgt, sondern daß zugleich eine Transformation der beschafften Güter und Leistungen vorgenommen wird. Diese Betrachtung zeigt, daß im Hinblick auf den Unternehmenserfolg der Beschaffungsmarkt grundsätzlich die gleiche Bedeutung hat wie der Absatzmarkt. Dies wird an folgendem Beispiel deutlich:

Wenn das Unternehmen einen Umsatz von 100 000 DM erwirtschaftet, der mit 50 000 DM Materialkosten, 40 000 DM Personalkosten, 5000 DM sonstigen Kosten und 5000 DM Gewinn verbunden ist, müßte das Unternehmen bei rückläufigen Absatzpreisen, wenn der Gewinn von 5 % auf 2,5 % zurückfällt, seinen Umsatz auf das Doppelte, d. h. von 100 000 DM auf 200 000 DM erhöhen, um den gleichen Gewinn erwirtschaften zu können. Diese Forderung wird bei rückläufiger Konjunkturentwicklung wenig Aussicht auf Erfolg haben. Der gleiche Gewinn von 5000 DM kann jedoch auch erreicht werden, wenn bei dem einzukaufenden Material auch nur 5 % eingespart werden können, wie anhand der folgenden Gewinn- und Verlustrechnung berechenbar ist.

		Gewinn- und Verlustrechnung	
Aufwand			Ertrag
Materialaufwand	DM 50 000	Umsatz	DM 100 000
Personalaufwand	DM 40 000		
Sonstiger Aufwand	DM 5 000		
Gewinn	DM 5 000		

Abb. 116: Gewinn- und Verlustrechnung des beschaffenden Unternehmens

Aufgabe des **Beschaffungs-Controlling** muß es sein, sicherzustellen, daß die Einkäufer einen hohen Informationsstand haben und über alle Daten des Beschaffungsmarktes, die für ihre Einkaufsentscheidungen relevant sind, verfügen können. Der Controller hat ferner sicherzustellen, daß den Einkäufern die entsprechenden Kosten- und Umsatzgrößen aus dem betrieblichen Rechnungswesen zur Verfügung stehen. Diese müssen jeweils wissen, welches die aus dem Absatzpreis zurückgerechnete **Preisobergrenze** für die zu beschaffenden Güter ist, um anhand dieser Preisvorstellungen prüfen zu können, ob bestimmte Güter statt des bisherigen Fremdbezugs selbst hergestellt werden sollten, ob gegebenenfalls durch Faktorsubstitution ein im Preis gestiegenes Beschaffungsgut durch ein anderes ersetzt werden kann und ob im ungünstigsten Fall auf die Beschaffung eines bestimmten Materials vorübergehend oder dauernd verzichtet werden muß, weil der entsprechende zu erstellende Absatzartikel bei den gestiegenen Beschaffungspreisen nicht mehr verkäuflich ist. Der Controller hat dem Einkäufer ferner eine **Betriebsunterbrechungsanalyse** zur Verfügung zu stellen, die bei Verhandlungen über den erforderlichen Lieferservice Informationen darüber bereitstellt, welche Güter bei nicht eingehaltenem Liefertermin zu produktions- und/oder absatzkritischen Teilen werden und gegebenenfalls mit welchen Fehlmengenkosten bei einer verzögerten innerbetrieblichen Bereitstellung zu rechnen ist.

Im Hinblick auf den preisgünstigen Einkauf und die Nachhaltigkeit in der Sicherung der Versorgung des Unternehmens mit Materialien hat der Controller darauf zu achten, daß die Instrumente der Marktanalyse und der Lieferantenanalyse im Unternehmen bekannt sind und richtig eingesetzt werden.

Aufgabe des Einkäufers ist es, die von dem Unternehmen angeforderten Güter in der entsprechenden Menge und Qualität preisgünstig einzukaufen und durch entsprechende Konditionengestaltung dafür zu sorgen, daß die Logistikabteilung die Güter zum richtigen Zeitpunkt am richtigen Ort zur Verfügung stellen kann. Bei der Beschaffung der richtigen Qualität kann es zu Spannungen zwischen den anfordernden technischen und den einkaufenden kaufmännischen Abteilungen kommen. Die Verbrauchsstellen in der Fertigung, die in erster Linie für den technischen Erfolg des Produktionsprozesses verantwortlich sind, bevorzugen naturgemäß die bessere Qualität, weil sich hierdurch das Produktionsrisiko vermindert. Der Einkauf als verlängerter Arm der Geschäftsleitung wird hingegen bemüht sein, so preiswert wie möglich einzukaufen, d.h. diejenige Qualität auszuwählen, die für den speziellen Verbrauchszweck mit Sicherheit gerade noch ausreicht. Schwierigkeiten ergeben sich bei solchen Beschaffungsobjekten, bei denen es an objektiven Merkmalen zur Messung der Qualität fehlt. Hier muß man sich nicht selten auf die (subjektive) Meinung der „Verbrauchssachverständigen" verlassen. Dies sollte allerdings mit der Konsequenz verbunden sein, daß dieser dann auch die mit der Qualitätsauswahl verbundene Kostenverantwortung trägt. Dem **Controller** kommt hierbei die Aufgabe zu, die **Interessengegensätze zwischen Einkauf und Produktion** aufzudecken und mit geeigneten Instrumenten, wie etwa der Profilanalyse oder der Wertanalyse[5] zu einer Versachlichung der Fachdiskussion und damit zu einem wirtschaftlichen Einkauf beizutragen.

Im Hinblick auf die am Markt erzielbaren Rabattvorteile besteht eine weitere wichtige Aufgabe des Einkaufs darin, die durch die Fertigungsplanung bestimm-

---

[5] Zur Profilanalyse vgl. Kapitel VI.B.1. Zur Wertanalyse siehe etwa: *VDI:* Wertanalyse, Idee-Methode-System, eine Einführung durch den VDI-Gemeinschaftsausschuß „Wertanalyse", 3. Aufl., Düsseldorf 1981 sowie *Miles, Lorenz D.:* Value Engineering, Wertanalyse, die praktische Methode zur Kostensenkung, 3. Aufl., München 1969.

ten Verbrauchsmengen räumlich und zeitlich zusammenzufassen, um diese wenn immer möglich, unter Berücksichtigung von Lagerbeschaffungskosten und Rabattvorteilen zu **optimalen Beschaffungsmengen** zusammenzufassen. Für die räumliche und zeitliche Zusammenfassung des im Unternehmen gestreuten Bedarfs muß der Einkauf die entsprechenden Vorinformationen über die Absatz- und Produktionsplanung einerseits und über die Einsatzorte der von ihm beschafften Güter erhalten. Selbst hier kann der Einsatz der Wertanalyse erfolgversprechend sein, wenn es dem Einkauf gelingt, ähnliche Materialien in Form, Abmessung und Qualität (z.B. die Beschaffung von Schwachstromkabeln mit Durchmessern von 2, 3, 4, 5, ..., 10 mm) daraufhin zu untersuchen, ob nicht die Beschaffung einer geringeren Typenvielfalt (z.B. mit einem Querschnitt von 2, 4, 6, 8, 10 mm) möglich ist, so daß im Hinblick auf die Einkaufsvorteile und Lagerkosten der Betrieb zu größeren Bestellmengen kommen könnte.

Hinsichtlich der wirtschaftlichen Gestaltung der Einkaufsvorgänge besteht die Aufgabe des Beschaffungs-Controlling darin, Relationen zwischen Beschaffungsleistung und Beschaffungskosten zu ermitteln, um auf diese Weise die Effizienz der Beschaffungsabteilung beurteilen und gegebenenfalls Vorschläge zur Verbesserung machen zu können.

B. Instrumente des Beschaffungs-Controlling

1. Die Beschaffungsmarktforschung und Lieferantenanalyse

Unter **Beschaffungsmarktforschung** versteht man eine systematische umfassende Sammlung, Bewertung und Ordnung aller Tatsachen und Erscheinungen, die den Beschaffungsmarkt einer Unternehmung aufhellen können. Aus vielen mosaikartigen Erkenntnissen setzt sich dabei das Gesamtbild des Marktes zusammen. Informationen müssen aus den verschiedensten Quellen zusammengetragen und in ein Marktschema eingeordnet werden. Es ist deshalb die wichtigste Aufgabe, die festgestellten Daten zu sichten, zusammenzufassen und zu bewerten. Stufen der Beschaffungsmarktforschung sind entsprechend die Beschaffungsmarktanalyse und die Beschaffungsmarktbeobachtung. Unter **Beschaffungsmarktanalyse** versteht man die einmalige Aufnahme und Beleuchtung des Beschaffungsmarktes zu einem bestimmten Zeitpunkt. Unter **Beschaffungsmarktbeobachtung** versteht man die laufende systematische Ergänzung der einmaligen Bestandsaufnahme. Während die Beschaffungsmarktanalyse nur bei erneutem Eintritt der für sie bestimmenden Ereignisse oder aus Kontrollgründen wiederholt werden muß, übernimmt die Beschaffungsmarktbeobachtung die ständige Überwachung des Beschaffungsmarktes nach neuen Entwicklungen, Impulsen und Trends. Im Vordergrund der **Marktbeobachtung** stehen Veränderungen der vorherrschenden Marktform bzw. Marktposition einzelner Anbieter auf dem Beschaffungsmarkt, Neuerschließung oder Versiegen bestimmter Rohstoffquellen, Aufkommen neuer technischer Verfahren sowie deren Auswirkungen auf Qualität und Preise, Aufkommen von Substitutionsgütern, Entwicklung der Güterpreise im Zeitablauf und Veränderungen im Bereich der Transportverhältnisse. Besonderes Augenmerk ist dabei auch auf erkennbare Marktschwankungen konjunktureller und saisonaler Art sowie auf tiefgreifende Marktverschiebungen in struktureller Sicht zu legen.[6]

Instrumente der Beschaffungsmarktforschung sind hierbei die **Primärforschung** in Form der Befragung und Beobachtung, ergänzt durch bestimmte, bei beiden anwendbare experimentelle Verfahren. Im Gegensatz zur Befragung, bei der Verbraucher, Händler oder Industrieunternehmen um ihre Meinung, Einstellung und Wünsche gebeten werden, ist das charakteristische Merkmal der Beobachtung, daß keine Auskunftspersonen erforderlich sind. Das Konsumverhalten der Marktsubjekte wird unmittelbar zum Gegenstand der Erhebung. Im Gegensatz zur Primärforschung handelt es sich bei der **Sekundärerhebung** um die Aufbereitung bereits vorhandener Daten. Dies können unternehmensinterne Daten sein, wie Produktions-, Verbrauchs-, Lagerstatistiken, Lieferantenkarteien und Materialprüfstatistiken als auch unternehmensexterne Daten wie Marktberichte, Industriestatistiken, Verbandsstatistiken, Bankberichte, Börsenberichte, Ifo-Konjunkturspiegel etc.

Aufgabe der **Lieferantenanalyse** ist es, im Hinblick auf die Marktgegebenheiten (Qualität, Menge, Ort, Zeit, Preis) und die entsprechenden unternehmensbedingten Verbrauchstatsachen (Qualitätsanforderung, Beschaffungsmenge, Preisvorstellung, Ort des Verbrauchs, Zeitpunkt des Bedarfs), die richtigen Lieferanten herauszufinden und ihre Leistungsfähigkeit festzustellen.

Anforderungen des Unternehmens an die Beschaffungsabteilung		Die Marktgegebenheiten des Unternehmens
Qualitätsanforderung	↔	Lieferqualität
Beschaffungsmenge	↔	Liefermenge
Preisvorstellungen	↔	Lieferpreis
Ort des Verbrauchs	↔	Lieferort
Zeitpunkt des Bedarfs	↔	Lieferzeit und Rhythmus

Abb. 117: Unternehmensanforderungen und Marktgegebenheiten

Alle vorgenannten Bestimmungsfaktoren sind eng miteinander verknüpft, weshalb die Betrachtung eines einzelnen nur dann sinnvoll ist, wenn man gleichzeitig die vielschichtigen Interdependenzen mit den anderen im Auge hat, wobei die Bedeutung der einzelnen Kriterien von Fall zu Fall und von Branche zu Branche sehr unterschiedlich ist. In der Regel kommen einer oder wenigen Bestimmungsgrößen eine ausschlaggebende Bedeutung zu, wobei die anderen Bestimmungs-

---

[6] Vgl. *Rembeck, Max; Eichholz, Günther P.:* Leitfaden für die industrielle Beschaffungsmarktforschung. Mit Beispielen, hrsg. von *RKW/BiF,* Frankfurt/M. 1976.

größen in den Hintergrund treten. So spielen beispielsweise bei der Beschaffung von Massengütern mit geringem spezifischen Wert die Transportkosten eine große Rolle; sie betragen manchmal mehr als 20 % des Einstandswertes. Da die für die Beförderung von Massengütern in Frage kommenden Transportmittel in bezug auf Frachttarif, Lagerraum, Schnelligkeit und Risiken des Transports große Unterschiede aufweisen, hat die Beschaffungsmarktforschung den Beschaffungsort zu ermitteln, der den Einsatz des günstigsten Transportmittels erlaubt. Ein an einer Schiffahrtsstraße gelegenes Unternehmen wird unter Umständen eine entfernte Bezugsquelle einer in der Nähe gelegenen vorziehen, wenn der Materialtransport auf dem frachtgünstigeren Schiffsweg erfolgen kann.

Grundsätzlich versucht die Lieferantenanalyse, das gesamte Angebot des Marktes zu erfassen, d.h. es werden zunächst alle möglichen Lieferanten ermittelt, um dann aus ihrem Kreis diejenigen auszuwählen, die unter den speziellen Gesichtspunkten der einzelnen Unternehmung als Lieferant in Frage kommen. Die Lieferantenanalyse gibt insoweit ein vollständiges Bild des Gesamtangebots sowohl in quantitativer (Menge, Preis, Angebotsort) als auch in qualitativer und zeitlicher Hinsicht. Daraus geht hervor, daß man bei der Lieferantenanalyse erfassen, bewerten und ordnen muß, um durch diesen Auswahlprozeß zu der Zahl derjenigen Lieferanten zu kommen, die nach technischer und wirtschaftlicher Leistungsfähigkeit (gegebenenfalls auch Zuverlässigkeit des Lieferanten) geeignet sind. Die Ergebnisse der Lieferantenanalyse schlagen sich in der Bezugsquellenkartei bzw. -datei nieder. Während das Anlegen und Aktualisieren der Bezugsquellenkartei zweifelsohne Aufgabe des Einkaufs ist, hat der Controller im Hinblick auf die Beurteilung der Lieferanten entsprechende Hilfestellung bei der Informationsbeschaffung zu leisten. Als nützlich hat sich hier die Profilanalyse erwiesen. Sie läßt sowohl erkennen, welche minimalen Anforderungen die Unternehmung etwa an Produkteigenschaften, Lieferservice, maximale Liefermenge, Transportkosten oder andere Kriterien stellt und läßt recht übersichtlich erkennen, welche Lieferanten diesen Profilanforderungen entsprechen.

Aus *Abb. 118* geht hervor, daß unter der Profilanalyse eine Auflistung aller für eine Entscheidung wesentlichen Merkmale, unabhängig davon, ob diese Merkmale quantifizierbar sind oder nicht, zu verstehen ist. Man unterscheidet je nach Ausprägung dieser Merkmale meist fünf oder sieben Bewertungsstufen, von sehr gut bis sehr schlecht. Für jede der betrachteten Entscheidungsalternativen wird untersucht, welche Bewertung ihr in jedem der Merkmale zuzuordnen ist. Hat man die Merkmale untereinander aufgelistet, so kann man die einzelnen Merkmalsausprägungen der Alternativen durch Linien verbinden. Liegt die Kurve einer Alternative „oberhalb" der Kurve aller anderen Alternativen, so ist dies eindeutig die beste Alternative. Kommt es zu Überschneidungen, so daß von zwei Alternativen keine in jedem Merkmal die Überlegene ist, so ist zur Entscheidungsfindung eine Bewertung und Gewichtung der Merkmale notwendig.

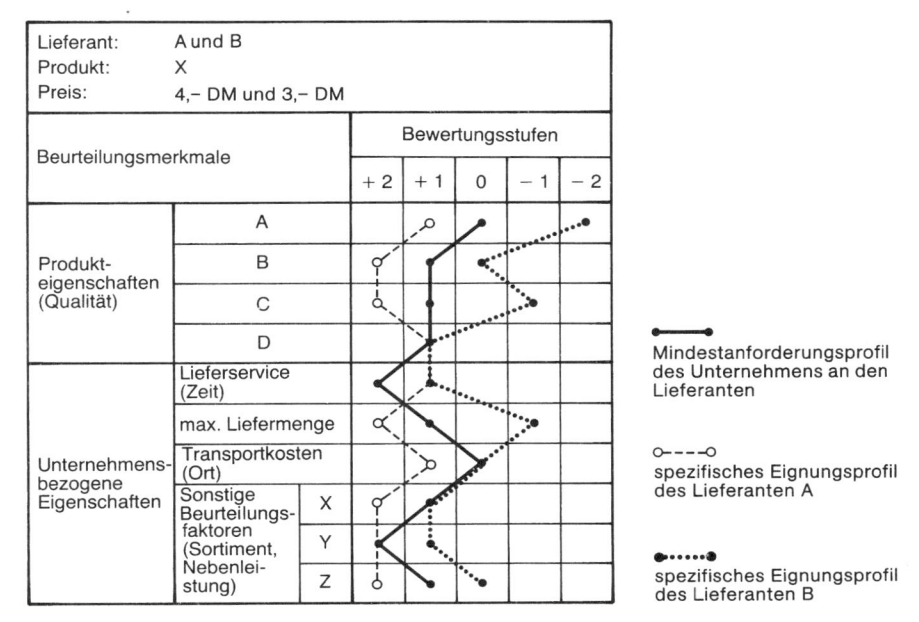

B. Instrumente des Beschaffungs-Controlling 265

Abb. 118: Lieferantenbewertung mit Hilfe der Profilanalyse

2. Die ABC-Analyse

Sowohl im Hinblick auf die Markt- und Lieferantenanalyse und die durch Beschaffungsvorgänge aufzubauenden Lagerbestände als auch auf die noch zu besprechenden Preisobergrenzen, empfiehlt es sich, dem Einkäufer das Instrument der ABC-Analyse zur Verfügung zu stellen. **Aufgabe der ABC-Analyse** ist es, dem Einkäufer zu helfen, die wesentlichen von den unwesentlichen Beschaffungsvorgängen zu unterscheiden. Seine Aufmerksamkeit und Aktivität soll schwerpunktmäßig auf die Güter mit hoher wirtschaftlicher Bedeutung gelenkt werden, um auch von den übrigen Gebieten den Aufwand durch Vereinfachungsmaßnahmen im Rahmen der Beschaffungsaktivitäten senken zu können. Effizienz und Wirtschaftlichkeit können in der Beschaffung so gegebenenfalls erheblich gesteigert werden.

Im Rahmen der ABC-Analyse werden Anzahl und Wert des Bedarfs oder Verbrauchs aller Materialpositionen nach bestimmten Kriterien ermittelt. Hierbei werden drei Gruppen gebildet, die sogenannten A-, B- und C-Artikel, wobei die A-Artikel die Beschaffungsgüter sind, die prozentual zur Menge den höchsten Beschaffungswert darstellen und C-Artikel diejenigen Beschaffungsgüter sind, die prozentual zur Beschaffungsmenge nur einen geringen Beschaffungswert darstellen. Zu diesem Zweck werden die Jahresverbrauchs- oder Beschaffungsmengen jeder Position mit den entsprechenden Einstands- oder Verrechnungspreisen multipliziert. Man erhält so für jedes Beschaffungsgut den jeweiligen Anteil an dem Jahresbeschaffungswert. In einem nächsten Schritt werden alle Positionen

266 VI. Kapitel: Das Beschaffungs-Controlling

Artikel-Nummer	1	2	3	4	5	6	7	8	9	10
zu beschaffende Menge je Artikel (Stück/Jahr)	200	900	100	500	1000	2000	600	800	400	5000
Einkaufspreis (DM/Stück)	10,-	20,-	280,-	20,-	4,-	100,-	10,-	40,-	50,-	16,-
Beschaffungswert (DM)	2000	18000	28000	10000	4000	200000	6000	32000	20000	80000

Abb. 119: Ausgangsdaten der ABC-Analyse für Beschaffungsgüter

Rangordnung der Artikel nach Beschaffungswertanteilen	Artikel-Nr.	Beschaffungswert des Artikels in DM	Kumulierter Beschaffungswert in DM	% des kumulierten Beschaffungswertes am Gesamtwert	% der Artikel an der Gesamtzahl der Artikel
(1)	(2)	(3)	(4)	(5)	(6)
1	6	200000	200000	50%	10%
2	10	80000	280000	70%	20%
3	8	32000	312000	78%	30%
4	3	28000	340000	85%	40%
5	9	20000	360000	90%	50%
6	2	18000	378000	94,5%	60%
7	4	10000	388000	97%	70%
8	7	6000	394000	98,5%	80%
9	5	4000	398000	99,5%	90%
10	1	2000	400000	100%	100%
Gesamtumsatz		400000			

Abb. 120: Rechenschritte der ABC-Analyse für Beschaffungsgüter

wertmäßig in fallender Reihenfolge tabellarisch sortiert und die Werte fortlaufend kumuliert. Ausgehend von dem Gesamtjahresbeschaffungswert von 100 % läßt sich dann der prozentuale Anteil der A-, B- und C-Artikel nach der in den vorstehenden Abbildungen dargestellten Technik ermitteln, wobei die A-, B-Artikel zusammen in der Regel 80 %–90 % des Beschaffungswertes erreichen werden, jedoch die A-Artikel oft nur 20 % und die A- und B-Artikel zusammen 50 % der gesamten zu beschaffenden Artikelzahl erreichen werden.

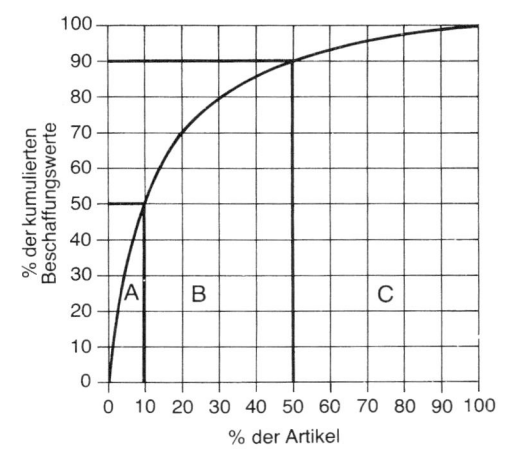

Abb. 121: ABC-Analyse

3. Die Betriebsunterbrechungsanalyse

Eine nicht rechtzeitige Bereitstellung der Ware durch den Lieferanten führt zu einer Unterbrechung des Materialflusses, die entweder durch entsprechende Lagerbestände aufgefangen werden oder die bei den nachfragenden Stellen zu Fehlmengen und gegebenenfalls zu Betriebsunterbrechungen führen kann. Die Betriebsunterbrechung in Form einer **totalen oder partiellen Unterbrechung** des Leistungs- und gegebenenfalls Absatzprozesses führt zu entsprechenden Betriebsunterbrechungskosten. Die in der betriebswirtschaftlichen Literatur[7] in Abhängigkeit von dem Fertigungsverfahren differenziert untersuchten Fehlmengenkosten sind entscheidend für den im Rahmen des Logistik-Controlling noch zu besprechenden Lieferbereitschaftsgrad bzw. das Serviceniveau. Der Lieferbereitschaftsgrad als Maßstab für die Qualität der physischen Versorgung eines Leistungsprozesses mit Erzeugnisstoffen muß um so höher sein, je größer die entsprechenden Fehlmengenkosten sind.

4. Die Preisobergrenzenbestimmung

Unter **Preisobergrenze** soll hier der **Preis** verstanden werden, **den eine Unternehmung für ein Wirtschaftsgut maximal zu zahlen bereit ist.**[8] Die Höhe dieses Preises wird sich danach richten, mit welcher Dringlichkeit das betrachtete Wirtschafts-

---

[7] Vgl. *Reichmann, Thomas:* Die Unternehmensplanung unter Berücksichtigung der spezifischen Probleme einer partiellen oder totalen Betriebsunterbrechung, in: ZfbF, 26. Jg. (1974), S. 785–797; *Kollerer, Helmuth:* Die betriebswirtschaftliche Problematik von Betriebsunterbrechungen. Planungsgrundlagen zur Berücksichtigung von Betriebsunterbrechungen im Rahmen der Unternehmenspolitik, Berlin 1978 sowie Kapitel VII.
[8] Vgl. hierzu insbes. *Reichmann, Thomas:* Die Planung von Preisgrenzen im Beschaffungsbereich der Unternehmung, Festschrift zum 70. Geburtstag von Karl Hax, in: ZfbF, 23. Jg. (1971), S. 793–802.

gut von dem Unternehmen benötigt wird. Können für ein bestimmtes Wirtschaftsgut Substitutionsgüter beschafft werden, so werden in der Regel ihre Preise die Preisobergrenze des betrachteten Gutes bestimmen. Kann das Wirtschaftsgut im eigenen Betrieb hergestellt werden, wird die POG durch die mit seiner Herstellung verbundenen Kosten bestimmt; werden durch die Eigenfertigungsentscheidung andere Produkte aus dem Produktionsprogramm verdrängt, sind bei der POG-Ermittlung zusätzlich die durch seine Herstellung entstehenden Gewinnausfälle (opportunity costs) zu berücksichtigen. Können statt des Wirtschaftsgutes, für das die Preisobergrenze bestimmt werden soll, durch einen entsprechenden Produktionsverfahrenswechsel ein anderes Wirtschaftsgut oder eine andere Faktorkombination verwendet werden, werden die Kosten dieses Verfahrenswechsels die Preisobergrenze bestimmen.

Ist keine der vorgenannten Alternativen (die Verwendung eines Substitutionsgutes, die Selbstherstellung oder der Verfahrenswechsel mit dem Ziel einer Nichtverwendung des Wirtschaftsgutes) möglich, stellt sich der Unternehmensleitung die Frage, bis zu welchem Preis ein bestimmtes Gut gekauft werden kann, wenn anderenfalls eine vorübergehende oder dauernde Einstellung der Fertigung der Erzeugnisse notwendig wird, für deren Herstellung der betrachtete Produktionsfaktor benötigt wird. Diese Frage soll im folgenden für diejenigen Wirtschaftsgüter untersucht werden, die zu den Sachgütern des Umlaufvermögens einer Unternehmung gehören. Eine Einengung der Untersuchung auf diese Güter ist notwendig, da Preisobergrenzen grundsätzlich für jedes Wirtschaftsgut, das von der Unternehmung beschafft werden muß, festgelegt werden können. Eine Preisobergrenzenbestimmung für immaterielle Werte oder Sachgüter des Anlagevermögens würde über das für diese Untersuchung gesteckte Ziel hinausgehen. Für die dann notwendig werdende Verknüpfung von Fragen der Preisobergrenzenbestimmung mit denen der allgemeinen Investitions- und Finanzierungstheorie würden sich die gleichen Probleme stellen wie im Rahmen der betrieblichen Kapitaltheorie, die bisher nur bedingt gelöst werden konnten. Unsere Fragestellung lautet mithin, wie hoch der Preis eines Wirtschaftsgutes, das zu den Sachgütern des Umlaufvermögens gehört, steigen kann, bevor die Unternehmung von seiner Beschaffung absieht bzw. die Beschaffungsmenge reduziert und für den Zeitraum, für den der gestiegene Beschaffungspreis gilt, die Erzeugung der Produkte, für die der betrachtete Produktionsfaktor Verwendung findet, einstellt bzw. vermindert.

a) Die Preisobergrenzenbestimmung für die Einproduktunternehmung

Stellt ein Unternehmen nur eine Erzeugnisart her, ist die Bestimmung der Preisobergrenze für ein bestimmtes Wirtschaftsgut, das zu den Sachgütern des Umlaufvermögens gehört, relativ unproblematisch. Feste Absatzmengen und -preise vorausgesetzt, bestimmt sie sich für einen kurzfristigen Planungszeitraum, in dem von einem unveränderlichen Potentialfaktorbestand ausgegangen werden muß und folglich keine fixen Kosten abgebaut werden können, aus dem in diesem Zeitraum erzielbaren Umsatz und den variablen Kosten. Bezeichnet man den Umsatz des Erzeugnisses, für das das betrachtete Wirtschaftsgut Verwendung findet, mit U, die variablen Kosten, die sich proportional zur Mengenänderung verhalten sollen, mit K_v und die variablen Kosten ohne den Kostenanteil des Produktionsfaktors, für den die Preisobergrenze bestimmt werden soll, mit $\bar{K}_v$, so errechnet sich die Preisobergrenze (POG_I) des Wirtschaftsgutes als:

$$POG_I = \frac{U - \bar{K}_v}{\bar{M}}$$

Hierbei bezeichnet $\bar{M}$ die Zahl der insgesamt benötigten Einheiten des Wirtschaftsgutes, dessen Preisobergrenze zu bestimmen ist.

Diese Preisgrenze gilt nur so lange, wie in dem betrachteten Planungszeitraum keine fixen Kosten abgebaut werden können. Läßt sich etwa bei einer vorübergehenden Stillegung der Fertigung ein Mietvertrag für bestimmte Räume, die für die Produktion benötigt werden, kurzfristig kündigen und können diese Räume bei Bedarf jederzeit wieder angemietet werden, so sind die entsprechenden Mietkosten bei der Preisobergrenzenbestimmung zu berücksichtigen. Die Berücksichtigung dieser **zeitabhängigen** (abbaufähigen) **fixen Kosten** ist, wie das vorangestellte Beispiel bereits erkennen läßt, immer dann notwendig, wenn ihr Abbau innerhalb des Zeitraums, für den die Preisobergrenze bestimmt wird, möglich ist. Bezeichnen wir die abbaufähigen fixen Kosten mit K_f, ist eine Preisobergrenzenbestimmung in der nachstehenden Form denkbar:

$$POG_{II} = \frac{U - \bar{K}_v - K_f}{\bar{M}}$$

Die obige Formel gilt jedoch nur dann, wenn nur ein einziges Mal zu Beginn des Planungsabschnitts Kosten abgebaut werden können. Lassen sich fixe Kosten zu verschiedenen Zeitpunkten oder auch nur zu einem Zeitpunkt, der nicht mit dem Beginn der Planungsperiode zusammenfällt, abbauen, ist diese Formel im Hinblick auf die Problemstellung unzureichend determiniert. Wird die Preisobergrenze z.B. für einen Zeitraum von sechs Monaten bestimmt, für den ein Ansteigen des Preises eines Produktionsfaktors, etwa eines an der Warenbörse gehandelten Rohstoffes, erwartet wird, so ist zur Berücksichtigung der abbaufähigen Kosten der genaue Zeitpunkt ihrer Abbaumöglichkeit entscheidend. Je nachdem, ob fixe Kosten am Anfang oder Ende innerhalb des Planungszeitraumes abgebaut werden können, für den die Preisobergrenze zu bestimmen ist, kann dieses zu anderen Einkaufsentscheidungen führen. Bezeichnen wir die abbaufähige Kostenart mit i und ihren frühest möglichen Abbautermin (z.B. Monatsende) mit k, so können die in einem bestimmten Planungsabschnitt abbaufähigen Kostenarten durch den Ausdruck $K_{f_{ik}}$ näher spezifiziert werden, wobei $i = 1, 2, \ldots, r$ die Zahl der Kostenarten und $k = 1, 2, \ldots, n$ die Abbautermine angeben. Die Formel zur Bestimmung der Preisobergrenzen unter Berücksichtigung der genauen Lage der Abbautermine der abbaufähigen fixen Kosten lautet:

$$POG_{II_m} = \left[\sum_{k=1}^{m} U_k - \sum_{k=1}^{m} \bar{K}_{vk} - \sum_{i=1}^{r} \sum_{k=1}^{m-1} K_{f_{ik}}\right] \cdot \frac{1}{\bar{M}}$$

wobei $m = 1, 2, \ldots, n$.

270 VI. Kapitel: Das Beschaffungs-Controlling

Hierbei wird $K_{f_{ik}}$ nur bis m − 1 aufsummiert, weil ein Abbau von fixen Kosten am Ende des betrachteten Planungsabschnitts erst für die Zeit nach dem Zeitpunkt m wirksam wird. Ein Beispiel soll dies verdeutlichen: In einem Unternehmen kann das Erzeugnis x_1 in einer Menge von 1000 Stück pro Monat hergestellt und verkauft werden. Der Absatzpreis pro Erzeugniseinheit x_1 beträgt DM 20,–. Die proportionalen Kosten ohne die Kosten eines Rohstoffes R_1, für den die Preisobergrenze zu bestimmen ist, betragen DM 12,- pro Stück. Für einen Zeitraum von sechs Monaten wird für den Rohstoff R_1, der bisher DM 1,- pro Einheit kostete, ein Preisanstieg erwartet. In diesem Zeitraum lassen sich fixe Kosten in Höhe von DM 5000,- nach drei Monaten und in Höhe von DM 10000,- jeweils nach zwei Monaten abbauen. Die Preisobergrenze für R_1, von dem je zwei Einheiten zur Erzeugung einer Einheit von x_1 benötigt werden, läßt sich in diesem Fall für den gesamten Planungsabschnitt in Höhe von DM 1,92 errechnen. Darüber hinaus läßt sie sich jedoch mit Hilfe der obigen Formel für das Ende eines jeden Monats berechnen, indem man jeweils alternativ für einen, zwei, drei oder auch sechs Monate vom Kalkulationszeitpunkt beginnend, die Umsätze und Kosten kumuliert und die jeweilige Differenz durch die Zahl der benötigten Rohstoffeinheiten dividiert.

(1)	(2)	(3)	(4)	(5) = (2)−(3)−(4)	(6) = $\frac{(5)}{M}$
Perioden-enden (k)	U (kumuliert)	$\overline{K}_v$ (kumuliert)	$K_{f_{ik}}$ (kumuliert)	Deckungsbeitrag über proportionale und abbaufähige fixe Kosten (kumuliert)	POG$_{II}$
1	20 000	12 000	–	8 000	4,00
2	40 000	24 000	–	16 000	4,00
3	60 000	36 000	10 000	14 000	2,33
4	80 000	48 000	15 000	17 000	2,125
5	100 000	60 000	25 000	15 000	1,50
6	120 000	72 000	25 000	23 000	1,92

Abb. 122: Preisobergrenzenberechnung (Beispiel)

Aus *Abb. 122* geht hervor, daß die Preisobergrenze für R_1 im Zeitablauf zwischen DM 4,- und DM 1,50 bei genauer Berücksichtigung der abbaufähigen fixen Kosten schwankt. Steigt der Preis des Rohstoffes R_1 nun auf DM 2,- während des betrachteten Planungsabschnitts von sechs Monaten an, empfiehlt sich aufgrund der vorstehenden Berechnungen eine vorübergehende Stillegung der Produktion von x_1 ab dem Beginn des fünften Monats. Eine pauschale einmalige Berücksichtigung der abbaufähigen Fixkosten für den gesamten Planungsbereich würde eine sofortige Einstellung der Fertigung sinnvoll erscheinen lassen.

b) Die Preisobergrenzenbestimmung für die Mehrproduktunternehmung

Werden mehrere Produktarten hergestellt, für die das gleiche Wirtschaftsgut verwendet wird, dessen Preisobergrenze zu bestimmen ist, wird diese, konstante Absatzmengen und -preise vorausgesetzt, durch den gesamten Ertrag der Erzeugnisse während des betrachteten Planungsabschnitts abzüglich der in diesem Zeitraum anfallenden variablen und abbaufähigen fixen Kosten bestimmt. Lassen wir zunächst die abbaufähigen fixen Kosten außer Betracht, kann für einen bestimmten Planungsabschnitt, in dem mehrere Erzeugnisarten (α, β, γ) aus einem bestimmten Rohstoff R_1 hergestellt werden, die **Kostenobergrenze** für diesen wie folgt berechnet werden:

$$KOG_{III_m}^{(R_1)} = \sum_{k=1}^{m} U_k^\Omega - \sum_{k=1}^{m} \bar{K}_{vk}^\Omega$$

Hierbei steht Ω für die Erzeugnisarten α, β, γ. Da abbaufähige fixe Kosten noch nicht betrachtet werden, kann angenommen werden, daß m = n ist. Die entsprechende Preisobergrenze errechnet sich dann durch Division der Kostenobergrenze $KOG_{III_m}^{(R_1)}$ durch die Zahl der Rohstoffeinheiten von R_1, die in dem betrachteten Planungsabschnitt benötigt werden. Diese Preisobergrenze für R_1 ist jedoch wenig aussagefähig, sobald Erzeugnisarten mit unterschiedlichem Faktoreinsatz von R_1 hergestellt werden. In diesem Fall empfiehlt sich eine differenzierte Ermittlung der Preisgrenzen von R_1 im Hinblick auf die einzelnen Erzeugnisarten, die mit diesem Faktor hergestellt werden. Dies soll anhand eines Beispiels diskutiert werden. Nehmen wir an, ein Unternehmen, das die Erzeugnisse α, β und γ herstellt, erziele folgende Absatzpreise pro Einheit: DM 17,- für α, DM 14,- für β und DM 11,- für γ. Die Deckungsbeiträge über die gesamten variablen Kosten (für R_1 wird zunächst ein Preis von DM 1,- unterstellt) sollen für α DM 10,-, für β DM 8,- und für γ DM 6,- betragen. Alle drei Erzeugnisse können in einer Menge von 1000 Einheiten pro Monat hergestellt und abgesetzt werden. In diesem Fall beträgt die Kostenobergrenze für R_1 DM 31 000,-. Die Preisobergrenze kann dann, wenn die Einsatzmengen des Rohstoffs für die einzelnen Erzeugnisarten bekannt sind (das trifft für alle Einzelkostengüter zu), für jede Erzeugnisart gesondert ermittelt werden, indem man die Produktdeckungsbeiträge durch die Zahl der benötigten Rohstoffeinheiten dividiert und hierzu den angenommenen Ausgangspreis von DM 1,- für R_1 addiert. Hieraus ergeben sich folgende Preisobergrenzen: $POG_{III}^{(R_1/\alpha)}$ = DM 3,50; $POG_{III}^{(R_1/\beta)}$ = DM 5,-; $POG_{III}^{(R_1/\gamma)}$ = DM 7,-.

Die zuvor ermittelten Preisobergrenzen gelten nur unter der Voraussetzung, daß die Absatzmengen und -preise der Produktarten konstant sind (Optionsempfän-

	α	β	γ
Preis je Einheit	17,-	14,-	11,-
Deckungsbeitrag	10,-	8,-	6,-
Zahl der benötigten Einheiten von R_1	4	2	1

Abb. 123: Ausgangsdaten für die Preisobergrenzenbestimmung im Mehrproduktfall bei konstanten Absatzmengen und -preisen

ger). Kann davon ausgegangen werden, daß nur die Absatzpreise, nicht aber die Absatzmengen konstant sind (Mengenanpasser) und daß die Erzeugnisse wahlweise in unterschiedlichen Mengenverhältnissen auf den gleichen Produktionsanlagen hergestellt werden können (Alternativproduktion), läßt sich die Preisobergrenze für R_1 in bezug auf die Erzeugnisse α, β und γ nur noch im Zusammenhang mit der Ermittlung des optimalen Produktionsprogramms dieser Erzeugnisse bestimmen. Zur Ermittlung der Preisobergrenze in bezug auf die einzelnen Erzeugnisarten ist dann das in *Abb. 123* aufgezeigte Zahlenbeispiel um die Kapazitäten zu ergänzen, die zu Restriktionen werden können. Die Herstellung der Erzeugnisse α, β und γ soll mit Hilfe von drei Aggregaten erfolgen, die, in Maschinenstunden gemessen, in folgenden Relationen eingesetzt werden müssen:

Kapazitäten (in Maschinenstunden)		Benötigte Maschinenstunden pro Erzeugniseinheit		
		x_1	x_2	x_3
c_1	1200	4	6	20
c_2	1000	10	4	10
c_3	1200	8	2	12

Abb. 124: Ausgangsdaten für die Preisobergrenzenbestimmung im Mehrproduktfall bei Alternativproduktion

Aus *Abb. 123* und *124* läßt sich dann folgendes System von Gleichungen und Ungleichungen aufstellen, das eine Berechnung des optimalen Produktionsprogramms mit Hilfe der Simplex-Methode[9] und eine gleichzeitige Bestimmung der Preisobergrenze für R_1 in bezug auf α, β und γ zuläßt:

$$DB = 10\,x_1 + 8\,x_2 + 6\,x_3 \text{ Max.!}$$
$$c_1 = 1200 \geqq 4\,x_1 + 6\,x_2 + 20\,x_3$$
$$c_2 = 1000 \geqq 10\,x_1 + 4\,x_2 + 10\,x_3$$
$$c_3 = 1200 \geqq 8\,x_1 + 2\,x_2 + 12\,x_3$$
$$x_1, x_2, x_3 \geqq 0$$

Die Simplex-Iteration führt zu dem Ergebnis, daß nur die Erzeugnisse x_1 und x_2 herzustellen sind. Der erzielbare Deckungsbeitrag über die variablen Kosten beträgt DM 1.727,27. Es stellt sich nun die Frage, wie ein zu erwartender Preisanstieg für R_1 um DM 1,– die Optimalität des Produktionsprogramms beeinflußt. Zur Lösung dieser Frage ist die ursprüngliche Zielfunktion entsprechend der angenommenen Rohstoffpreissteigerung zu ändern und nachzuiterieren.

Ist durch die neu nachberechnete Zielfunktion das Simplex-Kriterium nicht erfüllt, so wird das Tableau der bisherigen Optimallösung mit der neuen Zielfunktionszeile zur Basis weiterer Operationen. Dieses Tableau ist durch weitere Iterationen zu verändern, bis eine Lösung gefunden ist, die das Simplex-Kriterium erfüllt. Diese Lösung bestimmt das neue optimale Produktionsprogramm. Im vor-

---

[9] Vgl. hierzu unsere Ausführungen im Rahmen des Kosten- und Erfolgs-Controlling, Kapitel III, S. 159 ff.

B. Instrumente des Beschaffungs-Controlling   273

liegenden Fall zeigt sich, daß das Simplex-Kriterium noch erfüllt ist. Das bedeutet, daß ein Preisanstieg um DM 1,– keinen Einfluß auf die herzustellende Menge von x_1 und x_2 hat. Dieses Ergebnis ändert sich jedoch, wenn ein weiterer Preisanstieg von R_1 um DM 1,– angenommen werden muß. In diesem Fall führt die zusätzliche Preissteigerung von R_1 zu einer vorübergehenden Einstellung der Fertigung von x_1, d. h., es kann nur noch x_2 hergestellt werden.[10]

c) Die Bedeutung der Preisobergrenzenbestimmung für das Beschaffungs-Controlling

Entsprechend den Ergebnissen der ABC-Analyse hat das Controlling zumindest für alle A-Artikel, je nach Bedeutung aber auch für einen Teil der B- oder C-Artikel Preisobergrenzen zur Verfügung zu stellen, wobei für den Einproduktfall folgende Kennzahlen gelten:

Preisobergrenze kurzfristig A-Artikel	B–C	Preisobergrenze mittelfristig A-Artikel	B–C
Umsatz ./. variable Kosten (ohne R_1) ──────────── benötigte Einsatzmengen von R_1		Umsatz ./. variable Kosten (ohne R_1) ./. abbaufähige fixe Kosten ──────────── benötigte Einsatzmengen von R_1	

Übersteigt der Beschaffungspreis die entsprechende Preisobergrenze, ist zunächst zu prüfen, ob durch Faktorsubstitution, etwa in der chemischen Industrie durch Änderung der Rezeptur, der Rohstoff, dessen Beschaffungspreis unverhältnismäßig stark gestiegen ist, ersetzt werden kann. Ist das erforderliche technische Wissen im Unternehmen vorhanden, und sind die erforderlichen Produktionskapazitäten verfügbar oder mittelfristig aufbaufähig, muß der Controller prüfen, welche bisher fremdbezogenen Güter gegebenenfalls selbst hergestellt werden können.[11] Sind weder eine Faktorsubstitution noch eine Eigenherstellung bei steigenden Beschaffungspreisen bestimmter Beschaffungsgüter möglich, hat der Controller gegebenenfalls an der Entscheidung der Geschäftsleitung und der Vertriebsleitung mitzuwirken, ob bestimmte Artikel, bei denen die Beschaffungspreise der Rohstoffe über die entsprechenden Preisobergrenzen gestiegen sind, vorübergehend oder dauernd aus dem Sortiment genommen werden können. Ist dies nicht möglich, sollte der Controller die von steigenden Rohstoffprei-

---

[10] In den vorstehenden Berechnungen wurde zur rechentechnischen Vereinfachung eine Preissteigerung für R_1 um jeweils DM 1,– unterstellt. Sind eine Vielzahl kleinerer Preissteigerungen zu erwarten, oder ist der Umfang der Preissteigerung ungewiß, empfiehlt sich die Anwendung der parametrischen Programmierung.

[11] Vgl. hierzu *Männel, Wolfgang:* Eigenfertigung und Fremdbezug. Theoretische Grundlagen – Praktische Fälle, 2. Aufl., Stuttgart 1981; *Kilger, Wolfgang:* Flexible Plankostenrechnung und Deckungsbeitragsrechnung, S. 758.

sen betroffenen Artikel laufend der Marketingabteilung mit dem Ziel mitteilen, durch entsprechende absatzpolitische Maßnahmen wie Werbung und Verkaufsgespräche die Kunden auf andere funktionsgleiche Artikel hinzuweisen, die den Artikel mit den gestiegenen Beschaffungspreisen ersetzen können.

C. Das Beschaffungs-Controlling zur Wirtschaftlichkeitskontrolle, Beurteilung der Einkaufsleistung und zur Absicherung der betrieblichen Materialversorgung

Dem Beschaffungs-Controlling lassen sich drei Hauptaufgaben zuordnen. Die laufende **Überwachung der Kostenwirtschaftlichkeit** bei der Beschaffung von Materialien, die laufende **Beurteilung der Einkaufsleistung** (ggf. die Erarbeitung von Vorschlägen zur Verbesserung dieser Leistung) und die **beschaffungsmarktorientierte Absicherung** der betrieblichen Materialversorgung, um Betriebs- und damit Absatzunterbrechungen zu verhindern. Relativ einfach lassen sich mit Hilfe der betrieblichen Kostenrechnung die Kosten der Beschaffungsabteilung ermitteln und in entsprechenden Kennzahlen wie etwa dem relativen Anteil der Beschaffungskosten am Einkaufsvolumen darstellen.

relativer Anteil der Beschaffungskosten am Einkaufsvolumen	B–C
$\dfrac{\text{Beschaffungskosten}}{\text{Einkaufsvolumen}} \cdot 100$	

Durch eine differenzierte Erfassung der Zahl der Bestellungen pro Einkäufer mit der Kennzahl Anzahl der Bestellungen je Einkäufer läßt sich zwar eine differenzierte Zuordnung von Kosten auf die in der Beschaffung tätigen Personen oder bestimmte Beschaffungsleistungen ermöglichen, jedoch ist damit noch keine Beurteilung des Kosten-Leistungs-Verhältnisses in der Beschaffungsabteilung möglich:

Gesamtzahl der Bestellungen/Anzahl der Einkäufer.

Im Verhältnis zu den Verkäufern, bei denen es kalkulierte Verkaufspreise gibt und jeder Verkauf in seiner Erfolgswirkung genau meßbar ist, ist es **ungleich schwieriger, die Leistung des Einkäufers zu messen.** Die von *Berg*[12] vorgeschlagenen Kennzahlen:

---

[12] Vgl. *Berg, Claus C.:* Formeln und Kennzahlen der betrieblichen Beschaffung, hier S. 377.

C. Das Beschaffungs-Controlling zur Wirtschaftlichkeitskontrolle 275

Ausgabenvermeidung/Einkäufer,
Kostensenkung/Einkäufer,
tatsächlich gezahlter Preis/Marktpreis

wären geeignet, wenn sich die entsprechenden Größen im Zähler bzw. Nenner exakt bestimmen ließen. So gibt es für einen bestimmten Artikel nicht einen Marktpreis, sondern immer nur einen Marktpreis zu einem bestimmten Zeitpunkt von einem bestimmten Lieferanten, der sich durch bestimmte Qualitätsmerkmale und Zuverlässigkeit oder Unzuverlässigkeit in der Lieferung auszeichnet. Entsprechend schwierig läßt sich die Relation „tatsächlich gezahlter Preis zu Marktpreis" beurteilen.

Im Hinblick auf die Sicherstellung der Materialversorgung des Unternehmens und die Abhängigkeit des Unternehmens von bestimmten Lieferanten, sollte der Controller auf jeden Fall darauf achten, daß die **Fehllieferungsquote** der Lieferanten und der **Lieferservice** ermittelt werden:

Fehllieferungsquote	B–C	Lieferservice	B–C
$\dfrac{\text{Zahl der Fehllieferungen}}{\text{Gesamtzahl der Lieferungen}} \cdot 100$		$\dfrac{\text{Zahl der termingerecht angelieferten Ware}}{\text{Gesamtzahl der Lieferungen}} \cdot 100$	

Die Abhängigkeit von bestimmten Lieferanten sollte zumindest für die A- und B-Artikel durch die Kennzahl „Lieferantenanteil pro Artikelgruppe" kenntlich gemacht werden.

Lieferantenanteil pro Artikelgruppe	B-C
$\dfrac{\text{Lieferant(en) einer Artikelgruppe}}{\text{Gesamtzahl der möglichen Lieferanten einer Artikelgruppe}} \cdot 100$	

Für die Ermittlung der jeweiligen **optimalen Bestellmenge** im Einkauf in Abhängigkeit von den Beschaffungskosten je Lieferposition, den Rabattsprüngen bei den Einkaufspreisen und den Lagerkosten, hat der Controller sicherzustellen, daß die Lagerkosten, wie heute noch teilweise üblich, nicht in einem Lagerkostensatz angegeben werden. Im Rahmen des **Logistik-Controlling** hat der Controller darauf zu achten, daß auf der Grundlage einer differenzierten Kosten- und Leistungsrechnung die materialgruppenbezogenen Logistikkosten zumindest im Hinblick auf die Kostenkategorien Warenannahme, Materialprüfung, Warenein- und -auslagerung sowie Warenlagerung differenziert angegeben werden. Erst eine verursachungsgemäße Zuordnung der Logistikkosten zu den zu beschaffenden Materialien kann zur Ermittlung der aus gesamtbetrieblicher Sicht optimalen Bestellmengen führen. Nicht selten variieren die Logistikkosten von Artikelgruppe zu Artikelgruppe um ein Vielfaches, so daß es bei durchschnittlichen prozentualen Logistikkostenzuschlägen auf die Einkaufswerte zu Fehlentscheidungen kommen kann (vgl. hierzu Kapitel VIII).

Wird das Eingangslager der Unternehmung extrem saisonabhängig genutzt, muß der Controller sicherstellen, daß dem Einkäufer für die einzulagernden Mengen über das Jahr verteilt unterschiedlich hohe Lagerkostensätze angegeben werden, so daß dieser in saisonschwachen Zeiten auch einmal eine größere Menge gegebenenfalls günstig kaufen und einlagern kann, ohne daß dies sich in der entsprechenden Bestellmengenformel[13] aufgrund eines durchschnittlichen „Vollkostensatzes" pro Lagereinheit als Nachteil auswirkt.

---

[13] Zur Ermittlung der optimalen Bestellmenge bei veränderlichen Einkaufspreisen und Lagerkosten siehe *Reichmann, Thomas*: Wirtschaftliche Vorratshaltung, eine gemeinsame Aufgabe für Einkauf, Materialwirtschaft und Betriebsleitung, in: ZfB, 48. Jg. (1978), S. 565–578; *Pack, Ludwig*: Optimale Bestellmenge und optimale Losgröße. Zu einigen Problemen ihrer Ermittlung, in: ZfB, 33. Jg. (1963), S. 465–492 und S. 573–594.

VII. Kapitel
Das Produktions-Controlling

A. Aufgaben des Produktions-Controlling

Aufgabe der Produktion ist die Erzeugung von Gütern und Dienstleistungen durch Kombination von Produktionsfaktoren.[1] Entsprechend hat das auf die Erhaltung und Verbesserung des Erfolges ausgerichtete Produktions-Controlling in erster Linie die **Wirtschaftlichkeit** des Produktionsprozesses sicherzustellen. Das Hauptaufgabengebiet des Produktions-Controlling liegt in der Überwachung der Produktionskosten. Produktionskosten sind bewertete Produktionsfaktoreinsatzmengen, die der Leistungserstellung und der Aufrechterhaltung der Betriebsbereitschaft dienen.[2] Nicht alle produktionswirtschaftlichen Aktivitäten sind Untersuchungsgegenstand des Produktions-Controlling. Der Produktions-Controller soll die wesentlichen Auswirkungen auf das Erfolgsziel der Unternehmung funktionsnah, d.h. direkt im Produktionsbereich, erfassen und bei negativer Ausprägung möglichst direkt bereichsbezogene Gegensteuerungsmaßnahmen initiieren. Insoweit hat das Produktions-Controlling in der Regel keinen Einfluß auf die das produktionswirtschaftliche Entscheidungsfeld betreffenden **Ausstattungs-, Programm-** und **Prozeßentscheidungen**. Diese Entscheidungen kennzeichnen das Aufgabengebiet des Produktionsleiters, wobei die Programmplanung in der Regel in enger Abstimmung mit der Absatzleitung erfolgt und aufgrund ihrer Bedeutung für betriebliche Anpassungsmaßnahmen bei wechselnden Konjunkturverhältnissen mit dem Kosten- und Erfolgs-Controlling abzustimmen ist. Die im Rahmen der Ausstattungsplanung erforderlichen **Kapazitätsentscheidungen** sind aufgrund ihrer Bedeutung für die Finanzlage der Unternehmung mit dem funktionsübergreifenden Finanz- und Investitions-Controlling abzustimmen.

Im Rahmen der **Produktionsprozeßplanung** obliegt dem Leiter Produktionswirtschaft die Aufgabe, Prozeßtypen festzulegen, die notwendigen Ausgangsinformationen für die Prozeßplanung anhand von Stücklisten und Arbeitsplänen zu bestimmen und den Einsatz der Repetierfaktoren sowie die Durchführung der Fertigung zu planen. Das Produktions-Controlling muß in der Lage sein, die Auswirkungen der von dem Leiter Produktionswirtschaft getroffenen produktionswirt-

---

[1] Vgl. *Gutenberg, Erich:* Grundlagen der Betriebswirtschaftslehre, Bd. 1, Die Produktion, 23. Aufl., Berlin, Heidelberg, New York 1979, S. 151 sowie *Jehle, Egon; Müller, Klaus; Michael, Horst:* Produktionswirtschaft. Eine Einführung mit Anwendungen und Kontrollfragen, 3. Aufl., Heidelberg 1991, S. 1.
[2] Vgl. *Huch, Burkhard:* Produktionskosten, in: HWP, Sp. 1512–1525, hier Sp. 1513.

schaftlichen Entscheidungen ursächlich zu erfassen und bei Erreichung einer vom Produktions-Controlling definierten Fühlbarkeitsschwelle im Hinblick auf die Beeinflussung des unternehmerischen Erfolgsziels aktiv gegenzusteuern.

Im Hinblick auf die Überwachung der Produktionskosten hat das Produktions-Controlling insbesondere auf die **Rentabilität** des im Produktionsbereich gebundenen Kapitals zu achten. Es hat tendenziell sicherzustellen, daß solche Anlageinvestitionen getätigt werden, die eine hohe fertigungstechnische **Flexibilität**[3] aufweisen, um bei einer absatzmarktbedingten Produktvariation oder Produktinnovation eine große qualitative Anpassungsfähigkeit des Produktionsmittelbestandes zu gewährleisten. Im Hinblick auf die quantitative Anpassungsfähigkeit der betrieblichen Kapazitäten an wechselnde Absatz- und Produktionsmengen muß der Controller versuchen, diejenige Kapazitätsgröße zu ermitteln, die unter Berücksichtigung zeitlicher und intensitätsmäßiger Anpassung bei saisonaler oder konjunktureller Spitzenbelastung optimal ist.[4] Ziel des Produktions-Controlling ist es, im Rahmen des Planungsprozesses bei der Abstimmung der **Fertigungskapazitäten** mit den erwarteten Absatz- und Produktionsmengen auf die möglichen zeitlichen und intensitätsmäßigen Anpassungsprozesse mit der **Lagerbestandsbildung** als zeitlich-zyklischem Anpassungsinstrument bei saisonalen Absatzveränderungen zu achten, wobei dies in enger Abstimmung mit dem Kosten- und Erfolgs-Controlling erfolgen muß. Bei der laufenden Kapazitätsauslastungskontrolle ist auf eine möglichst hohe **Kapazitätsauslastung** zu achten. Zweck einer laufenden Auslastungskontrolle[5] ist der tendenzielle Abbau von Leerkosten bzw. die Erreichung eines möglichst hohen Nutzkostenanteils. Unter **Leerkosten** versteht man denjenigen Fixkostenanteil, der durch die Istbeschäftigung im Verhältnis zur maximal möglichen (bzw. normal genutzten) Kapazität nicht ausgenutzt wird. Analog dazu bezeichnen die **Nutzkosten** denjenigen Fixkostenanteil, der durch die Istbeschäftigung, bezogen auf die maximale bzw. normal mögliche Kapazität ausgenutzt wird.[6] Die Fertigungskapazitäten führen zu erheblichen Fixkosten, die oft erst mit wachsender Kapazitätsauslastung zu Nutzkosten werden. Die vom Produktions-Controlling dokumentierten Kapazitätsauslastungsgrade sind zudem Grundlage für Anpassungsentscheidungen im Rahmen eines systematischen Fixkostenmanagements (betriebsbereitschaftsgradorientierte Kostenplanung) durch das bereits dargestellte funktionsübergreifende Kosten- und Erfolgs-Controlling.

Eine weitere Aufgabe des Produktions-Controlling kann in der Verhinderung der Ausschußproduktion liegen. Unter **Ausschuß** werden solche Halb- und Fertigerzeugnisse subsumiert, die den geforderten technischen Anforderungen hinsichtlich Qualität und Quantität nicht gerecht werden.[7] Der Controller muß in diesem Zusammenhang sicherstellen, daß durch ausreichende Qualitätskontrollen die

---

[3] Vgl. *Nieß, Peter S.:* Fertigungssysteme, flexible, in: HWP, Sp. 595–604.
[4] Vgl. hierzu *Reichmann, Thomas:* Die Abstimmung von Produktion und Lager bei saisonalem Absatzverlauf, Köln und Opladen 1968, S. 91–125.
[5] Vgl. *Heinrich, Lutz J.; Pils, Manfred:* Auslastungskontrolle, in: HWP, Sp. 230–239, hier Sp. 236 f.
[6] Vgl. *Haberstock, Lothar:* Kostenrechnung II, S. 352.
[7] Vgl. *Kainz, Rolf:* Ausschuß-Controlling, in: KRP, 1/1984, S. 27–33, hier S. 27.

Ausschußproduktion erkannt wird und die Ursachen der Ausschußproduktion,[8] wie z. B. Materialfehler, Arbeitsfehler, Betriebsmittelfehler, Konstruktionsfehler oder Organisationsfehler, festgestellt werden.

Die erheblich gestiegene technisch-organisatorische Komplexität im Fertigungsbereich und in den vor- und nachgelagerten indirekten Leistungsbereichen, wie Arbeitsvorbereitung, Fertigungsplanung und Logistik, sowie die steigende Bedeutung der Prozeß- und Produktqualität für den langfristigen Unternehmenserfolg führen dazu, daß ein systematisches Instrumentarium zu erarbeiten ist, mit dem die kosten- und erfolgswirtschaftlichen Konsequenzen der qualitätspolitischen Anstrengungen abgebildet und Informationen über die Gestaltungsmöglichkeiten qualitätsbezogener Parameter generiert werden. Ein solches **Qualitäts-Controlling** wird zuallererst auf die Leistungserstellung im engeren Sinne, also die Produktion, auszurichten sein und ist erst in einer weiteren Ausbaustufe als ganzheitliche Querschnittsfunktion zu konzipieren.[9] Dabei gilt es zunächst, geeignete Abrechnungs- und Auswertungsstrukturen zu schaffen, die eine Erfassung und Verdichtung der qualitätsbezogenen Kosten und Leistungen nach Maßgabe ihrer Wirkrichtung ermöglichen. Hierbei wollen wir grundlegend zwischen sog. Übereinstimmungskosten und Abweichungskosten unterscheiden. **Übereinstimmungskosten** stellen Kosten dar, die für Leistungen aufgewendet werden, die eine frühzeitige und präventive Sicherstellung und Kontrolle der Qualität ermöglichen. Hierzu zählen Aufwendungen für Qualitätszirkel, -schulungen sowie prozeßbegleitende Fehleranalysen. Diese Kosten haben den Charakter von „Investitionen in Qualität". Dagegen resultieren **Abweichungskosten** aus der Analyse, Dokumentation und Behebung bereits aufgetretener Fehler, z. B. in Form von Aufwendungen für Endkontrollen, Nacharbeiten oder in Gestalt von nicht-disponiblen Kompensationszahlungen an die Kunden sowie entgehenden Umsätzen und Deckungsbeiträgen. Diese Kosten sind also nicht-wertschöpfend. Aufbauend auf dieser wertschöpfungsorientierten Sicht interessieren solche Methoden, die eine Approximation der durch Qualitätsfehler entstehenden Erfolgseinbußen, z. B. in Form von entgehenden Umsätzen und Deckungsbeiträgen, also eine methodische Verknüpfung von Unternehmens- und Marktebene ermöglichen.

Der hohe Technisierungs- und Automatisierungsgrad der Fertigungsanlagen in vielen Unternehmen erhöht deren Störanfälligkeit. Durch den zunehmenden Produktionsmittel- und Prozeßverbund können Betriebsstörungen bei einem Fertigungsaggregat unter Umständen zu Betriebsunterbrechungen ganzer Betriebsteile führen. Im Sinne eines Qualitäts-Controlling steht damit also die Problematik von Qualitätsfehlern auf der Potentialebene im Vordergrund der Betrachtung. Eine **Betriebsstörung** stellt ein der Betriebsunterbrechung vorgelagertes Ereignis

---

[8] Vgl. im folgenden *Bartels, Hans G.*: Ausschuß und Abfall, in: HWP, Sp. 239–248, hier Sp. 241.
[9] Vor diesem Hintergrund erfolgte entsprechend auch die Einbindung des Qualitäts-Controlling im Rahmen des Produktions-Controlling, insbesondere wenn man den Produktionsbegriff weiter faßt als Erzeugung von Sach- und Dienstleistungen. Selbstverständlich sind Fragen der Qualitätssicherung in allen Funktionalbereichen von Bedeutung, wie z. B. insbesondere der Forschung und Entwicklung, der Konstruktion und der Verwaltung. Vgl. dazu Kap. VII. C.

dar, d. h. die Betriebsstörung wird als Ursache einer Betriebsunterbrechung angesehen. Als Betriebsstörung wird hierbei der ungeplante Ausfall eines Produktionsfaktors verstanden, der durch bestimmte Störungsursachen hervorgerufen wird. Als **Betriebsunterbrechung** wird die technische Auswirkung einer Betriebsstörung auf den betrieblichen Prozeß der Leistungserstellung und/oder -verwertung bezeichnet. Sie kann sich von der qualitativen und quantitativen Minderung des Outputs von Aggregaten bis zu deren vollständiger Stillsetzung erstrecken. Im Hinblick auf die einzelnen Bestandteile des Schadens einer Betriebsunterbrechung sind grundsätzlich drei Gruppen von Schadensfaktoren zu unterscheiden: die von der Betriebsunterbrechung betroffenen **Fixkosten**, die **Unterbrechungskosten** und der infolge der Betriebsunterbrechung **entgehende Deckungsbeitrag**. Letzterer kommt jedoch nur dann in Betracht, wenn sich die Betriebsunterbrechung auch auf den Absatzbereich des Unternehmens auswirkt.[10] Aufgabe des Produktions-Controlling ist es, die Betriebsunterbrechungskosten für unterschiedliche Ausfallwahrscheinlichkeiten einzeln und in ihrer kumulierenden Wirkung zu berechnen. Diese Betriebsunterbrechungskosten (BUB-Kosten) lassen sich dann mit den Kosten für unterschiedliche Strategien, wie z. B. der vorbeugenden **Instandhaltung**,[11] der Bildung von **Reservelagern** in der Fertigung, dem Aufbau von **Kapazitäts-** und **Personalreserven** (Springer) zur Vermeidung von Betriebsunterbrechungen, vergleichen.[12] Um die Kostenwirkungen der im Produktionsbereich zu überwachenden Vorgänge erfassen zu können, benötigt das Produktions-Controlling ein Instrumentarium, wobei die im Rahmen des Kosten- und Erfolgs-Controlling bereits diskutierte Kostenplanung eine geeignete Basis hierfür darstellt.

B. Instrumente des Produktions-Controlling

Zentrale Aufgabe des Produktions-Controlling ist die laufende Überwachung der Wirtschaftlichkeit des Produktionsbereiches. Ansatzpunkte hierfür bieten die kostenmäßigen Auswirkungen der vom Produktionsleiter zu treffenden Entscheidungen, wie z. B. die Auswirkungen der Maschinenbelegung, der **Arbeitsverteilung**, der Festlegung des **Intensitätsgrades**, der **Verarbeitungsreihenfolge**, der **Losgrößenfestlegung** und der geplante und realisierte **Verbrauch an Roh-, Hilfs- und Betriebsstoffen**. Eine kostenstellenweise Überwachung der geplanten Produktionskosten und ihrer Abweichungen ist erforderlich, um gegebenenfalls bei unvertretbaren Kostenentwicklungen auf die Realisierung des Produktionsprozesses einwirken zu können.

---

[10] Vgl. hierzu Kapitel VI.B sowie *Reichmann, Thomas:* Arbeitsschutz und Arbeitsunfallkosten im betrieblichen Rechnungswesen, in: Humanvermögensrechnung, hrsg. von *H. Schmidt,* Berlin und New York 1982, S. 457–477, hier S. 468–475.
[11] Vgl. *Heck, Karlheinz:* Erfassung und Planung von Instandhaltungskosten – Ansätze zu einem Instandhaltungscontrolling, in: KRP, 6/1983, S. 265–278; *Herzig, Norbert:* Instandhaltung, Grundlagen der, in: HWP, Sp. 814–823; *Ordelheide, Dieter:* Instandhaltungsplanung. Simulationsmodelle für Instandhaltungsentscheidungen, Wiesbaden 1973.
[12] Eine weitere Strategie besteht in der versicherungstechnischen Abdeckung eines erkannten, aber durch eigene Maßnahmen nicht abwendbaren Betriebsunterbrechungsrisikos.

1. Die kostenstellenbezogene Soll-Ist-Abweichungsanalyse

Die zentrale Bedeutung der Soll-Ist-Abweichungsanalyse für das Controlling ergibt sich aus der Tatsache, daß zielgerichtetes Handeln von Wirtschaftssubjekten zwangsläufig die Frage nach dem erreichten Zielniveau beinhaltet, um gegebenenfalls bei Zielabweichungen rechtzeitig Gegensteuerungsmaßnahmen bzw. Plananpassungen vornehmen zu können. Das Produktions-Controlling hat deshalb **Soll-Ist-Abweichungen** zu ermitteln und daran anschließend eine Ursachenanalyse der Abweichungen durchzuführen, um so Ansatzpunkte für zukunftsorientierte Gegensteuerungsmaßnahmen zu finden. „Somit stehen Abweichungen im Mittelpunkt eines auf die Zukunft ausgerichteten Controlling."[13] Damit das Produktions-Controlling die Wirtschaftlichkeit des Produktionsbereiches gewährleisten kann, ist es erforderlich, die angefallenen Produktionskosten auf ihre Angemessenheit hin zu überprüfen. Demzufolge muß eine Sollgröße den angefallenen Kosten gegenübergestellt werden, die Ausdruck für ein angemessenes Kostenniveau ist.[14] Aus diesem Grunde muß zunächst auf den Soll-Ist-Kostenvergleich eingegangen werden.

a) Grundlagen des Soll-Ist-Kostenvergleichs

Die Grundlage der Soll-Ist-Abweichungsanalyse ist eine nach Kostenstellen und Kostenarten differenzierte **Istkostenerfassung**. Die angefallenen Istkosten sind das Ergebnis wirksam gewordener Kostenbestimmungsfaktoren. Die Analyse der Istkosten setzt deshalb voraus, daß die Kostenbestimmungsfaktoren, wie **Beschäftigung, Fertigungszeiten** und **-intensität, Prozeßbedingungen, Bedienungsrelationen, Auflegehäufigkeit** und **Losgröße** etc. der angefallenen Kosten bekannt sind (vgl. *Abb. 125*).

Die angefallenen Istkosten müssen sich an den geplanten Kosten messen lassen. Die Plankosten sind Ausdruck der planmäßigen Auswirkungen der Kostenbestimmungsfaktoren. Mit ihrer Hilfe ist es möglich, festzustellen, ob die tatsächlich angefallenen effektiven Kosten angemessen sind oder nicht, da es sich bei den Plankosten um diejenigen Kosten handelt, die bei wirtschaftlichem Verhalten zu erwarten sind. Ausgangspunkt für die Kostenüberwachung ist demzufolge die Differenz zwischen Ist- und Plankosten, die als **Gesamtabweichung** bezeichnet wird. Da das Produktions-Controlling darauf abstellt, Unwirtschaftlichkeiten im Produktionsbereich aufzudecken, ist es erforderlich, aus der zuvor definierten Gesamtabwei-

---

[13] *Huch, Burkhard:* Instrumente des Controlling auf dem Gebiet der Abweichungsanalyse, in: Praxis des Rechnungswesens, Bd. 3, Buchführung, Bilanzierung, Betriebsabrechnung, Datenverarbeitung, Freiburg i. Br. 1982, Gruppe 11, S. 731–748, hier S. 733. Zum kumulierten Soll-Ist-Vergleich auf der Grundlage einer Arbeitsfortschrittsanalyse vgl. *Jehle, Egon:* Kostenfrüherkennung und Kostenfrühkontrolle. Mitlaufende Kostenkontrolle während des Konstruktions- und Entwicklungsprozesses, in: Internationale und nationale Problemfelder der Betriebswirtschaftslehre, hrsg. von *Gert von Kortzfleisch* und *Bernd Kaluza,* Berlin 1984, S. 263–285, hier S. 277–281.
[14] Vgl. *Kunz, Beat R.:* Kostenplanung als Mittel der Kostensenkung, in: DU, 36. Jg. (1982), S. 167–182, hier S. 170.

282   VII. Kapitel: Das Produktions-Controlling

Abb. 125: Das System der Kostenbestimmungsfaktoren[15]

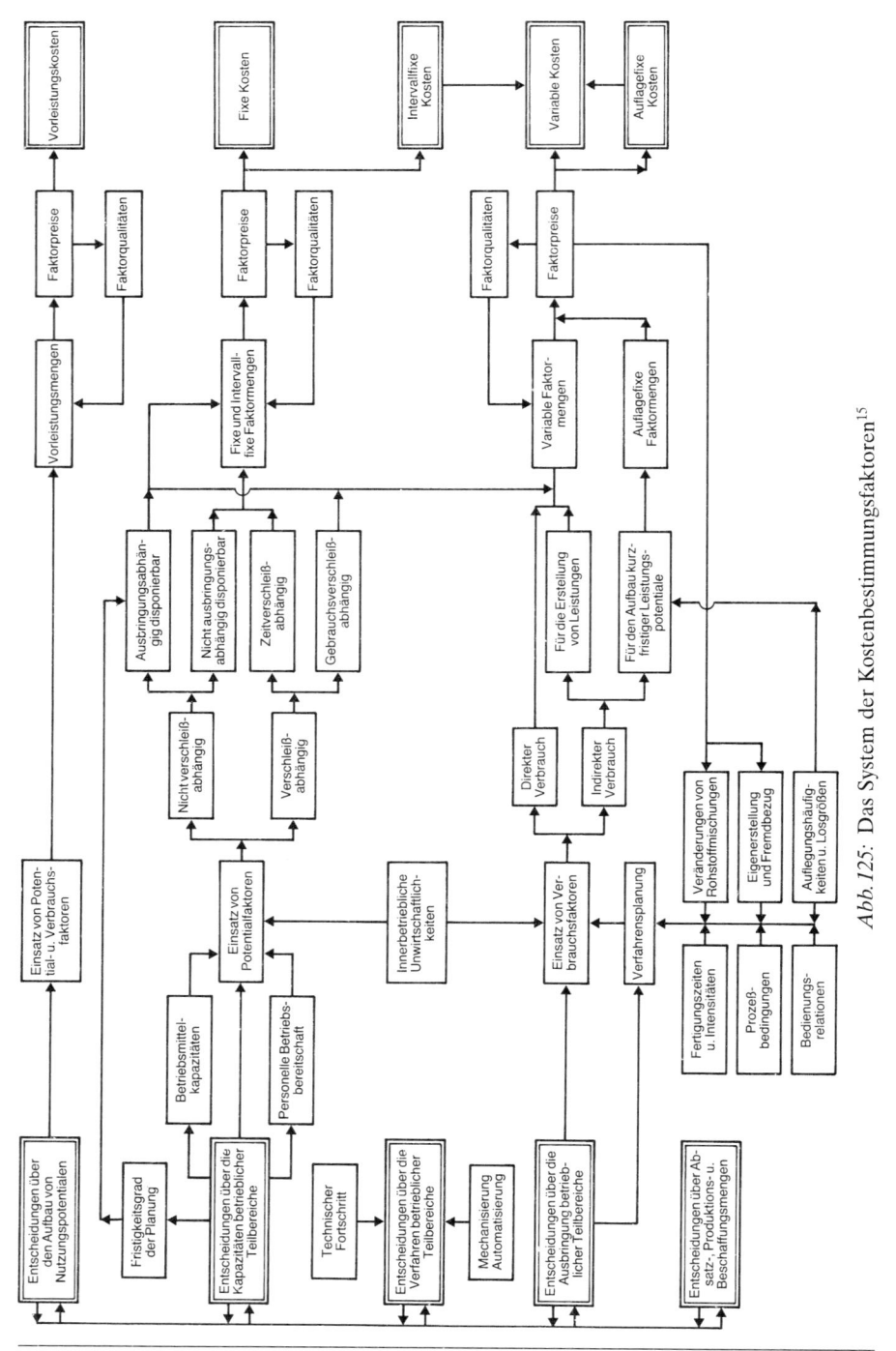

[15] Entnommen aus *Kilger, Wolfgang:* Flexible Plankostenrechnung, S. 136.

chung diejenigen Kostenbestandteile auszuklammern, die nicht auf Unwirtschaftlichkeiten zurückzuführen sind und demzufolge auch nicht vom Kostenstellenleiter verantwortet werden können. Aus diesem Grunde ist es zunächst einmal notwendig, die Wirkungen außerbetrieblicher Preisschwankungen aus der Gesamtabweichung herauszufiltern. Dies geschieht durch Bewertung der Istverbrauchsmengen mit Planpreisen, was zur Folge hat, daß die Gesamtabweichung um die sogenannte **Preisabweichung** verringert wird.[16] Der verbleibende Abweichungsbetrag zwischen den zu Planpreisen bewerteten Istverbrauchsmengen und den verrechneten Plankosten wird als **Mengenabweichung** bezeichnet. Sie gibt ohne Beeinflussung von zufälligen außerbetrieblichen Marktpreisschwankungen an, inwieweit der tatsächliche Verbrauch von Faktoreinsatzmengen von dem durch die Plankosten vorgegebenen wirtschaftlichen Verbrauch abweicht. Dieser Vorgabewert bedarf jedoch noch insoweit einer Korrektur, als die Plankosten die wirtschaftlichen Verbrauchsmengen bei Erreichung des Planbeschäftigungsgrades vorgeben.

Da aufgrund wechselnder Absatzmarktverhältnisse der Planbeschäftigungsgrad nur in Ausnahmefällen genau realisiert werden kann, wird der Istbeschäftigungsgrad in aller Regel über oder unter dem Planbeschäftigungsgrad liegen. Damit die vorgegebenen Plankosten jedoch ihrer Funktion als Beurteilungsmaßstab für die realisierten Istkosten gerecht werden können, ist es deshalb notwendig, diese Vorgabewerte an die jeweils realisierten Istbeschäftigungsgrade flexibel anzupassen. D.h. die Gesamtabweichung ist neben der Preisabweichung zusätzlich um die aufgrund von Beschäftigungsschwankungen auftretende **Beschäftigungsabweichung** zu korrigieren. Die dementsprechend auf die Istbeschäftigungsgrade umgerechneten Plankosten werden **Sollkosten** genannt.[17] Damit wird deutlich, daß der Soll-Ist-Kostenvergleich an der Abweichung zwischen den mit Planpreisen bewerteten Istkosten und den Sollkosten anzusetzen hat. Diese Abweichung resultiert aus einer Abweichung der effektiv verbrauchten Faktoreinsatzmengen von den als wirtschaftlich vorgegebenen Faktoreinsatzmengen. Sie wird **Verbrauchsabweichung** genannt und als Maßstab innerbetrieblicher Unwirtschaftlichkeit interpretiert.[18] Im Hinblick auf die Überwachung der Wirtschaftlichkeit des Produktionsbereiches ist die Verbrauchsabweichung demzufolge Anknüpfungspunkt für die Kostenkontrolltätigkeit des Produktions-Controlling.

Basis des Soll-Ist-Kostenvergleichs ist eine differenzierte Istkostenerfassung, wobei, wie bereits angesprochen, die jeweiligen Faktormengen mit geplanten Preisbzw. Lohnsätzen den Sollwerten vergleichbar gemacht werden. Stellt man im einzelnen auf die wichtigsten Produktionskostenarten ab,[19] sind zunächst die Personalkosten bzw. die Fertigungslöhne mit Hilfe der Lohn- und Gehaltsabrechnung den einzelnen Kostenstellen zuzuordnen. Dies geschieht unter Verwendung von Zeit- und Akkordlohnscheinen bzw. mit Hilfe monatlicher Gehaltslisten. Die angefallenen Materialkosten können mit Hilfe der Materialabrechnungen, d.h. unter Verwendung der Materialentnahmescheine auf die einzelnen Kostenstellen

---

[16] Zu den rechentechnischen Möglichkeiten der Isolierung der Preisabweichung sowie zu deren Auswirkungen vgl. *Kilger, Wolfgang:* Flexible Plankostenrechnung, S. 219–234.
[17] Vgl. *Haberstock, Lothar:* Kostenrechnung II, S. 10.
[18] Vgl. *Haberstock, Lothar:* Kostenrechnung II, S. 264.
[19] Vgl. hierzu im folgenden *Kilger, Wolfgang:* Flexible Plankostenrechnung, S. 541–543.

284　VII. Kapitel: Das Produktions-Controlling

K_i^*	= Istkosten zu Istpreisen	B_i	= Istbeschäftigung
K_i	= Istkosten zu Planpreisen	A_g	= Gesamtabweichung
K_s	= Sollkosten	A_v	= Verbrauchsabweichung
K_{pv}	= verrechnete Plankosten	A_b	= Beschäftigungsabweichung
K_p	= Plankosten	A_m	= Mengenabweichung
K_f	= Fixkosten	A_{pr}	= Preisabweichung
B_p	= Planbeschäftigung		

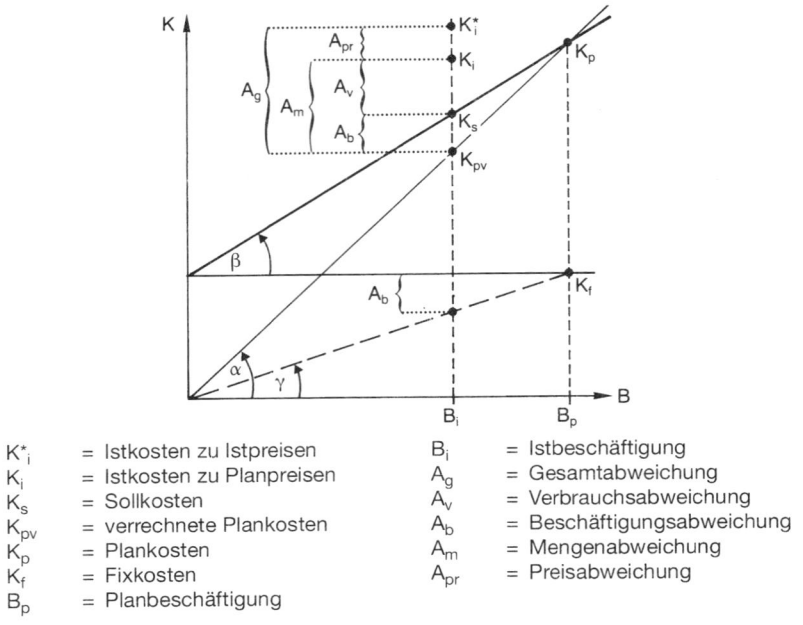

Abb. 126: Abweichungsermittlung im Rahmen der flexiblen Plankostenrechnung auf Vollkostenbasis

abgerechnet werden. Die Istkosten für Werkzeuge und Geräte können ebenfalls mit Hilfe von Entnahmescheinen erfaßt werden. Auch im Rahmen einer Istkostenrechnung ist es nicht möglich, ausschließlich mit effektiv angefallenen Kosten zu rechnen. Dies resultiert daraus, daß auch in einer Istkostenrechnung, z.B. beim Ansatz kalkulatorischer Werte, mit geplanten oder geschätzten Größen gerechnet werden muß. Aus diesem Grunde werden die **kalkulatorischen Abschreibungen** sowie die **kalkulatorischen Zinsen** auf das Anlagevermögen als Sollkosten auch in die Istkostenrechnung übernommen. Die Energiekosten der einzelnen Kostenstellen werden, sofern keine speziellen Meßgeräte vorhanden sind, ebenso wie die kalkulatorischen Abschreibungen als Sollkosten in der Istkostenrechnung verrechnet. Für die Bestimmung der Reparatur- und Instandhaltungs-Istkosten kann auf die Werkauftragsnummernabrechnung zurückgegriffen werden. Sie ermöglicht die Erfassung angefallener Istkostenbeträge für Material, Fremdleistungen und Leistungen eigener Hilfsbetriebe sowie deren Bewertung mit geplanten Kostenstellenverrechnungssätzen, indem sie den Reparatur- und Instandhaltungsaufträgen jeweils spezielle Werkauftragsnummern zuordnet.

Neben der Erfassung der Istkosten ist es für die Soll-Ist-Abweichungsanalyse immanent, kostenstellenweise die Sollkosten zu ermitteln. Voraussetzung hierfür ist eine nach Bezugsgrößenarten differenzierte Erfassung der Ist-Bezugsgrößen. Während sich die für den hier primär interessierenden Fertigungsbereich charakteristischen direkten Bezugsgrößen entweder retrograd aus der Lohnabrechnung ableiten oder direkt in der Kostenstelle messen lassen, werden indirekte Bezugsgrößen aus den Ist-Bezugsgrößen anderer Kostenstellen, aus Kostenartenbeträgen oder aus dem Umsatz abgeleitet.[20] Auf der Basis der so ermittelten Ist-Bezugsgrößen der jeweiligen Kostenstellen ist die Berechnung der Sollkosten möglich. Die **Sollkosten** ergeben sich durch Multiplikation der variablen Plankosten der Kostenstellenpläne mit den Ist-Beschäftigungsgraden und anschließender Addition der zugehörigen Fixkostenbeträge. Die Differenz zwischen den solchermaßen ermittelten Sollkosten der Istbeschäftigung und den erfaßten Istkosten ergibt kostenstellen- und kostenartenweise differenzierte Verbrauchsabweichungen. Diese Verbrauchsabweichungen sind schließlich die Basis für tiefergehende Untersuchungen der Abweichungsursachen sowie die sich daraus ergebenden **Kostenberichte** an die relevanten Entscheidungsträger und schließlich die dadurch initiierten **Kostendurchsprachen** mit den verantwortlichen Kostenstellenleitern und Mitgliedern der Geschäftsleitung.[21]

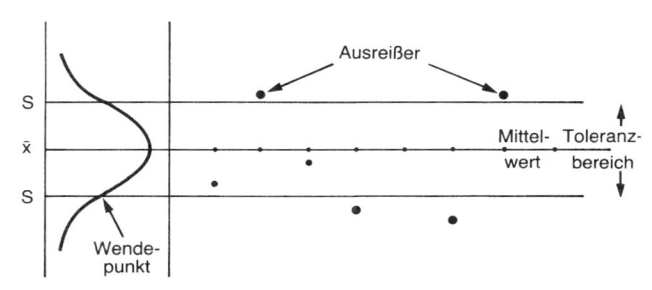

Abb. 127: Statistischer Signifikanztest[22]

b) Die Festlegung von controllingrelevanten Abweichungstoleranzschwellen

Aufgabe des Produktions-Controlling ist es nicht, alle im Rahmen der Kontrolle der Produktionskosten anfallenden Kostenabweichungen zu analysieren. Vielmehr ist es notwendig, nach Verantwortungsbereichen differenziert **Toleranzschwellen** bzw. Grenzwerte zu definieren, ab deren Über- bzw. Unterschreitung vom Produktions-Controlling eine detaillierte Ursachenanalyse angefertigt wird. Diese Angabe verantwortungsbereichsbezogener Toleranzschwellen kann als **absoluter Wert** bzw. als **prozentualer Wert** erfolgen.[23]

Geht man davon aus, daß die zu kontrollierenden Kosten in einem gewissen Umfang Zufallsschwankungen unterliegen, dann besteht die Möglichkeit, die Toleranzschwellen mit Hilfe eines **statistischen Signifikanztests**[24] zu ermitteln. Hierbei

---

[20] Vgl. *Kilger, Wolfgang:* Flexible Plankostenrechnung, S. 543 f.
[21] Vgl. *Kilger, Wolfgang:* Flexible Plankostenrechnung, S. 547.
[22] Vgl. *Huch, Burkhard:* Instrumente des Controlling, S. 738.
[23] Hierbei besteht jedoch das Problem, daß damit der unterschiedlichen Wertigkeit der zu überwachenden Produktionskostenarten nicht Rechnung getragen wird. Deshalb kommt es in entscheidender Weise darauf an, die Produktionkostenarten im Hinblick auf ihre Analysenotwendigkeit nicht nur auf ihre relative Abweichungsgröße zu untersuchen, sondern zugleich auch auf ihre Ergebniswertigkeit, gemessen an der Produktionsleistung der jeweiligen Kostenstellen bzw. auf den Umsatz abzustellen. Vgl. *Huch, Burkhard:* Instrumente des Controlling, S. 731–748, hier S. 736.
[24] Ein Beispiel hierzu findet sich bei *Huch, Burkhard:* Instrumente des Controlling, S. 738 f.

286   VII. Kapitel: Das Produktions-Controlling

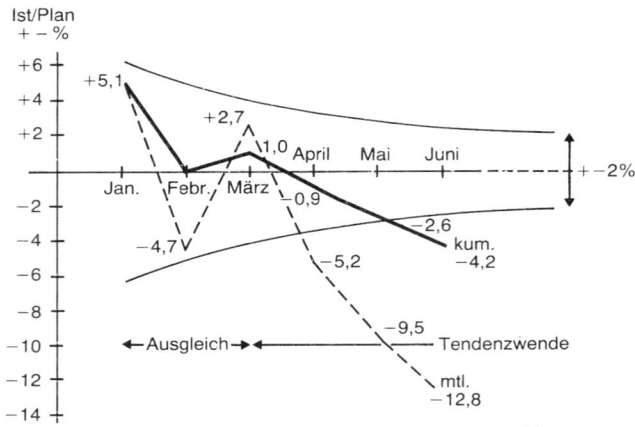

Abb. 128: Analyse von Trendentwicklungen[25]

wird um den Mittelwert x̄ der zu kontrollierenden Kostenart ein Toleranzbereich unter Verwendung der Standardabweichung s definiert. Wird der Toleranzbereich um den Mittelwert der Kostenart überschritten, ist eine tiefergehende Ursachenanalyse erforderlich (vgl. *Abb. 127*).

Anzumerken bleibt jedoch hierbei, daß bei dieser Methode die angefallenen Istgrößen an ihrem Mittelwert gemessen werden, nicht jedoch, wie es eigentlich sein müßte, an der effektiven Planvorgabe. Aus diesem Grunde ist der Signifikanztest für die sinnvolle Auswahl zu untersuchender Abweichungen nicht hinreichend.

Zusätzlich sind Trendverschiebungen in der Entwicklung der untersuchten Größen zu berücksichtigen. Da sich zufällige Abweichungen gegenseitig ausgleichen, so daß die kumulierten Abweichungswerte um den Wert Null schwanken, sorgen in der Regel erst Trendveränderungen dafür, daß die Abweichungen einen bestimmten Toleranzbereich überschreiten (vgl. *Abb. 128*).

c) Die Analyse von Verbrauchsabweichungen

Verbrauchsabweichungen A_v können nach Kostenstellen, Bezugsgrößen sowie Kostenarten differenziert als Differenz zwischen den tatsächlich angefallenen mit Planpreisen bewerteten Istkosten K_i und den Sollkosten K_s ermittelt werden:

Verbrauchsabweichung	P-C
Istkosten zu Planpreisen ./. Sollkosten	

---

[25] Entnommen aus *Huch, Burkhard:* Instrumente des Controlling, S. 741.

B. Instrumente des Produktions-Controlling 287

Kostenstellen-Bezeichnung : Dreherei	Kostenstellen-Leiter : Müller		Jahr: 1996	
Kostenstellen-Nr. : 281	Stellvertreter : Meier		Monat: Juni	
Plan-Beschäftigung : 800 Masch.std.	Fixkosten : 7200			
Ist-Beschäftigung : 600 Masch.std.	Nutzkosten : 5400			
Beschäftigungsgrad : 75%	Leerkosten : 1800		Leerk. s. Jahresanfang : 3024	
⌀ Besch.grad s. Jahr.anf.: 86%	Leerk. in % d. Fixk. : 25		Leerk. in % s. Jahr.anf. : 14	

Kostenartenbezeichnung	Var. Istk.	Var. Sollk.	Fixk.	Verbr.abw. DM	%	seit Jahresanfang Verbr.abw. DM	%
Fertigungslöhne	2800	2800	-	-	-	-	-
Zusatzlöhne (für Akkordarbeit)	240	90	-	150	167	260	95
Hilfslöhne (Vorarbeiter)	190	150	200	40	27	90	20
Hilfslöhne (Reinigung)	100	135	-	./. 35	./. 26	./. 40	./. 9
Kalk. Sozialkosten (Löhne)	1588	1518	90	70	5	140	3
Schmieröl	14	19	-	./. 5	./. 26	3	1
Schleifemulsion	120	150	-	./. 30	./. 20	./. 80	./. 19
Werkzeuge (insbes. Schleifscheiben)	780	600	-	180	30	500	32
Eigenreparaturen	198	169	75	29	17	70	15
Ersatzteile und Kleinmaterial	49	49	35	0	0	./. 12	./. 8
Kalk. Abschreibungen	900	900	2600	-	-	-	-
Kalk. Zinsen auf Anlagen	-	-	1000	-	-	-	-
Kalk. Stromkosten	490	420	40	70	17	180	15
Kalk. Raumkosten	-	-	1200	-	-	-	-
Kalk. Leitungsanteile	600	600	-	-	-	-	-
Sekundäre Fixkosten	-	-	1960	-	-	-	-
Summen	8069	7600	7200	469	6	1111	4

Abb. 129: Betriebsabrechnung auf Grenzkostenbasis mit ausgewiesenen Verbrauchsabweichungen

Diese Grundformel läßt sich insofern variieren, als die Verbrauchsabweichungen auch lediglich auf Basis variabler Kostenbestandteile ermittelt werden können. Diese Variante ist insbesondere dann anzutreffen, wenn das zugrundeliegende Kostenrechnungssystem auf Grenzkostenbasis aufgebaut ist (vgl. *Abb. 129*); (vgl. hierzu *Haberstock, Lothar:* Kostenrechnung II, S. 309).

Grundsätzlich ist es sinnvoll, die unterjährig festgestellten Abweichungen zu kumulieren, um somit festzustellen, ob über das Abrechnungsjahr gesehen ein Schwankungsausgleich eintritt oder aber ein besonderer Abweichungstrend erkennbar ist. Im Hinblick auf die Ursachenanalyse der Kostenabweichungen ist festzustellen, daß die Verbrauchsabweichung noch eine zu globale Größe für die betriebswirtschaftliche Unwirtschaftlichkeit darstellt. Deshalb ist es für eine sinnvolle Ursachenanalyse notwendig, die Verbrauchsabweichung kostenbestimmungsfaktororientiert in Spezialabweichungen aufzuteilen. Die dann nach Abspaltung der Spezialabweichungen nicht mehr zuordenbare Restabweichung wird schließlich auf den Kostenbestimmungsfaktor „innerbetriebliche Unwirtschaftlichkeit" zurückgeführt.

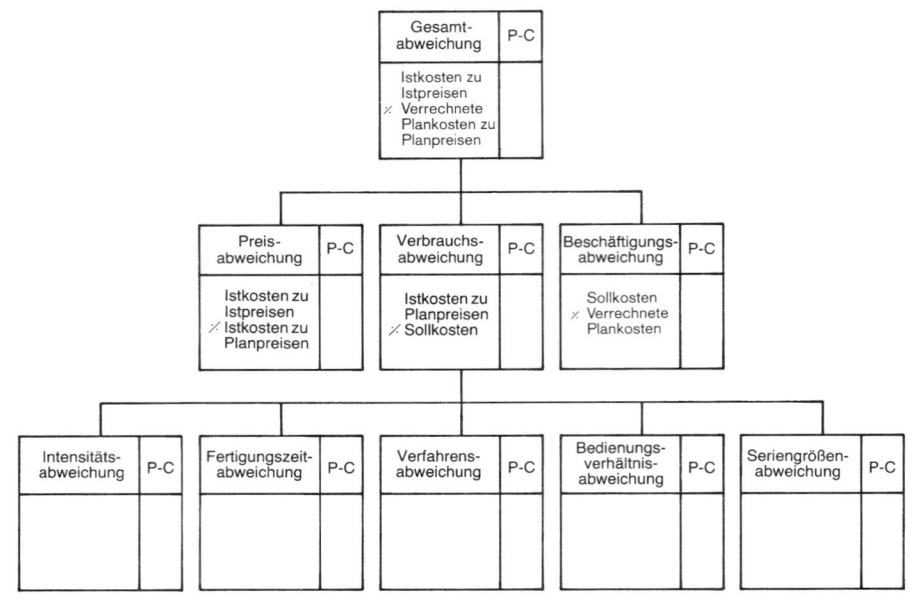

Abb. 130: Systematik der Kostenabweichungen

d) Spezialabweichungen

Während die globale Verbrauchsabweichung, wie dargestellt, im Betriebsabrechnungsbogen ausgewiesen wird (vgl. *Abb. 129*), werden die Spezialabweichungen in aller Regel nur für die bedeutenden Kostenbestimmungsfaktoren in gesonderten Nebenrechnungen ermittelt.[26] Sie lassen sich, wie alle Kostenabweichungen, gegebenenfalls neben dem Betriebsabrechnungsbogen in Form von Kennzahlen zu ergänzenden Informationen darstellen. Beispielhaft sei hier auf die Kostenabweichungen aufgrund außerplanmäßiger Produktionsverfahren bzw. **Verfahrensabweichungen** eingegangen, die sich unter Umständen dann ergeben, wenn aufgrund eintretender Engpässe bzw. aufgrund von Betriebsstörungen im Fertigungsbereich sowie aufgrund von Terminproblemen die Fertigung nicht auf den geplanten Fertigungsstellen durchgeführt werden kann. Solche Verfahrensabweichungen können gleichfalls durch Ersatz von Maschinenarbeitsgängen durch Lohnarbeit bzw. Veränderung der Relationen zwischen Eigenfertigung und Fremdbezug auftreten. Sofern keine abweichenden Fertigungsverfahren Anwendung finden, können gleichwohl Kostenabweichungen z.B. dadurch entstehen, daß in Kostenstellen mit Serienproduktion die effektiv anfallenden Rüstzeiten nicht mehr mit den geplanten Rüstzeiten übereinstimmen. Da in den Kostenstellen die Plan-Rüstzeiten der tatsächlich ausgeführten Rüstvorgänge erfaßt werden, in der Kostenträgerzeitrechnung jedoch die Plan-Rüstzeiten der geplanten Rüstvorgänge angesetzt werden, entsteht eine Kostenabweichung zwischen Ko-

---

[26] Zu den verschiedenen Spezialabweichungen vgl. im folgenden insbes. *Kilger, Wolfgang:* Flexible Plankostenrechnung, S. 559–574.

stenstellen- und Kostenträgerzeitrechnung, die **Seriengrößenabweichung** genannt wird. Spezielle Kostenabweichungen entstehen darüber hinaus durch intensitätsmäßige Anpassungsprozesse von Betriebsmitteln. Die Abweichungen ergeben sich daraus, daß im Rahmen der Kostenstellenrechnung nicht-lineare Sollkostenfunktionen angesetzt werden und damit zwangsläufig mit variablen Durchschnittskosten gerechnet wird, wohingegen im Rahmen der Plankalkulation von konstanten Durchschnittskosten ausgegangen wird, die in der Regel auf Basis der optimalen Intensität abgeleitet sind. Die daraus resultierenden Abweichungen zwischen Kostenstellen- und Kostenträgerzeitrechnung werden **Intensitätsabweichungen** genannt. Im Einzelfall kann es darüber hinaus für eine tiefergehende Ursachenanalyse sinnvoll sein, die Verbrauchsabweichung noch weiter in spezielle Kostenabweichungen, wie z.B. Fertigungszeitabweichungen oder Bedienungsverhältnisabweichungen, aufzuspalten (vgl. *Abb. 130*).

2. Die Nutz- und Leerkostenanalyse

In der flexiblen Plankostenrechnung auf Vollkostenbasis werden die fixen Kosten der Planbeschäftigung auf die Kostenträgereinheiten verrechnet, d.h. proportionalisiert, während den Kostenstellen die geplanten Fixkosten unabhängig von der Planbeschäftigung zugerechnet werden. Die daraus resultierende Kostenabweichung zwischen Kostenstellen- und Kostenträgerrechnung wird **Beschäftigungsabweichung** genannt. Im Gegensatz zu den anderen bereits dargestellten Kostenabweichungen der Plankostenrechnung drückt die Beschäftigungsabweichung keine echten Mehr- oder Minderkosten aus.[27] Vielmehr werden bei Überbeschäftigung zuviel, bei Unterbeschäftigung zuwenig fixe Kosten kalkuliert und verrechnet. Aufgabe des Produktions-Controlling ist es deshalb, die Beschäftigungsabweichungen laufend zu verfolgen, da sie schnell zu ungedeckten Abschreibungen und damit insbesondere bei fremdfinanzierten Investitionen zu entsprechenden Tilgungslücken führen können.

Über die in der flexiblen Plankostenrechnung auf Vollkostenbasis vorgesehene Erfassung der Beschäftigungsabweichung hinaus sollte das Produktions-Controlling auch jeweils die Relation von geplanter zu maximal möglicher Beschäftigung erfassen. Nicht nur die zu Beginn eines Planungsabschnittes (Jahr) vorgesehene **Kapazitätsauslastung**, sondern auch die technisch mögliche und gegebenenfalls ursprünglich bei der Neuinvestition vorgesehene Kapazitätsauslastung ist im Hinblick auf die wirtschaftliche Nutzung des im Unternehmen eingesetzten Kapitals von Interesse. Wenn im Rahmen der Plankostenrechnung zu Beginn einer Planungsperiode gleich von einer geringer geschätzten Kapazitätsauslastung als der ursprünglich bei der Investitionsrechnung zugrunde gelegten ausgegangen wird und die Ist-Beschäftigung der Plan-Beschäftigung entspricht, führt dies zu einer Plan-Beschäftigungsabweichung von Null. Trotzdem kann die Existenz des Unternehmens gefährdet sein, wenn die gegenüber der ursprünglichen Investitionsplanung vorgesehene Plan-Beschäftigung laufend niedriger angesetzt wird, weil

---

[27] Vgl. *Kilger, Wolfgang:* Flexible Plankostenrechnung, S. 579.

dann die anteiligen periodischen Abschreibungen auf eine zu geringe Nutzkapazität verteilt werden, ohne daß die Produktionsleitung laufend darauf hingewiesen wird, daß die vergleichsweise geringe Kapazitätsauslastung zu relativ hohen fixen Kosten pro verrechneter Leistungseinheit führt. Zu hohe anteilig verrechnete Produktionskosten können dann gegebenenfalls die Wettbewerbsfähigkeit der Unternehmung entscheidend schmälern, ohne daß die Ursache hierfür, die schlecht ausgenutzten Kapazitäten, über entsprechende Planabweichungen aus der Plankostenrechnung erkennbar würde.

In der Grenzplankostenrechnung werden keine fixen Kosten in die Kalkulationssätze einbezogen, so daß keine Beschäftigungsabweichungen auftreten. In der Regel ist es jedoch erforderlich, die Auslastung der fixe Kosten verursachenden Potentialfaktoren zu überwachen. Dies kann durch einen Soll-Ist-Kostenvergleich in Form einer Deckungskontrolle der fixen Kosten erfolgen. *Kilger* schlägt hierzu vor, die geplanten fixen Kosten jeder Kostenstelle mit dem zugehörigen Ist-Beschäftigungsgrad zu multiplizieren.[28] Der auf diese Weise berechnete Betrag wird als **„gedeckte fixe Kosten"** bezeichnet. Die Differenz zwischen geplanten fixen Kosten und gedeckten fixen Kosten entspricht der Beschäftigungsabweichung der nach dem Vollkostenprinzip durchgeführten flexiblen Plankostenrechnung. Als Kennzahl läßt sich dieser Zusammenhang wie folgt erfassen:

Beschäftigungsgrad	P-C
$\dfrac{\text{Effektive Produktionsstunden}}{\text{Geplante Betriebsbereitschaft in Stunden (Planbeschäftigung)}} \cdot 100$	

Bei einer geplanten Betriebsbereitschaft von 2000 Std. pro Planungsabschnitt (Jahr) und einer Ist-Beschäftigung von 1600 Std. pro Planungsabschnitt ergibt dies einen Beschäftigungsgrad von 80 %.

Beschäftigungsgrad	P-C
$\dfrac{1600}{2000} \cdot 100$	80 %

---

[28] Vgl. *Kilger, Wolfgang:* Flexible Plankostenrechnung, S. 578f.

B. Instrumente des Produktions-Controlling 291

Analog läßt sich die Differenz zwischen der arbeitsrechtlich maximal möglichen Kapazität und der Ist-Auslastung der Kapazität durch eine entsprechende Kennzahl erfassen:

Kapazitätsauslastungsgrad	P-C
$\dfrac{\text{Effektive Produktionsstunden (Beschäftigung)}}{\text{Maximal arbeitsrechtlich mögliche Kapazitätsstunden}} \cdot 100$	

Bei einer arbeitsrechtlich maximal möglichen Kapazität von z.B. 3200 Std. bei betriebsbedingt möglichem Zweischichtbetrieb und reparaturbedingten Stillstandszeiten, die in die dritte Schicht fallen, ergibt sich ein Kapazitätsauslastungsgrad von 50 %:

Kapazitätsauslastungsgrad	P-C
$\dfrac{1600}{3200} \cdot 100$	50 %

Die technisch maximal mögliche Kapazität ergibt sich aus 365 · 24 = 8760 Std. abzüglich der reparaturbedingten durchschnittlichen Stillstandszeit von z.B. 288 Std. als:

Kapazitätsauslastungsgrad	P-C
$\dfrac{1600}{8760 - 288}$	19 %

3. Die betriebsbereitschaftsgradorientierte Kostenanalyse

Zu den Kosteneinflußgrößen Verbrauch und Beschäftigung tritt die geplante Betriebsbereitschaft als die für einen bestimmten Planungsabschnitt zur Leistungsabgabe bereitgehaltene Kapazität. In dem Umfang, in dem kurzfristig Fixkostenpotentiale etwa in Form von Miet-, Pacht-, Leasing- oder Arbeitsverträgen auf- und abbaufähig sind, müssen diese in die Kostenplanung einbezogen und sichtbar gemacht werden. Zu diesem Zwecke muß ein Grundrechenwerk für die Planung der Kosten aufgebaut werden, aus dem die jeweils relevanten Bestandteile in Abhängigkeit von der Problemstellung herausgefiltert werden können. Vor diesem Hintergrund muß die Kostenanalyse unter Berücksichtigung unterschiedlicher Betriebsbereitschaftsstufen gleichzeitig eine **kostenstellen- und unternehmensorientierte Betrachtungsweise** zulassen. Das hat zur Konsequenz, daß in der Kostenstellenrechnung für einige Kostenarten unterschiedliche Zuordnungen vorgenommen werden müssen. Deshalb muß die Kostenstellenrechnung in zwei Teile gegliedert werden, die aufgrund ihres Zweckbezuges definiert sind. Der kostenstellenorientierte, primär am Kostenkontrollzweck orientierte Teil entspricht der üblichen Plankostenrechnung, die eine Einteilung der einzelnen Kosten in proportionale (kostenstellenbezugsgrößenabhängige) und fixe (kostenstellenbezugsgrößenunabhängige) Kosten nach Maßgabe des jeweiligen Richtkostencharakters vorsieht. Der neu einzuführende unternehmensbezogene, primär entscheidungsorientierte Teil des Rechnungssystems erfordert eine Unterscheidung der Kostenarten in einen sich automatisch mit der Kostenstellenbezugsgröße verändernden (variablen) Teil und einen sich nicht automatisch verändernden, jedoch in Abhängigkeit vom Betriebsbereitschaftsgrad und der zeitlichen Wirkungsdauer durch gesonderte Entscheidungen beeinflußbaren Teil. Der explizite Ausweis von **alternativen Betriebsbereitschaftsgraden** kann mit gleichen Abständen von z.B. 100 %, 90 %, 80 % Betriebsbereitschaft erfolgen oder nur für bestimmte Betriebsbereitschaftsgrade, in denen sich die Wirkungen von Kostenaufbau- oder Kostenabbauentscheidungen kumulieren, festgelegt werden. Eine exakte Festlegung dieser Grade ist jedoch immer nur kostenstellenweise möglich, so daß auch in einer unternehmensorientierten Betrachtungsweise die Kostenstelle als Ort der Kostenentstehung, Kostenanalyse und Kostenplanung unabdingbar ist. Die Betriebsbereitschaftsgrade müssen zusätzlich danach unterschieden werden, auf Basis welcher **zeitlichen Dimensionen** sie relevant sind. Aufgrund der zeitlichen Einteilung lassen sich unterschiedliche Betriebsbereitschaftsgrade μ in Höhe von $(100 - y_\mu)$ % mit $0 \leq y_\mu \leq 100$ nach den Zeiträumen Monat, Quartal, Halbjahr und Jahr unterscheiden. Für die Wahl der Zeiträume sollten die Bindungsdauern der Kostenarten in den Kostenstellen maßgebend sein.

Eine Strukturierung in automatisch veränderbare bzw. in Abhängigkeit von Zeiträumen und Betriebsbereitschaftsgraden veränderbare Kosten läßt sich kostenstellenweise nur für die **primären Kostenarten** durchführen. Für die **sekundären Kosten** ist diese nicht in gleicher Weise möglich. Sie setzen sich in der Regel aus mehreren Kostenarten zusammen und werden nicht selten über mehrere Kostenstellen verrechnet.[29] Werden nur in geringem Umfang innerbetriebliche Leistungen erzeugt, wird nicht selten auf eine Strukturierung der sekundären Kostenarten verzichtet. Theoretisch richtig und bei entsprechend komplexen innerbetrieblichen Leistungsbeziehungen unumgänglich ist es, nach der Durchführung der **innerbetrieblichen Leistungsverrechnung** im unternehmensorientierten Teil pro Kostenstelle eine gesonderte Analyse der sekundären Kosten durchzuführen.[30] Die **sekundären Fixkosten** müssen hierbei unberücksichtigt bleiben. Bei der Analyse von Kostenwirkungen einzelner Entscheidungen in den Kostenstellen ist dann zu erkennen, welche primären Kostenarten sich direkt bzw. potentiell in den Hauptkostenstellen verändern und welche Kostenveränderungen sich in den einzelnen liefernden Hilfskostenstellen automatisch ergeben.

Die sich daraus ergebende notwendige Erweiterung des Kostenrechnungssystems bedingt eine Erweiterung der Kostenpläne und Kostenstellen. Der Kostenplan muß zwei Bestandteile beinhalten: einen Teil des Kostenplans, der pro Bezugsgrößenart und Kostenstelle die einzelnen Kostenarten – in **fixe und variable Kosten** unter Berücksichtigung des Richtkostencharakters unterteilt – wiedergibt und einen unternehmensorientierten Teil des Kostenplans. Der unternehmensorientierte Teil des Kostenplans muß die **zeitliche Struktur** und die **Bereitschaftswirkungen** der einzelnen Kostenarten widerspiegeln. Dies ist durch eine Trennung der Kosten in variable, d.h. sich mit der Kostenstellenbezugsgröße ohne nennenswerte Zeitverzögerung und ohne gesonderte zusätzliche Entscheidungen verändernde Kosten, und in Kosten, die erst mit Zeitverzögerungen und nur auf Basis gesonderter Entscheidungen über Potentialfaktorbestände anpaßbar sind, möglich. Diese zeitliche Dimension wird analog zur Differenzierung in Potentialfaktoren mit zeitabhängiger Nutzungsdauer bzw. mit im voraus nicht bekannter Nutzungsdauer durch die Zeiträume Monat, Quartal, Halbjahr oder Jahr und längerfristig strukturiert.[31] Die genannten Zeiträume sind dabei identisch mit den Kalenderzeiträumen, da sich auch die Bindungsfristen der einzelnen Verträge in der Regel an Kalenderzeiträumen orientieren.

Als „längerfristig" werden die Kostenwerte ausgewiesen, die in erster Linie als Deckungsbedarf für nicht veränderliche Potentiale mit im voraus nicht bekannter bzw. mit im voraus bekannter, jedoch überjähriger Nutzungsdauer definiert sind, wie z.B. **Abschreibungen**, überjährig festgelegte **Mieten**, aber auch **Gehälter** und dgl. Damit werden gleichzeitig die für Entscheidungsprobleme auf Basis der Kostenrechnung nicht relevanten Bestandteile von den in Abhängigkeit von der Zeitdimension und der Betriebsbereitschaftswirkung relevanten Kosten abgesondert. Die Einplanung der Kostenarten in die Rubriken Monat, Quartal und Halbjahr und längerfristig erfolgt nach Maßgabe der **Bindungsfristen** unterjährig beeinfluß-

---

[29] Vgl. hierzu *Scholl, Hermann J.*: Fixkostenorientierte Plankostenrechnung, Würzburg – Wien 1981, S. 137–140; ferner *Männel, Wolfgang*: Grundzüge einer aussagefähigen Kostenspaltung, in: KRP, 3/1972, S. 111–119, hier S. 119; vgl. dazu auch das Verfahren der Grenzkostenbewertung innerbetrieblicher Leistungen bei *Kilger, Wolfgang*: Einführung in die Kostenrechnung, 3. Auflage, Wiesbaden 1987, S. 224–227.

[30] Zum Verfahren der Verteilung sekundärer Fixkosten vgl. *Kilger, Wolfgang*: Einführung in die Kostenrechnung, S. 233–237.

[31] Vgl. hierzu *Reichmann, Thomas*: Kosten und Preisgrenzen, S. 38f.

294 VII. Kapitel: Das Produktions-Controlling

Kostenplan														Kostenstellennummer:	
Planbeschäftigung: $B^{(p)}$			Optimalkapazität: B_{opt}					Kostenstellenbezeichnung:						Stellvertreter:	
			Maximalkapazität: B_{max}					Kostenstellenleiter:							
Kostenarten		Plan- verbrauch	Plan- preis	Plankosten											
								Zeitstruktur							
				Varia- bel	Monat			Quartal			Halbjahr			Längerfristig	
						Betriebsbereit- schaftsgrad			Betriebsbereit- schaftsgrad			Betriebsbereit- schaftsgrad			Betriebsbereit- schaftsgrad
					$(100-y_r)$	...	$(100-y_1)$	$(100-y_r)$	...	$(100-y_1)$	$(100-y_r)$	...	$(100-y_1)$	$(100-y_r)$	$(100-y_1)$
Nr.	Benennung														
I. Primärkosten															
1		$m_1 \cdot B^{(p)}$	q_1	$K_{v1}^{(p)}$	$K_{1M y_r}^{(p)}$	...	$K_{1M y_1}^{(p)}$	$K_{1Q y_r}^{(p)}$	...	$K_{1Q y_1}^{(p)}$	$K_{1H y_r}^{(p)}$	...	$K_{1H y_1}^{(p)}$	$K_{1L y_r}^{(p)}$	$K_{1L y_1}^{(p)}$
2		$m_2 \cdot B^{(p)}$	q_2	$K_{v2}^{(p)}$	$K_{2M y_r}^{(p)}$	...		$K_{2Q y_r}^{(p)}$	...		$K_{2H y_r}^{(p)}$	...		$K_{2L y_r}^{(p)}$	$K_{2L y_1}^{(p)}$
3		$m_3 \cdot B^{(p)}$	q_3	$K_{v3}^{(p)}$	$K_{3M y_r}^{(p)}$	...		$K_{3Q y_r}^{(p)}$	...		$K_{3H y_r}^{(p)}$	...		$K_{3L y_r}^{(p)}$	$K_{3L y_1}^{(p)}$
...					...			...			...			...	
i		$m_i \cdot B^{(p)}$	q_i	$K_{vi}^{(p)}$	$K_{iM y_r}^{(p)}$	...		$K_{iQ y_r}^{(p)}$	...		$K_{iH y_r}^{(p)}$	...		$K_{iL y_r}^{(p)}$	
...					...			...			...			...	
r-1		$m_{r-1} \cdot B^{(p)}$	q_{r-1}	$K_{v,r-1}^{(p)}$	$K_{r-1M y_r}^{(p)}$	...		$K_{r-1Q y_r}^{(p)}$	...		$K_{r-1H y_r}^{(p)}$	...		$K_{r-1L y_r}^{(p)}$	$K_{r-1L y_1}^{(p)}$
r		$m_r \cdot B^{(p)}$	q_r	$K_{vr}^{(p)}$	$K_{rM y_r}^{(p)}$	...		$K_{rQ y_r}^{(p)}$	...		$K_{rH y_r}^{(p)}$	...		$K_{rL y_r}^{(p)}$	$K_{rL y_1}^{(p)}$

B. Instrumente des Produktions-Controlling 295

Kostenarten		Ein-heit	Plan-verbrauch	Plan-preis	Plankosten													
						Zeitstruktur												
					Variabel	Monat				Quartal				Halbjahr				Längerfristig	
						Betriebsbereit-schaftsgrad				Betriebsbereit-schaftsgrad				Betriebsbereit-schaftsgrad				Betriebsbereit-schaftsgrad	
						$(100-y_\tau)$	...	$(100-y_1)$		$(100-y_\tau)$	...	$(100-y_1)$		$(100-y_\tau)$	...	$(100-y_1)$		$(100-y_\tau)$	...	$(100-y_1)$
Nr.	Benennung																		
	II. Sekundärkosten																		
1			$m_{s1} \cdot B^{(p)}$	d_1	$K_{sv1}^{(p)}$	$K_{s1M y_\tau}^{(p)}$	...	$K_{s1M y_1}^{(p)}$	$K_{s1Q y_\tau}^{(p)}$	...	$K_{s1Q y_1}^{(p)}$	$K_{s1H y_\tau}^{(p)}$	...	$K_{s1H y_1}^{(p)}$	$K_{s1L y_\tau}^{(p)}$	...	$K_{s1L y_1}^{(p)}$
2			$m_{s2} \cdot B^{(p)}$	d_2	$K_{sv2}^{(p)}$	$K_{s2M y_\tau}^{(p)}$			$K_{s2Q y_\tau}^{(p)}$			$K_{s2H y_\tau}^{(p)}$			$K_{s2L y_\tau}^{(p)}$		
...						...			...			...			...		
i			$m_{si} \cdot B^{(p)}$	d_i	$K_{svi}^{(p)}$	$K_{siM y_\tau}^{(p)}$	...	$K_{siM y_1}^{(p)}$	$K_{siQ y_\tau}^{(p)}$	...	$K_{siQ y_1}^{(p)}$	$K_{siH y_\tau}^{(p)}$	...	$K_{siH y_1}^{(p)}$	$K_{siL y_\tau}^{(p)}$	...	$K_{siL y_1}^{(p)}$
...						...			...			...			...		
z			$m_{sz} \cdot B^{(p)}$	d_z	$K_{svz}^{(p)}$	$K_{szM y_\tau}^{(p)}$	...		$K_{szQ y_\tau}^{(p)}$	...		$K_{szH y_\tau}^{(p)}$	...		$K_{szL y_\tau}^{(p)}$	...	
	Plankostensumme				$K_v^{(p)}$	$K_{M y_\tau}^{(p)}$	...	$K_{M y_1}^{(p)}$	$K_{Q y_\tau}^{(p)}$	...	$K_{Q y_1}^{(p)}$	$K_{H y_\tau}^{(p)}$	...	$K_{H y_1}^{(p)}$	$K_{L y_\tau}^{(p)}$	...	$K_{L y_1}^{(p)}$
	Planverrechnungssatz				$d^{(p)}$												

μ = Index der Betriebsbereitschaftsänderung ($\mu = 1, \ldots, \tau$)
$K_{y_\mu}^{(p)}$ = geplante Kosten der Primärkostenart i mit Betriebsbereitschaftswirkung y_μ, die im Monatszeitraum (M), im Quartalszeitraum (Q), im Halbjahreszeitraum (H) oder im Jahreszeitraum und längerfristig (L) beeinflußbar sind
$K_{si y_\mu}^{(p)}$ = geplante Kosten der Sekundärkostenart l mit Betriebsbereitschaftswirkungen y_μ, die im Monatszeitraum (M), im Quartalszeitraum (Q), im Halbjahreszeitraum (H) oder im Jahreszeitraum und längerfristig (L) beeinflußbar sind

Abb. 131: Unternehmensorientierter Kostenplan

barer Potentiale, wobei jeweils mit berücksichtigt wird, welche Veränderungen in der Betriebsbereitschaft durch eine Anpassung dieser Kostenarten bewirkt werden.

Zu berücksichtigen ist dabei, daß sich diese Betriebsbereitschaftswirkungen auch pro Kostenart kumulieren. Sind z. B. in einer Kostenstelle zwei Personen tätig, die unterschiedliche Löhne erhalten und deren Arbeitsverhältnisse durch unterschiedlich lange Bindungsfristen gekennzeichnet sind, z. B. Monat und Halbjahr, so führt die isolierte Betrachtung der Anpassung der einzelnen Arbeitskosten jeweils zu einem Betriebsbereitschaftsgrad zwischen 100 % und 0 %. In der Kostenplanung werden jedoch die beiden Personen nicht isoliert betrachtet, sondern die Arbeitskosten des monatlich kündbaren Mitarbeiters werden z. B. in die Rubrik „Monat/60 %" eingeplant, während die Arbeitskosten des halbjährlich anpaßbaren Beschäftigten dann in der Rubrik „Halbjahr/0 %" ausgewiesen werden. Damit wird eine gewisse Vorentscheidung über die Reihenfolge von Anpassungsmaßnahmen schon in der Kostenplanung vorgenommen, deren Kenntnis bei der Nutzung der Kosteninformationen wichtig ist, die jedoch auch in vielen Fällen durch die Gegebenheiten in den Kostenstellen begründet ist. Der Verrechnungsweg der Kosten innerbetrieblicher Leistungen von Hilfskostenstellen auf andere Hilfskostenstellen und letztendlich auf Hauptkostenstellen bleibt analog zur bisherigen Praxis in der Grenzplankostenrechnung bestehen, wobei jedoch nur die kostenstellenbezugsgrößenabhängigen Kosten weiterverrechnet werden dürfen.[32] Ein entsprechender unternehmensorientierter Kostenplan einer Kostenstelle ist in *Abb. 131* dargestellt.[33]

Ausgangspunkt für die Erstellung von Kostenplänen bildet ein geplanter Betriebsbereitschaftsgrad von 100 % (**Basiskostenplan**), der im Rahmen der Engpaßplanung auf die betrieblichen Teilpläne im Gesamtplanungssystem abgestimmt ist. In dem Basiskostenplan werden diejenigen Kosten erfaßt und geplant, die bei planmäßiger Entwicklung im Planungszeitraum zu erwarten sind. Gleichzeitig wird die Abbaustruktur der planmäßig zu erwartenden Kosten offengelegt, so daß Anpassungsentscheidungen im Sinne einer Verringerung der Betriebsbereitschaft in einzelnen Kostenstellen auf Basis relevanter Kostenwerte getroffen werden können.

Erfaßt werden dagegen weder die **kostenmäßigen Auswirkungen von Anpassungsentscheidungen**, die zu einer Erhöhung der Betriebsbereitschaft über das geplante Niveau hinaus führen, noch die zusätzlichen Kostenwirkungen von Verringerungen des Betriebsbereitschaftsgrades, wie Stillstandskosten, Stillsetzungskosten, Wiederingangsetzungskosten usw.[34] Diese Anpassungsentscheidungen sind im Gegensatz zu den Planungsentscheidungen dadurch gekennzeichnet, daß

---

[32] Entsprechend dem Umfang der innerbetrieblichen Leistungsbeziehungen kann ein umfangreiches System von Gleichungen erforderlich werden, das jedoch bei Einsatz von EDV-Anlagen mit vertretbarem Programmier- und Rechenaufwand durch die Nutzung komplexer Programmiersprachen, wie z. B. APL, lösbar ist. Siehe hierzu etwa APL Einführung. *IBM Deutschland GmbH,* FORM GE 12 – 1043 – 3, 1977, S. 68; *Lattermann, Dietmar:* APL in Beispielen, 2. Aufl., München, Wien 1980.

[33] Vgl. *Scholl, Hermann J.:* Fixkostenorientierte Plankostenrechnung, S. 145.

[34] Zum gesamten Problemkomplex der Betriebsunterbrechungskosten vgl. *Kollerer, Helmuth:* Die betriebswirtschaftliche Problematik von Betriebsunterbrechungen. Planungsgrundlagen zur Berücksichtigung von Betriebsunterbrechungen im Rahmen der Unternehmenspolitik, Berlin 1978, S. 173–220.

zum Planungszeitpunkt noch nicht abzusehen ist, ob sie im Planungszeitraum relevant werden, so daß ihre Kostenwirkungen im Grunde hypothetischen Charakter besitzen. Derartige Kostenwirkungen können nur in **Zusatzkostenplänen**[35] geplant werden, die dann relevant werden, wenn Entscheidungen über die Erhöhung bzw. Verringerung von Betriebsbereitschaftsgraden tatsächlich anstehen.[36]

Im Rahmen der **Betriebsbereitschaftsgrad-Erhöhung** sind dabei die Kostenwirkungen zeitlicher Anpassungsmaßnahmen, wie Einsatz von Mehrarbeitszeiten, soweit diese durch die Arbeitszeitordnung und die Manteltarifverträge zugelassen werden, und Einführung von Sonderschichten bzw. Erhöhung der Schichtzahlen pro Tag, neben den Wirkungen zeitlich- und rein-intensitätsmäßiger Anpassungsmaßnahmen zu planen. In die Zusatzkostenpläne gehen nur die zusätzlichen Kosten, die durch diese Maßnahmen auftreten, ein, so daß diese Zusatzkostenpläne immer nur in Verbindung mit den Basiskostenplänen Gültigkeit haben. Aus den einzelnen Spalten des Zusatzkostenplans ist dann erkennbar, welche zusätzlichen, ggf. durchschnittlichen variablen Kosten aufgrund des nicht-linearen Verlaufs der Kostenfunktion bei **rein-intensitätsmäßiger** Anpassung bzw. unsteiger Kostenfunktionen bei **zeitlicher Anpassung** im Intervall zwischen geplanter Betriebsbereitschaft ($B^{(p)}$) und der nächsten Stufe $B^{(p)} + \Delta B$ und welche **zusätzlichen bezugsgrößenunabhängigen**, auf gesonderten Entscheidungen basierenden und durch die Betriebsbereitschaftsgrad-Änderungen bedingten **Kosten für Potentialfaktoren** mit zeitabhängiger Nutzungsdauer, wie zusätzlicher Meisterlohn, anfallen. Der Ausweis der nicht-variablen Zusatzkosten erfolgt unter Berücksichtigung der dadurch eingegangenen Bindungsdauern. Das Intervall ($B^{(p)} + \Delta B$) kann in mehrere Stufen von Betriebsbereitschaftsgraden $(100 + y_\mu)$ % unterteilt werden, die durch jeweils gesonderte Anpassungsmaßnahmen gekennzeichnet sind. Im Falle der genannten Anpassungsmaßnahmen könnte z.B. der Betriebsbereitschaftsgrad $(100 + y_{\tau+1})$ % die variablen und nicht-variablen Kostenwirkungen von Mehrarbeits- und Sonderschichteinsatz umfassen, während der Betriebsbereitschaftsgrad $(100 + y_{\tau+2})$ % sich auf die Einführung der zweiten oder dritten Schicht beziehen würde. Während das Intervall ($B^{(p)} + \Delta B$) bei zeitlich-intensitätsmäßiger Anpassung den gesamten Beschäftigungsbereich zwischen Planbeschäftigung und Optimalkapazität in einer Stufe umfassen kann, muß in Bereichen oberhalb der Optimalkapazität aufgrund der hier auftretenden nicht-linearen Einsatzfaktorfunktionen die Stufengröße von der Fehlerquote der Durchschnittsintensitäten und daraus resultierenden Durchschnittskostensätzen abhängig gemacht werden.

In den Fällen, in denen der Betriebsbereitschaftsgrad in Kostenstellen verringert wird, treten ggf. Zusatzkosten in Form von zusätzlichen **Stillsetzungs-, Stillstands-** und **Wiederanlaufkosten** auf. Die zu planenden Kosten basieren dabei auf den entsprechenden Aktionsplänen, in denen vorgegeben wird, was in den einzelnen Phasen der Verringerung des Betriebsbereitschaftsgrades bis zur Totalstillegung einzelner Anlagen oder Anlagenkomplexe getan werden muß.

---

[35] Vgl. hierzu im einzelnen *Scholl, Hermann J.*: Fixkostenorientierte Plankostenrechnung, S. 148–155.
[36] Zu den Kostenwirkungen von Anpassungsmaßnahmen vgl. *Kilger, Wolfgang*: Flexible Plankostenrechnung, S. 151–158; *Reichmann, Thomas*: Anpassungsprozesse im Lagerbereich, S. 766–774.

298   VII. Kapitel: Das Produktions-Controlling

Von den Einflußgrößen, die diese Kosten bestimmen, seien im folgenden als Haupteinflußgrößen die **Entscheidung über die Stillegungsdauer**, welche mit Hilfe der Bezugsgröße Stillstandszeit gemessen werden kann, und die **Entscheidung über die Höhe der Verringerung der Betriebsbereitschaft**, welche durch unterschiedliche Betriebsbereitschaftsgrade in diskreter Form beschrieben wird, näher betrachtet. Sowohl die Stillstandsdauer als auch die Höhe der vorzunehmenden Betriebsbereitschaftsverringerung bedingen zusätzliche Kostenwirkungen unterschiedlichster Art.[37] Während auf die Stillstandsdauer vornehmlich die zusätzlichen **Kosten der Wartung** und **Anlagenwertminderung** zurückzuführen sind, hängen von der Höhe der Betriebsbereitschaftsminderung die Stillegungs- und Wiederanlaufkosten, wie z. B. Kosten der **Konservierung von Anlagen** bzw. **Konventionalstrafen bei Vertragspotentialen**, Sozialleistungen in Form von **Kündigungsprämien** oder **Anwerbung** und **Ausbildung von Mitarbeitern** sowie **Materialausschuß** beim Wiederanlauf von Maschinen, ab. Dabei gilt grundsätzlich, daß mit zunehmender Verringerung der Betriebsbereitschaft die Stillegungs- und auch Wiederanlaufkosten sprungweise zunehmen.

Zur Einplanung der Kostenarten können verschiedene Verfahren zur Anwendung kommen. Entweder werden die Kostenbeträge, die nicht variabel sind, kumuliert oder nicht kumuliert je Zeitraum und Betriebsbereitschaftsgrad eingeplant. Bei einer **kumulierten Einplanung** können die relevanten Kostenwerte, die mit den jeweiligen Betriebsbereitschaftsgraden verbunden sind, direkt aus den betreffenden Spalten abgelesen werden. Die kumulierte Einplanung pro Zeitraum ist mit dem Nachteil verbunden, daß dadurch möglicherweise Informationen verloren gehen. In einer Grundrechnung sollten in erster Linie originäre Werte ausgewiesen werden, die in besonderen Entscheidungssituationen problemadäquat zusammengefaßt sind. In der vorliegenden Untersuchung wird von einer **Einplanung** der einzelnen Kostenarten **in nicht-kumulierter Form** ausgegangen. Dieses sei an einem einfachen Zahlenbeispiel (vgl. *Abb. 132*) dargestellt.

Kostenart	gesamt	monatlich			quartalsweise			halbjährig			längerfristig		
		70%	60%	0%	70%	60%	0%	70%	60%	0%	70%	60%	0%
Hilfslöhne	386 000	31 000								7000			
Lagermiete	292 000				66 000								28 000
Maschinenmiete	144 000	12 000											
Fremdleistungen	60 000			5000									

Abb. 132: Gemeinkostenplan

Die in dem Zahlenbeispiel dargestellte Einplanung der Kostenarten (Löhne, Lagermiete, Maschinenmiete und Fremdleistungen) erlaubt es, diese einzeln oder durch Addition aller ausgewiesenen Kostenwerte insgesamt pro Kostenstelle und Abrechnungsperiode zu berechnen. In den jeweiligen Kostenplänen ist direkt erkennbar, welche Einzelentscheidungen, z. B. über Personalbestand oder

---

[37] Siehe dazu im einzelnen *Kollerer, Helmuth:* Die betriebswirtschaftliche Problematik von Betriebsunterbrechungen, S. 173–220.

über einzelne Vertragspotentiale, auch unter Betriebsbereitschaftsgesichtspunkten miteinander verknüpft werden können. Die **Aufgabe des Kostenplaners** ist es dann, die gesamte Höhe der Kosten in Abhängigkeit von der Planbeschäftigung und vom geplanten Betriebsbereitschaftsgrad kostenstellenweise zu bestimmen und nach erfolgter Kostenauflösung die als nicht-bezugsgrößenabhängig ausgewiesenen Kostenarten (bzw. Kostenartenanteile) danach zu strukturieren, durch welche Bindungsdauern und Betriebsbereitschaftsgrade sie gekennzeichnet sind.

Die Trennung in zwei Kostenplantypen (kostenstellen- und unternehmensorientiert) erfordert zusätzliche Analyse- und Planungsarbeit. Umfangreich wird diese Planungs- und Analysearbeit dann, wenn beide Kostenplantypen gesondert erstellt werden. Einfacher ist es, den unternehmensorientierten Kostenplan aus dem kostenstellenorientierten Kostenplan abzuleiten. Hinsichtlich der Höhe der primären Gesamtkosten zwischen kostenstellenorientierter und unternehmensorientierter Betrachtungsweise bestehen mit Ausnahme einzelner Kostenarten, wie z.B. Abschreibungen, keine Unterschiede. Folglich können die primären Gesamtkosten je Kostenart und Kostenstelle, so wie sie für die kostenstellenorientierten Kostenpläne ermittelt wurden, als Ausgangsbasis zur Erstellung der unternehmensorientierten Kostenpläne herangezogen werden. Diese primären Gesamtkosten je Kostenart und Kostenstelle werden dann mit Hilfe kostenstellenspezifischer Kostenauflösungsmatrizen, die in ihren Strukturen dem Aufbau der unternehmensorientierten Kostenpläne entsprechen, transformiert.[38] An die Primärkostentransformation kann sich dann eine gesonderte innerbetriebliche Leistungsverrechnung und -transformation anschließen.

Durch die **Kostenauflösungsmatrizen** wird festgestellt, in welchen Spalten des Kostenplans die einzelnen Kostenarten ausgewiesen werden. Dazu ist es notwendig, die Auflösungsstruktur der einzelnen Kostenarten in den Matrixzeilen festzulegen, während die Spaltenstruktur dem unternehmensorientierten Kostenplan entspricht. Die einzelnen Werte in der Matrix geben dann an, welcher Anteil der Kostenart als variabel und/oder als monatlich, quartalsweise usw. mit welchen Betriebsbereitschaftsgradwirkungen abbaufähig anzusetzen ist. Durch diese Wertefestsetzung kann die Form der Einplanung gesteuert werden. Ergibt die Summe der Kostenauflösungsfaktoren (a) einer Kostenart den Wert 1, dann handelt es sich um eine nicht-kumulierte Einplanung. Ist der Wert größer 1, dann werden die Kostenwerte in kumulierter Form ausgewiesen.

$$
\mathbf{A} = \begin{pmatrix}
a_{v1} & a_{1M\tau} & a_{1M\tau-1} & \cdots & a_{1M1} & a_{1Q\tau} & \cdots & a_{1Q1} & a_{1H\tau} & \cdots & a_{1H1} & a_{1L\tau} & a_{1L\tau-1} & \cdots & a_{1L1} \\
a_{v2} & a_{2M\tau} & & & & & & & & & & & & & a_{2L1} \\
\vdots & \vdots & & & & & & & & & & & & & \vdots \\
a_{vi} & a_{iM\tau} & & & & & & & & & & & & & a_{iL1} \\
\vdots & \vdots & & & & & & & & & & & & & \vdots \\
a_{vr} & a_{rM\tau} & a_{rM\tau-1} & \cdots & a_{rM1} & a_{rQ\tau} & \cdots & a_{rQ1} & a_{rH\tau} & \cdots & a_{rH1} & a_{rL\tau} & a_{rL\tau-1} & \cdots & a_{rL1}
\end{pmatrix}
$$

---

[38] Zum Aufbau von betriebsbereitschaftsgradabhängigen Matrizen siehe *Reichmann, Thomas*: Kosten und Preisgrenzen, S.46f. und *Scholl, Hermann J.*: Fixkostenorientierte Plankostenrechnung, S.159f.

300 VII. Kapitel: Das Produktions-Controlling

Die Zahl der Kostenauflösungsmatrizen hängt dabei von der Zahl der Bezugsgrößen, für die jeweils eigene Kostenpläne aufgestellt werden, ab. Mit Hilfe dieser Kostenauflösungsmatrizen läßt sich dann durch entsprechende **Tabellenoperationen** aus dem Vektor der Primärkostenarten i (i = 1, . . ., r) pro Bezugsgröße und Kostenstelle eine Matrix oder Tabelle in Form eines unternehmensbezogenen Kostenplanes erzeugen.

Analog zu dem hier zugrundegelegten Umsatz- und Beschäftigungsrückgang können mit Hilfe der **Kostenauflösungsmatrizen** auch die Möglichkeiten eines konjunktur- oder saisonbedingten Wiederanstiegs der Beschäftigung berücksichtigt werden. So wie Beschäftigungsrückgänge Fragen zwischenzeitlichen Abbaus beschäftigungsunabhängiger Kosten einschließlich der Zusatzkosten aufwerfen, so sind auch Probleme des **Kostenaufbaus** z.B. mit Entscheidungen über Zusatzaufträge bei gegebenem Potentialfaktorbestand, jedoch beeinflußbarer Betriebsbereitschaft, verbunden. Die dazu notwendigen Matrizen entsprechen den beschriebenen Kostenauflösungsmatrizen, wobei die Spalten dann jeweils die Betriebsbereitschaftsgrade beschreiben, die über das geplante Beschäftigungsniveau hinausgehen.

4. Die Betriebsunterbrechungs-Risikoanalyse

Der betrieblichen Planung liegt in der Regel die Annahme eines störungsfreien Betriebsablaufes zugrunde. Dagegen werden die **Risiken zufällig auftretender Unterbrechungen** der betrieblichen Tätigkeiten entweder überhaupt nicht berücksichtigt, oder die Ursachen von Störungen werden lediglich im Absatz- oder Beschaffungsbereich gesucht, um dann über Anpassungsmaßnahmen nachzudenken. Vernachlässigt wird dagegen viel zu häufig die Untersuchung von zufälligen Unterbrechungen der betrieblichen Tätigkeit, die innerhalb des Unternehmens auftreten können. Aufgabe des Produktions-Controlling ist es deshalb, diese Risiken sowie Maßnahmen zur Schadensverhütung und Schadensverminderung systematisch in den betrieblichen Planungsprozeß zu integrieren. Unter einem **Betriebsunterbrechungsrisiko** wird die mögliche **negative Planabweichung infolge einer durch Schaden verursachten Betriebsstörung** verstanden.[39] Von den hier untersuchten zufälligen Unterbrechungen sind die planmäßigen Unterbrechungen, die „eine regelmäßige Begleiterscheinung des Produktionsprozesses darstellen"[40] (z. B. Sonntagsruhe, Jahresurlaub, regelmäßige Reparaturen), zu trennen. Zur Minderung der zu diskutierenden zufälligen innerbetrieblichen Störungen gibt es zwar Überlegungen, etwa in Untersuchungen zur innerbetrieblichen Standortbestimmung,[41] zur Feuer- und Maschinen-Betriebsunterbrechungsversicherung[42] und zur Bestim-

---

[39] Vgl. *Hax, Karl:* Grundlagen der Betriebsunterbrechungsversicherung, 2. Aufl., Köln und Opladen 1965, S. 22 f.
[40] *Hax, Karl:* Grundlagen der Betriebsunterbrechungsversicherung, S. 17.
[41] Siehe hierzu etwa *Hundhausen, Carl:* Innerbetriebliche Standortfragen, in: ZfhF, 20. Jg. (1926), S. 1–52; *Beste, Theodor:* Fertigungswirtschaft, in: HdWW, Bd. I, hrsg. von *Karl Hax* und *Theodor Wessels,* 2. Aufl., Köln-Opladen 1966, S. 125–297, hier S. 165–169.
[42] Vgl. *Merz, Walter G.:* Zur Ermittlung der wagnistreuen Prämie für die Betriebsunterbrechungs-Versicherung, Weißenburg 1951; *Fußhoeller, Paul; John, Otto:* Feuer-Be-

mung optimaler Reparaturzeitpunkte,[43] doch fehlt bisher der Versuch, die potentiellen Unterbrechungsrisiken systematisch in den Planungsprozeß einzubeziehen. Auf den Produktionsbereich bezogen würde das bedeuten, daß die betriebliche Kapazitäts-, Beschäftigungs- und Engpaßplanung, die auf den Absatzbereich ausgerichtet ist, um eine „**Engpaßplanung**" erweitert werden müßte, die **an den Unterbrechungsmöglichkeiten im Betrieb mit ihren Folgeschäden orientiert** ist und die Möglichkeiten einer systematischen Schadensverhütung und Schadensminderung mit in die Optimierungsüberlegungen einbezieht. Das Problem des Engpasses ist hier also nicht unter dem üblichen Aspekt der Arbeitsablauf- und Bereitstellungsplanung zu sehen. Im Hinblick auf das Unterbrechungsrisiko ergibt sich der Engpaßcharakter eines Betriebsmittels allein dadurch, daß alle Erzeugnisse eine bestimmte Produktionseinrichtung durchlaufen müssen. Selbst wenn der Eintritt des Sachschadens auf diese Betriebsmittel beschränkt bleibt (Teilschaden), kann die Schadenshöhe der einer Totalunterbrechung gleichkommen.

Gegen die Forderung nach einer die Betriebsunterbrechungsrisiken integrierenden Planung könnte geltend gemacht werden, daß zur Abdeckung dieser Risiken entsprechende **Betriebsunterbrechungsversicherungen** abgeschlossen werden können, so daß sich ein diesbezügliches Planungsproblem nicht stellt. Dieser Einwand erscheint begründet, da es in der Tat für Schadensfälle, die durch Brand, Blitzschlag oder Explosion verursacht werden, zusätzlich zur Feuersachversicherung eine Feuer-Betriebsunterbrechungsversicherung (FBUB) gibt und für Risiken, die durch Maschinenschaden entstehen, im Anschluß an die Maschinensachversicherung eine Maschinen-Betriebsunterbrechungsversicherung (MBUB) abgeschlossen werden kann. Diese Versicherungsleistungen sind jedoch zum einen nicht unentgeltlich, d. h. sie wirken sich in jedem Unternehmensplan als zusätzlicher Kostenfaktor aus, und sie decken zum anderen nicht das gesamte innerbetrieblich bedingte Unterbrechungsrisiko ab. Dies gilt etwa in der Maschinenbetriebsunterbrechungsversicherung für **Schäden an Zwischen- und Fertigfabrikaten**, sowie für einen unter Umständen zu berücksichtigenden **zeitlichen Selbstbehalt**. Damit stellt sich für jede Unternehmensplanung die Frage, welche Möglichkeiten sie hat, Schadenseintritte zu verhindern, bzw. die Schadenshöhe zu begrenzen. Eine systematische Einbeziehung dieser Möglichkeiten in die Unternehmensplanung ist einmal im Hinblick auf die nicht abgedeckten Unterbrechungsschäden der vorgenannten Art notwendig, zum anderen für diejenigen Betriebsunterbrechungsrisiken sinnvoll, die nach entsprechender Analyse selbst getragen werden können. Letztere führen zu einer Reduzierung des Umfangs der zu versi-

---

triebsunterbrechungsversicherung, Wiesbaden 1957; *Franz, Hans-Joachim:* Die Betriebsunterbrechungsversicherung in der modernen Industriewirtschaft und ihre wachsende Bedeutung im Zeichen der Automation, Diss. Köln 1962; *Hax, Karl:* Grundlagen der Betriebsunterbrechungsversicherung; ders.: Die Zukunft der Betriebsunterbrechungsversicherung, in: Versicherungswirtschaft, 27. Jg. (1972), S. 301–304 und 365–369.

[43] Vgl. *Grothus, Horst:* Wirtschaftliches Instandhalten durch Überwachung der Lebensdauer von Maschinenteilen, in: Zeitschrift für wirtschaftliche Fertigung, 57. Jg. (1962), S. 422–429; *Dreger, Wolfgang:* Höhere Betriebssicherheit durch vorbeugende Instandhaltung, in: Maschinenmarkt, 1965, S. 16–21; *Lange, Herbert:* Wege und Methoden zur Verbesserung des Instandhaltungswesens, in: Der Industriebetrieb, 4. Jg. (1956), S. 243–248; *Männel, Wolfgang:* Wirtschaftlichkeitsfragen der Anlagenerhaltung, Wiesbaden 1968.

chernden Risiken und damit zu einer entsprechenden Einsparung von Versicherungsprämien. Stellt sich aufgrund der Unternehmensplanung heraus, daß eine Übernahme bestimmter innerbetrieblicher Unterbrechungsrisiken nicht sinnvoll ist, werden sich diese in der Regel – weil entsprechend eingrenzbar – zu günstigeren Prämien versichern lassen, oder sie werden von den Unternehmen nur zum Teil versichert. Von einer Wahlmöglichkeit in bezug auf den Umfang der Versicherungsleistung wird jedoch nur dann sinnvoll Gebrauch gemacht werden können, wenn die Unternehmensleitung aufgrund einer entsprechenden Gesamtanalyse die möglichen Ausfallschäden genau kennt. Ihr stehen dann die Möglichkeiten offen, beispielsweise nur die bei einer Betriebsunterbrechung weiter zu zahlenden Fertigungslöhne, nur den ausfallenden Gewinn oder nur evtl. Schadenminderungskosten zu versichern. Die Unternehmensleitung kann weiterhin – weil sie die Risiken genauer übersieht – ihren zeitlichen Selbstbehalt vergrößern oder Maßnahmen zur Verringerung eines eventuell entstehenden Schadens treffen, was zu erheblichen Prämienreduzierungen führt.[44] Die Möglichkeit eines

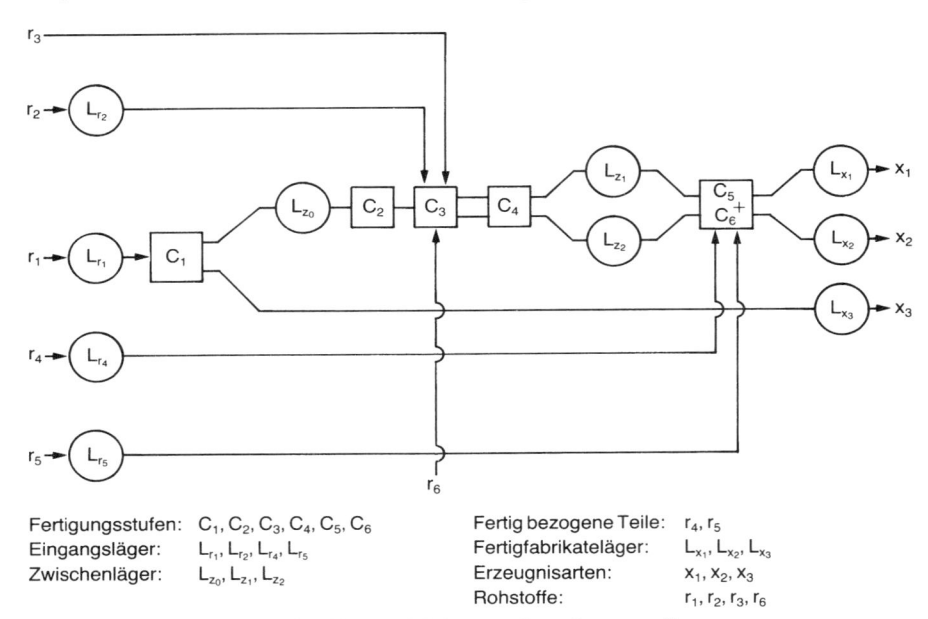

Fertigungsstufen:	$C_1, C_2, C_3, C_4, C_5, C_6$	Fertig bezogene Teile:	r_4, r_5
Eingangsläger:	$L_{r_1}, L_{r_2}, L_{r_4}, L_{r_5}$	Fertigfabrikateläger:	$L_{x_1}, L_{x_2}, L_{x_3}$
Zwischenläger:	$L_{z_0}, L_{z_1}, L_{z_2}$	Erzeugnisarten:	x_1, x_2, x_3
		Rohstoffe:	r_1, r_2, r_3, r_6

Abb. 133: Produktionsstrukturdiagramm[45]

---

[44] *Franz* bringt als Beispiel für Maßnahmen zur Verminderung evtl. eintretender Unterbrechungsschäden die Versicherung eines Lastenaufzugs, der eine Jahresprämie zur Abdeckung des Unterbrechungsrisikos in Höhe von DM 1020,– erfordert. Falls dieses Unternehmen eine genügend breite Treppe für einen eventuellen Handtransport, die bei Ausfall der Förderanlage für den Handtransport genutzt werden könnte, nachträglich einbaut, reduziert sich die Jahresprämie auf DM 64,–. Vgl. *Franz, Hans-Joachim:* Die Betriebsunterbrechungsversicherung in der modernen Industriewirtschaft und ihre wachsende Bedeutung im Zeichen der Automation, Diss. Köln 1962, S. 159f.
[45] Entnommen aus *Reichmann, Thomas:* Die Unternehmensplanung unter Berücksichtigung der spezifischen Probleme einer partiellen oder totalen Betriebsunterbrechung, S. 785–797.

variable Kosten	x_1	x_2	x_3	Σ
variable Einzelkosten				
r_1	240 ME à 6,- 1 440,-	160 ME à 6,- 960,-	400 ME à 6,- 2400,-	4 800,-
r_2	30 ME à 50,- 1 500,-	10 ME à 50,- 500,-		2 000,-
r_3	240 ME à 2,- 480,-	160 ME à 2,- 320,-		800,-
r_4	60 000 ME à -,20 12 000,-			12 000,-
r_5		80 000 ME à -,10 8 000,-		8 000,-
Σ	15 420,-	9 780,-	2 400,-	27 600,-
		1 000,-		1 000,-
Σ				28 600,-

Abb. 134: Variable Kosten pro Planungsabschnitt

Abschlusses von Versicherungsverträgen zur Abdeckung von Betriebsunterbrechungsrisiken stellt mithin keine Alternative zur systematischen Analyse der Betriebsunterbrechungsrisiken durch das Produktions-Controlling dar, sondern eine Ergänzung. Im folgenden soll die Betriebsunterbrechungsanalyse anhand eines Modells in ihren komplexen Beziehungen diskutiert werden.

a) Die Ausgangsdaten des Modells ohne Berücksichtigung von Betriebsunterbrechungsrisiken

Es wird hier von einem Unternehmen ausgegangen, welches die Erzeugnisse x_1, x_2 und x_3 in Massenfertigung herstellt, wobei x_1 und x_2 in wechselnder Fertigung produziert werden. Die Produktionsstruktur ist der *Abb. 133* zu entnehmen.

Das bisherige Planungssystem des Unternehmens sei ohne Berücksichtigung von innerbetrieblichen Störungen des Betriebsablaufs aufgestellt worden. Der Absatzplan sieht für die Erzeugnisse x_1 und x_2 einen Verkauf in Höhe von 600 bzw. 400 Einheiten pro Planungsabschnitt vor, wobei der Planungsabschnitt hier mit einem Monat angenommen werden soll. Bei dem Erzeugnis x_3 handelt es sich um ein Zwischenprodukt, das sowohl im eigenen Betrieb verwendet als auch an andere Unternehmen zur Weiterverarbeitung verkauft wird. Sein Absatz ist für den betrachteten Planungsabschnitt in Höhe von 400 Einheiten geplant. Für die Herstellung der Erzeugnisse x_1, x_2 und x_3 werden die Rohstoffe r_1, r_2 und r_3[46] und für die Verpackung der Erzeugnisse x_1 und x_2 die fertig bezogenen Teile r_4 und r_5 benö-

---

[46] Der in *Abb. 133* aufgeführte Rohstoff r_6 wird von dem Unternehmen selbst hergestellt.

tigt. Die im **Beschaffungsplan** vorgesehenen Beschaffungsmengen und -preise der Produktionsfaktoren $r_1, r_2, \ldots, r_5$ sind aus *Abb. 134* zu entnehmen.

Im Rahmen der Grundsatzplanung wurden für den Produktionsbereich die Kapazitäten der Fertigungsstufen $C_1, C_2, \ldots, C_6$ festgelegt, deren sachlicher Zusammenhang aus *Abb. 133* hervorgeht.

Für die Lagerhaltung sind die Rohstofflager $L_{r1}, L_{r2}, \ldots, L_{r5}$, die Zwischenläger L_{z0}, L_{z1} und L_{z2} und die Fertigfabrikateläger L_{x1}, L_{x2}, L_{x3} vorgesehen. Die Inanspruchnahme der Produktionskapazitäten der einzelnen Fertigungsstufen durch die herzustellenden Erzeugnisse und die mit den entsprechenden Aggregaten verbundenen fixen Kosten sowie die geplante Inanspruchnahme der Eingangs-, Zwischen- und Fertigfabrikateläger gehen aus den *Abb. 133* und *138* hervor. Für die Fertigungsstufen C_3, C_4, C_5 und C_6 ist das optimale Produktionsprogramm mit 600 Einheiten x_1 und 400 Einheiten x_2 im Rahmen der Vollzugsplanung mit Hilfe eines linearen Programms ermittelt worden (vgl. *Abb. 135*).

Maximalkapazitäten (in Maschinenstunden)		Benötigte Maschinenstunden für die Erzeugung einer Einheit von	
		x_1	x_2
C_3	1600	2	1
C_4	1000	1	1
$C_5 + C_6$	2400	1	3

Die Deckungsbeiträge über die variablen Einzelkosten für $x_1 =$ DM 40,- und für $x_2 =$ DM 30,-

	x_1	x_2	y_1	y_2	y_3	q
y_1	2	1	1	0	0	1600
y_2	1	1	0	1	0	1000
y_3	1	3	0	0	1	2400
	-40	-30	0	0	0	

Ausgangstableau

	x_1	x_2	y_1	y_2	y_3	q
x_1	1	0	1	-1	0	600
x_2	0	1	-1	2	0	400
y_3	0	0	2	-5	1	600
	0	0	10	20	0	36000

Optimaltableau
Optimalprogramm: 600 Einheiten x_1 à 40,- = 24000,-   400 Einheiten x_2 à 30,- = 12000,-

Abb. 135: Engpaßplanung für die Kapazitäten C_3, C_4, C_5, C_6
(in Maschinenstunden pro Erzeugniseinheit bzw. pro Planungsabschnitt angegeben)

Diese Berechnung war notwendig, da diese Kapazitäten im Gegensatz zu C_1 und C_2 im Hinblick auf den Produktionsdurchlauf der Erzeugnisse x_1 und x_2 Engpässe darstellen. Aufgrund der Kosten- und Ertragsplanung errechnet sich für die

x_1	39 420,-	600 ME à 65,70
x_2	21 780,-	400 ME à 54,45
x_3	6 000,-	400 ME à 15,-
Σ	67 200,-	

Abb. 136: Erträge pro Planungsabschnitt

optimalen Produktions- und Absatzmengen bei konstant unterstellten Preisen p_1, p_2, p_3 für den Planungsabschnitt ein Gesamtertrag[47] von DM 67200,-.
Da die variablen Einzel- und Gemeinkosten mit DM 28600,- (vgl. *Abb. 134*), die anteiligen erzeugnisfixen, erzeugnisgruppenfixen und unternehmensfixen Kosten mit DM 34700,- (vgl. *Abb. 138*) angenommen werden, beträgt der Gewinn pro

	x_1	x_2	x_3
Ertrag pro ME	65,70	54,45	15,-
Variable Einzelkosten pro ME	25,70	24,45	6,-
Deckungsbeitrag pro ME	40,-	30,-	9,-

Abb. 137: Deckungsbeiträge über variable Einzelkosten

Planungsabschnitt DM 3900,-. Die Deckungsbeiträge pro Erzeugniseinheit ergeben sich wie folgt:

b) Die modelltheoretische Berücksichtigung von Betriebsunterbrechungsrisiken

Es stellt sich nun die Frage, wie das Planungsmodell auszusehen hat, wenn die genannten Betriebsunterbrechungsrisiken in den Planungsprozeß einbezogen werden. Hierbei wird zwischen Teil- und Totalunterbrechungen durch Feuer- oder Maschinenschaden unterschieden.

Betrachten wir zunächst den Fall einer **Totalunterbrechung** durch Zerstörung der gesamten oder eines überwiegenden Teiles der Produktions- und Lagermittel, so ergeben sich die entsprechenden Fehlmengenkosten in Form des Unterbrechungsschadens in diesem Fall aus drei Gruppen von Schadensfaktoren: die von der Betriebsunterbrechung betroffenen **Fixkosten**, die **Unterbrechungskosten** und der infolge der Betriebsunterbrechung **entgehende Deckungsbeitrag**.

Zu den generellen Schadenskosten einer Betriebsunterbrechung des Produktionsbereichs, den durch die Betriebsunterbrechung betroffenen Fixkosten und den Produktionsunterbrechungskosten, sind zur Bestimmung des gesamten Betriebsunterbrechungsschadens die Kosten der **Schadenminderungsmaßnahmen** zu

---

[47] Unter Ertrag wird hier der betriebsbedingte Ertrag verstanden, der in diesem Modell mit dem Erlös zahlengleich ist, da von Bestandsveränderungen und aktivierten Eigenleistungen abgesehen wird.

fixe Kosten bedingt durch:	x_1	x_2	x_3	Σ
Produktionsmittelkapazitäten				
C_1		2000,-		2000,-
C_2		500,-		500,-
C_3		4000,-		4000,-
C_4		2000,-		2000,-
C_5		2000,-		2000,-
C_6		2000,-		2000,-
Σ				12500,-
Lagerkapazitäten				
L_{r_1}		400,-		400,-
L_{r_2}		50,-		50,-
L_{r_4}	20,-			20,-
L_{r_5}		30,-		30,-
L_{z_0}		100,-		100,-
L_{z_1}	100,-			100,-
L_{z_2}		100,-		100,-
L_{x_1}	50,-			50,-
L_{x_2}		50,-		50,-
L_{x_3}			300,-	300,-
Σ				1200,-
Arbeitskräfte				
		6000,-		6000,-
		11000,-		11000,-
			1000,-	1000,-
Σ				18000,-
sonstige Faktoreinsätze		3000,-		3000,-
Σ				34700,-

Abb. 138: Fixe Kosten pro Planungsabschnitt

addieren. Diese Maßnahmen werden getroffen, um den Betriebsunterbrechungsschaden so gering wie möglich zu halten, wobei das Optimum dieser Maßnahmen durch das Minimum der gesamten Kosten (inkl. der Kosten der Schadenminderungsmaßnahmen) bestimmt ist.

Ausgehend von einer gegebenen Kapazität und bestimmten Betriebsbereitschaft sind als **Fixkosten** diejenigen Kosten zu bezeichnen, die unabhängig von dem Beschäftigungsgrad für eine bestimmte Periode in konstanter Höhe anfallen. Die fixen Kosten, die während der Betriebsunterbrechungsdauer weiterhin anfallen, stellen einen Schadensfaktor dar, soweit diesem keine entsprechenden Produktionsleistungen gegenüberstehen. Zur Bestimmung der Höhe der fortlaufenden Kosten für die Dauer einer Betriebsunterbrechung muß somit eine Zurechnung dieser Kosten auf diesen Zeitraum durchgeführt werden. Da die Dauer einer Betriebsunterbrechung sich in den seltensten Fällen mit der einer einzelnen bzw. mit der einer Vielzahl von Rechnungsperioden deckt, dürften diejenigen fixen Kostenarten überwiegen, die für die einzelne Betriebsunterbrechungsdauer Gemeinkosten darstellen.

Eine Zuordnung der Periodengemeinkosten auf die Dauer einer Betriebsunterbrechung impliziert unterschiedliche Ungenauigkeitsgrade. Bei den fixen Kosten von Produktionsfaktoren, deren Nutzungsdauer „erst nach Ablauf der technischen oder ökonomischen Nutzungsdauer eindeutig bestimmbar ist",[48] stellt eine ex ante vorgenommene Verteilung auf einzelne Zeiträume ausschließlich einen erwarteten Kostenwert dar. Dahingegen dürfte die Periodifizierung der fixen Kosten von Produktionsfaktoren mit bekannter Nutzungsdauer in diesem Zusammenhang weit weniger problematisch sein. Um diesem Sachverhalt gerecht zu werden, empfiehlt es sich, die während der Betriebsunterbrechungsdauer fortlaufenden fixen Periodengemeinkosten in **Gemeinkosten „geschlossener Perioden"** und in **Gemeinkosten „offener Perioden"** zu differenzieren.[49]

Die fixen Kosten werden grundsätzlich durch die Entscheidung über die Kapazität und Betriebsbereitschaft eines Unternehmens hervorgerufen. Unter Kapazität werden die betrieblichen Potentialfaktoren, wie Maschinen und Gebäude, verstanden, so daß die fixen Kosten dieser Faktoren somit in erster Linie aus den Kapitalkosten, Zinsen und Abschreibungen, bzw. aus den Kosten der entsprechenden Fremdpotentiale bestehen. Die Kosten der Betriebsbereitschaft stellen diejenigen Kosten dar, die die jederzeitige Nutzung der Betriebskapazität ermöglichen. Hierunter fallen sowohl Kosten für **Potentialfaktoren**, insbesondere die fixen Kosten des Produktionsfaktors Arbeit, als auch Kosten für **Repetierfaktoren**. Die Bedeutung letzterer ist jedoch verhältnismäßig gering, da der überwiegende Anteil der Kosten „für die Bereitstellung von Roh-, Hilfs- und Betriebsstoffen, Energien und anderen Verbrauchsgütern in der Regel zu den variablen Kosten zu zählen"[50] ist. Als Beispiel für Kosten von Repetierfaktoren, die Bereit-

---

[48] *Riebel, Paul:* Kurzfristige unternehmerische Entscheidungen, S. 11.
[49] Zur Einteilung dieser Gemeinkosten vgl. *Riebel, Paul:* Kurzfristige unternehmerische Entscheidungen, S. 11.
[50] *Männel, Wolfgang:* Kostenspaltung, in: Management-Enzyklopädie, Bd. III, München 1970, S. 1144–1151, hier S. 1149.

schaftskosten darstellen, sind u. a. die Energiekosten zu nennen, die für die Heizung und Beleuchtung von Fertigungshallen anfallen.

Eine für alle Unternehmen gleichermaßen repräsentative Zusammenstellung der fixen Kosten des Produktionsbereiches ist nicht möglich, da die unternehmensspezifischen Gegebenheiten entscheidend den Fixkostencharakter einer Kostenart bestimmen. Grundsätzlich gilt, daß die Ermittlung der fixen Kosten an den spezifischen Gegebenheiten des Unternehmens ausgerichtet sein muß. Dabei ist es zweckmäßig, die einzelnen Kostenarten für jede durch die Betriebsunterbrechung betroffene Kostenstelle im Hinblick auf ihre Abhängigkeit vom Beschäftigungsgrad zu untersuchen. Diese Analyse kann anhand mehrerer Methoden erfolgen. Als allgemein bekannte und auch in der Praxis angewendete Verfahren der Kostenauflösung sind hierfür die **mathematische, buchtechnische** und die **statistische Kostenauflösung** zu nennen.

In diesem Zusammenhang sei auf die Problematik der Zuordnung der **Arbeitskosten** hingewiesen. Im Gegensatz zu den Kosten der Gehälter werden die Fertigungslöhne – auch in einem Teil der betriebswirtschaftlichen Literatur – als variable Kosten angesehen. Bei genauer Betrachtung dieser Kostenart trifft diese Klassifikation jedoch selbst für Akkordlöhne in diesem Zusammenhang nicht zu. Aufgrund der in der Bundesrepublik Deutschland gültigen gesetzlichen Vorschriften haben die Arbeitskräfte eines Unternehmens im Falle eines Beschäftigungsrückganges, den sie nicht zu vertreten haben, einen Anspruch auf Weiterzahlung des bisherigen durchschnittlichen Akkordlohnes. Da ein durch eine Betriebsunterbrechung verursachter Beschäftigungsrückgang in der überwiegenden Mehrzahl der Fälle nicht in den Verantwortungsbereich der Arbeitnehmer fällt, sind die entsprechenden Arbeitskosten für die Schadensermittlung als fixe Kosten anzusehen. Der Fixkostencharakter dieser Kostenart wird – entsprechend der zugrundeliegenden Definition – allein durch die unabhängig vom Umfang der Beschäftigung bestehende **Entlohnungsverpflichtung des Unternehmens** bestimmt und nicht von den unterschiedlichen Kündigungsfristen. Variabel sind im Bereich der Arbeitskosten ausschließlich die Überstundenlöhne.

Im folgenden ist die Frage zu klären, in welchem Umfang die während der Betriebsunterbrechungsdauer fortlaufenden fixen Kosten als Schadensfaktoren der Betriebsunterbrechung zu behandeln sind. Da es sich hierbei um eine Betriebsunterbrechung im Produktionsbereich des Unternehmens handelt, ist es evident, daß nicht die gesamten fixen Kosten des Unternehmens zum Betriebsunterbrechungsschaden zu rechnen sind. Vielmehr liegt der Schluß nahe, daß eine **Beschränkung auf die fixen Produktionskosten** vorgenommen werden sollte. Hierbei würde man allerdings die fixen Verwaltungskosten vernachlässigen, die zu einem gewissen Teil von Produktionsfaktoren hervorgerufen werden, welche dem Prozeß der betrieblichen Leistungserstellung direkt oder indirekt dienen.

Ein weiteres Problem stellt sich, wenn die in einem Unternehmen vorhandene Kapazität nur zu einem Teil für den Produktionsprozeß genutzt wird. Dies kann sowohl in Form einer nur teilweisen Auslastung, d. h. einer nur teilweisen Nutzung des Leistungspotentials der betriebsbereiten Potentialfaktoren, als auch in Form von **stillgelegten Potentialfaktoren** auftreten. Bei letzterer ist in diesem Zusammenhang zuerst zu klären, inwieweit überhaupt ein Güterverzehr, welcher durch stillgelegte Anlagen verursacht wird, Kosten verursachen kann. Der Kostencharakter dieses Güterverbrauches ist dann gegeben, wenn bei diesen stillgelegten Anlagen eine Wiedereingliederung in den Leistungsprozeß vorgesehen ist. Ist dies der Fall, fallen für die stillgelegten Anlagen somit fixe Kosten an. Sie können jedoch nicht als Schadensfaktor einer Betriebsunterbrechung angesehen werden. Diesen fortlaufenden Kosten stehen zwar keine entsprechenden Leistungen gegenüber, jedoch ist der Ausfall dieser Leistungen aufgrund einer unternehmerischen Entscheidung und nicht aufgrund einer Betriebsunterbrechung bestimmt.

Die teilweise Auslastung der betriebsbereiten Potentialfaktoren kann sich sowohl auf die zeitliche Auslastung als auch auf die intensitätsmäßige Auslastung beziehen. Grundsätzliche Unterschiede bestehen hierbei im Hinblick auf die Schadensrelevanz nicht, so daß beide Möglichkeiten im folgenden nicht getrennt behandelt werden müssen. Wesentlich ist vielmehr allein, daß nicht die gesamten fixen Kosten eines entsprechenden Potentialfaktors genutzt werden, d.h. Nutzkosten darstellen, sondern durch die teilweise Auslastung Leerkosten entstehen, denen aufgrund von Dispositionen der Geschäftsleitung keine entsprechenden Leistungen gegenüberstehen.[51] Ob diese **dispositionsbedingten Leerkosten** und inwieweit die entsprechenden Nutzkosten relevante Schadensfaktoren für eine absolute Betriebsunterbrechung im Produktionsbereich darstellen, soll im folgenden näher erörtert werden. Dabei ist grundsätzlich sowohl von der Mengenkomponente der Kosten, d.h. von der Frage, welche Kostenarten als relevante Schadensfaktoren zu bezeichnen sind, als auch von der Wertkomponente der Kosten, d.h. in welcher Höhe diese Kostenarten relevante Schadensfaktoren für eine bestimmte Betriebsunterbrechung darstellen, auszugehen.

Da bei einer absoluten Betriebsunterbrechung der Produktionsprozeß gänzlich zum Erliegen kommt, kann es sich bei der Frage der Auslastung von Faktoren in diesem Zusammenhang zwangsläufig nur um die für die Dauer der Betriebsunterbrechung vormals geplante Auslastung handeln. Bei geplanter vollständiger Auslastung stellen die fixen Kosten der Potentialfaktoren in ihrer vollen Höhe Nutzkosten dar. Diese werden durch die absolute Betriebsunterbrechung auf Null reduziert, d.h., daß während der Betriebsunterbrechungsdauer diese Kosten in ihrer Gesamtheit zu Leerkosten transformiert werden. Somit sind die während der Betriebsunterbrechung fortlaufenden Kosten, denen keine entsprechenden Leistungen gegenüberstehen, in ihrer vollen Höhe als Schadensfaktoren der Betriebsunterbrechung zu berücksichtigen.

Neben der Höhe der zu berücksichtigenden fixen Kosten ist jedoch insbesondere von Bedeutung, welche fixen Kostenarten im einzelnen als Schadensfaktor zu berücksichtigen sind. Hierbei ist von dem Grundsatz auszugehen, daß nur die **fortlaufenden Kosten derjenigen Produktionsfaktoren** relevante Schadensfaktoren darstellen, **die von der Betriebsunterbrechung unmittelbar betroffen sind.** Dieser Grundsatz soll im folgenden anhand verschiedener Betriebsunterbrechungen

---

[51] Zum Begriff der Leerkosten vgl. *Gümbel, Rudolf:* Das Leerkostenproblem in Warenhandelsbetrieben, in: Blätter für Genossenschaftswesen, 109.Jg. (1963), S. 365–370, hier S. 365 f.

mit unterschiedlichem Umfang erläutert werden. Ausgegangen wird von einer Teil-Betriebsunterbrechung im Produktionsbereich, die sich ausschließlich auf einen einzelnen Arbeitsplatz beschränkt. Hierbei ergeben sich als relevante Kostenfaktoren allein die für diesen Arbeitsplatz anfallenden fixen Kosten. Vor allem ist in diesem Zusammenhang an eventuelle zeitbedingte Abschreibungskosten der maschinellen Anlagen und die Personalkosten der entsprechenden Arbeitsperson[52] zu denken. „Übergreifende" Fixkosten, wie es z. B. bei Abschreibungskosten auf Gebäude der Fall ist, stellen keine relevanten Schadensfaktoren für die Betriebsunterbrechung dar, da diese fixen Kosten nicht für die einzelne Organisationseinheit, sondern vielmehr für mehrere Einheiten anfallen und somit nur diesen insgesamt zurechenbar sind. Eine Zurechnung dieser Kosten auf die einzelne Einheit wäre je nach Schlüsselgröße ein mehr oder minder willkürlicher, den tatsächlichen Verhältnissen nicht entsprechender Rechenakt.

Je mehr Arbeitsplätze von der Betriebsunterbrechung betroffen sind, desto größer ist die Anzahl der relevanten Schadensfaktoren einer Betriebsunterbrechung. Sind z. B. alle in den Verantwortungsbereich eines Meisters gehörenden Organisationseinheiten von einer Betriebsunterbrechung betroffen, so sind auch die fixen Gehaltskosten des Meisters als Schadensfaktor zu betrachten. Ebenso verhält es sich mit den übrigen, für einzelne Einheiten Gemeinkosten darstellenden fixen Kostenarten. Bei einer Betriebsunterbrechung, die den gesamten Produktionsbereich des Unternehmens einschließt, stellen somit alle fixen Produktionskosten relevante Schadensfaktoren dar. Es ist in diesem Zusammenhang jedoch zu überprüfen, ob der entsprechende Betriebsunterbrechungsschaden sich allein auf diese fixen Kosten beschränkt oder ob hierzu auch **fixe Verwaltungskosten** zu zählen sind. Zur Beantwortung dieser Fragen ist es notwendig, die Verwaltungskosten im Hinblick auf ihre **Zurechenbarkeit auf die einzelnen Unternehmensbereiche** zu analysieren. Diejenigen Kostenfaktoren, die für den Produktionsbereich direkt zurechenbar sind, können als relevante Schadensfaktoren betrachtet werden. Diejenigen fixen Verwaltungskosten jedoch, die als Gemeinkosten für den Produktionsbereich anfallen, dürfen ebenso wie die fixen Kosten des Absatzbereiches bei der Ermittlung des Schadens einer Unterbrechung des gesamten Produktionsbereichs nicht berücksichtigt werden.

Wurde für den Zeitraum, für den eine Betriebsunterbrechung anfällt, nur eine **teilweise Auslastung der genutzten Potentialfaktoren geplant**, so ist auch in diesem Falle derselbe Grundsatz für die Ermittlung der einzelnen Kostenfaktoren des Betriebsunterbrechungsschadens zu beachten, wie derjenige bei vollständiger Auslastung der Potentialfaktoren. Dies heißt, daß nur die Kostenarten relevante **Schadensfaktoren** darstellen, die den **betroffenen Organisationseinheiten ohne Schlüsselung zugerechnet** werden können. Jedoch wird der entsprechende Schaden einer Betriebsunterbrechung bei geplanter Teilauslastung der Potentiale geringer sein als derjenige bei geplanter vollständiger Auslastung. Dies wird besonders deutlich, wenn extreme Beschäftigungsverhältnisse betrachtet werden. Be-

---

[52] Hierbei ist zu beachten, daß die Personalkosten nur dann einzusetzen sind, falls diese nicht im Rahmen der Kosten infolge einer Gesundheitsschädigung erfaßt worden sind, da ansonsten eine doppelte Verrechnung dieser Kosten erfolgen würde.

läuft sich der geplante Beschäftigungsgrad des Produktionsbereichs auf z. B. 10 %, so ist die durch die Betriebsunterbrechung bedingte Leistungsminderung im Verhältnis zu derjenigen bei einem geplanten Beschäftigungsgrad von 100 % von geringer Bedeutung für das Unternehmen. Dieser Sachverhalt muß sich somit folgerichtig auch in der Höhe des jeweiligen Betriebsunterbrechungsschadens auswirken. Im Falle einer geplanten teilweisen Auslastung der betriebsbereiten Potentialfaktoren stellt nicht der gesamte Kostenbetrag der einzelnen relevanten Kostenarten planmäßige Nutzkosten dar, so daß dessen Transformation in Leerkosten nicht allein der Betriebsunterbrechung angelastet werden kann. Infolgedessen können auch nicht die gesamten entsprechenden Beträge als Schadensfaktoren bezeichnet werden.

Hinsichtlich der für den Betriebsunterbrechungsschaden zu berücksichtigenden Kostenhöhe der relevanten Kostenarten ist grundsätzlich von den **geplanten Nutzkosten** auszugehen, die durch die Betriebsunterbrechung für deren Dauer in Leerkosten umgewandelt werden. Die geplanten Nutzkosten einzelner relevanter Kostenfaktoren ergeben sich in diesem Fall durch **Multiplikation der entsprechenden Kostenbeträge mit dem geplanten Beschäftigungsgrad**, der das Verhältnis von geplanter zu vollständiger Auslastung wiedergibt. Die aufgrund der nur teilweisen Auslastung der betriebsbereiten Potentialfaktoren geplanten Leerkosten sind somit nicht einer Betriebsunterbrechung zuzurechnen, sondern vielmehr Faktoren, die diese entsprechende Planungsentscheidung bewirkten.

Zusätzlich zu den Betriebsunterbrechungskosten sind noch die **Produktionsunterbrechungskosten** zu diskutieren, die neben den fortlaufenden Kosten des Produktionsbereiches anfallen. Diese Kosten können prinzipiell für jeden der von einer Betriebsunterbrechung tangierten sächlichen Produktionsfaktoren entstehen, wobei in diesem Zusammenhang vor allem der Schwerpunkt auf dem Produktionsfaktor Betriebsmittel liegt. Es stellt sich hierbei die Frage, inwieweit die Trennung zwischen den fixen Kosten des Produktionsbereiches und den zusätzlichen Produktionsunterbrechungskosten gerechtfertigt ist, wird doch diese Trennung in der einschlägigen Literatur nicht durchgehend vorgenommen.[53] Eine genaue Betrachtung dieser beiden Schadensfaktoren führt zu der Erkenntnis, daß es sich hierbei um gänzlich unterschiedliche Kostenfaktoren handelt.

Während die zusätzlichen Produktionsunterbrechungskosten allein dann anfallen, wenn der Produktionsprozeß unterbrochen ist, also eine Betriebsunterbrechung vorliegt, fallen die fixen Kosten auch während des ungestörten Ablaufs des Produktionsprozesses an. Die zusätzlichen **Produktionsunterbrechungskosten** sind somit **direkt der Betriebsunterbrechung zurechenbar**, da sie bei störungsfreiem Produktionsablauf nicht anfallen. Im Gegensatz hierzu werden die fixen Kosten nicht durch die Betriebsunterbrechung hervorgerufen, sondern durch eine Unternehmensdisposition über die Kapazität bzw. Betriebsbereitschaft des Betriebes. Auch bei Wegfall der Betriebsunterbrechung können diese Kosten nicht vermieden werden. In diesem Fall können vielmehr allein die unterbrechungsbedingten Leerkosten in Nutzkosten überführt werden, wobei jedoch die Höhe dieser für das Unternehmen fortlaufenden Kosten unverändert bleibt. Dieser

---

[53] Vgl. z. B. *Hax, Karl*: Grundlagen der Betriebsunterbrechungsversicherung, S. 37.

312   VII. Kapitel: Das Produktions-Controlling

Unterschied bezüglich der **Vermeidbarkeit** der Kostenarten läßt es zweckmäßig erscheinen, auch formal eine klare Trennung dieser Faktoren vorzunehmen.[54]

Neben dieser theoretisch fundierten Begründung spricht auch ein pragmatisches Argument für eine Trennung dieser unterschiedlichen Kostenkategorien. Jede **Erfassung der zusätzlichen Produktionsunterbrechungskosten** ist mit einem Aufwand verbunden, der bei einem dafür nicht spezifizierten Rechnungswesen einen bedeutenden Umfang annehmen kann. Es stellt sich hierbei somit die Frage, in welchem Ausmaß eine detaillierte Schadensermittlung ökonomisch sinnvoll ist. Dieses läßt sich nicht generell beantworten, sondern es ist vielmehr der Umfang der Ermittlung auf die spezifischen Unternehmensbedingungen abzustellen. In vielen Betrieben dürften einige der im folgenden angeführten Kostenarten von untergeordneter Bedeutung für die Kosten einer Betriebsunterbrechung sein, so daß diese im konkreten Fall vernachlässigt werden können. Aus Wirtschaftlichkeitserwägungen heraus kann es auch sinnvoll sein, einen Teil dieser Kostenarten nur zu schätzen, da ansonsten der entsprechende Erfassungsaufwand in keiner Relation zu der erzielbaren Genauigkeit dieser Sonderrechnung steht. Unabhängig von den betriebsspezifischen Gegebenheiten des Unternehmens ist es jedoch **unumgänglich**, eine im vorhergehenden Abschnitt erläuterte **differenzierte Ermittlung der aufgrund der Betriebsunterbrechung verursachten Leerkosten** vorzunehmen. Die Erfassung dieser entsprechenden Fixkosten muß auf jeden Fall in einem Industriebetrieb durchgeführt werden, da ansonsten die ökonomischen Auswirkungen von Betriebsunterbrechungen nicht adäquat berücksichtigt werden können.

Bei der Darstellung einzelner Kostenarten der zusätzlichen Produktionsunterbrechungskosten können die Ausführungen über **Stillegungskosten** herangezogen werden, die weit öfter in der betriebswirtschaftlichen Literatur diskutiert worden sind als dies hinsichtlich der **Unterbrechungskosten** der Fall ist.[55] Prinzipiell be-

```
                    Produktions-
                    unterbrechungs-
                    kosten
                         |
              ┌──────────┴──────────┐
         Stillstands-          Übergangs-
         kosten                kosten
              |                     |
        ┌─────┴─────┐          ┌────┴─────┐
    Laufende    Einmalige   Wiederanlauf-  Stillsetzungs-
    Stillstands- Stillstands- kosten        kosten
    kosten      kosten
```

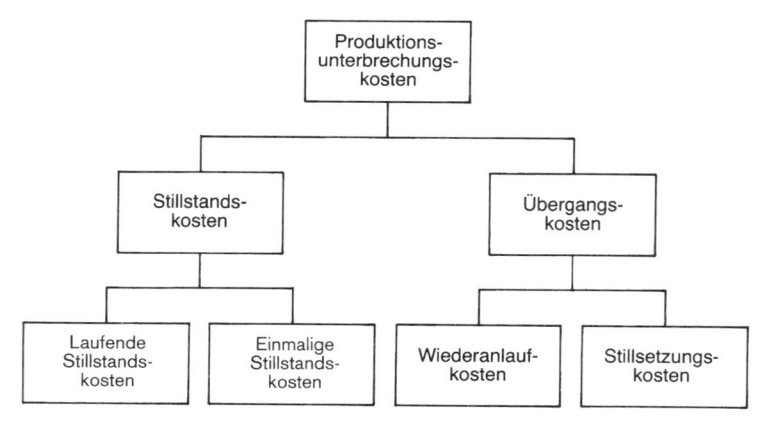

Abb. 139: Allgemeine Struktur der Produktionsunterbrechungskosten

---

[54] Vgl. auch *Bähr, Josef:* Produktions- und Stillegungs-Entscheidungsmodelle, Frankfurt/M., Zürich 1975, S. 28–73.
[55] Vgl. z.B. *Kurkowski, Horst:* Die Berücksichtigung von Stillegungskosten bei der Stillegung von Betrieben oder Betriebsteilen, in: KRP, 4/1967, S. 169–177.

steht zwischen den Kostenarten der Stillegungs- und der Unterbrechungskosten kein Unterschied. Die der Betriebsunterbrechung zugrundeliegende Betriebsstörung bewirkt allenfalls eine Verschiebung der Kostenschwerpunkte auf diejenigen Kostenarten, die durch das unplanmäßige Aussetzen des Leistungserstellungsprozesses hervorgerufen werden. Die zusätzlichen Produktionsunterbrechungskosten setzen sich aus den Stillstandskosten (einmalige und laufende) sowie den Übergangskosten (Stillsetzungs- und Wiederanlaufkosten) zusammen (vgl. *Abb. 139*).

Die **Stillstandskosten** stellen zusätzliche Kosten dar, die direkt oder indirekt von der Dauer der Betriebsunterbrechung abhängig sind, wobei mit wachsender Stillstandsdauer tendenziell die Höhe dieser Kosten ansteigt. Bei sehr kurzen Unterbrechungsdauern von beispielsweise wenigen Stunden sind diese Kosten im allgemeinen sehr gering, so daß unter diesen Umständen eine Vernachlässigung dieses Faktors im Rahmen der Ermittlung der Fehlmengenkosten zulässig ist. Im Gegensatz dazu stehen die Übergangskosten, die unabhängig von einer Produktionsunterbrechungsdauer anfallen, auch dann, wenn die Stillstandszeit verschwindend gering ist.

Die Stillstandskosten bestehen nun ihrerseits wiederum aus zwei unterschiedlichen Kostengruppen: aus den „einmaligen" Stillstandskosten und aus den „laufenden" Stillstandskosten. Die **einmaligen Stillstandskosten** stellen diejenigen zusätzlichen stillstandszeitabhängigen Kosten dar, die während eines bestimmten Zeitraumes für den Stillegungs- bzw. Wiederinbetriebnahmevorgang entstehen. Mit wachsender Stillstandsdauer nimmt das Ausmaß der zu ergreifenden Vorbereitungs- bzw. Konservierungsmaßnahmen und damit die Höhe der einmaligen Stillstandskosten zu. Bei ihrer funktionalen Abhängigkeit von der Unterbrechungsdauer dürfte es sich keinesfalls um ein proportionales Verhältnis, sondern eher um ein bestimmtes intervallfixes Kostenverhalten mit tendenziell degressivem Verlauf handeln. Die **laufenden Stillstandskosten** sind diejenigen zusätzlichen Kosten, die während der gesamten Unterbrechungsdauer über die innerhalb dieses Zeitraumes fortlaufenden fixen Kosten des Unternehmens hinaus anfallen und somit allein durch eine Produktionsunterbrechung verursacht werden.

Die **Übergangskosten**, die zwangsläufig und unabhängig von der Dauer der Stillstandszeit anfallen, sind bezüglich ihrer Höhe allein von der Art der im Betrieb eingesetzten Produktionsfaktoren abhängig, d. h. insbesondere von der Empfindlichkeit der von der Betriebsunterbrechung betroffenen Betriebsmittel gegenüber einer Produktionsunterbrechung. Grundsätzlich können diese Kosten in zwei Gruppen unterteilt werden: in die Stillsetzungskosten und die Wiederanlaufkosten. **Stillsetzungskosten** sind solche Kosten, die durch den auftretenden Wechsel des Betriebszustandes eines Aggregates bedingt sind. Zu den **Wiederanlaufkosten** sind diejenigen Kosten zu zählen, die durch den am Ende der Betriebsunterbrechung vorzunehmenden Zustandswechsel eines Aggregates zwangsläufig für das Unternehmen anfallen. Umfangreichere Stillegungsmaßnahmen im Unterbrechungsfalle führen tendenziell zu geringeren Wiederanlaufkosten.

314 VII. Kapitel: Das Produktions-Controlling

	x_1	x_2	x_3
Erträge	39 420	21 780	6000
Variable Einzelkosten	15 420	9 780	2400
Deckungsbeiträge über variable Einzelkosten	24 000	12 000	3600
Variable Gemeinkosten		1 000	
Deckungsbeitrag über variable Kosten		38 600	
Fixe Kosten der Produktionsmittel- und Lagerkapazitäten		13 700	
Deckungsbeitrag über variable Kosten und fixe Kosten der Produktionsmittel- und Lagerkapazitäten		24 900	
Fixe Kosten der Arbeitskräfte		18 000	
Fixe Kosten sonstiger Faktoreinsätze		3 000	
Deckungsbeitrag über variable und fixe Kosten		3 900	

Abb. 140: Deckungsbeiträge über variable und fixe Kosten pro Planungsabschnitt

Fehlmengenkosten	P-C
Stillstandskosten + Stillsetzungskosten + Wiederanlaufkosten	
Fehlmengeneinheiten	

In unserem Modell wäre für die Berechnung des Unterbrechungsschadens[56] von einem Verlust pro Monat auszugehen, der zwischen DM 24 900,– und DM 3900,– liegt (vgl. *Abb. 140*), je nachdem, in welchem Umfang vorübergehend fixe Kosten abgebaut werden können.

Das Risiko einer Totalunterbrechung durch Totalschaden kann im Hinblick auf Schadenverhütungsmaßnahmen in der Unternehmensplanung kaum berücksichtigt werden. Totalschäden sind im Hinblick auf den Sachschaden durch eine ent-

---

[56] Der dem Unterbrechungsschaden zugrunde liegende Unterbrechungszeitraum wird durch den Eintritt des Sachschadens und die Wiederaufnahme der Unternehmenstätigkeit im Produktions- und Absatzbereich bestimmt.

sprechende Sachversicherung und im Hinblick auf den Unterbrechungsschaden durch eine entsprechende Betriebsunterbrechungsversicherung abzudecken.

Kann eine Totalunterbrechung nicht durch einen Totalschaden, sondern durch einen Teilschaden herbeigeführt werden, ist dieses Risiko in die unternehmerische Gesamtplanung explizit aufzunehmen. Die Gefahr von **Totalunterbrechungen durch Teilschäden** wird immer dann gegeben sein, wenn bestimmte Betriebsmittel von allen Erzeugnissen durchlaufen werden müssen. Der Ausfall eines solchen „Engpaßaggregats" kann pro Zeiteinheit zu den gleichen Unterbrechungsschäden führen wie ein Totalschaden. Die planerischen und organisatorischen Möglichkeiten zur Verhinderung der Folgen dieses Schadeneintritts sind jedoch im Vergleich zum Totalschaden ungleich günstiger. Im Rahmen der Unternehmensplanung lassen sich alternative Planungsoptima unter Berücksichtigung eines potentiellen Unterbrechungsschadens aufstellen. Dieses soll im folgenden wieder anhand des in *Abb. 133* dargestellten Beispiels diskutiert werden. Das Rohstofflager L_{r1} und die Fertigungsstufe C_1 stellen „**Engpässe**" im Sinne einer an potentiellen Betriebsunterbrechungsrisiken orientierten Planung dar. Der Rohstoff r_1 des Lagers L_{r1} wird in der Fertigungsstufe C_1 zu dem Zwischenprodukt z_0 verarbeitet, das in jeweils beschränkter Menge in das für die Herstellung von x_1 und x_2 benötigte Zwischenlager L_{z0} aufgenommen wird. z_0 geht weiterhin in das Verkaufslager L_{x3} ein, da z_0 annahmegemäß gleichzeitig an andere Unternehmen verkauft wird. Tritt eine Störung in der Versorgung ein, liegt es nahe, zunächst den Verkauf von x_3 einzustellen und die entsprechenden Lagervorräte für eine Weiterproduktion von x_1 und x_2 einzusetzen. Die Ausfallkosten pro Planungsabschnitt errechnen sich in Höhe von DM 3600,– als Differenz zwischen Erträgen und variablen Einzelkosten für x_3 statt in Höhe von DM 36 000,– für x_1 und x_2 (vgl. *Abb. 140*). Voraussetzung für einen derartigen Ausgleich über das Lager ist allerdings, daß im Hinblick auf mögliche Betriebsunterbrechungen in der Absatzplanung darauf geachtet wird, daß die pro Planungsabschnitt lieferbaren Mengen von x_3 freibleibend verkauft werden, d. h. daß die Vertriebsabteilung mit keinem Abnehmer langfristige Lieferverträge abschließt, es sei denn, daß diese eine zeitweilige Nichterfüllung ohne Konventionalstrafen vorsehen. Eine weitere Möglichkeit zur Verminderung des Unterbrechungsrisikos bzw. eine Minderung eines bereits eingetretenen Unterbrechungsschadens für C_1 bzw. L_{r1} besteht in dem Abschluß von entsprechenden **Fremdlieferungsverträgen** für das Zwischenprodukt z_0. In dem Beschaffungsplan sind dann die entsprechenden Liefermöglichkeiten und in dem alternativen Kostenplan eventuelle Mehrkosten zu berücksichtigen.

Eine dritte Sicherungsmöglichkeit besteht für die Fertigungsstufe C_1 in einer **Korrektur des aufgestellten Reparaturplanes**. In der Regel versucht die Unternehmung, für jedes Aggregat die Länge des Reparaturzyklusses festzulegen, bei der die durchschnittlichen Reparatur- und Betriebskosten pro Zeiteinheit bzw. Leistungseinheit (je nachdem, in welcher Größe das Anlagenalter gemessen wird) zu einem Minimum tendieren. Schwierig ist hierbei für die Aggregate mit abnehmender Nutzenstiftung die Vorausschätzung der verminderten Leistungsabgabe pro Zeiteinheit und für die Aggregate mit konstanter Nutzenstiftung die Bestimmung ihres möglichen Ausfallzeitpunktes. Für die Festlegung optimaler Reparaturzeitpunkte orientiert man sich nicht selten an dem entsprechenden mathematischen Erwartungswert.[57] Die effektiven Einzelwerte werden aber in aller Regel von dem (fiktiven) Erwartungswert abweichen. Ist der zu erwartende Betriebsunterbrechungsschaden – wie in dem hier betrachteten Fall – groß, muß überlegt werden, ob der Reparaturplan nicht auf eine erwartete Größe, die zwischen der pessimistischen Erwartung und der mathematischen Erwartung liegt, ausgerichtet werden soll. Die zusätzlichen Reparaturkosten, die sich aus einer solchen Plankorrektur ergeben, wären dann als **„Sicherungskosten"** in den Kostenplan der (alternativen) Unternehmensplanung aufzunehmen. Ob eine und wenn ja, welche der drei vorgenannten Sicherungsmöglichkeiten für die Fertigungsstufe C_1 bzw. welche der zwei Sicherungsmöglichkeiten für das Lager L_{r1} gewählt werden, hängt von den mit jeder Alternative verbundenen zusätzlichen Kosten im Vergleich zu dem potentiellen Unterbrechungsschaden ab. Ob eine entsprechende Absicherung durch einen Versicherungsvertrag kostengünstiger ist als die vorgenannten Alternativen, muß im Anschluß an ihre Ermittlung geprüft werden.

In eine andere Richtung müssen die Planungsüberlegungen gehen, wenn der potentielle Ausfall des Aggregates C_2 betrachtet wird. Aus *Abb. 138* geht hervor, daß es sich bei dieser Maschine um ein relativ kostengünstiges Aggregat handelt, da es nur DM 500,– anteilige fixe Kosten pro Planungsabschnitt verursacht. In diesen Fällen sollte im Rahmen der Betriebsmittelplanung eine **Reservehaltung** des Aggregates C_2 geprüft werden. Die Kosten der Ersatzmaschine, die je nach den verbrauchs- und zeitbedingten Verschleißursachen des Aggregats den fixen Kosten von C_2 entsprechen oder darunter liegen können, müssen dann wieder in die entsprechende Position „Sicherungsleistungen" der Kostenplanung aufgenommen werden. Diesen zusätzlichen Kosten steht in der Alternativplanung ein potentieller Unterbrechungsschaden pro Planungsabschnitt von DM 36000,– als Differenz zwischen den Erträgen und den variablen Einzelkosten für x_1 und x_2 gegenüber. Für die Beurteilung über die Beschaffung einer Ersatzanlage C_2 ist der Ausfallschaden für die erwartete Unterbrechungszeit mit den zusätzlichen Kosten für die Ersatzanlage zu vergleichen. Die Unterbrechungszeit, die in einem Vielfachen oder einem Bruchteil der hier gewählten zeitlichen Bezugsgröße „Planungsabschnitt" ausgedrückt werden kann, wird durch die Beschaffungs- und Montagefrist des Ersatzaggregats sowie die Wiederanlaufzeit von Fertigung und Absatz bestimmt.

Eine weitere Möglichkeit für C_2, die auch für die Aggregate der Fertigungsstufen C_3 und C_4 gegeben ist, besteht darin, bei ihrem Ausfall den **Absatz des Verkaufserzeugnisses x_3**, also des Zwischenprodukts z_0 **kurzfristig zu erhöhen**. Pro Planungsabschnitt kann durch einen zusätzlichen Absatz von 400 Einheiten x_3 statt einer Erzeugung von x_1 und x_2 ein zusätzlicher Deckungsbeitrag von DM 3600,– (vgl. *Abb. 137*) erzielt werden, der von dem durch C_2, C_3 oder C_4 verursachten Betriebsunterbrechungsschaden von DM 36000,– abzuziehen ist. Voraussetzung für eine solche in enger Abstimmung zwischen Produktions- und Absatz-Controlling vorgenommene Absatzverlagerung ist allerdings die **Prämisse**, daß das

---

[57] Vgl. hierzu *Männel, Wolfgang*: Wirtschaftlichkeitsfragen der Anlagenerhaltung, S. 69.

	x_1	x_2	y_1	y_2	y_3	q
y_1	2	1	1	0	0	1600
y_2	1	1	0	1	0	1000
y_3	1	3	0	0	1	1200
	-40	-30	0	0	0	

Ausgangstableau

	x_1	x_2	y_1	y_2	y_3	q
x_1	1	0	$\frac{3}{5}$	0	$-\frac{1}{5}$	720
y_2	0	0	$-\frac{2}{5}$	1	$-\frac{1}{5}$	120
x_2	0	1	$-\frac{1}{5}$	0	$\frac{2}{5}$	160
	0	0	18	0	4	33600

Optimaltableau
Optimalprogramm: 720 Einheiten x_1 à 40,– = 28 800,–
160 Einheiten x_2 à 30,– = 4 800,–

Abb. 141: Engpaßplanung für die Kapazitäten C_3, C_4, C_5 oder C_6

Unternehmen auf dem Verkaufsmarkt von x_3 als **Mengenanpasser** auftritt, da nur dann von den im Modell unterstellten absatzmengenunabhängigen Absatzpreisen ausgegangen werden kann. Bei einer unterstellten konjekturalen Preis-Absatz-Funktion wäre der zusätzlich zu erzielende Deckungsbeitrag entsprechend differenzierter in Abhängigkeit von der Absatzmenge zu berechnen. Eine **alternative Produktionsprogrammplanung** im Rahmen gegebener Kapazitäten ist aufzustellen, sobald davon ausgegangen werden muß, daß die Aggregate C_5 und C_6 ausfallen können. Sie gehören zu den fertigungsablaufbedingten Engpässen für die Erzeugung der Produkte x_1 und x_2. Bei diesen Produkten handelt es sich um Massengüter, die jeweils in wechselnder Reihenfolge hergestellt werden. Die Aggregate C_5 und C_6 können hierbei wahlweise von den Erzeugnissen in Anspruch genommen werden. Ein Ausfall von C_5 oder C_6 bedeutet mithin eine entsprechende Verminderung der Engpaßkapazitäten. Nehmen wir an, daß sich die in Abb. 135 angegebenen Kapazitäten von 2400 Maschinenstunden pro Planungsabschnitt jeweils zu 50% auf C_5 und C_6 verteilen, ergibt sich bei dem Ausfall eines Aggregates ein neues optimales Produktionsprogramm mit 720 Einheiten für x_1 und 160 Einheiten für x_2, das zu einem Deckungsbeitrag über die variablen Einzelkosten in Höhe von DM 33 600,– führt (vgl. Abb. 141).

Der Unterbrechungsschaden tritt im Falle einer Verwendung des Alternativproduktionsprogramms dann zwar ein; er verhält sich jedoch durch die Umstrukturierung des Produktionsprogramms unterproportional zur Kapazitätsverminderung.

Voraussetzung für eine vorübergehende Programmänderung der vorgenannten Art ist es auch hier wieder, wie bei allen Optimierungsmodellen, in denen die Absatzverhältnisse nicht explizit in die Restriktionen aufgenommen werden, daß das Unternehmen für die Erzeugnisse x_1 und x_2 auf dem Markt als **Mengenanpasser** auftritt. Für die Fertigfabrikateläger L_{x1} und L_{x2} wurde unterstellt, daß sie eine reine Sicherungs- und keine Ausgleichsfunktion zwischen Fertigungs- und Absatzrhythmus haben. Anderenfalls müssen diese Lagerbestände explizit in die Optimierungsplanung aufgenommen werden, die, wenn es sich etwa um saisonal bedingte Lagerbildung handelt, zweckmäßig durch ein Optimierungsmodell mit zeitabhängigen kumulativen Lagereingangs- und Lagerausgangsfunktionen zu ergänzen sind.[58]

Es hat sich gezeigt, daß das Produktions-Controlling verschiedene Möglichkeiten zur systematischen Berücksichtigung von Betriebsunterbrechungsrisiken im Rahmen der Unternehmensplanung hat, die nur teilweise mit zusätzlichen Kosten verbunden sind. Inwieweit ein Ausbau des betrieblichen Planungssystems in der aufgezeigten Form im konkreten Fall zu empfehlen ist, wird zum einen von der individuellen Betriebsunterbrechungsgefahr des betrachteten Unternehmens abhängen und zum anderen durch den Stand des betrieblichen Rechnungswesens bestimmt werden. Nur ein Rechnungswesen mit einer differenzierten, alle relevanten Betriebsbereiche erfassenden Teil- und Gesamtplanung sowie mit einer entsprechend ausgebauten Teilkostenrechnung wird die Voraussetzung für eine Unternehmensplanung bieten, die eine Integration der betrieblichen Unterbrechungsrisiken in der dargestellten Form zuläßt.

C. Das produktionsorientierte Qualitäts-Controlling

1. Aufgabe des Qualitäts-Controlling

Verfolgt man aufmerksam die in jüngerer Zeit geführte Diskussion im Bereich des Qualitätsmanagements, so kann man den Eindruck gewinnen, daß die Etablierung eines Qualitätsmanagementsystems, sich insbesondere konkretisierend in der **Auditierung** und **Zertifizierung** von **Organisationseinheiten** und **Geschäftsprozessen,** alleine bereits Garant für die Erbringung einer qualitativ einwandfreien oder gar überlegenen Marktleistung ist und dementsprechend ein Qualitäts-Controlling überflüssig macht.[59] Wer diese, im ersten Schritt durchaus nachvollziehbare Überlegung[60] trifft, der berücksichtigt nur unzureichend die Intention

---

[58] Zur Planung saisonal bestimmter Lagerbestände siehe Kapitel III.C.2.
[59] Dies suggeriert auch der Titel des Standardwerkes „Quality is free" von Philip Crosby, gleichwohl dieser damit die Vorstellung verknüpft, daß die zwangsläufig zu treffenden Aufwendungen für Qualitätssicherung durch die Erträge (über-)kompensiert werden, daß also der Netto-Effekt Null oder positiv ist.
[60] Diese Überlegung wird genährt durch zum Teil unseriöse Versprechungen der Zertifizierungsanbieter einerseits und durch die erheblichen Auditierungs- und Zertifizierungskosten, die zu der Vermutung verleiten können, man habe sich durch diese Investition Qualität „gekauft".

und betriebswirtschaftlichen Inhalte der Qualitätsmanagementsysteme. Im Hinblick auf die **Zielsetzung** stehen bei den Qualitätsmanagementsystemen überhaupt nicht die Produkte als Ergebnisse der betrieblichen Leistungsprozesse im Vordergrund. Vielmehr wird im Sinne einer Systematisierung und Dokumentation testiert, daß sowohl die Leistungsprozesse als solche, als auch die Verfahren, die dafür sorgen, daß die Bedürfnisse der Kunden ermittelt werden, im Hinblick auf die Qualitätsanforderungen geeignet erscheinen. Testiert wird also die **potentielle Fähigkeit** des Unternehmens zur Erstellung **einwandfreier Produkte,** nicht jedoch das kundenseitig empfundene Qualitätsniveau der Produkte an sich.

Im Hinblick auf die **Inhalte** dominieren, wie bereits erwähnt, organisations- und prozeßbezogene Aspekte. Vergleichsweise gering gewichtet werden betriebswirtschaftliche Aspekte einer differenzierten Planung, Steuerung und Kontrolle der qualitätsbezogenen Kosten und Leistungen,[61] da im Rahmen der Zertifizierung lediglich Vorschläge zur Strukturierung der Kosten gemacht werden, keineswegs jedoch eine ausgebaute Qualitätskosten- und -leistungsrechnung zwingende Voraussetzung für die Zertifizierung ist. Hier bleibt es den Unternehmen selbst überlassen, entsprechende Instrumente zu konzipieren und in ihr Berichtssystem einzubinden. Deren Relevanz ergibt sich zum einen aus der Bedeutung der Qualitätssicherung als auch strategisch relevante Schnittstellenfunktion im Unternehmen analog der betrieblichen Logistik und einem entsprechenden betriebswirtschaftlichen Analyse- und Optimierungsbedarf. Hinzu kommt, daß Unternehmen, die keine systematische Erfassung und Auswertung der Qualitätskosten durchführen, den Anteil der Qualitätskosten an den Herstellkosten durchaus signifikant unterschätzen.[62] Allein vor dem Hintergrund der angespannten Ertragsstrukturen ist eine Transparentmachung und gezielte Ausschöpfung der realen Kostensenkungspotentiale auch in diesem Bereich durch ein adäquates Instrumentarium zwingend erforderlich.

Zielbezogen wird sich ein Qualitäts-Controlling in einer ersten Ausbaustufe auf eine laufende Wirtschaftlichkeitskontrolle der übergreifenden Kostenstrukturen konzentrieren.[63] Hierbei wird kostengruppenbezogen überprüft, wie ein gegebenes Qualitätsniveau zu „minimalen" Kosten erbracht werden kann. In diesem Zusammenhang ist seitens des Controlling insbesondere die **Wechselwirkung** zwischen wertschöpfenden Kosten auf der einen Seite (z.B. Investitionen in Quali-

---

[61] Vgl. zum Problemkomplex Qualitätskostenmanagement z.B. *Hahner, A.*: Qualitätskostenrechnung als Informationssystem der Qualitätslenkung, München, Wien 1981; *Kandaouroff, Anni*: Qualitätskosten, in: ZfB, 64. Jg. (1994), S. 765–786; *Fröhling, Oliver; Wullenkord Axel*: Qualitätskostenmanagement als Herausforderung an das Controlling, in: KRP, 1991, S. 171–178; *Weidner, W.*: Kosten der Qualitätssicherung, in: Handbuch Kostenrechnung, hrsg. von *Wolfgang Männel*, Wiesbaden 1992, S. 898–906; und *Oecking, Georg*: Qualitätskostenmanagement, in: KRP, 1995, S. 80–86.
[62] Vgl. hierzu basierend auf einer Studie von Roland Berger im Detail *Bröckelmann, Jörg*: Total Quality Management: Von der ISO-Zertifizierung bis hin zu KAIZEN- und KVP-Programmen, in: Tagungsband Qualitäts-Controlling, hrsg. von *Thomas Reichmann*, München 1995, S. 3 f.
[63] Die Verfeinerung solcher aggregierter Qualitätskostenanalysen durch die Ausgestaltung einer differenzierten Qualitätskosten- und -leistungsrechnung dürfte erst in weiteren Ausbaustufen sinnvoll sein.

tätssicherungsprojekte) und den nicht-wertschöpfenden Kosten auf der anderen Seite (z. B. Nacharbeitungskosten zur Fehlerbeseitigung bzw. -kompensation) zu berücksichtigen. Bei der klassischen, funktionsorientierten Qualitätskostengliederung liegt die kostenoptimale Qualität unter 100 %, was insbesondere aus einer einseitigen Zuordnung der Prüfkosten zum Block der Fehlverhütungskosten resultiert (vgl. linken Teil der Abbildung). Ordnet man die Prüfkosten nach ihren Wertschöpfungsanteilen jeweils auf die Abweichungs- und Übereinstimmungskosten zu, so ergibt sich eine andere Gesamtkostenfunktion (vgl. rechten Teil der Abbildung): Die kostenoptimale Qualität liegt nunmehr bei einem Erfüllungsgrad von 100 %. Dies ist zum einen durch eine zuordnungsbezogene Erhöhung des Niveaus der Abweichungskosten um eben die Prüfkosten bedingt. Zum anderen liegt dies am steigenden Volumen der Fehlerkosten (vgl. z. B. die sogenannte Zehner-Regel, nach der sich die potentiellen Fehlerkosten auf jeder Wertschöpfungsstufe im Unternehmen um den Faktor 10 potenzieren), die die Aufwendungen für Fehlerverhütung und -prävention überkompensieren.

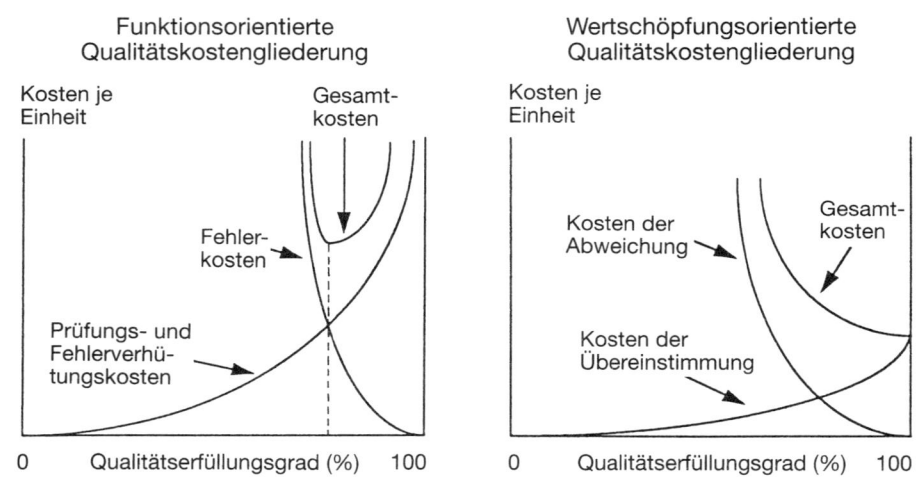

Abb. 142: Gesamtkosten der Qualitätssicherung als Funktion des Qualitätserfüllungsgrades bei unterschiedlichen Kostenaggregationen[64]

Eine entsprechende Wirtschaftlichkeitskontrolle wird i. d. R. durch zweckgerichtete Verdichtung von Kosten- und ggf. Leistungsarten in Form von periodisch erhobenen Standardberichten und Kennzahlen erfolgen. Weiterhin muß ein Qualitäts-Controlling Instrumente zur bedarfsweisen Beurteilung der Kosten-/Nutzenrelation von Techniken der Qualitätssicherung sowie zur Prognose der längerfristigen Ergebnisauswirkungen von qualitätsbezogenen Fehlleistungen bereitstellen. Während die wertbezogene Beurteilung von Qualitätssicherungstechniken, z. B. durch Verfahren der Projektkosten- und Investitionsrechnung, der Sicher-

---

[64] Abbildung leicht verändert nach *Wildemann, Horst:* Kosten- und Leistungsbeurteilung von Qualitätssicherungssystemen, in: ZfB, 62. Jg. (1992), S. 761–782, hier S. 764.

stellung eines gezielten Überblicks über die qualitätspolitisch zu tätigenden Investitionen dient, erfolgt die Ermittlung potentiell entgehender Umsätze und/oder Deckungsbeiträge insbesondere vor dem Hintergrund der längerfristigen Ergebnisprognose (Planungs- und Prognosefunktion). Die Quantifizierung negativer Ergebniseffekte durch eine unzureichende Qualitätsleistung hat aber auch „Signalcharakter", da den Qualitätsverantwortlichen eine ökonomisch fundiertere Begründung von kostenwirksamen Projekten und Maßnahmen der Qualitätssicherung gegenüber der Geschäftsführung ermöglicht wird (Entscheidungsunterstützungsfunktion).

2. Instrumente des Qualitäts-Controlling

a) Die Fehler-Möglichkeits- und Einfluß-Analyse

Bei der **Fehler-Möglichkeits- und Einfluß-Analyse (FMEA)** handelt es sich um ein Instrument der präventiven Qualitätssicherung, bei dem die frühzeitige Lokalisierung potentieller Fehler bereits in der Planungs- und Konstruktionsphase im Vordergrund steht.[65] Gegenstand der FMEA[66] sind

- Neuentwicklungen oder Änderungen von Bauteilen, Komponenten, Produkten und Verfahren
- Sicherheits- und Problemteile
- neue Einsatzbedingungen für bestehende Produkte

Die FMEA beinhaltet drei wesentliche Bausteine: Gegenstand der **Risikoanalyse** ist die Spezifikation potentieller Fehler, Fehlerursachen und -folgen für jede denkbare Fehlerquelle. Dabei wird jedes Bauteil als mögliche Fehlerquelle betrachtet, um nicht ggf. erhebliche Fehlerquellen zu vernachlässigen. Im Hinblick auf die Fehlerfolgen ist zu beachten, daß die Fehlerfortschreibung vom einzelnen Teil zunächst über die Baugruppe (primäre Fehlerfolge) bis hin zu möglichen Funktionsfehlern auf Endproduktebene (sekundäre Fehlerfolge) erfolgt. Im letzten Schritt der Risikoanalyse wird der Ist-Status im Hinblick auf die Qualitätssicherung dokumentiert, d.h. es wird für jede Fehlerursache ausgewiesen, welche Fehlerverhütungs- und/oder Prüfmaßnahme zur Vermeidung der Fehlerursache derzeit bereits initialisiert worden ist. Den zweiten wesentlichen Baustein bildet die **Risikobewertung**. Im Sinne einer fehlerbezogenen ABC-Analyse geht es darum, schwerwiegende Fehler mit einer gleichzeitig hohen Auftretenswahrscheinlichkeit zu identifizieren. Zu diesem Zweck wird eine sog. **Risikoprioritätskenn-**

---

[65] Vgl. zu den folgenden Ausführungen insbesondere *Horváth, Péter; Urban, Georg:* Qualitätscontrolling, Stuttgart 1990, S. 65–113; und *McKinsey & Company, Inc.:* Qualität gewinnt, Stuttgart 1995, S. 248–256.
[66] Es werden im wesentlichen unterschieden die Konstruktions- bzw. Entwicklungs-FMEA, die sich auf externe Risiken wie z.B. eine Gefährdung der Anwender des Produktes konzentriert, und die Prozeß-FMEA, die interne Risiken thematisiert, z.B. in Form von störanfälligen Materialtransporten oder beschädigten Maschinen.

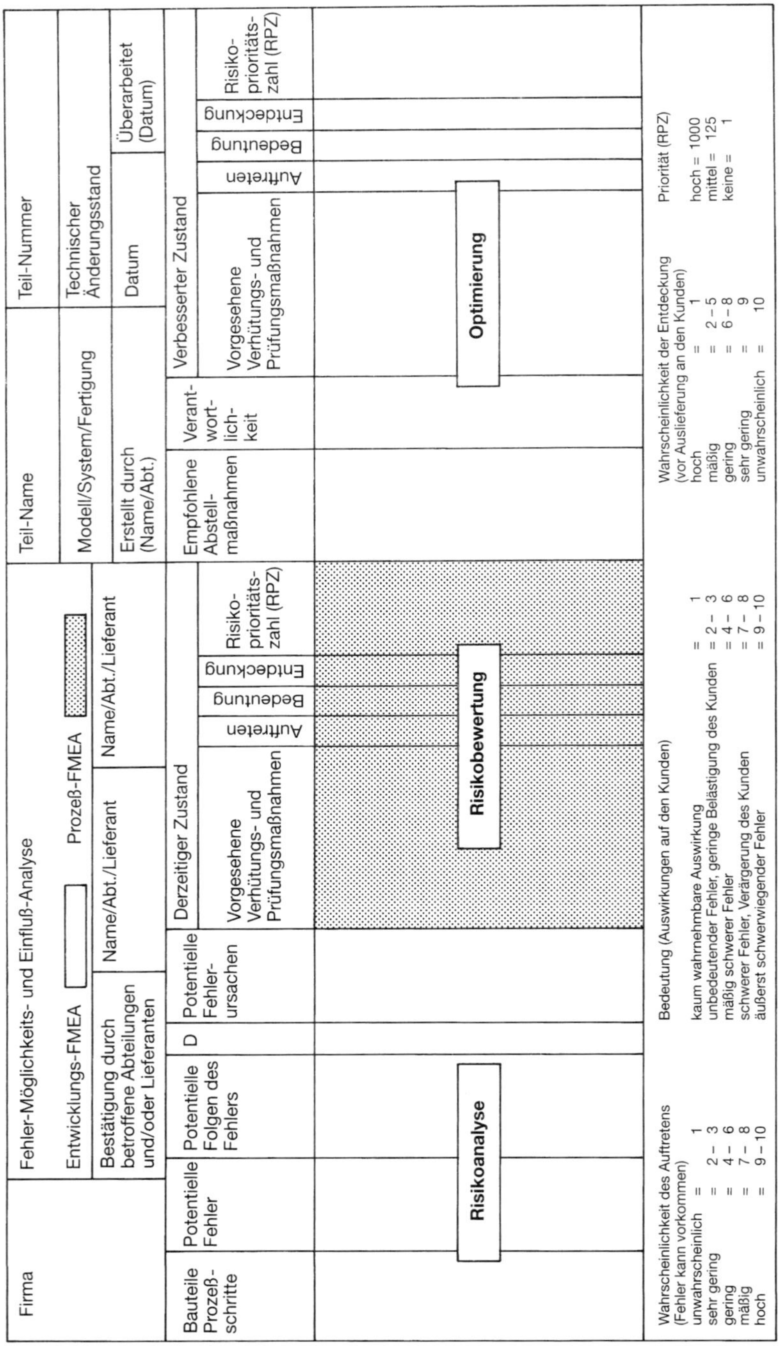

Abb. 143: Formblatt für eine FMEA[67]

---

[67] Abbildung entnommen aus *Horváth, Péter; Urban, Georg*: Qualitätscontrolling, S. 71. Das FMEA-Formblatt wird in der Richtlinie DIN 25448 thematisiert.

zahl gebildet, die als Produkt aus Maßzahlen für die Auftretenswahrscheinlichkeit eines Fehlers, die Entdeckungswahrscheinlichkeit eines Fehlers vor Auslieferung des Produktes an den Kunden und die Schwere der Fehlerfolgen ermittelt wird. Die Ausprägung der Maßzahlen variiert dabei jeweils zwischen 1 (sehr geringe Wahrscheinlichkeit bzw. Bedeutung) und 10 (sehr hohe Wahrscheinlichkeit bzw. Bedeutung), wobei eine allgemein gültige Grenze, ab der eine Risikopriorität als kritisch anzusehen ist, nicht definiert ist. Den letzten Baustein der FMEA bilden **Optimierungsmaßnahmen**. Aufgrund des präventiven Charakters besitzen dabei Konzeptionsverbesserungen im Bereich der Qualitätsplanung, -organisation und -schulung die größte Bedeutung. Erst wenn das konzeptionelle Potential ausgeschöpft ist, wird man differenziert über eine Optimierung der Prüfmethoden nachdenken müssen. Die nachfolgende Abbildung zeigt ein **Formblatt für eine FMEA**, in dem man das Anwendungsspektrum der drei dargestellten Bausteine und deren methodische Verzahnung deutlich erkennt.

b) Die Qualitätskosten- und -leistungsrechnung

Voraussetzung einer Qualitätskosten- und -leistungsrechnung ist die systematische Erfassung der durch die betriebliche Qualitätssicherung entstehenden Leistungen und Kosten. Der Begriff „Leistungsrechnung" ist insofern irreführend bzw. präziser formuliert: unterbestimmt, da nicht allein die Leistungen, sondern auch die **Fehlleistungen** zu spezifizieren und erfassen sind (z.B. die Anzahl fehlerhafter Teile und Produkte). Diese „Ambivalenz" offenbart sich auch im Terminus „**Qualitätskosten**". Zum einen werden darunter diejenigen Kostenbestandteile gefaßt, die zur Sicherstellung der Qualität erforderlich sind; zum anderen beinhaltet der Begriff auch diejenigen Kostenelemente, die zur Beseitigung und/oder Kompensation von aufgetretenen Qualitätsmängeln erforderlich sind. Entsprechend beinhalten die Qualitätskosten und -leistungen eine wertschöpfende und eine nicht-wertschöpfende Komponente, weshalb der Begriff „**qualitätsbezogene Kosten und Leistungen**" zweckdienlicher erscheint. Darunter werden alle jene Kosten und Leistungen verstanden, „die durch die präventive und/oder nachträgliche Erfüllung aller an ein Unternehmen gestellter kundenbezogener Qualitätsanforderungen sowie durch die Nichterfüllung dieser Qualitätsanforderungen verursacht werden".[68]

Qualitätsbezogene Kosten werden auf Basis der Daten der mengenorientierten und technischen operativen Systeme (z.B. Anzahl Prüfvorgänge aus dem PPS-System oder teilebezogene Fehlerraten aus Statistical Process Control-(SPC-)Systemen) in den wertorientierten Systemen vorverdichtet. Der funktionale Bezug wird entweder bereits auf Kostenartebene durch Einführung qualitätsbezogener Kostenarten (z.B. Zertifizierungs- und Qualitätsschulungskosten) und/oder durch die Zusatzkontierung auf Qualitätskostenstellen sichergestellt. In einer weiteren Verdichtung im Kostenberichtssystem werden die Kosten dann nach ih-

---

[68] Vgl. *Fröhling, Oliver:* Qualitätsbezogene Kosten und Leistungen, in: HWP, 2. Aufl., hrsg. von *Werner Kern, Hans-Horst Schröder* und *Jürgen Weber,* Stuttgart 1996, Sp. 1734–1748, hier Sp. 1735.

rem funktionalen Bezug kategorisiert. Dabei wird oftmals zwischen Fehlerverhütungskosten, Prüfkosten und Fehlerkosten differenziert.

Fehlerverhütungskosten fallen an für fehlerverhütende oder -vorbeugende Maßnahmen. Hier ist z. B. an Tätigkeiten oder Projekte in Bereichen wie Qualitätsplanung, -schulung, -revision (z. B. Systemaudits) und an übergreifende Qualitätsverbesserungsprogramme zu denken. **Prüfkosten** sind jene Kosten, die für geplante Prüfungen fremdbezogener und eigenerstellter Teile und Komponenten oder auch Verfahren (Prozeßprüfung) aufgewendet werden. Typische Aktivitätsbereiche sind z. B. Laborprüfungen, Wareneingangskontrollen, prozeßbegleitende Prüfungen an SPC-Terminals, Endkontrollen und die Dokumentation von Prüfergebnissen. Bezogen auf die Wertschöpfung sind Prüfkosten unterschiedlich zu beurteilen: Während vorbeugende und prozeßbegleitende Prüfungen – entweder durch Selbstkontrolle der Mitarbeiter oder durch technische Prüfung – den Charakter von „positiven Investitionen" haben, kann bei der klassischen Endkontrolle lediglich noch eine Funktionserfüllung oder -störung konstatiert werden. Entsprechend handelt es sich primär um Abweichungskosten, da nach Abschluß des Leistungsprozesses lediglich noch reagiert werden kann. **Fehlerkosten** schließlich werden verursacht, wenn die Produkte oder Dienstleistungen nicht den technisch vorgeschriebenen oder vom Kunden verlangten Anforderungen entsprechen.[69] Diese Fehlerkosten, in jüngerer Zeit zunehmend als „**Fehlleistungsaufwand**"[70] bezeichnet, lassen sich prinzipiell in zwei Kategorien differenzieren: Der klassische Fehlerkostenbegriff geht von einer grundsätzlichen Behebung der Leistungsstörung durch eine leistungs- oder/und kostenbezogene Kompensation aus. Entsprechend fallen darunter Kosten für Ausschuß, Nachbearbeitung, kostenlose Ersatzlieferung oder Kulanzzahlungen an die Kunden. Ist die Leistungsstörung jedoch nachhaltig oder wiederholt sie sich kontinuierlich, so ist davon auszugehen, daß der Kunde die Geschäftsbeziehung mit dem Anbieter abbricht und seine Kauftransaktionen beim Wettbewerb vollzieht. In diesem Falle resultieren **Fehlerfolgekosten**, die eine langfristige Ausstrahlung haben und sich z. B. in entgehenden Umsätzen und Deckungsbeiträgen und daraus abgeleitet in sinkenden Marktanteilen konkretisieren. Hier wird die sprachliche Relevanz des Terminus „Abweichungskosten" besonders offenkundig. Die nachfolgende Abbildung zeigt den mehrstufigen Verdichtungsprozeß qualitätsbezogener Kosten im Überblick.

Eine wichtige Aufgabe eines auf Entscheidungsunterstützung abzielenden Qualitätskostenmanagements ist in der **Lokalisierung** und **Bewertung** der Fehlerursachen zu sehen. Hierzu ist es im ersten Schritt erforderlich, daß die kostenwirksamen Fehlerbereiche im Hinblick auf die potentiellen Fehlerarten und die korrespondierenden Ursachen analysiert werden. Hierbei kann z. B. auf die Ergebnisse einer FMEA zurückgegriffen werden. Unter Hinzuziehung der jeweiligen Lei-

---

[69] Hierbei ist zu berücksichtigen, daß die technischen Anforderungen (z. B. DIN-Normen) in der Regel lediglich die Untergrenze im Sinne einer „marktfähigen Qualität" definieren, in qualitätssensiblen Nachfragesegmenten jedoch keineswegs hinreichend sind für einen nachhaltigen Markterfolg.

[70] Vgl. hierzu *Masing, Walter:* Fehlleistungsaufwand, in: Qualität und Zuverlässigkeit, 1988, 1, S. 11–12.

C. Das produktionsorientierte Qualitäts-Controlling   325

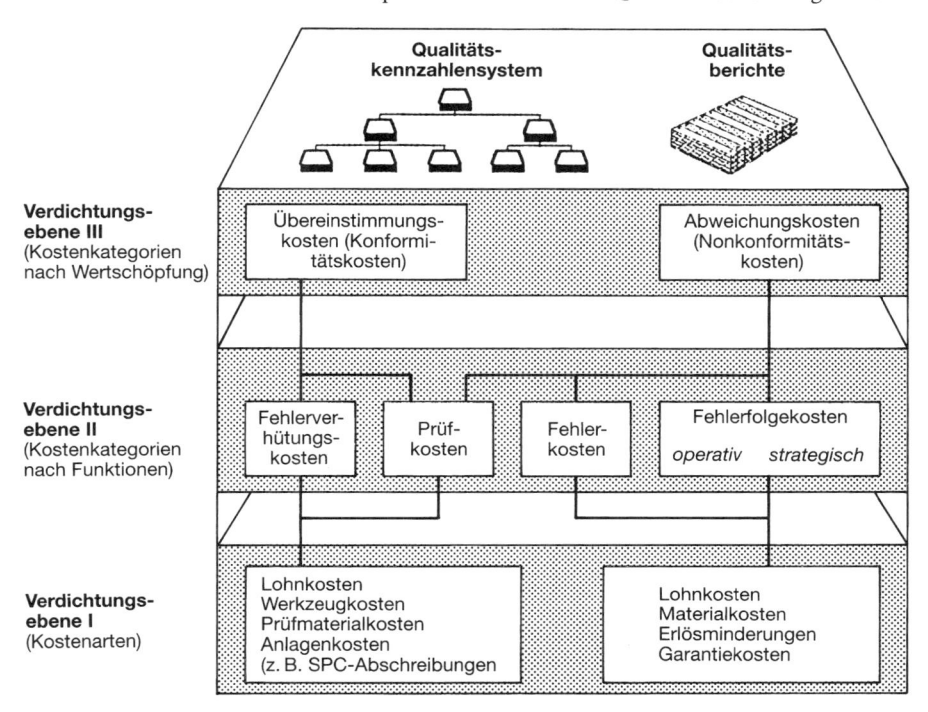

Abb. 144: Verdichtungsebenen eines Berichtssystems für qualitätsbezogene Kosten

stungsverantwortlichen werden dann sukzessive die prozentualen Anteile abgeschätzt, die die jeweilige Fehlerart an dem kostenverursachenden Fehlerbereich bzw. die jeweilige Fehlerursache an der entsprechenden Fehlerart besitzt. Durch Multiplikation der Prozentsätze mit dem ursprünglichen Fehlerkostenbetrag lassen sich top-down die differenzierten Fehlerkosten näherungsweise bestimmen. Es ist nunmehr möglich, daß eine Fehlerursache zu unterschiedlichen Fehlerarten führt. Entsprechend sind im abschließenden Schritt die Fehlerkosten ursachenspezifisch zu verdichten. Erst dann lassen sich valide Aussagen über die Kostenintensität einzelner Fehler treffen, die den Ausgangspunkt für **leistungsbezogene Verbesserungsmaßnahmen,** wie z. B. eine organisatorische Anpassung des Leistungsprozesses oder eine wertanalytische Durchdringung des zugrundeliegenden Leistungsverfahrens, bilden. Das dargestellte Vorgehen ist in der folgenden Abbildung visualisiert.

3. Das Qualitäts-Controlling zur Wirtschaftlichkeitskontrolle und Entscheidungsvorbereitung

Wie wir bereits ausgeführt haben, erfordert eine effektive Wirtschaftlichkeitskontrolle im Bereich der Qualitätssicherung einen laufenden und gezielten Überblick über die wichtigsten Kostenstrukturen und -relationen. Zu diesem Zweck

326   VII. Kapitel: Das Produktions-Controlling

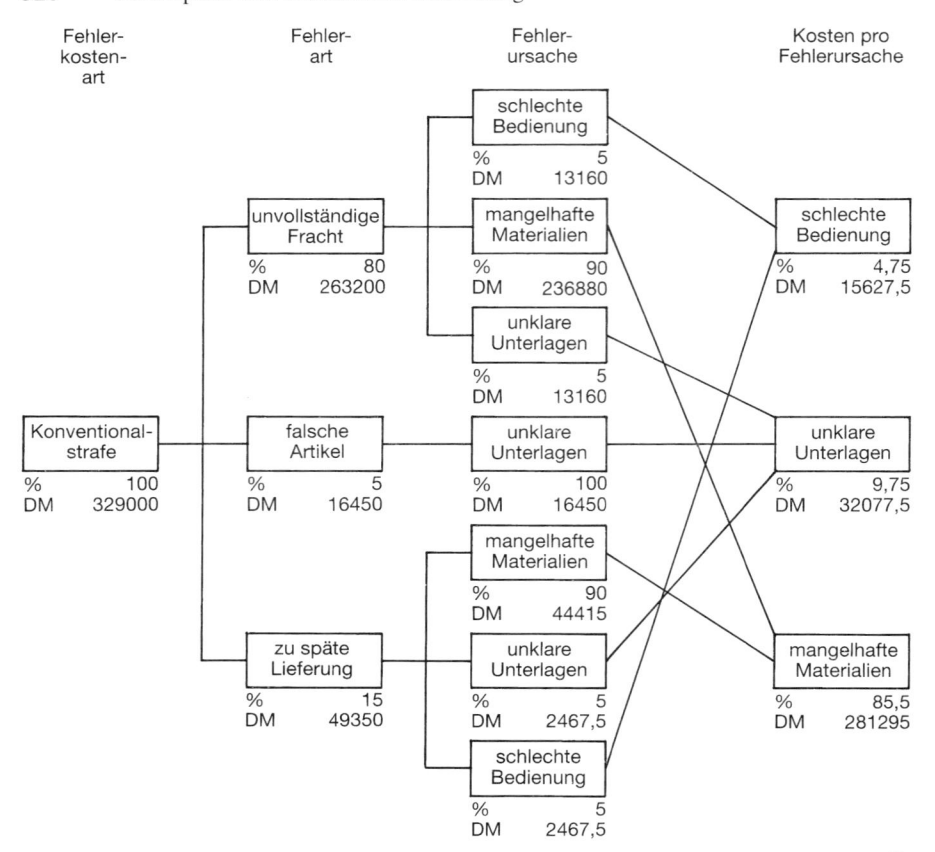

Fehler- kosten- art	Fehler- art	Fehler- ursache	Kosten pro Fehlerursache
		schlechte Bedienung % 5 DM 13160	
	unvollständige Fracht % 80 DM 263200	mangelhafte Materialien % 90 DM 236880	schlechte Bedienung % 4,75 DM 15627,5
		unklare Unterlagen % 5 DM 13160	
Konventional-strafe % 100 DM 329000	falsche Artikel % 5 DM 16450	unklare Unterlagen % 100 DM 16450	unklare Unterlagen % 9,75 DM 32077,5
		mangelhafte Materialien % 90 DM 44415	
	zu späte Lieferung % 15 DM 49350	unklare Unterlagen % 5 DM 2467,5	mangelhafte Materialien % 85,5 DM 281295
		schlechte Bedienung % 5 DM 2467,5	

Abb. 145: Beispiel für eine Fehlerkostenartenalanyse zur Bewertung der Fehlerursachen[71]

erscheint uns die Erarbeitung eines spezifischen Kennzahlensystems sinnvoll, das in der *Abbildung 146* dargestellt ist.

Gleichwohl seit geraumer Zeit differenzierte Vorschläge zur Erarbeitung von Qualitätskennzahlen existieren,[72] halten wir im ersten Schritt eine Beschränkung auf die wesentlichen **kostentreibenden Größen** für zielführend. Gleichwohl ist zu beachten, daß eine isolierte Betrachtung von Kostenkennzahlen für eine adäquate Beurteilung des Problemkomplexes nicht ausreicht, sondern eine Ergänzung um sachlogisch zuordenbare, zumeist **mengenbezogene Leistungskennzahlen** sinnvoll ist. Im Hinblick auf die Ausgestaltung des Berichtssystems empfiehlt sich

---

[71] Abbildung in Anlehnung an *Seghezzi, Hans D.; Fries, Stefan:* Zweckmäßige Fehlerkostenrechnung anstatt traditioneller Qualitätskostenrechnung, in: KRP, 1995, S. 87–91, hier S. 4.

[72] Vgl. z. B. *Deutsche Gesellschaft für Qualität:* Qualitätskennzahlen und Qualitätskennzahlensysteme, Berlin 1984: und in jüngster Zeit *Coenenberg, Adolf G.; Fischer, Thomas, M.; Schmitz, Joachim:* Qualitätscontrolling mit Kennzahlen, in: Controlling, 8. Jg. (1996), S. 360–369, hier S. 362–364.

C. Das produktionsorientierte Qualitäts-Controlling   327

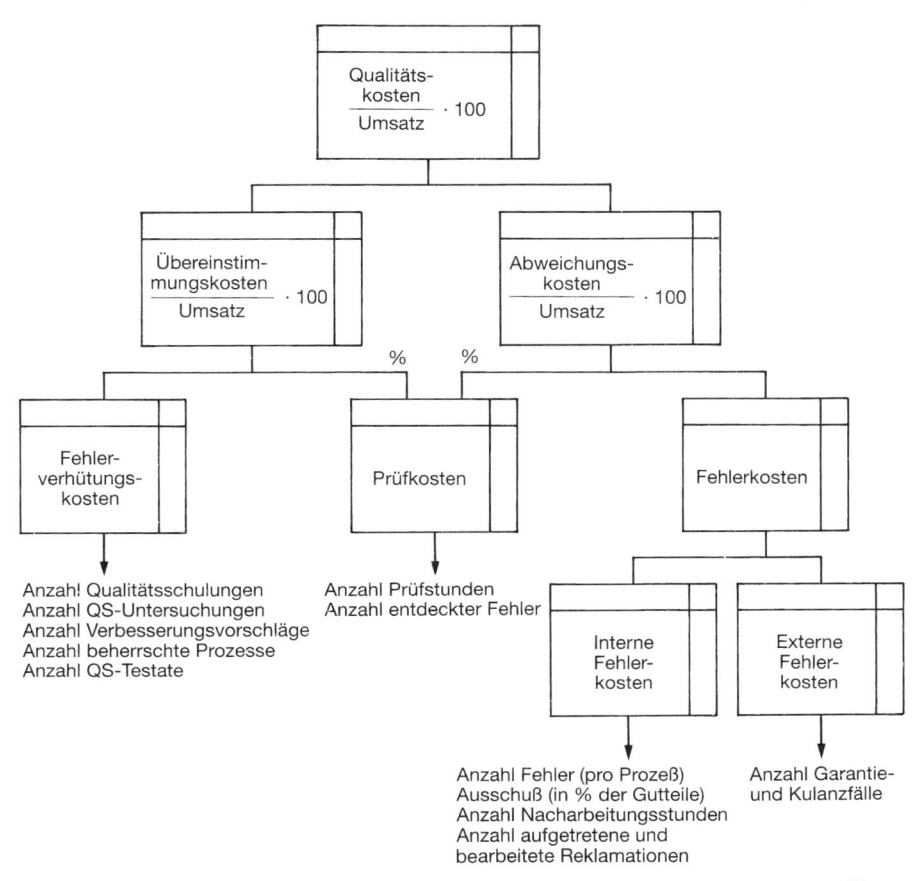

Abb. 146: Kosten- und leistungsbezogene Kennzahlen des Qualitäts-Controlling[73]

eine Kombination von Kosten- und Leistungsgrößen. Hierbei sind verantwortungsbereichsbezogen insbesondere jene Kennzahlen in die laufende Berichtserstattung einzubinden, die für den Adressaten Steuerungsimpulse auslösen, die ihm also eine möglichst prozeßnahe wirtschaftliche Steuerung der qualitätssichernden Maßnahmen ermöglichen. Ein möglicher Berichtsaufbau ist in der *Abbildung 147* dargestellt.

Das Standard-Berichtssystem ist um problemorientierte Spezialanalysen zu ergänzen. Eine wichtige Analyse ist in der **Quantifizierung** der **wirtschaftlichen Konsequenzen** von Qualitätsfehlern zu sehen. In einer strategischen Perspektive interessieren dabei insbesondere die Opportunitätskosten in Form **entgehender Umsätze** und **Deckungsbeiträge**. Auf der einen Seite ist zunächst festzustellen, daß Vorschläge aus der Praxis, die als entgehenden Umsatz oder Deckungsbeitrag den jeweili-

---

[73] Zu diesen Kennzahlen vgl. insbesondere *Wildemann, Horst:* Kosten- und Leistungsbeurteilung, S. 775–780.

Bereich:	Kostenausprägungen				Kennzahlenausprägungen			
KST: KST-Leiter: Periode:	IST aktuelle Periode	PLAN aktuelle Periode	Abw. in DM	Abw. in %	IST aktuelle Periode	PLAN aktuelle Periode	Abw. in %	IST Vorjahres- Periode
FVK					**Anteil fehlerhafter Teile**			
Konzeptüberprüfung	16 000,-	17 500,-	1 500,-	9,38 %	340	275	-19,18 %	405
Qualitätsplanung	36 000,-	36 000,-	0,-	0,00 %				
Qualitätsschulung	22 500,-	17 500,-	-5 000,-	-22,22 %				
gesamt	74 500,-	71 000,-	-3 500,-	-5,00 %				
PK					**Anzahl Nacharbeitungsstunden**			
Freigabeprüfungen	8 900,-	7 500,-	-1 400,-	-15,73 %	1100	875	-20,45 %	1425
Endprüfungen	96 000,-	90 000,-	-6 000,-	-1,04 %				
Meß- und Prüfgeräte	45 000,-	43 000,-	-2 000,-	-4,44 %				
gesamt	149 900,-	140 500,-	-9 400,-	-6,27 %				
IFK					**Anteil fehlerhafter Produkte**			
Fehleranalysen	16 800,-	15 000,-	-1 800,-	-10,71 %	55	63	14,54 %	75
Ausschuß	62 500,-	44 500,-	-18 000,-	-28,80 %				
Nacharbeit	72 000,-	63 250,-	-8 750,-	-1,21 %				
gesamt	151 300,-	122 750,-	-28 550,-	-18,87 %				
EFK					**Anteil Reklamationen**			
Transportschäden	5 500,-	7 250,-	1 750,-	31,82 %	11	10	-9,09 %	17
Gewährleistungen	10 200,-	11 800,-	1 600,-	15,67 %				
entgehender Umsatz	125 000,-	165 500,-	40 500,-	32,40 %				
gesamt								
Summe	**500 700,-**	**499 750,-**	**-950**	**-0,19 %**				

FVK	=	Fehlerverhütungskosten
PK	=	Prüfkosten
IFK	=	Fehlerkosten (intern)
EFK	=	Fehlerkosten (extern)

Abb. 147: Beispielhafter Aufbau eines Qualitätskostenberichtes

gen Wertbetrag des letzten, nicht mehr erfolgswirksamen Kundenauftrages ermitteln, nicht relevant sind, da ja insbesondere die Erfolgskonsequenzen der zukünftig nicht mehr getätigten Kauftransaktionen im Mittelpunkt des Interesses stehen. Auf der anderen Seite stellt nun gerade diese Zukunftsbezogenheit das zentrale Problem dar, da sich das Controlling mit unlösbaren Prognoseproblemen im Hinblick auf die vermutliche Restlänge der Geschäftsbeziehung sowie die Art und die Ausprägung der in diesem Zeitraum potentiell erfolgenden Aufträge durch den Kunden konfrontiert sieht.[74] Hier besteht nun die Aufgabe, solche Kalküle zu erarbeiten, die einerseits methodisch handhabbar sind und andererseits dennoch in der Lage sind, nachvollziehbare Näherungslösungen zu generieren. Dabei müssen solche Kalküle sowohl auf aktuelle Kundenverluste anwendbar sein, als auch zukunftsbezogene Fragestellungen beantworten helfen, wie z. B. „Wie hoch wäre der Umsatzverlust, wenn wir einen bestimmten Kunden verlieren würden?"

Einen entsprechenden Vorschlag hat *Fröhling* erarbeitet:[75] Er geht von der Prämisse aus, daß für Kunden einer bestimmten Kundengruppe mit vergleichbaren Produktpräferenzen ein bestimmtes Muster im Hinblick auf das Kaufobjekt

---

[74] Vgl. ausführlich zu diesem Problemkomplex *Fröhling, Oliver:* Zur Ermittlung von Folgekosten aufgrund von Qualitätsmängel, in: ZfB, 63. Jg. (1993), S. 543–568.
[75] Vgl. z. B. *Fröhling, Oliver:* Entgehende Kundendeckungsbeiträge quantitativ messen, in: Qualität und Zuverlässigkeit, 1994, S. 990–993.

C. Das produktionsorientierte Qualitäts-Controlling   329

(z. B. operationalisiert in der Auftragszusammensetzung und im durchschnittlichen Auftragsvolumen) und die Kauffrequenz ermittelt werden kann, aus dem als Konsequenz ein vergleichbares Erfolgsprofil resultiert. Er argumentiert nun weiter, daß sich auf Basis eines **Referenzzeitraumes,** der im Sinne einer rollierenden Ermittlung ständig anzupassen ist, nun als wesentliche Kenngrößen ein durchschnittlicher Umsatz und eine durchschnittliche Lebensdauer pro Geschäftsbeziehung in der betrachteten Kundengruppe ermitteln lassen. Gleicht man diese vergangenheitsorientierten Druchschnittswerte mit den aktuellen Daten des betrachteten Kunden ab, so läßt sich im Sinne einer **Soll-Betrachtung** dessen Rest-Umsatz ermitteln, d. h. derjenige Umsatz, den der Kunde bei einer „normalen", durchschnittlichen Geschäftsbeziehung mit dem Unternehmen mindestens noch tätigen sollte. Das Vorgehen soll zur Veranschaulichung an einem Beispiel dargestellt werden (vgl. *Abb. 148*):

Betrachtet wird der Kunde k (hier: k = 5; vgl. die entsprechenden Spalten in der *Abbildung 148*) der Kundengruppe 1 (hier: 1 = 1). Der Kunde kauft seit 2,5 Jahren bei dem betrachteten Unternehmen. Der Umsatz des letzten Auftrags beträgt 35000,- DM. Im ersten Schritt ist es erforderlich, den **Referenzzeitraum** der **Kundengruppenanalyse** zu bestimmen; er möge im Beispiel fünf Jahre (1992 bis 1996) betragen. Im nächsten Schritt wird für jeden Kunden, der innerhalb des Zeitraumes Käufe beim Unternehmen getätigt hat, ein Jahres- und Umsatzwert ermittelt. Z. B. bekommt ein Kunde der Kundengruppe, der seit dem zweiten Halbjahr 1996 beim Unternehmen kauft, den Jahreswert 0,5 (ein Halbjahr[76]) und den entsprechenden Umsatzwert der in diesem Zeitraum getätigten Aufträge zugeordnet. Die Jahres- und Umsatzwerte werden dann über alle betrachteten Untersuchungsjahre und Kunden der Kundengruppe aufsummiert und schließlich wiederum durch die Anzahl der Kunden dividiert. Das Vorgehen ist beispielhaft in der *Abbildung 148* dargestellt.

Daraus läßt sich für den Kunden 5 ergänzend zu der bereits bekannten Information einer Lebensdauer von 2,5 Jahren erkennen, daß das aktuell kumulierte Umsatzvolumen 465.000,- DM beträgt.[77] Auf Basis dieser Daten läßt sich nun der entgehende Umsatz des Kunden messen. Dabei können zwei verschiedene Ansätze differenziert werden: Beim sog. **Differenzumsatz-Ansatz** wird der entgehende Umsatz als Differenz zwischen dem Soll-Umsatz aus der Kundengruppenanalyse und dem kumulierten Ist-Umsatz des Kunden gemessen. Im Beispiel ergibt sich: 768.000,- DM – 465.000,- DM = 303.000,- DM. Der Vorteil des Ansat-

---

[76] Entsprechend bedeutet eine Ausprägung von 1,0, daß der Kunde das gesamte Jahr zum Unternehmen in Geschäftsbeziehung stand. Natürlich ließe sich die zeitbezogene Betrachtung dahingehend verfeinern, daß der Ausweis auf Monats- oder gar auf Wochenbasis erfolgt. Aus Vereinfachungsgründen sehen wir jedoch im Beispiel davon ab.

[77] Natürlich ist auch eine Übertragung des Ansatzes auf das Kriterium „Deckungsbeitrag" möglich. Dabei tritt allerdings zusätzlich die Kostenzuordnungsproblematik hinzu, die methodisch erheblich sein kann, wie nicht zuletzt die Vertreter der Prozeßkostenrechnung am Beispiel der Auftragsgröße und des Kundenbetreuungsaufwandes argumentieren. Ein einfacherer Weg wäre die kundengruppenbezogene Vorgabe einer Deckungsbeitragsintensität, z. B. gemessen an der Relation „Deckungsbeitrag/Umsatz". Bei einem Deckungsbeitrag in Höhe von 1.250.000,- DM beträgt die DB-Intensität im Beispiel gerade: $1250000/3840000 \cdot 100 = 32,55\%$.

KUNDE JAHR	1	2	3	5	5
1992	0,5	-	1,0	1,0	-
1993	1,0	0,5	1,0	1,0	-
1994	1,0	1,0	1,0	1,0	0,5
1995	1,0	1,0	0,5	1,0	1,0
1996	1,0	1,0	-	1,0	1,0
Durchschnittliche Lebensdauer 18 Jahre/5 Kunden = 3,6 Jahre pro Kunde					

KUNDE JAHR	1	2	3	5	5
1992	100 000	-	175 000	210 000	-
1993	225 000	90 000	180 000	180 000	-
1994	250 000	190 000	205 000	190 000	110 000
1995	200 000	210 000	70 000	210 000	165 000
1996	240 000	230 000	-	220 000	190 000
Durchschnittlicher Umsatz 3 840 000,- DM/5 Kunden = 768 000,- DM pro Kunde					

Abb. 148: Kundenbezogene Ermittlung der durchschnittlichen Lebensdauer und des durchschnittlichen Umsatzes im Referenzzeitraum

zes liegt darin, daß echte, d.h. tatsächlich realisierte Umsätze in das Kalkül einfließen. Der Nachteil ist darin zu sehen, daß bei starken unterjährigen Umsatzschwankungen, also z.B. bei stark differierenden Auftragsvolumina, eine erhebliche Veränderung der Größe schon beim Folgeauftrag auftreten kann. Beim sog. **Lebensdauer-Ansatz** wird hingegen zunächst ein zeitbezogener Gewichtungsfaktor ermittelt, indem die Rest-Lebensdauer (Soll-Jahre der Geschäftsbeziehung abzüglich Ist-Jahre) zur Soll-Lebensdauer in Beziehung gesetzt wird. Dieser Gewichtungsfaktor wird dann mit dem Soll-Umsatz multipliziert. Im Beispiel ergibt sich: (3,6 Jahre − 2,5 Jahre)/3,6 Jahre · 768.000,− DM = 234.667,− DM. Der Vorteil dieses Ansatzes liegt in der methodischen Einfachheit, da keine aktuellen Rechnungswesendaten erforderlich sind. Entsprechend liegt der zentrale Nachteil in der implizierten Prämisse, daß die Zeit die unabhängige Variable und der Umsatz die abhängige Variable darstellen, daß die Umsatzentwicklung also zeitkonform erfolgt. Trotz der jeweiligen methodischen Schwächen[78] lassen sich mit beiden Ansätzen **brauchbare Näherungsinformationen** über die Höhe des potentiell entgehenden Umsatzes generieren, die weitaus realitätsnäher sein dürften als die Ergebnisse der Heuristik „Umsatz des letzten nicht mehr erfolgswirksamen Kundenauftrags".[79]

---

[78] Dazu zählt in beiden Fällen auch die explizite Fortschreibung der Vergangenheitsentwicklung auf den zukünftigen Geschäftserfolg.
[79] Je nach gewähltem Ansatz ist das Volumen gegenüber der Heuristik um den Faktor 6,7 bzw. 8,5 höher.

VIII. Kapitel
Das Logistik-Controlling

A. Aufgabe des Logistik-Controlling

Der Begriff der Logistik im weiteren Sinn umfaßt alle Prozesse in und zwischen Systemen, die der Raumüberwindung und Zeitüberbrückung sowie der Steuerung und Regelung dienen. Begrifflich enger gefaßt ist die Definition der **betrieblichen Logistik.** Sie umfaßt alle Aktivitäten zur Planung, Steuerung und Kontrolle der Lagerhaltung, des Handlings und des Transportes logistischer Objekte und damit den gesamten Materialfluß (Roh-, Hilfs- und Betriebsstoffe, fertig bezogene Teile, unfertige Erzeugnisse, Fertigerzeugnisse und Handelsware) innerhalb des Betriebes sowie zwischen dem Betrieb und der Umwelt.[1]

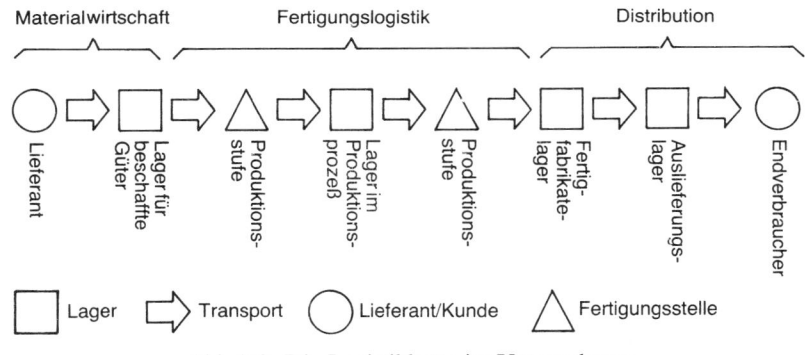

Abb. 149: Die Logistikkette im Unternehmen

Aufgabe des **Controlling im Rahmen der Logistik** ist es, zum einen eine laufende Wirtschaftlichkeitskontrolle sicherzustellen, d.h. laufend kostenarten-, kostenstellen- und ggf. kostenträgerbezogen zu überprüfen, ob, soweit Plansätze vorhanden sind, die geplanten Logistikkosten mit der Ist-Kostenentwicklung übereinstimmen und bezogen auf die Logistikleistungen, ob die entsprechenden Logi-

---

[1] Siehe hierzu etwa *Pfohl, Hans-Christian:* Logistiksysteme, Berlin, Heidelberg u.a. 1985, S. 11f.; *Berg, Claus C.:* Beschaffung und Logistik. Zur Abgrenzung von Aufgaben und Zielen, in: Zeitschrift für Logistik, 1. Jg. (1980), S. 10–14, hier S. 10f.; *Kirsch, Werner; Bamberger, Ingolf; Gabele, Eduard; Klein, Heinz-Karl:* Betriebswirtschaftliche Logistik. Systeme, Entscheidungen, Methoden, Wiesbaden 1973, S. 69; *Jünemann, Reinhardt:* Bedeutung des Arbeitsschutzes in den Logistikbereichen der Wirtschaft, in: Handbuch für Logistik und Arbeitsschutz, hrsg. vom *Institut für Logistik,* Dortmund 1980, S. 2.

stikleistungen zu „minimalen" Kosten erbracht werden. Für die von der Unternehmensleitung bzw. dem Leiter der Abteilung Logistik zu treffenden Entscheidungen hinsichtlich der geplanten Neuinvestitionen, der Anpassungsmöglichkeiten an veränderte Beschäftigungslagen und der Abstimmung mit den anderen Unternehmensbereichen hat das Controlling die entsprechenden entscheidungsbezogenen Informationen zu beschaffen, problembezogen zu verdichten und den Entscheidungsträgern zum richtigen Zeitpunkt zur Verfügung zu stellen.

Ausgehend von der systemtheoretischen Betrachtungsweise und dem daraus abzuleitenden **Gesamtkostenkonzept** (Total-Cost-Concept) muß der Controller diejenigen Transport- und Lagerprozesse herausfinden, die unter Berücksichtigung der Interdependenzen mit den anderen Betriebsbereichen optimal sind. Da eine Senkung der Kosten in einem Teilbereich zu einem Ansteigen der Kosten in einem anderen Teilbereich und damit unter Umständen zu einem Kostenanstieg des ganzen Systems führen kann, sind die kostenmäßigen Konsequenzen von Entscheidungen im Rahmen des logistischen Planungsprozesses nicht nur in bezug auf diesen Entscheidungsbereich, sondern auch hinsichtlich der anderen betrieblichen Entscheidungsbereiche (z.B. Einkauf, Produktion, Absatz, Finanzierung) zu betrachten. Der Controller muß stets diejenigen logistischen Prozesse ermitteln, die aus gesamtbetrieblicher Sicht eine optimale Logistik ermöglichen.[2]

Als Voraussetzung für die Erfüllung dieser Aufgaben hat der Controller sicherzustellen, daß aus der Absatz- bzw. Umsatzplanung die entsprechenden Logistikleistungen (nach Art, Menge und Zeitpunkten) angefordert werden. Die Optimierung logistischer Prozesse setzt voraus, daß der Controller die in der betrieblichen Logistik entstehenden Leistungen und Kosten systematisch erfaßt. Deshalb muß ein **System von Logistikkosten, Kostenbestimmungsfaktoren und Logistikleistungen** definiert werden, das die betrieblichen Logistikprozesse zutreffend wiedergibt. Hierauf aufbauend ist eine entsprechende Logistikkosten- und -leistungsrechnung in das bestehende Kostenrechnungssystem zu integrieren. Aus den Grundsätzen für die betriebliche Investitions- und Finanzierungsrechnung hat der Controller für den Logistikbereich entsprechende Investitionsrechnungsrichtlinien und Entscheidungshilfen zur Verfügung zu stellen. Sowohl im Hinblick auf die Informationsverdichtung zur Steuerung und Kontrolle als auch im Hinblick auf die Koordinationsfunktion des Logistikbereichs mit den anderen Unternehmensbereichen ist es Aufgabe des Controlling, ein System von Logistikkennzahlen zu erstellen.

B. Instrumente des Logistik-Controlling

1. Die Materialbedarfsplanung

Sowohl der Bedarf an Fertigerzeugnissen aus dem Fertigfabrikatelager als auch der räumlich gestreute Bedarf aus den betrieblichen Außenlägern bzw. der qualitätsmäßig, mengenmäßig und zeitlich bestimmte Bedarf, der bei den zu belie-

---

[2] Vgl. hierzu auch *Reichmann, Thomas:* Wirtschaftliche Vorratshaltung, S. 565–578.

B. Instrumente des Logistik-Controlling

fernden Kunden entsteht, läßt sich aus den entsprechend differenziert erstellten Absatz- und Umsatzplänen ableiten, so daß die für die Distributionslogistik erforderlichen Informationen an dieser Stelle nicht näher behandelt werden müssen.

Der Bedarf in den vorgelagerten Produktionsstufen bis hin zum Eingangslager kann programm- oder verbrauchsgesteuert bestimmt werden. Das Problem der **programmgesteuerten Bedarfsplanung** ist ausführlich in der Literatur behandelt worden.[3] Auf der Grundlage der Produktionsprogrammpläne, die die Art, Qualität und Menge der herzustellenden Erzeugnisse pro Zeiteinheit genau festlegen, lassen sich über Rezepturen oder Stücklisten die entsprechenden Bedarfsmengen der Einsatzgüter festlegen. Die **verbrauchsgesteuerte Vorratshaltung** ist dadurch gekennzeichnet, daß bestimmte Bestellpolitiken für die Lagerhaltung festgelegt werden, wie etwa das **Bestellpunktverfahren** [(s, q)-Politik], das **Bestellrhythmusverfahren** [(t, S)-Politik] oder die **(s, S)-Politik**.[4] Allen Verfahren ist gemeinsam, daß bei Unterschreiten bestimmter Mindestmengen bzw. nach bestimmten Zeitabständen ein Wiederauffüllvorgang des Lagers eingeleitet wird. Die Höhe der erforderlichen Meldemenge wird dann z. B. bei der (s, q)-Politik durch die in der Vergangenheit ermittelten durchschnittlichen Verbrauchsgewohnheiten bestimmt, die sich im durchschnittlichen Verbrauch pro Tag niederschlagen, der mit der Zeit, die zwischen der Auslösung des Bestellvorgangs und der Wiederauffüllung des Lagers vergeht, zu multiplizieren ist. Dieses Verfahren wird unter wirtschaftlichen Gesichtspunkten in Industrieunternehmen für Hilfs- und Betriebsstoffe sowie für Kleinmaterialien angewendet, da der Verwaltungsaufwand zur programmgesteuerten Erfassung der benötigten Materialien unverhältnismäßig hoch wäre. Sowohl die programmgesteuerten als auch die verbrauchsgesteuerten Dispositionsverfahren können zu erheblichen Fehlern führen.

Die programmgesteuerte Bedarfsplanung leitet den Materialbedarf aus dem zukünftigen Produktionsprogramm ab, das die innerhalb einer Planungsperiode zu fertigenden Erzeugnisse nach Art und Menge enthält. Das **programmgesteuerte Dispositionsverfahren** kann mithin nie genauer sein als die ihm zugrundeliegenden Produktionspläne, die ihrerseits jedoch mit erheblicher Ungenauigkeit behaftet sein können. Immer dann, wenn keine Kundenaufträge für den Gesamtplanungszeitraum vorliegen, müssen für die entsprechenden Betriebsaufträge innerhalb der Planperiode Annahmen über den noch möglichen Absatz getroffen werden. Besonders problematisch ist die **verbrauchsgesteuerte Disposition,** da hier eine direkte Verbindung zwischen Absatzplanung und Materialbedarfsplanung nicht besteht. Oft wird davon ausgegangen, daß der zukünftige Bedarf tendenziell sich genauso entwickelt wie der zeitlich zurückliegende Ver-

---

[3] Vgl. hierzu etwa *Trux, Walter R.*: Data Processing for Purchasing and Stock Control, London 1971, S. 257–281; *Grupp, Bruno*: Materialwirtschaft mit EDV, Grafenau 1975, S. 91–108; *Grochla, Erwin*: Grundlagen der Materialwirtschaft, 3. Aufl., Wiesbaden 1978, S. 42–46.
[4] Vgl. hierzu *Reichmann, Thomas*: Wirtschaftliche Vorratshaltung, S. 565–578; *Naddor, Eliezer*: Inventory Systems, London, New York, Sidney 1966, S. 138–142, S. 246–252 und S. 292–299.

334 VIII. Kapitel: Das Logistik-Controlling

brauch.[5] Immer dann, wenn die programmgesteuerte Materialbedarfsplanung, die aus entsprechenden Umsatzplänen abgeleitet wird, die ihrerseits auf entsprechenden Absatzprognosen beruhen, nicht möglich ist, kommt dem Controller die Aufgabe zu, sowohl bei den programmgesteuerten Bedarfsplänen, die von geschätzten Absatzwerten ausgehen, als auch bei der verbrauchsgesteuerten Materialbedarfsplanung, die für ihn erkennbaren trend-, konjunktur-, saison- und produktlebenszyklusbedingten Absatzveränderungen frühzeitig den Materialdisponenten bekanntzugeben, so daß diese nicht erst bei plötzlich steigender oder zurückbleibender Nachfrage ihre **Bestellmengen** verändern müssen, sondern diese **rechtzeitig verändern** können. Für die verbrauchsgesteuerten Dispositionsverfahren kann dies z. B. bedeuten, daß, wenn dem Controller rechtzeitig Absatzprognosewerte über die in der Zeitreihe sich verändernden Absatzmengen bekannt sind, dieser z. B. bei der (t, S)-Politik auf eine entsprechende Anpassung der Bestellmengen hinwirken kann, so daß es zu keinen „automatischen" konjunktur- oder saisonbedingten Lagerüberbeständen kommt.[6]

Im Hinblick auf die Ausnutzung der fixe Kosten verursachenden Lager- und Personalkapazitäten ist es insbesondere in Handelsbetrieben sinnvoll, daß der Controller den mengenmäßigen Umsatz und die Logistikkosten bestimmter Ar-

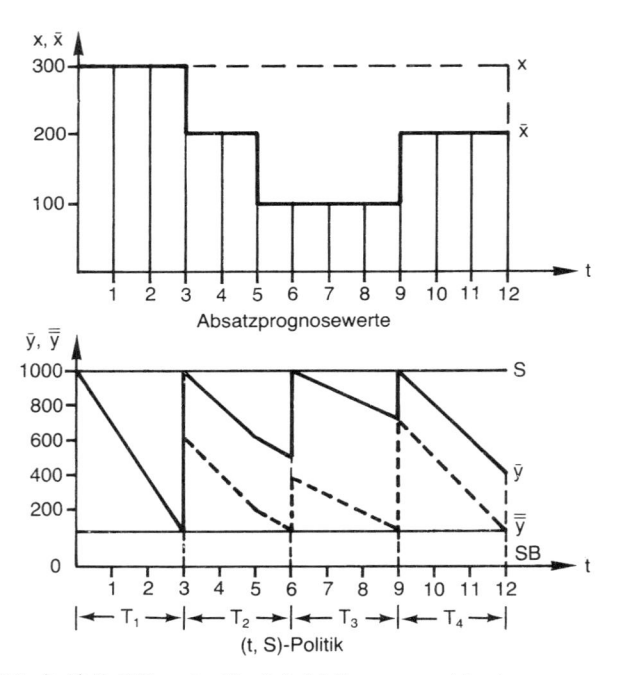

Abb. 150: (t, S)-Politik unter Berücksichtigung von Absatzprognosewerten

---

[5] Vgl. *Rationalisierungs-Kuratorium der Deutschen Wirtschaft e. V.:* Rationelle Vorratshaltung, Berlin, Köln 1975, S. 115.
[6] Vgl. hierzu *Reichmann, Thomas:* Die kostenminimale Lagerhaltung im Beschaffungsbereich auf der Basis von Absatzprognosen, in: KRP, 5/1982, S. 199–204.

tikelgruppen nicht nur für die einzelnen Monate darstellt, sondern für jeden Monat auch noch die durchschnittlichen Mengen bzw. Kosten pro Wochentag ermittelt, um so der Logistikabteilung Empfehlungen für eine **bessere Auslastung** insbesondere der **Warenannahme- und Warenausgabeabteilungen** geben zu können.

Eine solche Empfehlung kann sich dann bis zur Gestaltung der Ein- und Verkaufskonditionen auswirken, die den Lieferanten bzw. Abnehmern Preisvorteile einräumen, wenn sie an bestimmten Tagen anliefern bzw. die Ware abholen.

	Warenbewegungen pro Artikelgruppe (in Stck.)					
	Montag	Dienstag	Mittwoch	Donnerstag	Freitag	Samstag
Januar	2000	3000	2000	4000	5000	--
Februar	3000	4500	3000	6000	7500	--
März	3000	3500	3000	6000	7500	--
April	4000	6000	4000	8000	10000	--
. . . .						
Dezember	8000	12000	8000	16000	20000	10000

Abb. 151: Die Warenbewegung pro Artikelgruppe in ihrer zeitlichen Verteilung

2. Die Logistikkosten- und Logistikleistungsrechnung

Voraussetzung einer Logistikkosten- und Logistikleistungsrechnung ist, daß zunächst eine systematische Erfassung der in der betrieblichen Logistik entstehenden Leistungen und Kosten erfolgt.[7] Eine **logistische Leistung** besteht z. B. darin,

---

[7] Vgl. hierzu die erstmalige Differenzierung der Lagerkostenfunktionen bei: *Reichmann, Thomas:* Die betrieblichen Anpassungsprozesse im Lagerbereich, in: ZfbF, 19. Jg. (1967), S. 762–774, hier S. 766, sowie die folgenden Veröffentlichungen: *Berg, Claus C.:* Zur Kosten-Leistungsrechnung logistischer Prozesse in industriellen Unternehmen, in: KRP, 6/1980, S. 249–254; *Männel, Wolfgang; Weber, Jürgen:* Controlling-Konzept. Konzept einer Kosten- und Leistungsrechnung für die Logistik-Struktur und Elemente eines aussagefähigen logistischen Informationssystems, in: Zeitschrift für Logistik, 3. Jg. (1982), S. 83–90; *Scholl, Hermann Josef:* Der Aufbau einer Logistikkostenrechnung als geschlossenes System, in: Beiträge zur Industrieforschung, Nr. 25, Lehrstuhl für Unternehmensrechnung, Universität Dortmund 1984, S. 1–29; *Reichmann, Thomas:* Controlling in der betrieblichen Logistik, in: 4. Internationaler Logistik-Kongreß, Kongreßhandbuch II, hrsg. vom *Institut für Logistik*, Dortmund 1983, S. 100–106.

336 VIII. Kapitel: Das Logistik-Controlling

ein bestimmtes Gut in der definierten Menge zu einem vorgegebenen Zeitpunkt an einem bestimmten Ort ohne Qualitätsverlust zur Verfügung zu stellen. Diese Leistung kann nun mit unterschiedlichen Verfahren, z.B. mit eigenem LKW, mit dem LKW eines Spediteurs oder mit der Bundesbahn erbracht werden, so daß die gleiche Leistung mit unterschiedlichen Verfahren und damit Kostenbestimmungsfaktoren und Kosten verbunden sein kann. Um die Wirtschaftlichkeit logistischer Prozesse beurteilen zu können, ist es erforderlich, den logistischen Leistungen die entsprechenden Maßgrößen der logistischen Aktivitäten und die entsprechenden Kosten zuzuordnen (vgl. *Abb. 152*).

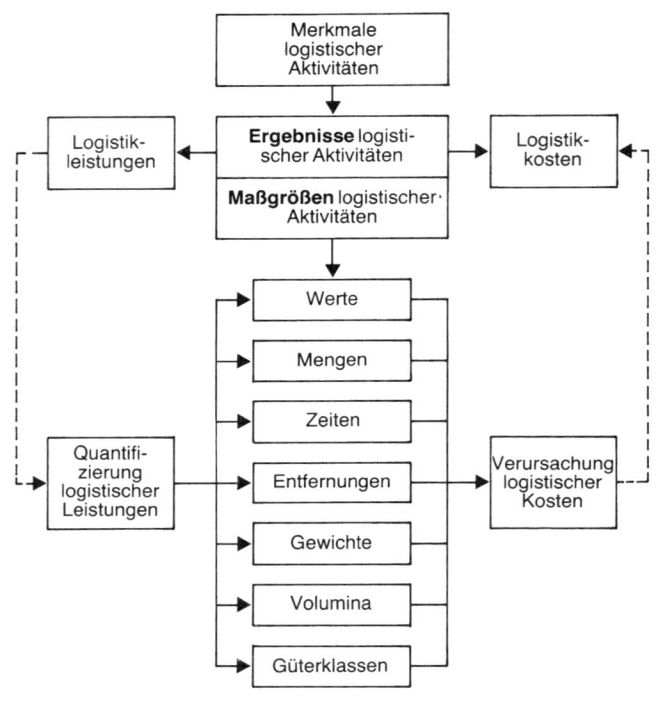

Abb. 152: Systematische Erfassung der in der betrieblichen Logistik entstehenden Leistungen und Kosten

Für die in *Abb. 142* dargestellte Logistikkette des Unternehmens gilt mithin, daß für jede Funktion innerhalb dieser Kette (Warenannahme, Eingangslager, innerbetrieblicher Transport und Handling, Fertigfabrikatelager, Kommissionierung und Distribution) die entsprechenden **Logistikleistungsarten** als Teile der Gesamtleistung des Logistikbereiches definiert werden müssen. Im nächsten Schritt sind dann die **Verfahren** auszuwählen, mit denen die Logistikleistungsarten unter Beachtung der für jede Kostenstelle geltenden Planbezugsgrößen am kostengünstigsten erstellt werden können, wobei die Gliederung der Kostenstellen nicht unbedingt, wie in *Abb. 153* erkennbar, mit der Abgrenzung der Logistikbereiche identisch sein muß.

Mit der Festlegung der Logistikverfahren ergeben sich auch die zu berücksichtigenden **Logistikkostenarten**, deren **Planverbrauchsmengen** über ihre Maßeinheiten mit den **Planpreisen** bewertet zu den **Logistikplankosten** führen; letztere sind zu Planungs- und Kontrollzwecken sowie zur Integration der Logistikkosten im Betriebsabrechnungsbogen in fixe und variable Bestandteile zu zerlegen. Dieses Vorgehen wird in *Abb. 153* für die unterschiedlichen Logistikbereiche jeweils anhand einer exemplarisch erfaßten Kombination von Logistikverfahren dargestellt.

Aufbauend auf dieser Analyse sind je nach den im Unternehmen vorhandenen Kostenrechnungssystemen, etwa im Rahmen einer kombinierten Voll- und Teilkostenrechnung oder im Rahmen einer flexiblen Plankostenrechnung, in den Betriebsabrechnungsbogen entsprechende **Logistikkostenstellen** einzuführen. Als Mindestgliederung sind hier die Logistikkostenstellen Warenannahme, Eingangslager, innerbetrieblicher Transport, Fertigfabrikatelager, Versand und Distribution vorzusehen. Diese Kostenstellen lassen sich entsprechend den Gliederungsvorschriften des Gemeinschaftskontenrahmens der Industrie (GKR) in der Kontenklasse 5 neu einführen. Eine kombinierte Voll- und Teilkostenrechnung unter Berücksichtigung der vorgenannten Logistikkostenstellen läßt sich in folgender Form darstellen (vgl. *Abb. 154*).

Entsprechend der grundsätzlichen Untergliederung des BAB in Gesamtkosten, fixe und variable Kostenanteile müssen auch die Logistikkostenstellen eine entsprechende Unterteilung in beschäftigungsabhängige und beschäftigungsunabhängige Kosten enthalten.

Sowohl für die Wirtschaftlichkeitsbeurteilung logistischer Prozesse durch Gegenüberstellung von Logistikleistungen und Logistikkosten für die betriebliche Angebots- und Nachkalkulation, als auch für entscheidungsorientierte Sonderrechnungen des Controllers, wie z. B. Make-or-Buy-Entscheidungen, Entscheidungen über alternative Distributionsstrukturen oder bereitzustellende Lagerkapazitäten ist der **gesonderte Ausweis der Logistikkosten** erforderlich. Im Hinblick auf die Artikelkalkulation sollte die gesonderte Erfassung der Logistikkosten und -leistungen auch auf die Kostenträgerrechnung ausgedehnt werden, da für jedes Erzeugnis von der Beschaffung über die Lagerung bis hin zur innerbetrieblichen Bereitstellung und Distribution die anteilig eingehenden Logistikleistungen und die damit verbundenen Logistikkosten zu kalkulieren sind.

Im Rahmen der **Kostenträgerrechnung** kann dies in der einfachsten Form durch die zusätzliche Einführung eines **Beschaffungslogistik-Gemeinkosten-Zuschlagssatzes,** eines **Fertigungslogistik-Gemeinkosten-Zuschlagssatzes** und eines **Absatzlogistik-Gemeinkosten-Zuschlagssatzes** erfolgen, wie in *Abbildung 155* dargestellt wird.

Die Ergänzung eines bestehenden Kostenstellenplans sowie die Einführung logistikbezogener Gemeinkosten-Zuschlagssätze stellen im Hinblick auf die optimale Integration betrieblicher Logistikaktivitäten im Beschaffungs-, Produktions- und Absatzprozeß eine nicht immer ausreichende Informationsbasis dar. Dies gilt insbesondere dann, wenn starke Verbundbeziehungen bei den logistischen

VIII. Kapitel: Das Logistik-Controlling

Logistikbereich	Logistikleistungsarten	Logistikverfahren*	Logistikplanbezugsgrößen*	Logistikkostenarten*	Maßeinheiten	Planpreise	Planverbrauchsmengen (pro Periode)	Plankosten (pro Periode)		
								g	v	f
Warenannahme	Angelieferte Güter in qualitativ einwandfreiem Zustand für innerbetriebliche Lagerung/Verarbeitung bereitstellen	– Paletten entladen mit Gabelstapler	– Zahl der ⌀ zu entladenden Paletten pro Periode	– Lohnkosten – Treibstoffkosten – Abschreibungen – Zinssatz – Reparatur- und Wartungskosten	Monat Liter Jahr Jahr Stunde	DM Lohn/Monat DM/Liter AW/n Zinssatz DM/Monteurstunde				
		– Manuelle Warenerfassung – Stichprobenweise/lückenlose Kontrolle	– Zahl der ⌀ zu erfassenden Artikel pro Palette – Zahl der ⌀ zu kontrollierenden Artikel pro Palette	– Lohnkosten – Lohnkosten	Monat Monat	DM Lohn/Monat DM Lohn/Monat				
Eingangslager	Zeitüberbrückung bereitzustellender Güterarten	– Lagerung von Paletten im Schmalganglager	– Zahl der ⌀ zu lagernden Paletten pro Periode	– Zinskosten (auf Bestände) – Zinskosten (auf das in Lagereinrichtungen gebundene Kapital) – Abschreibungen (auf Lagereinrichtungen) – Versicherungskosten – Energiekosten	Jahr Jahr Jahr Monat kWh	Zinssatz Zinssatz AW/n DM Prämie/Monat DM/kWh				
Innerbetrieblicher Transport und Handling	Bestimmte Güter in definierten Mengen von einem Ort zu einem anderen Ort transportieren und bereitstellen (positionieren)	– Transport mit Gabelstapler	– Zahl der ⌀ zu transportierenden Paletten pro Periode	– Lohnkosten – Treibstoffkosten – Abschreibungen – Zinssatz – Reparatur- und Wartungskosten	Monat Liter Jahr Jahr Stunde	DM Lohn/Monat DM/Liter AW/n Zinssatz DM/Monteurstunde				
		– Manuelle Warenbereitstellung	– Zahl der ⌀ bereitzustellenden Paletten pro Periode	– Lohnkosten	Monat	DM Lohn/Monat				

Fertigfabrikatelager	Zeitüberbrückung bereitzustellender Güterarten	- Lagerung von Paletten im Schmalganglager	- Zahl der Ø zu lagernden Paletten pro Periode	- Zinskosten (auf Bestände) - Zinskosten (auf das in Lagereinrichtungen gebundene Kapital) - Abschreibungen (auf Lagereinrichtungen) - Versicherungskosten - Energiekosten	Jahr Jahr Jahr Monat kWh	Zinssatz Zinssatz AW/n DM Prämie/Monat DM/kWh
Kommissionierung	Auftragsentsprechende Bereitstellung bestimmter Fertigerzeugnisse in definierten Mengen zu bestimmten Zeitpunkten	- Manuelle Zusammenstellung der Fertigerzeugnisse - Manuelle Verpackung und versandfertige Bereitstellung	- Zahl der Ø zusammenzustellenden Fertigerzeugnisse - Zahl der Ø zu verpackenden und versandfertig bereitzustellenden Fertigerzeugnisse	- Lohnkosten - Lohnkosten - Verpackungsmaterialkosten	Monat Monat kg	DM Lohn/Monat DM Lohn/Monat DM/kg
Distribution	Durch Raum- und Zeitüberbrückung bei dem Empfänger bereitzustellende Fertigerzeugnisse	- Transport mit Lkw - Lagerung von Paletten im Außenlager (SGL)	- Zahl der Ø zu transportierenden Paletten über Ø km - Zahl der Ø zu lagernden Paletten pro Periode	- Lohnkosten - Treibstoffkosten - Abschreibungen - Zinskosten - Kfz-Versicherung und Kfz-Steuer - Reparatur- und Wartungskosten - Zinskosten (auf Bestände) - Zinskosten (auf das in Lagereinrichtungen gebundene Kapital) - Abschreibungen (auf Lagereinrichtungen) - Versicherungskosten - Energiekosten	Monat Liter Monat Jahr Monat bzw. Jahr Stunde Jahr Jahr Jahr Monat kWh	DM Lohn/Monat DM/Liter AW/n Zinssatz DM Prämie/Monat bzw. Zinssatz DM/Monteurstunde Zinssatz Zinssatz AW/n DM Prämie/Monat DM/kWh

* Nur exemplarisch erfaßt.

Abb. 153: Logistikleistungsarten, Logistikverfahren und Logistikplankosten

VIII. Kapitel: Das Logistik-Controlling

Kostenstellen / Kostenarten	Σ	51 Hilfsbereiche						52 Einkauf Pl.Bezg.: 350000 DM Besch.Grad: 100%			53 Logistik								
		511 Heizung Pl.Bezg.: 150000 kWh Besch.Grad: 100%			512 Reparaturen Pl.Bezg.: 1000 Std. Besch.Grad: 100%						531 Warenannahme Pl.Bezg.: 6000 Pak. Besch.Grad: 100%			532 Eingangslager Pl.Bezg.: 480000 DM Besch.Grad: 100%			534 Innerbetr. Transport Pl.Bezg.: 15000 km Besch.Grad: 100%		
		var.	fix	ges.	var.	fix	ges.	var.	fix	ges.	var.	fix	ges.	var.	fix	ges.	var.	fix	ges.
420 Betriebsstoffe	21,8	4,1	–	4,1	3,8	–	3,8	0,1	–	0,1	0,2	–	0,2	0,3	–	0,3	1,9	–	1,9
431 Löhne	198,1	–	14	14	–	13,5	13,5	–	5,2	5,2	–	18,9	18,9	–	9,6	9,6	–	10,8	10,8
439 Gehälter	85,3	–	4,1	4,1	–	4,3	4,3	–	3,9	3,9	–	–	–	–	3,8	3,8	–	–	–
440 Personalnebenkosten	123,4	–	8,3	8,3	–	8,1	8,1	–	3,6	3,6	–	9,8	9,8	–	5,9	5,9	–	5,6	5,6
460 Steuern, Gebühren	7,2	–	–	–	–	–	–	–	–	–	–	–	–	0,4	–	0,4	–	0,8	0,8
470 Miete	26,4	–	0,9	0,9	–	0,2	0,2	–	1,2	1,2	–	0,2	0,2	–	2,4	2,4	–	0,2	0,2
480 Kalk. Abschreibungen	22,5	–	0,8	0,8	–	0,4	0,4	–	0,5	0,5	–	–	–	–	0,8	0,8	2,1	–	2,1
481 Kalk. Zinsen	20,8	–	0,3	0,3	–	0,2	0,2	–	0,2	0,2	–	–	–	2,3	–	2,3	–	1,2	1,2
Summe der Kostenstellen	505,5	4,1	28,4	32,5	3,8	26,7	30,5	0,1	14,6	14,7	0,2	28,9	29,1	3	22,5	25,5	4	18,6	22,6
Umlage Hilfskostenstellen																			
Summe Hauptkostenstellen								0,1	14,6	14,7	0,2	28,9	29,1	3	22,5	25,5	4	18,6	22,6

B. Instrumente des Logistik-Controlling 341

	53 Logistik									54 Fertigung									55 Verwaltung			56 Vertrieb					
	535 Fertigfabr.lager Pl.Bezg.: 600000 DM Besch.Grad: 100%			536 Verpackung/Versand Pl.Bezg.: 500000 DM Besch.Grad: 100%			538 Distribution Pl.Bezg.: 4000 Pal. Besch.Grad: 100%			541 Pressen Pl.Bezg.: 33000 kg Besch.Grad: 100%			545 Scheren Pl.Bezg.: 4800 Std. Besch.Grad: 100%			547 Lackieren Pl.Bezg.: 6000 Stck. Besch.Grad: 100%			Pl.Bezg.: 500000 DM Besch.Grad: 100%			561 Inland Pl.Bezg.: 400000 DM Besch.Grad: 100%			565 Ausland Pl.Bezg.: 100000 DM Besch.Grad: 100%		
	var.	fix	ges.	var.	fix	ges.	var.	fix	ges.	var.	fix	ges.	var.	fix	ges.	var.	fix	ges.	var.	fix	ges.	var.	fix	ges.	var.	fix	ges.
	0,3	–	0,3	0,6	–	0,6	0,3	–	0,3	3,5	–	3,5	2,4	–	2,4	1,9	–	1,9	1,8	–	1,8	0,5	–	0,5	0,1	–	0,1
	–	7,2	7,2	–	13,5	13,5	–	16,2	16,2	–	22,4	22,4	–	14	14	–	10,8	10,8	–	14,4	14,4	–	22	22	–	5,6	5,6
	–	3,9	3,9	–	–	–	–	–	–	–	9	9	–	9	9	–	8,6	8,6	–	20,4	20,4	–	13,5	13,5	–	4,8	4,8
	–	4,7	4,7	–	7	7	–	8,4	8,4	–	13,8	13,8	–	9,4	9,4	–	7,7	7,7	–	12,4	12,4	–	14,7	14,7	–	4	4
	0,5	–	0,5	–	–	–	–	3,8	3,8	–	0,2	0,2	–	0,3	0,3	–	0,4	0,4	–	0,8	0,8	–	–	–	–	–	–
	–	3,9	3,9	–	0,4	0,4	–	1	1	–	2,1	2,1	3,7	–	3,7	–	1,2	1,2	–	3,9	3,9	–	2,8	2,8	–	3	3
	–	3	3	–	0,8	0,8	–	2,3	2,3	–	4	4	–	3	3	2	–	2	–	0,9	0,9	–	0,7	0,7	–	0,5	0,5
	4,8	–	4,8	–	0,4	0,4	–	3,7	3,7	–	3	3	–	3,1	3,1	–	1,1	1,1	–	0,2	0,2	–	0,2	0,2	–	0,1	0,1
	5,6	22,7	28,3	0,6	22,1	22,7	0,3	35,4	35,7	3,5	54,5	58	6,1	38,8	44,9	3,9	29,8	33,7	1,8	53	54,8	0,5	53,9	54,4	0,1	18	18,1
	–	–	–	–	–	–	–	–	–	2,9	20,3	23,2	3	20,9	23,9	2	13,9	15,9	–	–	–	–	–	–	–	–	–
	5,6	22,7	28,3	0,6	22,1	22,7	0,3	35,4	35,7	6,4	74,8	81,2	9,1	59,7	68,8	5,9	43,7	49,6	1,8	53	54,8	0,5	53,9	54,4	0,1	18	18,1

Abb. 154: Betriebsabrechnungsbogen mit integrierter Logistikkostenrechnung

VIII. Kapitel: Das Logistik-Controlling

Nr.	Ktn. Klasse	KOSTENARTEN	v (variabel)	f (fix)	g (gesamt)	KOSTENTRÄGER 791 A			792 B		
						v	f	g	v	f	g
1	40	Fertigungsmaterial-einzelkosten	26,4	–	26,4	16	–	16	10,4	–	10,4
2	52	Einkaufs-gemeinkosten	0,1	14,6	14,7	0,05	7,3	7,35	0,05	7,3	7,35
3	531/532	Beschaffungs-logistik-gemeinkosten	3,2	51,4	54,6	1,6	25,7	27,3	1,6	25,7	27,3
I		Materialkosten	29,7	66	95,7	17,65	33	50,65	12,05	33	45,05
1	430	Fertigungslohn-einzelkosten	9,2	–	9,2	4,2	–	4,2	5	–	5
2	541/545/547	Fertigungs-gemeinkosten	21,4	178,2	199,6	5,35	44,55	49,9	16,05	133,65	149,7
3	534/535	Fertigungs-logistik-gemeinkosten	9,6	41,3	50,9	2,4	10,3	12,7	7,2	31	38,2
4	494	Sondereinzelkosten der Fertigung	–	–	–	–	–	–	–	–	–
II		Fertigungskosten	40,2	219,5	259,7	11,95	54,85	66,8	28,25	164,65	192,9
III		Herstellkosten (I+II)	69,9	285,5	355,4	29,6	87,85	117,45	40,3	197,65	237,95
1	55	Verwaltungs-gemeinkosten	1,8	53	54,8	0,9	26,5	27,4	0,9	26,5	27,4
2	561/565	Vertriebs-gemeinkosten	0,6	71,9	72,5	0,2	24	24,2	0,4	47,9	48,3
3	536/538	Absatzlogistik-gemeinkosten	0,9	57,5	58,4	0,3	19,2	19,5	0,6	38,3	38,9
4	495	Sondereinzelkosten des Vertriebs	–	–	–	–	–	–	–	–	–
IV		Selbstkosten	73,2	467,9	541,1	31	157,55	188,55	42,2	310,35	352,55

Abb. 155: Kalkulationsschema mit integrierten Logistikkosten

Aktivitäten bestehen. Im Hinblick auf die flexible Plankostenrechnung, die bei entsprechender Komplexität und Größe der betrieblichen Strukturen das umfassendste wirtschaftlich einsetzbare Kosteninformationssystem darstellt, ist der stufenweise Aufbau einer integrierten Logistikkostenrechnung über eine Logistikkostenstellenbildung und die spätere Erfassung unterschiedlicher Kosteneinflußgrößen in den Kostenstellen i.d.R. ein geeignetes Vorgehen. Für jede Logistikkostenstelle sind die entsprechenden Kostenpläne zu erstellen, die dann artikelbezogen in die entsprechenden Kalkulationsschemata zu integrieren wären.[8]

---

[8] Vgl. hierzu *Reichmann, Thomas:* Controlling in der betrieblichen Logistik, S. 102.

C. Das Logistik-Controlling zur Wirtschaftlichkeitskontrolle   343

```
                    ┌─────────────────────┐
                    │  Hauptaufgabe einer │
                    │ entscheidungsorien- │
                    │   tierten Logistik- │
                    │    kosten- und      │
                    │ Logistikleistungs-  │
                    │      rechnung       │
                    └─────────────────────┘
```

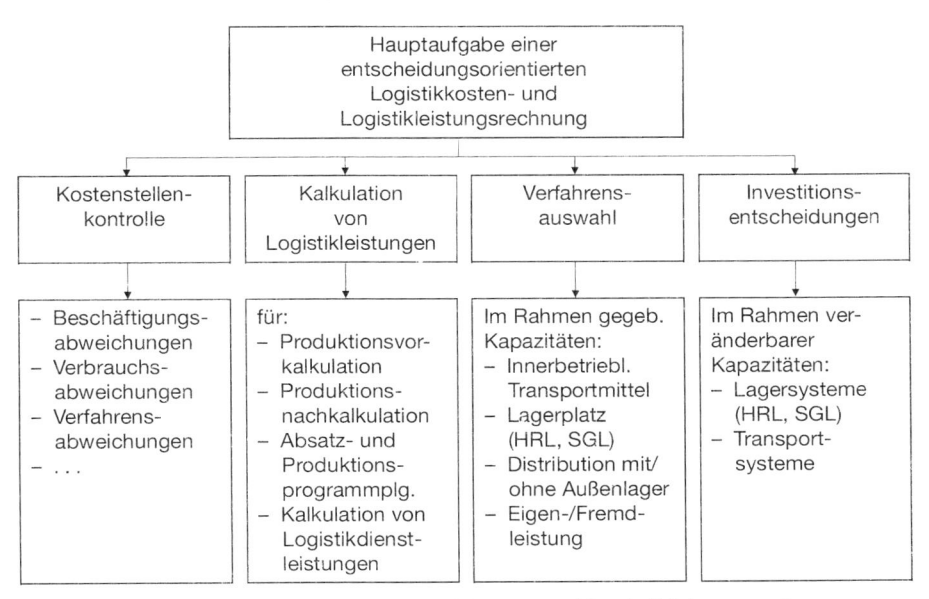

Kostenstellen-kontrolle	Kalkulation von Logistikleistungen	Verfahrens-auswahl	Investitions-entscheidungen
– Beschäftigungs-abweichungen – Verbrauchs-abweichungen – Verfahrens-abweichungen – ...	für: – Produktionsvor-kalkulation – Produktions-nachkalkulation – Absatz- und Produktions-programmplg. – Kalkulation von Logistikdienst-leistungen	Im Rahmen gegeb. Kapazitäten: – Innerbetriebl. Transportmittel – Lagerplatz (HRL, SGL) – Distribution mit/ohne Außenlager – Eigen-/Fremd-leistung	Im Rahmen ver-änderbarer Kapazitäten: – Lagersysteme (HRL, SGL) – Transport-systeme

Abb. 156: Hauptaufgaben der Logistikkosten- und Logistikleistungsrechnung

Die wichtigsten Aufgaben einer Logistikkostenrechnung im Rahmen einer flexiblen Plankostenrechnung sind in *Abbildung 156* zusammengestellt.

C. Das Logistik-Controlling zur Wirtschaftlichkeitskontrolle und Entscheidungsvorbereitung

Im Vordergrund des Interesses werden für den **Controller** im Hinblick auf die laufende Wirtschaftlichkeitskontrolle und entscheidungsvorbereitende Informationsbereitstellung diejenigen Logistikfunktionen stehen, die erfolgszielbezogen als wesentlich anzusehen sind. Hierzu zählen etwa die Bestimmung des optimalen Lieferbereitschaftsgrades unter Berücksichtigung entsprechender Lagerkosten, Handlingkosten, Transportkosten und Fehlmengenkosten, die Ermittlung optimaler innerbetrieblicher Lagerstandorte, die Festlegung optimaler Strategien zur innerbetrieblichen Materialbereitstellung unter Berücksichtigung alternativer Lagerbestands-, Handlingkosten und innerbetrieblicher Transportkosten, die Ermittlung optimaler Distributionsstrukturen für den Absatzbereich und die Auswahl kostengünstiger Lagersysteme.[9]

Aufgabe des Controllers im Bereich der Unternehmenslogistik ist es, (in seiner informationsbeschaffenden und entscheidungsvorbereitenden Funktion) Emp-

---

[9] Dabei sollte auch der Lieferbereitschaftsgrad als eine Einflußgröße im Rahmen der Lagersystemplanung für die zu lagernden Artikelgruppen berücksichtigt werden.

VIII. Kapitel: Das Logistik-Controlling

fehlungen für dasjenige Niveau einer Logistikleistung zu erarbeiten, welches unter Berücksichtigung der entscheidungsrelevanten Logistikkosten, bezogen auf das Unternehmensziel optimal ist, d. h. der Controller muß im Unternehmen sicherstellen, daß jeweils nach der **„optimalen" Leistungs-Kosten-Kombination im Logistikbereich** gesucht wird. Ziel der Unternehmenslogistik ist es, die von den jeweiligen Nachfragern benötigten Güter in der richtigen Menge, der richtigen Qualität, zum richtigen Zeitpunkt, am richtigen Ort bereitzustellen. Als technische Zielausprägung wird diese Bereitstellung mit einem Lieferbereitschaftsgrad von 100 % erfolgen. Aus ökonomischer Sicht sind die Bereitstellungsprozesse im Logistikbereich in der günstigsten Kosten-Leistungs-Relation durchzuführen (vgl. *Abb. 157*).

Der von dem Nachfrager nach Logistikleistungen vorgegebene **Lieferbereitschaftsgrad** als Relation der termingemäß ausgelieferten Bedarfsanforderungen zur Gesamtzahl der Bedarfsanforderungen in einem bestimmten Zeitraum stellt für den Controller in der Regel kein Datum dar.[10]

Die Kennzahl „Lieferbereitschaftsgrad" kann zum einen als **Plangröße** ermittelt und zum anderen als **Kontrollgröße** für zukünftige logistische Prozesse festgelegt werden.

Lieferbereitschaftsgrad	L–C 2.1.4.1.
$\dfrac{\text{Anzahl termingemäß ausgelieferter Bedarfsanforderungen}}{\text{Gesamtzahl der Bedarfsanforderungen}} \cdot 100$	

Wird der Lieferbereitschaftsgrad ex ante festgelegt, so wird durch die Bestimmung eines Lieferbereitschaftsgrades gleichzeitig über die Höhe entsprechender Lagerkosten und die Höhe von Sicherheitsbeständen entschieden. Kann, z. B. aus marktpolitischen Gründen, ein Lieferbereitschaftsgrad durch die Funktionsträger der Unternehmenspolitik nicht beeinflußt werden, so muß es das Ziel dieses Bereiches sein, den vorgegebenen Lieferbereitschaftsgrad mit minimalen Kosten zu realisieren. Ist hingegen der Lieferbereitschaftsgrad für den Bereich der Unternehmenslogistik eine beeinflußbare bzw. veränderbare Größe, so ist es das Ziel, den optimalen Lieferbereitschaftsgrad zu ermitteln.

Die Ermittlung des optimalen Lieferbereitschaftsgrades stellt den Vergleich möglicher **Fehlmengenkosten** mit den **Lagerhaltungskosten** eines zusätzlichen,

---

[10] Vgl. hierzu auch *Reichmann, Thomas:* Wirtschaftliche Vorratshaltung, S. 565–578. Ggf. läßt sich der Lieferbereitschaftsgrad weiter aufgliedern in Lieferbereitschaftsgrade mit unterschiedlichen Lieferzeiten und ggf. variierenden Lieferqualitäten. Vgl. hierzu *Lochthowe, Rainer:* Logistik-Controlling, Schriften zum Controlling, hrsg. von *Thomas Reichmann,* Frankfurt, Bern, New York, Paris 1990, S. 113 ff.

C. Das Logistik-Controlling zur Wirtschaftlichkeitskontrolle   345

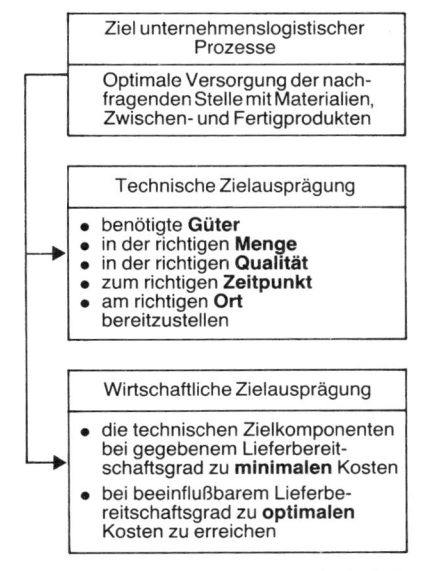

```
┌─────────────────────────────────┐
│    Ziel unternehmenslogistischer│
│            Prozesse             │
├─────────────────────────────────┤
│ Optimale Versorgung der nach-   │
│ fragenden Stelle mit Materialien,│
│ Zwischen- und Fertigprodukten   │
└─────────────────────────────────┘

┌─────────────────────────────────┐
│    Technische Zielausprägung    │
├─────────────────────────────────┤
│ • benötigte Güter               │
│ • in der richtigen Menge        │
│ • in der richtigen Qualität     │
│ • zum richtigen Zeitpunkt       │
│ • am richtigen Ort              │
│   bereitzustellen               │
└─────────────────────────────────┘

┌─────────────────────────────────┐
│   Wirtschaftliche Zielausprägung│
├─────────────────────────────────┤
│ • die technischen Zielkomponenten│
│   bei gegebenem Lieferbereit-   │
│   schaftsgrad zu minimalen Kosten│
│ • bei beeinflußbarem Lieferbe-  │
│   reitschaftsgrad zu optimalen  │
│   Kosten zu erreichen           │
└─────────────────────────────────┘
```

Abb. 157: Zielausprägung unternehmenslogistischer Prozesse

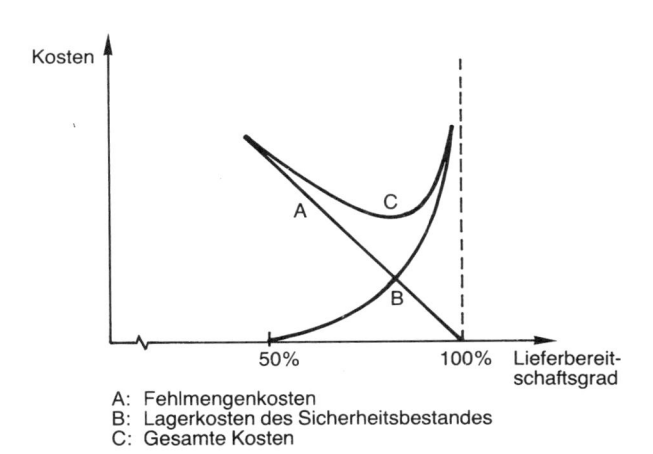

A: Fehlmengenkosten
B: Lagerkosten des Sicherheitsbestandes
C: Gesamte Kosten

Abb. 158: Die Bestimmung des optimalen Lieferbereitschaftsgrades

den erwarteten oder den geplanten Bedarf übersteigenden Sicherheitsbestandes dar. Der Algorithmus zur Ermittlung des optimalen Lieferbereitschaftsgrades gilt allerdings nur unter den Prämissen, daß mit steigendem Lieferbereitschaftsgrad die Fehlmengenkosten tendenziell abnehmen und die Kosten für zusätzliche, zur Sicherheit zu haltende Lagermengen, ansteigen. Die Bereitstellung der für die Ermittlung von Lieferbereitschaftsgraden relevanten Informationen, insbesondere die Ermittlung zukünftiger Bedarfsmengen sowie die Ermittlung von Fehlmengenkosten ist Aufgabe des Controlling. Der Bedarf an Gütern pro Planperiode ist in der Regel nicht einwertiger Natur, sondern er unterliegt zufallsbe-

Dichte

E(B) 1σ 2σ 3σ → Bedarfsanforderungen

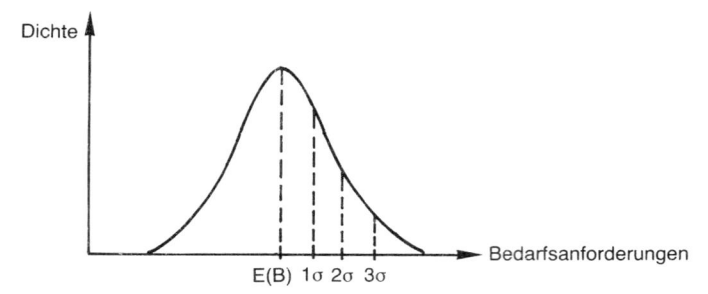

E(B): arithmetischer Mittelwert der Bedarfsmengenverteilung; zugleich dichtester Wert
σ: Standardabweichung der Bedarfsmengenverteilung

Abb. 159: Bedarfsmengenverteilung

dingten Schwankungen, die durch Wahrscheinlichkeitsverteilungen wiedergegeben werden können. Bei **normalverteilten Bedarfsmengen** liegt der wahrscheinlichste Wert der Bedarfsmengen genau in der Mitte der Skala aller möglichen Bedarfsanforderungen. Dabei ist jedoch zu berücksichtigen, daß durch diesen Wert lediglich 50% aller Bedarfsanforderungen gedeckt werden, d. h. aufgrund der Mehrwertigkeit ist erst ein Lieferbereitschaftsgrad von 50% gewährleistet (vgl. *Abb. 159*).

Die **Aufgabe des Sicherheitsbestandes** besteht nun darin, Bedarfsanforderungen, die über den wahrscheinlichsten Wert hinausgehen, abzudecken bzw. das Risiko einer fehlenden Lieferbereitschaft kalkuliert zu begrenzen. Dabei ist die Höhe des Sicherheitsbestandes abhängig von der Varianz sowie der Schiefe der Verteilung. Bei rechts-steilen Verteilungen deckt der in die Ermittlung des Lieferbereitschaftsgrades eingehende wahrscheinliche Wert mehr als 50% der erwarteten Bedarfsmengen ab. Folglich kann der Sicherheitsbestand relativ klein dimensioniert werden. Bei links-steilen Verteilungen, wie z. B. bei der *Poisson*-Verteilung werden dagegen durch den wahrscheinlichsten Wert nur relativ wenig Prozent aller möglichen erwarteten Bedarfsmengen erfaßt, so daß in diesem Fall der Sicherheitsbestand relativ groß zu dimensionieren ist.

Lassen sich die erwarteten Werte der Bedarfsmenge pro Periode durch eine Wahrscheinlichkeitsverteilung beschreiben, sind bei der Entscheidung über die Höhe des Sicherheitsbestandes die kosten- und erlösmäßigen Folgen einer fehlmengenbedingten Betriebsunterbrechung zu analysieren und gegen die Kosten der Sicherheitsbestände abzuwägen. Die Fehlmengenkostenermittlung setzt voraus, daß für jede Materialart geprüft wird, zu welchen negativen Erfolgswirkungen ihr Fehlen führt. **Fehlmengenkosten** entstehen, wenn bereitgehaltene Gütermengen zur Befriedigung eines Bedarfes in der Fertigung oder im Vertrieb nicht zum jeweiligen Bedarfszeitpunkt in ausreichender Menge zur Verfügung stehen. Die durch ungeplant auftretende Fehlmengen ausgelösten **Fertigungsunterbrechungskosten** sind durch die von der Unterbrechungsdauer abhängigen nicht genutzten Fixkosten, die Stillstandskosten und die unterbrechungsdauerunabhängigen Übergangskosten gekennzeichnet.

Fehlmengenkosten	L–C
Fertigungsunter- brechungskosten Bedarfseinheiten	

Die Ermittlung der Fertigungsunterbrechungskosten kann der Controller nur mit Hilfe eines umfangreichen kostenrechnerischen Instrumentariums durchführen.[11]

Die Frage nach der optimalen innerbetrieblichen Materialbereitstellung läßt sich bei genauer Kenntnis der entsprechenden Logistikkosten und Logistikleistungen bzw. entsprechenden Kennzahlen ermitteln, indem man die mit jedem Bereitstellungsverfahren verbundenen Logistikkosten berechnet. Die **Materialbereitstellung** kann **fertigungssynchron** erfolgen, d. h. die Materialbereitstellung erfolgt taggenau ohne Lagerhaltung in der Fertigung, oder **emanzipiert**, d. h. die Materialbereitstellung wird für eine Planungsperiode, die länger als ein Tag ist (z. B. für einen Betriebsauftrag) insgesamt bereitgestellt, wodurch Lagerbestände im Bereich der Fertigung in Form von Erzeugnishauptstofflägern und Erzeugnishilfsstofflägern entstehen. Unter Erzeugnishauptstoffen versteht man Repetierfaktoren, die direkter Bestandteil der Enderzeugnisse werden und in Form von Roh- oder Fertigstoffen in das Fertigfabrikat eingehen. Unter Erzeugnishilfsstoffen werden Repetierfaktoren verstanden, die zwar ebenfalls direkter Bestandteil des Enderzeugnisses werden, jedoch nicht wesentlicher, sondern ergänzender Bestandteil des Enderzeugnisses sind.[12]

Die **synchrone Materialbereitstellung** erfolgt über aus den Produktionsplänen abgeleitete Arbeitsablauf- und Bereitstellungspläne, wobei die Erzeugnishauptstoffe und in der Regel auch die Erzeugnishilfsstoffe synchron zum Fertigungsablauf entweder zu Beginn der jeweiligen Arbeitsoperation (-schicht) vom innerbetrieblichen Transport bereitgestellt werden (Bringprinzip) oder von den Fertigungsarbeitskräften jeweils von dem Eingangslager aufgrund entsprechender Stücklisten abgeholt werden (Holprinzip).[13]

Die **emanzipierte Materialbereitstellung** kann sowohl für die Erzeugnishauptstoffe als auch für die Erzeugnishilfsstoffe über ein entsprechendes produktionsplangesteuertes, in bestimmten zeitlichen Abständen aufgefülltes Bereitstellager in der Fertigung erfolgen, oder die Erzeugnishilfsstoffe können aus einem Handlager, d. h. ohne direkten Bezug zum Produktionsablaufplan bereitgestellt werden.

---

[11] Siehe dazu im einzelnen Kapitel VII.
[12] Vgl. *Grochla, Erwin:* Grundlagen der Materialwirtschaft, S. 14 f.
[13] Zur Differenzierung zwischen Hol- und Bringprinzip bei emanzipierter und synchroner Fertigung siehe *Szerman, Armin:* Die Entwicklung von Entscheidungskriterien für die kostenoptimale innerbetriebliche Einsatzmaterialbereitstellung, Dortmund 1988, S. 92–101.

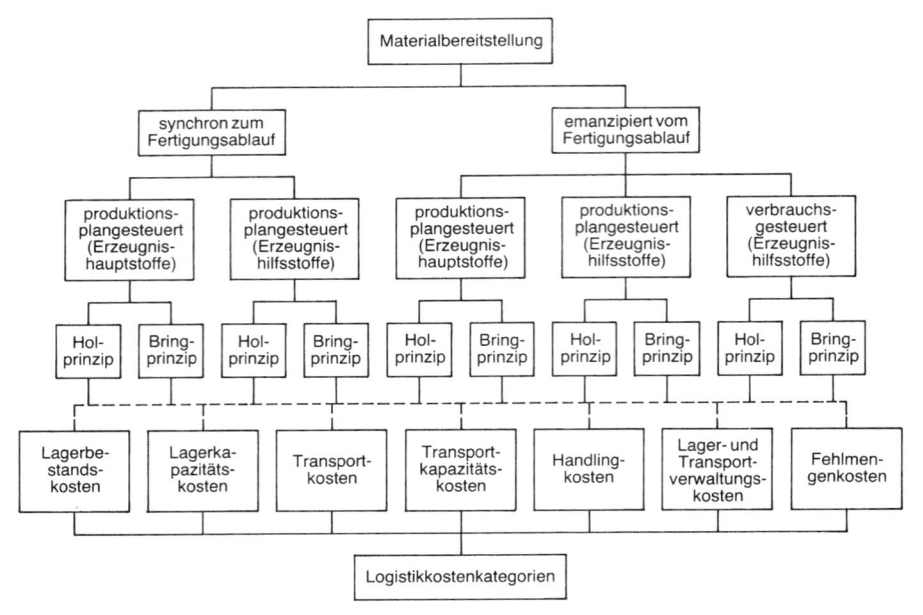

Abb. 160: Materialbereitstellungsverfahren und Logistikkostenkategorien

Jede dieser Bereitstellformen ist wieder unter Anwendung des **Hol- und Bringprinzips** denkbar. Bestimmte Bereitstellformen werden sich jedoch unter Berücksichtigung der entsprechenden Logistikkosten schnell als unwirtschaftlich herausstellen. So wird der Controller z. B. die Möglichkeit des Holprinzips im Rahmen der Massenfertigung mit Zeitzwang (Taktfertigung) kaum näher untersuchen, da die hohen Lohnkosten des Facharbeiters in Konkurrenz zu den rela-

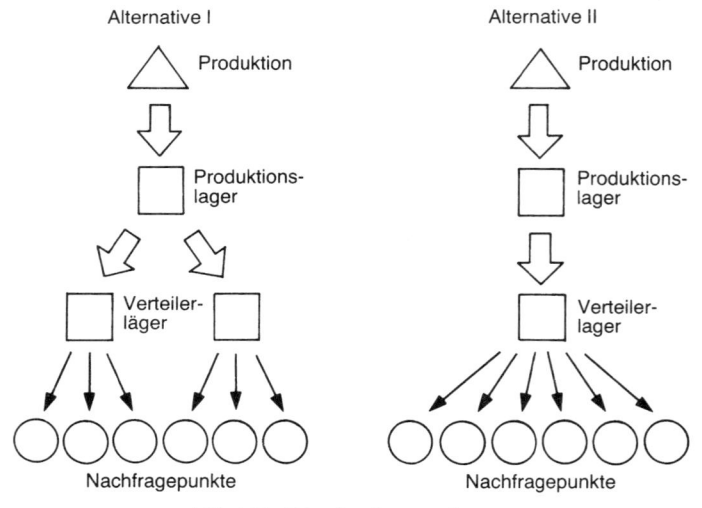

Abb. 161: Distributionsstrukturen

tiv niedrigen Lohnkosten eines Lagerhilfsarbeiters stehen, der das Fertigungsmaterial bereitstellen kann, wobei die unterschiedlichen Produktionskosten bei dem Hol- bzw. Bringprinzip durch Verlängerung der Produktionszeit durch Materialbeschaffungszeiten der Fertigungsarbeitskräfte noch nicht berücksichtigt sind.

Für die Ermittlung der jeweils günstigsten **Distributionsstruktur** kann der Controller bei definierten Nachfragepunkten und -mengen unter der Prämisse gleichbleibender Erträge und Lieferbereitschaftsgrade in den Absatzfehlzeiten die optimale Lager- und Transportstruktur durch eine Gegenüberstellung der mit den einzelnen Alternativen verbundenen Lagerkapazitäts-, Transport-, Warenbestands-, Handling- und Verwaltungskosten ermitteln.

Kostenkategorien	Alternative I	Alternative II
1. Lagerkapazitätskosten		
Kalkulatorische Zinsen (10% für Grundstücksfläche) (Anschaffungswert)	110.000,-- (1.100.000,--)	100.000,-- (1.000.000,--)
Abschreibungen auf Lagerkapazität (Lagergrößenunabhängige Grundausstattung, n = 25 Jahre)	16.000,-- (2 × 200.000,--)	8.000,-- (200.000,--)
Abschreibungen auf Lagerkapazität (Lagergrößenabhängige Gebäude, n = 25 Jahre)	480.000,-- (12.000.000,--)	400.000,-- (10.000.000,--)
Sonstige Lagerkapazitäts- und Betriebsbereitschaftskosten (Heizung, Strom, Steuer)	60.000,--	50.000,--
2. Handlingkosten		
Kalkulatorische Zinsen (10% auf AW/2) für Gabelstapler (Anschaffungswert)	3.000,-- (2 × 30.000,--)	1.500,-- (1 × 30.000,--)
Abschreibungen auf Gabelstapler (n = 6 Jahre)	10.000,--	5.000,--
Personalkosten	120.000,--	60.000,--
3. Warenbestandskosten		
Kalkulatorische Zinsen (10%) (Prämisse: gleicher Sicherheitsbestand)	40.000,--	40.000,--
Versicherungskosten (lagergrößenabhängig)	160,--	240,--
4. Transportkosten		
ab Produktionslager (mit Spedition)	120.000,--	100.000,--
ab Verteilerlager (mit Spedition)	100.000,--	150.000,--
5. Verwaltungskosten		
Personalkosten (Lagerleiter)	80.000,--	40.000,--
Sonstige Kosten	8.000,--	4.000,--
Summe	1.147.160,--	958.740,--

Abb. 162: Kostenvergleich alternativer Distributionsstrukturen

VIII. Kapitel: Das Logistik-Controlling

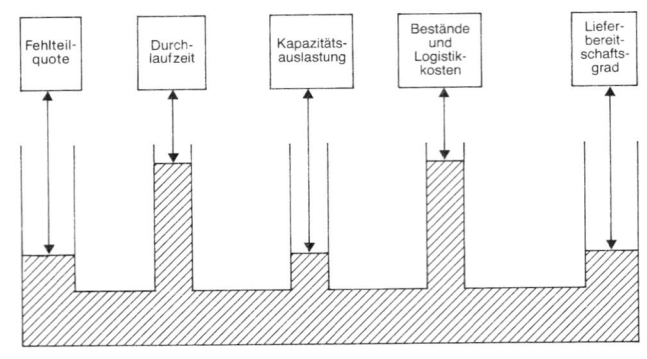

Abb. 163: Zielkonflikte in der Logistik- und Produktionsplanung

Sowohl bei der Abstimmung der Logistikfunktionen mit der Produktion, hier insbesondere mit der Forderung nach einer möglichst hohen Kapazitätsauslastung, einer geringen Fertigungsdurchlaufzeit, einer geringen Fehlteilquote und einer hohen Termintreue, als auch mit dem Absatzbereich, d.h. mit der Forderung nach einer hohen Lieferbereitschaft und damit tendenziell nach hohen Fertigfabrikatelagerbeständen hat das Controlling die Aufgabe, die teilweise **gegenläufigen Subziele** zu **koordinieren**. Im Hinblick auf die Wareneingangsbestände gilt diese Koordinationsaufgabe auch noch für den Beschaffungsbereich, bei dem die entsprechende Ausnutzung von Marktvorteilen durch Rabatte zu einem hohen Materialbestandsaufbau führen kann.

Die Auswirkungen gegenläufiger Zielforderungen, wie der eines hohen Lieferbereitschaftsgrades und eines niedrigen Bestandes an Zwischenprodukten, können aufgrund entsprechender Kennzahlenbildung aufgedeckt werden. Aufbauend darauf kann der Controller entsprechende Vorschläge zur Verbesserung der Wirtschaftlichkeit erarbeiten. Eine **Erhöhung der Umschlagshäufigkeit** der Bestände an unfertigen Erzeugnissen und damit eine Reduzierung der Kapitalbindungskosten ist z.B. durch eine **Reduktion der Durchlaufzeit** und der Teileproduktion bei gleichzeitiger Erhöhung der Schichtzahl bzw. der Bearbeitungsdichte

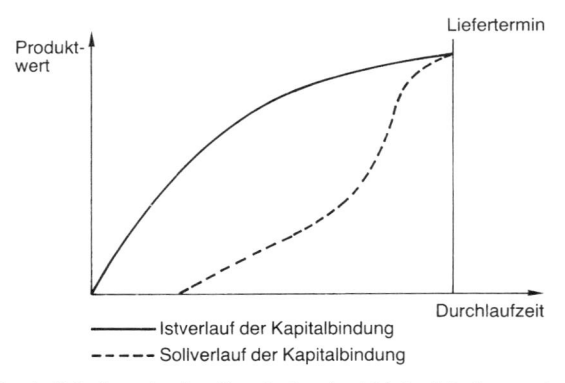

Abb. 164: Die Kapitalbindung in den Beständen in Abhängigkeit von der Durchlaufzeit

C. Das Logistik-Controlling zur Wirtschaftlichkeitskontrolle

in der Fertigung möglich, wenn die spätestmögliche Einsteuerung für den Bearbeitungsbeginn der einzelnen Teile, etwa im Rahmen einer Montage, angeregt wird.

Die Wirtschaftlichkeitskontrolle, die Möglichkeiten der Anpassung an veränderte Beschäftigungslagen und die Abstimmung gegenläufiger Tendenzen zwischen Logistik-, Produktions- und Absatzerfordernissen, die mit Hilfe eines detaillierten Unternehmensgesamtplanungsmodells, wie in Kapitel II dargestellt, theoretisch möglich ist, bietet sich für die Planungsbereiche, die durch einen frühzeitigen Abbruch der detaillierten Planung gekennzeichnet sind, mit Hilfe eines **Logistikkennzahlensystems** an.[14]

Zentrale Kenngrößen für den Logistikbereich sind die Umschlagshäufigkeit aller Bestände, die Gesamtlogistikkosten pro Umsatzeinheit und der Lieferbereitschaftsgrad. Für die Bereiche Materialwirtschaft, Fertigungslogistik und Absatzlogistik lassen sich dann tiefergehende Kennzahlen für Analyse- und Kontrollzwecke ermitteln. Die wichtigsten **Kenngrößen der Materialwirtschaft** sind die Umschlagshäufigkeit, die Logistikkosten je Umsatzeinheit und der Lieferbereitschaftsgrad. Gegebenenfalls kann eine weitere Differenzierung in Warenannahme, Wareneingangskontrolle, Wareneingangslager und Materialtransporte erfolgen, für die jeweils wieder Kenngrößen, wie etwa die durchschnittliche Warenannahmezeit, die Kosten pro vereinnahmter Sendung, die durchschnittliche Verweildauer in der Wareneingangskontrolle sowie Umschlagshäufigkeiten, Lieferbereitschaftsgrad und Kosten pro Lagerbewegung des Eingangslagers, die Ausla-

Gesamtumschlagshäufigkeit	L-C 2.1.4.	Gesamtlogistikkosten pro Umsatzeinheit	L-C 2.1.4.
$\dfrac{\text{Umsatz}}{\text{Lagerbestand}}$		$\dfrac{\text{Gesamtlogistikkosten}}{\text{Umsatzeinheiten}}$	

Lieferbereitschaftsgrad (insgesamt)	L-C 2.1.4.
$\dfrac{\text{Anzahl termingerecht ausgelieferter Bedarfsanforderungen}}{\text{Gesamtzahl der Bedarfsanforderungen}} \cdot 100$	

---

[14] Vgl. zur Notwendigkeit von Kennzahlen innerhalb des Logistik-Controlling auch *Ihde, Gösta B.:* Transport, Verkehr, Logistik, München 1984, S. 231 f.

Warenannahmezeit (Durchschnitt)	L–C 2.1.4.1.	Kosten pro Lagerbewegung	L–C 2.1.4.1.
$\dfrac{\text{Warenannahmezeit insgesamt}}{\text{Anzahl eingehender Sendungen pro Monat}}$		$\dfrac{\text{Lagerpersonal- u. -nebenkosten}}{\text{Lagerzu- und -abgänge}}$	
Kosten pro eingehender Sendung	L–C 2.1.4.1.	**Lagerkapazitätsauslastungsgrad**	L–C 2.1.4.1.
$\dfrac{\text{Warenannahmekosten insgesamt}}{\text{Anzahl eingehender Sendungen pro Monat}}$		$\dfrac{\text{Effekt. Lagerkapazitätsauslastung}}{\text{Max. mögliche Lagerkapazitätsauslastung}} \cdot 100$	
Verweildauer in Wareneingangskontrolle	L–C 2.1.4.1.	**Transportkosten pro Transportauftrag (⌀)**	L–C 2.1.4.1.
Verweildauer pro Prüfposition × zu prüfende Position pro Lieferschein		$\dfrac{\text{Transportkosten insgesamt}}{\text{Anzahl durchzuführender Transportaufträge}}$	

stung der Lagerkapazitäten und die Transportkosten pro Transportauftrag ermittelt werden können. Die Warenumschlagshäufigkeit ist gegebenenfalls weiter zu untergliedern in Normteile, auftragsbezogenes Material und spekulativ eingekauftes Material, um die unterschiedlichen Ziele der Materialbestandsführung bzw. die unterschiedlichen Verfahrensbedingungen für die Lagerleistung in Relation zu der Lagerdauer und damit den Lagerkosten richtig beurteilen zu können.

Für den Bereich **Fertigungslogistik** empfiehlt sich neben der Erfassung der Umschlagshäufigkeit der unfertigen Erzeugnisse die Erfassung der Logistikkosten pro Umsatzeinheit, die Termintreue und die Kapazitätsauslastung, wobei auch hier wieder die einzelnen Logistikfunktionen wie die Zwischenläger, der innerbetriebliche Transport, sowie das Liegen vor und nach einer Bearbeitungsstufe mit entsprechenden Kennzahlen erfaßt werden können.

Die **Absatzlogistik** ist mit entsprechenden Kennzahlen über die Umschlagshäufigkeit der Fertigprodukte, die Logistikkosten je Umsatzeinheit sowie den Lieferbe-

C. Das Logistik-Controlling zur Wirtschaftlichkeitskontrolle   353

Lieferbereitschaftsgrad	L–C 2.1.4.2.
$\dfrac{\text{Anzahl termingemäß angel. Materialpositionen}}{\text{Gesamtzahl angeforderter Materialpositionen}} \cdot 100$	

Transportkosten pro Transportauftrag (∅)	L–C 2.1.4.2.
$\dfrac{\text{Transportkosten}}{\text{Anzahl transportierter Werkstattaufträge}}$	

Kapitalbindung ruhender Bestände	L–C 2.1.4.2.
Wert ruhender Bestände in Fertigung × Lagerzeit · i	

reitschaftsgrad in das Kennzahlensystem aufzunehmen, wobei die Logistikkosten alternativer Distributionsmöglichkeiten artikel-, artikelgruppen- oder kundenbezogen, ggf. in weiteren Kennzahlen differenziert zu erfassen sind.

Umschlagshäufigkeit Fertigprodukte	L–C 2.1.4.3.
$\dfrac{\text{Wert des Lagerabgangs an Fertigprodukten}}{\text{Lagerbestand}}$	

Lieferbereitschaftsgrad	L–C 2.1.4.3.
$\dfrac{\text{Anzahl termingerecht ausgeführter Versandaufträge}}{\text{Anzahl zu erfüllender Versandaufträge}} \cdot 100$	

Die Kennzahlen aus den Material-, Fertigungs- und Absatzlogistikbereichen lassen sich in einem **Logistik-Controlling-Kennzahlensystem** zusammenfassen (vgl. *Abb. 165*). In Abhängigkeit vom konkreten Informationsbedarf der Entscheidungsträger des Logistikbereiches lassen sich ggf. weitere Kennzahlen zur Analyse und Kontrolle bilden.

354   VIII. Kapitel: Das Logistik-Controlling

Logistik-Controlling	L-C 2.1.4.
Umschlagshäufigkeit aller Bestände Gesamtlogistikkosten/ Umsatzeinheit Lieferbereitschaftsgrad (insgesamt)	

Materialwirtschaft	L-C 2.1.4.1.
Umschlagshäufigkeit: Material Logistikkosten/ Umsatzeinheit Lieferbereitschaftsgrad	

Fertigungslogistik	L-C 2.1.4.2.
Umschlagshäufigkeit: Halberzeugnisse Logistikkosten/ Umsatzeinheit Lieferbereitschaftsgrad	

Absatzlogistik	L-C 2.1.4.3.
Umschlagshäufigkeit: Fertigprodukte Logistikkosten/ Umsatzeinheit Lieferbereitschaftsgrad	

Warenannahme	L-C 2.1.4.1.
Durchschnittliche Warenannahmezeit Kosten pro eingehende Sendung	

Bereitstellungs- zwischenlager	L-C 2.1.4.2.
Umschlagshäufigkeit Kosten/Lagerbewegung Lieferbereitschaftsgrad Lagerbestandskosten Fehlmengenkosten Kapazitätsauslastungsgrad	

Versandlager	L-C 2.1.4.3.
Umschlagshäufigkeit Lieferbereitschaftsgrad Lagerbestandskosten Fehlmengenkosten Kapazitätsauslastungsgrad	

Wareneingangs- Kontrolle	L-C 2.1.4.1.
Durchschnittliche Verweilzeit in der Wareneingangskontrolle Umschlagshäufigkeit	

Bereitstellungs- zwischentransport	L-C 2.1.4.2.
innerbetriebliche Transportkosten (Ø) Transportzeit/ Transportauftrag (Ø)	

Kommissionierung	L-C 2.1.4.3.
Durchschnittliche Kommissionierzeit Kosten/Kommissioniereinheit	

Eingangslager	L-C 2.1.4.1.
Umschlagshäufigkeit Lieferbereitschaftsgrad Lagerbestandskosten Fehlmengenkosten Kosten/Lagerbewegung Kapazitätsausl. grad	

Liegen vor/nach der Bearbeitung	L-C 2.1.4.2.
Kapitalbindung ruhender Bestände	

Absatztransport	L-C 2.1.4.3.
Transportkosten/ Transportauftrag (Ø) Transportzeit/ Transportauftrag (Ø)	

Materialtransporte	L-C 2.1.4.1.
Transportkosten/ Transportauftrag (Ø) Transportzeit/ Transportauftrag (Ø)	

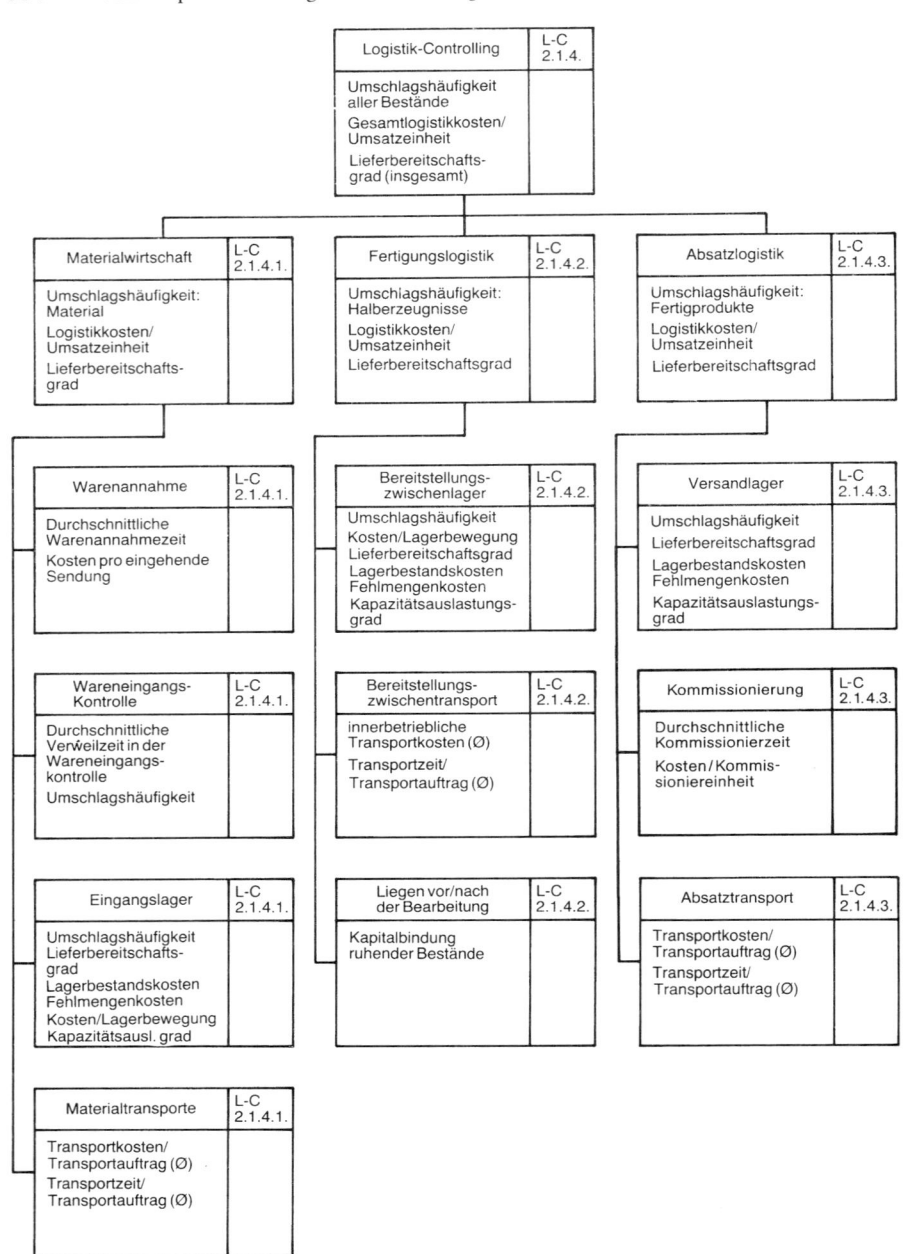

Abb. 165: Logistik-Controlling-Kennzahlensystem

IX. Kapitel
Das Marketing-Controlling

A. Ziele und Aufgaben des Marketing-Controlling

Das Marketing-Controlling dient der Unterstützung der Führungsverantwortlichen im Marketing bei Entscheidungen, die die aktuellen und zukünftigen Beziehungen zwischen Unternehmen und Umwelt betreffen. Um eine fundierte und zielgerichtete Entscheidungsvorbereitung sicherzustellen, muß durch das Marketing-Controlling eine umfassende Informationserfassung, -aufbereitung und -darstellung sichergestellt werden.

Die Ermittlung und Bewertung relevanter Daten für Marketing-Entscheidungen ist bis heute nicht unproblematisch; sie ergibt sich aus der unterschiedlichen historischen Entwicklung der betriebswirtschaftlichen Disziplinen Marketing, Rechnungswesen und Controlling. Während das Rechnungswesen als Informationsspeicher vornehmlich quantitativer Unternehmensdaten gesehen wird und das Controlling – eng angelehnt an dieses – entscheidungsbezogen an „harten" ökonomischen Daten als Entscheidungsbasis ausgerichtet ist, hat sich das Marketing darüber hinaus stärker auf verhaltenswissenschaftliche Erklärungsansätze konzentriert. Mithin ist an eine Marketing-Controllingkonzeption die Anforderung zu stellen, daß die Nutzung von vorhandenen Informationen des Rechnungswesens auch für die Führungsfunktion Marketing ermöglicht wird und sich Marketing-Entscheidungen stärker auf eine quantitative Basis stellen lassen.

Die Zielsetzungen, die das Marketing-Controlling insbesondere innerhalb eines kurzfristigen zeitlichen Rahmens zu erfüllen hat, sind deshalb vornehmlich auf die **Gewährleistung der Wirtschaftlichkeit** im Marketing gerichtet, d.h. es soll zum einen versucht werden, eine Optimierung des Marketing-Mix zu erreichen und zum anderen eine rechtzeitige Aufdeckung von Schwachstellen zu gewährleisten. Deshalb gilt es im wesentlichen, auf der Grundlage einer zweckadäquat strukturierten Auflistung der Erlösarten zu analysieren, ob die Differenz zwischen Umsatzerlösen und Marketing-Mix-Kosten maximiert werden kann. Außerdem sind Kostenkontrollen und -analysen in den einzelnen Marketing-Bereichen durchzuführen. Das Marketing-Controlling setzt also nicht an den Entscheidungen über das Aktivitäten-Mix des Marketing an, sondern betrachtet diese als Black-Box. Vielmehr geht es um die Betrachtung primär quantitativer Input- und Outputfaktoren, d.h. von Kosten- und Leistungsgrößen, die ggf. um Ein- und Auszahlungsgrößen zu ergänzen sind.

Im Mittelpunkt des kurzfristig orientierten Marketing-Controlling stehen mithin diejenigen Entscheidungen zur Preis- und Produktpolitik, zur Distributionspolitik sowie zur Kommunikationspolitik, die durch Kosten- und Leistungsgrößen fundiert werden können. Damit kann nicht der gesamte Entscheidungsbereich des Marketing-Mix abgedeckt werden, sondern es sind vielmehr Schwerpunkte zu bilden, in denen die Aufgaben des Marketing-Controlling konkretisiert werden können.

Die Durchführung von Kostenanalysen erfordert eine entscheidungsbezogene Aufbereitung von Daten des betrieblichen Rechnungswesens. Deshalb sind im ersten Schritt **Anforderungen** zu erarbeiten, nach denen die Bereitstellung der vorhandenen Daten durch das Rechnungswesen erfolgen sollte. Dies betrifft die Wahl der Bezugsobjekte des Marketing-Controlling, die Strukturierung der Informationsversorgung nach dem Zeitbezug der Marketing-Entscheidung, die Festlegung der Marketing-Mix-Bereiche sowie die Integration langfristig orientierter Maßnahmenaspekte in die kurzfristige (operative) Marketing-Planung und -Kontrolle.

1. Festlegung der Bezugsobjekte des Marketing-Controlling

Die unterschiedlichen Fragestellungen und Entscheidungen des Marketing erfordern eine hohe Flexibilität hinsichtlich der möglichen Bezugsobjekte einer entscheidungsadäquaten Aufbereitung und Bereitstellung der Kostenrechnungsinformationen. So lassen sich beispielsweise Erfolgsermittlungen für **Produkte, Sparten** oder für **Marktsegmente** durchführen.[1]

Für produktbezogene Rechnungen gilt, daß die traditionelle Vollkostenkalkulation infolge nicht verursachungsgerechter Kostenzurechnungen zu falschen Entscheidungsgrundlagen für absatzpolitische Maßnahmen führt. Der Ausweis des Erfolgsbeitrages pro Stück auf Vollkostenbasis ist vor allem bei wachsenden Gemein- und Fixkostenanteilen an den Gesamtkosten problematisch, da dann die Gemeinkostenverrechnung mit Hilfe von Zuschlagssätzen nicht mehr die reale Kostensituation widerspiegelt. Es ergibt sich die Konsequenz, daß einerseits der Verkauf von Produkten forciert wird, die nur in geringem Umfang zur Deckung der nicht abbaufähigen fixen Kosten beitragen und andererseits Produkte aus dem Programm eliminiert werden, die in hohem Maße zur Fixkostendeckung beitragen. Derartige Fehler werden weitgehend durch deckungsbeitragsbezogene Analysen vermieden.

Eine besondere Problematik der produktbezogenen Betrachtungsweise resultiert aus der Existenz von Nachfrageverbundbeziehungen. So sind zumindest die mit dem Vertrieb verbundenen Kosten je nach Kaufsituation unterschiedlich hoch.

---

[1] Vgl. *Engelhardt, Werner H.; Günter, Bernd:* Erfolgsgrößen im internen Rechnungswesen aus der Sicht der Absatzpolitik, in: Unternehmenserfolg. Planung – Ermittlung – Kontrolle, hrsg. von *Michel Domsch, Franz Eisenführ, Dieter Ordelheide* und *Manfred Perlitz,* Wiesbaden 1988, S. 141–155.

Eine isolierte Produktbetrachtung und eine damit einhergehende kalkulatorische Durchschnittsbildung würde in diesen Fällen zu falschen Ergebnissen führen. Dem Marketing sind deshalb auftragsbezogene Informationen zur Verfügung zu stellen, die die jeweiligen Produktarten und -mengen gemeinsam erfassen und nach Auftragszusammensetzung und Marktlage differenzieren.

Infolge einer wachsenden Diversifikation der angebotenen Erzeugnisse gehen viele Unternehmen von der funktionsorientierten zu einer spartenorientierten Organisation über. Die Spartenbildung erfolgt dabei i.d.R. auf der Grundlage **einheitlicher Produktgruppen**.[2] Trägt die jeweilige Spartenleitung auch die Ergebnisverantwortung, handelt es sich um ein Profit-Center. Die Spartenbildung aufgrund von Produktgruppen ist dann absatzpolitisch problematisch, wenn für die jeweilige Sparte kein individueller, klar abgrenzbarer Markt existiert, sondern Produkte verschiedener Sparten auf den gleichen Märkten angeboten werden.

Hier ist eine Spartenbildung, die sich an gemeinsam bedienten Märkten orientiert, erforderlich. Damit kann verhindert werden, daß sich organisatorisch voneinander getrennte Einheiten um denselben Nachfrager bemühen und es zu erheblichen Effizienzverlusten kommt.

Sind hingegen Marktsegmentierungsentscheidungen zu treffen, werden an die marketingorientierte Aufbereitung der Rechnungswesendaten andere Anforderungen gestellt. So sind z.B. im Rahmen der Zuordnung von bestimmten Käuferschichten und Zielgruppen zu den entsprechenden Teilmärkten[3] Klassifizierungen der Marktsegmente in Kundengruppen, Regionen oder eine Einteilung nach spezifischen Abnahmemengen denkbar (vgl. Abb. 166).

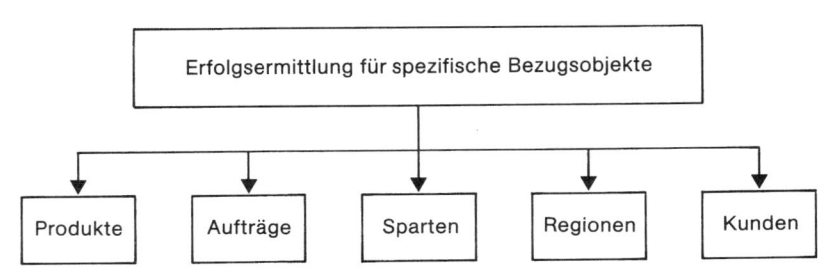

Abb. 166: Kriterien für die Wahl von Bezugsobjekten im Marketing

2. Planung des Zeitbezuges der Daten

Für eine entscheidungsbezogene Informationsbereitstellung durch das Marketing-Controlling spielt der Zeitaspekt eine wesentliche Rolle. Je nachdem, ob es sich um einen längerfristigen oder kürzerfristigen Betrachtungszeitraum han-

---

[2] Vgl. *Nieschlag, Robert; Dichtl, Erwin; Hörschgen, Hans:* Marketing, 17. Aufl., Berlin 1994, S. 994.
[3] Vgl. *Meffert, Heribert:* Marketing. Grundlagen der Absatzpolitik, 7. Aufl., Wiesbaden 1989, S. 243.

delt, sind unterschiedliche Anforderungen insbesondere an die vom Rechnungswesen bereitzustellenden Daten zu stellen.

Die Bedeutung des Zeitbezuges von marketingorientierten Rechnungsweseninformationen wird transparent, wenn man die Aussagefähigkeit der Kostenträgerzeitrechnung bzw. der kurzfristigen Erfolgsrechnung zur Fundierung von Marketingentscheidungen heranzieht. Abrechnungstechnisch ist bei diesen beiden Konzepten eine Periodisierung erforderlich, die oftmals willkürliche zeitliche Trennungen und Schnitte bei den Erfolgskomponenten vornimmt. Viele Marketingaktivitäten stellen jedoch **langfristige Marktinvestitionen** dar, deren Wirkungsdauer nicht exakt abschätzbar ist. Zu denken ist z. B. an die Einrichtung einer Vertriebsorganisation, den Aufbau eines Kundendienstnetzes, die Schulung und Weiterbildung eines Außendienstmitarbeiterstabes oder die Schaffung eines Firmenimages.

Derartige Ausgaben werden oft auch im Rahmen der internen Informationsbereitstellung als Aufwand oder Kosten aufgefaßt und entsprechend verrechnet. Die Konsequenz ist eine Verzerrung des Erfolgsausweises, wenn der Fokus auf den Marktbeziehungen liegt. Betrachtet man beispielsweise die Markterschließung für bestimmte Kundengruppen und Produkte, so führt die einmalige Berücksichtigung der gesamten, mit der Markterschließung verbundenen Kosten zu extremen Ungenauigkeiten des daraus resultierenden Periodenerfolges; in diesem Fall wäre eine **Periodisierung** der langfristig wirksamen Marktinvestitionen erforderlich.

Controllingrelevanz gewinnt der Zeitaspekt auch deshalb, weil die einzelnen Marktsegmente des Unternehmens nicht in konstante Umfeldbedingungen eingebettet sind, sondern einem ständigen Wandel unterliegen. Da frühzeitige Informationen die Reaktionsfähigkeit des Unternehmens auf Marktveränderungen erhöhen, ist es sinnvoll, von den aktuellen segmentbezogenen Deckungsbeiträgen auszugehen und mit Hilfe mehrdimensionaler Schätzungen der erwarteten Kosten- und Erlösentwicklungen **potentielle Deckungsbeiträge** bzw. grobe **Deckungsbeitragsprofile** zu antizipieren. Hier sind ergänzend Informationsquellen einzubeziehen, die außerhalb des internen Rechnungswesens liegen, wie z. B. Nachfrage- und Konkurrenzverschiebungen oder Wachstumsraten des Bedarfs.[4]

Es zeigt sich, daß die Aussagefähigkeit des Periodenerfolges als absatzpolitische Steuerungs- und Kontrollgröße durch die rein zeitliche Periodenabgrenzung stark eingeschränkt wird. Eine verbesserte Informationsbasis erhält man, wenn die Periodenabgrenzung durch eine Abgrenzung von Marktzyklen ergänzt wird. Als (theoretische) Instrumente bieten sich dabei die **Produktlebenszyklus-Analyse** und das **produktbezogene Life-Cycle-Cost-Konzept** an. Die praktische Durchführbarkeit der Lebenszyklusanalyse, d. h. der Gesamtbetrachtung einer Produktgattung bzw. Marke in ihrer zeitlichen Entwicklung, ist i. d. R. in Frage zu stellen, da die jeweilige Länge der Zyklusphasen nicht hinreichend exakt prognostizierbar ist.[5] Das Life-Cycle-Cost-Konzept verlangt eine periodenübergreifende Aggrega-

---

[4] Vgl. z. B. *Palloks, Monika:* Marketing-Controlling. Konzeption zur entscheidungsbezogenen Informationsversorgung des operativen und strategischen Marketing-Management, Frankfurt/M., Bern, New York 1991, insbes. S. 224–231.
[5] Vgl. z. B. *Palloks, Monika:* Marketing-Controlling, insbes. S. 199–306.

tion aller Daten eines Artikels bzw. einer Produktart, um auf dieser Grundlage die Beurteilung eines Produktes vor der Anschaffung durch den Nachfrager zu ermöglichen. Auch hier erscheint die rechentechnische Erfaßbarkeit problematisch, da zukünftige Ein- und Auszahlungsströme nur sehr vage vorhersehbar sind. Trotz dieser Realisierungsprobleme können diese Instrumente in einer kumulierten, periodenübergreifenden Vergangenheitsrechnung Anwendung finden, um den Entscheidungsträgern zumindest eine mitlaufende Kontrolle zu erlauben.[6]

B. Instrumente des Marketing-Controlling

Die Gewährleistung eines wirtschaftlichen Einsatzes des Marketing-Mix-Instrumentariums erfordert eine kosten- und erfolgsbezogene Bewertung der Maßnahmenplanung. Deshalb sind die Instrumente des Marketing-Controlling zur Unterstützung kurzfristiger Marketing-Entscheidungen sind primär quantitativ orientiert. Sie zielen darauf ab, Input- und Outputgrößen des Marketingbereiches – sofern erfaßbar – zu lokalisieren. Dazu bietet sich vor allem ein Rückgriff auf solche Instrumente an, die Umsatz- und Kostengrößen aufbereiten. Mit der **Kostenvergleichsrechnung**, der **Deckungsbeitragsrechnung**, der **Deckungsbeitragsflußrechnung** sowie der **Erlösabweichungsanalyse** stehen dem Controlling eine Reihe von aussagefähigen Analyseinstrumenten zur Verfügung.[7]

1. Kostenvergleichsrechnung

Kostenvergleichsrechnungen beschränken sich darauf, die jeweiligen Inputfaktoren (Kosten) zu erfassen und zu vergleichen. Bei dieser Art von Vergleich sieht man aus verschiedenen Gründen davon ab, den Kalkulationsobjekten die Erträge zuzurechnen. Falls bei einem Verfahrensvergleich die Leistungen der unterschiedlichen Verfahren gleich sind, erübrigt sich deren Einbeziehung, und man kann sich darauf beschränken, lediglich die Kosten zu analysieren. Falls Kosten- und Erlösteile nicht verursachungsgerecht zurechenbar sind, müssen Ersatzgrößen bzw. -indikatoren zur Erfassung der Kosten und Leistungen gefunden werden. Eine Möglichkeit hierfür besteht in der Ermittlung von **Absatz-Kennzahlen**.[8]

---

[6] Zur differenzierten instrumentellen Fundierung längerfristig wirksamer Marketingentscheidungen vgl. Kapitel X.
[7] Zur Deckungsbeitragsrechnung vgl. *Witt, Frank-Jürgen:* Deckungsbeitragsmanagement, München 1991, S. 48–52 und *Heinzelbecker, Klaus:* Marketing-Informationssysteme, Stuttgart u. a. 1985, S. 111–114. Die Deckungsbeitragsflußrechnung erläutert u. a. *Witt, Frank-Jürgen:* Deckungsbeitragsmanagement, S. 400–405. Zur Erlösabweichungsanalyse vgl. *Albers, Sönke:* Ein System zur IST-SOLL-Abweichungs-Ursachenanalyse von Erlösen, in: ZfB, 59. Jg. (1989), S. 637–654; *Witt, Frank-Jürgen:* Deckungsbeitragsmanagement, S. 405–411; sowie *Dellmann, Klaus:* Operatives Controlling durch Erfolgsspaltung, in: ZfC, 2. Jg. (1990), S. 4–11.
[8] Vgl. Kap. IX.C.3.).

2. Deckungsbeitragsrechnung

Mit der **Deckungsbeitragsrechnung** steht dem Controller ein Instrument von großer Anwendungsflexibilität zur Verfügung, mit dessen Hilfe sich fundierte Entscheidungen hinsichtlich **produkt- und preispolitischer Maßnahmen** treffen lassen. Für diese Zwecke muß die Deckungsbeitragsrechnung an analysespezifischen Bezugsobjekten, wie Produkte, Kunden, Absatzgebiete etc. ausgerichtet werden.[9] Ziel der Ermittlung von objektbezogenen Deckungsbeiträgen ist es, diejenigen Produkte (Kunden, Märkte) zu isolieren, deren Absatz mit Hilfe des Marketing-Instrumentariums forciert werden sollte und diese von denjenigen Produkten zu trennen, die ihre vorgegebenen Mindestdeckungsbeiträge nicht mehr erreichen können.

Durch die Anwendung der Deckungsbeitragsrechnung mit differenzierter Fixkostenbehandlung „können aufgrund der spezifischen Abbildung der fixen Kosten nun ‚gerechtere' Normalkalkulationen gegenüber Systemen der Vollkostenrechnung erstellt werden."[10] In einem ersten Schritt wird der Deckungsbeitrag I als Differenz zwischen Umsatz und den variablen Kosten der jeweiligen Kontrollobjekte ermittelt. Der zweite Schritt führt zum Deckungsbeitrag II, der sich als Differenz aus Deckungsbeitrag I und denjenigen Fixkosten ergibt, die sich dem jeweiligen Kontrollobjekt, z.B. Produkt A, Kundengruppe 2 oder Verkaufsregion X, als Einzelkosten zurechnen lassen. Man denke z.B. an das Gehalt eines Produktmanagers, der nur für ein bestimmtes Produkt zuständig ist oder an den fixen Gehaltsanteil eines Reisenden, der nur innerhalb einer bestimmten Verkaufsregion tätig ist. Der Deckungsbeitrag II zeigt, ob das Kontrollobjekt „überhaupt in der Lage ist ‚seine' Fixkosten abzudecken."[11] So können auf einer sehr frühen Analysestufe die „Erfolgsträger" und die „Verlustbringer" festgestellt werden. Vom Deckungsbeitrag II werden dann in einem weiteren Schritt die gruppenfixen Kosten subtrahiert und man erhält den Deckungsbeitrag III. Stellt man sich z.B. zwei Fertigungshallen vor, in denen jeweils zwei Produktlinien A,B und C,D produziert werden, so sind Gebäudeabschreibungen und kalkulatorische Miete der einen Halle gruppenfixe Kosten für A und B, die der anderen Halle gruppenfixe Kosten für C und D. Der Deckungsbeitrag III gibt dann an, „ob die gesamte Produktlinie in der Lage ist, ‚ihre' Fixkosten, die ihr als Einzelfixkosten zugerechnet wurden, tatsächlich auch erfolgreich zu tragen."[12] Der Deckungsbeitrag IV bzw. das Periodenergebnis berechnet sich schließlich als Differenz aus Deckungsbeitrag III und den unternehmensfixen Kosten, die keiner vorhergehenden Stufe zugeordnet werden konnten. Diese fallen z.B. als Gehälter im Verwaltungsbereich, kalkulatorische Wagniskosten, Abschreibungen für Verwaltungsgebäude usw. an. Das folgende Zahlenbeispiel (vgl. *Abb. 167*) konkretisiert noch einmal die vier Schritte des stufenweisen Direct Costing.

---

[9] Vgl. Kap. IX.A.1.
[10] *Reichmann, Thomas; Schwellnuß, Axel G.; Fröhling, Oliver:* Fixkostenmanagementorientierte Plankostenrechnung. Kostentransparenz und Entscheidungsrelevanz gleichermaßen sicherstellen, in: ZfC, 2.Jg. (1990), S.60–67.
[11] *Witt, Frank-Jürgen:* Deckungsbeitragsmanagement, S.48.
[12] *Witt, Frank-Jürgen:* Deckungsbeitragsmanagement, S.49.

1		Artikel				Σ
2		A	B	C	D	
3	Bruttoerlös	62 200	72 900	98 400	74 500	308 000
4	./. Erlösschmälerungen (Rabatte, Skonti etc.)	1 800	2 200	3 700	1 600	9 300
5	= Nettoerlös	60 400	70 700	94 700	72 900	298 700
6	./. variable Vertriebs- u. Fertigungskosten	42 700	48 100	47 200	28 600	166 600
7	= Deckungsbeitrag I	17 700	22 600	47 500	44 300	132 100
8	./. artikelfixe Kosten	19 200	1 500	–	18 600	39 300
9	= Deckungsbeitrag II	–1 500 / 19 600	21 100	47 500 / 73 200	25 700	92 800
10	./. artikelgruppenfixe Kosten		22 900		32 700	55 600
11	= Deckungsbeitrag III		–3 300		40 500	37 200
12	./. unternehmensfixe Kosten					29 000
13	= Periodenergebnis					8 200

Abb. 167: Artikelbezogene Deckungsbeitragsrechnung

Um noch differenziertere Einblicke in die Fixkostenstruktur zu gewinnen, läßt sich die Dreiteilung in objektfixe, gruppenfixe und unternehmensfixe Kosten erweitern, wobei in der Praxis fünfstufige Einteilungen selten überschritten werden, um die Übersichtlichkeit noch zu gewährleisten.

Entsprechend dem Prinzip der Veränderungsrechnung ist die Deckungsbeitragsrechnung auch nach dem System der relativen Einzelkosten- und Deckungsbeitragsrechnung denkbar, die alle anfallenden Kosten als bezugsobjektspezifische Einzelkosten erfaßt.[13] Dabei entfällt vor allem die Schlüsselung echter Gemeinkosten, die bei der Kostendifferenzierung nach fixen und variablen Kostenbestandteilen auftritt und zu einer Verletzung des Verursachungsprinzips führt. Eine echte Absatzsegmentrechnung[14] verlangt die Abkehr von der Überbetonung der Produkte als alleinige Kontrollobjekte.[15] Probleme für die Absatzsegmentrechnung ergeben sich vor allem daraus, daß die erforderlichen Daten nicht im notwendigen Detaillierungsgrad in den Unternehmen vorhanden sind. Mit

---

[13] Vgl. *Riebel, Paul:* Einzelkosten- und Deckungsbeitragsrechnung.
[14] Vgl. *Köhler, Richard:* Marketing-Accounting, in: Marketing-Schnittstellen, Herausforderungen für das Management, hrsg. von *Günter Specht; Günter Silberer* und *Werner H. Engelhardt,* Stuttgart 1989, S. 117–139, hier S. 120.
[15] Vgl. *Heinzelbecker, Klaus:* Marketing-Informationssysteme, S. 106 f.

362   IX. Kapitel: Das Marketing-Controlling

der wachsenden Leistungsfähigkeit controllingorientierter DV-Systeme[16] hat jedoch die Absatzsegmentrechnung an Praxisrelevanz gewonnen.

3. Fallbeispiel: Mehrperiodische Preis- und Produktpolitik auf Basis der Deckungsbeitragsrechnung

Die aus der Deckungsbeitragsrechnung gewonnenen Erkenntnisse beziehen sich im Zusammenhang mit Preis- und Produktpolitik darauf, die **Gestaltung der Preise und die Zusammensetzung des Sortimentes** nach wirtschaftlichen Gesichtspunkten vorzunehmen.

Im folgenden soll für ein Unternehmen mittlerer Größenordnung diskutiert werden, welche Entscheidungsmöglichkeiten sich dem Controlling bei rückläufigen Absatzmengen und -preisen stellen und in welcher Form sich ihre Entscheidungsbildung mit Hilfe eines Kennzahlensystems, das die entscheidungsrelevanten Ertrags-, Kosten- und Finanzgrößen wiedergibt, strukturieren bzw. absichern läßt. Das betrachtete Unternehmen produziert und verkauft furnierte Spanplatten für die Möbelindustrie und furnierte Paneele für das Baugewerbe. Sowohl der Spanplatten- als auch der Paneeleverkauf sind stark konjunkturabhängig. Die Absatzmenge in dem betrachteten Unternehmen ist von ca. 40 000 qm auf 31 000 qm pro Monat zurückgegangen, und die Absatzpreise pro qm sind durchschnittlich um 2,00 DM gefallen. Für die im Produktionsprogramm befindlichen mit Eichenholz, Teakholz und Eschenholz furnierten Paneele und für die mit Nußbaumholz furnierten Spanplatten werden aufgrund der bisherigen Geschäftsentwicklung und entsprechender Marktuntersuchung für das der Planung zugrundeliegende Geschäftsjahr die in *Abb. 168* angegebenen monatlichen Mengen und Preise erwartet.

Erzeugnisart	Plangrößen	Preis pro m² (DM)	Absatzmenge pro Monat (m²)	Umsatz pro Monat (DM)
Paneele:				
Eichenholz	10 cm × 260 cm	17,–	3 000	51 000,–
Eichenholz	20 cm × 260 cm	16,–	3 000	48 000,–
Teakholz	10 cm × 260 cm	19,–	2 000	38 000,–
Teakholz	20 cm × 260 cm	18,–	2 000	36 000,–
Eschenholz	10 cm × 260 cm	16,–	3 000	48 000,–
Eschenholz	20 cm × 260 cm	15,–	2 000	30 000,–
Spanplatten:				
Nußbaumholz	90 cm × 250 cm	14,–	8 000	112 000,–
Nußbaumholz	120 cm × 250 cm	13,–	8 000	104 000,–
			31 000	467 000,–

Abb. 168: Umsatzplan[17]

---

[16] Vgl. *Heinzelbecker, Klaus:* Marketing-Informationssysteme, S. 110 ff.
[17] Entnommen aus *Reichmann, Thomas:* Preis- und Produktpolitik in der Rezession, S. 490.

B. Instrumente des Marketing-Controlling

Kostenarten	geplante Kosten gesamte Kosten (DM)	variable Kosten (DM)	fixe Kosten		ausgabe-wirksame Kosten (DM)
			abbau-fähige (DM)	nicht abbau-fähige (DM)	
Materialkosten					
Spanplatten, ungeschliffen	75 000,-	75 000,-			75 000,-
Eichenholz-Furnier	50 000,-	50 000,-			50 000,-
Teakholz-Furnier	30 000,-	30 000,-			30 000,-
Eschenholz-Furnier	40 000,-	40 000,-			40 000,-
Nußbaumholz-Furnier	40 000,-	40 000,-			40 000,-
Gegenzugpapier	8 000,-	8 000,-			8 000,-
Leim, Härter, Lacke	4 000,-	4 000,-			4 000,-
Federn	20 000,-	20 000,-			20 000,-
Sägeblätter, Reparaturmaterial	2 000,-	2 000,-			2 000,-
Treibstoffe, sonst. Betriebsstoffe	2 000,-	2 000,-			2 000,-
insgesamt	271 000,-	271 000,-			271 000,-
Vertriebskosten (direkt)					
Kundenskonti	4 800,-	4 800,-			4 800,-
Provisionen	24 000,-	24 000,-			24 000,-
Verpackung	12 000,-	12 000,-			12 000,-
insgesamt	40 800,-	40 800,-			40 800,-
Personalkosten					
Gehälter	12 800,-		12 800,-		12 800,-
Löhne	15 000,-		15 000,-		15 000,-
Sozialaufwand	5 200,-		5 200,-		5 200,-
Zuführung zu Pensionsrückstellungen	5 000,-		5 000,-		
insgesamt	38 000,-		38 000,-		33 000,-
Kapitaldienst					
Abschreibungen	90 000,-			90 000,-	
Fremdkapitalzinsen	80 000,-			80 000,-	80 000,-
insgesamt	170 000,-			170 000,-	80 000,-
übrige Kosten					
Energiekosten	8 000,-		8 000,-		8 000,-
Fremdreparaturen	1 600,-		1 600,-		1 600,-
Kostensteuern/Versich.	4 000,-		4 000,-		4 000,-
Zuführungen zu Rückstellungen	5 000,-		5 000,-		
sonst. Gemeinkosten	10 400,-		10 400,-		10 400,-
insgesamt	29 000,-		29 000,-		24 000,-
Summe der Kosten	548 800,-	311 800,-	67 000,-	170 000,-	448 800,-

Abb. 169: Kostenplan pro Monat[18]

---

[18] Entnommen aus *Reichmann, Thomas:* Preis- und Produktpolitik in der Rezession, S. 492.

364   IX. Kapitel: Das Marketing-Controlling

Für die Unternehmensleitung stellt sich die Entscheidung, ob sie bei den erwarteten Absatzpreisen und -mengen noch wirtschaftlich produzieren kann. In diesem Zusammenhang ist zu prüfen,[19]

- ob eine weitere Preissenkung gegebenenfalls zu einem höheren Mengenabsatz und damit zu einem höheren Deckungsbeitrag führt,
- ob die Fertigung und/oder der Vertrieb vorübergehend eingeschränkt werden können durch Abbau von Überschichten, Einführung von Kurzarbeit oder Reduzierung des Arbeitskräftebestandes,
- ob eine Fertigung auf Lager sinnvoll ist, um bei der erwarteten späteren wirtschaftlichen Belebung auf dem Absatzmarkt zusätzliche Mengen verkaufen zu können oder
- ob die Unternehmung ihr Produktionsprogramm ändern soll und gegebenenfalls ein neues Produkt aufnehmen oder statt der relativ teuren Holzfurniere (z.B. für die Spanplatten) eine Kunststoffurnierung mit Nußbaumimitation verwenden sollte.

Alle vorgenannten Entscheidungen setzen voraus, daß die Unternehmung ihre Ertrags- und Kostenstruktur genau kennt. Für den der Planung zugrunde gelegten Zeitraum von zwölf Monaten werden die in *Abb. 169* zusammengestellten Kosten erwartet,[20] die jeweils nach ihrer Abhängigkeit von Beschäftigungsänderungen in variable und fixe Kosten unterteilt werden, wobei die **fixen Kosten in abbaufähige und nicht abbaufähige** fixe Kosten weiter untergliedert werden können. Sofern man Liquiditätsüberlegungen mit einbezieht, werden jeweils diejenigen Kostenarten gesondert gekennzeichnet, die ausgabewirksam sind.

Aus dem erwarteten monatlichen Umsatz und der erwarteten Kostenstruktur lassen sich **zunächst vier Deckungsbeiträge bilden**, die für preis- und produktpolitische Entscheidungen wichtig sind. Zieht man von dem erwarteten Nettoumsatz die gesamten variablen Kosten ab, erhält man den Deckungsbeitrag I.[21] Er muß auch kurzfristig bei rückläufigen Absatzpreisen positiv sein.

Deckungsbeitrag I	M–C	Deckungsbeitrag I	M–C
Umsatz (netto) ./. variable Kosten		467.000,– ./. 311.800,– ――――――― 155.200,–	

---

[19] Vgl. hierzu Kapitel III.C.
[20] Ist davon auszugehen, daß die Kostenentwicklung innerhalb der einzelnen Monate unterschiedlich ist, sind die Kostenplanzahlen für jeden Monat gesondert zu erstellen und die entsprechenden Monatswerte zu kumulieren.
[21] Bei der Berechnung der Plan-Deckungsbeiträge wird davon ausgegangen, daß keine wesentlichen Bestandsveränderungen eintreten, so daß diese vernachlässigt werden können. Sind Bestandsveränderungen zu erwarten, ist der Umsatz jeweils um die Position ± (geplante) Bestandsveränderungen zu korrigieren.

B. Instrumente des Marketing-Controlling 365

Für den gesamten Zeitraum der Rezession muß mindestens ein Deckungsbeitrag erzielt werden, der nicht nur die variablen, sondern auch die abbaufähigen fixen Kosten deckt, da es sich bei der zuletzt genannten Kategorie im Gegensatz zu den nicht abbaufähigen fixen Kosten, wie anteilige Abschreibungen und anteilige kalkulatorische Wagniskosten, die den Rückstellungen zugeführt werden, um fixe Kosten handelt, die grundsätzlich noch disponierbar sind. Der Deckungsbeitrag unter Berücksichtigung der abbaufähigen fixen Kosten lautet:

Deckungsbeitrag II	M–C	Deckungsbeitrag II	M–C
Umsatz (netto) ./. variable Kosten ./. abbaufähige fixe Kosten		467 000,– ./. 311 800,– ./. 67 000,–	
		88 200,–	

Im Hinblick auf die Liquidität der Unternehmung sind diejenigen Kosten von Bedeutung, die kurzfristig mit Ausgaben verbunden sind. Zwar wird eine preis- und produktpolitische Entscheidung wegen ihrer Liquiditätswirkung nicht unabhängig von der Finanzplanung[22] getroffen werden, doch können bereits die ausgabewirksamen Kosten, wenn sie die laufenden Einnahmen übersteigen, ein Indikator für die zu treffende Anpassungsmaßnahme sein. Dies wird durch den entsprechenden Deckungsbeitrag III dargestellt:

Deckungsbeitrag III	M–C	Deckungsbeitrag III	M–C
Umsatz (netto) ./. ausgabewirksame Kosten		467 000,– ./. 448 800,–	
		18 200,–	

Dieser **Deckungsbeitrag muß in der Rezession** nicht mehr positiv sein, um eine Aufrechterhaltung von Produktion und Betrieb zu planen. Eine Entscheidung für eine Aufrechterhaltung der Produktion bedingt jedoch bei negativem Deckungsbeitrag III, daß die Vermögens- und Kapitalstruktur der Unternehmung überprüft werden muß, um festzustellen, ob und wie lange ein negativer Deckungsbeitrag III aufgrund der im Unternehmen vorhandenen Vermögens- und Kapitalreserven aufgefangen werden kann. Der Deckungsbeitrag IV wird als Differenz zwischen

---

[22] Vgl. hierzu *Reichmann, Thomas:* Die Bedeutung der Finanzplanung, S. 463–472.

dem Umsatz und den gesamten Kosten gebildet. Er **kann kurzfristig negativ** sein, da bei seiner Ermittlung auch nicht abbaufähige Kosten berücksichtigt werden, die auch bei einer vorübergehenden Einstellung oder Einschränkung der Produktion anfallen würden. Eine Entscheidung, die einen Verzicht auf Deckung dieser Kostenanteile vorsieht, wird jedoch nur dann getroffen werden, wenn die Unternehmensleitung alle anderen Möglichkeiten, wie aktive Preispolitik, vorübergehende Lagerhaltung, Abbau von Überstunden oder Kurzarbeit, geprüft hat. Sie setzt ferner voraus, daß hier Informationen über die Vermögens- und Kapitalstruktur vorliegen, da ein Verzicht auf eine Deckung der gesamten Kosten stets zu einem Substanzverzehr und damit zu einer entsprechenden Änderung der Vermögens- und Kapitalstruktur im Unternehmen führen wird.

Deckungsbeitrag IV	M–C	Deckungsbeitrag IV	M–C
Umsatz (netto) ./. Kosten		467 000,– ./. 548 800,– 81 800,–	

Wird eine Weiterproduktion trotz erwarteter Verluste durchgeführt, hat dies in der Regel zur Folge, daß Vermögens- bzw. Kapitalverluste eintreten und ein zusätzlicher Bedarf an liquiden Mitteln entsteht. Voraussetzung für produkt- und preispolitische Anpassungsentscheidungen bei unbefriedigenden Ertragsverhältnissen ist mithin, daß langfristig ein positiver Deckungsbeitrag IV erwartet werden kann und daß die Vermögens- und Kapitalstruktur keine Gefährdung des Unternehmensbestandes erwarten läßt. Für welchen Zeitraum aus bilanzstrukturpolitischen Überlegungen aus der Sicht der betrieblichen Finanzplanung auf die Deckung bestimmter Kosten und/oder Ausgaben verzichtet werden kann, ist in Abstimmung mit den Zahlen des Finanz-Controlling und den Bilanzkennzahlen festzulegen.[23]

4. Deckungsbeitragsflußrechnung

Die hohe Aussagekraft der Deckungsbeitragsrechnung für preis- und produktpolitische Entscheidungen ist unbestritten. Einen erweiterten Einblick in das Zustandekommen des betrieblichen Erfolges ermöglicht darüber hinaus das Instrument der **Deckungsbeitragsflußrechnung**, bei der es sich um eine dynamisierte Deckungsbeitragsrechnung handelt. Ziel dieses Instrumentes ist es, die Veränderungen der Deckungsbeiträge im Zeitablauf in Abhängigkeit von den Einflußgrößen „Preis", „Menge" und „Struktur" anzugeben. Dazu werden die sich aus

---

[23] Vgl. *Reichmann, Thomas:* Preis- und Produktpolitik in der Rezession, insbes. S. 493–496.

B. Instrumente des Marketing-Controlling 367

unterschiedlichen Effekten ergebende Größe „Deckungsbeitrag" in die Komponenten **Preiseffekte, Mengeneffekte und Struktureffekte**[24] differenziert und die so ermittelten Deckungsbeiträge in ihrer zeitlichen Entwicklung von Periode zu Periode dargestellt. Eine solche tiefergehende Analyse der Erfolgsbestandteile ist vor allem in Unternehmen mit einem umfangreichen Sortiment und vielfältigen Kundenstrukturen sinnvoll und kann nur unter folgenden Prämissen erfolgen:

- **Datenverfügbarkeit**, d.h. Mengen und Werte der Vergleichsperioden müssen bis zur untersten Produktebene ermittelbar sein.[25]
- **Geschlossenheit des Zahlenwerkes**, d.h. es sind alle vorhandenen Artikel zu erfassen, und allen Positionen der Deckungsbeitragsrechnung müssen entsprechende Positionen der Deckungsbeitragsflußrechnung gegenüberstehen.[26]

Preis-, Mengen- und Struktureffekte sind sowohl für die Kosten- als auch für die Erlösentwicklung zu untersuchen. Betrachtet man zunächst die Erlösseite, so ergibt sich der folgende Ermittlungsweg:

Der **Preiseffekt (E_p)** isoliert den Anteil der Umsatzveränderung gegenüber der letzten Abrechnungsperiode (t–1), der auf Preisänderungen bei den einzelnen Produkten zurückzuführen ist. Er wird berechnet aus:

$$E_p = \sum_{i=1}^{n} x_{i,t-1} \cdot \Delta p_i$$

wobei

x_i = Absatzmenge des i-ten Artikels (i = 1, ..., n),
Δp_i = Stückpreisveränderung des i-ten Artikels zwischen t und t–1

Der **Mengeneffekt (E_x)** zeigt die isolierte Wirkung von Mengenänderungen auf den Umsatz. Zu diesem Zwecke benötigt man entweder einen pauschalierenden, mit den jeweiligen Mengenanteilen gewichteten Durchschnittspreis oder man faßt mehrere Artikel zu Preisgruppen zusammen und ermittelt für diese jeweils gesondert den Mengeneffekt. Die folgende Ermittlungsgleichung basiert auf einem globalen Durchschnittspreis:

$$E_x = \sum_{i=1}^{n} (x_{i,t} - x_{i,t-1}) \cdot \varnothing p_{t-1} = \Delta X \cdot \varnothing p_{t-1}$$

wobei

X = Gesamtabsatzmenge.

Desweiteren wird ein **Preis-/Mengeneffekt (E_{px})** errechnet, der die gegenseitige Beeinflussung von Preis und Menge – beispielsweise hervorgerufen durch eine fallende Preis-/Absatzfunktion – indiziert:[27]

---

[24] Vgl. *Witt, Frank-Jürgen:* Deckungsbeitragsmanagement, S. 400.
[25] Vgl. *Dücker, Gerhard:* Abweichungsanalysen im Vertriebscontrolling, in: KRP, 1989, S. 159–163, hier S. 163.
[26] Vgl. *Link, Jörg; Laufner, Wolfgang:* Rechentechnik der Deckungsbeitrags-Flußrechnung, in: KRP, 1989, S. 251–254, hier S. 251.
[27] Vgl. *Witt, Frank-Jürgen:* Strategisches und operatives Erlöscontrolling, in: ZfC, 4. Jg. (1992), Heft 2, S. 72–83, hier S. 76.

$$E_{px} = (X_t - X_{t-1}) \cdot \frac{\sum_{i=1}^{n} x_{i,t-1} \cdot (p_{i,t} - p_{i,t-1})}{X_{t-1}} = \left(\frac{X_t}{X_{t-1}} - 1\right) \cdot E_p$$

Der **Umsatzstruktureffekt (E_{Us})** schließlich macht die Auswirkung von Umschichtungen des Erzeugnisprogrammes transparent. Darunter fallen beispielsweise die Veränderung der Palettengröße, die Hereinnahme von Substitutionsprodukten anderer Anbieter bei gleichzeitiger Eliminierung bisheriger Erzeugnisse oder die Verschiebung von Absatzmengen innerhalb einer Produktgruppe (vgl. das nachfolgende Beispiel).[28] Die Aussagefähigkeit des Umsatzstruktureffektes ist jedoch nur bei Substitutionsprodukten gegeben; im Falle der **komplementären Programmerweiterung**, d.h. bei Bearbeitung neuer Geschäftsfelder, sind ergänzende Analysen und Nebenrechnungen erforderlich. Den Umsatzstruktureffekt erhält man als Residualgröße durch die folgende Differenz:

$$E_{Us} = \Delta U - E_p - E_x - E_{px}$$

Analog zur Erlösseite ergeben sich die Ermittlungsgleichungen für die Kostenseite, wobei entsprechend der Deckungsbeitragskonzeption lediglich die variablen Kosten berücksichtigt werden:

- **Stückkosteneffekt (E_k)** (analog zum Preiseffekt)

$$E_k = \sum_{i=1}^{n} x_{i,t-1} \cdot \Delta k_i$$

k_i = Stückkosten des i-ten Artikels

- **Gesamtkosteneffekt (E_K)** (analog zum Mengeneffekt)

$$E_K = \Delta X \cdot \varnothing k_{t-1}$$

- **Kosten-/Mengeneffekt (E_{kx})** (analog zum Preis-/Mengeneffekt)

$$E_{kx} = \left(\frac{X_t}{X_{t-1}} - 1\right) \cdot E_k$$

- **Kostenstruktureffekt (E_{Ks})** (analog zum Umsatzstruktureffekt)

$$E_{Ks} = \Delta K - E_k - E_K - E_{kx}$$

wobei

ΔK = Veränderung der variablen Gesamtkosten im Vergleich zur Vorperiode $t-1$.

Somit ergibt sich die Deckungsbeitragsveränderung im Periodenvergleich als Differenz aus Erlösveränderungen und Kostenveränderungen. Formal errechnet sich die Gesamtveränderung mit

$$(E_p + E_x + E_{px} + E_{Us}) - (E_k + E_K + E_{kx} + E_{Ks})$$

Das folgende Zahlenbeispiel[29] verdeutlicht die Konzeption der Deckungsbeitragsflußrechnung anhand zweier Produktgruppen I und II mit den Artikeln 1 und 2 bzw. 3 und 4 (vgl. *Abb. 170* und *171*).

---

[28] Vgl. *Witt, Frank-Jürgen:* Deckungsbeitragsmanagement, S. 402.
[29] Entnommen aus *Diller, Hermann:* Preispolitik, Stuttgart u.a. 1985, insbesondere S. 209f.

B. Instrumente des Marketing-Controlling 369

			1994	1995	Δ		1994	1995	Δ
A_1	Stückkosten	(k)	2	3	+1	A_3	5	6	+1
	Menge	(x)	100	100	0		30	5	-25
	Preis	(p)	8	9	+1		14	14	0
	Erlös	(E)	800	900	+100		420	70	-350
	Kosten	(K)	200	300	+100		150	30	-120
	Deckungsbeitrag	(DB)	600	600	0		270	40	-230
A_2	Stückkosten	(k)	5	6	+1	A_4	1,80	2,82	+1,02
	Menge	(x)	20	40	+20		50	85	+35
	Preis	(p)	20	20	0		4,40	4,47	+0,07
	Erlös	(E)	400	800	+400		220	380	+160
	Kosten	(K)	100	240	+140		90	240	+150
	Deckungsbeitrag	(DB)	300	560	+260		130	140	+10
PG_I	Gesamtmenge	(x)	120	140	+20	PG_{II}	80	90	+10
	∅-Preis	$(\bar{p})$	10	12,14	+2,14		8	5	-3
	Gesamterlös	(E)	1200	1700	+500		640	450	-190
	∅-Stückkosten	$(\bar{k})$	2,5	3,86	+1,36		3	3	0
	Gesamtkosten	(K)	300	540	+240		240	270	+30
	Deckungsbeitrag	(DB)	900	1160	+260		400	180	-220

Abb. 170: Ausgangsdaten für die Deckungsbeitragsflußrechnung

Die Abweichungsanalyse zeigt eine deutliche Verschlechterung des Deckungsbeitrages für die Produktgruppe II. Diese resultiert im wesentlichen aus einer extremen Veränderung der Umsatzstruktur, die sich aus einem Mengenrückgang des deckungsbeitragsstarken Artikels 3 (von 30 auf 5) und einer Mengenerhöhung des deckungsbeitragsschwächeren Artikels 4 (von 50 auf 85) zusammensetzt. Die damit verbundenen Erlöseinbußen konnten kaum durch Preisveränderungen aufgefangen werden. Auch die Tatsache, daß einer negativen Umsatzveränderung in der Produktgruppe II eine positive Kostenveränderung gegenübersteht, die allerdings noch von einem günstigen Kostenstruktureffekt abgeschwächt wurde, ist eine Konsequenz aus der **Produktmixverschiebung**. Denn unter der Annahme gleicher prozentualer Anteile der variablen Kosten am Erlös über alle Produktgruppen müßte die relative Umsatzentwicklung aus Mengenänderungen der relativen Veränderung der variablen Kosten aus Mengenänderungen entsprechen.[30] Das ist jedoch hier nicht der Fall.

Im Gegensatz zur Produktgruppe II hat die Produktgruppe I eine sehr positive Entwicklung durchlaufen. Parallel zur Preiserhöhung stieg auch die abgesetzte Menge und die Erlösseite wurde durch eine Umsatzstrukturveränderung hin zum deckungsbeitragsstärkeren Artikel 2 begünstigt.

Die Deckungsbeitragsflußrechnung schafft somit mehr Transparenz und weist gezielt auf mögliche Ansatzpunkte für Marketing-Entscheidungen hin. Ergänzungen sind z. B. für den Handel durch den **Ausweis eines Rabatteffektes** als Bestandteil des Preiseffektes[31] und generell durch den Ausweis der obengenannten

---

[30] Vgl. *Dücker, Gerhard*: Abweichungsanalysen, S. 162.
[31] Vgl. *Link, Jörg; Laufner, Wolfgang*: Deckungsbeitrags-Flußrechnung, S. 252 f.

	PG$_I$		PG$_{II}$	
E$_p$	= 100·1 + 20·0	= 100,00	= 30·0 + 50·0,07	= 3,50
E$_x$	= 20·10	= 200,00	= 10·8	= 80,00
E$_{px}$	= ((140/120) – 1)·100	= 16,60	= ((90/80) – 1)·3,50	= 0,44
E$_{Us}$	= 500 – 100 – 200 – 16,60	= 183,40	= – 190 – 3,50 – 80 – 0,44	= – 273,94
ΔU		= 500,00		= – 190,00
E$_k$	= 100·1 + 20·1	= 120,00	= 30·1 + 50·1,02	= 81,00
E$_K$	= 20·2,50	= 50,00	= 10·3	= 30,00
E$_{kx}$	= ((140/120) – 1)·120	= 20,00	= ((90/80) – 1)·81	= 10,13
E$_{ks}$	= 240 – 120 – 50 – 20	= 50,00	= 30 – 81 – 30 – 10,13	= – 91,13
ΔK		= 240,00		= 30,00
ΔDB		= 260,00		= – 220,00

Abb. 171: Beispiel einer Deckungsbeitragsflußrechnung

Teileffekte für mehrere **Hierarchien von Kalkulationsobjekten**, wie für verschiedene Kundengruppen, Teilmärkte, etc. denkbar.[32]

5. Erlösabweichungsanalyse

Die oben dargestellte Deckungsbeitragsflußrechnung ist kumulativ angelegt, d.h. sie beschränkt sich – abgesehen von Struktureffekten – auf den Ausweis von Preis- und Mengeneffekten. Diese spiegeln jedoch lediglich die Symptome wider, die aus einer Vielzahl von Teileffekten, wie z.B. Branchenpreisveränderungen oder Veränderungen der Effektivität des Marketing-Mix resultieren. Die transparenzschaffende Wirkung der Deckungsbeitragsflußrechnung läßt sich folglich erhöhen, wenn über die Untersuchung der symptomatischen Preis- und Mengeneffekte hinaus im Rahmen einer **gezielten Ursachenanalyse** mit Hilfe spezifischer Teilabweichungen die Ursachen für Erlösabweichungen analysiert und in ihrer quantitativen Bedeutung aufgezeigt werden. Eine solche differenzierte Erlösanalyse kann etwa auf der Grundlage der von *Albers* entwickelten **Erlösabweichungsanalyse** vorgenommen werden.[33]

Die Informationsversorgung des Marketing-Management wird damit über die aus der Deckungsbeitragsflußrechnung ableitbaren Konsequenzen, d.h. den Output der Marketingaktivitäten hinaus, u.a. auf Informationen über die **Marketingeffizienz** selbst, d.h. auf den Zusammenhang zwischen Marketing-Intensität und Erlösziel geleitet.[34] Die Beschränkung der Analyse auf die Erlösseite läßt sich damit begründen, daß die Abweichungen der Kostenseite hier nicht lediglich ihre symmetrische Entsprechung finden, sondern andere spezifische Ursachen haben. Dies geht zum großen Teil auf die gegenseitige Abhängigkeit von Absatzpreis und Absatzmenge zurück.[35]

---

[32] Vgl. *Witt, Frank-Jürgen:* Deckungsbeitragsmanagement, S. 404 f.
[33] Vgl. *Albers, Sönke:* IST-SOLL-Abweichungs-Ursachenanalyse, S. 637–654.
[34] Vgl. *Witt, Frank-Jürgen:* Erlöscontrolling.
[35] Vgl. *Witt, Frank-Jürgen:* Deckungsbeitragsmanagement, S. 406.

Für die Durchführung der Erlösabweichungsanalyse ist die Unterscheidung in **exogene**, d. h. durch unternehmensinterne Marketing-Aktivitäten nicht beeinflußbare, und **endogene**, d. h. vom Marketing steuerbare **Einflußfaktoren** auf die Abweichung der geplanten von den tatsächlich erzielten Erlösen wesentlich.[36] Als exogene Faktoren werden **Veränderungen des Preisniveaus der Branche** (In- oder Deflation) und **Veränderungen des Marktvolumens der Branche** (Wachstum oder Schrumpfung) herangezogen. Den beiden exogenen Faktoren stehen vier endogene Einflußgrößen gegenüber: die **Planabweichung**, d. h. die Abweichung infolge falscher Einschätzung der Marktreaktion aufgrund unvorhersehbarer Ereignisse, die **Realisationsabweichung**, d. h. die Abweichung infolge Nichtrealisation des Soll-Preises, die **Preis-Effektivitätsabweichung** als Abweichung infolge einer ineffektiven Preispolitik sowie die **Marketing-Effektivitätsabweichung** als Abweichung infolge einer ineffektiven Gestaltung des übrigen Marketing-Mix.

Den Analyseschwerpunkt der endogenen Marketing-Effizienz bildet also die Trennung zwischen der Preispolitik und des übrigen Marketing-Mix (Produkt-, Distributions- und Kommunikationspolitik). Eine derart institutionalisierte Ursachenanalyse von Erlösabweichungen macht den Erfolg oder Mißerfolg der Marketing-Aktivitäten transparenter, als es mit Hilfe der symptomorientierten Analyseinstrumente möglich ist.

C. Controlling des Marketing-Mix

Die Verwirklichung der Ziele des Marketing erfordert die Planung, Koordination und Kontrolle der Instrumente des Marketing-Mix. Die Instrumente innerhalb der Preis-, Produkt-, Distributions- und Kommunikationspolitik konstituieren jeweils ein Sub-Mix, das es gilt, zu einem möglichst erfolgreichen Gesamtmix zu kombinieren.[37] Zwischen den einzelnen Aktivitäten bestehen sowohl sachliche als auch zeitliche Interdependenzen, die den optimalen Marketing-Mix-Einsatz beeinflussen. In sachlicher Hinsicht können durch den kombinierten Einsatz verschiedener Mix-Instrumente Synergieeffekte erzielt werden, in Bezug auf die zeitliche Ebene kann es zu Wirkungsüberlagerungen von zeitlich nacheinander gestaffelten Maßnahmen kommen oder die Absatzwirkung erst mit zeitlicher Verzögerung einsetzen.[38] Da das Gewicht der einzelnen Marketing-Mix-Bestandteile und die Bedeutung der Submix-Instrumente situativ sehr unterschiedlich sind, kann eine Bestimmung des Maßnahmenkataloges und die Festlegung des Aktivitätenniveaus nur vor dem Hintergrund einer konkreten Entscheidungssituation erfolgen. Darüber hinaus sind nicht alle (Teil-)Entscheidungen über den Einsatz von Marketing-Mix-Instrumenten einer primär quantitativ orientierten

---

[36] Vgl. *Albers, Sönke:* IST-SOLL-Abweichungs-Ursachenanalyse, S. 640.
[37] zum Bereich „Marketing-Mix" siehe beispielsweise *Nieschlag, Robert; Dichtl, Erwin; Hörschgen, Hans:* Marketing, S. 21 f.; *Kotler, Philip; Bliemel, Friedhelm:* Marketing-Management, 7. Aufl., Stuttgart 1992, S. 97 ff.
[38] Vgl. z. B. *Kühn, Richard:* Marketing-Mix, in: HWM, hrsg. von *Bruno Tietz, Richard Köhler* und *Joachim Zentes,* 2. Aufl., Stuttgart 1996, Sp. 1615–1628, insbes. Sp. 1617–1628.

Wirtschaftlichkeitsanalyse zugänglich, so daß es erforderlich ist, die controllingrelevanten Bereiche des Marketing-Mix im Hinblick auf die Möglichkeit einer quantitativen Ergebnisplanung und -kontrolle abzugrenzen.

1. Unterstützung preis- und konditionenpolitischer Entscheidungen

Die Instrumente der Preis- und Konditionenpolitik als Bestandteile des Marketing-Mix beziehen sich auf die Bestimmung des optimalen Absatzpreises und seiner Durchsetzung am Markt. Die Preispolitik zeichnet sich durch mehrere Besonderheiten aus, die sie zu einem zentralen und äußerst effizienten Instrument zur Steuerung von Umsatz, Gewinn und Marktanteilen macht. Zum einen lassen sich preispolitische Maßnahmen ohne große zeitliche Verzögerungen umsetzen. Dabei ist zu beachten, daß die Preispolitik immer in Abhängigkeit von der jeweiligen Konjunktursituation zu gestalten ist. Auf der Marktseite reagieren Nachfrager und Konkurrenten gleichermaßen schnell auf preispolitische Maßnahmen, d. h., es gibt i. d. R. kaum zeitliche Wirkungsverzögerungen, wie sie vor allem bei produkt- und kommunikationspolitischen Maßnahmen auftreten. Dementsprechend ist die Preiselastizität z. B. im Konsumgüterbereich um ein Vielfaches höher als z. B. die Werbeelastizität.[39] Vor allem Preisänderungen beeinflussen – wie viele aggressive Preiskämpfe in den unterschiedlichsten Branchen in den letzten Jahren deutlich gezeigt haben – Absatzmengen und Marktanteilsverteilungen nachhaltig. Damit beinhalten preispolitische Entscheidungen aber auch zugleich ein relativ hohes Risiko, denn Fehleinschätzungen des Marketing-Managements können zu nachhaltigen, d. h. längerfristigen Absatzstörungen führen.

Bei den preispolitischen Zielen des Marketing dominieren quantitative, in Geldeinheiten bewertbare Aspekte, die sich in Abhängigkeit von der Entscheidungssituation in sehr unterschiedlichem Maße auf den Bedarf an rechungswesenorientierten Daten auswirken. Generell darf aber nicht erwartet werden, daß lediglich aufgrund der internen Kostenrechnungsdaten die „richtigen" Preisentscheidungen ableitbar sind, da letztendlich immer der Markt das zu erzielende Entgelt für die erbrachten Leistungen bestimmt. Zu einer wesentlichen Verbesserung der Qualität rechungswesenorientierter Informationen kann jedoch die genauere Kennzeichnung der preispolitischen Entscheidungssituationen beitragen. Für die optimale Informationsaufbereitung durch das Rechnungswesen ist es entscheidend, daß sich Informationsbedarf und Entscheidungskalkül tendenziell danach richten, ob z. B. preispolitische Maßnahmen für standardisierte (Massen-)Produkte oder individuelle Güter erfolgen, ob die Preisentscheidungen strategische Bedeutung haben oder lediglich taktische Maßnahmen – etwa im Rahmen kurzfristiger Marktreaktionen – darstellen oder ob die Preisbestimmung für einen Sortimentsverbund erfolgen soll.[40]

---

[39] Vgl. z. B. *Simon, Hermann:* Preismanagement kompakt. Probleme und Methoden des modernen Pricing, Wiesbaden 1995, S. 5–7.
[40] Vgl. z. B. *Köhler, Richard:* Beiträge zum Marketing-Management. Planung, Organisation, Controlling, 3. Aufl., Stuttgart 1993, S. 344 f.

Zu den zentralen preispolitischen Entscheidungskalkülen gehört die **Ermittlung des Angebotspreises**. Sollen preispolitische Entscheidungen sortimentsbezogen getroffen werden, sind andere rechnungswesenorientierte Informationen bereitzustellen als bei einer strikten Ausrichtung auf ein einzelnes Produkt. Als Grundlage dienen i.d.R. Kosten- und Deckungsbeitragsanalysen, deren Aussagefähigkeit in nicht unerheblichem Maße davon abgängig sind, inwieweit die Gemeinkosten verursachungsgerecht den Bezugsobjekten zuordenbar sind. Grundlage für die Ermittlung von Angebotspreisen ist vielfach eine normalisierte, auf Vergleichswerten basierende Zuschlagskalkulation, der die geplanten Umsatzerlöse gegenübergestellt werden. Eine Angebotspreisermittlung auf Basis der vollen Selbstkosten (plus Gewinnzuschlag) ist vor dem Hintergrund der mangelnden Controllingadäquanz der Vollkostenrechnungssysteme nicht zu empfehlen.[41] Die Ermittlung von Angebotspreisen auf der Grundlage der variablen Selbstkosten erfolgt vielfach als retrograde Rechnung und hat den Nachteil, daß die geplanten bzw. geschätzten Kostengrößen von der Güte der Schätzungen bezüglich Kostenhöhe und erwartetem Umsatz abhängig sind. Liegen für eine Angebotspreisplanung valide Vergleichsdaten ähnlicher Produkte vor, kann eine auf den (variablen) Plan-Selbstkosten beruhende Preiskalkulation durchaus ausreichend sein.

Bei der **Angebotspreisermittlung für Neuprodukte** geht es um marktbezogene Angebotspreise. Dies setzt voraus, daß im Vorfeld der Produktentwicklung bereits Überlegungen angestellt werden, welchen Preis der Kunde für ein bestimmtes Produkt überhaupt zu zahlen bereit ist. In diesem Zusammenhang kommt der Conjoint-Analyse und der Umsetzung der kundenseitigen Funktionsanforderungen in Kostenvorgaben im Rahmen des Target Costing besondere Bedeutung zu.[42] Es handelt sich hierbei insofern nicht um ein kurzfristiges preispolitisches Entscheidungsproblem, sondern um ein strategisches Entscheidungskalkül im Rahmen der strategischen Produktprogrammplanung.[43]

Informationen der betrieblichen Kostenrechnung sind insbesondere dann unverzichtbar, wenn es darum geht, kurzfristige preis- und konditionenpolitische Maßnahmen, wie z.B. Preis- und Konditionsänderungen oder Preisdifferenzierungen, zu unterstützen. In engem Zusammenhang mit der **Preisdifferenzierung** stehen z.B. konditionenpolitische Entscheidungen, durch die Standard-Anbieterleistungen abnehmerspezifisch modifiziert werden können. Entscheidungen über Rabatt- und Preisnachlaßgewährungen oder die individuelle Festlegung von Zahlungsbedingungen begründen eine individuelle Kundenbeziehung und sind in ihren Auswirkungen i.d.R. monetär präzisierbar.[44] Das Controlling hat hier die Aufgabe, die Ertragswirksamkeit der preispolitischen Maßnahmen zu beurtei-

---

[41] Vgl. Kap. III. B.2.a.).
[42] Vgl. z.B. *Palloks, Monika*: Kundenorientierung und Kostenmanagement. Ein Fallbeispiel zum integrierten Einsatz von Conjoint-Analyse und modernem Zeilkostenmanagement bei Produktentscheidungen, in: Marktforschung und Management, 39.Jg (1995), Heft 3, S.119–124.
[43] Vgl. Kap. X.C.4.
[44] Vgl. z.B. *Steffenhagen, Hartwig*: Konditionenpolitik, in: Vahlens Großes Marketing-Lexikon, hrsg. von *Hermann, Diller*, München 1992, S.550f.

len. Grundlage bilden die in differenzierter Form ermittelbaren Deckungsbeiträge.

Bezogen auf eine markt- bzw. kundengerechte **Rabattgewährung** hat das Controlling bspw. sicherzustellen, daß Entscheidungshilfen bereitgestellt werden, um zumindest die mengenmäßigen Konsequenzen bei erhöhten Rabatten transparent machen. Die vom Controlling zu erarbeitende Entscheidungsgrundlage muß auf kostenrechnungsorientierten Informationen basieren und aufzeigen, daß bei einer Veränderung der Rabattgewährung eine mengenmäßige Erhöhung des Absatzes erforderlich ist, um Deckungsbeitragseinbußen zu vermeiden. Entscheidungsgrundlage kann dann z.B. der Deckungsbeitrag II (über die variablen Herstellkosten und die variablen Vertriebskosten pro Stück) sein, der zum entsprechenden Nettoumsatz (pro Stück) in Beziehung gesetzt wird. Mit Hilfe der Formel

$$\Delta \text{Absatzmenge} = \frac{\text{Rabatt}(\%)}{\text{DBII}(\%) - \text{Rabatt}(\%)}$$

kann z.B. festgestellt werden, daß eine 5%ige Rabattgewährung bei einem Produkt, dessen Deckungsbeitrag II 30% des Nettoumsatzes beträgt, eine Erhöhung des Absatzvolumens um 20% erforderlich macht, um Umsatzverringerungen zu vermeiden. Bei einer 10%igen Rabattgewährung steigt das mengenmäßige Absatzsoll bereits um 50%. Aufbauend auf diesem Entscheidungskalkül ist vom Controlling eine Matrix aufzubauen, die die prozentuale Erhöhung der abzusetzenden Mengen in Abhängigkeit von der Rabattgewährung aufzeigt.

Deckungsbeitragsbezogene Kalkulationen können darüber hinaus auch für Entscheidungen über **Preisänderungen** genutzt werden. Im einfachsten Fall werden in einer Matrixdarstellung die variablen Stückkosten als Prozentsatz des bisherigen Absatzpreises (z.B. 20%, 30%, 40% usw.) ermittelt. Ihnen werden in der vertikalen Ebene prozentuale Preisveränderungen gegenübergestellt. (vgl. Abb. 172) Für diese Rahmendaten hat der Controller vor dem Hintergrund der anfallenden Kosten prozentuale Angaben zu ermitteln, die Auskunft darüber geben, welche zusätzliche Absatzmenge (in %) man bspw. bei einer Preissenkung von x% hinzugewinnen sollte, damit der Deckungsbeitrag konstant bleibt. Als Entscheidungskriterium für eine Preissenkung gilt dann bspw., daß sie nur dann vorgenommen werden sollte, wenn der zu erwartende prozentuale Absatzzuwachs mindestens so groß ist wie der in der Matrix angezeigte Wert vorgibt.[45] Analog ist eine solche Matrix für Preiserhöhungsentscheidungen aufzubauen, wobei die ermittelten Werte dann aussagen, um wieviel % der Absatz bei einer x-%igen Preiserhöhung maximal zurückgehen darf, um einen konstanten Deckungsbeitrag zu erzielen. Dividiert man wiederum die prozentualen Absatzänderungen durch die jeweiligen Preisänderungen, erhält man die Preiselastizität, die angibt, in welchem Maße sich die vorgesehene Preisveränderung überhaupt rechnet.

---

[45] Vgl. hierzu z.B. *Simon, Hermann:* Preismanagement. Analyse-Strategie-Umsetzung, 2. Auflage, Wiesbaden 1992, insbes. S. 155.

C. Controlling des Marketing-Mix 375

Preissenkung in %	Variable Stückkosten in % vom bisherigen Preis				
	40 %	50 %	60 %	70 %	80 %
1	1,69 %	2,04 %	2,56 %	3,45 %	5,26 %
2,5	4,35 %	5,26 %	6,67 %	9,00 %	14,00 %
5	9,09 %	11,11 %	14,29 %	20,00 %	33,33 %
10	20,00 %	25,00 %	33,33 %	50,00 %	100,00 %
20	50,00 %	66,67 %	100,00 %	200,00 %	DB = 0
30	100,00 %	150,00 %	300,00 %	DB = 0	

Abb. 172: Entscheidungstabelle für Preissenkungen[46]

Kurzfristige Preisänderungen werden insbesondere dazu eingesetzt, um auf bestimmte Marktsituationen flexibel reagieren zu können. Kritische Entscheidungswerte können in Zeiten der Unterbeschäftigung **zeitlich gestaffelte Preisuntergrenzen** darstellen, denn ihre Unterschreitung durch den Marktpreis induziert die mangelnde Deckung der nach der zeitlichen Abbaufähigkeit differenzierten Fixkosten und führt zu einem Produktionsstop für die betroffenen Erzeugnisse.

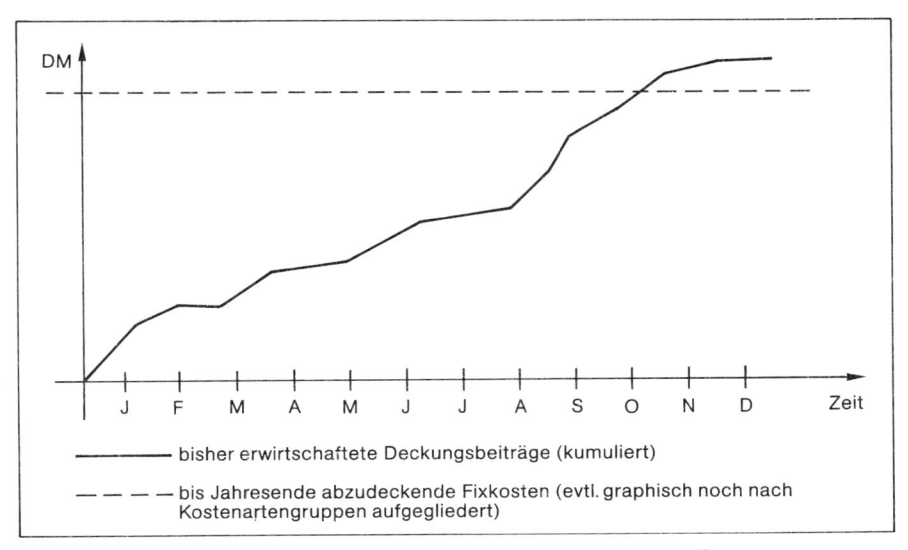

Abb. 173: Zeitlich kumulierte Deckungsbeiträge[47]

Bei einer sortimentsgebundenen Preispolitik sind hingegen mögliche alternative Absatzpreise für bestimmte Produktkombinationen zu überprüfen. Dies setzt nicht nur eine Schätzung der absetzbaren Mengen im Rahmen einer Absatzmengenplanung voraus, sondern bedeutet, daß absatzwirtschaftliche Verbundbeziehungen bei der Kostenverteilung zu berücksichtigen sind. Die Zurechnung fixer

---

[46] Entnommen aus *Simon, Hermann:* Preismanagement, S. 156.
[47] Vgl. *Köhler, Richard:* Marketing-Management, S. 351.

Gemeinkosten erfolgt dann bei Kostenanalysen und Deckungsbeitragsrechnungen so weit wie möglich produktgruppenbezogen oder noch höher aggregiert.

Demgegenüber liegen z.B. in den Fällen individueller Auftragsfertigung keine vergleichbaren Marktpreise vor. Preisuntergrenzen werden dann beispielsweise ermittelt, wenn der Auftrag öffentlich ausgeschrieben worden ist und eine Preiskonkurrenzsituation mit anderen Anbietern entsteht. Die „Leitsätze für die Preisermittlung aufgrund von Selbstkosten" (LSP) sind hierbei ein adäquates Verfahren, das aber durch **zeitablaufbezogene Deckungsbeitragsrechnungen** eine wichtige, entscheidungsunterstützende Ergänzung erfährt. Dabei werden die mit den bisherigen Aufträgen erzielten Deckungsbeiträge zeitlich kumuliert und den in der betrachteten Periode noch zu deckenden Fixkosten gegenübergestellt (vgl. *Abb. 173*). Im Sinne einer Fortschrittskontrolle stellt der Saldo den möglichen preispolitischen Spielraum bei der Auftragsgewinnung in der Zukunft dar.

2. Unterstützung programm- und sortimentspolitischer Entscheidungen

Die Bereitstellung von rechnungswesenorientierten Informationen knüpft im Rahmen der produkt- und sortimentspolitischen Entscheidungen daran an, ob es sich um strategische Entscheidungen, wie z.B. zur Neuprodukteinführung, zur Produktelemination oder zur Sortimentsbereinigung bzw. -modifikation oder ob es sich um kurzfristige Anpassungsentscheidungen innerhalb des gegebenen Produktionsprogramms handelt. Bezogen auf die langfristige Existenzsicherung des Unternehmens hat das Produkt- bzw. Absatzprogramm eine zentrale Bedeutung und muß permanent im Hinblick auf seine Marktattraktivität und Kundenadäquanz überprüft werden. Die im Rahmen von Portfolio- und Lebenszyklus-Analysen getroffenen strategischen Produktentscheidungen[48] müssen in kurzfristige Maßnahmenpläne umgesetzt werden. Dazu ist zu überlegen, inwieweit kurzfristige Maßnahmen, wie z.B. ein zeitlich begrenztes Angebot von Sondermodellen oder von integrierten Serviceleistungen, erforderlich sind, um einzelne Produkte bzw. Produktgruppen besonders zu fördern oder ob die bestehende Sortimentszusammensetzung unter Rentabilitäts- und Deckungsbeitragsgesichtspunkten durch Eleminationsentscheidungen optimiert werden kann. Nicht selten führt hierbei die Bewertung der produktpolitischen Entscheidungen unter strategischen Aspekten zu anderen Einschätzungen, als die (isolierte) Beurteilung unter „reinen" Wirtschaftlichkeitskriterien. So kann es z.B. möglich sein, daß für ein sog. Fragezeichen-Produkt, das erst seit einiger Zeit auf dem Markt angeboten wird, aufgrund seines negativen Erfolgsbeitrages eine Eliminierung empfohlen wird. Wenn aber dieses Produkt unter strategischen Gesichtspunkten als förderungswürdig einzustufen ist, da es in der Portfolio-Einschätzung eine aussichtsreiche Position einnimmt, ist es zunächst trotz des negativen Deckungsbeitrages im Produktprogramm zu halten.

---

[48] Vgl. im einzelnen Kap. X.D.2.

Vor dem Hintergrund dieses engen Zusammenhanges zwischen strategisch motivierten programm- und sortimentspolitischen Entscheidungen („die richtigen Dinge tun") und operativ-taktischen Umsetzungsspielräumen („die Dinge richtig tun") ist eine differenzierte Informationsbereitstellung von markt- und konkurrenzbezogenen Informationen[49] als auch von rechnungswesenorientierten Informationen aus der betrieblichen Kostenrechnung erforderlich. Die Unterstützung programm- und sortimentspolitischer Entscheidungen durch das Controlling muß darauf ausgerichtet sein, unterjährig feststellen zu können, welches Produkt welche Kosten verursacht, in welchem Maße es zur Deckung der fixen Kosten und zum Betriebsergebnis beitragen kann und damit den Anpassungsspielraum für kurzfristige Steuerungsentscheidungen zielbezogen zu bewerten. An das Controlling ist also die Anforderung zu stellen, die entscheidungsrelevanten Kosten systematisch zu erfassen und entscheidungsebenenbezogen bereitzustellen. Dies setzt eine strukturierte Erfassung und Auswertung von Kosten und Leistungen des Marketing auf der Grundlage der vorhandenen Informationen aus der betrieblichen Kostenrechnung und ihren Vorsystemen voraus. Im Idealfall erfolgt die marketingorientierte Aufbereitung von Kosteninformationen durch den Aufbau eines Marketing-Accounting.[50] Zumindest sollte aber dem Grundsatz der Veränderungsrechnung folgend eine Trennung in variable Kostenbestandteile und in nach ihrer zeitlichen Abbaubarkeit gestaffelte Fixkosten erfolgen. Sie bildet die Grundlage für Payoff-Rechnungen, Break-even-Analysen und Kapitalwertrechnungen bei längerfristigen Produkt- und Produktionsprogrammentscheidungen und für verschiedene Deckungsbeitragsrechnungen innerhalb der kruzfristigen Produktpolitik. Insbesondere bei Neuprodukteinführungen ist es wichtig. den Zeitraum zu kennen, innerhalb dessen die jährlichen Gesamtdeckungsbeiträge abzüglich der Jahresfixkosten die Erstinvestitionsausgaben gedeckt haben. Diese Zeitspanne wird als **Amortisations-** oder **Payoff-Dauer** bezeichnet. Ebenso von Bedeutung sind Informationen zur Ermittlung der Gewinnschwelle, wie etwa für die **Break-even-Analyse**, bei der die gesamten Fixkosten zum Stückdeckungsbeitrag in Beziehung gesetzt werden. Für die Einführungsplanung neuer Produkte ist es entscheidend, daß in die Break-Even-Analyse nicht nur die allgemeinen betrieblichen Fixkosten einbezogen werden, sondern auch die durch das neue Produkt zusätzlich entstehenden fixen Kosten, wie z.B. Gehälter für neu einzustellende Mitarbeiter oder Abschreibungen von gesondert für das neue Produkt anzuschaffenden Anlagen, berücksichtigt werden.[51]

Kurzfristige sortimentspolitische Entscheidungen richten sich nach der Höhe der Deckungsbeiträge, wobei Produkte mit hohen Deckungsbeiträgen zu forcieren sind um solche mit niedrigen und negativen Deckungsbeiträgen tendenziell aus dem Programm herauszunehmen sind. Zu beachten ist allerdings, daß dies nur dann geschehen kann, wenn keine negativen Verbundwirkungen auftreten. Falls nämlich eine Produktverbundenheit zwischen den einzelnen Produkten besteht,

---

[49] Vgl. z.B. *Palloks, Monika:* Marketing-Controlling, insbes. S. 224–232.
[50] Vgl. z.B. *Palloks, Monika:* Marketing-Accounting mit Database Marketing, in: Handbuch Database Marketing, hrsg. von *Jörg Link, Dieter Brändli, Christian Schleuninig, Roger E. Kehl* (Veröffentlichung in Vorbereitung).
[51] Vgl. *Köhler, Richard:* Marketing-Management, S. 339.

kann es durchaus sinnvoll sein, Produkte mit negativen Deckungsbeiträgen, sofern sie dem Absatz von Produkten mit positiven Beiträgen förderlich sind, im Programm zu belassen.

Für die Beurteilung der Rentabilität der bestehenden Produkte ist eine differenzierte **Produkterfolgsanalyse** erforderlich. Dazu ist die bereits erwähnte Deckungsbeitragsrechnung stufenweise zu einer Produkterfolgsrechnung auszugestalten. Im Mittelpunkt steht der Ausweis von produktbezogenen Erlösen, Erlösschmälerungen und die differenzierte Zuweisung von Marketingkosten zu Erfolgsträgern bzw. Verantwortungsbereichen mit dem Ziel, z. B. dem Produktmanagement ein einfaches Steuerungsinstrument an die Hand zu geben, mit dem die Erfolgsträgerstruktur differenziert aufgezeigt und entsprechende Anpassungsmaßnahmen initiiert werden können. Das Controlling hat hierbei zunächst ein differenziertes Bezugsgrößenssystem zu entwerfen das die Produkthierarchie zieladäquat abbildet. Dementsprechend kann dann eine differenzierte Auswertung des Produkt- bzw. Leistungsprogrammes bspw. nach Einzelprodukten, Produktgruppen, Produktsparten und strategischen Geschäfteinheiten erfolgen. Ausgangspunkts für den Aufbau einer Produkterfolgsrechnung bildet der Bruttoerlöse, von dem die Erlösschmälerungen in Abzug gebracht werden (vgl. Abb. 174).

Der Deckungsbeitrag I ergibt sich nach Abzug der variablen Kostenbestandteile. Um den Deckungsbeitrag II zu ermitteln, werden die fixen Kosten, die den Kostenstellen der untersten Bezugsgrößenebene direkt zuordenbar sind (z. B. dem Produkt) in Abzug gebracht. Fixkosten, die sich auf dieser Hierarchieebene nicht zuweisen lassen, werden dann auf den nächst höheren Ebenen als erzeugnisgruppenfixe Kosten den Produktgruppen oder den Produktsparten zugeordnet. Fixkosten, die aus Leistungen resultieren, die einem bestimmten Verantwortungsbereich nicht verursachungsgerecht zugerechnet werden können, sind hingegen nach projekt- bzw. prozeßorientierten Kriterien, wie z.B. Stundenaufschreibune, zu kennzeichnen und erst dann bspw. als fixe Kosten des strategischen Geschäftsfeldes in die Hierarchie einzustellen. Der differenzierte Ausweis der Fixkosten gibt insgesamt Aufschluß darüber, wie intensiv die Kostenstellenkapazität von den Elementen einer Produkthierarchie in Anspruch genommen wurde, und läßt damit Rückschlüsse auf die Rentabilität von Produkten, Produktgruppen und -sparten zu, Im Hinblick auf Anpassungsentscheidungen bei schwankenden Absatzmengen können Informationen über die Disponierbarkeit der Fixkosten integriert werden, indem die Abbaufähigkeit und -zeitpunkte von Vertragspotentialen in den Auswertungsrechnungen hinterlegt werden.

Die Verfahren der Deckungsbeitragsrechnung spielen darüber hinaus eine wichtige Rolle bei den kurzfristigen Mengenplanungen im Rahmen des bestehenden Sortiments. Welche Deckungsbeiträge entscheidungsrelevant sind, richtet sich nach der jeweiligen betrieblichen Engpaßsituation. Liegt kein Engpaß vor, so ist aufgrund der absoluten Deckungsbeiträge zu entscheiden. Bei einem Engpaß sind die auf die Anzahl der jeweils beanspruchten Engpaßeinheiten bezogenen, relativen Deckungsbeiträge heranzuziehen. Über Produktforcierung oder Produktelemination wird in diesem Fall nach dem Kriterium der höchsten Ergiebigkeit der Engpaßnutzung entschieden. Existieren mehrere Engpässe, z. B. sowohl bei der zur Verfügung stehenden Fertigungszeit als auch bei der Lagerkapazität der Fertigprodukte, so ist die Mengenplanung nur noch mit Hilfe der **linearen Programmierung** bzw. **gemischt-ganzzahligen-Programmierung** realisierbar.

Auch im Rahmen der kurzfristigen Sortiments- bzw. Produktprogrammplanung reicht es nicht aus, die Produkte isoliert zu betrachten und dann zu entscheiden. Vielmehr müssen die **Verbundbeziehungen** in Betracht gezogen werden. Ansonsten wäre es möglich, daß die Elimination eines „Verlustbringers", dessen Absatz mit dem eines ertragsstarken Produktes positiv korreliert, zu extremen Erlöseinbußen führt. Ferner müssen nach einer Programmbereinigung Sonderrechnungen vorgenommen werden, um die Abbaufähigkeit bzw. anderweitige Auslastbarkeit von fixkostenverursachenden Kapazitäten zu untersuchen.

3. Unterstützung kommunikationspolitischer Entscheidungen

Während die Unterstützung der Preis- und der Produktpolitik durch Informationen des Rechnungswesens in den meisten Unternehmen regelmäßig erfolgt, stellt sich die Verknüpfung von Kommunikationspolitik mit der betrieblichen Kosten- und Leistungsrechnung problematisch dar. So stellt sich beim Rückgriff auf die regelmäßig erfaßten Kosten- und Erlösdaten, wie z. B. für die Verkaufsförde-

Produktsparte	A						
Produktgruppe	A1			A2			Σ
Produkte	A11	A12	Σ	A21	A22	Σ	
Bruttoerlöse	62.200	72.900	...	98.400	74.500	...	308.000
./. Erlösschmälerungen	1.800	2.200	...	3.700	1.600	...	9.300
= Nettoerlöse	60.400	70.700	...	94.700	72.900	...	298.700
./. variable HStK	42.700	48.100	...	47.200	28.600	...	166.600
= Produkt-DB I	17.700	22.600	...	47.500	44.300	...	132.100
./. direkte variable Marketingkosten	1.000	1.000	...	0	300	...	2.300
= Produkt-DB II	16.700	21.600	...	47.500	44.000	...	129.800
./. fixe Herstellkosten der Produkte	18.200	500	...	0	18.300	...	37.000
= Produkt-DB III	–1.500	21.100	...	47.500	25.700	...	92.800
./. fixe Herstellkosten der Produktgruppen			22.900			32.700	55.600
= DB IV (über Prod. gr)			–3.300			40.500	37.200
./. fixe Herstellkosten der Sparte				29.000			29.000
= DB V (Sparten-DB)				8.200			8.200

Abb. 174: Aufbau einer Produkterfolgsrechnung

rung oder Werbung, einerseits die Frage, auf welche Bezugsgrößen die entstehenden Kostenarten zu verteilen sind und andererseits, inwieweit sie im Rahmen von Wirtschaftlichkeitsanalysen überhaupt bestimmten Kommunikationswirkungen eindeutig zugeordnet werden können. Deshalb bleibt das Marketing-Controlling in der Kommunikationspolitik gegenwärtig auf zwei Problemfelder beschränkt: die Programmplanung der Kommunikationsmaßnahmen und die Erfolgskontrolle der durchgeführten Maßnahmen.[52] Ziel der Kommunikationsprogrammplanung ist die **Bestimmung des Kommunikationsbudgets** als ganzes und die Budgetverteilung nach verschiedenen Zuordnungsgesichtspunkten wie Produkten, Produktgruppen, aktuellen und potentiellen Kundengruppen oder Regionen. Innerhalb dieser Ebenen ist wiederum eine Differenzierung nach Werbeträgern und Teilperioden vorzunehmen.

Für Budgetzuweisungen sind Informationen über die Relation zwischen kommunikationspolitischem Mitteleinsatz und dem sich daraus ergebenden Zielerreichungsgrad notwendig. Besonders die Messung der Zielerreichung bereitet jedoch große Schwierigkeiten, da für eine exakte Analyse diejenigen Umsatzanteile isoliert werden müßten, die aus den einzelnen Entscheidungen über kommunikationspolitische Maßnahmen resultieren. Da auch externe Effekte, wie z.B. globale Nachfrageverschiebungen, Imageveränderungen oder Trendbrüche, auf die Marketingergebnisse einwirken, ist dies nur schwer realisierbar. Deshalb kann das Rechnungswesen hier lediglich Anregungsinformationen geben. So können nach Absatzsegmenten gegliederte **Marketing-Kennzahlen** dort Informationen bereitstellen, wo Kosten- und Erlösteile den Kommunikationsmaßnahmen nicht verursachungsgerecht zurechenbar sind und damit die Effizienzanalyse des Marketing-Bereiches unterstützen, wie etwa:

- Umsatz/Werbekosten (DM),
- Umsatz/Kundendienstkosten (DM),
- Umsatz/Verkaufskosten (DM),
- Umsatz/Verkaufsfläche (qm),
- Umsatz/durchschnittlicher Lagerbestand (ME),
- Umsatz/Wareneinsatz (DM),
- Umsatz/Reisende (DM) und
- Umsatz/Kundenbesuche (ME).[53]

Wenn die obigen Rechnungsgrößen auch nicht in einem direkten Kausalzusammenhang stehen – die Schwierigkeiten und Unzulänglichkeiten der Werbeerfolgskontrolle lassen sich natürlich nicht durch eine Kennzahlenbildung ausräumen –, so lassen sich doch im Rahmen eines Zeitreihenvergleiches zumindest Entwicklungstendenzen erkennen.[54] Dabei wird deutlich, wie effizient die Kommunikationskosten eingesetzt worden sind und für welche Produkte oder

---

[52] Vgl. *Köhler, Richard:* Marketing-Management, S. 354 f.
[53] Vgl. *Meffert, Heribert:* Marketing, S. 568 f.
[54] Vgl. *Palloks, Monika:* Kennzahlen, absatzwirtschaftliche, in: Handwörterbuch des Marketing, hrsg. von *Bruno Tietz, Richard Köhler* und *Joachim Zentes,* 2. Aufl., Stuttgart 1996, Sp. 1136–1153, insbes. Sp. 1143.

C. Controlling des Marketing-Mix

Marktsegmente über eine Restrukturierung der Werbebudgets nachgedacht werden muß.

Neben die Analyse des Kommunikationserfolges auf Kennzahlenbasis sollte eine **Regressionsanalyse** treten, um die Intensität des Zusammenhangs zwischen den Kosten der Kommunikation und den monetären Ergebnissen zu ermitteln. Für eine fundierte Analyse ist eine hinreichend exakte Erfassung der **Kommunikationskosten** notwendig. Hierzu sollte bereits in der Kostenartengliederung zwischen Gestaltungskosten, Herstellkosten und Streukosten der jeweiligen Kommunikationsmittel, Fremdleistungskosten wie Beratungshonorare und Bezugskosten für Untersuchungsergebnisse von Werbeforschungsinstituten unterschieden werden.[55] Auf diese Weise kann das Rechnungswesen zur Erfolgs- und Wirtschaftlichkeitskontrolle der Kommunikationspolitik beitragen.

Hinzutreten sollten ergänzend Informationen über die außerökonomischen Wirkungen der Kommunikationspolitik. Seit langem in der Praxis bewährte Methoden sind das **Recognition-Verfahren** und der **Recall-Test**. Beim Recognition-Verfahren geben die Befragten beispielsweise an, ob sie beim Durchblättern einer Zeitschrift bestimmte Werbeanzeigen wiedererkennen. Der Recall-Test kann gestützt (Liste mit Markennamen) oder ungestützt (Frage nach Marken ohne Erinnerungshilfe) vorgenommen werden.[56]

4. Unterstützung distributionspolitischer Entscheidungen

Die Distributionspolitik als weiterer Bestandteil des Marketing-Mix beinhaltet die physische und die „akquisitorische" Distribution. Die Gestaltungsbereiche der physischen Distribution beziehen sich auf die optimale Bereitstellung der Waren beim Abnehmer durch eine zielbezogene Gestaltung der logistischen Funktionen und somit auf alle Aktivitäten zur Raumüberbrückung und Zeitüberwindung. Sie wird vielfach auch als Marketing-Logistik[57] oder Distributionslogistik[58] bezeichnet. Die akquisitorische Distribution betrifft die Gestaltung der Absatzkanäle und bezieht sich damit auf die Vertriebsaktivitäten, durch die dem Kunden der Kauf oder die Nutzung hergestellter Produkte ermöglicht werden soll.[59] Aufgrund der zunehmenden Wettbewerbsintensität auf den Absatzmärkten steht ein optimales Kundenmanagement im Mittelpunkt der Vertriebsaktivitäten, denn nur eine erhöhte Kundenorientierung führt zu Wettbewerbsvorteilen und damit zu höheren Marktanteilen. Die kundenorientierte Gestaltung der

---

[55] Vgl. *Köhler, Richard:* Marketing-Management, S. 301.
[56] Vgl. *Meffert, Heribert:* Marketing, S. 567 f.
[57] Vgl. z. B. *Pfohl, H.-Chr.:* Logistik-Systeme; *Liebmann, Hans-Peter:* Marketing-Logistik, in: Handwörterbuch des Marketing, hrsg. von. *Bruno Tietz, Joachim Zentes, Richard Köhler,* 2. Aufl., Stuttgart 1996, Sp. 1586–1598, insbes. Sp. 1586.
[58] Da es sich hierbei also in erster Linie um logistische Entscheidungen handelt, wird die controllingadäquate Abbildung dieses Bereiches dem Logistik-Controlling und hier der Absatzlogistikfunktion zugerechnet. Vgl. Kapitel VIII (Logistik-Controlling).
[59] Vgl. z. B. *Evers, Josef:* Der Vertrieb. Eine Analyse der Aufgaben, Mittel und Entscheidungen im System des Marketing, Würzburg, Wien 1979, S. 14.

Vertriebsaktivitäten ist deshalb vor allem in der Investitionsgüterindustrie zugleich Ausdruck der verfolgten Marketingstrategie.[60]

Die Umsetzung eines guten Kundenmanagement durch eine exzellente Vertriebsorganisation ist heute ein entscheidender Wettbewerbsfaktor, denn in vielen Branchen ist die produktbegleitende Dienstleistung (fast) wichtiger als das Produkt selbst.[61] Die **zentrale Aufgabe des Vertriebs** besteht deshalb darin, die Kunden optimal zu betreuen und die Kundenkontakte zu pflegen, damit durch langfristige Kundenbeziehungen die Absatzpotentiale gesichert bzw. ausgebaut werden können. Dies setzt voraus, daß das Vertriebs-Management über aussagefähige Informationen verfügt, um die Vertriebsaktivitäten ziel-, d.h. vor allem kundenorientiert zu planen, zu kontrollieren und bezogen auf die Erfolgszielsetzung des Unternehmens zu koordinieren.

a) Ziele und Aufgaben des Vertriebs-Controlling als Komponente der Distributionspolitik

Die Mindestanforderungen an ein kundenorientiertes Vertriebs-Controlling resultieren aus den vielfältigen Informationsdefiziten, die einer wirtschaftlichen Steuerung der Vertriebsaktivitäten entgegenstehen. Weil im Vertriebsbereich oftmals noch ein **reines Umsatzdenken** überwiegt und aussagefähige Erfassungs- und Auswertungsrechnungen fehlen, stehen Informationen über die Ertragskraft der Erfolgsträger selten rechtzeitig zur Verfügung. Eine erfolgszielbezogene und zugleich kundenoptimale Steuerung der Vertriebsaktivitäten ist auf dieser Grundlage kaum möglich.

Ziel des Vertriebs-Controlling ist es deshalb, das Vertriebsmanagement bei allen Entscheidungen, die eine optimale Kundenbetreuung und -pflege betreffen, durch Bereitstellung entscheidungsrelevanter Führungsinformationen zu unterstützen. Dies setzt eine umfassende Informationsversorgung, d.h. die zielentsprechende Erfassung, Aufbereitung und Präsentation von entscheidungsbezogenen Informationen voraus. Zu diesem Zweck ist zu prüfen, welche Informationen aus den betrieblichen Vorsystemen für Entscheidungszwecke des Vertriebsmanagements zu generieren sind bzw. welche zusätzlichen Informationsquellen aufgebaut werden müssen und welche Instrumente eine optimale Vertriebssteuerung sicherstellen.

Im Mittelpunkt eines kurzfristigen Vertriebs-Controlling stehen Entscheidungen, die direkte Auswirkungen auf die **Wirtschaftlichkeit der Vertriebsaktivitäten** haben. Anhand quantitativer Input- und Outputfaktoren ist bspw. zu beurteilen, ob die Ergebnisrechnung die richtigen Erfolgsträger ausweist und ob dem Mana-

---

[60] Eine strenge Trennung der Begriffe Absatz, Marketing und Vertrieb ist vor dem Hintergrund der zunehmenden Marketingorientierung im absatzwirtschaftlichen Bereich nicht mehr adäquat. Der Begriff Vertrieb wird heute fast übereinstimmend synonym zu den Begriffen Marketing und Absatz gebraucht. Vgl. z.B. *Weigand, Christoph:* Entscheidungsorientierte Vertriebskostenrechnung, Wiesbaden 1989, S. 6–10.

[61] Vgl. z.B. *Staiger, Wolfram:* Märkte der 90er Jahre: Ist die Dienstleistung wichtiger als das Produkt), in: Controlling '94 Tagungsband zum 9. Deutschen Controlling Congreß, hrsg. von Thomas Reichmann, München 1994, S. 35–46.

gement aussagefähige Informationen zur Steuerung von Umsatz, Erfolg, Absatzsegmenten oder Mitarbeitern bereitgestellt werden.

Wesentlicher Erfolgsfaktor eines effizienten Vertriebs ist darüber hinaus eine an den Erfolgszielen des Unternehmens ausgerichtete Steuerung des Außendienstes. Dementsprechend sind im Rahmen der **Außendienstmitarbeitersteuerung** Entscheidungen über den Aufbau flexibler Entlohnungs- und Provisionssysteme zu treffen bzw. bestehende Entlohnungs- und Anreizsysteme in regelmäßigen Abständen auf ihre Flexibilität und Motivationsfähigkeit bei wechselnden Marktverhältnissen zu überprüfen.

Eine entscheidungszielbezogene Informationsversorgung durch das Vertriebs-Controlling betrifft allerdings nicht nur die Informationsbereitstellung für das Vertriebsmanagement, sondern bezieht sich auch auf die Informationsversorgung des Außendienstes. Hier steht die Gestaltung eines aussagefähigen **Außendienstberichtswesens** im Vordergrund, das einerseits den Außendienstmitarbeiter permanent im erforderlichen Detaillierungsgrad darüber informiert, welche Verkaufsanstrengungen ihm wie honoriert werden und welche Sonderaktionen er in welchem Umfang durchführen sollte. Andererseits sind die Informationen des Außendienstes in verdichteter Form dem Management zur Erfolgssteuerung zur Verfügung zu stellen.[62] Da gerade bei einer starken Außendienstorganisation ein guter Informationsfluß zwischen Innen- und Außendienst bestehen muß, kommt der Gestaltung der Schnittstellen des Vertriebsbereiches zu einem dv-gestützten Führungsinformationssystem besondere Bedeutung zu.[63]

Die für kurzfristige Planungs- und Kontrollzwecke bereitgestellten Informationen sollten aber auch immer auf ihre strategischen Konsequenzen hin beurteilt werden. Im Vordergrund steht hierbei die Frage, inwieweit die verfügbaren Informationen Aussagen über den Aufbau neuer bzw. die Erhaltung und den Ausbau bestehender Erfolgspotentiale zulassen. Deshalb muß das Vertriebs-Controlling neben dem laufenden Tagesgeschäft sicherstellen, daß Anregungsinformationen generiert und zukünftige Handlungserfordernisse frühzeitig aufgezeigt werden. Zu den wesentlichen strategischen Fragestellungen gehören in diesem Zusammenhang die kritische Überprüfung des Absatzwegeentscheidungen bzw. die **(Neu-)Gestaltung von Absatzkanalsystemen** oder die Frage, ob und wenn ja, welche Vertriebsorganisationsformen zukünftig gewählt werden sollten, damit die Kundenwünsche nachhaltig optimal befriedigt werden können.

---

[62] Vgl. z.B. *Fritz, Volker; Brickenstein, Christina:* Einführung eines Vertriebs-Controllingsystems in einem mittelständischen Unternehmen der metallverarbeitenden Industrie, in: Controlling, 6.Jg. (1994), Heft 5, S.282–292, insbes. S.286f.
[63] Vgl. Kapitel IX.C.3. (Anforderungen an ein PC-gestütztes Führungsinformationssystem).

b) Instrumente des Vertriebs-Controlling

(1) Vertriebskostenrechnung

Zentraler Informationslieferant für die Beurteilung der Wirtschaftlichkeit des Vertriebsbereiches ist die betriebliche Kosten- und Leistungsrechnung. Die Qualität der bereitzustellenden Rechnungsweseninformationen ist dabei von dem zugrundeliegenden Kostenrechnungssystem abhängig. Liegt eine Vollkostenrechnung zugrunde, werden die Vertriebskosten über Zuschlagssätze ermittelt. Eine erfolgsträgerorientierte Planung und Kontrolle der Kostenbestandteile bzw. deren verursachungsgerechte Zurechnung zu den Haupterfolgsträgern ist dann kaum möglich, weil die systemimmanente Proportionalisierung der fixen Kosten dem Grundsatz widerspricht, entscheidungsrelevante Kosten[64] bereitzustellen. Zudem sind die ermittelbaren Istkosten für eine umfassende Planung und Kontrolle von Vertriebsaktivitäten wenig aussagefähig. Liegt demgegenüber ein Teilkostenrechnungssystem zugrunde, ist ein Ausweis von fixen und variablen Kostenbestandteilen möglich, so daß die vertriebsorientierte Planung und Kontrolle auf Erfolgsträger und Kostenstellen bezogen werden und in Anhängigkeit vom Planungszeitraum zu differenzierten Planungsgrößen zusammengestellt werden können.

Eine Vertriebskostenrechnung, der die Aufgabe zukommt, Kosteninformationen für vertriebspolitische Entscheidungen bereitzustellen, muß grundlegende Voraussetzungen erfüllen, um differenzierte entscheidungsorientierte Auswertungen generieren zu können. Das Controlling hat hierbei die Aufgabe, die **Anforderungen** zu formulieren und deren Umsetzung voranzutreiben. Dazu gehört bspw. der Aufbau einer **Vertriebskostenstellrechnung,** die eine verursachungsgerechte Zuordnung von Kostenstellengemeinkosten sicherzustellen hat. Es ist ggf. für Auswertungszwecke zu überlegen, inwieweit innerhalb einer Vertriebskostenstelle die Bildung von Sub-Kostenstellen als eigenständige Verantwortungsbereiche zu einer verbesserten Gemeinkostenzuweisung führt.

Im Hinblick auf die Abbildung von komplexen Vertriebsstrukturen durch Kostengrößen, die entsprechende Festlegung von Kostenbestimmungsfaktoren sowie die Möglichkeit, kostenstellenbezogene Plankosten auf der Grundlage unterschiedlicher Beschäftigungsgrade zu ermitteln, ist zu beurteilen, ob der Aufbau einer Vertriebskostenrechnung auf der Basis einer **flexiblen Plankostenrechnung** erfolgsversprechend sein kann. Bildet eine Einzelkosten- und Deckungsbeitragsrechnung[65] die Grundlage, ist zu berücksichtigen, daß diese zwar eine weitaus exaktere Zuordnung von Vertriebseinzel- und -gemeinkosten erlaubt, in der be-

---

[64] Vgl. zum Begriff der entscheidungsrelevanten Kosten z.B. *Hummel, Siegfried:* Die Forderung nach entscheidungsrelevanten Kosteninformationen, in: Handbuch Kostenrechnung, hrsg. von *Wolfgang Männel,* Wiesbaden 1992, S. 76–86.

[65] Vgl. z.B. *Köhler, Richard:* Beiträge zum Marketing-Management. Planung, Organisation, Controlling, 3. Aufl., Stuttgart 1993, insbes. S. 383–391 (Beitrag: Absatzsegmentrechnung); *Weigand Christoph:* Entscheidungsorientierte Vertriebskostenrechnung, insbes. S. 51 f.

trieblichen Praxis aber aufgrund ihrer systemimmanenten Umsetzungsprobleme noch immer auf Akzeptanzprobleme stößt.

Die differenzierte Analyse der Vertriebsaktivitäten erfordert darüber hinaus **flexible Auswertungen** nach **unterschiedlichen Bezugsobjekten.** Die Aussagefähigkeit mehrdimensionaler Ergebnisrechnungen ist vom Aufbau eines Bezugsgrößensystems abhängig, das die Erfolgsobjekte (z.B. Produkt-Kunde-Region) entsprechend den Auswertungszielen miteinander kombiniert. Hierbei hat der Controller sicherzustellen, daß die Kosten möglichst als Einzelkosten auf den Bezugsgrößenebenen ausgewiesen werden können.

Damit die Rechnungsweseninformationen auswertungsgerecht organisiert werden können, sollten sie mit Deskriptoren gekennzeichnet werden.[66] Dabei hat der Controller sicherzustellen, daß bei der Uraufschreibung alle Kostengrößen mit Merkmalen gekennzeichnet werden, so daß sie für laufende und fallweise Auswertungen gruppiert werden können. Um bspw. die Kosten und Erlöse auf Produkt-, Kunden- und Auftragsebene zuordnen und verdichten zu können, müssen alle **Stammdaten** angelegt und **parallel verschlüsselt** werden.[67] Datenmerkmale, die im Übergang vom Urbeleg zur Erfassungsrechnung nicht berücksichtigt werden, sind für die Auswertungsrechung verloren.[68]

Der Aufbau einer Vertriebskostenrechnung setzt eine differenzierte Kostenartengliederung nach Kostenkategorien bzw. eine Zuweisung der Kosten zu den Vertriebskostenstellen und deren Bezugsgrößen voraus. Um die Erfassungs- und Komplexitätskosten zu begrenzen, sollte der Aufbau auf die **wesentlichen Vertriebserfolgsträger** konzentriert werden. Das Controlling muß zunächst prüfen, welche Entscheidungs- und Kontrollobjekte im Vertrieb unter Wirtschaftlichkeitsgesichtspunkten den Datenerfassungs- und -organisationsaufwand rechtfertigen.

Die Planung, Kontrolle und Verrechnung der Vertriebskosten setzt voraus, daß die in den Vertriebskostenstellen erbrachten Leistungen erfaßt werden. Für **repetitive Vertriebsleistungen**[69], die durch ihren routineartigen Charakter je Leistungseinheit annähernd gleiche Faktorverbräuche (überwiegend in Form von Perso-

---

[66] Vgl. *Köhler, Richard:* Marketing-Accounting, S. 279–297.
[67] Ausgangspunkt ist der Auftragszeilensatz. Der Artikelstamm enthält Informationen über die Artikelnummer, die Artikelbezeichnung und die Mengeneinheit. Die Artikelnummer führt als Deskriptor zur Produkt- oder Produktgruppenebene. Als Kundenstammdaten sind die Kundennummer, die Kundenbezeichnung, die Stammdaten der Erlösschmälerungen und die Sondereinzelkosten des Vertriebes abgebildet. Die Kundennummer erlaubt eine Zuordnung von Kosten auf Kunden, Kundengruppen und Gebiete. Auftragsdeskriptoren sind hingegen Grundlage für die Analyse der Aufträge nach Art und Größe. Vgl. *Pallocks, Monika:* Marketing-Accounting mit Database Marketing, in: Handbuch Database Marketing, hrsg. von *Jörg Link, Dieter Brändli, Christian Schleuning, Roger E. Kehl* (in Vorbereitung).
[68] Insgesamt können aber nur homogene Kostenkategorien verdichtet werden, die in allen ihren Merkmalen übereinstimmen und sich damit von anderen Kostenkategorien eindeutig abgrenzen lassen. Vgl. *Mertens, Peter; Hansen Klaus; Rackelmann, Günter:* Selektionsentscheidungen im Rechnungswesen – Überlegungen zu computergestützten Kosteninformationssystemen, in: DBW, 37 Jg. (1977); S. 77–88, hier S. 82.
[69] Vgl. *Weigand, Christoph:* Entscheidungsorientierte Vertriebskostenrechnung, insbes. S. 154–168.

naleinsatz) aufweisen, können entsprechende Maßgrößen der Kostenverursachung ermittelt werden. So kann z.B. in der Kostenstelle „Auftragsabwicklung" als Bezugsgröße „Anzahl der bearbeiteten Kundenaufträge" festgelegt werden (vgl. *Abb. 175*). Erstellt eine Kostenstelle zwar repetitive, aber heterogene Leistungen, so daß sich nicht alle variablen Kosten proportional zu einer Bezugsgröße verhalten, sind mehrere Maßgrößen zu bestimmen. Für **innovative Vertriebsleistungen**, die aus überwiegend kreativen, kaum quantifizierbaren Tätigkeiten bestehen, kann eine kausale Zuordnung der Kosten einer Kostenstelle (z.B. „Vertriebsmanagement") und innovativen Leistungen (z.B. Neuordnung regionaler Vertriebsgebiete) auf einen Erfolgsträger – wenn überhaupt – nur über indirekte Messungen (z.B. Umsatzveränderungen) erfolgen. Da der Umsatz aber nicht allgemein als Maßstab aller in den Kostenstellen erbrachten Vertriebs-(Teil-)Leistungen dienen kann, muß das Controlling Vorschläge für eine annähernde Quantifizierung qualitativer Leistungen, bspw. durch eine entsprechende Tätigkeitsanalyse, erarbeiten.

Ausgehend von den genannten Anforderungen ist der Aufbau einer Vertriebskostenrechnung stufenweise vorzunehmen, wobei die Bildung **marktorientierter Vertriebskostenstellen** im Mittelpunkt steht. Zielsetzung ist es, eine verusachungsgerechtere Zuweisung von Vertriebsgemeinkosten nach der Inanspruchnahme durch die Kostenstellen sicherzustellen und selbständige Verantwortungsbereiche zu markieren, für die der jeweilige (Vertriebs)-Kostenstellenleiter die Verantwortung übernehmen kann. Ausgehend von einer funktionsorientierten Kostenstellenbildung, sollte das Controlling bspw. prüfen, inwieweit diese durch eine kunden- bzw. marktorientierte Untergliederung ergänzen werden sollte, damit die Kosten den verschiedenen Absatzsegmenten stufenweise zugeordnet und in Produkt-, Kunden- oder Auftragshierarchien je nach späteren Auswertungszwecken verdichtet werden können.

Liegt bspw. eine kundenorientierte Verkaufsorganisation vor, sollte die Bildung der Vertriebskostenstellen stärker nach kunden(gruppen)orientierten Untergliederungskriterien erfolgen. Liegt bspw. ein Kundenmanagement vor, sollte den Geschäftsbereichen eine eindeutige Kundengruppenverantwortung zugewiesen werden. Für ein ausgeprägtes Key-Account-Management wird die **Subkostenstellenbildung** nach **Schlüsselkunden** oder ggf. nach Kundengruppen vorzunehmen sein. Kosten, die auf Eintscheidungen dieses Geschäftsbereiches zurückgehen, können dann den Key-Accounts direkt zugeordnet werden[70] (vgl. *Abb. 176*).

---

[70] Bestehen jedoch keine direkten Leistungsbeziehungen zu den Kostenträgern, ist dieses Vorgehen nicht unmittelbar anwendbar. Kommt es z.B. in einer Kostenstelle „Akquisition" zu einer Entkopplung der Kostenstellenleistung vom Absatzvolumen, weil sie dem Kauf vorgelagert ist und die Aktivitäten der Kostenstelle nicht unmittelbar zu Umsätzen führen, kann die Leistungsinanspruchnahme durch Verrechnungspreise nicht hinreichend abgebildet werden. Die Leistungen der Akquisition können nur entweder durch Kennzeichnung der internen Aufträge mit Deskriptoren oder durch eine projektorientierte Stundenaufschreibung gezählt werden. Sie lassen sich dann anschließend den verschiedenen Hierarchieebenen durch interne Aufträge zuordnen. Vgl. *Weigand, Christoph.*: Entscheidungsorientierte Vertriebskostenrechnung, S. 171.

Maßgrößen der repetitiven Kostenstellenleistungen		
Kostenstelle	Kostenstellenleistung	Maßgröße der Kostenverursachung
Auftragsabwicklung		
☐ Auftragsbearbeitung ☐ Fakturierung ☐ Debitorenbuchhaltung	☐ Ausschreibung von Kundenaufträgen ☐ Ausstellung der Ausgangsrechnungen ☐ Verbuchung der Ausgangsrechnungen ☐ Verbuchung der Zahlungseingänge ☐ Kontrolle der Debitorenkonten ☐ Ausstellung von Mahnungen	☐ Anzahl der Kundenaufträge ☐ Anzahl der ausgestellten Rechnungen ☐ Anzahl der Buchungen ☐ Anzahl der Buchungen ☐ Anzahl der Debitorenkonten ☐ Anzahl der Mahnfälle
Außendienst		
☐ Region A ☐ Region B ☐ Region C • • •	☐ Kundenbesuch ☐ Beratung ☐ Auftragsakquisition	☐ Anzahl der Kundenbesuche ☐ Zurückgelegte Entfernung ☐ .... ☐ .... ☐ .... ☐ ....
Verkaufsbüro		
☐ Region A ☐ Region B ☐ Region C • • •	☐ Kundenkommunikation ☐ Akquisition potentieller Kunden ☐ Kundenberatung und -betreuung ☐ Auftragsakquisition	☐ Anzahl der Kundengespräche ☐ Anzahl der Angebote ☐ Anzahl der Kundenkontakte ☐ Anzahl der Verkaufsgespräche
Kundendienst		
☐ Region A ☐ Region B ☐ Region C • • •	☐ Wartung und Reparatur verkaufter Erzeugnisse	☐ Anzahl der bearbeiteten Wartungs- bzw. Reparaturaufträge ☐ Bearbeitungszeit pro Auftrag

Abb. 175: Maßgrößen zur Verrechnung repetitiver Vertriebsleistungen[71]

(2) Vertriebserfolgsrechnungen

Für eine erfolgsorientierte Vertriebssteuerung ist dann im zweiten Schritt eine differenzierte Erfassung der durch die unterschiedlichen Erfolgsträger verursachten Kosten erforderlich. Wesentliche Informationsgrundlage hierfür sind die verschiedenen Ausgestaltungsformen der Deckungsbeitragsrechnung, die je nach Entscheidungsproblem zu mehrdimensionalen Ergebnisrechnungen ausgebaut wird.

- **Kundendeckungsbeitragsrechnungen**

Da die gleiche Produktart bei den verschiedenen Kunden sehr unterschiedlich hohe Vertriebskosten verursachen kann, weil bspw. kundenindividuelle Sonder-

---

[71] Vgl. *Palloks, Monika:* Marketing-Accounting mit Database Marketing.

Kostenarten	Kostensstelle: Geschäftsbereich 1						
	Lt. Kundenmanagement	Komunikation/Akquisition	Marktforschung	Kundendienst		Außendienst		Auftragsabwicklung		Verkaufsbüro	
				Schlüsselkunde A	Schlüsselkunde B	Schlüsselkunde A	Schlüsselkunde B	Schlüsselkunde A	Schlüsselkunde B	Schlüsselkunde A	Schlüsselkunde B
1 Personalkosten ...											
2 Anlagenkosten ...											
3 Materialkosten ...											
4 Kosten des Fremdbezuges und des Vertriebs ...											
5 Dienstleistungskosten ...											
6 Kommunikationskosten ...											
7 Marktforschung ...											
Σ Kosten											

Abb. 176: Kundenorientierte Kostenstellenbildung im Rahmen eines Key-Account-Management[72]

konditionen vereinbart wurden oder die räumlichen Distanzen zu unterschiedlichen Logistikkostenanteilen führen, kommt neben der Produktdeckungsbeitragsrechnung vor allem der kundenorientierten Deckungsbeitragsrechnungen besondere Bedeutung zu. Baut man die Kundendeckungsbeitragsrechnung als mehrdimensionale Ergebnisrechnung auf und kombiniert bspw. die Segmentdimensionen „Produkt", „Kunde", „Gebiete", wird bereits ein Großteil des Informationsbedarfs des Kundenmanagements befriedigt. Denkbar sind hierbei Gliederungskriterien wie z.B. der Standort (regionale Gebietsaufteilungen), die Betriebsform (Groß-, Einzelhandel, Fachhandel), das Umsatzvolumen (A-, B-, C-Kunden), die Klassifikation nach Key-Accounts oder nach Auftragszahlen bzw. -volumina. Hierbei hat das Controlling im Vorfeld den Informationsbedarf des Vertriebsmanagements genau zu analysieren, um darauf aufbauend Vorschläge für die Segmentierungsrichtungen zu unterbreiten.

Wird bspw. die Kundendeckungsbeitragsrechnung nach Betriebsformen aufgebaut (vgl. *Ab.177*), können zunächst Kundenhauptgruppen (z.B. Einzelhandel, Großhandel, Versandhandel etc.) gebildet werden. Innerhalb der Hauptgruppen „Einzelhandel" kann dann weiter differenziert werden. z.B. nach den Handelstypen „Fachgeschäfte" und „Warenhäuser", denen die einzelnen Kunden (z.B. Warenhaus X, Fachgeschäft Y) zugeordnet werden. Auf der Ebene des Kunden-

---

[72] Vgl. *Palloks, Monika:* Marketing-Accounting mit Database Marketing.

C. Controlling des Marketing-Mix

Kundenhauptgruppe Einzelhandel							
Kundengruppe	Fachgeschäfte			Warenhäuser			
Kunde	F1	F2...F20	Σ	W1	W2...W20	Σ	Σ
Bruttoerlöse	...	...	...	...	...	...	...
./. Erlösschmälerungen	...	...	...	...	...	...	...
= Nettoerlöse	...	...	...	...	...	...	...
./. variable HK der bezogenen Leistungen	...	...	...	...	...	...	...
= Kunden DB I	...	...	...	...	...	...	...
./. direkte produkt- und auftragsbezogene variable Vertriebskosten z. B.: • Auftragsabwicklungskosten	...	...	...	...	...	...	...
= Kunden DB II (Σ der Auftrags-DB's)	...	...	...	...	...	...	...
./. indirekt kundenbezogene variable Vertriebskosten z. B.: • Kundendienst • Innendienst • Werbung • Kosten d. Verkaufsbüros	... ...	... ...	... ...	... ...	... ...	... ...	... ...
= Kunden DB III	...	...	...	...	...	...	...
./. fixe Einzelkosten der Kunden z. B.: • Gratislieferungen • Musterzusendungen	...	...	...	...	...	...	...
= Kunden DB IV	...	...	...	...	...	...	...
./. fixe Einzelkosten der Kundengruppen			...	...		...	...
= Kunden DB V			...			...	...
./. fixe Einzelkosten der Kundenhauptgruppen • Verkaufsförderung							
= Kunden DB VI							...

Abb. 177: Aufbau einer Kundendeckungsbeitragsrechnung

deckungsbeitrags I wird eine Umsortierung von Produktdeckungsbeiträgen über die Auftragskennzeichnung vorgenommen. Die variablen Herstellkosten werden in dieser Deckungsstufe wie „Einstandspreise" behandelt, von denen dann stufenweise die zurechenbaren Kosten in Abzug gebracht werden, so etwa die Kosten, die dem Kunden direkt durch die Kundennummerkennzeichnung zurechenbar sind (z. B. umsatz- und absatzmengenbhängige Kosten, Auftragseinzelkosten), die variablen Kostenstellenkosten, die über Verrechnungssätze der Vertriebskostenstellen den Kundenaufträgen angelastet bzw. als Auftragskosten über die Auftragskundennummer zugeordnet werden können (Kundendek-

IX. Kapitel: Das Marketing-Controlling

Regionen-Erfolgskontrolle										
Kostenart/Erlösart	Verkaufsregion									
	NRW			Niedersachsen		Hessen		Bayern		Gesamt
	Rheinland	Westfalen	Ruhrgebiet	VB 1	VB 2	VB 1	VB 2	VB 1	VB 2	Σ
Brutto-Umsätze (o. MWSt)										
./. Erlösschmälerungen										
Nettoumsätze										
./. direkte zurechenbare HK bzw. Einstandspreise										
./. Provisionen, Prämien										
Deckungsbeitrag I										
./. Kosten der Außendienstmitarbeiter (Gehalt, Spesen)										
./. sonst. d. Gebiet/Region zurechenbare Kosten										
Deckungsbeitrag II										
./. Kosten der Auftragsabwicklung										
./. Zinsen für Außenstände										
./. Kosten für anteil. Marketing (Werbung, Prospekte)										
Deckungsbeitrag III										
Erfolgsgrad des Verkaufsbezirks (% von 1)										

Abb. 178: Regionenerfolgskontrolle

kungsbeitrag II bzw. III) sowie die fixen Kosten, die ggf. differenziert nach Kunden, Kundengruppen und weiteren Verdichtungsebenen in Abzug gebracht werden können (Kundendeckungsbeitrag IV). Durch den differenzierten Ausweis von kundenbezogenen Deckungsbeiträgen werden deckungsbeitragsschwache Kundensegmente erkennbar, und es kann überlegt werden, inwieweit durch die Eliminierung bestimmter Kundengruppen oder durch Verlagerung der Absatzbemühungen auf andere Kundengruppen Gewinnsteigerungen möglich sind. Wird zusätzlich noch eine regionale Dimension eingeführt, kann die Deckungsbeitragsrechnung zu einer **Regionenerfolgskontrolle** ausgebucht werden (vgl. *Abb. 178*). Das Vertriebs-Controlling sollte in regelmäßigen Zeitabständen die Aufteilung der Verkaufsregionen überprüfen, weil vor allem veränderte infrastrukturelle Bedingungen Veränderungen der bestehenden Verkaufsregionenzuordnungen erforderlich machen können, da nicht hinreichend betreute, unzufriedene Kunden zur Konkurrenz abwandern könnten. Um die geographische Aufteilung der Verkaufsgebiete zu analysieren, kann bspw. der Erfolgsgrad einer

Verkaufsregion ermittelt werden. Mit dieser Kenngröße kann dann gleichzeitig die Ergebnisentstehung und -entwicklung einzelner Gebiete analysiert werden.

- **Key-Account-Management**

Vor allem im Markenartikelbereich wird eine kundenorientierte Steuerung des Vertriebs durch ein Key-Account-Management umgesetzt, in dessen Mittelpunkt die Gestaltung von kunden(gruppen)individuellen umfassenden Vertriebs- bzw. Marketingkonzepten für Key-Accounts („Schlüsselkunden") steht. Als offizielles Planungsinstrument schreibt es das zukünftige Kundenmanagement im Rahmen der übergeordneten Vertriebsstrategie fest und ist von den Key-Account-Managers zu planen und umzusetzen, und zwar mit der Zielvorgabe, langfristig bei den Kunden(gruppen) eine optimale Marktstellung durch gezielte Umsatzförderung unter Einhaltung von vorgegebenen Gewinnzielen für ein bestehendes Markenartikelsortiment zu erreichen.[73] Der Informationsbedarf des Key-Account-Managers resultiert aus seiner Gesamtverantwortung für bestimmte Kundengruppen oder Schlüsselkunden. Zur renditeorientierten Steuerung der Profit-Center ist eine Kundendeckungsbeitragsrechnung zugrunde zu legen. Darüber hinaus hat jedoch das Controlling sicherzustellen, daß Informationen zur Kundenbeschreibung, zur Beziehung Kunde-Unternehmen und zur Kundenplanung (z.B. kundenbezogene Auftragseingangsplanungen, die Art der Kundenakquirierung, Erfolgspotentiale der Kunden) kundenbezogen unterschiedlich detailliert oder verdichtet bereitgestellt werden. In diesem Zusammenhang hat der Controller bspw. darauf zu achten, daß die Kosten und Erlöse entsprechend bei der Datenerfassung mit Auftrags- und Kundendeskriptoren gekennzeichnet werden.

Sofern sich geographisch dezentralisierte Unternehmensstrukturen, regional unterschiedliche Markt- bzw. Abnehmerstrukturen identifizieren lassen, sollte durch das Controlling geprüft werden, inwieweit eine weitergehende gebietsorientierte Differenzierung der Kundendeckungsbeitragsrechnung als ergänzendes Kriterium fungieren sollte. Es ist dann zu überlegen, ob für ein länderspezifisches Key-Account-Management **regionale Verkaufsbüros, Filialen** oder **Reisegebiete** eingerichtet werden sollten. Die zunächst produkt- und/oder kundenbezogen geplanten Kosten und Erlöse könnten dann auf die Gebiete zugeordnet und die Plandaten entsprechend der Aufnahmebereitschaft bzw. dem Absatzpotential der einzelnen Verkaufsbezirke umgerechnet werden. Eine so aufgebaute gebietsbezogene Deckungsbeitragsrechnung gibt dann einen Überblick über die **Erfolgsbeiträge** des **Regionalmanagement** zur Deckung der übergeordneten Kosten, die auf dieser Ebene aufgrund ihres Gemeinkostencharakters nicht beeinflußbar sind.

(3) Vertriebswegeanalysen

Ziel der Vertriebswegeanalyse ist es, die Vorteilhaftigkeit der gewählten Vertriebswege zu beurteilen. Die Wahl der Vertriebswege ist nicht nur von der Beschaffenheit der Produkte, sondern auch von der Struktur, dem Verhalten und den Wünschen der Abnehmer sowie der branchenüblichen Gestaltung der Kun-

---

[73] Vgl. z.B. *Ehrlinger, Erich:* Kundengruppen-Management, in: DBW, 39.Jg. (1979), S.261–272, hier S.265f.

denbetreuung abhängig. Zur optimalen Ausschöpfung der Vertriebswege wird vielfach eine Kombination von direkten Absatzwegen über eine eigene Vertriebsorganisation und indirektem Vertrieb über Absatzmittler (z.B. Vertragshändler, Agenturen, Handelsvertreter) gewählt. Dabei sind die Vorteile einer breiteren Marktabdeckung und Kundenbetreuung bei indirekten Vertriebswegen gegen die hohen Kosten einer ausschließlich auf eigenen Mitarbeitern beruhenden Vertriebsorganisation abzuwägen.

Um festzustellen, ob die gewählten Vertriebswege den Markterfordernissen entsprechen oder ob ggf. neue Prioritäten hinsichtlich der Absatzwege zu setzen sind, hat das Controlling entsprechende Beurteilungsgrundlagen auf der Grundlage von **Kostenvergleichen** bereitzustellen. Durch einen Kostenvergleich der alternativen Absatzwege lassen sich grundlegende Erkenntnisse über die kostenorientierte Gestaltung der Absatzwege gewinnen. Allerdings ist der Vergleich der alternativen Absatzwege in der Regel recht schwierig, weil die erbrachten Leistungen unterschiedlicher Absatzwege nicht vergleichbar sind und die Leistungen sich vielfach einer genauen quantitativen Analyse entziehen. Hier kann bereits eine Analyse der Absatzziele und die Erstellung daraus abgeleiteter Beurteilungskriterien zu einer Problemstrukturierung führen.

Darüber hinaus kann mit Hilfe einer einfachen Deckungsbeitragsermittlung festgestellt werden, welche Deckungsbeiträge durch die unterschiedlichen Vertriebswege erwirtschaftet werden konnten. Zwar gilt für die Gegenüberstellung der Umsätze und zurechenbaren Kosten die oben genannte Ermittlungsproblematik analog, doch kann zumindest grob dokumentiert werden, in welchen Umfang die einzelnen Absatzwege am Gesamterfolg beteiligt sind. Damit können erste Hinweise auf die Effizienz der gegenwärtigen Vertriebswegestruktur gegeben werden (vgl. *Abb. 179*).

Absatzwege	Umsatz	zurechenbare Kosten	Deckungsbeiträge	
			TDM	%
Direktvertrieb über Reisende	1.550.600	920.400	630.200	40,64 %
Großhandel	370.400	270.200	100.200	27,05 %
Handelsvertreter	440.800	390.500	50.300	11,41 %
Versandhandel	80.700	60.200	20.500	25,40 %
Exporteure	50.000	45.000	5.000	10,00 %
Direktvertrieb über ausländische Abnehmer	340.600	210.300	130.300	38,26 %

Abb. 179: Deckungsbeitragsorientierte Vertriebswegebeurteilung

Gelangen beim **indirekten Absatz Vertreter oder Reisende** zum Einsatz, hat der Controller diese **Entscheidung** unter **Kostengesichtspunkten** zu beurteilen. Der Unterschied zwischen Reisenden und Handelsvertretern besteht darin, daß der Reisende in einem festen Angestelltenverhältnis gegenüber der Unternehmung

C. Controlling des Marketing-Mix   393

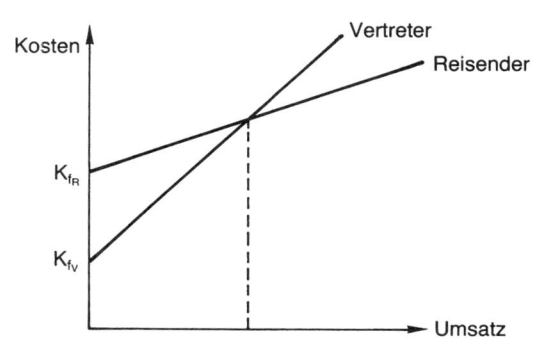

```
Kosten ↑                    ╱ Vertreter
                          ╱
                        ╱  ╱─── Reisender
                      ╱  ╱
                    ╱  ╱
                  ╱  ╱ │
K_fR  ─────────╱  ╱    │
              ╱ ╱      │
            ╱╱         │
K_fV  ────╱            │
                       │
                       │
          └────────────┴──────→ Umsatz
```

Abb. 180: Verfahrensvergleich zwischen Vertretern und Reisenden

steht, während der Handelsvertreter selbständig auf eigenes Risiko Geschäfte tätigt. Bei der Entscheidung, ob für den indirekten Vertrieb Reisende oder Handelsvertreter eingesetzt werden, kann es oftmals ausreichen, im Rahmen eines Kostenvergleichs die Kosten einer jeden Alternative in Abhängigkeit vom Umsatz zusammenzustellen. Die wichtigsten Kostenarten im Außendienst sind in der Regel Telefonkosten, Bürokosten, Kosten der Displays und Kilometerkosten. Bei Reisenden ist ein hoher Fixkostenanteil und ein geringer Anteil der variablen Kosten zu berücksichtigen. Bei Handelsvertretern sind geringere fixe Kosten bei einem höheren umsatzabhängigen Anteil der variablen Kosten bestimmend. Mit Hilfe eines Kostenvergleichs kann überprüft werden, ab welcher Umsatzhöhe der Einsatz von Vertretern bzw. Reisenden sinnvoll ist (vgl. *Abb. 180*).

(4) Außendienstmitarbeitersteuerung

Zu den wesentlichen Aufgaben des Vertriebs-Controlling gehört die zielorientierte Steuerung des Außendienstes. Die vielfach auf dem klassischen Umsatzdenken basierenden Provisions- und Entlohnungssysteme werden jedoch den Anforderungen an einen effizienten Vertrieb nicht mehr gerecht. Probleme resultieren vor allem daraus, daß die Provisionssysteme aufgrund der fehlenden Informationen über die Rentabilität von Kundenaufträgen oder Produkten ausschließlich am Leistungsindikator Umsatz orientiert sind. Außerdem gefährden zu hohe Fixkostenanteile bei der Außendienstmitarbeiterentlohnung ein erfolgsorientiertes Verkaufsverhalten. Nachteilig auf die Anreizfunktion wirkt sich darüber hinaus aus, daß nicht-monetäre Motivationsinstrumente (wie z.B. Incentives) nicht ausreichend berücksichtigt werden.

Soll eine stärkere erfolgsorientierte Steuerung des Außendienstes erfolgen, setzt dies voraus, daß die Vertriebsmitarbeiter an den Erfolgszielen des Unternehmens in angemessenem Maße beteiligt werden.[74] Grundlage hierfür bildet eine **deckungsbeitragsorientierte Steuerung** des Außendienstes. Der Außendienstmitar-

---

[74] Vgl. z.B. *Fritz, Volker; Brickenstein, Christina:* Einführung eines Vertriebs-Controllingsystems in einem mittelständischen Unternehmen der metallverarbeitenden Industrie, insbes. S. 283f.

beiter wird hier als Profit-Center angesehen, das fixe Kosten verursacht und eine Umsatzleistung erzielt. Die direkt zurechenbaren fixen Kosten gehen in das Profit-Center (PC) ein. Auch hier ist wiederum ein entsprechend **ausgebautes Rechnungswesen notwendig**, um ein solches System zu installieren. Die dabei anfallende Fragestellung richtet sich darauf, ob der Gewinnbeitrag erreicht wurde, ob für die A-, B-, C-Kunden eine Sollverteilung erreicht werden kann und ob die Erlösschmälerungen in einem angemessenen Verhältnis zum Deckungsbeitrag stehen.[75]

Eine weitere Möglichkeit der Kontrolle von Außendienstmitarbeitern auf Basis von Deckungsbeiträgen liegt im Einsatz von **Staffel-Nutzen-Provisionssystemen**. Wenn das Unternehmen ein Staffel-Nutzen-Provisionssystem anwendet, innerhalb dessen die Produktpalette einer Unternehmung in DBU-Klassen (DBU: = DB/Umsatz) einzustufen ist und gleichzeitig die Provisionssätze nach Rabattgewährung gestaffelt werden, so entsteht ein konsistentes System, das zur Steuerung von Handelsvertretern geeignet ist. Bei diesem Provisionssystem werden weder die einzelnen Deckungsbeiträge noch die Grenzkosten bekanntgegeben, so daß die Gefahr der Offenlegung von Deckungsbeiträgen an die Konkurrenten so gut wie ausgeschlossen wird.[76] Durch Abstufung der Provisionssätze bei Preisnachlässen kann die Provision in gleichem Maße wie der Deckungsbeitrag gemindert werden. Eine Rabattgewährung würde dann zu einem Einkommensverlust beim Außendienstmitarbeiter führen, so daß die Verkäufer bemüht sein werden, möglichst geringe Rabatte einzuräumen.[77] Um zu verhindern, daß Produkte mit geringen Deckungsbeiträgen auch noch mit höheren Rabatten verkauft werden, läßt sich auch eine nichtproportionale Provisionsstaffel, wie in *Abb. 181* dargestellt, aufstellen.

Zur Unterstützung der Neukundengewinnung durch den Außendienst sollte das Entlohnungssystem so strukturiert sein, daß die Akquisition von neuen Kunden nicht mit dem Verlust bestehender Stammkunden „erkauft" werden kann. Die Provisionierung muß sich deshalb sowohl an der Neukundengewinnung als auch an den Stammkundenverlust ausrichten.[78] Hier hat das Controlling sicherzustellen, daß die Gestaltung von Entlohnungsparametern, DBU-Klassen und Provisionssätzen entsprechend angepaßt wird.

---

[75] Vgl. dazu auch *Becker, Heinz:* Verfahren der Außendienststeuerung, in: Operationale Entscheidungshilfen für die Marketing-Planung, hrsg. von *Günther Haedrich,* Berlin, New York 1977, S. 187–200, hier S. 196 f.; *Finkenrath, Rolf:* Mehr Gewinn durch gewinnorientierte Entlohnung im Vertrieb, Zürich 1978, S. 95–97.
[76] Vgl. *Mayer, Elmar; Pawlowski, Ernst:* Deckungsbeitragsrechnung im Controlling, in: CM, 5. Jg. (1980), S. 125–132, hier S. 129.
[77] Vgl. dazu *Zarth, Hans:* Mehr Effizienz im Vertrieb, in: Markenartikel, 41. Jg. (1979), S. 596–602; *Becker, Heinz:* Verfahren der Außendienststeuerung, hier S. 189–193.
[78] Vg. im einzelnen *Fröhling, Oliver:* Konzeption und Implementierung eines Außendienstentlohnungs-Informationssystems für den Mittelstand, Beiträge zum Controlling Nr. 58, hrsg. von der Gesellschaft für Controlling, Dortmund 1996.

DBU-Klassen	Provisionssatz (%) bei einem Rabatt von					
	0%	3%	5%	10%	13%	15%
50–60%	8,0	7,8	7,6	7,2	7,0	6,8
40–50%	7,2	7,0	6,8	6,4	6,2	6,1
30–40%	6,4	6,2	6,0	5,7	5,5	5,4
bis 30%	5,4	5,2	4,6	3,8	3,4	3,0

Abb. 181: Staffel-Nutzen-Provisionssystem

(5) Außendienstberichtswesen

Die zunehmende Entwicklung des Außendienstmitarbeiters zum Verkaufsberater sowie die Notwendigkeit einer intensiveren Kundenbetreuung machen das Außendienstberichtswesen zu einem der wichtigsten Informationsversorgungsinstrumente für die Vertriebsleitung und den Außendienst gleichermaßen. Für den Außendienst wird es immer wichtiger, eine kundenindividuelle Betreuung und Beratung sicherzustellen. Dazu muß er auf ein Außendienst-Berichtssystem zurückgreifen können, das die kundenbezogenen Informationen bereitstellt. Wird umgekehrt vom Außendienst das Berichtswesen nicht sauber geführt, können die Vertriebsleitung und das Controlling nur unzureichend mit entscheidungsrelevanten Informationen versorgt werden.

Im Zusammenhang mit dem Aufbau eines Außendienstberichtswesens hat des Vertriebs-Controlling deshalb sicherzustellen, daß die beim Außendienst vorhandenen Informationen regelmäßig erfaßt, entscheidungsbezogen aufbereitet und den Entscheidungsträgern bereitgestellt werden, und so das Außendienstberichtswesen als zentrale Informationsgrundlage für das Vertriebsmanagement nutzbar zu machen. Zum anderen ist sicherzustellen, daß der Außendienst zeitpunktgenau mit aktuellen Informationen und unterstützendem Informationsmaterial im erforderlichen Detaillierungsgrad versorgt wird. Dazu ist der Informationsbedarf des Außendienstes zu ermitteln, dann die Informationsbereitstellung sollte sich nicht auf Preislisten und Produktbeschreibungen beschränken, sondern sollte relevante Kundeninformationen, wie z.B. das Reklamationsverhalten der Kunden, enthalten[79] (vgl. *Abb. 182*).

c) Kennzahlen zur Steuerung des Vertriebs

Die Wirtschaftlichkeitsanalyse der Vertriebsaktivitäten und die Möglichkeit, sich an veränderte Absatzmarktbedingungen anzupassen, können in dem Maße zeitgenau umgesetzt werden, indem es gelingt, die Informationen zum richtigen Zeitpunkt im richtigen Verdichtungsgrad den Entscheidungsverantwortlichen zur Verfügung zu stellen. Um einen schnellen und konzentrierten Überblick

---

[79] Vgl. *Fritz, Volker; Brickenstein, Christina:* Einführung eines Vertriebs-Controllingsystems in einem mittelständischen Unternehmen der metallverarbeitenden Industrie, S. 288.

Gestaltungsebenen eines Außendienstberichtswesens

Informationsbereitstellung für Vertriebsleitung — optimale ADM-Steuerung — *aggregiert*
- Jahresplanung
- Kundenbesuchsberichte
- Wochenvorplanung
- Wochenbesuchsberichte
- Monats-, Quartals-, Wochenberichte
- Einschätzungen
- Ausnahmeberichte

Informationsfluß

Informationsbereitstellung für Außendienst — optimale Kundenbetreuung — *detailliert*
- Preislisten
- Kundeninformationen
- Produktinformationen
- Sonderaktionsinformationen
- Verkaufsgebietsinformationen
- Neukundeninformationen
- Reklamationen
- Abverkäufe
- Konkurrenzinformationen
- Informationen der Vertriebsleitung

Abb. 182: Gestaltungsebenen eines Außendienstberichtswesens

über die jeweilige Absatz-, Kunden-, Wettbewerbs- und Marktsituation zu liefern, sollten Vertriebskennzahlen gebildet werden, die die entscheidungsrelevanten Sachverhalte in verdichteter Form abbilden. Dabei ist zu berücksichtigen, daß im Vertriebsbereich eine Vielzahl von Einzelkennzahlen denkbar ist, deren Aussagefähigkeit jedoch ohne einen Beurteilungszusammenhang deutlich begrenzt ist.

Bereits bei der Entwicklung aussagefähiger Einzelkennzahlen sollte durch das Controlling deshalb festgelegt werden, welche Analysebereiche durch Kennzahlen abgebildet werden sollen. Weiterhin sollte darauf geachtet werden, daß sich die Kennzahlenanalyse nicht nur auf Kosten- und Erfolgsgrößen bezieht, sondern markt- bzw. abnehmerbezogene Kenngrößen gebildet werden, die in einem sachlogischen Zusammenhang zueinander stehen und zu einem **Vertriebs-Kennzahlensystem** verknüpft werden können. Ausgehend von dieser Zielsetzung sollte ein Vertriebs-Kennzahlensystem aufgebaut werden, das **Struktur-, Wirtschaftlichkeits-** und **Lageanalysen** ermöglicht. Die Abbildung der Absatzmarktbedingungen wird dann durch die Integration marktbezogener Kennzahlen sichergestellt; die Wirtschaftlichkeitsanalyse des Vertriebsbereiches wird dabei primär auf internen Kosten- und Erfolgskennzahlen aufbauen.[80]

---

[80] Vgl. im einzelnen *Palloks, Monika:* Kennzahlen, absatzwirtschaftliche, in: Handwörterbuch des Marketing, Sp. 1136–1153.

Die **Strukturanalyse** dient dazu, anhand interner und externer Erfolgsfaktoren die Notwendigkeit struktureller Anpassungen des Vertriebes an veränderte Rahmenbedingungen aufzudecken. Die interne Sicht auf die strukturelle Beschaffenheit des Vertriebs ab und beinhaltet eine Analyse der **Vertriebskostenstruktur** mit dem Ziel, genaueren Aufschluß über die Kostenstrukturen (Anteil variable Vertriebskosten, Anteil fixe Vertriebseinzelkosten, Anteil abbaufähige fixe Vertriebseinzelkosten) zu erhalten, die durch den Vertriebsbereich verursacht werden. In Erweiterung der Idee des Fixkostenmanagements stehen hierbei insbes. die abbaufähigen Fixkosten des Vertriebs im Mittelpunkt, damit beurteilt werden kann, inwieweit der Vertriebsbereich flexibel an veränderte Markt- und damit Beschäftigungssituationen anpaßbar ist.[81] Wesentliche Indikatoren für eine „gesunde" Vertriebsstruktur sind weiterhin die Auftragseingänge und die Umsätze. Die Analyse von **Umsatz-** und **Auftragsstruktur** kann dabei auf eine artikelgruppenbezogene Betrachtung abstellen. Die Relation „Umsatz je Artikelgruppe zu Gesamtumsatz" zeigt bspw., ob und wenn ja, welche Artikel(gruppen) der Vertrieb vorzugsweise absetzt. Daraus können Rückschlüsse auf die Attraktivität der Artikelgruppen beim Kunden gezogen werden und ggf. der Vertrieb angehalten werden, im Hinblick auf die Erfolgszieloptimierung bestimmte Artikelgruppen stärker zu forcieren. Auftragseingänge sind direkte Erfolgsindikatoren für erfolgreiche Vertriebsbemühungen, weshalb die Relation „Auftragseingänge zu Gesamtauftragseingänge" ebenfalls beobachtet werden sollte. Auch hier gibt

Vertriebskostenstruktur	V–C	Umsatzstruktur	V–C
$\dfrac{\text{variable Vertriebskosten}}{\text{Vertriebskosten (insgesamt)}} \cdot 100$		$\dfrac{\text{Umsatz je Artikelgruppe}}{\text{Gesamtumsatz}} \cdot 100$	

Auftragsstruktur	V–C	Rabattstruktur	V–C
$\dfrac{\text{Auftragseingänge je Artikelgruppe}}{\text{Auftragseingänge (insgesamt)}} \cdot 100$		$\dfrac{\text{Rabatt vom Umsatz A-Artikel}}{\text{Umsatz A-Artikel}} \cdot 100$	

---

[81] Vgl. hierzu die Ausführungen des Kapitels III.C.4 (Kosten- und Erfolgs-Controlling, Fixkostenmanagement).

die strukturelle Beschaffenheit der Auftragseingänge Hinweise auf die erfolgsorientierte Ausrichtung der Vertriebsaktivitäten. Da zudem die Umsatzhöhe oftmals von den gewährten Rabatten beeinflußt wird, sollte auch immer die **Rabattstruktur** geprüft werden, den hohe Umsätze können bei nicht entsprechender deckungsbeitragsorientierter Steuerung des Außendienstes mit hohen Rabatten bzw. Sonderkonditionen erkauft sein. Die Kennzahl Rabattstruktur kann hier Hinweise auf solche Verkaufsaktivitäten geben.

Die externe Sicht fokussiert die markt- bzw. wettbewerbsorientierte Ausrichtung des Vertriebsbereiches. Dazu werden Kennzahlen benötigt, mit denen die **gegenwärtige Marktstruktur** analysiert werden kann. Neben dem **Marktanteil** wird die Marktstruktur vor allem durch die Kunden- und Konkurrenzstruktur bestimmt.[82] Die aus einer differenzierten Konkurrenzanalyse generierten Informationen können bspw. in verdichteter Form über das anteilige Marktvolumen der Hauptkonkurrenten („**Konkurrenzstruktur**") abgebildet werden und als Auslöser für eine verstärkte Konkurrenzbeobachtung dienen. Werden bestimmte Schwellenwerte überschritten oder sind deutliche Zuwachssprünge im Zeitablauf erkennbar, können diese Veränderungen Anlaß zu der Vermutung geben, daß die Konkurrenz verstärkte Marktanstrengungen erfolgreich durchführt, auf die es mit entsprechenden Vertriebsaktivitäten zu reagieren gilt. In ähnlicher Form ist die Kennzahl „**Kundenstruktur**" zu betrachten. Sie soll als Indikator dafür dienen, inwieweit attraktive Kundengruppen durch den Vertrieb gezielt angesprochen werden. Sie kann auch darüber Auskunft geben, inwieweit der Vertrieb die Stammkunden angemessen betreut bzw. inwieweit er sich um die Gewinnung neuer Kundenpotentiale bemüht. Ergänzend zu diesen Kennzahlen sollte die **Preiselastizität des Marktes** beobachtet werden, die anzeigt, ob Veränderungen des Umsatzes auf Preisveränderungen zurückführbar sind. Sie zeigt an, ob die Marktstruktur durch preispolitische Maßnahmen erfolgversprechend beeinflußt werden kann.

Die **Wirtschaftlichkeitsanalyse** des **Vertriebsbereiches** hat sich an den verschiedenen Dimensionen des Vertriebserfolges zu orientieren. Insoweit ist es empfehlenswert, eine differenzierte Analyse zu installieren, die die Erfolgswirkungen der Vertriebsaktivitäten, die Effizienz der Vertriebsorganisation und den Betrag der Erfolgsträger (Produkte, Kunden, Verkaufsgebiete) zum Gesamterfolg in den Mittelpunkt rückt. Bezogen auf die Wahl der **Vertriebsaktivitäten** hat das Controlling zu prüfen, inwieweit die Vertriebswegeentscheidungen zu positiven Ergebnissen geführt haben. Insoweit bildet der Ausweis des **Vertriebsergebnisses,** ggf. auf Produkt- oder Produktgruppenebene heruntergebrochen, eine zentrale Kenngröße. Die Relation „Netto-Verkaufsgewinn/Umsatz" zeigt die Umsatzrentabilität an, d.h. wieviel (um Erlösschmälerungen bereinigter) Gewinn durch eine Einheit Umsatz erzielt werden konnte. Zur erfolgsorientierten Planung und Kontrolle der Vertriebsaktivitäten gehört weiterhin – wie bereits gezeigt wurde – die zielbezogene **Außendienstmitarbeitersteuerung**. Aufbauend auf einem anreizorientierten Provisions- und Entlohnungssystem kann die Kennzahl

---

[82] vgl. *Palloks, Monika*: Wettbewerbsanalyse, in: Vahlens Großes Controllinglexikon, hrsg. von *Péter Horváth* und *Thomas Reichmann*, München 1993, S. 662–665.

C. Controlling des Marketing-Mix

Marktanteil	V–C
$\dfrac{\text{eigener Umsatz}}{\text{Branchenumsatz}} \cdot 100$	

Kundenstruktur	V–C
$\dfrac{\text{Neukunden/Inlands-/Auslandskunden}}{\text{Kunden (insgesamt)}} \cdot 100$	

Preiselastizität des Marktes	V–C
$\dfrac{\Delta \text{Umsatz}^{1)}}{\Delta \text{Preis}^{2)}}$	

Konkurrenzstruktur	V–C
$\dfrac{\text{Marktvolumen der Konkurrenten}}{\text{ges. Marktvolumen}} \cdot 100$	

1) $\Delta \text{Umsatz (U)} = \dfrac{U_t - U_{t-1}}{U_{t-1}}$

2) $\Delta \text{Preis (P)} = \dfrac{P_t - P_{t-1}}{P_{t-1}}$

„Deckungsbeitrag am Umsatz (DBU)" eingeführt werden, sofern sie als Steuerungsgrundlage für den Außendienst eingesetzt wird. In einer heruntergebrochenen Analyse sollte hier vor allem verfolgt werden, wie sich die Umsatzanteile des Außendiestes verteilen, um festzustellen, inwieweit die damit verbundene Provisionierung zu einer höheren Deckungsbeitragsorientierung beim Außendienst geführt hat. Wesentliche Aussagen über den Erfolg von Vertriebsaktivitäten können weiterhin Kennzahlen zur Kontrolle von **Verkaufsförderungsmaßnahmen** oder zur **Werbeerfolgskontrolle** liefern. Durch die Betrachtung von Kosten- zu Umsatzveränderungen ist eine Zeitreihenanalyse möglich, die Aufschluß darüber gibt, inwieweit Umsatzerhöhungen nur durch (überproportional) kostenintensive Marketing-Maßnahmen realisiert werden können. Damit kann festgestellt werden, ob der Vertriebserfolg nur von den direkten Vertriebsaktivitäten des Außendienstes bestimmt wird bzw. in welchem Maße hierzu auch die begleitenden Marketing-Maßnahmen beitragen können. Insofern zeigen die genannten Kennzahlen nicht nur ex post an, inwieweit die Verkaufförderung und gezielte Werbemaßnahmen den erzielten Verkaufserfolg beeinflußt haben, sondern können damit auch als Plangröße für zukünftige Vertriebsaktivitäten dienen.

Verkaufsergebnis	V–C		DBU-Steuerung	V–C
$\dfrac{\text{Netto-Verkaufsgewinn}}{\text{Umsatz}} \cdot 100$			$\dfrac{\text{DB A-Artikel}}{\text{Umsatz A-Artikel}} \cdot 100$	

Verkaufsförderungs-maßnahmen	V–C		Werbeerfolgskontrolle	V–C
$\dfrac{\Delta \text{Umsatz}^{1)}}{\Delta \text{Kosten der Verkaufsförderung}^{2)}}$			$\dfrac{\Delta \text{Werbekosten}^{3)}}{\Delta \text{Umsatz}}$	

1) Δ Umsatz (U) $= \dfrac{U_t - U_{t-1}}{U_{t-1}}$

2) Δ Kosten der Verkaufsförderung (VFK) $= \dfrac{VFK_t - VFK_{t-1}}{VFK_{t-1}}$

3) Δ Werbekosten (WK) $= \dfrac{WK_t - WK_{t-1}}{WK_{t-1}}$

Die **Effizienz der Vertriebsorganisation** stellt einen weiteren wesentlichen Teil einer umfassenden Wirtschaftlichkeitsanalyse im Vertrieb dar. Die kennzahlengestützte Analyse bezieht sich dabei in erster Linie auf Effizienzgrößen, d. h. auf das Verhältnis von Output- zu Inputgrößen. Die ermittelten Relationen sind Ausgangspunkt für die permanente Auditierung des Vertriebes. Wird bspw. der erzielte Umsatz in Relation zu den eingesetzten Ressourcen (hier z. B. Mitarbeiter, Budget) sowie zur Erfolgsgröße Auftrag gesetzt, kann festgestellt werden, ob die Vertriebsorganisation effizient arbeitet bzw. inwieweit innerbetriebliche Unwirtschaftlichkeiten zu hohe Kosten der Vertriebsorganisation verursachen. Unabhängig von der Organisation des Vertriebes sollte die **Personaleffizienz,** die **Auftragseffizienz** und die **Budgeteffizienz** betrachtet werden. Bezogen auf eine Profit-Center- bzw. Key-Account-Organisation könnte zusätzlich eine Effizienzbeurteilung auf diese Organisationseinheiten bezogen werden. Letztere hätte dann wesentliche strategische Bedeutung, da sie unmittelbar darüber Aufschluß geben, inwieweit vertriebsorganisatorische Anpassungmaßnahmen erforderlich sind.

Weiterer Kernbereich einer umfassenden Wirtschaftlichkeitsanalyse im Vertrieb ist die **Beurteilung** der **Vertriebserfolgsträger.** Dementsprechend kann auf der Grundlage der ermittelten Deckungsbeiträge eine differenzierte Analyse erfol-

C. Controlling des Marketing-Mix

Personaleffizienz	V–C
$\dfrac{\text{Umsatz}}{\text{eingesetzte Mitarbeiter}}$	

Auftragseffizienz	V–C
$\dfrac{\text{Umsatz}}{\text{eingesetzte Akquisitionskosten}} \cdot 100$	

Budget/Kapitaleffizienz	V–C
$\dfrac{\text{Umsatz}}{\text{eingesetztes Budget/Kapital}} \cdot 100$	

Key-Account-Effizienz	V–C
$\dfrac{\text{Netto-Auftragssumme}}{\text{Aquisitionskosten}} \cdot 100$	

gen. Bezogen auf die überblicksartige Darstellung der Erfolgsbeiträge sollte eine Differenzierung nach den Haupterfolgsobjekten im Vertrieb (Produkte, Kunden, Regionen) erfolgen, die, ggf. durch eine A-, B-, C-Klassifikation gewichtet, gebildet werden sollte. Zusätzlich bietet es sich an, einen **betriebsformbedingten Umsatzanteil** zu ermitteln, sofern die Strukturierung nach Kunden diesen Aspekt nicht schon enthält.

Kennzahlengestützte **Lageanalysen** zielen im Vertriebsbereich auf die strategische Absatzmarktsituation ab. Sie haben die Aufgabe, frühzeitig Marktentwicklungen zu erkennen und Anpassungsmaßnahmen an veränderte Rahmenbedingungen zu initiieren. Neben zentralen Vorlaufindikatoren, wie z. B. Kaufkraft, Branchenumsatz usw. sollte die Entwicklung der zentralen Kenngrößen des Vertriebsbereiches im Zeitablauf betrachtet werden, weil sie auf markante Veränderungen der Rahmenbedingungen hinweisen können. Insoweit sollte neben der **Marktanteilsentwicklung** vor allem die **Entwicklung des Umsatzes** und **der Auftragseingänge** betrachtet werden. Darüber hinaus sollte als zentrale strategische Kenngröße die Entwicklung der **Strategischen Geschäfteinheiten,** die i. d. R. als Zusammenfassung homogener Produkt- und/oder Kundengruppen zu bilden sind, betrachtet werden. Liegt einer diesbezüglichen Portfolio-Betrachtung bspw. ein Marktanteils-Marktwachstums-Portfolio zugrunde, sollte die entsprechende Kennzahl auf Basis des relativen Marktanteils und des relativen Marktwachstums, ggf. ergänzt um das Deckungsbeitragsvolumen der SGE, ermittelt werden.

Die Kennzahlen der Sturktur-, Wirtschaftlichkeits- und Lageanalyse lassen sich in einem Vertriebs-Controlling-Kennzahlensystem zusammenfassen (vgl. Abb. 183). In Abhängigkeit vom konkreten Planungs- und Kontrollzusammenhang können die genannten Kennzahlen weiter auf einzelne vertriebsrelevante

produktbezogener Umsatzanteil (A-, B-, C-Produkte)	V–C
$\dfrac{\text{Umsatz A-Artikel}}{\text{Gesamtumsatz}} \cdot 100$	

kundengruppen bezogener Umsatzanteil (A-, B-, C-Kunden)	V–C
$\dfrac{\text{Umsatz A-Kunde}}{\text{Gesamtumsatz}} \cdot 100$	

regionenbezogener Umsatzanteil	V–C
$\dfrac{\text{Umsatz Verkaufsgebiet X}}{\text{Gesamtumsatz}} \cdot 100$	

betriebsformbezogener Umsatzanteil	V–C
$\dfrac{\text{Umsatz Fachhandel/Einzelhandel/Großhandel}}{\text{Gesamtumsatz}} \cdot 100$	

Marktanteilsentwicklung	V–C
$\dfrac{\text{MA der Periode t}}{\text{MA der Basisperiode}} \cdot 100$	

Umsatzentwicklung	V–C
$\dfrac{\text{Umsatz der Periode t}}{\text{Umsatz der Basisperiode}} \cdot 100$	

Auftragsentwicklung	V–C
$\dfrac{\text{Auftragseingänge der Periode t}}{\text{Auftragseingänge der Basisperiode}} \cdot 100$	

SGE-Entwicklung	V–C
relatives Marktwachstum (%) relativer Marktanteil (%) Deckungsbeitragsvolumen	

Entscheidungsbereiche heruntergebrochen werden. Andererseits besteht aber auch die Möglichkeit, das aufgeführte Kennzahlensystem entsprechend dem Informationsbedarf der Vertriebsleitung zu erweitern.

C. Controlling des Marketing-Mix   403

Vertriebs-Controlling-Kennzahlensystem

Strukturanalyse

Vertriebsstruktur

- **Vertriebskostenstruktur** (V-C): $\dfrac{\text{variable Vertriebskosten}}{\text{Vertriebskosten (insgesamt)}} \cdot 100$
- **Umsatzstruktur** (V-C): $\dfrac{\text{Umsatz je Artikelgruppe}}{\text{Gesamtumsatz}} \cdot 100$
- **Auftragsstruktur** (V-C): $\dfrac{\text{Auftragseingänge je Artikelgruppe}}{\text{Auftragseingänge (insgesamt)}} \cdot 100$
- **Rabattstruktur** (V-C): $\dfrac{\text{Rabatt vom Umsatz A-Artikel}}{\text{Umsatz A-Artikel}} \cdot 100$

Marktstruktur

- **Marktanteil** (V-C): $\dfrac{\text{eigener Umsatz}}{\text{Branchenumsatz}} \cdot 100$
- **Kundenstruktur** (V-C): $\dfrac{\text{Neukunden/Inlands-/Auslandskunden}}{\text{Kunden (insgesamt)}} \cdot 100$
- **Konkurrenzstruktur** (V-C): $\dfrac{\text{Marktvolumen der Konkurrenten}}{\text{ges. Marktvolumen}} \cdot 100$
- **Preiselastizität des Marktes** (V-C): $\dfrac{\Delta \text{Umsatz}}{\Delta \text{Preis}}$

Wirtschaftlichkeitsanalyse

Erfolg der Vertriebsaktivitäten

- **Verkaufsergebnis** (V-C): $\dfrac{\text{Netto-Verkaufsgewinn}}{\text{Umsatz}} \cdot 100$
- **DBU-Steuerung** (V-C): $\dfrac{\text{DB A-Artikel}}{\text{Umsatz A-Artikel}} \cdot 100$
- **Verkaufsförderungsmaßnahmen** (V-C): $\dfrac{\Delta \text{Umsatz}}{\Delta \text{Kosten der Verkaufsförderung}}$
- **Werbeerfolgskontrolle** (V-C): $\dfrac{\Delta \text{Werbekosten}}{\Delta \text{Umsatz}}$

Effizienz d. Vertriebsorganisation

- **Personaleffizienz** (V-C): $\dfrac{\text{Umsatz}}{\text{eingesetzte Mitarbeiter}}$
- **Auftragseffizienz** (V-C): $\dfrac{\text{Umsatz}}{\text{eingesetzte Akquisitionskosten}} \cdot 100$
- **Budget/Kapitaleffizienz** (V-C): $\dfrac{\text{Umsatz}}{\text{eingesetztes Budget/Kapital}} \cdot 100$
- **Key-Account-Effizienz** (V-C): $\dfrac{\text{Netto-Auftragssumme}}{\text{Akquisitionskosten}} \cdot 100$

Erfolgsträger (Segmente)

- **produktgruppenbezogener Umsatzanteil (A-, B-, C-Produkte)** (V-C): $\dfrac{\text{Umsatz A-Artikel}}{\text{Gesamtumsatz}} \cdot 100$
- **kundengruppenbezogener Umsatzanteil (A-, B-, C-Kunden)** (V-C): $\dfrac{\text{Umsatz A-Kunde}}{\text{Gesamtumsatz}} \cdot 100$
- **regionenbezogener Umsatzanteil** (V-C): $\dfrac{\text{Umsatz Verkaufsgebiet X}}{\text{Gesamtumsatz}} \cdot 100$
- **betriebsformbezogener Umsatzanteil** (V-C): $\dfrac{\text{Umsatz Fachhandel/Einzelhandel/Großhandel}}{\text{Gesamtumsatz}} \cdot 100$

Lageanalyse

- **Marktanteilsentwicklung** (V-C): $\dfrac{\text{MA der Periode } t}{\text{MA der Basisperiode}} \cdot 100$
- **Umsatzentwicklung** (V-C): $\dfrac{\text{Umsatz der Periode } t}{\text{Umsatz der Basisperiode}} \cdot 100$
- **Auftragsentwicklung** (V-C): $\dfrac{\text{Auftragseingänge der Periode } t}{\text{Auftragseingänge der Basisperiode}} \cdot 100$
- **SGE-Entwicklung** (V-C): relatives Marktwachstum (%); relativer Marktanteil (%); Deckungsbeitragsvolumen

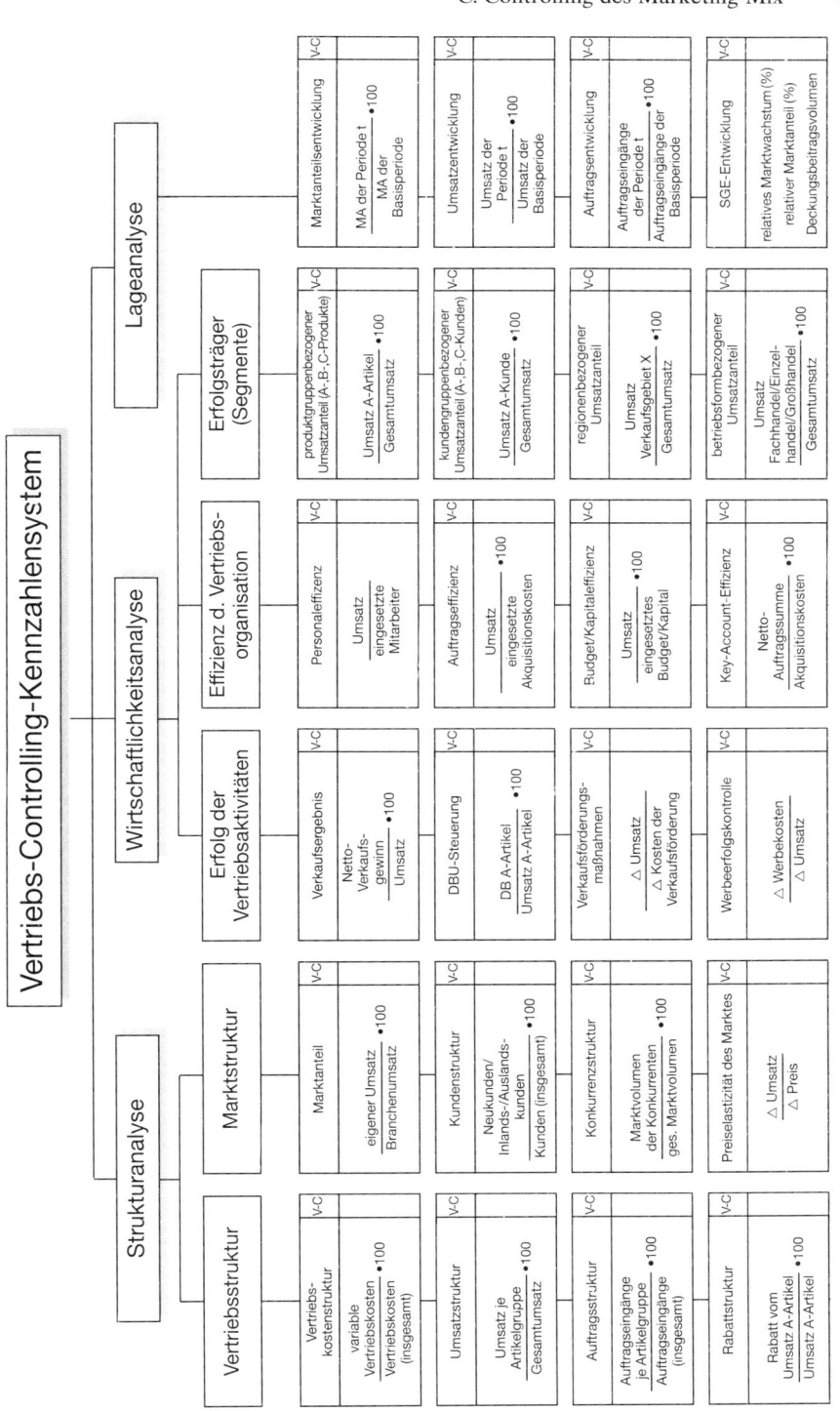

Abb. 183: Kennzahlensystem zum Vertriebs-Controlling

5. Koordination der strategischen und operativen Marketing-Planung und -Kontrolle

Obwohl das Marketing-Controlling hier primär im Rahmen der Unterstützung taktischer Entscheidungen des Marketing-Mix betrachtet wird, sind bei der kurzfristig orientierten Marketing-Planung und -Kontrolle bereits strategische Entscheidungsaspekte zu berücksichtigen. Da Marketing-Entscheidungen nicht ausschließlich auf der Grundlage unternehmensinterner Daten getroffen werden, sondern vielmehr die Umweltentwicklungen z.B. über die Marktforschungsergebnisse mit einfließen, können hier bereits strategisch relevante Informationen generiert werden, wenn etwa Informationen über technische, ökologische, gesellschaftliche Umweltentwicklungen oder Informationen über Konsumenten und Abnehmer erhoben werden. Auf dieser Informationsgrundlage können dann bspw. Prognosen über zukünftige Entwicklungen durchgeführt oder Informationen mit Früherkennungscharakter aufgedeckt werden,[83] die bereits in kurzfristigen Marketing-Planungsüberlegungen Eingang finden müssen, um insgesamt zur Erreichung strategischer Marketing-Zielvorstellungen beitragen zu können. Das Marketing-Controlling muß hierbei geeignete Instrumente bereitstellen, mit denen die entscheidungsrelevanten Informationen herausgefiltert und zukünftige Erfolgspotentiale identifiziert werden können.

Dazu bedarf es eines leistungsfähigen Systems des ‚environmental scanning', d.h. einer permanenten Analyse der Entwicklungen des Unternehmensumfeldes. Die zentrale Aufgabe des Marketing-Controlling liegt dann darin, die Hinweise auf Erfolgspotentiale schrittweise entsprechend einem langfristig aufgestellten Zeitplan in die marktbezogene operative Detailplanung zu integrieren.

Der Operationalisierungsbedarf der langfristig ausgerichteten Planung von Erfolgspotentialen zeigt sich konkret beispielsweise bei der Neuproduktentwicklung. Oftmals müssen geplante Markteinführungstermine für Innovationen verschoben werden, da Konstruktions- und Entwicklungsprobleme auftreten. Um nicht am sich schnell wandelnden Markt ‚vorbei' zu produzieren sind flexible ‚milestones' für die verschiedenen Konstruktions- und Entwicklungsphasen festzulegen, die bei Zeitüberschreitung in einer bestimmten Phase die Phasenverkürzung in einem späteren Stadium ermöglichen. Desweiteren muß bei der Markterschließung für Produktinnovationen rechtzeitig über die anzustrebende Vertriebspolitik entschieden werden, die Vertriebswege sind neu zu ordnen und Preispolitik sowie Werbekonzeption im Rahmen der operativen Planung festzulegen. Insgesamt kommt dem Marketing-Controlling hierbei eine **Koordinationsfunktion** zu, indem es für die Umsetzung der strategischen Erfolgspotential-Planung in die operative Marketing-Planung und -Kontrolle Sorge trägt.

---

[83] Vgl. *Palloks, Monika:* Marketing-Controlling, S. 206–223.

X. Kapitel
Das strategische Controlling

A. Ziele und Aufgaben der strategischen Unternehmensführung

Die zunehmende Dynamik und damit Unsicherheit im gesellschaftlichen, politischen, wirtschaftlichen und technischen Umfeld vieler Unternehmen hat deren ökonomische Situation in den letzten Jahren stark verändert. Neun Gründe für ein deutliches Zunehmen der Unsicherheit und damit eine Zunahme der Schwierigkeiten für die strategische Unternehmensplanung habe ich in dem Buch „*Top-Manager stehen Rede und Antwort*" zusammengestellt, die in ihrer Bedeutung bis heute unverändert geblieben sind:[1]

1. Der Grad der internationalen Arbeitsteilung und wirtschaftlichen Verflechtung hat zugenommen. In dem Maße, in dem deutsche Unternehmen im Ausland tätig sind bzw. mit ausländischen Unternehmen kooperieren, wachsen die Risiken, da nicht nur die durch die inländische Markt- und Gesellschaftsordnung bedingten Risiken, sondern jeweils noch die der entsprechenden Handelspartnerländer hinzukommen. Diese Risiken können in nicht vorhersehbaren protektionistischen Maßnahmen der Länder, wie Einfuhrverboten, Devisenbewirtschaftung, aber auch Zinsverbilligungen für inländische Unternehmen, Steuervergünstigungen, Zollerhöhungen für ausländische Waren etc. bestehen.

2. Der internationale Verteilungskampf, insbesondere zwischen den rohstoffbesitzenden Ländern einerseits und den Industriestaaten andererseits hat eine latente internationale Nachfrageverschiebung je nach den geänderten Austauschrelationen in bisher nicht gekanntem Ausmaß zur Folge. Diese Nachfrage wird bei steigenden Austauschrelationen als Inlandsnachfrage geringer und wird als latente Auslandsnachfrage wirksam, wobei die Nachhaltigkeit der Nachfrage im Vergleich zur Inlandsnachfrage ungleich schwerer vorausbestimmbar ist, weil insbesondere im Investitionsgüterbereich der Neubedarf ausländischer Unternehmen i.d.R. in verschiedenen Industrienationen gedeckt werden kann.

3. Das Realeinkommen liegt in den Industrieländern, aber auch in einigen rohstoffexportierenden Ländern weit über dem Basiseinkommen, das zur Deckung des (berechenbaren) Grundbedarfs erforderlich ist. Damit nimmt der

---
[1] Vgl. *Reichmann, Thomas*: Die strategische Unternehmensführung, S. 22–24.

frei verfügbare Teil des Einkommens entsprechend den Wachstumsraten der Länder stetig zu. Seine Verwendung ist ungleich schwieriger vorauszuschätzen.

4. Die starken Wechselkursänderungen führen, selbst wenn durch Kreditsicherungsgeschäfte eine Absicherung der jeweils laufenden Geschäfte möglich ist, zu einer laufenden Verschiebung der Wettbewerbsvorteile auf den internationalen Märkten und damit zu erhöhten Risiken im Hinblick auf die in- und ausländischen Absatzmöglichkeiten und Investitionen.

5. Staatliche Maßnahmen mit Wirkung auf den nationalen und internationalen Markt und die öffentliche Meinung führen, wie in jüngster Zeit etwa auf dem Gebiet des Umweltschutzes zu beobachten ist, zu tiefgreifenden Einflüssen in den betrieblichen Entscheidungsspielraum, die eine langfristige Prognose und Planung hinsichtlich der Entwicklung des Bedarfs und der Produktionsmöglichkeiten schwieriger machen.

6. Der technische Fortschritt, der nicht nur in kleinen Schritten, sondern teilweise in mutativen Prozessen, wie z.B. bei Minicomputern, Quarzuhren und Lichtsatzmaschinen, vor sich geht, wird durch die hohen Lohn- und Lohnnebenkosten begünstigt. Die Umsetzung des technischen Fortschritts in eine Rationalisierungsinvestition bedeutet für viele Unternehmen, daß in ihrem Betrieb nicht entsprechend viele neue Arbeitsplätze geschaffen werden können; die Folge wird ein zunehmender Widerstand gegen Rationalisierungsinvestitionen sein. Unterläßt das Unternehmen jedoch die Rationalisierungsinvestitionen, besteht die Gefahr, daß es im Wettbewerb, wenn nicht im nationalen, dann im internationalen Markt, von der rationalisierenden Konkurrenz aus dem Markt gedrängt wird, wie dies in jüngster Zeit bei Unternehmen der Uhrenindustrie zu beobachten ist. Eine Lösung dieses Arbeitsplatzsicherungsproblems wird i.d.R. großen, in vielen Bereichen tätigen Unternehmen leichter möglich sein, als spezialisierten Unternehmen. Hier wird sich in absehbarer Zeit auch für den Wirtschaftspolitiker eine völlig neue Fragestellung ergeben, ob der „Mischkonzern" mit seinen vielfältigen Möglichkeiten des Risikoausgleiches im Hinblick auf die Zielsetzung der Sicherung der Arbeitsplätze im Unternehmen nicht besonders günstige Voraussetzungen bietet.

7. Der hohe Spezialisierungs- und Automatisierungsgrad führt zu einer geringeren Flexibilität. Schon ein Beschäftigungsrückgang um 10–20 Prozent kann das Unternehmen in die Verlustzone bringen, da die Kapazitätsauslastungsrechnungen nicht selten zu einer Vorteilhaftigkeit der Rationalisierungsinvestitionen erst dann führen, wenn von einer Kapazitätsauslastung an der Kapazitätsgrenze ausgegangen werden kann. D.h. die aufgrund der Rationalisierungsinvestitionen zu erwartenden niedrigeren Stückkosten führen i.d.R. zu keinem höheren Deckungsbeitrag, weil der Absatzpreis für die herstellbaren Güter durch das Gleichverhalten der Konkurrenz soweit sinken wird, daß der Break-even-point wieder an der Kapazitätsgrenze liegt, d.h. selbst wenn ein Unternehmen bei den Rationalisierungsinvestitionen „mitziehen" kann, bleibt das absatzbedingte Risiko aufgrund der geplanten hohen Kapazitätsauslastung bestehen.

A. Ziele und Aufgaben der strategischen Unternehmensführung   407

8. Seit der Energiekrise stärker beachtet, besteht für die rohstoffabhängigen Betriebe ein nicht unerhebliches Beschaffungsmarktrisiko, das verschiedene Betriebe der nichteisenmetallverarbeitenden Industrie zum Beispiel schon heute zwingt, mit jedem größeren Verkaufsabschluß ein Gegengeschäft auf dem Beschaffungsmarkt abzuschließen, weil das Ausmaß der Rohstoffpreisschwankungen gemessen an Rentabilität und Kapitalbasis des Unternehmens nicht mehr innerbetrieblich auffangbar ist.

9. Der Anteil des Eigenkapitals am Gesamtkapital der Unternehmen nimmt ständig ab. Lag er 1957 noch bei ca. 45 Prozent, betrug er 1975 durchschnittlich noch ca. 30 Prozent und war 1995 noch einmal deutlich gesunken, wobei der Eigenkapitalanteil in manchen Branchen, wie z.B. in der Elektroindustrie und im Maschinenbau, mit ca. 24 Prozent bzw. 17 Prozent noch geringer war. Das führt dazu, daß die Unternehmen zwangsläufig gegenüber dem Markt anfälliger werden müssen. Der mögliche Verlust aus einem Geschäft im Großanlagenbau oder in der Bauindustrie kann heute nicht selten höher als das Eigenkapital sein.

Eine allein an operativen Größen orientierte Unternehmensführung steht angesichts des häufigen, schnellen und überraschenden Wandels im Unternehmensumfeld vor dem Problem, daß sich jede Auswirkung der geänderten Situation zumeist zu spät auf die operativen Erfolgskriterien auswirkt. Hier zeigt sich die Notwendigkeit einer ergänzenden strategischen Unternehmensführung, die es erlaubt, die strategischen Probleme zum frühestmöglichen Zeitpunkt zu identifizieren, zu analysieren und zu bewerten.

Ziel der strategischen Unternehmensführung ist daher nicht die kurzfristige Erfolgserzielung, sondern die langfristige Anpassung des Unternehmens an die veränderten Umfeldbedingungen, d.h. das Hauptaugenmerk der strategischen Entscheidungen liegt auf der **nachhaltigen Existenzsicherung des Unternehmens.** Die Aufgabe der strategischen Unternehmensführung besteht deshalb im Aufbau und in der Erhaltung **strategischer Erfolgspotentiale,** d.h. anhaltender und weit in die Zukunft reichender Erfolgsmöglichkeiten.[2] Diese Steuerungsgröße differenziert sich in bestehende und neue Erfolgspotentiale und beinhaltet eine „Vorsteuerung" der für die operative Führung maßgeblichen Größen Erfolg und Liquidität; die strategische Führung ist der operativen damit stets vorgelagert.[3]

Eine Zusammenfassung der wichtigsten Abgrenzungskriterien zwischen finanzieller, operativer und strategischer Planung und Kontrolle als Führungsaufgaben zeigt die *Abb. 184.*

---

[2] Vgl. *Gälweiler, Alois:* Strategische Unternehmensführung, 2. Aufl., Frankfurt a.M., New York 1990, S. 23 f.
[3] Vgl. *Gälweiler, Alois:* Strategische Unternehmensführung, S. 24.

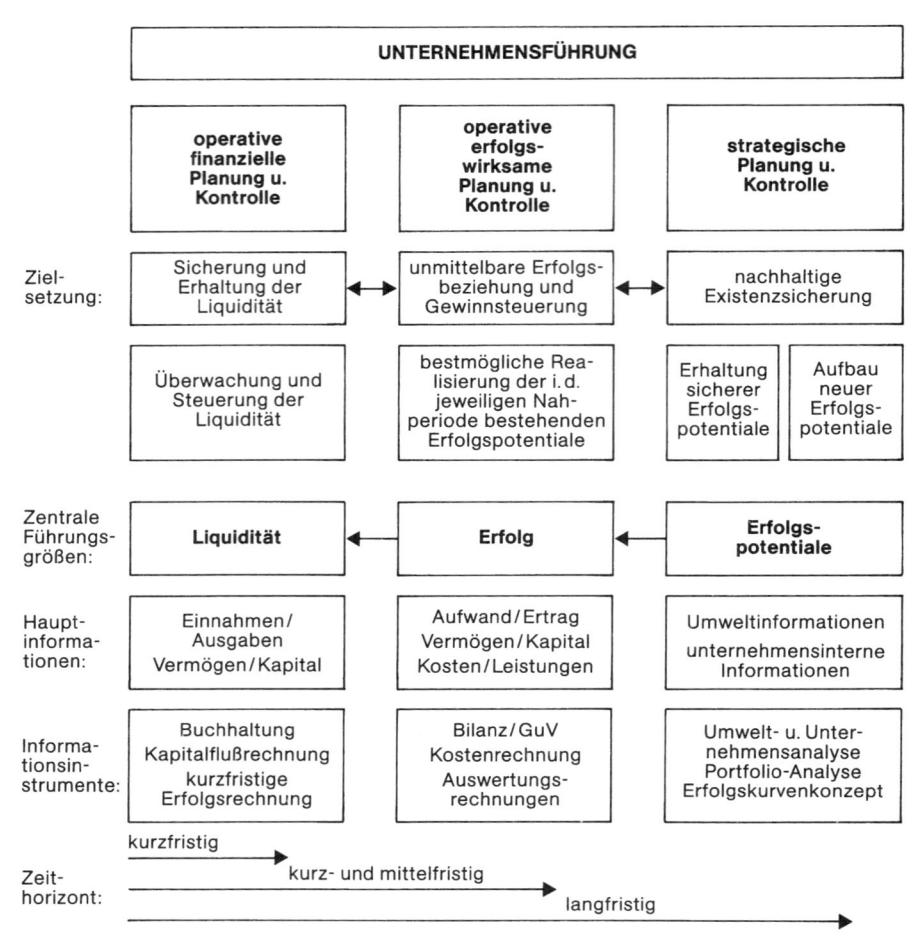

	operative finanzielle Planung u. Kontrolle	operative erfolgswirksame Planung u. Kontrolle	strategische Planung u. Kontrolle	
Zielsetzung:	Sicherung und Erhaltung der Liquidität	unmittelbare Erfolgsbeziehung und Gewinnsteuerung	nachhaltige Existenzsicherung	
	Überwachung und Steuerung der Liquidität	bestmögliche Realisierung der i. d. jeweiligen Nahperiode bestehenden Erfolgspotentiale	Erhaltung sicherer Erfolgspotentiale	Aufbau neuer Erfolgspotentiale
Zentrale Führungsgrößen:	Liquidität	Erfolg	Erfolgspotentiale	
Hauptinformationen:	Einnahmen/Ausgaben Vermögen/Kapital	Aufwand/Ertrag Vermögen/Kapital Kosten/Leistungen	Umweltinformationen unternehmensinterne Informationen	
Informationsinstrumente:	Buchhaltung Kapitalflußrechnung kurzfristige Erfolgsrechnung	Bilanz/GuV Kostenrechnung Auswertungsrechnungen	Umwelt- u. Unternehmensanalyse Portfolio-Analyse Erfolgskurvenkonzept	
Zeithorizont:	kurzfristig →	kurz- und mittelfristig →	langfristig →	

Abb. 184: Abgrenzung von operativer finanzieller, operativer erfolgswirksamer und strategischer Unternehmensführung

B. Strategisches Controlling

1. Abgrenzung von strategischem und operativem Controlling

Die zunehmende Verbreitung der strategischen Planung in der Unternehmenspraxis hat verstärkt die Diskussion ausgelöst, inwieweit sich strategische Aufgabenstellungen auf den traditionell operativ ausgerichteten Controller übertragen lassen.[4]

---

[4] Vgl. zur Diskussion, ob operative und strategische Aufgaben in der Person des Controllers zusammengefaßt werden sollten z. B. *Jehle, Egon:* Der Controller als Garant der strategischen Planung, in: Strategische Unternehmensführung und Rechnungsle-

Die Befürworter einer Trennung zwischen operativem Controlling und strategischer Planung begründen diese mit einer Unvereinbarkeit dieser beiden Aufgaben in einer Person aufgrund der unterschiedlichen Anforderungen und Zielsetzungen. Bei dieser Argumentation wird allerdings zu wenig herausgestellt, daß strategische und operative Teilbereiche eng miteinander verknüpft sind, denn die strategischen Entscheidungen setzen den Rahmen für operative Maßnahmen. Je besser eine Operation strategisch abgesichert ist, desto erfolgreicher wird sie sein,[5] andererseits können Fehler und Versäumnisse in der strategischen Planung nicht oder nur schwer durch operative Maßnahmen korrigiert oder nachgeholt werden.[6] Ebenso werden durch die enge Verflechtung strategischer und operativer Pläne die Konsequenzen von operativen Entscheidungen auf Strategien sichtbar.[7] Aus dieser engen Verzahnung von operativer und strategischer Planung ergibt sich die Forderung, beide Aufgaben zu integrieren und das operative Controlling durch ein adäquates strategisches Konzept zu ergänzen.

Während für das operative Controlling die Probleme der kurz- und mittelfristig orientierten Planung und Kontrolle maßgeblich sind, die sich bereits in der Gegenwart durch Kosten- und Erlösgrößen quantifizieren lassen, konzentriert sich das strategische Controlling auf die Unterstützung der langfristig orientierten strategischen Planung und Kontrolle, die sich eher an Stärken und Schwächen der Unternehmung im Vergleich zur Konkurrenz bzw. an Chancen und Risiken in bezug auf Veränderungen der Unternehmensumwelt orientieren. Demzufolge stehen in diesem Bereich im Gegensatz zum operativen Controlling keine monetären Zielgrößen wie Erfolg und Liquidität im Vordergrund, sondern primär bestehende und zukünftige Erfolgspotentiale,[8] deren systematische zielorientierte Schaffung bzw. Erhaltung es mit Hilfe geeigneter Controllinginstrumente sicherzustellen gilt. Somit ist das strategische Controlling primär extern, d.h. umweltorientiert, während das operative Controlling stärker intern, d.h. auf die Unternehmung, ausgerichtet ist und hier die Wirtschaftlichkeit der betrieblichen Prozesse sicherzustellen hat.

Abb. 185 stellt die wesentlichen Unterschiede zwischen dem strategischen und dem operativen Controlling noch einmal tabellarisch zusammen.

2. Aufgaben des strategischen Controlling

Das strategische Controlling unterstützt die strategische Unternehmensführung bei der strategischen Planung und Kontrolle. Demzufolge kommen ihm im Rahmen des strategischen Planungsprozesses von der Zielfindung bis zur Realisati-

---

gung, hrsg. von *Eduard Gaugler, Otto H. Jacobs* und *Alfred Kieser*, Stuttgart 1984, S. 45–60; *Pfohl, Hans-Christian; Zettelmeyer, Bernd:* Strategisches Controlling?, in: ZfB, 57. Jg. (1987), S. 145–175 und *Weber, Jürgen:* Einführung in das Controlling, 2. Aufl., Stuttgart 1990, S. 175–178.
[5] Vgl. *Coenenberg, Adolf G.; Baum, Heinz-Georg:* Strategisches Controlling, Stuttgart 1987, S. 42 f.
[6] Vgl. *Gälweiler, Alois:* Zur Kontrolle strategischer Pläne, in: Planung und Kontrolle, hrsg. von *Horst Steinmann*, München 1981, S. 383–398, hier S. 385.
[7] Vgl. *Horváth, Péter:* Controlling, S. 241.
[8] Vgl. hierzu auch die Ausführungen des Kapitels X.A.

Ausprägung des Controlling / Abgrenzungsmerkmale	Strategisches Controlling	Operatives Controlling
Orientierung am Führungsziel der Unternehmung	Langfristige Existenzsicherung der Unternehmung	Erfolgserzielung, Rentabilitätsstreben, Liquiditätssicherung, Produktivität
Controllingzielsetzung	Sicherstellung einer systematischen zielorientierten Schaffung und Erhaltung zukünftiger Erfolgspotentiale	Sicherstellung der Wirtschaftlichkeit der betrieblichen Prozesse
Zentrale Führungsgrößen	Erfolgspotential (z. B. Marktanteil)	Erfolg, Liquidität
Ausrichtung auf	Unternehmung und Umwelt (Aufbau neuer Umweltbeziehungen)	Unternehmung (unter Berücksichtigung bestehender Umweltbeziehungen)
Dimensionen	Stärken/Schwächen Chancen/Risiken	Kosten/Leistungen Aufwand/Ertrag Aus-/Einzahlungen Vermögen/Kapital
Informationsquellen	primär Umwelt	primär internes Rechnungswesen

Abb. 185: Vergleichende Betrachtung von strategischem und operativem Controlling

on und Kontrolle **Planungs-, Koordinations-, Informationsversorgungs- und Kontrollaufgaben** zu. Das Controlling stellt dabei der strategischen Planung das geeignete Instrumentarium zur Verfügung, d. h. Planungs- und Kontrollinstrumente werden hinsichtlich ihrer Vor- und Nachteile beurteilt und ihre Anwendungsbereiche sowie Ergänzungsnotwendigkeiten festgelegt. Die Informationsversorgungsaufgabe des strategischen Controlling bezieht sich auf die Sicherstellung einer entscheidungsbezogenen Informationsbereitstellung für die Planungsträger. Dies umfaßt auch die Sicherstellung des Einsatzes geeigneter Instrumente zur Analyse und Prognose strategischer Chancen und Risiken durch den Controller.

a) Strategisches Controlling und strategische Planung

Die strategische Unternehmensplanung hängt weitgehend von der Situation des Unternehmens und von der Entwicklung seiner Umwelt ab.[9] Somit liegt die wesentliche Aufgabe des strategischen Planungsprozesses in einer sorgfältigen **strategischen Analyse** des Marktes und der Stellung des eigenen Unternehmens im

---

[9] Vgl. *Hahn, Dietger:* Stand und Entwicklungstendenzen der strategischen Planung, in: Strategische Unternehmungsplanung – Strategische Unternehmungsführung, hrsg. von *Dietger Hahn* und *Bernard Taylor,* 5. Aufl., Heidelberg 1990, S. 3–30, hier S. 3.

B. Strategisches Controlling   411

Markt.[10] Die strategische Planung ist als iterativer Prozeß zu verstehen, d. h. die Festlegung einzelner Phasen (vgl. Abb.186) dient lediglich dazu, die erforderlichen Schritte in einer sinnvollen Abfolge darzustellen.[11]

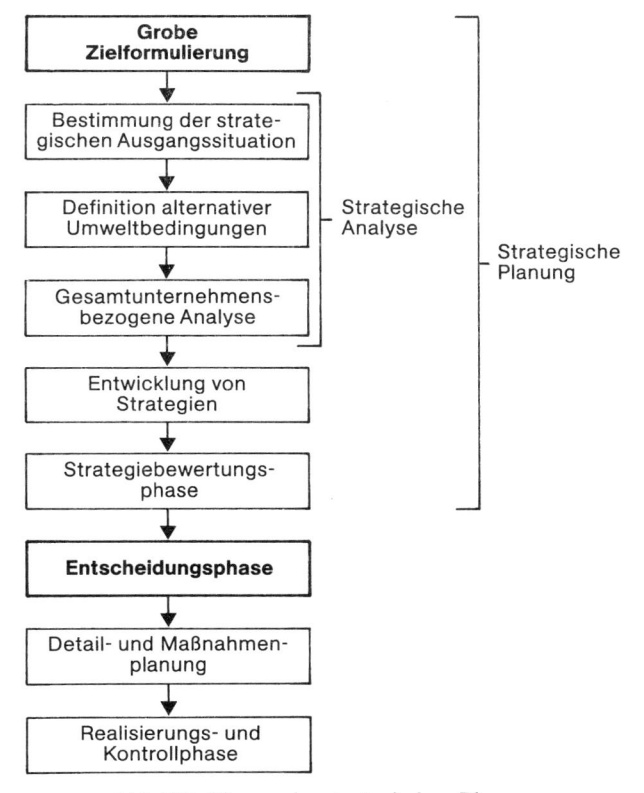

Abb. 186: Phasen der strategischen Planung

Nach einer groben Zielformulierung, die die grundsätzliche Richtung angibt, liegt der Ausgangspunkt der strategischen Planung in einer sorgfältigen Analyse der externen Einflußgrößen, d. h. der **Chancen und Risiken,** die zu erwarten sind. Diese **Umweltanalyse** darf sich nicht nur auf die gesamtwirtschaftliche Wachstumsprognose und ggf. auf die branchen- und firmenbezogenen Entwicklungsmöglichkeiten beschränken, sondern muß auch die politische und gesellschaftliche Entwicklung einbeziehen. Aus der Umweltanalyse lassen sich globale/kritische Erfolgsfaktoren sowie rentabilitätsbegrenzende Schlüsselfaktoren ermit-

---

[10] Vgl. zu einer ausführlichen Darstellung der Umwelt- und Unternehmensanalyse z.B. *Kreilkamp, Edgar:* Strategisches Management und Marketing, Berlin, New York 1987, S.69–244; *Hinterhuber, Hans H.:* Strategische Unternehmungsführung, Bd.1: Strategisches Denken, 4. Aufl., Berlin, New York 1989, S.76–93; *Kreikebaum, Hartmut:* Strategische Unternehmensplanung, 3. Aufl., Stuttgart, Berlin, Köln 1989, S.32–45.
[11] Vgl. *Kreilkamp, Edgar:* Strategisches Management, S.62.

teln. An die Analyse der externen Faktoren muß sich eine Analyse der internen Faktoren, d. h. der unternehmensbezogenen gegenwärtigen und zukünftigen **Stärken und Schwächen** in Relation zu den im Markt befindlichen Wettbewerbern anschließen, die eine Beurteilung des (relativen) internen Ressourcenpotentials ermöglicht. Da sich die relativen Vor- und Nachteile nur selten exakt in Zahlen ausdrücken lassen, eignet sich für diese **Unternehmensanalyse** eine Profildarstellung (vgl. *Abb. 187*).

Nimmt man etwa die folgenden sieben Kriterien in die Bewertung auf, läßt sich folgendes Profil für die Stärken und Schwächen eines Unternehmens erstellen:

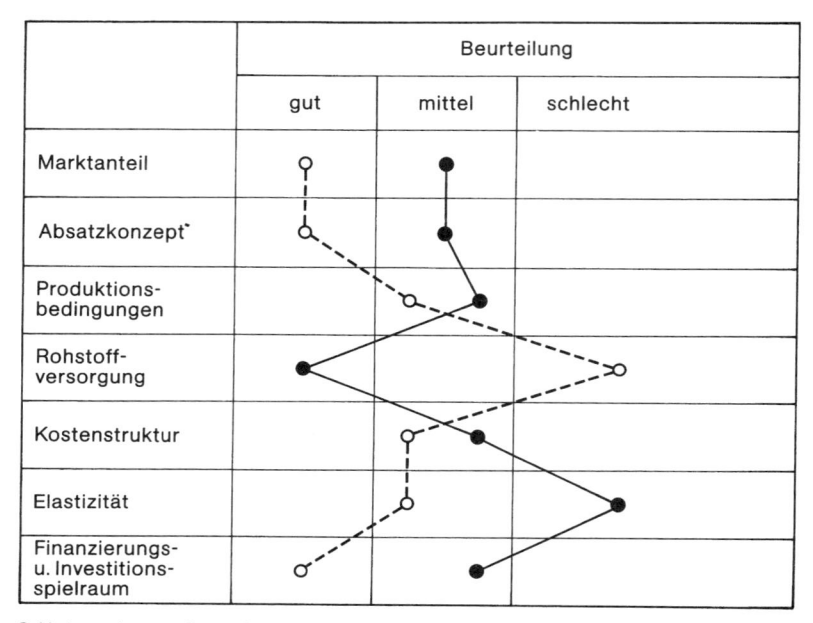

	Beurteilung		
	gut	mittel	schlecht
Marktanteil			
Absatzkonzept*			
Produktions-bedingungen			
Rohstoff-versorgung			
Kostenstruktur			
Elastizität			
Finanzierungs- u. Investitions-spielraum			

O Unternehmen A   ● Unternehmen B

Abb. 187: Beispiel für ein Stärken-/Schwächen-Profil[12]

In dem Beispiel hat das betrachtete Unternehmen A eindeutige Vorteile bis auf den Beschaffungsbereich, in dem Unternehmen B eindeutige Vorteile hat. Eine erste Folgerung aus dieser Analyse wäre, daß in Zukunft die betrieblichen Bemühungen auf eine bessere Sicherung der Rohstoffversorgung, sei es durch eine entsprechende Vertragsgestaltung oder durch Verwendung anderer Faktoreinsatzstoffe, ausgerichtet werden müssen. Hinsichtlich der Absatz- und Finanzmöglichkeiten besteht für das Unternehmen im Vergleich zur Konkurrenz sogar eine ausgesprochen starke Stellung, die es zu halten und weiter auszubauen gilt.

Ist diese erste Stufe der Analyse der externen Einflußfaktoren sowie die Analyse der relativen Vor- und Nachteile des Unternehmens gegenüber den Mitbewer-

---

[12] Entnommen aus *Reichmann, Thomas:* Die strategische Unternehmensführung, S. 25.

bern abgeschlossen, sollte in einer zweiten Stufe die Anfälligkeit des Unternehmens gegenüber externen und internen negativen Einflüssen näher analysiert werden. Im Hinblick auf die Analyse interner Einflußfaktoren gibt es umfangreiche Untersuchungen, die unter dem Begriff **Risk Management** zusammengefaßt werden können. Sie haben die Risiken, die sich mit den Mitteln der Wahrscheinlichkeitsrechnung erfassen lassen, wie Brand- und Betriebsunterbrechungsrisiken, zum Gegenstand. Schwieriger sind die allgemeinen Unternehmensrisiken im voraus zu erkennen und einzugrenzen, da für sie i. d. R. keine mathematische Gesetzmäßigkeit gilt. Aufbauend auf bestimmten Kennzahlen, deren Aussagewert und mathematischer Zusammenhang in Kapitel II dargestellt wurde, bietet sich zur Ermittlung der unternehmensspezifischen, mathematisch nicht faßbaren Risiken etwa folgendes Schema an, bei dem die Prozentsätze jeweils den Anteil der einzelnen gefährdeten, unbestimmten und nicht gefährdeten Geschäftsbereiche angeben, in denen die entsprechenden Größen erwirtschaftet werden bzw. durch die die Größen maßgeblich beeinflußt werden.

Kennzahlen \ Sparten	gefährdet	unbestimmt	ungefährdet
Umsatz	40 %	20 %	40 %
kumulierter Deckungsbeitrag über variable Kosten	20 %	20 %	60 %
Ordentliches Ergebnis nach Steuern	20 %	30 %	50 %
Außerordentliches und betriebsfremdes Ergebnis nach Steuern	10 %	30 %	60 %
Return on Investment	5 %	15 %	80 %
Cash Flow	25 %	25 %	50 %
Finanzbedarf	50 %	15 %	35 %

Abb. 188: Beurteilungsschema zur Erfassung der gefährdeten, unbestimmten und ungefährdeten Sparten[13]

Aus dem vorstehenden Beispiel wird erkennbar, daß 40 % des Umsatzes stark gefährdet sind, hierbei kann es sich z. B. um Auslandsgeschäfte oder eine neue Produktgruppe handeln. Da jedoch nur 20 % des kumulierten Deckungsbeitrages und 15 % des Erfolges in diesem Bereich erwirtschaftet werden, ist keine ernsthafte Bedrohung des Unternehmens zu erkennen. Ist dieser Bereich mit außergewöhnlichen finanziellen Belastungen verbunden, weil der Markt (Ausland oder neue Produktgruppe) erst erschlossen werden muß, ist die Gesamtunternehmenssituation schon differenzierter zu beurteilen. Einem niedrigen Cash-Flow-Anteil steht dann ein hoher Finanzbedarf gegenüber, ein Zustand, der nur kurzfristig akzeptiert werden kann, ohne daß nicht wesentliche Anstrengungen gemacht werden müßten, um den Grad der Unsicherheit zu verringern oder die Investitionen in diesem Bereich zu reduzieren. An diese **Festlegung der strategi-**

---

[13] Entnommen aus *Reichmann, Thomas*: Die strategische Unternehmensführung, S. 27.

schen **Ausgangssituation** schließt sich die **Definition alternativer Umweltbedingungen** an. Hier wird versucht, mit Hilfe quantitativer und qualitativer Prognoseverfahren sowie strategischer Früherkennungssysteme zukünftige Entwicklungstrends der Markt- und Unternehmenssituation vorherzusehen. Den dritten Bestandteil der strategischen Analyse bildet die **gesamtunternehmensbezogene Analyse mit integriertem Portfolio-Management,** bei der die einzelnen Geschäftsbereiche des Unternehmens mit ihren Ertragsaussichten, Chancen und Risiken aus dem Gesamtzusammenhang des Unternehmens heraus beurteilt werden.

Im Rahmen der Phasen der strategischen Analyse kommen dem Controller Aufgaben hinsichtlich des Aufbaus eines umfassenden Planungs- und Kontroll- sowie Informationssystems zu. In den sich anschließenden Phasen der **Ableitung, Entwicklung und Bewertung der Strategien** und der **Umsetzung in operative Maßnahmenpläne** liegt der Schwerpunkt dagegen mehr auf beratenden (analytischen), koordinierenden und moderierenden Aufgaben. Dabei wird auf die Planungs- und Kontrollinstrumente zurückgegriffen, die in den Teilphasen zu einem Planungs- und Kontrollsystem integriert wurden. Informationsversorgungsaufgaben sind in dieser Phase auf der Grundlage des systematisch aufgebauten Planungs- und Kontrollsystems durch die Bereitstellung von Planungsinformationen sowie auf der Basis des Informationssystems zu leisten, um eine permanente Verbesserung des gegebenen Informationsstandes zu gewährleisten.

b) Strategische Kontrolle

Während die Unterscheidung zwischen operativer und strategischer Planung in Theorie und Praxis weitgehend üblich ist, hat die Abgrenzung von strategischer und operativer Kontrolle bislang nur wenig Verbreitung gefunden.[14] Die zunehmende Komplexität und Unsicherheit der Umwelt und die sich daraus ergebende steigende Bedeutung strategischer Führungsentscheidungen erfordern jedoch ergänzend zur strategischen Planung die Betrachtung der Besonderheiten **strategischer Kontrollprozesse,** die alle zur Erfüllung der strategischen Planungsaufgabe und zur Erreichung der strategischen Ziele notwendigen unternehmensexternen und -internen Faktoren abdecken müssen. Die strategische Kontrolle ist damit ein Instrument zur Anpassung der strategischen Planung an veränderte Umweltbedingungen.[15]

Der Kontrollbegriff in einem engeren Sinn beschränkt sich auf die für die Kontrolle operativer Planungen typische Durchführung eines Soll-/Ist-Vergleichs. Dagegen gehören zu einem weiter gefaßten Kontrollbegriff auch alle sinnvollen Vergleiche von als Führungsgrößen gesetzten Soll-Größen, prognostizierten Wird-Größen und eingetretenen Ist-Größen sowie in einem weiteren Schritt die Analyse sich zeigender Abweichungen. Ausgehend von dieser erweiterten Be-

---

[14] Vgl. hierzu die Ergebnisse der Literaturrezension von *Scholz, Christian:* Strategisches Management – Auf zu neuen Ufern?, in: DBW, 46. Jg. (1986), S. 625–637, insbes. S. 633; *Schreyögg, Georg; Steinmann, Horst:* Zur Praxis strategischer Kontrolle, in: ZfB, 56. Jg. (1986), S. 40–50, hier S. 41 f.; *Goold, Michael; Quinn, John J.:* Strategic Control. Milestones for Long-Term Performance, London 1990.
[15] Vgl. *Weber, Jürgen:* Controlling, S. 170.

griffsdefinition umfaßt die strategische Kontrolle den **Vergleich von Soll-Größen mit Ist-Größen** bzw. von **Soll-Größen mit Wird-Größen**[16] und ist daher primär zukunftsorientiert ausgerichtet. Demzufolge muß sie parallel zu den Planungs- und Realisationsprozessen und nicht erst nach deren Abschluß erfolgen.

Insgesamt lassen sich drei Teilbereiche der strategischen Kontrolle unterscheiden[17] (vgl. Abb. 189).

```
┌──────────────────────┐
│  Prämissenkontrolle  │──┐
└──────────────────────┘  │
                          │  ┌──────────────┐
┌──────────────────────┐  │  │ Strategische │
│ Durchführungskontrolle│─┼─▶│  Planung     │
└──────────────────────┘  │  └──────────────┘
                          │
┌──────────────────────┐  │
│   Strategische       │──┘
│   Überwachung        │
└──────────────────────┘
```

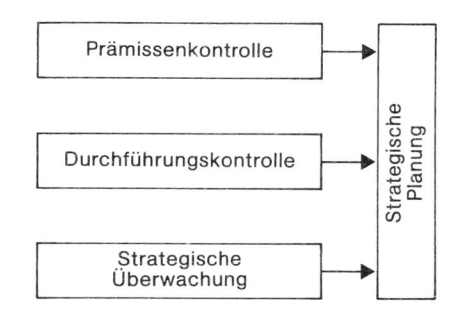

Abb. 189: Kontrolle der strategischen Planung

Im Rahmen der **Prämissenkontrolle** wird geprüft, inwieweit die Ausgangsannahmen der strategischen Planung während der Planerstellung und -realisierung dem aktuellen Stand noch entsprechen. Diese beziehen sich sowohl auf die Entwicklung der Umwelt als auch auf die Einschätzung des Ressourcenpotentials der Unternehmung. Zeigen sich hier im Zeitablauf Abweichungen, so bedarf auch der entsprechende Plan einer Anpassung an die veränderte Situation. Im Vordergrund der **Durchführungskontrolle** stehen die Erkenntnisse über die bisherigen Ergebnisse der strategischen Maßnahmen. Hierbei handelt es sich um eine Planfortschrittskontrolle, die die sukzessive Erreichung der strategischen Pläne anhand von Zwischenzielen, den sogenannten **Meilensteinen,** analysiert. Diese Betrachtung ermöglicht eine Prognose, inwieweit das angestrebte strategische Endziel voraussichtlich erreicht werden kann. Problematisch ist hierbei die exakte Bestimmung der **Reihenfolge der Meilensteine** sowie die Analyse festgestellter Abweichungen, da ihre künftige Entwicklung Schätzungen unterliegt. Hier wird zum Teil mittels Vorlaufindikatoren versucht, einen Vergleich mit dem geplanten Strategieendergebnis durchzuführen. Die wesentliche Problematik der Prämissen- und der Durchführungskontrolle liegt in ihrer gerichteten und damit selektiven Vorgehensweise, was zu einem Mangel in der Gesamtkontrolle und damit zu Risiken führen kann. Sie werden daher durch eine **strategische Überwachung** im Sinne einer ungerichteten Beobachtungsaktivität ergänzt, deren Aufga-

---

[16] Vgl. *Pfohl, Hans-Christian:* Strategische Kontrolle, in: Handbuch Strategische Führung, hrsg. von *Herbert A. Henzler,* Wiesbaden 1988, S. 801–824, hier S. 803 f.; *Hahn, Dietger:* Strategische Kontrolle, in: Strategische Unternehmungsplanung – Strategische Unternehmungsführung, hrsg. von *Dietger Hahn* und *Bernard Taylor,* 5. Aufl., Heidelberg 1990, S. 651–664, hier S. 651 f.
[17] Vgl. z. B. *Schreyögg, Georg; Steinmann, Horst:* Zur Praxis strategischer Kontrolle, S. 43–47; *Kreikebaum, Hartmut:* Strategische Unternehmensplanung, S. 58 f.

be darin liegt, frühzeitig kritische Entwicklungen, die auf eine Bedrohung hinweisen, zu identifizieren. Hierbei besteht das Problem insbesondere in der Frage, welchen Indikatoren Relevanz zuzusprechen ist. Darüber hinaus ist es schwierig, bisher nicht berücksichtigte Einflüsse auf die strategische Entwicklung zu erkennen und als entwicklungsrelevant zu klassifizieren.

Neben der Kontrolle der Planzielerreichung wird der Vollzug der Zielerreichung überprüft. Durch die Bewertung der in der strategischen Planung entwickelten Strategien im Hinblick auf Zielerreichung und Realisation generiert das strategische Controlling Informationen zur ständigen Überprüfung aller zugrundegelegten Geschäftsfelddefinitionen und der prognostizierten Umweltentwicklungen mit dem Ziel, in einem Regelkreissystem von der Zielbildung bis zur Realisationskontrolle eine rollierende Planung zu gewährleisten.

3. Instrumente des strategischen Controlling

a) Die strategische Informationsbedarfsanalyse

Neben dem Entscheidungsbezug bildet die Informationsversorgung den wesentlichen Bestandteil der Controlling-Konzeption.[18] Zu diesem Zweck wurden verschiedene Ansätze[19] konzipiert, um die Entscheidungsträger auf allen Ebenen mit den für sie relevanten Informationen zu versorgen. Diese Instrumente lösen die Ermittlung des **strategisch relevanten Informationsbedarfs** jedoch nicht in befriedigender Weise.[20] Während für die finanzielle und operative Planung und Kontrolle die Daten des Rechnungswesens fundierte Informationen liefern, sind diese Zahlen für die strategische Unternehmensplanung nur bedingt geeignet. Hier müssen Prognosen über zukünftige Entwicklungen bestimmter Umweltsachverhalte herangezogen werden, um langfristige Erfolgspotentiale erkennen zu können.[21] So handelt es sich bei strategischen Fragestellungen in der Regel um ungewisse, unbekannte und schlecht-strukturierte Entscheidungstatbestände.

Für die Ermittlung des strategisch relevanten Informationsbedarfs von Führungskräften werden verschiedene Verfahren diskutiert, von denen hier exemplarisch die **Methode der kritischen Erfolgsfaktoren,** das von *IBM* entwickelte **Business Systems Planning** und der **Ansatz der Schlüsselindikatoren** dargestellt werden.

---

[18] Vgl. dazu die Ausführungen in Kapitel I.A.2.c)
[19] Zu den wesentlichen Verfahren der Informationsbedarfsermittlung zählen z.B. die Aufgabenanalyse, die Dokumentenanalyse, die Spiegelbildmethode, die Analogieschlußmethode, die Beobachtung von tatsächlichen Aufgabenerfüllungsprozessen, das Interview, die Fragebogenmethode und die Berichtsmethode. Vgl. zur Charakterisierung der einzelnen Verfahren z.B. *Garbe, Helmut:* Informationsbedarf, in: HWB, hrsg. von *Erwin Grochla* und *Waldemar Wittmann,* 4. Aufl., Stuttgart 1976, Sp. 1873–1882, hier Sp. 1878–1880; *Koreimann, Dieter:* Methoden der Informationsbedarfsanalyse, Berlin, New York 1976, S. 71–141.
[20] Vgl. *Horváth, Péter:* Controlling, S. 373 und *Palloks, Monika:* Marketing-Controlling, S. 189.
[21] Vgl. *Horváth, Péter:* Controlling, S. 345.

(1) Methode der kritischen Erfolgsfaktoren

Die von *Rockart*[22] zur Informationsbedarfsermittlung des Top-Management entwickelte **Methode der kritischen Erfolgsfaktoren** basiert auf der Grundidee, daß für jede Unternehmung einige wenige zentrale Erfolgsfaktoren existieren, von denen der Erfolg bzw. Mißerfolg abhängt und auf die sich somit zwangsläufig der Informationsbedarf der Entscheidungsträger bezieht. Nach *Rockart* gibt es vier Quellen von kritischen Erfolgsfaktoren, die **Branchenstruktur,** die **Wettbewerbsstrategie der Unternehmung, Umweltfaktoren** und **temporäre Faktoren.** Dementsprechend werden insbesondere Analysen der Volkswirtschaft, der Umwelt und der Branche durchgeführt und die sich hieraus ergebenden Daten hinsichtlich ihres Einflusses auf die Gewinnpotentiale der Unternehmung beurteilt.

Die Erfolgsfaktoren sind für jeden einzelnen Manager zu definieren, woraus dann der jeweilige individuelle Informationsbedarf abgeleitet werden kann. In Interviews mit den Entscheidungsträgern werden die allgemeinen Informationen um unternehmensindividuelle Erfolgskriterien ergänzt und anschließend Maßgrößen für die kritischen Erfolgsfaktoren definiert. In einem letzten Schritt wird schließlich der wesentliche Informationsbedarf für die Erfolgsfaktoren und ihre Meßkriterien ermittelt.

Der wesentliche Vorteil der Methode der kritischen Erfolgsfaktoren als Instrument des strategischen Controlling liegt in der unmittelbar auf dem **strategischen Informationsbedarf** der Entscheidungsträger aufbauenden und somit zweckorientierten Informationssuche und -auswahl.[23]

(2) Business Systems Planning

Bei diesem Ansatz handelt es sich um eine alle Führungskräfte und Informationsbeziehungen umfassende **Totalanalyse** zur Ermittlung des Informationsbedarfs, bei der versucht wird, ausgehend von einer Befragung der Entscheidungsträger Informationsdefizite zu erkennen. Die durch umfassende Interviews herausgearbeiteten Informationswünsche der Bedarfsträger dienen als Vorstufe zur Verbesserung von Verfahren zur Erhebung der erforderlichen, jedoch gegenwärtig nicht verfügbaren Informationen. Kritisch ist zu diesem Verfahren anzumerken, daß es aufgrund der erhobenen Datenfülle keine Gewichtung des Informationsbedarfs nach seiner Bedeutung für Führungsentscheidungen zuläßt. Zusätzlich ist es mit einem hohen Zeit- und Kostenaufwand verbunden.

---

[22] Vgl. zu den folgenden Ausführungen *Rockart, John F.:* Chief executives define their own data needs, in: HBR, Vol. 57 (1979), S. 81–92.

[23] Vgl. *Horváth, Péter:* Controlling, S. 383. Eine umfassende Beurteilung des Ansatzes liefert *Palloks, Monika:* Marketing-Controlling, S. 191–194. Aus der Kritik an einer mangelnden Problemadäquanz des Verfahrens fordert sie eine stärkere Orientierung an kausal begründeten Erfolgsfaktoren, die zur Verwendung **strategischer Erfolgsfaktoren** führt. Im Gegensatz zu den kritischen Erfolgsfaktoren, deren Ermittlung sich primär auf die Analyse von Relationen zwischen Ursachenfaktoren und Erfolgswirksamkeit bezieht, stehen bei der Analyse strategischer Erfolgsfaktoren die konkreten strategischen Aufgabenbereiche der Entscheidungsträger im Vordergrund.

(3) Methode der Schlüsselindikatoren (Key Indicator System)

Der **Ansatz der Schlüsselindikatoren** erfordert die Bestimmung einer konstanten Reihe von Indikatoren sowie zugehöriger Bewertungsmaßstäbe, die es dem Management ermöglichen, jeden Bereich des Unternehmens zu charakterisieren. Die für die einzelnen Schlüsselfaktoren ermittelten Daten werden mit Hilfe einer graphischen Darstellung in sogenannten **Ausnahmeberichten** dargestellt. Problematisch ist allerdings die Auswahl der Indikatoren, der keine detaillierte Ziel- bzw. Aufgabenanalyse zugrundegelegt wird, sowie die fehlende Berücksichtigung der Informationswünsche der Entscheidungsträger.[24]

b) Die GAP-Analyse

Zu den klassischen Ansätzen im Bereich der langfristigen Unternehmensplanung zählt die von *Ansoff*[25] entwickelte GAP-Analyse. Intention dieses Verfahrens ist es, **Abweichungen zwischen erwünschter und erwarteter Entwicklung** festzustellen. Deshalb werden im Rahmen der GAP-Analyse einer Zielprojektion extrapolierte oder modifizierte Gegenwarts- bzw. Vergangenheitswerte[26] gegenübergestellt, wobei eine Fortsetzung der bisherigen Unternehmenspolitik unterstellt wird. Weichen die beiden Werte bzw. – in einer graphischen Darstellung – die beiden Kurven voneinander ab, entsteht eine sogenannte strategische Lücke (GAP)[27] (vgl. *Abb. 190*).

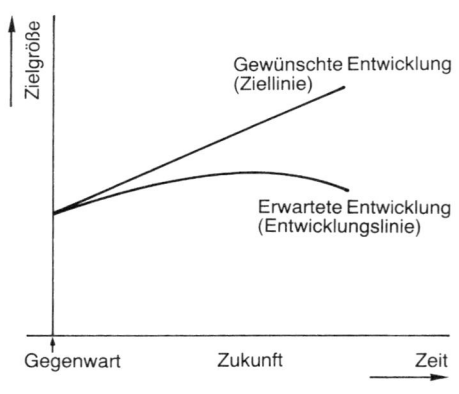

Abb. 190: GAP-Analyse[28]

---

[24] Vgl. *Palloks, Monika:* Marketing-Controlling, S. 190.
[25] Vgl. *Ansoff, Igor H.:* Corporate Strategy, New York 1965, S. 122–131.
[26] Vgl. *Bircher, Bruno:* Langfristige Unternehmensplanung, Bern, Stuttgart 1976, S. 321–324.
[27] Vgl. hierzu *Kreikebaum, Hartmut:* Strategische Unternehmensplanung, S. 43 f. Er unterscheidet in diesem Zusammenhang zwischen einem strategischen und einem operativen GAP. Während eine operative Lücke unter Beibehaltung der bestehenden Produkte und Märkte durch eine Planverbesserung geschlossen werden kann, ist zum Ausfüllen einer strategischen Lücke die Suche nach neuen Produkten und Märkten notwendig.
[28] Entnommen aus *Roventa, Peter:* Portfolio-Analyse und strategisches Management. Ein Konzept zur strategischen Chancen- und Risikohandhabung, München 1979, S. 78.

Der Abstand zwischen der oberen und unteren Begrenzung der Lücke kann mit Hilfe unterschiedlicher Meßdimensionen dargestellt werden. Somit kann z.B. von einer Gewinn-, einer Umsatz- oder einer Leistungslücke gesprochen werden. Die Lücke dürfte um so kleiner ausfallen, je besser das vorhandene strategische Potential bereits genutzt wird.[29]

Falls eine strategische Lücke nicht rechtzeitig geschlossen werden kann, besteht die Gefahr, daß das Unternehmen in seinem Bestand nicht langfristig gesichert werden kann. Deshalb wird aufbauend auf der GAP-Analyse der Versuch unternommen, **Strategien** zu erarbeiten, die ein Erreichen der erwünschten Zielprojektion ermöglichen sollen.

Die Beschränkungen der GAP-Analyse sind darin zu sehen, daß sie, wie *Meffert* feststellt,[30] **eindimensional und unvollständig die strategische Stoßrichtung** wiedergibt und eine **reine Extrapolation** gegenwärtiger Zustände in die Zukunft erfolgt, was in Zeiten rascher Veränderungen wenig sinnvoll erscheint. Falls dagegen die Marktbedingungen recht stabil sind, kann die GAP-Analyse nicht nur als Instrument der Effizienzkontrolle dienen, sondern auch zielgerichtete strategische Anpassungsprozesse initiieren. Die GAP-Analyse ist jedoch nur ein grobes Anregungsinstrument. Deshalb empfiehlt sich eine Ergänzung durch weitere Analysen und Prognosen, insbesondere durch die Portfoliomethode.[31]

c) Das Erfahrungskurvenkonzept

Das Erfahrungskurvenkonzept entwickelte sich Ende der 60er Jahre aus den Erkenntnissen der *Boston Consulting Group,* deren ursprüngliche Intention es war, eine langfristige Gesamtkostenentwicklung der von ihnen beratenen Unternehmen zu beschreiben, wobei sich eine **Abhängigkeit zwischen den Stückkosten und dem kumulierten Produktionsvolumen** nachweisen ließ.[32] Sobald sich die zunehmende Produkterfahrung – ausgedrückt in der kumulierten Produktmenge – verdoppelt, gehen die (inflationsbereinigten) Kosten und mit ihnen auch die Preise jeweils um eine konstante Quote von 20–30 % zurück. Beachtet werden muß allerdings, daß der in der Untersuchung angewandte Kostenbegriff nicht mit dem der Kostenrechnung übereinstimmt, sondern eher im Sinne von Wertschöpfungskosten zu verstehen ist.[33] Jedoch stellt sich der Erfahrungskurveneffekt nicht automatisch ein. Es handelt sich dabei vielmehr um Kostensenkungspotentiale, die

---

[29] Vgl. *Kreikebaum, Hartmut:* Strategische Unternehmensplanung, S. 42.
[30] Vgl. *Meffert, Heribert:* Strategische Planungskonzepte in stagnierenden und gesättigten Märkten, in: DBW, 43. Jg. (1983), S. 193–209.
[31] Vgl. dazu die Ausführungen in Kapitel X.B.3.d)
[32] Eine ausführliche Darstellung des Erfahrungskurvenkonzeptes liefert *Henderson, Bruce D.:* Die Erfahrungskurve in der Unternehmensstrategie, 2. Aufl., Frankfurt a.M., New York 1984. Eine kritische Auseinandersetzung mit dem Konzept findet sich u.a. bei *Kreilkamp, Edgar:* Strategisches Management, S. 334–368; *Coenenberg, Adolf G.; Baum, Heinz-Georg:* Strategisches Controlling, S. 49–55 und *Hax, Arnoldo C.; Majluf, Nicolas S.:* Strategisches Management, Frankfurt a.M., New York 1988, S. 133–151.
[33] Vgl. auch *Hieber, Wolfgang L.:* Lern- und Erfahrungskurveneffekte und ihre Bestimmung in der flexibel automatisierten Produktion, München 1991, S. 14.

durch das strategische Controlling erkannt und durch entsprechende (operative) Maßnahmen realisiert werden müssen.[34]

Graphisch läßt sich die Erfahrungskurve in einem Koordinatensystem darstellen, bei dem auf der Abszisse die kumulierten Produktionsmengen und auf der Ordinate die Stückkosten abgetragen werden. Bei einer linearen Skalierung der Ordinaten ergibt sich der in *Abb. 191* dargestellte stetige Kurvenverlauf.[35]

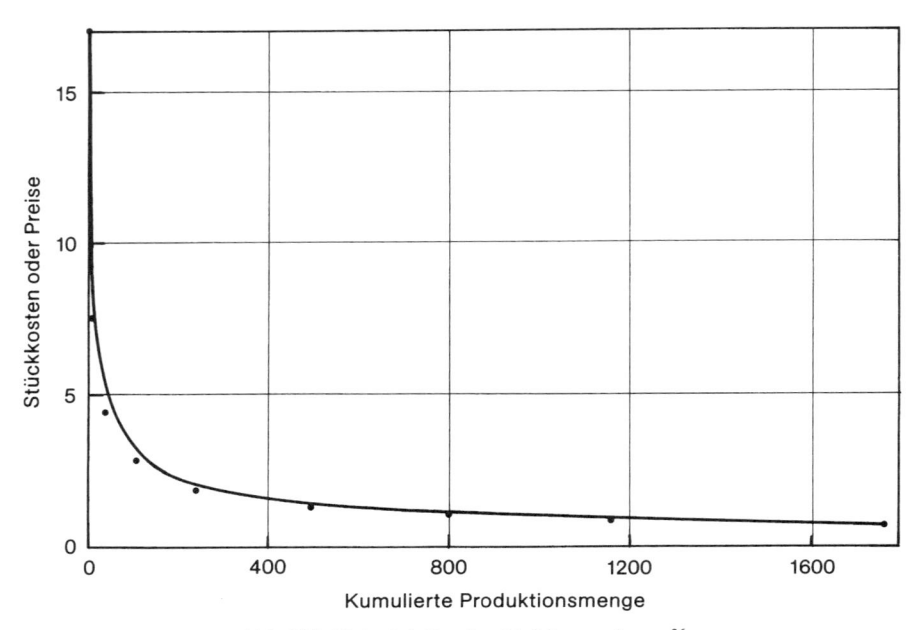

Abb. 191: Beispiel für eine Erfahrungskurve[36]

Gründe für den Kostenrückgang findet man in der Nutzung von Lernkurveneffekten in der Fertigung, in Größendegressionen, im technischen Fortschritt, der eine Veränderung der Produktions- und Kostenstruktur bewirkt und in Rationalisierungsmaßnahmen, wozu insbesondere die Aktivitäten der Wertanalyse und der Standardisierung von Produkten und Verfahren zu rechnen sind.[37]

Für das strategische Controlling sind die Erkenntnisse des Erfahrungskurvenkonzeptes insofern von Bedeutung, als daß sie eine langfristige Prognose der Kosten-, Preis- und Gewinnentwicklung ermöglichen und damit die Formulierung von Marktstrategien unterstützen. Insbesondere können sich durch eine Ausnutzung des Erfahrungskurveneffektes Wettbewerbsvorteile durch eine gegenüber dem Konkurrenten überlegene Kostenposition ergeben.[38] Diese resultieren dar-

---

[34] Vgl. *Henderson, Bruce D.:* Erfahrungskurve, S. 19.
[35] Vgl. *Henderson, Bruce D.:* Erfahrungskurve, S. 20–21.
[36] Abbildung verändert nach *Henderson, Bruce D.:* Erfahrungskurve, S. 114.
[37] Eine detaillierte Darstellung der Einzelaspekte findet man bei *Kreilkamp, Edgar:* Strategisches Management, S. 338.
[38] Vgl. zu möglichen Wettbewerbsstrategien Kapitel X.D.2.

aus, daß der Unternehmung durch eine Erhöhung des Marktanteils größere Kostensenkungspotentiale zur Verfügung stehen. So kann eine hohe Rentabilität durch die **Sicherung hoher relativer Marktanteile,** die möglichst **in Märkten mit langfristig hohen Wachstumsraten** anzustreben ist, erwirtschaftet werden. Demzufolge wird es für Unternehmen, die nicht in die Gruppe der Marktführer gelangen und somit deren Kostenniveau nicht erreichen können, sinnvoller sein, neue Marktsegmente zu erschließen.

Die Übertragung des Erfahrungskurvenkonzeptes auf strategische Entscheidungen ist allerdings nicht unproblematisch. Ein Grund ist, daß von der Annahme ausgegangen wird, der Preis sei das einzige absatzpolitische Instrument, was zur Folge hat, daß die Marktführerschaft allein über die strategische Option Kostenführerschaft abgesichert werden kann.[39] Ebenso kann nicht davon ausgegangen werden, daß für alle konkurrierenden Anbieter die gleiche Erfahrungskurve besteht, da dieses für alle Anbieter homogene Produkte, gleiche Produktionsfaktorausstattung, gleiche Produktionsverfahren, einen gleichen Wertschöpfungsanteil und eine gleiche Kostenreduktionspolitik unterstellt.[40] So liegt die strategische Bedeutung des Erfahrungskurvenkonzeptes nicht in einer präzisen Beschreibung der Kostenentwicklung, sondern eher in der Möglichkeit, die Zusammenhänge zwischen Marktanteil, Marktwachstum, Preispolitik und Erfahrungskurveneffekt zu verdeutlichen und damit die strategische Analyse zu unterstützen.[41]

d) Das Portfolio-Management

(1) Die Bildung strategischer Geschäftseinheiten

Eine Voraussetzung für die Portfolioanalyse ist die **Einteilung der Unternehmensaktivitäten in strategische Geschäftseinheiten (SGE).**[42] Hierbei handelt es sich um klar voneinander abgrenzbare, voneinander unabhängige Produkt/Markt-Kombinationen mit eigenen Chancen und Risiken. Sie sind Bestandteile des Gesamtunternehmens-Portfolios und Gegenstand strategischer Entscheidungen.

Zur Aufteilung der Unternehmensaktivitäten in strategische Geschäftseinheiten sind in der Literatur unterschiedliche Kriterienkataloge entwickelt worden, die unter Berücksichtigung der Beziehungen der Unternehmung zur Umwelt und

---

[39] Vgl. *Coenenberg, Adolf G.; Baum, Heinz-Georg:* Strategisches Controlling, S. 54 f.
[40] Vgl. *Kreilkamp, Edgar:* Strategisches Management, S. 351.
[41] Vgl. *Kreilkamp, Edgar:* Strategisches Management, S. 368. Kritisch zu diesem Konzept auch *Kilger, Wolfgang:* Industriebetriebslehre, Bd. 1, Wiesbaden 1986, S. 150 f.
[42] In der Literatur werden häufig die Begriffe „Strategische Geschäftseinheit" und „Strategisches Geschäftsfeld" synonym verwandt, so z. B. bei *Welge, Martin K.:* Unternehmensführung, Bd. 1: Planung, Stuttgart 1985, S. 489; *Kreilkamp, Edgar:* Strategisches Management, S. 317 und *Kreikebaum, Hartmut:* Strategische Unternehmensplanung, S. 111. Eine Abgrenzung der beiden Begriffe findet sich bei *Link, Jörg:* Organisation der strategischen Unternehmungsplanung, in: Strategische Unternehmungsplanung – Strategische Unternehmungsführung, hrsg. von *Dietger Hahn* und *Bernard Taylor,* 5. Aufl., Heidelberg 1990, S. 609–634, hier S. 614 f. Vgl. zu verschiedenen Begriffsinhalten der SGE *Gälweiler, Alois:* Strategische Unternehmensführung, S. 276 f.

der unternehmensinternen Einflußfaktoren zu folgenden Kriterien verdichtet werden können:[43]
- Erreichbarkeit relativer Wettbewerbsvorteile,
- relative Unabhängigkeit der SGE untereinander,
- Eigenständigkeit und Gesellschaftsrelevanz der Marktaufgabe,
- Vorhandensein von eindeutig identifizierbaren Konkurrenten und
- eigenständiges Management durch entsprechende Führungspersonen.

Abb. 192 zeigt Beispiele für die Zusammenfassung von Produkt/Markt-Kombinationen zu strategischen Geschäftseinheiten.

Produkte \ Marktkriterien	Abnehmergruppen			Absatzkanäle			Geographische Gebiete		
A			X	X	X	X	X		
B	X				X			X	
C			X			X	X		
D	X			X	X	X	X	X	X
E	X	X	X		X	X	X	X	X
F			X		X		X		
G	X					X	X		
H		X		X		X			
I		X		X			X	X	
J	X				X				X

Abb. 192: Bildung strategischer Geschäftseinheiten[44]

(2) Die Portfolioanalyse

Die Grundidee der Portfolioanalyse stammt aus dem finanzwirtschaftlichen Bereich.[45] Ein Portfolio ist dabei eine im Hinblick auf Risiko und Erfolg optimal zusammengestellte Mischung von Investitionsmöglichkeiten. Überträgt man diesen Gedanken auf das strategische Controlling, so läßt sich das gesamte Tätigkeitsfeld einer Unternehmung als ein Portfolio strategischer Geschäftseinheiten darstellen. Ziel ist es, eine Ausgewogenheit im Gesamt-Portfolio der Unternehmung herzustellen.

---

[43] Vgl. z. B. *Palloks, Monika:* Marketing-Controlling, S. 296.
[44] Entnommen aus *Hinterhuber, Hans H.:* Strategische Unternehmungsführung, Bd. 2: Strategisches Handeln, 4. Aufl., Berlin, New York 1989, S. 106.
[45] Vgl. *Kreikebaum, Hartmut:* Strategische Unternehmensplanung, S. 85.

Zur Durchführung der Portfolioanalyse ist die **Portfoliomatrix** eine wichtige Voraussetzung. An den Achsen der Portfoliomatrix finden sich die Kriterien, nach denen der Inhalt des Portfolios beurteilt wird. Die graphische Darstellung der Portfolio-Matrix bringt es mit sich, daß die einzelnen Geschäftsfelder oder Produktarten als Kreise in einer meist zweidimensional aufgelisteten Matrix dargestellt werden.

Grundsätzlich gibt es unterschiedliche Kriterien zur Beurteilung der Elemente eines Portfolios. Die bekanntesten Arten der Portfolios sind:

- das Marktwachstum-Marktanteil-Portfolio,
- das Marktattraktivität-Wettbewerbsvorteil-Portfolio,
- das Branchenattraktivität-Geschäftsfeldstärken-Portfolio,
- das Markt-Produktlebenszyklus-Portfolio und
- das Geschäftsfeld-Ressourcen-Portfolio.[46]

Im **Marktwachstum-Marktanteil-Portfolio** werden auf der Ordinate die Marktwachstumsrate des Produktzweiges bzw. des Geschäftsfeldes und auf der Abszisse der Marktanteil des Unternehmens abgetragen. Unterstellt man jeweils eine dichotome Messung in hoch und niedrig, so entsteht eine Vierfeldermatrix.

Die entstandenen Felder werden mit den Ausdrücken „**stars**", „**cash cows**", „**question marks**" und „**dogs**" belegt und kennzeichnen die Marktsituation des Produktes oder des Geschäftsfeldes. Stars zeichnen sich dadurch aus, daß ihr Marktanteil und ihr Wachstum hoch sind. Sie erbringen wachsende finanzielle Erlöse. Bei den cash cows, die sich durch niedrige Wachstumsraten bei hohem Marktanteil auszeichnen, ist ebenfalls ein hoher finanzieller Rückfluß zu erwarten, während bei den question marks bei niedrigem Marktanteil und hohem Wachstum erhebliche finanzielle Mittel aufzubringen wären, um eine bessere Positionierung zu erreichen. Die dogs zeichnen sich durch niedrige Marktanteile und niedriges Wachstum aus. Das so ermittelte Portfolio wird im Hinblick auf eine angestrebte Ausgewogenheit analysiert. Ziel ist es, Unausgewogenheiten zu vermeiden. Dem Ist-Portfolio wird ein Soll-Portfolio gegenübergestellt, für das strategische Stoßrichtungen, sogenannte Normstrategien, definiert werden.[47] Normstrategien sind:

- Investitions- und Wachstums-Strategien,
- selektive Strategien und
- Abschöpfungs- und Desinvestitions- bzw. Abernte-Strategien.[48]

Investitions- und Wachstums-Strategien beziehen sich auf strategische **Geschäftseinheiten mit hohem bzw. mittlerem Marktwachstum und Marktanteil.** Hierdurch

---

[46] Zu einer Darstellung weiterer Möglichkeiten der Einteilung der Portfolios vgl. *Roventa, Peter:* Portfolio-Analyse, S. 175.
[47] Vgl. hierzu *Meffert, Heribert:* Strategische Planungskonzepte, S. 193–209.
[48] Zur Auswahl geeigneter Strategien bzw. geeigneter Schritte vgl. z. B. *Engeleiter, Hans-Joachim:* Die Portfoliotechnik als Instrument der strategischen Planung, in: BFuP, 33. Jg. (1981), S. 407–420, insbes. S. 413–415; *Pleitner, Hans-Jobst:* Die Portfolio-Analyse als Führungsinstrument im Marketing, in: BFuP, 35. Jg. (1983), S. 269–282, insbes. S. 280 f. Daß diese grundsätzlichen Vorgehensweisen nicht auf den Konsumgüterbereich beschränkt sind, zeigen *Pfeiffer, Werner u. a.:* Technologie-Portfolio-Methode des strategischen Innovationsmanagement, in : ZfO, 52. Jg. (1983), S. 252–261.

424   X. Kapitel: Das strategische Controlling

sollen künftige Erfolgspotentiale aufgebaut werden, allerdings bedarf es hierzu erheblicher finanzieller Mittel. Für solche **strategischen Geschäftseinheiten,** die im Diagonalbereich zwischen hohem Marktwachstum und schwachem Marktanteil stehen, bedarf es eines **differenzierten Vorgehens** im Hinblick auf die Auswahl der Strategie, d.h. hier muß mit anderen Beurteilungskriterien eine spezifischere Wertung vorgenommen werden. Strategische **Geschäftseinheiten im Bereich niedrigen bzw. mittleren Marktwachstums und schwacher Anteile** sollten durch **Abschöpfungs- und Desinvestitionsstrategien** gedeckt werden. Eine Darstellung der möglichen Strategien, die im Hinblick auf bestimmte Felder einer Matrix angewendet werden, findet sich bei *Hinterhuber* (vgl. *Abb. 193*).

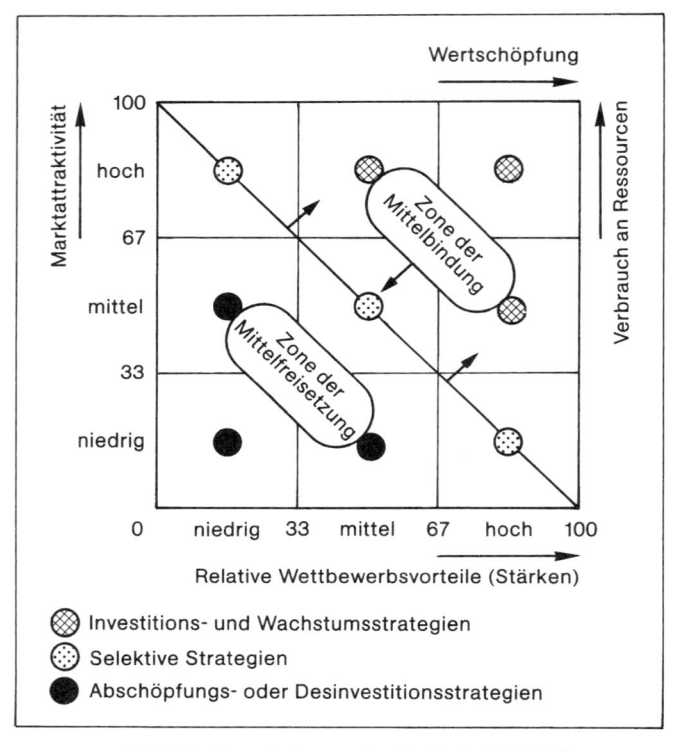

Abb. 193: Grundschema der Portfolio-Matrix[49]

e) Die Produktlebenszyklusanalyse

Ausgangspunkt des Lebenszykluskonzeptes ist die Hypothese, daß Produkte und Märkte wie Lebewesen dem „Gesetz des Werdens und Vergehens"[50] unterliegen. Man geht davon aus, daß **Produkte** lediglich eine **begrenzte Lebensdauer** aufweisen und bestimmte **Entwicklungsphasen** durchlaufen, die im sogenannten Lebenszyklusmodell dargestellt werden können. Das Bestehen von Lebenszyklen für

---

[49] Entnommen aus *Hinterhuber, Hans H.:* Strategisches Denken, S. 109.
[50] *Meffert, Heribert:* Marketing, S. 369.

B. Strategisches Controlling   425

bestimmte Branchen und Produkte ist empirisch bestätigt, jedoch muß der S-förmige Verlauf der Lebenszykluskurve als idealtypisch unterstellt werden.[51]

Sucht man nach den Gründen für einen solchen Lebenszyklus, so sind diese in der Ausschöpfung des Nachfragepotentials, z.B. als Folge einer Änderung von Präferenzstrukturen, durch Verschiebungen in der Bevölkerungsstruktur oder aufgrund gewandelter Wertauffassungen und im technischen Fortschritt zu suchen. Änderungen der gesamtwirtschaftlichen Rahmenbedingungen können ebenfalls den Lebenszyklus mitbeeinflussen.

Das Lebenszyklusmodell zeigt beispielhaft die **Phasen,** die ein Produkt **von der Entwicklung bis zum Ausscheiden** aus dem Markt idealtypischerweise durchläuft. Der Zyklus läßt sich in den folgenden vier Phasen darstellen:[52]

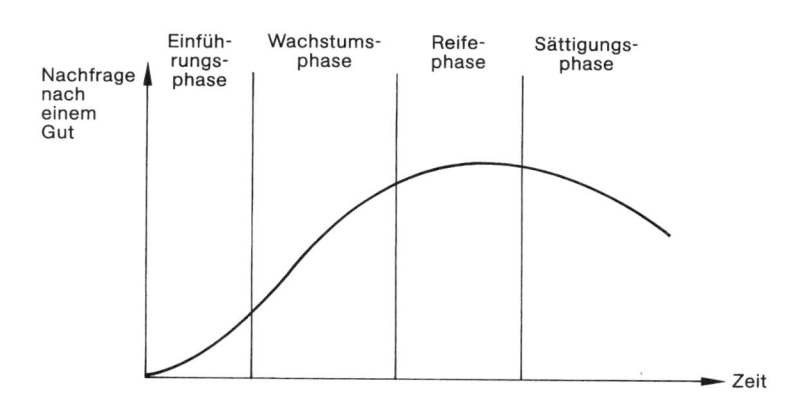

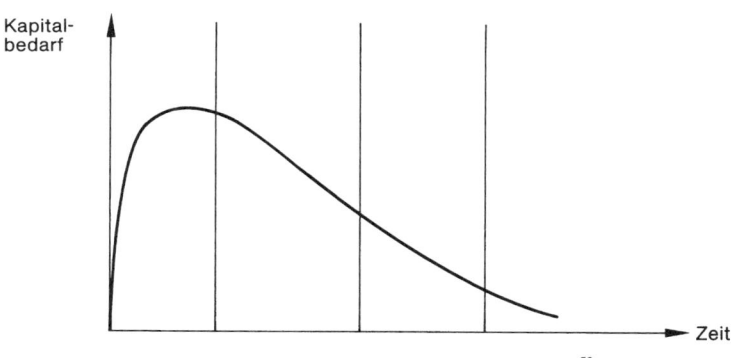

Abb. 194: Das Produkt-Lebenszyklusmodell[53]

---

[51] Vgl. die Beispiele empirisch beobachteter Verläufe bei *Pfeiffer, Werner; Bischof, Peter:* Produktlebenszyklus – Instrument jeder strategischen Produktplanung, in: Planung und Kontrolle, hrsg. von *Horst Steinmann,* München 1981, S. 133–166, hier S. 152.

[52] Vier Phasen werden etwa postuliert bei *Kotler, Philip; Bliemel, Friedhelm:* Marketing Management, S. 349f., während *Meffert* fünf solcher Phasen charakterisiert. Vgl. *Meffert, Heribert:* Marketing, S. 370.

[53] Entnommen aus *Reichmann, Thomas:* Die strategische Unternehmensführung, S. 29.

- Einführungsphase,
- Wachstumsphase,
- Reifephase und
- Degenerationsphase.

Die graphische Darstellung des Lebenszykluskonzeptes kann der *Abb. 194* entnommen werden.

Die verwendete Maßgröße zur Charakterisierung der Produktentwicklung ist der **Umsatz**, der zunächst kontinuierlich steigt und dann in der Degenerationsphase fällt. Anders hingegen entwickelt sich der **Kapitalbedarf**. Es zeigt sich, daß in der Einführungs- und Wachstumsphase zunächst ein hoher Kapitalbedarf entsteht, während in der Reifephase ein geringer Kapitalbedarf, dafür aber positive Deckungsbeiträge die Regel sein dürften. Aufbauend auf den Erkenntnissen der Produktlebenszyklusanalyse sollen Strategien erarbeitet werden, die zu Handlungsempfehlungen führen sollten. Auf der Basis dieser einfachen Lebenszyklusdarstellung ist dies nur unzureichend möglich. Aus diesem Grund versuchen *Pfeiffer* und *Bischof*,[54] ein erweitertes Konzept des Produktlebenszyklus und eine modifizierte Interpretation zu liefern. Zunächst wird der Begriff Lebenszyklus um einen Entstehungszyklus erweitert, in dem insbesondere die Kosten für die Einführung des Produktes berücksichtigt werden. In einem weiteren Schritt soll ein Beobachtungszyklus als informative Grundlage einbezogen werden, in dem die Beobachtung des wissenschaftlich technologischen Vorfeldes bzw. der „externen Inventionen"[55] berücksichtigt wird. Das gesamte Konzept läßt sich wie in *Abb. 195* darstellen.[56]

Die Integration eines Beobachtungszyklus hat die Funktion, daß **geeignete Informationen aus der Unternehmensumwelt analysiert und aufbereitet** werden. Diese können als schwache Signale im Sinne *Ansoffs* verstanden werden.[57] Schwache Signale sind vage Informationen, die zur Wahrnehmung einer Chance bzw. zur Vermeidung von Risiken zu einem recht frühen Zeitpunkt führen.

Die **Phase** zwischen der **systematischen Suche** nach Alternativen der Produktplanung und ihrer **marktlichen Realisierung** umfaßt der **Entstehungszyklus**. Hier werden im wesentlichen die Kosten – sofern erfaßbar –, die als Vorleistungen eingehen, berücksichtigt. Folgt man der *Abb. 196*, so zeigt sich, daß diese Kosten natürlich bekannt sein müssen, um überhaupt die kumulierten Deckungsbeiträge über den Lebenszyklus eines Produktes errechnen zu können. In der Praxis dürfte dies nicht ohne weiteres möglich sein, und nur durch Annahmen über das Kostenverhalten im Zusammenhang mit dem Produkt kann eine überschlägige mehrperiodische Kostenschätzung erfolgen.

In der konkreten Anwendung kann das Lebenszykluskonzept zur Untersuchung und Klassifizierung des gesamten Produktionsprogramms und der jeweiligen

---

[54] Vgl. *Pfeiffer, Werner; Bischof, Peter:* Produktlebenszyklus, S. 150.
[55] *Pfeiffer, Werner; Bischof, Peter:* Produktlebenszyklus, S. 137.
[56] Im Original ist die Ordinate mit „Umsatz bzw. Gewinn" irreführend bezeichnet.
[57] Vgl. *Ansoff, Igor H.:* Managing Surprise and Discontinuity-Strategic Response to Weak Signals, in: ZfbF, 28. Jg. (1976), S. 129–152.

B. Strategisches Controlling   427

Abb. 195: Das erweiterte Produktlebenszyklusmodell[58]

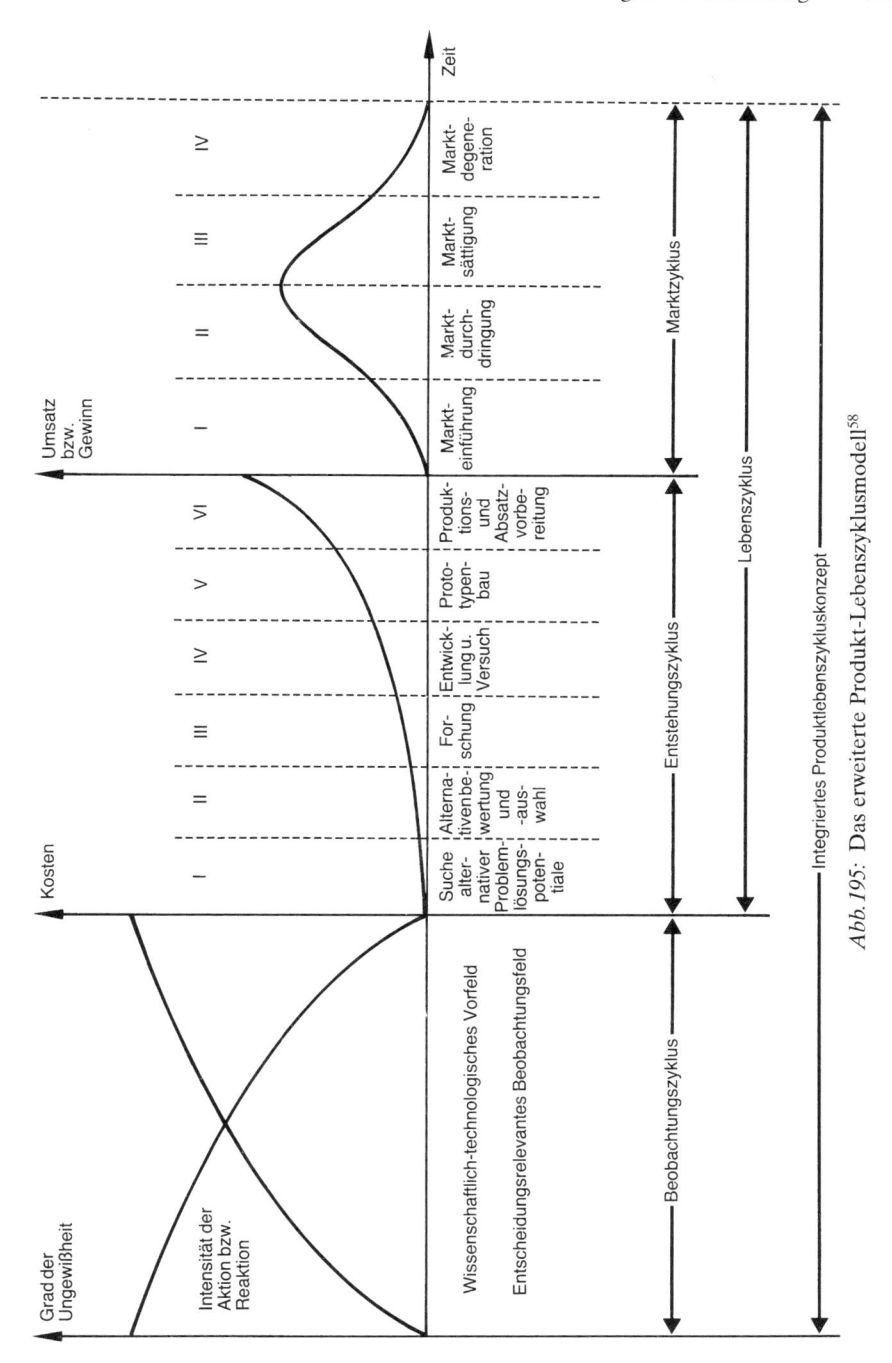

[58] Entnommen aus *Pfeiffer, Werner; Bischof, Peter:* Produktlebenszyklus, S. 136.

428   X. Kapitel: Das strategische Controlling

Produkte verwendet werden, so daß sich hier etwaige Strategien im Hinblick auf die Notwendigkeit, neue Produkte zu erstellen oder alte aus dem Markt zurückzuziehen, ergeben. Allerdings ist die Anwendung dieses Lebenszykluskonzeptes mit einigen Schwächen behaftet. Schwierig dürfte die **Positionierung eines konkreten Produktes auf der Lebenszykluskurve** sein, da die Zyklusphasen nicht eindeutig abgrenzbar sind. Trotz der erkennbaren konzeptionellen Mängel kann das erweiterte Produkt-Lebenszyklusmodell als ein geeignetes Hilfsmittel der Gestaltung des Absatzprogramms zur Erreichung eines Gleichgewichtes im Hinblick auf die Altersstruktur der Produkte angesehen werden.

C. Das strategische Kosten- und Erfolgs-Controlling

1. Kostenstrukturmanagement als zentrale Controllingaufgabe in einem veränderten Wettbewerbs- und Unternehmensumfeld

Die Kostenrechnung bzw. das Rechnungswesen allgemein wird in Wissenschaft und Praxis als **zentrales innerbetriebliches Informationsinstrument** des Controlling angesehen.[59] Eine Vielzahl von Auswertungen in allen Controllingbereichen basiert auf Daten, die unmittelbar vom Rechnungswesen bereitgestellt werden. Allein vor dem Hintergrund dieser starken methodischen Abhängigkeit besteht eine zentrale Aufgabe des Controlling darin, die informelle Relevanz dieses Instrumentariums vor dem Hintergrund des Wettbewerbsumfeldes in gewissen Zeitabständen kritisch zu analysieren und zu beurteilen, in diesem Sinne also eine **rechnungswesenorientierte Stärken- und Schwächenanalyse** durchzuführen.

Eine solche Analyse muß sorgfältig die wichtigsten unternehmensinternen und -externen Einflußfaktoren berücksichtigen. In diesem Zusammenhang muß das Controlling folgenden Sachverhalt beachten: Die in den heutigen Unternehmungen eingesetzten Kostenrechnungssysteme entstanden konzeptionell zu einem Zeitpunkt, der im Falle der flexiblen Plankostenrechnung auf Teilkostenbasis bzw. Grenzplankostenrechnung mehr als dreißig Jahre, im Falle der einfachen Vollkostenrechnung noch weitaus länger zurückreicht.[60] Die Beurteilung dieser

---

[59] Vgl. dazu u. a. *Reichmann, Thomas; Lachnit, Laurenz:* Das Rechnungswesen als Management-Informationssystem zur Krisenerkennung und Krisenbewältigung, in: BFuP, 30. Jg. (1978), S. 203–219; und *Küpper, Hans-Ulrich; Winckler, Barbara; Zhang, Suixin:* Planungsverfahren und Planungsinformationen als Instrumente des Controlling, in: DBW, 50. Jg. (1990), S. 435–458, hier S. 440f.

[60] Nicht berücksichtigt bei dieser generellen Aussage sind Verfeinerungen der einzelnen Systeme, die z. B. auf einen differenzierten Ausweis der einzelnen Fixkostenschichten im Rahmen der Fixkostendeckungsrechnung und den Ausweis der zeitlichen Bindungsdauern und Abbautermine im Rahmen der Fixkosten- und Fixkostenmanagementorientierten Plankostenrechnung abzielen. Vgl. dazu im einzelnen *Reichmann, Thomas:* Kosten und Preisgrenzen, S. 44–46; *Scholl, Hermann J.:* Fixkostenorientierte Plankostenrechnung; und *Reichmann, Thomas; Schwellnuß, Axel G.; Fröhling, Oliver:* Fixkostenmanagementorientierte Plankostenrechnung, S. 60–67.

C. Das strategische Kosten- und Erfolgs-Controlling

Systeme muß daher den Ausprägungen des damaligen und heutigen Wettbewerbsumfeldes Rechnung tragen. Vergleicht man nun anhand einiger ausgewählter Kriterien die konzeptionellen Schwerpunkte der Kostenrechnung in unterschiedlichen Wettbewerbssituationen, so erhält man wertvolle Hinweise auf gravierende Mängel der derzeit implementierten Systeme sowie Ansatzpunkte für die Ausgestaltung zukünftiger Kostenrechnungsansätze.

Dabei zeichnet sich in Wissenschaft und Praxis der Trend ab, daß die zentrale Aufgabe eines Kosten- und Erfolgs-Controlling nicht nur in der operativen Kostenrechnung, sondern in zunehmendem Maße auch in einem strategischen Kostenstrukturmanagement[61] gesehen wird, das parallel auf die Fix- und Gemeinkostenproblematik im Unternehmen abzielt. Diese insbesondere aus der Unternehmenspraxis erhobene Forderung nach einer Weiterentwicklung der Kostenrechnung zu einem auch strategisch relevanten Informationslieferanten gründet sich auf die Veränderungen, die einerseits die Unternehmensumwelt, die Markt- und Wettbewerbsstrukturen, andererseits auch die Unternehmensaktivitäten an sich betreffen:

Auf der Ebene der Erfolgsfaktoren zeichnet sich zunehmend der Trend ab, daß die eigentliche Produktion immer stärker an strategischer Bedeutung verliert. An ihre Stelle tritt zunehmend die Fähigkeit des Unternehmens, ein kundenwunschkonformes, **breites Variantenspektrum** bei gleichzeitiger Sicherstellung einer **hohen Qualität der Produkte und Dienstleistungen** sowie eines exzellenten Lieferservice anzubieten. Insbesondere die Dienst- und Serviceleistungsintensität der angebotenen Problemlösungen führen dazu, daß die **indirekten Leistungsbereiche** im Unternehmen (Planungs-, Dispositions-, Überwachungs- und Kontrollaktivitäten) gegenüber den direkten Fertigungstätigkeiten stark wachsen. Bezogen auf die Fertigungsstruktur zeichnet sich der Trend ab, daß die – in Lehrbüchern zur Kostenrechnung nicht selten implizit unterstellte – niedrigautomatisierte, homogene Massenfertigung in hohen Stückzahlen immer stärker von einer stark **technologiegestützten niedrigvolumigen Sorten- und Serienfertigung** verdrängt wird. Die Automatisierung auf der einen und die Verlagerung der Prozeßstruktur auf der anderen Seite haben zur Folge, daß der Anteil der Fix- und Gemeinkosten überproportional zunimmt. Diese Veränderungen der betrieblichen Kostenstruktur haben eine weitgehende **kostenwirtschaftliche Inflexibilität** zur Folge, die den Aspekt der Kostengestaltung und -politik in den Mittelpunkt der Controllingbemühungen rückt. Der Break-even-point lag bei vielen Unternehmen noch vor 5 Jahren bei 70–75%. Heute liegt er nicht selten schon bei 85–90%, d.h. bereits ein Beschäftigungsrückgang von 10%, der bei der in den

---

[61] Zur Konzeption und Differenzierung des Kostenstrukturmanagements vgl. *Reiß, Michael; Corsten, Hans:* Grundlagen des betriebswirtschaftlichen Kostenmanagements, in: WiSt, 19. Jg. (1990), S. 390–396. Aus Sicht der Unternehmenspraxis weist insbesondere *Pohle* auf die mangelnde Transparenz bezüglich operativer und strategischer Kostenbestimmungsfaktoren hin. Vgl. *Pohle, Klaus:* Kritische Analyse des Management-Informationssystems aus der Sicht des Vorstands, in: Unternehmensführung und Controlling, hrsg. von *Hans-Ulrich Küpper u. a.,* Wiesbaden 1990, S. 1–18, hier S. 11 f. Zum Fixkostenmanagement als integrativem Bestandteil des Kostenstrukturmanagements vgl. Kap. III.C.4.

letzten 20 Jahren zu beobachtenden konjunkturellen Entwicklung nicht ungewöhnlich ist, bringt das Unternehmen an den Rand der Verlustzone (vgl. Abb. 196).

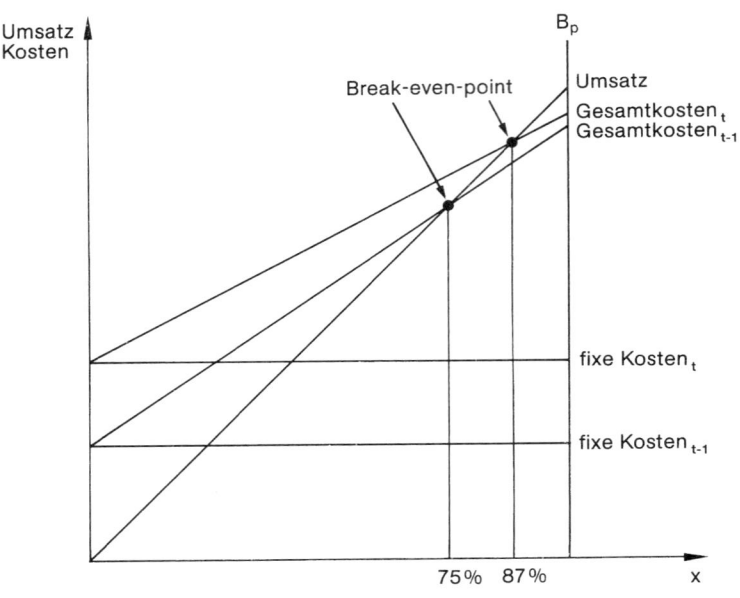

Abb. 196: Break-even-point bei alternativen Fixkostenstrukturen

Dieser Trend wird noch verstärkt durch die in vielen Branchen abnehmenden Produktlebenszyklen, die bewirken, daß der Zeithorizont der Leistungserstellung zu einer häufig instabilen Größe wird. So betragen z. B. die durchschnittlichen Modell-Lebenszyklen in der Personal Computer-Branche mittlerweile weniger als ein Jahr.

Marktseitig steht das Kosten- und Erfolgs-Controlling vor dem Problem, das Rechenwerk noch weitaus stärker als bislang konsequent **nachfragerbezogen** auszugestalten. Dieses „Primat der Marktorientierung" muß sich insbesondere in einer Flexibilisierung und Verfeinerung der Bezugsobjekte der Kostenrechnung niederschlagen. Die zunehmende Wettbewerbsintensität bewirkt darüber hinaus, daß das Controlling nicht allein unternehmensinterne Kosten- und Leistungsdaten, sondern gerade auch wettbewerbsorientierte, relative Kosten- und Erlösinformationen in seine Planungs- und Kontrollinstrumente integrieren muß. Eine weitere wichtige Entwicklung betrifft darüber hinaus den Wettbewerbsfaktor „Zeit". Ein strategisches Kosten- und Erfolgs-Controlling muß darauf abzielen, zeitlich übergreifende Zusammenhänge kostenwirtschaftlich darzustellen und zu beurteilen. Dazu zählt z. B. die phasenübergreifende Beurteilung der Vorteilhaftigkeit von bestimmten Produkten und die mehrperiodige Beurteilung der Wirtschaftlichkeit von bestimmten Absatzsegmenten. Dies erfordert instrumentell eine langfristig ausgerichtete Kosten- und Erfolgsplanung und -kontrolle für die unterschiedlichen Zurechnungsobjekte.

2. Bezugsrahmen eines strategischen Kosten- und Erfolgs-Controlling

Die systematische Ausgestaltung eines **strategischen Kosten- und Erfolgs-Controlling** als Baustein eines umfassenden Controllingsystems muß sich – unter Berücksichtigung der entscheidungs- und informationsbezogenen Elemente[62] – an einem konkreten **Bezugsrahmen** orientieren. Dieser Bezugsrahmen ist in der Abb. 197 dargestellt.

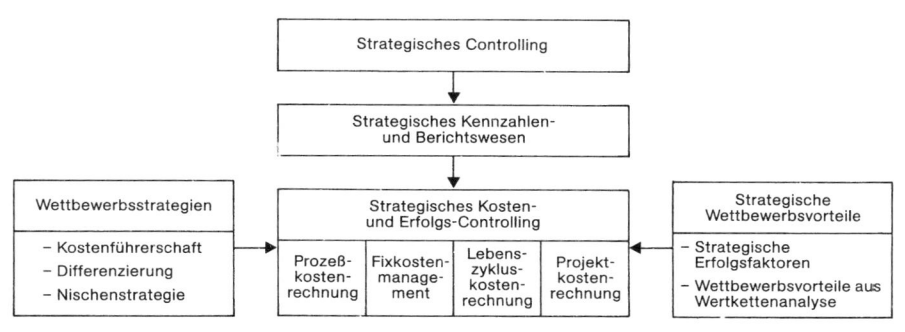

Abb. 197: Bezugsrahmen für ein strategisches Kosten- und Erfolgs-Controlling

Ausgangspunkt ist die Zielsetzung der Schaffung und Absicherung **strategischer Wettbewerbsvorteile**.[63] Unter strategischen Wettbewerbsvorteilen werden der Konkurrenz überlegene Leistungen verstanden,

- die ein für den Nachfrager wichtiges Leistungsmerkmal betreffen (Bedeutung des Leistungsmerkmals),
- deren Vorteile vom Nachfrager tatsächlich wahrgenommen werden (Kommunizierbarkeit des Leistungsmerkmals) und
- deren Vorteile von der Konkurrenz nicht schnell einholbar sind (Dauerhaftigkeit des Leistungsmerkmals).[64]

Wettbewerbsvorteile eines Unternehmens resultieren z. B. aus einer gegenüber dem Konkurrenten überlegenen Kostenposition im Gesamtmarkt oder in Teilmärkten, einer hohen Produkt- und Servicequalität, – in selteneren Fällen – einer einmaligen, überragenden Produktart oder einer hohen Flexibilität in bezug

---

[62] Siehe hierzu im einzelnen Kapitel I.A.2.
[63] Vgl. dazu näher *Porter, Michael E.:* Wettbewerbsvorteile. Spitzenleistungen erreichen und behaupten, Frankfurt a. M. 1986, S. 59; *Simon, Hermann:* Management strategischer Wettbewerbsvorteile, in: ZfB, 58. Jg. (1988), S. 461–480 und *Albach, Horst:* Kosten, Transaktionen und externe Effekte im Rechnungswesen, in: ZfB, 58. Jg. (1988), S. 1143–1170, hier S. 1155.
[64] Vgl. zu diesen Kriterien im einzelnen *Simon, Hermann:* Management strategischer Wettbewerbsvorteile, S. 464f. Die Leistungen umfassen dabei nicht nur die eigentlichen Produkte, sondern insbesondere auch die Dienst- und Serviceleistungen des Unternehmens. Vgl. auch *Buttler, Günter; Stegner, Eberhard:* Industrielle Dienstleistungen, in: ZfbF, 42. Jg. (1990), S. 931–945.

auf die schnelle Erfüllung differenzierter Kundenwünsche. Solche Wettbewerbsvorteile existieren nicht per se, sondern stehen in engem Zusammenhang mit den unternehmensspezifischen **strategischen Erfolgsfaktoren**. Diese bilden zugleich Anknüpfungspunkte für die Ausgestaltung und Ausrichtung der Wettbewerbsstrategien des Unternehmens. Strategische Erfolgsfaktoren sind z.B. in einer hohen personellen und technologischen Flexibilität gegenüber marktbezogenen Veränderungen, einer geringen Durchlaufzeit des Leistungsprozesses von der Produktentwicklung bis hin zur Markteinführung, einer exzellenten Produktqualität infolge ausgeprägter Qualitätssicherungsmaßnahmen und einem hohem Innovationspotential bezüglich neuer Produkte und Verfahren zu sehen.[65]

Auf der nächsten Ebene erfolgt die **Formulierung der Wettbewerbsstrategien**. Dabei kann zwischen der Strategie der Kostenführerschaft, der Strategie der Differenzierung und Nischen- bzw. Konzentrationsstrategien differenziert werden.[66] Die Globalstrategie **Kostenführerschaft** zielt auf die Erreichung einer überlegenen Kostenposition ab, aus der eine überdurchschnittliche Ertragsposition resultiert. Ein Unternehmen, das Kostenführerschaft verfolgt, muß versuchen, seine gesamte Kostenstruktur zu optimieren, um möglichst niedrige Stückkosten zu erreichen. Mit der Globalstrategie **Differenzierung** hingegen versucht ein Unternehmen, in einem oder mehreren für die Nachfrager hoch bewerteten Merkmalen eine gegenüber den Mitwettbewerbern überragende Leistung zu erzielen.[67] Dieser Leistungsvorsprung ermöglicht die Durchsetzung höherer Preisforderungen am Markt und hat damit eine verbesserte Ertragssituation zur Konsequenz. **Nischenstrategien** sind – wie der Name schon nahelegt – nicht global ausgerichtet, sondern konzentrieren sich auf bestimmte Schwerpunkte. Mit diesem Strategietyp wählt ein Unternehmen ein bestimmtes Markt- bzw. Absatzsegment aus und geht in seinem Leistungsangebot gezielt auf die jeweilige Nachfragergruppe ein. Nischenstrategien können sowohl Schwerpunkte auf der Kostenseite als auch auf der Leistungs-, d.h. Differenzierungsseite besitzen.

Bei dieser kurzen Analyse möglicher Wettbewerbsstrategien dürfen zwei Aspekte nicht vergessen werden:[68] Zum einen steht nicht jedem Unternehmen die **Wahl**

---

[65] Vgl. zu möglichen strategischen Erfolgsfaktoren im einzelnen *Meffert, Heribert:* Größere Flexibilität als Unternehmungskonzept, in: ZfbF, 37.Jg. (1985), S.121–137; *Meyer, Jürgen:* Qualität als strategische Wettbewerbswaffe, in: Wettbewerbsvorteile und Wettbewerbsfähigkeit, hrsg. von *Hermann Simon*, Stuttgart 1988, S.73–88; *Bühner, Rolf:* Technologieorientierung als Wettbewerbsstrategie, in: ZfbF, 40.Jg. (1988), S.387–406 und *Simon, Hermann:* Die Zeit als strategischer Erfolgsfaktor, in: ZfB, 59.Jg. (1989), S.70–93.

[66] Vgl. zu den unterschiedlichen Strategietypen („generic strategies") insbesondere *Porter, Michael E.:* Wettbewerbsstrategien. Methoden zur Analyse von Branchen und Konkurrenten, 6.Aufl., Frankfurt a. M. 1990; *ders.:* Wettbewerbsvorteile, S.31–50; *Wright, Peter:* A Refinement of Porter's Strategies, in: SMJ, Vol.8 (1987), S.93–101 und *Albach, Horst:* Das Management der Differenzierung. Ein Prozeß aus Kreativität und Perfektion, in: ZfB, 60.Jg. (1990), S.773–788.

[67] Hierbei wird der enge Zusammenhang zwischen der Ebene der Strategie und den Wettbewerbsvorteilen deutlich. Überlegene Kostenpositionen und Leistungen als strategische Stoßrichtungen zielen unmittelbar auf die Erlangung entsprechender Wettbewerbsvorteile ab.

[68] Vgl. dazu näher *Wright, Peter:* Refinement, S.93–98.

zwischen den unterschiedlichen Strategietypen offen. Je nach Unternehmensgröße, Ressourcenausstattung, Branchenzugehörigkeit und Wettbewerbsumfeld treten mehr oder weniger starke Restriktionen auf, die ein Unternehmen in seinen strategischen Wahlmöglichkeiten einschränken. So können mittelständische Unternehmen häufig nur gezielte Nischenstrategien verfolgen. Zum anderen ist bedeutsam, daß in der Unternehmenspraxis reine Strategien, die also entweder allein auf Kostenführerschaft oder auf Differenzierung ausgerichtet sind, kaum anzutreffen sind. Häufig handelt es sich um **Mischstrategien,** bei denen entweder der Kosten- oder der Differenzierungsaspekt überwiegt.

Die Aufgabe des Controlling liegt nun in der **kosten- und erfolgswirtschaftlichen Fundierung der Wettbewerbsstrategien,** die das entsprechende Unternehmen verfolgt, also im Bereich der strategischen Informationsversorgung. Die Wahl und Formulierung der Strategie ist hingegen ausschließliche Aufgabe des Top-Managements, unterstützt von der strategischen Planung. Die jeweilige Strategie determiniert aber nicht nur das Spektrum an relevanten Informationen, die der Controller generieren muß, sondern bestimmt in hohem Maße auch die **Struktur und Ausgestaltung der Informationssysteme,** mit denen das Controlling arbeitet. Hierbei ist insbesondere der Beziehungszusammenhang zwischen der Art der Strategie und dem zugrundeliegenden Kostenrechnungssystem näher zu untersuchen.

Da die ausformulierten Strategien in der Regel recht grob umschrieben sind, bedarf es zur Erfüllung der strategischen Informationsaufgaben des Controlling einer zweckentsprechenden Operationalisierung der Strategieentwürfe und der Verwendung eines „strategischen Rasters". Als Anknüpfungspunkt wird hierbei das **Wertkettenmodell** von *Porter*[69] gewählt, das ein Instrument zur Identifikation von Wettbewerbsvorteilen und zur darauf aufbauenden Generierung von Wettbewerbsstrategien darstellt. Mit dem Wertkettenansatz wird das gesamte Unternehmen in differenzierte Tätigkeiten bzw. Aktivitäten (Wertaktivitäten) strukturiert, die physisch und technologisch unterscheidbar sind.

Mit der Wertkettenanalyse wird neben einer Hilfe bei der wettbewerbsbezogenen Unternehmensstrukturierung zugleich eine wesentliche Grundlage für das **strategische Kosten- und Erfolgs-Controlling,** also die instrumentelle Ebene, geschaffen. Die Aktivitätsausrichtung korrespondiert in hohem Maße mit den jüngsten Entwicklungen im Rechnungswesen, die unter dem Schlagwort „**Prozeßkostenrechnung**" zusammengefaßt werden können. Diese Methodik verfeinert die klassische kostenrechnerische Einteilung des Unternehmens in – primär an der Aufbauorganisation angelehnten – Kostenstellen um die – primär an der Ablauforganisation ausgerichteten – einzelnen Aktivitäten in allen Unternehmensberei-

---

[69] Vgl. zur Wertkette und Wertkettenanalyse *Porter, Michael E.:* Wettbewerbsvorteile, S. 63–82; *Meffert, Heribert:* Die Wertkette als Instrument einer integrierten Unternehmensplanung, in: Der Integrationsgedanke in der Betriebswirtschaftslehre, hrsg. von *Klaus Delfmann,* Wiesbaden 1989, S. 255–278, hier S. 258–273; *Hasselberg, Frank:* Strategische Kontrolle im Rahmen strategischer Unternehmensführung, Frankfurt a. M. u. a. 1989, S. 262–267 und *Meffert, Heribert:* Klassische Funktionenlehre und marktorientierte Führung – Integrationsperspektiven aus der Sicht des Marketing –, in: Integration und Flexibilität: eine Herausforderung für die Allgemeine Betriebswirtschaftslehre, hrsg. von *Dietrich Adam* u. a., Wiesbaden 1990, S. 373–408, hier S. 381–402.

chen. Darüber hinaus muß das strategische Kosten- und Erfolgs-Controlling Möglichkeiten zur Anpassung an wechselnde Beschäftigungslagen im Rahmen des **Fixkostenmanagements** (vgl. Kapitel III) systematisch erfassen und für das operative Geschäft bereitstellen. Großprojekte und Produktentwicklung beziehen sich i. d. R. auf mehrere Rechnungsperioden (Jahre); für ihre verursachungsgerechte Zuordnung von Kosten und Leistungen (Erträgen) ist im strategischen Kosten- und Erfolgs-Controlling eine „mehrperiodische Kostenrechnung" vorzusehen, die i. d. R. als PC-gestützte verdichtete Kosteninformationsrechnung geführt werden kann, wie sie im Abschnitt C.2 des Kapitels XI dargestellt wird. Da eine zentrale Aufgabe des Controlling auch in der Koordinierung und Harmonisierung des internen Berichtswesens zu sehen ist,[70] müssen die strategischen Kosteninformationen – ergänzt um weitere strategische Zielgrößen finanzieller und/oder nicht-finanzieller Art – in ein entsprechend zu strukturierendes **strategisches Kennzahlen- und Berichtswesen** eingebunden werden. Dieses ist gleichzeitig Medium für die Informationsversorgung der Führungsinstanzen und ein wirksames Kontrollinstrument für den Abgleich zwischen Informationsangebot und Informationsnachfrage im Bereich des strategischen Controlling.

3. Ausrichtung der Kostenrechnung auf die Wettbewerbsstrategien

Mit der zunehmenden Forderung nach einer parallelen strategischen Ausrichtung des Kostenmanagements[71] verliert die Kostenrechnung ihre Neutralität bezüglich der Unternehmenspolitik. Ergänzend zu den rein methodischen und funktionalen Kriterien bei der Beurteilung der Controllingrelevanz eines Kostenrechnungssystems tritt insbesondere die Frage nach dessen **Kompatibilität mit den Wettbewerbsstrategien** auf. Die Notwendigkeit dieser Anforderung ergibt sich daraus, daß die Entscheidungen des Top-Managements überwiegend strategischer Natur sind.[72] Eine informelle Fundierung solcher Problemstellungen

---

[70] Vgl. dazu näher *Horváth, Péter:* Controlling, S. 564–582 und *ders.:* Das Controllingkonzept. Der Weg zu einem wirkungsvollen Controllingsystem, München 1991, S. 173–182.

[71] Vgl. dazu *Picot, Arnold:* Theoretische Überlegungen zur Kostenpolitik der Unternehmung bei rückläufiger Wirtschaftsentwicklung, in: Betriebswirtschaftliche Entscheidungen bei Stagnation. Edmund Heinen zum 65. Geburtstag, hrsg. von *Ludwig Pack* und *Dietrich Börner,* Wiesbaden 1984, S. 145–163, hier S. 151; *Albach, Horst:* Kosten, Transaktionen und externe Effekte, S. 1159; *Bleicher, Knut:* Grenzen des Rechnungswesens für die Lenkung der Unternehmensentwicklung, in: Betriebswirtschaftliche Steuerungs- und Kontrollprobleme, hrsg. von *Wolfgang Lücke,* Wiesbaden 1988, S. 33–47, hier S. 45; *Shank, John K.; Govindarajan, Vijay:* Strategic Cost Analysis. The Evolution from Managerial to Strategic Accounting, Homewood 1989; *Hasselberg, Frank:* Strategische Kontrolle, S. 262; *Weber, Jürgen:* Change-Management für die Kostenrechnung – Zur Notwendigkeit des beständigen Wandels der Kostenrechnung, in: Tagungsband 10. Saarbrücker Arbeitstagung Rechnungswesen und EDV, hrsg. von *August-Wilhelm Scheer,* Heidelberg 1989, S. 30–47, hier S. 36–39; *Horváth, Péter:* Strategisches Kostenmanagement, in: Controllingkonzeptionen für die Zukunft: Trends und Visionen, hrsg. von *Péter Horváth,* Stuttgart 1991, S. 71–90.

[72] Vgl. dazu *Reid, David M.:* Operationalizing Strategic Planning, in: SMJ, Vol. 10 (1989), S. 553–567, hier S. 558.

setzt voraus, daß die Kostenrechnung solche Informationen generiert, die das strategische Entscheidungsumfeld des Unternehmens adäquat abbilden.[73] Dieses Umfeld konkretisiert sich in den aktuellen und potentiellen Wettbewerbsstrategien des Unternehmens und den unmittelbaren strategischen Optionen innerhalb einzelner Geschäftsfelder bzw. -bereiche. Für das einzusetzende Kostenrechnungssystem bedeutet dies, daß es aus Controllingsicht nicht nur das (operative) Beurteilungskriterium der Entscheidungsrelevanz erfüllen,[74] sondern zugleich auch dem Aspekt der Strategierelevanz Rechnung tragen muß. Greift man die beiden Globalstrategien „Kostenführerschaft" und „Differenzierung" auf, so lassen sich folgende Merkmale skizzieren (vgl. *Abb. 198*).

	Unternehmensstrategien mit den Zielen	
Informationsmerkmal	Differenzierung	Kostenführerschaft
Relevanz von Standardkosten zur Leistungsbewertung	nicht sehr wichtig	sehr wichtig
Bedeutung einer flexiblen Budgetierung im Rahmen der Produktion	mittel bis gering	hoch bis sehr hoch
Wichtigkeit der Budgeteinhaltung	mittel bis gering	hoch bis sehr hoch
Bedeutung der Analyse von Kosten der Differenzierung (z. B. Marketingkosten, Qualitätskosten, F & E-Kosten, Logistikkosten)	sehr hoch bis erfolgskritisch	mittel bis gering
Bedeutung der Produktkosten als Grundlage der Preispolitik	gering (mit Ausnahme des Differenzierungsmerkmals Variantenvielfalt)	hoch bis sehr hoch (Stückkostenminimierung als strategische Zielsetzung)
Bedeutung von kostenstellenorientierten Abweichungsanalysen	mittel bis gering	hoch bis sehr hoch
Bedeutung konkurrenzbezogener Kostenanalysen	gering	hoch bis sehr hoch (auf aggregiertem Niveau)

Abb. 198: Konsequenzen der Strategiewahl für die Informationsgenerierung der Kostenrechnung[75]

---

[73] *Simmonds* weist in diesem Zusammenhang darauf hin, daß die heutigen Kostenrechnungssysteme überwiegend daten-, nicht informationsorientiert sind. Während die Datenorientierung ausschließlich auf die Nutzung vordefinierter Kostenrechnungsdaten fokussiert, zielt die Informationsorientierung auf die Befriedigung der konkreten Informationsbedürfnisse des Nachfragers ab. Vgl. *Simmonds, Kenneth:* Strategisches Management Accounting, in: ZfC, 1. Jg. (1989), S. 264–269, hier S. 265 und *Fröhling, Oliver:* Strategisches Management Accounting, in: KRP, 1991, S. 7–12, hier S. 8.
[74] Vgl. dazu die Ausführungen in Kapitel III.B.2.
[75] Abbildung in Anlehnung an *Shank, John K.:* Strategic cost management. New Wine, or just New Bottles?, in: JMAR, Vol. 1 (1989), 3, S. 47–65, hier S. 55.

Aus dieser Abbildung läßt sich als **Tendenzaussage** entnehmen, daß **aus unterschiedlichen Wettbewerbsstrategien** im Unternehmen **differierende**, sich teilweise diametral gegenüberstehende **Informationsanforderungen an die Kostenrechnung** resultieren. Um ein konkretes Beispiel zu geben: Ein mittelständisches Unternehmen, dessen hauptsächlicher Wettbewerbsvorteil gegenüber den Konkurrenten in seinem Segment in einer exzellenten Vertriebsorganisation und Logistikleistung besteht, wird besonders daran interessiert sein, seine unternehmensinterne und gegebenenfalls -übergreifende[76] Vertriebs- und Logistikkostenstruktur genau zu kennen, d. h. Kosteninformationen zu generieren, die primär auf die betriebliche Querschnittsfunktion „Logistik" abzielen. Hingegen dürften detaillierte Abweichungsanalysen auf Ebene der Fertigungskostenstellen, wie sie gerade für die DV-gestützten Systeme der Grenzplankostenrechnung typisch sind, von untergeordnetem Interesse sein.

Um zu einer detaillierten Beurteilung der Strategieadäquanz des jeweils verwendeten bzw. implementierten Kostenrechnungssystems zu gelangen, ist es im ersten Schritt erforderlich, die tatsächlichen **Erfolgsfaktoren des Unternehmens** zu identifizieren. Im Anschluß daran ist zu prüfen, wie die ermittelten Faktoren auf die **Aufbau- und Ablauforganisation** des Unternehmens einwirken, inwieweit sie also die Gesamtunternehmung (z. B. Wettbewerbsfaktor „Produkt- und Dienstleistungsqualität" und „Logistikservice") oder nur einzelne Teilbereiche betreffen (z. B. Wettbewerbsfaktor „Vertriebsservice"), inwieweit sie den gesamten Leistungsplanungs- und -erstellungsprozeß betreffen oder nur einzelne Phasen (z. B. Forschung und Entwicklung, Konstruktion) umfassen, inwieweit sie schließlich auf primär qualitativen Aspekten (z. B. hohe Werbewirkung) oder quantitativen Kriterien (z. B. kostengünstiges Variantenangebot) basieren. Mit dieser mehrdimensionalen Grobanalyse sollte das Controlling versuchen, Untersuchungsschwerpunkte herauszufiltern, die zugleich Anknüpfungspunkte für die Beurteilung des Kostenrechnungssystems sind.

Wenn also z. B. das Analyseergebnis zutage tritt, daß der konkrete Erfolgsfaktor gegenüber den Konkurrenten der Logistikservice im Rahmen der Absatzlogistik ist und daß zur strategischen Beurteilung neben genauen Kosteninformationen auch mehrperiodige Leistungsdaten benötigt werden, die u. a. auf die Faktoren „Umschlagshäufigkeit", „Lieferbereitschaft" und „mengenorientierte Kapazitätsauslastung" abzielen, dann liegt bereits ein erster Datenkranz zur Abschätzung der strategischen Eignung des vorhandenen Kostenrechnungssystems vor.

An dieser Stelle muß nun eine **funktionale, betriebswirtschaftliche Analyse der Kostenrechnung** erfolgen. Für das skizzierte Beispiel hieße das, daß zu prüfen wäre, inwieweit die Kostenrechnung eine genaue Aufsplittung der Logistikkosten bis auf Belegebene ermöglicht. Zu untersuchen wäre auch, ob die Kostenrechnung eine genaue Analyse des Logistikleistungsspektrums gewährleistet, also über eine differenzierte Bezugsgrößenplanung und -kontrolle für die Absatzlogistik verfügt. Schließlich wäre zu fordern, daß die systemseitig vorhandenen Kosten- und Lei-

---

[76] Dies ist insbesondere dann erforderlich, wenn das Unternehmen mit seinen Lieferanten und Abnehmern in engen vertraglichen Beziehungen steht, wie es z. B. im Rahmen der Just-in-time-Produktion in der Automobilindustrie nicht selten vorkommt.

stungsdaten rechentechnisch auch so aufbereitet werden können, daß die Ermittlung von Logistikkennzahlen für das Controlling sichergestellt ist. Kommt der Controller bezüglich aller bzw. der meisten Kriterien zu einer negativen Einschätzung der verfügbaren Kostenrechnung, so ist zumindest aktuell die Eignung des Systems zur Bereitstellung strategisch relevanter Rechnungswesendaten zu verneinen.[77]

Aus diesen diskutierten Veränderungen in der Wettbewerbs- und Unternehmensstruktur wird in jüngster Zeit ein entsprechender Veränderungsbedarf der Kostenrechnung abgeleitet. Dabei wird in der Literatur der Entwicklungspfad vom „Cost Accounting", über das operative „Management Accounting" hin zu einem „Strategischen Management Accounting" herausgestellt.[78] Eine wesentliche Kritik an dieser Forderung ist: Die gegenwärtigen konzeptionellen Vorschläge zur Umsetzung eines strategischen Rechnungswesens zielen fast ausschließlich auf die **Auswertungsebene** ab, d.h. auf den Aspekt der Informationsaufbereitung und -nutzung bei strategischen Fragestellungen. Vernachlässigt wird hingegen die **Ausgestaltungsebene** und konkret die Fragestellung: „Welche Bestimmungsfaktoren und Einflußgrößen sind eigentlich beim Aufbau eines gleichermaßen operativ wie strategisch leistungsfähigen Rechnungswesens zu beachten?".

Eine grundlegende Auseinandersetzung mit den strukturellen Grundlagen der Rechnungswesensausgestaltung hat bislang noch nicht stattgefunden. *Albach* charakterisierte in einer Analyse die heute in der Unternehmenspraxis gebräuchlichen Kostenrechnungssysteme auf Voll- und Teilkostenbasis als „Produktionskostenrechnungen", deren Augenmerk primär auf dem Rationalisierungspotential Produktion liegt und in deren Rechenwerk externe Einflüsse auf den Beschaffungs- und Absatzmärkten (z.B. Beschaffungspreisdifferenzen) konsequent eliminiert werden.[79] Auch die der Kalkulation zugrundeliegende Klassifizierung unterschiedlicher Fertigungsverfahren (Serien-, Sorten- und Auftragsfertigung) im Rahmen der Grenzplankostenrechnung von *Kilger* konzentriert sich auf den Produktionsbereich des Unternehmens und beschränkt sich somit auf das „Strukturobjekt" Fertigungsprozeß.[80] In jüngerer Zeit versuchen *Fröhling*,[81] *Weber*,[82] *Pfohl* u.a.,[83] die Kostenrechnung stärker aus strategischer Sicht zu diskutieren.

---

[77] Zu prüfen wäre in Zusammenarbeit mit den EDV-Verantwortlichen innerhalb und außerhalb des Unternehmens dann natürlich, ob, wie und in welchem Maße die erkannten Mängel wirtschaftlich abzustellen sind, das bestehende Kostenrechnungssystem also problemadäquat zu modifizieren ist.

[78] Vgl. zu dieser Entwicklung z.B. *Simmonds, Kenneth*: Strategisches Management Accounting, S.264f.; *Shank, John K.; Gonvindarajan, Vijay*: Strategic Cost Analysis, S.XI und *Horváth, Péter*: Strategisches Kostenmanagement, S.74 und 85f. *Horváth* sieht darin einen „Paradigmenwechsel" im Rechnungswesen. Die inhaltlichen Aspekte eines strategischen Management Accounting werden noch näher angesprochen.

[79] Vgl. *Albach, Horst*: Kosten, Transaktionen und externe Effekte, S.1156.

[80] Vgl. *Kilger, Wolfgang*: Flexible Plankostenrechnung, S.28 und ders.: Industriebetriebslehre, S.32f.

[81] Vgl. *Fröhling, Oliver*: Prozeßorientiertes Portfolio-Management, in: DBW, 52.Jg. (1992), S.341–358.

[82] Vgl. *Weber, Jürgen*: Controlling der Kostenrechnung, in: KRP, 1990, S.203–208.

[83] Vgl. hierzu z.B. *Pfohl, Hans-Christian; Wübbenhorst, Klaus L.*: Lebenszykluskosten. Ursprung, Begriff und Gestaltungsvariablen, in: JfB, 33.Jg. (1983), 3, S.142–154; *Wübbenhorst, Klaus L.*: Konzept der Lebenszykluskosten. Grundlagen, Problemstellungen

X. Kapitel: Das strategische Controlling

Im folgenden soll versucht werden, die wichtigsten Einflußfaktoren auf die Kostenrechnung aus strategischer Sicht herauszuarbeiten und in ihren Auswirkungen darzustellen. Die Qualität der Beurteilung der Zweckadäquanz der Kostenrechnung hängt in hohem Maße von den gewählten Untersuchungskriterien und ihren Ausprägungen ab. Kostenrechnung als Controllingobjekt läßt sich insbes. aus strategischer Sicht nur dann problementsprechend analysieren, wenn man zunächst von der Auswertungs- und Verwendungsseite abstrahiert bzw. die gewünschten Auswertungsprofile als Zielvorgaben betrachtet und auf die Entstehungsseite, d. h. die strukturellen Grundlagen fokussiert. Mit anderen Worten: Nicht die Nutzung bestehender Systeme zur Gewinnung strategisch relevanter Kostenrechnungsinformation, sondern die **Ausgestaltung strategie- und strukturadäquater Rechnungswesensysteme** sollte im Mittelpunkt der Überlegungen stehen. Dazu ein Beispiel: Wenn das Management oder das Controlling als Adressaten von Kostenrechnungsinformationen die inhaltliche Bedeutung einer konstruktionsbegleitenden Kalkulation im konkreten Unternehmenskontext erkannt und priorisiert haben, ist eine DV-technische Realisierung noch nicht ohne weiteres möglich. Dazu wäre es zunächst erforderlich, wichtige Bestimmungsgrößen wie z. B. den DV-technischen Stand (Verfügbarkeit von CAD/CAM-Systemen und Implementierung eines leistungsfähigen Basissystems der Kostenrechnung) und die Fertigungsstruktur des Unternehmens im Hinblick auf ihre „Kompatibilität" mit der Zielvorgabe zu überprüfen. Der eigentliche Auswertungszweck wird durch unternehmensinterne und -externe Voraussetzungen (die „Strukturadäquanz" der Kostenrechnung) determiniert. *Abb. 199* zeigt die logische Ablaufstruktur der Entwicklung von Kostenrechnungs- und Controllinginformationssystemen auf. Die externen und internen Einflußgrößen determinieren die Grunddaten, auf die die nachgelagerten Informationssysteme, insbesondere die Kosten- und Leistungsrechnung und weitere Controllinginformationssysteme, zurückgreifen. Informationsquellen und -strukturen, die beim „Systemdesign" nicht berücksichtigt werden, führen automatisch zu Defiziten bei der nachgelagerten Informationsaufbereitung.

Die von uns auf Basis von empirischen Erhebungen und konzeptionellen Überlegungen vorgeschlagenen Einflußgrößen, die die Ausgestaltung und Strategieadäquanz des Rechnungswesens determinieren, sind in *Abb. 200* dargestellt.

Die **Branchenstruktur** ist ein wichtiges übergeordnetes Kriterium zur Eruierung der Strategieadäquanz von Rechnungswesensystemen. In Abhängigkeit von der Branchenzugehörigkeit ergeben sich unterschiedliche Anforderungen an die Basis-Kostenrechnungssysteme (z. B. Grenzplankostenrechnung) und die einzelnen Kostenrechnungsmodule (z. B. Ausgestaltung der Kostenträgerstückrechnung). Da die heute gebräuchlichen Kostenrechnungssysteme fast ausschließlich für die Belange von Industrieunternehmen konzipiert wurden, stellt sich für Unter-

---

und technologische Zusammenhänge, Darmstadt 1984; *Brown, Robert J.:* A New Marketing Tool: Life-Cycle Costing, in: Marketing Effectiveness. Insights from Accounting and Finance, hrsg. von *Stanley J. Shapiro* und *Vishnu H. Kirpalani*, Boston u. a. 1984, S. 184–192 und *Back-Hock, Andrea:* Lebenszyklusorientiertes Produktcontrolling. Ansätze zur computergestützten Realisierung mit einer Rechnungswesen-Daten- und -Methodenbank, Berlin, Heidelberg, New York 1988; *Blanchard, Benjamin S.:* Design and Manage to Life Cycle Cost, Portland 1978.

C. Das strategische Kosten- und Erfolgs-Controlling

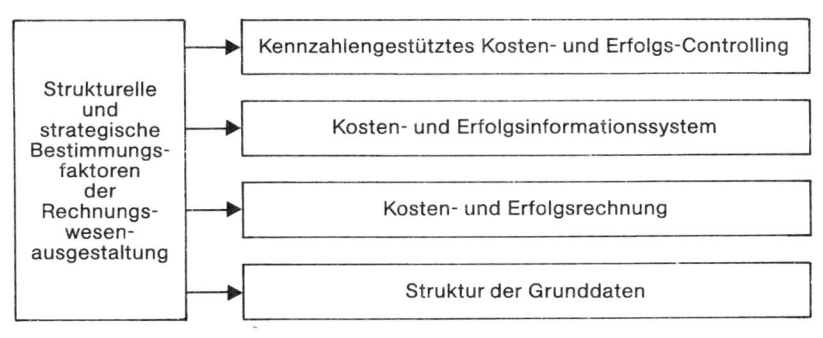

Abb. 199: Kosten- und Erfolgs-Rechnungswesen und -Controlling

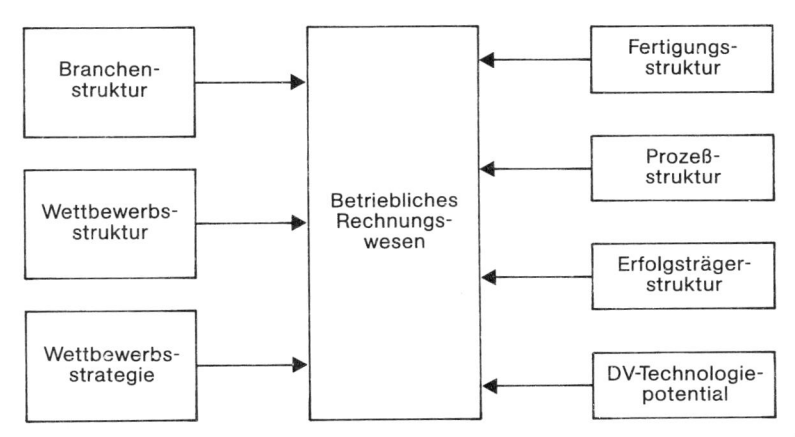

Abb. 200: Strukturelle und strategische Determinanten der Rechnungswesenausgestaltung

nehmen anderer Branchen die Frage nach der Übertragung und gegebenenfalls Modifikation dieser Konzepte auf ihre spezifischen Bedürfnisse (z.B. Einsatz der Grenzplan- und Einzelkostenrechnung in Dienstleistungsunternehmen)[84] oder den Möglichkeiten eines Einsatzes neuerer Kostenrechnungssysteme (z.B. Prozeßkostenrechnung in Bankbetrieben).[85]

Die auf Basis einer Branchenstrukturanalyse[86] abgeleitete relative Unternehmenspositionierung beeinflußt das Spektrum möglicher **Wettbewerbsstrategien.** Dabei lassen sich auf globaler Ebene, wie schon erwähnt, Strategien der Kosten-

---

[84] Vgl. dazu z.B. *Vikas, Kurt:* Controlling im Dienstleistungsbereich mit Grenzplankostenrechnung, Wiesbaden 1988; *Krumnow, Jürgen:* Deckungsbeitragsrechnung, Geschäftsstellen- und Kundenkalkulation in der Bank, in: Controlling-Praxis: Erfolgsorientierte Unternehmenssteuerung, hrsg. von *Thomas Reichmann,* München 1988, S. 366–378 und *Witt, Frank-Jürgen:* Deckungsbeitragsmanagement, S. 298–305.

[85] Vgl. *Schuster, Werner:* Produktivitätssteuerung in Banken auf Basis prozeßorientierter Stückkosten, in: Tagungsband 2. Workshop Prozeßkostenrechnung, hrsg. von *Péter Horváth,* Stuttgart 1990.

[86] Ausführlich zur Branchenstrukturanalyse vgl. *Porter, Michael E.:* Wettbewerbsstrategien, S. 25–61.

führerschaft, der Differenzierung, Misch- und Nischen- bzw. Konzentrationsstrategien unterscheiden. Da Nischenstrategien sowohl Schwerpunkte auf der Kosten- wie auf der Differenzierungsseite besitzen können und ihre Abgrenzung von den diesbezüglichen „Primärstrategien" tendenziell unternehmensgrößenbedingt ist, bilden sie bezüglich der Segmentierung des Rechnungswesenprofils keine eigenständige Kategorie. Verfolgt das Unternehmen **Kostenführerschaft,** verlangt dies vom strategischen Kosten- und Erfolgs-Controlling eine sehr genaue Kenntnis der Stückkosten der Erfolgsträger und der Wirtschaftlichkeit des Leistungserstellungsprozesses an sich. Somit kommt einer ausgebauten Kostenstellenrechnung mit der Möglichkeit detaillierter Abweichungsanalysen und einer aussagefähigen Produkt- bzw. Auftragskalkulation ein hoher Stellenwert zu. Anders bei einer **Differenzierungsstrategie:** Hier muß das strategische Controlling zunächst prüfen, worin sich der Differenzierungsvorteil gegenüber den Wettbewerbern ausdrückt. Besteht der Erfolgsfaktor z.B. in einem exzellenten Logistikservice, würde die Empfehlung tendenziell im Aufbau einer integrierten Logistikkosten- und -leistungsrechnung, im Falle einer innovativen Produktpolitik in der Ergänzung bestehender Rechnungswesensysteme um Bausteine zur Variantenkalkulation und gegebenenfalls Projektkostenrechnung bestehen.[87] Diese zunächst recht groben Aussagen bezüglich der Entscheidung für oder gegen ein bestimmtes Kostenrechnungs(teil)system muß das Controlling im nächsten Schritt durch eine Analyse der relevanten Geschäftsfeldstrategien fundieren, um z.B. Aussagen über den spezifisch benötigten Informationsbedarf bei unterschiedlichen Logistik- und Vertriebsstrategien zu gewinnen.[88]

Nun kann ein Unternehmen bei einer hohen Konkurrenzintensität und marktseitig engen Handlungsspielräumen selten seinen gewünschten Strategietyp frei wählen und problemlos realisieren, sondern muß ihn an das relevante Wettbewerbsumfeld adaptieren. Dies führt zum Kriterium der **Wettbewerbsstruktur,** das sich vergröbernd in die Kategorien Polypol (vollständige Konkurrenz), Oligopol (unvollständige Konkurrenz) und Monopol (keine Konkurrenz) einteilen läßt. Im Falle eines monopolistischen Wettbewerbs muß das Controlling zunächst prüfen, ob sich die Monopolstellung auf Kosten- und/oder Leistungsaspekte bezieht und ob sie dauerhaft (z.B. öffentliche Unternehmen) oder nur temporär existiert. In dauerhaften Monopolen besteht auch heutzutage noch häufig eine hoch-

---

[87] Zur Strategieabhängigkeit der Kostenrechnung vgl. auch *Weber, Jürgen:* Change-Management für die Kostenrechnung und *Horváth, Péter:* Strategisches Kostenmanagement, S. 76 f.

[88] Solche Fragestellungen der Festlegung von Beschaffungs- und Absatzwegen z.B. im Hinblick auf Direktbezug und -absatz, Zwischenschaltung von Handel und vertikaler Integration werden im betriebswirtschaftlichen Schrifttum unter Transaktionskostenaspekten diskutiert. Vgl. dazu u.a. *Michaelis, Elke:* Planungs- und Kontrollprobleme in Unternehmungen und Property Rights-Theorie, in: Betriebswirtschaftslehre und Theorie der Verfügungsrechte, hrsg. von *Dietrich Budäus, Elmar Gerum* und *Gebhard Zimmermann,* Wiesbaden 1988, S. 119–148, hier S. 122 f. Zum Begriff und Konzept der Transaktionskosten vgl. auch *Picot, Arnold:* Transaktionskostenansatz in der Organisationstheorie: Stand der Diskussion und Aussagewert, in: DBW, 42. Jg. (1982), S. 267–284; und *Zimmermann, Gebhard:* Produktionsplanung, Verfügungsrechte und Transaktionskosten, in: Betriebswirtschaftslehre und Theorie der Verfügungsrechte, hrsg. von *Dietrich Budäus, Elmar Gerum* und *Gebhard Zimmermann,* Wiesbaden 1988, S. 197–218.

gradige Nichtakzeptanz von Rechnungsweseninformationssystemen, wie z. B. die Diskussion über ein Controlling in öffentlichen Unternehmen zeigt. Bei einem zeitweiligen Monopol muß je nach Ausrichtung des Monopols (Kosten- bzw. Differenzierungs-Monopol) geprüft werden, welcher Art die benötigten Rechnungswesensysteme sein müssen. Gleiches gilt für Unternehmen in einem Markt vollständiger und nicht-vollständiger Konkurrenz. Im Gegensatz zum Monopolfall steht aber hier die Schaffung, nicht Verteidigung von Wettbewerbsvorteilen im Mittelpunkt, d.h. das Herausheben von der Konkurrenz durch die kostenrechnerische Konzentration auf spezielle Kosten- und Differenzierungselemente.

Ein weiteres Argument für die Berücksichtigung des Kriteriums Wettbewerbsstruktur ist darin zu sehen, daß die Wettbewerbsform an sich bezüglich des „organizational slack"[89] eine Kosteneinflußgröße ist. So zeigt *Shepherd* in einer empirischen Untersuchung, daß im Falle eines Monopolisten 5 bis 10 %, in weniger wettbewerbsschwachen Märkten hingegen etwa (nur) 3 % der Gesamtkosten auf die Kosteneinflußgröße „mangelnder Wettbewerb" zurückzuführen sind.[90] Eine denkbare Empfehlung des Controlling könnte nun dahin gehen, in ein Rechnungswesensystem zu investieren, das im Falle eines Abbaus der Monopolsituation rechtzeitig die Quellen der oben erwähnten Mehrkosten und damit strategische Rationalisierungspotentiale aufspüren hilft.[91]

Der nächste wichtige Einflußfaktor für die strategieadäquate Ausgestaltung des Rechnungswesens ist die **Erfolgsträgerstruktur** des Unternehmens, d.h. das Spektrum der angebotenen Produkte, Dienstleistungen und sonstiger Serviceleistungen. Sie bilden die unmittelbare Schnittstelle zum Nachfrager und sind zugleich das Bezugsobjekt von operativen wie strategischen Kostensenkungs- und Differenzierungsbemühungen. Je nach Breite und Tiefe des Erzeugnis- und Dienstleistungsspektrums ergeben sich völlig unterschiedliche Anforderungen an die Kostenrechnung, so z.B. im Hinblick auf den Genauigkeitsgrad und die Aktualitätserfordernisse der Produktkalkulation bei Serien- und Sortenfertigern sowie der Vor-, mitlaufenden Kalkulation und Nachkalkulation bei Auftragsfertigern.[92] Mit dem Anstieg der Produktbreite durch eine steigende Variantenanzahl wachsen zugleich die Anforderungen bezüglich der Gemeinkostentransparenz und der Aussagefähigkeit von Produkterfolgsrechnungen auf Deckungsbeitragsbasis. In engem Zusammenhang mit der Erfolgsträgerstruktur und der Produktkomplexität steht die **Fertigungsverfahrensstruktur** als weiterer Bestimmungsfaktor, der insbesondere auf den Differenziertheitsgrad der Kostenträgerstückrechnung einwirkt. *Abb. 201*

---

[89] Zur Verursachung des „organizational slack" vgl. insbesondere *Welge, Martin K.:* Unternehmungsführung, Band 2: Organisation, Stuttgart 1987, S. 64.

[90] Vgl. *Shepherd, William G.:* The Economics of Industrial Organization, Englewood Cliffs 1979, S. 180f. Vgl. auch *Picot, Arnold:* Kostenpolitik, S. 156f.

[91] Geht man von der plausiblen Annahme aus, daß wettbewerbsbezogene Mehrkosten vor allem durch eine Überdimensionierung der Verwaltungsorganisation entstehen, so wäre aus Controllingsicht insbesondere eine Verwaltungskostenrechnung zu fordern. Vgl. dazu *Picot, Arnold; Rischmüller, Gerd:* Planung und Kontrolle der Verwaltungskosten in Unternehmungen, in: ZfB, 51.Jg. (1981), S. 311–346. In der aktuellen Diskussion werden diese Gedanken durch die Prozeßkostenrechnung aufgegriffen.

[92] Zur Auftragskalkulation vgl. speziell *Fröhling, Oliver; Weinrich, Uwe:* Integriertes Auftrags- und Produktions-Controlling, in: ZfC, 2.Jg. (1990), S. 94–101.

zeigt beispielhaft, wie sich unterschiedliche Einflußgrößen wie z.B. Prozeßbezogenheit, Erfolgsträgerstruktur, Fertigungsverfahren und Fertigungstiefe auf Differenzierung und Typologisierung der Kostenträgerstückrechnung auswirken.

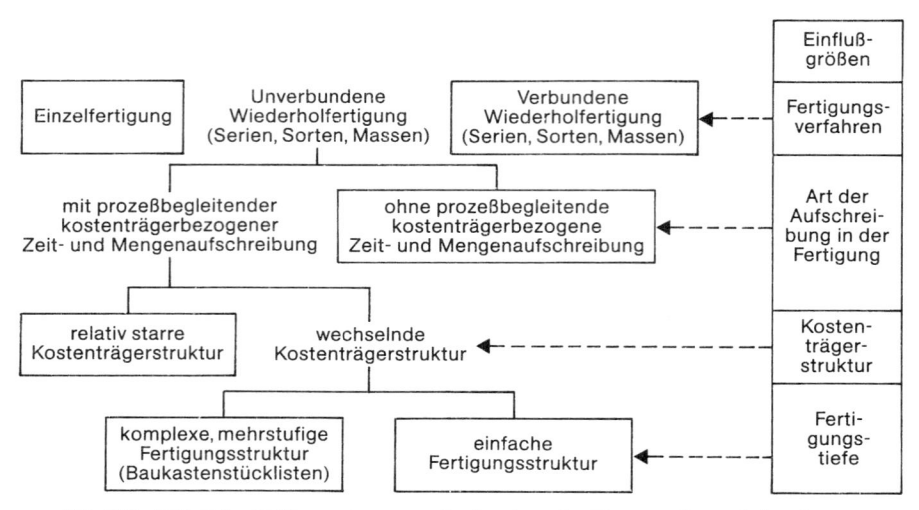

Abb. 201: Mögliche Differenzierungserfordernisse der Kostenträgerstückrechnung

Eine weitere wichtige Einflußgröße ist die **Prozeßstruktur** des Unternehmens, die über die direkten Fertigungsaktivitäten weit hinausreicht und auch vorgelagerte Beschaffungs- und nachgelagerte Absatz- und Serviceaktivitäten umfaßt.[93] Die Prozeßstruktur ist zentraler Anknüpfungspunkt der Kostenzurechnung und Kalkulation im Rahmen der Prozeßkostenrechnung und wird an anderer Stelle noch näher angesprochen.

Hinter der letzten Einflußgröße **DV-Technologiepotential** verbirgt sich das breite Spektrum an konvergenten und miteinander verbundenen Technologien, die die Daten verarbeiten. Dazu zählen neben der Computertechnologie (Klein- und Großrechner) Datenerfassungsgeräte aller Art (z.B. Betriebsdatenerfassungssysteme), Kommunikationstechnologien (z.B. Bürokommunikation), Produktions- (z.B. CAX-Komponenten, Roboter, Flexible Fertigungssysteme und NC-Maschinen) und Logistiktechnologien (z.B. Fördergeräte und Lagereinrichtungen) sowie andere Hard- und Software im Unternehmen. Das DV-Technologiepotential beeinflußt über die zur Verfügung stehenden Datenvolumina sowie die Qualität und Aktualität der Datenaufbereitung unmittelbar die Auswertungsmöglichkeiten des Rechnungswesens und Controlling. So ist z.B. in einem hochautomati-

---

[93] Ein Beispiel für die Notwendigkeit der unternehmensübergreifenden Berücksichtigung von Prozessen ist z.B. die Wahl der Fertigungstiefe als strategisches Make-or-Buy-Problem. Vgl. dazu z.B. *Ihde, Gösta B.:* Die relative Betriebstiefe als strategischer Erfolgsfaktor, in: ZfB, 58.Jg. (1988), S.13–23 und *Dichtl, Erwin:* Produktauslegung und Fertigungstiefe als Determinanten der Wertschöpfung, in: Marketing-Schnittstellen: Herausforderungen für das Management, hrsg. von *Günter Specht, Günter Silberer und Werner H. Engelhardt,* Stuttgart 1989, S.87–102.

sierten Unternehmen mit heterogener Kostenträgerstruktur eine zeitgleiche leistungsprozeßbegleitende Kostenrechnung mit integrierter Abweichungsanalyse nur dann möglich, wenn Istdaten automatisch von der Betriebsdatenerfassung an die Kostenrechnung zurückgemeldet werden.[94] Eine leistungsfähige konstruktionsbegleitende Kalkulation kann nur dann realisiert werden, wenn das Unternehmen über ein CAD-System verfügt, das an die Kostenstellenrechnung und Kalkulation angekoppelt ist.

Das DV-Technologiepotential beeinflußt aber nicht nur Datenvolumen und Qualität, sondern unmittelbar auch andere **strukturbestimmende Einflußgrößen.**[95] Zum einen kann es in Form einer Diversifikation dazu beitragen, daß ein Unternehmen neue Geschäftsfelder erschließt (z. B. Angebot von Logistikdienstleistungen), die über sein bisheriges Produkt- und Dienstleistungsspektrum hinausreichen. Die Automatisierung bestimmter Aktivitäten (z. B. Auftragsabwicklung, Fakturierung und Kundendienst per Datenkommunikation) kann zu einer Intensivierung des Wettbewerbs beitragen. Schließlich wirkt das DV-Technologiepotential auf die Ausgestaltung der Wettbewerbstrategien des Unternehmens, indem es Kosten- (z. B. Automatisierung des innerbetrieblichen Lager- und Transportwesens) und Differenzierungsvorteile (z. B. höhere Qualität von Produktions- und Qualitätssicherungsaktivitäten) ermöglicht. *Abb. 202* zeigt abschließend die Verknüpfung und den Wirkungsverbund der diskutierten Einflußfaktoren bei der Rechnungswesensystemausgestaltung anhand eines vergröberten, idealtypischen Unternehmens- und Umfeldmodells.

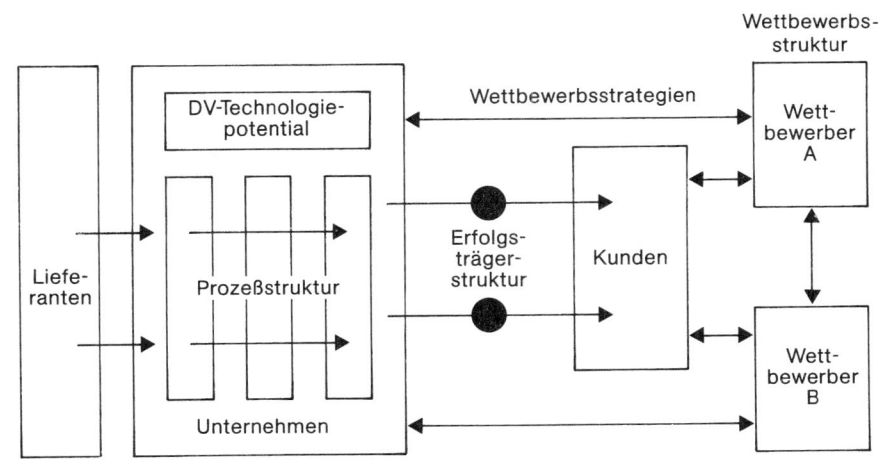

Abb. 202: Bestimmungsfaktoren des Rechnungswesens im Kontext von Unternehmen bestimmter Branchen und Umfeld

---

[94] Zur Ausgestaltung eines CIM-orientierten Rechnungswesens vgl. *Schnieder, Antonio:* Prozeßorientiertes Controlling und Rechnungswesen, in: ZfC, 2. Jg. (1990), S. 12–17. Zum gegenwärtigen betriebswirtschaftlichen und technischen Stand des Computer Integrated Manufacturing vgl. vor allem *Scheer, August-Wilhelm:* Computer Integrated Manufacturing (CIM). Der computergesteuerte Industriebetrieb, 4. Aufl., Berlin u. a. 1990.

[95] Vgl. zu diesen Interdependenzen insbesondere *Porter, Michael E.; Millar, Victor E.:* Wettbewerbsvorteile durch Information, in: HM, 8. Jg. (1986), 1, S. 26–35.

4. Target Cost Management

a) Entwicklung des Target Cost Managements

In den vergangenen Jahren 1992 und 1993 zeigten sich für weite Teile der deutschen Wirtschaft, insbesondere für die Automobilindustrie, deutliche rezessive Tendenzen, die durch zum Teil gravierende Absatz- und Ertragseinbrüche gekennzeichnet waren.[96] Ohne die betriebswirtschaftlichen und volkswirtschaftlichen Einflußfaktoren im einzelnen zu diskutieren,[97] läßt sich aus dem strategischen Blickwinkel feststellen, daß es den internationalen Wettbewerbern und insbesondere den asiatischen Anbietern in den 80er Jahren gelungen ist, ihre Leistungsdefizite (z. B. Produktqualität, Service im Hinblick auf die Ersatzteillogistik) zu verringern, ohne ihren Kostenvorteil zu gefährden. Sie haben es also vergleichsweise besser als ihre westlichen Konkurrenten geschafft, den Aspekt der Kostenführerschaft mit denen der Differenzierung in Form von erfolgreichen, globalen und/oder nischenbezogenen Mischstrategien zu kombinieren. Der dadurch auf den Absatzmärkten entfachte Preisdruck bei einem gleichzeitig hohen Leistungsniveau der angebotenen Erzeugnisse und Dienstleistungen führte dazu, daß Fragen der **Kostengestaltung und -senkung** im Rahmen der Unternehmenspolitik (wiederum) erheblich an Bedeutung gewannen. Diese Kostenanpassungsstrategie ist **unternehmenszentriert:** Vereinfacht ausgeführt werden auf Basis der betrieblichen Teilpläne im Rahmen der jährlichen Plankalkulation die Selbstkosten und unter Berücksichtigung entsprechender Gewinnzuschläge die Angebotspreise der betrachteten Erzeugnisse ermittelt. Auf den Absatzmärkten findet dann der Abgleich der eigenen Angebotspreise mit den Marktpreisen statt, die sowohl durch die eigenen und konkurrenzseitigen Angebotspreise als auch durch die Preisbereitschaft der Nachfrager geprägt sind. Sind die eigenen Preise nicht wettbewerbsfähig, werden entsprechende Kostensenkungsmaßnahmen vorbereitet und durchgeführt, nach deren Abschluß erneut eine (ggf. unterjährige) Plankalkulation durchgeführt wird. Die Vorteilhaftigkeit dieser Preise wird dann wiederum auf dem Markt „getestet".

Es wird deutlich, daß die dominant unternehmensorientierte Ausrichtung des Informationssystems Kostenrechnung dazu führt, daß auch leistungsfähige und bewährte Ansätze, wie z. B. die flexible Plankostenrechnung bzw. in jüngster Zeit die prozeßkonforme Grenzplankostenrechnung,[98] auf absatzmarktspezifische Datenveränderungen zwangsläufig nur reagieren und deren wirtschaftliche Auswir-

---

[96] Im Frühsommer des Jahres 1994 zeichnete sich jedoch wieder eine spürbare konjunkturelle Belebung ab, so daß man auf der Ebene der globalen Wirtschaft von einer, wenn auch ausgeprägten, „zyklischen Rezession" sprechen kann. In einigen Branchen scheint jedoch die Rezession in eine längerfristige Strukturkrise zu münden, wie insbesondere für die deutsche Kfz-Zulieferindustrie.

[97] Als betriebswirtschaftliche Einflußgröße sei beispielhaft die Schaffung von erheblichen Überkapazitäten nach der deutschen Wiedervereinigung in Folge der Erwartung einer kontinuierlich anhaltenden Nachfragesteigerung erwähnt.

[98] Vgl. *Müller, Heinrich:* Prozeßkonforme Grenzplankostenrechnung, Wiesbaden 1993.

C. Das strategische Kosten- und Erfolgs-Controlling 445

kungen lediglich dokumentieren können. Die Ursache für diesen (scheinbaren) Bedeutungsverlust der Kostenrechnung liegt weniger in konzeptionellen Defiziten,[99] sondern vielmehr in eben dieser Unternehmenszentriertheit der Kostenrechnung und einer oftmals **fehlenden organisatorischen Verknüpfung mit den markt- und strategieorientierten Funktionsbereichen** im Unternehmen (z. B. strategische Planung, Marketing und Vertrieb). Seit einigen Jahren wächst – fast zwangsläufig – hierzulande das Interesse an stärker marktorientierten Kostenplanungs- und -gestaltungstechniken.[100] Hierbei steht in der laufenden Diskussion insbesondere das sog. **Target Cost Management** bzw. **Zielkostenmanagement** im Vordergrund.

Target Costing[101] (japanisch: genka-kikaku) hat seinen Ursprung in Japan.[102] Etwa seit der Erdölkrise im Jahre 1973 wuchs in japanischen Unternehmen, insbesondere der Automobil- und Elektroindustrie, der Druck zu einem konsequenten Cost Engineering, da u. a. Marktsättigungserscheinungen einen Preiswettbewerb

---

[99] Insbesondere die Vertreter der noch zu diskutierenden Prozeßkostenrechnung (vgl. dazu die Ausführungen im Abschnitt C.6 dieses Kapitels) werfen der Grenzplankostenrechnung konzeptionelle Defizite im heutigen Unternehmensumfeld vor. Dabei wird aber der Bezugsrahmen ignoriert bzw. vergessen, in dem die Grenzplankostenrechnung ursprünglich entstand: „Die Grenzplankostenrechnung wurde ... in einem anderen, aus heutiger Sicht fast statischen Umfeld entwickelt, das sich durch relativ konstante Beschaffungs- und Absatzmarktkonstellationen auszeichnete, in dem die gering automatisierte Produktion den entscheidenden Wettbewerbserfolgsfaktor darstellte und die Kostenstrukturen ungleich flexibler als heutzutage waren." *Fröhling, Oliver:* Thesen zur Prozeßkostenrechnung, in: ZfB, 62. Jg. (1992), S. 723–741, hier S. 736.

[100] Vgl. z. B. *Seidenschwarz, Werner:* Target Costing, in: ZfC, 3. Jg. (1991), S. 198–203; *Fröhling, Oliver; Wullenkord, Axel:* Das japanische Rechnungswesen ist viel stärker markt- und strategieorientiert, in: IO, 60. Jg. (1991), 3, S. 69–73 (wiederabgedruckt in: Lean Management in der Praxis, hrsg. von *Roland Müller* und *Peter Rupper,* 1. Aufl., Zürich, München, St. Gallen 1993, S. 153–160; 2. Aufl., Zürich, München, St. Gallen 1994, S. 179–186); *Horváth, Péter; Seidenschwarz, Werner:* Zielkostenmanagement, in: ZfC, 4. Jg. (1992), S. 142–150; *Franz, Klaus-Peter:* Target Costing, in: ZfC, 5. Jg. (1993), S. 124–130; *Klingler, Bernhard F.:* Target Cost Management, in: ZfC, 5. Jg. (1993), S. 200–207; *Seidenschwarz, Werner:* Target Costing, München 1993; *Horváth, Péter* (Hrsg.): Target Costing, Stuttgart 1993; und *Ewert, Ralf; Wagenhofer, Alfred:* Interne Unternehmensrechnung, Berlin u. a. 1993, S. 287–292.

[101] Die Begriffe Target Costing und Target Cost Management werden häufig synonym verwendet. Während Target Costing im Sinne eines „Rechnens mit Zielkosten" nur die Rechnungswesenseite beleuchtet, integriert Target Cost Management konzeptionell den Aspekt der aktiven Kostensenkung (z. B. über die Wertanalyse). Wenn wir im folgenden von Target Costing sprechen, so meinen wir parallel Zielkostenermittlung und -gestaltung.

[102] Zu den mit am meisten beachteten japanischen Beiträgen zum Target Costing zählen *Hiromoto, Toshiro:* Another Hidden Edge – Japanese Management Accounting, in: HBR, Vol. 66 (1988), 4, S. 22–26; *Sakurai, Michiharu:* Target Costing and How to Use it, in: Journal of Cost Management, 1989, 2, S. 39–50; *Tanaka, Masayasu:* Cost Planning and Control Systems in the Design Phase of a New Product, in: Japanese Management Accounting, hrsg. von *Yasuhiro Monden* und *Michiharu Sakurai,* Cambridge (Mass.) 1989, S. 49–71; und *Monden, Yasuhiro:* Cost Management in the New Manufacturing Age, Cambridge (Mass.) 1992. Aktuelle empirische Ergebnisse zum Einsatz des Target Costing mit einem Untersuchungssample von 180 Unternehmen werden dargestellt im Beitrag: *Tani, Takeyuki; Kato, Yutaka:* Target Costing in Japan, in: Neuere Entwicklungen im Kostenmanagement, hrsg. von *Klaus Dellmann* und *Klaus-Peter Franz,* Bern, Stuttgart, Wien 1994, S. 191–222.

auslösten, der auch qualitative, leistungsbezogene Aspekte besaß (z. B. Entwicklung einer kostengünstigen, verbrauchsbezogen sparsamen Motortechnik).[103] Die durch Target Costing bewirkte grundlegende Neuerung war zunächst darin zu sehen, daß nicht mehr die Frage: Wie teuer ist unser Produkt?, sondern vielmehr die Problemstellung: Wie teuer darf unser Produkt höchstens sein, damit es am Markt wettbewerbsfähig ist? im Vordergrund steht. Die Lösung dieser Problemstellung verlangt, daß marktakzeptable Kostenausprägungen, d. h. die Angebotskosten der führenden Konkurrenten, in den eigenen Kostenplanungsprozeß einfließen müssen. Im Sinne von Kostenfrühwarnindikatoren müssen die Zielkosten bei einer Produktinnovation bereits den Entwicklern und Konstrukteuren zur Verfügung gestellt werden. Zur **Ermittlung von Zielkosten** sind mehrere, alternative oder ergänzende Konzepte entwickelt worden.[104] Ihr wesentlicher Unterschied besteht in der primären Ausrichtung der Zielkostenermittlung: Während beim „Market into Company (genka-kikaku)" und beim „Out of Competitor"[105] die Zielkosten originär marktbezogen ermittelt werden, erfolgt beim „Out of Company" und beim „Out of Standard Costs" die Zielkostenbestimmung primär unternehmensbezogen und derivativ, d. h. in Form eines Senkungsabschlags auf die eigenen Produktionskosten bzw. – gerade für neue Produkte – in Form einer Produktionskostenprognose unter Berücksichtigung möglicher Lern- und Erfahrungseffekte. Die Ermittlung und Gestaltung von Zielkosten bewegt sich stets im Spannungsfeld von „Markt" (Akzeptanz von Preisen und damit von Kosten) und „Unternehmen" (Erzielung marktfähiger Angebotskosten und -preise). Wir diskutieren in den nachfolgenden Ausführungen die methodisch und inhaltlich differenzierten Aspekte des Target Cost Managements.

b) Analyse der relevanten Zielkostenvergleichsobjekte

Die Mehrzahl der Arbeiten zum Target Costing gehen von der Prämisse einer **Neuproduktentwicklung** aus. Dies hat zur Konsequenz, daß den Stückkosten der Konkurrenz, die ein gleiches oder ähnliches Produkt herstellen und vertreiben, keine Aufmerksamkeit geschenkt werden muß und demzufolge methodisch der „Out of Competitor"-Ansatz obsolet ist. Gleichwohl die Nutzung von Target Costing im Entwicklungs- und Konstruktionsprozeß einen wichtigen Anwendungsbereich darstellt, ist eine permanente **marktorientierte Kostensteuerung in der Produktions- und Vertriebsphase** nicht minder von Bedeutung, wobei dies oftmals als

---

[103] Vgl. z. B. *Hasegawa, Takuzo:* Entwicklung des Management Accounting Systems und der Management Organisation in japanischen Unternehmungen, in: ZfC, 6. Jg. (1994), S. 4–11, hier S. 5. Neuere Untersuchungen zeigen, daß Target Costing heutzutage primär als Managementinstrument, denn als reine Methode zur Unterstützung der Ingenieure angewandt wird. Vgl. *Sakurai, Michiharu; Keating, Patrick J.:* Target Costing and Activity-Based Costing, in: ZfC, 6. Jg. (1994), S. 84–91, hier S. 86 (Tab. 1).

[104] Vgl. *Seidenschwarz, Werner:* Target Costing (1991), S. 199 f. Bei der Reinform des Target Costing, dem sog. Market into Company, werden die Zielkosten aus den am Markt erzielbaren Preisen und den unternehmensseitig erforderten Gewinnen abgeleitet.

[105] Empfehlenswerter erscheint uns die Verwendung des Terminus „Competitor into Company", da die Marktangebotspreise der Konkurrenz in das eigene Unternehmen „hereingetragen" werden.

"kaizen costing" bezeichnet wird. Außerdem weisen wir darauf hin, daß ein ausschließlicher Einsatz von Target Costing in der Phase von der Produktdefinition bis zur Produktrealisierung (z. B. Prototypenfertigung) sogar „marktfeindlich" sein kann, da der spätere, potentielle Wettbewerb „ausgeklammert" wird: Die Praxis zeigt gerade in den serienfertigenden Industrien mit häufig schnellen Modellwechseln, wie z. B. dem Automobilbau und der Elektrotechnik, daß erfolgreiche Produktinnovationen rasch Imitatoren auf den Plan rufen, die bei einem vergleichbaren Leistungsspektrum der Erzeugnisse einen Mengen- und Preiswettbewerb initiieren. Soll Target Costing als **durchgehendes Kostensteuerungsinstrument** genutzt werden, muß man sich daher mit der Problematik der Auswahl und Festlegung vergleichsrelevanter Zielobjekte beschäftigen.

Unter einem **Zielobjekt** (target object) verstehen wir das Produkt (oder die Dienstleistung) eines Wettbewerbers, das aufgrund seiner Kosten- und Leistungsausprägungen für die Zielkostenermittlung (i. S. d. Out of Competitor) herangezogen werden muß. Zur Bestimmung von Zielobjekten hat *Fröhling* ein sog. **Angebotspreis-Gegenwerts-Diagramm** erarbeitet, das in *Abb. 203* leicht modifiziert übernommen worden ist.[106] Die Untersuchungsobjekte (z. B. Pkw-Modelle) werden dabei gemäß den Variablen „Angebotspreis" und „Gegenwert" positioniert. Bei dem Gegenwert handelt es sich um eine aggregierte, ordinal gemessene Variable, die die Leistungsausprägung des jeweiligen Produktes zum Ausdruck bringen soll. Die nachfolgende *Abbildung 203* zeigt ein beispielhaftes Diagramm.

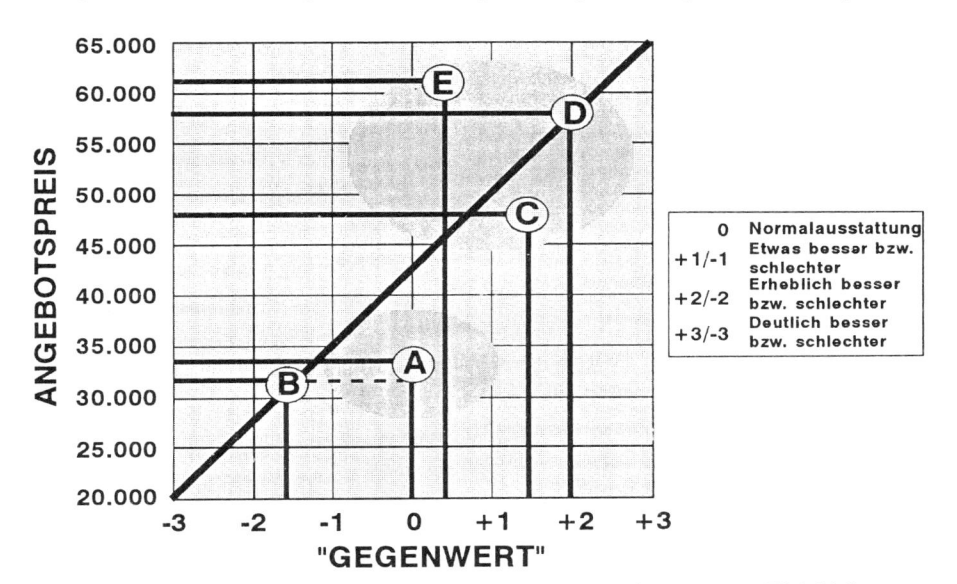

Abb. 203: Angebotspreis-Gegenwerts-Diagramm zur Bestimmung von Zielobjekten

---

[106] Vgl. *Fröhling, Oliver:* Strategische Produktkostenermittlung am Beispiel der Automobilindustrie, in: KRP, 1994, S. 127–134, hier S. 131 f. Es handelt sich um einen modifizierten und erweiterten Ansatz von *Stolze, Joachim:* Marktorientiertes Kostenmanagement, in: Tagungsband Zielkostenmanagement, hrsg. von *Thomas Reichmann*, München 1992, S. 32–50.

In der Abbildung sind fünf Produkte (A, B, C, D und E) jeweils unterschiedlicher Anbieter eingetragen, die sich im Hinblick auf den Angebotspreis und den Gegenwert unterscheiden. Der Vergleich der absoluten Positionierungen der Produkte besitzt einen geringen Aussagegehalt; allenfalls beim Vergleich der Produkte A und B läßt sich erkennen, daß A gegenüber B bei einem geringfügig höheren Preis einen (relativ) deutlich höheren Gegenwert besitzt. Der Aussagegehalt läßt sich erhöhen, wenn man in das Diagramm eine sog. **Gleichgewichtslinie** einträgt, die diagonal von links unten nach rechts oben verläuft. Sie kennzeichnet die Linie „fairer" Produkte, die ein ausgeglichenes Preis-/Leistungsverhältnis aufweisen. Im Beispiel sind dies eben die Produkte B und D. Interessant sind nun die „Abweichler": Die Produkte A und C liegen z.B. rechts unterhalb der Linie. Dies bedeutet, daß der Nutzen des Gegenwerts- bzw. Leistungsvorteils das „Opfer" des Angebotspreises überkompensiert; diese Produkte besitzen **strategische Kaufvorteile.** Ein entgegengesetztes Beispiel stellt E dar. Hier wird bei einem vergleichsweise hohen Angebotspreis ein nur durchschnittlicher Gegenwert angeboten.

Die Auswahl der konkreten Zielobjekte verlangt nun die Eingrenzung des Untersuchungskreises. Hierzu dient die Festlegung sog. **Zielobjektzonen** (target object zone). Analog zu *Porters* Modell der „Karte der strategischen Gruppen",[107] handelt es sich um **strategische Produktgruppen,** die eine vergleichbare Preis-/Leistungsrelation aufweisen.[108] In der *Abbildung 203* sind die Zielobjektzonen dunkelgrau schattiert. Bezüglich des Niedrigpreissegmentes befindet sich alleine Produkt A in der entsprechenden Zielobjektzone. Das preismäßig vergleichbare Produkt B zeichnet sich durch eine zu hohe, negative Leistungsabweichung aus. Im Hochpreissegment gehören die Produkte C, D und E einer identischen Zielobjektzone an, wobei C und D unmittelbar konkurrieren. Das dargestellte Angebotspreis-Gegenwerts-Diagramm ist unseres Erachtens ein nützliches und pragmatisches Instrument zur Selektion derjenigen Konkurrenzprodukte, die zur (kontinuierlichen) Ermittlung der Zielkosten herangezogen werden müssen.

c) Ermittlung produktbezogener Zielkosten

Wie wir bereits ausgeführt haben, kann ein Unternehmen zur Ermittlung der globalen Produktzielkosten unterschiedliche Verfahren heranziehen. Während für Produktinnovationen sicherlich der „Market into Company"-Ansatz am geeignetsten ist, erscheint uns für bestehende Produkte, die in einem harten Preiswett-

---

[107] Vgl. *Porter, Michael E.:* Wettbewerbsstrategie (competitive strategy), S. 204 ff.
[108] Die Ermittlung des Volumens der Zielobjektzonen muß man branchenspezifisch vornehmen. Sie erfolgt aufgrund von unternehmenspolitischen und marktpolitischen Überlegungen. Aus unternehmenspolitischer Sicht korrespondiert z.B. die Ausdehnung des Volumens mit einer tendenziell größeren Anzahl an Zielobjekten (Konkurrenzprodukten). Aus marktpolitischen Überlegungen sind, wie z.B. beim Conjoint Measurement, produkttypenbezogene Preis- und Leistungsspannbreiten festzulegen, die die Preis- und Leistungssensibilität der Nachfrager abbilden. Im Beispiel ist die leistungsbezogene Spannbreite größer, d.h. die Nachfrager reagieren dominant auf Preisveränderungen.

bewerb stehen, der „Out of Competitor"-Ansatz empfehlenswert, da sich eine Kostensenkung, die in diesem Kontext zwangsläufig eine reaktive Strategie darstellt, an den aktuellen Angebotskostenausprägungen der führenden bzw. direkten Konkurrenten ausrichten muß. In beiden Fällen erfordert die Ermittlung von Zielkosten ein **retrogrades Kalkulationsvorgehen.** Ausgehend von einem eigen- bzw. konkurrenzseitig ermittelten Angebotspreis für ein bestimmtes Produkt, wird ein eigener bzw. branchenüblicher Gewinnzuschlag (i. d. R. ein prozentualer Absolutbetrag[109]) subtrahiert. Es wird deutlich, daß mit der Variation der Sollgewinnausprägung eine aktive Kostenpolitik betrieben werden kann, da aus steigenden Gewinnraten zwangsläufig härtere Kostenzielvorgaben resultieren. Das Ergebnis stellen nun die sog. **allowable costs** dar, d. h. die vom Markt „erlaubten" Kosten. Diesen allowable costs werden die sog. **drifting costs** gegenübergestellt, bei denen es sich um jene Produktkosten handelt, die bei der Anwendung aktuell in dem Unternehmen eingesetzter Techniken erzielt werden können. Es handelt sich also um die aktuellen Plankosten des Produktes. Aus der Gegenüberstellung von allowable costs und drifting costs resultiert ein sog. **target cost gap** (Zielkostenlücke). Sie zeigt diejenige wertmäßige Ausprägung an, die seitens des betrachteten Unternehmens durch entsprechende Kostensenkungsmaßnahmen (mindestens) zu egalisieren ist, um kostenpolitisch langfristig wettbewerbsfähig zu bleiben. Bezüglich der konkreten Methodik der Zielkostenermittlung können wiederum unterschiedliche Ansätze herangezogen werden. Dabei handelt es sich um die sog. **Gesamtkosten-Methode,** die **Differenzkosten-Methode** und die **genka-kikaku-Methode.**[110] Am Beispiel der Bestimmung der Zielkosten eines Pkws sind die unterschiedlichen kostenpolitischen Konsequenzen dieser drei Methoden in der nachfolgenden *Abbildung 204* dargestellt.

Die grundlegende Ermittlung der allowable costs erfolgt für alle drei Varianten gleich. Im Beispiel beträgt der **target price** (Istangebotspreis der Konkurrenz oder eigener Zielangebotspreis) des betrachteten Erzeugnisses, z. B. ein Pkw-Modell, 45000,- DM. Er ist zu reduzieren um den **target profit** (durchschnittliche Branchengewinnrate oder verlangter Zielgewinn des Unternehmens), als Absolutbetrag hier gerade 1730,- DM. Als Ergebnis erhält man die allowable costs in einer Größenordnung von 43270,- DM. Bei der Gesamtkostenmethode stellen diese die Zielkosten dar. Stellt man den allowable costs die drifting costs (hier angenommen: 48750,- DM) gegenüber, so erhält man eine Kostenabweichung in Höhe von -5480,- DM. Diese globale Kostenabweichung stellt Zielkosten im Sinne der Differenzkosten-Methode dar. Beide Ansätze leiten die Zielkosten direkt (Gesamtkosten-Methode) bzw. indirekt (Differenzkosten-Methode) aus den allowable costs ab. Insbesondere bei der Nutzung des Target Costing als Kostensenkungsinstrument für bestehende Produkte stellen diese aber kurz- bis mittelfristig nur zu einem geringen Maße bzw. überhaupt keine realistischen Produktkostenvorgaben dar. Vielmehr erscheint ein solches Kostenziel er-

---

[109] Bei Verfolgung des „Market into Company-Ansatzes" kann der Prozentualwert für den Gewinnaufschlag auch durch die Relation „Bruttogewinn/Umsatz", also vereinfacht durch die Umsatzrentabilität gemessen werden. Vgl. *Yoshikawa, Takeo* u. a.: Contemporary Cost Management, London u. a. 1993, S. 43.
[110] Vgl. *Hasegawa, Takuzo:* Entwicklung des Management Accounting Systems, S. 6.

450   X. Kapitel: Das strategische Controlling

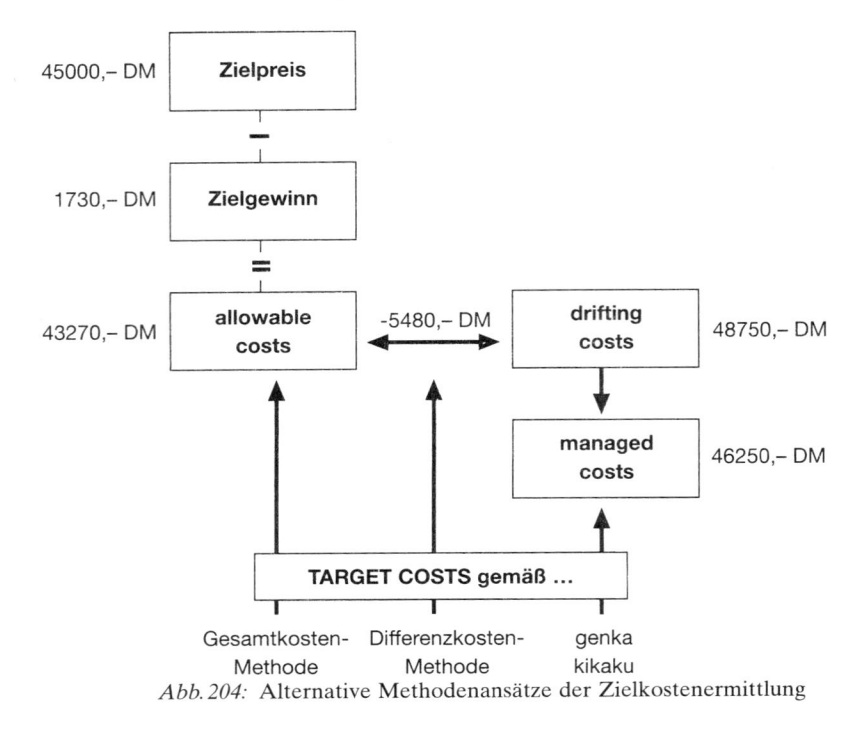

```
45000,- DM    [Zielpreis]
                  −
1730,- DM     [Zielgewinn]
                  =
43270,- DM    [allowable costs]  ←−5480,- DM→  [drifting costs]   48750,- DM
                                                     ↓
                                               [managed costs]    46250,- DM
                     ↑         ↑         ↑
                   [TARGET COSTS gemäß ...]
              Gesamtkosten-  Differenzkosten-  genka
               Methode        Methode          kikaku
```

Abb. 204: Alternative Methodenansätze der Zielkostenermittlung

folgsversprechend, das zwischen dem gegenwärtig unerreichbaren Sollzustand (allowable costs) und dem Istzustand (aktuelle Plankosten) liegt. Wir haben diese Zwischengröße als sog. **managed costs** bezeichnet (hier angenommen: 46250,- DM). Dabei handelt es sich um Prognosekosten, in denen bereits über die aktuellen Plankostenausprägungen hinaus wirkende Kostenrationalisierungseffekte zum Ausdruck kommen. Es handelt sich um managed costs, da bereits hier die Erarbeitung und Ausschöpfung von kurzfristigen Rationalisierungseffekten, das Kostenmanagement, erforderlich ist, ohne daß jedoch bereits kontinuierliche und systematische Techniken wie **Value Engineering** bzw. Wertanalyse oder – in jüngster Zeit intensiv diskutiert – **Business Process Reengineering**[111] zum Einsatz kommen.[112] Diese Prognosekosten stellen Zielkosten im Sinne des Grundmodells des genka-kikaku dar.

Bezüglich einer Präferenzbildung für einen dieser drei Ansätze weisen wir darauf hin, daß sie durchaus als Komplemente zu verstehen sind. Betrachten wir ein existentes Produkt in einem bestimmten Marktsegment, so stellen die aus den Angebotspreisen und (möglichst) Gewinnspannen der Konkurrenz ermittelten allowable costs die mittel- bis längerfristig zu erreichenden Angebotskosten

---

[111] Vgl. insbesondere *Hammer, Michael; Champy, James:* Reengineering the Corporation: A Manifesto for Business Revolution, New York 1993.
[112] Bisweilen wird auch vorgeschlagen, die „managed costs" als reinen Mittelwert aus „allowable costs" und „drifting costs" zu ermitteln. Der Einfachheit dieses Vorgehens steht dessen offensichtliche Willkür gegenüber.

C. Das strategische Kosten- und Erfolgs-Controlling 451

dar, wenn der Absatzpreis ein strategisches Datum ist. Die allowable costs sind die **marktorientierten Produktzielkosten**, da sie die strategische Stückkostenobergrenze nennen. Es ist darauf hinzuweisen, daß insbesondere die Angebotspreise der direkten und/oder führenden Konkurrenten kontinuierlich zu aktualisieren sind, da sich durch systematische Kostensenkungserfolge der Konkurrenz, die in Form sinkender Angebotspreise (partiell) an die Nachfrager weitergegeben werden, die Kluft zwischen allowable costs und drifting costs im Zeitablauf sogar erweitern kann. Im Sinne eines realistischen „feed forward planning" sind die Prognosekosten die taktischen Stückkostenobergrenzen. Sie seien hier als **unternehmensorientierte Produktzielkosten** bezeichnet, die u.a. aus der Kenntnis marktorientierter Kostenziele abgeleitet werden. Die Erreichung der Prognosekosten steht zunächst im Mittelpunkt des Target Costing. Die Egalisierung von derivativen und (fortgeschriebenen) originären Produktzielkosten verlangt den Einsatz der Differenzkosten-Methode: Nach der Ermittlung der Zielkostenlücke (hier: –2980,– DM), d.h. des produktbezogen globalen Kostensenkungsziels, sind anteilige Kostensenkungsvorgaben für die betrieblichen Funktionsbereiche zu formulieren. Wir wollen daher auch von **Funktionszielkosten** sprechen. Während den produktbezogenen Zielkostenvorgaben primär die Funktion übergreifend dokumentierender und kontrollierender Informationen zukommt, zielen die funktionsbezogenen Zielkostenvorgaben unmittelbar auf den Steuerungsaspekt und wirken damit verhaltensdeterminierend.[113]

Kehren wir zurück zur Methodik, so sind von den maßgeblichen Konkurrenten in aller Regel nur die Angebotspreise bekannt, wobei sowohl diese als auch die tatsächlich gewährten Erlösschmälerungen, z.B. Rabatte und Boni, je nach Vertriebskanal (z.B. Eigenvertrieb, Vertrieb durch Händler, Vertrieb durch Agenten) und Kundenstatus (z.B. Groß- versus Kleinkunde, Neu- versus Altkunde) zudem erheblich differieren können.[114] Vor dem Hintergrund eines pragmatischen Vorgehens wird man zur Ableitung der Zielkosten i.d.R. auf relativ pro-

---

[113] Zum Aspekt der Verhaltens- und insbesondere Motivationsfunktion von Kostenrechnungsinformationen vgl. z.B. *Jehle, Egon:* Der Beitrag der verhaltenswissenschaftlich orientierten Rechnungswesenforschung für die Gestaltung der Plankostenrechnung, in: KRP, 1982, S. 205–214; *Hiromoto, Toshiro:* Management Accounting in Japan, in: ZfC, 1. Jg. (1989), S. 316–322, und in jüngster Zeit *Weber, Jürgen:* Kostenrechnung zwischen Verhaltens- und Entscheidungsorientierung, in: KRP, 1994, S. 99–104. In jüngerer Zeit werden auch im deutschen Sprachraum Verhaltensaspekte von Kostenrechnungsinformationen aus Sicht der Agency-Theorie untersucht. Vgl. z.B. als Überblick den Beitrag von *Wagenhofer, Alfred:* Kostenrechnung und Agency Theorie, in: Zur Neuausrichtung der Kostenrechnung, hrsg. von *Jürgen Weber,* Stuttgart 1993, S. 161–185.

[114] Relativ leicht verfügbare Informationen über Angebotspreise der Konkurrenz (z.B. Preislisten, Preisauszeichnungen in Geschäften etc.) liegen zudem nur bei Unternehmen mit Massen- und Serienfertigung, wie z.B. der Mikroelektronik- und der Automobilindustrie, vor. Gerade letztere Branche ist interessant, da infolge der starken Bindung der Zulieferer an die Hersteller erstere die für sie verbindlichen Angebotspreise direkt aus Rahmenverträgen (z.B. Modellebenszyklusvertrag) ableiten können. Wesentlich schwieriger ist die Ermittlung der Angebotspreise für Unternehmen mit repetitiver (z.B. Druckindustrie) und heterogener Auftragsfertigung (z.B. Großanlagenbau). Hier existieren i.d.R. keine auftragsunabhängigen, transparenten Marktpreise, sondern lediglich auftragsbezogene Angebotspreise, wobei konkurrierende Preisangebote der Konkurrenz von den Nachfragern nur zum Teil offenbart werden.

blemlos ermittelbare Angebotspreisinformationen zurückgreifen. Besondere Schwierigkeiten der **Angebotspreisbestimmung,** die in der betriebswirtschaftlichen Literatur bislang nur unzureichend behandelt werden, ergeben sich, wenn in dem relevanten Zielmarkt mehrere Hersteller konkurrieren.[115] Dies ist insbesondere für den Bereich der Konsumgüterindustrie und der Elektroindustrie unzweifelhaft die Regel. Dann aber gibt es nicht einen, sondern mehrere Angebotspreise und entsprechend mehrere denkmögliche Zielkostenausprägungen. Man könnte nun argumentieren, daß in Analogie zum „Engpaßprinzip" eine ausschließliche Orientierung am niedrigsten Angebotspreis problementsprechend ist, da die Vorgabekosten ja den Marktdruck widerspiegeln sollen. Wir haben aber bereits oben ausgeführt, daß der Markt- und konkret: der Konkurrenzdruck nicht allein vom Angebotspreis, sondern auch bzw. primär von den Leistungsmerkmalen des Produktes abhängig ist. Gerade im Falle von Nischenstrategien kann eine signifikante leistungsmerkmalsbezogene Wettbewerbsdifferenzierung zwischen den verschiedenen Konkurrenten möglich sein. Während z. B. der (regional bzw. national) führende Konkurrent eine Kostenführerschaftsstrategie anstrebt, verfolgt der direkte Konkurrent im Zielmarktsegment eine Differenzierungsstrategie.[116] Eine vereinfachte methodische Lösung dieses Problems sehen wir in der Verwendung von **Äquivalenzziffern,** die die relative Wettbewerbsstärke und -bedrohung des jeweiligen Konkurrenzproduktes ausdrücken (vgl. *Abbildung 205*).

Konkurrenten	Angebotspreis	Gewichtungsziffer
Konkurrent 1	46 250,– DM	1,5
Konkurrent 2	45 000,– DM	2
Konkurrent 3	44 500,– DM	1
Konkurrent 4	43 250,– DM	0,75

Konkrete Ermittlung des durchschnittlichen Angebotspreises AP:
AP = [(46 250 · 1,5) + (45 000 · 2) + (44 500 · 1) + (43 250 · 0,75)]/5,25
AP = 45 012,– DM

Abb. 205: Ermittlung eines durchschnittlichen Angebotspreises im Rahmen des Target Costing

Im Beispiel liegt der gewichtete Angebotspreis relativ nahe an der Ausprägung des Angebotspreises des einen, oben unterstellten Konkurrenten. Je nach Ausprägung der Gewichtungsziffern und in Abhängigkeit von der Spanne der möglichen Angebotspreise kann es jedoch durchaus zu gravierenden Abweichungen kommen. **Modifikationsnotwendigkeiten** beziehen sich auch auf die konkurrenten-

---

[115] Der Mehrzahl der diskutierten Target Costing-Ansätze liegt offenbar ein „Ein Anbieter – Ein Konkurrent"-Modell zugrunde.

[116] Dies läßt sich gerade in der Mikroelektronikindustrie beobachten. Zu den marktanteils- und umsatzstärksten Wettbewerbern der Mikrocomputerbranche zählen z.B. namhafte Hersteller- und Handelsunternehmen. Gleichwohl verfolgen zahlreiche Kleinhersteller eine durchaus erfolgreiche Nischenstrategie, indem sie sich auf Leistungsmerkmale wie Beratung und Service konzentrieren.

bezogenen Ausprägungen der Gewinnspanne. Auch hier ist der Einsatz einer Äquivalenzziffergewichtung sinnvoll, obwohl über Jahresabschlußanalysen bisweilen auch eine direkte Prognose möglich erscheint.

d) Zielkostenspaltung

Bislang haben wir uns auf die Ermittlung produktbezogener Zielkostenvorgaben konzentriert. Zur Implementierung von Techniken zur Umsetzung des Target Cost Managements reichen diese globalen Kosteninformationen allerdings nicht aus: Die Produktzielkosten müssen vielmehr auf die Baugruppen-, Komponenten- und ggf. Teileebene verteilt werden. Dies ist die Aufgabe der **Zielkostenspaltung,** bei der es im Gegensatz zur Kostenspaltung der flexiblen Plankostenrechnung nicht um eine kriterienbezogene Kostendifferenzierung (gemäß des Beschäftigungsgrades), sondern um eine konkrete Kostenverteilung geht. Wir diskutieren nachfolgend die grundlegenden Methoden der Zielkostenspaltung als auch Spezialprobleme, die im Zusammenhang mit diesen Verfahren auftreten.[117]

(1) Die Komponentenmethode

Kennzeichen der **Komponentenmethode** ist die Aufspaltung der Zielkosten auf einzelne Baugruppen nach Maßgabe der baugruppenbezogenen Kostenrelationen (Gewichtungsfaktoren) eines Referenzmodells (z.B. Vorgängermodell des betrachteten Produktes). Im Prinzip erfolgt bei diesem Ansatz eine strukturelle Kostenfortschreibung auf dem i.d.R. niedrigeren Niveau der Produktzielkosten. Das zentrale Problem dieses Ansatzes ist darin zu sehen, daß sich hinter den einzelnen Baugruppen unterschiedlich hohe Rationalisierungspotentiale verbergen. Entsprechend ist es bei Anwendung dieses Ansatzes möglich, daß bereits effizient hergestellte Baugruppen kaum ihr zugewiesenes „Zielsoll" erfüllen können, während bei anderen Baugruppen der kostenpolitische „Leidensdruck" noch zu gering ist. Unterstellen wir nun Produktzielkosten in Höhe von 45000,– DM, so können sich diese auf die Hauptbaugruppen wie folgt verteilen (vgl. *Abb. 206*):

Hauptbaugruppen	Gewichtungsfaktoren	Zielkosten
Aggregate	0,19	8550,– DM
Elektrik	0,07	3150,– DM
Karosserie	0,32	14400,– DM
Fahrwerk	0,25	11250,– DM
Ausstattung	0,17	7650,– DM
Σ	1,00	45000,– DM

Abb. 206: Baugruppenspezifische Verteilung der Produktzielkosten nach der Komponentenmethode

---

[117] Vgl. zu den nachfolgenden Ausführungen insbesondere *Fröhling, Oliver:* Verbesserungsmöglichkeiten und Entwicklungsperspektiven von Conjoint + Cost, in: ZfB, 64. Jg. (1994), S. 1143–1164, hier S. 1154–1159.

(2) Die Funktionsmethode

Einen anderen, marktorientierten methodischen Einstieg verfolgt die von *Tanaka* propagierte **Funktionsmethode**. Die Funktionsmethode entspricht der Komponentenmethode, wobei die Komponentengewichtungen aus einer vorgelagerten marktorientierten Funktionsanalyse ermittelt werden. Den Ausgangspunkt dieses Ansatzes stellt dabei die Definition des Produktes auf Basis der von den (potentiellen) Nachfragern gewünschten „harten" (z.B. technische Kriterien, wie z.B. die Leistungsstärke eines Motors oder Abgaswerte) und „weichen" **Produktfunktionen** (z.B. Formschönheit des Designs eines Pkw-Modells) dar. Diese Produktfunktionen entsprechen aus dem Blickwinkel des Nachfragers **relevanten Kaufmerkmalen**. Verteilt man die Ausprägungen der betrachteten Produktfunktionen auf die (Haupt-)Baugruppen des Produktes, so erhält man folgende **Funktionskostenmatrix** (vgl. *Abb. 207*).[118]

In den ersten beiden Spalten sind die Kaufmerkmale mit ihren jeweiligen Ausprägungen aufgeführt. Das Kaufmerkmal „Qualität" besitzt z.B. ein relatives Gewicht in Höhe von 19,5 %. Der Anteil der Baugruppe „Aggregate" an diesem Kaufmerkmal beträgt im Beispiel 20 %, absolut also 3,9 % (19,5 % · 0,20). Insgesamt tragen die „Aggregate" 20 % (letzte Zeile und vierte Spalte der *Abbildung 207*) zur Erfüllung aller Kaufmerkmale bei. Dies entspricht der Ausprägung des Baugruppengewichtungsfaktors gemäß der Funktionsmethode. *Abbildung 208* zeigt die Ergebnisse der Aufspaltung der Produktzielkosten auf die einzelnen Baugruppen auf der Basis dieses Ansatzes.

Der Vergleich zwischen den baugruppenbezogenen Zielkostenausprägungen zwischen der Komponentenmethode und der Funktionsmethode zeigt deutliche Unterschiede. Auf Basis der Funktionsmethode werden z.B. der Baugruppe „Elektrik" deutlich höhere, der Baugruppe „Fahrwerk" dagegen deutlich niedrigere Zielkosten (Kostenobergrenzen) zugebilligt. Hinter der funktionsbezogenen Kostenallokation verbirgt sich die Prämisse, daß die unternehmensbezogenen Ressourcen möglichst kundenwunschkonform zuzuweisen sind. In diesem Sinne ist die Funktionsmethode in der Tat **stärker markt- und damit strategieorientiert** als die Komponentenmethode. Gleichwohl ist zu bemerken, daß sie u.U. zu gefährlichen bzw. sogar zu irrealen Ergebnissen kommen kann. Die Ergebnisse können dann interpretationsbezogen **gefährlich** sein, wenn infolge der Baugruppenzielkosten alleine ein Fremdbezug mehr wirtschaftlich erscheint, bei dem allerdings nicht die Qualität angemessen sichergestellt werden kann. Hier können die Zielkostenvorgaben contra-induzierend den Leistungsnormen wirken. Die Funktionsmethode kann sogar zu **irrealen Ergebnissen** führen, wenn z.B. der nachfragerfunktionsbezogen ermittelte Baugruppengewichtungsfaktor so niedrig ist, daß eine bestimmte Baugruppe zu den daraus resultierenden Zielkosten überhaupt nicht gefertigt werden kann. Hier sind seitens des strategischen Kosten- und Erfolgs-Controlling **baugruppenbezogene Zielkostenschwellenwerte** zu erarbeiten.

---

[118] Abbildung entnommen aus *Deisenhofer, Thomas:* Marktorientierte Kostenplanung auf Basis von Erkenntnissen bei der *AUDI AG*, in: Target Costing, hrsg. von *Péter Horváth*, Stuttgart 1993, S. 93–117, hier S. 104.

C. Das strategische Kosten- und Erfolgs-Controlling 455

Kaufmerkmale		Hauptbaugruppen								
		Aggregate		Elektrik		Karosserie		Fahrwerk		Ausstattung
Qualität/Zuverl.	19,5%	20%	3,9	18%	3,5	30%	5,9	15%	3,0	17%	3,3
Fahreigenschaften	11,3%	21%	2,4	9%	1,0	12%	1,4	51%	5,7	7%	0,8
Komfort	9,0%	8%	0,7	8%	0,8	17%	1,5	5%	0,5	62%	5,6
Raumangebot	4,5%	5%	0,2	5%	0,2	58%	2,6	20%	0,9	13%	0,6
Styling/Prestige	7,5%	8%	0,6	11%	0,9	44%	3,3	15%	1,2	21%	1,6
Bedienung	6,0%	–	–	51%	3,0	3%	0,2	10%	0,6	36%	2,2
Preiswürdigkeit	4,5%	15%	0,7	25%	1,1	23%	1,0	13%	0,6	25%	1,1
Agilität	6,8%	45%	3,1	13%	0,9	18%	1,2	15%	1,0	10%	0,7
Alltagstauglichkeit	6,0%	27%	1,6	4%	0,2	39%	2,3	24%	1,4	7%	0,4
Dauer-/Reisegeschw.	3,2%	20%	0,6	20%	0,6	20%	0,6	20%	0,6	20%	0,6
Wiederverkaufswert	3,5%	10%	0,4	5%	0,2	50%	1,8	5%	0,2	30%	1,1
Insassensicherheit	3,9%	5%	0,2	5%	0,2	50%	2,0	10%	0,4	30%	1,2
Lebensdauer Motor	3,9%	95%	3,7	5%	0,2	–	–	–	–	–	–
Umweltfr. Technik	3,6%	30%	1,1	15%	0,5	20%	0,7	20%	0,7	15%	0,5
Innovative Technik	3,3%	20%	0,7	20%	0,7	20%	0,7	20%	0,7	20%	0,7
Rep./Wartungskosten	3,5%	15%	0,5	15%	0,5	45%	1,6	20%	0,7	5%	0,2
Σ (in %)	100		20		15		27		18		20

Abb. 207: Funktionskostenmatrix der AUDI AG

456   X. Kapitel: Das strategische Controlling

Hauptbaugruppen	Gewichtungsfaktoren	Zielkosten
Aggregate	0,20	9 000,– DM
Elektrik	0,15	6 750,– DM
Karosserie	0,27	12 150,– DM
Fahrwerk	0,18	8 100,– DM
Ausstattung	0,20	9 000,– DM
Σ	1,00	45 000,– DM

Abb. 208: Baugruppenspezifische Verteilung der Produktzielkosten nach der Funktionsmethode

Ein Instrument zur Kontrolle der Angemessenheit der Baugruppenkosten im Verhältnis zur funktionalen Gewichtung stellt der sog. **Zielkostenindex** (ZKI) dar. Es handelt sich um eine Kennzahl, die das funktionsbezogene Teilgewicht einer einzelnen Produktfunktion oder einer Baugruppe (in %) deren Kostenanteil (ebenfalls in %) gegenüberstellt. Ausprägungen < 1 weisen darauf hin, daß der Kostenanteil größer ist als das relative Funktionsgewicht. Vor dem Hintergrund einer markt-, d. h. kundenwunschorientierten Kostenallokation wird man hier nach Rationalisierungsmöglichkeiten suchen müssen. Für unser Beispiel gilt dies gerade für die Baugruppe „Fahrwerk" – unter Berücksichtigung möglicher Kostenuntergrenzen. Gilt hingegen: ZKI > 1, so ist die Baugruppe im Vergleich zu ihrer funktionalen Bedeutung vergleichsweise kostengünstig. Zur Bestimmung einer Zielkostenzone, die Schwellenwerte unter- und oberhalb der Optimalausprägung berücksichtigt, hat Tanaka ein **Zielkostenkontrolldiagramm** entwickelt. *Abbildung 209* verdeutlicht dies beispielhaft (die Bestimmung der oberen und unteren Begrenzungen der Zielkostenzonen findet sich im rechten Teil der Abbildung).[119]

$Y1: y = (x^2 - q^2)^{1/2}$

$Y2: y = (x^2 + q^2)^{1/2}$

Y1 = Untere Begrenzung der Zielkostenzone
Y2 = Obere Begrenzung der Zielkostenzone
x = Funktionsteilgewicht
y = Funktionskostenanteil
q = Entscheidungsparameter zur Definition der Zielkostenzone, gesetzt vom Top Management

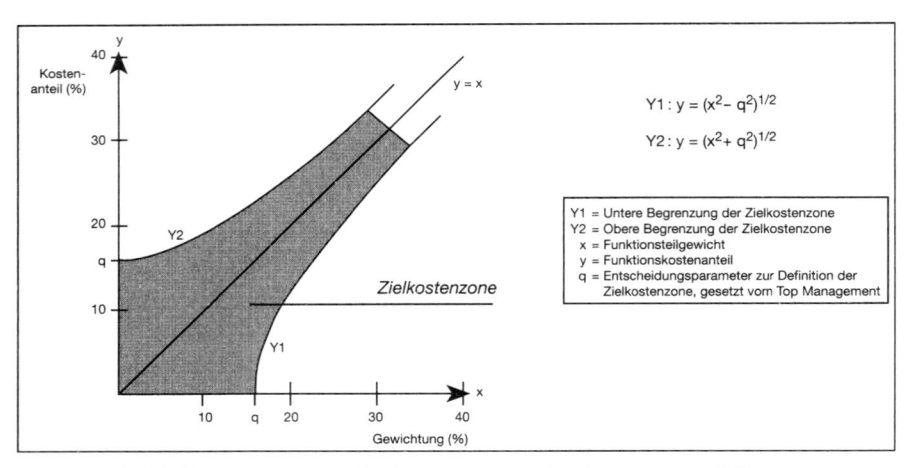

Abb. 209: Bestimmung der Zielkostenzone im Zielkostenkontrolldiagramm

---

[119] Abbildung entnommen aus *Horváth, Péter; Seidenschwarz, Werner:* Zielkostenmanagement, S. 147.

Die Idealkonstellation wird durch die Gerade aus dem Ursprung ausgedrückt. Bei Ausprägungen auf dieser Geraden entsprechen sich die prozentualen Ausprägungen von Funktionsgewicht und Kostenanteil, d.h. es gilt: ZKI = 1. Der Parameter q zur Fixierung der Schwellenwertbegrenzungen ist nun steuerbar. Im Beispiel der Abbildung erkennt man, daß bei relativ niedrigen Ausprägungen von Funktionsgewichtungen und Kostenanteilen eine relativ hohe Abweichung akzeptiert wird. Bei einem Funktionsgewicht in Höhe von 0% (keine Bedeutung der Funktion) wird z.B. ein Kostenanteil $\leq 15\%$ noch als akzeptabel angesehen. In Branchen mit einem hohen Kostendruck ist ein strenges Kostenmanagement und damit zwangsläufig auch eine kleinere Zielkostenzone empfehlenswert. *Deisenhofer* schlägt z.B. eine Ausprägung von q in Höhe von 10 vor.[120]

(3) Kostenartenbezogene Verteilung der Baugruppenzielkosten

Da Target Costing mit den operativen Dispositions- und Abrechnungssytemen verzahnt werden sollte, wie insbesondere mit der Plankostenrechnung, erscheint weiterhin empfehlenswert, die baugruppenbezogen ermittelten Zielkosten auf einzelne **Kostenarten** aufzusplitten.[121] Gelingt dies, so generiert die Zielkostenspaltung kostenartenbezogene Plan- bzw. Sollwerte, die in den Kostenplanungsprozeß integriert werden können (z.B. als Planvariante). Dabei stehen die direkt erfaßbaren **Primärkosten,** wie z.B. die Kosten für den Bezug von RHB-Stoffen und von fremdgefertigten Komponenten und Teilen, die Lohn- und Gehaltskosten sowie die Kosten für Fremdleistungen, im Vordergrund. Sie können ggf. ergänzt werden um kalkulatorisch verrechnete **Sekundärkosten,** z.B. zur Verrechnung der produktionsnahen Dispositionsstellen (z.B. Arbeitsvorbereitung) oder der produktionsbezogenen Leitungsstellen (z.B. Gehalt eines Betriebsleiters). Zur kostenartenbezogenen Verteilung der Baugruppenzielkosten wird man dabei sowohl auf Leistungsgrößen, wie z.B. Vorgabezeiten für Fertigungs- und Rüstaktivitäten, als auch auf bereichs- und ggf. kostenstellenbezogene Kostenartenkennzahlen zurückgreifen. Ein besonderes Problem stellen die Ausprägungen der Kosten für fremdbezogene Teile und Leistungen dar, die sich bei Vorliegen vertraglicher Bindungen zu den externen Zulieferern häufig einer kurzfristigen Kostenanpassung entziehen. Diese Problematik steht u.a. im Mittelpunkt der Ausführungen des folgenden Abschnitts.

(4) Spezielle Probleme der Zielkostenspaltung

Spezielle Probleme der Zielkostenspaltung betreffen sowohl die Objekte als auch die Inhalte der Zielkostenspaltung. Sowohl bei der Komponenten- wie auch bei der Funktionsmethode werden die Produktzielkosten letztlich allein auf die physischen Produktbestandteile verteilt. Berücksichtigen wir den Sachverhalt, daß Produktnebenleistungen, wie z.B. Dienst- und Serviceleistungen, im Rahmen der angebotenen **Problemlösung** immer stärker an Bedeutung gewinnen, so ist der „Objektkranz" nur unvollständig beschrieben. Wir schlagen daher

---

[120] Vgl. *Deisenhofer, Thomas:* Marktorientierte Kostenplanung, S.107.
[121] Eine entsprechende Kostenartenmatrix ist dargestellt bei *Klingler, Bernhard F.:* Target Cost Management, S.206.

eine Differenzierung in produktorientierte Zurechnungsobjekte (Baugruppen im engeren Sinne) und dienstleistungsorientierte Zurechnungsobjekte (dienstleistungsorientierte „Baugruppen"; Baugruppen im weiteren Sinne) vor. Beispiele für letztere mögen sein: Der **„Service"** (beinhaltet z.B. Serviceleistungen über den gesamten Kundenlebenszyklus, wie unverbindliche Kundeninformation, differenzierte Kundenberatungen, Verfügbarkeit eines Hot Line-Anschlusses, Verfügbarkeit eines breiten Netzes an Vertragswerkstätten, Garantie- und Kulanzleistungen etc.), die **„Logistik"** (z.B. Standorte der Händler, Lieferfähigkeit bezüglich kundenindividuell gewünschter Modellvarianten, Schnelligkeit der Ersatzteilbeschaffung etc.) und die **„Finanzierung"** (z.B. hersteller- bzw. händlerseitige Finanzierungsangebote). Hierbei handelt es sich gewissermaßen um eine Konfiguration von „Dienstleistungsbaukästen", die die eigentliche Produktleistung ergänzen bzw. überhaupt erst ermöglichen.

Ein weiteres, schwerwiegendes Problem bestimmt den **Verrechnungsinhalt der Zielkosten.** Unter Berücksichtigung des Verursachungsprinzips proklamiert z.B. *Deisenhofer* die Konzentration auf Ziel-Herstellkosten (HK), also auf funktionsbezogene **Teilkosten.**[122] Dies würde informationsbezogen die Ermittlung wettbewerberseitiger HK-Ausprägungen verlangen. Nun stellen aber die konkurrenzseitig ermittelten allowable costs **Vollkosten** dar. Um aus diesen kostensenkungsrelevante HK-Ausprägungen abzuleiten,[123] sind mehrere Korrekturschritte notwendig.[124] Eine erste Korrekturrechnung hat im Hinblick auf die zeitbezogen nicht korrekt abgegrenzten Vorlauf- und Folgekosten zu erfolgen. Typische **Vorlaufkosten** sind z.B. die erst nachträglich auf eine Produktgruppe verrechneten Aufwendungen für Forschung und Entwicklung; typische **Folgekosten** z.B. die kalkulatorisch bereits antizipierten Aufwendungen für Gewährleistungsansprüche der Nachfrager und für Produktentsorgungsmaßnahmen. Da es sich um Kosten für Unternehmensaktivitäten handelt, die sich oftmals operativen, kurzfristig wirkenden Kostensenkungsmaßnahmen entziehen und die zudem verursachungsgerecht nicht einer einzelnen Produkteinheit zugeordnet werden können, sind sie für das laufende Target Cost Management irrelevant.[125] Als Ergebnis erhält man periodenkonforme, produktbezogene Zielkosten. In einer weiteren Korrekturrechnung sind alle HK-fremden Kostenbestandteile, wie insbesondere

---

[122] Vgl. *Deisenhofer, Thomas:* Marktorientierte Kostenplanung, S.105. Diesbezüglich ist zu bemerken, daß die Zielkosten von *AUDI* (hier: Ziel-Herstellkosten) bislang überhaupt nicht marktorientiert ermittelt werden. Vielmehr wird durch baugruppenbezogene Auf- oder Abschläge auf Basis eines Vorgängermodells explizit die Komponentenmethode angewandt.

[123] Vgl. *Sakurai, Michiharu; Keating, Patrick J.:* Target Costing und Activity-Based Costing, S.89 (Tab.3), dokumentieren die hohe Bedeutung der (variablen) Ziel-Herstellkosten im Rahmen von Kostensenkungsmaßnahmen.

[124] Die für die Korrekturrechnungen notwendigen Konkurrenzinformationen dürften sich kaum aus dem verfügbaren Datenmaterial der Absatzmarktforschung oder der betrieblichen Statistik ableiten lassen. Vielmehr wird man als Näherungslösung eigene Datenausprägungen heranziehen.

[125] Anders liegt der Fall bei einer Neuproduktentwicklung: Hier sind bereits für die F&E-Kosten Zielvorgaben zu erarbeiten. Da jedoch bei einer solchen Konstellation i.d.R. das „Market into Company"-Verfahren angewandt wird, bedarf es auch nicht der hier diskutierten Korrektur konkurrenzbezogener allowable costs.

die anteilig verrechneten **Verwaltungs- und Vertriebskosten,** zu eliminieren. Gleichwohl dieser Rechenschritt zur Ermittlung der produktbezogenen Zielherstellkosten notwendig ist, ist ihm durchaus mit Skepsis zu begegnen, da gerade in den industriellen Verwaltungsbereichen zumeist größere Rationalisierungspotentiale verborgen sind als in den HK-spezifischen direkten Leistungsbereichen, wie der Materialwirtschaft, der Fertigung und der Montage. In einer letzten Korrekturrechnung steht schließlich die Bereinigung der Zielherstellkosten um **Fremdleistungskosten** im Vordergrund, z.B. für fremdbezogene Komponenten und Teile sowie für fremdvergebene Lohnarbeiten. Bei einem hohen Fremdbezugsanteil ist nur ein Teil der gesamten Herstellkosten flexibel im Sinne des Zielkostenmanagements. Gerade die jüngsten Bemühungen der Automobilhersteller zur Akquisition einer möglichst geringen Anzahl an „systemfähigen" Zulieferern zeigen den Wunsch nach einem möglichst geringen Eigenfertigungsanteil.[126] Als Gegenleistung werden diesen Systemzulieferern häufig Lieferverträge über einen gesamten Modellebenszyklus gewährt, die sich kurzfristig wirkenden Kostenanpassungsmaßnahmen entziehen.[127] Das Ergebnis dieses Schrittes stellen die „steuerbaren", produktbezogenen Zielherstellkosten dar. Allein diese stellen i.d.R. das kurzfristig ausschöpfbare Kostensenkungspotential dar.

e) Zielkostenmanagement

Erklärtes Ziel des Target Cost Managements ist nicht die alleinige Zielkostendokumentation, sondern die aktive Steuerung und Gestaltung der eigenen Produktkosten – also das Kostenmanagement – unter Kenntnis der marktakzeptablen Kosten. Die Gegenüberstellung von Zielkosten (marktbezogene Produktkosten) und Plankosten (unternehmensbezogene Produktkosten) stellt gewissermaßen die „Klammer" dar, innerhalb derer organisatorisch-technische Maßnahmen zur Schließung der Kostenlücke greifen müssen. In der nachfolgenden *Abbildung 210* haben wir anhand der drei grundlegenden Strukturierungskriterien „Produkte", „Prozesse" und „Potentiale" einmal exemplarisch mögliche **Techniken und Methoden zur Zielkostenerreichung** dargestellt.

Man kann erkennen, daß Zielkostenmanagement auf einem breiten Kranz unterschiedlicher Instrumente zur Kostenbeeinflussung aufbaut. Durchsieht man jedoch die Literatur zum Target Costing, so stößt man immer wieder (und dominant) auf das **„Value Engineering",** also die **Wertanalyse.** Dies ist nicht verwunder-

---

[126] Im Prinzip verfolgt diese Strategie eine Zurückdrängung der direkten Aktivitäten bis auf den notwendigen Kern (idealerweise in Form einer reinen Montage von fremdgefertigten und -geprüften Baugruppen, Komponenten und Teilen) bei einer gleichzeitigen Aufrechterhaltung strategisch bedeutsamer indirekter Leistungsbereiche (z.B. Stärkung der Grundlagenforschung).
[127] Hier zeigt sich die methodische Notwendigkeit des Zusammenspiels mit einem controllinggerechten Fixkostenmanagement, wie wir es auch später noch bei der Darstellung der Prozeßkostenrechnung thematisieren werden. Vgl. zu operativen und strategischen Aspekten des Fixkostenmanagements auch *Oecking, Georg:* Strategisches und operatives Fixkostenmanagement, in: ZfC, 5.Jg. (1993), S.82–90; und *ders.:* Strategisches und operatives Fixkostenmanagement, München 1994.

Bezugsobjekt	Instrument
PRODUKT	– Total Quality Management – Design to Cost – Product Value Engineering – Just-in-Time-/KANBAN-Fertigung
PROZESS	– Simultaneous Engineering – Design to Manufacturability – Durchlaufzeitenoptimierung – Business Process Management – Process Value Engineering – Prozeß-Outsourcing
POTENTIAL	– Gruppenarbeit – Prämienlohnsystem – Betriebliches Vorschlagwesen – Flexible Fertigungssysteme/CIM

Abb. 210: Instrumente im Rahmen des Zielkostenmanagements

lich, korrespondieren doch zahlreiche Schritte des Target Costing, wie z. B. die funktionsbezogene Produktanalyse, die Gewichtung einzelner Produktfunktionen nach Maßgabe ihrer Funktionsnotwendigkeit etc., mit dem wertanalytischen Gedankentum. Es erscheint daher nicht vermessen, statt vom Target Costing treffender vom „Value Engineering Costing" zu sprechen.

Die Erfolge insbesondere japanischer Unternehmen mit dem Target Costing beruhen aber nicht allein auf der bloßen Anwendung, sondern vielmehr auf der organisatorischen Verankerung wertanalytischer Maßnahmen. *Hasegawa* hebt in diesem Zusammenhang die **„Center-Out Control Organisation"** bedeutsamer japanischer Unternehmen hervor. Diese besteht im wesentlichen aus folgenden Elementen:[128]

- Einführung eines Selbstbeurteilungssystems für Arbeitsgruppen und individuelle Mitarbeiter,
- Einführung eines entsprechenden Kontrollsystems durch die übergreifend Verantwortlichen und
- Einführung eines Motivationssystems für Arbeitsinnovationen.

Eine solche Form der Verlagerung der Entscheidungskompetenz für leistungsverbessernde und kostensenkende Tätigkeiten, die nicht selten auch dispositiver Natur sind,[129] an den einzelnen Arbeitsplatz (im Sinne des kaizen), verlangt zwangsläufig eine Organisationsphilosophie, die dieser Zielsetzung „Rückendeckung" gibt. In der neueren amerikanischen Literatur wird diese Forderung unter dem Begriff **„bottom-up empowerment"** diskutiert.[130] Insbesondere der

---

[128] Vgl. *Hasegawa, Takuzo:* Entwicklung des Management Accounting Systems, S. 6.
[129] Dispositiver Freiraum wird in japanischen Unternehmen u. a. dadurch geschaffen, daß oftmals keine detaillierten Arbeitsanweisungen vorliegen, der Arbeitnehmer also bezüglich seiner individuellen Effizienz weitgehend selbstverantwortlich ist.
[130] Vgl. insbesondere *Johnson, H. Thomas:* Relevance Regained, New York u. a. 1992, S. 55 ff.

C. Das strategische Kosten- und Erfolgs-Controlling

Design- und Konstruktionsphase

Bestimmung der Produktion und des Design des neuen Modells

Insbes. Steuerungsinformation für die Ingenieure (über neue Funktionen) und für die Vertriebsmitarbeiter (über die Verkaufsmenge)

↓

Bestimmung des Zielgewinns

↓

Bestimmung der Zielkosten

Insbes. Steuerungsinformation für die Ingenieure (über neue Funktionen) und für die Fabrikmitarbeiter

↓

Value Engineering (VE)

Steuerung der Ingenieuraktivitäten

Markt/Kunden

Kundenlenkung (Beeinflussung durch das Unternehmen)

└─ Zuständige Marketingabteilung

Phase der Produktionsbudgetierung
z.B.: Beginn sechs Monate vor Produktionsbeginn
Budgetzeitraum = sechs Monate

Bestimmung des Zielumsatzes und des Zielgewinns in einem Budgetzeitraum

Insbes. Steuerungsinformation für die Vertriebsmitarbeiter

↓

Bestimmung der Zielkosten

Steuerungsinformation für die Fabrikmitarbeiter

↓

Bestimmung der Kaizen-Zielgröße

Ziel: Steigerung des Umsatzes
→ Steuerung der Vertriebsmitarbeiter

Produktionsphase

- Durchführung der Überwachungs- und Unterstützungsaktivitäten (Follow-up) für das Genka-Kikaku

  (Ungefähr zwischen sechs Monaten und einem Jahr)

- Durchführung der Genka-Kaizen Aktivitäten

  (Steuerung und Kontrolle der Fabrikmitarbeiter)

- Durchführung der Zulieferer-Kontrolle durch VA nach dem Beginn der Produktion
  → Kostensenkung der Fremdbezugsteile: Zuliefererlenkung

- Annahme des Vorschlagssystems für Arbeitsinnovationen in Zusammenhang mit TQC
  → Motivation der Arbeitsinnovation durch die Fabrikmitarbeiter

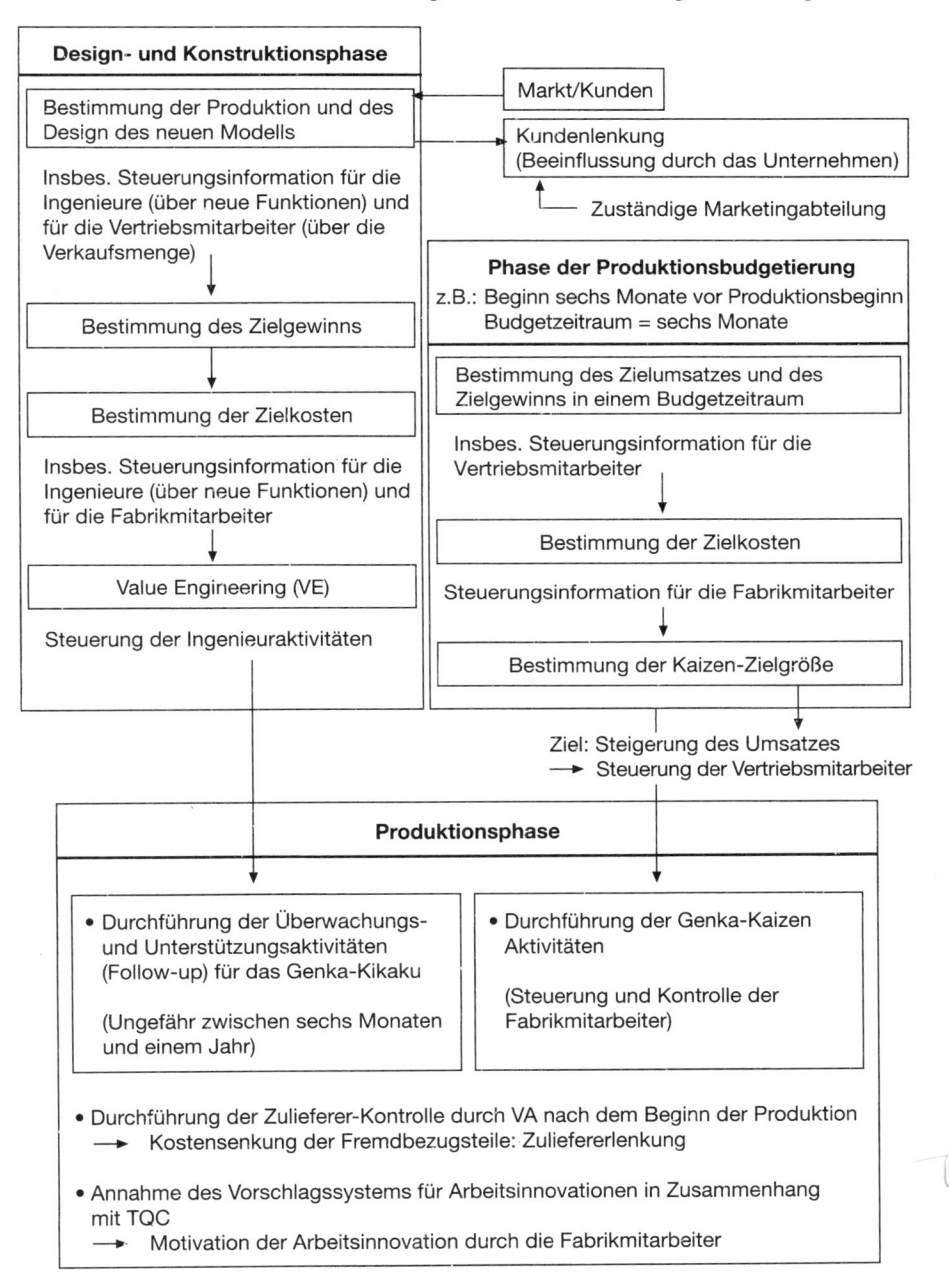

Abb. 211: Phasenbezogenes Zielkostenmanagement durch aktive Mitarbeitersteuerung

Steuerung von Arbeitsinnovationen wird eine große Bedeutung zugemessen. Dazu werden sowohl Qualitäts-, Produktivitäts-, als auch Kostenkennzahlen benutzt.

Target Costing-relevante **Wertanalyseprogramme** werden sowohl intern, als auch mit Hilfe externer Unterstützung durchgeführt. Intern basieren sie zumeist auf Vorschlägen der Mitarbeiter im Produktionsbereich, wobei Verbesserungen der Kapazitätsauslastung sowie Energiesparprogramme nicht selten im Mittelpunkt stehen. Auch Funktionsbereiche wie z.B. die Entwicklung, Konstruktion und die Logistik stehen oftmals im Mittelpunkt dieser Programme. Externe Programme zielen primär auf Kostenreduzierungen durch Verlagerung von Aktivitäten außerhalb des Unternehmens ab (Outsourcing). Hier dominieren nicht selten Maßnahmen im Ersatzteilbereich, der in einigen Industriebranchen eine hervorgehobene Bedeutung besitzt. Etwa 70 % der gesamten Herstellkosten der japanischen Automobilhersteller sind z.B. Material-, Ersatzteil- und Zulieferungskosten, also Fremdbezugskosten.[131] Die vorstehende *Abbildung 211* zeigt die starke Bedeutung von Wertanalysemaßnahmen im Rahmen der Mitarbeitersteuerung des Target Costing in den Phasen „Entwicklung und Konstruktion" sowie „Produktion" von japanischen Unternehmen.[132]

f) Kontinuierliche Ziel-/Ist-Abweichungsanalysen

Gleichwohl Target Costing i.S.d. des japanischen „kaizen" (kontinuierliche Verbesserungsmaßnahmen)[133] eine ausgeprägte Dezentralisierung der Kostengestaltungsmaßnahmen impliziert, sollten sowohl deren Ergebnisse als auch infolge eines verschärften Wettbewerbs modifizierte Kostensenkungsziele in einem **zentralen Kosten-Controllingberichtswesen** erfaßt, selektiv aufbereitet und an die entsprechenden Entscheidungsverantwortlichen weitergeleitet werden. Im Unterschied zu den periodenbezogenen Kostenabweichungsanalysen im Rahmen der Plankostenrechnung sind die Kostenabweichungsanalysen im Rahmen des Target Costing primär **maßnahmenorientiert** und zumeist losgelöst von zeitlichen Abrechnungserfordernissen: Sie zeigen dynamisch den Spannungszustand zwischen den eigenen Kostensenkungserfolgen und den konkurrenzbezogenen Kostensenkungsherausforderungen auf, d.h. sie bilden den strategischen „Kosten-Gap" wertmäßig ab.

Target Cost Management ist primär ein Ansatz zur Prognose und Gestaltung der Kosten und Leistungen der Produkte des Unternehmens und ihrer zumeist materiellen Bestandteile, d.h. der integrierten Baugruppen, Komponenten und Teile.

---

[131] Vgl. *Sakurai, Michiharu; Keating, Patrick J.:* Target Costing and Activity-Based Costing, S. 88.

[132] Abbildung verändert entnommen aus *Hasegawa, Takuzo:* Entwicklung des Management Accounting Systems, S. 7.

[133] Der wesentliche Unterschied dieses Ansatzes besteht im Gegensatz zu dem hierzulande verfolgten „betrieblichen Vorschlagwesen" darin, daß der besondere Wert auf „kleine Innovationen" gelegt wird, d.h. auf Verbesserungsmaßnahmen, deren (unmittelbares) Rationalisierungspotential vergleichsweise gering ist.

C. Das strategische Kosten- und Erfolgs-Controlling   463

Eine aktive, konkurrenzorientierte Kostensteuerung wird jedoch häufig bei den leistungserbringenden und -begleitenden Aktivitäten des Unternehmens, d.h. den Prozessen an sich, ansetzen müssen. Dies verlangt ein Instrumentarium zur Strukturierung und Dokumentation der Prozeßstruktur und deren kostenwirtschaftlicher Analyse. Mit dem Modell der **Wertkette** und der **Prozeßkostenrechnung** werden in den nachfolgenden Abschnitten entsprechende Ansätze vorgestellt.[134]

5. Die Unternehmenswertkette als Anknüpfungspunkt für ein strategisches Kostenmanagement

Das **Modell der Wertkette** und die **Wertkettenanalyse** (value chain analysis) gehen auf *Porter* zurück.[135] Die Wertkette bildet zunächst ein relativ grobes Ordnungsraster zur Klassifizierung und Strukturierung der unternehmensspezifischen und -übergreifenden Aktivitäten.[136] Ziel des Ansatzes ist es, die Identifizierung solcher Aktivitäten zu unterstützen, aus denen sich gegenüber dem Wettbewerber nachfragerbezogene **strategische Wettbewerbsvorteile** im Sinne eines kosten- und/oder leistungsorientierten Zusatznutzens bzw. „Mehrwertes" ergeben. Dabei wird zwischen **primären** und **unterstützenden** Aktivitäten differenziert (vgl. *Abb. 212*).

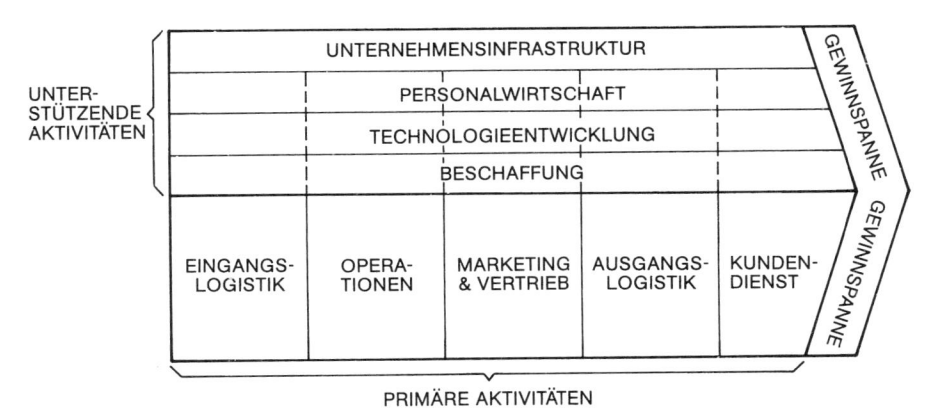

Abb. 212: Modell einer Wertkette[137]

---

[134] Das Zusammenspiel von Target Costing und Prozeßkostenrechnung erläutern *Sakurai, Michiharu; Keating, Patrick J.:* Target Costing and Activity-Based Costing; und *Freidank, Carl-Christian:* Unterstützung des Target Costing durch die Prozeßkostenrechnung, in: Neuere Entwicklungen im Kostenmanagement, hrsg. von *Klaus Dellmann* und *Klaus Peter Franz,* Bern, Stuttgart, Wien 1994, S. 223–259.

[135] Vgl. *Porter, Michael E.:* Wettbewerbsvorteile, insbes. S. 59–92.

[136] *Meffert, Heribert:* Funktionenlehre, S. 391 führt aus: „Damit bildet eine konsequent marktorientierte Sicht das Fundament einer funktionsübergreifenden Wettbewerbsvorteilsanalyse."

[137] Entnommen aus *Porter, Michael E.:* Wettbewerbsvorteile, S. 62.

Primäre Aktivitäten umfassen jene betrieblichen Tätigkeiten, die der Herstellung und dem Absatz eines Produktes bzw. einer Dienstleistung dienen. Dazu zählen auch „produktnahe" Folgeaktivitäten, wie z. B. der Kundendienst beim Abnehmer. **Unterstützende Aktivitäten** befassen sich als unmittelbare Versorgungsfunktionen mit der Beschaffung von güterwirtschaftlichen Inputs, Technologien und Personal sowie mit der administrativen Leitung, Planung und Kontrolle der gesamten Infrastruktur (Management- und Verwaltungsfunktionen, wie z. B. Controlling, Treasuring und Rechtsschutz). Festzuhalten ist, daß diese sog. Wertaktivitäten nicht identisch mit den institutionalisierten Fachabteilungen, d. h. mit der Aufbauorganisation sein müssen.[138]

Über die reine strategische Strukturierungsfunktion hinaus stellt der Wertkettenansatz Aspekte des Nachfragernutzens und der Kosteneffizienz gleichberechtigt gegenüber. Im Rahmen eines strategischen Kosten- und Erfolgs-Controlling bildet es den Bezugsrahmen für die Ausgestaltung eines **strategischen Kostenanalyseinstrumentes,** indem detaillierte und höher aggregierte Tätigkeiten herausgestellt werden können, die einen besonders hohen Kostenanteil verursachen und die Wertschöpfung und Gewinnspanne des Unternehmens nachhaltig beeinflussen. Durch die Berücksichtigung der Verknüpfung einzelner Teilaktivitäten kann das Controlling im Rahmen einer **optimierten Interfaceanalyse**[139] unternehmensinterne und -externe Make-or-Buy-Fragestellungen kostenwirtschaftlich fundieren, wie z. B. die Überkompensation aktuell hoher Produktionskosten (z. B. hohe Ausschuß- und Nacharbeitskosten) durch Verbesserungen der weniger kostentreibenden, vorgelagerten Funktion „Technologieentwicklung" (z. B. Vereinfachung und Standardisierung von Entwicklung und Konstruktion). Dazu ist das Rechnungs- und Berichtswesen so auszugestalten, daß z. B. alle entwicklungsbezogenen Kosten direkt den Kosten der Aktivität „Technologieentwicklung" zugerechnet werden können. Dies erfordert eine aktivitätsbezogene Aufsplittung der Kostenschichten, die in vielen Unternehmen undifferenziert in den Gemeinkostenblock einfließen.

Zusammenfassend zeigt sich, daß die Wertkette durch die gleichzeitige Fokussierung auf Kosten- und Nutzenaspekte ein leistungsfähiges Planungs- und Analyseinstrument des strategischen Controlling sein kann. Der Einsatz im Rahmen eines strategischen Kosten- und Erfolgs-Controlling setzt allerdings eine entsprechende Anpassung der betrieblichen Informationssysteme, insbesondere der Kostenrechnung, voraus,[140] die sich dann als „verdichtete" Kostenrechnung in Form eines Kosteninformationssystems auf mehrere Abrechnungsperioden beziehen und zumindest über die traditionelle Kostenstellenrechnung hinaus eine Zurechnung von Kosten auf Aktivitäten zulassen müßte; ferner wäre eine gesonderte Erfassung der fixen Kosten im Hinblick auf die Auf- und Abbaumöglichkeiten und damit eine komfortable Verbindung zur Anlagenrechnung sowie zur Personalabrechnung nötig.

---

[138] Zu Art und Ausprägung der verschiedenen Aktivitäten der Wertkette vgl. *Porter, Michael E.:* Wettbewerbsvorteile, S. 66–72.
[139] Vgl. zu diesem Begriff *Meffert, Heribert:* Wertkette, S. 270.
[140] Vgl. auch *Meffert, Heribert:* Wertkette, S. 276 f.

6. Die Konzeption der Prozeßkostenrechnung

a) Entwicklung und Grundlagen der Prozeßkostenrechnung

Die **Prozeßkostenrechnung**[141] wurde Mitte der 80er Jahre im Rahmen des Cost Management System-Programms der *Computer Aided Manufacturing-International, Inc.* (CAM-I)[142] in den Vereinigten Staaten entwickelt. Ihre Konzeption resultiert aus folgenden Überlegungen: Moderne Fertigungs-, Logistik- und Informationstechnologien verändern in hohem Maße die **Prozeß- und Kostenstrukturen**. Anstelle der direkten, wertschöpfenden Fertigungsaktivitäten dominieren in einem hochtechnologisierten Unternehmen immer stärker planende, steuernde, überwachende und kontrollierende Tätigkeiten in den sog. **indirekten Leistungsbereichen**.[143] Damit verlagert sich der Charakter moderner Betriebe immer stärker in Richtung hochtechnologisierter Dienstleistungsunternehmen. Diese Aktivitätsverschiebung hat erhebliche Auswirkungen auf die betriebliche Kostenstruktur zur Konsequenz. Die Beschaffung kapitalintensiver Technologien und qualifizierter Mitarbeiter erhöht den Anteil der fixen Kosten am Gesamtkostenvolumen, während gleichzeitig die Gemeinkostenintensität steigt.

Die wachsende Bedeutung **fixer Gemeinkosten** stellt die Unternehmen einerseits vor das Dilemma einer technologischen Flexibilität bei gleichzeitiger kostenwirt-

---

[141] Zur Konzeption der Prozeßkostenrechnung vgl. aus dem mittlerweile umfangreichen Schrifttum z. B. *Johnson, H. Thomas; Kaplan, Robert S.:* Relevance Lost. The Rise and Fall of Management Accounting, Boston 1987; *Cooper, Robin; Kaplan, Robert S.:* How Cost Accounting Systematically Distorts Product Costs, in: Accounting & Management. Field Study Perspectives, hrsg. von *William J. Bruns* und *Robert S. Kaplan*, Boston 1987, S. 204–228; *dies.:* Measure Costs Right: Make the Right Decisions, in: HBR, Vol. 66 (1988), 5, S. 96–103; *Kaplan, Robert S.:* One Cost System Isn't Enough, in: HBR, Vol. 66 (1988), 1, S. 61–66; *Horváth, Péter; Mayer, Reinhold:* Prozeßkostenrechnung, in: ZfC, 1. Jg. (1989), S. 214–219; *Fröhling, Oliver:* Prozeßkostenrechnung, in: DBW, 50. Jg. (1990), S. 553–555; *Franz, Klaus-Peter:* Die Prozeßkostenrechnung – Darstellung und Vergleich mit den Plankosten- und Deckungsbeitragsrechnung, in: Finanz- und Rechnungswesen als Führungsinstrument, hrsg. von *Dieter Ahlert, Klaus-Peter Franz* und *Hermann Göppl*, Wiesbaden 1990, S. 109–136; *Coenenberg, Adolf G.; Fischer, Thomas M.:* Prozeßkostenrechnung – Strategische Neuorientierung in der Kostenrechnung, in: DBW, 51. Jg. (1991), S. 21–38 und *Fröhling, Oliver:* Prozeßkostenrechnung, in: Betriebswirtschaft heute, hrsg. von *Frank-Jürgen Witt*, Wiesbaden 1992, S. 95–122.

[142] Vgl. dazu *Brimson, James A.:* How Advanced Manufacturing Technologies Are Reshaping Cost Management, in: MA, Vol. 67 (1986), 9, S. 25–29, hier S. 29; *Berliner, Callie; Brimson, James A. (Hrsg.):* Cost Management for Today's Advanced Manufacturing. The CAM-I Conceptual Design, Boston 1988, S. 97–101 und insbesondere *Williams, Kathy:* CAM-I: On the Leading Edge, in: MA, Vol. 70 (1989), 12, S. 18–21.

[143] Vgl. *Laßmann, Gert:* Aktuelle Probleme der Kosten- und Erlösrechnung sowie des Jahresabschlusses bei weitgehend automatisierter Serienfertigung, in: ZfbF, 36. Jg. (1984), S. 959–978, hier S. 959 und *Miller, Jeffrey G.; Vollmann, Thomas E.:* The Hidden Factory, in: HBR, Vol. 63 (1985), 5, S. 142–150, hier S. 143–146. In den indirekten Leistungsbereichen werden solche Tätigkeiten ausgeführt, die nicht unmittelbar der betrieblichen Leistungserstellung dienen, aber zur Aufgabenerfüllung der direkten Bereiche (Fertigung, Montage) notwendig sind. Vgl. *Heinz, Klaus; Olbrich, Ralf:* Zeitdatenermittlung in indirekten Bereichen, Köln 1989, S. 6.

schaftlicher Inflexibilität.[144] Auf der anderen Seite führt der sprunghafte Anstieg der Gemeinkosten dazu, daß das klassische Instrument der **Lohnzuschlagskalkulation** nicht mehr greift, da die traditionellen Zuschlagsbasen Fertigungs- und Materialeinzelkosten in keinem kausalen Zusammenhang mit der Entstehung und Verursachung der Gemeinkosten stehen. Zudem wachsen die Gemeinkostenzuschlagssätze in hochtechnologisierten Unternehmen nicht selten in eine Größenordnung von mehreren tausend Prozent.[145] Diese inadäquate, weil auf falschen Prämissen basierende Gemeinkostenrechnung kann zu erheblichen Verzerrungen in der Kostenträgerrechnung und – als Folge – zu falschen preis- und produktpolitischen Entscheidungen führen, die längerfristig die Existenz des Unternehmens in Frage stellen.[146] Aus diesem Problemkomplex wird die Forderung nach einer stärkeren **Gemeinkostentransparenz und -steuerung** in allen Unternehmensbereichen abgeleitet, die zugleich aussagefähige Wirtschaftlichkeitskontrollen, eine mittel- bis langfristige Kapazitätssteuerung und verursachungsgerechtere Produktkalkulationen gewährleistet. Der Kostenschwerpunkt verlagert sich dabei von der Kostenstellen- auf die Aktivitätenebene, da nach Ansicht der Vertreter der Prozeßkostenrechnung im wesentlichen die Unternehmensaktivitäten die Höhe und Struktur der Gemeinkosten beeinflussen.

Bei dem Verfahren handelt es sich methodisch um eine **kombinierte Ist- und Plankostenrechnung auf Vollkostenbasis.** Obwohl nur selten explizit herausgearbeitet, ist auch eine Prozeßkostenrechnung auf Teilkostenbasis möglich und – bzgl. der Mängel existenter Vollkostenverfahren – gerade vor dem Hintergrund einer integrativen Lösung sinnvoll.[147] Zentrales Merkmal ist die Auflösung des Gesamtunternehmens in einzelne, unterscheidbare **Aktivitäten.** Im ersten Schritt wird dabei die bestehende Kostenstellenstruktur aktivitätsspezifisch aufgelöst. Diese Aktivitäten dienen als Anknüpfungspunkte der Prozeßkostenstellenrechnung und -kalkulation. Auf Kostenstellenebene werden differenzierte Maßgrößen herangezogen, um das Mengenvolumen der Aktivitäten transparent zu machen und über die Bewertung mit Plankosten eine **prozeßbezogene Kostenplanung** zu ermöglichen. Die ermittelten Kostensätze pro Aktivität werden anfolgend der **Prozeß-**

---

[144] Die Problematik der kostenwirtschaftlichen Inflexibilität durch die steigende Fixkostenbelastung und daraus folgend die Notwendigkeit eines eigenständigen Fixkostenmanagements wurde im Kapitel III.C.4. aufgezeigt.

[145] Vgl. *Kaplan, Robert S.:* Cost Accounting: A Revolution in the Making, in: CA, Vol. 3 (1985), 1, S. 10–16, hier S. 11 und *Plaut, Hans-Georg:* Essentials eines modernen innerbetrieblichen Rechnungswesens, in: CM, 14. Jg. (1989), S. 233–240, hier S. 238. Plaut führt dabei das Praxisbeispiel einer Zuschlagssatzhöhe von 30000 % an.

[146] Zu den Grenzen der Aussagefähigkeit der traditionellen Rechnungswesenansätze vgl. z. B. *Cooper, Robin; Kaplan, Robert S.:* Cost Accounting, S. 204–228; *Bleicher, Knut:* Grenzen des Rechnungswesens, S. 33–47 und *Kaplan, Robert S.:* Limitations of Cost Accounting in Advanced Manufacturing Environments, in: Measures for Manufacturing Excellence, hrsg. von *Robert S. Kaplan,* Boston 1990, S. 15–38.

[147] Vgl. zum Vorschlag einer teilkostenorientierten Prozeßkostenrechnung *Riedlinger, Peter:* Strategische Produktkalkulation – eine Produktkalkulation nach Vorgangskosten, in: Tagungsband 1. Österreichischer Controlling Congress, hrsg. von *Thomas Reichmann,* München 1989 und insbesondere *Reichmann, Thomas; Fröhling, Oliver:* Fixkostenmanagementorientierte Plankostenrechnung vs. Prozeßkostenrechnung – Zwei Welten oder Partner?, in: ZfC, 3. Jg. (1991), S. 40–42, hier S. 41 f.

kalkulation in Form von Verrechnungssätzen zur Verfügung gestellt. Die entsprechend herausgefilterten und bewerteten Teilprozesse werden in einem weiteren Schritt wieder in Form **kostenstellenübergreifender Hauptprozesse** aggregiert. Auch auf dieser Ebene erfolgt eine Prozeßkostenplanung, die auf Verwendung sog. Kostentreiber als Maßgrößen basiert. Zum besseren Verständnis der Methodik werden die einzelnen Schritte im folgenden detaillierter aufgezeigt.

b) Analyse und Strukturierung der Unternehmensaktivitäten

Der erste Schritt der Prozeßkostenrechnung besteht nach Auswahl des Untersuchungsbereiches (Gesamtunternehmen, Werk oder Funktionalbereich) darin, auf Basis der vorhandenen Bereichs- und Kostenstelleneinteilung **unterscheidbare Aktivitäten** herauszufiltern, d.h. die jeweiligen Kostenstellenleistungen in Form von operativen Tätigkeiten abzubilden. Als struktureller Bezugsrahmen bietet sich dazu die schon erwähnte Wertkettenanalyse an, die allerdings um unternehmensinterne Befragungen und Beobachtungen, also empirische Untersuchungen, zu ergänzen ist. Für die Logistikkostenstelle „Warenannahme" könnten sich z.B. die Aktivitäten „Paletten entladen mit Gabelstapler", „Manuelle Warenerfassung" und „Stichprobenweise Kontrolle" ergeben.[148] Bedeutsam ist, daß nur jene Aktivitäten herausselektiert werden, die kosten- und leistungswirtschaftlich von Analyserelevanz sind, also im Sinne der ABC-Analyse einen spürbaren Teil der Kostenstellenkosten verursachen. Dieses Selektionskriterium dient zum einen der **Vermeidung unnötiger Komplexität** (zu viele und feine Tätigkeiten) und zum anderen der **Sicherstellung der Wirtschaftlichkeit** der Analyse. Zur Gewinnung solcher Informationen sollte die Kompetenz der Mitarbeiter vor Ort genutzt werden, z.B. in Form von detaillierten Kostengesprächen.

Diese Aktivitätsanalyse ist fast deckungsgleich zur Tätigkeitsstrukturierung im Rahmen der verschiedenen **Gemeinkostenwertanalysetechniken,** wie z.B. dem Zero-Base-Budgeting, der Overhead-Value-Analysis oder der Administrativen Wertanalyse.[149] Hier wie dort stehen die unmittelbaren **physischen Leistungserstellungsprozesse** im Vordergrund.[150] Im Gegensatz zu diesen zeitpunktbezogenen Verfahren, die zumeist sehr detailliert und aufwendig sind und auch aus Akzeptanzgründen nur fallweise eingesetzt werden können, ist die Prozeßkostenrechnung auf einen permanenten Einsatz im Rahmen des Kostenmanagements ausgelegt. Aus diesem Blickwinkel könnte man auch von einer komprimierten, aber kontinuierlichen Gemeinkostenanalyse und -steuerung sprechen.

---

[148] Vgl. dazu die Analyse in Kapitel VIII.B.2.
[149] Vgl. zu den verschiedenen Gemeinkostenanalysemethoden u.a. *Jehle, Egon:* Gemeinkosten-Management. Effizienzsteigerung im Gemeinkostenbereich durch Overhead-Value-Analysis (OVA), Zero-Base-Budgeting (ZBB) und Administrative Wertanalyse (AWA), in: DU, 36.Jg. (1982), S.59–76; *Wegmann, Manfred:* Gemeinkosten-Management: Möglichkeiten und Grenzen der Steuerung industrieller Verwaltungsbereiche, München 1982 und *Meyer-Piening, Arnulf:* Zero-Base-Budgeting, in: HWPl, hrsg. von *Norbert Szyperski,* Stuttgart 1989, Sp.2277–2296.
[150] Nicht nur physische, sondern auch wertmäßige Aktivitäten wie z.B. „Material verzinsen" und „Kapital verzinsen" beziehen *Horváth* und *Mayer* in ihre Analyse ein. Vgl. *Horváth, Péter; Mayer, Reinhold:* Prozeßkostenrechnung, S.216.

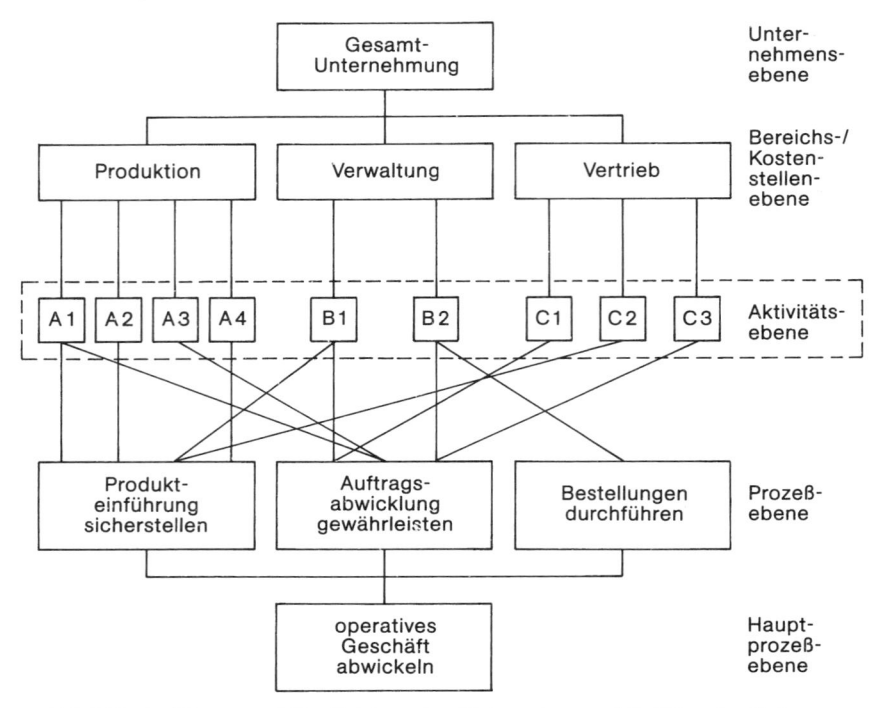

Abb. 213: Auflösung und Verdichtung der Unternehmensaktivitäten im Rahmen der Prozeßkostenrechnung

Parallel zur Aktivitätsanalyse müssen auch die entsprechenden **Maß- bzw. Bezugsgrößen** herausgefunden werden, die das Mengen- und Kostenverhalten der Tätigkeiten abbilden. Diese Maßgrößen sind bei den eigentlichen Fertigungsaktivitäten identisch zu den **direkten Bezugsgrößen** der Grenzplankostenrechnung. Für die indirekten Leistungsbereiche, z.B. Entwicklung, Logistik, Verwaltung und Vertrieb, gilt es möglichst sinnvolle Maßstäbe zu suchen, die eine direkte Mengen- und Kostenplanung ermöglichen. Dazu zählen im Beschaffungsbereich etwa Größen wie „Anzahl an Bestellungen", „Anzahl abgegebener Angebote" und „Anzahl bearbeiteter Reklamationen". Zentrales Ziel ist weniger die Abbildung einer theoretisch exakten Kostenverursachung, sondern die Gewinnung vernünftiger Näherungslösungen. In diesem Sinne kann die Prozeßkostenrechnung nicht den Anspruch erheben, ein „Optimalmodell" zu sein.

Zu beachten ist allerdings in diesem Zusammenhang, daß nicht für alle Aktivitäten aussagefähige und plausible Maßgrößen gefunden werden können. So werden sich z.B. Leitungsfunktionen nur schlecht bzw. äußerst willkürlich mit Hilfe von Mengengrößen quantifizieren lassen. Solche Prozeßkosten, die sich **nicht** mit Hilfe von Kostentreibern ausdrücken lassen, werden in der Terminologie der Prozeßkostenrechnung als **leistungsmengenneutrale Kosten** bezeichnet. Maßgrößenvariable Kosten bezeichnet man hingegen als **leistungsmengeninduzierte Kosten.** Obwohl diese Klassifizierung nichts mit der Kostenspaltung im Rahmen der Grenzplankostenrechnung zu tun hat, sind doch gewisse Parallelen erkennbar: Auf der einen Seite die bezüglich der gewählten Maß- oder Bezugsgröße variablen Kosten, auf der anderen Seite die mengenneutrale „Grundlast". Die Auflösung des Unternehmens von den Funktionalbereichen über die Kostenstellen bis hin zu den Aktivitäten als „Subkostenstellen" zeigt der obere Teil der *Abb. 213*.[151] Im nächsten Schritt werden die einzelnen Aktivitäten wieder bottom-up zu übergreifenden Prozessen aggregiert (unterer Teil der Abbildung). Hierbei geht es darum, **Hauptprozesse des Unternehmens** und ihre konkrete Aktivitätsinanspruchnahme abzubilden.[152]

c) Prozeßkostenstellenrechnung

Die Aktivitätsanalyse und die Maßgrößen- bzw. Kostentreiberplanung sind Grundlagen der **Kostenplanung** in den betrachteten Kostenstellen. *Abb. 214* zeigt eine beispielhafte Prozeßkostenstellenplanung für die Logistikkostenstelle „**Innerbetrieblicher Transport/Handling**".

Kostenstelle:	Innerbetrieblicher Transport/Handling						
Aktivität	lmi/ lmn	Maßgröße	Prozeß- menge (Plan)	Prozeß- kosten (Plan)	Prozeß- kosten- satz (lmi)	Prozeß- umlage (lmn)	GKS (lmn)
Transport mit Gabelstapler	lmi	Zahl zu transportierender Paletten pro Jahr	1 100	550 000	500	21,83	521,83
Manuelle Warenbereitstellung	lmi	Zahl bereitzustellender Paletten pro Jahr	850	320 000	376,47	16,44	392,91
Abteilung leiten	lmn			38 000	–	–	–
Σ				908 000			
GKS = Gesamtprozeßkostensatz (lmi- + lmn-Prozeßkosten)							

Abb. 214: Prozeßkostenstellenrechnung am Beispiel der betrieblichen Logistik

In der ersten Spalte dieses **Kostenstellenberichtes** stehen die Bezeichnungen der betrachteten Aktivitäten. In der nächsten Spalte wird der jeweilige Charakter ausgewiesen – im Beispiel leistungsmengeninduziert (lmi) oder leistungsmengen-

---

[151] Zum Charakter der Aktivitäten als „Subkostenstellen" vgl. *Fröhling, Oliver; Krause, Herbert:* Systematisches Gemeinkosten-Management durch integrierte DV-gestützte Prozeßkostenrechnung, in: KRP, 1990, S. 223–228, hier S. 225.
[152] Organisatorisch findet dieses innerbetriebliche Prozeßmanagement z.B. bei IBM seinen Niederschlag in dem sog. Prozeßverantwortlichen (process owner). Vgl. *Striening, Hans-Dieter:* Prozeßmanagement im indirekten Bereich, in: ZfC, 1. Jg. (1989), S. 324–331, hier S. 327.

neutral (lmn). Nur für mengenvariable Prozeßkosten können Maßgrößen hinterlegt und Prozeßmengenplanungen durchgeführt werden, deren Beispielergebnisse in der vierten Spalte erscheinen. Die **mengenvariablen Kostensätze** der einzelnen Aktivitäten sind in der sechsten Spalte der *Abbildung 214* dargestellt. Sie ergeben sich aus der Division der aktivitätsspezifischen Planprozeßkosten (fünfte Spalte) durch die zugrundeliegenden Planprozeßmengen. Damit zusätzlich „**Prozeßvollkostensätze**" ausgewiesen werden können, ist es im nächsten Schritt erforderlich, die kostenstellenbezogen angefallenen mengenneutralen Kosten (hier: Kosten der Abteilungsleitung) möglichst verursachungsgerecht auf die einzelnen Aktivitäten zu verteilen. Im Beispiel ergeben sich die Umlagesätze aus der Multiplikation der Relation „**Planprozeßkosten der jeweiligen Aktivität/gesamte Planprozeßkosten der lmi-Aktivitäten**" mit dem Bruch „**gesamte lmn-Kosten/ Planprozeßmenge der jeweiligen Aktivität**". Der Umlagesatz der Aktivitäten „Transport mit Gabelstapler" errechnet sich damit zu 550000/870000 · 38000/ 1100 = 21,83 DM. Der Gesamtprozeßkostensatz ergibt sich jeweils aus der Summe der lmi-Kostensätze und der Umlagesätze; der Gesamtkostenstellensatz aus der Summe aller Gesamtprozeßkostensätze. Die lmi-Prozeßkostensätze und ggf. auch die Umlagesätze werden nach Abschluß der Kostenstellenrechnung als **direkte Verrechnungssätze** in die Prozeßkalkulation eingestellt. Der Umfang der einzubeziehenden Verrechnungssätze hängt von der konkreten Produkt- und/ oder Auftragsstruktur und von der Pflege der aktivitätsbezogenen Daten im Rahmen der **Stücklistenverwaltung** und **Materialwirtschaft** ab.

d) Prozeßkostenkalkulation

Die **Prozeßkostenkalkulation** – oft auch als „strategische Kalkulation" bezeichnet[153] – steht besonders in den Vereinigten Staaten im Mittelpunkt der fachlichen Diskussion. Das Datengerüst liefert im wesentlichen die Prozeßkostenstellenrechnung mit der Weitergabe der (differenzierten) Prozeßkostensätze. Daneben weisen einige theoretische Ansätze der prozeßorientierten Kalkulation bestimmte Besonderheiten auf, die bereits angesprochen wurden und in der *Abb. 215* deutlich werden.

Zunächst ist auf die Voraussetzung hinzuweisen, daß im Rahmen einer Prozeßkostenkalkulation die Prozeßmengen pro Produkt bzw. Produktlos bekannt sind und DV-technisch in den Stücklistenstrukturen verwaltet werden. Eine Annahme der in *Abb. 200* gezeigten Kalkulationstabelle ist, daß die Produkt- bzw. Variantenkosten einerseits durch das **Mengenvolumen der Produktion** (Stichwort Fixkostendegression) und andererseits durch die **Produkt-/Variantenanzahl** (Stichwort Komplexitätskostenreduktion) bestimmt werden.[154] Diese beiden Kriterien werden in der Kalkulation durch entsprechende prozentuale Vorgaben berücksichtigt, die allerdings stark subjektiven Charakter haben und sich kaum objektiv ermitteln lassen dürften.[155] Für die Aktivität „**Manuelle Warenbereitstellung**"

---

[153] Vgl. *Horváth, Péter; Mayer, Reinhold:* Prozeßkostenrechnung, S. 216.
[154] Vgl. zu diesem Vorschlag *Horváth, Péter; Mayer, Reinhold:* Prozeßkostenrechnung, S. 218.
[155] Vgl. dazu insbesondere *Franz, Klaus-Peter:* Prozeßkostenrechnung, S. 131.

Prozeßkostenkalkulation

Ausgangssituation:
- 3 Varianten (A, B und C) und 10 000 Einheiten
- Variante A = 6500 Einheiten
- Variante B = 3250 Einheiten
- Variante C =   250 Einheiten

Aktivität	Prozeßmenge (Plan)	Prozeß-kostensatz (lmi)	%-Abhängigkeit vom Produktionsvolumen	%-Abhängigkeit von Variantenanzahl
Transport mit Gabelstapler	1100	500	25	75
Manuelle Warenbereitstellung	850	376,47	60	40

Kalkulationsergebnisse		
Variante A	Variante B	Variante C
13,75 + 21,15	13,75 + 42,31	13,75 + 550
19,20 + 6,56	19,20 + 13,13	19,20 + 170,66
32,95 + 27,71 = 60,66	32,95 + 55,44 = 88,39	32,95 + 720,66 = 753,61

Abb. 215: Prozeßkostenkalkulation am Beispiel der betrieblichen Logistik

konkretisiert heißt dies, daß 60 % der Prozeßkosten vom Produktionsvolumen abhängen, während 40 % durch die Variantenanzahl verursacht werden. Das Controlling muß aus pragmatischen Gründen versuchen, die Kostenabhängigkeiten durch entsprechende **Kostengespräche** mit den leistungserbringenden Mitarbeitern (im Beispiel den Lagerarbeitern bzw. den Mitarbeitern in der Kommissionierung) möglichst realitätsnah transparent zu machen oder im Zweifelsfall ganz darauf zu verzichten. Im oberen Teil der Abbildung ist die **Ausgangssituation des Beispiels** dargestellt. Das Beispielunternehmen produziert drei Varianten mit einer Gesamtauflage von 10 000 Einheiten in der Abrechnungsperiode. Die konkrete Verteilung auf die Varianten ergibt sich zu 6500 Stück (Variante A), 3250 Stück (Variante B) und 250 Stück (Variante C). Unterhalb dieses „Kurzszenarios" sind noch einmal die Planprozeßmengen und -kosten der leistungsmengenvariablen Kosten der Kostenstelle „Innerbetrieblicher Transport" aufgeführt, sowie die prozentualen Relationen bezüglich der Produktionsvolumen-/Variantenzahlabhängigkeit der Prozeßkosten.

Die eigentliche Prozeßkostenkalkulation ist zweigeteilt: Zunächst wird der **volumen- bzw. mengenabhängige Anteil** der Produktkosten ermittelt (jeweils erste Zahlen in den untersten Zeilen). Dieser ergibt sich, indem man zunächst das Produkt aus der jeweiligen Planprozeßmenge, dem volumenabhängigen Teil und dem entsprechenden Prozeßkostensatz ermittelt. Für Variante A und die Aktivität „Transport mit Gabelstapler" ergibt sich: 1100 · 0,25 · 500 = 137 500,– DM. Alternativ hätte man auch die gesamten Prozeßkosten (aus der Kostenstellenrechnung) mit dem Prozentwert multiplizieren können.[156] Im folgenden Schritt wird dieses Produkt durch das gesamte Mengenvolumen (hier: 10000 Stück) geteilt. Das Ergebnis stellt den **volumenabhängigen Kalkulationssatz** dar, der – bezogen auf den spezifischen Prozeß – für alle Varianten gleich hoch ist.

Das zweite Kalkulationselement, der **variantenabhängige Produktkostenanteil**, wird ähnlich ermittelt. Für A erhält man $1100 \cdot 0{,}75 \cdot 500 = 412500{,}-$ DM. Nun wird zunächst durch die Variantenanzahl (3) geteilt. Für Variante A ergibt sich 137500,– DM. Schließlich werden diese Kosten durch das Mengenvolumen der entsprechenden Variante (6500) geteilt – es geht ja um die Ermittlung von Stückkosten. Für Variante A läßt sich so ein variantenbezogener Kostenanteil von $137500/6500 = 21{,}15$ DM ermitteln. Die gesamten Produkt- bzw. Variantenkosten ergeben sich, indem die volumen- und variantenabhängigen Produktkostenanteile aller Aktivitäten aufsummiert werden. Im Beispiel von A ergibt sich ein Kalkulationsergebnis von 60,66 DM.

Der Vorteil der aufgezeigten Prozeßkostenkalkulation dürfte aus Anwendersicht insbesondere daraus resultieren, daß bei zur Verfügung stehenden Prozeßkosten aus der Prozeßkostenstellenrechnung die eigentliche Kalkulation relativ einfach und gut nachvollziehbar ist. Die Unterscheidung und Quantifizierung in Volumen- und Variantenabhängigkeit sorgt trotz der berechtigten Kritik an der Möglichkeit des Einzugs von Intersubjektivitäten für mehr Kostentransparenz auf Kostenträgerebene: Entscheidungen über die **Neuaufnahme oder Eliminierung von Varianten** haben im Hinblick auf die Kenntnis der eigentlichen Produktionskosten, der individuellen Produktionsmengen und der zusätzlich anfallenden Komplexitätskosten eine breitere und aussagefähigere informelle Basis.

Erweitern ließe sich die Prozeßkostenkalkulation in Richtung „**Prozeßdeckungsbeitragsmanagement**". Die Kalkulationsergebnisse stellen Planangebotskosten auf Prozeßbasis dar. Stellt man diesen die (geschätzten) Planerlöse pro Stück gegenüber, so lassen sich prozeßorientierte Deckungsbeitragsrechnungen aufbauen: Wird eine Prozeßkostenrechnung auf **Vollkostenbasis** eingesetzt, so könnte man den **Prozeß-Deckungsbeitrag I** definieren als Plan-Nettoerlöse abzüglich der leistungsmengeninduzierten Prozeßkosten. Damit würde der kostenorientierte Deckungsspielraum über die leistungsmengenneutralen Prozeßkosten verdeutlicht, der ein bedeutendes Gewicht in den indirekten Leistungsbereichen besitzen kann. Eine feinere Aufteilung würde dahingehen, die lmi-Prozeßkosten nach den zugrundeliegenden betrieblichen Funktionen aufzuteilen (z.B. Vertrieb, Fertigung und Verwaltung). Mögliche Deckungsbeiträge (DB) wären dann der Prozeß-DB I (Nettoerlös abzüglich mengenvariabler Vertriebsprozeßkosten), der Prozeß-DB II (DB I abzüglich der Fertigungsprozeßkosten) und der Prozeß-DB III (DB II abzüglich der lmn-Prozeßkosten). Diese Aufgliederung ließe sich praktisch über die gesamte **Wertschöpfungskette des Unternehmens** vornehmen, sollte aber im Hinblick auf den Aussagegehalt und die Inter-

---

[156] Zur Kritik der Kalkulationsmethodik im System von *Horváth* und *Mayer* und weiteren methodischen Schwächen vgl. *Glaser, Horst:* Kritische Anmerkungen zur Prozeßkostenrechnung, unveröffentlichtes Manuskript anläßlich der 11. Saarbrücker Arbeitstagung Rechnungswesen und EDV an der Universität Saarbrücken, 2. Oktober 1990.

pretationsfähigkeit der einzelnen Deckungsbeiträge betriebswirtschaftlich immer noch sinnvoll sein.

Bei Verwendung einer **teilkostenorientierten Prozeßkostenrechnung** (zusätzlicher Ausweis der variablen und fixen Anteile der einzelnen Prozeßkosten) kann die Prozeß-Deckungsbeitragslogik mit dem Gedanken der **stufenweisen Fixkostendeckungsrechnung** (als Erweiterung der Grenzplankostenrechnung) kombiniert werden. So können bei den einzelnen Deckungsbeiträgen zusätzliche Informationszeilen angefügt werden, die den Anteil der erzeugnisfixen, erzeugnisgruppenfixen und unternehmensfixen Kosten ausweisen. Diese Zeilen sind auch ein **wertvoller Kontrollmaßstab,** inwieweit gemäß Prozeßkostenkalkulation Kosten auf ein Produkt verrechnet wurden, die üblicherweise im Rahmen einer Fixkostendeckungsrechnung höher in der betrieblichen Hierarchie ausgewiesen würden. Eine etwas vereinfachte und praktikable Möglichkeit besteht darin, die Prozeßkosten en bloc auszuweisen. In diesem Fall würde sich der Deckungsbeitrag I aus der Differenz von Nettoerlösen abzüglich der variablen Herstellkosten, der Deckungsbeitrag II aus der Differenz vom DB I abzüglich der gesamten produktspezifischen Prozeßkosten ermitteln lassen. Diese Vorgehensweise bietet einen relativ groben, aber überschaubaren Einstieg in ein prozeßorientiertes Deckungsbeitragsmanagement.

e) Verdichtung der Teilprozesse zu Hauptprozessen

Die Möglichkeit einer Verdichtung der einzelnen Aktivitäten zu **übergreifenden Hauptprozessen** wurde bereits oben angesprochen. Wesentliche Zielsetzung ist es, Informationen für die Fundierung von Fragen wie „Was kostet eigentlich die Abwicklung eines Kundenauftrages vom Vertrieb, über die Materialwirtschaft, Arbeitsvorbereitung, eigentliche Produktion und Montage bis hin zum Versand?", „Wie teuer ist die Bearbeitung und Erledigung einer Reklamation für das Produkt ABC?" oder „Wie ist die Qualität und Flexibilität unterschiedlicher Vertriebswege und -formen aus kosten- und leistungswirtschaftlicher Sicht zu beurteilen?" zu gewinnen. Im Gegensatz zur Prozeßkostenstellenrechnung versucht der Schritt der Prozeßverdichtung primär Informationen für **strategische Entscheidungsprobleme** bereitzustellen. Hier geht es stärker um die kostenwirtschaftliche Fundierung von Grundsatzfragen, die z. B. die langfristige Gestaltung der Auftragsabwicklung, die Dimensionierung der Logistikstruktur oder Möglichkeit eines Make-or-Buy von Entwicklungsleistungen betreffen.

Der schwierige Teil dieser Verdichtung bzw. Konsolidierung liegt eindeutig in der Analyse der definierten Hauptprozesse auf ihre konkrete Aktivitätszusammensetzung. Die Lösung dieser Aufgabe setzt eine zusammenhängende Betrachtung über alle Unternehmensebenen voraus. Während die Tätigkeitsanalyse und -zusammenführung des Hauptprozesses **„Logistische Versorgung sicherstellen"** bei einer Kostenstellenstruktur mit integrierten Logistikkostenstellen noch realisierbar erscheint, treten bei der aktivitätsbezogenen Strukturierung von strategischen Erfolgsfaktoren wie „Qualität sicherstellen" und „Flexibilität gewährleisten" schwierige, wenn nicht unlösbare Abgrenzungs- und Meßprobleme auf.

Nach Analyse der Aktivitätsstruktur der Hauptprozesse besteht die zweite Aufgabe in einer entsprechend **aggregierten Prozeßkostenplanung**. Methodisch werden dabei die Prozeßkostensätze der unterliegenden Aktivitäten in das jeweilige „Sammelbecken" Hauptprozeß verrechnet. Liegen genauere Informationen über die Art und Menge der Kostentreiber der übergeordneten Prozesse vor (z.B. Kostentreiber „Kundenauftrag" für Hauptprozeß „Auftragsabwicklung sicherstellen"), so kann nach Meinung der Vertreter der Prozeßkostenrechnung auch eine **Hauptprozeßkostenkalkulation** durchgeführt werden, deren Ergebnisse als informelle Grundlage für die oben angesprochenen Fragen dienen können.

f) Prozeßorientierte Portfolioanalyse als Schnittstelle zum strategischen Controlling

Ein besonderes Problem der Prozeßkostenrechnung liegt darin, daß in den Unternehmen nicht selten hunderte bis tausende verschiedener Einzelaktivitäten differenziert werden können, deren regelmäßige kostenwirtschaftliche Planung und Kontrolle das Kriterium der Wirtschaftlichkeit der Informationsverarbeitung und -versorgung konterkarieren würde. Das Controlling muß daher nach Instrumenten suchen, die im Sinne einer **strategischen ABC-Prozeßanalyse** einerseits eine zieladäquate Selektion bedeutsamer Aktivitäten ermöglichen und andererseits eine Verknüpfung mit der primär qualitativ ausgerichteten Denkweise des strategischen Controlling sicherstellen.

Ein solches Instrument stellt die **prozeßorientierte Portfolioanalyse** dar, die in Form von differenzierten Portfolios eine Beurteilung und Kontrolle mengen- und wertorientierter Prozeßmerkmale anstrebt.[157] Die Zielsetzungen des Verfahrens liegen dabei in der

- Schaffung einer höheren Transparenz in den indirekten Leistungsbereichen,
- strategischen Fundierung von Make-or-buy-Entscheidungen bezüglich einzelner Aktivitäten,
- Durchführung einer gezielten Stärken- und Schwächenanalyse im Hinblick auf eine nicht wettbewerbsgerechte Dimensionierung interner Leistungen,
- Sichtbarmachung von Rationalisierungsspielräumen im internen Leistungsbereich der Unternehmen,
- Durchführung einer strategischen Verbundanalyse der vielfältigen Leistungsverflechtungen zwischen den einzelnen Unternehmensteilbereichen und
- der Verdeutlichung von mittel- bis langfristigen Anpassungsnotwendigkeiten der internen Märkte an die strategischen Rahmenbedingungen und Zielsetzungen.

Damit das strategische Kosten- und Erfolgs-Controlling über eine entsprechende „Schnittstelle" mit dem Instrumentarium des strategischen Controlling verbunden wird, empfiehlt es sich zunächst, das produktbezogene Marktwachstums-

---

[157] Vgl. zu diesem Ansatz *Fröhling, Oliver:* Prozeßorientierte Portfolioplanung, in: CM, 15. Jg. (1990), S. 193–198 und *Witt, Frank-Jürgen:* Portfolios für unternehmensinterne Leistungen, in: CM, 14. Jg. (1989), S. 156–162.

Marktanteils-Portfolio als Anknüpfungspunkt zu wählen.[158] Die Quantifizierung der strategischen Geschäftsfelder im Sinne von Produkt-Marktkombinationen erfolgt nicht auf Basis der jeweiligen Umsätze, sondern auf Grundlage der ermittelten **Deckungsbeitragsprofile.**[159] Im nächsten Schritt sind aus dem Portfolio diejenigen Produkte bzw. Produktgruppen herauszufiltern, die aus Controllingsicht besonders erfolgskritisch sind (vgl. *Abb. 216*).

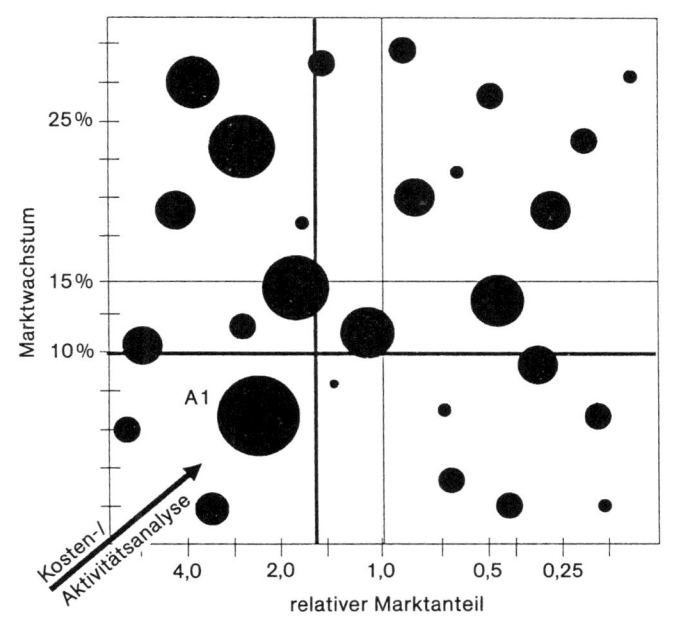

Abb. 216: Produktbezogenes Ausgangsportfolio eines Portfolio-Analysepfades im Rahmen des Strategischen Kosten- und Erfolgs-Controlling

Diese selektierten Produkte sind daraufhin auf ihre konkrete Aktivitätsinanspruchnahme zu überprüfen, d.h. die Kostenseite der Produktdeckungsbeiträge ist aktivitätsbezogen aufzureißen. *Abb. 217* stellt diesen verfeinerten Analyseschritt am Beispiel der logistischen Prozesse dar. Die Produktkostenstruktur

---

[158] Für diesen Portfoliotyp spricht insbesondere seine intensive Verwendung in den meisten Unternehmen. Vgl. dazu als empirischen Beleg die Untersuchung von *Coenenberg, Adolf G.; Günther, Thomas:* Der Stand des strategischen Controlling in der Bundesrepublik Deutschland, in: DBW, 50. Jg. (1990), S. 459–470, hier S. 465.

[159] Die Verwendung von Erlös- und Kosteninformationen in Portfolio-Modellen anstelle von Zahlungsgrößen betonen z.B. *Raffée, Hans:* Grundfragen und Ansätze des strategischen Marketing, in: Strategisches Marketing, hrsg. von *Hans Raffée* und *Klaus-Peter Wiedmann*, 2. Aufl., Stuttgart 1989, S. 3–33, hier S. 19; *Westermann, Herbert:* Kosten als Beurteilungsmaßstab bei Portfolio-Analysen, in: KRP, 1989, S. 14–22; *Köhler, Richard:* Marketing-Accounting, S. 125 und *Hahn, Dietger:* Zweck und Entwicklung der Portfolio-Konzepte in der strategischen Unternehmensplanung, in: Strategische Unternehmungsplanung – Strategische Unternehmungsführung. Stand und Entwicklungstendenzen, hrsg. von *Dietger Hahn* und *Bernard Taylor*, 5. Aufl., Heidelberg 1990, S. 221–253, hier S. 247.

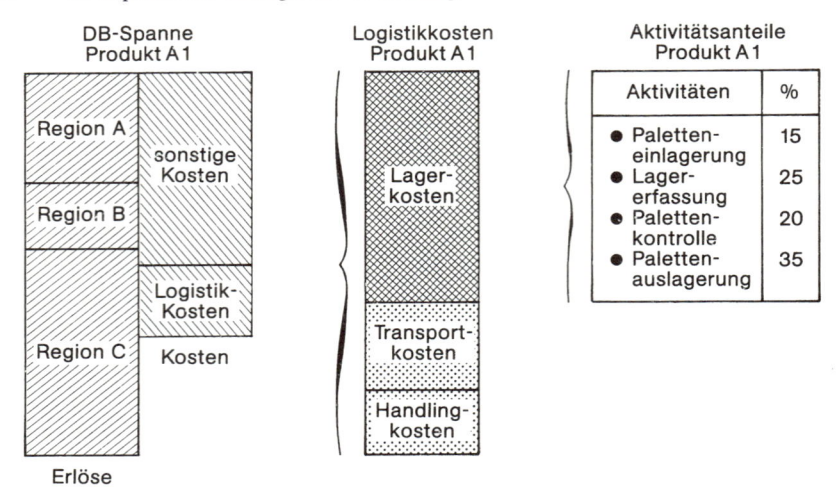

Abb. 217: Aktivitätsbezogener Aufriß des Produkt-Portfolios

wird zunächst in einzelne Schichten aufgeteilt. Die interessierenden Kostenblöcke (im Beispiel die Logistikkosten) werden ihrerseits in bedeutsame Prozesse und – auf einer noch tieferen Analyseebene – in Einzelaktivitäten untergliedert.

g) Die Fixkostenmanagementorientierte Plankostenrechnung als integrativer Kostenrechnungsansatz

Eine Beurteilung der Nutzeffekte und Vorteilhaftigkeit der Prozeßkostenrechnung muß vorsichtig erfolgen, da zum einen die angebotenen konzeptionellen Ansätze gerade im internationalen Vergleich recht heterogen und zum anderen aufgrund einer noch geringen Implementierungsrate des Systems in der Unternehmenspraxis kaum valide Aussagen über die tatsächliche Leistungsfähigkeit möglich sind.[160] Zunächst ist festzustellen, daß die Prozeßkostenrechnung gegenüber einer undifferenzierten Zuschlagskalkulation auf Vollkostenbasis, die ausschließlich wertmäßige Bezugsgrößen berücksichtigt (Fertigungslohn- und Materialeinzelkosten), deutliche Vorteile im Hinblick auf die differenzierte Verrechnung und transparente Abbildung des unstrukturierten Gemeinkostenblocks bietet. In der Praxis sollte aus wirtschaftlichen Überlegungen eventuell auch eine **Kombination aus Prozeßkalkulation und differenzierter Zuschlagskalkulation** geprüft werden, da eine konsequente gesamtunternehmensbezogene Anwendung

---

[160] Beispiele für Realisierungen der Prozeßkostenrechnung in der Praxis geben *Göpfert, Reinhard A.; Rummel, Klaus D.*: Cost Management Systems: „An Example of How to Implement Activity Accounting, Siemens AG, West Germany", hrsg. von *Siemens AG*, München 1988; und *Foster, George; Gupta, Mahendra*: Activity Accounting: An Electronics Industry Implementation, in: Measures for Manufacturing Excellence, hrsg. von *Robert S. Kaplan*, Boston 1990, S. 225–268. *Romano* nennt für die Vereinigten Staaten eine derzeitige Implementierungsrate von 110 Systemen der Prozeßkostenrechnung. Vgl. *Romano, Patrick L.*: Where is Cost Management going?, in: MA, Vol. 72 (1990), 2, S. 53–56, hier S. 55.

der Prozeßkostenrechnung zu erheblichen Datenerfassungs-, -aufbereitungs- und -pflegekosten führen kann.[161] Argumentiert man mit der Unternehmensgröße, so dürfte die Prozeßkostenrechnung und vor allem eine prozeßorientierte Kalkulation insbesondere klein- und mittelständischen Unternehmen, die keine Teilkostenrechnung implementiert haben und auch nicht einführen wollen, eine wirkungsvolle kostenwirtschaftliche Entscheidungsunterstützung in den Bereichen Preis- und Produktpolitik bieten.[162]

Beurteilt man die Prozeßkostenrechnung im Hinblick auf ihren **Innovationsgehalt**, so zeigen sich bemerkenswerte Parallelitäten zur Grenzplankostenrechnung.[163] Zunächst bedient sich die Prozeßkostenrechnung der bekannten Teilsysteme der Kostenrechnung, der Kostenarten-, -stellen- und -trägerrechnung. Im Hinblick auf die Mengen- und Werteplanung fällt auf, daß die Maßgrößen bzw. Kostentreiber für die Prozeßmengenplanung starke Ähnlichkeiten zu den direkten Bezugsgrößen besitzen, die im Rahmen der Grenzplankostenrechnung für indirekte Leistungsbereiche vorgeschlagen werden.[164] Für die Prozeßkostenplanung wird analog zur Grenzplankostenrechnung eine analytische Vorgehensweise empfohlen. Neu hingegen ist die zusätzliche merkmalsbezogene Differenzierung der Kalkulation in Volumen- und Variantenabhängigkeit, deren Problematik allerdings schon angesprochen wurde.

Auf inhaltlicher Ebene wird das Kostenspaltungskriterium „Beschäftigungsabhängigkeit" durch „Mengenabhängigkeit" ersetzt. Der Verzicht auf den Ausweis beschäftigungsabhängiger, variabler und beschäftigungsunabhängiger, fixer Kosten wird dadurch versucht zu begründen, daß langfristig fast alle Kosten des Unternehmens variabel, also dispositionsfähig seien.[165] Diese Aussage ist zwar richtig, kommt aber dem **Infragestellen des zukünftigen Betriebsgeschehens** gleich. Die meisten Unternehmen streben doch wohl eine kurz- wie langfristige Existenzsicherung an und werden auch in Zukunft analog dem bilanziellen Fortführungsprinzip am Marktgeschehen teilnehmen wollen. Dann aber werden bestimmte Kosten immer fixen Charakter haben, da das Unternehmen immer einen gewissen Grundbestand an Gebäuden, Technologien und vertraglich gebundenem Personal benötigt, um den Leistungsprozeß aufrecht zu erhalten. Mit der Pauschalaussage „langfristig sind alle Kosten variabel" würde sich – wiederum

---

[161] Vgl. dazu *Dudick, Thomas S.:* Gemeinkosten ertragsgetreu umlegen, in: HM, 9. Jg. (1987), 3, S. 104–107, hier S. 107. *Coenenberg* und *Fischer* sprechen im Zusammenhang mit einer ausschließlichen Anwendung der Prozeßkostenrechnung von einem theoretischen Modellfall. Vgl. *Coenenberg, Adolf G.; Fischer, Thomas M.:* Prozeßkostenrechnung, S. 34.
[162] In diesem Zusammenhang ist daran zu erinnern, daß im Ursprungsland der Prozeßkostenrechnung, den Vereinigten Staaten, kaum vergleichbar leistungsfähige Teilkostenrechnungssysteme im Einsatz sind, weshalb die dort überwiegend positive Beurteilung der Prozeßkostenrechnung verständlich ist.
[163] Bisweilen werden beide Verfahren in der Literatur sogar gleich gesetzt. Vgl. z. B. *Herzog, Ernst:* Stand und Entwicklungstendenzen des innerbetrieblichen Rechnungswesens in den USA, in: Tagungsband 10. Saarbrücker Arbeitstagung Rechnungswesen und EDV, hrsg. von *August-Wilhelm Scheer,* Heidelberg 1989, S. 313–326, hier S. 325.
[164] Vgl. *Kilger, Wolfgang:* Flexible Plankostenrechnung, S. 336–338.
[165] Vgl. *Horváth, Péter; Mayer, Reinhold:* Prozeßkostenrechnung, S. 216.

478   X. Kapitel: Das strategische Controlling

in Analogie zur Bilanzpolitik und -theorie – eine kostenwirtschaftliche Form des „Zerschlagungsprinzips" etablieren. Diese Idealvorstellung hat daher nur für Simulationsrechnungen und controllingspezifische Szenarien einen wirklichen Informationswert. Wichtiger erscheint uns doch das Bemühen, die **Elastizität des kurz-, mittel- und langfristigen Fixkostenpotentials** aufzuzeigen. In diesem Zusammenhang ist ergänzend festzuhalten, daß die Berücksichtigung von Fixkosten auch zur **Transparentmachung von Degressionseffekten** beiträgt, die als ein wesentliches Argument für den Einsatz der Prozeßkostenrechnung angeführt wird. Ein Beispiel dafür ist die Behandlung der auflage- bzw. losfixen Rüstkosten in der Produktkalkulation, die durch die Rüstzeit je Losgröße sowie die Mengeneinheiten je Losgröße berücksichtigt werden. Die Prozeßkostenrechnung liefert in diesem Zusammenhang keine neuen Erkenntnisse.

Durch den Verzicht auf den Ausweis fixer Kosten im Rahmen der Prozeßkostenrechnung kann es sogar zu Kostenverzerrungen kommen: Erzeugnisfixe Kosten (z.B. das Gehalt eines Vertriebssachbearbeiters, der nur ein bestimmtes Produkt betreut) und erzeugnisgruppenfixe Kosten (z.B. das Gehalt eines Produktgruppenmanagers) gehören direkt dem jeweiligen Produkt bzw. der Produktgruppe zugerechnet, nicht jedoch dem gesamten Erzeugnisspektrum. In der Prozeßkalkulation wird diese bezugsobjektspezifische Differenzierung der Zurechnung nicht getroffen. Wenn z.B. ein aggregierter Prozeß „Reklamationen bearbeiten" die Kosten eines Mitarbeiters beinhaltet, der nur Reklamationen für das Produkt A bearbeitet, eines anderen, der ausschließlich für das Produkt B zuständig ist und schließlich eines dritten, der die Reklamationen für die Produktgruppe I (Produkt C und D) bearbeitet, dann müßte richtigerweise dieser Prozeß in entsprechend **differenzierte Einzelprozesse** aufgesplittet werden (in dem Beispiel z.B. „Reklamationen bearbeiten Produkt A", „Reklamationen bearbeiten Produkt B" und „Reklamationen bearbeiten Produktgruppe I"). Das in „einen Topf werfen" von produkt- und produktgruppenbezogenen fixen Kosten führt letztlich zu einem falschen Produktkostenausweis. Im Beispiel müssen die Produkte B, C und D die anteiligen Prozeßkosten des für Produkt A zuständigen Mitarbeiters tragen und umgekehrt. Eine im Gegensatz zu der undifferenzierten Zuschlagskalkulation zwar andere, wenngleich auch ungerechte und vor allem **nicht verursachungsgerechte Zuschlüsselung** von Kosten.

Zieht man die verschiedenen Argumente für und gegen den Einsatz der Prozeßkostenrechnung und ihre methodischen und zum Teil inhaltlichen Parallelitäten mit den existierenden Kostenrechnungssystemen ins Kalkül, läßt sich die Forderung nach einem **integrierten Kostenrechnungssystem** ableiten, das die Vorteile von Grenzplan- und Prozeßkostenrechnung verbindet[166] und darüber hinaus ein systematisches Fixkostenmanagement ermöglicht. Ein solches System stellt die **Fixkostenmanagementorientierte Plankostenrechnung** dar, deren wichtigste Komponenten und Instrumente die *Abbildung 218* zeigt.

---

[166] Zur Sichtweise, daß die Prozeßkostenrechnung ein ergänzendes Instrument der Plankostenrechnung ist, vgl. auch *Reichmann, Thomas; Fröhling, Oliver:* Prozeßkostenrechnung, S. 42; und *Horváth, Péter:* Nutzeffekte, Einsatzschwerpunkte und Implementierung der Prozeßkostenrechnung, in: Tagungsband Kongress Kostenrechnung '90, hrsg. von *Wolfgang, Männel,* Lauf 1990, S. 51–74, hier S. 53.

C. Das strategische Kosten- und Erfolgs-Controlling

Umfang und Instrumente der
Fixkostenorientierten Plankostenrechnung

```
┌─────────────┐  ┌─────────────┐  ┌─────────────┐  ┌─────────────┐
│ Flexible    │  │ Prozeß-     │  │ Fixkosten-  │  │ Kosten- und │
│ Plankosten- │  │ kosten-     │  │ deckungs-   │  │ Preis-      │
│ rechnung    │  │ rechnung    │  │ rechnung    │  │ grenzen     │
│ Kilger/Plaut│  │ Johnson/    │  │ Agthe/      │  │ Konzeption  │
│             │  │ Kaplan      │  │ Mellerowicz │  │ Reichmann   │
│             │  │ Horvath/    │  │             │  │             │
│             │  │ Mayer       │  │             │  │             │
└─────────────┘  └─────────────┘  └─────────────┘  └─────────────┘
        │               │                │                │
        └───────────────┴────────┬───────┴────────────────┘
                                 ▼
                  ┌─────────────────────────────┐
                  │ Fixkostenmanagementorientierte│
                  │ Plankostenrechnung          │
                  └─────────────────────────────┘
                      │                │
                      ▼                ▼
         ┌──────────────────┐   ┌──────────────────┐
         │ detailierte      │──▶│ Kostenstellen-   │
         │ Kostenstellen-   │   │ informationsbogen│
         │ rechnung         │   │                  │
         └──────────────────┘   └──────────────────┘
              │                          
        ──▶ Kostenrechnung          ──▶ Kosten- und Erfolgs-
              │                          Controlling
              ▼
         ┌──────────────────┐   ┌──────────────────┐
         │ detaillierte     │──▶│ Kostenträger-    │
         │ Kostenträger-    │   │ Informationsbogen│
         │ rechnung         │   │                  │
         └──────────────────┘   └──────────────────┘

  ──▶ auf Einzelpostenebene
```

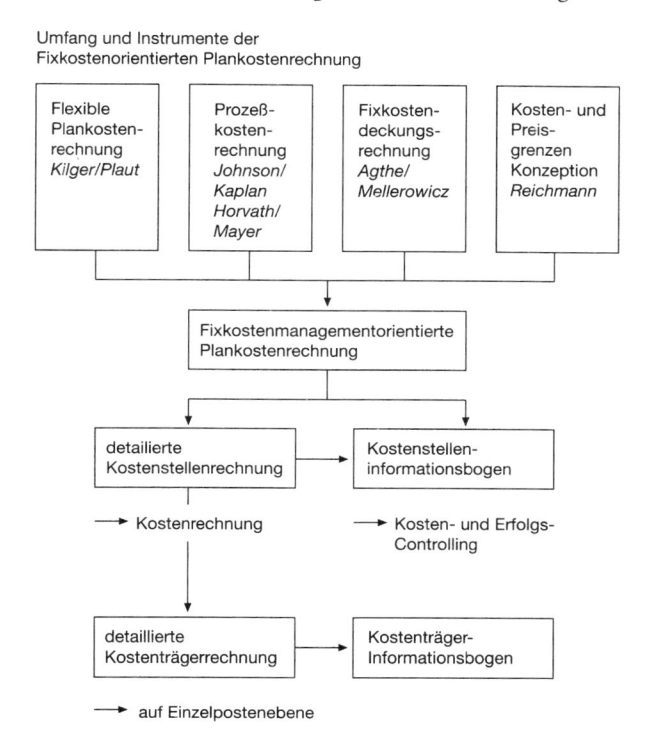

Abb. 218: Fixkostenmanagementorientierte Plankostenrechnung als kombinierter Ansatz aus Grenzplankostenrechnung und Prozeßkostenrechnung

Das System ist als Weiterentwicklung der Grenzplan- und Fixkostendeckungsrechnung konzipiert worden und ermöglicht Plankalkulationen parallel auf Voll- und Teilkostenbasis. Die **fixen Kosten** werden nach verschiedenen Kriterien differenziert, die auch in Plankalkulationen Eingang finden. Die Berücksichtigung der betriebsbereitschaftsgradabhängigen Abbaufähigkeit, die Produktbezogenheit sowie sonstige Kriterien wie die Auftragsbezogenheit werden explizit berücksichtigt. Diese Differenzierung der Kosten nach verschiedenen Kostenkategorien ermöglicht es dem Controlling, zielorientiert **alternative Kalkulationen** und **Simulationskalkulationen** durchzuführen. Aufgrund der spezifischen Abbildung der Fixkosten durch die Nutzung flexibler Maßgrößen bzw. Kostentreiber, die sich an den Gedanken der Prozeßkostenrechnung anlehnen, können ursprünglich heterogene Kostenblöcke gleichermaßen differenziert wie „gerecht" den Produkten, einzelnen Aufträgen und sonstigen Erfolgsträgern wie z.B. Dienstleistungen im Produktnebengeschäft zugerechnet werden. Nachfolgend soll detailliert gezeigt werden, wie sich ein solches Konzept ausgestalten läßt.[167]

---

[167] Vgl. dazu insbesondere *Reichmann, Thomas; Fröhling, Oliver:* Integration von Prozeßkostenrechnung und Fixkostenmanagement, in: KRP – Sonderheft 2, 1993, S. 63–73.

(1) Implikationen für die Differenziertheit des Werteausweises in der Kostenartenrechnung

Vor dem Hintergrund des Kostenmanagements ist die Kenntnis der Flexibilität der aus der Potentialverfügbarkeit jeweils resultierenden Kostenstrukturen unverzichtbar. Dies verlangt, daß Informationen über die kostenartenbezogene Kostenbeeinflußbarkeit bereits möglichst frühzeitig im Prozeß der Datengewinnung vorliegen. Eine diesbezügliche Möglichkeit bietet zumindest grob die Mehrzahl der heutigen Standardsoftwaresysteme zur Finanzbuchhaltung und Kostenstellenrechnung: Zum Zwecke der **Kostenspaltung** sehen sie zumeist ein eigenständiges Datenfeld vor, das den numerischen Ausweis des Kostencharakters einer bestimmten Kostenart (fix/variabel/Mischkosten) vorsieht. Dieses Feld kann nun insbesondere zu einer weiteren Differenzierung bezüglich des Ausweises der Bindungsdauer der (reinen) Fixkostenarten genützt werden. Eine bindungsdauerbezogene Differenzierung der Fixkosten könnte z.B. unterscheiden in: Fixkosten ≤ 6 Monate abbaufähig, Fixkosten ≤ 1 Jahr abbaufähig, Fixkosten > 1 Jahr abbaufähig und nicht-abbaufähige, aber liquidierbare Fixkosten (resultierend aus Eigentumspotentialen). Ein sinnvolles Vorgehen könnte darin bestehen, daß man den jeweiligen Fixkostenschichten spezifische Schlüsselkennungen zuweist (vgl. *Abb. 219*):

Schlüsselziffer	Kostencharakter
1	variable Kosten
2	fixe Kosten (≤ 6 Monate abbaufähig)
3	fixe Kosten (≤ 1 Jahr abbaufähig)
4	fixe Kosten (> 1 Jahr abbaufähig)
5	fixe Kosten (nicht abbaufähig)
6	Mischkosten (variabel/fix; fix nicht diff.)

Abb. 219: Differenzierungsmöglichkeiten bezüglich des Kostencharakters

Die **Feinheit der Differenzierung** hängt im wesentlichen von dem zugrundeliegenden Dokumentations- und DV-Aufwand ab. Zahlreiche Unternehmen verfügen bereits über manuell sauber dokumentierte Vertragsunterlagen (Maschinen- und Arbeitsverträge). Informationen über die Bindungsdauer der Potentiale sind systemgestützt in vielen gängigen Personalinformations- und Anlagenbuchhaltungssystemen DV-technisch hinterlegt. Das Controlling hat hier in Zusammenarbeit mit dem Informationsmanagement zu prüfen, inwiefern eine wirtschaftliche Übernahme dieser Daten in die laufend gepflegten Nebenbuchhaltungen (z.B. Lohn- und Gehaltsbuchhaltung) möglich ist bzw. entsprechende Programmmodifikationen erforderlich sind. Auch ist zu klären, wie groß der Aufwand dieser zusätzlichen buchhalterischen Merkmalserhebung bezüglich der laufenden Kontierung und der Pflege von Merkmalsänderungen ist. Unseres Erachtens verursacht – eine DV-technische Verknüpfbarkeit der Schlüsselziffern mit der jeweiligen (Potential-)Kostenart vorausgesetzt – die z.B. tabellarische Zuordnung der Schlüsselziffern zu den Kostenarten i.d.R. nur einen größeren Einmalaufwand. Probleme können dann auftauchen, wenn sich hinter einer Kostenart verschiedene Potentiale mit unterschiedlichen Bindungsdauern verbergen (z. B. bestimmte Personalkostenarten). Durch die Mitführung einer zusätzlichen Potentialkennung (z. B. Personalnummer, Maschinennummer) kann dieses Problem datentechnisch gelöst werden. Bezüglich der notwendigen **Merkmalsaktualisierung** muß gewährleistet werden, daß im Zuge der laufenden Überwachung der Vertragswerke Informationen über abnehmende (z. B. automatische Reduktion der Bindungsdauer bei Leasing-Verträgen) oder zunehmende (z. B. Anhebung der Kündigungsfrist für einen Arbeitnehmer) Bindungsdauern an die DV-Systemverantwortlichen unverzüglich weitergegeben werden, damit eine Aktualisierung der (tabellarischen) Verknüpfung erfolgt.

Eine weitere Differenzierungsmöglichkeit bestünde darin, daß man zusätzliche numerische Kennungen für den Fall vorsieht, daß bestimmte (klassischerweise) fixe aber auch variable Kosten vor dem Hintergrund der (strategischen) Unternehmenspolitik als (zwar technisch, aber politisch) nicht beeinflußbar angesehen werden. Ein typisches Beispiel sind z. B. die Kosten der Forschung & Entwicklung. Seitens der Geschäftsleitung wird hier (z. T. ohne Prüfung der externen Alternativen) oftmals argumentiert, daß die Aufrechterhaltung einer leistungsfähigen F & E-Abteilung für die zukünftige Unternehmensentwicklung essentiell ist. Ein klassisches Beispiel für die geschäftpolitisch bedingte Remanenz von (überwiegend fixen) Kosten! Aber auch variable Kosten können aus strategischen geschäftspolitischen Überlegungen heraus starr, quasi nicht-anpassungsfähig sein. Dies ist z. B. dann der Fall, wenn z. B. die variable Kosten verursachende Absprache mit einem Zulieferanten von Zukaufteilen auch dann nicht aufgekündigt wird, wenn die Zukaufteile aufgrund von Stockungen im operativen Geschäft temporär gar nicht benötigt werden. Der Hinweis der Geschäftsleitung bzw. des Funktionsverantwortlichen auf die Rolle dieses Lieferanten als „strategische Markteintrittsbarriere" für aktuelle und potentielle Konkurrenten neutralisiert dann schnell eine kostenwirtschaftlich effiziente Beschaffungspolitik. Wir halten eine diesbezüglich zusätzliche Differenzierung der Kostenobjekte (hier: Kostenarten) nach strategischen Managementüberlegungen für überzogen, wenn man bedenkt, daß dies eine „Delegation" strategischer Überlegungen an die Sachbearbeiter eines rein technischen Informationssystems (hier: der Finanzbuchhaltung bzw. der Kostenartenrechnung) erfordert.

(2) Anforderungen an die modifizierte Ausgestaltung einer (Prozeß-)Kostenstellenrechnung

Wie wir bereits diskutiert haben, stellt das Primärziel der **Prozeßkostenstellenrechnung** die Aggregation (bestehender) kostenstellenspezifischer Kostenarten- und Bezugsgrößenartenausprägungen auf analytisch und/oder deskriptiv herauszufilternde Kostenstellenprozesse und entsprechende kostenstellenbezogene Prozeßmaßgrößenmengen. U. a. strebt sie eine Detaillierung der Kostenerfassung bzw. -zurechnung derart an, als sie eine Aktivitäten- bzw. Teilprozeßanalyse auch der Kosten der sog. indirekten Leistungsbereiche/-kostenstellen ermöglichen will. Es ist mehrfach darauf hingewiesen worden, daß die Teilprozesse und deren zugrundeliegenden Maßgrößen bzw. Kostentreiber sehr den aus der Grenzplankostenrechnung bekannten Arbeitsvorgängen und entsprechenden

X. Kapitel: Das strategische Controlling

Logistik-KST	Logistikteilprozeß	Logistikmaßgröße
Warenannahme	Paletten entladen mit Gabelstapler	Zahl ∅ zu entladender Paletten/Periode
	Manuelle Warenerfassung	Zahl ∅ zu erfassender Artikel/Palette
	Stichprobenweise Kontrolle	Zahl ∅ zu kontrollierender Artikel/Palette
Eingangslager	Lagerung von Paletten	Zahl ∅ zu lagernder Paletten/Periode
Innerbetr. Transport/ Handling	Transport mit Gabelstapler	Zahl ∅ zu transportierender Paletten/Periode
	Manuelle Warenbereitstellung	Zahl ∅ bereitzustellender Paletten/Periode
Fertigfabr.-lager	Lagerung von Paletten	Zahl ∅ zu lagernder Paletten/Periode
Kommissionierung	Manuelle Zusammenstellung der Fertigerzeugnisse	Zahl ∅ zusammenzustellender FE/Periode
	Manuelle Verpackung und versandfertige Bereitstellung	Zahl ∅ zu verpackender und versandfertig bereitzustellender FE/Periode
Distribution	Transport mit Lkw	Zahl ∅ zu transportierender Paletten/Periode über ∅ Anzahl km
	Lagerung von Paletten	Zahl ∅ zu lagernder Paletten/Periode

Abb. 220: Logistikkostenstellen, Logistikteilprozesse und Logistikmaßgrößen

Bezugsgrößen ähneln bzw. identisch sind. Dies zeigt sich insbesondere in den fertigungsnahen Bereichen, wie z. B. der **betrieblichen Logistik** (vgl. *Abb. 220*).

Für die vorliegende Problemstellung bedeutsam ist die prozeßkostentypische **Aggregation von Kostenarten:** Nicht mehr die einzelnen Kostenarten und deren zugrundeliegenden Bezugsgrößen stehen im Mittelpunkt der planungs- und kontrollspezifischen Kostenstellenanalysesicht, sondern zusammengesetzte Kostenarten (bzw. genauer: inhaltlich heterogene Kostenartenkumulationen) und übergreifende Maßgrößen. Ein Beispiel dafür mögen die Kosten des Prozesses „Angebote einholen" sein. Bei diesen handelt es sich um keine buchungstechnisch periodisch gepflegte Originärkostenart, sondern um eine zusammengesetzte Kostenart. Sie setzt sich kostenartenbezogen z. B. zusammen aus Personalkosten (Mitarbeiter der Einkaufsabteilung), BuG-Kosten (benutzte DV-Systeme, -Software und verwendetes Büromaterial) und Raumkosten (kalkulatorische Abschreibungen auf die genutzten Büroräume). Analoges gilt für die Prozeßmaßgröße „Anzahl abgegebener Angebote": Dahinter können sich kostenartenbezogen so heterogene (statistische) Bezugsgrößen verbergen wie z. B. „Anzahl Personalstunden", „Anzahl der Büro-Einrichtungsgegenstände", „Anzahl der in Anspruch genommenen CPU-Stunden" und „genutzte Bürofläche in qm".

Der kostenstellenbezogene Ausweis der den einzelnen Prozeßkosten„arten" zugrundeliegenden Primär- und Sekundärkostenarten erscheint für ein Kostenmanagement aus zweierlei Gründen notwendig: Zum einen ist die Kenntnis der Originärkostenarten notwendig für den Aufbau der Prozeßkostenstellenrechnung. Gerade bei einer Übernahme der Werte aus einer „normalen" in eine prozeßorientierte Kostenstellenrechnung sind kostenartenspezifisch absolute und/oder prozentuale Aufteilungsrelationen zu bestimmen. Unabhängig davon, ob z. B. ar-

C. Das strategische Kosten- und Erfolgs-Controlling   483

beitswissenschaftliche Untersuchungen oder bloße Schätzungen stattfinden, sind z. B. die (kumulierten) Personalkapazitäten (und damit auch -kosten) einer Kostenstelle auf deren selektierte Teilprozesse zu alloziieren. Die Informationen über die Originärkostenarten und die Verteilungsindizes liegen damit i. d. R. vor. Die Kenntnis der Originärkostenarten ist andererseits wichtig für die **Ausschöpfbarkeit des Anwendungspotentials** der Prozeßkostenrechnung: Wird z. B. im Rahmen einer prozeßkostenbezogenen Make-or-Buy-Analyse die Vorteilhaftigkeit einer bestimmten Dienstleistung geprüft – bei der es sich um einen Teil- oder Hauptprozeß handeln kann –, so ist bei der Entscheidung für eine Fremdvergabe die Kenntnis der intern tangierten Potentiale und insbesondere das Volumen der freiwerdenden Kapazitäten und der anteiligen Kosten notwendig. Ob sich das Prozeß-Outsourcing rechnet, ist eine Frage, die weitere Untersuchungen erforderlich macht. Einerseits ist zu prüfen, ob die anteiligen Kapazitäten kostenneutral auf einen anderen Prozeß verschoben werden können und dadurch Effizienzgewinne realisiert werden (Kostenumschichtung) oder ob es andererseits möglich ist, die entsprechenden Kapazitäten abzubauen (Kostenabbau). Gerade dieser Fall ist kritisch, wenn die unternehmensbezogene Eliminierung eines Prozesses nur Potentialelemente überflüssig macht (z. B. 15% der Mitarbeiterkapazitäten, die diesen Prozeß durchführen, 5% der DV-Kapazitäten). Gerade vor diesem Hintergrund kommt einer „Mehrfachnutzbarkeit" der Potentiale eine hohe Bedeutung zu, die eine entsprechende Kapazitätsumschichtung ermöglicht. In jedem Fall erscheint es notwendig, daß in einer Prozeßkostenstellenrechnung die Informationen über die Beschäftigungsgradabhängigkeit und die zeitlichen Bindungsdauern der originären Kostenarten nicht verloren gehen. In der nachfolgenden *Abbildung 221* haben wir eine entsprechend modifizierte Prozeßkostenstellenrechnung dargestellt.

Für die Ausgestaltung eines kostenmanagementorientierten Prozeßkosteninformationsbogens erscheint auch die Einbindung von aussagefähigen Kennzahlen unverzichtbar, bei denen es sich einerseits um Aggregationen des existenten Datenmaterials (und die damit aus rein datenverwaltungstechnischer Sicht redundant sind), andererseits aber auch um solche verdichteten Informationen handeln kann, deren Aussagegehalt aus dem Datenmaterial nicht direkt eruierbar ist. Diese **prozeßorientierten Kennzahlen** sollten sich im Rahmen eines logisch-strukturierten Kennzahlenanalysewegs sinnvoll ergänzen. So interessiert z. B. zur Beurteilung der internen Prozeßeffizienz gerade in den indirekten Dienstleistungsbereichen die **Personalkostenintensität** der betrachteten Prozesse. Diese ermittelt sich zu: „Auf den Prozeß verrechnete Personalkosten/gesamte Prozeßkosten" · 100. Die alleinige berichtsmäßige Abbildung der reinen Mengenkomponente – z. B. in Form der absoluten Kennzahl „Personalkapazität je Prozeß und Periode in Mannwochen oder -monaten" – kann dann zu gefährlichen Schlußfolgerungen verleiten, wenn z. B. das Unternehmen eine von der (Branchen-)Norm spürbar abweichende Tarifpolitik betreibt (z. B. hoher Anteil über- bzw. außertariflicher Löhne und Gehälter) oder wenn Prozesse betrachtet werden, die von hochbezahlten Spezialisten (z. B. F&E oder Vertrieb) bzw. organisatorisch hoch angesiedelten Führungsverantwortlichen durchgeführt werden. In bestimmten Bereichen, wie z. B. der Konstruktion, der Fertigung und der EDV (insbesondere Rechenzentrumsbetrieb),

484 X. Kapitel: Das strategische Controlling

Kostenstelle: Warenannahme							
Teilprozeß	lmi/ lmn	Maßgröße	Plan- kosten	Plan- menge	lmi- Satz	lmn- Satz	Gesamt- satz
Paletten entladen mit Gabelstapler	lmi	Zahl ⌀ zu entladender Paletten	38 050	1 100	34,59	2,88	37,47
Manuelle Warenerfassung	lmi	Zahl ⌀ zu erfassender Artikel/Palette	23 000	13 200	1,74	0,15	1,89
Stichprobenweise Kontrolle	lmi	Zahl ⌀ zu kontrollierender Artikel/Palette	11 000	4 400	2,50	0,21	2,71
Kostenstelle leiten	lmn		6 000	–	–	–	–
Σ			78 050		38,83	3,24	42,07
Kostenart	fix/ var.	Bezugsgröße	Plan- kosten	Plan- menge	Verr. Satz	Abbau- termine	Verr. auf Prozeß
Lohn/Gehalt	fix	Mannstunden	60 000	2 880	20,83	≤ 6 Mon.	1: 60 % 2: 30 % 3: 10 %
			16 000	480	33,33	≤ 1 Jahr	2: 31,3 % 3: 31,3 % 4: 37,4 %
Treibstoff	var.	Liter	300	450	0,66	–	1: 100 %
Abschreibungen	fix	Monat	1 500	–	1 500	> 1 Jahr	1: 100 %
Zinsen	fix	Monat	150	–	150	≤ 1 Jahr	1: 100 %
Reparatur/Wart.	var.	Mannstunden	100	4	25,00	–	1: 100 %
Σ			78 050				

Abb. 221: Beispiel für eine modifizierte Prozeßkostenstellenrechnung mit Originärkostenausweis

kann zusätzlich die **Technologiekostenintensität** von Prozessen interessieren. Im Zähler der Kennzahl tauchen dann insbesondere die auf die Abrechnungsperiode zugerechneten kalkulatorischen Abschreibungen auf Technologiepotentiale auf, wie z. B. CAD/CAM-Anlagen, (C)NC-Maschinen, Fertigungsroboter, Hochregallagersysteme, Groß- und Abteilungsrechner, PC-Netzwerke, etc.

Eine hohe Personal- und Technologieintensität impliziert kostenwirtschaftlich zumeist ein relativ geringes Spektrum bezüglich eines „Prozeß-Outsourcing" (Prozeß-Buy) bzw. eines „Prozeß-Downsizing" (Prozeßeliminierung) bislang selbsterstellter Prozesse. Solche auf Kostenanpassung bzw. -verlagerung abzielende Kostenmanagementprobleme erfordern damit zwangsläufig Informationen über die **Kostenflexibilität** der betrachteten Prozesse. Vor dem Hintergrund der unterschiedlichen Abbautermine der Kosten kann diese Kennzahl differenziert werden in eine sog. Kostenflexibilität I (anteilige Prozeßfixkosten ≤ 6 Monate abbaufähig), Kostenflexibilität II (anteilige Prozeßfixkosten ≤ 1 Jahr abbaufähig) und eine Kostenflexibilität III (anteilige Prozeßfixkosten erst längerfristig, z. B. > 1 Jahr abbaufähig). Die längerfristige Kostenflexibilität, hier: Kostenflexibilität III, ist dann eine überflüssige Kenngröße, wenn sie nicht weiter ausdifferenziert wird, denn: Längerfristig sind alle Fixkosten abbaufähig. Abbaufähigkeit meint dabei entweder eine kostenstrukturbezogene Transformation von fixen in variable Kosten (Aufrechterhaltung des Leistungspotentials bei gleichzeitiger Transformation von zeitabhängigen in leistungsabhängige Kosten) oder eine kostenniveaubezogene Elimination eines bestimmten Betrages von fixen Kosten (Abbau des Leistungspotentials). Keineswegs handelt es sich aber bei diesem Anpassungsvorgang um einen „gottgegebenen Automatismus", sondern vielmehr um einen Prozeß konkret zu treffender (folgekostenbezogen häufig kostspieliger) primär leistungs- und dann erst kostenpolitischer Entscheidungen.

Fragen wir schließlich aus der reinen Kostenperspektive nach dem Anteil der (kurzfristig) abbaufähigen Prozeßkostenanteile, so ist es aus Sicht der für das Kostenmanagement verantwortlichen Entscheidungsträger nur konsequent zu fragen: „In welcher Zeitspanne läßt sich ein bestimmter Prozeß leistungs- und damit kostenwirtschaftlich anpassen?" Aus Sicht eines Kostenabbaus steht damit die Frage nach der **„durchschnittlichen Bindungsdauer" eines Prozesses** im Mittelpunkt der Problemstellung. Zu deren Ermittlung ist zunächst die Unterscheidung zwischen (anteiligen) variablen und fixen Prozeßkosten relevant. Variable Kosten (für einen bestimmten Prozeß) lassen sich zeitnah, d. h. unmittelbar nach einer entsprechenden Entscheidung, abbauen. Ihre Abbaufrist spezifiziert sich daher numerisch – in Monaten – durch die Ausprägung „0". Anders sieht die Situation bei den fixen Kosten aus. Diese lassen sich nur mit einer bestimmten Zeitverzögerung (Fixkostenremanenz) im Hinblick auf den Entscheidungsvollzugstermin anpassen. Unter Berücksichtigung der hier verwendeten Bindungsdauern – Fixkosten ≤ 6 Monate, ≤ 1 Jahr und schließlich > 1 Jahr abbaufähig – benutzen wir die rein numerischen, nicht empirisch validierten Mittelwerte der entsprechenden Klasse. Dies bedeutet, daß z. B. für den Abbau eines Mitarbeiters der Klasse „Personalkosten ≤ 6 Monate abbaufähig" mit einem Wert von 3 Monaten in die Ermittlung einbezogen wird. Für die Klasse „Personalkosten ≤ 1 Jahr ∧ > 6 Monate abbaufähig" wird eine Ausprägung von 9 Monaten und für die Klasse „Personalkosten > 1 Jahr abbaufähig" wird ein Wert von 24 Monaten (= 2 Jahre) zugrundegelegt. Die entsprechenden Kennzahlenteilausprägungen („Anteilige prozeßbezogene Fixkostenschichten/gesamte Prozeßkosten · Bindungsdauer (in Monaten)") sind dabei additiv miteinander verknüpft. Die Ausprägungen der Kennzahlen (ohne Technologiekostenintensität) für die Logistikkostenstelle „Warenannahme" sind in der nachfolgenden *Abbildung 222* beispielhaft dargestellt.

Kostenstelle: Warenannahme				
Prozeßkennzahlen	Prozeß 1	Prozeß 2	Prozeß 3	Prozeß 4
Personalkostenintensität (in %)	94,6	100	100	100
Kostenflexibilität I (in %)	94,6	78,3	54,5	0
Kostenflexibilität II (in %)	98,6	100	100	100
Kostenflexibilität III (in %)	100	100	100	100
⌀ Kostenbindung (in Monaten)	3,83	4,31	5,73	9

Abb. 222: Beispiel für eine Analyse kostenmanagementorientierter Prozeßkennzahlen

Man mag einwenden, daß die Umsetzung solcher erweiterter (Prozeß-)Kostenstellenbögen die „Schlankheit" und die aus Praxissicht nicht selten konstatierte pragmatische Qualität der Prozeßkostenstellenrechnung in Frage stellt. Wir begreifen diese Auswertung aber primär als Spezialauswertung für die Zwecke eines Kostenmanagements und nicht als periodisch zu pflegende Standardauswertung. Generell sollte für Zwecke der Unterstützung eines kontinuierlichen Kostenmanagements aber grundsätzlich über die Effektivität und Effizienz des Kostenberichtswesens nachgedacht werden. Vor dem Hintergrund der **Effektivität** ist eine Konzentration auf die zentralen Kosten- und Leistungsinformationen notwendig. Hier bieten sich geradezu empfängerorientiert aufbereitete (Prozeß-) Kosteninformationsbögen mit einem integrierten Kennzahlenteil an. Bezüglich der Effizienz ist sicherzustellen, daß ein solch managementorientiertes Kostenberichtswesen wirtschaftlich umzusetzen ist. Es ist auch zu prüfen, inwieweit eine möglichst aufwandsneutrale Verschiebung von überflüssigen Standardinformationen hin zu bedeutsamen Spezialinformationen betriebswirtschaftlich und DV-technisch realisiert werden kann.

(3) Anforderungen an die modifizierte Ausgestaltung einer (Prozeß-)Angebotskalkulation

Die **progressive Plan-Angebotskalkulation**[168] zielt ab auf eine differenzierte Aufsplittung der Unternehmenskosten nach Maßgabe ihrer Beschäftigungsabhängigkeit und ihrer bezugsobjektbezogenen Zurechenbarkeit. Bei den variablen Kosten werden variable Einzel- und Gemeinkosten unterschieden. Die produktbezogene Verrechnung der variablen Gemeinkosten erfolgt über (kostenstellenbezogene) Zuschlagssätze. Bei den Fixkosten werden Plan-Deckungsbeiträge (Plan-DB) verwendet. So ergibt sich z.B. der Plan-DB der erzeugnisfixen Kosten, indem diese durch die Gesamtanzahl der geplanten Produktabsatzmengen dividiert werden. Man mag einwenden, daß dies eine „primitive" Form der Divisionskalkulation darstellt, die zudem bewußte Fixkostenproportionalisierung betreibt. Klammern wir das Argument einer Fixkostenproportionalisierung aus, das bei der Zielsetzung eines stückbezogenen Vollkostenausweises durch keine Kostenrechnungsmethodik gelöst werden kann, so läßt sich der Nenner z.B. derart modifizieren, daß nicht mehr produktbezogene Plan-Absatzmengen, sondern auf Stücklisten bzw. arbeitswissenschaftlichen Untersuchungen basierende **Maschinenstunden** (z.B. bei Spezialmaschinen) bzw. **Personalstunden** (z.B. bei einem ausschließlich für ein Produkt tätigen Mitarbeiter) verwendet werden. Die Ermittlung der Plan-DB für die erzeugnisgruppenfixen Kosten erfolgt durch Division der entsprechenden Kosten durch die kumulierte Plan-Absatzmenge der Erzeugnisgruppe. Die Plan-DB der unternehmensfixen Kosten werden schließlich mehrstufig ermittelt: Das Verteilungsvolumen – die unternehmensfixen Kosten – werden zunächst gewichtet, indem man diese mit der Relation aus variablen (Einzel- und Gemein-)Kosten des Produktes zu den gesamten variablen (Einzel- und Gemein-)Kosten der Periode multipliziert. Analog zu der Ermittlung der variantenanzahlabhängigen Produkt-Prozeßkosten wird dieser Zähler

---

[168] Vgl. *Reichmann, Thomas:* Zuschlagskalkulation, in: HWR, hrsg. von *Klaus Chmielewicz* und *Marcell Schweitzer,* 3. Aufl., Stuttgart 1993, Sp. 2262–2272, hier Sp. 2271 f.

C. Das strategische Kosten- und Erfolgs-Controlling 487

dann durch die produktbezogene Plan-Absatzmenge dividiert. Im Beispiel der nachfolgenden *Abbildung 223* werden die einzelnen Fixkostenschichten – und damit auch die entsprechend zu differenzierenden Plan-Angebotsstückkosten und -preise – zusätzlich nach Maßgabe ihrer jeweiligen Bindungsdauer aufgelöst. Wir wollen diesen verfeinerten Ansatz hier als sog. **fixkostenmanagementorientierte progressive Plan-Angebotskalkulation** bezeichnen. Daraus läßt sich relativ einfach auch eine periodenbezogene sog. Soll-Deckungsrechnung ableiten.

Erzeugnisse	A	B	C	D
Absatzmenge (in Stück)	1 000 000	1 500 000	1 800 000	1 200 000
variable Einzelkosten pro Stück	1,000	1,200	0,900	0,150
variable Gemeinkosten pro Stück	0,100	0,120	0,090	0,015
Plan-DB der erzeugnisfixen Kosten pro Stück	0,100	0,053	0,022	0,008
Plan-DB (≤ 6 Monate) Plan-DB (≤ 1 Jahr)	0,080 0,100	0,023 0,036	0,022 0,022	0,004 0,008
Plan-DB der erzeugnisgruppenfixen Kosten pro Stück	0,320	0,320	0,133	0,133
Plan-DB (≤ 6 Monate) Plan-DB (≤ 1 Jahr)	0,130 0,200	0,130 0,200	0,075 0,116	0,075 0,116
Plan-DB der unternehmensfixen Kosten pro Stück	0,196	0,235	0,176	0,029
Plan-DB (≤ 6 Monate) Plan-DB (≤ 1 Jahr)	0,054 0,082	0,065 0,098	0,049 0,073	0,008 0,012
Plan-Angebotsstückkosten	1,716	1,928	1,321	0,335
Plan-AK (≤ 6 Monate) Plan-AK (≤ 1 Jahr)	1,364 1,482	1,538 1,654	1,136 1,201	0,252 0,301
Gewinnzuschlag (= 10 %)	0,172	0,193	0,132	0,034
GZ (= 10 %) GZ (= 10 %)	0,136 0,148	0,154 0,165	0,114 0,120	0,025 0,030
Plan-Angebotsstückpreis	1,89	2,12	1,45	0,37
Plan-AP (≤ 6 Monate) Plan-AP (≤ 1 Jahr)	1,50 1,63	1,69 1,82	1,25 1,32	0,28 0,33

Abb. 223: Fixkostenmanagementorientierte progressive Plan-Angebotskalkulation auf Basis von Plan-Deckungsbeiträgen

Die um den Ausweis der partiellen Abbaufähigkeit der Ausprägungen der Plan-Deckungsbeiträge verfeinerte progressive Plan-Angebotskalkulation könnte des weiteren dahingehend differenziert werden, daß man die Produkt- mit der Auftragsebene koppelt, d. h. einen **auftragsbezogenen Kalkulationsteil** in den Ansatz integriert. Dies erfordert zunächst, daß man den Grunddatenteil dahingehend erweitert, daß man neben den Plan-Absatzmengen auch die Plan-Auftragsmengen mitführt, die bei einer durchschnittlichen Auftragsgröße (etwa auf Basis einer mehrperiodigen Auftragsstrukturanalyse) zu erwarten sind. Die

Kosten sind dahingehend aufzusplitten, ob es sich um produktbezogene (PRO) oder auftragsbezogene Kosten (AUF) handelt. Dieses objektbezogene Kostensplitting, das z.B. in einfachster Form rein prozentual erfolgen könnte, ist auch im Rahmen des Aufbaus von **Kundendeckungsbeitragsrechnungen** von zentraler Bedeutung. Im Falle einer kostenartenbezogenen Verteilung der Fixkostenschichten erfolgt im Idealfalle zugleich auch deren bindungsdauerorientierte Differenzierung. Die *Abbildung 224* zeigt beispielhaft eine produkt- und auftragsbezogen differenzierte progressive Plan-Angebotskalkulation.

Erzeugnisse	A		B		C		D	
Absatzmenge (in Stück)	1 000 000		1 500 000		1 800 000		1 200 000	
Auftragsmenge (in Stück)	10 000		7 500		50 000		20 000	
∅ Auftragsgröße (in Stück)	100		200		36		60	
variable Einzelkosten pro Stück	1,000		1,200		0,900		0,150	
variable Gemeinkosten pro Stück	0,100		0,120		0,090		0,015	
Differenzierung nach ...	PRO	AUF	PRO	AUF	PRO	AUF	PRO	AUF
Plan-DB der erzeugnisfixen Kosten pro Stück	0,090	1,000	0,037	3,200	0,021	0,060	0,008	0,013
Plan-DB (≤ 6 Monate)	0,072	0,800	0,016	1,400	0,021	0,060	0,004	0,006
Plan-DB (≤ 1 Jahr)	0,090	1,000	0,026	2,200	0,021	0,060	0,008	0,013
Plan-DB der erzeugnisgruppenfixen Kosten pro Stück	0,240	11,429	0,240	11,429	0,127	0,286	0,127	0,286
Plan-DB (≤ 6 Monate)	0,098	4,643	0,098	4,643	0,071	0,161	0,071	0,161
Plan-DB (≤ 1 Jahr)	0,150	7,143	0,150	7,143	0,111	0,250	0,111	0,250
Plan-DB der unternehmensfixen Kosten pro Stück	0,166	2,935	0,199	7,043	0,149	0,951	0,025	0,264
Plan-DB (≤ 6 Monate)	0,046	0,815	0,055	1,957	0,042	0,264	0,007	0,073
Plan-DB (≤ 1 Jahr)	0,069	1,223	0,083	2,935	0,062	0,396	0,010	0,110
Plan-Angebotsstückkosten	1,596	15,364	1,796	21,672	1,287	1,297	0,325	0,563
Plan-AK (≤ 6 Monate)	1,316	6,258	1,489	8,000	1,124	0,485	0,247	0,240
Plan-AK (≤ 1 Jahr)	1,409	9,366	1,579	12,278	1,184	0,706	0,294	0,373
Gewinnzuschlag (= 10 %)	0,159	–	0,179	–	0,129	–	0,033	–
GZ (= 10 %)	0,132	–	0,149	–	0,112	–	0,025	–
GZ (= 10 %)	0,141	–	0,158	–	0,118	–	0,029	–
Plan-Angebotsstückpreis	1,76	15,36	1,98	21,67	1,42	1,30	0,36	0,56
Plan-AP (≤ 6 Monate)	1,45	6,26	1,64	8,00	1,24	0,49	0,27	0,24
Plan-AP (≤ 1 Jahr)	1,55	9,37	1,74	12,28	1,30	0,71	0,32	0,37

Abb. 224: Fixkostenmanagementorientierte progressive Plan-Angebotskalkulation auf Basis von Plan-Deckungsbeiträgen (produkt- und auftragsbezogen differenziert)

C. Das strategische Kosten- und Erfolgs-Controlling   489

Der Vorteil eines solch differenzierten Kalkulationsvorgehens liegt darin begründet, daß der insbesondere fertigungswirtschaftlich enge Zusammenhang zwischen der Produkt- und Auftragsebene auch kalkulatorisch hergestellt wird. Im Prinzip handelt es sich um eine – allerdings vor allem auf die Belange von Massen- und Serienfertigern abstellende – integrierte Plan- und Auftragsvorkalkulation, bei der die methodische Schwierigkeit ergänzend zum Problem einer sauberen, längerfristigen Vertriebs- bzw. Absatzplanung insbesondere in der Prognose realitätsnaher Auftragsgrößen besteht. Ein weiterer Vorteil dieses Ansatzes ist in dem Sachverhalt zu sehen, daß er ein aktives (Stück-)Kosten- und Preismanagement unterstützt. Auf Basis der differenzierten Kalkulationsdaten können die Vertriebsverantwortlichen in Zusammenarbeit mit den Kostenrechnungs- und Controllingverantwortlichen eine flexible Produkt- und Preispolitik gestalten, die den grundlegenden produkt- und preispolitischen Strategien sowie den individuellen Erfordernissen der unterschiedlichen Absatzmärkte und Kunden(gruppen) Rechnung trägt. Die **produkt- und/oder auftragsbezogene Freigabe von (Partial-)Plan-Deckungsbeiträgen** erfordert aber, daß die Entscheidungsverantwortlichen jederzeit Informationen darüber erhalten, inwieweit die durchgesetzten Marktpreise die geforderten Angebotspreise überschritten (Gewinnüberdeckung), diese unterschritten (Gewinnunterdeckung) oder die (Voll-)Kosten unterschritten haben (Kostenunterdeckung). Eine entsprechende Transparenz kann durch eine begleitende **Pool-Rechnung** sichergestellt werden. Dabei wollen wir sog. Überdeckungspools (kumulierte Ist-Erlöse (Produkt aus realisierten Marktpreisen und Absatzmengen)) > kumulierte Planerlöse (Produkt aus antizipierten Angebotspreisen und Absatzmengen), Gewinnpools (kumulierte Ist-Erlöse (Produkt aus realisierten Marktpreisen und Absatzmengen) < kumulierte Planerlöse (Produkt aus antizipierten Angebotspreisen und Absatzmengen) ∧ > kumulierte Plankosten (Produkt aus antizipierten Angebotskosten und Absatzmengen)) und Kostenpools (kumulierte Ist-Erlöse (Produkt aus realisierten Marktpreisen und Absatzmengen) < kumulierte Plankosten (Produkt aus antizipierten Angebotskosten und Absatzmengen)) unterscheiden. Die nachfolgende *Abbildung 225* zeigt produkt- und auftragsbezogen differenzierte **Kostenfunktionen (KF)**. Solche Kostenfunktionen, genauer: Plan-Angebotskostenfunktionen, setzen sich zusammen aus den auftragsbezogenen Plan-Angebotskosten (bei entsprechend unterstellter Auftragsdurchschnittsgröße) und den produktbezogenen Plan-Angebotskosten, die mit dem entsprechenden Auftragsmengenvolumen zu multiplizieren sind. Die – hier produkt- und auftragsbezogen parallel erfolgend unterstellte – Freigabe von Plan-Deckungsbeiträgen, etwa in Form eines Übergangs von KF_1 nach KF_2 in einem bestimmten Absatzsegment, führt zur Bildung eines Kostenpools, d. h. zu einem aktuellen Kostenunterdek-

Erzeugnisse	A	B	C	D
KF_1 (gesamt)	$15{,}36 + (1{,}60 \cdot x_{aj})$	$21{,}67 + (1{,}80 \cdot x_{aj})$	$1{,}30 + (1{,}29 \cdot x_{aj})$	$0{,}56 + (0{,}33 \cdot x_{aj})$
KF_2 (≤ 6 Monate)	$6{,}26 + (1{,}32 \cdot x_{aj})$	$8{,}00 + (1{,}49 \cdot x_{aj})$	$0{,}49 + (1{,}12 \cdot x_{aj})$	$0{,}24 + (0{,}25 \cdot x_{aj})$
KF_3 (≤ 1 Jahr)	$9{,}37 + (1{,}41 \cdot x_{aj})$	$12{,}28 + (1{,}58 \cdot x_{aj})$	$0{,}71 + (1{,}18 \cdot x_{aj})$	$0{,}37 + (0{,}29 \cdot x_{aj})$

Abb. 225: Flexibilitätsorientierte Kostenfunktionen

kungsbetrag, der entweder durch dasselbe Produkt in späteren Perioden erfolgswirtschaftlich kompensiert werden muß (zeitlicher Ausgleich) oder durch andere Produkte in dem Betrachtungszeitraum „eingespielt" werden muß (kalkulatorischer Ausgleich).

Ein weiteres Beispiel für eine fixkostenmanagementorientierte Plankalkulation gibt die *Abbildung 226*. In dem Beispiel handelt es sich um einen Unternehmensbereich, der vier verschiedene Erzeugnisse produziert. Diese Erzeugnisse können bereits selbst Aggregationen über eine Vielzahl von Varianten darstellen (z. B. auch standardmäßig verwendete Hauptbaugruppen). Die eigentliche Fertigung erfolgt erst dann, wenn ein genau spezifizierter Kundenauftrag vorliegt, da die konkrete Zusammensetzung der Erzeugnisarten aufgrund der Kundenwünsche in gewissem Umfang schwankt. Eine einheitliche Kalkulation über mehrere, sich in der konkreten Zusammensetzung unterscheidende Varianten erscheint insofern gerechtfertigt, als daß einzelne Bestandteile zwar variieren, kostenmäßig hingegen keine bzw. allenfalls geringfügige Unterschiede bestehen.

Der Absatzstruktur des Beispielunternehmens entspricht, daß unterschiedliche **Auftragsgrößen** und **Absatzgebiete** die Kapazität des Unternehmens derart differenziert beanspruchen, daß eine gleichmäßige stückzahlabhängige Verteilung aller Kosten unangemessen ist und ggf. zu erheblichen Kostenverzerrungen führen würde. Verteilt man dennoch alle Kosten auf die Leistungseinheiten, umgeht man das Verursachungsprinzip. Eine Verteilung der Fixkosten entsprechend der maßgrößenspezifischen Inanspruchnahme der Potentialfaktoren gewährleistet aber, daß dem Vertrieb differenziertere Kosteninformationen bereitgestellt werden können, die zur Gesamtkostendeckung führen.

Wie das Beispiel der *Abb. 226* zeigt, können bereits bei den variablen Kosten auftragsabhängige Kostenelemente auftreten. Das ist z. B. dann der Fall, wenn nach Realisierung eines Fertigungsauftrages die benötigten Anlagen aufgrund der unterschiedlichen Auftragszusammensetzungen gereinigt werden müssen. Die Kosten für das Reinigungsmaterial sowie die notwendigen Energiekosten fallen zumindest teilweise auftragsgrößenunabhängig an, so daß eine sinnvolle Verteilung auf die einzelne Leistungseinheit bei schwankenden Auftragsgrößen nicht sinnvoll ist. Auch die stufenweise differenzierten Fixkosten müssen im Vergleich zur traditionellen Zuschlagskalkulation angemessener auf die Erzeugnisse verteilt werden. **Auftragsabhängige Kosten** bei den (erzeugnisfixe und -gruppenfixe Kosten verursachende) Potentialfaktoren sind z. B. entsprechend der inanspruchgenommenen Rüstzeiten oder -vorgänge auf die einzelnen Erzeugnisse zuzurechnen. Werden auftragsspezifische Materialien aus dem Lagerbestand eingesetzt oder müssen fremdbezogen werden, sind die jeweils anfallenden **unternehmensfixen Kosten** auftragsabhängig über sinnvolle Kostentreiber zu verrechnen. Diese auftragsbezogene Verrechnung bewirkt, daß kleine Aufträge tendenziell stärker als größere Aufträge mit auftragsmengenunabhängigen Kosten belastet werden (Degressionseffekt).

Unterschiedliche **Absatzgebiete** führen nicht nur zu unterschiedlichen Kosten (insbesondere Werbe- und Vertriebskosten), sondern implizieren auch unterschiedliche Marktbearbeitungsstrategien. Niedrigpreisstrategien in den Phasen

C. Das strategische Kosten- und Erfolgs-Controlling   491

Plan-Angebots-kalkulation	A			B			C		D	
	pro Stück	pro Auftrag	zzgl. pro Auslands-auftrag	pro Stück	pro Auftrag	zzgl. pro Auslands-auftrag	pro Stück	pro Auftrag	pro Stück	pro Auftrag
+ variable Erzeugnis-einzelkosten	6,00	–	–	6,00	–	–	8,00	–	0,50	–
+ variable Erzeugnis-gemeinkosten	0,60	400	5	0,60	300	10	0,80	100	0,05	100
+ Plan-DB der erzeug-nisfixen Kosten	1,00	50	20	0,53	50	20	0,22	100	0,08	50
+ Plan-DB der erzeug-nisgruppenfixen Kosten	2,00	200	10	4,00	100	20	1,50	150	1,50	120
+ Plan-DB der unter-nehmensfixen Kosten	1,78	20	50	1,78	20	50	2,37	20	0,15	10
= Planangebots-kosten	11,38	670	85	12,91	470	100	12,89	370	2,28	280
	11,38 · x + 670 (+ 85)			12,91 · x + 470 (+ 100)			12,89 · x + 370		2,28 · x + 280	

Abb. 226: Planangebotskalkulation in der Fixkostenmanagementorientierten Plankostenrechnung

der Marktdurchdringung oder -verdrängung können in diesem System durch gezielt ansetzende Kalkulationen unterstützt werden. Plant ein Unternehmen etwa den Eintritt bzw. eine Expansion auf einem ausländischen Markt(segment), kann es aus Sicht des Controlling zunächst sinnvoll sein, auf die Deckung eines Teils der tatsächlich anfallenden Kosten zu verzichten, wenn die begründete und – z. B. durch das Instrumentarium der Marktforschung – informell fundierte Aussicht besteht, diesen vorübergehenden Verzicht durch spätere Erträge überkompensieren zu können (Prinzip des zeitlichen Ausgleichs). Ein hierauf abstellender Stückkostenausweis ist im Hinblick auf die kostenwirtschaftliche Transparenz notwendig. Im Beispiel werden kleinere Aufträge im Ausland mit höheren Kosten belastet als größere Inlandsaufträge. Dies führt in bezug auf die Potentialfaktoren zu einer realistischeren Kalkulation: Ein Auftrag über 10 000 Stück des Erzeugnisses A im Inland muß normalerweise mit Stückkosten in Höhe von 11,45 DM belastet werden (114 450,– DM/Auftrag). Die Erlöse eines Auslandsauftrages über 100 Stück müssen hingegen 1873,– DM an Kosten decken (18,93 DM/Stück). Verzichtet man vorübergehend auf die Deckung der zusätzlichen auslandsabhängigen sowie der auftragsbezogenen erzeugnisgruppen- und unternehmensfixen Kosten, können Stückkosten in Höhe von 15,68 DM als kostenorientierter Angebotspreis angesetzt werden. Das Beispiel zeigt die Notwendigkeit und Bedeutung eines solchen kostenwirtschaftlichen „Interface" zwischen Marketing und Rechnungswesen auf, das schon im funktionsbezogenen Marketing-Controlling angesprochen wurde.

Der unserer Ansicht nach entscheidende Vorteil dieses Systems gegenüber Vollkostenrechnungssystemen wie z. B. der Prozeßkostenrechnung besteht darin, daß sich der produkt- und auftragsspezifische Deckungsbedarf an der jeweiligen Marktstellung des Unternehmens orientiert. Erst dadurch wird eine flexible Preispolitik und eine zielorientierte Abstimmung mit den operativen und strategischen Unternehmensplänen möglich. Zudem zeigt die Fixkostenmanagementorientierte Plankostenrechnung die kostenpolitischen Spielräume im Spannungsfeld zwischen (theoretischen) Anpassungsmöglichkeiten und (praktischen) Bindungszwängen auf und bezieht somit infrastrukturelle Fragestellungen in die rein kostenwirtschaftliche Analyse mit ein. Die produkt- und auftragsbezogen differenzierte progressive Plan-Angebotskalkulation und die daraus abgeleiteten Kosten- und ggf. Gewinnfunktionen eignen sich exzellent für **PC-gestützte Simulationen** (z. B. auf Basis marktgängiger Spreadsheet-Programme), z. B. im Hinblick auf Variationen der Plan-Produktabsatzmengen (x_{aj}; mit j = Index für die verschiedenen Produktarten (j = 1, ..., m; mit m = Anzahl aller aktuell angebotenen Produkte des Unternehmens)) oder bezüglich des Durchspielens von Verschiebungen in der produktbezogenen Auftragsgröße.

(4) Zur Ausgestaltung einer fixkostenmanagement- und prozeßorientierten Plan-Angebotskalkulation

Wie können nun die Philosophie der Prozeßkostenkalkulation und die der progressiven Plan-Angebotskalkulation miteinander kombiniert werden? Der Grundgedanke der Prozeßkostenkalkulation besteht zunächst darin, Gemeinkosten über das Medium „Prozeß" in produktbezogene „Quasi-Einzelkosten" zu

C. Das strategische Kosten- und Erfolgs-Controlling 493

verwandeln. Bezogen auf die Zeilenstruktur der Plan-Angebotskalkulation aus der *Abb. 222* bedeutet dies, daß die primären Kostenstrukturschwerpunkte im Bereich der erzeugnisgruppen- und unternehmensfixen Kosten, d. h. bei der stückbezogenen (theorieseitig falschen, praxisseitig notwendigen) Verrechnung fixer Gemeinkosten liegen. Streng genommen würde eine insbesondere direkte Prozeßkostenkalkulation implizieren, daß der Großteil der Prozeßkosten entweder in der Zeile „variable Einzelkosten pro Stück" oder in der Zeile „erzeugnisfixe Kosten pro Stück" ausgewiesen würden. Ein Beispiel: Das Gehalt eines Marketing-Managers wird über die Anzahl der betreuten Aktionen auf die einzelnen Produkte des Unternehmens alloziiert. Aus erzeugnisgruppen- bzw. unternehmensfixen Kosten werden durch die Maßgrößenverrechnung erzeugnisfixe Kosten „modelliert". Um aber jederzeit nachvollziehen zu können, welche Kosten prozeßbezogen auf einzelne Produkte geschlüsselt wurden, ist es notwendig die Prozeßkosten an der Stelle im Kalkulationsschema auszuweisen, wo sie **vor** der Prozeßkostenkalkulation standen. Im Beispiel würden die stückbezogenen Gehaltskosten des Marketing-Managers in der Zeile der erzeugnisgruppen- oder der unternehmensfixen Kosten auftauchen. Ein spezielles Problem einer kombinierten Kalkulation besteht nun in der bereits diskutierten Aggregiertheit der Prozeßkosten. Bsp.: Der Marketing-Manager konzipiert die Werbeaktionen für die von ihm betreuten Produkte auf einem Personal Computer vor. Bei den anteiligen Energiekosten handelt es sich um variable Gemeinkosten. Im Prinzip müßten die Prozeßkosten des Prozesses „Aktionen des Marketing-Managements" aufgesplittet und in verschiedenen Zeilen des Kalkulationsschemas ausgewiesen werden. Um aber unnötige Komplexitätssteigerungen zu vermeiden, empfehlen wir nach Maßgabe des jeweiligen Kostenstrukturschwerpunktes einen kalkulatorischen Ausweis in der entsprechenden (dominanten) Kalkulationszeile. Im Beispiel möge das monatliche Gehalt des Marketing-Managers 25 000,– DM (inklusive Personalnebenkosten) betragen. Die monatlichen Abschreibungen für seinen PC betragen 65,– DM. Energiekosten pro Monat mögen ca. 25,– DM betragen. Die sonstigen anteiligen Prozeßkosten (z. B. Büromaterial) pro Monat mögen sich schließlich auf 125,– DM belaufen. Im Beispiel dominiert die Originärkostenart „Gehalt" eindeutig (prozentual – Gehaltskosten/gesamte Prozeßkosten · 100 – zu 99,1 %).

Um nun Prozeßkosteninformationen in das Rechenwerk zu integrieren, ist es bei einer direkten Prozeßkostenkalkulation, die sich für unser Beispiel des produktnahen Logistikbereiches anbietet, zunächst erforderlich den **konkreten Produktbezug** sichtbar zu machen. Wir verwenden dabei in der nachfolgenden *Abb. 227* die Teilprozesse, die (kumulierten) Maßgrößenplanmengen und die lmi-Kostensätze aus der *Abb. 221* (oberer Teil).

Im nächsten Schritt wird zunächst unterstellt, daß es sich bei den Kosten der Prozesse der Kostenstelle „Warenannahme" um variable Gemeinkosten (Treibstoff- und Reparatur-/Wartungskosten) bzw. um unternehmensfixe Kosten (Lohn- und Gehaltskosten, kalkulatorische Abschreibungen und Zinsen; vgl. auch den unteren Teil der *Abb. 221*) handelt, wobei letztere zusätzlich nach ihrer Bindungsdauer zu differenzieren sind. Gegenüber der „normalen" progressiven Plan-Angebotskalkulation ist dann eine Korrektur der zu verteilenden Kosten notwendig: Sowohl

494   X. Kapitel: Das strategische Controlling

Teilprozeß	lmi-Satz/ Maßgrößeneinheit	Mengenvolumen (gesamt)	lmi-Satz/ Produkteinheit
Paletten entladen mit Gabelstapler	34,59	300 Paletten (für A) 400 Paletten (für B) 250 Paletten (für C) 150 Paletten (für D)	0,010 0,009 0,005 0,004
Manuelle Warenbereitstellung	1,74	1000 Artikel (für A) 4000 Artikel (für B) 4700 Artikel (für C) 3500 Artikel (für D)	0,002 0,005 0,005 0,005
Stichprobenweise Kontrolle	2,50	400 Artikel (für A) 1250 Artikel (für B) 2000 Artikel (für C) 750 Artikel (für D)	0,001 0,002 0,003 0,002

Abb. 227: Ermittlung der produktbezogenen lmi-Logistikkostensätze

die gesamten periodischen variablen Gemeinkosten als auch die unternehmensfixen Kosten sind um die Kostenbeträge zu reduzieren, die prozeßbezogen verrechnet wurden. Dabei wird impliziert – analog etwa der Verteilung der variantenzahlabhängigen Prozeßkosten auf die einzelnen Varianten –, daß diese Reduktion pro Produkt bzw. Variante in gleicher Höhe erfolgt. So reduziert sich etwa der per Zuschlag auf die variablen Einzelkosten ermittelte Block der variablen Gemeinkosten bezüglich der Kostenart „Treibstoff" (die über den Prozeß „Paletten entladen mit Gabelstapler" verrechnet wird) produktbezogen um jeweils 75,– DM/Periode (Gesamtvolumen: 300,– DM/Periode). Zusätzlich ist zu berücksichtigen – vgl. die obigen Ausführungen –, daß die entsprechenden variablen Gemeinkosten pro Stück **nach** der prozeßorientierten Verrechnung in der Kalkulationszeile „unternehmensfixe Kosten pro Stück" auftauchen. Die nachfolgende *Abbildung 228* zeigt die jeweiligen originären und korrigierten Kostenverteilungssummen.

Erzeugnisse	A	B	C	D
Variable Gemeinkosten (vor Verr.)	100 000	180 000	162 000	18 000
Variable Gemeinkosten (nach Verr.)	99 900	179 900	161 900	17 900
Unternehmensfixe Kosten (vor Verr.)	900 000			
davon ≤ 6 Monate abbaufähig	250 000			
davon ≤ 1 Jahr abbaufähig	375 000			
Unternehmensfixe Kosten (nach Verr.)	822 350			
davon ≤ 6 Monate abbaufähig	190 000			
davon ≤ 1 Jahr abbaufähig	298 850			

Abb. 228: Variable Gemeinkosten und differenzierte unternehmensfixe Kosten vor und nach Verrechnung

Im nachfolgenden Schritt empfiehlt es sich, die produktbezogenen Prozeßkostensätze nach der Bindungsdauer ihrer anteiligen Fixkosten aufzusplitten. Es ergibt sich (vgl. *Abb. 229*):

C. Das strategische Kosten- und Erfolgs-Controlling 495

Teilprozeß	Variante A	Variante B	Variante C	Variante D
Lmi-Satz „Paletten entladen mit Gabelstapler"	0,010	0,009	0,005	0,004
davon ≤ 6 Monate abbaufähig davon ≤ 1 Jahr abbaufähig	0,00992 0,00997	0,0088 0,0089	0,0046 0,0046	0,004 0,004
Lmi-Satz „Manuelle Warenerfassung"	0,002	0,005	0,005	0,005
davon ≤ 6 Monate abbaufähig davon ≤ 1 Jahr abbaufähig	0,0014 0,002	0,0036 0,005	0,0036 0,005	0,0039 0,005
Lmi-Satz „Stichprobenweise Kontrolle"	0,001	0,002	0,003	0,002
davon ≤ 6 Monate abbaufähig davon ≤ 1 Jahr abbaufähig	0,0005 0,001	0,0012 0,002	0,0015 0,003	0,0008 0,002

Abb. 229: Fixkostenbindungsdauerorientierte Differenzierung der lmi-Logistikkostensätze

Es liegt an den Ausprägungen des Beispiels, daß die Differenzen zwischen den einzelnen Ausprägungen z.T. minimal sind. Dies liegt gerade bezüglich des ersten Prozesses an dessen spezifischer Kostenstruktur, die sich zu einem großen Teil aus kurzfristig abbaufähigen Fixkosten zusammensetzt. Bei der **Darstellung der Methodenintegration** beschränken wir uns auf die alleinige prozeßorientierte Kalkulation der Prozesse der Logistikkostenstelle „Warenannahme". Die nicht prozeßbezogen verrechneten Anteile der variablen Gemeinkosten und der unternehmensfixen Kosten werden weiterhin wie bisher kalkuliert. Damit ergibt sich schließlich (vgl. *Abb. 230* unter Berücksichtigung der entsprechenden Kalkulationsschemazeilen aus der *Abb. 223*):

Erzeugnisse	A	B	C	D
var. Gemeinkosten pro Stück	0,999	0,119	0,089	0,149
Plan-DB der unternehmensfixen Kosten pro Stück (gesamt)	0,192	0,241	0,174	0,038
Plan-DB (≤ 6 Monate) Plan-DB (≤ 1 Jahr)	0,053 0,078	0,066 0,098	0,047 0,101	0,015 0,021
Davon prozeßbez. Plan-DB	0,013	0,016	0,013	0,011
Prozeß-DB „Paletten entladen ..." Plan-DB (≤ 6 Monate) Plan-DB (≤ 1 Jahr)	0,010 0,0099 0,0099	0,009 0,0088 0,0089	0,005 0,0046 0,0046	0,004 0,004 0,004
Prozeß-DB „Man. Warenerfassung" Plan-DB (≤ 6 Monate) Plan-DB (≤ 1 Jahr)	0,002 0,0014 0,002	0,005 0,0036 0,005	0,005 0,0036 0,005	0,005 0,0039 0,005
Prozeß-DB „Stichprobenw. Kontrolle" Plan-DB (≤ 6 Monate) Plan-DB (≤ 1 Jahr)	0,001 0,0005 0,001	0,002 0,0012 0,002	0,003 0,0015 0,003	0,002 0,0008 0,002

Abb. 230: Auszug aus einer fixkostenmanagement- und prozeßorientierten Plan-Angebotskalkulation

Der Vorteil dieses Kalkulationsvorgehens liegt insbesondere in der Kombination unterschiedlicher Kalkulationsverfahren und in der Transparenz bezüglich der direkt verrechneten, i. d. R. fixkostenintensiven Prozesse. Der Feinheitsgrad der Ausgestaltung hängt natürlich von den konkreten Praxisanforderungen ab.

7. Ausgestaltung eines strategischen Controllingberichtswesens

Gerade im Rahmen des strategischen Kosten- und Erfolgs-Controlling kommt der permanenten Beobachtung „schwacher Signale" und der systematischen Analyse quantitativer strategischer Eckdaten eine entscheidende Rolle zu. Auf instrumenteller Ebene erfordert dies eine möglichst enge Verzahnung und Kompatibilität des operativen und strategischen Analyse- und Planungsinstrumentariums.[169] Über die rein instrumentelle, anwendungsbezogene Koppelung muß das Controlling sicherstellen, daß der Informationsverdichtung und empfängerorientierten Informationbereitstellung über ein entsprechend auszugestaltendes **strategisches Controllingberichtswesen** adäquat Rechnung getragen wird. Diese besondere Bedeutung der **Informationsselektion** für strategische Entscheidungsprobleme wurde bereits in *Abb. 218* bei der Darstellung der Fixkostenmanagementorientierten Plankostenrechnung deutlich: Bei der kurzfristigen, periodischen Kosten- und Erfolgsanalyse und -kontrolle dominieren detaillierte Kostenstellen- und Kostenträgerberichte, die sehr differenzierte Informationen bezüglich unternehmensinterner Kostenstrukturen und -relationen und des Leistungsprozesses beinhalten. Im Hinblick auf ein strategisches Kosten- und Erfolgsmanagement ist dieses Informationsspektrum wegen des zu hohen Feinheitsgrades und der i. d. R. fehlenden externen Ausrichtung nicht problemadäquat. Hier steht das Controlling vielmehr vor der Aufgabe, das verfügbare interne und externe Informationspotential in Form sog. **Kostenstellen- und Kostenträgerinformationsbögen** aufzubereiten, die den Informationsadressaten gezielt mit den für ihn relevanten Daten der Leistungserstellungs- und Absatzprozesse versorgen. Dazu können Mengeninformationen (z. B. Anzahl Gutstück und fehlerhafte Erzeugnisse), Informationen über die Zeitreihenentwicklung bestimmter Kostenarten und -strukturen und Informationen über die differenzierten Kosten bestimmter Unternehmensprozesse zählen. Über diese quantitativen Daten hinaus sollten im Sinne eines **„Maßnahmen-Controlling"** auch verbale Informationen einfließen, z. B. über die Verfügbarkeit und Bezugsquellen von Substitutionsmaterialien und die Möglichkeiten eines Fremdbezugs von Fertigungs-, Logistik- und Verwaltungsaktivitäten.[170]

---

[169] Vgl. zu dieser Forderung z. B. *Gälweiler, Alois:* Strategische Unternehmensplanung in der Praxis – unter Berücksichtigung der Verwertbarkeit strategischer Analyseinstrumente, in: Strategisches Marketing, hrsg. von *Hans Raffée* und *Klaus-Peter Wiedmann*, 2. Aufl., Stuttgart 1989, S. 228–242, hier S. 230. Dies setzt insbesondere eine effiziente Gestaltung der Controllingablauforganisation voraus. Vgl. dazu *Welge, Martin K.:* Organisation des Controlling, in: ZfC, 1. Jg. (1989), S. 140–149, hier S. 146 f.

[170] Vgl. hierzu auch *Fröhling, Oliver:* Strategisches Management Accounting, S. 10. Generell ist zu berücksichtigen, daß ein strategisches Kosten- und Erfolgs-Controlling solche Informationen bereitstellen sollte, die gleichermaßen entscheidungslogisch „rich-

In solchen strategischen Kostenberichten sollten nicht nur Ist-, Plan- und Prognosedaten, sondern – zumindest partiell – auch **vergangenheitsbezogene Kontrollinformationen** eingebunden werden. Diese betreffen in zeitlicher Hinsicht insbesondere die **Vorlaufkosten** bestimmter Produkte oder Projekte. Diese vom Kostencharakter her überwiegend Fixkosten, wie z. B. Investitionen in Prüf- und Meßaggregate, Kosten der Softwareentwicklung für CAX-Technologien und Entwicklungskosten für Prototypen, werden häufig als „sunk costs" bezeichnet, die als „untergegangene" Kosten keinen Einfluß mehr auf die gegenwärtigen (operativen) Entscheidungen haben dürfen. Aus dem strategischen Blickwinkel ist dieser Sachverhalt aber insoweit anders zu bewerten, als daß solche in der Vergangenheit begründeten Fixkostenpotentiale häufig den Charakter einer signifikanten Markteintrittsbarriere gegenüber potentiellen Konkurrenten besitzen.[171]

Solche Kostenstellen- und Kostenträgerinformationsbögen bilden nur einen Baustein eines strategischen Controllingberichtswesens. Bei dessen Strukturierung sollten Aspekte der standardisierten, regelmäßigen und der individuellen, bedarfsspezifischen Informationsbereitstellung gleichberechtigt berücksichtigt werden. Die **Generierung von Standardberichten** setzt voraus, daß das strategische Controlling in Form einer informationsbezogenen ABC-Analyse das Datenspektrum daraufhin untersucht, ob und welche Informationen regelmäßig in strategische Entscheidungsprozesse einbezogen werden und welchen Verdichtungsgrad sie besitzen.[172] Über reine Mengen- und Wertinformationen der Kosten- und Erfolgsrechnung hinaus, wie z. B. Absatzpreise, Absatzmengen und durchschnittliche Stückkosten, sollten auch finanzielle (z. B. segmentbezogene Cash Flow- und Return on Investment-Kennzahlen) und insbesondere marktbezogene Indikatoren (z. B. Marktanteil und Marktwachstum) in solche Standardberichte einbezogen werden.[173] Diese Berichtsgrößen sind nicht nur absolut, sondern vor allem relativ im Hinblick auf die stärksten Mitwettbewerber zu ermitteln. Erst

---

tig" sind, wie eine zieladäquate Steuerung des tatsächlichen Entscheidungsverhaltens gewährleisten. Auf diese in der Unternehmenspraxis häufig anzutreffende Divergenz weist *Backhaus, Klaus*: „Was heißt und zu welchem Ende studirt man..." Allgemeine Betriebswirtschaftslehre?, in: Der Integrationsgedanke in der Betriebswirtschaftslehre, hrsg. von *Klaus Delfmann*, Wiesbaden 1989, S. 33–50, hier S. 46 f., hin.

[171] Vgl. zu diesem Aspekt insbesondere *Bromwich, Michael*: The Case For Strategic Management Accounting: The Role Of Accounting Information For Strategy in Competitive Markets, in: AOS, Vol. 15 (1990), 1/2, S. 27–46, hier S. 43 und *Fritz, Wolfgang*: Ansätze der Wettbewerbstheorie aus der Sicht der Marketingwissenschaft, in: DBW, 50. Jg. (1990), S. 491–512, hier S. 499.

[172] Zur Forderung der Berücksichtigung der einzelnen Phasen des strategischen Entscheidungsprozesses bei der Ausgestaltung des Rechnungswesens vgl. *Gordon, Lawrence A.; Larcker, David F.; Tuggle, Francis D.*: Strategic Decision Processes and the Design of Accounting Information Systems: Conceptual Linkages, in: AOS, Vol. 3 (1978), S. 203–213, hier S. 209–211.

[173] Vgl. auch *Gälweiler, Alois*: Steuerung der Kostenhöhe und der Kostenstruktur durch strategische Planung, in: DBW, 37. Jg. (1977), S. 67–75, hier S. 70–72; *Simmonds, Kenneth*: The Accounting Assessment of Competitive Position, in: EJM, Vol. 20 (1986), 1, S. 16–31 und *Gold, Michael*: Accounting and strategy, in: Research and Current Issues in Management Accounting, hrsg. von *Michael Bromwich* und *Anthony G. Hopwood*, London 1986, S. 181–191, hier S. 182.

498 X. Kapitel: Das strategische Controlling

Sparte: Produkt: Region:	Strategische Kostenrechnungsindikatoren				Strategische Finanz-/Investitions- indikatoren			Strategische Marktindika- toren	
Verantwortlich: Datum:	Absatz- menge	Preis je Stck.	Voll- kosten je Stck.	Prozeß- kosten je Stck.	Cash Flow	Return on In- vestment	Bar- wert	Markt- anteil	...
Eigenes Unternehmen Gegenwärtige Position Veränderungen Periode									
Führender Konkurrent Gegenwärtige Position Veränderungen Periode Relative Position zu uns									
Direkter Konkurrent Gegenwärtige Position Veränderungen Periode Relative Position zu uns									
...									

Abb. 231: Aufbau eines Standardberichtes im strategischen Kosten- und Erfolgs-Controlling

auf Basis eines solchen konkurrenzbezogenen Vergleichs läßt sich die gegenwärtige strategische Position des Unternehmens und die Qualität der Ausschöpfung strategischer Erfolgspotentiale angemessen beurteilen.[174] Abb. 231 zeigt den möglichen Aufbau eines Standardberichtes im Rahmen des strategischen Kosten- und Erfolgs-Controlling.

Die Informationen solcher strategischer Standardberichte sowie weitergehende, qualitative Informationen aus der betrieblichen Marktforschung können auch zur Ausgestaltung von **branchen- und konkurrenzbezogenen Profilvergleichen** ge-

---

[174] Eine zentrale Aufgabe liegt in der Sammlung und Aufbereitung quantitativer und qualitativer externer Informationen. Hierzu ist eine enge Zusammenarbeit des strategischen Controlling mit der Marktforschung und die Nutzung externer Informationen (z. B. Marktdatenbanken) erforderlich. Wichtige Informationen lassen sich auch aus den publizierten Jahresabschlüssen und ggf. zusätzlich gewährten Unternehmensinformationen z. B. im Rahmen einer freiwilligen Prognosepublizität gewinnen. Vgl. dazu *Lange, Christoph:* Jahresabschlußinformationen und Unternehmensbeurteilung, S. 199–201. Probleme der strategischen Bewertung externer Unternehmen rücken immer stärker auch in den Mittelpunkt der Unternehmensakquisition. Vgl. dazu z. B. *Coenenberg, Adolf G.; Sautter, Michael T.:* Strategische und finanzielle Bewertung von Unternehmensakquisitionen, in: DBW, 48. Jg. (1988), S. 691–710 und *Schneider, Jörg:* Die Ermittlung strategischer Unternehmenswerte, in: BFuP, 40. Jg. (1988), S. 522–531.

C. Das strategische Kosten- und Erfolgs-Controlling

```
                        Soll-
          sehr schwach  Mittelwert      sehr stark
          -5 -4 -3 -2 -1  0  1  2  3  4  5
```

Strategische Finanzindikatoren
- rel. Cash Flow
- rel. ROI
- potentieller ROI

Strategische Kostenrechnungsindikatoren
- rel. Produktkosten
- langfr. Stückkosten
- Lebenszykluskosten

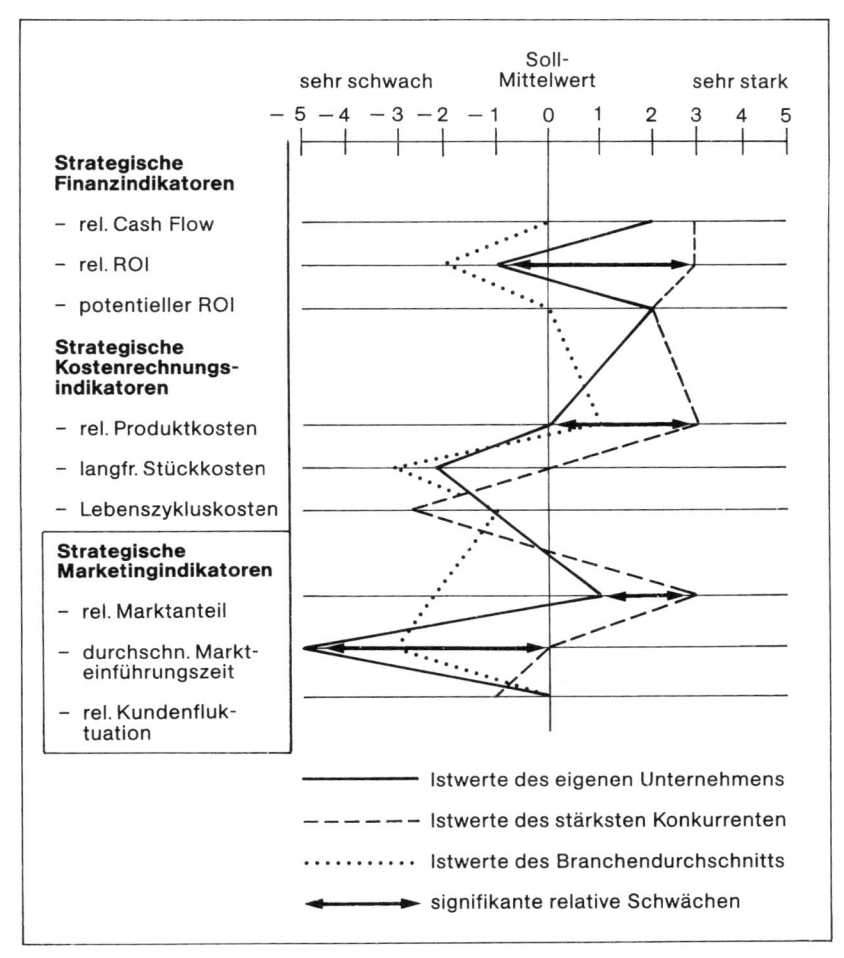

Strategische Marketingindikatoren
- rel. Marktanteil
- durchschn. Markteinführungszeit
- rel. Kundenfluktuation

——————— Istwerte des eigenen Unternehmens
— — — — — Istwerte des stärksten Konkurrenten
·········· Istwerte des Branchendurchschnitts
◄——————► signifikante relative Schwächen

Abb. 232: Strategischer Profilvergleich am Beispiel von ausgewählten Finanz-, Kostenrechnungs- und Marktindikatoren

nutzt werden. Dieses Instrumentarium bietet sich für einen komprimierten Stärken- und Schwächenvergleich z. B. unter Berücksichtigung des stärksten Konkurrenten und des Branchendurchschnitts an (vgl. *Abb. 232*).

Die Standardberichte sind fallweise und bedarfsspezifisch um **Spezialberichte** zu ergänzen (vgl. *Abb. 233*), die in der Regel auf besondere strategische Fragestellungen fokussieren (z. B. mehrperiodige Analyse der Kosten- und Erfolgsbeiträge ausgewählter Erfolgsträger in bestimmten Absatzsegmenten unter Berücksichtigung der Mitwettbewerber[175]).

---

[175] Zum Vorschlag einer produkt- und wettbewerbsbezogenen Lebenszykluskostenanalyse vgl. *Forbis, John L.; Mehta, Nitin T.:* Value-based strategy for industrial products, in: MKQ, Vol. 18 (1981), 2, S. 35–52.

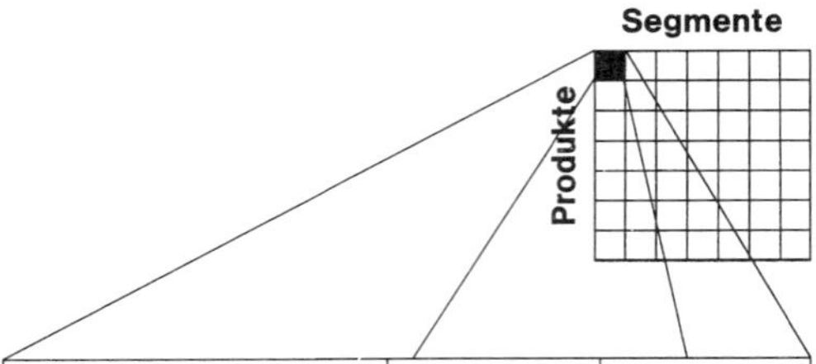

500 X. Kapitel: Das strategische Controlling

		Eigene Unternehmen		Konkurrent A	Konkurrent B
		absolut	relativ	absolut (progn.)	absolut (progn.)
Vorlauf- kosten	P1	115.000	75,2 %	153.000	–
	...	35.000	– %	–	41.500
	...	87.250	– %	–	–
	Σ	237.250	89,5 %	265.000	286.250
Leistungs- prozeßkosten	...	225.400	129,4 %	174.250	217.200
	...	113.100	– %	–	93.050
	...	76.000	90,7 %	83.800	–
	...	623.000	– %	–	–
	...	410.750	82,9 %	495.550	362.000
	Σ	1.448.250	89 %	1.626.500	1.357.550
Folge- kosten	...	75.510	733,2 %	10.250	117.250
	...	386.550	– %	–	–
	Pn	172.800	181,8 %	95.050	–
	Σ	634.500	387,9 %	163.550	846.500

Pi : · lebenszyklusbezogene Prozesse
– : · Werte nicht ermittelbar

Abb. 233: Produkt- und segmentbezogener Spezialbericht mit integrierten Lebenszyklus- und Prozeßkosten

Der in dem Beispiel dargestellte Genauigkeitsgrad der Information über die Kostenstruktur der Konkurrenz dürfte nicht der Regelfall sein; aber auch deutlich gröbere Kosteninformationen insbesondere über Vorlauf- und Folgekosten der Konkurrenz sind noch eine wertvolle Entscheidungshilfe.

Aus diesen Berichtsstrukturen sollte das strategische Kosten- und Erfolgs-Controlling vor dem Hintergrund der gezielten Informationsversorgung **Kennzahlen** generieren, die die Führungsinstanzen bei der strategischen Planung und Kontrolle des Unternehmens wirkungsvoll unterstützen. Obwohl strategische Fragestellungen stark situativ und unternehmensspezifisch geprägt sind, lassen sich mit Hilfe empirischer Erkenntnisse und konzeptioneller Überlegungen doch Kenngrößen ermitteln, die unternehmensneutral von besonderem Interesse sein dürften und den Aufbau eines strategischen Controlling-Kennzahlensystems sinnvoll erscheinen lassen (vgl. *Abb. 234*).

C. Das strategische Kosten- und Erfolgs-Controlling

Abb. 234: Strategisches Controlling-Kennzahlensystem

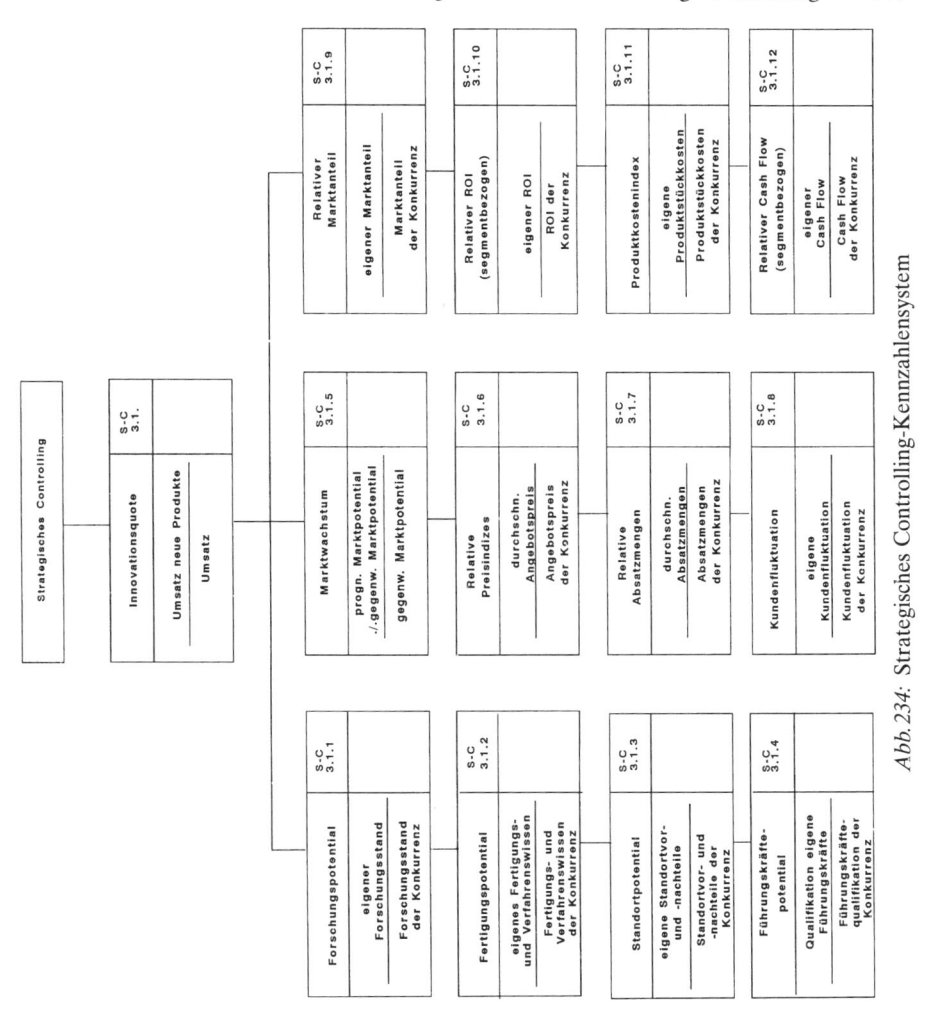

Ein solches strategisches Kennzahlensystem sollte wegen der **Heterogenität der strategischen Erfolgsmaßstäbe** und der starken Interdependenzen strategischer Entscheidungen nicht einseitig auf Kosten- und Erfolgsgrößen ausgerichtet sein, sondern auch Kenngrößen beinhalten, die eine strategische Beurteilung der relativen Markt-, Rentabilitäts- und Liquiditätsstruktur des Unternehmens ermöglichen; mittel- und langfristig werden die genannten Größen z.B. entscheidend vom Forschungs- und Fertigungspotential einer Unternehmung, aber auch von seinen spezifischen Standortvor- und -nachteilen und von der Qualität seiner Führungskräfte bestimmt. Dadurch kommt dem System eine **Schnittstellenfunktion** zu einem strategischen Bilanz- und Marketing-Controlling zu, wobei die Meßgenauigkeit dieser Kennzahlen, die z.T. nur über Nutzwertanalysen, Skalierungen und Profilvergleiche herbeizuführen ist, jeweils nur eine Trendaussage zuläßt und i.d.R. keine unmittelbar umsetzbare Entscheidungshilfe gibt, wie z. B. die Kennzahl „Lagerumschlagshäufigkeit" im operativen Controlling.

Im marktorientierten Teil des Kennzahlensystems sollten der relative und absolute Marktanteil, das prognostizierte Marktwachstum (ggf. geschäftsfeldbezogen differenziert) und produktbezogene Preis- und Mengenindizes im Vergleich zu den wichtigsten Mitwettbewerbern ermittelt werden. Der **Marktanteil** ist eine dominierende Leitgröße für die strategische Planung und das strategische Controlling und zugleich ein zentraler Erfolgsfaktor.[176] Er begründet absolut und insbesondere im Vergleich zur Konkurrenz über Erfahrungskurveneffekte unmittelbar eine potentielle Kostenposition im Wettbewerb und wirkt spürbar auf das Cash Flow-Potential ein. Das **Marktwachstum** stellt nicht nur eine wichtige Prognosegröße sondern zugleich auch einen Kontrollmaßstab zum Marktanteil dar. Ein hohes zukünftiges Marktwachstum deutet auf eine hohe bzw. steigende Marktattraktivität, mithin ein großes Erfolgspotential hin. Die Kombination beider Kriterien führt zu den möglichen Investitions-, Halte- und Desinvestitionsempfehlungen, die schon im Rahmen des Marktwachstums-Marktanteils-Portfolios angesprochen wurden. Eine rein wertmäßige, umsatzorientierte Marktanalyse reicht aber für eine effiziente Unterstützung der strategischen Unternehmenssteuerung nicht aus. Zusätzlich sollte das Controlling im Rahmen einer kontinuierlichen Zeitreihenanalyse **Preis- und Mengenindizes** der wichtigsten Erfolgsträger ermitteln. Diese Kenngrößen bilden nicht nur einen Kontrollmaßstab im Vergleich zur (relativen) Stückkostenentwicklung, sondern zeigen auch segmentbezogene Handlungsspielräume z. B. bezüglich einer Steigerung von Marktanteilen über die Preiskomponente und/oder einer Realisierung von Skalenerträgen über die Mengenkomponente auf. Bei der Ermittlung von Stückpreisen ist gerade im Vergleich mit international operierenden Konkurrenten zusätzlich der inflationsbedingte Preissteigerungsanteil zu berücksichtigen, um die „reale", rein unternehmensbedingte Entwicklung der Preisstrukturen transparent zu machen.

Der rentabilitäts- und liquiditätsorientierte Teil des strategischen Kennzahlensystems enthält die Kennzahlen relativer Return on Investment, potentieller Return on Investment und relativer Cash Flow. Der **Return on Investment** ist ein wichtiger Indikator für eine strategische, geschäftsfeldbezogene Rentabilitätsanalyse.[177] Er sagt in absoluter und in relativer, prozentualer Ausprägung aber noch nichts über die tatsächliche Potentialausschöpfung aus. Hierzu wird zusätzlich die Verwendung des **potentiellen ROI** vorgeschlagen, der sich mit Hilfe der PIMS-Datenbank ermitteln läßt und von den externen Faktoren Marktumwelt und Wettbewerbsposition sowie von der eigenen Kapital- und Produktionsstruktur beeinflußt wird.[178]

---

[176] Vgl. z. B. *Gälweiler, Alois:* Steuerung der Kostenhöhe, S. 70 und *Coenenberg, Adolf G.; Baum, Hans-Georg:* Strategisches Controlling, S. 96 f.

[177] Vgl. dazu z. B. *Engelhardt, Werner H.; Günter, Bernd:* Erfolgsgrößen, S. 152 und *Shank, John K.; Govindarajan, Vijay:* Strategic Cost Analysis, S. 147–155.

[178] Vgl. dazu *Kellinghusen, Georg:* Von der Langfristplanung zum strategischen Management, in: Strategieunterstützung durch das Controlling: Revolution im Rechnungswesen, hrsg. von *Péter Horváth,* Stuttgart 1990, S. 39–50 und *Kellinghusen, Georg; Wübbenhorst, Klaus:* Strategic Control for Improved Performance, in: LRP, Vol. 23 (1990), 3, S. 30–40.

C. Das strategische Kosten- und Erfolgs-Controlling

Eine weitere wichtige Kenngröße zur strategischen Steuerung der Liquiditätsplanung und -kontrolle ist der **relative Cash Flow**.[179] Falls methodisch möglich, empfehlen einige Vertreter zusätzlich die Diskontierung der segmentspezifischen Cash Flows, d. h. die Ermittlung seines **Barwertes,** da ihrer Meinung nach die strategische Leistungsfähigkeit des Unternehmens in den einzelnen Geschäftssegmenten ideal durch Barwertveränderungen des Cash Flows gemessen werden kann.[180]

Die Kennzahlen, die auf die erfolgsträgerbezogenen Kostenstrukturen abstellen, sind die relativen Stückkosten, die Lebenszykluskosten pro Produkt bzw. Projekt und die prozentualen Relationen von bestimmten phasenbezogenen Kostenschichten. Die **relativen Stückkosten** zeigen den möglichen kostenwirtschaftlichen Spielraum des eigenen Unternehmens zu den Wettbewerbern an, der z.B. für eine strategiegerechte Preispolitik genutzt werden kann. Darüber hinaus ist er gerade im Falle niedrigvolumiger und komplexer Angebotsvarianten ein Näherungsindikator für das Kalkulationsverhalten der Konkurrenz. Die produkt- oder projektbezogene Kennzahl **Lebenszykluskosten** (projektspezifisch differenziert) beruht auf den Wert- und Mengendaten einer überperiodigen, ggf. mehrjährigen Kosten- und Erfolgsrechnung. Sie setzt sich aus den Vorlaufkosten des Produktes (z.B. Kosten der Konzeption und Entwicklung), den Betriebs- oder Leistungsprozeßkosten und den Folgekosten zusammen. Diese strategische Kostenkennzahl zeigt bei Gegenüberstellung mit den entsprechenden **Lebenszykluserlösen** die Vorteilhaftigkeit eines Produktes über seine gesamte Lebenszeit auf (z.B. bei Sonderserien und -modellen in der Automobilindustrie). Die Lebenszykluskosten lassen sich bei einer phasenbezogenen Abgrenzung und Bereitstellung der entsprechenden Kosten- und Leistungsdaten tiefer differenzieren in die Kennzahlen **Anteil der Folgekosten** und **Anteil der Leistungsprozeßkosten.** Erstere Kennzahl ist ein Maßstab dafür, wie hoch die produktbezogene Belastung mit Folgekosten ist. Da Folgekosten an der direkten Schnittstelle zum Nachfrager entstehen und insbesondere aus Störungen des Leistungs- und Absatzprozesses resultieren können (z.B. Kosten für die Produktentsorgung, Kosten für Nacharbeit aufgrund reklamierter Qualitätsmängel sowie Kosten infolge von Vertragsverletzungen), kommt ihnen über die rein kostenwirtschaftliche eine unmittelbar strategische Bedeutung zu. Hohe Folgekosten infolge mangelhafter Produkt- und Dienstleistungsqualität können entsprechende Auswirkungen auf die Mengenkomponente und damit die mittel- bis langfristige Marktanteilsentwicklung haben. Der Anteil der Leistungsprozeßkosten verdeutlicht die Relation von den eigentlichen Betriebskosten zu phasenverschobenen, leistungsprozeßneutralen Kosten und hilft als Selektionskriterium dem Controlling beim Aufspüren von Rationalisierungspotentialen.

Das in *Abb. 234* skizzierte Kennzahlensystem kann wegen der Heterogenität der Markt- und Unternehmensstrukturen und den divergierenden strategischen Ent-

---

[179] Für die Verwendung des Cash Flow als Finanzindikator im Rahmen der strategischen Unternehmensbewertung vgl. z.B. *Schneider, Jörg:* Strategische Unternehmensbewertung als Teil der Akquisitionsplanung, in: Strategieentwicklung: Konzepte und Erfahrungen, hrsg. von *Hans-Christian Riekhof,* Stuttgart 1989, S. 213–234.
[180] Vgl. z.B. *Simmonds, Kenneth:* Strategisches Management Accounting, S. 267 f.

scheidungsproblemen nur einen repräsentativen Ausschnitt der in der Unternehmenspraxis konkret benötigten Kenngrößen beinhalten. So könnten in Zusammenarbeit mit dem Marketing-Controlling der marktbezogene Systemteil über die Verfeinerung der Marktanteils- und -wachstumskennzahlen hinaus z.B. noch **Preiselastizitäten** und **Kennzahlen zur Ermittlung der Nachfragestruktur und -schwankungen** in das System integriert werden. Im Kostenteil könnten zusätzliche Kenngrößen herausgefiltert werden, die produkt- und prozeßbezogen die Fix- und Gemeinkostenintensität aufdecken helfen. Bei allen Erweiterungen muß das strategische Kosten- und Erfolgs-Controlling aber immer das Wirtschaftlichkeitsprinzip, insbesondere unter dem Gesichtspunkt der Beschaffbarkeit der benötigten Daten und Informationen und den konkreten Entscheidungsbezug der selektierten Informationen in den Mittelpunkt seiner Gestaltungsbemühungen stellen.

D. Das strategische Marketing-Controlling

1. Ziele und Aufgaben

Die Diskussion über konzeptionelle und instrumentelle Inhalte eines **strategischen Marketing-Managements** ist erst in der jüngeren Zeit in den Mittelpunkt der Diskussion zwischen Wissenschaft und Unternehmenspraxis gerückt.[181] Die besondere Bedeutung des strategischen Marketing und einer entsprechenden Controllingkonzeption gegenüber der (möglichen) strategischen Ausrichtung anderer betrieblicher Funktionalbereiche, wie z.B. der Beschaffung und Produktion, resultiert aus dem Sachverhalt, daß sich strategische Chancen und Risiken im wesentlichen aus Veränderungen auf den Absatzmärkten ableiten lassen. Die Bedrohung bestehender und die Notwendigkeit des Aufbaus neuer Marktpositionen wird in einem zunehmend globaleren Wettbewerbsumfeld immer stärker zum entscheidenen Engpaß erfolgreicher Unternehmensführung und erfordert ein strategisches Marketing, das – analog zum strategischen Controlling – als langfristige Führungskonzeption auszurichten ist.[182] Hat es das Controlling wegen der

---

[181] Für einen ausführlichen Überblick über Entwicklung und Stand des strategischen Marketing vgl. *Köhler, Richard:* Grundprobleme der strategischen Marketingplanung, in: Die Führung des Betriebes. Festschrift für Curt Sandig, hrsg. von *Manfred Geist* und *Richard Köhler,* Stuttgart 1981, S. 261–291; *Meffert, Heribert:* Strategische Unternehmensführung und Marketing, Wiesbaden 1988 und insbesondere *Raffée, Hans; Wiedmann, Klaus-Peter* (Hrsg.): Strategisches Marketing, 2. Aufl., Stuttgart 1989. Aus internationaler Perspektive vgl. vor allem *Meissner, Hans G.:* Strategisches Internationales Marketing, Berlin u.a. 1988; *ders.:* Marketing im Gemeinsamen Europäischen Markt, in: Märkte in Europa: Strategien für das Marketing, hrsg. von *Hartmut Berg, Hans G. Meissner* und *Wolfgang B. Schünemann,* Stuttgart 1990, S. 99–162, hier S. 122–141 und *Meissner, Hans G.; Auerbach, Heiko:* Euro-Marketing-Controlling, in: ZfC, 2. Jg. (1990), S. 232–239, hier S. 236–238.
[182] Vgl. *Raffée, Hans:* Grundfragen, S. 4 f.

D. Das strategische Marketing-Controlling

stärker qualitativen Ausrichtung des Marketing (z. B. im Rahmen der Kommunikationspolitik) schon im operativen Bereich schwer, valide und aussagefähige Informationen zu generieren und diese in quantitative Größen zu transformieren, treten im strategischen Marketingbereich noch die Probleme **signifikanter Prognoseunsicherheiten** und kaum vorhersehbarer **marktbezogener Diskontinuitäten** auf. Im Rahmen der Informationssammlung und -selektion wird das strategische Marketing-Controlling deshalb bemüht sein müssen, noch weitaus stärker die Zusammenarbeit mit der strategischen Marketingplanung und der Marktforschung zu suchen. Aus aufbau- und ablauforganisatorischer Sicht besteht eine wesentliche Zielsetzung darin, die häufig divergierenden informations- und aufgabenbezogenen Prioritäten dieser betrieblichen Funktionen mit Hilfe entsprechender Institutionen zu koordinieren. Diskutiert wird in diesem Zusammenhang auch über organisatorische Formen wie etwa die Einrichtung eines **Marketing-Informationscenters** bzw. einer kombinierten Marktforschungs-Controlling-Informationszentrale, die durch eine kontinuierliche Marktbeobachtung und -analyse insbesondere strategisch relevante Informationen in Form „weicher Signale" (z. B. Gerüchte über Aktionen der Mitwettbewerber) bereitstellt.[183]

Bezogen auf den Instrumentaleinsatz des strategischen Marketing-Controlling wird ein Schwerpunkt in der Anwendung der **Planungs- und Analyseinstrumente** liegen, die schon im Rahmen des strategischen Controlling diskutiert wurden. Dabei sollte aber versucht werden, diese Instrumente nicht isoliert anzuwenden, sondern sie zur Erzielung von Synergieeffekten stärker als bislang integrativ zu nutzen. Eine wichtige Forderung besteht dabei insbesondere in der stärkeren Berücksichtigung des Faktors Zeit. Das klassische strategische Instrumentarium wie z. B. die Portfolio-Analyse ist stark vergangenheitsorientiert und statisch konzipiert.[184] Portfolios versuchen zeitpunktbezogen gemäß den jeweils selektierten Portfolio-Dimensionen das **gegenwärtige Produktspektrum** zu positionieren und entsprechende Strategieempfehlungen abzuleiten. Sie berücksichtigen hingegen nicht zukünftige Produktinnovationen. Hieraus ergibt sich die Anforderung an das Controlling, dynamischen Portfolio-Szenarien und -Planspielen in Form von „What if"-Analysen zukünftig eine weitaus größere Relevanz beizumessen.[185]

Trotz der Dominanz qualitativer Aspekte sollte das Controlling z. B. über Deckungsbeitragszielplanungen, langfristige Kostenprofile und Langfristkalkulatio-

---

[183] Vgl. zu diesem Vorschlag *Heinzelbecker, Klaus*: Informationssysteme und Instrumente im Marketing-Controlling, in: Tagungsband 3. Deutscher Controlling Congress, hrsg. von *Thomas Reichmann*, München 1988, S. 451–491, hier S. 488 f.; und *Fröhling, Oliver*: Marktforschung und Controlling, in: M & M, 34. Jg. (1990), S. 139–143, hier S. 140 f.

[184] Zur Kritik an der Portfolio-Analyse vgl. z. B. *Kieser, Alfred*: Wie „rational" kann man strategische Planung betreiben?, in: Strategische Unternehmensführung und Rechnungslegung, hrsg. von *Eduard Gaugler, Otto H. Jacobs* und *Alfred Kieser*, Wiesbaden 1984, S. 31–44, hier S. 38; und *Albach, Horst*: Strategische Planung und Strategische Führung, in: Unternehmenserfolg: Planung – Ermittlung – Kontrolle, hrsg. von *Michel Domsch*, Wiesbaden 1988, S. 1–10, hier S. 4.

[185] Vgl. dazu z. B. *Wiedmann, Klaus-Peter; Löffler, Reiner*: Portfolio-Simulationen und Portfolio-Planspiele als Unterstützungssysteme der strategischen Früherkennung, in: Strategisches Marketing, hrsg. von *Hans Raffée* und *Klaus-Peter Wiedmann*, 2. Aufl., Stuttgart 1989, S. 419–462.

nen[186] versuchen, auch im strategischen Marketing-Controlling monetäre Größen einzubeziehen, um neben dem längerfristigen Ziel der Erfolgspotentialabsicherung die unmittelbare Ergebnisorientierung nicht zu vernachlässigen. Wegen der vorherrschenden Unsicherheit über Parameterausprägungen und -entwicklungen müssen solche monetären Zielgrößen zwangsläufig spekulativer als im operativen Bereich sein und einen längeren Planungshorizont besitzen.[187]

2. Erweitertes Lebenszyklus-Portfoliomodell

Die Produktlebenszyklus- und Portfolio-Analyse haben in Wissenschaft und Unternehmenspraxis eine breite Aufmerksamkeit erfahren. Nur selten wurde jedoch auf die Möglichkeit einer **kombinierten Anwendung** hingewiesen.[188] Bei einer näheren Analyse der beiden Konzepte zeigen sich gemeinsame und ergänzende Aspekte, die zu einer Modifikation beider Instrumente genutzt werden können. So läßt sich auf Basis der klassischen Produktlebenszykluskurve eine portfoliogerechte Positionierung der Produkte vornehmen (vgl. *Abb. 235*).

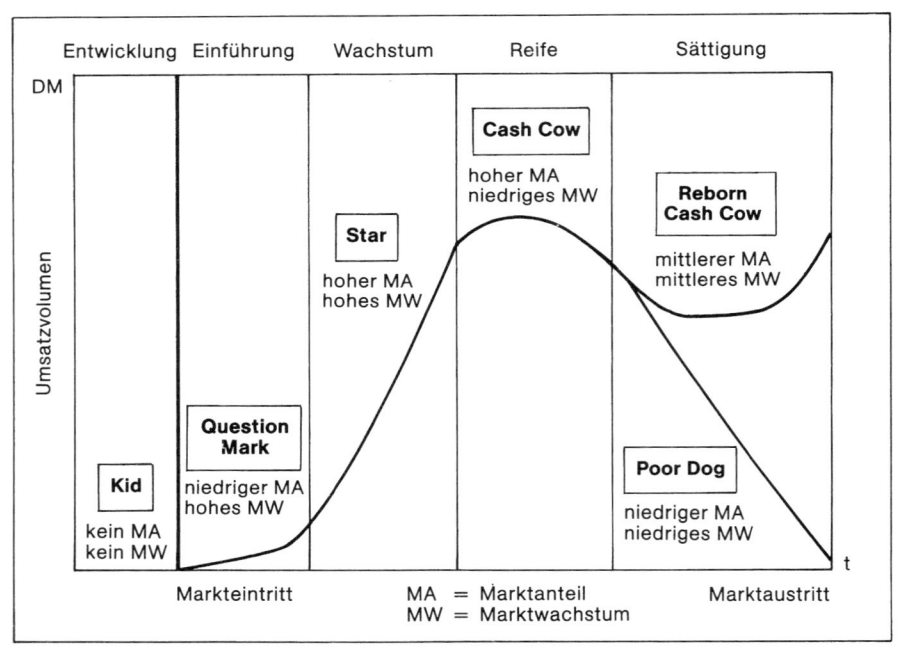

Abb. 235: Marktanteils- und -wachstumsbezogene Produktpositionierung im Produktlebenszyklusmodell

---

[186] Vgl. z. B. *Hahn, Dietger:* Portfolio-Konzepte, S. 247.
[187] Vgl. *Schimank, Christof:* Strategische Entscheidungsunterstützung durch prozeßorientierte Kosteninformationen, in: Strategieunterstützung durch das Controlling: Revolution im Rechnungswesen, hrsg. von *Péter Horváth,* Stuttgart 1990, S. 227–247, hier S. 233.
[188] Vgl. aber die Untersuchung von *Barksdale, Hiram C.; Harris, Clyde E.:* Portfolio Analysis and the Product Life Cycle, in: LRP, Vol. 15 (1982), 6, S. 74–83 und *Palloks, Monika:* Marketing-Controlling, S. 310 f.

In der *Abb. 235* lassen sich in der Wachstums-, Reife- und Sättigungsphase die aus dem Marktwachstums-Marktanteils-Portfolio bekannten Produkttypologisierungen „Question Mark", „Star", „Cash Cow" und „Poor Dog" positionieren. Deutlich wird, daß das klassische Portfoliomodell nur einen Ausschnitt des Entwicklungs- und Marktzyklusses bzw. einen **Idealzyklus** abbildet. Nicht berücksichtigt wird im Rahmen der Portfoliotypologisierung zum einen die zentrale Phase des Übergangs vom (internen) Entwicklungs- zum (externen) Marktzyklus. Der Lebenszyklus eines Produktes beginnt aber nicht mit der Markteinführung, sondern – zeitlich noch weiter vorgelagert – mit der Produktforschung und -entwicklung im Rahmen des Entstehungszyklus. Schon in diesen frühen Phasen kann und wird es zu Produktfehlschlägen kommen, die gar nicht erst einen Marktzyklus erleben. Solche „Neuproduktruinen" sind, soweit es den Entstehungszyklus betrifft, vom Forschungs- und Entwicklungs-Controlling, im Falle der gescheiterten Markteinführung insbesondere vom strategischen Marketing-Controlling sorgfältig zu analysieren, um die Ursachen (z. B. fehlendes Forschungs- und Entwicklungs-Know-how, Qualitätsmängel, nicht kundengerechtes Design, falsches Timing der Einführung und eine falsche Zielmarkt- und -gruppensegmentierung) möglichst detailliert herauszufiltern und als Planungsgrundlage für zukünftige Entwicklungsaktivitäten bereitzustellen. Die steigende Höhe der **Forschungs- und Entwicklungskosten**[189] macht eine sehr sorgfältige Beurteilung der Kostenwirtschaftlichkeit von Produkten schon über den gesamten Entstehungszyklus erforderlich. Insbesondere solche Produkte, die erst im Rahmen der Phase der (Test-) Markteinführung, also unmittelbar vor ihrer „Marktreife" scheitern, sollten Gegenstand von detaillierten Kosten- und Leistungsanalysen sein. Erst bei solchen Produkten, die die Entwicklungs- und Testmarkteinführung überleben, kann man überhaupt von „marktfähigen" Produkten sprechen, obwohl sie aktuell noch keinen Marktanteil besitzen und sich Prognosen über ihr zukünftiges Marktwachstum zum Teil als schwierig bis unmöglich erweisen. Wir haben sie im linken Teil der *Abb. 235* positioniert und mit dem Terminus **„Kids"** bezeichnet.

Eine weitere Idealisierung ergibt sich im klassischen Portfoliomodell daraus, daß der Übergang von der Reife- zur Sättigungsphase, von der „Cash Cow" zum „Poor Dog" nahezu mechanistisch unterstellt wird. Dadurch ist eine **Lebenszyklusverlängerung** bzw. sogar -revitalisierung z. B. über Produktvariationen (z. B. Serien- oder Sondermodelle) oder sonstige Maßnahmen des Product Relaunching konzeptionell ausgeschlossen. Dieser Lebenszyklusverlängerungseffekt trägt aber zum großen Teil mit dazu bei, daß sich die Lebenszyklen einzelner, artverwandter Produkte bzw. Produktgruppen in der Praxis nur schwer voneinander abgrenzen lassen. Wir schlagen daher vor, einen zusätzlichen Portfoliotyp einzuführen, der diesen Effekt berücksichtigt und ihn an der Schnittstelle zwischen der Reife- und Sättigungsphase des „Altproduktes" zu positionieren. Im Hinblick auf seine Kriterienausprägungen (produktindividuell mittlerer bis hoher Marktanteil und mittleres bis hohes Marktwachstum) und seine Zielsetzung,

---

[189] Ausführlichere empirische Informationen gibt *Brockhoff, Klaus:* Forschung und Entwicklung. Planung und Kontrolle, 2. Aufl., München 1989, S. 45–51.

508   X. Kapitel: Das strategische Controlling

die Cash-Generierungsphase zu verlängern, haben wir diesen Typ als **„Reborn Cash Cow"** bezeichnet.

Die vorgeschlagene, erweiterte Typologisierung kann nun auch zur Modifikation des Marktanteils-Marktwachstums-Portfolios in Form eines **lebenszyklusorientierten Portfoliomodells** genutzt werden, wie es in der folgenden *Abb. 236* dargestellt ist.

Der obere Teil des lebenszyklusorientierten Marktwachstums-Marktanteils-Portfolios zeigt die schon erwähnten „Kids", die in die Marktentstehungsphase eintreten. Im Rahmen der **Marktbildung bzw. -durchdringung** (linker bzw. mittlerer Teil der *Abb. 236*) werden sie i. d. R. zu „Question Marks" mit einem niedrigen Marktanteil und einem hohen Marktwachstum oder – in den selteneren Fällen eines hochinnovativen oder aufgrund sonstiger Produktmerkmale konkurrenzlosen Produktes – sofort zu einem „Star" mit einem hohen Marktanteil bei gleichzeitig hohem Marktwachstum.

Der mittlere Teil des Portfolios ist mit dem bekannten Marktwachstums-Marktanteils-Portfolio identisch und bezieht sich auf die Lebenszyklusphasen Marktwachstum, Marktreife und Marktsättigung. Idealerweise startet ein Neuprodukt als **„Question Mark"** mit hohem Marktwachstum, wird über Marktanteilssteige-

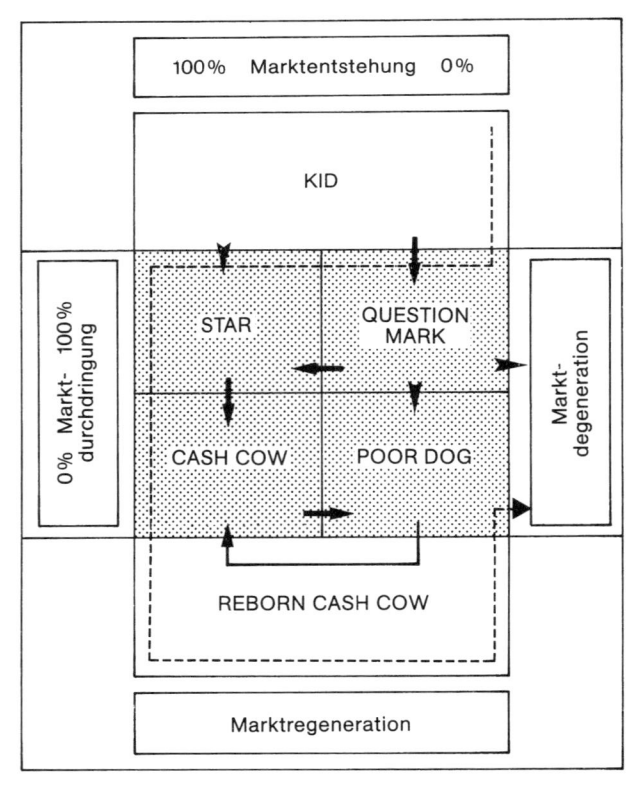

Abb. 236: Erweitertes lebenszyklusorientiertes Marktwachstums-Marktanteils-Portfolio

rungen zu einem „**Star**" und schließlich zu einer prosperierenden „**Cash Cow**". Der Pfeil vom „Question Mark" zum „**Poor Dog**" oder gar in das Feld der Marktdegeneration verdeutlicht aber, daß es sich dabei nur um einen „Idealzyklus", jedoch um keine marktpolitische Gesetzmäßigkeit handelt. Durch das Auftreten von **Substitutionskonkurrenz und -produkten** kann es für das entsprechende Produkt zu einer raschen und deutlichen Verringerung des potentiell möglichen Marktwachstums oder eventuell sogar zu einem frühen Lebenszyklusende bzw. einer Marktdegeneration kommen.[190] Dafür gibt es insbesondere im Bereich der Mikroelektronik und des Software Engineering zahlreiche Befunde. Für ein „Cash Cow"-Produkt besteht ebenfalls die Möglichkeit, daß es zu einem „Poor Dog" wird, wenn nämlich über eine aggressive Preispolitik der Konkurrenz und daraus resultierenden Mengeneffekten Marktanteile des eigenen Produktes verloren gehen. Diese Transformation, die der Pfeil andeutet, kann auch dadurch zustande kommen, daß die Mitwettbewerber nicht über Kostenreduktionen, sondern über Differenzierungsvorteile ihre eigenen Anteile am Gesamtmarkt steigern. Für die „Poor Dogs" im Portfolio wird häufig die pauschale Entscheidungsempfehlung abgeleitet, daß sie aus dem Produktprogramm zu eliminieren sind. Diese Forderung leitet sich aus dem Sachverhalt ab, daß solche Produkte weder über ein signifikantes Marktwachstum und damit eine spürbare Marktattraktivität, noch über einen wettbewerbsfähigen Marktanteil verfügen. Infolgedessen wird der Cash-Bedarf zur Stabilisierung der (schon unvorteilhaften) Marktstellung der „Cash Cows" weitaus höher sein als deren Cash-Entstehungspotential. Ihre Elimination ist aber häufig dann nicht möglich bzw. aus der gesamtergebnisorientierten Sicht des Controlling nicht sinnvoll, wenn sie in einen ausgeprägten **Absatzverbund** integriert sind.[191]

Der untere Teil des Portfolios zeigt schließlich die Lebenszyklusverlängerung aufgrund einer Produkt- („Reborn Cash Cow") oder sogar Marktregeneration (z. B. wiederkehrende Modetrends). Das Abgleiten in eine andauernde „Poor Dog"-Phase mit einem nachfolgenden Marktaustritt wird dadurch temporal oder sogar dauerhaft vermieden und das entsprechende Produkt kann sich ggf. zu einer „Cash Cow" zurückentwickeln. Die schraffierte Linie in der *Abb. 236* zeigt schließlich wiederum einen **idealisierten Produkt-Markt-Entwicklungspfad.** Über die „Geburtsstunde" des „Kid" verläuft der Zyklusweg über die Stationen „Question Mark", „Star", „Cash Cow", „Reborn Cash Cow" (z. B. temporale Lebenszyklusverlängerung über Sondermodelle, um Zeit für die Entwicklung von Neuprodukten zu gewinnen) und „Poor Dog" bis hin zum Marktaustritt bzw. der Entstehung eines neuen Lebenszyklusses für ein anderes (Folge-)Produkt des Unternehmens.

---

[190] Vgl. zu Aspekten der Substitutionskonkurrenz u. a. *Jansen, Ansgar:* Desinvestitionen: Ursachen, Probleme und Gestaltungsmöglichkeiten, Frankfurt a.M., Bern, New York 1986, S. 142f. und vor dem Hintergrund der internationalen Wettbewerbsfähigkeit *Berg, Hartmut:* Internationale Wettbewerbsfähigkeit und Zusammenschlußkontrolle, Köln u. a. 1985, S. 75.

[191] Vgl. zur betriebswirtschaftlichen und insbesondere absatzpolitischen Bedeutung von Angebots- und Nachfrageverbunden *Engelhardt, Werner H.:* Erscheinungsformen und absatzpolitische Probleme von Angebots- und Nachfrageverbunden, in: ZfbF, 28. Jg. (1976), S. 77–90.

510   X. Kapitel: Das strategische Controlling

Das vorgestellte Lebenszyklus-Portfolio bietet dem strategischen Marketing-Controlling trotz seiner möglicherweise als zu vergröbernd zu kritisierenden Betrachtungsweise unseres Erachtens einen guten Einblick in den zeitlichen Ablauf von Marktdurchsetzungsprozessen und Marktverlaufsmustern und trägt zu einer differenzierteren Positionierung der Produkte des Unternehmens als in den klassischen Portfolio-Ansätzen bei. Durch die Verwendung von monetären Kriterien, wie z. B. Prognoseumsätzen, Deckungsbeitragsprofilen, Investitions- und Abschreibungsvolumina sowie prognostizierten Cash Flows,[192] können zusätzliche wertvolle Erkenntnisse über die zeitraumbezogene Ergebnisentstehung und -verwendung über das gesamte Produktspektrum gewonnen werden. Gerade bei dieser quantitativen Beurteilung der Portfolio-Betrachtungsobjekte im Zeitablauf ist das strategische Marketing-Controlling auf eine enge Zusammenarbeit mit den operativen Controlling-Teilsystemen angewiesen. Diesen Basissystemen, wie z. B. der Finanz- und Anlagenbuchhaltung, der Kosten- und Investitionsrechnung, der Prozeßkostenrechnung und schließlich auch einer zu implementierenden mehrperiodigen Lebenszykluskostenrechnung, kann je nach Portfoliotyp eine bedeutende Rolle als (strategischer) Informationslieferant zukommen. *Abb. 237* zeigt dabei

Portfolio-Typ	Relevante Controlling-Informationssysteme										
	Finanz- und Anlagenbuchhaltung	Finanzplanung	Bilanzplanung	Kostenartenrechnung	Kostenstellenrechnung	Kostenträgerrechnung	Ergebnisrechnung	Prozeßkostenrechnung	Lebenszykluskostenanalyse	Investitionsplanung	Investitionskontrolle
Kid	+ +	+ +	+	+ +	+ +	O	O	+	O	+ +	+
Star	+	+	+	+	+	+	+	+ +	O	+	O
Question Mark	+	+ +	+	+	+ +	+	+	+	O	+ +	O
Cash Cow	+	O	O	+	+	+ +	+ +	+	+	+	+ +
Reborn Cash Cow	+	+	O	+	+	+ +	+ +	+	+ +	+	+ +
Poor Dog	+	+ +	O	+	+	+ +	+ +	+	+	+	+ +

sehr bedeutend: + +   untergeordnet: O
bedeutend: +

Abb. 237: Beurteilung unterschiedlicher Portfolioelemente mit Hilfe von Rechnungswesen- und Controllinginstrumenten

---

[192] Vgl. dazu auch den Vorschlag von *Hahn, Dietger:* Portfolio-Konzepte, S. 251.

die relative Bedeutung von ausgewählten Controlling-Informationssystemen für die kosten-, leistungs- und zahlungsorientierte Beurteilung der diskutierten Portfoliotypen. Die Gewichtung ist dabei zwangsläufig subjektiv und kann anwendungsbezogen sowohl branchen-, unternehmens- als natürlich auch produktspezifisch erheblich variieren.

3. Möglicher Analysepfad eines strategischen Marketing-Controlling

Ein praxisorientierter strategischer Marketing-Controllingansatz sollte mehrstufig konzipiert sein und die Selektion bedeutsamer Bezugsobjekte mit Hilfe entsprechender Methoden, die aktuelle strategische Positionierung dieser Bezugsobjekte unter Berücksichtigung wesentlicher quantitativer Größen sowie die Analyse der zeitlichen Entwicklungslinien dieser Betrachtungsobjekte umfassen. Aus Marketing-Controllingsicht ist zunächst die **mehrdimensionale Selektion der Analyseobjekte** wichtig. Hierbei handelt es sich um die strategisch wichtigen Produkte und Dienstleistungen des Unternehmens, die zusätzlich vor dem Hintergrund der strategisch relevanten Zielgruppen und Absatzsegmente zu betrachten sind. Dieser integrierten Kundengruppen- und Marktsegmentierung kommt insbesondere bei einer internationalen Ausrichtung der Unternehmensaktivitäten eine zentrale Rolle im strategischen Marketing-Controlling zu, wie die folgende *Abb. 238* zeigt.

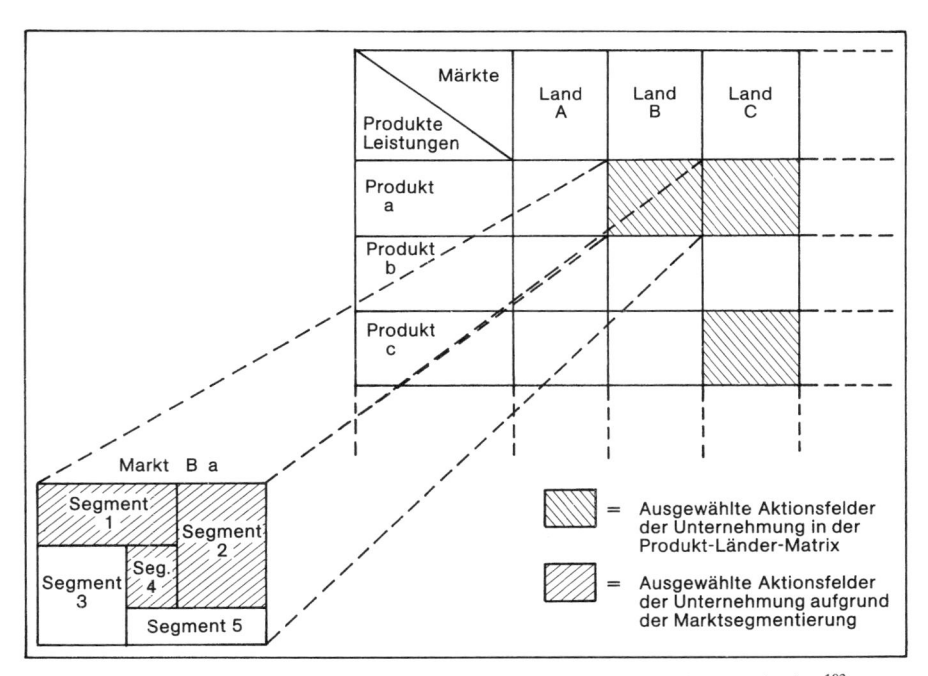

Abb. 238: Marktauswahlmatrix im strategischen Internationalen Marketing[193]

---

[193] Entnommen aus *Meissner, Hans G.:* Strategisches Internationales Marketing, S. 134.

512   X. Kapitel: Das strategische Controlling

Die differenzierte Berücksichtigung der unterschiedlichen Marktsegmentierungen dient vor allem der Ermittlung strategischer Schwerpunktbereiche für eine nachfolgende Portfolio-Analyse. Aus den in der *Abb. 238* ausgewählten Aktionsfeldern könnte das strategische Marketing-Controlling die Gestaltungsempfehlung ableiten, z.B. für Produkt A ein Länder-Soll-Portfolio mit segmentbezogener Differenzierung auf Basis prognostizierter Deckungsbeitragspotentiale zu erarbeiten. *Abb. 239* zeigt den Aufbau eines solchen Portfolios, das primär auf das Bezugsobjekt „Markt" bzw. „Teilmarkt", nicht „Produkt" abzielt.[194]

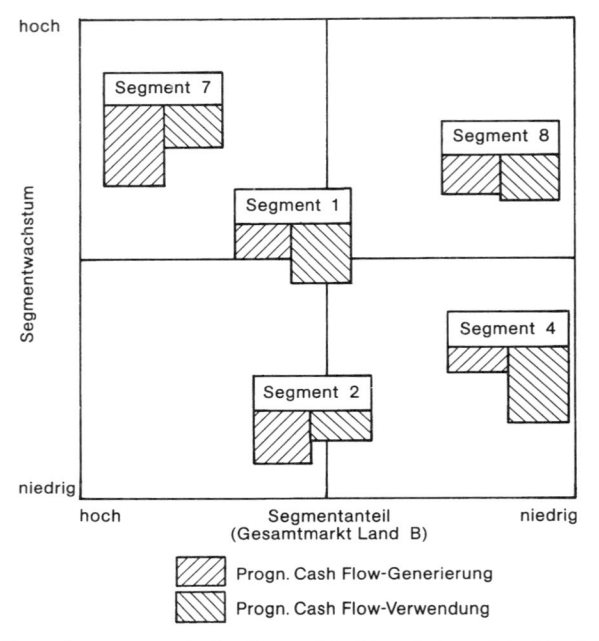

Abb. 239: Aufbau eines segmentorientierten Marktwachstums-Marktanteils-Portfolios

Einen weiteren Filter für die Auswahl analyserelevanter Absatzsegmente kann das Marketing-Controlling durch eine Übertragung des Gedankens der ABC-Analyse auf absatzwirtschaftliche Fragestellungen bereitstellen. So besteht z.B. die Möglichkeit, eine **segmentbezogene ABC-Analyse** unter Berücksichtigung der jeweiligen **Deckungsbeitragsvolumina** durchzuführen (vgl. *Abb. 240*). Insbesondere sog. A-Segmente sind in einer nachfolgenden Detailanalyse u.a. auf ihre Produkt- (A-Produkte), Kunden- (A-Kunden) und Maßnahmenstruktur (Prioritäten im Instrumentenmix) hin zu überprüfen.

Als zeitbezogenes Korrektiv zu einer solchen auf Deckungsbeitragskriterien aufbauenden Analyse sollte auf das Lebenszyklusmodell zurückgegriffen werden,

---

[194] Gerade bezüglich der Dynamisierung der Portfoliokonzepte erscheint es sinnvoll, mögliche „Segmentwanderungen" in überjährigen Segment-Portfolios abzubilden.

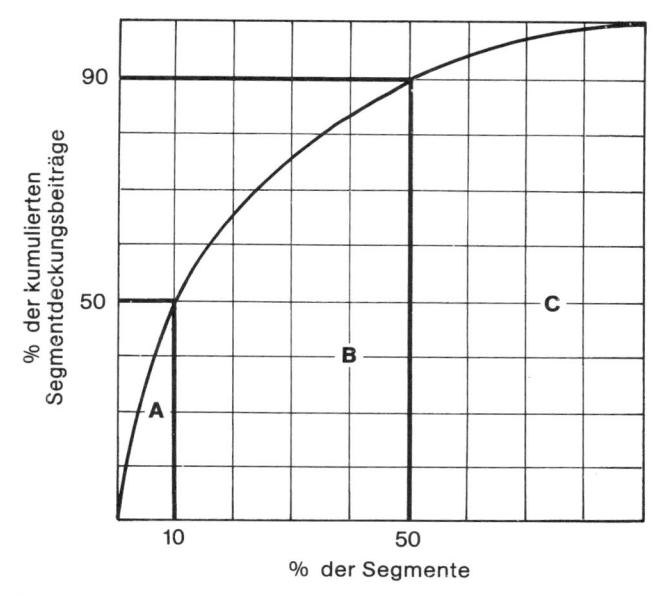

Abb. 240: Segmentbezogene ABC-Analyse (nach Produkt- und/oder Kundenstruktur)

hier in Form eines **Segmentlebenszyklus-Ansatzes**. Dabei kann davon ausgegangen werden, daß nicht nur die Entwicklung von Produkten, sondern auch die von Segmenten einem lebenszyklusähnlichen Verlaufsmuster folgt. So werden Segmente, die sich noch in der Aufbauphase befinden bzw. am Beginn der Wachstumsphase stehen, einen weitaus geringeren Teil zur Deckungsbeitragsentstehung beitragen als z.B. reife Segmente.

4. Entwicklung von strategischen Frühaufklärungssystemen

Über die situationsbezogene und kreative Anwendung des bewährten strategischen Instrumentariums hinaus sollte das strategische Marketing-Controlling versuchen, die Etablierung **strategischer Frühaufklärungssysteme** voranzutreiben, um die immanente Informations- und Prognoseunsicherheit zumindest auf ein akzeptables Maß zu beschränken. Die Aufgaben des Controlling liegen dabei in erster Linie in der **Unterstützungs- und Beratungsfunktion** bei der Ausgestaltung und Implementierung derartiger Informationssysteme. Die Zielsetzung solcher Frühaufklärungssysteme besteht darin, über die frühzeitige Erfassung und (richtige) Interpretation sog. **schwacher Signale** bereits in einem Frühstadium strategischer Diskontinuitäten entsprechende Handlungsalternativen zu generieren.[195] Ein solches Frühaufklärungssystem stellt ein strukturiertes, gesamtunterneh-

---

[195] Vgl. zu Möglichkeiten und Zielsetzungen der strategischen Frühaufklärung z.B. *Krystek, Ulrich:* Controlling und Frühaufklärung, in: ZfC, 2.Jg. (1990), S.68–75, hier S.70–72.

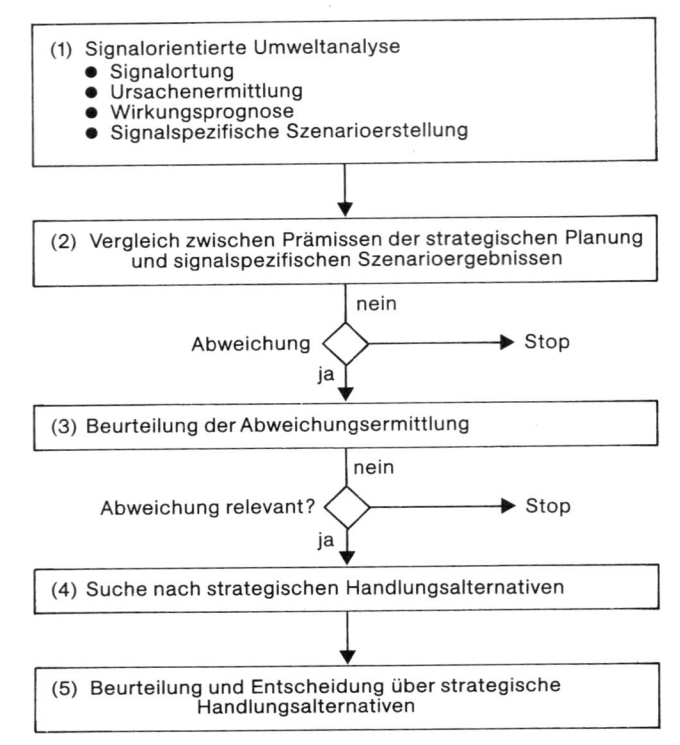

```
┌─────────────────────────────────────────────┐
│ (1) Signalorientierte Umweltanalyse         │
│     • Signalortung                          │
│     • Ursachenermittlung                    │
│     • Wirkungsprognose                      │
│     • Signalspezifische Szenarioerstellung  │
└─────────────────────────────────────────────┘
                      │
                      ▼
┌─────────────────────────────────────────────┐
│ (2) Vergleich zwischen Prämissen der        │
│     strategischen Planung und signal-       │
│     spezifischen Szenarioergebnissen        │
└─────────────────────────────────────────────┘
                      │
                      ▼
                            nein
       Abweichung  ◇──────────────▶ Stop
                   ja │
                      ▼
┌─────────────────────────────────────────────┐
│ (3) Beurteilung der Abweichungsermittlung   │
└─────────────────────────────────────────────┘
                      │
                      ▼
                            nein
   Abweichung relevant? ◇──────────▶ Stop
                   ja │
                      ▼
┌─────────────────────────────────────────────┐
│ (4) Suche nach strategischen                │
│     Handlungsalternativen                   │
└─────────────────────────────────────────────┘
                      │
                      ▼
┌─────────────────────────────────────────────┐
│ (5) Beurteilung und Entscheidung über       │
│     strategische Handlungsalternativen      │
└─────────────────────────────────────────────┘
```

Abb. 241: Prinzipieller Aufbau eines strategischen Frühaufklärungssystems[196]

mensbezogenes und ggf. -übergreifendes Informationssystem dar, das Parameterveränderungen des Unternehmensumfeldes langfristig prognostiziert, gravierende Abweichungen frühzeitig signalisiert und entsprechende Reaktionsstrategien ermittelt und beurteilt.[197] *Abb. 241* zeigt den schematischen Aufbau eines strategischen Frühaufklärungssystems.

Besonderes Gewicht kommt zunächst der Typologisierung marketing- und controllingrelevanter Informationen und der Definition von „Abweichungsfiltern" zu. Es interessieren nicht nur primär absatzbezogene Daten wie z.B. Kundengruppenentwicklungen und -verschiebungen, sondern ein breites Spektrum an Informationen, wie z.B. gesamtwirtschaftliche Frühindikatoren, technologische

---

[196] Entnommen aus *Krystek, Ulrich:* Controlling und Frühaufklärung, S. 72. *Kreikebaum, Hartmut:* Strategic Issue Analysis, in: HWPl, hrsg. von *Norbert Szyperski,* Stuttgart 1989, Sp. 1876–1885, hier Sp. 1880, spricht von einem angestuften Umweltüberwachungssystem, in dem vage Risiken und Chancen empfangen, interpretiert und verarbeitet werden.

[197] Alternative Reaktionsstrategien lassen sich dabei z.B. auf Basis der intuitiven Ideenfindung, der analytischen Alternativenbildung und Methoden des Ideen- bzw. Lösungsabrufs erarbeiten. Vgl. zu diesen Optionen genauer *Geschka, Horst:* Alternativengenerierungstechniken, in: HWPl, hrsg. von *Norbert Szyperski,* Stuttgart 1989, Sp. 27–33, hier Sp. 29.

Frühindikatoren sowie politische und soziale Frühindikatoren. Das Gebot der Wirtschaftlichkeit der Informationsverarbeitung erfordert aber, daß aus diesem verfügbaren Informationspotential in einer ersten Selektionsstufe die aussagefähigsten Indikatoren herausgefiltert werden, die einen nachhaltigen Beitrag zur Erklärung der zukünftigen Unternehmensentwicklung leisten können (vgl. Abb. 242).[198] In einem zweiten Selektionsschritt sind dann konkrete **Abweichungsgrenzen bzw. Toleranzschwellen** zu definieren, deren Überschreiten strategische Anpassungsmaßnahmen erforderlich macht. Zu bedenken ist bei einem solchen Vorgehen allerdings, daß einem „Recycling" zunächst ausgefilterter Signale und der kontinuierlichen Analyse der Filtermechanismen an sich eine große Bedeutung zukommen kann.[199] Das ergebnisorientierte Controlling hat darüber hinaus dafür Sorge zu tragen, daß nicht allein qualitative, sondern auch quantitative Daten in einen solchen strategischen Früherkennungsprozeß eingebunden werden. Dazu zählt z.B. die Integration der internen, aber auch der externen **strategischen Erfolgs- und Finanzfrüherkennung.**[200]

Reaktionsdringlichkeit				
	hoch	sofortige Reaktion	laufend überwachen, Eventualplanung vorsehen	nach Variablenselektion nur kurzperiodisch überwachen
	mittel	Planung einer abgestuften Reaktion	periodisch bzw. laufend überwachen	nicht, ggf. periodisch überwachen
	niedrig	laufend überwachen	periodisch überwachen	nicht überwachen
		hoch	mittel	niedrig
		Auswirkung auf Schlüsselvariable		

Abb. 242: Indikatorenselektion im Rahmen der strategischen Früherkennung im Hinblick auf die Reaktionsdringlichkeit und Auswirkung auf Schlüsselvariablen

Die im Rahmen des strategischen Marketing-Controlling diskutierten Instrumente sollten, ergänzt um aussagefähige strategische Finanz- sowie Kosten- und Leistungsinformationen aus den funktionsübergreifenden Teilsystemen, in ein ganzheitliches System von Verfahren und Instrumenten zur Beurteilung marketingbezogener Strategiealternativen eingebunden werden. Einen diesbezüglichen Vorschlag legt *Hahn* vor, der in der folgenden *Abb. 243* dargestellt ist.

---

[198] Die Selektion relevanter Indikatoren sollte unternehmensseitig auf einem möglichst breiten Konsens aller beteiligten Funktionalbereiche erfolgen und regelmäßig z.B. im Rahmen eines „Strategie Audits" neu beurteilt werden.
[199] Vgl. insbesondere *Welge, Martin K.:* Unternehmensführung, Band 3: Controlling, Stuttgart 1988, S. 375.
[200] Vgl. zu dieser Forderung *Lachnit, Laurenz:* Betriebliche Früherkennung auf Prognosebasis, in: Schriften zur Unternehmensführung, Nr. 34, hrsg. von *Herbert Jacob,* Wiesbaden 1986, S. 5–30, hier S. 10 f.

X. Kapitel: Das strategische Controlling

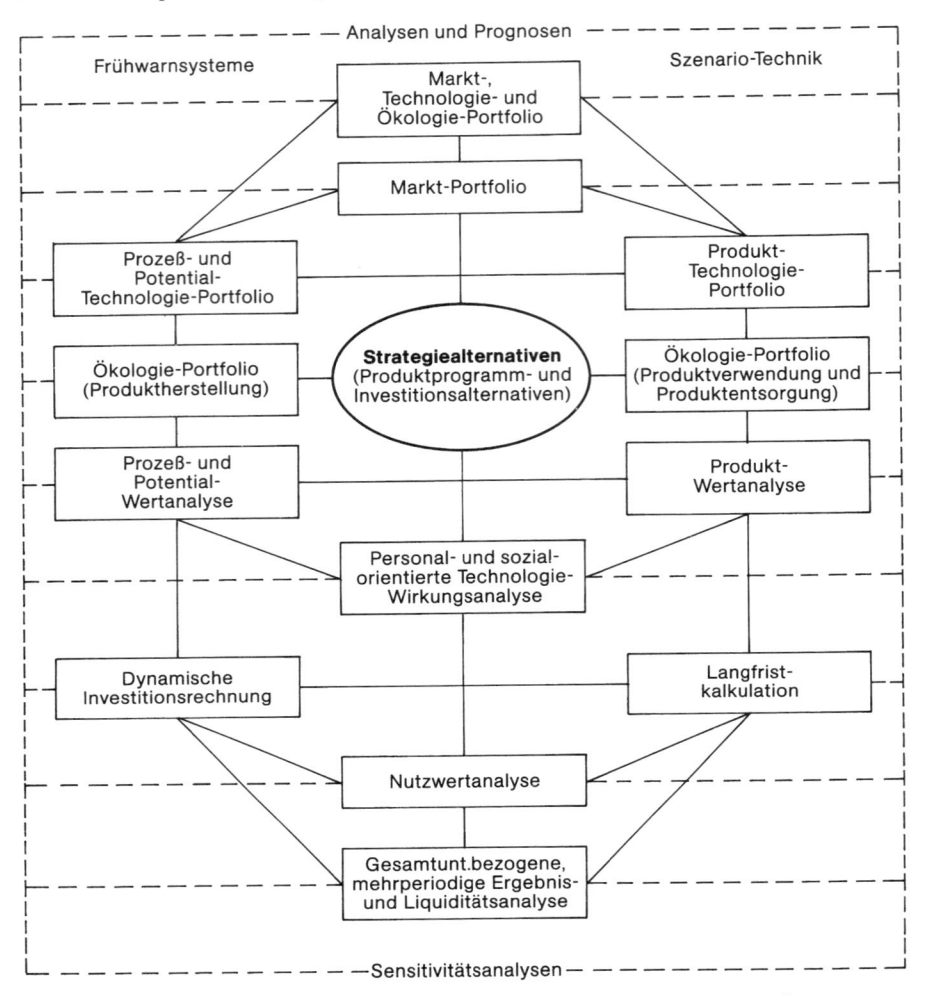

Abb. 243: Strategisches Informations- und Instrumentalsystem zur Beurteilung von Strategiealternativen[201]

Mit den Verfahren, z. B. Markt-, Technologie- und Ökologie-Portfolios,[202] Szenario- und Wertanalysetechniken, erhält der strategische Marketing-Controller einen flexiblen Instrumentenkasten an die Hand, der je nach Bedarf im Rahmen des individuellen und situationsbezogenen Analysevorgehens Anwendung finden kann.

---

[201] Entnommen aus *Hahn, Dietger:* Strategische Führung und strategisches Controlling, in: Controllingkonzeptionen für die Zukunft: Trends und Visionen, hrsg. von *Péter Horváth,* Stuttgart 1991, S. 1–27, hier S. 17.
[202] Ausführlicher dazu vgl. *Hahn, Dietger:* Portfolio-Konzepte, S. 245–248.

E. Die Szenarioanalyse von Umsteiger- und Aussteigerstrategien als Open System Simulation (OSS)

1. Die Szenariosimulation als Instrument des strategischen Controlling

In Ergänzung zu den herkömmlichen qualitativen und quantitativen Prognosetechniken, wie z. B. der exponentiellen Glättung, der Dekompositionsmethode, der Regressionsanalyse oder dem S-Kurven-Verfahren,[203] die vorrangig auf der Extrapolation von Vergangenheitsdaten in die Zukunft basieren, wird immer häufiger die Szenariotechnik zur Entscheidungsvorbereitung und -unterstützung herangezogen.[204] Die Szenariotechnik zielt darauf ab, die zukünftige Entwicklung des Untersuchungsgegenstandes unter Zugrundelegung alternativer Umfeldbedingungen transparent zu machen.[205] Der Hauptunterschied der Szenarioanalyse zu den traditionellen Prognosetechniken ist die bewußte **Akzeptanz der Ungewißheit** über die Richtigkeit zukunftsgerichteter unternehmerischer Entscheidungen. Prognosen im Sinne von Trendextrapolationen über Zeiträume von bis zu 10 Jahren suggerieren den Entscheidungsträgern oftmals, es mit einer völlig eindeutigen und sicheren Entwicklungslinie zu tun zu haben, auf der sich komplexe Unternehmensstrategien aufbauen lassen. Sind derartige Strategien mit ihren vielfältigen operativen Konsequenzen einmal initiiert, wird im Falle gravierender Fehlprognosen ein **strategischer turn-around** nahezu unmöglich. So kann es beispielsweise zu erheblichen Unternehmenskrisen kommen, wenn zur Bedienung eines bestimmten strategischen Marktsegmentes bereits entsprechende fixkostenintensive Spezialmaschinen angeschafft, langfristige Lieferverträge abgeschlossen und die erforderlichen Vertriebsstrukturen aufgebaut worden sind und sich erst dann herausstellt, daß die prognostizierten Nachfragemengen bei weitem nicht realisiert werden können.

Die Szenariotechnik versucht nicht wie die Prognose, unsichere Daten ‚sicher zu rechnen', sondern nimmt die Ungewißheit zunächst hin, um sie in einem weiteren Schritt verstehen zu lernen und sie schließlich in die Strategieüberlegungen zu integrieren.[206] Praxisbezogen sollte die Szenariosimulation in **folgenden Schritten** ablaufen:

(1) Definition des Untersuchungsfeldes
(2) Identifikation der kritischen Einflußgrößen des Untersuchungsgegenstandes
(3) Entwurf alternativer Szenarien in Abhängigkeit von unterschiedlichen Entwicklungen der Einflußgrößen

---

[203] Vgl. zu den einzelnen Verfahren z. B. *Makridakis, Spyros; Reschke, Hans; Wheelwright, Steven C.:* Prognosetechniken für Manager, S. 14f. und S. 210.
[204] Vgl. *Wack, Pierre:* Szenarien: Unbekannte Gewässer voraus, in: Harvard Manager – Strategie und Planung (Bd. 2), Hamburg 1985, S. 111–128 und *Hinterhuber, Hans H.:* Strategisches Denken, S. 188.
[205] Vgl. *Hansmann, Karl-Werner:* Kurzlehrbuch Prognoseverfahren, Wiesbaden 1983, S. 18.
[206] Vgl. *Wack, Pierre:* Szenarien, S. 111.

(4) Einführung und Impact-Analyse signifikanter Störereignisse
(5) Ableitung adäquater, szenariogestützter Geschäftsfeldstrategien
(6) Auswahl einer Geschäftsfeldstrategie anhand quantitativer Kriterien
(7) Generierung flexibler back-stop-Strategien als Sicherheitsäquivalent

Die beiden folgenden Beispielrechnungen zeigen, wie die Szenariosimulation zur Unterstützung von Investitionsentscheidungen eingesetzt werden kann.

2. Die Open System Simulation am Beispiel eines Hotelneubaus

Das Beispiel verdeutlicht die Funktionsweise einer alternativen Szenarioplanung im Sinne einer **Open System Simulation (OSS)** mit den Möglichkeiten des Umstiegs auf eine Ersatzstrategie oder eines teilweisen Ausstiegs aus der geplanten Unternehmensaktivität (back-stop-Strategien). Ausgangspunkt sei die Planung eines Hotelneubaus in einer attraktiven Großstadtlage (Alternative Betrachtungsobjekte wären z.B. auch die flexible technische Auslegung von Nutzfahrzeugen (z.B. LKWs) und Luftfahrzeugen (z.B. Transportmaschinen) für parallel zivile und militärische Zwecke). Vorausgehende Wirtschaftlichkeitsprognosen werden nicht selten positiv ausfallen. Nicht einkalkulierte Entwicklungen vielfältiger Einflußgrößen können jedoch dazu führen, daß sich die Qualität derartiger Prognosen stark vermindert und eine Strategie zu früh festgeschrieben wird, die sich schließlich als falsch erweist. Das projektspezifische Untersuchungsfeld ist in diesem Fall die **Nachfrageentwicklung nach Hotelbetten.** Eine entscheidende Einflußgröße auf die Entwicklung der Nachfrage wäre z.B. die Konkurrenzaktivität. So muß die Möglichkeit in das Investitionskalkül einbezogen werden, daß in den nächsten 5–10 Jahren weitere Hotels am geplanten Standort entstehen können, die hinsichtlich Preis und Qualität das gleiche Marktsegment bearbeiten.

Das Ziel der folgenden **Szenariosimulation**[207] ist es demnach, Optionen für ein flexibles Strategien-Controlling zu entwickeln, das ausgehend von einer Basisbzw. Originärstrategie alternativ auch die Realisierung von Umsteiger- und Aussteigerstrategien ermöglicht. Zu diesem Zweck werden zunächst drei grundsätzliche Strategiealternativen (S_A, S_B, S_C) entwickelt:

Vollflexible Originärstrategie:

S_A := Bau von Hotelzimmern mit strategischer Option zum Umbau in Appartements
  := Einstiegsstrategie (Basisstrategie)

Halbflexible Derivativstrategie:

S_B := Vermietung der Hotelzimmer als Appartements
  := Umsteigerstrategie

---

[207] Vgl. zur Simulation als Instrument des strategischen Managements *Neubürger, Klaus W.:* Chancen- und Risikobeurteilung im strategischen Management. Die informatorische Lücke, Stuttgart 1989, insbesondere S.55f. und S.64f. Zur Open System Simulation vgl. *Reichmann, Thomas; Haiber, Thomas; Fröhling, Oliver:* Open System Simulation. Konzept für ein flexibles Strategien-Controlling, in: ZfC, 4.Jg. (1992), 6, S.304–311.

E. Die Szenarioanalyse von Umsteiger- und Aussteigerstrategien

Die Umsteigerstrategie S_B kann bei erstmaliger Investitionsentscheidung auch eine Einstiegsstrategie sein, ist hier jedoch als Folgestrategie von S_A zu verstehen. Strategie S_B wird als halbflexibel eingestuft, da sie gegebenenfalls auch derart revidierbar ist, daß in zukünftigen Planungsperioden bei entsprechender Nachfrageentwicklung Appartements wieder in Hotelzimmer umgewandelt werden können.

Inflexible Derivativstrategie:
S_C: = Verkauf der Appartements als Eigentumswohnungen
  : = Aussteigerstrategie

Strategie S_C ist inflexibel, da der Rückkauf von Appartements und Vermietung (S_B) bzw. gar eine Umwandlung in Hotelzimmer (S_A) kaum ökonomisch vorteilhaft ist.

Geht man davon aus, daß in Abhängigkeit von der jeweilig erwarteten Entwicklung der Nachfrage nach Hotelzimmern unterschiedliche Kombinationen der genannten Alleinstrategien möglich sind, so ergibt sich der folgende **zeitreihenorientierte Entscheidungsbaum** (vgl. *Abb. 244*).

Um die Übersichtlichkeit des Fallbeispiels und der Entscheidungsbaumstruktur zu gewährleisten, werden bestimmte **Prämissen** festgesetzt:

- Ausgangspunkt ist die Basisstrategie S_A, d. h. es kommt nur zur Erstinvestition, wenn die Szenarioanalyse für die erste Periode (z. B. 5 Jahre) die Nachfrage nach Hotelbetten optimistisch bzw. zumindest zufriedenstellend i. S. v. trendkompatibel einschätzt.
- Sehen die Planer in der jeweiligen Folgeperiode das optimistische Szenario als wahrscheinlich an, so wird die Strategie S_A beibehalten.
- Ergibt die Szenariosimulation für die jeweilige Folgeperiode eine mittlere Nachfrage nach Hotelbetten (Trendszenario), so wird ein Bestand an Hotelzimmern in Höhe von 67 % beibehalten, 33 % werden in mietbare Appartements umgewandelt **(Mixstrategie S_{AB})**.
- Ergibt die Szenariosimulation nach Realisation der Mixstrategie S_{AB} in der Folgeperiode wieder eine hohe Nachfrage nach Hotelbetten, so kommt es zu einer Totalreversion der Mixstrategie S_{AB} in die Basisstrategie S_A mit einem Bestand an Hotelbetten in Höhe von 100 %.
- Ergibt die Szenariosimulation für die jeweilige Folgeperiode eine geringe Nachfrage nach Hotelbetten (pessimistisches Szenario), so wird lediglich ein Bestand an Hotelzimmern in Höhe von 33 % beibehalten, 67 % werden umgewandelt und als Eigentumswohnungen veräußert **(Mixstrategie S_{AC})**. Strategie S_{AC} sei irreversibel.

Für die Szenarienuntersuchung sind im ersten Schritt die **mehrperiodischen Nachfrageentwicklungen nach Hotelzimmern** (Szenariovariable) in Abhängigkeit der identifizierten **kritischen Einflußgrößen** (z. B. Konkurrenzaktivität) abzuschätzen. Der zweite Schritt besteht in der Durchführung der Simulation für alternativenspezifisch unterschiedliche Nachfragezeitreihen bei Variation der Einflußgrößen. Man realisiert S_A bei einem optimistischen, S_B bei einem Trendszenario und S_C bei einem pessimistischen Szenario. Im dritten und letzten Schritt ist die optima-

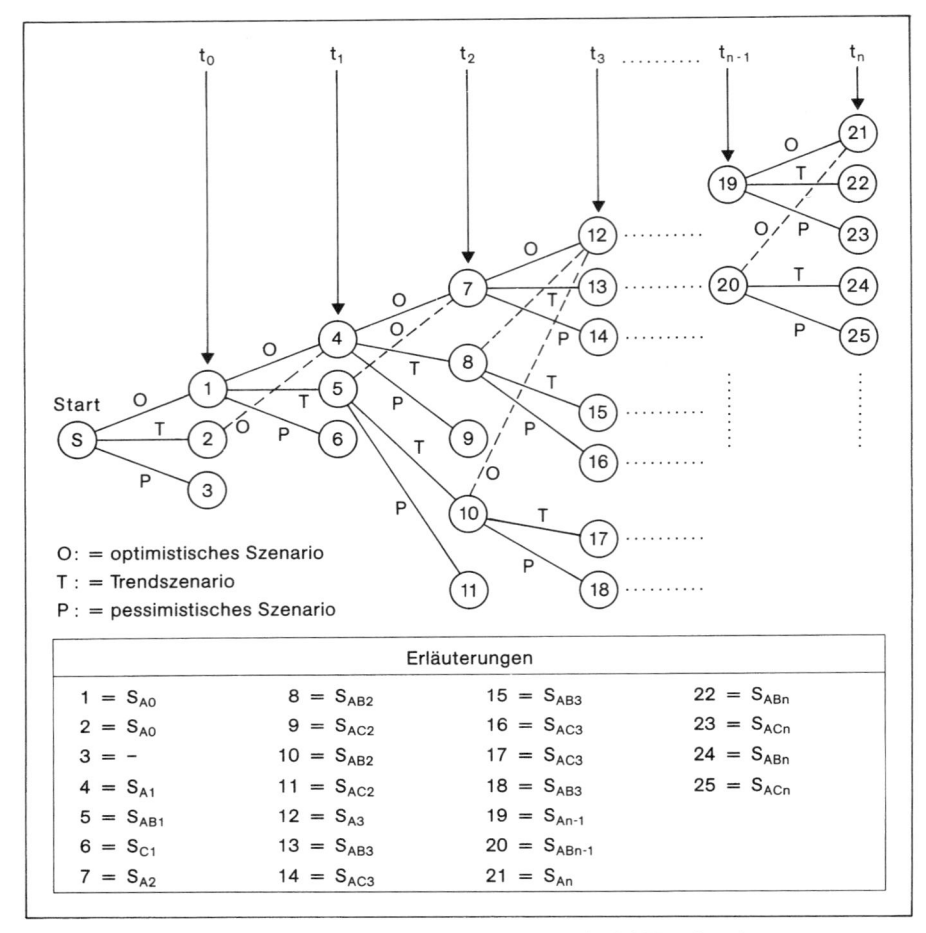

Abb. 244: OSS-Entscheidungsbaum am Beispiel Hotelneubau

O: = optimistisches Szenario
T: = Trendszenario
P: = pessimistisches Szenario

Erläuterungen

1 = S_{A0}	8 = S_{AB2}	15 = S_{AB3}	22 = S_{ABn}
2 = S_{A0}	9 = S_{AC2}	16 = S_{AC3}	23 = S_{ACn}
3 = –	10 = S_{AB2}	17 = S_{AC3}	24 = S_{ABn}
4 = S_{A1}	11 = S_{AC2}	18 = S_{AB3}	25 = S_{ACn}
5 = S_{AB1}	12 = S_{A3}	19 = S_{An-1}	
6 = S_{C1}	13 = S_{AB3}	20 = S_{ABn-1}	
7 = S_{A2}	14 = S_{AC3}	21 = S_{An}	

le Szenarioalternative anhand eines quantitativen Kriteriums auszuwählen.[208] Im Beispiel wird die Entscheidung auf Basis eines **Kapitalwertansatzes** getroffen.

Eine modellhafte Konfigurierung des obigen Simulations-Entscheidungsbaumes wäre der in der folgenden Abbildung dargestellte **„Strategie-Lebenszyklus"**.

Dieser modellhafte Lebenszyklusverlauf setzt einen sukzessiven Übergang von der Basisstrategie (S_A) auf die kombinierte Umsteigerstrategie (S_{AB}), ggf. die reine Umsteigerstrategie (S_B) bzw. die Aussteigerstrategie (S_{AC}) voraus. Sowohl aus den Strategien S_B wie S_{AC} kann die Aussteigerstrategie S_C erfolgen, wenn

---

[208] Auf die Notwendigkeit, die optimale Szenarioentscheidung so weit wie möglich auf Basis quantitativer Kriterien zu treffen, verweisen auch *Hinterhuber, Hans H.:* Strategisches Denken, S. 190 und *Raffée, Hans:* Prognosen als ein Kernproblem der Marketingplanung, in: Strategisches Marketing, hrsg. von *Hans Raffée* und *Klaus-Peter Wiedmann*, 2. Aufl., Stuttgart 1989, S. 162.

E. Die Szenarioanalyse von Umsteiger- und Aussteigerstrategien 521

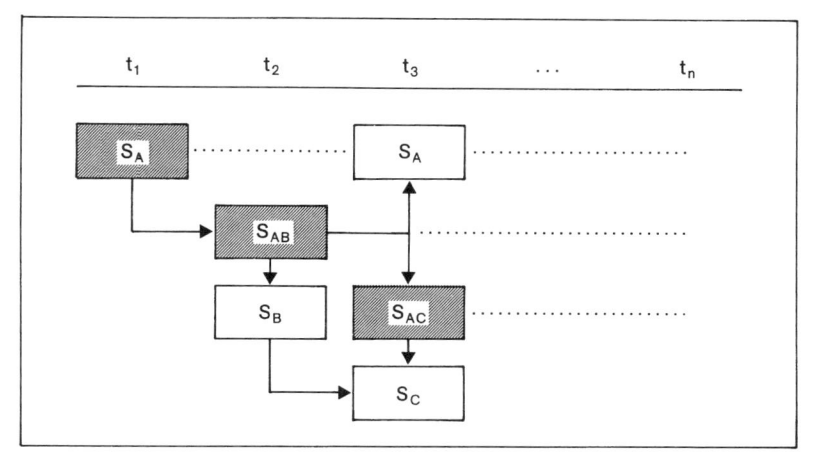

Abb. 245: Strategie-Lebenszyklus

die ökonomische Beurteilung dies nahelegt. Die Flexibilität der Strategie S_{AB} zeigt sich im Beispiel darin, daß auch eine Retransformation in den Strategietyp S_A möglich und bei einer entsprechenden Nachfrageentwicklung auch sinnvoll ist. Die Entscheidungsbaumerarbeitung als Abbildung in sich stimmiger sequentieller Investitions- bzw. Desinvestitionsalternativen erfordert ein permanentes Controlling der Nachfragemengen (und -preise). So sind für die jeweiligen Planungsperioden unterschiedliche (auch unterschiedlich wahrscheinliche) Einflußgrößenveränderungen abzuschätzen. Aus den entsprechenden Nachfrageentwicklungen müssen alternative **Kapitalwert-Zeitreihen** ermittelt werden. Zu berücksichtigen ist, daß nach der Einstiegsentscheidung (S_A) die Kapitalwerte nur noch unter Berücksichtigung laufender **Ein-** (insbesondere Übernachtungsumsätze bzw. Mieten) und **Auszahlungen** zu ermitteln sind. Die Anschaffungsauszahlungen (Bau des Hotels und Ausstattung der Zimmer) stellen nicht-entscheidungsrelevante sunk costs dar (Prinzip der Veränderungsrechnung), da sie weitere Folgeentscheidungen nicht mehr beeinflussen dürfen. Ergänzende Anschaffungsausgaben wären aber beim Übergang von einer Strategie auf die andere zu berücksichtigen (Umbaukosten). Im folgenden wird eine **selektive kapitalwertorientierte Wirtschaftlichkeitsrechnung** für die Entscheidungsalternativen durchgeführt. Zunächst sind die Gesamtkapitalwerte (K_g) der ausgewählten Alternativen zu ermitteln und zu vergleichen (vgl. *Abb. 246*). Im Szenario S_A mit einer Hotelbettenauslastung von 100% erhält man einen geschätzten Gesamtkapitalwert von 30. Unter Berücksichtigung einer verringerten Kapazitätsauslastung in Höhe von 67% würde sich der Kapitalwert der Alternative S_A auf 15 reduzieren. Die nicht genutzten Kapazitäten könnten jedoch parallel zum Zwecke der Appartementvermietung genutzt werden (Strategie S_{AB}). Bei Realisation dieser kombinierten Strategie würde sich der Kapitalwert gegenüber der Strategie S_A trotz anfallender Umbaukosten in Höhe von 5 auf 20 erhöhen. Die Umsteigerstrategie wäre also vorteilhaft. Würde sich die Auslastung der Hotelbettenkapazität auf 33% reduzieren, sänke der Kapitalwert der Alternative S_A auf 0. Nutzte man die Leerkapazitäten in Höhe von 67% im Sinne der kombinierten Aussteigerstrategie S_{AC},

522   X. Kapitel: Das strategische Controlling

		t_0 – Kapitalwertsimulation [Mio DM]				
		S_A 100 % Hotelbetten	S_A 67 % Hotelbetten	S_A 33 % Hotelbetten	S_{AB} 67 % Hotelbetten 33 % Vermietung v. Appartements	S_{AC} 33 % Hotelbetten 67 % Verkauf von Eigentumswohnungen
K_l: = Kapitalwert der laufenden Einzahlungsüberschüsse	K_l	90	75	60	85	80
A: = Anschaffungsauszahlung	A	60	60	60	60	60
ΔA: = Umwandlungskosten	ΔA	–	–	–	5	5
K_g: = Gesamtkapitalwert	K_g	30	15	0	20	15

Abb. 246: Kapitelwertvergleich im Rahmen der Open System Simulation (Zeitpunkt t_0)

so ergäbe sich ein Kapitalwert von 15. In diesem Falle wäre ein Übergang von der Basisstrategie S_A auf die Mixstrategie S_{AC} ökonomisch sinnvoll.

Da die Strategie S_{AB} reversibel ist, sind für beliebige Zeitpunkte t_i mit i = 0 die Alternativen S_{AB} und S_A unter Berücksichtigung von Reversionskosten zu vergleichen. Für S_{AB} sind in diesem Falle sowohl die Anschaffungsauszahlungen als auch die Umbaukosten irrelevant, da diese bereits in früheren Perioden angefallen sind. Aus den gleichen Gründen entfallen bei einer Reversion in S_A mit 100 % Hotelbettenkapazität die ursprünglichen Anschaffungsauszahlungen, zusätzlich sind hier jedoch die anfallenden Reversionskosten zu berücksichtigen (vgl. *Abb. 247*). Im vorliegenden Szenario erscheint die Reversion der Strategie S_{AB} in Strategie S_A bei einer möglichen Hotelbettenauslastung von 100 % vorteilhaft, da sich dann ein Kapitalwert von 25 gegenüber einem Kapitalwert von 20 bei Weiterführung der Strategie S_{AB} ergäbe.

3. Open System Simulation am Beispiel einer strategischen Lagersystemplanung

In der folgenden Beispielrechnung geht es um die kapitalwertoptimale Entscheidung für ein bestimmtes Palettenlagersystem in Abhängigkeit von einem variierenden Kapazitätsbedarf an Palettenlagerfläche. Eine Produktionshalle (Werk 1) mit angegliedertem Identifikationspunkt (sog. I-Punkt) ist bereits vorhanden. Der I-Punkt beschreibt den Ort, an dem das aus der Produktion kommende Lagergut identifiziert und mit einer Information bzgl. des vorgesehenen Lagerortes versehen wird. Für die Palettenlagerung stehen drei grundsätzliche Alternativen zur Option (vgl. *Abb. 248*):

E. Die Szenarioanalyse von Umsteiger- und Aussteigerstrategien 523

		t_i-Kapitalwertsimulation [Mio DM]	
		S_{AB} 67 % Hotelbetten 33 % Vermietung v. Appartements	S_A 100 % Hotelbetten (mit Reversion)
K_l: = Kapitalwert der laufenden Einzahlungsüberschüsse	K_l	20	30
A: = Anschaffungsauszahlung	A	–	–
ΔA: = Umwandlungskosten	ΔA	–	5
K_g: = Gesamtkapitalwert	K_g	20	25

Abb. 247: Kapitalwertvergleich im Rahmen der Open System Simulation (Zeitpunkt t_i)

Einerseits besteht die Möglichkeit, ein Hochregallagersystem zu errichten (Alternative A). Verbunden mit dieser Alternative ist der Bau von zwei zusätzlichen Produktionshallen (Werk 2 und Werk 3) neben dem bereits bestehenden Werk 1. Andererseits kann ein Schmalganglager angelegt werden (Alternative B). Dieses Schmalganglager wird mit einem induktionsgesteuerten Transportsystem bestückt, welches die zu lagernden Güter automatisch zu den vorgesehenen Lagerorten transportiert. In diesem Falle wird lediglich die bereits vorhandene Produktionshalle (Werk 1) eingesetzt. Eine dritte Alternative umfaßt die Anmietung der benötigten Lagerkapazität in Verbindung mit der Produktion in Werk 1 (Alternative C).

Der Vorteil der **Lageranmietung** liegt eindeutig in der hohen Flexibilität dieser Alternative, vor allem bei kurzfristig kündbaren Mietverträgen. Denn je nach Bedarf kann man auf die beiden Umsteigerstrategien (Errichtung eines Schmalganglagers bzw. Hochregallagers) übergehen. Hier liegt somit eine **zweifach flexible Alternative** vor. Für die Alternative „**Schmalganglager mit induktionsgesteuertem Transportsystem**" spricht die relativ günstige Flächennutzung. Bei entsprechend dimensionierten Abmessungen der Palettenförderzeuge wird eine geringe Gangbreite zwischen den Regalflächen erreicht. Damit wird die Fläche, die zur Lagerbedienung erforderlich ist, d. h. die Verlustfläche, reduziert und die nutzbare Lagerfläche erhöht. Diese Alternative ist **einfach flexibel,** da ein Übergang auf die Hochregallagerstrategie, nicht aber auf die Strategie der Lageranmietung möglich ist. Im Falle des **Umstiegs** auf die Hochregallagerstrategie kann das Schmalganglager zurückgebaut und in eine Produktionshalle (Werk 2) transformiert werden. Die bereits vorhandenen Induktionsschleifen ermöglichen dann kostengünstige Transportlogistikleistungen im Produktionsbereich, die sich im Falle des Einsatzes sogenannter „**Fahrerloser Transportsysteme**" (FTS) insbesondere durch verringerte Personalkosten erreichen lassen. Die Alternative „**Hochregallager**" bietet alle Vorteile einer hohen Automatisierung:[209] Automatisch fahrende Regal-

---

[209] Vgl. zum Hochregallagersystem *Heidenblut, V.:* Stand und Entwicklung automatisierter Läger hoher Leistungseinsatzmöglichkeiten in Industrie und Handel, in: Logistische Systeme. Automation als Erfolgsfaktor, hrsg. von *Reinhardt Jünemann,* Köln 1988, S. 58–70.

524   X. Kapitel: Das strategische Controlling

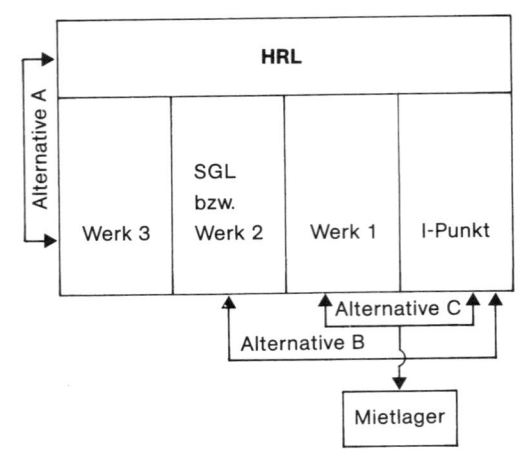

Abb. 248: Alternative Lagerstrategien

förderzeuge sind in der Lage, Paletten selbsttätig aufzunehmen und abzugeben. Neben dem direkten Palettenzugriff wirkt sich dabei vor allem die **hohe Spielzahl** (Anzahl erreichbarer Ein- und Auslagerungen pro Zeiteinheit) günstig auf die Lagerumschlagszeiten und Auftragsdurchlaufzeiten aus. Diese Alternative ist allerdings als **inflexibel** zu bezeichnen, da kein ökonomisch sinnvoller Übergang auf eine der beiden Alternativstrategien möglich ist. Diese Inflexibilität hat ihren Grund in der Konstruktionsweise eines Hochregallagersystems. Denn das komplette Hochregallager wird zunächst als „Freiluftkonstruktion" errichtet und erst dann mit Stahl- oder Betonplatten an den Außenseiten geschlossen. Folglich ist eine Alternativnutzung der Lagerhalle, wie z. B. beim Schmalganglager, unmöglich. Moderne Hochregalläger erreichen Dimensionen von bis zu 150 m Länge, 40 m Höhe und 30 Tonnen Ladungsgewicht.[210] Dementsprechend ist der Einsatz von Hochregallägern, wie auch die nachfolgende Kapitalwertsimulation zeigen wird, nur bei einem nachhaltig hohen Bedarf an Palettenlagerkapazität sinnvoll.

Formal lassen sich die im betrachteten Beispiel optional durchführbaren Lagersystemstrategien folgendermaßen darstellen:

Originärstrategie A:
$S_A :=$ Bau eines Hochregallagers (HRL) + Werk 1 + Werk 2 + Werk 3

Originärstrategie B:
$S_B :=$ Bau eines Schmalganglagers (SGL) mit induktionsgesteuertem Transportsystem + Werk 1

Originärstrategie C:
$S_C :=$ Anmietung der erforderlichen Lagerkapazität + Werk 1

Neben diesen reinen Strategieformen existieren die drei folgenden Flexibilitätsstrategien:

---

[210] Vgl. *Heidenblut, V.:* Stand und Entwicklung automatisierter Läger, S. 58.

E. Die Szenarioanalyse von Umsteiger- und Aussteigerstrategien   525

Derivativstrategie AB:
S_{AB}: = Folgestrategie aus S_B. Das Schmalganglager wird für die Folgeperiode zurückgebaut und in eine Produktionshalle (Werk 2) transformiert. Zusätzlich wird eine dritte Produktionshalle errichtet und das Hochregallagersystem gebaut.

Derivativstrategie AC:
S_{AC}: = Folgestrategie aus S_C. Die existierenden Mietverträge werden gekündigt; stattdessen werden Werk 2, Werk 3 und das Hochregallagersystem errichtet.

Derivativstrategie BC:
S_{BC}: = Folgestrategie aus S_C. Die existierenden Mietverträge werden gekündigt; stattdessen wird das Schmalganglager errichtet.

Die alternativen Originärstrategien sowie die damit verbundenen sequentiellen Investitionsentscheidungen werden im Entscheidungsbaum der *Abb. 249* verdeutlicht.

Der Entscheidungsbaum impliziert folgende Prämissen:

- Wird im Zeitpunkt t_0 **Strategie S_A** als **Primärinvestition** realisiert, so ist diese Alternative für spätere Zeitpunkte t_i mit i = 0 irreversibel.
- Wird im Zeitpunkt t_0 **Strategie S_B** als **Primärinvestition** gewählt, so ist in späteren Zeitpunkten t_i mit i = 0 ein Übergang auf **Strategie S_{AB} (Umsteigerstrategie)** oder eine Weiterführung der Strategie S_B möglich. Ist S_{AB} einmal umgesetzt, so ist diese wiederum irreversibel.
- Wählt man im Zeitpunkt t_0 **Strategie S_C** als **Primärinvestition,** so ist optional ein Übergang auf die **Strategie S_{AC}** oder die **Strategie S_{BC} (Umsteigerstrategien)** möglich. Der Umstieg auf S_{AC} ist irreversibel. Im Falle des Umstiegs auf S_{BC} bestehen in den Folgeperioden die gleichen Wahlmöglichkeiten wie bei Realisation der Originärstrategie S_B.

Die folgende kapazitätsorientierte Kapitalwertsimulation ermittelt für t_0 die günstigste Einstiegsstrategie (vgl. *Abb. 250*) bei der Wahl der Lagersysteme.

Neben den jeweiligen Anschaffungsauszahlungen werden aus Vereinfachungsgründen normalisierte, jährlich konstante laufende Betriebskosten angesetzt. Die aggregierten **Betriebskosten** enthalten im wesentlichen **Personalkosten, Instandhaltungskosten** sowie im Falle der Strategie S_C **Mietaufwendungen.** Sämtliche Kapitalwerte sind negativ, weil es sich hier um eine rein auszahlungsbezogene Rechnung handelt; den entsprechenden Lagersystemen sind keine Erlöse verursachungsgerecht zurechenbar, bzw. auf eine Erlöszurechnung wird verzichtet, weil eine Lagerhaltung in jedem Falle erforderlich ist. Somit ist das Entscheidungskriterium der am geringsten negative Kapitalwert. Für jede Strategiealternative wird ein optimistisches (Kapazitätsbedarf: 8400 Palettenplätze), ein pessimistisches (Kapazitätsbedarf: 4800 Palettenplätze) sowie ein Trendszenario (Kapazitätsbedarf: 6600 Palettenplätze) entworfen. Der Kapitalwertvergleich im Rahmen der Szenarioanalyse ergibt den folgenden **Strategischen Pfad:**

Im Falle des **pessimistischen Szenarios** ist Strategiealternative S_C mit einem Kapitalwert von −6145 vorzuziehen. Ausschlaggebend für die Vorteilhaftigkeit von

526   X. Kapitel: Das strategische Controlling

```
          t₀        t₁        t₂       ...      t_{n-1}        t_n
```

Diagramm (Entscheidungsbaum):

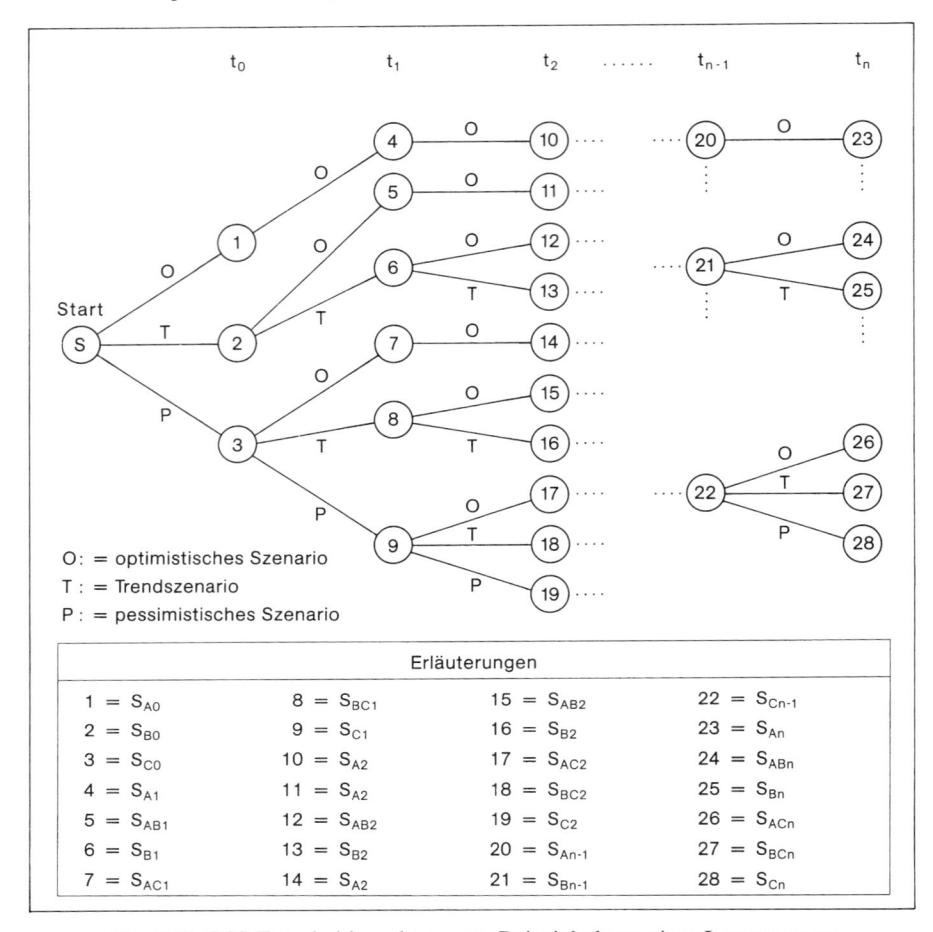

- Start S
  - O → 1
    - O → 4
      - O → 10 ... 20 — O — 23
    - T → 5
      - O → 11 ...
    - P → 6
      - O → 12 ... 21 — O — 24
      - T → 13 ...   — T — 25
  - T → 2
    - O → 7
      - O → 14 ...
      - T → 15 ...
  - P → 3
    - O → 8
      - O → 15
      - T → 16 ...
    - T → 8
    - P → 9
      - O → 17 ... 22 — O — 26
      - T → 18 ...   — T — 27
      - P → 19 ...   — P — 28

O: = optimistisches Szenario
T: = Trendszenario
P: = pessimistisches Szenario

Erläuterungen

1 = S_{A0}	8 = S_{BC1}	15 = S_{AB2}	22 = S_{Cn-1}
2 = S_{B0}	9 = S_{C1}	16 = S_{B2}	23 = S_{An}
3 = S_{C0}	10 = S_{A2}	17 = S_{AC2}	24 = S_{ABn}
4 = S_{A1}	11 = S_{A2}	18 = S_{BC2}	25 = S_{Bn}
5 = S_{AB1}	12 = S_{AB2}	19 = S_{C2}	26 = S_{ACn}
6 = S_{B1}	13 = S_{B2}	20 = S_{An-1}	27 = S_{BCn}
7 = S_{AC1}	14 = S_{A2}	21 = S_{Bn-1}	28 = S_{Cn}

Abb. 249: OSS-Entscheidungsbaum am Beispiel alternativer Lagersysteme

S_C bei geringem Kapazitätsbedarf sind die entfallenden Anschaffungsauszahlungen für das Lagersystem in Verbindung mit relativ günstigen Mietaufwendungen bei niedrigem Lagervolumen.

Wird das **Trendszenario** für wahrscheinlich gehalten, so ist Alternative $\mathbf{S_B}$ mit einem Kapitalwert von −10645 vorteilhaft. Denn einerseits steigen sowohl die Personalkosten als auch die Mietaufwendungen für S_C bei mittlerem Kapazitätsbedarf stark an, so daß die Anschaffungsauszahlungen für S_B überkompensiert werden und S_C folglich ausscheidet. Andererseits ist Strategie S_B vorteilhaft gegenüber S_A, da bei S_A die infolge des technischen Standards eines Hochregallagersystems höheren Anschaffungsauszahlungen den Kapitalwert signifikant negativ beeinflussen.

Erwarten die Planer den Eintritt des **optimistischen Szenarios,** ist Alternative $\mathbf{S_A}$ zu präferieren. S_C ist hier wegen der sehr hohen Personalkosten und Mietauf-

[in TDM]	Kapazität 4800 PP			Kapazität 6600 PP			Kapazität 8400 PP		
	S_A	S_B	S_C	S_A	S_B	S_C	S_A	S_B	S_C
K_l	−5346	−4301	−6145	−6145	−6145	−11060	−6759	−9217	−19663
A	−4500	−3500	−	−5500	−4500	−	−6100	−9000	−
K_g	−9846	−7801	−6145	−11645	−10645	−11060	−12859	−18217	−19663

„Strategischer Pfad"

K_l: = Kapitalwert der laufenden Auszahlungen
A: = Anschaffungsauszahlung
K_g: = Gesamtkapitalwert

Abb. 250: OSS-Kapitalwertvergleich (Zeitpunkt t_0)

wendungen, S_B im wesentlichen wegen kapazitätsabhängig höherer Anschaffungsauszahlungen zu verwerfen.

Ist die Entscheidung für die **adäquate Primärinvestition im Zeitpunkt t_0** gefallen, sind im Falle späterer Kapazitätsvariationen **alternative Umsteigerstrategien** in den **Folgeperioden** zu analysieren. Exemplarisch wird im folgenden die Umsteigerstrategie S_{AB} betrachtet. Ausgangspunkt ist die infolge eines mittleren Kapazitätsbedarfes in einer der Vorperioden t_{i-m} realisierte Alternative S_B. Aufgrund der sukzessiven Szenariosimulation wird eine optimistische Entwicklung der Nachfrage nach Palettenplätzen in den Folgeperioden erwartet. Für die aktuelle Periode t_i sind dann zwei Optionen zu vergleichen; einerseits kann die **Originärstrategie S_B** mit erhöhter Kapazität weitergeführt werden, andererseits ist ein Umstieg auf die **Derivativstrategie S_{AB}** möglich. Für die Kapitalwertanalyse (vgl. *Abb. 251*) ist zu berücksichtigen, daß für Strategie S_B die Anschaffungsauszahlung nicht mehr entscheidungsrelevant ist, da diese bereits in einer früheren Periode angefallen ist (Prinzip der Veränderungsrechnung).

Es fließen somit nur noch die laufenden Betriebskosten in die Kapitalwertermittlung ein. Der Gesamtkapitalwert für Strategie S_{AB} umfaßt neben dem laufenden Kapitalwert die anfallenden Umwandlungskosten. Diese setzen sich aus den Kosten der Transformation des Schmalganglagers in der Produktionshalle (Werk 2) sowie den Investitionsausgaben für Werk 3 und das Hochregallager zusammen (Summe: −1950). Die Szenariosimulation legt nahe, sich bei hinreichender Wahrscheinlichkeit einer optimistischen Entwicklung des Bedarfes an Palettenplätzen für die **Umsteigerstrategie S_{AB}** zu entscheiden. Mit −8709 ergibt sich hier trotz der anfallenden Umwandlungskosten ein günstigerer Kapitalwert als bei einer Fortführung der Originärstrategie S_B mit einem Kapitalwert von −9217. Ausschlaggebend für die Vorteilhaftigkeit der Alternative S_{AB} sind in diesem Falle die im Vergleich zu S_A erheblich niedrigeren laufenden Betriebskosten. Diese sind die Konsequenz aus dem hohen Automatisierungsgrad des Hochregallagersystems, der insbesondere Einsparungen bei den Personal- und Handlingkosten bewirkt.

	[in TDM]	S_B	S_{AB}
K_l: = Kapitalwert der laufenden Auszahlungen	K_l	−9217	−6759
ΔA: = Umwandlungskosten	ΔA	−	−1950
K_g: = Gesamtkapitalwert	K_g	−9217	−8709

Abb. 251: OSS-Kapitalwertvergleich (Zeitpunkt t_i)

4. Fixkostenmanagement im Kontext der Szenariosimulation

Die **Open System Simulation** zeigt somit, daß im Kontext von Wandel, Komplexität und Ungewißheit Wettbewerbsvorteile dadurch geschaffen werden können, daß Strategien nicht von Anfang an festgeschrieben und in Form von One-Way-Realisationen umgesetzt werden. Vielmehr sind **Strategien flexibel zu gestalten** und sukzessive mit zunehmender Gewißheit **über die Szenarioentwicklung anzupassen**. Als Basis für die in den beiden Simulationsbeispielen durchgeführten alternativen Kapitalwertermittlungen dient neben der sorgfältigen Untersuchung der variablen (zahlungswirksamen) Kosten ein effizientes Präventiv-Fixkostenmanagement (vgl. zum Fixkostenmanagement Kapitel III). So müssen die Entscheidungsträger z.B. beim Vergleich zwischen Originär- und Umsteigerstrategie Kenntnis darüber besitzen, wie ein Wegfall von Mietaufwendungen oder die Kosten eines veränderten Personalbestandes die Strategiepräferenzen verändern. Folglich sind a-priori-Überlegungen hinsichtlich der Abbaufähigkeit durch zukünftige Entscheidungen entstehender oder wegfallender Fixkosten eine Grundvoraussetzung für eine auf Kapitalwertvergleichen gründende Szenariosimulation. Ein solches **vorausschauendes Fixkostenmanagement** sollte so weit wie möglich quantitative Entscheidungsrelevanz in Form eines Kapitalwertkriteriums erhalten. Zumindest muß aber die **Elastizität der Fixkosten** bezüglich unterschiedlicher Strategiealternativen qualitativ in der Entscheidungsfindung berücksichtigt werden.

In Verbindung mit einem so ausgestalteten Fixkostenmanagement, das sich auf die zahlungswirksamen Kosten konzentriert, stellt die Szenarioanalyse eine „**mehrdimensionale Alternativenplanung**"[211] als Instrument des strategischen Controlling dar, die die Ungewißheit nicht durch eine undifferenzierte Korrelation einer nicht zu überschauenden Zahl von Einflußgrößen strukturiert, sondern anhand einiger signifikanter Variablen in sich schlüssige Entscheidungsalternativen entwickelt.[212] Dieses Analyseinstrumentarium verfolgt also nicht das ohnehin schwer erreichbare Ziel, mit Hilfe komplizierter statistischer Verfahren die Zukunft ‚sicher zu rechnen', sondern „im Vordergrund steht das Denken in Gesamtzusammenhängen und wechselseitigen Abhängigkeiten", das zu einem besseren Verständnis der Chancen und Risiken führt, die mit der Ungewißheit über die Richtigkeit zukunftsgerichteter Entscheidungen verbunden sind.[213]

---
[211] *Reichmann, Thomas:* Die strategische Unternehmensführung, S. 30.
[212] Vgl. *Wack, Pierre:* Szenarien, S. 128.
[213] *Reichmann, Thomas:* Die strategische Unternehmensführung, S. 30.

XI. Kapitel
Das DV-gestützte Controlling

A. Entwicklung und Stand der DV-Unterstützung im Rechnungswesen und Controlling

Der Umgang der betriebswirtschaftlichen Fachdisziplinen mit den Entwicklungen der Informationstechnologie ist nicht selten auch heute noch durch Berührungsängste und teilweise sogar EDV-Feindlichkeit gekennzeichnet.[1] Für das Controlling und insbesondere das Instrumentarium des Rechnungswesens ist ein solches Spannungsfeld kaum festzustellen, da sich Fragen der maschinellen bzw. automatisierten Umsetzung des Rechnungswesens bereits bis an die Anfänge dieses Jahrhunderts zurückverfolgen lassen.[2] Im Gegenteil war das Rechnungswesen bereits in seiner konzeptionellen „Frühzeit" aufgeschlossen gegenüber Entwicklungen der DV-Technik, wie überhaupt der Einsatz der Informationstechnik ohne theoretischen Überbau sich weitgehend in der Praxis entwickelt hat. Die ersten professionellen Anwendungen der Datenverarbeitung im Rechnungswesen lassen sich etwa auf Mitte der 50er Jahre datieren. Der Arbeitsschwerpunkt lag damals im Bereich der lochkartenmaschinellen Erstellung von Betriebsabrechnungsbögen, also auf Ebene der **Kostenstellenrechnung**.[3] Mit dem Aufkommen der sog. Rechenanlagen der 2. Generation, die auf der Halbleiter-Technik basierten, wurden solche standardisierten Aufgaben zunehmend rechnergestützt durchgeführt. Der Einzug der Rechenanlagen der 3. Generation (Mikro-Schalt-Technik) war für Rechnungswesenapplikationen insoweit bedeutsam, als sie den Einstieg in **Datenbankmanagement-Systeme** und die **Monitortechnik** brachten. Die Verfügbarkeit von Bildschirmen am Arbeitsplatz begründete zugleich die Auseinandersetzung zwischen den Anhängern einer konsequenten transaktionsorientierten Realtime-Verarbeitung

---

[1] Vgl. zu dieser Feststellung insbesondere *Scheer, August-Wilhelm:* EDV-orientierte Betriebswirtschaftslehre. Grundlagen für ein effizientes Informationsmanagement, 4. Aufl., Berlin u. a. 1990, S. V und 4.

[2] Vgl. z. B. *Müller, Heinrich:* Die Entwicklung des EDV-Einsatzes für die Grenzplankostenrechnung, in: Grenzplankostenrechnung. Stand und aktuelle Entwicklungen, hrsg. von *August-Wilhelm Scheer,* 2. Aufl., Wiesbaden 1990, S. 107–136, hier S. 109 f. Unter Mechanisierung versteht man die Substitution und Verstärkung menschlicher Arbeitskraft durch entsprechende Betriebsmittel, während Automatisierung die Übertragung von Arbeitsprozessen einschließlich der erforderlichen Steuerungs-, Kontroll-, Korrektur- und Anpassungsfunktionen von Menschen auf ein künstliches System meint. Vgl. dazu *Lackes, Richard:* EDV-orientiertes Kosteninformationssystem. Flexible Plankostenrechnung und neue Technologien, Wiesbaden 1989, S. 106 und *Kaiser, Klaus:* Kosten- und Leistungsrechnung, S. 7.

[3] Vgl. *Müller, Heinrich:* Grenzplankostenrechnung, S. 129 f.

und den Vertretern der periodischen, asynchronen Stapelverarbeitungstechnik.[4] Mit der zunehmenden Entwicklung der Kostenrechnung zu einem Managementinformationssystem, das über die periodischen Standardauswertungen eine Vielzahl von ad-hoc-Sonderanalysen bereitstellen muß, kann diese Streitfrage heutzutage größtenteils als ausdiskutiert betrachtet werden: Gleichrangig, wenn nicht übergeordnet zur primär auf Abrechnungserfordernisse abzielenden Dokumentationsfunktion steht die **Führungsunterstützungsfunktion der Kostenrechnung,** die sich in der Bereitstellung von adäquaten Kosten- und Leistungsinformationen für die vielfältigen Analyse-, Planungs- und Steuerungsaufgaben im Unternehmen konkretisiert. Zu diesen primär ereignisbezogenen Auswertungen, die aufgrund der Datenaktualität und der Notwendigkeit interaktiver Entscheidungsprozesse **Dialoglösungen** erfordern, zählen z.B. Prognose- und Simulationsrechnungen, Planungs- und Entscheidungsrechnungen, Steuerungs- und Lenkungsrechnungen sowie Dispositions- und Kontrollrechnungen.[5] Diese auf die interne Steuerung abzielenden, fallweisen Auswertungen und die stärker externen, rechtlich bedingten Abrechnungs- und Dokumentationserfordernisse, die häufig mit dem Begriff „Massendatengeschäft" korrespondieren, erzwingen DV-technische Lösungen, die mit unterschiedlicher Gewichtung sowohl Batch- als auch Dialogelemente enthalten.

Eine zunehmende Dialogisierung der Rechnungswesensoftware rückt aber das Problem der Rechnerkapazitäten und damit der Wirtschaftlichkeit der Datenverarbeitung in den Mittelpunkt. Seit Beginn bzw. Mitte der 80er Jahre wurde durch die sprunghafte Entwicklung der **Personal Computer-Technologie** die Möglichkeit einer Auslagerung von rechenintensiven Dialogfunktionen bei gleichzeitiger Dezentralisierung der Datenverarbeitung gravierend verbessert bzw. überhaupt erst sinnvoll ermöglicht. Der Einsatz des Zentralrechners konzentriert sich damit gerade im Rechnungswesen zunehmend nur noch auf die Datenbereitstellung und Massendatenverarbeitung, während dialogintensive Analysen und Auswertungen auf das Medium Personal Computer verlagert werden.[6] Trotz der mittlerweile weit vorangeschrittenen technischen Möglichkeiten der Mikrocomputer findet sich im Bereich des Rechnungswesens gegenüber den Abteilungs- und Großrechnerapplikationen ein immer noch relativ geringes Angebot auf dem Softwaremarkt.[7]

---

[4] Vgl. *Müller, Heinrich:* Grenzplankostenrechnung, S.114.
[5] Vgl. u.a. *Männel, Wolfgang:* Kostenrechnung als Instrument der Unternehmensführung, in: Grenzplankostenrechnung. Stand und aktuelle Entwicklungen, 2.Aufl., hrsg. von *August-Wilhelm Scheer,* Wiesbaden 1990, S.13–29, hier S.17–19. Zur Notwendigkeit der Dialogverarbeitung im Rahmen der Kostenrechnung vgl. z.B. *Scheer, August-Wilhelm:* EDV-orientierte Betriebswirtschaftslehre, S.250f.
[6] Zu den Einsatzmöglichkeiten des Personal Computers im Rahmen des innerbetrieblichen Rechnungswesens vgl. z.B. *Scheer, August-Wilhelm:* Personal Computer: Zusätzliches Auswertungsinstrument oder integraler Bestandteil eines EDV-gesteuerten Rechnungswesens, in: Tagungsband 5. Saarbrücker Arbeitstagung Rechnungswesen und EDV, hrsg. von *Wolfgang Kilger* und *August-Wilhelm Scheer,* Würzburg, Wien 1984, S.45–69; *Schweitzer, Marcell; Küpper, Hans-Ulrich:* Systeme der Kostenrechnung, S.479–483 und *Warnick, Bernd:* PC-gestützte Ergebnisrechnungen zur Unterstützung der Führung von Kleinunternehmen, in: KRP-Sonderheft, 1990, S.81–91.
[7] Vgl. auch den detaillierten Marktüberblick bei *Horváth, Péter; Petsch, Michael; Weihe, Manfred:* Standard-Anwendungssoftware für das Rechnungswesen, 2.Aufl., München 1986.

A. Entwicklung und Stand der DV-Unterstützung   531

Die heute verfügbaren, insbesondere großrechnergestützten Lösungen im Bereich der DV-gestützten Kostenrechnung zeichnen sich durch einen intensiven Einsatz von Datenbanksystemen aus.[8] **Datenbanksysteme** zielen bei Vermeidung von Datenredundanzen und -abhängigkeiten auf die weitestgehende Datenintegrität der vor- und nachgelagerten Informationssysteme (z.B. Finanz-, Material- und Lohnbuchhaltung, Material- und Lagerwirtschaft) ab und müssen das Datenspektrum derart verwalten, daß die einzelnen Anwender ohne Kenntnis der genauen physischen Speicherungsform bequem auf diese Daten zurückgreifen können. Anwenderbezogen unumgänglich ist aber das Wissen über den logischen Gehalt der Datenbank, d.h. die Kenntnis, welche Daten mit welchen Datenbeziehungen in einer Datenbank enthalten sind.[9] Ebenso unverzichtbar bei der Ausgestaltung integrierter controllinggerechter Informationssysteme im Unternehmen ist eine adäquate betriebswirtschaftliche Beschreibung der Daten und Datenstrukturen im Unternehmen, die in jüngerer Zeit vor allem auf der **Prozeßkettengestaltung** aufbaut. Diese Prozeß- bzw. Vorgangskettenorganisation ermöglicht über die sorgfältige Analyse und Abbildung der einzelnen Unternehmensprozesse zugleich eine stärkere Ausschöpfung von betrieblichen Rationalisierungspotentialen und unterstützt eine übergreifende Betrachtung betriebswirtschaftlicher Funktionalbereiche.[10] Die Konstruktion solcher logischer Datenstrukturen führt zu einem **konzeptionellen Modell,** aus dem über einen Transformationsprozeß schließlich das **konzeptionelle Datenbankschema** abgeleitet wird. Ein deutlicher Trend geht heutzutage in Richtung der Ausgestaltung von **Unternehmensdatenmodellen,** die sich ihrerseits aus spezifischen Bereichs- und Prozeßdatenmodellen zusammensetzen können.[11] In solche Unternehmensdatenmodelle fließen

---

[8] Zu Entwicklung und Stand des Datenbankeinsatzes im Rechnungswesen vgl. z.B. *Scheer, August-Wilhelm:* Einsatz von Datenbanksystemen im Rechnungswesen – Überblick und Entwicklungstendenzen, in: ZfbF, 33.Jg. (1981), S.490–507; *Riebel, Paul; Sinzig, Werner:* Zur Realisierung der Einzelkosten- und Deckungsbeitragsrechnung mit einer relationalen Datenbank, in: ZfbF, 33.Jg. (1981), S.457–489; *Mertens, Peter; Puhl, Werner:* Computergestütztes Rechnungswesen als Planungshilfe, in: Unternehmensplanung und -steuerung in den 80er Jahren. Eine Herausforderung an die Informatik, hrsg. von *Herbert Krallmann,* Berlin, Heidelberg, New York 1982, S.137–163; *Mertens, Peter; Haun, Peter:* Erfahrungen mit einem Prototyp des daten- und methodenbankgestützten Rechnungswesens, in: Tagungsband 7. Saarbrücker Arbeitstagung Rechnungswesen und EDV, hrsg. von *Wolfgang Kilger* und *August-Wilhelm Scheer,* Heidelberg 1986, S.93–111; *Haun, Peter:* Entscheidungsorientiertes Rechnungswesen mit Daten- und Methodenbanken, Berlin u.a. 1987 und *Sinzig, Werner:* Datenbankorientiertes Rechnungswesen, 3.Aufl., Berlin u.a. 1990.

[9] Vgl. *Reichmann, Thomas; Krüger, Lutz:* Computer Integrated Controlling (CIC). Ein Beitrag zur DV-gestützten Controlling-Konzeption als Instrument der Unternehmensführung, in: Tagungsband 2. Deutscher Controlling Congress, hrsg. von *Thomas Reichmann,* München 1987, S.37–71, hier S.47; und *Scheer, August-Wilhelm:* EDV-orientierte Betriebswirtschaftslehre, S.16f.

[10] Vgl. *Scheer, August-Wilhelm:* EDV-orientierte Betriebswirtschaftslehre, S.37–41.

[11] Vgl. insbesondere *Scheer, August-Wilhelm:* Prozeßketten und Unternehmensdatenbanken – Herausforderungen auch für das Controlling, in: Tagungsband 11. Saarbrücker Arbeitstagung Rechnungswesen und EDV, hrsg. von *August-Wilhelm Scheer,* Heidelberg 1990, S.3–19, hier S.13 und *Kagermann, Henning:* Perspektiven der Weiterentwicklung integrierter Standardsoftware für das innerbetriebliche Rechnungswesen, in: Strategieunterstützung durch das Controlling: Revolution im Rechnungswesen, hrsg.

umfassende betriebswirtschaftliche Kenntnisse der betriebsspezifischen Entscheidungszusammenhänge und Organisationsabläufe ein. Die Erfassung der Objekte sowie ihrer Eigenschaften und gegenseitigen Verknüpfungen im konzeptionellen Datenmodell erfolgt in den heutigen Systemen überwiegend auf Basis des **Relationen-Modells,** das sich insbesondere des **Entity-Relationship-Modells** bedient.[12] Die sog. entities sind dabei abstrakte oder reale Dinge bzw. Objekte, die für die Unternehmung von Interesse sind. Im Rahmen des Kosten- und Erfolgs-Controlling können z.B. Produkte, Kunden, Absatzsegmente, Umsätze und Kosten als entities bezeichnet werden, deren Eigenschaften (z.B. Kostenarten- und Kostenstellennummern und -bezeichnungen) durch Attribute beschrieben werden.[13]

Die über die Datenstrukturierung und -beschreibung definierte Datenbasis ist um Systeme zu ergänzen, die die problemgerechte Verarbeitung der zur Verfügung stehenden Daten mit Hilfe entsprechender Modelle und Methoden ermöglichen.[14] Dies erfordert die Konstruktion und Einbindung von sog. Methodenbanken in die betriebliche Informationssystemarchitektur. Solche **Methodenbanken** stellen allgemein ausgedrückt Ansammlungen von Methoden dar, wie z.B. Investitionsrechnungsverfahren, Abschreibungsverfahren, Konsolidierungsverfahren, Kalkulationsverfahren, Optimierungsverfahren für die Programmplanung sowie Verfahren der Kostenauflösung, der innerbetrieblichen Leistungsverrechnung und der Kennzahlenberechnung am Beispiel des Rechnungswesens. Solche Methodenbanken tragen zu einer Verarbeitungsintegration derart bei, als daß unterschiedliche Controllingbereiche auf den **gleichen Methodenvorrat** zugreifen können (z.B. Durchführung einer Kapitalwertrechnung im Rahmen des Investitions- und Projekt-Controlling). Zugleich wird sichergestellt, daß die verschiedenen Bereiche mit den gleichen (unternehmensspezifisch normierten) Verfahren arbeiten, was insbesondere im Rahmen eines Konzern-Controlling von erheblicher Bedeutung für die Konsolidierung und Vergleichbarkeit der Ergebnisse ist.[15]

Eine weitere insbesondere controllingrelevante Dimension neben der wichtigen Auseinandersetzung mit daten- und hardwaretechnischen Grundlagen moderner

---

von *Péter Horváth,* Stuttgart 1990, S. 277–306, hier S. 285–290. Der Aspekt der Datenintegration in Form einer gemeinsamen Unternehmensdatenbasis wird besonders deutlich bei dem Begriff Datenwarenhaus (Data/Information Warehouse). Vgl. *Back-Hock, Andrea:* Perspektiven der DV-Unterstützung des Controlling, in: ZfC, 3.Jg. (1991), S. 94–99, hier S. 95.

[12] Zum Entity-Relationship-Modell vgl. insbesondere *Chen, P. P.* (Hrsg.): Entity-Relationship Approach to Information Modeling and Analysis, Amsterdam, New York, Oxford 1984. Zu einem Überblick über verschiedene Datenmodelle vgl. *Mertens, Peter; Griese, Joachim:* Integrierte Informationsverarbeitung II: Planungs- und Kontrollsysteme in der Industrie, 6. Aufl., Wiesbaden 1991, S. 10–12.

[13] Vgl. dazu auch *Reichmann, Thomas; Krüger, Lutz:* Computer Integrated Controlling, S. 69.

[14] Modelle und Methoden sind dabei nicht gleichzusetzen. Unter einem Modell wird die Abbildung eines realen Systems verstanden, während eine Methode ein Verfahren zur Lösung von Problemen einer Klasse bezeichnet. Vgl. auch *Scheer, August-Wilhelm:* EDV-orientierte Betriebswirtschaftslehre, S. 157.

[15] Auf den wichtigen Aspekt der Methodenintegration weist insbesondere auch *Mertens, Peter:* Integrierte Informationsverarbeitung I: Administrations- und Dispositionssysteme in der Industrie, 8. Aufl., Wiesbaden 1991, S. 3, hin.

A. Entwicklung und Stand der DV-Unterstützung 533

Rechnungswesensoftware ist die Frage nach der Ausgestaltung und dem Charakter der Rechnungswesenanwendungssysteme. Dabei lassen sich folgende Arten von Anwendungssoftware unterscheiden (vgl. *Abb. 252*).

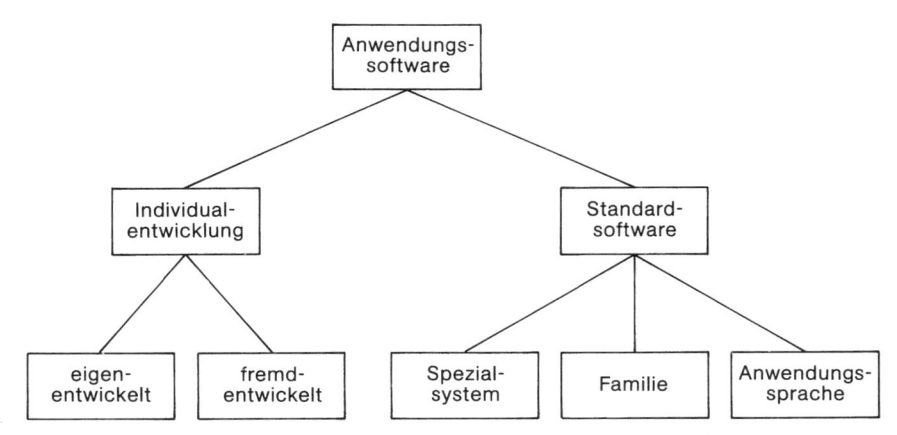

```
                        Anwendungs-
                         software
                       /          \
                      /            \
            Individual-         Standard-
            entwicklung         software
            /      \           /    |    \
           /        \         /     |     \
       eigen-    fremd-   Spezial-  Familie  Anwendungs-
     entwickelt entwickelt system            sprache
```

Abb. 252: Klassifikation von Anwendungssoftware[16]

Dabei interessiert insbesondere die Klasse der sog. **Standardsoftware**. Bei den **sprachenorientierten Systemen** wird dem Anwender i. d. R. eine Art Funktionsbaukasten für ein bestimmtes Anwendungsgebiet bereitgestellt, mit dem er sich das benötigte System selbst konstruieren kann. Solche Systeme besitzen eine hohe Flexibilität, erfordern aber zum Teil detaillierte programmtechnische Kenntnisse des Anwenders. Schwerpunktmäßig lassen sich dabei problemorientierte Programmiersprachen (höhere Programmiersprachen, problemorientierte Sprachen und mathematische Sprachen) und tabellenorientierte Planungssprachen (modellbasierte Sprachen, mathematische Sprachen und Spreadsheet/Tabellenkalkulation) differenzieren.[17] Insbesondere mikrocomputergestützte Spreadsheetanwendungen (z. B. Lotus 1-2-3, Symphony, Multiplan und Excel) besitzen im Bereich des Rechnungswesens und Controlling in der Unternehmenspraxis eine nicht geringe Bedeutung,[18] da sie in bestimmten Funktionsbereichen insbesondere für klein- und mittelständische Unternehmen nicht selten die einzig wirtschaftlich vernünftige Lösung für einen EDV-Einsatz bieten. **Spezialsysteme** haben meist ein hohes betriebswirtschaftliches und DV-technisches Know-How, können aber nur für relativ eng abgegrenzte Aufgaben eingesetzt werden. Dazu zählen z. B. spezialisierte Systeme für die Anlagenbuchhaltung und die Produktionsplanung und -steuerung. Standardsoftware im umgangsprachlichen Sinne stellen die sog. **Anwendungsfamilien** dar, bei denen es sich um mehr oder weniger integrierte

---

[16] Abbildung verändert nach *Scheer, August-Wilhelm:* EDV-orientierte Betriebwirtschaftslehre, S. 139.
[17] Vgl. *Chamoni, Peter; Wartmann, Rolf:* Software zur betriebswirtschaftlichen Modellbildung, in: Kosten und Erlöse. Orientierungsgrößen der Unternehmenspolitik, hrsg. von *Reiner Steffen* und *Rolf Wartmann*, Stuttgart 1990, S. 349–372, hier S. 358–360.
[18] Vgl. u. a. *Witt, Frank-Jürgen:* Deckungsbeitragsmanagement, S. 346–348.

Systeme für ein größeres betriebswirtschaftliches Anwendungsgebiet handelt. Die Anwendungsfamilien der großen Softwareanbieter, wie z.B. der *SAP AG*, der *Compagnie Generale Informatique GmbH* und der *PLAUT Software GmbH*, decken heutzutage zumeist das gesamte Aufgabenspektrum eines modernen Rechnungswesens und Controlling ab. Diese überwiegend großrechnergestützten Anwendungen umfassen konzeptionell sowohl den klassischen Vollkostenrechnungsansatz als auch die teilkostenorientierten Systeme der Grenzplankostenrechnung und – zumindest teilweise – der Einzelkosten- und Deckungsbeitragsrechnung.[19] Die große Mehrzahl der angebotenen Softwarelösungen folgt aber wohl aus pragmatischen Gründen den Gedanken der **Grenzplankostenrechnung** mit der Möglichkeit eines parallelen Ausweises von Vollkosten (Parallelkalkulation).[20]

Die neueren Entwicklungen im Bereich des DV-gestützten Rechnungswesens gehen in Richtung einer **expertensystemunterstützten Kostenrechnungs- und Controllingkonzeption.**[21] Unter Expertensystemen bzw. wissensbasierten Systemen sind solche Systeme zu verstehen, bei denen versucht wird, das Problemlösungsverhalten eines menschlichen Experten abzubilden, charakterisiert durch einen entsprechenden Wissensvorrat und einen Arbeitsstil, der neben logischen Vorgehensweisen auch Faustregeln bzw. Kniffe (Heuristiken) beinhaltet.[22] Dieses für eine erfolgreiche Problemlösung notwendige Fach- und Allgemeinwissen an Fakten und Heuristiken wird in der **Wissensbasis** niedergelegt. Durch stufenweisen Ausbau der Wissensbasis lernt das System eigenständig hinzu. Die Auswertung dieser Wissensbasis erfolgt mit Hilfe der **Inferenzkomponente,** die durch Verknüpfung schon bekannten Wissens neues Wissen generiert. Die Nachvollziehbarkeit der systemseitig vorgeschlagenen Problemlösung wird durch die **Erklärungskomponente** erreicht. Betrachtet man die Faktenbasis als Fortführung der Datenbank und die Auswertungsregeln als Erweiterung der Methodenbank, so läßt sich ein

---

[19] Vgl. z.B. *Sinzig, Werner:* Interaktives Vertriebscontrolling, in: ZfC, 1.Jg. (1989), S.116–121.
[20] Zur Grenzplankostenrechnung als Basissystem eines DV-gestützten Rechnungswesens vgl. *Müller, Heinrich:* Entwicklungstendenzen im innerbetrieblichen Rechnungswesen. Realisierungschancen im Standard-Software-Bereich, in: Strategieunterstützung durch das Controlling: Revolution im Rechnungswesen, hrsg. von *Péter Horváth,* Stuttgart 1990, S.307–331, hier S.308.
[21] Zu dieser Entwicklung vgl. u.a. *Reichmann, Thomas; Krüger, Lutz:* Computer Integrated Controlling, S.59–65; *Fiedler, Rudolf; Hamann, Norbert; Riedel, Christoph:* KO-STEX – ein prototypisches wissensbasiertes System zur Kostenstellenanalyse, in: InfM, 4.Jg. (1989), 4, S.26–33; *Scheer, August-Wilhelm; Jost, Wolfram; Kraemer, Wolfgang:* CIM und Expertensysteme: Auswirkungen auf das Controlling, in: Tagungsband 6. Deutscher Controlling Congress, hrsg. von *Thomas Reichmann,* München 1991, S.537–599, hier S.564–594; *Bertsch, Ludwig H.:* Expertensystemgestützte Dienstleistungskostenrechnung, Stuttgart 1991 und *Mertens, Peter; Griese, Joachim:* Integrierte Informationsverarbeitung II, S.191f.
[22] Ausführlich zum Aufbau und zur Ausgestaltung von Expertensystemen vgl. *Mertens, Peter; Allgeyer, Karlheinz:* Künstliche Intelligenz in der Betriebswirtschaft, in: ZfB, 53.Jg. (1983), S.686–709; *Mertens, Peter; Allgeyer, Karlheinz; Däs, Harald:* Betriebliche Expertensysteme in deutschsprachigen Ländern. Versuch einer Bestandsaufnahme, in: ZfB, 56.Jg. (1986), S.905–941; *Scheer, August-Wilhelm:* EDV-orientierte Betriebswirtschaftslehre, S.169–186 und *Scheer, August-Wilhelm; Jost, Wolfram; Kraemer, Wolfgang:* Expertensysteme, S.566–569.

Expertensystem als den um die Wissensbasis ergänzten Abschluß der Kette Datenbank, Methodenbank und schließlich Expertensystem interpretieren. Interessante Einsatzfelder der Expertensystemtechnologie im Controlling, die empirisch ermittelt wurden, aber noch nicht auf breiter Basis nutzbar sind, umfassen u. a. die Umsatzprognose,[23] Budgetierung, die Kostenplanung und -kontrolle, die automatische und intelligente Kostenstellenabweichungsanalyse, die Preisermittlung bei diskontinuierlichen Umweltzuständen und das Fixkostenmanagement.[24] Ein Ansatz, der in enger Wechselbeziehung zur Künstlichen Intelligenz steht und in jüngster Zeit auch aus betriebswirtschaftlicher Sicht diskutiert wird, ist das Konzept der sog. **Neuronalen Netze** bzw. **Neurocomputing,** das z. B. im Bereich der Aktienkursprognose getestet wurde.[25] Trotz der relativ guten Aussichten, die dem Einsatz der Künstlichen Intelligenz im Rechnungswesen von Controlling- und DV-Experten eingeräumt werden, haben viele der Überlegungen noch recht spekulativen Charakter. Vermutlich dürften noch Jahre vergehen, bis diese Technologie auch nur in Teilbereichen sinnvoll und wirtschaftlich nutzbar ist.

Nach diesem Überblick über den State of the Art werden ausgehend von konkreten Erfordernissen der Unternehmen nachfolgend die betriebswirtschaftlichen und informationstechnischen Anforderungen an eine DV-Unterstützung für das Unternehmens-Controlling erläutert. Auf diesen Erfordernissen aufbauend werden des weiteren einige DV-technische Umsetzungen beschrieben, die zur Zeit die Informationssystemlandschaft hinsichtlich der Datenhaltung, der Datenverwaltung und -verarbeitung sowie der Datenaufbereitung bzw. -auswertung bestimmen. Der Umdenk-Prozeß, der sich von einer vormals rein technischen Orientierung bei dem Entwurf und der Implementierung von Informationssystemen zu einer von betriebswirtschaftlichen Anforderungsprofilen getriebenen Systemarchitektur entwickelt hat, steht unter anderem im Mittelpunkt der Betrachtungen.

B. Grundvoraussetzungen und informationstechnische Möglichkeiten einer DV-Unterstützung

Der technologische Fortschritt der letzten Jahre hat völlig neue Dimensionen der DV-Unterstützung eröffnet, was angesichts der ständig wachsenden Datenmenge, mit der die Unternehmen konfrontiert sind, allerdings auch erforderlich war. Eine DV-Unterstützung aus der betriebswirtschaftlichen Perspektive muß vor allem den fachlichen Anforderungen genügen und gleichzeitig technisch so weit ent-

---

[23] Vgl. *Lachnit, Laurenz:* Umsatzprognose auf Basis von Expertensystemen, in: Tagungsband 6. Deutscher Controlling Congress, hrsg. von *Thomas Reichmann,* München 1991, S. 251–272.
[24] Vgl. für einen Überblick insbesondere *Kraemer, Wolfgang; Scheer, August-Wilhelm:* Wissensbasiertes Controlling, in: InfM, 4. Jg. (1989), 2, S. 6–17.
[25] Vgl. z. B. *Schöneburg, Eberhard; Nieß Jürgen; Sautter, Uwe:* Aktienkurs-Prognose mit Neuronalen Netzwerken, in: CHIP-Plus, 1990, 7, S. XIII–XVI.

wickelt sein, daß z. B. sehr kurze Abfragezeiten realisiert werden können und die Integration einer entsprechenden Auswertungssoftware in die bereits bestehenden Informationssysteme problemlos möglich ist. Somit müssen wir hier zwischen betriebswirtschaftlichen und informationstechnischen Anforderungen unterscheiden. Mit der Notwendigkeit einer DV-Unterstützung des Unternehmens-Controlling erweitert sich gleichzeitig das Aufgabenspektrum des Controllers bzw. erhöht sich der Kommunikationsbedarf zwischen Controlling und Informationsmanagement bzw. schließen sich diese beiden Funktionen näher zusammen. Eine gemeinsame Aufgabe ist es z. B., aus den beiden Anforderungskatalogen die Konfiguration für das Informationssystem auszuwählen, die die betriebswirtschaftlichen Anforderungen im Rahmen des technisch Machbaren optimal unterstützt.

1. Betriebswirtschaftliche Anforderungen an eine DV-Unterstützung

Die Zielsetzung der Datenverarbeitung und der Informationsbeschaffung bzw. -erzeugung liegt in der möglichst effizienten Bereitstellung der vom Adressaten geforderten Information. Das gestaltet sich um so schwieriger, je größer die Menge an verfügbaren Daten wird, z. B. auch bedingt durch globale Datennetze wie dem Internet. Wenn früher die Schwierigkeit eher darin lag, die Daten überhaupt zu beschaffen, dann ist heute vielmehr die Beherrschung der Datenflut zur zentralen Problematik geworden. Ausgangspunkt für die Formulierung des betriebswirtschaftlichen Anforderungsprofils ist der **Informationsbedarf.** Er charakterisiert die Menge an Informationen, die ein Entscheidungsträger in seiner subjektiven Einschätzung für die Entscheidungsfindung benötigt.[26] Der Informationsbedarf wird anhand einer **Informationsbedarfsanalyse** festgestellt, bei der z. B. durch Interviews erhoben wird, was die einzelnen Adressaten an Informationen für die zu treffende Entscheidung anfordern.

Die Ergebnisse der Analyse werden ausgewertet und nachfolgend die relevanten Datenquellen im Rahmen der betrieblichen Informationssysteme und unter Berücksichtigung externer Datenquellen ermittelt. Die Datenquellen sind auf die unterschiedlichen Ebenen des Unternehmens verteilt. Die Systematisierung ergibt einen sogenannten **Informationspfad,** der die horizontale und vertikale Verteilung der anzusprechenden Informationssysteme anzeigt.[27] Zusätzlich ist es z. B. denkbar, einen „Informationsnebenpfad" anzulegen, der die externen Datenquellen berücksichtigt.

Für die Aufbereitung der Daten stehen grundsätzlich zwei Berichtsformen zur Verfügung. Das sind auf der einen Seite Standardberichte, deren Struktur und prinzipiellen Inhalte festgelegt und unternehmensintern standardisiert sind. Sie können vom Adressaten regelmäßig angefordert bzw. abgerufen werden. Diese Berichte werden deshalb in der Regel aus dem Datenbestand ständig aktuali-

---

[26] Vgl. hierzu z. B. *Hildebrand, Knut:* Informationsmanagement, München-Wien 1995, S. 21.
[27] Vgl. *Baumöl, Ulrike:* Datenquellen des Informationsmanagements, in: bilanz & buchhaltung, 42. Jg. (1996) 1, S. 11–14.

siert. Auf der anderen Seite muß eine Berichtsform zur Verfügung gestellt werden, die es erlaubt, spezielle Informationsbedarfe zu erfüllen. In diesen sogenannten Spezialberichten müssen also solche Daten zu Informationen verarbeitet werden können, die nicht regelmäßig abgefordert werden und die nicht in einer standardisierten Form präsentiert werden können, dazu gehören z.B. auch Ad-hoc-Berichte, für die permanent aktuelle Daten vorgehalten werden müssen. Für die Erstellung von Spezialberichten müssen in der Regel auch die entsprechenden Informationspfade erneut festgelegt werden.

Sind die Informationsbedarfe und die inhaltliche und zeitliche Form ihrer Präsentation festgelegt worden, können die Anforderungen an die DV-Unterstützung formuliert werden. Hierbei ist ein grundlegender Punkt, den es zu beachten gilt, die grafische Unterstützung zum einen bei der Datenbeschaffung und zum anderen im Rahmen der Datenaufbereitung. Konkret bedeutet dies, daß die Auswertungswerkzeuge z.B. auf der Basis der Fenstertechnik, die durch die Verbreitung von Microsoft Windows den meisten Benutzern bekannt ist, entworfen werden sollten. Auch hier sollte auf eine ähnliche, besser noch die gleiche Semantik geachtet werden. Die Vorteile einer solchen grafischen Benutzeroberfläche sind u.a. die leichtere Erlernbarkeit – vor allem, wenn der prinzipielle Aufbau bereits bekannt ist – sowie die vereinfachte Dateneingabe z.B. durch bereits vorgegebene Masken. Eine grafische Unterstützung der Datenaufbereitung bedeutet z.B., daß Zahlenreihen und deren Ergebnisse durch ein Diagramm „zum Leben erweckt" werden und so von dem Adressaten einfacher und damit gleichzeitig schneller interpretiert werden können.

Auf derselben Prioritätsstufe ist die Forderung nach einer einheitlichen Datenbasis für die Auswertungen einzuordnen, weil in der Regel die Daten aus unterschiedlichen, zumeist heterogenen Datenquellen kommen und ein „Zusammensuchen" der erforderlichen Daten einen zu hohen Aufwand verursachen würde. Zugleich spielt der Zeitfaktor eine erhebliche Rolle, weil nur mit einem entsprechend strukturierten Datenbestand auch Zugriffszeiten realisiert werden können, die der Forderung nach einer schnellen und flexiblen Informationsbereitstellung Rechnung tragen.[28] Darüber hinaus muß es möglich sein, entsprechend den Informationsbedarfen, den Datenbestand aus unterschiedlichen Sichtweisen zu analysieren. Das bedeutet z.B., daß der Marketingleiter eine Auswertung bekommt, die den Umsatz aller Produkte in allen Absatzregionen abbildet. Im Gegensatz dazu möchte der Produktmanager vielleicht nur den Absatz für sein Produkt in allen Regionen sehen. Aus diesem Beispiel wird bereits ersichtlich, daß die herkömmliche ein- oder zweidimensionale Sicht auf einen Datenbestand diesen Anforderungen nicht mehr genügen kann, sondern daß ein Werkzeug für eine multidimensionale Analyse des Datenbestandes zur Verfügung gestellt werden muß. Das ist allerdings nur möglich, wenn es in dem Auswertungssystem möglich ist, verschiedene Dimensionen zu definieren. Für uns vorstellbar und vor

---

[28] Zu den Anforderungen vgl. auch *Hornung, Karlheinz; Reichmann, Thomas; Baumöl, Ulrike:* Informationsversorgungsstrategien für einen multinationalen Konzern, in: ZfC, 9. Jg. (1997) 1, S. 38–45.

538   XI. Kapitel: Das DV-gestützte Controlling

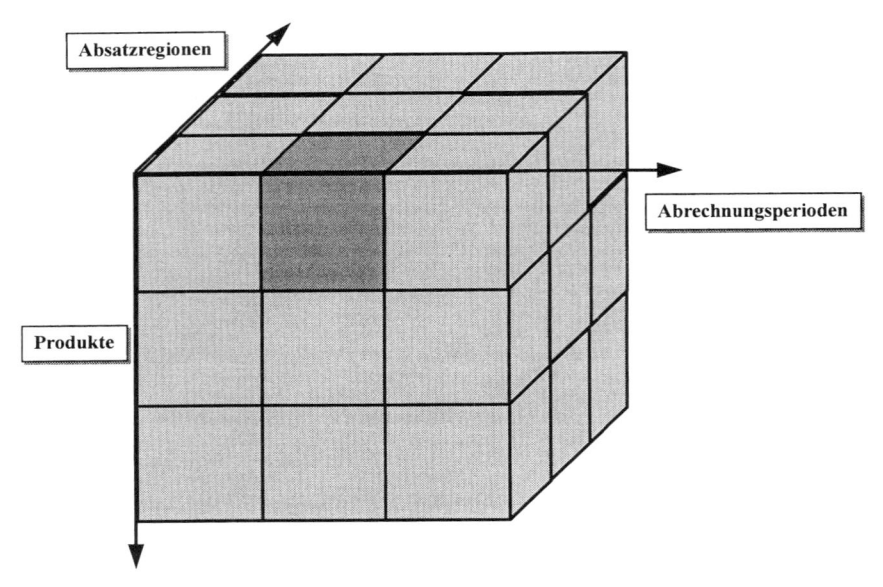

Abb. 253: Entwurf eines Datenwürfels für die multidimensionale Sicht auf einen Datenbestand[29]

allem abbildbar sind lediglich drei Dimensionen (vgl. *Abb. 253*), es ist aber durchaus denkbar, daß ein Informationsobjekt wesentlich mehr Dimensionen umfaßt. So kann ein Kundenauftrag z.B. die Dimensionen Kunde, Auftragsobjekt (z.B. Produkt- oder Dienstleistungsbezeichnung), Auftragsinhalt (z.B. Produktkauf oder -herstellung), Termin, interne Bezugsquellen, externe Bezugsquellen, offene Forderungen etc. enthalten.

Der sogenannte **Datenwürfel** ermöglicht die Abbildung von zumindest drei Dimensionen eines Datenbestandes, wobei für die unterschiedlichen Abfragen von Informationen, die ein Adressat haben kann, Schnitte durch den Würfel gelegt werden und somit eine imaginäre Drehung des Würfels erzeugt wird, die die gewünschte Information liefert.[30] Ein solches Datenkonzept muß darüber hinaus die Verdichtung von Daten über mehrere Ebenen ermöglichen und den umgekehrten Weg für das „Aufbrechen" der Verdichtungen, also einen sogenannten drill-down,[31] unterstützen. Weitere Anforderungen umfassen z.B. Zeitreihenana-

---

[29] Mit Modifikationen entnommen aus *Engels, Eric J.:* Multidimensionalität ist gar nicht so schwer, in: it Management, o. Jg. (1996) Juli/August, S. 10–16.
[30] Vgl. dazu z.B. *Hoffmann, Werner; Kusterer, Frank:* Handels-Controlling auf Basis eines Datawarehouse und OLAP, in: ZfC, 9. Jg. (1997) 1, S. 46–53 oder auch *Kusterer, Frank; Knapp, Peter:* Weltweit einsatzfähige Führungsinformationssysteme: Umsetzung und Anforderungen, in: Tagungsband zum 11. Deutschen Controlling Congress, hrsg. von *Thomas Reichmann,* München 1996, S. 219–243.
[31] Vgl. hier z.B. *Fritz, Burkhard; Kusterer, Frank:* Konzeption und Ausgestaltung eines kennzahlen- und berichtsorientierten Führungsinformationssystems unter Windows, in: DV-gestütztes Unternehmens-Controlling, hrsg. von *Thomas Reichmann,* München 1993, S. 151–166.

lysen sowie die Möglichkeit, Grenzwerte einzugeben, bei deren Über- oder Unterschreitung der Benutzer des Systems informiert wird. Das kann z. B. durch eine sogenannte Ampelfunktion erfolgen, die eine Unter- bzw. Überschreitung mit einer roten Markierung, eine Annäherung an den kritischen Wert mit einer gelben und einen unkritischen Wert mit einer grünen Markierung anzeigt.[32] Im Hinblick auf erforderliche Planungen und Prognosen müssen Simulationen auf dem Datenbestand bzw. dem relevanten Teil des Datenbestandes ermöglicht werden.

In der folgenden Abbildung sind die Anforderungen noch einmal stichpunktartig zusammengefaßt.

Betriebswirtschaftliche Anforderungen an eine DV-Unterstützung
• Verfügbarkeit eines integrierten Datenbestandes auf Basis der heterogenen Datenquellen
• Unterstützung verschiedener, multidimensionaler Sichten auf den Datenbestand
• Verfügbarkeit von aktuellen Daten zu jedem beliebigen Zeitpunkt
• individuelle Gestaltung von Berichten, aber auch Vorgabe von Standardberichten
• Bereitstellung und Verdichtung von Daten auf beliebigen Verdichtungsstufen
• Ermöglichung von Zeitreihenanalysen
• Eingabe von Grenzwerten
• Ermöglichung eines Drill-Downs online am Bildschirm
• Warnfunktion bei Über- oder Unterschreitung eines Grenzwerts
• schnelle und flexible Simulationen auf Basis der Standardberichte
• ausgereifte Präsentationsmöglichkeiten
• benutzerfreundliche Gestaltung und Funktionalität

Abb. 254: Beispiele für betriebswirtschaftliche Anforderungen an eine DV-Unterstützung

Basierend auf den betriebswirtschaftlichen Anforderungen können nachfolgend die Anforderungen an die Informationstechnologie definiert werden.

2. Informationstechnische Anforderungen an eine DV-Unterstützung

Der erste Schritt im Rahmen einer informationstechnischen Umsetzung der betriebswirtschaftlichen Anforderungen ist der Entwurf eines entsprechenden Datenmodells, das sowohl die betrieblichen Prozesse als auch die dazugehörigen

---

[32] Ein Beispiel für die Umsetzung dieser Funktion ist das Risikomanagementsystem *MERCUR* von der *Metallgesellschaft Handel & Beteiligungen AG,* das bei einer Überschreitung von kritischen Kontraktlimits die entsprechenden Kontrakte mit einem roten Feld kennzeichnet, was beim Controlling eine sofortige Reportpflicht an den Vorstand auslöst. Kontrakte, deren Limitausschöpfung bei 80 % liegt, werden dagegen mit einem gelben Feld und solche, die diese Grenzwerte nicht erreichen, mit einem grünen Feld markiert.

540   XI. Kapitel: Das DV-gestützte Controlling

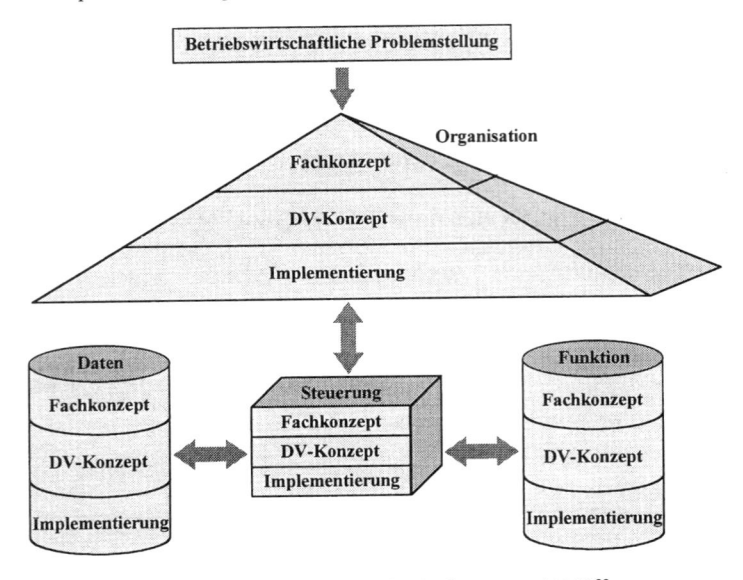

Abb. 255: Der grundlegende Aufbau von ARIS[33]

Informationsprozesse, d. h. die Informationsflüsse abbildet. Dabei müssen nicht notwendigerweise die gesamten Unternehmensprozesse abgebildet werden, sondern es ist durchaus möglich, ein Teilmodell zu entwickeln, das auf die Prozesse beschränkt ist, die DV-technisch unterstützt werden sollen. Ein gängiges Modellierungsinstrument ist z. B. das Entity-Relationship-Modell (ER-Modell) nach *Chen*,[34] das aber in seiner Notation von *Scheer* erweitert worden ist und dessen modifiziertes ER-Modell in der Praxis häufig eingesetzt wird. Es ist ein konstituierender Bestandteil von *ARIS* (*A*rchitektur integrierter *I*nformations*s*ysteme), einer Konzeption, das der ganzheitlichen Abbildung und Unterstützung von Unternehmensprozessen mit dem Ziel, deren Umsetzung in ein Informationssystem vorzubereiten.[35] Der grundlegende Aufbau von ARIS läßt sich wie folgt darstellen:

Das Vorgehen bei der Umsetzung einer betriebswirtschaftlichen Problemstellung in ein Informationssystem erfolgt in drei Stufen: Zunächst wird das **Fachkonzept** entworfen, daß in der Regel auf einem **semantischen Datenmodell** basiert. Ein semantisches Datenmodell, wie z. B. das ER-Modell, ist noch losgelöst von der rein technischen Umsetzung (Beispiele für technisch-orientierte Datenmodelle sind

---

[33] Mit leichten Modifikationen entnommen aus *Scheer, August-Wilhelm:* Wirtschaftsinformatik – Referenzmodelle für industrielle Geschäftsprozesse, 6. Aufl., Berlin et al. 1995, S. 14.
[34] Vgl. *Chen, Peter P.-S.:* The Entity-Relationship Model – Toward a Unified View of Data, in: ACM Transaction on Database Systems, 1. Jg. (1976) 1, S. 9–36.
[35] Vgl. hier und im folgenden *Scheer, August-Wilhelm:* Architektur integrierter Informationssysteme – Grundlagen der Unternehmensmodellierung, 2. Aufl., Berlin et al. 1992 sowie derselbe: Wirtschaftsinformatik – Referenzmodelle für industrielle Geschäftsprozesse, 6. Aufl., Berlin et al. 1995, S. 10–17.

das hierarchische oder das Netzwerkdatenmodell[36]), aber es ist doch so weit formalisiert, daß es bereits die informationstechnische Umsetzung vorbereitet. In diesem Modell werden Objekte und ihre Beziehungen zueinander definiert (z. B. „Mitarbeiter arbeitet in Projekt.": Mitarbeiter und Projekt sind Objekte und arbeitet in ihre Beziehung). Darüber hinaus werden im Rahmen des Fachkonzeptes die Funktionen bestimmt, die für die Umsetzung des Problems erforderlich sind (z. B. „Auftragsabwicklung"). Ein Vorteil von semantischen Datenmodellen ist die Unterstützung der Kommunikation von Anwendern und Entwicklern, da ein solches Modell auch für „Nicht-Entwickler" zu verstehen und nachzuvollziehen ist. Nachdem das semantische Datenmodell konstruiert und verabschiedet ist, wird das **DV-Konzept** entworfen. Hier erfolgt eine Umsetzung der Objekte und Funktionen des Fachkonzepts in eine Form, die bereits näher an der informationstechnischen Realisierung (z. B. an den Schnittstellen) ist als an der betriebswirtschaftlichen Aufgabenstellung. Für die Funktionen werden z. B. entsprechende Moduln entworfen oder es werden Benutzertransaktionen bestimmt. Der dritte und letzte Schritt, die Implementierung, ist die technische Umsetzung des DV-Konzepts in das Informationssystem. Das Resultat dieser Stufe ist das konkrete System basierend auf den Anforderungen des Fach- und des DV-Konzepts.

Nach der Abbildung der betriebswirtschaftlichen Strukturen ist die technische Umsetzung im Hinblick auf die Hardware und die Schnittstellen zu planen. Dabei ist vor allem wichtig, daß die Informationsversorgung technisch schnell und flexibel sichergestellt wird, weshalb hierfür z. B. ein **Client-Server-Konzept** vorgesehen werden sollte. Darüber hinaus müssen **adäquate Schnittstellen** für den Datenimport und Datenexport geschaffen werden. Durch den Datenimport und den nicht zur lesenden, sondern auch schreibenden Zugriff auf den Datenbestand durch die Benutzer muß die Konsistenz der Daten durch ein entsprechendes **Sicherheitskonzept** gewährleistet werden. Hier ist z. B. die einfachste Ausprägung, daß ein Datensatz, der gerade bearbeitet wird, für alle anderen Benutzer gesperrt ist. Zu dem Sicherheitskonzept gehört aber auch die Sicherstellung der Datenkonsistenz nach einem technischen Fehler, wie z. B. einem Absturz des Systems, z. B. durch eine entsprechende, kontinuierliche Datensicherung. Da in einer unternehmensweiten Datenbasis nicht jeder Benutzer uneingeschränkt auf jedes Datum zugreifen darf, muß neben dem Sicherheitskonzept auch ein **Zugriffskonzept** entwickelt werden, das die Berechtigungen für die einzelnen Benutzer regelt.

Die integrierte Datenbasis ist in der Regel sehr umfangreich, so daß eine Abfrage relativ lange Antwortzeiten zur Folge haben kann. Hier müssen entweder bereits entsprechende Abfragen in einer flexiblen Datenbankabfragesprache, wie z. B. SQL,[37] vorformuliert werden, die der Benutzer einfach aufrufen kann, ohne daß er sich um die Syntax kümmern muß, oder es muß eine isolierte Daten-

---

[36] Vgl. hierzu z. B. *Stucky, Wolffried; Krieger, Rudolf:* Datenbanksysteme, in: Handbuch Wirtschaftsinformatik, hrsg. von *Karl Kurbel* und *Horst Strunz,* Stuttgart 1990, S. 837–856, hier S. 851–852.
[37] SQL bedeutet Structured Query Language und ist von *IBM* entwickelt worden.

bank mit einem entsprechend dem Informationsbedarf strukturierten Datenbestand aufgebaut werden. Eine der wesentlichen Anforderungen an ein Informationssystem von seiten des Controlling ist die Möglichkeit, Berichte und Kennzahlen in standardisierter oder individueller Form erzeugen zu können. Dazu muß ein **Berichtsgenerator** zur Verfügung gestellt werden, der die Erstellung von Berichten und Kennzahlen unterstützt. Da solche Vorlagen in der Regel auch mit individuellen Formeln arbeiten können müssen, wird zusätzlich ein **Formelgenerator** benötigt. Die Präsentation der Ergebnisse kann auf zwei verschiedene Arten erfolgen: Sie werden entweder in Tabellenform mit den entsprechenden Werten oder als Grafik aufbereitet, die einen schnelleren Überblick über die Entwicklung oder z.B. Konzentrationen von Werten erlaubt. Somit ist eine **leistungsfähige Grafikfunktion** eine unerläßliche Komponente des Systems. Im Rahmen der Benutzerfreundlichkeit sollte darüber hinaus eine **grafische Benutzeroberfläche** implementiert sein, die zum einen den Einstieg in das System erleichtert, da mittlerweile die meisten Applikationen auf grafischen Elementen, wie z.B. der Fenstertechnik, basieren. Zum anderen ermöglicht eine grafische Oberfläche in Verbindung mit der Maus eine wesentlich schnellere Bearbeitung von Vorgängen als das Eingeben von Befehlen, wie es früher der Fall war.

Eine der grundlegenden Komponenten eines Informationssystems, das z.B. dem Controlling bei der Informationsbeschaffung und -aufbereitung dienen soll, ist aber die Datenbasis. Deshalb müssen bei der Formulierung der Anforderungen die folgenden Punkte beachtet werden:

- Die Zusammenführung der Daten in eine integrierte Datenbasis erfolgt in der Regel auf Basis heterogener Datenquellen. Das ist vor allem dann der Fall, wenn ein Unternehmen weltweit aktiv ist und Daten aus verschiedenen Tochterunternehmen aus unterschiedlichen Ländern integriert werden sollen.
- Im Hinblick auf die technische Umsetzung treten durch die Heterogenität der Quellen dann Schwierigkeiten auf, wenn Dateisysteme als Datenquellen dienen, weil hier kein beliebiger, sondern lediglich ein sequentieller Zugriff möglich ist. Werden jedoch moderne Datenbanksysteme eingesetzt, besteht die Möglichkeit, in beliebiger Reihenfolge auf die Daten zuzugreifen. Dadurch wird die Zugriffsgeschwindigkeit erheblich beschleunigt.
- Die im Unternehmen implementierte Informationssysteminfrastruktur besteht oftmals aus alten bzw. veralteten Systemen, die in der Regel noch keine Daten-Programm-Unabhängigkeit realisieren. Dadurch wird der Zugriff auf die Daten aus technischer Sicht erschwert. Darüber hinaus liegen oftmals unterschiedliche Datenformate und Datentypen vor, die in einen einheitlichen Datentyp überführt werden müssen.
- Desweiteren kann der Fall eintreten, daß benötigte Datenelemente, z.B. für die Ermittlung bestimmter Kennzahlen, fehlen, weil sie in den Quellsystemen nicht verfügbar sind.
- Einer besonderen Beachtung bedürfen die Aktualisierungsintervalle in den Quellsystemen, weil sie in der Regel unterschiedlich sind. Das bedeutet, daß vor der Verarbeitung der Daten ihre Aktualität sichergestellt werden muß. Das ist vor allem für die Qualität der Auswertungen wichtig, weil ein aktueller Datenbestand die Grundlage für ein korrektes Berichtswesen ist.

- Beim Entwurf des konzeptionellen Schemas kann es aufgrund von abgeleiteten Daten erforderlich sein, eine komplizierte Integritätssicherung durchführen zu müssen.

Basierend auf den oben genannten Punkten können die technischen Anforderungen an ein Informationssystem wie folgt formuliert werden:

Informationstechnische Anforderungen an eine DV-Unterstützung
• adäquates Datenmodell für den umzusetzenden Bereich
• modernes Datenbankmanagementsystem zur Verwaltung der integrierten Datenbasis
• Client-Server-Architektur für eine effektive Versorgung
• leistungsfähige Schnittstellen für den Datenimport und Datenexport
• zuverlässiges Sicherheits- und Zugriffskonzept
• schneller und flexibler Zugriff auf die Daten durch den Entwurf von entsprechenden Queries oder die Auslagerung eines Teils der Datenbank
• Berichtsgenerator, auch für individuelle Berichtsgestaltung
• Formelgeneratoren, für eigene Formeln oder Standardformeln
• ausgereifte Grafikfunktionen
• grafische Benutzeroberfläche

Abb. 256: Beispiele für informationstechnische Anforderungen an ein Informationssystem

Die Planungsschritte des Gesamt-Informationssytems sollten mit den Quellsystemen beginnen, weil sie den Input für alle weiteren Teilsysteme liefern. Hier existieren verschiedene Konzepte von Datenbanken, die entsprechend der jeweiligen Zielsetzung ausgewählt bzw. kombiniert werden müssen:

- Datenbanken, die in konventioneller Form alle Unternehmensdaten in ihrem ursprünglichen (so, wie sie erfaßt worden sind) Zustand enthalten. Dieses Konzept der Datenhaltung findet sich in den meisten Unternehmen als Basis für die operativen Systeme. Für Berichte und Analysen werden keine Daten aus den Systemen in ein anderes zur Auswertung übertragen, sondern die Abfragen werden gleich innerhalb des Systems gestellt. Gerade bei komplexen Abfragen beeinträchtigt dieses Vorgehen das Laufzeitverhalten der Quellsysteme, weil der gesamte Datenbestand durchsucht wird. Gerade im vorliegenden Fall ergeben sich hier Probleme, weil die Daten zusätzlich geographisch verteilt sind und man um eine Datensammlung in einer gemeinsamen Datenbank nicht herumkommt.
- Datenbanken, die bereits im Hinblick auf einen bestimmten Zweck entworfen worden sind und aus der unternehmensweiten Datenbasis ausgelagert sind: sogenannte Data Warehouses.[38] Das Konzept sieht vor, daß hier Daten für spe-

---

[38] Vgl. dazu z.B. *Scheer, August-Wilhelm:* Data Warehouse und Data Mining, in: Information Management, o.Jg. (1996) 1, S. 74–75; *Mucksch, Harry; Holthuis, Jan; Reiser, Marcus,* Das Data Warehouse-Konzept – ein Überblick, in: Wirtschaftsinformatik, 38. Jg. (1996) 4, S. 421–433.

zielle betriebswirtschaftliche Fragestellungen (Informationsbedarfe) hinterlegt werden können. Ein Data Warehouse wird in regelmäßigen Abständen aktualisiert, wobei aufgrund des Organisationsaufwandes keine permanente Aktualisierung erfolgen kann. Es sind somit historische Daten, die entsprechend den Anforderungen bereits vorselektiert und vorverdichtet worden sind.

Im folgenden wird kurz auf die zweite Variante der Datenhaltung, das Data Warehouse, eingegangen, weil dieses Konzept für eine betriebswirtschaftliche Nutzung eine hohe Bedeutung hat. Der Begriff „Data Warehouse" ist in der Literatur noch nicht eindeutig abgegrenzt, so daß eine Arbeitsdefinition hier zunächst eine sprachliche Grundlage liefert.

Ein Data Warehouse ist eine Datenbasis, die durch Integration verschiedener operativer Datenbestände gebildet wird. Bei der Integration werden durch Aggregation und Selektion nur solche Daten mit einbezogen, die für betriebswirtschaftliche Aufgabenstellungen relevant sind.

Ein erster Schritt für den Aufbau eines Data Warehouse ist der Entwurf des konzeptionellen Schemas. In der folgenden Abbildung ist ein beispielhafter Entwurf für ein konzeptionelles Warehouse-Schema dargestellt. Dabei wird bereits die Übernahme von Daten aus unterschiedlichen, heterogenen Quellsystemen berücksichtigt. Bei der Überführung und der Aufbereitung der Daten im Rahmen des Data Warehouse lassen sich drei unterschiedliche Datenstrukturen unterscheiden. Erstens die **Ladedatenstrukturen,** die durch die Transformation der Daten aus den Quellsystemen erzeugt werden, zweitens die **Basisdatenstrukturen,** die im Hinblick auf den bestehenden Informationsbedarf selektiert und entsprechend strukturiert werden, und schließlich drittens die **Auswertungsdatenstrukturen,** die aufbauend auf den Basisdatenstrukturen, z.B. durch Verdichtungen zu bestimmten Kennzahlen, unmittelbar auf den Informationsbedarf angepaßt werden und damit den geplanten Abfragen bereits am nächsten sind.

Eines der grundlegenden Probleme, die es bei dem Entwurf und Aufbau des Data Warehouses also zu lösen gilt, ist der Datenfluß innerhalb des Systems sowie zwischen dem System und der Umgebung. Hier lassen sich fünf verschiedene Ausprägungen differenzieren:[39]

- **Inflow:** Der Inflow ist die Übernahme von Daten in das Data Warehouse. Dazu muß zunächst auf der Grundlage des Informationsbedarfs entschieden werden, auf welchen Daten das Warehouse basieren soll.
- **Upflow:** Der Upflow ist der eigentlich entscheidende Teil des gesamten Datenflusses, weil hier die Auswahl der relevanten Daten und ihre Verdichtung, die Strukturierung entsprechend der Vorgaben durch den Informationsbedarf z.B. in bestimmten Berichtsstrukturen und ihre Verteilung im Hinblick auf die räumliche Position der Adressaten stattfindet.

---

[39] Vgl. z.B. *Hoffmann, Werner; Kusterer, Frank:* Handels-Controlling auf Basis eines Datawarehouse und OLAP oder auch *Hackathorn, Richard D.:* Datawarehousing Energizes Your Enterprise, in: Datamation, 41.Jg. (1995) 1.Feb., S.38–42.

C. DV-Unterstützung von Rechnungswesen und Controlling   545

Quell-   Lade-   Basis-   Auswertungs-   Auswertungs-
systeme   Datenstrukturen   Datenstrukturen   Datenstrukturen   systeme

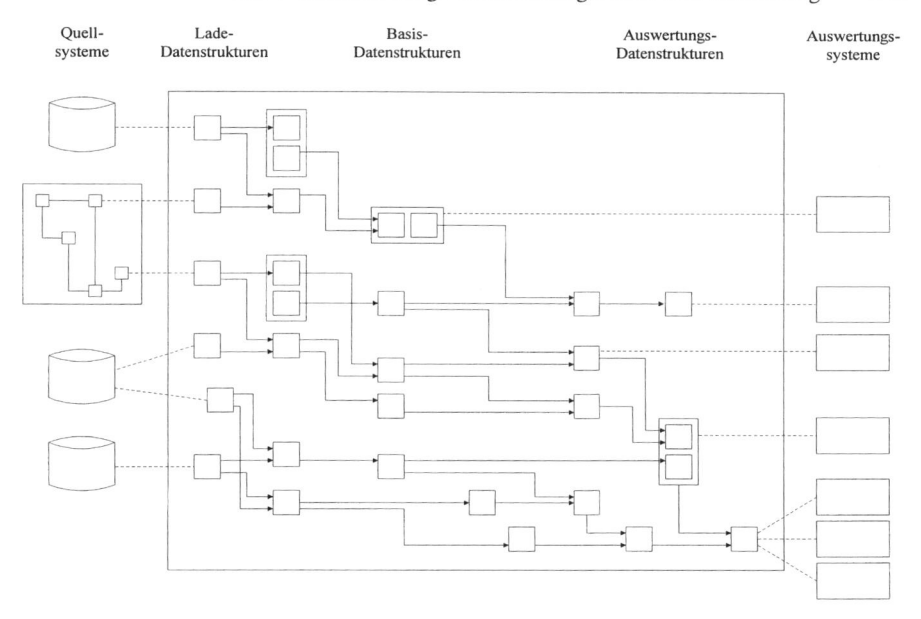

Abb. 257: Entwurf des konzeptionellen Data Warehouse Schemas[40]

- **Downflow:** Durch den Downflow wird die Aktualität der Daten in dem Data Warehouse sichergestellt. Darüber hinaus wird so der Umfang der Datenbasis begrenzt, weil veraltete Daten in Archive ausgelagert werden, ohne daß sie vollständig einem Zugriff entzogen werden.
- **Outflow:** Der Outflow bezeichnet das zur Verfügungstellen der Ergebnisse für den Benutzer. Der Outflow wird in erster Linie durch die auf das Data Warehouse aufgesetzten Auswertungswerkzeuge bestimmt. Hier ist z.B. OLAP zu nennen, das im folgenden noch näher erläutert wird.
- **Metaflow:** Informationen über die in dem Warehouse enthaltenen Daten, also z.B. ihre Struktur, Herkunft, die eingehenden Basisdaten etc., werden durch den Metaflow koordiniert.

Mit einem Data Warehouse wird also die Möglichkeit geboten, einen sehr umfangreichen Datenbestand so zu strukturieren, daß bestimmte Informationen schnell und flexibel abrufbar sind. Hierbei muß allerdings beachtet werden, daß die Daten „Ex post-Informationen" beinhalten, die eventuell in den operativen Datenbeständen bereits aktueller vorliegen. Hier Inkonsistenzen zu vermeiden ist eine der Aufgaben des Informationsmanagements im Unternehmen. Wie bereits angesprochen, hängt die Bereitstellung der Daten für den Informationsadressaten, also der Outflow, von den Auswertungswerkzeugen ab. Damit aber eine effiziente Auswertung erfolgen kann, muß der Datenbestand auch in einer

---

[40] Vgl. *Eicker, Stefan; Jung, Reinhard; Nietsch, Michael; Winter, Robert:* Entwicklung eines Data Warehouse für das Produktionscontrolling – Konzepte und Erfahrungen, in: Tagungsband WI '97, hrsg. von *Hermann Krallmann,* erscheint 1997.

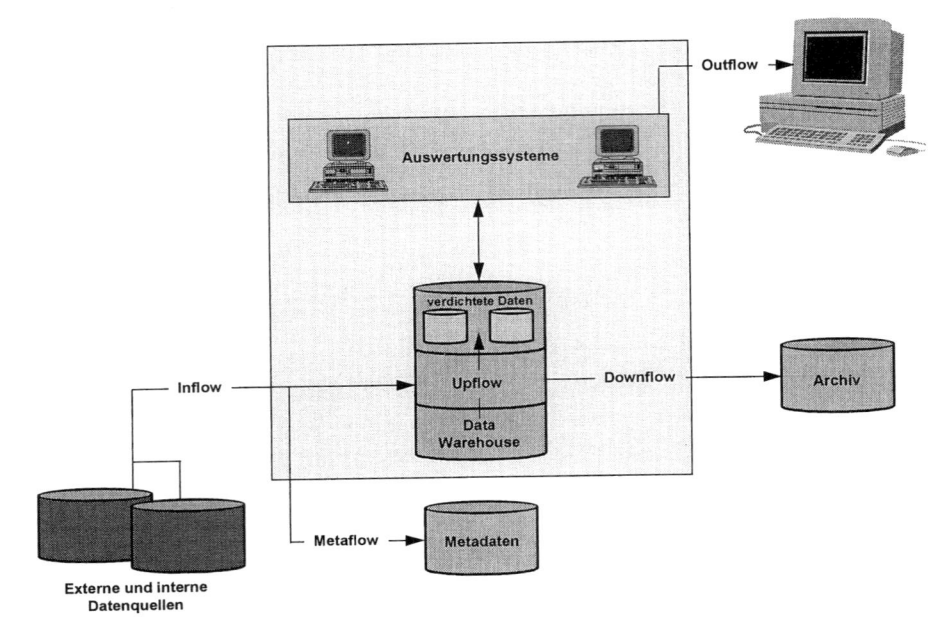

Abb. 258: Beispielhafter Aufbau eines OLAP-Systems

entsprechenden Form strukturiert sein. Eine mögliche Form der Strukturierung ist z.B. die Darstellung in mehreren Dimensionen (vgl. *Abb. 253*), wodurch unterschiedliche Sichten auf den Datenbestand ermöglicht werden. Die Abbildung der Multidimensionalität mit einem relationalen Datenbanksystem ist relativ schwierig,[41] weil hierfür z.B. in SQL sehr komplexe Abfragen entwickelt werden müssen. Deshalb wurde ein multidimensionales Konzept für die Strukturierung von Datenbanken entwickelt: **OLAP (*On-line Analytical Processing*).** Die grundlegenden Anforderungen an ein OLAP-System lassen sich in den Begriff FASMI zusammenfassen. Dahinter verbergen sich die folgenden Forderungen: **Fast:** Schnelle Antwortzeiten, die selbst bei aufwendigen Abfragen möglichst nicht länger als 20 Sekunden dauern sollen, müssen ermöglicht werden; **Analysis:** OLAP muß die vom Benutzer gewünschten Analysen im Rahmen der hinterlegten Daten unterstützen; **Shared:** Mehrere Benutzer müssen gleichzeitig auf den Datenbestand zugreifen können; **Multidimensional Information:** Der Datenbestand muß multidimensional abgelegt sein, damit eine möglichst flexible Auswertung erfolgen kann, und dem Benutzer müssen jegliche gewünschte Informationen zur Verfügung gestellt werden. Dazu ist z.B. erforderlich, daß „Scheiben" aus dem mehrdimensionalen Datenbestand „herausgeschnitten" werden können, was mit dem Begriff „slicing" beschrieben wird. Darüber hinaus müssen Teilwürfel isoliert werden können, das sogenannte „dicing", und die Dimensionen müssen beliebig gewechselt werden können, das bedeutet, daß der imaginäre Daten-

---

[41] *Hoffmann, Werner; Kusterer, Frank:* Handels-Controlling auf Basis eines Datawarehouse und OLAP, S. 232 ff.

würfel gedreht wird: „rotating". Des weiteren müssen „drill-downs" und „rollups" ermöglicht werden, wobei „drill-down" bedeutet, daß die Basisdaten eines aggregierten Datums ermittelt werden und „roll-up", daß eine Aggregation von Basisdaten erfolgt.

Ein OLAP-System besteht in der Regel aus einer multidimensionalen Datenbank (OLAP-Server), die den Datenfluß in der oben beschriebenen Form koordiniert, und verschiedenen Auswertungswerkzeugen. Die Auswertung eines multidimensionalen Datenbestandes kann z.B. durch ein Data Mining-System erfolgen, das in dem Bestand nach Auffälligkeiten sucht und daraus bestimmte Muster generiert.[42] In *Abb. 258* werden die Bausteine eines Data Warehouses mit einem integrierten OLAP-System sowie der Datenfluß beispielhaft erläutert.

Mittlerweile existieren für eine angemessene DV-Unterstützung des Controlling verschiedene Anwendungssysteme, die auf einer unterschiedlich breiten Basis die einzelnen Controlling-Funktionen unterstützen. Nachfolgend werden drei Beispiele für solche Systeme vorgestellt.

C. Beispiele für die Umsetzung einer DV-Unterstützung von Rechnungswesen und Controlling

1. Betriebswirtschaftliche Anwendungen auf der Basis des Data Warehouse-Konzepts von Oracle

Die *Oracle Deutschland GmbH*, als Tochter der Oracle Corp., die eines der wichtigsten globalen Unternehmen für Anwendungssoftware darstellt, ist einerseits spezialisiert auf betriebliche Datenbanklösungen und andererseits auf Applikationen, die eine umfassende Funktionalität für die verschiedenen betrieblichen Aufgabenbereiche bieten. Bei den Datenbanklösungen ist vor allen Dingen im Hinblick auf eine Unterstützung von multidimensionalen Datenbeständen die *Oracle Express-Datenbank* zu nennen, die in Verbindung mit *Express Objects*, dem *Oracle Express Analyzer* und dem *Express Administrator* ein leistungsfähiges OLAP-System repräsentiert. Dieser Werkzeugkasten wird durch den *Developer/2000* ergänzt, der die Entwicklung von unternehmensinternen Anwendungen ermöglicht. Die betriebswirtschaftlichen Applikationen basieren auf dem *Express OLAP Server,* der das Data Warehouse, bzw. in der Oracle-Terminologie das Information Warehouse, für die Anwendungen darstellt. Die betriebswirtschaftlichen Anwendungen decken z.B. mit dem *Oracle Financial Analyzer* und *Oracle Sales Analyzer* die Bereiche Rechnungswesen und Controlling sowie Marketing und Vertrieb ab. Die grundlegende Architektur der Softwarelösungen ist als Client-Server-Konzeption umgesetzt.

---

[42] Vgl. hierzu z.B. *Mertens, P.; Bissantz, N.; Hagedorn, J.:* Data Mining im Controlling – Überblick und erste Praxiserfahrungen, in: Zeitschrift für Betriebswirtschaft, 67.Jg. (1997) 2, S.179–201.

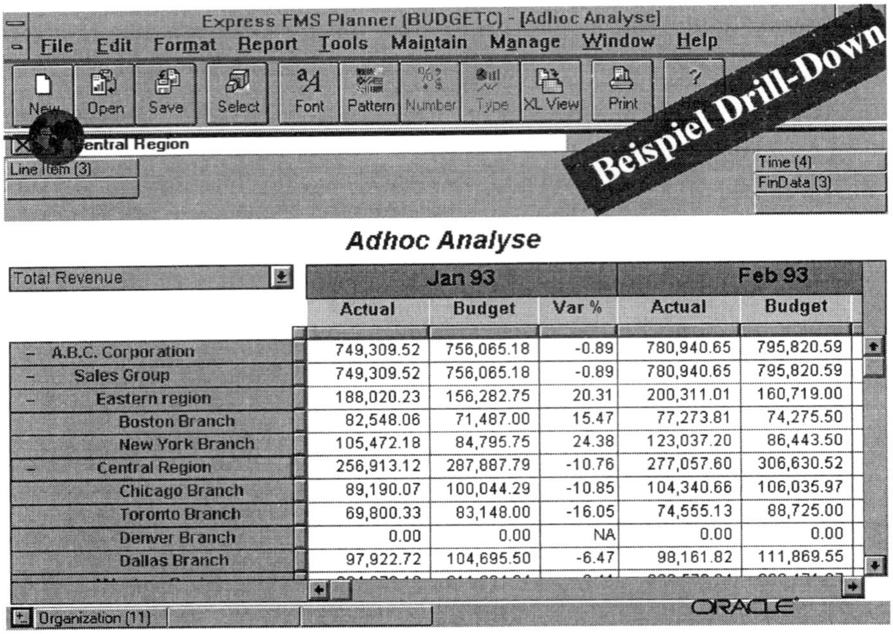

548 XI. Kapitel: Das DV-gestützte Controlling

Abb. 259: Beispielhafter Drill-Down

Ein wichtiger Punkt für den Aufbau der Datenbasis für ein Data Warehouse, der bereits im Rahmen der Anforderungen an ein Informationssystem genannt wurde, ist eine leistungsfähige Schnittstelle, die die komfortable Übernahme von Daten aus anderen Systemen, wie z. B. der Finanzbuchhaltung oder der operativen Kostenrechnung, ermöglicht. Somit muß ein Analysesystem von einer solchen Schnittstelle zur Data Warehouse-Datenbank unterstützt werden. Der Financial Analyzer, als Auswertungssystem, basiert auf einem zweistufigen Konzept. Zum einen arbeitet er auf der zentralen Financial Analyzer Datenbank und zum anderen auf dem multidimensionalen Express Server, der die Datenübernahmen und -aufbereitung unterstützt. Somit sind in dem Financial Analyzer die Datenbasis und das Auswertungswerkzeug integriert, damit die wesentlichen Aufgaben im Rahmen des Rechnungswesens und Controlling ohne Reibungsverluste durchgeführt werden können. Dazu gehört z. B. die Abbildung der betriebswirtschaftlichen Strukturen und Modelle, auf denen die Finanz- und Kostenrechnungsdaten basieren. Des weiteren gehört die Planung von Werten und Prozessen sowie die Vorbereitung und Durchführung der Budgetierung zu den Aufgaben dieses Bereichs. Für die Auswertungen werden Simulationen, die Erstellung von verschiedenen Berichten, sowohl Standard- als auch Spezialberichte, zur Verfügung gestellt sowie die grafische Präsentation der Ergebnisse ermöglicht.

Der Sales Analyzer baut auf einem ähnlichen Konzept auf und unterstützt so die Aufgaben von Vertrieb und Marketing, wie z. B. die Durchführung einer Konkurrentenanalyse. Gerade dieser Unternehmensbereich muß eine Vielzahl von

C. DV-Unterstützung von Rechnungswesen und Controlling   549

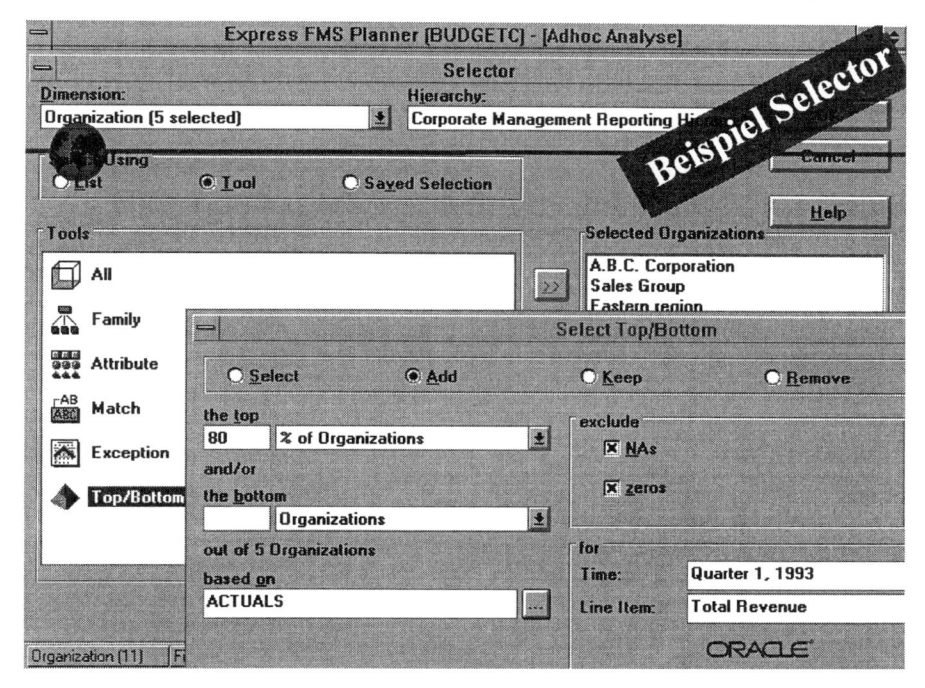

Abb. 260: Beispiel für eine Selektion

internen und externen Daten verarbeiten, wobei aus internen Quellen z. B. Umsatz- und Absatzdaten sowie Daten bzgl. Produkt- oder Werbekosten anfallen. Zu den Daten aus externen Quellen gehören z. B. Marktforschungsdaten, Informationsdienste, Konkurrenzdaten oder Daten von Informationsdiensten. Das hohe Datenvolumen, das z. B. für eine Konkurrentenanalyse benötigt wird, um bei dem Beispiel zu bleiben, muß zunächst nach den stärksten Konkurrenten sortiert und dann anhand bestimmter Kriterien analysiert werden. Diese Aufgabe übernimmt der Selektor, der das Berichtswesen des Sales Analyzers unterstützt, das darüber hinaus die Erstellung von individuellen Berichten, z. B. im Rahmen eines Exception Reporting oder des Entwurfs von Rangfolgeberichten (z. B. Ausgabe der zehn erfolgreichsten Produkte der Palette) ermöglicht. Da der Marketing- und Vertriebsbereich mit einer Vielzahl von hoch verdichteten Werten arbeiten muß, wird eine Drill-Down-Funktion zur Verfügung gestellt, die die Werte wieder in Einzelinformationen aufspaltet und darüber hinaus ein „rotating" der Berichtsachsen für den Wechsel der Sicht auf den Datenbestand ermöglicht. Genauso wie bei dem Financial Analyzer können die Ergebnisse der Analysen durch verschiedene Grafiken präsentiert werden. Nachfolgend sind zwei Beispiele aufgeführt, die einen Teil der beschriebenen Funktionalitäten abbilden. Dabei wird in *Abb. 259* zum einen die Drill-Down-Funktion und in *Abb. 260* der oben beschriebene Selektor beispielhaft dargestellt.

2. Der ganzheitliche Ansatz des Systems R/3 der *SAP AG*

Die *SAP AG* in Walldorf gehört ebenfalls zu den weltweit führenden Anbietern integrierter betriebswirtschaftlicher Anwendungen. Bei dem Softwaresystem R/3 handelt es sich um eine branchenübergreifende Standardsoftware zur Planung, Steuerung und Kontrolle der betriebswirtschaftlichen Vorgänge in Unternehmen. Die unterschiedlichen Bereiche und Funktionen des Unternehmens finden ihre Abbildung in den einzelnen Programmmodulen. Das System R/3 zeichnet sich dadurch gegenüber anderen Systemen aus, daß trotz der Modularisierung eine integrierte Datenbasis vorliegt, in der die Verflechtung der einzelnen Module berücksichtigt und stets auf aktuelle Daten zugegriffen wird.[43]

Die Offenheit erlangt das System durch Kommunikationsschnittstellen, die dem allgemeinen Standard entsprechen. Das System kann durch eigene Programmentwicklungen in der Programmiersprache ABAP/4 erweitert und so um anwenderspezifische Lösungen, die über das Angebot der Software hinausgehen, ergänzt werden.

Das für den Einsatz in offenen Systemumgebungen konzipierte System beruht auf einer dreistufigen Client-Server-Architektur, die wie folgt aufgebaut ist:[44]

- Datenbankebene
  Grundlage ist der Datenbankserver, der auf einer zentralen Datenbank basiert. Sie speichert alle Daten und Anwendungsprogramme.
- Applikationsebene
  Auf der zweiten Stufe befindet sich die Anwendungslogik, die der Prozeßabwicklung dient und als Puffer zur zentralen Datenbank fungiert.
- Präsentationsebene
  Die Schnittstelle zum Benutzer (Benutzerinteraktion) wird durch die dritte Ebene repräsentiert. Sie dient der Aus- und Eingabe der Daten auf Benutzerseite.

Das System besteht aus verschiedenen Modulen, durch die unterschiedliche Unternehmensbereiche abgebildet werden.

Enthalten sind Funktionen zu Vertrieb, Materialwirtschaft, Produktionsplanung, Qualitätssicherung, Instandhaltung, Personalwirtschaft, Finanzwesen, Controlling, Anlagenwirtschaft, Projektsystem, Office & Communication und Branchenlösungen. Das System soll den Anforderungen einer branchenübergreifenden Standardsoftwarelösung gerecht werden.

---

[43] Vgl. *Wenzel, Peter* (Hrsg.): Betriebswirtschaftliche Anwendungen des integrierten Systems *SAP*-R/3, Braunschweig/Wiesbaden 1995, S. 2–9.
[44] Vgl. dazu *Buck-Emden, Rüdiger; Galimow, Jürgen:* Die Client/Server-Technologie des Systems R/3: Basis für betriebswirtschaftliche Standardanwendungen, 3. Auflage Bonn 1996.

C. DV-Unterstützung von Rechnungswesen und Controlling   551

Alle Anwendungsprogramme im R/3-System sind in der SAP-eigenen interpretativen Sprache ABAP/4 formuliert. Als steuernde Instanzen in Dialogen wirken dabei die sogenannten Dynpros, die ebenfalls SAP-spezifisch sind und interpretativ verwendet werden. Die technologische Grundlage der R/3-Anwendungen ist daher das abgestimmte Zusammenspiel zweier Interpreter, nämlich des Dynpro- und des ABAP/4-Interpreters. Beide Interpreter stützen sich auf die im Data Dictionary[45] hinterlegte – semantische und technische – Gesamtsicht der R/3-Datenwelt.[46]

Im folgenden wird der Aufbau des Systems R/3 dargestellt, wobei die Grundlage hierfür die im System abgebildete Struktur ist.[47] Diese ist unterteilt in die **Anwendungskomponenten** Rechnungswesen, Logistik und Personalwesen. Darüber hinaus existieren sogenannte **Anwendungsübergreifende Objekte** sowie die **Basis.** Da eine Beschreibung aller Module des Systems R/3 und deren Funktionen den Rahmen des vorliegenden Buches sprengen würde, erfolgt hier eine Beschränkung auf die Abbildung der hierarchischen Struktur. Sie ist allerdings bereits geeignet, um die nahezu umfassende Abbildung und Integration der betrieblichen Vorgänge in das System R/3 zu verdeutlichen.

- **Anwendungsübergreifende Komponenten**
  Die **Anwendungsübergreifenden Objekte** dienen dazu, Festlegungen zu treffen, die für alle Funktionsbereiche des Unternehmens und damit für alle Module des Systems SAP R/3 Gültigkeit besitzen, z.B. Kalender, Währungen etc.

- **Anwendungskomponenten Rechnungswesen**
  Das Rechnungswesen im System SAP R/3 beinhaltet neben dem internen Rechnungswesen (Controlling) und dem externen Rechnungswesen (Finanzwesen) Module zum Investitionsmanagement und Treasury sowie Werkzeuge zur unternehmensweiten Planung, Steuerung und Kontrolle (Unternehmens-Controlling).

---

[45] Ein Data Dictionary ist das Verzeichnis der in dem System gespeicherten Daten. Er dient der Information des Benutzers hinsichtlich der Herkunft der Daten etc. Vgl. dazu z.B. *Eicker, Stefan:* IV-Dictionary, Berlin et al. 1994.
[46] Vgl. *Wenzel, Peter* (Hrsg.): Betriebswirtschaftliche Anwendungen des integrierten Systems *SAP*-R/3, S. 14–23; *Matzke, Bernd:* ABAP/4: die Programmiersprache des *SAP*-Systems R/3, 1. Auflage, Bonn 1996.
[47] Vgl. dazu *SAP:* R/3 System Online Dokumentation Version 3.0 (CD-ROM); *SAP:* R/3 System Release 3.0 Documentation Print Files, November 1996 (CD-ROM); *SAP:* Visual Sapphire '96, Vienna, Juni 1996 (CD-ROM).

Finanzwesen (FI)	Hauptbuchhaltung
	Kreditorenbuchhaltung
	Debitorenbuchhaltung
	Konsolidierung
	Anlagenbuchhaltung
	Spezielle Ledger[48]
Treasury (TR)	Cashmanagement
	Finanzbudgetmanagement
Controlling (CO)	Gemeinkosten-Controlling
	Produktkosten-Controlling
	Ergebnis- und Marktsegmentrechnung
Investitionsmanagement (IM)	
Unternehmenscontrolling (CO)	Profit-Center-Rechnung
	Unternehmensplanung
	Managementkonsolidierung
	Executive Information System

Abb. 261: Struktur der Anwendungskomponenten Rechnungswesen

Die Menüstruktur, die den Anwender durch das System führt, ist mit sogenannten **Drop-Down-Menüs** realisiert worden, die auf Stichworten basiert, so wie es auch z.B. von der Benutzeroberfläche des *Microsoft* Betriebssystems *Windows* bekannt ist. In der folgenden Abbildung ist eine Menüstruktur für die Funktion Controlling beispielhaft dargestellt.

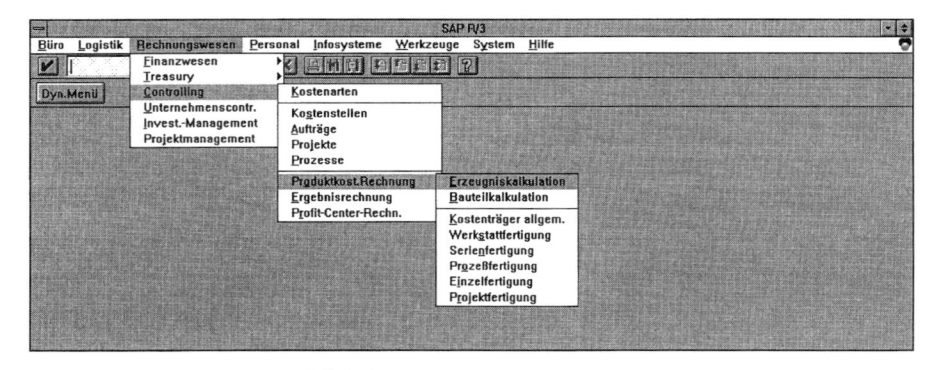

Abb. 262: Menüstruktur Controlling

- **Anwendungskomponenten Logistik**
  Die Anwendungskomponente Logistik umfaßt nicht nur reine Logistikfunktionen, wie z.B. den Transport, sondern die gesamte Kette der Gütererstellung von der Materialwirtschaft über Produktionsplanung und -steuerung bis hin zum Vertrieb. Begleitet werden diese Funktionen von Instandhaltung, Qualitätsmanagement und dem Projektsystem.

---

[48] Ledger ist der englische Begriff für die einzelnen Bücher der Buchhaltung.

C. DV-Unterstützung von Rechnungswesen und Controlling 553

Logistik allgemein (SD)	Grunddaten Logistik Prognose Variantenkonfiguration Änderungsdienst des Logistikinformationssystems
Vertrieb (SD)	Stammdaten Grundfunktionen Verkauf Versand Transport Außenhandel Fakturierung Vertriebsunterstützung Informationssystem Electronic Data Interchange
Materialwirtschaft (MM)	Verbrauchsgesteuerte Disposition Einkauf Bestandsführung Lagerverwaltung Rechnungsprüfung Informationssystem Electronic Data Interchange
Qualitätsmanagement (QM)	Qualitätsplanung Qualitätsprüfung Qualitätslenkung Qualitätszeugnisse Qualitätsmeldungen
Instandhaltung (PM)	Technische Objekte Vorbeugende Instandhaltung Instandhaltungsabwicklung Instandhaltungsprojekte Service Management Informationssystem
Produktionsplanung und -steuerung (PP)	Grunddaten Absatz- und Produktionsgrobplanung Produktionsplanung Kapazitätsplanung Bedarfsplanung Fertigungsaufträge Kanban Serienfertigung Montage Produktionsplanung Prozeßindustrie Betriebsdatenerfassung Informationssystem
Projektsystem (PS)	Grunddaten Operative Strukturen Projektplanung Projektbudgetierung Projektrealisierung/Integration Informationssystem

Abb. 263: Struktur der Anwendungskomponenten des Bereichs Logistik

- **Anwendungskompomenten Personalwesen**
  Das Personalwesen teilt sich in die Bereiche zur Verwaltung und Abrechnung des Personals sowie zur Personalplanung und -entwicklung.

Personalwirtschaft allgemein (HR)	Personalplanung Organisationsmanagement Personalentwicklung Personaleinsatz Veranstaltungsmanagement Raumbelegungsplanung
Personaladministration und Abrechnung (HR)	Personaladministration Arbeitgeberleistungen Personalbeschaffung Zeitwirtschaft Leistungslohn Reise Abrechnung

Abb. 264: Struktur der Anwendungskomponenten Personalwesen

- **Basis**
  In der **Basis** sind die System- und Datenbankverwaltung sowie die Entwicklungswerkzeuge zusammengefaßt.

Basis-Services
Betriebssystemplattformen
Frontend Services
ABAP/4 Development Workbench
Business Engineering Workbench

Abb. 265: Struktur der Basis

Die *ABAP/4 Development Workbench* ist ein von der *SAP AG* entwickeltes Programmier- bzw. Entwicklungswerkzeug, das z.B. für die Schnittstellenanpassung an bereits existierende Systeme des Unternehmens eingesetzt werden kann. In der folgenden Abbildung ist eine beispielhafte Prozedur in ABAP/4 dargestellt.

Zusammenfassend kann festgehalten werden, daß das System R/3 betriebswirtschaftliche Abläufe im Unternehmen in einer sehr umfangreichen Weise abbildet. Durch eine solche integrierte Standardsoftware wird der Daten- und damit auch der Informationsfluß erheblich verbessert, wenn die Anpassung der Unternehmensstrukturen vorgenommen sind. Über die hier vorgestellte Funktionalität hinaus ist allerdings ein Informationssystem erforderlich, das die komplexen Auswertungen des Datenbestandes, der durch R/3 erzeugt und zur Verfügung gestellt wird, schnell und vor allem flexibel leisten kann. Hier wird z.B. die Möglichkeit gefordert, verschiedene Aggregationsstufen für Topmanagement-Kenn-

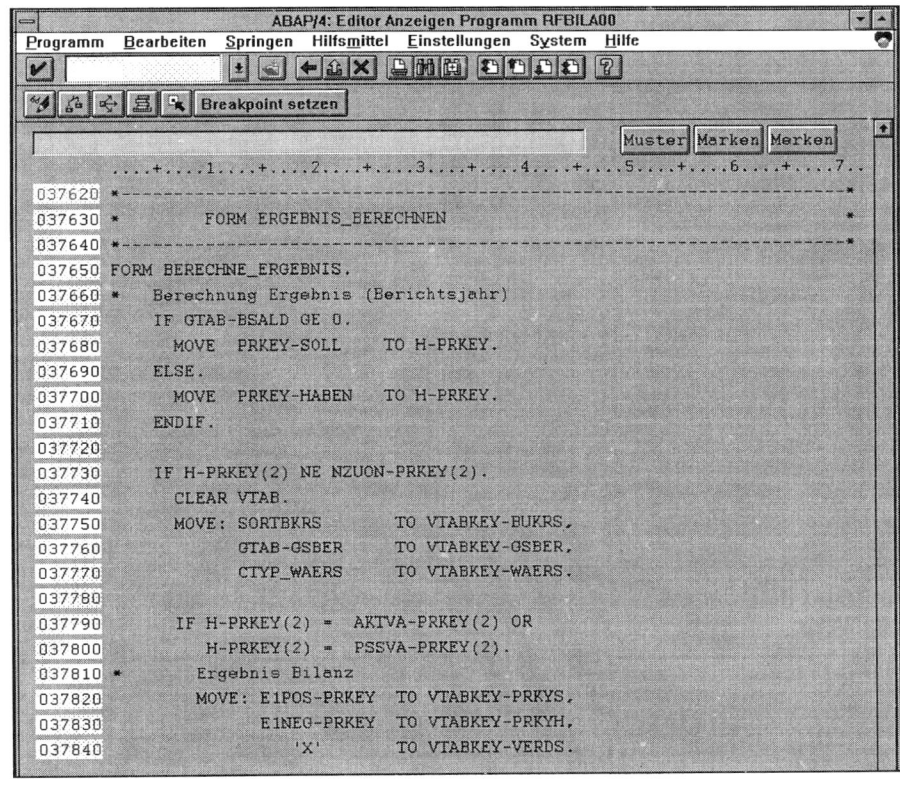

C. DV-Unterstützung von Rechnungswesen und Controlling   555

```
*-------------------------------------------------------------------*
*       FORM ERGEBNIS_BERECHNEN                                     *
*-------------------------------------------------------------------*
FORM BERECHNE_ERGEBNIS.
*   Berechnung Ergebnis (Berichtsjahr)
    IF GTAB-BSALD GE 0.
      MOVE   PRKEY-SOLL      TO H-PRKEY.
    ELSE.
      MOVE   PRKEY-HABEN     TO H-PRKEY.
    ENDIF.

    IF H-PRKEY(2) NE NZUON-PRKEY(2).
      CLEAR VTAB.
      MOVE:  SORTBKRS        TO VTABKEY-BUKRS,
             GTAB-GSBER      TO VTABKEY-GSBER,
             CTYP_WAERS      TO VTABKEY-WAERS.

      IF H-PRKEY(2) = AKTVA-PRKEY(2) OR
         H-PRKEY(2) = PSSVA-PRKEY(2).
*        Ergebnis Bilanz
         MOVE:  E1POS-PRKEY   TO VTABKEY-PRKYS,
                E1NEG-PRKEY   TO VTABKEY-PRKYH,
                'X'           TO VTABKEY-VERDS.
```

Abb. 266: ABAP/4-Workbench / ABAP/4-Editor

zahlen vorzusehen, die durch ein entsprechend ausgestaltetes Führungsinformationssystem, wie im nachfolgenden Kapitel beschrieben, umgesetzt werden muß.

Abbildung 267 zeigt die Integration der betriebswirtschaftlichen und DV-technischen Informationssysteme. Auf jeder Ebene der Pyramide werden die erforderlichen Informations- und Datenflüsse durch die entsprechenden Komponenten der SAP R/3 Standardsoftware unterstützt. Die oberste Ebene stellt die Führungsinformationssysteme dar, derer sich das Controlling für die Auswertungen bedient.

3. Das Führungsinformationssystem FIS

Die Auswertung der unternehmensweiten Datenbasis erfordert ein System, das flexibel unterschiedliche Abfragen der verschiedenen Unternehmensebenen behandeln kann. Dazu gehört z.B. die Auswahl der relevanten Daten, das Erzeugen von Berichten sowie die Verdichtung der Werte zu Kennzahlen. Ein solches **Führungsinformationssystem** sollte gemäß der oben aufgeführten betriebswirt-

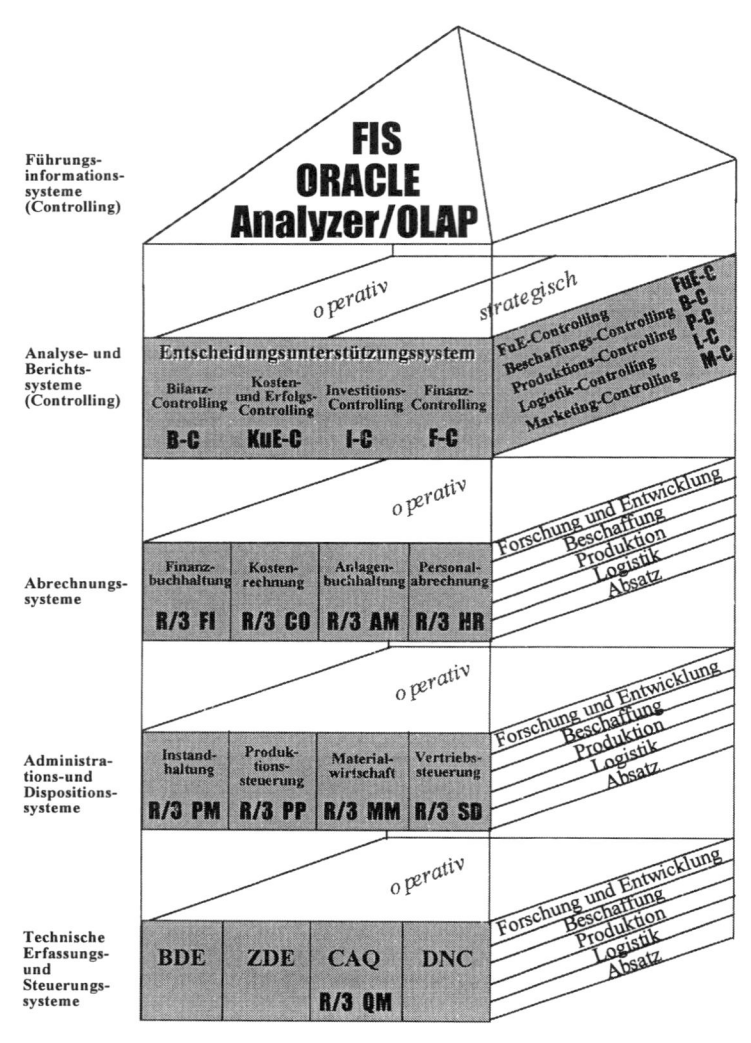

Abb. 267: Integrierte Controlling- und Informationskonzeption unter Berücksichtigung DV-technischer Umsetzungsmöglichkeiten

schaftlichen und informationstechnischen Anforderungen entworfen werden. Eine mögliche Definition für den Begriff kann z. B. wie folgt lauten:

Ein Führungsinformationssystem ist ein Anwendungssystem, das zur entscheidungsbezogenen Verarbeitung und Aufbereitung von Daten zu Informationen dient. Die zugrundeliegenden Entscheidungsprobleme sind in der Regel schlecht strukturiert und damit nicht einer Standardisierung unterwerfbar. Die zu einer „intelligenten" Auswertung notwendigen Verdichtungsstufen der Information orientieren sich sowohl an der zeitlichen Entscheidungsdimension als auch an dem objektbezogenen Entscheidungsbezug auf der entsprechenden Unternehmensebene.

Ein Führungsinformationssystem, das zur Zeit auf dem Markt ist,[49] ist das Führungsinformationssystem FIS, das von der *CIC GmbH* in Dortmund entwickelt worden ist. Es kann als effizientes Auswertungsinstrument auf eine betriebliche, integrierte, relationale oder multidimensionale Datenbasis aufgesetzt werden. Es basiert auf dem Datenbankmanagementsystem *„Oracle 7.0"* und ist als Client-Server-Anwendung realisiert.

Um mit einem Führungsinformationssystem die verschiedenen angesprochenen Auswertungen umzusetzen, muß es möglich sein, durch die einfache situationsspezifische Kombination verschiedener Daten und Parameter neue aussagefähige Informationen zu generieren. Aus Flexibilitätsüberlegungen muß daher im Vordergrund der konzeptionellen Gestaltung eines flexiblen kennzahlengestützten Führungsinformationssystems die bereits mehrfach erwähnte mehrdimensionale Abbildung aller relevanten Informationen stehen.

Eine entscheidungsebenenbezogene als auch entscheidungsobjektbezogene Informationsversorgung kann durch die Berücksichtigung der drei Informationsaspekte Zeit, Berichtsbaum und Auswertungen sichergestellt werden:[50] Der Aspekt **Zeit** bezeichnet den möglichen Zeithorizont der Informationsbereitstellung, wobei sich überjährige, jährliche und unterjährige Analysen unterscheiden lassen. Jährliche Analysen haben eher globalen Charakter und dienen i.d.R. dem Vergleich hierarchisch höhergestellter Elemente (z.B. Werksvergleich). Die unterjährige Analyse ermöglicht darauf aufbauend eine detaillierte Ursachenanalyse. Z.B. können somit saisonale Schwankungen transparent gemacht werden, die sonst möglicherweise durch zeitliche Kompensationseffekte verdeckt würden.

Das Informationskriterium **Berichtsbaum** stellt die eigentliche Basis für eine strukturierte Unternehmensanalyse dar und ermöglicht die Erstellung einer Objekt-Hierarchie, die sich an der Organisationsstruktur des Unternehmens und auch an weiteren interessierenden Bezugsobjekten orientieren kann. Durch die Möglichkeit zur **Verwaltung paralleler Hierarchien** (z.B. differenziert nach Strategischen Geschäftseinheiten oder Regionen) kann der Aufbau des Berichtsbaumes nach rein unternehmensspezifischen, aber parallel auch marktbezogenen Überlegungen erfolgen (vgl. *Abb. 268*).

Mit der Informationsdimension **Auswertungen** wird auf Basis der anwenderspezifisch definierbaren Auswertungsstrukturen **Berichte, Kennzahlen** und **Zeitreihenanalyse** eine benutzerindividuelle Informationsaufbereitung und -darstellung über die Einstellung flexibler Definitions- und Gestaltungsparameter ermöglicht (vgl. *Abb. 269*). Für die bessere Visualisierung der Tabelleninhalte sorgen Graphikoptionen, da eine prägnante und übersichtliche Graphik den Berichtsemp-

---

[49] Andere Systeme, die hier noch zu nennen wären, sind z.B. Commander EIS, FCS-Pilot oder auch TZ-Info.
[50] Vgl. dazu *Reichmann, Thomas; Fritz, Burkhard; Fröhling, Oliver*: Kennzahlengestütztes Controlling auf der Basis eines PC-gestützten Führungsinformationssystems. Transparenz und Flexibilität im Berichts- und Rechnungswesen, in: ZfC, 2.Jg. (1990), S.262–267, hier S.266f.

558   XI. Kapitel: Das DV-gestützte Controlling

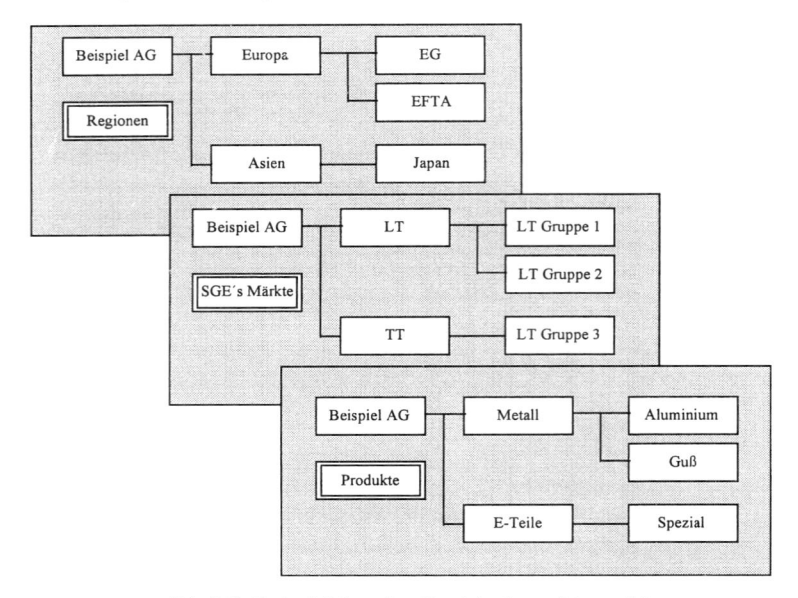

Abb. 268: Beispiel für eine Berichtsbaumhierarchie

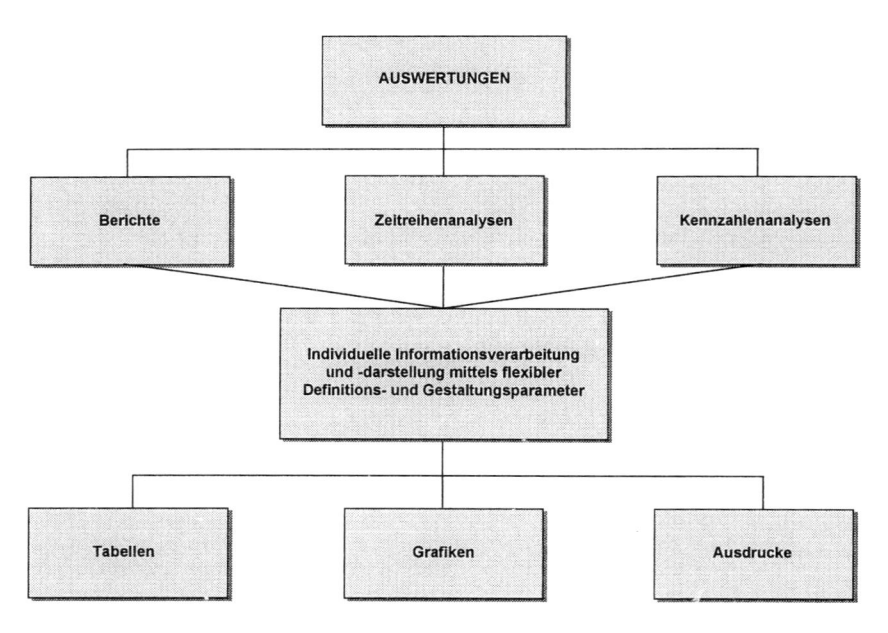

Abb. 269: Informationsdimension Auswertungen

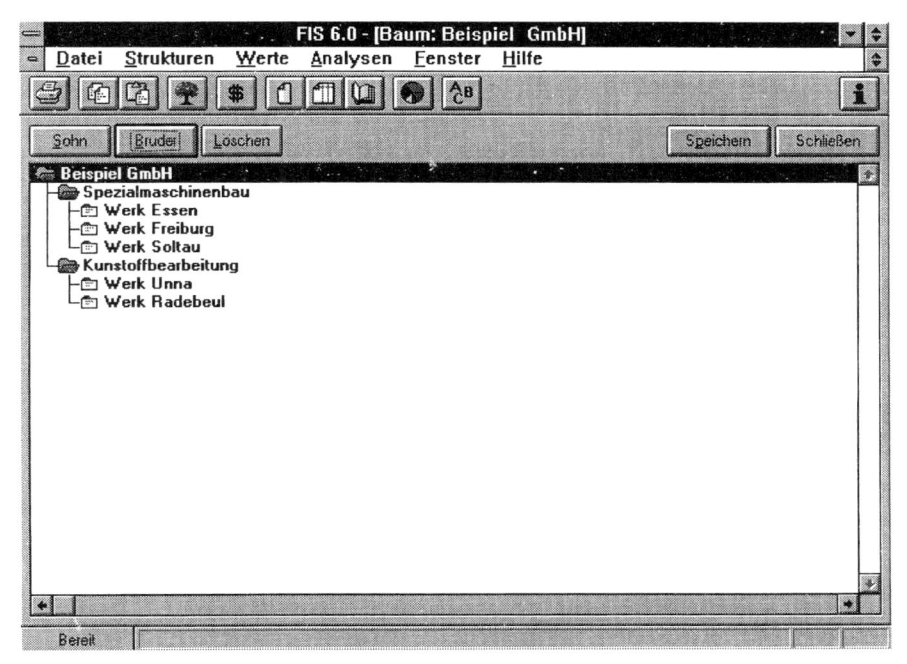

Abb. 270: Berichtsbaumhierarchie in FIS

fängern das Herausfiltern bedeutsamer Informationen oftmals wesentlich erleichtert.

Bedeutsame konzeptionelle Grundvoraussetzung und integraler Bestandteil eines EIS mit dem Adressatenkreis Management und Controlling ist über die Analysefunktionalität hinaus auch eine umfassende **Hilfefunktion.** Die integrierte kontextsensitive Online-Hilfefunktion eines Führungsinformationssystems gibt dem Benutzer bei ihrer Aktivierung Informationen zu der jeweils aktuellen Programmstelle. Darüber hinaus muß auch eine betriebswirtschaftliche Hilfe implementiert sein, die grundlegende Informationen zu den im Programm hinterlegten betriebswirtschaftlichen Strukturen (z.B. Jahresabschluß-Kennzahlen und Standardberichte wie GuV und Bilanz) enthält.

a) Anforderungen an die Grunddatenbereitstellung und -verwaltung

Die Vorbereitung und Verwaltung der unterschiedlichen Informationsdimensionen und der eigentlichen numerischen Werte wird i.d.R. in speziellen Programmsegmenten erfolgen. Zur Realisierung der notwendigen Flexibilität müssen alle gewünschten Strukturen individuell aufbereitet werden können. Im Rahmen der Grunddatenverwaltung kann zunächst der oben erwähnte **Berichtsbaum** dargestellt und bearbeitet werden. Grundsätzliche anwendungsbezogene Zielsetzung ist die Dokumentation der Organisationsstruktur der Unternehmung durch berichtselementspezifische Kommentarfenster und die Dokumentation der Zusammensetzung des Gesamtergebnisses aus einzelnen Teilbereichen. Innerhalb

560   XI. Kapitel: Das DV-gestützte Controlling

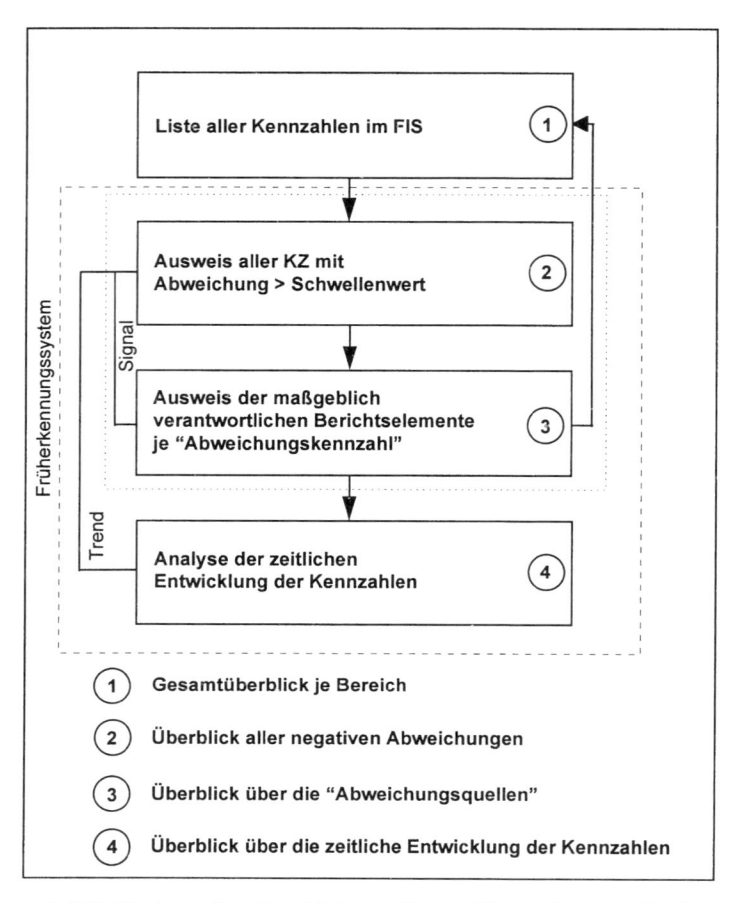

Abb. 271: Struktur eines kombinierten Kennzahlenanalysewegs in einem Führungsinformationssystem

eines Führungsinformationssystems dient der Berichtsbaum weiterhin als **zentrales Selektionsmedium** zur Auswahl des zu betrachtenden Ergebnisbereiches. Diese hierarchische Baumstruktur muß durch die zur Verfügung stehenden Bearbeitungsoptionen flexibel ausgestaltet werden können, z.B. im Hinblick auf die Dokumentation baumelementspezifischer Informationen (vgl. *Abb. 270*).

Zur Vorbereitung der Auswertungsdimension **Berichte** muß das Führungsinformationssystem die parallele Generierung unterschiedlicher unternehmensindividueller Berichtsstrukturen sicherstellen. So können neben Standardberichten, wie z.B. Bilanz und GuV, spezielle Abweichungsberichte und individuelle Bedarfsberichte vorbereitet werden, die dann in flexiblen Methodenbanken für weitere Analysen bereitstehen. Die Methodenbanken müssen so konzipiert sein, daß jederzeit neu definierte Berichte hinzugefügt und vorhandene Strukturen verändert werden können. Voraussetzung für die Analyse unternehmensspezifischer und ergebnisbereichsspezifischer Kennzahlen im Rahmen der Auswer-

C. DV-Unterstützung von Rechnungswesen und Controlling   561

1. KuE-C KENNZAHLEN		A Beispiel GmbH Spezialmaschinenbau Februar 1996 Plan 1	B Beispiel GmbH Spezialmaschinenbau Februar 1996 Ist	C Abw. in %	D Abw. abs.
1	**Kostenanteile**				
3	Anteil variabler Kosten %	58,70	59,36	1,1	0,66
4	Anteil fixer Kosten %	41,30	40,64	-1,6	-0,66
6	**Deckungsbeiträge**				
8	Deckungsbeitrag I TDM	12.924,0	10.102,0	-21,8	-2.822,0
9	Deckungsbeitrag II TDM	12.157,0	9.246,0	-23,9	-2.911,0
10	Deckungsbeitrag III TDM	2.523,0	-512,0	-120,3	-3.035,0
11	Deckungsbeitrag VI TDM	1.099,0	-1.972,0	-279,4	-3.071,0
12	Deckungsbeitrag V TDM	986,0	-2.085,0	-311,5	-3.071,0
14	**Umsatzanteile**				
15					
16	Umsatzanteile A-Artikel %	100,00	61,20	-38,8	-38,80
17	Umsatzanteile B-Artikel %	0,00	22,17	0,0	22,17
18	Umsatzanteile C-Artikel %	0,00	16,63	0,0	16,63
19					
20	Umsatzanteile A-Kunden %	0,0	0,0	0,0	0,0
21	Umsatzanteile B-Kunden %	0,0	0,0	0,0	0,0

Abb. 272: Beispiel für eine Kennzahlenauswertung in FIS

tungsdimension **Kennzahlen** (z. B. das RL-Kennzahlensystem) ist die Implementierung verschiedener Kennzahlenbereiche, die wiederum die einzelnen Kennzahlen enthalten. Auch hier steht der konzeptionelle Grundsatz der Flexibilität im Vordergrund, so daß die formale Definition unterschiedlicher Kennzahlen zu fordern ist.

Die Speicherung der eigentlichen numerischen Werte erfolgt berichtselement- und zeitraumbezogen in einer **relational orientierten Datenbank,** wobei sich die Form der Werteeingabe und die Verwaltung der Daten an den durch die betrieblichen Administrations- und Dispositionssysteme vorgegebenen Strukturen orientieren kann. Neben einer Option zur händischen Werteeingabe über die Tastatur muß eine Standardschnittstelle z. B. für einen automatischen **PC-Großrechner-Datentransfer** verfügbar sein. Diese möglichst einfach konzipierte Schnittstelle reduziert den Zeitaufwand zur Aktualisierung des Datenbestandes des Führungsinformationssystems und trägt zur Gewährleistung einer stets aktuellen Informationsbasis bei.

b) Anforderungen an die Auswertungsmöglichkeiten

Ziel der FIS-Grundkonzeption ist die Möglichkeit einer individuellen und differenzierten Informationsgewinnung, wobei die konzeptionelle Differenzierung in die drei erwähnten Informationsaspekte und deren individuelle Einstellung über diverse Parameter im Rahmen der Auswertung eine äußerst flexible Hand-

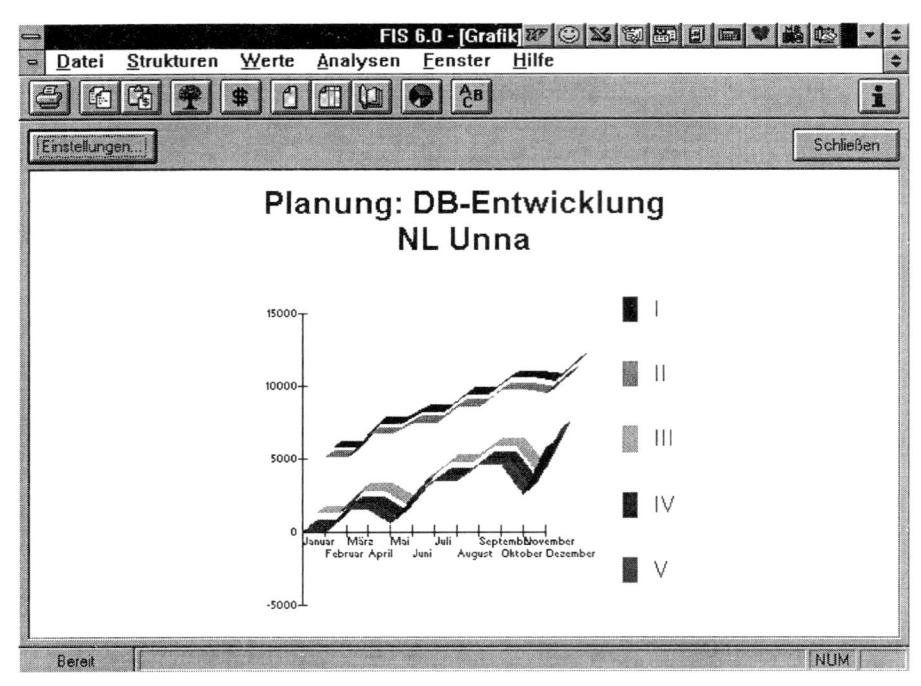

Abb. 273: Grafische Präsentation der Analyseergebnisse

habung ermöglicht. Eine beispielhafte Vorgehensweise innerhalb der Auswertungsdialoge im FIS stellt der kombinierte **Kennzahlenanalyseweg** (vgl. *Abb. 271*) dar.

Zunächst werden die zu analysierenden Kennzahlen aus einer Methodenbank des Grunddatenbereiches aktiviert. Daraufhin wird eine Schwellenwertanalyse durchgeführt, die diejenigen Kennzahlen optisch hervorhebt, die bezogen auf individuell einstellbare Schwellenwerte Abweichungen aufweisen. Diese Möglichkeiten zur **Einstellung spezifischer Schwellenwerte** besitzt eine herausragende Bedeutung im Rahmen der betrieblichen Früherkennung, da durch das sofortige Anzeigen einer Abweichung mögliche Chancen und Risiken schneller erkannt werden. Durch eine Top-Down-Vorgehensweise können dann in einem weiteren Schritt die „Abweichungs-Unternehmensbereiche" lokalisiert werden, so daß die Quellen bzw. Entstehungsorte einer Abweichung schnell transparent werden. Dabei besitzt die Abweichungsanalyse den Vorteil, in hochverdichteten Kennzahlensystemen auftretende **Kompensationseffekte** automatisch transparent zu machen.

Nach der Feststellung der Abweichungsquelle kann über einen speziellen, auf den Aussagewert der „Abweichungskennzahl" angepaßten, benutzerdefinierten **Abweichungsbericht** die weitere Ursache der Abweichung evaluiert werden. Im Rahmen dieser Berichtsanalyse ist es möglich, eine einmal angelegte Berichtsstruktur durch Einstellung der Informationsdimensionen Berichtsbaum und Zeit auf die anwenderspezifischen Anforderungen hin anzupassen (vgl. *Abb. 272*).

Nach der noch groben Analyse der Abweichungsursache kann die herausgearbeitete Größe (z.B. Abweichungskennzahl) in einem anderen Zeitformat (z.B. unterjährig) oder auch in einem speziellen Graphikformat betrachtet werden. Die Betrachtung des unterjährigen Zeitformates empfiehlt sich vor allem bei solchen Kennzahlen, bei denen durch unterjährig stark schwankende Kennzahlenwerte **zeitliche Kompensationseffekte** auftreten. Durch die freie Kombinierbarkeit der drei Informationsaspekte Zeit, Berichtsbaum und Auswertungen ist es somit möglich, bezogen auf die differierenden betrieblichen Ergebnisbereiche die verschiedensten Analysen parallel in unterschiedlichen Zeitformaten durchzuführen.

Die grafische Präsentation der Ergebnisse erfolgt variabel und individuell, wie *Abb. 273* zeigt.

XII. Kapitel
Das Informationsverarbeitungs-Controlling

Die Informationsverarbeitung im Unternehmen hat zunehmend an Bedeutung gewonnen, so daß Möglichkeiten für ein effizientes Controlling sowohl der Ressource „Information" als auch der bereits eingesetzten Informationstechnologie vermehrt in die betriebswirtschaftlichen Betrachtungen einbezogen werden müssen.

Das **Informationsverarbeitungs-Controlling** (IV-Controlling) betrifft deshalb sowohl den Informationsfluß im Unternehmen, als auch die Informationssysteme (IS), die für die Sicherstellung des Informationsflusses eingesetzt werden. Im Gegensatz zu einem DV-gestützten Controlling, bei dem die vorhandenen Controllinginstrumente durch die Informationstechnologie unterstützt werden, gilt es im IV-Controlling neue effektive Instrumente zu generieren, die eine Planung, Koordination und Kontrolle der im Unternehmen eingesetzten IS gewährleisten und Investitionen in derartige Systeme unter Zuhilfenahme von Effizienzkriterien überwachen.

A. Begriffliche Abgrenzung des Informationsverarbeitungs-Controlling

Gegenstand bzw. Bezugsobjekt des IV-Controlling sind alle Vorgänge und Tätigkeiten im Unternehmen, die im Zusammenhang mit der Beschaffung und Verarbeitung von Informationen auftreten. Aus der Tatsache, daß es sich bei der Informationsverarbeitung um eine typische Querschnittsfunktion mit Gemeinkostencharakter handelt, folgen spezielle komplexe Aufgaben für das Controlling.

Der Terminus **Information** wird in der Literatur mit einer Fülle verschiedener Bedeutungen belegt. Eine aus der Blickrichtung des IV-Controlling geeignete Begriffsabgrenzung von *Mag* definiert Information als entscheidungsorientiertes Wissen.[1] Im folgenden wird unter dem Terminus **Information** der Gehalt des Datums verstanden, der für das Unternehmen insgesamt oder für eine konkrete Fragestellung relevant ist. Dabei kann auch nicht-zweckgebundenes Wissen zur Abbildung von realen oder idealen Sachverhalten in der Information

---

[1] *Mag, Wolfgang:* Entscheidung und Information, München 1977, S. 5.

enthalten sein.² Die Verfügbarkeit von Informationen und deren zielorientierte Weiterverarbeitung ist zu einem wichtigen Erfolgsfaktor geworden, da der Erfolg und damit der Bestand eines Unternehmens zunehmend davon abhängen, wie schnell auf veränderte Umweltbedingungen reagiert werden kann.

Wie andere, materielle Produktionsfaktoren, muß auch die immaterielle Information bestimmten Qualitätsanforderungen genügen. Zum einen muß im Hinblick auf die Güte der Informations- oder auch Datenquellen stets die Integrität gewährleistet sein, da falsche oder inkorrekte Daten zu falschen Informationen und damit zu inadäquaten Entscheidungen führen können. Zum anderen muß die **Konsistenz** (Widerspruchsfreiheit) von Daten/Informationen aus unterschiedlichen Quellen gesichert sein oder zumindest geprüft werden.

Die Bereitstellung der in den verschiedenen Unternehmensbereichen erforderlichen Daten bzw. Informationen muß sich am kurz- bzw. langfristigen Bedarf der jeweiligen Empfänger orientieren.³ Darauf aufbauend ist aus den langfristigen Unternehmenszielen eine entsprechende strategische Informationssystemplanung (SISP) abzuleiten, d.h. die Subziele für das strategische IV-Management ergeben sich aus der Gesamtstrategie. Ausgehend von der SISP muß ein operatives IV-Management konzipiert werden: Neben einer adäquaten Informationssystem-Infrastruktur müssen Informationssysteme geplant und realisiert werden.

Genau wie das IV-Management, nimmt auch das **IV-Controlling** operative, administrative und strategische Aufgaben wahr. Allerdings bestehen die Aufgaben nicht allein in der Planung und Realisierung der Informationssystem-Architektur, sondern in der **Überwachung und Steuerung ihrer Wirtschaftlichkeit.** Aus strategischer Sicht bedeutet das die Erhaltung und Sicherung der Unternehmung im Hinblick auf ihre Reaktions- und Adaptionsfähigkeit durch den Einsatz der Informationstechnologie. Bei der Planung des IS-Einsatzes heißt es, die Effizienz der geplanten Maßnahmen zu überprüfen und ggf. regulierend einzugreifen. Damit fallen ihm im administrativen Bereich die Koordination der Planungs-, Steuerungs- und Informationsaufgaben, d.h. nicht nur die Realisierung, sondern auch die Erhaltung der effektiven Abläufe dieser Aufgaben. Auf der operativen Ebene hat es die Aufgabe, das Unternehmen und seine Umwelt zu beobachten und bei eventuellen Veränderungen Gegenmaßnahmen einzuleiten, es hat damit die Funktion eines Frühwarnsystems. Um dieser Aufgabe gerecht werden zu können, muß das IV-Controlling den Informationsbedarf prognostizieren und versuchen, die Lücke, die durch eine Abweichung von tatsächlich notwendigem Informationsbedarf zu individuell gewünschtem Bedarf entsteht, möglichst klein zu halten. Weiterhin obliegt ihm die Koordination der Planungsaktivitäten und

---

² Diese Definition entspricht einer informations- bzw. informationssystem-orientierten Sichtweise und umfaßt damit die Problematik des Informationsmanagement im Unternehmen. Vgl. dazu bspw. *Klein, Joachim:* Datenintegrität in heterogenen Informationssystemen: Ereignisorientierte Aktualisierung globaler Datenredundanzen, Wiesbaden 1992, S.10f.

³ Die verschiedenen Aufgabengebiete des IV-Management werden bei *Müller, J.S.; Würzner, S.K., Höttges, T.:* Informationsverarbeitungs-Controlling – Führungsinstrument des Informationsmanagements, in: Praxis der Informationsverarbeitung und Kommunikation (PIK), 15.Jg. (1992), 3, S.155–162, angeschnitten.

darüber hinaus die Kontrolle des Zielerreichungsgrades und der Wirtschaftlichkeit des Vorgehens.

Eine der wichtigsten Aufgaben des IV-Controlling besteht, wie bereits angedeutet, in der Informationsbeschaffung und der Weiterverarbeitung, d. h. der Aufbereitung der Information. Darüber hinaus muß es überwiegend über Mengenabweichungen versuchen, Ineffizienzen in der bestehenden Systemlandschaft zu identifizieren und zu beheben.

B. Instrumente des IV-Controlling

Das IV-Controlling – im Gegensatz zum IV- bzw. DV-gestützten Controlling, das sich ausschließlich auf die Unterstützung des Controlling durch Informations- und Kommunikationstechnologie bezieht – dient der Sicherstellung der Wirtschaftlichkeit der Informationsverarbeitung im Unternehmen. Bis vor kurzem noch war die IV in den Unternehmen durch ständig steigende Budgets gekennzeichnet. Doch mit wachsendem Kostendruck und den aktuellen Forderungen nach einem effizienten Kostenmanagement, wurden Überlegungen zur Effizienzsicherung der IV unumgänglich. Schwierigkeiten bereiten dabei in erster Linie die rein qualitativen Effekte, die durch den Einsatz von Informationssystemen ausgelöst werden und sich nur sehr schwer erfassen lassen. Eine häufig gestellte Frage ist daher auch die nach dem **Nutzen der IV** und der Möglichkeit diesen zu quantifizieren. Ein weiteres Problem stellt die Informationsversorgung des Controlling mit relevanten Daten dar. Während es sich normalerweise die Daten aus den vorgelagerten Systemen beschafft, ist es im Fall der IV fast unmöglich, korrekte Daten von der Kostenrechnung zu übernehmen. Da die IV-Kosten sich hauptsächlich aus Gemeinkosten zusammensetzen und damit in den indirekten Leistungsbereichen anfallen, ist eine direkte Erfassung nicht möglich. Die traditionellen Kostenrechnungssysteme lassen eine Ermittlung der IV-Kosten nicht zu, daher ist es notwendig, im Rahmen des IV-Controlling über Möglichkeiten einer effizienten und aussagekräftigen Erfassung dieser Daten bzw. über neuere Kostenrechnungssysteme (z. B. die Prozeßkostenrechnung) nachzudenken.

1. Anforderungen an das IV-Controlling

Die Anforderungen an das IV-Controlling können nur dann spezifiziert werden, wenn die Objekte, auf die es ausgelegt ist, klar definiert und damit eindeutig festgelegt sind. Durch die Integration des IV-Controlling in den klassischen Controllingbegriff und die daraus folgende Erweiterung des Funktions- und Instrumentenumfangs des Controlling ergeben sich drei Objektbereiche.[4] Der erste und

---

[4] Vgl. dazu *Müller, J. S.; Würzner, S. K.; Höttges, T.:* Informationsverarbeitungs-Controlling – Führungsinstrument des Informationsmanagement, S. 157–159.

als wesentlich anzusehende Bereich ist das **Controlling der „Human Resources"** i. S. d. qualitativen Personalkapazität, weil gerade der IV-Bereich durch Fachwissen und Kommunikation geprägt ist, und darüber hinaus die Leistung des einzelnen nicht ohne weiteres gemessen werden kann, wie beispielsweise in der Produktion, wo gefertigte Stückzahlen als Maßgrößen herangezogen werden können. Darüber hinaus sind die quantitativen Personalkapazitäten, die Koordination der Besetzung des IV-Bereichs und damit des zur Verfügung stehenden Know-how sowie dessen Erweiterung zentrale Aufgabenbereiche. Der zweite, ebenso wichtige Bereich ist das **Controlling der technischen Infrastruktur,** dessen Aufgabe es ist, Hardware, also die Rechnersysteme, Peripherie und sonstige Kommunikationseinrichtungen zu koordinieren. Darüber hinaus hat es sich gegebenenfalls um die **Softwareentwicklungsumgebungen** zu kümmern sowie den effektiven Einsatz von Rechnernetzen, Betriebssystemen etc. sicherzustellen. Das **Controlling der Applikationen** stellt den dritten Objektbereich dar und hat die Aufgabe, Softwareprojekte sowie bereits implementierte und sich im Einsatz befindliche Anwendungen zu überwachen, was ihre Wartung und Erweiterung einschließt. Weiterhin muß es ein Portfolio der Anwendungen erstellen, in dem das Konzept ihrer Architektur und damit das Zusammenspiel der einzelnen Applikationen deutlich wird. Dieses Vorgehen ist für einen wirtschaftlichen Einsatz der Informationssysteme unerläßlich und kann darüber hinaus helfen, Schwachstellen schneller aufzudecken und zu beheben.

2. Operative Instrumente des IV-Controlling

Den DV-Abteilungen standen in den letzten Jahren fast unbegrenzte Mittel aus den DV-Budgets zur Verfügung. Die Bedeutung der IV für das Unternehmen wurde erkannt und durch eine sehr großzügige Mittelpolitik unterstützt. Methoden und Instrumente zu einer sofortigen und späteren Überprüfung der Wirtschaftlichkeit von Maßnahmen im IV-Bereich wurden allerdings nicht geschaffen. Die Erkenntnis, daß die traditionellen Verfahren für den Bereich der Informationsverarbeitung keine adäquaten Ergebnisse liefern, kam erst zu einer Zeit, als die beginnende Rezession schon den Kostendruck in den DV-Abteilungen spürbar werden ließ. Gerade die Kostenrechnung als einer der Hauptlieferanten des Controlling für Information konnte den veränderten Anforderungen nicht mehr gerecht werden. Durch die speziellen Charakteristiken der IV, die sie wesentlich von anderen Controlling-Objekten unterscheiden, müssen neue Kenngrößen ermittelt werden, die in der Lage sind, aussagefähige Informationen über die effiziente Ausnutzung des zur Verfügung stehenden Potentials der Informationssysteme und weiterhin der Leistungsfähigkeit der Informationssystem-Infrastruktur zu liefern.[5]

Die Vorgehensweise bei der Erstellung eines effektiven IV-Controlling-Instrumentariums setzt eine Reduktion der Komplexität des Gesamtsystems voraus.

---

[5] Vgl. *Sokolovsky, Zybnek; Kraemer, Wolfgang:* Controlling der Informationsverarbeitung, in: Information Management, 5. Jg. (1990), 3, S. 16–27, hier S. 20–27.

Das bedeutet für den Controller, daß er zunächst die spezifischen Objekte identifizieren muß und dann, nach einer Clusterung der Aufgabenbereiche, einzelne Komponenten, die den Clustern zugehörig sind, definieren muß. Darüber hinaus ist eine Lebenszyklusanalyse der für die IV erstellten Produkte notwendig, d.h. der Controller muß die **Lebenszyklen der eingesetzten Software bestimmen, um frühzeitig Entscheidungen über den Ersatzzeitpunkt** treffen zu können. In einem weiterführenden Schritt hat der Controller einen Katalog mit Zielkriterien zu erstellen, in dem Größen zusammengestellt werden, die quantitative Aussagen über die Wirtschaftlichkeit der IV ermöglichen. Gerade die quantitativen Größen stellen für eine Evaluierung der Effizienz des IS-Einsatzes eine Schwierigkeit dar, weil in diesem Bereich ein „in-Zahlen-Pressen" von Bewertungskriterien nicht zu aussagefähigen Daten führt. Allerdings läßt sich ein solches Vorgehen zum Teil nicht vermeiden, um vergleichbare Größen zu erhalten, die auf einer einheitlichen Bezugsgröße basieren.

Konkrete Probleme bei einer Beurteilung der Wirtschaftlichkeit treten zum Beispiel auch beim Einschätzen der Kosten und des Nutzens auf; eine **Kosten/Nutzen-Relation** wie bei anderen Controlling-Objekten läßt sich für die IV nicht ohne weiteres aufstellen. Eine weitere Schwierigkeit stellt sich in dem Komplexitätsproblem der zu analysierenden Kosten-Nutzen-Interdependenzen und der unterschiedlichen Wirtschaftlichkeiten, die durch die Schnittstellen zu anderen Systemen verursacht werden. Darüber hinaus besteht ein Problem wegen der engen Zeitrestriktionen für Entscheidungen über die Systemgestaltung.[6]

Als Instrumente des operativen IV-Controlling werden oft die in der folgenden Tabelle – in Anlehnung an *Krcmar*[7] – zusammengestellten Verfahren und Methoden genannt. Nicht alle haben sich allerdings als anwendbar herausgestellt. Insbesondere im Rahmen der Methoden zur Bewertung und Entscheidung besteht ein Mangel an leistungsfähigen Werkzeugen. Die herkömmlichen Rechenverfahren der Investitionsrechnung zum Beispiel basieren auf Ein- und Auszahlungsströmen, die es in der vorausgesetzten Form im Bereich der IV im Hinblick auf die zurechenbaren Einzahlungsströme nicht gibt. I.d.R. lassen sich nur die Kapitalwerte der Auszahlungen ermitteln. Ein Vergleich der Systeme ist dann nur anhand ihrer Kapitalwerte möglich, wobei die „Nutzenstiftung" als gleich unterstellt wird. Andere Verfahren eignen sich ebenfalls aufgrund der fehlenden Möglichkeiten zur Quantifizierung bestimmter spezifischer Größen nur begrenzt für ein leistungsfähiges IV-Controlling.

Die Zeit- und Aufwandschätzung sowie auch die Software-Qualitätsplanungs- und Kontrollmethoden können nur unvollständige Ergebnisse liefern, weil eine genaue Abschätzung dieser Größen aufgrund der technischen und organisatorischen Gegebenheiten schwer möglich ist. Wird dennoch ein Schätzwert gebildet, so ist dieser nicht selten ungenau. An dieser Stelle sei ausdrücklich darauf-

---

[6] Vgl. *Horváth, Péter; Seidenschwarz, Werner:* Controlling und Informationsmanagement, in: HMD, o.Jg. (1988), 142, S.36–45, hier S.39–41.
[7] Vgl. *Krcmar, Helmut:* Informationsverarbeitungs-Controlling in der Praxis, in: Information Management, 7.Jg. (1992), 2, S.6–18.

Methoden zur Bewertung und Entscheidung
– ABC-Analyse – Nutzwertanalyse – Investitionsrechenverfahren – Kosten-/Nutzenanalyse
Spezielle Methoden der IV-Projektplanung und -kontrolle
– Methoden der Zeit- und Aufwandschätzung – Methoden der Terminplanung – Software-Qualitätsplanungs- und Kontrollmethoden – Projektmanagementsysteme – Review- und Walkthrough-Methoden
Methoden der Koordination
– Budgetierungstechniken – Verfahren zur Leistungsver- und -abrechnung – Verrechnungspreise – Kennzahlen und Kennzahlensysteme
Methoden zur Leistungsmessung und Optimierung der IV-Infrastruktur
– Simulationsverfahren – Benchmark-Verfahren – Verfahren der analytischen Modellierung – Betriebssystemroutinen zur Erfassung der Betriebsmittelinanspruchnahme
Methoden zur Informationsübermittlung
– Dokumentationen und Dokumentationssysteme – Berichtswesen

Abb. 274: Instrumente des operativen IV-Controlling[8]

hingewiesen, daß man sich mit der wirtschaftlichen Beurteilung von IV-Instrumenten und dem Einsatz des Controlling bis heute kaum beschäftigt hat.

a) Erweiterte Kostenrechnungssysteme als Grundlage für das IV-Controlling

Die traditionellen Kostenrechnungssysteme sind aufgrund der Aufteilung in entweder fixe und variable Kosten oder in Einzel- und Gemeinkosten nur begrenzt in der Lage, dem IV-Controlling zuverlässige Kosten- und Leistungsinformationen zur Verfügung zu stellen. Deshalb muß die Kostenrechnung ergänzt und erweitert werden, um die Kosten der operativen Informationsverarbeitung im Unternehmen abzubilden. Die Anforderungen basieren auf den spezifischen Controlling-Objekten in diesem Bereich und fordern ein Erfassen verschiedener Größen:

- Hardwarekosten
  Die Kosten der Hardware und ihrer Leistungsmerkmale beziehen sich hauptsächlich auf CPU-Minuten (Central Processing Unit), für die Verrechnungs-

---

[8] Mit Modifikationen entnommen aus: *Krcmar, Helmut:* Informationsverarbeitungs-Controlling, S. 8.

preise im Unternehmen gebildet werden, die Anschaffungspreise der entsprechenden Konfiguration sowie die laufenden Auszahlungen für die Anlagen. Bei der Hardware muß zwischen solcher unterschieden werden, die ausschließlich für Systementwicklung oder als Wartungsinstrument benutzt wird oder solcher, die in den einzelnen Bereichen im operativen Ablauf eingesetzt wird, da die Kosten, die durch diesen Anteil der Hardware verursacht werden, auf die entsprechenden operativen Prozesse verrechnet werden müssen.

- Personalkosten
  In diesem Fall müssen zwei mögliche Ausprägungen unterschieden werden: Zum einen DV-Mitarbeiter, die direkt in der DV-Abteilung oder einem Rechenzentrum beschäftigt sind und zum anderen die Mitarbeiter, die an einem Bildschirmarbeitsplatz sitzen. Bei der zweiten Gruppe der Beschäftigten ist gefordert, positive oder negative Einflüsse auf ihre Arbeitsabläufe zu identifizieren und ggf. mit entsprechenden Maßnahmen eine effiziente Nutzung der Technologie sicherzustellen. Darüber hinaus muß der Anteil ihrer Arbeitszeit, den sie am PC verbringen, ermittelt und als Kostenanteil auf die entsprechenden Prozesse verrechnet werden.

- Applikationen
  Um für die Applikationen direkt Kosten ermitteln zu können, muß der individuelle Nutzungsanteil der jeweiligen Software im Verhältnis zur gesamten vorhandenen Software ermittelt werden und der entsprechende Kostenanteil berechnet werden, der dann wiederum auf die betroffenen Prozesse verrechnet werden muß. Darüber hinaus entstehen durch die Nutzung von Software in einigen Bereichen neue Prozesse, die wiederum Kosten verursachen, die berücksichtigt werden müssen. Problematisch ist in diesem Fall festzustellen, ob die Anwendung der Applikation tatsächlich der Auslöser für das Entstehen des neuen Prozesses ist oder ob andere Faktoren dafür zuständig sind und die Kosten deshalb nicht der IV zugerechnet werden dürfen.

Für die **Umsetzung** einer Kostenrechnung für die Informationsverarbeitung bietet sich die **Prozeßkostenrechnung** an. Sie muß allerdings modifiziert werden, wenn für das restliche Unternehmen ein anderes Kostenrechnungssystem eingesetzt wird. In diesem Fall ist es nicht reibungsfrei möglich, eine innerbetriebliche Leistungsverrechnung durchzuführen. Ein solches Vorgehen ist notwendig, um eine Doppelverrechnung von Kosten zu vermeiden.

Die Definition von Teilprozessen für den IV-Bereich erfolgt getrennt nach Prozessen, die sich ausschließlich auf die Kostenstelle IV beziehen und solchen Prozessen, die in den einzelnen Funktionsbereichen des Unternehmens ablaufen und zur Kostenstelle IV gehören.

Insgesamt gehen drei übergeordnete Kostenartengruppen in die Prozesse der IV-Kostenstelle ein. Die Kostenarten teilen sich in Hardware und Software jeweils mit der Bezugsgröße Rechenzeit sowie in die Kostenartengruppe Personal mit der Bezugsgröße Mannstunden. Eine Aufteilung in Einzel- und Gemeinkosten oder in fixe und variable Kosten ist an dieser Stelle nicht sinnvoll, weil

572   XII. Kapitel: Das Informationsverarbeitungs-Controlling

Kostenstelle: IV		
Teilprozeß: (ausschließlich zum IV-Bereich gehörig)	lmi/lmn	Maßgröße
Software-Entwicklung	lmi	Mannmonate
Netzwerkbetrieb	lmi	Ø Zahl der Transaktionen
Wartung und Erweiterung	lmi	Zahl zu wartender bzw. erweiternder Systeme

Abb. 275: Teilprozesse im IV-Bereich

Teilprozeß (in den Funktionsbereichen)	lmi/lmn	Maßgröße
Stammdatenerfassung	lmi	Ø Zahl zu erfassender Datensätze
Nutzung von Standardsoftware	lmi	Ø Rechenzeit der Nutzung
Kostenstelle leiten	lmn	

Abb. 276: Teilprozesse in den Funktionsbereichen

der Hauptkostenanteil in der IV Gemeinkosten bezüglich des materiellen oder – bei Dienstleistern – immateriellen Produktes sind, das in dem Unternehmen hergestellt wird und Kostenstelleneinzelkosten für die IV-Kostenstelle. Bezüglich einer Trennung in fixe oder variable Kosten läßt sich feststellen, daß wiederum der Hauptkostenanteil aus fixen Kosten und ein recht geringer Anteil aus variablen Kosten besteht, so daß er in diesem Fall vernachlässigt werden kann.

Im Rahmen der Implementation der Prozeßkostenrechnung für die Informationsverarbeitung muß berücksichtigt werden, daß i. d. R. nicht die gesamte Struktur der anfallenden Kosten abgedeckt werden kann. Für eine tiefergehende Analyse müßten die Kosten mit erheblichem Aufwand strukturiert und analysiert werden. In diesem Fall müßte eine Abschätzung des zusätzlichen Erfassungsaufwandes in Relation zur Verbesserung der Aussagefähigkeit der gewonnenen Ergebnisse erfolgen.

b) IV-Kennzahlen

Für eine quantitative Beurteilung der IV im Unternehmen bieten sich Kennzahlen und Kennzahlensysteme an. Damit ein leistungsfähiges Kennzahlensystem aufgebaut werden kann, müssen zunächst der **Nutzen des IV-Systems** sowie die **Kosten** der IV identifiziert bzw. ermittelt werden. Diese Größen werden dann in entsprechenden Kennzahlen umgesetzt, die entweder eine Effizienzmessung zulassen, indem eine Output- zu einer Input-Größe in Beziehung gesetzt wird, oder die als tiefergehende Analyse-Hilfsmittel mit Input-Vergleich bzw. mit einer Nutzungsgrad-Messung bestimmter Kapazitäten tiefergehende Analysen zulassen. Ein solches Kennzahlensystem soll zum einen geeignet sein, pro verdichteter Kennzahl Informationen über den gesamten IV-Bereich zu geben. Diese Kennzahlen werden von uns unter dem Begriff Management-Kennzahlen zusammengefaßt. Darüber hinaus sollten Kennzahlen über die technische Infrastruktur, die Software- und Systemstruktur (Applikation) sowie über das IV-Personal zur Verfügung gestellt werden.

Die Management-Kennzahlen sollten in hochverdichteter Form die Relation der Nutzenstiftung des IV-Bereichs zu den Kosten der IV wiedergeben. Die Analyse des Nutzens der Informationsverarbeitung ist in Theorie und Praxis mit den unterschiedlichsten Verfahren versucht worden. Eine umfassende Zusammenfassung dieser Verfahren findet sich bei *Nagel*.[9] Leider lassen die bei *Nagel* diskutierten Verfahren noch keine operational umsetzbare Struktur im Hinblick auf die effektive Nutzenmessung zu. Angesichts der Bedeutung des IV-Bereichs in den Unternehmen, empfiehlt es sich dennoch, diesen Bereich, etwa analog zu dem Bereich Logistik-Controlling, in seiner Nutzenstiftung zumindest indirekt zu messen, indem z. B. der Servicegrad oder die Verfügbarkeit der IV-Systeme in Relation zu entsprechenden Input-Größen, z. B. IV-Kosten oder Anzahl der zu erfüllenden Aufträge, gesetzt werden.

Im Fall des Outsourcing läßt sich die Wirtschaftlichkeits- bzw. Nutzenbetrachtung der IV relativ einfach realisieren, indem die Kosten, die dem Unternehmen durch das Outsourcing in Form von Gebühren und in Rechnung gestellten Aktivitäten entstehen, in Beziehung zu den Kosten gesetzt werden, die entstehen würden, wenn das Unternehmen die outgesourcten Prozesse selber durchführte. Hier ist eine relativ einfache Analogie zur Logistik zu ziehen. Auch hier ist die Nutzenstiftung gut meßbar bzw. bewertbar, wenn die logistische Leistung an einen Spediteur ausgegliedert wird, der eine entsprechende Frachtrechnung für seine Leistungen stellt. Die Nutzenmessung ist ungleich schwieriger zuordenbar, wenn die logistische Leistung im eigenen Unternehmen in Form einer Hilfsfunktion erbracht wird, weil nicht die Logistik von dem Unternehmen in diesem Fall verkauft wird, sondern ein fertiges Produkt, das bestimmte logistische Aktivitäten erforderlich machte, um zur richtigen Zeit, am richtigen Ort, bei dem richtigen Kunden zur Verfügung gestellt werden zu können.

Die Management-Kennzahlen für den Bereich IV-Controlling lassen sich entsprechend definieren als:

IV-Effizienz, die sich aus der Beziehung des IV-„Nutzen" zu den IV-Kosten zusammensetzt, den **Servicegrad der IV,** der sich aus der Anzahl der termingerecht ausgeführten Aufträge zur Anzahl der zu erfüllenden Aufträge errechnet und der **Verfügbarkeit des IV-Systems,** die sich aus der Zeit, in der die Systeme insgesamt verfügbar waren in Beziehung zu der technisch möglichen Verfügbarkeit der Systeme errechnen läßt.

---

[9] Vgl. *Nagel, Kurt:* Nutzen der Informationsverarbeitung – Methoden zur Bewertung von strategischen Wettbewerbsvorteilen, Produktivitätsverbesserungen und Kosteneinsparungen, München 1988, S. 39–163.

IV-Effizienz	IV-C 2.1.5
$\dfrac{\text{IV-„Nutzen"}}{\text{IV-Kosten}}$	

Servicegrad der IV	IV-C 2.1.5
$\dfrac{\text{Anzahl termingerecht ausgeführter Aufträge}}{\text{Anzahl zu erfüllender Aufträge}} \cdot 100$	

Verfügbarkeit der IV-Systeme	IV-C 2.1.5
$\dfrac{\text{Effektive Verfügbarkeit}}{\text{Technisch mögliche Verfügbarkeit}}$	

Der Bereich technische Infrastruktur setzt sich in der zuvor diskutierten Logik dann zusammen aus einer Spitzenkennzahl **DV-technischer Leistungsgrad,** der sich aus dem DV-„Nutzen" in Relation zu den DV-Kosten berechnet sowie aus Kennzahlen, die diesen Nutzen indirekt messen lassen.

DV-technischer Leistungsgrad	IV-C 2.1.5.1
$\dfrac{\text{DV-„Nutzen"}}{\text{DV-Kosten}}$	

Das sind zum einen der **Beschäftigungsgrad der DV,** der definiert wird als effektive Nutzung in CPU-Minuten zur geplanten Verfügbarkeit in CPU-Minuten/Stunden sowie dem **Kapazitätsauslastungsgrad der DV,** der sich zusammensetzt aus der effektiven Nutzung in CPU-Minuten in Relation zur technisch möglichen Nutzung in CPU-Minuten.

Beschäftigungsgrad der DV	IV-C 2.1.5.1
$\dfrac{\text{Effektive Nutzung in CPU-Min./Std.}}{\text{Geplante Verfügbarkeit in CPU-Min./Std.}} \cdot 100$	

Kapazitätsauslastungsgrad	IV-C 2.1.5.1
$\dfrac{\text{Effektive Nutzung in CPU-Min./Std.}}{\text{Technisch mögliche Nutzung in CPU-Min./Std.}} \cdot 100$	

Ausfallzeiten der DV	IV-C 2.1.5.1
$\dfrac{\text{Reparaturbedingte down-time}}{\text{Geplante Verfügbarkeit in CPU-Min./Std.}} \cdot 100$	

Um die Effizienz der technischen Infrastruktur und der verschiedenen Blickwinkel besser beurteilen zu können, kann es sich empfehlen, auch eine Kennzahl Ausfallzeiten der DV sowie **Wartungskostenanteil** zusätzlich zu ermitteln. Die Ausfallzeiten der DV berechnen sich aus der reparaturbedingten down-time in Relation zur geplanten Verfügbarkeit in CPU-Minuten/Stunden. Der Wartungskostenanteil errechnet sich aus der Relation von Wartungskosten zu gesamten DV-Kosten.

Wartungskostenanteil	IV-C 2.1.5.1
$\dfrac{\text{Wartungskosten}}{\text{DV-Kosten}} \cdot 100$	

Der Analysebereich Software und Systemstruktur (Applikationen) setzt sich aus der Spitzenkennzahl **Softwaretechnischer Leistungsgrad** sowie aus weiterführenden Kenngrößen zusammen. Die Spitzenkennzahl Softwaretechnischer Leistungsgrad wird ermittelt aus dem Software-„Nutzen" in Relation zu den Software-Kosten.

Softwaretechnischer Leistungsgrad	IV-C 2.1.5.2
$\dfrac{\text{Software-„Nutzen"}}{\text{Software-Kosten}}$	

Da der Software-„Nutzen", wie zuvor ausgeführt, in der Regel auch nur ordinal anhand bestimmter Kriterien ermittelbar sein wird, empfiehlt sich auch hier wieder eine indirekte Messung der Nutzenstiftung, also der Output-Größe, durch weitere Kenngrößen. In erster Linie wäre hier der **Systemintegrationsnutzen,** als Beziehung der Anzahl der Teilprozesse zur Durchlaufzeit zu nennen, wobei die Durchlaufzeit sowohl die Eingabe der Daten, als auch die effektive Rechenzeit des Systems umfaßt.

Systemintegrationsnutzen	IV-C 2.1.5.2
$\dfrac{\text{Anzahl Teilprozesse}}{\text{Durchlaufzeit}}$	

Eine weitere aussagekräftige Kennzahl ist die **Benutzerfreundlichkeit** im Verhältnis zur Verarbeitungseffizienz, die sich aus den Größen gesamte Bearbeitungszeit in Relation zur Einarbeitungs- und Eingabezeit zusammensetzt. Die gesamte Verarbeitungszeit kann nur als eine Vergleichsgröße genutzt werden, wenn man die gleichen technischen Voraussetzungen für alle einzubeziehenden Systeme zugrundelegt.

Benutzerfreundlichkeit/ Verarbeitungseffizienz	IV-C 2.1.5.2
$\dfrac{\text{Gesamtbearbeitungszeit}}{\text{Einarbeitungs- und Eingabezeit}} \cdot 100$	

Darüber hinaus ist der **Systembetreuungsgrad,** der sich ermittelt aus den Systembetreuungskosten in Relation zu dem Wert des Programm-Portefeuilles, eine Kennzahl zur Messung der Effektivität der eingesetzten Software.

Systembetreuungsgrad	IV-C 2.1.5.2
$\dfrac{\text{Systembetreuungskosten}}{\text{Wert des Programmportefeuilles}} \cdot 100$	

Genauso wie die **Rerun-Quote,** die sich errechnet aus Rerun-Zeit in Relation zur produktiven Verarbeitungszeit. Die Rerun-Quote ist eine Kennzahl zur Messung der Leistungsfähigkeit und damit der Qualität der eingesetzten Applikationen. Dabei wird die Zeit (Rerun-Zeit), die benötigt wird, um eine Applikation nach einem Programmabsturz, zum Beispiel für den Neustart nach einem Absturz des Netzwerkbetriebssystems, erneut zu starten und einsatzbereit zu machen, in Relation gesetzt zu der Zeit, die effektiv für die Transaktion benötigt würde. Die Rerun-Zeit ist damit eine Maßgröße für die verlorene Zeit durch eine instabile Applikation.

Rerun-Quote	IV-C 2.1.5.2
$\dfrac{\text{Rerun-Zeit}}{\text{Produktive Verarbeitungszeit}} \cdot 100$	

Ein weiterer wichtiger Bereich in der IV ist der IV-Personalbereich. Hier bietet sich als Spitzenkennzahl der **IV-Leistungsgrad** an, der sich aus dem Servicegrad in Relation zu den Kosten des für die IV beschäftigten Personals berechnet, wobei der Servicegrad seinerseits sich, wie zuvor ausgeführt, aus der Anzahl termingerecht ausgeführter Aufträge zur Gesamtanzahl der zu erfüllenden Aufträge zusammensetzt.

IV-Leistungsgrad	IV-C 2.1.5.3
$\dfrac{\text{Servicegrad}}{\text{IV}-\text{Mitarbeiterstunden zur Erzielung des Servicegrades}} \cdot 100$	

Weiterführende Kennzahlen in diesem Bereich wären der **IV-Mitarbeiteranteil,** der sich aus der IV-Mitarbeiterzahl in Relation zum Gesamtpersonal des Unternehmens zusammensetzt, und die IV-Mitarbeiterquote, die sich aus der Anzahl der IV-Mitarbeiter in Relation zur durchschnittlichen Anzahl der IV-Mitarbeiter in der Branche berechnen läßt.

IV-Mitarbeiteranteil	IV-C 2.1.5.3
$\dfrac{\text{Anzahl IV-Mitarbeiter}}{\text{Gesamtpersonal}} \cdot 100$	

IV-Mitarbeiterquote	IV-C 2.1.5.3
$\dfrac{\text{Anzahl IV-Mitarbeiter}}{\varnothing \text{ Anzahl IV-Mitarbeiter in der Branche}} \cdot 100$	

Diese Kennzahl dient dem überbetrieblichen Vergleich, um den Stellenwert der IV im eigenen Unternehmen einschätzen zu können. Ist die Quote niedrig und werden demnach innerhalb der Branche verhältnismäßig mehr Mitarbeiter im

IV-Bereich beschäftigt, der IV damit ein hoher Stellenwert zugemessen, sollte überprüft werden, ob das eigene Unternehmen eine Anpassung an den Branchendurchschnitt anstreben sollte, um somit die IV wettbewerbsfähig zu gestalten. Der IV-Ausbildungsaufwand, der aus der Relation der IV-Ausbildungskosten zur IV-Mitarbeiterzahl ermittelbar ist, zeigt die Aufwendungen auf, die prozentual auf die Mitarbeiter im IV-Bereich entfallen.

IV-Ausbildungsaufwand	IV-C 2.1.5.3
$\dfrac{\text{IV-Ausbildungskosten}}{\text{Anzahl IV-Mitarbeiter}} \cdot 100$	

c) Fallbeispiel für den Einsatz der IV-Kennzahlen

Die Kennzahlen und eine mögliche Interpretation ihrer Ergebnisse werden nachfolgend anhand eines Beispiels verdeutlicht. Eine zunehmende Automatisierung in der Fertigung, der verstärkte Einsatz von DV-technischen Problemlösungen in der Verwaltung und branchenspezifische Anforderungen an die betriebsinterne IV führen dazu, daß auch in der Praxis das Problem einer Steuerung und Kontrolle der Wirtschaftlichkeit der eingesetzten IV-Instrumente immer stärker in den Vordergrund tritt.

In einem Unternehmen des Maschinenbaus ergeben sich vielseitige Einsatzmöglichkeiten für DV-Applikationen. Damit einher geht der Ausbau der gesamten IV, damit die Informationsversorgung nicht nur technisch, sondern auch organisatorisch sichergestellt werden kann. Die Steuerung dieses Bereichs unter Wirtschaftlichkeitsgesichtspunkten in einem Maschinenbauunternehmen wird nachfolgend anhand der Kennzahlen des IV-Controlling beispielhaft dargestellt.

Der hohe Automatisierungsgrad in der Fertigung bedingt einen intensiven Einsatz von Hard- und Software in diesem Bereich. Im Rahmen der *Produktion, Planung, Qualitätssicherung,* aber auch schon in den vorgelagerten Bereichen *Design* und *Entwurf* werden Arbeitsvorgänge mit Hilfe der DV-Technologie durchgeführt. Zu diesem Zweck setzt das Unternehmen die Technologien des Computer Integrated Manufacturing (CIM) ein, zu dem verschiedene Komponenten gehören.[10] So liefert das Computer Aided Design (CAD), dessen Kernstück leistungsfähige Graphikworkstations zur Erstellung mehrdimensionaler Graphiken bilden, eine Unterstützung bei der Konstruktion und dem Entwurf von Produkten. Auch im Rahmen der Planung werden mit Hilfe des Computer

---

[10] Vgl. dazu z.B. *Scheer, August-Wilhelm:* CIM (Computer Integrated Manufacturing) – Der computergesteuerte Industriebetrieb, 4. Aufl., Berlin et al. 1990.

XII. Kapitel: Das Informationsverarbeitungs-Controlling

IV - Controlling

IV - Effizienz — IV-C 2.1.5.
$$\frac{\text{IV - „Nutzen"}}{\text{IV - Kosten}}$$

Servicegrad der IV — IV-C 2.1.5.
$$\frac{\text{Anzahl termingerecht ausgeführter Aufträge}}{\text{Anzahl der zu erfüllenden Aufträge}} \cdot 100$$

Verfügbarkeit der IV-Systeme — IV-C 2.1.5.
$$\frac{\text{effektive Verfügbarkeit}}{\text{techn. mögl. Verfügbarkeit}} \cdot 100$$

Technische Infrastruktur

DV- technischer Leistungsgrad — IV-C 2.1.5.1.
$$\frac{\text{DV-„Nutzen"}}{\text{DV-Kosten}}$$

Beschäftigungsgrad der DV — IV-C 2.1.5.1.
$$\frac{\text{Effektive Nutzung in CPU-Min./Std}}{\text{Geplante Vergügbarkeit in CPU-Min./Std.}} \cdot 100$$

Kapazitätsauslastungsgrad der DV — IV-C 2.1.5.1.
$$\frac{\text{Effektive Nutzung in CPU-Min./Std.}}{\text{Technisch mögliche Nutzung in CPU-Min./Std.}} \cdot 100$$

Ausfallzeiten der DV — IV-C 2.1.5.1.
$$\frac{\text{Reparaturbedingte down-time}}{\text{Geplante Verfügbarkeit in CPU-Min./Std.}} \cdot 100$$

Wartungskostenanteil — IV-C 2.1.5.1.
$$\frac{\text{Wartungskosten}}{\text{DV-Kosten}} \cdot 100$$

Software- und Systemstruktur (Applikationen)

Sofwaretechnischer Leistungsgrad — IV-C 2.1.5.2.
$$\frac{\text{Software- „Nutzen"}}{\text{Software-Kosten}}$$

Systemintegrationsnutzen — IV-C 2.1.5.2.
$$\frac{\text{Anzahl der Teilprozesse}}{\text{Durchlaufzeit}}$$

Benutzerfreundlichkeit/ Verarbeitungseffizienz — IV-C 2.1.5.2.
$$\frac{\text{Gesamtbearbeitungszeit}}{\text{Einarbeitungs-/ Eingabezeit}} \cdot 100$$

Systembetreuungsgrad — IV-C 2.1.5.2.
$$\frac{\text{Systembetreuungskosten}}{\text{Wert des Programm-Portefeuilles}} \cdot 100$$

Rerun - Quote — IV-C 2.1.5.2.
$$\frac{\text{Rerun - Zeit}}{\text{Produktive Verarbeitungszeit}} \cdot 100$$

IV - Personal

IV - Leistungsgrad — IV-C 2.1.5.3.
$$\frac{\text{Servicegrad der IV}}{\text{IV-Mitarbeiter-Std. zur Erzielung d. Servicegrads}} \cdot 100$$

IV - Mitarbeiteranteil — IV-C 2.1.5.3.
$$\frac{\text{Anzahl IV-Mitarbeiter}}{\text{Gesamt-Mitarbeiterzahl}} \cdot 100$$

IV - Mitarbeiterquote — IV-C 2.1.5.3.
$$\frac{\text{Anzahl IV-Mitarbeiter}}{\text{ØAnzahl IV-Mitarbeiter i. d. Branche}} \cdot 100$$

IV - Ausbildungsaufwand — IV-C 2.1.5.3.
$$\frac{\text{IV-Ausbildungskosten}}{\text{Anzahl IV-Mitarbeiter}}$$

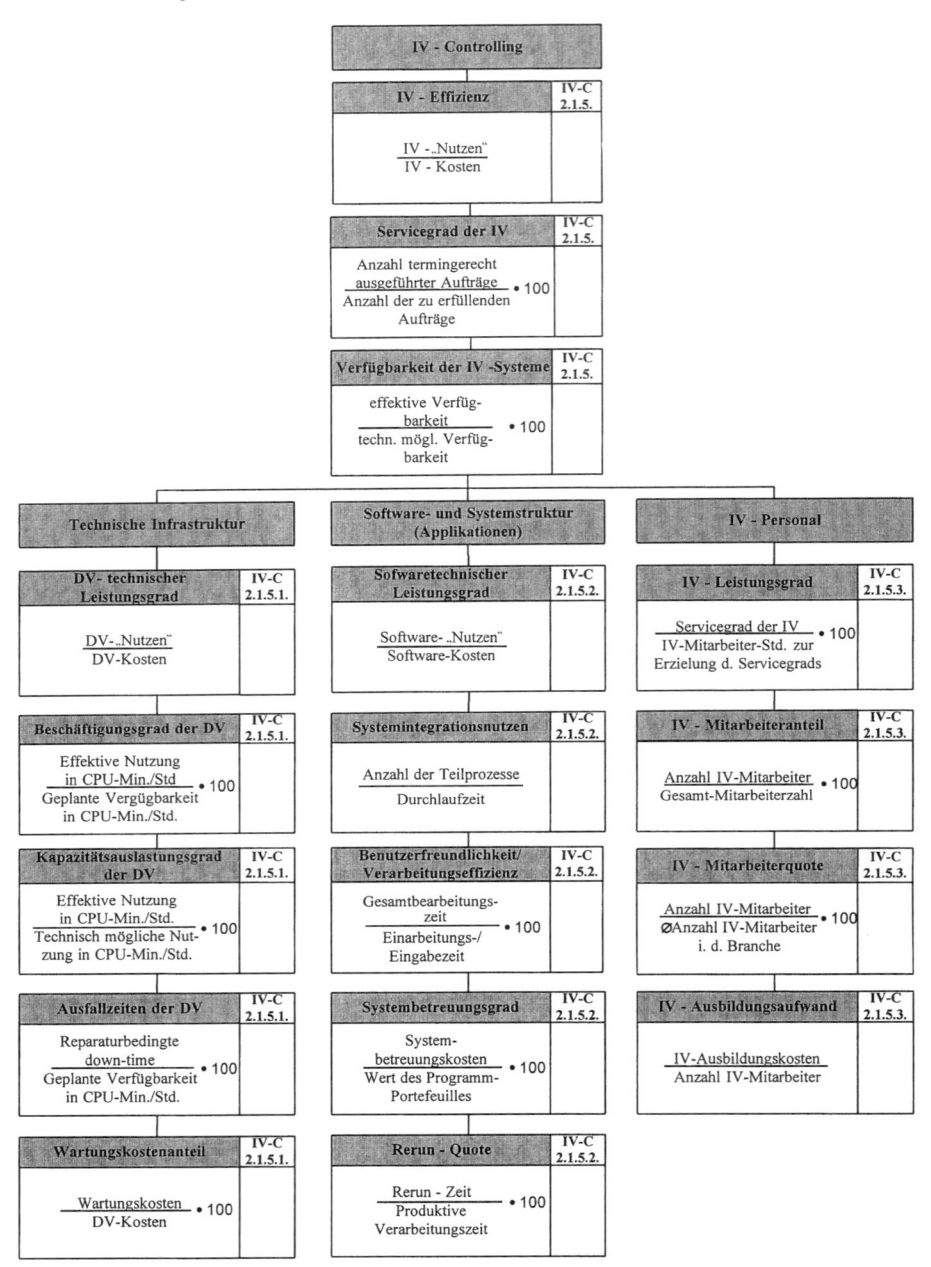

Abb. 277: Kennzahlensystem zum IV-Controlling

Aided Planning (CAP) auf Basis geometrischer und technologischer Produktdaten Arbeitspläne generiert, die Prozeßketten zur Transformation eines Werkstückes vom Rohzustand in den Fertigzustand festlegen. Ferner werden im Bereich der eigentlichen Produktion Systeme des Computer Aided Manufacturing (CAM) eingesetzt. So können z.B. Werkzeugmaschinen numerisch gesteuert und kontrolliert werden (NC-Maschinen). Die Qualitätssicherung hingegen wird mit Hilfe des Instrumentes Computer Aided Quality Assurance (CAQ) sichergestellt.

Das betrachtete Unternehmen setzt neben den Systemen im Rahmen des CIM weiterhin Software zur Bewältigung spezieller Aufgaben im Rahmen der Produktion ein. Hier sind insbesondere Softwarelösungen wie zum Beispiel *Genius* und *Design* zu nennen. Jedoch liegt die Einführung dieser Module schon mehrere Abrechnungsperioden zurück, so daß die Abschreibungen bereits bis zu entsprechenden Beträgen erfolgt sind.

Auch im Verwaltungsbereich werden im Rahmen der Reintegration von arbeitsteiligen Prozessen hohe Anforderungen an die automatisierte Bearbeitung und Abwicklung von Geschäftsprozessen gestellt. Zu diesem Zweck wurde in der Betrachtungsperiode das System SAP R/3 eingeführt. Die bis zu diesem Zeitpunkt verwendeten Insellösungen erwiesen sich als unzureichend, da der gestiegene Informationsbedarf des Unternehmens dazu führte, daß die Komplexität der Systeme überhand nahm und diese in ihrer Verwaltung unwirtschaftlich und schwer beherrschbar wurden. Somit fiel die Entscheidung zugunsten einer integrierten Standardsoftware aus, die idealerweise ein Client/Server-Konzept aufweisen sollte. Man versprach sich von dieser Maßnahme zudem Kostenreduktionen, eine erhöhte Flexibilität, verläßliche Datenintegrität, einen verbesserten Informationsfluß sowie eine einheitliche Benutzeroberfläche, die es ermöglichen sollte, ein transparentes durchgängiges Berichtssystem zu erstellen, das durch realtime processing die bereichsübergreifenden Geschäftsprozesse optimal abbildet.

Ein durchaus erwünschter Nebeneffekt wurde darin gesehen, daß die Softwareumstellung Anlaß dazu gab, die im Unternehmen angewandten Geschäftsprozesse zu überdenken, auf ihre Wirtschaftlichkeit hin zu überprüfen und ggf. den Rahmenbedingungen der neuen Standardsoftware anzupassen. Dabei wurde jedoch darauf Wert gelegt, daß branchen- und unternehmensspezifische Prozesse, die einen strategischen Wettbewerbsvorteil beinhalten, weitestgehend in ihrer originären Struktur beibehalten wurden.

Als Gegenargumente zur SAP R/3-Anschaffung wurden die Abhängigkeit von externen Beratern, die in der Komplexität des Systems begründet liegt, sowie der erhöhte Investitions- und Schulungsbedarf und der lange Einführungszeitraum genannt. Nach eingehenden Kosten/Nutzen Abwägungen kam man zu dem Schluß, daß die obengenannten Vorteile der SAP R/3-Einführung die vorhersehbaren Nachteile aufwiegen würden.[11]

---

[11] Vgl. *Steffin, Wolfgang:* ATOMIS – SAP R/3-Einführung bei *Atotech Deutschland GmbH,* in: ZfC, 7.Jg. (1995) 4, S.216–226.

Neben den aufgeführten Faktoren bedingen auch strategische Überlegungen die Bedeutung des IV-Controlling für das beschriebene Unternehmen. Die hohen Investitionen, die in der Vergangenheit im Bereich Informationsverarbeitung getätigt wurden, bedeuten für das Unternehmen einen erheblichen Wettbewerbsvorteil, und die Unternehmensführung geht davon aus, daß auch die zukünftige Wettbewerbsposition des Unternehmens stark von der Qualität und Kostenentwicklung des Bereiches Datenverarbeitung und Informationsverarbeitung abhängt. Die strategische Bedeutung der eingesetzten DV-Applikationen für das Unternehmen und der Umfang des in diesem Bereich gebundenen Kapitals bedingt für die Unternehmung einen verstärkten Handlungsbedarf im Rahmen des IV-Controlling. In diesem Zusammenhang wurde in der Vergangenheit ein IV-Kennzahlensystem implementiert. Anhand der zugrunde liegenden Daten soll nun die Ausprägung und Entwicklung der Kennzahlen im Zeitverlauf nachvollzogen werden.

- Basisdaten

Die oben diskutierten Überlegungen hinsichtlich der Softwareanschaffung schlagen sich in der folgenden Aufstellung nieder, die den Wert des Programmportefeuilles im Zeitablauf darstellt.

Zeitpunkt t = 0, ... 8	Abschreibungsbetrag	Restwert	Wert sonstiger Software	Wert des Programmportefeuilles
0	----	1 800 000	15 000	1 815 000
1	540 000	1 260 000	12 000	1 272 000
2	378 000	882 000	18 000	900 000
3	264 600	617 400	12 000	629 400
4	185 220	432 180	10 000	442 180
5	108 045	324 135	100 000	424 135
6	108 045	216 090	115 000	331 090
7	108 045	108 045	80 000	188 045
8	108 045	0	98 000	98 000

Abb. 278: Abschreibungsplan der SAP Software

Neben den Abschreibungen für die SAP-Software sind außerdem die Restbuchwerte der sonstigen Software zu berücksichtigen. Es wird davon ausgegangen, daß größere Anschaffungen in diesem Bereich erst in Periode 5 wieder anstehen. Die Abschreibung der SAP Software erfolgt über die ersten drei Perioden degressiv zu 30 % und darauffolgend linear über die angesetzte Restnutzungsdauer.

B. Instrumente des IV-Controlling 583

Mitarbeiter	Periode 1	Periode 2	Periode 3	(Einheit)
Mitarbeiterzahl Abt. IV	41	45	48	
Durchschnittl. Kosten pro IV-Mitarbeiter	160 000	160 000	160 000	DM/Jahr
Gesamtmitarbeiterzahl	980	1090	1200	
Durchschnittl. IV-Mitarbeiterzahl der Branche	30	30	30	
IV-Mitarbeiterstd. zur Erzielung des Servicegrades	400	424	460	Std/Tag

Abb. 279: Mitarbeiterzahlen des Beispielunternehmens

Das betrachtete Unternehmen beschäftigt im Betrachtungszeitraum zunächst 980 Mitarbeiter, von denen 41 in der Abteilung Informationsverarbeitung tätig sind. Diese Zahl liegt über dem Branchendurchschnitt von etwa 30 Mitarbeitern im Bereich der Informationsverarbeitung. Auch hier spiegelt sich die erhebliche strategische Bedeutung, die dem DV-Bereich seitens des Unternehmens zugemessen wird, wider. Das aufgezeigte Gewicht der Informationsverarbeitung für die strategische Positionierung des Unternehmens ist auch der Grund dafür, daß geplant ist, weitere Mitarbeiter im DV-Bereich einzustellen. Somit wird sich die Zahl der DV-Mitarbeiter noch weiter vom Branchendurchschnitt abheben.

Systemdaten	Periode 1	Periode 2	Periode 3	(Einheit)
Techn. mögl. Verfügbarkeit	24	24	24	Std/Tag
Geplante Verfügbarkeit	20	20	20	Std/Tag
Effektive Verfügbarkeit	16	17	18	Std/Tag
Effektive Nutzung	12	14	16	Std/Tag
Reparaturbedingte Down-Time	1	0,8	0,6	Std/Tag
Rerun-Zeit	7,24	6,4	6	Min
Einarbeitungs-, Eingabezeit	4,8	3	2	Min/Prozeß
Gesamtbearbeitungszeit	6	4	3	Min/Prozeß
Produktive Verarbeitungszeit	8	8,5	9	Std/Tag
Durchlaufzeit	960 000	923 000	891 000	Min/Tag
Anzahl zu erfüllender Aufträge pro Tag	200	200	200	Stück
Anzahl erfüllter Aufträge pro Tag	110	130	160	Stück
Anzahl der Teilprozesse	80 000	80 000	80 000	Stück

Abb. 280: Grundlegende Daten des Beispielunternehmens

Die Zielsetzung für die nächsten Perioden 2 und 3 lag unter anderem darin, die tatsächliche Verfügbarkeit den Sollvorgaben anzunähern. So läßt sich eine Erhöhung der effektiven Verfügbarkeit von 16 Stunden pro Tag auf 18 Stunden pro

584   XII. Kapitel: Das Informationsverarbeitungs-Controlling

Tag beobachten. Bezüglich der Erreichung der geplanten Verfügbarkeit von 20 Stunden pro Tag zeigt sich jedoch noch ein Handlungsbedarf für die nächsten Perioden.

Auch die effektive Nutzung der DV wurde innerhalb der Betrachtungsperioden von 12 auf 16 Stunden pro Tag verbessert. Beide Effekte könnten sich unter anderem darauf zurückführen lassen, daß die neu erworbene SAP Software erst nach entsprechender Ausbildung der Mitarbeiter effektiv angewendet werden kann. Ferner gelang es ebenfalls, die Werte der übrigen Systemdaten zu verbessern, so daß sich eine kontinuierlich positive Entwicklung im Zeitablauf beobachten läßt.

IV-Kostenaufstellung (DM/Jahr)	Periode 1	Periode 2	Periode 3
Personalkosten gesamt	6 560 000	7 200 000	7 680 000
Ausbildungskosten SAP	1 500 000	1 000 000	640 000
Ausbildungskosten sonst.	500 000	500 000	600 000
Ausbildungskosten gesamt	2 000 000	1 500 000	1 240 000
DV-Kosten gesamt	5 000 000	4 200 000	3 600 000
Wartungskosten intern (Personal)	780 000	600 000	250 000
Wartungskosten intern sonst.	30 000	65 000	50 000
Wartungskosten extern	300 000	360 000	400 000
Wartungskosten gesamt	1 110 000	1 025 000	700 000
Systembetreuungskosten intern	700 000	520 000	320 000
Systembetreuungskosten extern	100 000	40 000	20 000
Systembetreuungskosten gesamt	800 000	560 000	340 000
Softwarekosten laufend (hotline, support)	80 000	63 000	40 000
Softwarekosten sonst.	30 000	24 000	20 000
Softwarekosten gesamt	110 000	87 000	60 000
IV-Kosten sonst.	200 000	200 000	200 000
IV-Kosten gesamt	14 200 000	13 612 000	13 230 000

Abb. 281: IV-Kosten des Beispielunternehmens

Die Kosten der drei Betrachtuangsperioden verhalten sich dementsprechend. So führte die Aufstockung der DV-Mitarbeiterzahl zu einem Anstieg der Personalkosten. Bei den übrigen Kostenkategorien lassen sich rückläufige Tendenzen feststellen, die auf einen effizienteren Einsatz des vorhandenen Hard- und Software-Portefeuilles schließen lassen. Auf Basis dieser Vorgaben lassen sich die zuvor entwickelten IV-Kennzahlen zur Wirtschaftlichkeitskontrolle der eingesetzten DV-Potentiale ermitteln.

- Kennzahlen zur Technischen Infrastruktur

Um die Spitzenkennzahlen zu erhalten, werden zunächst die einer unteren Hierarchiestufe zugeordneten Kennzahlen berechnet. Im Bereich der technischen Infrastruktur ergibt sich hier zunächst die Kennzahl Wartungskostenanteil. Im Betrachtungszeitraum ist es dem Unternehmen gelungen, den Anteil der Wartungskosten an den gesamten DV-Kosten von 22,20 % auf 19,44 % zu senken. Bei gleichzeitiger Reduktion der gesamten DV-Kosten bedeutet dies, daß die Wartungskosten überproportional zu diesen gesenkt werden konnten. Dieser Effizienzgewinn mag darauf zurückzuführen sein, daß die zunehmende Erfahrung mit den neuen Anlagen Fehlervermeidungen und schnellere Reparaturen ermöglichten.

Wartungskostenanteil	Periode 1	Periode 2	Periode 3
Wartungskosten / DV-Kosten	1 110 000 DM / 5 000 000 DM	1 025 000 DM / 4 200 000 DM	700 000 DM / 3 600 000 DM
Wartungskostenanteil	22,20 %	24,40 %	19,44 %

Ähnliche Überlegungen erklären den Rückgang der Ausfallzeiten von 5,00 % auf 3,00 %, wobei hier die reparaturbedingte Down-Time um 40 % auf 0,6 abgesenkt werden konnte.

Ausfallzeiten der DV	Periode 1	Periode 2	Periode 3
Reparaturbedingte Down-Time (Std) / geplante Verfügbarkeit (Std)	1 / 20	0,8 / 20	0,6 / 20
Ausfallzeiten der DV	5,00 %	4,00 %	3,00 %

Kapazitätsauslastungsgrad der DV	Periode 1	Periode 2	Periode 3
Effektive Nutzung (Std) / techn. mögl. Nutzung (Std)	12 / 24	14 / 24	16 / 24
Kapazitätsauslastungsgrad der DV	50,00 %	58,33 %	66,67 %

Beschäftigungsgrad der DV	Periode 1	Periode 2	Periode 3
Effektive Nutzung (Std) / Geplante Verfügbarkeit (Std)	12 / 20	14 / 20	16 / 20
Beschäftigungsgrad der DV	60,00 %	70,00 %	80,00 %

Die Erhöhung der effektiven Nutzung der DV-Anlagen führt zu einer Verbesserung der Kennzahlenwerte des Kapazitätsauslastungsgrades der DV von 50 % auf 66,67 % und des Beschäftigungsgrades der DV von 60 % auf 80 %. Die positive Tendenz, die die vier Basiskennzahlen des Bereiches *Technische Infrastruktur* im Betrachtungszeitraum aufweisen, impliziert eine kontinuierliche Erhöhung des DV-„Nutzens" über die drei Perioden. Da zur gleichen Zeit eine Senkung der gesamten DV-Kosten erfolgte, ist die technische Infrastruktur durch einen gestiegenen DV-technischen Leistungsgrad im Zeitablauf gekennzeichnet.

- Kennzahlen zur Software- und Systemstruktur

Der zweite Bereich, der einer näheren Betrachtung unterworfen wird, ist die *Software- und Systemstruktur*. Hier wurden durch entsprechende Verbesserungsmaßnahmen sowohl die Rerun-Quote von 90,5 % auf 66,67 % als auch der Systembetreuungsgrad von 44,08 % auf 37,78 % abgesenkt.

Rerun-Quote	Periode 1	Periode 2	Periode 3
$\dfrac{\text{Rerun-Zeit (min)}}{\text{produktive Verarbeitungszeit (min)}}$	7,24 8	6,4 8,5	6 9
Rerun-Quote	90,50 %	75,29 %	66,67 %

Systembetreuungsgrad	Periode 1	Periode 2	Periode 3
$\dfrac{\text{Systembetreuungskosten}}{\text{Wert des Programmportefeuilles}}$	800 000 DM 1 815 000 DM	560 000 DM 1 272 000 DM	340 000 DM 900 000 DM
Systembetreuungsgrad	44,08 %	44,03 %	37,78 %

Eine weitere positive Entwicklung ist darin zu sehen, daß die Benutzerfreundlichkeit der Applikation und der Systemintegrationsnutzen gesteigert werden konnten.

Benutzerfreundlichkeit	Periode 1	Periode 2	Periode 3
$\dfrac{\text{Gesamtbearbeitungszeit (min)}}{\text{Eingabe-, Einarbeitungszeit (min)}}$	6 4,8	4 3	3 2
Benutzerfreundlichkeit	125,00 %	133,33 %	150,00 %

Systemintegrationsnutzen	Periode 1	Periode 2	Periode 3
$\dfrac{\text{Anzahl der Teilprozesse}}{\text{Durchlaufzeit (min)}}$	80 000 960 000	80 000 923 000	80 000 891 000
Systemintegrationsnutzen	8,33 %	8,67 %	8,98 %

Besonders positiv zu bewerten ist hierbei die Tatsache, daß der höhere Wert der Kennzahl *Benutzerfreundlichkeit* bei Rückgang beider Einflußgrößen realisiert wurde. Auch ist der gesteigerte Systemintegrationsnutzen bei gleichbleibender Zahl der Teilprozesse allein durch eine Senkung der Durchlaufzeit entstanden.

Da sowohl die Senkung der Rerun-Quote und des Systembetreuungsgrads, als auch die Steigerung der Benutzerfreundlichkeit und des Systemintegrationsnutzens eine deutlich positive Tendenz zeigen, ist für den Betrachtungszeitraum ebenfalls eine Zunahme des Software-„Nutzens" zu verzeichnen. Dementsprechend ist die Entwicklung des *Softwaretechnischen Leistungsgrades* bei fallenden Softwarekosten ebenfalls positiv.

- Kennzahlen zum IV-Personal

Der dritte Betrachtungsbereich beschäftigt sich mit der Bildung und Auswertung von Kennzahlen, die sich auf den Personalbestand des IV-Bereiches beziehen. So wird zunächst zur Berechnung der Kennzahl *IV-Ausbildungsaufwand* den IV-Ausbildungskosten die Anzahl der IV-Mitarbeiter gegenübergestellt. Hierbei zeigt sich, daß trotz steigender Mitarbeiterzahl rückläufige IV-Ausbildungskosten verzeichnet wurden, so daß ein drastischer Rückgang des Ausbildungsaufwandes pro IV-Mitarbeiter um mehr als 40 % erreicht wurde. Die hohen Ausbildungskosten von 2 000 000 DM in Periode 1 sind direkt auf die Anschaffung der integrierten Softwarelösung SAP R/3 zurückzuführen, da für den Einsatz dieser neuen Software umfassende Schulungsprogramme notwendig waren. Im Zeitablauf ließen diese Ausbildungsprogramme sich jedoch sukzessive verringern, so daß in Periode 3 die Ausbildungskosten auf 1240000 DM zurückgingen.

IV-Ausbildungsaufwand	Periode 1	Periode 2	Periode 3
IV-Ausbildungskosten IV-Mitarbeiterzahl	2000000 DM 41	1500000 DM 45	1240000 DM 48
IV-Ausbildungsaufwand	48780,49	33333 DM	25833,33

Wie schon zuvor dargestellt, führt die hohe strategische Bedeutung der Datenverarbeitung für die Wettbewerbssituation der Unternehmung dazu, daß das Unternehmen seine zuvor schon über dem Branchendurchschnitt liegende Mitarbeiterzahl noch weiter steigerte. Somit wurde die IV-Mitarbeiterquote erhöht, während der IV-Mitarbeiteranteil aufgrund eines überproportionalen Anstiegs der Gesamtmitarbeiterzahl sank.

IV-Mitarbeiterquote	Periode 1	Periode 2	Periode 3
IV-Mitarbeiterzahl Duchschn. IV-Mitarbeiter i.d. Branche	41 30	45 30	48 30
IV-Mitarbeiterquote	136,67 %	150,00 %	160,00 %

IV-Mitarbeiteranteil	Periode 1	Periode 2	Periode 3
IV-Mitarbeiterzahl Gesamt-Mitarbeiterzahl	41 980	45 1090	48 1200
IV-Mitarbeiteranteil	4,18 %	4,13 %	4,00 %

Der *IV-Leistungsgrad*, der aus dem Quotienten von *Servicegrad der IV*, der im Rahmen der Spitzenkennzahlen näher erläutert wird, und den *IV-Mitarbeiterstunden zur Erzielung des Servicegrads* errechnet wird, stieg im Zeitablauf, da der Servicegrad einen höheren Anstieg aufwies als die Mitarbeiterstunden zu seiner Erzielung.

IV-Leistungsgrad	Periode 1	Periode 2	Periode 3
Servicegrad der IV IV-Mitarbeiterstd. zur Erzielung des Servicegrades	55 % 400	65 % 424	80 % 460
IV-Leistungsgrad	0,14 %	0,15 %	0,17 %

- Spitzenkennzahlen

Abschließend werden nun basierend auf den darunterliegenden Ästen des IV-Kennzahlensystems die drei Spitzenkennzahlen des IV-Controlling, *IV-Effizienz, Servicegrad der IV* und *Verfügbarkeit der IV-Systeme* untersucht.

Verfügbarkeit der IV-Systeme	Periode 1	Periode 2	Periode 3
eff. Verfügbarkeit (Std) / techn. mögl. Verfügbarkeit (Std)	16 / 14	17 / 24	18 / 24
Verfügbarkeit der IV-Systeme	66,67 %	70,83 %	75,00 %

Da die effektive Verfügbarkeit der IV-Systeme von 16 Stunden pro Tag auf 18 Stunden pro Tag erhöht und damit dem Wert der technisch möglichen Verfügbarkeit von 24 Stunden pro Tag angenähert wurde, verbesserte sich das Ergebnis für die Verfügbarkeit der IV-Systeme von 66,67 % in Periode 1 auf 70,83 % in Periode 2 und 75 % in Periode 3.

Servicegrad der IV	Periode 1	Periode 2	Periode 3
Anzahl termingerecht ausgeführter Aufträge / Anzahl zu erfüllender Aufträge	110 / 200	130 / 200	160 / 200
Servicegrad der IV	55,00 %	65,00 %	80,00 %

Um den Servicegrad der IV zu ermitteln, bildet man den Quotienten aus der Zahl der termingerecht ausgeführten Aufträge und der Anzahl der zu erfüllenden Aufträge und erhält für die Beispieldaten einen Servicegrad von 110/200 = 55 % in Periode 1, von 130/200 = 65 % in Periode 2 und von 160/200 = 80 % in Periode 3. Somit wird ersichtlich, daß die Erhöhung des Servicegrads der IV auf einer Erhöhung der Anzahl der termingerecht ausgeführten Aufträge basiert.

Die Spitzenkennzahl *IV-Effizienz* setzt sich zusammen aus den IV-Kosten und dem realisierten IV-„Nutzen". Während die IV-Kosten im Zeitablauf von 14 200 000 DM in Periode 1 auf 13 612 000 DM in Periode 2 und noch weiter auf 13 230 000 DM in Periode 3 gesenkt werden konnten, läßt sich über den gleichen Zeitraum ein Anstieg des IV-Nutzens beobachten. Dieser Anstieg läßt sich daraus ableiten, daß neben einer Erhöhung des DV- und des Software-„Nutzens" auch die Kennzahlen des IV-Personalbereichs und die Spitzenkennzahlen des IV-Controlling im Betrachtungszeitraum eine positive Entwicklung aufwiesen. Somit konnte die IV-Effizienz in der Zeit von Periode 1 bis Periode 3 eindeutig gesteigert werden.

Abschließend kann festgehalten werden, daß diese Steigerung der IV-Effizienz in angemessener Weise der strategischen Bedeutung der Datenverarbeitung des betrachteten Unternehmens Rechnung trägt. Mit Hilfe des IV-Controlling läßt sich darüber hinaus feststellen, daß nicht nur der Nutzen der IV angehoben, sondern auch die IV-Kosten gesenkt werden konnten. Im Rahmen einer Bewertung des IV-Bereichs kann also aufgrund der durch das IV-Controlling gelieferten Informationen die Aussage gemacht werden, daß das Wettbewerbspotential der IV für das Unternehmen im Zeitablauf besser und wirtschaftlicher ausgenutzt wurde.

3. Strategische Instrumente des IV-Controlling

Eine effiziente strategische Planung im Unternehmen setzt voraus, daß sämtliche Unternehmensfunktionen berücksichtigt werden. Das gilt insbesondere für die Informationssysteme im Unternehmen, die aufgrund ihrer besonderen Position ein wesentlicher Bestandteil der strategischen Unternehmensgesamtplanung sind. Im Rahmen einer globalen Strategieplanung müssen die Erfolgspotentiale identifiziert werden, die langfristig zu Wettbewerbsvorteilen führen können. Dabei hat das **strategische IV-Controlling** zwei **zentrale Aufgaben:** zum einen die **Innovationsaufgabe** und zum anderen die **Informationsversorgungsaufgabe.** Die Innovationsaufgabe umfaßt nach *Heinrich* und *Burgholzer*[12] die langfristige Beobachtung des Technologiefortschritts und des entsprechenden Anbietermarkts. Darauf aufbauend muß für das Unternehmen entschieden werden, welche Technologiesprünge in der Zukunft gemacht werden sollen, da ein permanentes Schritthalten mit der Entwicklung aufgrund des schnellen Fortschreitens ökonomisch nicht sinnvoll ist. Damit einhergehend muß der momentane Technologiebedarf festgelegt werden, der auf eine positive Beeinflussung der kritischen Erfolgsfaktoren ausgerichtet ist. Darüber hinaus müssen Innovationen gefördert werden, die organisationsspezifisch sind. Die zweite zentrale Aktivität, die Informationsversorgungsaufgabe, besteht in der Effizienzsteigerung des Kommunikationsflusses durch die Versorgung der Managementebene mit entscheidungsrelevanten Informationen.

Der derzeitige **Trend** in vielen Unternehmen zur Bildung **kleinerer und damit i. d. R. flexiblerer Einheiten** erfordert eine grundlegende Reorganisation der traditionell gewachsenen Strukturen; ihr müssen die Informationssysteme in den Unternehmen angepaßt werden. Eine Orientierung von einer zentralen und batchorientierten Verarbeitung von Informationen zu einer **dialogorientierten Verarbeitung** der anfallenden Daten war einer der Meilensteine der Entwicklung. In der neuesten Entwicklung bestimmen Netzwerke die Infrastruktur der Informationssysteme. Durch sie ist eine **verteilte Datenverarbeitung** und Informationsaufbereitung möglich geworden. Darüber hinaus können die Daten selber und die benötigte Rechnerleistung nach Effizienzkriterien so verteilt werden, daß die größtmögliche Flexibilität bei der Verarbeitung erreicht wird. Aufgrund dieser Entwicklungen sind die Anforderungen an das Controlling dieser Systeme mit der Komplexität der Strukturen und der damit verbundenen Anwendungen stark gewachsen. Insbesondere die strategische Orientierung wurde nach der Ausschöpfung der Rationalisierungseffekte stärker in den Mittelpunkt der Betrachtungen gerückt.

Wird ein wirkungsvolles strategisches IV-Controlling gefordert, müssen in einem ersten Schritt die **Ziele des IV-Einsatzes** überprüft und gegebenenfalls neu festgeschrieben werden. Nachdem ein deutlicher Wandel von der reinen Technologieorientierung der IV hin zu einer verstärkten Nutzenorientierung vollzogen worden ist, begann in den Unternehmen das Zeitalter der integrierten Systeme, wie

---

[12] Vgl. *Heinrich, Lutz; Burgholzer, Peter:* Informationsmanagement: Planung, Überwachung und Steuerung der Informations-Infrastruktur, München, Wien 1987, S. 62 f.

zum Beispiel das System R/2 von *SAP* oder aber der entscheidungsorientierten Systeme wie zunächst die Systeme, die auf der Philosophie der Management Informationssysteme basierten oder aber später die weiterentwickelten und somit leistungsfähigeren Führungsinformationssysteme. Damit wurden qualitative Effekte wie mehr Transparenz, verbesserte Qualität und größere Schnelligkeit an den Arbeitsplätzen erzeugt. Damit einher geht heute der Trend zur Reorganisation der Geschäftsprozesse im Rahmen des Business Process Reengineering,[13] was in der Konsequenz eine Vereinfachung und nachfolgende Anpassung der im Unternehmen vorhandenen Informationsinfrastruktur auf die einzelnen Geschäftsprozesse bedeutet.

Im Rahmen der Aufgabe, eine Positionierung der IV durchzuführen, muß vom IV-Controlling zunächst bestimmt werden, welchen Einfluß die Informations- und Kommunikationssysteme im Unternehmen haben, d.h. welche Konsequenzen ihr Einsatz hat, und ob der Einsatz zu Veränderungen in der Unternehmensorganisation führt. Zur Bestimmung dieser Faktoren haben *Cash, McFarlan* und *McKenney*[14] eine Matrix vorgeschlagen, in der eine Einordnung der Unternehmen in vier Quadranten, die die organisatorischen Basistypen von Unternehmen darstellen, vorgenommen werden kann (vgl. *Abb. 282*). In dieser Matrix wird der Einfluß der bereits existierenden Infrastruktur auf strategische Wettbewerbsziele dem Einfluß der in Zukunft geplanten Infrastruktur gegenübergestellt.

Die Organisationsform mit dem größten Einfluß sowohl gegenwärtig als auch zukünftig ist der dem Feld **"strategic"** zugehörige Typ. Hierunter fallen insbesondere Banken und Versicherungen, für die eine strukturierte und durchgängige Informationsverarbeitung deshalb so wichtig ist, weil sämtliche Geschäftsprozesse auf Information als Basisfaktor aufbauen. Unternehmen, die diesem Bereich zugeordnet werden können, müssen die Informationsverarbeitung in ihre zentralen Strategien einbinden und damit einen reibungslosen Informationsfluß zwischen Funktionalbereichen und Management gewährleisten. Der Typus, in dem kein starker Einfluß der gegenwärtigen IV-Infrastruktur auf das Erreichen der zukünftigen Wettbewerbsziele festzustellen ist, wird als **"turnaround"** bezeichnet, weil aufgrund der steigenden Bedeutung der Informationsverarbeitung auch für Unternehmen dieser Kategorie, z.B. private Versorgungsunternehmen, eine entsprechende Planung der zukünftigen Informationsinfrastruktur für die strategische Gesamtplanung notwendig wird. Hat die Informationsverarbeitung in dem Unternehmen lediglich die Aufgabe, die Geschäftsprozesse auf der operativen Ebene möglichst kosteneffizient zu unterstützen, wie das z.B. bei großen Versandhäusern der Fall ist, fällt sie unter den Begriff **"factory"**, der dadurch gekennzeichnet ist, daß die Bedeutung der bereits existierenden Informationsinfrastruktur sehr hoch anzusiedeln ist, allerdings kein oder nur ein sehr geringer Einfluß auf die zukünftigen strategischen Wettbewerbspotentiale besteht. Die Orga-

---

[13] Vgl. *Davenport, Thomas H.*: Process innovation: reengineering work through information technology, Harvard Business School Press: Boston 1993, S. 1–25.
[14] Vgl. *Cash, James I. Jr.; McFarlan, Warren F.; McKenney, James L.*: Corporate Information Systems Management – The Issues Facing Senior Executives, 3rd ed., Homewood Illinois 1992, S. 24–26 und S. 253–256.

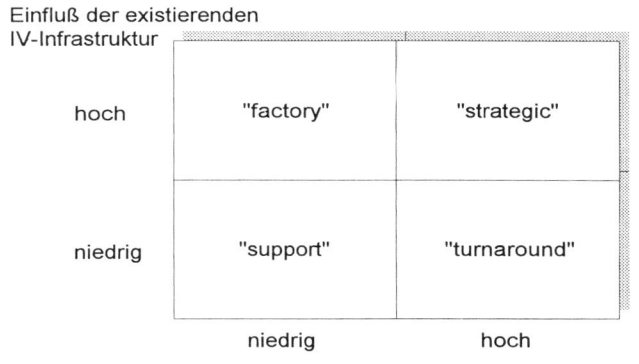

B. Instrumente des IV-Controlling   591

```
Einfluß der existierenden
IV-Infrastruktur

   hoch    |  "factory"  |  "strategic"  |
           |-------------|---------------|
   niedrig |  "support"  |  "turnaround" |

              niedrig         hoch
        Einfluß der zukünftigen IV-Infrastruktur
```

Abb. 282: Einfluß der Informationssysteme auf strategische Wettbewerbsziele

nisationsform, die typisch für Unternehmen der Großindustrie ist, wird von *Cash, McFarlan* und *McKenney* mit dem geringsten gegenwärtigen und zukünftigen Einfluß der IV auf Wettbewerbspotentiale belegt. In diesem Fall wird die Informationsverarbeitung als **„support"** bezeichnet. Bei dieser Einordnung ist allerdings zu beachten, daß mit zunehmender Komplexität der im Unternehmen ablaufenden Prozesse und der Menge an zu verarbeitenden Daten, auch für solche Unternehmen wie die der letzten Kategorie, die Informationsverarbeitung und in Verbindung damit die gesamte Infrastruktur durchaus wettbewerbsstrategische Bedeutung einnehmen wird. Diese Tatsache sollte dadurch berücksichtigt werden, daß die IV im Rahmen einer Umorganisation auf einer höheren organisatorischen Ebene angesiedelt wird, um sich gegebenenfalls an Wettbewerbserfordernisse anpassen zu können und die angewandten Strategien adäquat zu unterstützen. Ist die Infrastruktur festgelegt, ist eine Änderung aufgrund der weitreichenden Konsequenzen, die sich in fast allen Unternehmensbereichen niederschlagen, so schwierig, daß sich eine erneute Umorganisation aufgrund wirtschaftlicher Überlegungen verbietet.

Eine in diesem Zusammenhang wichtige Kennzahl ist die **„Durchdringungsquote"** des Unternehmens mit der Datenverarbeitung, die gemessen wird durch die DV-Kosten, die in dem Unternehmen anfallen, in Relation zu den Unternehmensgesamtkosten.

Durchdringungsquote	**IV-C**
$\dfrac{\text{DV-Kosten}}{\text{Unternehmensgesamtkosten}} \cdot 100$	

Ist die Durchdringungsquote hoch, fällt das Unternehmen allerdings in den Bereich des „support", sollte über eine Möglichkeit der Reduktion der DV-Kosten in diesem Bereich nachgedacht werden.

Ist eine Einordnung erfolgt, verfügt das Unternehmen über Informationen bezüglich des Potentials der Informationsinfrastruktur, die das weitere Vorgehen bei der Auswahl und Anwendung der Instrumente des strategischen IV-Controlling erheblich erleichtern. Im allgemeinen werden Informationen, wie eine Überprüfung der Relevanz der existierenden Informationssysteme oder der Entwicklung der Informationsverarbeitung im Unternehmen nicht erhoben, weil diese Fakten bisher nicht als relevant für eine strategische Unternehmensgesamtplanung angesehen worden sind. Gemäß der Ergebnisse kann nun die Anpassung der IV-Abteilungen an den Wandel der Unternehmensstruktur eingeleitet werden. Im Zuge der Aufsplittung der Unternehmen in kleinere Einheiten, hat sich die rechtliche Verselbständigung der IV-Abteilung als ein gangbarer Weg zur Anpassung herausgestellt. Dieses Vorgehen wird als Outsourcing bezeichnet und kann verschiedene Ausprägungen haben. Entweder arbeitet die rechtlich selbständige Tochtergesellschaft ausschließlich für die Muttergesellschaft oder es wird von Anfang an ein externer Marktauftrag mitgegeben, und die Muttergesellschaft wird als normaler Kunde bedient. In vielen Unternehmen ist die IV allerdings für das operative Geschäft so wichtig, daß ein Outsourcing nicht in Erwägung gezogen wird, um die Einsatzbereitschaft der Informationstechnik und damit den Service für den Kunden zu gewährleisten. Durch diese Tatsache in der gängigen Praxis ist die Einführung eines strategischen IV-Controlling genauso wie eines operativen IV-Controlling unabdingbar.

Wird berücksichtigt, daß für viele Unternehmen die Variante des Outsourcing nicht zur Entscheidung steht, verbleibt noch die Alternative des Make-or-buy für neue Software. Für den Fall, daß die benötigte Software im Unternehmen selbsterstellt werden soll, kann der Anteil der Entwicklungskosten an den gesamten Kosten der Informationsverarbeitung durch die „Innovationsquote" gemessen werden.

Innovationsquote	IV-C
$\dfrac{\text{Entwicklungskosten}}{\text{IV-Gesamtkosten}} \cdot 100$	

Soll die Software fremdbeschafft werden, muß zunächst die Möglichkeit geklärt werden, die am Markt erhältliche Standardsoftware auf die unternehmensspezifischen Probleme anzupassen. Darüber hinaus muß der dabei entstehende Aufwand abgeschätzt und mit Aufwand für eine Eigenentwicklung verglichen werden.

Das **IV-Controlling** hat sich nach der entsprechenden Reorganisation der IV an die neugebildete Struktur der Leistungserbringung der Informationsverarbeitung und ihrer strategischen Bedeutung anzupassen. Dabei zielt es – konform zur Orientierung von der Technologie zum Nutzen – **weniger** auf das **Controlling des Technikeinsatzes** als **vielmehr** auf ein **Controlling der Nutzenrealisierung** ab.

Die grundsätzliche Vorgehensweise des strategischen IV-Controlling entspricht der allgemein üblichen Vorgehensweise, nach der im ersten Schritt Ziele definiert werden, dann die Alternativen zur Zielerreichung geplant werden, in einem weiteren Schritt die Strategie ausgewählt wird, die die optimale Vorgehensweise zur Zielerreichung beinhaltet und darauffolgend realisiert wird. Der letzte Schritt umfaßt die Kontrolle der Vorgehensweise und, für den Fall einer Abweichung von Vorgaben, regelkreisartig die Wiederholung der vorhergehenden Schritte.

Die Zusammenstellung der **Zielsetzungen** für die Ausgestaltung der Informationssysteminfrastruktur unter primär wirtschaftlichen Gesichtspunkten für ein Unternehmen kann in Form einer Checkliste etwa folgendermaßen dargestellt werden:

- Ist die **Informationsversorgung aller Unternehmensbereiche** oder im Falle eines Konzerns so sichergestellt, daß allen Anforderungen (aktuelle **und** zukünftige Bedarfsanforderungen) entsprochen werden kann?
- Werden auch **zukünftige Entwicklungen** gemäß der Innovationsaufgabe des IV-Controlling berücksichtigt und in die strategische Planung der Informationssysteme mit einbezogen?
- Kann die **Wirtschaftlichkeit** unter Berücksichtigung von Folgekosten und von Nebeneffekten, die durch die Restrukturierung erwartet werden oder bereits aufgetreten sind, langfristig gesichert werden?
- Bleibt die **Flexibilität** für eine Weiterentwicklung der Unternehmensstruktur und damit die Option für eine Anpassung an sich verändernde Umweltbedingungen erhalten?
- Sind die eingesetzten **Systeme sicher,** so daß keine sensiblen Daten nach außen gelangen oder aus dem Unternehmen entwendet werden können?
- Ist die **Technik,** die eingesetzt wird, auf dem neuesten technologischen Stand und welche Technologiesprünge können und sollen durchgeführt werden, um einen zeitgemäßen Standard bereitstellen zu können?
- Sind die **Wartungsmaßnahmen** effizient oder verbergen sich in dem Budget, das originär für eine reine Wartungstätigkeit eingesetzt werden soll, versteckte Entwicklungsausgaben?
- Müssen Maßnahmen für **Schulungen** ergriffen werden oder müssen Mitarbeiter andere Aufgabengebiete zugewiesen bekommen?

In diesen Schritt ist ebenfalls die Festlegung strategischer Schwerpunkte eingeschlossen, um das Anwendungsgebiet des IV-Controlling enger einzugrenzen und eine strategische Rahmenplanung für die Informationsverarbeitung und Kommunikation durchzuführen (vgl. *Abb. 283*).

Abb. 283: Strategische Schwerpunkte des IV-Controlling

a) Strategische Informationsverarbeitungsfelder

Die strategischen Informationsverarbeitungsfelder (SIF)[15] werden durch die Planungsfelder im Unternehmen bestimmt, in denen die IV zum Einsatz kommen soll. Das sind im ersten Schritt natürlich die Informationssysteme, die in den verschiedenen Anwendungsgebieten im Unternehmen, bezogen auf die mehrdimensionale Controlling- und Informationskonzeption, sowohl in vertikaler als auch in horizontaler Hinsicht aufgrund der ansonsten heterogenen Anwendungen zu ho-

---

[15] Detaillierte Ausführungen zu strategischen Geschäftsfeldern im Rahmen der strategischen Analyse, an die die Bildung strategischer Informationsfelder angelehnt ist, finden sich bei *Esser, Werner-M.* u.a.: Dokumentation von Kooperationsprojekten mit der Unternehmenspraxis, in: *Trux, Walter; Müller, Günter; Kirsch, Werner:* Das Management Strategischer Programme, 2. Halbband, München 1984, S. 23–377 oder auch bei *Fischbacher, Alfred:* Strategisches Management der Informationsverarbeitung – Konzeption, Methodik und Instrumente, in: Planungs- und organisationswirtschaftliche Schriften, München 1986, S. 164–179.

mogenen Gruppen zusammengefaßt werden müssen. Das bedeutet zum Beispiel, daß ein Informationssystem, das für die reine Massendatenverarbeitung in der Kostenrechnung eingesetzt wird, einem anderen **strategischen Informationsverarbeitungsfeld** zugeordnet werden muß, als ein Führungsinformationssystem, das verdichtete, entscheidungsunterstützende Informationen für die Unternehmensleitung bereitstellen soll. Darüber hinaus müssen die Entwicklung, Implementierung und Einführung sowie die Wartung der Informationssysteme ein SIF darstellen.

Auf der anderen Seite ist es notwendig, die verschiedenen Anwendergruppen der IV nach ihrem Aufgabenfeld zu Gruppen zusammenzufassen und in die bereits festgelegten IS-Gruppen einzuordnen. In diesem Zusammenhang müssen auch die Verantwortlichkeiten und die Aufgabenerfüllung, ebenso wie der Zielerreichungsgrad festgelegt werden. Die im ersten Schritt festgelegten SIFs müssen in weiteren Schritten top-down verfeinert werden und nachfolgend bottom-up wieder zu einem Ganzen zusammengeführt werden, damit einheitliche und konsistente Strategien für den Bereich der Informationsverarbeitung zur Verfügung stehen. Um die Flexibilität des Gesamtsystems zu gewährleisten, müssen die einzelnen Felder im Hinblick auf ihre Wettbewerbsrelevanz permanent überprüft und ggf. aktualisiert werden. Wird bei einer Analyse der **strategischen Informationsfelder** festgestellt, daß, relativ zur Leistungsfähigkeit der IV, sowohl in technischer als auch in personeller Hinsicht, ein SIF trotz hoher Relevanz für die Wettbewerbsziele nur eine niedrige Leistungsfähigkeit aufweist, müssen Maßnahmen ergriffen werden, um dieses SIF durch die Steigerung der Leistungsfähigkeit in einen der Bedeutung für den Wettbewerb angemessenen Quadranten zu bewegen. Durch die Einordnung in strategische Informationsfelder wird es möglich, die Stärken und Schwächen, d.h. Effizienzen und Ineffizienzen, der Informationsverarbeitung aufzudecken und gegebenenfalls Maßnahmen für eine Anpassung einzuleiten.

Eine Beurteilung der damit vorgenommenen Cluster-Bildung kann nach *Heinrich* und *Burgholzer*[16] unter Zuhilfenahme der kritischen Erfolgsfaktoren von *Rockart* erfolgen. Dieser letzte Schritt ist notwendig, um eine laufende Kontrolle über die existierenden Felder und ihren Einfluß auf die Strategienplanung sicherzustellen. In nur wenigen Unternehmen sind die kritischen Erfolgsfaktoren, die unter anderem entscheidend für die Sicherung des Fortbestandes sind, bekannt. Durch die Definition und die Evaluierung der SIF ist das Controlling dazu gezwungen, die Faktoren zu ermitteln und ist so in der Lage, sie in späteren Planungen zu berücksichtigen. Rockart nennt vier **kritische Erfolgsfaktoren**, die es insbesondere zu berücksichtigen gilt, damit gewährleistet werden kann, daß der **Erfolg der angestrebten Informationsinfrastruktur** meßbar wird, Stärken und Schwächen analysiert werden können und, im Falle von Ineffizienzen in der Erstplanung, Verbesserungen realisiert werden können. Die erste der vier Größen ist der **Service,** der auf die Dienstleistungen abzielt, die von der IV erbracht werden, gemessen werden dabei die Wirksamkeit und die Wirtschaftlichkeit der Leistungen. Ein weiterer Faktor ist die **Kommunikation** im gesamten Unterneh

---

[16] Vgl. *Heinrich, Lutz; Burgholzer, Peter:* Informationsmanagement, S. 236–238, die den Ansatz von *Rockart* allerdings im Rahmen der von *Alloway* entwickelten Methodik zur strategischen Informationsinfrastrukturplanung behandeln.

Wettbewerbsstrategische
Relevanz

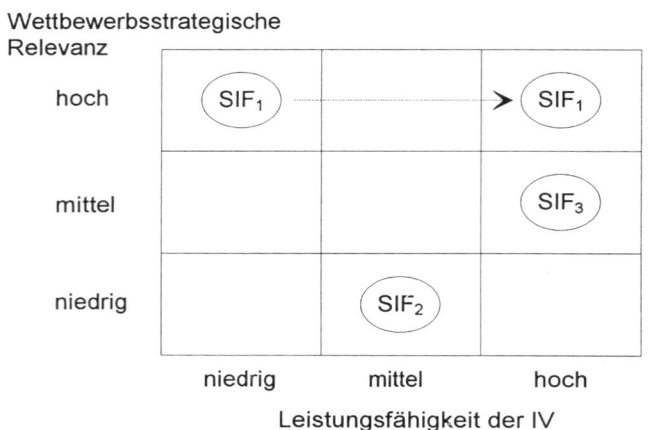

```
hoch    | SIF₁  ----→  SIF₁ |
mittel  |              SIF₃ |
niedrig |       SIF₂        |
         niedrig  mittel  hoch
         Leistungsfähigkeit der IV
```

Abb. 284: Matrix der strategischen Informationsfelder[17]

men, also nicht nur die Kommunikation auf einer Ebene zwischen der DV-Abteilung und den anderen Funktionalbereichen (horizontale Kommunikation), sondern auch die Kommunikation zwischen der DV-Abteilung und den über- und untergeordneten Ebenen, insbesondere mit der Unternehmensleistung (vertikale Kommunikation). Der dritte kritische Erfolgsfaktor ist das **Personal** und damit die Qualifikation und die Leistungsbereitschaft der Mitarbeiter in der DV-Abteilung. Gerade im DV-Bereich ist die Spezialisierung einzelner Mitarbeiter sehr hoch, so daß ein sehr eingeschränkter Einsatz möglich ist und diese Mitarbeiter nur schwer zu ersetzen sind.

Bei der kurzfristigen Koordination des Personals im operativen Bereich muß dieses Problem ebenso Berücksichtigung finden, wie bei der strategischen Planung des Mitarbeitereinsatzes und des mittel- und langfristigen Personal- und Fixkostenmanagements. Die vierte Größe, die *Rockart* nennt, ist die **Positionierung** der Informationsverarbeitung im Unternehmen im Hinblick auf die strategische Rolle, die die IV einnehmen soll. Das geht einher mit der Einordnung in die organisatorischen Grundtypen und der Festlegung der strategischen Aufgaben der IV. Sind diese Größen im Rahmen einer Umfeldanalyse erhoben, kann das Instrument der strategischen Informationsverarbeitungsplanung eingesetzt werden.

b) *Strategische Informationssystemplanung (SISP)*

In vielen Unternehmen hat die Rezession der letzten Jahre und der steigende Kostendruck umfangreiche Konzepte zur **Reorganisation von bestehenden Strukturen** zur Konsequenz gehabt. Eine deutliche Ausrichtung zum Kunden war zu verzeichnen, die gleichzeitig mit der Neuorientierung und damit der Bemühung, externe Beziehungen zu verbessern, zu einer Restrukturierung der internen Beziehungen zwischen den einzelnen Funktionsbereichen führte. Damit einherge-

---

[17] Vgl. *Fischbacher, Alfred:* Strategisches Management der Informationsverarbeitung, S. 152 und 180.

B. Instrumente des IV-Controlling 597

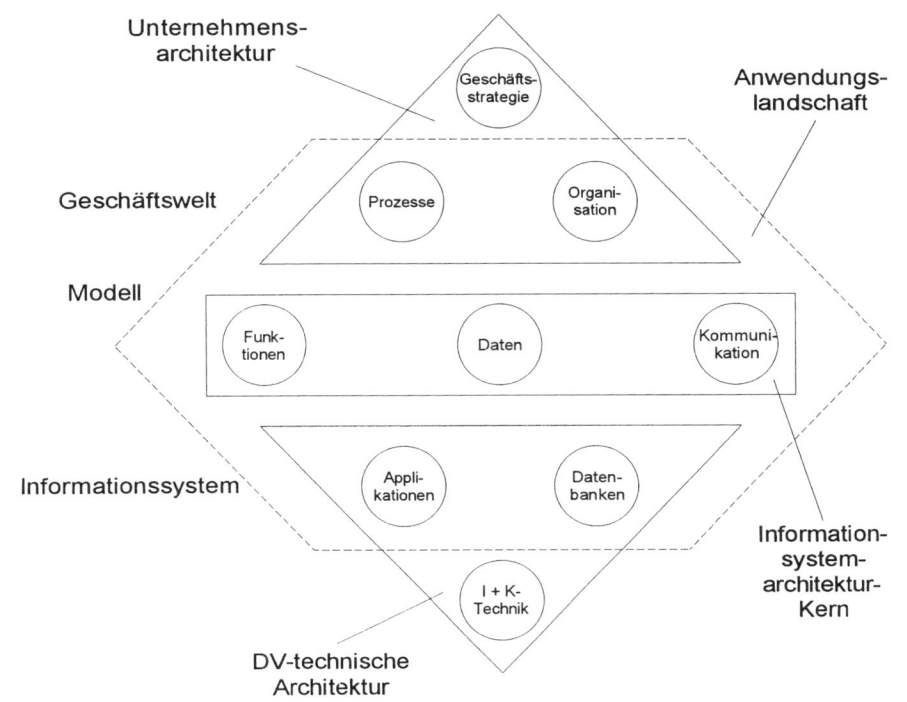

Abb. 285: Einordnung der Informationssystemarchitektur in das Unternehmensgesamtmodell[18]

hend mußten **Daten- und Informationsflüsse neu gestaltet** werden, mit der Konsequenz, daß eine vorhergehende Planung der Informationssystemarchitektur zu erfolgen hatte. Notwendige Voraussetzung für eine Planung des Einsatzes von Informations- und Kommunikationssystemen ist die Berücksichtigung der im Unternehmen verfolgten Wettbewerbsstrategie. Im Idealfall erfolgt eine Planung der Wettbewerbsstrategie schon unter Einbeziehung von zukünftigen informationstechnologischen Entwicklungen. Bei der strategischen Informationssystemplanung sollte eine Anpassung der Informationssysteme an die internen und externen Umfeldbedingungen des Unternehmens stattfinden. Zielobjekte der SISP sind die Strukturen innerhalb der Unternehmensbereiche, die für den Datenaustausch und die Kommunikation zuständig sind und der Bereich der Anwendungssoftware, das Personal, das in diesem Bereich eingesetzt wird sowie die Organisation und das Management der Informationsverarbeitung.[19] Diese Objekte stellen einen Teil des Unternehmensgesamtmodells einer Informationsarchitektur dar und unterliegen einem dynamischen Wandel, der durch die permanente Weiterentwicklung der Technologie initiiert wird *(Abb. 285).*

---

[18] Entnommen aus: *Hildebrand, Knut:* Ein Referenzmodell für Informationssystem-Architekturen, in: InfM, 7. Jg. (1992), 3, S. 6–12.
[19] Vgl. *Hildebrand, Knut:* Strategische Informationssystemplanung (SISP), in: Wirtschaftsinformatik, 36. Jg. (1994), 1, S. 69–73.

Das IV-Controlling hat die Aufgabe, die Analysephase, also den Planungsbeginn zu unterstützen und die für eine Entscheidungsfindung wichtigen Informationen bereitzustellen. Die Schwierigkeiten, die sich bei der Informationsaufbereitung ergeben, liegen hauptsächlich in der Tatsache begründet, daß dem Controlling nicht nur quantitative Daten zur Verfügung stehen, sondern daß statt dessen der Hauptanteil der Daten rein qualitativ ist. Das bedeutet für den Controller, daß er Analysen durchführen muß, die auf Fragestellungen basieren, ob z.B. der IS-Bereich entsprechend seiner strategischen Bedeutung im Unternehmen angesiedelt ist.[20] Die Erschließung von entsprechenden Informationsquellen ist eine weitere Aufgabe, die direkt aus den Anforderungen erwächst, qualitative Daten entsprechend aufzuarbeiten. Für die oben genannte Fragestellung kann eine Informationsquelle zum Beispiel die Einordnung in das Strategiegitter von *Cash, McFarlan* und *McKenney* sein, um den ersten Schritt der Analysephase, die Festlegung der strategischen Bedeutung der Informationsverarbeitung, durchzuführen.

Die **Entscheidung für eine bestimmte Informationssysteminfrastruktur** und deren Realisierung kann auf der Basis unterschiedlicher Strategien erfolgen. Diese Strategien des Informationsmanagement sollen die Erreichung der im ersten Schritt gesetzten Ziele unterstützen. Die zentrale Strategie wird unterteilt in Teilstrategien in Bezug auf die **Anwendungsarchitektur,** die **IS-Ressourcen,** die **IS-Organisation** und die Führung.[21] Bezogen auf die Anwendungsarchitektur können das Design eines unternehmensweiten konzeptionellen Datenmodells und die Erweiterung des existierenden Anwendungssystemspektrums die entsprechenden Vorgehensweisen bei der Verfolgung der Strategie sein. Die IS-Ressourcen spiegeln sich in der Zahl und der Qualifikation der IV-Mitarbeiter sowie den Kosten, die für die Beschäftigung anfallen, wider. Bezogen auf die Hardware sind denkbare Maßnahmen die Entwicklung einer Hierarchie zur Vorgehensweise bei der Beschaffung, dem Aufbau und der Einrichtung der Systeme sowie – unerläßlich – der Budgetierung. Für eine strategische Ausrichtung der IS-Organisation und der Führung muß die Aufbau- und Ablauforganisation überprüft und gegebenenfalls neu strukturiert werden unter Berücksichtigung aller Folgeeffekte, die eine Restrukturierung nach sich ziehen kann.

---

[20] Vgl. hierzu und zu den folgenden Fragestellungen z.B. *Nagel, Kurt:* Nutzen der Informationsverarbeitung, S. 15–37.
[21] Bezüglich der Differenzierung der verschiedenen Teilstrategien und der Ausgestaltung der Realisierung siehe *Hansen, Hans R.; Riedl, Rainer:* Strategische langfristige Informationssystemplanung (SISP), in: Handbuch Wirtschaftsinformatik, hrsg. von *Karl Kurbel* und *Horst Strunz,* Stuttgart 1990, S. 659–682 oder auch *Szyperski, Norbert:* Strategisches Informationsmanagement im technologischen Wandel: Fragen zur Planung und Implementation von Informations- und Kommunikationssystemen, in: Angewandte Informatik (1980), S. 141–148, ebenso wie *Hildebrand, Knut:* Strategische Informationssystemplanung, S. 72.

XIII. Kapitel
Euro-Controlling

Europa ist geprägt durch fallende Zoll- und Handelsschranken und ein Zusammenwachsen der Einzelstaaten zu einer Wirtschafts- und Währungsunion und schließlich zu einer politischen Union. Für viele Unternehmen ist dies eine Motivation, sich in höherem Maße zu internationalisieren bzw. zu „europäisieren". Durch gezielte europaweite Fusionen und (anteilige) Unternehmensübernahmen oder die Gründung von Zweigniederlassungen in Form von Direktinvestitionen bzw. als Joint Ventures mit bereits im Gastland ansässigen Unternehmen verschaffen sich bisher national orientierte Unternehmen einen besseren und direkteren Zugang zum europäischen Gesamtmarkt.[1] Auf diese Weise entstehen in zunehmendem Maße **multinationale Konzerne**, die heute oftmals nach dem Konzept der Management-Holding organisiert sind, bei dem das Mutterunternehmen vorwiegend strategische Führungsfunktionen übernimmt,[2] während die lokalen Tochterunternehmen als Profit-Center mit eigener Verantwortlichkeit für das operative Geschäft ausgerichtet sind.[3] In Hinsicht auf das Konzern-Controlling ist diese Entwicklung nicht gleichzusetzen mit einer inhaltlich „linearen Multiplikation" bisher lediglich lokal eingesetzter Controlling-Konzeptionen und Controlling-Systeme. Multinational verbundene Unternehmen stellen bezüglich der Informationsbeschaffung und -aufbereitung, der Datenanalyse, Beurteilung und Kontrolle weit höhere Anforderungen an das Controlling als nationale Einzelunternehmen. Dabei ist die Controlling-Adaption an das internationalisierte Tätigkeitsfeld beim rein betriebswirtschaftlichen Instrumentarium oftmals relativ unproblematisch; das vorherrschende **Effizienzprinzip** besitzt internationale Gültigkeit, und Konzernspezifika können aufgrund der hohen Gestaltungsfreiheit im betriebswirtschaftlichen Controlling-Bereich (z.B. Beschaffungs-, Produktions-, Logistik-, Absatzbereich) gut berücksichtigt und integriert werden. Die Besonderheit des **Euro-Con-**

---

[1] Vgl. *Reichmann, Thomas; Fröhling, Oliver:* Euro-Controlling. Konzeption, System und DV-technische Applikation, in: DBW, 54.Jg. (1994), S.59–73, hier S.59; *Haiber, Thomas:* Euro-Controlling, in: ZfC, 5.Jg. (1993), S.340f.; *Voßschulte, Alfred; Reichmann, Thomas; Keller, Martin:* Euro-Controlling. Controlling-Konzeptionen für international tätige Unternehmen, in: Europa ohne Grenzen. Chancen und Risiken der deutschen Wirtschaft, hrsg. von *Thomas Reichmann* und *Alfred Voßschulte,* München 1992, S. 92–109, hier S.92; *Kieninger, Michael:* Gestaltung internationaler Berichtssysteme, München 1993, S. 5.
[2] Vgl. *Voßschulte, Alfred; Reichmann, Thomas; Keller, Martin:* Euro-Controlling. Controlling-Konzeptionen für international tätige Unternehmen, S.97.
[3] Vgl. *Kieninger, Michael:* Berichtssysteme, S.11 ff.; *Kleinschnittger, Ulrich:* Beteiligungs-Controlling, München 1993, S.33; *Bühner, Rolf:* Management-Holding: Unternehmensstruktur der Zukunft, 2. Aufl., Landsberg a.L. 1992, S. 34 ff.

trolling liegt aber gerade darin, daß die rein betriebswirtschaftliche Dimension (direkte Beeinflussung von Rentabilität und Liquidität) nur eines von mehreren Konzeptionselementen ist. Hinzutreten müssen Informationen über die jeweiligen lokalen Rahmenbedingungen, die oftmals erheblichen Einfluß auf die betriebswirtschaftliche Effizienz ausüben.[4] Insbesondere sind dies **volkswirtschaftliche** und **judikative** Faktoren.[5] Insofern ist gemäß der zugrundegelegten Struktur des Controlling[6] die Frage zu stellen, auf welche Weise die Konzeptions-, System- und Applikationsebene in Richtung auf das Euro-Controlling adäquat auszugestalten sind.

A. Die Konzeptionsebene des Euro-Controlling

Konzeptionell sind im Euro-Controlling neben den betriebswirtschaftlichen, internen Faktoren bestimmte externe Faktoren zu berücksichtigen, die dem judikativen und dem volkswirtschaftlichen Einflußbereich zuzurechnen sind (vgl. *Abb. 286*).

Der judikative Bereich umfaßt insbesondere Fragestellungen, die sich aus den national oftmals erheblich differierenden **Rechnungslegungsvorschriften** für Handels- und Steuerbilanzen ergeben und die Konzernobergesellschaften vor schwierige Konsolierungsprobleme stellen. Dadurch erschweren sich verläßliche Bilanz- und Finanzplanungen für den Konzern. Volkswirtschaftliche Rahmenbedingungen, wie z. B. lokales **Wirtschaftswachstum, Inflationsraten** oder **politische Einflußnahmen** wirken sich sowohl auf die Kosten- und Erfolgsplanung als auch auf die Investitionsplanung aus. So mußte der Volkswagenkonzern in den fünfziger Jahren leidvolle Erfahrungen mit seinem Südamerikaengagement machen, als sogenannte local-content-Gesetze der lokalen Regierung eine Reduzierung des Teilebezugs aus dem Ausland erzwangen.

Für die Konzeptionsebene des Euro-Controlling ist es erforderlich, bestimmte Controllingbereiche a priori so auszugestalten, daß internationale Einflußfaktoren Berücksichtigung finden können. Infolge der Vielzahl von Faktoren einerseits und der Dynamik dieser Faktoren andererseits wäre es allerdings wenig sinnvoll, alle denkbaren judikativen und volkswirtschaftlichen Parameter in einer globalen Controlling-Konzeption vorzuhalten. Eine differenzierte Berücksichtigung dieser Einflußgrößen sollte deshalb als **einzelfallorientierte Analyse** auf der Controlling-Systemebene erfolgen.

Die Controlling-Konzeption für multinational ausgerichtete Unternehmen ist sowohl top-down- als auch bottom-up-orientiert zu gestalten. Bei der **top-down-Variante** stellen die Informationsbedürfnisse des Mutterunternehmens den Ausgangspunkt dar. Daran werden dann die Controlling-Inhalte der Tochterunter-

---

[4] Vgl. *Kieninger, Michael:* Berichtssysteme, S. 26.
[5] Vgl. *Reichmann, Thomas; Fröhling, Oliver:* Euro-Controlling. Konzeption, System und DV-technische Applikation, S. 64.
[6] Vgl. Kap. I.A.2.

A. Die Konzeptionsebene des Euro-Controlling 601

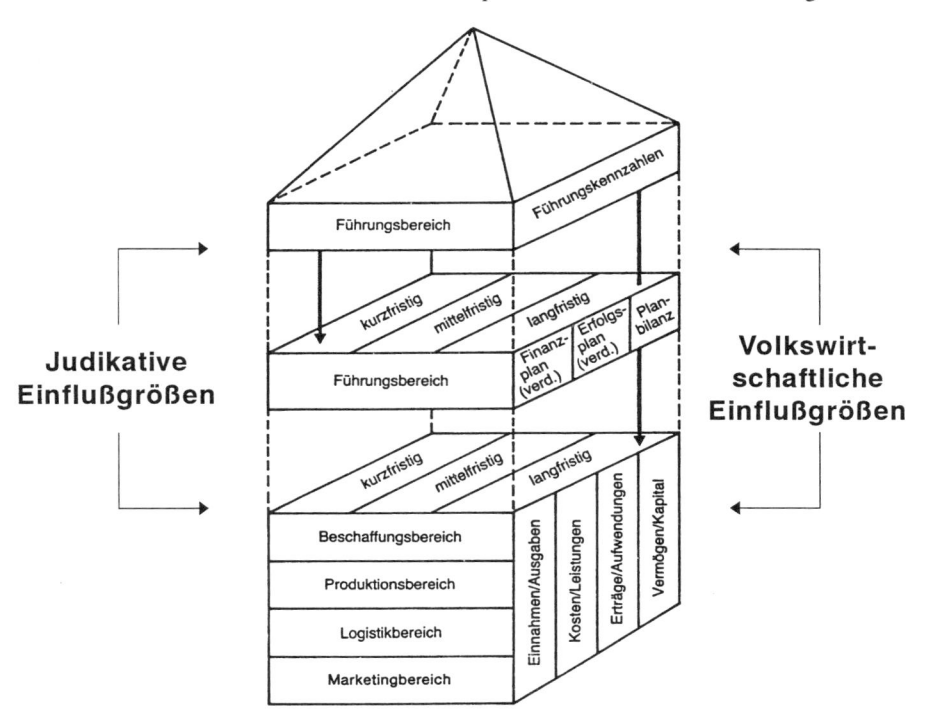

Abb. 286: Die RL-Controlling-Konzeption und externe Einflußgrößen

nehmen ausgerichtet. Es wird also festgelegt, welche controllingrelevanten Inhalte in die konzernumfassende Controlling-Konzeption integriert werden müssen, wenn z.B. in den Unternehmensverbund ein reines Produktionsunternehmen in Spanien und eine Vertriebsniederlassung in Frankreich eingegliedert sind. Der Schwerpunkt liegt also auf den in der Konzernzentrale für die Steuerung der Tochtergesellschaften benötigten Informationen.[7] Beim **bottom-up-Design** steht die Schaffung einer Controlling-Konzeption für die nationalen Tochterunternehmen in Hinsicht auf die operative Steuerung durch die lokale Unternehmensleitung im Vordergrund. *Abbildung 287* zeigt die konzeptionelle Struktur eines Euro-Controlling. Die Basis bilden die verschiedenen lokalen Controlling-Konzeptionen der Tochterunternehmen, die primär betriebswirtschaftlich ausgerichtet sind. Die in den Tochterunternehmen verfügbaren betriebswirtschaftlichen Informationen werden, soweit konzernintern relevant, in verdichteter Form als Kennzahlen oder Führungsberichte an das Konzernmutterunternehmen weitergeleitet. Nicht zuletzt aus Wirtschaftlichkeitsüberlegungen heraus sollte für den betriebswirtschaftlichen Controlling-Bereich auf Informationen zurückgegriffen werden, die sowohl für die Steuerung der Tochterunternehmen vor Ort als auch für die Steuerung durch die Konzernmuttergesellschaft nutzbar sind. Dabei wird

---

[7] *Kleinschnittger, Ulrich:* Beteiligungs-Controlling, S. 32f. spricht in diesem Zusammenhang vom zentralen Beteiligungs-Controlling.

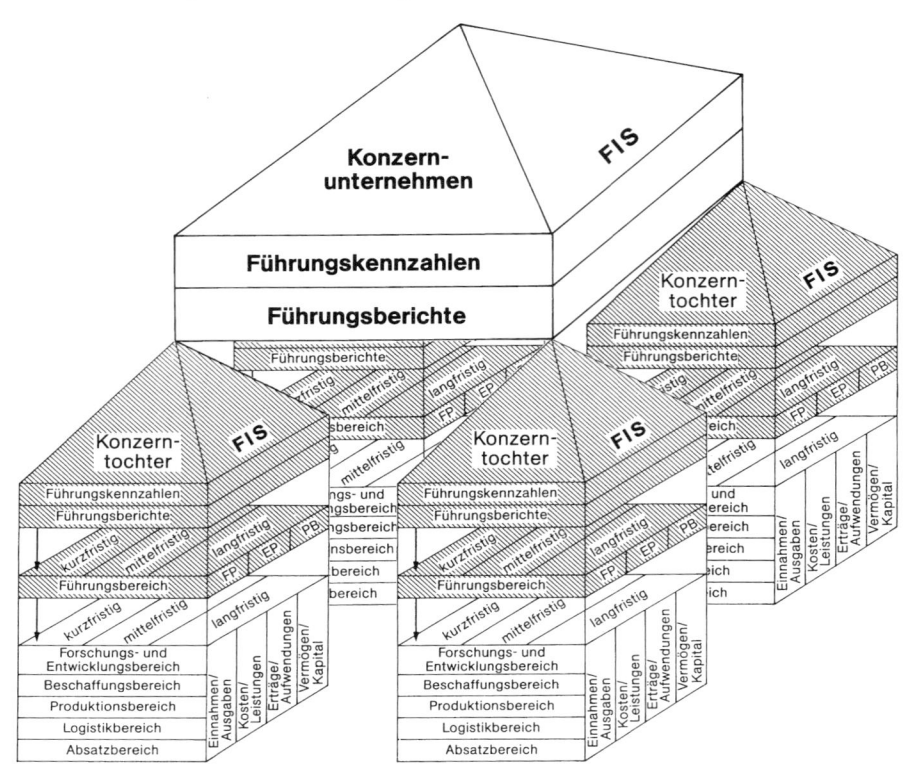

Abb. 287: Ausgestaltung einer differenzierten Euro-Controlling-Konzeption

auf der RL-Controlling-Konzeption aufgebaut. Dieser bottom-up-Informationsfluß ist dann um die originäre Informationsgewinnung innerhalb des Mutterunternehmens über die jeweiligen judikativen und volkswirtschaftlichen Rahmenbedingungen der Tochtergesellschaften zu ergänzen, die aus der Perspektive der Konzernleitung neben der individuellen Leistungsfähigkeit der Tochterunternehmen integrativer Bestandteil konzernstrategischer Entscheidungen sein müssen.[8]

B. Die Systemebene des Euro-Controlling

Inhalt der Systemebene ist die branchen- und unternehmensspezifische Festlegung der allgemeinen Konzeptionsparameter. Dementsprechend sollte ein Euro-Controlling-System eine betriebswirtschaftliche, eine volkswirtschaftliche und eine judikative Komponente besitzen, wobei die Bedeutung dieser einzelnen Komponenten aus Praktikabilitätsgründen differenziert zu gewichten ist.

---

[8] Vgl. *Haiber, Thomas:* Euro-Controlling, S. 341.

B. Die Systemebene des Euro-Controlling

Judikative Analyseebene	Betriebswirtschaftliche Analyseebene	Volkswirtschaftliche Analyseebene
Einzelabschluß gem. nationalem Recht (EA I)	Einzelabschluß zur internen Planung und Kontrolle (EA III)	Politische Faktoren und staatliche Anreize
Einzelabschluß gem. WA- und Einheitsprinzip (EA II)	Konzernabschluß zur internen Planung und Kontrolle (KA II)	Wirtschaftliches Wachstum (quantitativ und qualitativ)
	Finanzplanung und -kontrolle	
Konsolidierter Konzernabschluß (KA I)	Investitionsplanung und -kontrolle	Infrastrukturelle und ressourcenbezogene Entwicklung
	Umsatz-, Kosten- und Erfolgsplanung und -kontrolle	Wechselkurs-, Preis-, Lohn- und Zinsentwicklungen
	Beschaffungs-, Logistik-, Produktions-, FuE-Controlling	
Externe Berichte / Externe Kennzahlen	Interne Berichte / Interne Kennzahlen (FIS)	Externe Berichte / Externe Kennzahlen

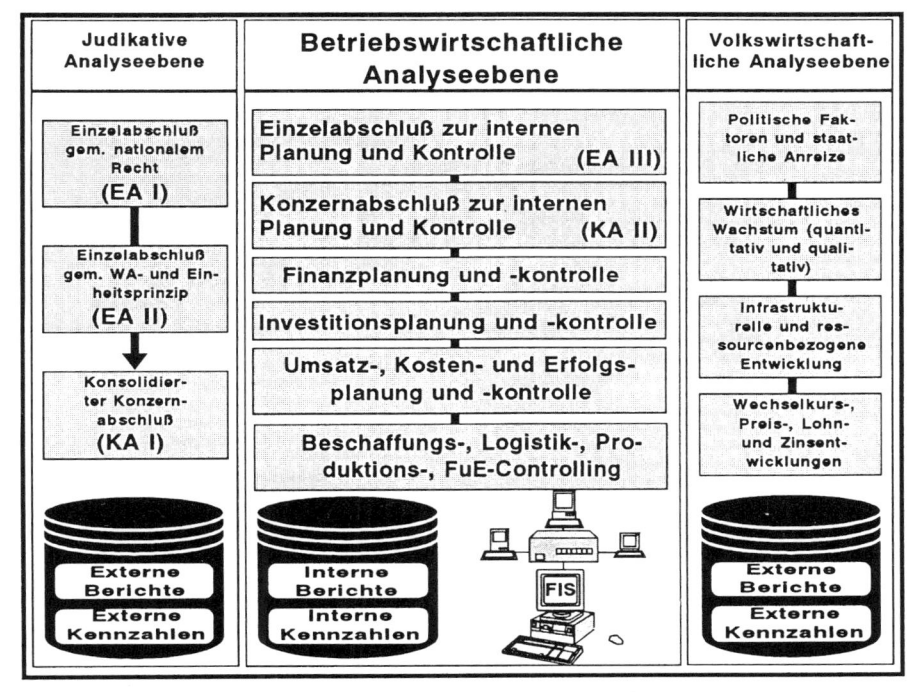

Abb. 288: Beispiel für einen Euro-Controlling-Systemansatz

Abbildung 288 zeigt eine mögliche Ausgestaltung der Systemebene des Euro-Controlling.

Der linke Teil der Abbildung enthält die **judikative** Analyseebene des Euro-Controlling-Systems. Die hier vorgehaltenen Informationen richten sich in erster Linie an **externe Adressaten** der Einzelgesellschaften bzw. des Konzerns. Basierend auf dem nationalen Einzelabschluß gemäß nationalem Recht (EA I) erfolgt zunächst eine Modifizierung hin zu einem Einzelabschluß gemäß bestimmter Konsolidierungsaspekte (EA II). Mit dem EA II liegt also ein nationaler Einzelabschluß vor, der aber bereits weitgehend **international vergleichbar** ist und somit von bestimmmten nationalen Besonderheiten der Rechnungslegung bereinigt wurde. Diese nach Konsolidierungserfordernissen vorbereiteten Einzelabschlüsse werden dann im nächsten Schritt gemäß dem **Weltabschlußprinzip** und dem **Einheitsprinzip** der Konzernrechnungslegung zu einem Konzernabschluß zusammengefaßt, indem Doppelerfassungen von Vermögen, Schulden, Aufwendungen und Erträgen eliminiert werden. Die Informationen auf der judikativen Ebene haben vorwiegend dokumentativen Charakter und bieten somit Möglichkeiten für eine ex-post-Analyse.

Im Mittelteil der *Abbildung 288* ist der **betriebswirtschaftlich** ausgerichtete Teil des Controlling-Systems dargestellt. Hier liegt das Hauptinformationspotential für die entscheidungsorientierte Steuerung der lokalen Einzelunternehmen und des Konzerns. Hinsichtlich eines unternehmensübergreifenden RL-Euro-Controlling erscheint es sinnvoll, die Inhalte der judikativ orientierten Einzelabschlüsse und des Konzernabschlusses auf betriebswirtschaftliche Steuerungs- und Kontrollprobleme auszurichten. Durch entsprechende **Korrekturrechnungen**, z. B. den Ansatz kalkulatorischer Abschreibungen, durch Substanzerhaltungsrückstellungen oder durch den Ausweis stiller Reserven im Sinne des tageswertnahen Ansatzes der Wirtschaftsgüter zur Abbildung des **„true and fair view"** entstehen dann betriebswirtschaftliche Einzelabschlüsse (EA III) und Konzernabschlüsse (KA II) zur internen Planung und Kontrolle. Ein solches auf interne Analysezwecke zugeschnittenes **Jahresabschluß-Controlling** liefert Informationen auf einer sehr hohen Verdichtungsstufe. Diese müssen mit Hilfe von weiteren funktionsübergreifenden und funktionsbezogenen Controlling-Bausteinen dekomponierbar sein. Das Beispiel der *Abbildung 288* beinhaltet deshalb zusätzlich unternehmensspezifische Formen der Finanzplanung und -kontrolle, der Investitionsplanung und -kontrolle sowie der Kosten- und Erfolgsplanung und -kontrolle. Diese Elemente bieten wiederum die Möglichkeit zur Ableitung spezifischer interner Controllingberichte und -kennzahlen. Hier zeigt sich bereits die Bedeutung einer dezentralen PC-gestützten Datenverarbeitung, welche mit Hilfe lokaler Netzwerke bzw. auf Basis der Datenfernübertragung die jeweiligen Entscheidungsträger mit Euro-Controllinginformationen versorgt.

Der rechte Teil der *Abbildung 288* enthält schließlich die **volkswirtschaftliche** Analyseebene. Wichtig für die Beurteilung der Leistungsfähigkeit der lokalen Einzelgesellschaften sind neben den rein ökonomischen Größen wie Wirtschaftswachstum, Preisniveaustabilität, Wechselkursentwicklung und Zinsniveaus auch Informationen über die Infrastruktur, die Ressourcenverfügbarkeit sowie die Entwicklung von Angebots- und Nachfragestrukturen an den verschiedenen Standorten. Oftmals vergessen wird auch die von Staat zu Staat stark differierende Anreizpolitik in Form von Preis- oder Kostensubventionen. Die konkreten Ausprägungen dieser Daten üben z. T. direkten, z. T. indirekten Einfluß auf die betriebswirtschaftliche Analyseebene aus. So sind Standortentscheidungen und die Bilanzplanung und -kontrolle nicht ohne Berücksichtigung von staatlicher Anreizpolitik und von der lokalen Entwicklung des Wirtschaftswachstums vorzunehmen. Die mittelfristige Produktionsplanung hängt entscheidend von der Rohstoffversorgungssicherheit ab. Wechselkursentwicklungen haben oft entscheidenden Anteil am Ausweis des Konzernerfolgs und an der Verläßlichkeit von Kosten- und Erfolgsprognosen, wobei die Wechselkurse innerhalb Europas aufgrund der geringen Schwankungsbreiten im Europäischen Währungssystem (EWS) i. d. R. überschaubar bleiben. Die volkswirtschaftliche Komponente des Euro-Controlling-Systems bietet somit die Grundlage situativer externer Controlling-Berichte und -Kennzahlen.

Der Hinweis auf die Ableitung von Controlling-Berichten und -Kennzahlen aus den drei aufgeführten Analyseebenen des Euro-Controlling zeigt bereits die enge Verknüpfung zwischen Systemebene und Applikationsebene. Mit der Konzernrechnungslegung als betriebswirtschaftlicher Applikation und einer DV-technischen Applikation werden nachfolgend zwei konkrete Controlling-Instrumente vorgestellt.

C. Die Applikationsebene des Euro-Controlling

1. Die Konzernrechnungslegung als betriebswirtschaftliche Applikation

Ein grundsätzliches Problem der Rechnungslegung multinationaler Konzernunternehmen stellen die divergierenden nationalen Rechtsvorschriften für die Aufstellung des Jahresabschlusses dar.[9] So üben die verschiedenen Bilanztheorien einen jeweils unterschiedlich starken Einfluß auf die Bilanzerstellung in den EU-Mitgliedsstaaten aus. Desweiteren wird das durch die 4. EG-Richtlinie festgelegte Prinzip des **„true and fair view"**, d. h. der Darstellung eines den tatsächlichen Verhältnissen entsprechenden Bildes, sehr unterschiedlich interpretiert. Während dieser Grundsatz in der angelsächsischen Rechnungslegung als alle Vorschriften übergreifendes Prinzip aufgefaßt wird,[10] dominieren in Frankreich und Deutschland die jeweiligen Spezialvorschriften. Außerdem existieren unterschiedliche Begriffsauffassungen, etwa bei der Einzelbewertung oder der Berücksichtigung spezieller Kostenelemente ebenso wie divergierende Abschreibungsmodalitäten. Insbesondere aus der Sicht der Konzernleitung ist es deshalb nicht ohne weiteres möglich, die tatsächliche **wirtschaftliche Leistungsfähigkeit** der lokalen Tochterunternehmen anhand des nationalen Einzelabschlusses zu beurteilen.[11] Abhilfe schaffen hier zumindest ansatzweise die in den letzten Jahren erfolgten Neuerungen in der Konzernrechnungslegung, die den Einzelunternehmen eine Orientierung an international anerkannten Konsolidierungsgrundsätzen ermöglichen.[12] So hat die Einführung der 7. EG-Richtlinie zur Ausrichtung am Weltabschlußprinzip und am Einheitsprinzip gesorgt.[13] Das Weltabschlußprinzip (§ 294 Abs. 1 HGB) fordert die Einbeziehung aller Tochterunternehmen, unabhängig von ihrem Sitz, in den Konzernabschluß des Mutterunternehmens. Nach dem Einheitsprinzip (§ 308 Abs. 1 HGB) entfällt die Maßgeblichkeit der Einzelabschlüsse für den Konzernabschluß. Auf diese Weise wird es möglich, aus den nationalen Einzelabschlüssen in Vorbereitung auf den Konzernjahresabschluß eine sogenannte **Handelsbilanz II** (EA II in *Abb. 288*) abzuleiten, die unabhängig von den jeweiligen nationalen Rechnungslegungsvorschriften einheitlich nach den auf das Mutterunternehmen anwendbaren Vorschriften erstellt wird.[14]

---

[9] Vgl. *Voßschulte, Alfred; Reichmann, Thomas; Keller, Martin:* Euro-Controlling. Controlling-Konzeptionen für international tätige Unternehmen, S. 94.
[10] Vgl. *Flint, D.:* A true and fair view in consolidated Accounts, in: International Group Accounting: International Harmonisation and the seventh EEC-Directive, hrsg. von *S. J. Gray; Adolf G. Coenenberg,* London 1988, S. 15–38, hier S. 16 f.
[11] Vgl. *Kieninger, Michael:* Berichtssysteme, S. 24.
[12] Vgl. *Baden, K.:* Wie es euch gefällt, in: Manager Magazin, o. Jg. (1992), 6, S. 130–141, hier S. 130 f.
[13] Vgl. *Staks, H.:* Aussagefähigkeit des neuen Konzernabschlusses, in: Handbuch der Konzernrechnungslegung, hrsg. von *Karlheinz Küting* und *Claus-Peter Weber,* Stuttgart 1989, S. 117–148, hier S. 118.
[14] Vgl. *Braun-Weber, Elke:* Organisation der Konzernrechnungslegung, in: Das Konzernrechnungswesen des Jahres 2000, hrsg. von *Karlheinz Küting* und *Claus-Peter Weber,* Stuttgart 1991, S. 123–144, hier S. 127 f.

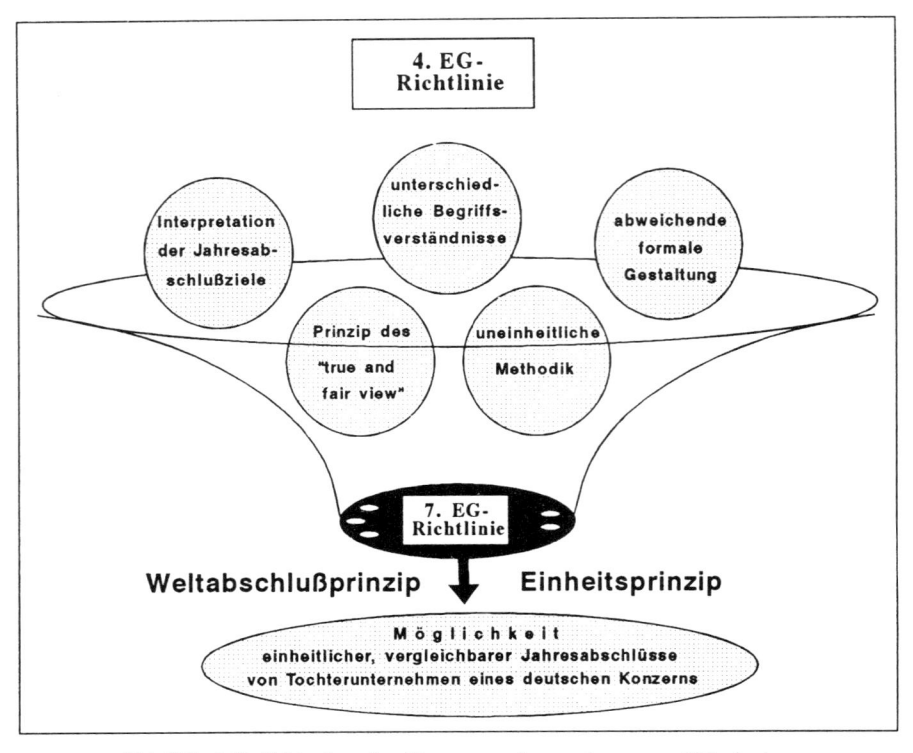

Abb. 289: Möglichkeiten der Konzernrechnungslegung auf Basis der
4. und 7. EG-Richtlinie

Die Handelsbilanz II ist folglich EU-weit direkt vergleichbar.[15] Damit bildet sie eine geeignete Ausgangsbasis für ein wirksames Konzern-Controlling, indem die enthaltenen externen Rechnungsgrößen für interne Zwecke modifiziert werden. Sinnvoll wäre z. B. eine Differenzierung nach weltweit erreichten Segmentergebnissen und eine weitergehende Analyse nach Produkten, Regionen etc. Außerdem sollten Korrekturrechnungen[16] vorgenommen werden, wie z. B. der Ansatz kalkulatorischer Abschreibungen vom Wiederbeschaffungswert statt bilanzieller Abschreibungen von den Anschaffungs-/Herstellungskosten, folglich also die Aufdeckung stiller Reserven. *Abbildung 289* verdeutlicht nochmals die bilanziellen Rahmenbedingungen und Möglichkeiten, die durch die 4. und 7. EG-Richtlinie für Konzerne innerhalb der Europäischen Union geschaffen wurden.

---

[15] Vgl. *Havermann, H.:* Erläuterungen zur Rechnungslegung und Prüfung im Konzern nach dem Handelsgesetzbuch, in: Wirtschaftsprüfer-Handbuch 1985/86, hrsg. vom Institut der Wirtschaftsprüfer in Deutschland e.V., Düsseldorf 1986, S. 291–487, hier S. 356.
[16] Vgl. *Voßschulte, Alfred; Reichmann, Thomas; Keller, Martin:* Euro-Controlling. Controlling-Konzeptionen für international tätige Unternehmen, S. 95 f.

2. Das EIS als DV-technische Applikation

Die DV-spezifische Applikationsebene des Euro-Controlling enthält die im Einzelfall eingesetzten konzernspezifischen DV-Tools. In der Praxis kommen dabei verstärkt **Executive Information Systems** (EIS) bzw. **Führungsinformationssysteme** (FIS) zum Einsatz.[17] Die Ausgestaltung und DV-seitige Umsetzung eines Euro-Controlling-Berichtswesens und betriebswirtschaftlich aussagefähiger Euro-Controlling-Kennzahlensysteme mit international vergleichbaren Datenbasen erfordern ein leistungsfähiges und zugleich benutzerfreundliches DV-Instrumentarium, das auch heterogenen Auswertungsbedürfnissen in Anlehnung an die verschiedenen Führungshierarchien im Konzern gerecht wird. Für ein Berichtswesen im Euro-Controlling bedeutet das z.B., daß sowohl die Erfordernisse in den **dezentralen Einzelunternehmen** als auch der Auswertungsbedarf in der **Konzernzentrale** erfüllt werden müssen, folglich also neben vertikalen auch horizontale Informationsverdichtungen im Rahmen der DV-Applikation möglich sind. Graphische Unterstützung bietet hier die Einrichtung sogenannter **Berichtsbäume**,

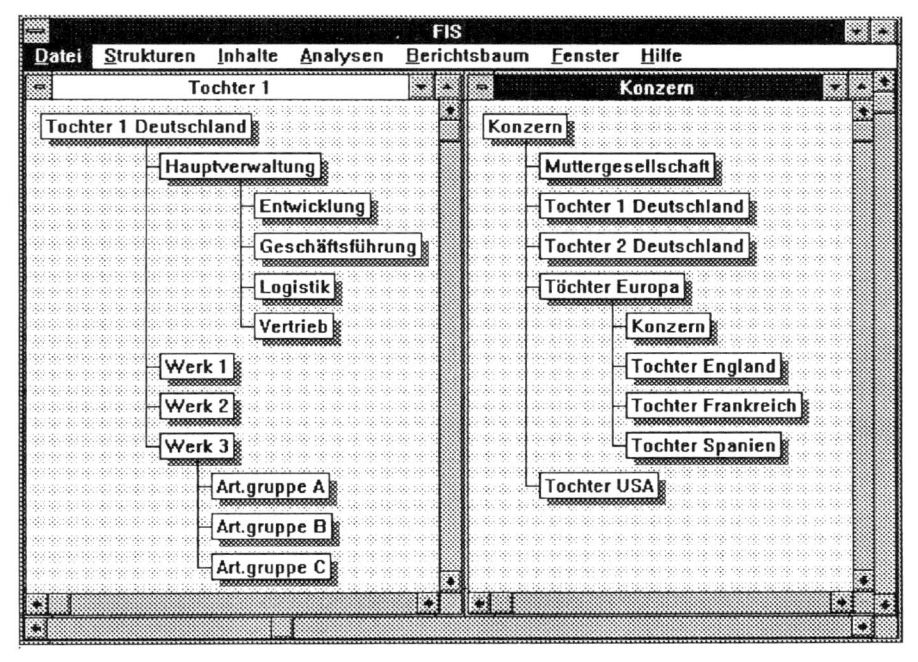

Abb. 290: Berichtsbaumaufbau in einem Führungsinformationssystem

---

[17] Vgl. *Back-Hock, Andrea:* Executive-Information-Systems-Software für die Gestaltung von Controlling-Informationssystemen, in: Tagungsband 11. Saarbrücker Arbeitstagung Rechnungswesen und EDV, hrsg. von *August-Wilhelm Scheer,* Heidelberg 1990, S. 186–210 sowie *Braun-Weber, Elke:* Organisation der Konzernrechnungslegung, in: Das Konzernrechnungswesen des Jahres 2000, S. 139 f.

die in Form eines Organigramms eine flexible Strukturierung und Abbildung des Aufbaus und der Ablauforganisation des Unternehmens erlauben. Die einzelnen Elemente des Berichtsbaums übernehmen dabei „Platzhalterfunktionen" für die von den Entscheidungsträgern gewünschten Auswertungen, z. B. in Form von Berichten oder Kennzahlen. Für das zentrale Konzern-Controlling ist z. B. die Möglichkeit vorzusehen, einen Konzern-Berichtsbaum aufzubauen, dessen oberstes Element die Muttergesellschaft und dessen untergeordnete Elemente die differenzierten Einzelgesellschaften darstellen (vgl. *Abb. 290*). Ebenso sinnvoll wäre ein nach Ländern oder Regionen gegliederter Vertriebs-Berichtsbaum.

Auf der Basisdatenebene eines Führungsinformationssystems ist eine strukturierte Verwaltung von bezüglich der Dimension her unterschiedlichen Daten sicherzustellen. So sollte man sich nicht allein auf Wertgrößen, z. B. im Bereich der externen Rechnungslegung beschränken, sondern die zusätzliche Berücksichtigung von Zeit- und Mengengrößen vorsehen, die vor allem für ein funktionsbezogenes Euro-Controlling von großer Bedeutung sein können (z. B. Kapazitätsprofile in der Fertigung und Montage für verschiedene Tochterunternehmen). Problemlösungsbedarf besteht in dieser Hinsicht in erster Linie bei der Übernahme von Daten aus den **Vorsystemen** (z. B. Finanz- und Anlagenbuchhaltung, Kostenrechnung sowie Produktionsplanung und -steuerung). Hier existieren zum einen DV-technische Schnittstellenprobleme im Falle nicht kompatibler Hard- und Software, zum andern betriebswirtschaftliche Schnittstellenprobleme im Falle nicht konzerneinheitlich normierter Basisdaten.[18]

Desweiteren sind Möglichkeiten für den Aufbau von problemorientierten Standard- und Spezialberichten sowie von externen und internen Kennzahlen vorzusehen. Sinnvoll ist die Einteilung des Konzernberichtswesens in einen gesellschaftsübergreifenden Teil mit konsolidierungsfähigen Größen und in einen Sonderteil mit speziellen Konzern-Bezugsobjekten. Primäres Gestaltungskriterium des gesellschaftsübergreifenden Teils des Euro-Controlling-Berichtswesens sollte die **Datenharmonisierung** zur Vergleichbarkeit der Einzelgesellschaften sein. Dazu ist die Integration von Komponenten wie einer konsolidierten Erfolgsrechnung, die sich am Aufbau des zu erstellenden Jahresabschlusses orientiert, einer Konzern-Liquiditätsrechnung (zentrales Cash-Management mit integrierter Zinslastoptimierung) sowie numerischer und verbaler Stärken-/Schwächenanalysen der Einzelgesellschaften erforderlich. Die Hauptaufgabe des Sonderteils ist eine einzelfallorientierte Informationsversorgung, die nicht durch konzernorientierte Vereinheitlichungsziele beeinflußt ist, sondern sich an konkreten internen Planungs- und Kontrollproblemen orientiert. Hier wären die im Euro-Controlling-System dargestellten Elemente „Einzelabschluß III" (EA III) und „Konzernabschluß II" (KA II) anzusiedeln.

Für Zwecke des Euro-Controlling geeignete Führungsinformationssysteme benötigen schließlich die Fähigkeit zu einer mehrdimensionalen, dynamischen Aus-

---

[18] Die Lösung von (PC-HOST) Schnittstellenproblemen gehört im allgemeinen in den Aufgabenbereich des Informationsmanagements. Betriebswirtschaftliche Schnittstellenprobleme sind vom Controlling zu lösen. Möglich wäre z. B. eine Ergänzung des Konzernhandbuches bzw. Controller Manuals um einen speziellen Euro-Controlling-Teil.

wertung der Berichts- und Kennzahlenstrukturen für differenzierte Berichtsbaumelemente. Dabei geht es insbesondere um die **freie Kombinierbarkeit** von Berichtsbaumelementen. So sollte z. B. ein spezieller Bericht sowohl für den Gesamtkonzern als auch für individuell selektierte Einzelunternehmen abforderbar und analysierbar sein. Daneben sind Auswertungsroutinen für strategische Analysen, etwa in Form von Konzern-Portfolios oder konzernorientierte Stärken-/Schwächenprofile vorzusehen. Problemorientierte Kennzahlenanalysen sollten in Form von Zeitreihen- oder Soll-/Ist-Vergleichen stattfinden, wobei Expertensysteme heute in der Lage sind, bei signifikantem Überschreiten von Abweichungstoleranzschwellen eigenständig Abweichungsberichte zu generieren.[19] Die Schwellenwertanalyse und ein effizientes Forecastinstrumentarium spielen eine wichtige Rolle für entscheidungsfundierende Soll-/Ist-Analysen. Damit ist z. B. im Hinblick auf das Konzern-Reporting eine schnelle und aussagefähige ABC-Abweichungsanalyse möglich, die sowohl Wert- als auch Mengengrößen einbezieht.

---

[19] Vgl. *Scheer, August-Wilhelm:* Expertensysteme im Controlling, in: Tagungsband zum 6. Deutschen Controlling Congress, hrsg. von *Thomas Reichmann*, München 1991, S. 537–599, hier S. 570 f.

Anhang:
RL-Jahresabschlußkennzahlen-Ermittlungsschemata

Das in Teil I.B.3.b) dargelegte **Jahresabschluß-Kennzahlensystem** wird im folgenden anhand eines zusammenhängenden Fallbeispiels näher erläutert. Dabei werden die Einzelkennzahlen hinsichtlich ihres Aussagewertes und ihrer zweckmäßigen Ermittlung konkretisiert. Das **Zahlenbeispiel** ist in seiner Struktur an die Maschinenbauindustrie angelehnt und beinhaltet **Bilanzen** und **Gewinn- und Verlustrechnungen** für drei Jahre. Sowohl interne als auch externe Analysegesichtspunkte werden berücksichtigt. Im Hinblick auf die interne Analyse wird davon ausgegangen, daß schon aus Wirtschaftlichkeitsgesichtspunkten der interne Jahresabschluß relativ nahe an die externen Vorschriften angelehnt sein wird. Dies ist ein Grund dafür, daß in den folgenden Bilanzen und Gewinn- und Verlustrechnungen von den **handelsrechtlichen Gliederungsschemata** ausgegangen wird. Ergibt sich dabei für die interne Analyse die Notwendigkeit einer Modifikation, wird im einzelnen darauf hingewiesen. Gleichzeitig wird auch im Hinblick auf die externe Analyse (Branchen- und Betriebsvergleich) davon ausgegangen, daß über die Grundgliederung gem. § 266 (2) und (3) HGB, § 275 (2) bzw. (3) HGB sowie § 158 (1) AktG hinaus die Angaben, die fakultativ auch in den Anhang aufgenommen werden können, in die Bilanzen und Gewinn- und Verlustrechnungen einbezogen werden.[1]

I. Ausgangsdaten:[2]

Bilanzen

Positionen (§ 266 (2) u. (3) HGB)	31.12.01	31.12.02	31.12.03
Aktiva			
[–] ausstehende Einlagen auf das gezeichnete Kapital,	–	–	–
davon eingefordert	(–)	(–)	(–)
[–] Aufwendungen für Ingangsetzung und Erweiterung des Geschäftsbetriebs	–	–	–

---

[1] Sollte sich in einem praktischen Anwendungsfall die Notwendigkeit der Einbeziehung von Jahresabschlüssen nach „altem" Aktienrecht ergeben, so sind die aufgezeigten Schemata entsprechend anzupassen.

[2] Die alphanumerischen Gliederungspunkte stimmen mit denen der §§ 266, 275 HGB überein. Sofern Positionen nicht ausdrücklich in den §§ 266, 275 HGB vorgesehen sind, wurden die entsprechenden Gliederungspunkte in eckige Klammern gesetzt. Zusätzlich für interne Zwecke aufgenommene Größen sind mit einem Punkt versehen.

Anhang

Positionen (§ 266 (2) u. (3) HGB)	31. 12. 01		31. 12. 02		31. 12. 03	
A. Anlagevermögen:						
I. Immaterielle Vermögensgegenstände:						
1. Konzessionen, gewerbliche Schutzrechte und ähnliche Rechte und Werte sowie Lizenzen an solchen Rechten und Werten	–		–		–	
2. Geschäfts- oder Firmenwert	–		–		–	
3. geleistete Anzahlungen	–	–	–	–	–	–
II. Sachanlagen:						
1. Grundstücke, grundstücksgleiche Rechte und Bauten einschließlich der Bauten auf fremden Grundstücken	18 000		20 000		22 000	
2. technische Anlagen und Maschinen	30 000		40 000		45 000	
3. andere Anlagen, Betriebs- und Geschäftsausstattung	8 000		10 000		13 000	
4. geleistete Anzahlungen und Anlagen im Bau	–	56 000	–	70 000	–	80 000
III. Finanzanlagen:						
1. Anteile an verbundenen Unternehmen	–		–		–	
2. Ausleihungen an verbundene Unternehmen	–		–		–	
3. Beteiligungen	16 000		20 000		25 000	
4. Ausleihungen an Unternehmen, mit denen ein Beteiligungsverhältnis besteht	–		–		–	
5. Wertpapiere des Anlagevermögens	–		–		–	
6. sonstige Ausleihungen	–	16 000	–	20 000	–	25 000
B. Umlaufvermögen						
I. Vorräte:						
1. Roh-, Hilfs- und Betriebsstoffe	15 000		20 000		25 000	
2. unfertige Erzeugnisse, unfertige Leistungen	74 000		80 000		85 000	
3. fertige Erzeugnisse und Waren	16 000		15 000		25 000	
4. geleistete Anzahlungen	45 000	150 000	60 000	175 000	65 000	200 000
II. Forderungen und sonstige Vermögensgegenstände:						
1. Forderungen aus Lieferungen und Leistungen,	65 000		70 000		68 000	
davon mit einer Restlaufzeit von mehr als einem Jahr	(1 000)		(1 500)		(1 000)	
2. Forderungen gegen verbundene Unternehmen,	–		–		–	
davon mit einer Restlaufzeit von mehr als einem Jahr	(–)		(–)		(–)	
3. Forderungen gegen Unternehmen, mit denen ein Beteiligungsverhältnis besteht,	–		–		–	
davon mit einer Restlaufzeit von mehr als einem Jahr	(–)		(–)		(–)	
4. sonstige Vermögensgegenstände	–	65 000	–	70 000	–	68 000
III. Wertpapiere:						
1. Anteile an verbundenen Unternehmen	–		–		–	
2. eigene Anteile	–		–		–	
3. sonstige Wertpapiere	–		–		–	
IV. Schecks, Kassenbestand, Bundesbank- und Postgiroguthaben, Guthaben bei Kreditinstituten		32 000		50 000		44 500
C. Rechnungsabgrenzungsposten:						
[I.] Disagio	–		–		–	
[II.] andere Rechnungsabgrenzungsposten	1 000	1 000	2 000	2 000	1 500	1 500
[D.] Abgrenzungsposten für latente Steuern		–		–		–
		320 000		387 000		419 000

Positionen (§ 266 (2) u. (3) HGB)	31.12.01		31.12.02		31.12.03	
Passiva						
A. Eigenkapital:						
I. Gezeichnetes Kapital		30 000		30 000		30 000
II. Kapitalrücklage		16 000		16 000		16 000
III. Gewinnrücklagen:						
1. gesetzliche Rücklage	3 000		3 000		3 000	
2. Rücklage für eigene Anteile	–		–		–	
3. satzungsmäßige Rücklagen	6 000		6 000		6 000	
4. andere Gewinnrücklagen	8 000	17 000	16 000	25 000	16 000	25 000
IV. Bilanzgewinn/Bilanzverlust,		3 000		9 000		3 000
davon Gewinn- oder Verlustvortrag		(–)		(–)		(–)
[–] Sonderposten mit Rücklageanteil		–		–		–
B. Rückstellungen:						
1. Rückstellungen für Pensionen und ähnliche Verpflichtungen	20 000		25 000		28 000	
2. Steuerrückstellungen	1 000		1 000		2 000	
[–] Rückstellungen für latente Steuern	–		–		–	
3. Sonstige Rückstellungen	29 000	50 000	34 000	60 000	39 000	69 000
C. Verbindlichkeiten						
1. Anleihen,		–		–		–
davon konvertibel		(–)		(–)		(–)
davon mit einer Restlaufzeit bis zu einem Jahr		(–)		(–)		(–)
davon mit einer Restlaufzeit von mehr als fünf Jahren		(–)		(–)		(–)
2. Verbindlichkeiten gegenüber Kreditinstituten		75 000		84 000		92 000
davon mit einer Restlaufzeit bis zu einem Jahr		(34 000)		(40 000)		(44 000)
davon mit einer Restlaufzeit von mehr als fünf Jahren		(30 000)		(40 000)		(45 000)
3. erhaltene Anzahlungen auf Bestellungen,		75 000		90 000		95 000
davon mit einer Restlaufzeit bis zu einem Jahr		(70 000)		(84 000)		(89 000)
davon mit einer Restlaufzeit von mehr als fünf Jahren		(–)		(–)		(–)
4. Verbindlichkeiten aus Lieferungen und Leistungen		32 000		45 000		58 000
davon mit einer Restlaufzeit bis zu einem Jahr		(30 000)		(43 000)		(55 000)
davon mit einer Restlaufzeit von mehr als fünf Jahren		(–)		(–)		(–)
5. Verbindlichkeiten aus der Annahme gezogener Wechsel und der Ausstellung eigener Wechsel,		–		–		–
davon mit einer Restlaufzeit bis zu einem Jahr		(–)		(–)		(–)
davon mit einer Restlaufzeit von mehr als fünf Jahren		(–)		(–)		(–)
6. Verbindlichkeiten gegenüber verbundenen Unternehmen,		–		–		–
davon mit einer Restlaufzeit bis zu einem Jahr		(–)		(–)		(–)
davon mit einer Restlaufzeit von mehr als fünf Jahren		(–)		(–)		(–)
7. Verbindlichkeiten gegenüber Unternehmen, mit denen ein Beteiligungsverhältnis besteht,		–		–		–
davon mit einer Restlaufzeit bis zu einem Jahr		(–)		(–)		(–)

Positionen (§ 266 (2) u. (3) HGB)		31. 12. 01		31. 12. 02		31. 12. 03
davon mit einer Restlaufzeit von mehr als fünf Jahren		(–)		(–)		(–)
8. sonstige Verbindlichkeiten,		20 000		27 000		30 000
davon aus Steuern,		(–)		(–)		(–)
davon im Rahmen der sozialen Sicherheit		(–)		(–)		(–)
davon mit einer Restlaufzeit bis zu einem Jahr		(18 000)		(25 000)		(27 000)
davon mit einer Restlaufzeit von mehr als fünf Jahren	(2 000)	202 000	(2 000)	246 000	(3 000)	275 000
D. Rechnungsabgrenzungsposten		2 000		1 000		1 000
		320 000		387 000		419 000

Gewinn- und Verlustrechnung nach Gesamtkostenverfahren

Positionen (§ 275 (2) HGB)		31. 12. 01		31. 12. 02		31. 12. 03
1. Umsatzerlöse		290 000		354 000		405 000
2. Erhöhung oder Verminderung des Bestands an fertigen und unfertigen Erzeugnissen		+10 000		+6 000		+5 000
3. andere aktivierte Eigenleistungen		–		–		–
• Gesamtleistung		300 000		360 000		410 000
4. sonstige betriebliche Erträge:						
[a)] sonstige ordentliche betriebliche Erträge		13 000		15 000		11 500
[b)] periodenfremde Erträge gem. § 277 (4) S. 3 HGB,		1 000		1 800		8 000
davon Erträge aus der Auflösung des Sonderpostens mit Rücklageanteil	(–)	14 000	(–)	16 800	(–)	19 500
5. Materialaufwand:						
a) Aufwendungen für Roh-, Hilfs- und Betriebsstoffe und für bezogene Waren		143 000		165 000		210 000
b) Aufwendungen für bezogene Leistungen	–	143 000	–	165 000	–	210 000
• Rohergebnis		171 000		211 800		219 500
6. Personalaufwand:						
a) Löhne und Gehälter		93 000		103 000		125 000
b) soziale Abgaben und Aufwendungen für Altersversorgung und für Unterstützung,		16 000		26 000		31 000
davon für Altersversorgung	(14 000)	109 000	(24 000)	129 000	(27 000)	156 000
7. Abschreibungen:						
a) auf immaterielle Vermögensgegenstände des Anlagevermögens und Sachanlagen sowie auf aktivierte Aufwendungen für die Ingangsetzung und Erweiterung des Geschäftsbetriebs,		11 000		15 000		15 000
davon außerplanmäßige Abschreibungen		(–)		(–)		(–)
davon steuerliche Abschreibungen		(–)		(–)		(–)
b) auf Vermögensgegenstände des Umlaufvermögens, soweit diese die in der Kapitalgesellschaft üblichen Abschreibungen überschreiten,		–		–		–

Positionen (§ 275 (2) HGB)	31. 12. 01		31. 12. 02		31. 12. 03	
davon Abschreibungen des Umlaufvermögens auf den Schwankungsreservewert,	(–)		(–)		(–)	
davon steuerliche Abschreibungen	(–)	11 000	(–)	15 000	(–)	15 000
8. sonstige betriebliche Aufwendungen:						
[a)] sonstige ordentliche betriebliche Aufwendungen	37 000		40 000		37 000	
[b)] periodenfremde Aufwendungen gem. § 277 (4) S. 3 HGB,	500		500		500	
davon Aufwendungen aus der Einstellung in den Sonderposten mit Rücklageanteil	(–)	37 500	(–)	40 500	(–)	37 500
9. Erträge aus Beteiligungen,		2 000		3 000		3 200
davon aus verbundenen Unternehmen,		(–)		(–)		(–)
[–] auf Grund einer Gewinngemeinschaft, eines Gewinnabführungs- oder eines Teilgewinnabführungsvertrages erhaltene Gewinne		–		–		–
10. Erträge aus anderen Wertpapieren und Ausleihungen des Finanzanlagevermögens,		–		–		–
davon aus verbundenen Unternehmen		(–)		(–)		(–)
11. sonstige Zinsen und ähnliche Erträge,		2 000		2 200		2 300
davon aus verbundenen Unternehmen		(–)		(–)		(–)
12. Abschreibungen auf Finanzanlagen und auf Wertpapiere des Umlaufvermögens:		300		1 000		1 000
davon außerplanmäßige Abschreibungen auf Finanzanlagen		(300)		(1 000)		(1 000)
davon Abschreibungen auf Wertpapiere des Umlaufvermögens auf den Schwankungsreservewert		(–)		(–)		(–)
davon steuerliche Abschreibungen		(–)		(–)		(–)
13. Zinsen und ähnliche Aufwendungen,		6 600		6 000		5 500
davon an verbundene Unternehmen		(–)		(–)		(–)
[–] Aufwendungen aus Verlustübernahme		–		–		–
14. Ergebnis der gewöhnlichen Geschäftstätigkeit		10 600		25 500		10 000
15. außerordentliche Erträge		–		–		–
16. außerordentliche Aufwendungen		–		–		–
17. außerordentliches Ergebnis		–		–		–
18. Steuern vom Einkommen und vom Ertrag		5 100		6 600		4 800
19. sonstige Steuern		1 500		1 900		2 200
20. Jahresüberschuß/Jahresfehlbetrag		+4 000		+17 000		+3 000
[21.] Gewinnvortrag/Verlustvortrag aus dem Vorjahr		–		–		–
[22.] Entnahmen aus der Kapitalrücklage		–		–		–
[23.] Entnahmen aus Gewinnrücklagen:						
[a)] in die gesetzliche Rücklage		–		–		–
[b)] in die Rücklage für eigene Anteile		–		–		–
[c)] in satzungsmäßige Rücklagen		–		–		–
[d)] in andere Gewinnrücklagen		–		–		–
[24.] Einstellungen in Gewinnrücklagen:						
[a)] in die gesetzliche Rücklage		–		–		–
[b)] in die Rücklage für eigene Aktien		–		–		–
[c)] in satzungsmäßige Rücklagen		–		–		–
[d)] in andere Gewinnrücklagen	1 000	1 000	8 000	8 000	–	–
[25.] Bilanzgewinn/Bilanzverlust		3 000		9 000		3 000

Gewinn- und Verlustrechnung nach Umsatzkostenverfahren

Positionen (§ 275 (3) HGB)		31.12.01		31.12.02		31.12.03
1. Umsatzerlöse		290000		354000		405000
2. Herstellungskosten der zur Erzielung der Umsatzerlöse erbrachten Leistungen		226000		268800		327000
3. Bruttoergebnis vom Umsatz		64000		85200		78000
4. Vertriebskosten		31350		36800		44000
5. Allgemeine Verwaltungskosten		21550		25400		30900
6. sonstige betriebliche Erträge:						
[a)] sonstige ordentliche betriebliche Erträge	13000		15000		11500	
[–] Erträge aus der Auflösung des SoPo mit RL-Anteil (§ 281 (2) S. 2 HGB)	–		–		–	
[b)] periodenfremde Erträge	1000	14000	1800	16800	8000	19500
7. sonstige betriebliche Aufwendungen:						
[a)] sonstige ordentliche betriebliche Aufwendungen	11100		12000		11100	
[–] Aufwendungen aus der Zuführung zum SoPo mit RL-Anteil (§ 281 (2) HGB)	–		–		–	
[b)] periodenfremde Aufwendungen	500	11600	500	12500	500	11600
8. Erträge aus Beteiligungen,		2000		3000		3200
davon aus verbundenen Unternehmen		–		–		–
9. Erträge aus anderen Wertpapieren und Ausleihungen des Finanzanlagevermögens,						
davon aus verbundenen Unternehmen		–		–		–
[–] auf Grund einer Gewinngemeinschaft, eines Gewinnabführungs- oder eines Teilgewinnabführungsvertrages erhaltene Gewinne		–		–		–
[–] Erträge aus Verlustübernahme						
10. sonstige Zinsen und ähnliche Erträge,		2000		2200		2300
davon aus verbundenen Unternehmen		–		–		–
11. Abschreibungen auf das Finanzanlagevermögen und auf Wertpapiere des Umlaufvermögens		300		1000		1000
[a)] außerplanmäßige Abschreibungen auf das Finanzanlagevermögen und auf Wertpapiere des Umlaufvermögens		(300)		(1000)		(1000)
[–] außerplanmäßige Abschreibungen auf das Anlagevermögen gem. (§ 277 (3) S. 1)		–		–		–
[–] außerplanmäßige Abschreibungen auf das Umlaufvermögen gem. (§ 277 (3) S. 1)		–		–		–
[–] Aufwendungen aus Verlustübernahme		–		–		–
12. Zinsen und ähnliche Aufwendungen,		6600		6000		5500
davon an verbundene Unternehmen		–		–		–
13. Ergebnis der gewöhnlichen Geschäftstätigkeit		10600		25500		10000
14. außerordentliche Erträge		–		–		–
15. außerordentliche Aufwendungen		–		–		–
16. außerordentliches Ergebnis		–		–		–
17. Steuern vom Einkommen und Ertrag		5100		6600		4800
18. sonstige Steuern		1500		1900		2200
19. Jahresüberschuß/Jahresfehlbetrag		+4000		+17000		+3000
[20.] Gewinnvortrag/Verlustvortrag aus dem Vorjahr						
[21.] Entnahmen aus der Kapitalrücklage		–		–		–
[22.] Entnahmen aus Gewinnrücklagen:						

Positionen (§ 275 (3) HGB)	31.12.01		31.12.02		31.12.03	
[a)] aus der gesetzlichen Rücklage	–		–		–	
[b)] aus der Rücklage für eigene Anteile	–		–		–	
[c)] aus satzungsmäßigen Rücklagen	–		–		–	
[d)] aus anderen Gewinnrücklagen	–	–	–	–	–	–
[23.] Einstellungen in die Gewinnrücklagen:						
[a)] in die gesetzliche Rücklage		–		–		–
[b)] in die Rücklage für eigene Anteile		–		–		–
[c)] in satzungsmäßige Rücklagen		–		–		–
[d)] in andere Gewinnrücklagen	1 000	1 000	8 000	8 000	–	–
[24.] Bilanzgewinn/Bilanzverlust		3 000		9 000		3 000

II. Systematische Zusammenstellung der Kennzahlen

Kennzahl			
	31.12.01	31.12.02	31.12.03
Ordentliches Ergebnis (vor Steuern)	10 400	25 200	3 500
ordentliches Betriebsergebnis	6 400	20 000	–2 000
+ ordentliches Finanzergebnis	4 000	5 200	5 500

Aussagewert

Das ordentliche Ergebnis umfaßt das ordentliche betriebliche und das ordentliche betriebsfremde (Finanz-) Ergebnis. Es stellt die zentrale Erfolgsgröße des Unternehmens dar und verkörpert den tendenziell nachhaltigen Erfolg aus Leistungs- und Finanzaktivitäten. Es ist ein besserer Indikator für die Ertragslage des Unternehmens als das Ergebnis der gewöhnlichen Geschäftstätigkeit bzw. der Jahresüberschuß, in denen ordentliche und außerordentliche (im bwl. Sinne) Komponenten zusammen ausgewiesen sind.

Ermittlung des ordentlichen Betriebsergebnisses

GuV-Pos. gem. § 275 (2) HGB	Bezeichnung der Position	31.12.01	31.12.02	31.12.03
1.	Umsatzerlöse	290 000	354 000	405 000
2.	+/./. Erhöhung oder Verminderung des Bestandes an fertigen und unfertigen Erzeugnissen	10 000	6 000	5 000
3.	+ andere aktivierte Eigenleistungen	–	–	–
[4.a)]	+ sonstige ordentliche betriebliche Erträge (Saldo)[3]	13 000	15 000	11 500

---

[3] Diese Position ergibt sich, wenn von der GuV-Angabe „sonstige betriebliche Erträge" die periodenfremden und außerordentlichen Bestandteile subtrahiert werden.

GuV-Pos. gem. § 275 (2) HGB		Bezeichnung der Position	31.12.01	31.12.02	31.12.03
5.	./.	Materialaufwand	143 000	165 000	210 000
6.	./.	Personalaufwand	109 000	129 000	156 000
aus [7.a)]	./.	planmäßige Abschreibungen auf immat. Gegenstände des Anlagevermögens und Sachanlagen sowie aktivierte Aufwendungen für die Ingangsetzung und Erweiterung des Geschäftsbetriebs (Saldo)[4]	11 000	15 000	15 000
[8.a)]	./.	sonstige ordentliche betriebliche Aufwendungen (Saldo)[5]	37 000	40 000	37 000
13.	./.	Zinsen und ähnliche Aufwendungen	6 600	6 000	5 500
	=	**ordentliches Betriebsergebnis (nach GKV):**	**6 400**	**20 000**	**−2 000**

Ermittlung des ordentlichen Finanzergebnisses

GuV-Pos. gem. § 275 (2) HGB		Bezeichnung der Position	31.12.01	31.12.02	31.12.03
9.	+	Erträge aus Beteiligungen	2 000	3 000	3 200
[–]	+	Erträge aus Gewinngemeinschaften, Gewinn- und Teilgewinnabführungsverträgen	–	–	–
10.	+	Erträge aus anderen Wertpapieren und Ausleihungen des Finanzanlagevermögens	–	–	–
11.	+	sonstige Zinsen und ähnliche Erträge	2 000	2 200	2 300
[–]	./.	Aufwendungen aus Verlustübernahme	–	–	–
	=	**ordentliches Finanzergebnis:**	**4 000**	**5 200**	**5 500**

Anmerkungen zum Ordentlichen Ergebnis

Auch nach geltendem Recht muß im Rahmen der Kennzahlenanalyse eine gesonderte Erfolgsspaltung[6] durchgeführt werden: das „Ergebnis der gewöhnlichen Geschäftstätigkeit" (GuV-Pos. 14 gem. § 275 Abs. 2 HGB) ist nicht dem ordentlichen Ergebnis gleichzusetzen, da insbesondere die periodenfremden Aufwendungen und Erträge im „gewöhnlichen" Ergebnis enthalten sind. Zudem ist diese Kennziffer durch eine Vermischung betrieblicher und betriebsfremder Komponenten wenig aussagefähig. Die Pos. 4 „sonstige betriebliche Erträge" und 8 „sonstige betriebliche Aufwendungen" sind Sam-

---

[4] Dieser Saldo ermittelt sich als Differenz der GKV-Position 7 zu den außerplanmäßigen und steuerlichen Abschreibungen.

[5] Diese Position ergibt sich, wenn von der GuV-Angabe „sonstige betriebliche Aufwendungen" die periodenfremden und außerordentlichen Bestandteile subtrahiert werden.

[6] Vgl. *Lange, Christoph:* Jahresabschlußinformationen und Unternehmensbeurteilung, S. 208–223.

melpositionen, die sowohl periodenrichtige als auch periodenfremde, also **außerordentliche Erfolgsbestandteile im Sinne einer betriebswirtschaftlichen Erfolgsspaltung enthalten.** Die periodenrichtigen (z. B. Verkauf von Lagerbestandsüberschüssen, Erlöse aus Nebengeschäften, Werbeaufwand, Versicherungen, Garantierückstellungen) und die periodenfremden Erfolgsbestandteile (z. B. Abgang von Vermögensgegenständen, Rückvergütungen, Steuererstattungen/-nachzahlungen, Erträge aus der Auflösung von Rückstellungen) sind somit voneinander zu trennen.

Im Beispiel ist dies durch die jeweilige Aufspaltung in die Unterpositionen „periodenfremde Erträge/Aufwendungen" i. S. v. § 277 Abs. 4 S. 3 HGB, allein steuerlich bedingten Aufwendungen/Erträgen, sowie als Restposition ausgehend von den „sonstigen betrieblichen Erträgen/ Aufwendungen" (Pos. 4/8), die „ordentlichen" sonstigen betrieblichen Erträge/Aufwendungen geschehen.

Im Rahmen **interner Analysen** wird es zweckmäßig sein, diese jeweiligen Positionen in Abhängigkeit von der Kontierung in der Finanz- bzw. Betriebsbuchhaltung weiter aufzuspalten. Bei einer genauen Betrachtung sind die steuerlichen Effekte von Bewertungskorrekturen zu berücksichtigen.[7]

Für die **externe Analyse** muß unterstellt werden, daß die periodenfremden Erfolgskomponenten „für die Beurteilung der Ertragslage nicht von untergeordneter Bedeutung sind" (§ 277 Abs. 4 S. 2 HGB) und daher im Anhang nach Art und Betrag erläutert werden. Fehlen dagegen diese Informationen, so kann ein „imparitätisches" Vorgehen empfehlenswert sein,[8] d. h. die Pos. 8 „sonstige betriebliche Aufwendungen" würde insgesamt dem ordentlichen Ergebnis und die Pos. 4 „sonstige betriebliche Erträge" dem außerordentlichen Ergebnis zugerechnet. Die Zinsaufwendungen und -erträge sind nach den Kriterien „überwiegende Zugehörigkeit" und „kausale Aufwandsentstehung" dem Betriebs- und Finanzergebnis imparitätisch zugeordnet; die Kapitalbeschaffung (der Zinsaufwand) wird als Voraussetzung der Leistungserstellung und damit in unmittelbarem Zusammenhang zum Betriebsergebnis gesehen, während sich im Zinsertrag überwiegend Folge-/Alternativinvestitionen widerspiegeln.

Bei dem berechneten ordentlichen Ergebnis nach Steuern wurden die gesamten Steuern vom Einkommen und Ertrag abgezogen. Bei erheblichen außerordentlichen Erfolgskomponenten kann es zweckmäßig sein, eine anteilige Schätzung der Ertragsteuern auf das or-

---

[7] Vgl. *Lange, Christoph:* Jahresabschlußinformationen und Unternehmensbeurteilung, S. 220–222.
[8] Die Literatur zur Bilanzanalyse empfiehlt unter dem Aspekt des Vorsichtsprinzips diese Vorgehensweise. Aus Controllersicht sollen jedoch die „richtigen" Werte durch weitestgehende Aufspaltung ermittelt werden. Falls dies nicht möglich ist, sollte überlegt werden, ob entweder beide Positionen oder keine Position bei der Ermittlung des Betriebsergebnisses zu berücksichtigen sind.

dentliche/außerordentliche bzw. Betriebs-/Finanzergebnis vorzunehmen. Im Rahmen der externen Analyse kann dabei auf die Aufteilung der Ertragsteuerbelastung auf das „gewöhnliche" und das „außergewöhnliche" Ergebnis zurückgegriffen werden (§ 285 Nr. 6 HGB).
Weitere im Anhang anzugebende Sachverhalte mit außerordentlichem Charakter (z. B. Unterbewertungen durch die Anwendung der Bewertungsmethoden gemäß § 240 Abs. 4 HGB und § 256 HGB) sind bei der Ermittlung des bereinigten ordentlichen Ergebnisses zu berücksichtigen.

---

ordentliches Ergebnis (nach Steuern)

ordentliches Betriebsergebnis
+ ordentliches Finanzergebnis
./. Steuern vom Einkommen und vom Ertrag
./. sonstige Steuern

GuV-Pos. gem. § 275 (2) HGB		Bezeichnung der Position	31.12.01	31.12.02	31.12.03
		ordentliches Betriebsergebnis	6 400	20 000	−2 000
	+	ordentliches Finanzergebnis	4 000	5 200	5 500
18.	./.	Steuern vom Einkommen und vom Ertrag	5 100	6 600	4 800
19.	./.	sonstige Steuern	1 500	1 900	2 200
	=	**ordentliches Ergebnis nach Steuern**	**3 800**	**16 700**	**−3 500**

Kennzahl

	31.12.01	31.12.02	31.12.03
Ordentliches Finanzergebnis	4 000	5 200	5 500
Beteiligungsertrag	2 000	3 000	3 200
+ Zinsertrag	2 000	2 200	2 300
./. Beteiligungsaufwand	−	−	−

Aussagewert

Das Finanzergebnis ergänzt das Betriebsergebnis um diejenigen Positionen, die zwar auch zur regelmäßigen gewöhnlichen Geschäftstätigkeit gehören, aber nicht den satzungsgemäß bestimmten Leistungserstellungsprozeß betreffen.

Ermittlung des ordentlichen Finanzergebnisses

GuV-Pos. gem. § 275 (2) HGB		Bezeichnung der Position	31.12.01	31.12.02	31.12.03
9.		Erträge aus Beteiligungen	2 000	3 000	3 200
10.	+	Erträge aus anderen Wertpapieren und Ausleihungen des Finanzanlagevermögens	−	−	−

GuV-Pos. gem. § 275 (2) HGB		Bezeichnung der Position	31.12.01	31.12.02	31.12.03
11.	+	sonstige Zinsen und ähnliche Erträge	2 000	2 200	2 300
[–]	+	Erträge aus Gewinngemeinschaften, Gewinn- und Teilgewinnabführungsverträgen	–	–	–
[–]	./.	Aufwendungen aus Verlustübernahme	–	–	–
	=	**ordentliches Finanzergebnis**	**4 000**	**5 200**	**5 500**

Anmerkungen

Die Position „Erträge aus Verlustübernahme" und die Position „auf Grund einer Gewinngemeinschaft, eines Gewinnabführungs- oder Teilgewinnabführungsvertrages abgeführte Gewinne" sind bei den Untergesellschaften aufzuführen. Zur Problematik der Ermittlung des Finanzergebnisses vgl. auch die Anmerkungen zu den Kennzahlen Ordentliches Ergebnis und Außerordentliches Ergebnis im bwl. Sinne. Das hier definierte Finanzergebnis ist insofern nicht deckungsgleich mit einem „betriebsfremden Ergebnis", als im ordentlichen Finanzergebnis nur die nachhaltigen, periodenrichtigen Komponenten erfaßt werden;[9] außerordentliche Komponenten des betriebsfremden Ergebnisses (Abschreibungen auf Finanzanlagen und Wertpapiere des Umlaufvermögens), werden bei der nachfolgend erläuterten Kennziffer „außerordentliches Ergebnis im betriebswirtschaftlichen Sinn" erfaßt.

Kennzahl	31.12.01	31.12.02	31.12.03
„außerordentliches" Ergebnis	200	300	6 500
„außerordentlicher" Ertrag	1 000	1 800	8 000
./. „außerordentlicher" Aufwand	800	1 500	1 500

Aussagewert

Das **außerordentliche Ergebnis im betriebswirtschaftlichen Sinne** („außerordentliches" Ergebnis) umfaßt die unregelmäßig anfallenden (außergewöhnlichen und periodenfremden) Erfolgskomponenten, sowie Bewertungserfolge, die unregelmäßig wiederkehrend anfallen und somit indirekt Einfluß auf den nachhaltigen Er-

---

[9] Im Gegensatz zum ordentlichen betriebsfremden Ergebnis kommt das Finanzergebnis überwiegend durch Erträge und Aufwendungen aus Finanzinvestitionen zustande; d.h. Nebenumsatzerlöse oder andere Positionen untergeordneter Bedeutung müßten unternehmensspezifisch zugeordnet werden. *Lachnit* ordnet die regelmäßig anfallenden Fremdkapitalzinsen anders als *Reichmann* allerdings nicht dem ordentlichen Betriebsergebnis, sondern dem ordentlichen Finanzergebnis zu. Vgl. *Lachnit, Laurenz*: Erfolgsspaltung auf der Grundlage der GuV nach Gesamt- und Umsatzkostenverfahren, in: Wpg, 44. Jg. (1991), S. 773–783.

folg des Unternehmens haben können. Diese Erfolgsgröße kann nicht als nachhaltig und damit nur schwer prognosefähig angesehen werden.[10]

Ermittlung des „außerordentlichen" Ergebnisses					
GuV-Pos. gem. § 275 (2) HGB		Bezeichnung der Position	31.12.01	31.12.02	31.12.03
[4.b)]	+	periodenfremde Erträge (§ 277 (4) S. 3 HGB)	1 000	1 800	8 000
15.		außerordentliche Erträge (§ 277 (4) HGB)	–	–	–
aus 7.a)	./.	außerplanmäßige Abschreibungen	–	–	–
aus 7.a)	./.	steuerliche Abschreibungen	–	–	–
7.b)	./.	Abschreibungen auf Vermögensgegenstände des Umlaufvermögens, soweit diese die in der Kapitalgesellschaft üblichen Abschreibungen überschreiten	–	–	–
[8.b)]	./.	periodenfremde Aufwendungen	500	500	500
12.	./.	Abschreibungen auf Finanzanlagen und auf Wertpapiere des Umlaufvermögens	300	1 000	1 000
16.	./.	außerordentliche Aufwendungen (§ 277 (4) HGB)	–	–	–
	=	„außerordentliches" Ergebnis	200	300	6 500

Anmerkungen

Im Beispiel ist unterstellt (vgl. Anmerkungen zur Kennzahl Ordentliches Ergebnis), daß die periodenfremden Erträge und Aufwendungen gesondert angegeben sind. Hierbei handelt es sich um die Positionen, die nach altem Aktienrecht in der GuV gesondert ausgewiesen werden, z. B.
– Erträge aus dem Abgang von Gegenständen des Anlagevermögens und aus Zuschreibungen zu Gegenständen des Anlagevermögens,
– Erträge aus der Auflösung von Rückstellungen,
– Verluste aus Wertminderungen oder dem Abgang von Gegenständen des Umlaufvermögens außer Vorräten,
– Verluste aus dem Abgang von Gegenständen des Anlagevermögens.

Im Rahmen interner Analysen kann es zweckmäßig sein, eine weitere Untergliederung in Abhängigkeit von der Kontierung in der Finanzbuchhaltung vorzunehmen. Fehlt dagegen im Rahmen der externen Analyse eine Aufspaltung dieser Positionen, so kann ein „imparitätisches" Vorgehen empfehlenswert sein (vgl. Anmerkun-

---

[10] Ähnlich verfährt *Lachnit*, der die unregelmäßig anfallenden Bestandteile des handelsrechtlichen Betriebsergebnisses sowie das außerordentliche Ergebnis nach Handelsrecht zu einem „außerordentlichen Ergebnis im weiteren Sinne" zusammenfaßt. Vgl. *Lachnit, Laurenz:* Erfolgsspaltung auf der Grundlage der GuV nach Gesamt- und Umsatzkostenverfahren, S. 773–783.

gen zur Kennzahl Ordentliches Ergebnis). Es empfiehlt sich, die Positionen 4 und 8 gesondert in ihrer Entwicklung zu beobachten.

Im Rahmen der externen Analyse kann das außerordentliche Ergebnis um Angaben aus dem Anhang korrigiert werden, wie z. B.:
- Betrag der im Geschäftsjahr aus steuerlichen Gründen unterlassenen Zuschreibungen (§ 280 Abs. 2 und 3 HGB),
- Betrag der im Geschäftsjahr allein nach steuerlichen Vorschriften vorgenommenen Abschreibungen im Anlage- und Umlaufvermögen (§ 281 Abs. 2 HGB),
- Unterbewertungen durch die Anwendung der Bewertungsmethoden gem. § 240 Abs. 4 HGB und § 256 HGB.

Kennzahl	31.12.01	31.12.02	31.12.03
Ordentliches Betriebsergebnis	4 900	18 100	−4 200
Betriebsleistung	313 000	375 000	421 500
./. Kosten	308 100	356 900	425 700

Aussagewert

Das ordentliche Betriebsergebnis umfaßt die regelmäßig anfallenden Aufwendungen und Erträge aus der Erzeugung und dem Vertrieb der vom Unternehmen im Rahmen seines jeweiligen Geschäftszweiges erzeugten und gelieferten Produkte. Man kann es als den nachhaltigen Erfolg aus der Umsatztätigkeit bezeichnen.

Ermittlung des ordentlichen Betriebsergebnisses (nach GKV)

GuV-Pos. gem. § 275 (2) HGB		Bezeichnung der Position	31.12.01	31.12.02	31.12.03
1.		Umsatzerlöse	290 000	354 000	405 000
2.	±	Erhöhung oder Verminderung des Bestandes an fertigen und unfertigen Erzeugnissen	10 000	6 000	5 000
3.		andere aktivierte Eigenleistungen	–	–	–
[4.a)]	+	sonstige ordentliche betriebliche Erträge (Saldo)	13 000	15 000	11 500
	=	Betriebsleistung	313 000	375 000	421 500
5.	./.	Materialaufwand	143 000	165 000	210 000
6.	./.	Personalaufwand	109 000	129 000	156 000
aus [7.a)]	./.	planmäßige Abschreibungen auf immaterielle Gegenstände des Anlagevermögens und Sachanlagen sowie aktivierte Aufwendungen für die Ingangsetzung und Erweiterung des Geschäftsbetriebs (Saldo)	11 000	15 000	15 000

GuV-Pos. gem. § 275 (2) HGB		Bezeichnung der Position	31.12.01	31.12.02	31.12.03
[8.a)]	./.	sonstige ordentliche betriebliche Aufwendungen (Saldo)	37000	40000	37000
13.	./.	Zinsen und ähnliche Aufwendungen	6600	6000	5500
	=	Kosten vor Kostensteuern	306600	355000	423500
19.	./.	sonstige Steuern	1500	1900	2200
	=	**ordentliches Betriebsergebnis (GKV)**	**4900**	**18100**	**−4200**

Anmerkungen

Bei den Kosten sind nur die aufwandsgleichen Kosten (Grundkosten) erfaßt, d.h. es gehen – aus externer Sicht – keine kalkulatorischen Kosten in die Analyse ein. Bei der Ermittlung des Betriebsergebnisses nach GKV sind die Positionen 1.–8. nach Aufwandsarten unterteilt.
Bei Anwendung des Umsatzkostenverfahrens (UKV)[11] ändern sich die Inhalte einiger Positionen (z.B. sonstiger betrieblicher Aufwand, Pos. 7); bezüglich des Ermittlungsschemas ändert sich die Ermittlung des Betriebsergebnisses.

Ermittlung des ordentlichen Betriebsergebnisses (nach UKV)

GuV-Pos. gem. § 275 (3) HGB		Bezeichnung der Position	31.12.01	31.12.02	31.12.03
1.		Umsatzerlöse	290000	354000	405000
2.	./.	Herstellungskosten des Umsatzes	226000	268800	327000
3.	=	Bruttoergebnis vom Umsatz	64000	85200	78000
6.	+	sonstige ordentliche betriebliche Erträge[12]	13000	15000	11500
4.	./.	Vertriebskosten	31350	36800	44000
5.	./.	Allgemeine Verwaltungskosten	21550	25400	30900
7.	./.	sonstige ordentliche betriebliche Aufwendungen	11100	12000	11100
12.	./.	Zinsen und ähnliche Aufwendungen	6600	6000	5500
18.	./.	sonstige Steuern, soweit nicht unter Pos. 2, 4 oder 5 ausgewiesen	1500	1900	2200
	=	**ordentliches Betriebsergebnis (UKV)**	**4900**	**18100**	**−4200**

Anmerkungen

keine

---

[11] Vgl. hierzu die grundsätzlichen Ausführungen im Text, S. 70 ff.
[12] Diese Position ergibt sich unter Verwendung von Anhangsangaben als Saldogröße. Vgl. hierzu Anhang S. 618 ff.; vgl. *Lachnit, Laurenz:* Externe Erfolgsanalyse auf der Grundlage der GuV nach Gesamt- und Umsatzkostenverfahren, in: WPg, 44. Jg. (1991), S. 773–783, hier S. 778.

Kennzahl	31.12.01	31.12.02	31.12.03
Gesamtkapitalrentabilität	3,3 %	5,9 %	2,0 %
$\dfrac{\text{Gesamtgewinn + Zinsaufwand}}{\text{Gesamtkapital}} \cdot 100$	$\dfrac{10\,600}{320\,000}$	$\dfrac{23\,000}{387\,000}$	$\dfrac{8\,500}{419\,000}$

Aussagewert

Die Gesamtkapitalrentabilität verdeutlicht die Ertragskraft des Unternehmens, losgelöst von der Kapitalstruktur. Diese Kennzahl gibt an, wie vorteilhaft das Unternehmen insgesamt mit dem eingesetzten Kapital gearbeitet hat und läßt somit einen Vergleich mit der Leistungskraft anderer Unternehmen derselben oder anderer Branchen zu.

Ermittlung der Summe aus Gesamtgewinn und Fremdkapitalzinsen

GuV-Pos. gem. § 275 (2) HGB		Bezeichnung der Position	31.12.01	31.12.02	31.12.03
20.		Jahresüberschuß/Jahresfehlbetrag	4 000	17 000	3 000
13.	+	Zinsen und ähnliche Aufwendungen	6 600	6 000	5 500
	=	Gesamtgewinn + Fremdkapitalzinsen	10 600	23 000	8 500

Ermittlung des Gesamtkapitals

			31.12.01	31.12.02	31.12.03
		Bilanzsumme	320 000	387 000	419 000
[–]	./.	ausstehende Einlagen auf das Grundkapital (§ 272 Abs. 1 S. 2 u. 3 HGB)[13]	–	–	–
	=	Gesamtkapital	320 000	387 000	419 000

---

[13] Ausstehende Einlagen besitzen einen Doppelcharakter; rechtlich stellen sie eine Forderung, wirtschaftlich einen Korrekturposten zum gezeichneten Kapital dar. Vgl. hierzu und zum aktivischen bzw. passivischen Ausweis *Adler, Hans; Düring, Walter; Schmaltz, Kurt (ADS):* Rechnungslegung und Prüfung der Unternehmen, Kommentar zum HGB, AktG, GmbHG, PublG nach den Vorschriften des Bilanzrichtlinien-Gesetzes, bearbeitet von *Forster, K. H.* u. a., Bd. 2, 5. Aufl. (Stand: 8. Teillieferung), Stuttgart 1987, Kommentar zu § 272, S. 15–17. Eine Unterscheidung der ausstehenden Einlagen in eingeforderte und nicht eingeforderte Beträge (§ 272 Abs. 1 S. 2 u. 3 HGB) ist insofern für die **Haftungsgrundlage** der Unternehmung (Kapitalgesellschaft) unerheblich, als sämtliche ausstehenden Einlagen rechtlich als Forderung zu qualifizieren sind; vgl. *Sarx, Manfred:* § 272 Eigenkapital, in: Beck'scher Bilanzkommentar, Der Jahresabschluß nach Handels- und Steuerrecht, 2. Aufl., München 1990, S. 986–1036, hier S. 995. **Die ausstehenden Einlagen sind nur dann bei der Berechnung der Gesamtkapitalrentabilität abzuziehen, wenn eine Relation zwischen Periodenerfolg und eingesetztem Kapital hergestellt werden soll.** Eine Bewertung der ausstehenden Einlagen kann nur aus interner Sicht und unter Berücksichtigung der Bonität des einzelnen Anteilseigners erfolgen.

Anmerkungen

Es werden jeweils die Endbestände für die Ermittlung des Gesamtkapitals zugrundegelegt. Die Verwendung von Durchschnittsgrößen [1/2 · (AB + EB)] ist jeweils im Einzelfall zu prüfen. In dieser Kennzahl ist die Rentabilität des Eigenkapitals und die des Fremdkapitals untrennbar vermengt. Die über die gezahlten Zinsen hinaus erwirtschafteten Erfolge des Fremdkapitals wirken sich in der Eigenkapitalrentabilität aus (leverage-effect). Um unterschiedliche Steuerwirkungen auszuschalten, empfiehlt es sich, die Gesamtkapitalrentabilität vor und nach Steuern zu ermitteln.

Kennzahl

	31.12.01	31.12.02	31.12.03
Eigenkapitalrentabilität	6,3 %	23,9 %	4,2 %
$\dfrac{\text{Gesamtgewinn}}{\text{Eigenkapital}} \cdot 100$	$\dfrac{4\,000}{63\,000}$	$\dfrac{17\,000}{71\,000}$	$\dfrac{3\,000}{71\,000}$

Aussagewert

Die Eigenkapitalrentabilität dient der Beurteilung der Ertragskraft, also der Fähigkeit eines Unternehmens, Gewinne zu erzielen, bezogen auf das (bilanzielle) Eigenkapital.

Ermittlung des Gesamtgewinns

GuV-Pos. gem. § 275 (2) HGB	Bezeichnung der Position	31.12.01	31.12.02	31.12.03
	Gesamtgewinn entspricht der GuV-Position 20 (GKV) bzw. 19 (UKV).	4 000	17 000	3 000

Ermittlung des Eigenkapitals

	31.12.01	31.12.02	31.12.03
Gezeichnetes Kapital (Passiva A. I.)	30 000	30 000	30 000
./. ausstehende Einlagen auf das gezeichnete Kapital (§ 272 (1) S. 2 und 3 HGB)	–	–	–
+ Kapitalrücklage (Passiva A. II.)	16 000	16 000	16 000
+ Gewinnrücklagen (Passiva A. III.)	17 000	25 000	25 000
+ Rücklageanteil (= 50 %)[14] aus dem Sonderposten mit Rücklageanteil (§ 273 HGB)	–	–	–

---

[14] Aus Vereinfachungsgründen wurde der Anteil der Steuerschuld, die bei der späteren Auflösung des Sonderpostens mit Rücklageanteil entsteht, mit 50 % unterstellt.

./. Bilanzverlust	–	–	–
./. eigene Anteile (Aktiva B.III.2)	–	–	–
= Eigenkapital	63 000	71 000	71 000

Anmerkungen

Es werden jeweils die Endbestände der Periode für die Ermittlung des Eigenkapitals zugrundegelegt. Sollten erhebliche Abweichungen zwischen Anfangsbestand und Endbestand zu verzeichnen sein, kann sich die Ermittlung eines Durchschnittsbestandes [1/2 · (AB + EB)] empfehlen.

Ein Bilanzverlust ist in jedem Fall bei der Eigenkapitalermittlung abzuziehen. Der Bilanzgewinn wird, soweit es sich um Kapitalgesellschaften handelt, bei denen er zur Dividendenzahlung vorgesehen ist, nicht zum Eigenkapital gezählt.

Bei erheblichen a. o. Erfolgskomponenten kann es zur Beurteilung der Nachhaltigkeit der erzielten Rentabilität zweckmäßig sein, nur den ordentlichen Erfolg zu berücksichtigen. Um unterschiedliche Steuerwirkungen zu verdeutlichen, sollte die Eigenkapitalrentabilität vor und nach Steuern ermittelt werden.

Kennzahl

	31.12.01	31.12.02	31.12.03
Return on Investment	1,6 %	4,9 %	–1,1 %
$\dfrac{\text{Betriebsergebnis (nach Kostensteuern)}}{\text{Gesamtkapital (betriebsbedingt)}} \cdot 100$	$\dfrac{4\,900}{304\,000}$	$\dfrac{18\,100}{367\,000}$	$\dfrac{-4\,200}{394\,000}$

Aussagewert

Beurteilung des aus der betrieblichen Tätigkeit erwirtschafteten, nachhaltigen Periodenerfolgs im Verhältnis zu dem dafür eingesetzten Gesamtkapital.

Ermittlung des Betriebsergebnisses

	31.12.01	31.12.02	31.12.03
Betriebsergebnis siehe Kennzahl ordentliches Betriebsergebnis, S. 617 f.	4 900	18 100	–4 200

Ermittlung des betriebsbedingten Gesamtkapitals

	31.12.01	31.12.02	31.12.03
Gesamtkapital (= Gesamtvermögen) (siehe Kennzahl Gesamtkapitalrentabilität, S. 625 f.)	320 000	387 000	419 000

	31.12.01	31.12.02	31.12.03
./. Finanzanlagen (Aktiva A. III.)	16 000	20 000	25 000
./. sonstige Vermögensgegenstände (Aktiva B.II.4)	–	–	–
./. Wertpapiere (Aktiva B. III.)	–	–	–
= betriebsbedingtes Gesamtkapital (Vermögen)	304 000	367 000	394 000

Anmerkungen

Im Rahmen der externen Analyse ist es schwierig, das betriebsnotwendige Vermögen festzustellen, da nur unzureichende Informationen über die betriebliche Nutzung vorliegen. Für das obige Ermittlungsschema gilt das Kriterium der überwiegenden Zugehörigkeit, das bei Verfügbarkeit genauer Angaben im Einzelfall zu modifizieren ist. Diese Kennzahl ist nach geltendem Recht im Rahmen der externen Analyse nur berechenbar, wenn die Umsätze gesondert ausgewiesen werden, was nur für große Kapitalgesellschaften vorgeschrieben ist (§ 276 HGB). Dies gilt auch für die Berechnung der Umsatzrentabilität, der Erzeugnisumschlagszeit und der Forderungsumschlagszeit. Ggf. läßt sich die Kennzahl Return on Investment nicht nur mit dem Betriebsergebnis nach Kostensteuern, sondern auch mit dem vor Kostensteuern errechnen.

		31.12.01	31.12.02	31.12.03
Return on Investment		2,1 %	5,5 %	–0,0 %
$\dfrac{\text{Betriebsergebnis (vor Kostensteuern)}}{\text{Gesamtkapital (betriebsbedingt)}} \cdot 100$		$\dfrac{6400}{304000}$	$\dfrac{20000}{367000}$	$\dfrac{-2000}{394000}$

Kennzahl

		31.12.01	31.12.02	31.12.03
Umsatzrentabilität		1,7 %	5,1 %	–1,0 %
$\dfrac{\text{Betriebsergebnis}}{\text{Umsatz}} \cdot 100$		$\dfrac{4900}{290000}$	$\dfrac{18100}{354000}$	$\dfrac{-4200}{405000}$

Aussagewert

Die Umsatzrendite gibt an, wieviel ordentlicher betriebsbedingter Gewinn je Einheit Umsatz erzielt wird.

Ermittlung des Betriebsergebnisses

	31.12.01	31.12.02	31.12.03
Betriebsergebnis (siehe Kennzahl ordentliches Betriebsergebnis, S. 617f.)	4900	18100	–4200

Ermittlung des Umsatzes

GuV-Pos. gem. § 275 (2) HGB	Bezeichnung der Position	31.12.01	31.12.02	31.12.03
1.	Umsatzerlöse	290 000	354 000	405 000

Anmerkungen

Für die interne Analyse empfiehlt sich eine imparitätische Behandlung der Zinsaufwendungen und Zinserträge. Es ist davon auszugehen, daß die Aufnahme von Fremdkapital hauptsächlich der Finanzierung betriebsbedingter Tätigkeiten, d.h. zur Durchführung des eigentlichen Leistungserstellungsprozesses dient. Dementsprechend sind die daraus folgenden Zinsaufwendungen dem Betriebsergebnis zuzurechnen. Die Zinserträge dagegen resultieren in der Hauptsache aus der Anlage liquider Mittel zur Erzielung zusätzlicher Erträge, die nicht mit der eigentlichen Betriebstätigkeit zusammenhängen. Somit sind die Zinserträge nicht im Rahmen des Betriebsergebnisses zu berücksichtigen, sondern gehen in das Finanzergebnis ein.

Kennzahl

	31.12.01	31.12.02	31.12.03
Kapitalumschlagshäufigkeit	0,95	0,96	1,03
$\dfrac{\text{Umsatz}}{\text{Gesamtkapital (betriebsbedingt)}}$	$\dfrac{290\,000}{304\,000}$	$\dfrac{354\,000}{367\,000}$	$\dfrac{405\,000}{394\,000}$

Aussagewert

Diese Kennzahl läßt erkennen, wie oft das betriebsbedingte Kapital bzw. Vermögen durch den Umsatz umgeschlagen worden ist. Die Kapitalumschlagshäufigkeit ist ein Ausdruck dafür, wie intensiv die Vermögensgegenstände genutzt werden.

Ermittlung des Umsatzes

GuV-Pos. gem. § 275 (2) HGB	Bezeichnung der Position	31.12.01	31.12.02	31.12.03
1.	Umsatzerlöse	290 000	354 000	405 000

Ermittlung des betriebsbedingten Gesamtkapitals

	31.12.01	31.12.02	31.12.03
betriebsbedingtes Kapital siehe Kennzahl Return on Investment, S. 627 f.	304 000	367 000	394 000

Anmerkungen

Im Rahmen der externen Analyse ist es schwierig, das betriebsnotwendige Vermögen festzustellen, da nur unzureichende Informationen über die betriebliche Nutzung vorliegen. Für das obige Ermittlungsschema gilt das Kriterium der überwiegenden Zugehörigkeit, das bei Verfügbarkeit genauer Angaben im Einzelfall zu modifizieren ist. Diese Kennzahl ist nach geltendem Recht im Rahmen der externen Analyse nur berechenbar, wenn die Umsätze gesondert ausgewiesen werden, was nur für große Kapitalgesellschaften vorgeschrieben ist (§ 276 HGB). Dies gilt auch für die Berechnung der Umsatzrentabilität, der Erzeugnisumschlagszeit und der Forderungsumschlagszeit.

Kennzahl

Erzeugnisumschlagszeit

$$\frac{\text{Erzeugnisbestand}}{\text{Umsatz}} \cdot T$$

	31.12.01	31.12.02	31.12.03
	20 Tage	15 Tage	22 Tage
	$\frac{16\,000}{290\,000} \cdot 360$	$\frac{15\,000}{354\,000} \cdot 360$	$\frac{25\,000}{405\,000} \cdot 360$

Aussagewert

Die Erzeugnisumschlagszeit gibt die Zahl der Tage an, die benötigt werden, um das Erzeugnislager einmal umzuschlagen. Man kann hieraus etwaige Rentabilitätsbelastungen aus zu hohen Erzeugnisbeständen, die Kapital binden und Zinsen kosten, erkennen. Ggf. ist mit exakt 365 Tagen pro Jahr zu rechnen, wenn das DV-System dies erfordert.

Ermittlung des Erzeugnisbestandes

	31.12.01	31.12.02	31.12.03
fertige Erzeugnisse und Waren (Aktiva B.I.3)	16 000	15 000	25 000

Ermittlung des Umsatzes

GuV-Pos. gem. § 275 (2) HGB	Bezeichnung der Position	31.12.01	31.12.02	31.12.03
1.	Umsatzerlöse	290 000	354 000	405 000

Anmerkungen

Wenn erhebliche Bestände an unfertigen Erzeugnissen kurz vor der Fertigstellung gelagert werden, ist im Einzelfall zu überprüfen, ob diese Bestände in den Erzeugnisbestand einzubeziehen sind oder eine eigene Kennzahl zu bilden ist.

Kennzahl

Materialumschlagszeit

$$\frac{\text{Materialbestand}}{\text{Materialeinsatz}} \cdot T$$

	31.12.01	31.12.02	31.12.03
	38 Tage	44 Tage	43 Tage
	$\frac{15\,000}{143\,000} \cdot 360$	$\frac{20\,000}{165\,000} \cdot 360$	$\frac{25\,000}{210\,000} \cdot 360$

Aussagewert

Die Materialumschlagszeit ist ein Indikator für die Güte der betrieblichen Materialwirtschaft. Anhand der Materiallagerreichweite läßt sich erkennen, ob sich das Lager entsprechend den Verbrauchsgegebenheiten entwickelt oder nicht. Mit dieser Kennzahl lassen sich etwaige Rentabilitätsbelastungen durch zu hohe Materialbestände, die Zins- und Lagerkosten verursachen, erkennen.

Ermittlung des Materialbestandes

	31.12.01	31.12.02	31.12.03
Roh-, Hilfs- und Betriebsstoffe (Aktiva B.I.1)	15 000	20 000	25 000

Ermittlung des Materialeinsatzes

GuV-Pos. gem. § 275 (2) HGB	Bezeichnung der Position	31.12.01	31.12.02	31.12.03
5. a)	Aufwendungen für RHB-Stoffe und für bezogene Waren	143 000	165 000	210 000

Anmerkungen

Bei Anwendung des Umsatzkostenverfahrens kann der Materialverbrauch näherungsweise dem Anhang entnommen werden. Im Anhang sind gem. § 285 Nr. 8 Buchstabe a HGB die Materialaufwendungen gesondert anzugeben.[15]

---

[15] Obwohl die Gesetzesformulierung offen läßt, ob es sich um den Materialaufwand der Periode oder des Umsatzes handelt, ist nach h. M. in Analogie zum Gesamtkostenverfahren der Periodenaufwand gemeint; vgl. *ADS*: Kommentar zu § 285, S. 52.

Kennzahl		31.12.01	31.12.02	31.12.03
Forderungsumschlagszeit		81 Tage	71 Tage	60 Tage
$\dfrac{\text{Forderungsbestand}}{\text{Umsatz}} \cdot T$		$\dfrac{65\,000}{290\,000} \cdot 360$	$\dfrac{70\,000}{354\,000} \cdot 360$	$\dfrac{68\,000}{405\,000} \cdot 360$

Aussagewert

Diese Kennzahl gibt das durchschnittliche Zahlungsziel an, das den Kunden gewährt wird. Es ist unter Kosten-, Risiko- und Absatzgesichtspunkten zu würdigen.

Ermittlung des Forderungsbestandes

	31.12.01	31.12.02	31.12.03
Forderungen aus Lieferungen und Leistungen (Aktiva B.II.1)	65 000	70 000	68 000
+ Forderungen gegen verbundene Unternehmen (Aktiva B.II.2)	–	–	–
+ Forderungen gegen Unternehmen, mit denen ein Beteiligungsverhältnis besteht (Aktiva B.II.3)	–	–	–
= Forderungsbestand	65 000	70 000	68 000

Ermittlung des Umsatzes

GuV-Pos. gem. § 275 (2) HGB	Bezeichnung der Position	31.12.01	31.12.02	31.12.03
1.	Umsatzerlöse	290 000	354 000	405 000

Anmerkungen

Bei interner Analyse sollen von den Forderungen an verbundene Unternehmen, mit denen ein Beteiligungsverhältnis besteht, nur die Forderungen aus Warenlieferungen und Leistungen berücksichtigt werden.

Kennzahl	31.12.01	31.12.02	31.12.03
Liquide Mittel	32 000	50 000	44 500
Anfangsbestand an liquiden Mitteln + Gesamteinzahlungen ./. Gesamtauszahlungen			

| Aussagewert |

Ausweis der Mittel, die in Geld oder geldnaher Form vorhanden und damit als sofort greifbarer Bestand zur Sicherung der Liquidität verfügbar sind.

| Ermittlung der liquiden Mittel |

	31.12.01	31.12.02	31.12.03
sonstige Wertpapiere (Aktiva B.III.3.)	–	–	–
+ Schecks, Kassenbestand, Bundesbank- und Postgiroguthaben, Guthaben bei Kreditinstituten (Aktiva B.IV.)	32 000	50 000	44 500
= liquide Mittel	32 000	50 000	44 500

| Anmerkungen |

Die Gesamteinnahmen und -ausgaben sind im Rahmen interner Analysen als Plangröße der jeweils folgenden Periode der Finanzplanung zu entnehmen.

| Kennzahl |

	31.12.01	31.12.02	31.12.03
Cash Flow (überschlägig)	–	43 000	28 000
Jahresüberschuß/Jahresfehlbetrag	–	17 000	3 000
+ Abschreibungen	–	16 000	16 000
+ Veränderungen der Rückstellungen	–	+10 000	+9 000

| Aussagewert |

Der Cash Flow im Sinne der betrieblichen Nettoeinnahmen verdeutlicht, in welchem Umfang in der betrachteten Periode durch die laufende Betriebstätigkeit Einnahmenüberschüsse erwirtschaftet worden sind. Die Zahl gibt an, in welchem Umfang das Unternehmen aus eigener Kraft, das heißt, ohne auf Dritte angewiesen zu sein, durch ihre betriebliche Umsatztätigkeit finanzielle Mittel erwirtschaften kann bzw. bei rückschauender Betrachtung erwirtschaften konnte. Der Cash Flow verkörpert Finanzmittel, die für Investitionen, Schuldentilgungen, Dividendenzahlungen und Aufstockung der Liquiditätsbestände benutzt werden können; er ist ein Indikator für die Schuldentilgungskraft des Unternehmens und insoweit eine zentrale Größe für die Liquiditätsplanung und Liquiditätsbeurteilung.

634   Anhang

Überschlägige Ermittlung des Cash Flow			31.12.01	31.12.02	31.12.03
GuV-Pos. 20.		Jahresüberschuß/Jahresfehlbetrag	–	17 000	3 000
GuV-Pos. 7.a)	+	Abschreibungen auf immaterielle Vermögensgegenstände des Anlagevermögens sowie auf aktivierte Aufwendungen für die Ingangsetzung und Erweiterung des Geschäftsbetriebs	–	15 000	15 000
GuV-Pos. 7.b)	+	Abschreibungen auf Vermögensgegenstände des Umlaufvermögens, soweit diese die in der Kapitalgesellschaft üblichen Abschreibungen überschreiten	–	–	–
GuV-Pos. 12.	+	Abschreibungen auf Finanzanlagen und auf Wertpapiere des Umlaufvermögens	–	1 000	1 000
Bil.-Pos. Passiva B.	+/./.	Veränderungen der Rückstellungen	–	+10 000	+9 000
= Cash Flow (überschlägige Ermittlung)			–	43 000	28 000

Zusätzlich ist eine gesonderte Erfassung der Aufwendungen und Erträge aus der Zuführung bzw. der Auflösung des Sonderpostens mit Rücklageanteil zweckmäßig.

	31.12.01	31.12.02	31.12.03
Cash Flow (genau)	–	47 500	36 500
Zahlungsbegleiteter Ertrag	–	376 000	430 000
./. Zahlungsbegleiteter Aufwand	–	348 500	415 500
+/./. Bestandskorrekturen	–	+20 000	+22 000

Genaue Ermittlung des Cash Flow (nach GKV)				
GuV-Pos. gem. § 275 (2) HGB	Bezeichnung der Position	31.12.01	31.12.02	31.12.03
	Zahlungsbegleiteter Ertrag:			
1.	Umsatzerlöse	290 000	354 000	405 000
[4.a)]	+ sonstige ordentliche betriebliche Erträge	13 000	15 000	11 500
[4.b)]	+ periodenfremde Erträge (§ 277 (4) S. 3 HGB)	1 000	1 800	8 000
9.	+ Erträge aus Beteiligungen	2 000	3 000	3 200
[–]	+ auf Grund einer Gewinngemeinschaft, eines Gewinnabführungs- oder Teilgewinnabführungsvertrages erhaltene Gewinne	–	–	–
10.	+ Erträge aus anderen Wertpapieren und Ausleihungen des Finanzanlagevermögens	–	–	–
11.	+ sonstige Zinsen und ähnliche Erträge	2 000	2 200	2 300
15.	+ außerordentliche Erträge	–	–	–

GuV-Pos. gem. § 275 (2) HGB	Bezeichnung der Position	31.12.01	31.12.02	31.12.03
	Zahlungsbegleiteter Aufwand:			
5.	./. Materialaufwand	143 000	165 000	210 000
6.	./. Personalaufwand	109 000	129 000	156 000
[8.a)]	./. sonstige ordentliche betriebliche Aufwendungen	37 000	40 000	37 000
13.	./. Zinsen und ähnliche Aufwendungen	6 600	6 000	5 500
[–]	./. Aufwendungen aus Verlustübernahme	–	–	–
18.	./. Steuern vom Einkommen und Ertrag	5 100	6 600	4 800
19.	./. sonstige Steuern	1 500	1 900	2 200
	= Cash Flow vor Bestandsveränderungen	5 800	27 500	14 500

Korrektur des (vorläufigen) Cash Flow um solche Bestände, die die betrieblichen Nettoeinnahmen aus Umsatztätigkeit beeinflussen:

Zu bzw. von (vorläufigem) Cash Flow		31.12.01	31.12.02	31.12.03
RHB-Stoffe (B.I.1.) Zunahme (+) Abnahme (–)	subtrahieren addieren	–	–5 000	–5 000
geleistete Anzahlungen	+ sub. – add.	–	–15 000	–5 000
Forderungen aus Lieferungen und Leistungen (B.II.1.)	+ sub. – add.	–	–5 000	+2 000
Forderungen gegen verbundene Unternehmen aus Lieferungen und Leistungen (aus B.II.2.)	+ sub. – add.	–	–	–
Forderungen gegen Unternehmen, mit denen ein Beteiligungsverhältnis besteht aus Lieferungen und Leistungen (aus B.II.3.)	+ sub. – add.	–	–	–
Rückstellungen für Pensionen und ähnliche Verpflichtungen (B.1.)	+ add. – sub.	–	+5 000	+3 000
Steuerrückstellungen (B.2.)	+ add. – sub.	–	–	+1 000
Rückstellungen für latente Steuern	+ add. – sub.	–	–	–
sonstige Rückstellungen (B.3.)	+ add. – sub.	–	+5 000	+5 000
erhaltene Anzahlungen auf Bestellungen (C.3.)	+ add. – sub.	–	+15 000	+5 000
Verbindlichkeiten aus Lieferungen und Leistungen (C.4.)	+ add. – sub.	–	+13 000	+13 000
Verbindlichkeiten gegenüber verbundenen Unternehmen aus Lieferungen und Leistungen (aus C.6.)	+ add. – sub.	–	–	–
Verbindlichkeiten gegenüber Unternehmen, mit denen ein Beteiligungsverhältnis besteht aus Lieferungen und Leistungen (aus C.7.)	+ add. – sub.	–	–	–
sonstige Verbindlichkeiten (C.8.)	+ add. – sub.	–	+7 000	+3 000
= Cash Flow (betriebliche Nettoeinnahmen)		–	47 500	36 500

Genaue Ermittlung des Cash Flow (nach UKV)

GuV-Pos. gem. § 275 (3) HGB	Bezeichnung der Position	31.12.01	31.12.02	31.12.03
	Zahlungsbegleiteter Ertrag:			
1.	Umsatzerlöse	290 000	354 000	405 000
[6.a)]	+ sonstige ordentliche betriebliche Erträge	13 000	15 000	11 500
[6.b)]	+ soweit periodenfremd (§ 277 (4) S.3 HGB)	1 000	1 800	8 000
8.	+ Erträge aus Beteiligungen	2 000	3 000	3 200
[–]	+ auf Grund einer Gewinngemeinschaft, eines Gewinnabführungs- oder eines Teilgewinnabführungsvertrages erhaltene Gewinne	–	–	–
9.	+ Erträge aus anderen Wertpapieren und Ausleihungen des Finanzanlagevermögens	–	–	–
10.	+ sonstige Zinsen und ähnliche Erträge	2 000	2 200	2 300
14.	+ außerordentliche Erträge	–	–	–
	Zahlungsbegleiteter Aufwand:			
[aus 2.]	./. Herstellungskosten der zur Erzielung der Umsatzerlöse erbrachten Leistungen ohne Abschreibungen[16]	217 611	257 087	315 593
4.	./. Vertriebskosten ohne Abschreibungen[17]	30 800	36 050	43 550
5.	./. Allgemeine Verwaltungskosten ohne Abschreibungen[18]	19 900	23 150	27 950
[7.a)]	./. sonstige ordentliche betriebliche Aufwendungen	11 100	12 000	11 100
12.	./. Zinsen und ähnliche Aufwendungen	6 600	6 000	5 500
[–]	./. Aufwendungen aus Verlustübernahme	–	–	–
17.	./. Steuern vom Einkommen und Ertrag	5 100	6 600	4 800
18.	./. sonstige Steuern	1 500	1 900	2 200
	= Cash Flow vor Korrektur der Bestandsveränderungen	15 389	33 213	19 307

[16] Unabhängig von einer Bestandsveränderung ergibt sich entsprechend unternehmensinterner Zusatzinformationen, daß die Materialaufwendungen der Periode zu 90 % aus dem Produktionsbereich resultieren (128 700 DM; 148 500 DM; 189 000 DM); für Personalaufwendungen ergibt sich dieser Kostenursprung zu 70 % (76 300 DM; 90 300 DM; 109 200 DM) und für Abschreibungen zu 80 % (8 800 DM; 12 000 DM; 12 000 DM). Sonstige betriebliche Aufwendungen werden verglichen mit den Werten des GKV mit 60 % (22 200 DM; 24 000 DM; 22 220 DM) in die Herstellungskosten einbezogen, wobei diese Position als zahlungswirksamer, nicht von einer Bestandsveränderung abhängiger, Periodenaufwand zu sehen ist.
Unter der Prämisse der Zahlungswirksamkeit von Material-, Personal- und sonstigen betrieblichen Aufwendungen werden die zahlungsbegleiteten Herstellungskosten des Umsatzes a) durch Abzug der Herstellungskosten der Bestandsveränderung und b) durch Abzug der Abschreibungen (ohne den Anteil, der in den Bestandsveränderungen enthalten ist, d. h. ohne: Abschreibungen/[Abschreibungen + Materialaufwand + Personalaufwand] · Bestandsveränderung lt. GKV) ermittelt.

[17] Ausgehend von den Aufwendungen der Periode setzen sich die Vertriebskosten aus 5 % des Materialaufwands (7150 DM; 8250 DM; 10 500 DM), 20 % des Personalaufwands (21 800 DM; 25 800 DM; 31 200 DM), 5 % der sonstigen betrieblichen Aufwendungen (1850 DM; 2000 DM; 1850 DM) und aus 5 % des Abschreibungsaufwands (550 DM; 750 DM; 750 DM) zusammen. Bestandsveränderungen seien für die Vertriebskosten ohne Bedeutung.

[18] Die Verwaltungskosten setzen sich analog aus 5 % des Materialaufwands (7150 DM; 8250 DM; 10 500 DM), 10 % des Personalaufwands (10 900 DM; 12 900 DM;

Korrektur des (vorläufigen) Cash Flow um solche Bestände, die die betrieblichen Nettoeinnahmen aus Umsatztätigkeit beeinflussen:

Zu bzw. von (vorläufigem) Cash Flow		31.12.01	31.12.02	31.12.03
RHB-Stoffe (B.I.1.) Zunahme (+) Abnahme (−)	subtrahieren addieren	−	−5 000	−5 000
Materialkosten der Bestandsveränderung[19]	+ sub./− add.	−	−3 553	−3 047
Personalkosten der Bestandsveränderung[20]	+ sub./− add.	−	−2 160	−1 760
geleistete Anzahlungen	+ sub. − add.	−	−15 000	−5 000
Forderungen aus Lieferungen und Leistungen (B.II.1.)	+ sub. − add.	−	−5 000	+2 000
Forderungen gegen verbundene Unternehmen aus Lieferungen und Leistungen (aus B.II.2.)	+ sub. − add.	−	−	−
Forderungen gegen Unternehmen, mit denen ein Beteiligungsverhältnis besteht aus Lieferungen und Leistungen (aus B.II.3.)	+ sub. − add.	−	−	−
Rückstellungen für Pensionen und ähnliche Verpflichtungen (B.1.)	+ add. − sub.	−	+5 000	+3 000
Steuerrückstellungen (B.2.)	+ add. − sub.	−	−	+1 000
Rückstellungen für latente Steuern	+ add. − sub.	−	−	−
sonstige Rückstellungen (B.3.)	+ add. − sub.	−	+5 000	+5 000
erhaltene Anzahlungen auf Bestellungen (C.3.)	+ add. − sub.	−	+15 000	+5 000
Verbindlichkeiten aus Lieferungen und Leistungen (C.4.)	+ add. − sub.	−	+13 000	+13 000
Verbindlichkeiten gegenüber verbundenen Unternehmen aus Lieferungen und Leistungen (aus C.6.)	+ add. − sub.	−	−	−
Verbindlichkeiten gegenüber Unternehmen, mit denen ein Beteiligungsverhältnis besteht aus Lieferungen und Leistungen (aus C.7.)	+ add. − sub.	−	−	−
sonstige Verbindlichkeiten (C.8.)	+ add. − sub.	−	+7 000	+3 000
= Cash Flow (betriebliche Nettoeinnahmen)		−	47 500	36 500

15 600 DM), 5% der sonstigen betrieblichen Aufwendungen (1850 DM; 2000 DM; 1850 DM) und aus 15% des Abschreibungsaufwands der Periode (1650 DM; 2250 DM; 2250 DM) zusammen. Bestandsveränderungen seien auch hier irrelevant, weil Vertriebs- und Verwaltungskosten ebenso wie die sonstigen betrieblichen Aufwendungen als Periodenkosten definiert werden.

[19] Materialkosten/[Abschreibungen + Materialaufwand + Personalaufwand] · Bestandsveränderung lt. GKV.

[20] Personalkosten/[Abschreibungen + Materialaufwand + Personalaufwand] · Bestandsveränderung lt. GKV.

Anmerkungen

Die genaue Ermittlung des Cash Flow ist mit erheblicher Rechenarbeit verbunden. Für verschiedene Analysezwecke kann es ausreichen, den Cash Flow überschlägig zu ermitteln. Im Rahmen interner Analysen sollte der Cash Flow (Umsatzüberschuß bzw. lfd. Zahlungsüberschuß nach Zins- und Steuerzahlungen) anhand der Finanzrechnung bzw. Finanzplanung, soweit im Unternehmen vorhanden, ermittelt werden.

Kennzahl	31.12.01	31.12.02	31.12.03
Dynamischer Verschuldungsgrad	–	6,6	9,5
Gesamte Verbindlichkeiten	–	315 000	347 000
Cash Flow	–	47 500	36 500

Aussagewert

Der dynamische Verschuldungsgrad gibt an, wie oft der Cash Flow des entsprechenden Jahres eingesetzt werden muß, um das Fremdkapital zurückzahlen zu können.

Ermittlung der gesamten Verbindlichkeiten	31.12.01	31.12.02	31.12.03
Aus Passiva:			
Rückstellungen für Pensionen und ähnliche Verpflichtungen (Pos. B. 1.)	20 000	25 000	28 000
+ Steuerrückstellungen (Pos. B. 2.)	1 000	1 000	2 000
+ Rückstellungen für latente Steuern	–	–	–
+ sonstige Rückstellungen (Pos. B. 3.)	29 000	34 000	39 000
+ Anleihen (Pos. C. 1.)	–	–	–
+ Verbindlichkeiten gegenüber Kreditinstituten (Pos. C. 2.)	75 000	84 000	92 000
+ erhaltene Anzahlungen auf Bestellungen (Pos. C. 3.)	75 000	90 000	95 000
+ Verbindlichkeiten aus Lieferungen und Leistungen (Pos. C. 4.)	32 000	45 000	58 000
+ Verbindlichkeiten aus der Annahme gezogener Wechsel und aus der Ausstellung eigener Wechsel (Pos. C. 5.)	–	–	–
+ Verbindlichkeiten gegenüber verbundenen Unternehmen (Pos. C. 6.)	–	–	–
+ Verbindlichkeiten gegenüber Unternehmen, mit denen ein Beteiligungsverhältnis besteht (Pos. C. 7.)	–	–	–
+ sonstige Verbindlichkeiten (Pos. C. 8.)	20 000	27 000	30 000
+ Steueranteil (ca. 50 %) der Sonderposten mit Rücklageanteil	–	–	–
+ Bilanzgewinn (vorgesehene Dividendenzahlung)	3 000	9 000	3 000
= gesamte Verbindlichkeiten	255 000	315 000	347 000

Ermittlung des Cash Flow

Siehe Kennzahl Cash Flow (genau) S. 634 f.

Anmerkungen

Der Betrag nicht bilanzierter Pensionsrückstellungen (Art. 28 EGHGB) ist zusätzlich zu berücksichtigen. Bei interner Analyse wird man zur Berechnung des dynamischen Verschuldungsgrades von einer zahlungsstromorientierten Berechnung des Cash Flow (lfd. Zahlungsüberschuß nach Zins- und Steuerzahlungen) ausgehen. Außerdem kann es sinnvoll sein, nicht von den gesamten Verbindlichkeiten, sondern vermindert um die liquiden Mittel nur von den Netto-Verbindlichkeiten auszugehen.

Kennzahl

	31.12.01	31.12.02	31.12.03
Working Capital	61 000	57 500	52 500
Umlaufvermögen	246 000	293 500	311 500
./. Kurzfristige Verbindlichkeiten	185 000	236 000	259 000

Aussagewert

Das Working Capital dient zur Beurteilung des Überschusses des Umlaufvermögens über die kurzfristigen Verbindlichkeiten. Das Working Capital stellt also einen Überschuß an geldnahem Vermögen dar, das etwa zur Deckung eines ungeplanten Liquiditätsbedarfes verwendet werden kann.

Ermittlung des Umlaufvermögens

	31.12.01	31.12.02	31.12.03
Aus Aktiva:			
Vorräte (Pos. B. I.)	150 000	175 000	200 000
+ Forderungen und sonstige Vermögensgegenstände (aus Pos. B. II.; ohne Forderungen mit einer Restlaufzeit > 1 Jahr)	64 000	68 500	67 000
+ Wertpapiere (Pos. B. III.)	–	–	–
+ Schecks, Kassenbestand, Bundesbank- und Postgiroguthaben, Guthaben bei Kreditinstituten (Pos. B. IV.)	32 000	50 000	44 500
= Umlaufvermögen	246 000	293 500	311 500

Ermittlung der kurzfristigen Verbindlichkeiten

	31.12.01	31.12.02	31.12.03
Aus Passiva B. und C. Beträge mit einer Restlaufzeit bis zu einem Jahr:			
Anleihen (aus Pos. C. 1.; Restlaufzeit bis zu einem Jahr)	–	–	–
+ Verbindlichkeiten gegenüber Kreditinstituten (aus Pos. C. 2.; Restlaufzeit bis zu einem Jahr)	34 000	40 000	44 000
+ erhaltene Anzahlungen auf Bestellungen (aus Pos. C. 3.; Restlaufzeit bis zu einem Jahr)	70 000	84 000	89 000
+ Verbindlichkeiten aus Lieferungen und Leistungen (aus Pos. C. 4.; Restlaufzeit bis zu einem Jahr)	30 000	43 000	55 000
+ Verbindlichkeiten aus der Annahme gezogener Wechsel und der Ausstellung eigener Wechsel (aus Pos. C. 5.; Restlaufzeit bis zu einem Jahr)	–	–	–
+ Verbindlichkeiten gegenüber verbundenen Unternehmen (aus Pos. C. 6.; Restlaufzeit bis zu einem Jahr)	–	–	–
+ Verbindlichkeiten gegenüber Unternehmen, mit denen ein Beteiligungsverhältnis besteht (aus Pos. C. 7.; Restlaufzeit bis zu einem Jahr)	–	–	–
+ sonstige Verbindlichkeiten (aus Pos. C. 8.; Restlaufzeit bis zu einem Jahr)	18 000	25 000	27 000
+ Bilanzgewinn (vorgesehene Dividendenzahlung)	3 000	9 000	3 000
+ Steuerrückstellungen (Pos. B. 2.)	1 000	1 000	2 000
+ Rückstellungen für latente Steuern	–	–	–
+ sonstige Rückstellungen (Pos. B. 3.)	29 000	34 000	39 000
= kurzfristige Verbindlichkeiten	185 000	236 000	259 000

Anmerkungen

Nach geltendem Recht ist gegenüber dem vormals geltendem Recht eine genauere Erfassung der kurzfristigen Verbindlichkeiten möglich, da der Betrag der Verbindlichkeiten mit einer Restlaufzeit bis zu einem Jahr bei jedem gesondert ausgewiesenen Posten zu vermerken ist (§ 268 (5) HGB). Bei interner Analyse empfiehlt sich zusätzlich ein Vergleich der kurzfristig erwarteten umsatzbezogenen Einzahlungen mit den entsprechenden Auszahlungen unter Berücksichtigung der Liquiditätsreserven in der Zeitreihe.

Kennzahl

	31.12.01	31.12.02	31.12.03
Liquiditätskoeffizient	17,3 %	21,19 %	17,18 %
$\dfrac{\text{Liquide Mittel}}{\text{Kurzfristige Verbindlichkeiten}} \cdot 100$	$\dfrac{32\,000}{185\,000}$	$\dfrac{50\,000}{236\,000}$	$\dfrac{44\,500}{259\,000}$

> Aussagewert

Gegenüberstellung der kurzfristigen Verbindlichkeiten, d. h. der aus der Bilanz ersichtlichen kurzfristigen Auszahlungsverpflichtungen mit den Beständen an liquiden Mitteln, die zu ihrer Deckung verwendet werden können.

> Ermittlung der liquiden Mittel

Siehe Kennzahl Liquide Mittel, S. 632 f.

> Ermittlung der kurzfristigen Verbindlichkeiten

siehe Kennzahl Working Capital, S. 639 f.

> Anmerkungen

keine

> Kennzahl

	31.12.01	31.12.02	31.12.03
Anlagendeckung	159,7 %	153,3 %	140,0 %
$\dfrac{\text{Eigenkapital} + \text{Langfristiges Fremdkapital}}{\text{Anlagevermögen}} \cdot 100$	$\dfrac{115\,000}{72\,000}$	$\dfrac{138\,000}{90\,000}$	$\dfrac{147\,000}{105\,000}$

> Aussagewert

Diese Kennzahl setzt das langfristige Kapital zum Anlagevermögen, dem Vermögen, das „dauernd dem Betriebszweck zu dienen bestimmt" ist, in Beziehung. Sie verdeutlicht, in welchem Umfang das Anlagevermögen durch langfristiges Kapital finanziert ist. Sie zeigt damit, ob das Prinzip fristenkongruenter Finanzierung eingehalten ist.

> Ermittlung des langfristigen Kapitals

	31.12.01	31.12.02	31.12.03
Gezeichnetes Kapital (Passiva A. I.)	30 000	30 000	30 000
+ Kapitalrücklage (Passiva A. II.)	16 000	16 000	16 000
+ Gewinnrücklagen (Passiva A. III.)	17 000	25 000	25 000
+ Rücklageanteil ($\approx$ 50 %) aus dem Sonderposten mit Rücklageanteil (§ 273 HGB)	–	–	–
./. ausstehende Einlagen auf das Grundkapital (§ 272 S. 2 u. 3. HGB)	–	–	–
./. Bilanzverlust (§ 268 (1) HGB)	–	–	–
= Eigenkapital	63 000	71 000	71 000

642 Anhang

+ Anleihen (aus Passiva C. 1.; Restlaufzeit größer 5 Jahre)	–	–	–
+ Verbindlichkeiten gegenüber Kreditinstituten (aus Passiva C. 2.; Restlaufzeit größer 5 Jahre)	30 000	40 000	45 000
+ erhaltene Anzahlungen auf Bestellungen (aus Passiva C. 3.; Restlaufzeit größer 5 Jahre)	–	–	–
+ Verbindlichkeiten aus Lieferungen und Leistungen (aus Passiva C. 4.; Restlaufzeit größer 5 Jahre)	–	–	–
+ Verbindlichkeiten aus der Annahme gezogener Wechsel und der Ausstellung eigener Wechsel (aus Passiva C. 5.; Restlaufzeit größer 5 Jahre)	–	–	–
+ Verbindlichkeiten gegenüber verbundenen Unternehmen (aus Passiva C. 6.; Restlaufzeit größer 5 Jahre)	–	–	–
+ Verbindlichkeiten gegenüber Unternehmen, mit denen ein Beteiligungsverhältnis besteht (aus Passiva C. 7.; Restlaufzeit größer 5 Jahre)	–	–	–
+ sonstige Verbindlichkeiten (aus Passiva C. 8.; Restlaufzeit größer 5 Jahre)	2 000	2 000	3 000
+ Steueranteil ($\approx$ 50 %) der Sonderposten mit Rücklageanteil	–	–	–
+ Rückstellungen für Pensionen und ähnliche Verpflichtungen (Passiva B. 1.)	20 000	25 000	28 000
= langfristiges Kapital	115 000	138 000	147 000

Ermittlung des Anlagevermögens

	31.12.01	31.12.02	31.12.03
Anlagevermögen (Aktiva A.)	72 000	90 000	105 000

Anmerkungen

Bei interner Analyse empfiehlt sich zusätzlich ein Vergleich der langfristig erwarteten umsatzbezogenen Einzahlungen (Finanzmittelherkunft) mit den entsprechenden Auszahlungen (Finanzmittelveränderung).

Kennzahl

	31.12.01	31.12.02	31.12.03
Verschuldungsgrad	80,3 %	81,7 %	83,1 %
$\dfrac{\text{Fremdkapital}}{\text{Gesamtkapital}} \cdot 100$	$\dfrac{257\,000}{320\,000}$	$\dfrac{316\,000}{387\,000}$	$\dfrac{348\,000}{419\,000}$

Aussagewert

Der Verschuldungsgrad gibt den Anteil des Fremdkapitals am Gesamtkapital an. Er gilt als Indikator für das Finanzierungsrisiko.

Ermittlung des Fremdkapitals			
	31.12.01	31.12.02	31.12.03
Bilanzsumme	320 000	387 000	419 000
./. Eigenkapital (siehe Kennzahl Eigenkapitalrentabilität S. 626 f.)	63 000	71 000	71 000
= Fremdkapital	257 000	316 000	348 000

Ermittlung des Gesamtkapitals			
	31.12.01	31.12.02	31.12.03
Gesamtkapital (siehe Kennzahl Gesamtkapitalrentabilität S. 625 f.)	320 000	387 000	419 000

Anmerkungen

keine

Literaturverzeichnis

Abel, Bernd: Problemorientiertes Informationsverhalten, Darmstadt 1977.
Albach, Horst: Finanzierungsregeln und Kapitalstruktur der Unternehmung, in: Finanzierungshandbuch, 2. Aufl., hrsg. von *Friedrich Wilhelm Christians*, Wiesbaden 1988, S. 1–10.
Albach, Horst: Strategische Planung und Strategische Führung, in: Unternehmenserfolg: Planung – Ermittlung – Kontrolle, hrsg. von *Michel Domsch*, Wiesbaden, 1988, S. 1–10.
Albach, Horst: Kosten, Transaktionen und externe Effekte im Rechnungswesen, in: ZfB, 58. Jg. (1988), S. 1143–1170.
Albach, Horst: Das Management der Differenzierung. Ein Prozeß aus Kreativität und Perfektion, in: ZfB, 60. Jg. (1990), S. 773–788.
Albers, Sönke: Ein System zur IST-SOLL-Abweichungsursachenanalyse von Erlösen, in: ZfB, 59. Jg. (1989), S. 637–654.
Adler, Hans; Düring, Walter; Schmaltz, Kurt (ADS): Rechnungslegung und Prüfung der Unternehmen, Kommentar zum HGB, AktG, GmbHG, PublG nach den Vorschriften des Bilanzrichtliniengesetzes, bearbeitet von *Forster, K. H.* u. a., Bd. 2, 5. Aufl. (Stand: 8. Teillieferung), Stuttgart 1987, Kommentar zu § 272.
Ammann, Helmut: PC-gestützte Systeme der Erfolgslenkung. Anwendungsmöglichkeiten und Ausgestaltung für eine qualifizierte Unternehmensführung in Klein- und Mittelbetrieben, Frankfurt a. M. u. a. 1989.
Angermann, Adolf: Entscheidungsmodelle, Frankfurt a. M. 1963.
Ansoff, Igor H.: Managing Surprise and Discontinuity-Strategic Response to Weak Signals, in: ZfbF, 28. Jg. (1976), S. 129–152.

Backhaus, Klaus: „Was heißt und zu welchem Ende studirt man ... Allgemeine Betriebswirtschaftslehre?", in: Der Integrationsgedanke in der Betriebswirtschaftslehre, hrsg. von *Klaus Delfmann*, Wiesbaden 1989, S. 33–50.
Back-Hock, Andrea: Lebenszyklusorientiertes Produktcontrolling. Ansätze zur computergestützten Realisierung mit einer Rechnungswesen-Daten- und Methodenbank, Berlin, Heidelberg, New York 1988.
Back-Hock, Andrea: Executive-Information-Systems-Software für die Gestaltung von Controlling-Informationssystemen, in: Tagungsband 11. Saarbrücker Arbeitstagung Rechnungswesen und EDV, hrsg. von *August-Wilhelm Scheer*, Heidelberg 1990, S. 186–210.
Back-Hock, Andrea: Perspektiven der DV-Unterstützung des Controlling, in: ZfC, 3. Jg. (1991), S. 94–99.
Baden, K.: Wie es euch gefällt, in: Manager Magazin, o. Jg. (1992), 6, S. 130–141.
Bähr, Josef: Produktions- und Stillegungs-Entscheidungsmodelle, Frankfurt a. M., Zürich 1975.
Baetge, Jörg: Betriebswirtschaftliche Systemtheorie, Opladen 1974.
Baetge, Jörg; Ballwieser, Wolfgang: Zum bilanzpolitischen Spielraum der Unternehmensleitung, in: BFuP, 29. Jg. (1977), S. 199–215.
Baetge, Jörg; Fischer, Thomas R.: Externe Erfolgsanalyse auf der Grundlage des Umsatzkostenverfahrens, in: BFuP, 40. Jg. (1988), S. 1–21.
Barksdale, Hiram C.; Harris, Clyde E.: Portfolio Analysis and the Product Life Cycle, in: LRP, Vol. 15 (1982), 6, S. 74–83.
Barr, Anthony u. a.: A User's Guide to SAS 1976, 3. Aufl., Raleigh (North Carolina) 1976.
Bartels, Hans G.: Ausschuß und Abfall, in: HWP, hrsg. von *Werner Kern*, Stuttgart 1979, Sp. 239–248.

Baumann, Karl H.: Die Segment-Berichterstattung im Rahmen der externen Finanzpublizität, in: Bilanz- und Konzernrecht: Festschrift zum 65. Geburtstag von Dr. Dr. h. c. R. Goerdeler, hrsg. von *H. Havermann*, Düsseldorf 1987, S. 1–23.

Baumgärtner, Jost; Fritz, Burkhard: Konzeption eines DV-gestützten Führungsinformationssystems, in: Beiträge zum Controlling Nr. 38, hrsg. von *Thomas Reichmann*, Dortmund 1990.

Baumgärtner, Jost; Fritz, Burkhard: Kennzahlengestütztes Führungsinformationssystem, in: Tagungsband 5. Deutscher Controlling Congress, hrsg. von *Thomas Reichmann*, München 1990, S. 473–502.

Baumöl, Ulrike: Datenquellen des Informationsmanagements, in: bilanz & buchhaltung, 42. Jg. (1996) 1, S. 11–14.

Becker, Heinz: Verfahren der Außendienststeuerung, in: Operationale Entscheidungshilfen für die Marketing-Planung, hrsg. von *Günther Haedrich*, Berlin, New York 1977, S. 187–200.

Berg, Claus C.: Beschaffung und Logistik – Zur Abgrenzung von Aufgaben und Zielen, in: Zeitschrift für Logistik, 1. Jg. (1980), S. 10–14.

Berg, Claus C.: Zur Kosten- und Leistungsrechnung logistischer Prozesse in industriellen Unternehmen, in: KRP, 6/1980, S. 249–254.

Berg, Hartmut: Internationale Wettbewerbsfähigkeit und Zusammenschlußkontrolle, Köln u. a. 1985.

Bering, Rolf: Prüfung der Deckungsstockfähigkeit von Industriekrediten durch das Bundesaufsichtsamt für das Versicherungswesen, in: ZfB, 45. Jg. (1975), S. 25–54.

Berliner, Callie; Brimson, James A. (Hrsg.): Cost Management for Today's Advanced Manufacturing. The CAM-I Conceptual Design, Boston 1988, S. 97–101.

Berthel, Jürgen: Modelle allgemein, in: HWR, 1. Aufl., hrsg. von *Erich Kosiol*, Stuttgart 1970, Sp. 1122–1129.

Berthel, Jürgen: Betriebliche Informationssysteme, Stuttgart 1975.

Bertsch, Ludwig H.: Expertensystemgestützte Dienstleistungskostenrechnung, Stuttgart 1991.

Beste, Theodor: Fertigungswirtschaft, in: HdWW, Bd. 1, hrsg. von *Karl Hax* und *Theodor Wessels*, 2. Aufl., Köln, Opladen 1966, S. 125–297.

Betriebswirtschaftlicher Ausschuß und *Finanzausschuß des Verbandes der chemischen Industrie e. V.:* Unterjährige Finanzplanung, -kontrolle und Disposition, in: DB, 34. Jg. (1981), S. 1889–1894.

Betriebswirtschaftlicher Ausschuß des Zentralverbandes Elektrotechnik- u. Elektronikindustrie (ZVEI) e. V. (Hrsg.): ZVEI-Kennzahlensystem. Ein Instrument zur Unternehmenssteuerung, 4. Aufl., Frankfurt a. M. 1989.

Beutel, Peter; Schubö, Werner: Statistik-Programmsysteme für die Sozialwissenschaften: SPSS 9, Stuttgart, New York 1983.

BFH-Urteil vom 17. 1. 1980 – IV R 156/77 – in: DB, 33. Jg. (1980), S. 1522–1523.

Bierich, Marcus: Finanzplanung, Finanzorganisation und Finanzkontrolle, in: ZfbF-Kontaktstudium, 28. Jg. (1976), S. 3–9.

Bierich, Marcus: Investitionsentscheidungen in der Praxis, in: HWF, hrsg. von *Hans E. Büschgen*, Stuttgart 1976, Sp. 848–855.

Bierman, Harold jun.: Decision Making and Planning for the Corporate Treasurer, New York u. a. 1977.

BIFOA-Forschungsgruppe MAWI: Kennzahlenhandbuch der Materialwirtschaft, Köln 1980.

Bircher, Bruno: Langfristige Unternehmensplanung, Bern u. Stuttgart 1976.

Blanchard, Benjamin S.: Design and Manage to Life Cycle Cost, Portland 1978.

Bleicher, Knut: Grenzen des Rechnungswesens für die Lenkung der Unternehmensentwicklung, in: Betriebswirtschaftliche Steuerungs- und Kontrollprobleme, hrsg. von *Wolfgang Lücke*, Wiesbaden 1988, S. 33–47.

Blohm, Hans: Investitionsprüfung, in: HWRev, hrsg. von *Adolf G. Coenenberg* und *Klaus von Wysocki*, Stuttgart 1983, Sp. 685–696.

Blohm, Hans; Lüder, Klaus: Investition, 6. Aufl., München 1988.

Bloth, Klaus M.: Interne Revision und Investitionskontrolle, in: ZIR, 10. Jg. (1975), S. 193–203.

Boecken, Bernd: Nominalwertprinzip und Substanzerhaltung, in: DB, 27. Jg. (1974), S. 881–885.
Borchert, Dierk: Gewinn- und Verlustrechnung § 275, in: Handbuch der Rechnungslegung, hrsg. von *Karl-Heinz Küting* und *Claus-Peter Weber*, 3. Aufl., Stuttgart 1990, S. 1483–1575.
Bouffier, Willy: Kennzahlen im betrieblichen Rechnungswesen, in: Der Österreichische Betriebswirt, 2. Jg. (1952), S. 26–40.
Bramsemann, Rainer: Controlling, 2. Aufl., Wiesbaden 1980.
Braun-Weber, Elke: Organisation der Konzernrechnungslegung, in: Das Konzernrechnungswesen des Jahres 2000, hrsg. von *Karl-Heinz Küting* und *Claus-Peter Weber*, Stuttgart 1991, S. 123–144.
Brelsford, William M.: REGPAK: A Regression Package in STATLIB, hrsg. von *Bell Laboratories*, März 1973.
Bretzge, Wolf-Rüdiger: Der Problembezug von Entscheidungen im Industriebetrieb, Tübingen 1980.
Brimson, James A.: How Advanced Manufactoring Technologies Are Reshaping Cost Management, in: MA, Vol. 67 (1986), 9, S. 25–29.
Brockhoff, Klaus: Prognoseverfahren für die Unternehmensplanung, Wiesbaden 1977.
Brockhoff, Klaus: Forschung und Entwicklung. Planung und Kontrolle, 2. Aufl., München 1989.
Bröckelmann, Jörg: Total Quality Management: Von der ISO-Zertifizierung bis hin zu KAIZEN- und KVP-Programmen, in: Tagungsband Qualitäts-Controlling, hrsg. von *Thomas Reichmann*, München 1995.
Bromwich, Michael: The Case For Strategic Management Accounting: The Role Of Accounting Information For Strategy in Competitive Markets, in: AOS, Vol. 15 (1990), 1/2, S. 27–46.
Brown, Robert J.: A New Marketing Tool. Life-Cycle Costing, in: Marketing Effectiveness. Insights from Accounting and Finance, hrsg. von *Stanley J. Shapiro* und *Vishnu H. Kirpalani*, Boston u. a. 1984, S. 184–192.
Brühling, Uwe C.: Rechnungslegung bei Liquidation, in: WPg, 30. Jg. (1977), S. 597–600.
Brunner, Manfred; Kunz, Reinhard: Integriertes System der Kosten-, Erlös- und Finanzrechnung für mittelständische Unternehmen, in: ZfbF, 34. Jg. (1982), S. 177–197.
Buchinger, Gerhard: Computergestützte Unternehmensplanungsmodelle, in: Agplan-Handbuch, hrsg. von *Josef Fuchs* und *Karl Schwantag*, Berlin 1979, Kz. 4752.
Buchner, Robert: Finanzwirtschaftliche Statistik und Kennzahlenrechnung, München 1985.
Buck-Emden, Rüdiger; Galimow, Jürgen: Die Client/Server-Technologie des Systems R/3: Basis für betriebswirtschaftliche Standardanwendungen, 3. Auflage, Bonn 1996.
Budde, Rainer: Basis des Controlling, Notwendigkeit – Verfahren – Techniken, in: Rechnungswesen – Datentechnik – Organisation, 18. Jg. (1972), S. 130–134.
Bühler, Wolfgang; Gehring, Hermann; Glaser, Horst: Kurzfristige Finanzplanung unter Sicherheit, Risiko und Ungewißheit, Wiesbaden 1975.
Bühner, Rolf: Technologieorientierung als Wettbewerbsstratgie, in: ZfbF, 40. Jg. (1988), S. 387–406.
Bühner, Rolf: Management Holding: Unternehmensstruktur der Zukunft, 2. Aufl., Landsberg a. L. 1992.
Bürkler, Albert: Kennzahlensysteme als Führungsinstrument, Zürich 1977.
Bullinger, Hans-Jörg; Huber, Heinrich; Koll, Peter: Chefinformationssysteme (CIS), Navigationsinstrumente der Unternehmensführung, in: OM, 39. Jg. (1991), 3, S. 6–20.
Bundesaufsichtsamt für das Versicherungswesen: Rundschreiben R 2/75 vom 11. 3. 1975, Ziff. 12.311.
Busse von Colbe, Walther: Finanzanalyse, in: HWF, hrsg. von *Hans E. Büschgen*, Stuttgart 1976, Sp. 384–401.
Busse von Colbe, Walther; Reinhard, Herbert (Hrsg.): Zwischenberichterstattung nach neuem Recht für börsennotierte Unternehmen, Empfehlungen des Arbeitskreises „Externe Unternehmensrechnung" der Schmalenbachgesellschaft. Deutsche Gesellschaft für Betriebswirtschaft e. V., Stuttgart 1989.
Buttler, Günter; Stegner, Eberhard: Industrielle Dienstleistungen, in: ZfbF, 42. Jg. (1990), S. 931–945.

Cash, James I. Jr.; McFarlan, Warren F.; McKenney, James L.: Corporate Information Systems Management – The Issues Facing Senior Executives, 3rd ed., Homewood Illinois 1992.
Caduff, Thomas: Zielerreichungsorientierte Kennzahlennetze industrieller Unternehmungen. Bedingungsmerkmale, Bildung, Einsatzmöglichkeiten, Thun, Frankfurt a.M. 1982.
Carl-Zepp, Astrid: Voraussetzung für Werbeerfolg: Markenprofil, in: ASW, 27. Jg. (1984), Heft 3, S. 65–70.
Chamoni, Peter; Wartmann, Rolf: Software zur betriebswirtschaftlichen Modellbildung, in: Kosten und Erlöse. Orientierungshilfe der Unternehmenspolitik, hrsg. von *Reiner Steffen* und *Rolf Wartmann*, Stuttgart 1990, S. 349–372.
Chen, Peter P.-S.: The Entity-Relationship Model – Toward a Unified View of Data, in: ACM Transaction on Database Systems, 1. Jg. (1976) 1, S. 9–36.
Chen, Peter P. (Hrsg.): Entity-Relationship Approach to Information Modeling and Analysis, Amsterdam, New York, Oxford 1984.
Chmielewicz, Klaus: Integrierte Finanz- und Erfolgsplanung, Stuttgart 1972.
Chmielewicz, Klaus: Betriebliches Rechnungswesen, Bd. 1, Finanzierung und Bilanz, Reinbek bei Hamburg 1973.
Chmielewicz, Klaus: Rechnungswesen, in: HWB, 4. Aufl., 3 Bände, hrsg. von *Erwin Grochla* und *Waldemar Wittmann*, Stuttgart 1974–76, Sp. 3343–3361.
Chmielewicz, Klaus: Finanzplanung, in: HdWW, hrsg. von *Willi Albers* u.a., Bd. 3, Stuttgart, New York 1981, S. 83–97.
Coenenberg, Adolf G.: Jahresabschluß und Jahresabschlußanalyse, 13. Aufl., Landsberg a.L. 1992.
Coenenberg, Adolf G.; Baum, Heinz-Georg: Strategisches Controlling, Stuttgart 1987.
Coenenberg, Adolf G.; Fischer, Thomas M.: Prozeßkostenrechnung – Strategische Neuorientierung in der Kostenrechnung, in: DBW, 51. Jg. (1991), S. 21–38.
Coenenberg, Adolf G.; Fischer, Thomas M.; Schmitz, Joachim: Qualitätscontrolling mit Kennzahlen, in: Controlling, 8. Jg. (1996), S. 360–369.
Coenenberg, Adolf G.; Günther, Thomas: Der Stand des strategischen Controlling in der Bundesrepublik Deutschland, in: DBW, 50. Jg. (1990), S. 459–470.
Coenenberg, Adolf G.; Sautter, Michael T.: Strategische und finanzielle Bewertung von Unternehmensakquisitionen, in: DBW, 48. Jg. (1988), S. 691–710.
Coenenberg, Adolf G.; Schönbrodt, Bernd: Erfolgsrechnung, Analyse der, in: HWR, 2. Aufl., hrsg. von *Erich Kosiol* u.a., Stuttgart 1981, Sp. 471–479.
Coenenberg, Adolf G.; Schönbrodt, Bernd: Ertragslage, Prüfung der, in: HWRev, hrsg. von *Adolf G. Coenenberg* und *Klaus von Wysocki*, Stuttgart 1983, Sp. 327–338.
Cooper, Robin; Kaplan, Robert S.: How Cost Accounting Systematically Distorts Product Costs, in: Accounting & Management. Field Study Perspectives, hrsg. von *William J. Bruns* und *Robert S. Kaplan*, Boston 1987, S. 204–228.
Cooper, Robin; Kaplan, Robert S.: Measure Costs Right: Make the Right Decisions, in: HBR, Vol. 66 (1988), 5, S. 96–103.

Davenport, Thomas H.: Process innovation: reengineering work through information technology, Harvard Business School Press, Boston 1993.
Dellmann, Klaus: Operatives Controlling durch Erfolgsspaltung, in: ZfC, 2. Jg. (1990), S. 4–11.
Deisenhofer, Thomas: Marktorientierte Kostenplanung auf Basis von Erkenntnissen bei der *AUDI AG*, in: Target Costing, hrsg. von *Péter Horváth*, Stuttgart 1993, S. 93–117.
Deutsche Gesellschaft für Qualität (Hrsg.): Qualitätskennzahlen und Qualitätskennzahlensysteme, Berlin 1984.
Deyhle, Albrecht: Controller-Praxis. Führung durch Ziele, Planung und Kontrolle, Bd. 1: Unternehmensplanung und Controller-Funktion, 5. Aufl., hrsg. von *Controller-Akademie*, Gauting bei München 1982.
Dichtl, Erwin: Produktauslegung und Fertigungstiefe als Determinanten der Wertschöpfung, in: Marketing-Schnittstellen: Herausforderungen für das Management, hrsg. von *Günter Specht, Günter Silberer* und *Werner H. Engelhardt*, Stuttgart 1989, S. 87–102.

Diller, Hermann: Preispolitik, Stuttgart u. a. 1985.
DIN 69910 – Entwurf: Wertanalyse – Begriffe, Methode, November 1973.
DIN 69910 – Entwurf: Wertanalyse – Begriffe, Methode, Dezember 1980.
DIN 69910: Teil 3 – Entwurf: Wertanalyse – Arbeitsplan, September 1983.
Dinkelbach, Werner: Sensitivitätsanalysen und parametrische Programmierung, Berlin, Heidelberg, New York 1969.
Dreger, Wolfgang: Höhere Betriebssicherheit durch vorbeugende Instandhaltung, in: Maschinenmarkt, 1965, S. 16–51.
Dudick, Thomas S.: Gemeinkosten ertragsgetreu umlegen, in: HM, 9. Jg. (1987), 3, S. 104–107.
Dücker, Gerhard: Abweichungsanalysen im Vertriebscontrolling, in: KRP 1989, S. 159–163.

Edwards, Allen L.: An Introduction to Linear Regression and Correlation, San Francisco 1976.
Egger, Anton: Kurzfristige Fertigungsplanung und betriebliche Elastizität unter besonderer Berücksichtigung des Betriebes der Serienfertigung mit saisonalen Absatzschwankungen, Berlin 1971.
Egner, Henning: Gegenüberstellung von Gesamt- und Umsatzkostenverfahren, in: Beck'sches Handbuch der Rechnungslegung, hrsg. von *Edgar Castan* u. a., München 1989, B 310, S. 1–8.
Ehrlinger, Erich: Kundengruppen-Management, in: DBW, 39. Jg. (1979), S. 261–272.
Eicker, Stefan: IV-Dictionary, Berlin et al. 1994.
Eicker, Stefan; Jung, Reinhard; Nietsch, Michael; Winter, Robert: Entwicklung eines Data Warehouse für das Produktionscontrolling – Konzepte und Erfahrungen, in: Tagungsband WI '97, hrsg. von *Hermann Krallmann,* erscheint 1997.
Elsner, Horst-Dieter: Mehrstufiger Fertigungsprozeß und zeitliche Verteilung des Fertigungsvolumens in Saisonunternehmungen, in: ZfB, 38. Jg. (1968), S. 45–54.
Emmerich, Gerhard: Bilanzierung, Gewinnausschüttung und Substanzerhaltung, Göttingen 1976.
Endres, Walter: Betriebsgruppenvergleiche im Dienst betriebswirtschaftlicher Forschung und Lehre, in: ZfB, 41. Jg. (1971), S. 723–744.
Engeleiter, Hans-Joachim: Die Portfoliotechnik als Instrument der strategischen Planung, in: BFuP, 33. Jg. (1981), S. 407–420.
Engelhardt, Werner H.: Erscheinungsformen und absatzpolitische Probleme von Angebots- und Nachfrageverbunden, in: ZfbF, 28. Jg. (1976), S. 77–90.
Engelhardt, Werner H.; Günter, Bernd: Erfolgsgrößen im internen Rechnungswesen aus der Sicht der Absatzpolitik, in: Unternehmenserfolg, Planung – Ermittlung – Kontrolle, hrsg. von *Michel Domsch* u. a., Wiesbaden 1988.
Engels, Eric J.: Multidimensionalität ist gar nicht so schwer, in: it Management, o. Jg. (1996) Juli/August, S. 10–16.
Entwurf eines Gesetzes zur Durchführung der 4. Richtlinie des Rates der Europäischen Gemeinschaft zur Koordinierung des Gesellschaftsrechtes, in: Bundesrat-Drucksache 257/83 vom 3. 6. 1983.
Esser, Werner M. et al.: Dokumentation von Kooperationsprojekten mit der Unternehmenspraxis, in: Das Management Strategischer Programme, hrsg. von *Walter Trux, Günter Müller* und *Werner Kirsch,* 2. Halbband, München 1984.
Everling, Wolfgang: Die Finanzierung der Unternehmung, Berlin 1965.
Evers, Josef: Der Vertrieb. Eine Analyse der Aufgaben, Mittel und Entscheidungen im System des Marketing, Würzburg, Wien 1979.
Ewert, Ralf; Wagenhofer, Alfred: Interne Unternehmensrechnung, Berlin u. a. 1993.

Federmann, Rudolf: Bilanzierung nach Handels- und Steuerrecht, 8. Aufl., Hamburg 1990.
Fengler, Dieter; Krause, Herbert: DV-gestütztes Prozeßkostenmanagement auf Basis von PC- und Host-Software, in: DV-gestütztes Unternehmens-Controlling, hrsg. von *Thomas Reichmann* in Zusammenarbeit mit *Sema Group* Paris, S. 35–64.

Feuerbaum, Ernst: Aktuelle Fragen zur Eliminierung von Scheingewinnen in der Bilanz (I), in: DB, 26. Jg. (1973), S. 737–745.
Fiedler, Rudolf; Hamann, Norbert; Riedel, Christoph: KOSTEX – ein prototypisches wissensbasiertes System zur Kostenstellenanalyse, in: InfM, 4. Jg. (1989), 4, S. 26–33.
Finkenrath, Rolf: Mehr Gewinn durch gewinnorientierte Entlohnung im Vertrieb, Zürich 1978.
Fischbacher, Alfred: Strategisches Management der Informationsverarbeitung – Konzeption, Methodik und Instrumente, in: Planungs- und organisationswirtschaftliche Schriften, München 1986.
Fischer, Otfried; Jansen, Helge; Meyer, Werner: Langfristige Finanzplanung deutscher Unternehmen, Hamburg 1975.
Flaskämper, Paul: Allgemeine Statistik, Theorie und Geschichte der sozialwissenschaftlichen Statistik, Hamburg 1959.
Flint, D.: A true and fair view in consolidated accounts, in: International Group Accounting: International Harmonisation and the seventh EEC-Directive, hrsg. von *S. J. Gray* und *Adolf G. Coenenberg*, London 1988, S. 15–38.
Förster, Wolfgang: Die Liquidationsbilanz, Köln 1972.
Forbis, John L.; Mehta, Nitin T.: Value-based strategy for industrial products, in: MKQ, Vol. 18 (1981), 2, S. 35–52.
Foster, George; Gupta, Mahendra: Activity Accounting: An Electronics Industry Implementation, in: Measures for Manufacturing Excellence, hrsg. von *Robert S. Kaplan*, Boston 1990, S. 225–268.
Franz, Hans-Joachim: Die Betriebsunterbrechungsversicherung in der modernen Industriewirtschaft und ihre wachsende Bedeutung im Zeichen der Automation, Diss. Köln 1962.
Franz, Klaus-Peter: Die Prozeßkostenrechnung – Darstellung und Vergleich mit der Plankosten- und Deckungsbeitragsrechnung, in: Finanz- und Rechnungswesen als Führungsinstrument, hrsg. von *Dieter Ahlert, Klaus-Peter Franz* und *Hermann Göppl*, Wiesbaden 1990, S. 109–136.
Franz, Klaus-Peter: Target Costing, in: ZfC, 5. Jg. (1993), S. 124–130.
Freidank, Carl-Christian: Kostenrechnung, 3. Aufl., München 1991.
Freidank, Carl-Christian: Unterstützung des Target Costing durch die Prozeßkostenrechnung, in: Neuere Entwicklungen im Kostenmanagement, hrsg. von *Klaus Dellmann* und *Klaus-Peter Franz*, Bern, Stuttgart, Wien 1994, S. 223–259.
Freimuth, Wolfgang; Krehl, Hermann: Wertanalyse – ein erfolgssicheres Führungsinstrument, in: Management-Zeitschrift, Industrielle Organisation, 50. Jg. (1981), Nr. 5, S. 219–222.
Freitag, Heinrich: Ein Kennzahlensystem für den Betriebsvergleich von Wohnungsbauunternehmen, hrsg. vom *Institut für Genossenschaftswesen der Westfälischen Wilhelms Universität Münster*, Münster 1979.
Frese, Erich: Kontrolle und Unternehmensführung, Wiesbaden 1968.
Fritz, Burkhard; Kusterer, Frank: Konzeption und Ausgestaltung eines kennzahlen- und berichtsorientierten Führungsinformationssystems unter Windows, in: DV-gestütztes Unternehmens-Controlling, hrsg. von *Thomas Reichmann,* München 1993, S. 151–166.
Fritz, Volker; Brickenstein, Christina: Einführung eines Vertriebs-Controllingsystems in einem mittelständischen Unternehmen der metallverarbeitenden Industrie, in: Controlling, 6. Jg. (1994), H. 5, S. 282–292.
Fritz, Wolfgang: Ansätze der Wettbewerbstheorie aus der Sicht der Marketingwissenschaft, in: DBW, 50. Jg. (1990), S. 491–512.
Fröhling, Oliver: Prozeßkostenrechnung, in: DBW, 50. Jg. (1990), S. 553–555.
Fröhling, Oliver: Marktforschung und Controlling, in: M & M, 34. Jg. (1990), S. 139–143.
Fröhling, Oliver: Prozeßorientierte Portfolioplanung, in: CM, 15. Jg. (1990), S. 193–198.
Fröhling, Oliver: Strategisches Management Accounting, in: KRP, 1991, S. 7–12.
Fröhling, Oliver: Prozeßkostenrechnung, in: Betriebswirtschaft heute, hrsg. von *Frank-Jürgen Witt*, Wiesbaden 1992, S. 95–122.
Fröhling, Oliver: Prozeßorientiertes Portfoliomanagement, in: DBW, 52. Jg. (1992), S. 341–358.
Fröhling, Oliver: Thesen zur Prozeßkostenrechnung, in: ZfB, 62. Jg. (1992), S. 723–741.

Fröhling, Oliver: Zur Ermittlung von Folgekosten aufgrund von Qualitätsmängeln, in: ZfB, 63. Jg. (1993), S. 543–568.

Fröhling, Oliver: Entgehende Kundendeckungsbeiträge quantitativ messen, in: Qualität und Zuverlässigkeit, o. Jg. (1994), S. 990–993.

Fröhling, Oliver: Strategische Produktkostenermittlung am Beispiel der Automobilindustrie, in: KRP, o. Jg. (1994), S. 127–134.

Fröhling, Oliver: Verbesserungsmöglichkeiten und Entwicklungsperspektiven von Conjoint + Cost, in: ZfB, 64. Jg. (1994), S. 1143–1164.

Fröhling, Oliver: Konzeption und Implementierung eines Außendienstentlohnungs-Informationssystems für den Mittelstand, Beiträge zum Controlling Nr. 58, hrsg. von der Gesellschaft für Controlling, Dortmund 1996.

Fröhling, Oliver: Qualitätsbezogene Kosten und Leistungen, in: HWP, 2. Aufl., hrsg. von *Werner Kern, Hans-Horst Schröder* und *Jürgen Weber,* Stuttgart 1996, Sp. 1734–1748.

Fröhling, Oliver; Krause, Herbert: Systematisches Gemeinkosten-Management durch integrierte DV-gestützte Prozeßkostenrechnung, in: KRP, 1990, S. 223–228.

Fröhling, Oliver; Weinrich, Uwe: Integriertes Auftrags- und Produktions-Controlling, in: ZfC, 2. Jg. (1990), S. 94–101.

Fröhling, Oliver; Wullenkord, Axel: Das japanische Rechnungswesen ist viel stärker markt- und strategieorientiert, in: IO, 60 Jg. (1991), 3, S. 69–73.

Fröhling, Oliver; Wullenkord, Axel: Qualitätskostenmanagement als Herausforderung an das Controlling, in: KRP, o. Jg. (1991), S. 171–181.

Fußhoeller, Paul; John, Otto: Feuer-Betriebsunterbrechungsversicherung, Wiesbaden 1957.

Gälweiler, Alois: Steuerung der Kostenhöhe und der Kostenstruktur durch strategische Planung, in: DBW, 37. Jg. (1977), S. 67–75.

Gälweiler, Alois: Zur Kontrolle strategischer Pläne, in: Planung und Kontrolle, hrsg. von *Horst Steinmann,* München 1981, S. 383–398.

Gälweiler, Alois: Strategische Unternehmensplanung in der Praxis – unter Berücksichtigung der Verwertbarkeit strategischer Analyseinstrumente, in: Strategisches Marketing, hrsg. von *Hans Raffée* und *Klaus-Peter Wiedmann,* 2. Aufl., Stuttgart 1989, S. 228–242.

Gälweiler, Alois: Strategische Unternehmensführung, 2. Aufl., Frankfurt a. M., New York 1990.

Gaitanides, Michael: Praktische Probleme der Verwendung von Kennzahlen für Entscheidungen, in: ZfB, 49. Jg. (1979), S. 57–64.

Garbe, Helmut: Der Verdichtungsgrad von Informationen, in: Management-Informationssysteme. Eine Herausforderung an Forschung und Entwicklung, hrsg. von *Erwin Grochla* und *Norbert Szyperski,* Wiesbaden 1971, S. 199–219.

Garbe, Helmut: Informationsbedarf, in: HWB, hrsg. von *Erwin Grochla* und *Waldemar Wittmann,* 4. Aufl., Stuttgart 1976, Sp. 1873–1882.

Gaydoul, Peter: Controlling in der deutschen Unternehmenspraxis, Darmstadt 1980.

Geiß, Wilfried: Betriebswirtschaftliche Kennzahlen. Theoretische Grundlagen einer problemorientierten Kennzahlenanwendung, Frankfurt a. M., Bern, New York 1986.

Gesamtverband der Versicherungswirtschaft und *Verband der Lebensversicherungsunternehmen* (Hrsg.): Exposé für die Vergabe von Schuldscheindarlehen, Karlsruhe 1976.

Geschka, Horst: Alternativengenerierungstechniken, in: HWPl, hrsg. von *Norbert Szyperski,* Stuttgart 1989, Sp. 27–33.

Glaser, Horst: Zum Stand der betriebswirtschaftlichen Beschaffungstheorie, in: ZfB, 51. Jg. (1981), S. 1150–1172.

Glaser, Horst: Kritische Anmerkungen zur Prozeßkostenrechnung, unveröffentlichtes Manuskript anläßlich der 11. Saarbrücker Arbeitstagung Rechnungswesen und EDV an der Universität Saarbrücken, 2. Oktober 1990.

Göpfert, Reinhard A.; Rummel, Klaus D.: Cost Management Systems: „An Example of How to Implement Activity Accounting, Siemens AG, West Germany", hrsg. von *Siemens AG,* München 1988.

Goold, Michael: Accounting and Strategy, in: Research and Current Issues in Management Accounting, hrsg. von *Michael Bromwich* und *Anthony G. Hopwood,* London 1986, S. 181–191.

Goold, Michael; Quinn, John J.: Strategic Control. Milestones for Long-Term-Performance, London 1990.

Gordon, Lawrence A.; Larcker, David F.; Tuggle, Francis D.: Strategic Decisions Process and the Design of Accounting Information Systems: Conceptual Linkages, in: AOS, Vol. 3 (1978), S. 203–213.

Grochla, Erwin: Modelle als Instrument der Unternehmensführung, in: ZfbF, 19. Jg. (1969), S. 382–397.

Grochla, Erwin: Materialwirtschaft, betriebliche, in: HdWW, Bd. 5, hrsg. von *Willi Albers* u. a., Stuttgart, New York 1978, S. 198–218.

Grochla, Erwin: Grundlagen der Materialwirtschaft, 3. Aufl., Wiesbaden 1986.

Grothus, Horst: Wirtschaftliches Instandhalten durch Überwachung der Lebensdauer von Maschinenteilen, in: Zeitschrift für wirtschaftliche Fertigung, 57. Jg. (1962), S. 422–429.

Grupp, Bruno: Materialwirtschaft mit EDV. Einführungsschritte. Modularprogramme. Praxis. Beispiele. Umstellungsprobleme, Grafenau 1975.

Gümbel, Rudolf: Das Leerkostenproblem in Warenhandelsbetrieben, in: Blätter für Genossenschaftswesen, 109. Jg. (1963), S. 365–370.

Gutenberg, Erich: Grundlagen der Betriebswirtschaftslehre, Bd. 1, Die Produktion, 23. Aufl., Berlin, Heidelberg, New York 1979.

Gutenberg, Erich: Grundlagen der Betriebswirtschaftslehre, Bd. 2, Die Finanzen, 8. Aufl., Berlin, Heidelberg, New York 1980.

Habermann, Hans: Zur Berücksichtigung von Preissteigerungen in der Rechnungslegung der Unternehmung, in: WPg, 27. Jg. (1974), Teil I, S. 423–433.

Haberstock, Lothar: Kostenrechnung II, 7. Aufl., Hamburg 1986.

Hackathorn, Richard D.: Datawarehousing Energizes Your Enterprise, in: Datamation, 41. Jg. (1995) 1, Feb., S. 38–42.

Härle, Dietrich: Finanzierungsregeln und ihre Problematik, Wiesbaden 1961.

Härle, Dietrich: Finanzierungsregeln, in: HWF, hrsg. von *Hans E. Büschgen*, Stuttgart 1976, Sp. 483–491.

Hagenmüller, Karl F.: Kreditwürdigkeitsprüfung, in: HWF, hrsg. von *Hans E. Büschgen*, Stuttgart 1976, Sp. 1224–1234.

Hahn, Dietger: Zum Inhalt und Umfang der Unternehmensanalyse als bisheriges und zukünftiges Aufgabengebiet des Wirtschaftsprüfers, in: Unternehmensprüfung und -beratung, Festschrift zum 60. Geburtstag von Bernhard Hartmann, hrsg. von *Bernd Aschfalk* u. a., Freiburg i. Br. 1976, S. 31–53.

Hahn, Dietger: Hat sich das Konzept des Controllers in Unternehmungen der Deutschen Industrie bewährt?, in: BFuP, 30. Jg. (1978), S. 101–128.

Hahn, Dietger: Konzepte und Beispiele zur Organisation des Controlling in der Industrie, in: ZfO, 48. Jg. (1979), S. 4–24.

Hahn, Dietger: Integrierte und flexible Unternehmensführung durch computergestütztes Controlling, in: ZfB, 59. Jg. (1989), S. 1135–1158.

Hahn, Dietger: Strategische Unternehmungsführung, in: Strategische Unternehmungsplanung – Strategische Unternehmungsführung, hrsg. von *Dietger Hahn* und *Bernard Taylor*, 5. Aufl., Heidelberg 1990, S. 31–51.

Hahn, Dietger: Stand und Entwicklungstendenzen der strategischen Planung, in: Strategische Unternehmungsplanung – Strategische Unternehmungsführung, hrsg. von *Dietger Hahn* und *Bernard Taylor*, 5. Aufl., Heidelberg 1990, S. 3–30.

Hahn, Dietger: Strategische Kontrolle, in: Strategische Unternehmungsplanung – Strategische Unternehmungsführung, hrsg. von *Dietger Hahn* und *Bernard Taylor*, 5. Aufl., Heidelberg 1990, S. 651–664.

Hahn, Dietger: Zweck und Entwicklung der Portfolio-Konzepte in der strategischen Unternehmungsplanung, in: Strategische Unternehmungsplanung – Strategische Unternehmungsführung. Stand und Entwicklungstendenzen, hrsg. von *Dietger Hahn* und *Bernard Taylor*, 5. Aufl., Heidelberg 1990, S. 221–253.

Hahn, Dietger: Strategische Führung und strategisches Controlling, in: Controllingkonzeptionen für die Zukunft: Trends und Visionen, hrsg. von *Péter Horváth*, Stuttgart 1991, S. 1–27.

Hahn, Dietger: Planungs- und Kontrollrechnung – PuK, 3. Aufl., Wiesbaden 1991.
Hahn, Dietger; Krystek, Ulrich: Betriebliche und überbetriebliche Frühwarnsysteme für die Industrie, in: ZfbF, 31. Jg. (1979), S. 76–88.
Hahner, A.: Qualitätskostenrechnung als Informationssystem der Qualitätslenkung, München, Wien 1981.
Haiber, Erich: Das Liquiditätsproblem und die Finanzplanung der Unternehmung, in: Finanzierungs-Handbuch, hrsg. von *Friedrich-Wilhelm Christians,* Wiesbaden 1980, S. 357–391.
Haiber, Thomas: Euro-Controlling, in: ZfC, 5. Jg. (1993), S. 340 f.
Hammann, Peter; Erichson, Bernd; Schell, Wolf-Dieter: Entscheidungsanalysen im Marketing, Berlin 1975.
Hammann, Peter; Erichson, Bernd: Marktforschung, Stuttgart, New York 1978.
Hammer, Michael; Champy, James: Reengineering the Corporation: A Manifesto for Business Revolution, New York 1993.
Handbuch Wertanalyse (nach DIN 69910), hrsg. von *VDI-Gemeinschaftsausschuß Wertanalyse,* Mindelheim 1976.
Hansen, Hans R.; Riedl, Rainer: Strategische langfristige Informationssystemplanung (SISP), in: Handbuch Wirtschaftsinformatik, hrsg. von *Karl Kurbel* und *Horst Strunz,* Stuttgart 1990.
Hansmann, Karl-Werner: Kurzlehrbuch Prognoseverfahren, Wiesbaden 1983.
Harbert, Ludger: Controlling-Begriffe und Controlling-Konzeptionen, Bochum 1982.
Hasegawa, Takuzo: Entwicklung des Management Accounting Systems und der Management Organisation in japanischen Unternehmungen, in: ZfC, 6. Jg. (1994), 1, S. 4–11.
Hasselberg, Frank: Strategische Kontrolle im Rahmen strategischer Unternehmensführung, Frankfurt a. M. u. a. 1989.
Haun, Peter: Entscheidungsorientiertes Rechnungswesen mit Daten- und Methodenbanken, Berlin u. a. 1987.
Hauschildt, Jürgen: Bilanzanalyse mit Kennzahlensystemen. Das „Du-Pont-Control-System" und seine Anwendung auf deutsche Jahresabschlüsse, in: Harzburger Hefte, 1979, S. 28–38.
Hauschildt, Jürgen: Finanzvorstand, Treasurer, Controller. Das Finanzmanagement in der Stellenbeschreibung, in: Neue Betriebswirtschaft, 25. Jg. (1972), Heft 4, S. 1–7.
Hauschildt, Jürgen: „Kreditwürdigkeit". Bezugsgrößen von Verhaltenserwartungen in Kreditbeziehungen, in: Hamburger Jahrbuch für Wirtschafts- und Gesellschaftspolitik, hrsg. von *A. D. Ortlieb, B. Molitor, W. Krone,* 17. Jg., Tübingen 1972, S. 167–183.
Hauschildt, Jürgen: Finanzorganisation, in: Finanzplanung und Finanzkontrolle. Dispositions-Organisation, hrsg. von *Jürgen Hauschildt, Gerd Sachs* und *Eberhard Witte,* München 1981, S. 1–52.
Hauschildt, Jürgen; Gemünden, Hans-G.; Grotz-Martin, Silvia; Haidle, Ulf: Entscheidungen der Geschäftsführung, Tübingen 1983.
Havermann, H.: Erläuterungen zur Rechnungslegung und Prüfung im Konzern nach dem Handelsgesetzbuch, in: Wirtschaftsprüfer-Handbuch 1985/86, hrsg. vom *Institut der Wirtschaftsprüfer in Deutschland e. V.,* Düsseldorf 1986, S. 291–487.
Hax, Arnoldo C.; Mailuf, Nicolas S.: Strategisches Management, Frankfurt a. M., New York 1988.
Hax, Herbert: Lineare Planungsrechnung und Simplex-Methode als Instrument betriebswirtschaftlicher Planung, in: ZfbF, NF, 12. Jg. (1960), S. 578–605.
Hax, Herbert: Die Bestimmung von Preisuntergrenzen bei Zusatzaufträgen, in: Steigende Kosten (Sinkende Zuwachsraten) Verschärfter Wettbewerb, hrsg. von der *Deutschen Gesellschaft für Betriebswirtschaft,* Berlin 1963, S. 323–333.
Hax, Herbert: Investitionstheorie, 5. Aufl., Würzburg, Wien 1985.
Hax, Karl: Grundlagen der Betriebsunterbrechungsversicherung, 2. Aufl., Köln und Opladen 1965.
Hax, Karl: Langfristige Finanz- und Investitionsentscheidungen, in: HdWW, Bd. 1, Betriebswirtschaft, hrsg. von *Karl Hax, Theodor Wessels,* 2. Aufl., Köln, Opladen 1966, S. 399–489.
Heck, Karl-Heinz: Erfassung und Planung von Instandhaltungskosten – Ansätze zu einem Instandhaltungscontrolling, in: KRP, 6/1983, S. 265–278.

Hecker, Rainer: Ein Kennzahlensystem zur externen Analyse der Ertrags- und Finanzkraft von Industrieaktiengesellschaften, Frankfurt, Zürich 1975.

Heigl, Anton: Controlling – Interne Revision, 2. Aufl., Stuttgart, New York 1989.

Heidenblut, V.: Stand und Entwicklung automatisierter Läger hoher Leistungseinsatzmöglichkeiten in Industrie und Handel, in: Logistische Systeme. Automation als Erfolgsfakor, hrsg. von *Reinhardt Jünemann*, Köln 1988, S. 58–70.

Heinen, Edmund: Betriebliche Kennzahlen – Eine organisationstheoretische und kybernetische Analyse, in: Dienstleistungen in Theorie und Praxis, Festschrift zum 70. Geburtstag von Otto Hintner, hrsg. von *Hanns Linhardt, Peter Penzkofer* und *Peter Scherpf*, Stuttgart 1970, S. 227–236.

Heinen, Edmund: Zur Problembezogenheit von Entscheidungsmodellen, in: WiSt, 1. Jg. (1972), S. 3–7.

Heinen, Edmund: Betriebswirtschaftliche Kostentheorie und Kostenentscheidung, 6. Aufl., Wiesbaden 1983.

Heinen, Edmund: Industriebetriebslehre als Entscheidungslehre, in: Industriebetriebslehre. Entscheidungen im Industriebetrieb, hrsg. von *Edmund Heinen*, 9. Aufl., Wiesbaden 1991, S. 1–75.

Heinen, Edmund; Dietl, Bernhard: Informationswirtschaft, in: Industriebetriebslehre. Entscheidungen im Industriebetrieb, hrsg. von *Edmund Heinen,* 9. Aufl., Wiesbaden 1991, S. 889–1074.

Heinrich, Lutz; Burgholzer, Peter: Informationsmanagement: Planung, Überwachung und Steuerung der Informations-Infrastruktur, München, Wien 1987.

Heinrich, Lutz J.; Pilz, Manfred: Auslastungskontrolle, in: HWP, hrsg. von *Werner Kern*, Stuttgart 1979, Sp. 230–239.

Heinz, Klaus; Olbrich, Ralf: Zeitdatenermittlung in indirekten Bereichen, Köln 1989.

Heinzelbecker, Klaus: Marketing-Informationssysteme, Stuttgart u. a. 1985.

Heinzelbecker, Klaus: Informationssysteme und Instrumente im Marketing-Controlling, in: Tagungsband 3. Deutscher Controlling Congress, hrsg. von *Thomas Reichmann*, München 1988, S. 451–491.

Helfert, Erich A.: Techniques of Financial Analysis, 5. Aufl., Homewood 1982.

Henderson, Bruce D.: Die Erfahrungskurve in der Unternehmensstrategie, 2. Aufl., Frankfurt a. M., New York 1984.

Hertz, David D.: Risk Analysis in Capital Investment, in: HBR, Jan.-Febr. 1964, S. 95–106.

Herzig, Norbert: Instandhaltung. Grundlagen der, in: HWP, hrsg. von *Werner Kern*, Stuttgart 1979, S. 814–823.

Herzog, Ernst: Stand und Entwicklungstendenzen des innerbetrieblichen Rechnungswesens in den USA, in: Tagungsband 10. Saarbrücker Arbeitstagung Rechnungswesen und EDV, hrsg. von *August-Wilhelm Scheer*, Heidelberg 1989, S. 313–326.

Heygate, Richard: IT for CEO's, in: MKQ, Vol. 27 (1990), 1, S. 54–63.

Hieber, Wolfgang L.: Lern- und Erfahrungskurveneffekte und ihre Bestimmung in der flexibel automatisierten Produktion, München 1991.

Hildebrand, Knut: Strategische Informationssystemplanung (SISP), in: Wirtschaftsinformatik, 36. Jg. (1994), H. 1, S. 69–73.

Hildebrand, Knut: Informationsmanagement, München, Wien 1995.

Hill, Wilhelm; Fehlbaum, Raymond; Ulrich, Peter: Organisationslehre 1, 4. Aufl., Bern, Stuttgart 1989.

Hinterhuber, Hans H.: Strategische Unternehmensführung 1, Strategisches Denken, 4. Aufl., Berlin, New York 1989.

Hinterhuber, Hans H.: Strategische Unternehmensführung 2, Strategisches Handeln, 4. Aufl., Berlin, New York 1989.

Hiromoto, Toshiro: Another Hidden Edge – Japanese Management Accounting, in: HBR, Vol. 66 (1988), 4, S. 22–26.

Hiromoto, Toshiro: Management Accounting in Japan, in: ZfC, 1. Jg. (1989), S. 316–322.

Hoffmann, Werner; Kusterer, Frank: Handels-Controlling auf Basis eines Datawarehouse und OLAP, in ZfC, 9. Jg. (1997) 1, S. 46–53.

Hopper, Max D.: Sabre – Lektionen für das Überleben im Informationszeitalter, in: HM, 13. Jg. (1991), 1, S. 80–87.

Hopper, M.J.: HARWELL Subroutine Library, VCO 4/AD, Theoretical Physis Devisions Atomic Energy Research Establishment, Berkshire 1973.
Horngren, Charles T.: Accounting for Management Control, 4th ed., London 1978.
Hornung, Karlheinz; Reichmann, Thomas; Baumöl, Ulrike: Informationsversorgungsstrategien für einen multinationalen Konzern, in: ZfC, 9.Jg. (1997) 1, S. 38–45.
Horváth, Péter: Nutzeffekte. Einsatzschwerpunkte und Implementierung der Prozeßkostenrechnung, in: Tagungsband Kongress Kostenrechnung '90, hrsg. von *Wolfgang Männel,* Lauf 1990, S. 51–74.
Horváth, Péter: Das Controllingkonzept. Der Weg zu einem wirkungsvollen Controllingsystem, München 1991.
Horváth, Péter: Strategisches Kostenmanagement, in: Controllingkonzeptionen für die Zukunft: Trends und Visionen, hrsg. von *Péter Horváth,* Stuttgart 1991, S. 71–90.
Horváth, Péter: Controlling, 4. Aufl., München 1992.
Horváth, Péter (Hrsg.): Target Costing, Stuttgart 1993.
Horváth, Péter; Petsch, Michael; Weihe, Manfred: Standard-Anwendungssoftware für das Rechnungswesen, 2. Aufl., München 1986.
Horváth, Péter; Seidenschwarz, Werner: Controlling und Informationsmanagement, in: HMD, o.Jg. (1988), 142, S. 36–45.
Horváth, Péter; Mayer, Reinhold: Prozeßkostenrechnung, in: ZfC, 1.Jg. (1989), S. 214–219.
Horváth, Péter; Renner, Andreas: Prozeßkostenrechnung – Konzept, Realisierungsschritte und erste Erfahrungen, in: FB/IE, 39.Jg. (1990), S. 100–107.
Horváth, Péter; Seidenschwarz, Werner: Zielkostenmanagement, in: ZfC, 4.Jg. (1992), S. 142–150.
Horváth, Peter; Urban, Georg: Qualitätscontrolling, Stuttgart 1990, S. 65–113.
Hub, Hanns; Strebel, Heinz: Neuere Methoden der Erfolgsanalyse anhand veröffentlichter Jahresabschlüsse, in: WPg, 29.Jg. (1976), S. 264–271 und 299–307.
Huch, Burkhard: Produktionskosten, in: HWP, hrsg. von *Werner Kern,* Stuttgart 1979, Sp. 1512–1525.
Huch, Burkhard: Instrumente des Controlling auf dem Gebiet der Abweichungsanalyse, in: Praxis des Rechnungswesens, Bd. 3, Buchführung, Bilanzierung, Betriebsabrechnung, Datenverarbeitung, Freiburg i.Br. 1982, Gruppe 11, S. 731–748.
Huch, Burkhard: EDV-Anwendungen im Controlling: Stand und Entwicklungstendenzen, in: EDV-Anwendungen im Unternehmen. Fertigungs-, Vertriebs- und Managementsysteme, hrsg. von *Peter Stahlknecht* und *Burkhard Huch,* Frankfurt 1987, S. 161–174.
Hug, Werner; Weber, Jürgen: Zum Zeitbezug der Grundrechnung im entscheidungsorientierten Rechnungswesen, in: KRP, 2/1980, S. 81–92.
Hummel, Siegfried: Wirklichkeitsnahe Kostenerfassung – Neue Erkenntnisse für eine eindeutige Kostenermittlung, Berlin 1970.
Hummel, Siegfried: Material: Arten und Eignungskriterien, in: HWP, hrsg. von *Werner Kern,* Stuttgart 1979, Sp. 1183–1194.
Hummel, Siegfried: Die Forderung nach entscheidungsrelevanten Kosteninformationen, in: Handbuch Kostenrechnung, hrsg. von *Wolfgang Männel,* Wiesbaden 1992, S. 76–86.
Hundhausen, Carl: Innerbetriebliche Standortfragen, in: ZfhF, 20.Jg. (1926), S. 1–52.

IBM Deutschland GmbH (Hrsg.): APLSTAT, Benutzerhandbuch, Stuttgart 1977.
IBM Deutschland GmbH (Hrsg.): Form GE 12–1043–3, 1977.
IBS (Hrsg.): DPR '88 – Direkte Produkt-Rentabilität, Köln 1988.
Ihde, Gösta B.: Transport, Verkehr, Logistik, München 1984.
Ihde, Gösta B.: Die relative Betriebstiefe als strategischer Erfolgsfaktor, in: ZfB, 58.Jg. (1988), S. 13–23.
Institut der Wirtschaftsprüfer in Deutschland e.V. (Hauptfachausschuß): Stellungnahme 2/75. Zur Berücksichtigung der Substanzerhaltung bei der Ermittlung des Jahresergebnisses, in: WPg, 28.Jg. (1975), S. 614–616.
Institut der Wirtschaftsprüfer in Deutschland e.V. (Hauptfachausschuß): Stellungnahme HFA 2/1983. Grundsätze zur Durchführung von Unternehmensbewertungen, in WPg, 36.Jg. (1983), S. 468–480.

Institut für Wirtschaftsforschung e. V.: Spiegel der Wirtschaft, Struktur und Konjunktur in Bild und Zahl, Frankfurt, New York 1980.

Jansen, Ansgar: Desinvestitionen: Ursachen, Probleme, Gestaltungsmöglichkeiten, Frankfurt a. M., Bern, New York 1986.
Jehle, Egon: Gemeinkosten-Management. Effizienzsteigerung im Gemeinkostenbereich durch Overhead Value Analysis (OVA), Zero Base Budgeting (ZBB) und Administrative Wertanalyse (AWA), in: DU, 36. Jg. (1982), S. 59–76.
Jehle, Egon: Der Beitrag der verhaltenswissenschaftlich orientierten Rechnungswesenforschung für die Gestaltung der Plankostenrechnung, in: KRP, 1982, S. 205–214.
Jehle, Egon: Der Controller als Garant der strategischen Planung, in: Strategische Unternehmensführung und Rechnungslegung, hrsg. von *Eduard Gaugler, Otto H. Jacobs* und *Alfred Kieser*, Stuttgart 1984, S. 45–60.
Jehle, Egon: Kostenfrüherkennung und Kostenfrühkontrolle. Mitlaufende Kostenkontrolle während des Konstruktions- und Entwicklungsprozesses, in: Internationale und nationale Problemfelder der Betriebswirtschaftslehre, hrsg. von *Gert von Kortzfleisch* und *Bernd Kaluza*, Berlin 1984, S. 263–285.
Jehle, Egon; Müller, Klaus; Michael, Horst: Produktionswirtschaft. Eine Einführung mit Anwendungen und Kontrollfragen, 3. Aufl., Heidelberg 1991.
Jehle, Kurt; Blazek, Alfred; Deyhle, Albrecht: Finanz-Controlling. Planung und Steuerung von Finanzen und Bilanzen, 2. Aufl., hrsg. von *Controller Akademie*, Gauting bei München 1982.
Johnson, H. Thomas: Relevance Regained, New York u. a. 1992.
Johnson, H. Thomas; Kaplan, Robert S.: Relevance Lost. The Rise and Fall of Management Accounting, Boston 1987.
Jünemann, Reinhardt: Die Bedeutung des Arbeitsschutzes in den Logistikbereichen der Wirtschaft, in: Handbuch für Logistik und Arbeitsschutz, hrsg. vom *Institut für Logistik*, Dortmund 1980, S. 1–12.
Jüsten, Wolfgang: Cash-Flow und Unternehmensbeurteilung, 3. Aufl., Berlin 1975.

Kagermann, Henning: Perspektiven der Weiterentwicklung integrierter Standardsoftware für das innerbetriebliche Rechnungswesen, in: Strategieunterstützung durch das Controlling: Revolution im Rechnungswesen, hrsg. von *Péter Horváth*, Stuttgart 1990, S. 277–306.
Kainz, Rolf: Ausschuß-Controlling, in: KRP, 1/1984, S. 27–33.
Kaiser, Klaus: Kosten- und Leistungsrechnung bei automatisierter Produktion, Wiesbaden 1991.
Kandaouroff, Anni: Qualitätskosten, in: ZfB, 64. Jg. (1994), S. 765–786.
Kaplan, Robert S.: Cost Accounting: A Revolution in the Making, in: CA, Vol. 3 (1985), 1, S. 10–16.
Kaplan, Robert S.: One Cost System Isn't Enough, in: HBR, Vol. 66 (1988), 1, S. 61–66.
Kaplan, Robert S.: The Four-Stage Model of Cost Systems Design, in: MA, Vol. 71 (1990), S. 22–26.
Kaplan, Robert S.: Limitations of Cost Accounting in Advanced Manufacturing Environments, in: Measures of Manufacturing Excellence, hrsg. von *Robert S. Kaplan*, Boston 1990, S. 15–38.
Kargl, Herbert: Wertanalyse, in: HWB, 4. Aufl., 3 Bände, hrsg. von *Erwin Grochla* und *Waldemar Wittmann*, Stuttgart 1974–76, Sp. 4425–4429.
Keiner, Joachim: Marketing-Controlling, Darmstadt 1980.
Keller, Dieter: Interne Revision und Kontrolle im Investitionsbereich, Bern, Stuttgart 1982.
Kellinghusen, Georg: Von der Langfristplanung zum strategischen Management, in: Strategieunterstützung durch das Controlling: Revolution im Rechnunswesen, hrsg. von *Péter Horváth*, Stuttgart 1990, S. 39–50.
Kellinghusen, Georg; Wübbenhorst, Klaus: Strategic Control for Improved Performance, in: LRP, Vol. 23 (1990), S. 30–40.
Kern, Werner: Die Empfindlichkeit linear geplanter Programme, in: Betriebsführung und Operations Research, hrsg. von *Adolf Angermann*, Frankfurt a. M. 1963, S. 49–79.

Kern, Werner: Optimierungsverfahren in der Ablauforganisation. Gestaltungsmöglichkeiten mit Operations Research, Essen 1967.
Kern, Werner: Kennzahlensysteme als Niederschlag interdependenter Unternehmensplanung, in: ZfbF, 23. Jg. (1971), S. 701–718.
Kern, Werner: Investitionsrechnung, Stuttgart 1974.
Kern, Werner; Schröder, Hans-Horst: Konzept, Methode und Probleme der Wertanalyse, in: WISU, 7. Jg. (1978), S. 375–381, 427–430.
Kieninger, Michael: Gestaltung internationaler Berichtssysteme, München 1993.
Kieser, Alfred: Wie „rational" kann man strategische Planung betreiben?, in: Strategische Unternehmensführung und Rechnungslegung, hrsg. von *Eduard Gaugler, Otto H. Jacobs* und *Alfred Kieser*, Wiesbaden 1984, S. 31–44.
Kilger, Wolfgang: Optimale Produktions- und Absatzplanung. Entscheidungsmodelle für den Produktions- und Absatzbereich industrieller Betriebe, Opladen 1973.
Kilger, Wolfgang: Optimale Preispolitik bei Saisonschwankungen der Absatzmenge, in: Zur Theorie des Absatzes, Festschrift zum 75. Geburtstag von Erich Gutenberg, hrsg. von *Helmut Koch*, Wiesbaden 1973, S. 175–214.
Kilger, Wolfgang: Industriebetriebslehre, Bd. 1, Wiesbaden 1986.
Kilger, Wolfgang: Flexible Plankostenrechnung und Deckungsbeitragsrechnung, 9. Aufl., Wiesbaden 1988.
Kilger, Wolfgang: Einführung in die Kostenrechnung, Nachdr. 3. Aufl., Wiesbaden 1989.
Kirsch, Werner; Bamberger, Ingolf; Gabele, Eduard; Klein, Heinz-Karl: Betriebswirtschaftliche Logistik. Systeme, Entscheidungen, Methoden, Wiesbaden 1973.
Klein, Joachim: Datenintegrität in heterogenen Informationssystemen: Ereignisorientierte Aktualisierung globaler Datenredundanzen, Wiesbaden 1992.
Kleinebeckel, Herbert: Weiterentwicklung der Break-Even-Analyse als ein Steuerungs- und Überwachungsinstrument im Controlling, in: Entwicklungen und Erfahrungen aus der Praxis des Controlling (II), Gebera Schriften, Bd. 11, hrsg. von *Wolfgang Goetzke* und *Günter Sieben*, Köln 1982, S. 63–84.
Kleinschnittger, Ulrich: Beteiligungs-Controlling, München 1993.
Klingler, Bernhard F.: Target Cost Management, in: ZfC, 5. Jg. (1993), S. 200–207.
Knecht, Hans-Werner: Controllership – Eine organisatorische Konzeption betrieblicher Informationszentralisation, in: Das Büro als Zentrum der Informationsverarbeitung, hrsg. von *Erwin Grochla*, Wiesbaden 1971, S. 57–102.
Koch, Helmut: Integrierte Unternehmensplanung, Wiesbaden 1982.
Köhler, Richard: Grundprobleme der strategischen Marketingplanung, in: Die Führung des Betriebes. Festschrift für Curt Sandig, hrsg. von *Manfred Geist* und *Richard Köhler*, Stuttgart 1981, S. 261–291.
Köhler, Richard: Marketing-Controlling, in: DBW, 42. Jg. (1982), S. 197–215.
Köhler, Richard: Marketing Accounting, in: Marketing Schnittstellen. Herausforderungen an das Management, hrsg. von *Günter Specht, Günter Silberer* und *Werner H. Engelhardt*, Stuttgart 1989.
Köhler, Richard: Beiträge zum Marketing-Management. Planung, Organisation, Controlling, 3. Aufl., Stuttgart 1993.
Kollerer, Helmuth: Die betriebswirtschaftliche Problematik von Betriebsunterbrechungen. Planungsgrundlagen zur Berücksichtigung von Betriebsunterbrechungen im Rahmen der Unternehmenspolitik, Berlin 1978.
Koreimann, Dieter: Methoden der Informationsbedarfsanalyse, Berlin, New York 1976.
Kortzfleisch, Gert v.: Die Grundlagen der Finanzplanung. Abhandlungen aus dem Industrieseminar der Universität Köln, hrsg. von *Theodor Beste*, Heft 5, Berlin 1975.
Kortzfleisch, Gert v.: Entwicklungstendenzen der kurzfristigen Erfolgsrechnung, hrsg. von *Gert von Kortzfleisch*, Berlin 1964, S. 209–212.
Kortzfleisch, Gert v.; Kaluza, Bernd (Hrsg.): Internationale und nationale Problemfelder der Betriebswirtschaftslehre. Festgabe für Heinz Bergner zum 60. Geburtstag, Berlin 1984.
Kosiol, Erich: Modellanalyse als Grundlage unternehmerischer Entscheidungen, in: ZfbF, 13. Jg. (1961), S. 318–334.

Kotler, Philip: Marketing-Management, 6th ed., Englewood Cliffs 1988.
Kotler, Philip; Bliemel, Friedhelm: Marketing-Management, 7. Aufl., Stuttgart 1992.
Kraemer, Wolfgang; Scheer, August-Wilhelm: Wissensbasiertes Controlling, in: InfM, 4. Jg. (1989), 2, S. 6–7.
Krallmann, Herbert: Betriebliche Entscheidungsunterstützungssysteme. Heute und Morgen, in: ZfO, 56. Jg. (1987), S. 109–117.
Krause, Herbert; Fröhling, Oliver: PC-gestützte Kostenplanung unter Windows. Intelligenter Baustein eines computergestützten Unternehmens-Controlling, in Tagungsband 6. Deutscher Controlling Congress, hrsg. von *Thomas Reichmann,* München 1991, S. 273–310.
Krcmar, Helmut: Informationsverarbeitungs-Controlling in der Praxis, in: Information Management, 7. Jg. (1992), H. 2, S. 6–18.
Kreikebaum, Hartmut: Strategische Unternehmensplanung, Stuttgart u. a. 1981.
Kreikebaum, Hartmut: Strategische Unternehmensplanung, 3. Aufl., Stuttgart u. a. 1989.
Kreikebaum, Hartmut: Strategic Issue Analysis, in: HWPl, hrsg. von *Norbert Szyperski,* Stuttgart 1989, Sp. 1876–1885.
Kreilkamp, Edgar: Strategisches Management und Marketing, Berlin, New York 1987.
Kroeber-Riel, Werner: Wirkung und Kontrolle der Werbung, in: Marketing-Journal, Teil 1: Heft 5. 1973, S. 437–443, Teil 2: Heft 6, 1973, S. 520–528.
Krommes, Werner: Das Verhalten der Unternehmung in der Rezession, Berlin 1972.
Kropff, H. F. J.: Die Rolle der Werbung im Marketing-Mix, in: Jahrbuch der Absatz- und Verbrauchsforschung, Nürnberg 1961.
Krüger, Lutz: Yield-Management, in: ZfC, 2. Jg. (1990), S. 240–251.
Krüger, Wilfried: Controlling: Gegenstandsbereich, Wirkungsweise und Funktionen im Rahmen der Unternehmenspolitik, in BFuP, 31. Jg. (1979), S. 158–169.
Krüger, Wilfried: Organisation der Unternehmung, Stuttgart u. a. 1984.
Krümmel, Hans-Jacob: Grundsätze der Finanzplanung, in: ZfB, 34. Jg. (1964), S. 225–240.
Krumnow, Jürgen: Deckungsbeitragsrechnung, Geschäftsstellen- und Kundenkalkulation in der Bank, in: Controlling-Praxis: Erfolgsorientierte Unternehmenssteuerung, hrsg. von *Thomas Reichmann,* München 1988, S. 366–378.
Kruschwitz, Lutz; Fischer, Joachim: Heuristische Lösungsverfahren, in: WiSt, 10. Jg. (1981), S. 449–458.
Kruschwitz, Lutz: Investitionsrechnung, 4. Aufl., Berlin, New York 1990.
Krystek, Ulrich: Controlling und Frühaufklärung, in: ZfC, 2. Jg. (1990), S. 68–75.
Kühn, Richard: Marketing-Mix, in: HWM, hrsg. von *Bruno Tietz, Richard Köhler* und *Joachim Zentes,* 2. Aufl., Stuttgart 1996, Sp. 1615–1628.
Küpper, Hans-Ulrich: Analyse der Differenzierung zwischen Standard- und Prognosekostenrechnung, in: WiSt, 7. Jg. (1978), S. 562–568.
Küpper, Hans-Ulrich; Winckler, Barbara; Zhang, Suixin: Planungsverfahren und Planungsinformationen als Instrument des Controlling, in: DBW, 50. Jg. (1990), S. 435–458.
Küting, Karl-Heinz: Die Erfolgsspaltung – ein Instrument der Bilanzanalyse, in: BB, 36. Jg. (1981), S. 529–535.
Küting, Karl-Heinz: Grundsatzfragen von Kennzahlen als Instrument der Unternehmensführung, in: WiSt, 12. Jg. (1983), S. 237–241.
Küting, Karl-Heinz: Kennzahlensysteme in der betrieblichen Praxis, in: WiSt, 12. Jg. (1983), S. 291–296.
Kunz, Beat R.: Kostenplanung als Mittel der Kostensenkung, in: DU, 36. Jg. (1982), S. 167–182.
Kupsch, Peter: Unternehmungsziele, Stuttgart, New York 1979.
Kurkowski, Horst: Die Berücksichtigung von Stillegungskosten bei der Stillegung von Betrieben oder Betriebsteilen, in: KRP, 4/1967, S. 169–177.
Kusterer, Frank; Knapp, Peter: Weltweit einsatzfähige Führungsinformationssysteme: Umsetzung und Anforderungen, in: Tagungsband zum 11. Deutschen Controlling Congress, hrsg. von *Thomas Reichmann,* München 1996, S. 219–243.

Lachnit, Laurenz: Kennzahlensysteme als Instrument der Unternehmensanalyse, dargestellt an einem Zahlenbeispiel, in: WPg, 28. Jg. (1975), S. 39–51.
Lachnit, Laurenz: Zur Weiterentwicklung betrieblicher Kennzahlensysteme, in: ZfbF, 28. Jg. (1976), S. 216–230.

Lachnit, Laurenz: Systemorientierte Jahresabschlußanalyse, Wiesbaden 1979.
Lachnit, Laurenz: Bewegungs- und Veränderungsbilanz, in: HWR, 2. Aufl., hrsg. von *Erich Kosiol*, Stuttgart 1981, Sp. 141–151.
Lachnit, Laurenz: Betriebliche Früherkennung auf Prognosebasis, in: Schriften zur Unternehmensführung, Nr. 34, hrsg. von *Herbert Jacob*, Wiesbaden 1986, S. 5–30.
Lachnit, Laurenz: EDV-gestützte Unternehmensführung in mittelständischen Betrieben. Controllingsysteme zur integrierten Erfolgs- und Finanzlenkung auf operativer und strategischer Basis, München 1989.
Lachnit, Laurenz: Controllingsystem zur DV-gestützten Erfolgs- und Finanzlenkung in mittelständischen Betrieben, in: ZfC, 1. Jg. (1989), S. 346–355.
Lachnit, Laurenz: Umsatzprognose auf Basis von Expertensystemen, in: Tagungsband 6. Deutscher Controlling Congress, hrsg. von *Thomas Reichmann*, München 1991, S. 251–272.
Lachnit, Laurenz: Erfolgsspaltung auf der Grundlage der GuV nach Gesamt- und Umsatzkostenverfahren, in WPg, 44. Jg. (1991), S. 773–783.
Lackes, Richard: EDV-orientiertes Kosteninformationssystem. Flexible Plankostenrechnung und neuere Technologien, Wiesbaden 1989.
Lackes, Richard: Die Kostenträgerrechnung unter Berücksichtigung der Variantenvielfalt und der Forderung nach konstruktionsbegleitender Kalkulation, in: ZfB, 61. Jg. (1991), S. 87–108.
Lange, Christoph: Die Rentabilitätswirkung steuerlicher Sonderabschreibungen auf Wirtschaftsgüter, die dem Umweltschutz dienen, in: WPg, 27. Jg. (1974), S. 573–580.
Lange, Christoph: Der Subventionswert steuerlicher Sonderabschreibungen für Umweltschutzinvestitionen, in: WPg, 28. Jg. (1975), S. 348–350.
Lange, Christoph: Wertanalyse und Investitions-Controlling, Vortragsunterlagen DIWA, Frankfurt 1984.
Lange, Christoph: Investitionsentscheidungen im Umbruch: Struktur eines Investitions-Controllingsystems, in: Controlling-Praxis. Erfolgsorientierte Unternehmenssteuerung, hrsg. von *Thomas Reichmann*, München 1988, S. 133–146.
Lange, Christoph: Jahresabschlußinformationen und Unternehmensbeurteilung, Stuttgart 1989.
Lange, Herbert: Wege und Methoden zur Verbesserung des Instandhaltungswesens, in: Der Industriebetrieb, 4. Jg. (1956), S. 243–248.
Laßmann, Gert: Die Kosten- und Erlösrechnung als Instrument der Planung und Kontrolle in Industriebetrieben, Düsseldorf 1968.
Laßmann, Gert: Aktuelle Probleme der Kosten- und Erlösrechnung sowie des Jahresabschlusses bei weitgehend automatisierter Serienfertigung, in: ZfbF, 36. Jg. (1984), S. 959–978.
Lattermann, Dietmar: APL in Beispielen, 2. Aufl., München, Wien 1980.
Laux, Helmut: Entscheidungstheorie. Erweiterung und Vertiefung, Berlin, Heidelberg, New York 1982.
Lawrence, Paul R.; Lorsch, Jay W.: Organization and Environment. Managing Differentation and Integration, 8th ed., Homewood 1973.
Lederle, Herbert: Bilanzierung in Brasilien, in: ZfbF, 36. Jg. (1984), S. 247–258.
Leffson, Ulrich: Cash-Flow – weder Erfolgs- noch Finanzierungsindikator, in: Aktuelle Fragen der Unternehmensfinanzierung und Unternehmensbewertung, hrsg. von *Karl-Heinz Forster*, Stuttgart 1970, S. 108–127.
Leffson, Ulrich: Bilanzanalyse, 3. Aufl., Stuttgart 1984.
Lehner, Franz u. a.: Organisationslehre für Wirtschaftsinformatiker, München, Wien 1991.
Liebmann, Hans-Peter: Marketing-Logistik, in: HWM, hrsg. von *Bruno Tietz, Richard Köhler* und *Joachim Zentes*, 2. Aufl., Stuttgart 1996, Sp. 1586–1598.
Link, Jörg: Organisation der strategischen Unternehmungsplanung, in: Strategische Unternehmungsplanung-Strategische Unternehmungsführung, hrsg. von *Dietger Hahn* und *Bernhard Taylor*, 5. Aufl., Heidelberg 1990, S. 609–634.
Link, Jörg; Laufner, Wolfgang: Rechentechnik der Deckungsbeitrags-Flußrechnung, in: KRP, 1989, S. 251–254.
Lücke, Wolfgang: Finanzplanung und Unsicherheit, in: HWF, hrsg. von *Hans E. Büschgen*, Stuttgart 1976, Sp. 567–580.

Lücke, Wolfgang: Planbilanz, in: HWR, hrsg. von *Erich Kosiol* u. a, 2. Aufl., Stuttgart 1981, Sp. 1279–1290.
Lücke, Wolfgang: Finanzplanung und Finanzmanagement, in: 2. Saarbrücker Arbeitstagung. Investitions- und Finanzplanung im Wechsel der Konjunktur, hrsg. von *Wolfgang Kilger* und *August-Wilhelm Scheer,* Würzburg, Wien 1981, S. 23–47.
Lüder, Klaus: Zum Problem der Bestimmbarkeit eines Liquiditätsoptimums, in: ZfB, 37. Jg. (1967), S. 519–533.
Lüder, Klaus: Investitionskontrolle, Wiesbaden 1969.
Lüder, Klaus: Investitionskontrolle, in: HWF, hrsg. von *Hans E. Büschgen,* Stuttgart 1976, Sp. 867–872.
Lüder, Klaus: Risikoanalyse bei Investitionsentscheidungen, in: Angewandte Planung, Bd. 3, 1979, S. 224–233.
Lüder, Klaus: Investitionskontrolle in industriellen Großunternehmen, in: ZfB, 50. Jg. (1980), S. 351–376.
Luhmann, Niklas: Zweckbegriff und Systemrationalität – Über die Funktion von Zwecken in sozialen Systemen, Frankfurt 1973.
Lutz, J. F.: Probleme der Erfassung und Kontrolle entscheidungsrelevanter Daten von Investitionen, in: 2. Saarbrücker Arbeitstagung Investitions- und Finanzplanung im Wechsel der Konjunktur, hrsg. von *Wolfgang Kilger* und *August-Wilhelm Scheer,* Würzburg, Wien 1981, S. 157–175.

Männel, Wolfgang: Wirtschaftlichkeitsfragen der Anlagenerhaltung, Wiesbaden 1968.
Männel, Wolfgang: Kostenspaltung, in: Management-Enzyklopädie, Bd. III, München 1970, S. 1144–1151.
Männel, Wolfgang: Grundzüge einer aussagefähigen Kostenspaltung, in: KRP, 3/1972, S. 111–119.
Männel, Wolfgang: Eigenfertigung und Fremdbezug. Theoretische Grundlagen-Praktische Fälle, 2. Aufl., Stuttgart 1981.
Männel, Wolfgang: Kostenrechnung als Instrument der Unternehmensführung, in: Grenzplankostenrechnung. Stand und aktuelle Entwicklungen, 2. Aufl., hrsg. von *August-Wilhelm Scheer,* Wiesbaden 1990, S. 13–29.
Männel, Wolfgang: Kosten-, Erlös- und Ergebnisrechnung, Schriften zur Betriebswirtschaftslehre, Erlangen, Nürnberg o. Jg.
Männel, Wolfgang; Schmidt, Rudolf: Controlling-Konzeption, in: KRP, o. Jg. (1988), 1, S. 39–41.
Männel, Wolfgang; Weber, Jürgen: Controlling-Konzept. Konzept einer Kosten- und Leistungsrechnung für die Logistik. Struktur und Elemente eines aussagefähigen logistischen Informationssystems, in: Zeitschrift für Logistik, 3. Jg. (1982), S. 83–90.
Mag, Wolfgang: Entscheidung und Information, München 1977.
Magee, John F.: How to use Decisions Trees in Capital Investment, in: HBR, Sept-Oct. 1964, S. 79–96.
Makridakis, Spyros; Reschke, Hasso; Wheelwright, Steven C.: Prognosetechniken für Manager, Wiesbaden 1980.
Mannesmann AG: Geschäftsbericht 1982.
Masing, Walter: Fehlleistungsaufwand, in: Qualität und Zuverlässigkeit, o. Jg. (1988), H. 1, S. 11–12.
Mathews, Kurt: Betriebsvergleich und Kennzahlen als Hilfsmittel des Wirtschaftsprüfers, in: DB, 1939, 3, S. 58–63.
Matzke, Bernd: ABAP/4: die Programmiersprache des *SAP*-Systems R/3, 1. Auflage, Bonn 1996.
Maul, Karl-Heinz: Unternehmensbewertung auf der Basis von Nettoausschüttungen, in: WPg, 26. Jg. (1973), S. 57–63.
Maul, Karl-Heinz: Probleme prognoseorientierter Unternehmensbewertung, in: ZfB, 49. Jg. (1979), S. 107–117.
Mayer, Elmar; Pawlowski, Ernst: Deckungsbeitragsrechnung im Controlling, in: CM, 5. Jg. (1980), S. 125–132.
McKinsey & Company, Inc.: Qualität gewinnt, Stuttgart 1995, S. 248–256.

Medicke, Werner: Produktkosten-Controlling in Unternehmen mit Einzel- und Serien-, Sorten- und Massenfertigung, in: Grenzplankostenrechnung. Stand und aktuelle Probleme, 2. Aufl., hrsg. von *August-Wilhelm Scheer*, Wiesbaden 1990, S. 287–315.
Meffert, Heribert: Strategische Planungskonzepte in stagnierenden und gesättigten Märkten, in: DBW, 43. Jg. (1983), S. 193–209.
Meffert, Heribert: Größere Flexibilität als Unternehmenskonzept, in: ZfbF, 37. Jg. (1985), S. 121–137.
Meffert, Heribert: Strategische Unternehmensführung und Marketing, Wiesbaden 1988.
Meffert, Heribert: Marketing, Grundlagen der Absatzpolitik, Nachdr. 7. Aufl., Wiesbaden 1989.
Meffert, Heribert: Die Wertkette als Instrument einer integrierten Unternehmensplanung, in: Der Integrationsgedanke in der Betriebswirtschaftslehre, hrsg. von *Klaus Delfmann*, Wiesbaden 1989, S. 255–278.
Meffert, Heribert: Klassische Funktionenlehre und marktorientierte Führung – Integrationsperspektiven aus der Sicht des Marketing, in: Integration und Flexibilität: eine Herausforderung für die Allgemeine Betriebswirtschaftslehre, hrsg. von *Dietrich Adam* u. a., Wiesbaden 1990, S. 373–408.
Meissner, Hans G.: Strategisches Internationales Marketing, Berlin u. a. 1988.
Meissner, Hans G.: Marketing im Gemeinsamen Europäischen Markt, in: Märkte in Europa: Strategien für das Marketing, hrsg. von *Hartmut Berg, Hans G. Meissner* und *Wolfgang B. Schünemann*, Stuttgart 1990, S. 99–162.
Meissner, Hans G.; Auerbach, Heiko: Euro-Marketing-Controlling, in: ZfC, 2. Jg. (1990), S. 232–239.
Mellerowicz, Konrad: Neuzeitliche Kalkulationsverfahren, 6. Aufl., Freiburg i. Br. 1977.
Menrad, Siegfried: Die Problematik der Kostenzurechnung, in: WiSt, 1. Jg. (1972), S. 488–494.
Mertens, Peter: Zum Inhalt computergestützter Informationssysteme, in: Management-Informationssysteme. Eine Herausforderung an Forschung und Entwicklung, hrsg. von *Erwin Grochla* und *Norbert Szyperski*, Wiesbaden 1971, S. 653–665.
Mertens, Peter: Integrierte Informationsverarbeitung I: Administrations- und Dispositionssysteme in der Industrie, 8. Aufl., Wiesbaden 1991.
Mertens, Peter; Allgeyer, Karlheinz: Künstliche Intelligenz in der Betriebswirtschaft, in: ZfB, 53. Jg. (1983), S. 686–709.
Mertens, Peter; Allgeyer, Karlheinz; Däs, Harald: Betriebliche Expertensysteme in deutschsprachigen Ländern. Versuch einer Bestandsaufnahme, in: ZfB, 56. Jg. (1986), S. 905–941.
Mertens, Peter; Backert, Klaus: Vergleich und Auswahl von Prognoseverfahren für betriebswirtschaftliche Zwecke – Überblicksartikel, in: ZfOR, 24. Jg. (1980), S. B1-B27.
Mertens, Peter; Hansen, Klaus; Rackelmann, Günter: Selektionsentscheidungen im Rechnungswesen – Überlegungen zu computergestützten Kosteninformationssystemen, in: DBW, 37. Jg. (1977), S. 77–88.
Mertens, Peter; Griese, Joachim: Integrierte Informationsverarbeitung II: Planungs- und Kontrollsysteme in der Industrie, 6. Aufl., Wiesbaden 1991.
Mertens, Peter; Bissantz, Nicolas; Hagedorn, Jürgen: Data Mining im Controlling – Überblick und erste Praxiserfahrungen, in: Zeitschrift für Betriebswirtschaft, 67. Jg. (1997) 2, S. 179–201.
Mertens, Peter; Haun, Peter: Erfahrungen mit einem Prototyp des daten- und methodenbankgestützten Rechnungswesen, in: Tagungsband 7. Saarbrücker Arbeitstagung Rechnungswesen und EDV, hrsg. von *Wolfgang Kilger* und *August-Wilhelm Scheer*, Heidelberg 1986, S. 93–111.
Mertens, Peter; Puhl, Werner: Computergestütztes Rechnungswesen als Planungshilfe, in: Unternehmensplanung und -steuerung in den 80er Jahren. Eine Herausforderung an die Informatik, hrsg. von *Herbert Krallmann*, Berlin, Heidelberg, New York 1982, S. 137–163.
Mertens, Peter; Rackelmann, Günter: Konzept eines Frühwarnsystems auf der Basis von Produktlebenszyklen, in: ZfB, 49. Jg. (1972), 2. Erg.-Heft, S. 78–88.
Merz, Walter G.: Zur Ermittlung der Wagnistreueprämie für die Betriebsunterbrechungs-Versicherung, Weißenburg 1951.

Meyer, Claus: Betriebswirtschaftliche Kennzahlen und Kennzahlensysteme, Stuttgart 1976.

Meyer, Jürgen: Qualität als strategische Wettbewerbswaffe, in: Wettbewerbsvorteile und Wettbewerbsfähigkeit, hrsg. von *Hermann Simon,* Stuttgart 1988, S. 73–88.

Meyer-Piening, Arnulf: Zero-Base-Budgeting, in: HWPl, hrsg. von *Norbert Szyperski,* Stuttgart 1989, Sp. 2277–2296.

Michaelis, Elke: Planungs- und Kontrollprobleme in Unternehmungen und Property Rights-Theorie, in: Betriebswirtschaftslehre und Theorie der Verfügungsrechte, hrsg. von *Dietrich Budäus, Elmar Gerum* und *Gebhard Zimmermann,* Wiesbaden 1988, S. 119–148.

Miles, Lawrence D.: Value Engineering: Wertanalyse, die praktische Methode zur Kostensenkung, 3. Aufl., München 1969.

Miles, Lawrence D.: Techniques of Value Analysis and Engineering, 2nd ed., New York 1972.

Miller, Jeffrey G.; Vollmann, Thomas E.: The Hidden Factory, in: HBR, Vol. 63 (1985), 5, S. 142–150.

Moews, Dieter: Zur Aussagefähigkeit neuerer Kostenrechnungsverfahren, Berlin 1969.

Monden, Yasuhiro: Cost Management in the New Manufacturing Age, Camebridge (Mass.) 1992.

Moxter, Adolf: Finanzwirtschaftliche Risiken, in: HWF, hrsg. von *Hans E. Büschgen,* Stuttgart 1976, Sp. 630–641.

Moxter, Adolf: Grundsätze ordnungsmäßiger Unternehmensbewertung, 1. Aufl., Wiesbaden 1976 und 2. Aufl., Wiesbaden 1983.

Moxter, Adolf: Bilanzlehre, 1. Einführung in die Bilanztheorie, 3. Aufl., Wiesbaden 1984.

Mucksch, Harry; Holthuis, Jan; Reiser, Marcus: Das Data Warehouse-Konzept – ein Überblick, in: Wirtschaftsinformatik, 38. Jg. (1996) 4, S. 421–433.

Müller, Heinrich: Die Entwicklung des EDV-Einsatzes für die Grenzplankostenrechnung, in: Grenzplankostenrechnung. Stand und aktuelle Entwicklungen, 2. Aufl., hrsg. von *August-Wilhelm Scheer,* Wiesbaden 1990, S. 107–136.

Müller, Heinrich: Entwicklungstendenzen im innerbetrieblichen Rechnungswesen. Realisierungschancen im Standard-Software-Bereich, in: Strategieunterstützung durch das Controlling: Revolution im Rechnungswesen, hrsg. von *Péter Horváth,* Stuttgart 1990, S. 307–331.

Müller, Heinrich: Prozeßkonforme Grenzplankostenrechnung, Wiesbaden 1993.

Müller, J. S.; Würzner, S. K.; Höttges, T.: Informationsverarbeitungs-Controlling – Führungsinstrument des Informationsmanagements, in: Praxis der Informationsverarbeitung und Kommunikation (PIK), 15. Jg. (1992), 3, S. 155–162.

Müller-Merbach, Heiner: Operations Research. Methoden und Modelle der Optimalplanung, 3. Aufl., München 1973.

Müller-Merbach, Heiner: Frühwarnsysteme zur Voraussage und Bewältigung von Unternehmenskrisen, in: Unternehmensprüfung und -beratung. Festschrift zum 60. Geburtstag von Bernhard Hartmann, Freiburg i. Br. 1976, S. 159–177.

Müller-Merbach, Heiner: Datenursprungsbezogene Planungssysteme, in: ZfB, 49. Jg. (1979), 2. Erg.-Heft, S. 151–161.

Nadder, Eliezer: Inventory Systems, London, New York, Sidney 1966.

Nagel, Kurt: Nutzen der Informationsverarbeitung – Methoden zur Bewertung von strategischen Wettbewerbsvorteilen, Produktivitätsverbesserungen und Kosteneinsparungen, München 1988.

Neubauer, Franz-Friedrich: Portfolio-Management, Neuwied 1982.

Neubürger, Klaus W.: Chancen- und Risikobeurteilung im strategischen Management. Die informatorische Lücke, Stuttgart 1989.

Niebling, Helmut: Kurzfristige Finanzrechnung auf der Grundlage von Kosten- und Erlösmodellen, Wiesbaden 1963.

Nieschlag, Robert; Dichtl, Erwin; Hörschgen, Hans: Marketing, 17. Aufl., Berlin 1994.

Nieß, Peter S.: Fertigungssysteme, flexible, in: HWP, hrsg. von *Werner Kern,* Stuttgart 1979, Sp. 595–604.

Niggemann, Reinhard: Außendienst effizient steuern – mehr erreichen, in: Marketing-Journal, 17. Jg. (1984), S. 152 f.

OECD (Hrsg.): Industrial Revival through technology, Paris 1988.
Oecking, Georg: Strategisches und operatives Fixkostenmanagement, in: ZfC, 5.Jg. (1993), 2, S. 82–90.
Oecking, Georg: Strategisches und operatives Fixkostenmanagement. Möglichkeiten und Grenzen des theoretischen Konzeptes und der praktischen Umsetzung im Rahmen des Kosten- und Erfolgs-Controlling, München 1994.
Oecking, Georg: Qualitätskostenmanagement, in: KRP, o.Jg. (1995), S. 80–86.
Ordelheide, Dieter: Instandhaltungsplanung. Simulationsmodelle für Instandhaltungsentscheidungen, Wiesbaden 1973.
o. V.: Controllership and Treasureship Functions Defined by FEI, in: The Controller, Vol. 30 (1962), S. 289.
o. V.: Preis-Optik mit Weißen, in: ASW, 27.Jg. (1984), 1, S. 44f.
o. V.: Vertriebswege umleiten, in: ASW, 27.Jg. (1984), 3, S. 40–47.

Pack, Ludwig: Optimale Bestellmenge und optimale Losgröße. Zu einigen Problemen ihrer Ermittlung, in: ZfB, 33.Jg. (1963), S. 465–492 und 573–594.
Palloks, Monika: Marketing-Controlling. Konzeption zur entscheidungsbezogenen Informationsversorgung des operativen und strategischen Marketing-Managements, Frankfurt a.M., Bern, New York 1991.
Palloks, Monika: Wettbewerbsanalyse, in: Vahlens Großes Controllinglexikon, hrsg. von *Péter Horváth* und *Thomas Reichmann,* München 1993, S. 662–665.
Palloks, Monika: Kundenorientierung und Kostenmanagement. Ein Fallbeispiel zum integrierten Einsatz von Conjoint-Analyse und modernem Zielkostenmanagement bei Produktentscheidungen, in: Marktforschung und Management, 39.Jg. (1995), H. 3, S. 119–124.
Palloks, Monika: Kennzahlen, absatzwirtschaftliche, in: Handwörterbuch des Marketing, hrsg. von *Bruno Tietz, Richard Köhler* und *Joachim Zentes,* 2. Aufl., Stuttgart 1996, Sp. 1136–1153.
Palloks, Monika: Marketing-Accounting mit Database Marketing, in: Handbuch Database Marketing, hrsg. von *Jörg Link* et al. (Veröffentlichung in Vorbereitung).
Peemöller, Volker H.: Praktisches Lehrbuch Controlling und betriebliche Prüfung, München 1978.
Perridon, Louis; Steiner, Manfred: Finanzwirtschaft der Unternehmung, 6. Aufl., München 1991.
Pfeiffer, Werner u.a.: Technologie-Portfolio-Methode des strategischen Innovationsmanagement, in: ZfO, 52.Jg. (1983), S. 252–261.
Pfeiffer, Werner; Bischof, Peter: Produktlebenszyklus – Instrument jeder strategischen Produktionsplanung, in: Planung und Kontrolle, hrsg. von *Horst Steinmann,* München 1981, S. 133–166.
Pfohl, Hans-Christian: Logistiksysteme, Berlin, Heidelberg u.a. 1985.
Pfohl, Hans-Christian: Strategische Kontrolle, in: Handbuch Strategische Führung, hrsg. von *Herbert A. Henzler,* Wiesbaden 1988, S. 801–824.
Pfohl, Hans-Christian; Wübbenhorst, Klaus L.: Lebenszykluskosten, Ursprung, Begriff und Gestaltungsvariablen, in: JfB, 33.Jg. (1983), 3, S. 142–154.
Pfohl, Hans-Christian; Zettelmeyer, Bernd: Strategisches Controlling?, in: ZfB, 57.Jg. (1987), S. 145–175.
Picot, Arnold: Transaktionskostenansatz in der Organisationstheorie: Stand der Diskussion und Aussagewert, in: DBW, 42.Jg. (1982), S. 267–284.
Picot, Arnold: Theoretische Überlegungen zur Kostenpolitik der Unternehmung bei rückläufiger Wirtschaftsentwicklung. Betriebswirtschaftliche Entscheidungen bei Stagnation, Edmund Heinen zum 65. Geburtstag, hrsg. von *Ludwig Pack* und *Dietrich Börner,* Wiesbaden 1984, S. 145–163.
Picot, Arnold; Rischmüller, Gerd: Planung und Kontrolle der Verwaltungskosten in Unternehmungen, in: ZfB, 51.Jg. (1981), S. 311–346.
Plaut, Hans-Georg: Essentials eines modernen innerbetrieblichen Rechnungswesens, in: CM, 14.Jg. (1989), S. 233–240.
Plaut, Hans-Georg; Müller, Heinrich; Medicke, Werner: Grenzplankostenrechnung und Datenverarbeitung, 3. Aufl., München 1973.

Pleitner, Hans-Jobst: Die Portfolio-Analyse als Führungsinstrument im Marketing, in: BFuP, 35.Jg. (1983), S. 269–282.
Poensgen, Otto H.: Break-Even-Analysis, in: HWR, 2. Aufl., hrsg. von *Erich Kosiol*, Stuttgart 1981, Sp. 303–313.
Pohle, Klaus: Kritische Analyse des Management-Informationssystems aus der Sicht des Vorstands, in: Unternehmensführung und Controlling, hrsg. von *Hans-Ulrich Küpper* u. a., Wiesbaden 1990, S. 1–18.
Porter, Michael E.: Wettbewerbsvorteile. Spitzenleistungen erreichen und behaupten, Frankfurt a. M. 1986.
Porter, Michael E.: Wettbewerbsstrategien. Methoden zur Analyse von Branchen und Konkurrenten, 6. Aufl., Frankfurt a. M. 1990.
Porter, Michael E.; Millar, Victor E.: Wettbewerbsvorteile durch Information, in: HM, 8.Jg. (1986), 1, S. 26–35.
Pougin, Erwin: Bilanzpolitik, in: Schriften zur Unternehmensführung, Bd. 10, Wiesbaden 1969, S. 5–28.

Raffée, Hans: Grundprobleme der Betriebswirtschaftslehre, Göttingen 1974.
Raffée, Hans: Grundfragen und Ansätze des strategischen Marketing, in: Strategisches Marketing, hrsg. von *Hans Raffée* und *Klaus Peter Wiedmann*, 2. Aufl., Stuttgart 1989, S. 3–33.
Raffée, Hans: Prognosen als ein Kernproblem der Marketingplanung, in: Strategisches Marketing, hrsg. von *Hans Raffée* und *Klaus Peter Wiedmann*, 2. Aufl., Stuttgart 1989.
Rasinger, Wilhelm G.: Finanz-Controlling, in: Handbuch Revision, Controlling, Consulting, hrsg. von *Günther Haberland*, *Peter Preißler* und *Carl Meyer*, Teil II, Controlling 11.2, München 1978, S. 1–18.
Rationalisierungs-Kuratorium der Deutschen Wirtschaft e. V.: Rationelle Vorratshaltung, Berlin, Köln 1975.
Reichmann, Thomas: Die betrieblichen Anpassungsprozesse im Lagerbereich, in: ZfbF, 19.Jg. (1967), S. 762–774.
Reichmann, Thomas: Die Abstimmung von Produktion und Lager bei saisonalem Absatzverlauf, Köln und Opladen 1968.
Reichmann, Thomas: Die Bestimmung des optimalen Produktionsplans bei mehrstufigen Fertigungsprozessen in Saisonunternehmen, in: ZfB, 38.Jg. (1968), S. 683–700.
Reichmann, Thomas: Die Planung von Preisgrenzen im Beschaffungsbereich der Unternehmung. Festschrift zum 70. Geburtstag von Karl Hax, in: ZfbF, 23.Jg. (1971), S. 793–802.
Reichmann, Thomas: Kosten und Preisgrenzen. Die Bestimmung von Preisuntergrenzen und Preisobergrenzen im Industriebetrieb, Wiesbaden 1973.
Reichmann, Thomas: Die Berechnung von Preisuntergrenzen unter Berücksichtigung der zeitlichen Fixkostenstruktur, in: KRP, 1974, S. 21–26.
Reichmann, Thomas: Die Unternehmensplanung unter Berücksichtigung der spezifischen Probleme einer partiellen oder totalen Betriebsunterbrechung, in: ZfbF, 26.Jg. (1974), S. 785–797.
Reichmann, Thomas: Finanzplanung, in: HWB, 4. Aufl., hrsg. von *Erwin Grochla* und *Waldemar Wittmann*, Stuttgart 1974, Sp. 1477–1483.
Reichmann, Thomas: Die Bedeutung der Finanzplanung für die Bestimmung finanzwirtschaftlicher Preisuntergrenzen, in: ZfB, 45.Jg. (1975), S. 463–472.
Reichmann, Thomas: Die kostenminimale Abstimmung von Kapazität, Beschäftigung und Lagerhaltung in Unternehmen mit rhythmisch schwankendem Absatzverlauf (I) und (II), in: KRP, 1975, 5, S. 199–205 und 6, S. 275–281.
Reichmann, Thomas: Preis- und Produktpolitik in der Rezession mit Hife von Kennzahlen, in: ZfB, 46.Jg. (1976), S. 481–496.
Reichmann, Thomas: Wirtschaftliche Vorratshaltung, eine gemeinsame Aufgabe für Einkauf, Materialwirtschaft und Betriebsleitung, in: ZfB, 48.Jg. (1978), S. 565–578.
Reichmann, Thomas: Die strategische Unternehmensführung, eine Hauptaufgabe des Managers, in: Top-Manager stehen Rede und Antwort, hrsg. von *Thomas Reichmann*, München 1979, S. 19–33.

Reichmann, Thomas: Lagerhaltungspolitik, in: HWP, hrsg. von *Werner Kern,* Stuttgart 1979, Sp. 1060–1073.
Reichmann, Thomas: Economic Inventory Management Based on Demand Plans, in: Economics and Management of Inventories, Proceedings First International Symposium on Inventories, Budapest, Hungary 1980, S. 227–237.
Reichmann, Thomas: Zuschlagskalkulation, in: HWR, hrsg. von *Erich Kosiol, Klaus Chmielewicz* und *Marcell Schweitzer,* 2. Aufl., Stuttgart 1981, Sp. 1854–1870.
Reichmann, Thomas: Arbeitsschutz- und Arbeitsunfallkosten im betrieblichen Rechnungswesen, in: Humanvermögensrechnung, hrsg. von *Herbert Schmidt,* Berlin, New York 1982, S. 457–477.
Reichmann, Thomas: Die kostenminimale Lagerhaltung im Beschaffungsbereich auf der Basis von Absatzprognosen, in: KRP, 5/1982, S. 199–204.
Reichmann, Thomas: Controlling in der betrieblichen Logistik, in: 4. Internationaler Logistik-Kongreß, Kongreßhandbuch II, hrsg. vom *Institut für Logistik,* Dortmund 1983, S. 100–106.
Reichmann, Thomas: Logistik-Controlling und -Kostenrechnung, in: Fördertechnik. Zeitschrift für Materialfluß, Transport- und Lagertechnik, 54. Jg. (1985), S. 21–36.
Reichmann, Thomas: Grundlagen einer systemgestützten Controlling-Konzeption mit Kennzahlen, in: ZfB, 55. Jg. (1985), S. 887–898.
Reichmann, Thomas: Entwicklungen und Trends im Controlling, in: Controlling-Praxis, Erfolgsorientierte Unternehmenssteuerung, hrsg. von *Thomas Reichmann,* München 1988, S. 1–15.
Reichmann, Thomas: Logistik-Controlling, in: ZfC, 1. Jg. (1989), S. 18–25.
Reichmann, Thomas: Kennzahlengestütztes Controlling auf Basis eines Führungsinformationssystems, in: Tagungsband 11. Saarbrücker Arbeitstagung Rechnungswesen und EDV, Heidelberg 1990, S. 159–185.
Reichmann, Thomas: Ratios, in: Handbook of German Business Management, hrsg. von *Erwin Grochla* u. a., Stuttgart, Berlin, Heidelberg 1990, Sp. 2092–2104.
Reichmann, Thomas: Controlling mit Kennzahlen, 2. Aufl., München 1990.
Reichmann, Thomas: Zuschlagskalkulation, in: HWR, hrsg. von *Klaus Chmielewicz* und *Marcell Schweitzer,* 3. Aufl., Stuttgart 1993, Sp. 2262–2272.
Reichmann, Thomas; Fröhling, Oliver: Fixkostenmanagementorientierte Plankostenrechnung vs. Prozeßkostenrechnung – Zwei Welten oder Partner?, in: ZfC, 3. Jg. (1991), S. 42–44.
Reichmann, Thomas; Fröhling, Oliver: Integration von Prozeßkostenrechnung und Fixkostenmanagement, in: KRP-Sonderheft, 1993, S. 63–73.
Reichmann, Thomas; Fröhling, Oliver: Euro-Controlling. Konzeption, System und DV-technische Applikation, in: DBW, 54. Jg. (1994), S. 59–73.
Reichmann, Thomas; Haiber, Thomas; Fröhling, Oliver: Open System Simulation. Konzept für ein flexibles Strategien-Controlling, in: ZfC, 4. Jg. (1992), 6, S. 304–311.
Reichmann, Thomas; Krüger, Lutz: Computer Integrated Controlling (CIC). Ein Beitrag zur DV-gestützten Controlling-Konzeption als Instrument der Unternehmensführung, in: Tagungsband 2. Deutscher Controlling Congress, hrsg. von *Thomas Reichmann,* München 1987, S. 37–71.
Reichmann, Thomas; Lachnit, Laurenz: Planung, Steuerung und Kontrolle mit Hilfe von Kennzahlen, in: ZfbF, 28. Jg. (1976), S. 705–723.
Reichmann, Thomas; Lachnit, Laurenz: Kennzahlensysteme als Instrument zur Planung, Steuerung und Kontrolle von Unternehmungen, in: Maschinenbau, o. Jg. (1977), 9, S. 45–53 und 10, S. 13–19.
Reichmann, Thomas; Lachnit, Laurenz: Das Rechnungswesen als Management-Informationssystem zur Krisenerkennung und Krisenbewältigung, in: BFuP, 30. Jg. (1978), S. 203–219.
Reichmann, Thomas; Lachnit, Laurenz: Unternehmensführung mit Hilfe eines absatzorientierten Frühwarnsystems, in: ZfB, 49. Jg. (1979), 2. Erg.-Heft, S. 107–119.
Reichmann, Thomas; Lange, Christoph: Aufgaben und Instrumente des Investitions-Controlling, in: DBW, 45. Jg. (1985), S. 454–466.
Reichmann, Thomas; Rick-Lenze, Roland: Ein Führungsinformationskonzept in der Praxis: Nutzungsmöglichkeiten zur operativen Unternehmensführung, in: Tagungsband 5. Deutscher Controlling Congress, hrsg. von *Thomas Reichmann,* München 1990, S. 61–82.

Reichmann, Thomas; Scholl, Hermann J.: Kosten- und Erfolgscontrolling auf der Basis von Umsatzplänen, in: DBW, 44. Jg. (1984), S. 427–437.
Reichmann, Thomas; Voßschulte, Alfred: Kennzahlengestütztes Controlling für national und international tätige Unternehmen, in: Controlling. State of the Art und Entwicklungstendenzen, hrsg. von *Johann Risak* und *Albrecht Deyhle*, Wiesbaden 1992, S. 69–92.
Reichmann, Thomas; Fritz, Burkhard; Fröhling, Oliver: Kennzahlengestütztes Controlling auf der Basis eines PC-gestützten Führungsinformationssystems. Transparenz und Flexibilität im Berichts- und Rechnungswesen, in: ZfC, 2. Jg. (1990), S. 262–267.
Reichmann, Thomas; Kleinschnittger, Ulrich; Kemper, Werner: Empirische Untersuchung zur Funktionsbestimmung und Funktionsabgrenzung des Controlling, in: Controlling-Praxis. Erfolgsorientierte Unternehmenssteuerung, hrsg. von *Thomas Reichmann*, München 1988, S. 16–59.
Reichmann, Thomas; Schwellnuß, Axel G.; Fröhling, Oliver: Fixkostenmanagementorientierte Plankostenrechnung. Kostentransparenz und Entscheidungsrelevanz gleichermaßen sicherstellen, in: ZfC, 2. Jg. (1990), S. 60–67.
Reichmann, Thomas; Voßschulte, Alfred; Keller, Martin: Euro-Controlling: Controlling-Konzeptionen für international tätige Unternehmen, in: Europa ohne Grenzen. Chancen und Risiken der deutschen Wirtschaft, hrsg. von *Thomas Reichmann* und *Alfred Voßschulte*, München 1992, S. 92–109.
Reid, David M.: Operationalizing Strategic Planning, in: SMJ, Vol. 10 (1989), S. 553–567.
Reige, Jürgen: Publizitätspraxis und Nutzung ausgewählter handelsrechtlicher Wahlrechte, in: BB, 44. Jg. (1989), S. 1648–1655.
Reiß, Herbert: Internationales Projektcontrolling bei der Einführung der Prozeßkostenrechnung im Hause Hewlett-Packard, in: Internationalisierung des Controlling, hrsg. von *Péter Horváth*, Stuttgart 1989, S. 341–351.
Reiß, Michael; Corsten, Hans: Grundlagen des betriebswirtschaftlichen Kostenmanagements, in: WiSt, 19. Jg. (1990), S. 390–396.
Rembeck, Max; Eichholz, Günther P.: Leitfaden für die industrielle Beschaffungsmarktforschung. Mit Beispielen, hrsg. von *RKW/BIF,* Frankfurt a. M. 1976.
Rhode, Rainer: Kurzfristige Material- und Finanzplanung bei mehrfacher Zielsetzung, Würzburg, Wien 1982.
Richter, Hermann J.: Theoretische Grundlagen des Controlling. Strukturkriterien für die Entwicklung von Controlling-Konzeptionen, Frankfurt a. M., Bern, New York 1987.
Rick-Lenze, Roland: Controllingsystem in der Elektroindustrie. Struktur und Aufbau eines DV-gestützten Informationssystems, Frankfurt a. M., Bern, New York 1987.
Riebel, Paul: Kurzfristige unternehmerische Entscheidungen im Erzeugungsbereich auf Grundlage des Rechnens mit relativen Einzelkosten und Deckungsbeiträgen, in: NB, 20. Jg. (1967), 8, S. 1–23.
Riebel, Paul: Einzelkosten- und Deckungsbeitragsrechnung, 6. Aufl., Wiesbaden 1990.
Riebel, Paul; Sinzig, Werner: Zur Realisierung der Einzelkosten- und Deckungsbeitragsrechnung mit einer relationalen Datenbank, in: ZfbF, 33. Jg. (1981), S. 457–489.
Riebell, Claus: Die Praxis der Bilanzauswertung, 4. Aufl., Stuttgart 1988.
Riedlinger, Peter: Strategische Produktkalkulation – eine Produktkalkulation nach Vorgangskosten, in: Tagungsband 1. Österreichischer Controlling Congress, hrsg. von *Thomas Reichmann*, München 1989.
Rieser, Ignaz: Frühwarnsysteme für die Unternehmungspraxis, München 1980.
Rinza, Peter; Schmitz, Heiner: Nutzwert-Kosten-Analyse, Düsseldorf 1977.
Rockart, John F.: Chief executives define their own data needs, in: HBR, Vol. 57 (1979), S. 81–92.
Rogler, Silvia: Gewinn- und Verlustrechnung nach dem Umsatzkostenverfahren, Wiesbaden 1990.
Romano, Patrick L.: Where is Cost Management going?, in: MA, Vol. 72 (1990), 2, S. 53–56.
Roventa, Peter: Portfolio-Analyse und strategisches Management. Ein Konzept zur strategischen Chancen- und Risikohandhabung, München 1979.
Rückle, Dieter: Betriebliche Investitionen, in: DBW, 43. Jg. (1983), S. 457–476.
Rumpenhorst, Günter: Der Controller – Aufgaben und Stellung im Unternehmen, in: Der Betriebswirt, 18. Jg. (1977), 1, S. 11–14.

Sachs, Gerd: Technik der Finanzplanung, in: Finanzplanung und Finanzkontrolle, hrsg. von *Jürgen Hauschildt, Gerd Sachs* und *Eberhard Witte,* München 1981, S. 90–128.
Sachs, Lothar: Angewandte Statistik. Anwendung statistischer Methoden, 6. Aufl., Berlin, Heidelberg, New York 1984.
Sakurai, Michiharu: Target Costing and How to Use it, in: Journal of Cost Management, 1989, 2, S. 39–50.
Sakurai, Michiharu; Keating, Patrick J.: Target Costing und Activity-Based-Costing, in: ZfC, 6. Jg. (1994), 2, S. 84–91.
SAP: R/3 System Online Dokumentation Version 3.0 (CD-ROM), 1996.
SAP: R/3 System Release 3.0 Documentation Print Files, November 1996 (CD-ROM).
SAP: Visual Sapphire '96, Vienna, Juni 1996 (CD-ROM).
Salter, Malcom S.; Weinhold, Wolf A.: A Diversification through Acquisition – Strategies for Creating Economic Value, New York, London 1979.
Sarx, Manfred: § 272 Eigenkapital, in: Beck'scher Bilanzkommentar. Der Jahresabschluß nach Handels- und Steuerrecht, 2. Aufl., München 1992, S. 986–1036.
Schacht, Knut: Die Bedeutung der Finanzierungsregeln für unternehmerische Entscheidungen, Wiesbaden 1971.
Schedlbauer, Hans; Oswald, Adolf: Praxis der Erstellung und Aufgaben von Planbilanzen, in: DBW, 39. Jg. (1979), 3, S. 467–479.
Scheer, August-Wilhelm: Einsatz von Datenbanksystemen im Rechnungswesen – Überblick und Entwicklungstendenzen, in: ZfbF, 33. Jg. (1981), S. 490–507.
Scheer, August-Wilhelm: Personal Computer: Zusätzliches Auswertungsinstrument oder integraler Bestandteil eines EDV-gesteuerten Rechnungswesens, in: Tagungsband 5. Saarbrücker Arbeitstagung Rechnungswesen und EDV, hrsg. von *Wolfgang Kilger* und *August-Wilhelm Scheer,* Würzburg, Wien 1984, S. 45–69.
Scheer, August-Wilhelm: Computer Integrated Manufacturing (CIM). Der computergesteuerte Industriebetrieb, 4. Aufl., Berlin u. a. 1990.
Scheer, August-Wilhelm: Wirtschaftsinformatik. Informationssysteme im Industriebetrieb, 3. Aufl., Berlin u. a. 1990.
Scheer, August-Wilhelm: EDV-orientierte Betriebswirtschaftslehre. Grundlagen für ein effizientes Informationsmanagement, 4. Aufl., Berlin u. a. 1990.
Scheer, August-Wilhelm: Prozeßketten und Unternehmensdatenbanken – Herausforderungen auch für das Controlling, in: Tagungsband 11. Saarbrücker Arbeitstagung Rechnungswesen und EDV, hrsg. von *August-Wilhelm Scheer,* Heidelberg 1990, S. 3–19.
Scheer, August-Wilhelm: Architektur integrierter Informationssysteme – Grundlagen der Unternehmensmodellierung, 2. Aufl., Berlin et al. 1992.
Scheer, August-Wilhelm: Wirtschaftsinformatik – Referenzmodelle für industrielle Geschäftsprozesse, 6. Aufl., Berlin et al. 1995.
Scheer, August-Wilhelm: Data Warehouse und Data Mining, in: Information Management, o. Jg. (1996) 1, S. 74–75.
Scheer, August-Wilhelm; Jost, Wolfram; Kraemer, Wolfgang: CIM und Expertensysteme: Auswirkungen auf das Controlling, in: Tagungsband 6. Deutscher Controlling Congress, hrsg. von *Thomas Reichmann,* München 1991, S. 537–599.
Scheffler, Hans E.: Prüfung von Investitionen, 2. Aufl., Herne, Berlin 1977.
Schenk, Hans: Die Betriebskennzahlen. Begriff, Ordnung und Bedeutung für die Betriebsbeurteilung, Leipzig 1939.
Schilling, Herbert; Jörissen, Hermann: Das Produkthaftungsrisiko, in: DBW, 48. Jg. (1988), S. 311–329.
Schimank, Christof: Strategische Entscheidungsunterstützung durch prozeßorientierte Kosteninformationen, in: Strategieunterstützung durch das Controlling: Revolution im Rechnungswesen, hrsg. von *Péter Horváth,* Stuttgart 1990, S. 227–247.
Schmalenbach, Eugen: Die Aufstellung von Finanzplänen, 2. Aufl., Leipzig 1937.
Schmidt, Ralf-Bodo: Wirtschaftslehre der Unternehmung, Stuttgart 1969.
Schmitt-Rink, Gerhard: Unternehmenswachstum und -schrumpfung, Teil II: Variable Wachstumsrate (Schrumpfungsrate) der Nachfrage, in: Jahrbücher für Nationalökonomie und Statistik, o. Jg. (1967/68), Bd. 181, S. 97–116.

Schneeweiß, Hans: Entscheidungskriterien bei Risiko, Berlin, Heidelberg, New York 1967.
Schneeweiß, Hans: Ökonometrie, Würzburg, Wien 1971.
Schneider, Dieter: Finanzplanung, Koordination mit der Gesamtplanung, in: HWF, hrsg. von *Hans E. Büschgen,* Stuttgart 1976, Sp. 558–567.
Schneider, Dieter: Investition und Finanzierung, 5. Aufl., Wiesbaden 1980.
Schneider, Dieter: Investition, Finanzierung und Besteuerung, 6. Aufl., Wiesbaden 1990.
Schneider, Erich: Wirtschaftlichkeitsrechnung. Theorie der Investition, 8. Aufl., Tübingen, Zürich 1973.
Schneider, Jörg: Die Ermittlung strategischer Unternehmenswerte, in: BFuP, 40. Jg. (1988), S. 522–531.
Schneider, Jörg: Strategische Unternehmensbewertung als Teil der Akquisitionsplanung, in: Strategieentwicklung: Konzepte und Erfahrungen, hrsg. von *Hans-Christian Riekhof,* Stuttgart 1989, S. 213–234.
Schneiderhan, Wolfgang: Zum Problem der zeitlichen Abstimmung von Produktions- und Absatzmengen in mehrstufigen Unternehmen bei gegebenen Kapazitäten, Diss. Saarbrücken 1971.
Schnettler, Albert: Betriebsvergleich, 3. Aufl., Stuttgart 1961.
Schnieder, Antonio: Prozeßorientiertes Controlling und Rechnungswesen, in: ZfC, 2. Jg. (1990), S. 12–17.
Schöneburg, Eberhard; Nieß, Jürgen; Sautter, Uwe: Aktienkurs-Prognose mit Neuronalen Netzwerken, in: CHIP-Plus, 7, 1990, S. XIII–XVI.
Scholl, Hermann J.: Fixkostenorientierte Plankostenrechnung, Würzburg, Wien 1981.
Scholl, Hermann J.: Der Aufbau einer Logistikkostenrechnung als geschlossenes System, Beitrag zur Industrieforschung Nr. 25, Lehrstuhl für Unternehmensrechnung, Universität Dortmund 1984, S. 1–29.
Scholz, Christian: Strategisches Management – Auf zu neuen Ufern?, in: DBW, 46. Jg. (1986), S. 625–637.
Schreyögg, Georg; Steinmann, Horst: Zur Praxis strategischer Kontrolle, in: ZfB, 56. Jg. (1986), S. 40–50.
Schünemann, Wolfgang B.: Produkthaftungsmangement, in: ZfC, 2. Jg. (1990), S. 26–31.
Schult, Eberhard: Bilanzanalyse, Möglichkeiten und Grenzen externer Unternehmensbeurteilung, 8. Aufl., Freiburg i. Br. 1991.
Schuster, Werner: Produktivitätssteuerung in Banken auf Basis prozeßorientierter Stückkosten, in: Tagungsband 2. Workshop Prozeßkostenrechnung, hrsg. von *Péter Horváth,* Stuttgart 1990.
Schweer, Hartmut: Revision und Controlling, in: ZIR, 17. Jg. (1982), S. 149–163.
Schweitzer, Marcell; Küpper, Hans-Ulrich: Systeme der Kostenrechnung, 5. Aufl., München 1991.
Seghezzi, Hans D.; Fries, Stefan: Zweckmäßige Fehlerkostenrechnung anstatt traditioneller Qualitätskostenrechnung in: KRP, o. Jg. (1995), S. 87–91.
Seicht, Gerhard: Die Kontrolle der Kapitalerhaltung, in: Management und Kontrolle, hrsg. von *Gerhard Seicht,* Berlin 1981, S. 469–506.
Seicht, Gerhard: Investitionsentscheidungen richtig treffen, 4. Aufl., Wien 1983.
Seicht, Gerhard: Controlling und Wirtschaftlichkeitsrechnung, in: KRP, 1984, 3, S. 60–63.
Seidenschwarz, Werner: Target Costing, in: ZfC, 3. Jg. (1991), S. 198–203.
Seidenschwarz, Werner: Target Costing, München 1993.
Seitz, Manfred: Probleme der betrieblichen Planung bei im Zeitverlauf wechselnden Marktverhältnissen, Wiesbaden 1968.
Selovsky, Rolf: Finanzplanung, in: ZfB, 49. Jg. (1979), 1. Erg.-Heft, S. 125–143.
Serfling, Klaus: Controlling, Stuttgart, Berlin, Köln, Mainz 1983.
Shank, John K.: Strategic cost management. New Wine or just New Bottles?, in: JMAR, Vol. 1 (1989), 3, S. 47–65.
Shank, John K.; Govindarajan, Vijay: Strategic Cost Analysis. The Evolution from Managerial to Strategic Accounting, Homewood 1989.
Shepherd, William G.: The Economics of Industrial Organization, Englewood Cliffs 1979.
Siemens AG: Geschäftsbericht 1982.

Simon, Herbert A.: The new science of management decision, 3rd ed., Englewood Cliffs 1977.
Simon, Hermann: Management strategischer Wettbewerbsvorteile, in: ZfB, 58. Jg. (1988), S. 461–480.
Simon, Hermann: Die Zeit als strategischer Erfolgsfaktor, in: ZfB, 59. Jg. (1989), S. 70–93.
Simon, Hermann: Preismanagement kompakt. Probleme und Methoden des modernen Pricing, Wiesbaden 1995.
Simmonds, Kenneth: The Accounting Assessment of Competitive Position, in: EJM, Vol. 20 (1986), 1, S. 16–31.
Simmonds, Kenneth: Strategisches Management Accounting, in: ZfC, 1. Jg. (1989), S. 264–269.
Sinzig, Werner: Interaktives Vertriebscontrolling, in: ZfC, 1. Jg. (1989), S. 116–121.
Sinzig, Werner: Datenbankorientiertes Rechnungswesen, 3. Aufl., Berlin u. a. 1990.
Sokolovsky, Zybnek; Kraemer, Wolfgang: Controlling der Informationsverarbeitung, in: Information Management, 5. Jg. (1990), 3, S. 16–27.
Stachowiak, Herbert: Allgemeine Modelltheorie, Wien, New York 1973.
Staehle, Wolfgang H.: Kennzahlen und Kennzahlensysteme als Mittel der Organisation und Führung von Unternehmen, Wiesbaden 1969.
Stahlknecht, Peter: Einführung in die Wirtschaftsinformatik, 4. Aufl., Berlin u. a. 1989.
Stahlschmidt, Dirk: Schutzbestimmungen in Kreditverträgen, Wiesbaden 1982.
Staiger, Wolfram: Märkte der 90er Jahre: Ist die Dienstleistung wichtiger als das Produkt? in: Controlling '94. Tagungsband zum 9. Deutschen Controlling Congress, hrsg. von *Thomas Reichmann,* München 1994, S. 35–46.
Staks, H.: Aussagefähigkeit des neuen Konzernabschlusses, in: Handbuch der Konzernrechnungslegung, hrsg. von *Karl-Heinz Küting* und *Claus-Peter Weber,* Stuttgart 1989, S. 117–148.
Stark, Heinz: Beschaffungsplanung und Bugdetierung, hrsg. vom *Bundesverband Materialwirtschaft und Einkauf e. V.,* BME, Frankfurt a. M., Wiesbaden o. Jg.
Statistische Beihefte zu den Monatsberichten der Deutschen Bundesbank, Reihe 4, Saisonbereinigte Wirtschaftszahlen, April 1974, 1976, 1978, 1980, 1982, Januar 1991, 1992.
Steffen, Reiner: Produktions- und Kostentheorie, Stuttgart, Berlin, Köln, Mainz 1983.
Steffenhagen, Hartwig: Konditionenpolitik, in: Vahlens Großes Marketing-Lexikon, hrsg. von *Hermann Diller,* München 1992, S. 550 f.
Steffin, Wolfgang: ATOMIS – SAP R/3-Einführung bei der *Atotech Deutschland GmbH;* in: ZfC, 7. Jg. (1995), 4, S. 216–226.
Steinmann, Horst (Hrsg.): Planung und Kontrolle, München 1981.
Stolze, Joachim: Marktorientiertes Kostenmanagement, in: Tagungsband Zielkostenmanagement, hrsg. von *Thomas Reichmann,* München 1992, S. 32–50.
Stotland, Jack A.: Planning Acquistition and Mergers, in: LRP, Vol. 9 (1976), 2, S. 68–71.
Straub, Hubert: Optimale Finanzposition, Meisenheim am Glan 1974.
Striening, Hans-Dieter: Prozeßmanagement im indirekten Bereich, in: ZfC, 1. Jg. (1989), S. 324–331.
Stucky, Wolffried; Krieger, Rudolf: Datenbanksysteme, in: Handbuch Wirtschaftsinformatik, hrsg. von *Karl Kurbel* und *Horst Strunz,* Stuttgart 1990, S. 837–856.
Süchting, Joachim: Finanzmanagement. Theorie und Politik der Unternehmensfinanzierung, 5. Aufl., Wiesbaden 1989.
Swoboda, Peter: Investition und Finanzierung, 3. Aufl., Göttingen 1986.
Szerman, Armin: Die Entwicklung von Entscheidungskriterien für die kostenoptimale innerbetriebliche Einsatzmaterialbereitstellung, Diss. Dortmund 1988.
Szyperski, Norbert: Strategisches Informationsmanagement im technologischen Wandel: Fragen zur Planung und Implementation von Informations- und Kommunkationssystemen, in: Angewandte Informatik, o. Jg. (1980), S. 141–148.
Szyperski, Norbert: Informationsbedarf, in: HWO, 2. Aufl., hrsg. von *Erwin Grochla,* Stuttgart 1980, Sp. 904–913.

Tanaka, Masayasu: Cost Planning and Control Systems in the Design Phase of a New Product, in: Japanese Management Accounting, hrsg. von *Yasuhiro Monden* und *Michiharu Sakurei,* Camebridge (Mass.) 1989.

Tani, Takeyuki; Kato, Yutaka: Target Costing in Japan, in: Neuere Entwicklungen im Kostenmanagement, hrsg. von *Klaus Dellmann* und *Klaus-Peter Franz,* Bern, Stuttgart, Wien 1994, S. 191–222.

Teichmann, Ulrich: Der Konjunkturzyklus – Reflex nachfragerelevanter Verteilungsprozesse, in: Perspektiven der Konjunkturforschung, hrsg. von *Gottfried Bombach, Bernhard Gahlen* und *Alfred E. Ott,* Tübingen 1984, S. 227–241.

Teichmann, Ulrich: Der Verdrängungseffekt – eine verteilungstheoretische Erklärung, in: Wirtschaftsdienst, 1984/V, S. 252–255.

Tietz, Bruno: Die Grundlagen des Marketing, Bd. 3: Das Marketing-Management, München 1976.

Tietz, Bruno: Marketing, 2. Aufl., Düsseldorf 1989.

Topritzhofer, Edgar: Marketing-Mix, in: HWA, hrsg. von *Bruno Tietz,* Stuttgart 1974, Sp. 1247–1264.

Treuarbeit AG (Hrsg.): Jahres- und Konzernabschluß '88. Ausweisgestaltung – Berichterstattung, Ergebnisse einer Untersuchung von 100 großen Kapitalgesellschaften und Konzernen, Düsseldorf 1990.

Trux, Walter R.: Data Processing for Purchasing and Stock-Control, London 1971.

Uhink, Hans-Jürgen: Entwicklungen und Trends der Informationstechnologie in den 90er Jahren, in: Beiträge zum Controlling Nr. 42, hrsg. von *Thomas Reichmann,* Dortmund 1991.

Ulrich, Hans: Betriebswirtschaftliche Organisationslehre. Eine Einführung, Bern 1949.

Ulrich, Hans: Der allgemeine Systembegriff, in: Grundlagen der Wirtschafts- und Sozialkybernetik. Betriebswirtschaftliche Kontrolltheorie, hrsg. von *Jörg Baetge,* Opladen 1975, S. 33–39.

VDI-Richtlinie 3592: Kriterien und Methoden zum Vergleich von Stückgutlagern, Nov. 1978.

Veit, Klaus-R.: Die Konkursrechnungslegung. Dargestellt am Modell der Aktiengesellschaft, Berlin 1982.

Viel, Jakob: Betriebs- und Unternehmensanalyse, 2. Aufl., Köln und Opladen 1958.

Vikas, Kurt: Unterstützung der Kostenplanung durch Einsatz von Personal Computern, in: Tagungsband 5. Saarbrücker Arbeitstagung Rechnungswesen und EDV, hrsg. von *Wolfgang Kilger* und *August-Wilhelm Scheer,* Würzburg, Wien 1984, S. 177–208.

Vikas, Kurt: Controlling im Dienstleistungsbereich mit Grenzplankostenrechnung, Wiesbaden 1988.

Vodrazka, Karl: Betriebsvergleich, Stuttgart 1967.

Vogler, Gerhard; Mattes, Helmut: Theorie und Praxis der Bilanzanalyse, Berlin 1975.

Voigt, Kai-Ingo: Strategische Planung und Unsicherheit, Wiesbaden 1992.

Volk, P. G.: Computergestützte Investitionsplanung, -durchführung und -kontrolle, in: Investitions- und Finanzplanung im Wechsel der Konjunktur, hrsg. von *Wolfgang Kilger* und *August-Wilhelm Scheer,* Würzburg, Wien 1981, S. 219–255.

Vollmuth, Himar J.: Overheads senken: Was technisch machbar ist, in: ASW, 27. Jg. (1984), 6, S. 68–75.

Vormbaum, Herbert: Cost Estimating, in: HGBM, Vol. 1, hrsg. von *Erwin Grochla, Eduard Gaugler* u. a., Stuttgart, Berlin u. a. 1990, Sp. 630–641.

Voßschulte, Alfred; Reichmann, Thomas; Keller, Martin: Euro-Controlling. Controlling-Konzeptionen für international tätige Unternehmen, in: Europa ohne Grenzen. Chancen und Risiken der deutschen Wirtschaft, hrsg. von *Thomas Reichmann* und *Alfred Voßschulte,* München 1992, S. 92–109.

Wack, Pierre: Szenarien: Unbekannte Gewässer voraus, in: Harvard-Manager – Strategie und Planung, Bd. 2, Hamburg 1985, S. 111–128.

Wagenhofer, Alfred: Kostenrechnung und Agency-Theorie, in: Zur Neuausrichtung der Kostenrechnung, hrsg. von *Jürgen Weber,* Stuttgart 1993, S. 161–185.

Warnick, Bernd: Das Leistungsspektrum von Standardsoftware zur Kosten-, Leistungs-, Erlös- und Ergebnisrechnung, in: KRP-Sonderheft, 1989, S. 13–22.
Warnick, Bernd: PC-gestützte Ergebnisrechnung zur Unterstützung der Führung von Kleinunternehmen, in: KRP-Sonderheft, 1990, S. 81–91.
Weber, Helmut K.: Betriebswirtschaftliches Rechnungswesen, 2. Aufl., München 1978.
Weber, Helmut K.: Rentabilität, Produktivität, Liquidität der Unternehmung, Stuttgart 1983.
Weber, Jürgen: Change-Management für die Kostenrechnung – Zur Notwendigkeit des beständigen Wandels der Kostenrechnung, in: Tagungsband 10. Saarbrücker Arbeitstagung Rechnungswesen und EDV, hrsg. von *August-Wilhelm Scheer*, Heidelberg 1989, S. 30–47.
Weber, Jürgen: Einführung in das Controlling, 2. Aufl., Stuttgart 1990.
Weber, Jürgen: Controlling der Kostenrechnung, in: KRP, 1990, S. 203–208.
Weber, Jürgen: Kostenrechnung zwischen Verhaltens- und Entscheidungsorientierung, in: KRP, o. Jg. (1994), S. 99–104.
Weber, Jürgen; Bültel, Dirk: Controlling – Ein eigenständiges Aufgabenfeld in den Unternehmen der Bundesrepublik Deutschland, in: DBW, 52. Jg. (1992), 4, S. 535–546.
Wegmann, Manfred: Gemeinkosten-Management: Möglichkeiten und Grenzen der Steuerung industrieller Verwaltungsbereiche, München 1982.
Weidner, W.: Kosten der Qualitätssicherung, in: Handbuch Kostenrechnung, hrsg. von *Wolfgang Männel*, Wiesbaden 1992, S. 898–906.
Weigand, Christoph: Entscheidungsorientierte Vertriebskostenrechnung, Wiesbaden 1989.
Weilenmann, Paul: Dezentrale Führung: Leistungsbeurteilung und Verrechnungspreise, in: ZfB, 59. Jg. (1989), S. 932–956.
Weilenmann, Paul: Management Accounting – Stand und Entwicklungstendenzen, in: Controlling schweizerischer Unternehmen, hrsg. von *Paul Weilenmann* und *Reiner Fikkert*, Bern, Stuttgart 1990, S. 9–51.
Weiß, Kurt: Dynamisches Finanzmanagement in der Praxis, Wiesbaden 1976.
Welge, Martin K.: Unternehmensführung, Band 1: Planung, Stuttgart 1985.
Welge, Martin K.: Unternehmensführung, Band 2: Organisation, Stuttgart 1987.
Welge, Martin K.: Unternehmensführung, Band 3: Controlling, Stuttgart 1988.
Welge, Martin K.: Organisation des Controlling, in: ZfC, 1. Jg. (1989), S. 140–149.
Welter, Jürgen: Betriebliches Frühwarnsystem am Beispiel der Ruhrkohle AG, in: ZfbF, 31. Jg. (1979), S. 117–124.
Wenzel, Peter (Hrsg.): Betriebswirtschaftliche Anwendungen des integrierten Systems *SAP*-R/3, Braunschweig/Wiesbaden 1995.
Wertanalyse. Idee – Methode – System, hrsg. vom *Verein Deutscher Ingenieure VDI – Gemeinschaftsausschuß Wertanalyse der VDI – Gesellschaft Produktionstechnik (ADB)*, 3. Aufl., Düsseldorf 1981.
Westermann, Herbert: Kosten als Beurteilungsmaßstab bei Portfolio-Analysen, in: KRP, 1989, S. 14–22.
Weston, Fred J.; Brigham, Eugene F.: Managerial Finance, 7th ed., Hinsdale 1981.
Wiedmann, Klaus-Peter; Löffler, Reiner: Portfolio-Simulationen und Portfolio-Planspiele als Unterstützungssysteme der strategischen Früherkennung, in: Strategisches Marketing, hrsg. von *Hans Raffée* und *Klaus-Peter Wiedmann*, 2. Aufl., Stuttgart 1989, S. 419–462.
Wildemann, Horst: Investitionsentscheidungsprozeß für numerisch gesteuerte Fertigungssysteme (NC-Maschinen), Wiesbaden 1977.
Wildemann, Horst: Kostenprognosen bei Großprojekten, Stuttgart 1982.
Wildemann, Horst: Kosten- und Leistungsbeurteilung von Qualitätssicherungssystemen, in: ZfB, 62. Jg. (1992), S. 761–782.
Williams, Kathy: CAM-I: On the Leading Edge, in: MA, Vol. 70 (1989), 12, S. 18–21.
Wissenbach, Heinz: Betriebliche Kennzahlen und ihre Bedeutung im Rahmen der Unternehmensentscheidung. Bildung, Auswertung und Verwendungsmöglichkeiten von Betriebskennzahlen in der unternehmerischen Praxis, Berlin 1967.
Witt, Frank-Jürgen: Portfolios für unternehmensinterne Leistungen, in: CM, 14. Jg. (1988), S. 156–162.
Witt, Frank-Jürgen: Deckungsbeitragsmanagement, München 1991.

Witt, Frank-Jürgen: Strategisches und operatives Erlöscontrolling, in: ZfC, 4. Jg. (1992), 2, S. 72–83.
Witte, Eberhard: Die Liquiditätspolitik der Unternehmung, Tübingen 1963.
Witte, Eberhard: Zur Bestimmung der Liquiditätsreserven, in: ZfB, 34. Jg. (1964), S. 763–772.
Witte, Eberhard: Das Informations-Verhalten in Entscheidungs-Prozessen, in: Das Informationsverhalten in Entscheidungsprozessen, hrsg. von *Eberhard Witte*, Tübingen 1972, S. 1–88.
Witte, Eberhard: Finanzplanung als Führungsinstrument, in: Finanzplanung und Finanzkontrolle, Disposition – Organisation, hrsg. von *Jürgen Hauschildt, Gerd Sachs* und *Eberhard Witte*, München 1981, S. 53–89.
Witte Eberhard; Klein, Herbert: Finanzplanung der Unternehmung – Prognose und Disposition, Reinbek bei Hamburg 1974.
Wittmann, Waldemar: Unternehmung und unvollkommene Information, Köln und Opladen 1959.
Wittmann, Waldemar: Informationen, in: HWO, 2. Aufl., hrsg. von *Erwin Grochla*, Stuttgart 1980, Sp. 894–904.
Wohinz, Josef: Wertanalyse – Innovationsmanagement, Würzburg, Wien 1983.
Woll, Arthur: Allgemeine Volkswirtschaftslehre, 10. Aufl., München 1990.
Wright, Peter: A Refinement of Porter's Strategies, in: SMJ, Vol. 8 (1987), S. 93–101.
Wübbenhorst, Klaus L.: Konzept der Lebenszykluskosten. Grundlagen, Problemstellungen und technologische Zusammenhänge, Darmstadt 1984.
Wysocki, Klaus v.: Das Postulat der Finanzkongruenz als Spielregel, Stuttgart 1962.
Wysocki, Klaus v.: Prüfung (Revision) der finanziellen Lage der Unternehmung, in: HWF, hrsg. von *Hans E. Büschgen,* Stuttgart 1976, Sp. 1458–1469.

Yoshikawa, Takeo et al.: Contemporary Cost Management, London u. a. 1993.

Zangenmeister, Christof: Nutzwertanalyse in der Systemtechnik, 4. Aufl., München 1976.
Zarth, Hans: Mehr Effizienz im Vertrieb, in: Markenartikel, 41. Jg. (1979), S. 596–602.
Zentralausschuß der Werbewirtschaft (Hrsg.): Werbung 1983, Bonn 1983.
Zimmermann, Gebhard: Produktionsplanung, Verfügungsrechte und Transaktionskosten, in: Betriebswirtschaftslehre und Theorie der Verfügungsrechte, hrsg. von *Dietrich Budäus, Elmar Gerum* und *Gebhard Zimmermann*, Wiesbaden 1988, S. 197–218.
Ziolkowski, U.: Erfolgsspaltung: Aussagefähigkeit und Grenzen, in: Bilanzanalyse nach neuem Recht, hrsg. von Adolf G. Coenenberg, Landsberg a. L. 1989, S. 153–188.
Zschocke, Dietrich: Betriebsökonomie, Würzburg, Wien 1974.
Zwehl, Wolfgang v.: Untersuchung zur Erstellung einer Planbilanz als Ergänzung des Jahresabschlusses. Ein Beitrag zur Schaffung von Dispositionsgrundlagen für die Unternehmensleitung, Berlin 1968.

Stichwortverzeichnis

ABC-Analyse 265
- Aufgabe 265
- Rechenschritte 266
ABC-Prozeßanalyse, strategische 474
Abweichungsbericht 562
Abweichungstoleranzschwellen 285
allowable costs 449
Amortisationsvergleich
- statischer 235
- dynamischer 240
Analyseinstrumente, symptomorientierte 371
Anlagendeckung 89, 195
Annuität 230, 238, 240, 244, 246
Anpassungsmaßnahmen, betriebliche 99 ff.
Anteil der fixen Kosten 136
Anteil der variablen Kosten 136
Auditierung 318
Auftragsreichweite 116
Ausschuß 278

Basiskostenplan 296
Berichtsbaum 557 ff.
Berichtsbaumhierarchie 557
Berichtsformen 12
Berichtswesen, strategisches 434
Beschäftigungsabweichung 283, 289
Beschäftigungsgrad 290
Beschaffung 259 ff.
- Aufgabe 259
Beschaffungs-Controlling 259 f.
- Aufgabe 260
- Instrumente 262
Beschaffungsmarktbeobachtung 262
Beschaffungsmarktforschung 262
Bestellpolitiken 353
Betriebsbereitschaft 144, 147 f., 292 ff.
Betriebsergebnis 34
- ordentliches 33, 75
Betriebsstörung 279
Betriebsunterbrechung 80
Betriebsunterbrechungsanalyse 261, 267
Betriebsunterbrechungsrisiko 300
Betriebsunterbrechungs-Risikoanalyse 300 ff.
Bezugsgröße 130
- direkte 468
Bilanz 191 f.
Bilanzanalyse, externe 60
Bilanzstrukturplanung 189 ff.

Black-Box 355
Branchenkonjunkturen 101
Branchenstruktur 438
Break-Even-Point 143
Break-Even-Point-Analyse 137 ff.
- Grundmodell 139 f.
- Erweiterungsmöglichkeiten 140
- Anwendungsmöglichkeiten im Controlling 141 f.
Break-Even-Point-Erreichung 143 f.
Bringprinzip 48
Bruttoergebnis vom Umsatz 76
Business Systems Planning 416

Cash-Flow 87, 188, 193, 200, 213
Controllingapplikation 14 ff.
Controllingaufgaben 1 f., 3 ff.
Controllingbegriff 1 f., 12
Controllingberichtswesen, strategisches 496 ff.
Controllinginstitution 15 ff.
Controlling-Konzeption 3, 5 ff.
Controllingstelle 16
Controlling, strategisches 405 ff.
Controllingstruktur 13
Controllingsystem 13 ff.
Controllingziele 3

Data Warehouse 544
Datenbankmanagement-Systeme 529
Datenharmonisierung 608
Datenverarbeitung, verteilte 589
Datenwürfel 538
DB II über variable Kosten 136
DB III über variable Kosten und Personalkosten 136
DB V (ordentl.) betriebsbedingtes Ergebnis 157
DBU-Klassen 394
Deckungsbeiträge, potentielle 358
Deckungsbeitragsflußrechnung 359, 366 ff.
Deckungsbeitragsmanagement 57
Deckungsbeitragsrechnung 359 ff.
- artikelbezogene 361
- kundenspezifische 389
- zeitablaufbezogene 376
Differenzierung 432
Direct Costing 121 ff.
- einstufig 121
- mehrstufig 122

Distributionspolitik 381 ff.
Distributionsstruktur 349
drifting costs 449
Durchführungskontrolle 415
Durchschnittsbildung, kalkulatorische 357
DV-gestütztes Controlling 529 ff.

Effektivverschuldung 188, 193
EG-Richtlinie, 4. 605 f.
EG-Richtlinie, 7. 605 f.
Eigenkapitalrentabilität 81
Einheitsprinzip 603
Einkauf 259
Einzelkostenplanung 128 ff.
– Begriff 128
– Einzellohnkostenplanung 129
– Einzelmaterialkostenplanung 129
– Sondereinzelkosten 129
Einzelkosten- und Deckungsbeitragsrechnung 125 ff.
Einzelunternehmen, dezentrale 607
Elastizität der Kosten 169
Endwert-Methode 241 f.
Engpaßplanung 130
Entity-Relationship-Modell 532
Entscheidungsbaum, zeitreihenorientierter 519
Entscheidungsprobleme 8 f.
– wohl-strukturierte 8
– schlecht-strukturierte 9 f.
Entscheidungsprozeß 8 f.
Entscheidungsqualität 99
environmental scanning 404
Erfahrungskurvenkonzept 419 ff.
Erfolgsabweichung 170
Erfolgsanalyse 65
Erfolgsfaktoren, kritische 417
Erfolgskontrolle 105
Erfolgspotentiale, strategische 407
Erfolgsträgerstruktur 441
Erfolgsspaltung 66
Ergebnis
– außerordentliches 34, 79
– ordentliches 34, 75
Erklärungskomponente 534
Erlösabweichungsanalyse 359
Erlösuntergrenze
– partiell 173
– total 173
Erzeugnisumschlagszeit 83
Euro-Controlling 599 ff.
Euro-Controllingapplikation 605 ff.
Euro-Controlling-Konzeption 600 ff.
Euro-Controllingsystem 602 ff.

Fahrerlose Transportsysteme (FTS) 523
Fehlmengenkosten 314, 347

Fehler-Möglichkeits- und Einfluß-Analyse (FMEA) 321
Fertigungsunterbrechungskosten 346
Fertigungsverfahrensstruktur 441
Finanz-Controlling 181 ff.
– Aufgaben 181 ff.
– Instrumente 185 ff.
– Kennzahlen 195, 201 f.
Finanzergebnis, ordentliches 33, 78
Finanzflußrechnung 200, 206
Finanzierungskennzahlen 188, 195
„Finanzierungsregeln" 187 f.
Finanzkontrolle 214 f.
Finanzplan 198
Finanzplanung 185 ff.
– kurzfristige 203 ff.
– langfristige 186 ff.
– mittelfristige 203 ff.
Fixkostenabbau 144 ff.
Fixkostendeckungsrechnung 122
Fixkostenmanagement 104
Fixkostenproportionalisierung 120
Fixkostenstruktur 145 ff.
– sachlich 145 f.
– zeitlich 146 f.
Folgekosten 503
Forderungsumschlagszeit 84
Forschungs- und Entwicklungskosten 507
Funktionskostenmatrix 454 f.
Funktionsmethode 454 f.
Frühaufklärungssysteme, strategische 513 ff.
Frühwarnindikatoren 109
Führungsinformationssystem 555 ff.

GAP-Analyse 418 f.
Gemeinkostenarten 130
Gemeinkostenplanung 129 ff.
– analytische Verfahren 131 f.
– Begriff 129
– statistische Verfahren 130 f.
Gemeinkostenschlüsselung 119
Gemeinkostentransparenz 466
Gesamtabweichung 281
Gesamtkapitalrentabilität 80
Gesamtkosteneffekt 68
Gesamtkostenverfahren 64, 71, 73
Gesamtleistung 76
Gesamtlogistikkosten pro Umsatzeinheit 351
Gesamtumschlagshäufigkeit 351
Geschäftseinheiten, strategische 421
Geschäftsfeldstrategien, szenariogestützte 518
Gewinnschwellenanalyse 137 ff.
Global-Gesamtplanungsmodell 41
Grenzplankostenrechnung 124 f.

Großrechner 442, 561
Grunddatenverwaltung 559 f.
Grundrechnung der Erlöse 126
Grundrechnung der Kosten 126

Handelsbilanz II 605 f.
Hauptprozesse, kostenstellenübergreifend 467
Hochregallager 523
Holprinzip 348
Human Resources, Controlling der 568

Impact-Analyse 518
Inferenzkomponente 534
Inflexibilität, kostenwirtschaftliche 429
Informationsarten 17
Informationsaufbereitung 12
Informationsbasis, intern, extern 11
Informationsbegriff 10
Informationspfad 536
Informationsprozeß 5 f.
Informationssysteminfrastruktur 598
Informationsverarbeitungs-Controlling 566 ff.
Informationsverarbeitungsfelder, strategische 595
Informationsversorgung 9 f.
Innenfinanzierungsspielraum 201
Intensitätsabweichung 289
Interfaceanalyse, optimierte 464
Interner Zinsfuß 239, 240 f., 255
Investitions-Controlling 217 ff.
– Aufgaben 217 ff.
– Instrumente 222 ff.
– Kennzahlen 250 ff.
– strategisches 218
Investitionsgüterkonjunktur 101
Investitionskontrolle 221, 248 ff., 254 ff.
– Kennzahlen 255
Investitionsplanung 183, 217 ff.
Investitionsrechnung 225 ff.
– Datenermittlung 248 ff.
– dynamische Verfahren 227
– Ertragsteuerwirkung 245 ff.
– Risikoanalyse 243 ff.
– statische Verfahren 225 ff.
– Überprüfung 248 ff.
I-Punkt 486
IV-Controlling 566 ff.
– operatives 568 ff.
– strategisches 589 ff.
IV-Effizienz 573
IV-Kennzahlen 572 ff.
IV-Nutzen 567
IV-System 580

Kalkulation, strategische 470 ff.
Kalkulationssatz, volumenabhängiger 471
Kapazitätsauslastungsgrad 291
Kapazitätsplanung 130
Kapitalbedarf 426
Kapitalbindung ruhender Bestände 53
Kapitalrentabilitäten 80 f.
Kapitalumschlagshäufigkeit 82 f.
Kapital- und Leistungsverflechtungen, internationale 76
Kapitalwert 230, 237 f., 240 f., 244, 255
Kapitalwertsimulation 524 f.
Kennzahl 19 ff.
– Begriff 19 ff.
– Funktion 20 f.
– Klassifikation 21
Kennzahlenanalyseweg 560
Kennzahlensystem 22 ff.
– Begriff 23
– Beschreibungssystem 45
– DuPont-Kennzahlensystem 30 f.
– Funktion 23 ff.
– im Planungs- und Kontrollprozeß 28
– RL-Kennzahlensystem 32 ff.
– ZVEI-Kennzahlensystem 28
– zur Frühwarnung 25
Key Indicator System 418
Kommunikation 17
Kommunikationsbudget 380
Kommunikationskosten 381
Kompensationseffekte 562
Komponentenmethode 453
Kontrollprozesse, strategische 414
Konzerne, multinationale 599
Konzernzentrale 607
Koordination 1 f., 217, 219
Koordinationsfunktion 2
Korrelationskoeffizient 108
Korrelationsrechnung 107 ff.
Kosten
– auftragsabhängige 490
– leistungsmengeninduzierte 468
– leistungsmengenneutrale 468
Kosten pro eingehender Sendung 352
Kosten pro Lagerbewegung 352
Kostenanalyseinstrument, strategisches 464
Kostenauflösungsmatrix 299
Kostenbestimmungsfaktoren 282
Kostenführerschaft 432
Kosten-/Mengeneffekt 368
Kostenplanung 117 ff.
– Voraussetzung 118 f.
– vorbereitende Arbeiten 127 f.
Kostenrechnung 118 ff.
– Aufgaben 118
– HOST-gestützte 59

- Teilkostenrechnung 121 ff.
- Vollkostenrechnung 119 ff.
Kostenrechnungssystem 118 ff.
Kostensätze, mengenvariable 470
Kostenstruktureffekt 368
Kosten- und Erfolgs-Controlling 99 ff.
- Aufgaben 99 ff.
- bei wechselnden Marktverhältnissen 149 ff.
- DV-gestütztes 59
- Instrumente 105 ff.
- strategisches 428
Kostenvergleichsrechnung 227
Kostenverursachungsprinzip 120

Lagerhaltung 151 ff.
Lagerkapazitätsauslastungsgrad 352
Lebenszykluserlöse 503
Lebenszykluskonzept 151, 388 ff.
Lebenszykluskosten 503
Lebenszyklusverlängerung 507
Leerkosten 278, 289 ff.
Leistungsprozeßkosten 503
Lieferantenanalyse 263
Lieferbereitschaftsgrad 344, 351
Life-Cycle-Cost-Konzept 358
Liquide Mittel 85 f.
Liquiditätsreserve 184
Liquiditätssicherung 181 ff., 212 f.
- strukturelle 182 f.
- laufende 183 f., 212 f.
Logistikbereiche 338
Logistik-Controlling 331
- Aufgabe 331
- Instrumente 332
Logistikkostenarten 336
Logistikkosten- und Leistungsrechnung 335
Logistikkostenstellen 342
Logistikleistung 335
Logistikleistungsarten 336
Logistikplanbezugsgrößen 338
Logistikverfahren 338
Lohnzuschlagskalkulation 466

managed costs 450
Marketing 55
Marketing-Controlling 57, 355 ff.
Marketingeffizienz 370
Marketing-Informationscenter 505
Marketing-Kennzahlen 380
Marketing-Mix 359
Marketing-Planung und -kontrolle, operative 357
Marktanteil 502
Marktinvestitionen, langfristige 358
Marktwachstum 502

Marktwachstum-Marktanteil-Portfolio 423
Maschinenstundensatzrechnung 229 ff., 255
Materialbedarfsplanung 332
- programmgesteuert 333
- verbrauchsgesteuert 333
Materialbereitstellung 347 ff.
- fertigungssynchron 347
- emanzipiert 347
Materialumschlagszeit 83
Matrix auf- und abbaufähiger Fixkosten 144 ff.
Meilensteine 415
Mengenabweichung 283
Mengeneffekte 367
Methodenbanken 532
milestones 404
Modell
- Beschreibungs- 44, 46 f.
- Entscheidungs- 44, 52
- Erklärungs- 44, 48 f.
Monitortechnik 529

Nachfragemengen-Controlling 521
Neurocomputing 535
Neuronale Netze 535
Nischenstrategien 432
Nutzkosten 278, 289 ff.
Nutzwertanalyse 247 f.

Online Analytical Processing (OLAP) 546
Open System Simulation (OSS) 517 ff.

Payoff-Dauer 377
PIMS-Datenbank 502
Plan-Angebotskalkulation, progressive 450 f.
Planbewegungsbilanz 185, 189 f.
Planbilanz 68 f., 185, 191
Plan-Gewinn- und Verlustrechnung 70 f., 191
Plankostenrechnung, fixkostenmanagementorientierte 478
Planprozeßkosten 470
Plan- und Kontrollsystem 41
Portfolioanalyse 422 f.
- prozeßorientierte 438
Portfoliomanagement 421 f.
- integriertes 378
Portfoliomodell, lebenszyklusorientiertes 508
Potentialfaktoren 145
- Eigentumspotentiale 145
- Vertragspotentiale 145, 199
Prämissenkontrolle 370
Präventiv-Fixkostenmanagement 492
Preisabweichung 281

Preiseffekte 367
Preis-/Mengeneffekte 367
Preisobergrenze 267 ff.
- für die Einproduktunternehmung 268 f.
- für die Mehrproduktunternehmung 271 f.
- relative 167
Preispolitik 149 ff., 347 ff.
Preis- und Mengenindizes 502
Preisuntergrenzen 172 ff.
- absolute 172 f.
- partielle 173 f.
- relative 162 f.
- zeitlich gestaffelte 348
Primärforschung 263
Primärinvestition 489
Produktgruppen 345
Produktions-Controlling 277 ff.
- Aufgaben 277 ff.
- Instrumente 280 ff.
Produktionsprozeßplanung 277
Produktionsunterbrechungskosten 311
Produktkostenanteil, variantenabhängiger 472
Produktlebenszyklus-Analyse 424
Produkt-Lebenszyklusmodell, erweitertes 391
Produkt-Markt-Kombinationen 421 f., 475
Produktmixverschiebung 369
Produktpolitik 157 ff., 349 f.
Produkt-Relaunching 507
Profilanalyse 264
Profilvergleich, branchen- und konkurrenzbezogener 498
Programmbereinigung, systematische 104
Programmplanung 159
Prozeßdeckungsbeitragsmanagement 436
Prozeßkostenkalkulation 470 ff.
Prozeßkostenplanung, aggregierte 474
Prozeßkostenrechnung 465 ff.
- HOST-gestützte 505 ff.
- teilkostenorientierte 473
Prozeßkostenstellenrechnung 433 ff.
Prozeßstruktur 427

Qualitäts-Controlling, produktionsorientiertes 318 ff.
Qualitätskostenbericht 328
Qualitätskosten- und -leistungsrechnung 323 ff.

Rabatteffekt 369
Realtime-Verarbeitung 500
Recall-Test 381
Rechnerkoppelung, vertikale 500
Recognition-Verfahren 381
Regressionsrechnung 109 f.
Relationen-Modell 532

Rentabilitätsvergleich 231 ff.
Return on Investment 81 f.
Rezession 99
RL-Kennzahlensystem 53 ff.
- RL-Controlling-Kennzahlensystem 55 ff.
- RL-Jahresabschluß-Kennzahlensystem 55 ff.
ROI, potentieller 502

SAA-Konzept 513
Scheingewinne 96
Schlüsselindikatoren 382
Schmalganglager 523
Sekundärerhebung 263
Seriengrößenabweichung 289
Sicherheitsbestand 346
Simulationskalkulationen 443
Soll-Ist-Abweichungsanalyse 281 ff.
Sollkosten 283
Spezialabweichungen 288 ff.
Spezialberichte 463
Spezialsysteme 533
Stärken-Schwächenanalyse, rechnungswesenorientierte 428
Staffel-Nutzen-Provisionssystem 394
Standardberichte 461
Standardsoftware 533
Stillsetzungskosten 313
Stillstandskosten 313
- einmalige 313
- laufende 313
Strategie
- Aussteigerstrategien 520
- back-stop-Strategien 518
- Derivativstrategien 518, 525
- Originärstrategie 518, 524
- Umsteigerstrategien 520, 525
Strategie-Lebenszyklus 520
Strategischer Pfad 527
Strategisches Controlling 405 ff.
Strategisches Kosten- und Erfolgs-Controlling 428 ff.
Struktureffekte 367
Stückkosteneffekt 368
Subkostenstellen 507
Submix 371
Substanzerhaltung 95 ff.
Substitutionskonkurrenz 473
sunk costs 521
Standardsoftware 533
Szenario
- optimistisches 526
- pessimistisches 525
- Szenarioanalyse 517 f.
- Szenariosimulation 518
- Szenariotechnik 517 f.
- Trendszenario 526

target cost gap 449
Target Cost Management 444 ff.
target price 449
target profit 449
technische Infrastruktur, Controlling der 568
Technologiepotential 406
Total-Gesamtplanungsmodell 41
Transportkosten pro Transportauftrag 352
Trendextrapolation 99 f.
true and fair view 605
turn-around, strategischer 517

Übergangskosten 313
Überwachung, strategische 415
Umsatzanteile 114
Umsatzkostenverfahren 64 f., 73 ff.
Umsatzplanung 106 ff.
Umsatzprognoseabweichung 113 f., 116
Umsatzstruktureffekt 368
Umschlagshäufigkeit Fertigprodukte 342
Umweltanalyse 409
Unternehmensanalyse, interne 60
Unternehmensbewertung 219
Unternehmensdatenmodelle 495
Ursachenanalyse 370

Variator 132
Verbrauchsabweichung 283 f.
– Analyse 286 ff.
– Begriff 283
Verbrauchsgüterkonjunktur 101
Verbundbeziehungen 379

Vergleich, betrieblicher 62
Verkehrswerte 93 ff.
Verschleiß 145
Verschuldungsgrad 195
– dynamischer 87, 195, 202
Vertriebs-Controlling 382 ff.
Vertriebs-Kostenrechnung 384 ff.
Verweildauer in Wareneingangskontrolle 352

Warenannahmezeit 352
Weltabschlußprinzip 603
Werbung 380
Wertanalyse 223 ff.
Wertkettenanalyse 462
Wertkettenmodell 433
Wettbewerbsstruktur 404
Wettbewerbsvorteile, strategische 431
Wiederanlaufkosten 313
Wirtschaftlichkeitskontrolle 105 ff., 222, 254 ff.
Wirtschaftlichkeitsrechnung 225 ff.
Wissensbasis 534
Working Capital 88

Zahlungsüberschußplanung 195 ff.
Zeitreihenanalyse 557, 558
Zertifizierung 318
Zielhierarchie 39
Zielkostenindex 456
Zielkostenmanagement 459
Zielkostenspaltung 453 f.
Zusatzkostenplan 296